教育部哲學社會科學研究重大課題攻關項目

「十一五」國家重點圖書出版規劃項目·重大工程出版規劃

國家社會科學基金重大項目

北京大學「九八五工程」重點項目

儒藏

精華編二一〇册

集部

儒藏

北京大學《儒藏》編纂與研究中心

《儒藏》精華編凡例

一、中國傳統文化以儒家思想爲中心。《儒藏》爲儒家經典和反映儒家思想、體現儒家經世做人原則的典籍的叢編。收書時限自先秦至清代結束。

二、《儒藏》精華編爲《儒藏》的一部分，選收《儒藏》中的精要書籍。

三、《儒藏》精華編所收書籍，包括傳世文獻和出土文獻。傳世文獻按《四庫全書總目》經史子集四部分類法分類，大類、小類基本參照《中國叢書綜録》和《中國古籍善本書目》，於個别處略作調整。凡單書已收入入選的個人叢書或全集者，僅存目録，並注明互見。出土文獻單列爲一個部類，原件以古文字書寫者一律收其釋文文本。韓國、日本、越南儒學者用漢文寫作的儒學著作，編爲海外文獻部類。

四、所收書籍的篇目卷次，一仍底本原貌，不選編，不改編，保持原書的完整性和獨立性。

五、對入選書籍進行簡要校勘。以對校爲主，確定内容完足、精確率高的版本爲底本，精選有校勘價值的版本爲校本。出校堅持少而精，以校正誤爲主，酌校異同。校記力求規範、精煉。

六、根據現行標點符號用法，結合古籍標點通例，進行規範化標點。專名號除書名號用角號（《》）外，其他一律省略。

七、對較長的篇章，根據文字内容，適當劃分段落。正文原已分段者，不作改動。千字以内的短文一般不分段。

八、各書卷端由整理者撰寫《校點說明》，簡要介紹作者生平、該書成書背景、主要内容及影響，以及整理時所確定的底本、校本（舉全稱後括注簡稱）及其他有關情況。重複出現的作者，其生平事蹟按出現順序前詳後略。

九、本書用繁體漢字豎排，小注一律排爲單行。

《儒藏》精華編第二一〇册

集部

温國文正公文集

〔北宋〕司馬光　撰
何清谷　校點

目録

温國文正公文集卷第四……五三

温國文正公文集卷第六……八二

閑居 …… 一二一

中秋陪張龍圖讌射堂初夕陰雲酒行頓解喜而成詠 …… 一二一

貽宋四行簡迪 …… 一二一

自嘲 …… 一二一

醉 …… 一二一

雪寒取酒 …… 一二一

虞部劉員外約遊金明光以賤事失期劉惠詩見嘲以詩四首謝之 …… 一二二

孫器之奉使淮浙至江爲書見寄以詩謝之 …… 一二二

和國子夏主簿李花 …… 一二二

送聶之美攝尉韋城 …… 一二三

送吳辨叔大名司户 …… 一二三

送楊太祝忱知長州縣 …… 一二三

和邵興宗秋夜學舍宿直 …… 一二三

和吳冲卿病中偶書呈諸同舍光時亦卧疾 …… 一二四

月下小飲 …… 一二四

又絶句 …… 一二四

馬病 …… 一二四

入塞 …… 一二四

喜孫器之來自共城 …… 一二五

送韓太祝知錢唐 …… 一二五

和聶之美鴈 …… 一二五

又和諷古 …… 一二五

送王太祝知伊闕 …… 一二五

慶曆七年祀南郊禮畢賀赦 …… 一二六

送張太博肅知岳州 …… 一二六

和之美河西列岫亭 …… 一二六

書事 …… 一二六

釣魚有感 …… 一二七

田家 …… 一二七

和人葦花 …… 一二七

送趙書記之官華州 …… 一二七

又寄題陟屺寺 …… 一二八

温國文正公文集卷第九……一五四

温國文正公文集卷第十四……二三三

温國文正公文集卷第五十一……六五五

温國文正公文集卷第五十二……六六六

温國文正公文集卷第五十三……六七七

温國文正公文集卷第五十七 …… 七三〇

温國文正公文集卷第六十三

温國文正公文集卷第六十四

温國文正公文集卷第六十九……八八六

温國文正公文集卷第七十……八九三

温國文正公文集卷第七十五

補佚文一

補佚文二

補佚詩詞……一〇八八

詞……一〇九七

附録……一〇九九

校點説明

《温國文正公文集》是北宋名儒司馬光的詩文别集。司馬光(一〇一九—一〇八六),字君實,號迂夫,陝州夏縣(今屬山西)涑水鄉人,學者稱涑水先生。仁宗寶元年間登進士甲科,歷仕仁、英、神、哲四朝。仁宗、英宗、神宗時曾任天章閣待制兼侍講、知諫院、翰林學士、右諫議大夫、御史中丞等,以清正誠明,勇於揭發時弊,極言直諫而負盛名。因反對王安石變法,退居洛陽十五年,完成《資治通鑑》。哲宗元祐初高太皇太后攝政,拜尚書左僕射兼門下侍郎,悉廢新法。在相位八月病卒,享年六十八。贈太師、温國公,謚文正。

司馬光著述頗豐,蘇軾《司馬温公行狀》載,有《文集》八十卷、《資治通鑑》三百二十四卷、《考異》三十卷、《歷年圖》七卷、《通曆》八十卷、《稽古録》二十卷、《本朝百官公卿表》六卷、《翰林詞草》三卷、《注古文孝經》一卷、《易説》三卷、《注繫辭》二卷、《注老子道德經》二卷、《集注太玄經》八卷、《大學中庸義》一卷、《集注揚子》十三卷、《文中子傳》一卷、《河外諮目》三卷、《書儀》八卷、《家範》四卷、《續詩話》一卷、《遊山行記》十二卷、《醫問》七篇。此外還有《涑水記聞》十六卷等。

從蘇軾《行狀》可知,司馬光生前已編成《文集》八十卷。其詩文集在北宋即有多種刻行。今傳皆爲南宋的刻本,大致有三個系統:

一、《温國文正公文集》八十卷(簡稱《文集》),紹興二年(一一三二)福建路提點刑獄公事劉嶠刻於泉州,有劉嶠二年《司馬温公文集序》和三年《進司馬温公文集表》。據劉嶠序、朱熹《資治通鑑舉要曆後序》和晁公武《郡齋讀書志》、陳振孫《直齋書録解題》,司馬光及子康相繼過世後,稿歸晁以道,南渡後晁以道將《文集》和《通鑑舉要曆》二書稿授謝克家，克家責劉嶠刻二書於泉州清源郡。國家圖書館藏有孝宗時的修版重印本，其中有近九卷爲明弘治間盧雍據《傳家集》系統的本子抄配（卷一至四、七十六大部至八十以及一些零頁），曾爲《四部叢刊初編》影印；傅增湘《增補郘亭知見傳本書目》則推測爲紹興末浙江重刊本，「爲現存《温公集》最古最善之本」。

二、《司馬太師温國文正公傳家集》八十卷（簡稱《傳家集》），淳熙九年（一一八二）至十年司馬光從曾孫伋刻于泉州公使庫。司馬伋見清源郡藏《文集》板片「已漫滅而不可讀矣，乃用家本讎正，移之別板」。是本在《文集》的基礎上增佚文數十篇（有誤收他人代作），補題注三一九條，編次小有變動；未改卷數，未作序跋，只節録了劉嶠序，劉嶠進表亦加沿用。是刻後世影響極大。宋嘉定十六年（一二二三）司馬光四世孫司馬遵重刊於武岡軍郡齋，之後（不晚於淳祐九年即一二四九）又有司馬光出生地光州的重刊百卷本，内容未變。袁州本《郡齋讀書志》即著録《傳家集》，似乎司馬伋刻本之前即有《傳家集》，不過據其提要所述，似仍指劉嶠所刻《文集》，待考。今宋刻《傳家集》皆不存，明清刻本和《四庫全書》本皆爲八十卷（劉嶠序皆誤題「劉隋」或「劉隨」，無進表）。明天啟七年（一六二七）吴時亮在山西夏縣以《傳家集》爲基礎改編爲八十二卷，改題《司馬温公文集》，清代亦有修版重印和翻刻。

三、《增廣司馬温公全集》一百十六卷，蘄州官刻本。該本黄革《司馬温公全集序》稱蘇軾所得《迂叟集》歸其表姪，黄革在青衣（今四川樂山縣）爲官時，蘇軾表姪「不敢示人」，後此稿爲黄革友杜傳道所得，而「書肆之本多所闕失」，因此「重加編輯，增舊補遺，始克全備」。由於小注中提到《傳家集》，且其劉嶠序已誤作劉隨，年代不會很早；然由黄革序所涉人物生活年代以及諱字、刻工姓名看，也不會太晚。是刻今日本内閣文庫有藏，存九十五卷，一九九三年日本汲古書院影印，二〇〇四年綫裝書局《宋集珍本叢刊》翻印。是本卷數增多，主要是因爲收有司馬光《手録》五卷、《日録》五卷以及《稽古録》一卷、《詩話》一卷等雜著，詩文雖有文數十篇、詩詞數十首不見於《文集》(其中相當部分同於《傳家集》)，然總體數量遠較《文集》和《傳家集》爲少。

儘管《傳家集》收文較《文集》爲多，卻比較濫，多屬范祖禹等人代作之章表，也有個別僞作，《全集》則多沿《傳家集》，因而此次整理以《四部叢刊初編》影印宋刻本《温國文正公文集》爲底本，以影印文淵閣《四庫全書》本《傳家集》爲校本，題注悉爲移録，以日本汲古書院影印《增廣司馬温公全集》爲參校本(簡稱《全集》)；又參考了北京大學出版社一九九二年版《全宋詩》、巴蜀書社一九九二年版《全宋文》、山西人民出版社一九八六年版《司馬光奏議》的校點成果，《傳家集》無題注者以《全宋詩》補；還參考了清乾隆六年(一七四一)陳弘謀蘇州刻本。底本除書前有目録一卷外，各卷端亦有各卷目録，今删去，唯在校書前目録和正文標題時仍加利用。目録與正文不同者依正文改動，不一一出校，有參考價值的異文注於正文標題之下。底本避諱字形成時代不一，故回改後一一出校。書末《補佚文一》收散佚於《傳家集》、《梁谿漫志》等書的文章七十五篇(已見於范祖禹集者不收)；《補佚文二》收散佚於《全集》中的文章二十三篇；《補佚詩詞》收詩四十二首，句十一條，詞三首；《附録》收《文集》黄丕烈跋二道、《四庫提要》、《全集》黄革序文和司馬光生平資料共七篇，以供參考。《全集》中《手録》現存前二卷和《日録》三卷已收入中國社會科學出版社一九九四年版李裕民《司馬光日記校注》，《詩話》亦有單行本，皆不收録。

底本卷端間題「温國文正司馬公文集」，卷二十又題「司馬文正公文集」，今依他卷統一，不出校。

校點者　何清谷

温國文正司馬公文集序

孔門以顔回爲德行之首。於其問仁，則曰：「天下歸仁焉。」於其問爲邦，則告以虞、夏、商、周之政。何哉？以其德行，舉而錯之事業，則所謂言語、政事、文學，皆其所優爲者。孔子所以稱其賢，則其心固以王佐許之矣。若餘子未免夫貨殖者，晝寢者，無所取材者，雖與並爲仁者，惡可與顔氏子同年語哉！孔子曰：「文，莫吾猶人也。躬行君子，則吾未之有得。」蓋言難其人也。

大丞相温國文正司馬公，出於去聖數千歲之後，其公忠直亮，根于性質之自然，非勉而中、思而得者。見於脩身踐言，則孝弟忠信，雖蠻貊而可行，在屋漏而不愧。至其施諸政事，則關百聖而不慙，蔽天地而不耻。其發爲文章，則探陰陽造化之賾以豐其源，躬仁義禮樂之實以沃其膏，酌聖賢出處之正以厲其操，通古今因革之變以博其施，非徒載之空言也。是文也，君天下者得之，足以鑒興衰，通治體。公卿大夫得之，足以勸忠嘉，盡臣節。士庶人得之，足以檢身厲行，爲君子之歸。以至山顛水涯幽人放客得之，則浩歌流詠，斟酌厭飫，隨取隨足。夫丹青可渝而公之文不可朽也，金石可磨而公之文不可磷也，山可摧，澤可涸，而公之文愈久愈新，垂世而亡窮也。公又嘗著《資治通鑑》，備論前世君臣善否之蹟，與其理亂興亡之證，別爲一書。公非有意於立文者，然將以鼓吹六經，羽翼名教，則肆筆爲言，不約而成章。古語曰：「木有文而水有波。」雖欲更之，無柰之何。」韓愈曰：「仁義之人，其言藹如也。」昔顔淵死，孔子曰：「噫，天喪予！」憫王道之無傳也。公立朝大節，輔相勳庸，凛凛在人耳目。公雖云亡，斯文未喪，學者傳誦，非獨得其言、得其書而已。

文集凡八十卷，爲二十八門，其間詩賦、章奏、制詔、表啓、雜文、書傳，無所不備。實得於參知政事汝南謝公。謝公語嶠曰：「艱虞以來，文籍散亡。子曾大父雜端公，熙寧二年坐詆時政，及再繳詔敕還中書，謫守九江，一斥不復。司馬公時營救甚力，章疏具載國史，天下所共知之。且趣嶠叙其首，鏤行於世。嶠雖淺陋末學，然服膺此書舊矣，矧復世篤忠義之契，顧何敢以不敏辭。紹興二年歲在壬子九月旦，左朝請郎直徽猷閣權發遣福建路提點刑獄公事吴興劉嶠謹序。

進司馬温公文集表

臣嶠言：准尚書省劄子，備奉十月二十九日聖旨。因祕書省有請以臣近刊司馬光文集，許令投進者。斷編參訂，深虞三豕之傳疑；睿旨聿頒，忽覩六丁之下取。前賢增重，晚學與榮。臣嶠誠惶誠懼，頓首頓首。竊以先正若司馬光，大用於元祐際。奮身許國，揭萬代之規模；張膽極言，切一時之利病。資治體則已詳於《通鑑》，舉事要則咸備於《曆書》。至其翰墨之餘，猶盡天人之奥，言言霜日之可畏，炳炳丹青之不渝。繄仁廟之末年，建明是賴；暨英皇之當宁，獻替居多。維裕陵眷注之最深，而權臣詆排之尤力，與其位高而言廢，曷若身退而道尊。逮宣仁復辟之初，屬時相蔽賢之日，揚雄殁而是非乃定，九齡罷而治亂遂分。玆遇公朝，載加贈典。爰討論乎舊政，且搜訪其遺文。國論交欣，儒林動色。恭惟皇帝陛下，緝熙奥學，纘紹丕基。景運中興，方遵養於時晦；聖謨博採，常講論於夜分。臣得善本於近臣之家，冠蕪詞於成書之首。寫諸琬琰，羽翼魯堂之六經；信若蓍龜，粃糠唐室之三鑑。覽獲塵於間燕，榮實賁於幽原。緬懷間世之鉅公，曾是先臣之知己。叩閽而救張説，豈獨見於空辭；掠麻而沮延齡，尚想聞於正色。匪徒勳業，焕在簡編。期有補於將來，庶永垂於不朽。斯文未泯，僅存石室之藏；舊德益彰，重上茂陵之藁。所有司馬光文集八十卷，計十有七册，謹隨表上進以聞。臣嶠誠惶誠懼，頓首頓首，謹言。

紹興三年十一月日，左朝請郎直徽猷閣權發遣福建路提點刑獄公事兼提舉常平□事臣劉嶠上表。❶

❶「□」，疑當作「司」。

温國文正公文集卷第一

古　賦

進交趾獻奇獸賦表 嘉祐三年九月初三日上❶

臣光言：今月二十五日有詔詣崇政殿觀交州所獻異獸曰麒麟者。臣愚不學，不足以識異物。竊以麟瑞獸也，曠世而不可覿。其於經有名而無形，傳記有形而去聖久遠，衆説紛揉，自非聖人莫能識其真，况承學之臣固不能決其是非也。臣光中謝。竊以王者道盛德至，格于神明，則有仁獸不召而自至，不覊而自馴，此其所以爲瑞也。今是獸也，生於遐荒，拘之檻櫝，載之方舟，輿曳萬里，致於闕庭。形質詭異，不應經傳，真僞之間，未易究測。儻其真也，則非自然而來。設其僞也，徒爲遠夷所笑。殆非所以發揚聖朝之光輝，補益治平之實效也。《旅獒》曰：「不作無益害有益，功乃成。不貴異物賤用物，民乃足。犬馬非其土性不畜，珍禽奇獸不育于國。不寶遠物則遠人格，所寶惟賢則邇人安。」臣竊以爲宜延見使者，賚之金帛，賜以詔書，嘉答其意，歸其麒麟，使復故壤。然後登俊傑之才，修政治之實，使家給人足，禮與樂行，四夷賓服，天瑞自至，以遵《旅獒》之意，不亦盛乎？臣不勝憤悱，謹述《交趾獻

❶「三年」，原作「八年」，據《續資治通鑑長編》、《年譜》、《全集》改。表與賦同時上。

奇獸賦》一篇，奉表投進以聞。

交趾獻奇獸賦 嘉祐三年八月二十七日上❶

皇帝御天下三十有六載，化洽於人，德通於神，邇無不協，遠無不臻。粵有交趾，來獻麒麟。其爲狀也，熊頸而鳥喝，豨首而牛身。犀則無角，象而有鱗。其力甚武，其心則馴。蓋遐方異氣之産，故圖諜靡得而詢。於是降軺車之使，發旁縣之民，除塗於林嶺之隘，引舟於江淮之濱。曠時月而涉萬里，然後得入覲於中宸。與夫雕題卉服之士，南金象齒之珍，款紫闥而坌入，充彤庭而並陳。於是群公卿士、百僚庶尹儼然垂紳薦笏，旅進而稱曰：「陛下功冠邃古，化侔儀極，恭承神祇，嚴奉宗稷，純孝烝烝，小心翼翼。出入起居，不忘於訓典；進退周旋，必資於軌則。體文王之卑服，遵大禹之菲食。宫室觀臺無雕刻之華，輿馬器用無珠玉之飾。遊必備於法駕，燕不廢於朝夕。此皆帝王所不能爲，而陛下行之，尚不忘於怵惕。是以方内乂寧，黎民滋殖。垂髫之童，耳皆習於詩禮；戴白之叟，目不睹夫金革。至於根着浮流，跂行喙息，無不翔舞太和，涵濡茂澤。此殊俗所以嚮臻，靈獸所以來格。雖漢室之初，黑鷴貢於絶徼；周家之隆，白雉通於重譯，殆不足方也。臣等謂宜命協律，播之聲歌，詔太史編之簡策，以發揮不世之鴻休，張大無倫之丕績，不亦偉乎？」皇帝乃穆然深思，愀然不怡。曰：「吾聞古聖人之治天下也，正心以爲本，修身以爲基。閨門睦而四海率

❶ 題注，原無，據《傳家集》補。按，此當爲賦寫成時間，表題九月三日上。

服，朝衆和而群生悦隨。故務其近，不務其遠，急其大，不急其微。今邦雖康，未能復漢唐之宇；俗雖阜，未能追堯舜之時。況物尚疵癘，而民猶怨咨，朕何敢以未治而忘亂，未安而忘危，享四方之獻，當三靈之釐？且是獸也，生嶺嶠之外，出沮澤之湄。得其來，吾德不爲之大；縱其去，吾德不爲之虧。奈何貪其琛賮之美，悦其鱗介之奇，容其欺紿之語，聽其諂諛之辭，以惑遠近之望，以爲蠻夷之嗤！不若以迎獸之勞爲迎士之用，養獸之費爲養賢之資。使功烈烜赫，聲明葳蕤，廢耳目一日之玩，爲子孫萬世之規，豈不美歟？」於是，群臣拜手稽首，咸曰：「此盛德之事，臣等愚戇所不及。陛下誠有意於此，臣等敢不同心竭力，對揚而行之！」皇帝於是御《棫樸》之篇，觀《大畜》之繇，延黄髮之儒，顯巖穴之秀。善有可旌，無間於幽遠；言有可采，不棄於微陋。位匪德而不升，官無能而不授。使稷、契居左，皐、夔立右，伊、吕在前，周、召待後。相與講經藝之淵源，覽皇王之步驟，求大化之所未孚，訪惠澤之所未究。興民之利，若癢夫飢渴；除民之害，若憂夫疾疢。賜予簡而功無所遺，刑罰清而姦無所漏。浮費省而物不屈於求須，苛役蠲而農不妨於耘耨。使之夏有葛而冬有裘，居有倉而行有糗。絲纊之饒足以養其老，甘脆之餘足以慈其幼。地不加廣而百姓足，賦不加多而縣官富。道塗之人恥争而喜讓，閭閻之俗棄漓而歸厚。户知禮義之方，人享期頤之壽。然後旃裘之長頓顙而讋服，祝髮之渠回面而奔走。靡不投利兵而襲冠帶，焚僭服而請印綬。於是三光澄清，萬靈敷佑，風雨時若，百穀豐茂，休氣充塞，殊祥輻輳。甘露霡霂於林薄，醴泉觱沸於嵌竇，華英羅植於堦戺，朱草叢生於庭霤。鳳凰長離駢枝而結巢，黄龍騶虞群友而爲畜。由是觀之，則彼裔夷之凡禽，瘴海之怪獸，皮不足以備車甲，肉不足以登俎豆。夫又何足以耗水衡之芻而污百里之囿者哉？

稷下賦

齊王樂五帝之遐風，嘉三王之茂烈，致千里之奇士，總百家之偉説。於是築鉅館，臨康衢，盛處士之遊，壯學者之居。美矣哉！高門横閌，夏屋長檐，罇罍明潔，几杖清嚴。爾乃雜佩華纓，净冠素履，端居危坐，規行矩止。相與奮髯横議，投袂高談，下論孔墨，上述羲炎。樹同拔異，辨是分非。榮譽樵株，爲之蓊蔚。訾毁珵美，化爲瑕疵。譬若蘭芷蒿莎布濩於雲夢之洳，鴻鵠鶖鶬鼓舞於渤澥之涯。於是齊王沛然來遊，欣然自喜，謂稷下之富，盡海内之美，慨乎有自得之志矣。祭酒荀卿進而稱曰：「吾王闢仁義之塗，殖詩書之林，安人之慮廣，致治之意深。然而諸侯未服，四鄰交侵，士有行役之怨，民有愁痛之音。意者，臣等道術之淺薄，未足以稱王之用心故也。」王曰：「先生之責寡人深矣，願卒聞之。」對曰：「臣聞之，碔砆亂玉，魚目間珠，泥沙漲者其泉慁，莨莠茂者其穀蕪。網者棄綱而失叙，行者多岐而喪塗。今是非一概，邪正同區，異端角進，大道羈孤。何以齊蹤於夏商，繼軫於唐虞？誠能撥去浮末，敦明本初，修先王之典禮，踐大聖之規模。德被品物，威加海隅，忠正修列，讒邪放疎。行其言不必飽其腹，用其道不必暖其膚。使臣飯粱醬肥而餐驕君之禄，不若荷鉏秉耒而爲堯舜之徒。惜夫！美食華衣，高堂閒室，鳳藻鵷義，豹文麋質，誦無用之言，費難得之日。民未治不與其憂，國將危不知其失。臣竊以大王爲徒慕養賢之名，而未覩用賢之實也已。」

靈　物　賦 元豐元年六月二十七日作

有物於此，制之則留，縱之則去。卷之則小，舒之則鉅。守之有主，用之有度。習之有常，養之有素。譽之不喜，毁之不怒。誘之不遷，脅之不懼。吾不知其何物，聊志之於兹賦。

温國文正公文集卷第一

温國文正公文集卷第二

古　詩

春　獵

小苑微寒春鴈飛，石闕宫外草萋萋。漢家旌旆連圍合，秦國山川入望低。花色纔臨珠綴發，柳陰欲傍金隄齊。韓嫣承恩來視獸，飛塵遥出建章西。

八月十五日夜寄友人

故人音信絶，對月動相思。清露滴紅葉，此懷當告誰。秋風廣陵郭，正是望濤時。

戲下歌

項王初破函關兵，氣壓山河風火明。旌旗金鼓四十萬，夜泊鴻門期曉戰。關東席卷五諸侯，沛公君臣相視愁。幸因項伯謝前過，進謁不敢須臾留。椎牛高會召諸將，寶劒泠泠舞席上。咸陽灰燼義帝遷，分裂九州如指掌。功高意滿思東歸，韓生受誅不復疑。區區蜀漢遷謫地，縱使倒戈何足爲。

烏栖曲二首

風破金鋪結綺錢，穿簾入幌舞垂蓮。可憐無人夜不曉，起視西窗月華皎。

星疎月明漏水長，羅幃翠帳華燈光。佳人起舞玉釵墮，門外烏栖鴈南過。

海仙歌

東望海波蒼茫浩渺無所極，高浪洪濤黯風色。翻星倒漢天地黑，陰靈出没互相索。東方曈曨景氣清，慶雲合沓吐赤精，蓬萊瀛洲杳如萍。遥觀五樓十二城，群仙劒佩朝玉京。祥風縹緲鈞天聲，彩幢翠盖烟霞生。鸞歌鳳舞入帝鄉，紫麟徐驅白鶴翔。餐芝茹术飲玉漿，千年萬年樂未央。

宮漏謡❶

宮漏清高處處聞，六街寂寂夜將分。南下河梁緬詰曲，北瞻禁闕鬱繽紛。黄金鎖閉斗城斜，白玉樓通上帝家。若木未光潛日月，神仙不動積烟霞。銅壺銀箭夜何長，杳杳亭亭未遽央。複道迴廊接西掖，千門萬户遥相當。宛轉徘徊不能駐，復出宮城透宮樹。宮樹烏飛月欲西，燭光一道照沙隄。龍騎聯翩擁閶闔，鳳帷岑寂對狻猊。❷廣庭肅肅延冠帶，劍佩峥嶸百神會。施政發令四海春，廟當垂衣天宇泰。

華州祇役往馮翊留別楚正叔建中

芳菲不得駐，會取餘春還。欲知回首處，渭曲蒼茫間。

❶「謡」，原書前目録及卷端目録作「謌」。
❷「帷」至詩末三十四字，原缺，據《傳家集》補。

孟嘗君歌

君不見薛公在齊當路時，三千豪士相追隨。邑封萬户無自入，椎牛釃酒不爲貲。門下紛紛如市人，鷄鳴狗盜亦同塵。一朝失勢賓客落，唯有馮驩西入秦。

緱山引

王子吹笙去不還，當時舊物唯緱山。山深樹老藏遺廟，春月秋風空自閒。轘轅左界連商雒，碧瓦朱欄露華薄。經時掩户庭草深，永晝無人澗花落。徘徊未下日將西，遥望嵩陽烟景微。鶴馭飄颻向何許，林間空見白雲飛。

洛陽少年行

銅駞陌上桃花紅，洛陽無處無春風。青絲結尾連錢驄，相從射獵北邙東。流鞭縱鏑未云畢，青山團團載紅日。雲分電散無影迹，黄鷄未鳴已復出。

將軍行

赤光滿面脣激朱，虬鬚虎顙三十餘。腰垂金印結紫綬，諸將不敢過庭除。羽林精卒二十萬，注聽鍾鼓觀麾旟。肥牛百頭酒萬石，爛漫一日供歡娱。自言不喜讀兵法，智略何必求孫吴。賀蘭山前烽火滿，誰令小虜驕慢延須臾。

何秀才漢倫郊園五首

主人躭詩書，樂道深居久。挾策往來游，東岡復南畝。

濁酒不取味，素琴無復絃。何須更清論，相見自蕭然。

蒼蒼竹林暝，鬱鬱松氣寒。縱橫興來筆，欹側醉中冠。

褰裳涉幽澗，日落烟巖空。躊躇待新月，長嘯來清風。

夏木繞茅廬，碁酒資清宴。密葉緑藏枝，空聞黄鳥囀。

夏日過陳秀才園林

桑蔭青青紫葚垂，鮮風蕩麥生漣漪。驅童策馬踏村路，乘興出遊當訪誰。槿花籬落圍叢竹，風日蕭疎滿園緑。到門下馬問主人，文籍先生其姓陳。高談浩浩究今古，不覺林間日將暮。茅廬蒿徑幸不遥，不厭頻煩數來去。

陪同年吴冲卿登宿州北樓望梁楚之郊訪古作是詩❶

大禹息洪潦，畫野經九州。波沈露群山，嶷嶷相嬰鉤。旋洄澮玆土，平敞仍寡仇。乘高極回望，坦坦無陵丘。先王崇皡濟，建祀邦諸侯。玉帛從會同，赴告書春秋。六雄方逐鹿，爲嬴弱姫周。玆爲會戰場，蹀血無時休。漢錯削七國，禍生東南陬。亞夫閉高

❶「詩」下，書前目録有小字「充」。

壁，坐折强吴謀。典午倒太阿，鬭户延旃裘。淮泗漫腥羶，房心掩旄頭。人移烟火絶，榛茂豺狼遊。唐綱日浸衰，盜起如螟蟊。相攜聚萑蒲，袒臂提耡耰。蟠薄數千里，焚劫無餘留。聖朝定多壘，劒戟包貔貅。蓁蓁荆棘林，膴膴良田疇。耒耜趨時雨，黍稷豐歲秋。昔爲車騎利，今覩桑麻收。我來宦東土，莨若乘春流。行行次苻離，固爲親交留。樽罍且爲樂，携手登高樓。是時新雨餘，風日方和柔。雲鮮亂花薄，波緑迷芳洲。冪冪遊絲轉，衮衮野陽浮。調簧語雙鸝，飜雪矯群鷗。愛兹登臨美，况復依良儔。聊適笑言樂，盡忘覊旅憂。翔陽向冉冉，漸與西山遒。驛程前有期，戀此當何由。分首下岧嶤，悵然登莫舟。

燕臺歌

萬古蒼茫空盛衰，燕臺賢客姓名誰。君看碣石嵓中草，寧似昭王擁篲時。黄金散盡餘基没，易水蕭條烽火飛。

楚宫行

楚王宫中夜未央，清歌秘舞會華堂。木蘭爲柱桂爲梁，隋珠和璧爛同光。横吹乍鳴秋竹裂，繁絃初度春雨歇。九微火樹垂垂滅，羅衣紛紛玉纓絶。滿朝冠劒東方明，宫門未啓君朝醒。秦關日夜出奇兵，武安君火照夷陵。

塞　上六言

胡兵欲下陰山，寒烽遠過蕭關。將軍貴輕士卒，幾人回首生還。

柳枝詞十三首

烟滿上林春未歸，三三兩兩雪花飛。柳條別得東皇意，映隄拂水已依依。

依依高樹出宮牆，摇曳青絲百尺長。願與宣温萬年樹，年年歲歲奉君王。

君王遊豫賞青春，折柳爲卷賜侍臣。莫怪長條低拂地，只緣供掃屬車塵。

屬車隱隱遠如雷，陳后愁眉久不開。楊花都不知人意，故入長門宮裏來。

長門宮曉未成粧，結雨縈風蔽瑣窗。莫令透入華梁燕，那堪負汝更雙雙。

雙雙春鷰颺雲霄，楚國宮深樂事饒。會待急管繁絃際，試取纖條並舞腰。

舞腰繽紛長樂東，柳間悵飲送春風。請君試望邯鄲道，青門裊裊徹新豐。

新豐道上灞陵頭，又送夫君去遠遊。借問柳枝能寄否，古今共有幾多愁。

多愁尤是別離深，折條相贈各沾襟。留住不住居人意，欲去未去行人心。

行人白馬去遥遥，初上金隄欲過橋。望塵不見遮人眼，苦怨無情萬萬條。

五柳先生門乍開，宅邊植杖久徘徊。陌頭遥認顔光禄，詰旦先乘瘦馬來。

白雪雖然比絮花，艷陽不得共繁華。爲君故入烏衣巷，飛舞風流謝傅家。

宣陽門前三月初，家家楊柳緑藏烏。歡似白花飄蕩去，忍能棄擲博山爐。

奉和經略龐龍圖延州南城八詠

迎薰亭

華舘壓清波，坐待南風至。須知明牧賢，善達吾若意。

供兵磑

晨暮響寒泉，飛輪駃風轉。士飽氣益振，輕與光零戰。

柳湖

依依烟未歇，漠漠風初静。浮花滿波面，不見參差影。

飛蓋園

軍中富餘暇，飛盖南城隈。雍容陪後乘，一一應劉才。

翠漪亭

雕簷日華動，滉瀁照漪漣。四月芰荷滿，不似在窮邊。

延利渠

枝分清淺流，縱横貫城市。還如恩在人，潤澤無終既。

緣雲軒

逼漢敞高巖，緣雲結飛閣。東山萆樹暝，致足登臨樂。

禊堂

簫鼓震陽休，組練照芳洲。意氣坐中客，羞笑山陰遊。

天馬歌

大宛汗血古共知，青海龍種骨更奇。網絲舊畫昔嘗見，不意人間今見之。銀鞍玉鐙黄金轡，廣路長鳴增意氣。富平公子韓王孫，求買傾家不知貴。芙蓉高闕北向開，金印紫綬從天來。路人回首無所見，流風瞥過驚浮埃。如何棄置歸皂棧，踠足垂頭困羈絆。精神慘澹筋骨羸，舉目雙睛猶璀璨。伏波馬式今已無，子阿肉腐骨久枯。舉世無人相騏驥，憔悴不與駑駘殊。神兵淬礪精芒在，寶鑑遊塵肯終晦。君今髯剔被鳴鸞，尚能騰踏崑崙外。

河上督役懷器之寄呈公明叔度時器之鞫獄滄州

河災汎東郡，廬井多堙淪。題輿得賢佐，姁嫗安疲民。遂令枯槁餘，稍復蘇陽春。伊人屏外飾，倜儻窮天真。徒觀浩蕩波，莫測江海津。矧茲同府士，一一隨和珍。公明抱全德，洞徹無緇磷。叔度秉峻節，竦若凌霜筠。顧茲不肖材，亦齒幕中賓。同依松栢陰，共醉醍醐醇。高論探要妙，佳句裁清新。有時縱歡謔，盃案霑衣巾。曾無禮節間，但以風期親。北州有疑獄，兩造正紛綸。當須于公斷，然後無冤人。送行出郊岐，揚鞭從此違。隄繇春事起，行役未成歸。索居如幾日，河草已芳菲。徒然掩瑶瑟，坐歎知音稀。昨夜西南風，夢中東北飛。行行涉滄海，髣鬑睹容暉。寤思益惆悵，天長羽翼微。離懷如柳色，極目正依依。

華星篇 時視役河上，寄郡中諸同舍。

凉風净掃雲無迹，海月未生星歷歷。貝聯珠貫拱北辰，三五縱横此何夕。重樓疊榭出秋空，鳷鵲露寒連桂宫。瑶井迴臨丹闕外，玉繩斜掛瑣牕中。征人遠别空閨悄，鍾漏蕭疎天不曉。碧紗展轉無復眠，卧視寒光度華沼。漢家賢將成臨洮，結髮從軍今二毛。誰憐身老心猶壯，深入長占太白高。豐城古劍沉淪久，匣中夜半雙龍吼。乃知神物不自藏，紫氣依稀見牛斗。有客離居望所親，遥知清夜會荀陳。❶ 隄繇未息無由去，不及浮槎河畔人。

宿石堰聞牧馬者歌

大河之曲多寬閒，牧田枕倚長隄灣。烏栖鵲散隄樹寂，柝木聲稀宵欲闌。牧兒跨馬乘凉月，歷歷繞群高唱發。幽情逸氣生自然，往往嗚鞘應疎節。歌辭難辨野風高，似述離憂嗟役勞。徘徊不斷何妨近，彷彿微聞已復遥。長川泠浸秋雲白，露草氄光凝碧色。星疎河淡夜初長，展轉空亭奈孤客。洞簫音律京君明，可憐骨朽不更生。安得使傳哀怨意，爲我寫之羌笛聲。

❶「荀」，原作「苟」，據《全宋詩》卷四九八改。

楊白華

勸君勿嫌楊花太輕薄，籬下溝中紛漠漠。翠鬟婢子不勝愁，掃盡還飛滿朱閣。晚來風雨送行春，天無遊絲地無塵。雪狂絮亂安可得，孤樹青青愁殺人。

都下秋懷呈聶之美

愚疎强從仕，趣尚與時乖。揭來遊京邑，榮願知誰諧。王國富英奇，氣象摽巖崖。雲鴻送雙目，攀援路可階。秋風轉枯葉，颯颯繞寒齋。出門無所之，飛塵滿天街。夫君宦未達，猶得稱吾儕。解衣换斗酒，且盡平生懷。

陪張龍圖南湖暑飲六言

紅旆縈林却轉，瓊筵就水重開。荷香着衣不去，竹色映酒遥來。

樓船瀲灩輕浪，鷗鷺繽紛滿天。清歌久之未度，畫梁塵落芳筵。

道傍田家

道傍田家翁嫗俱垂白，敗屋蕭條無壯息。翁携鎌索嫗携箕，自向薄田收黍稷。静夜偷舂避債家，比明門外已如麻。筋疲力弊不入腹，未議縣官租税足。

送李汝臣同年謫官導江主簿

得喪互循環，古今昧終始。百歲落其間，僅與毫芒似。所以達人心，身外不復紀。愁來若亂絲，疏解當以理。昔君關外來，籍籍聲華起。憑案一濡毫，萬言俱落紙。老生闚其文，色若寒灰死。閣筆不能下，敢有疵瑕指。或時抵卿相，入門俱倒屣。閽夫迎受謁，不敢揚眸視。解褐吏邊州，長塗初進跬。蛟龍得尺水，雙骼方嶷嶷。西羌負德澤，飛鏑聳邊鄙。添兵十萬餘，斗粟無支擬。州郡走符檄，縱横恣鞭箠。閭閻浪愁苦，卒食半糠粃。上官知君才，悉以儲粮委。開倉募平糴，至者車連軌。嚴明束吏手，誘諭提民耳。留穀受金去，若與同儕市。弦朔未云周，露積丘山比。曾無轉餉勞，坐飽防秋士。莫府上其功，明詔深嘉美。爲僚登九寺，長人專百里。聊用報勤劬，未言窮任使。何期逢怨讎，意外成瘡痏。刺骨舞文法，吹毛出瑕滓。清霜五月飛，慘烈傷蘭芷。鸞鳳失椅梧，飄泊還荆枳。聖朝方任能，大過尚收齒。況於濟時具，蹔然遭詆訾。寧因青蠅惡，遂取璠璵毁。良工構明堂，❶必不遺杞梓。勉哉益自立，勿爲窮衰止。人生難豫期，神理無終否。庸知今日憂，不爲後日喜。吾道誠無虧，壈坎安足恥。關山迤邐長，百劒連天倚。縈紆結危棧，迥入雲星裏。蜀國富嬉遊，花繁春酒旨。莫作弔原文，投之岷江水。

❶「構」，原避宋高宗諱作小字「太上御名」，今據《全宋詩》卷四九八回改。

春日書寄東郡諸同舍

滑臺古鎮揭高牙，主人賢厚賓友嘉。公庭退休射堂飲，水沈緑李浮甘瓜。清言妙諭間詼謔，笑語往反何喧譁。別來汎濫若浮梗，塵愁俗累稠於麻。提鞭俄盖觸風日，慘澀滿眼飛埃沙。朱門湛湛果深淺，門外日擁千餘車。閽人未肯即通刺，指彈手版景欲斜。就令入見亦何事，氣象渺邈凌青霞。圜碁角智賭勝負，拙者理與功名賒。捨之歸入户庭隘，仰視青天如井蛙。後檐數尺地荒穢，不翦欲令生薺花。當春寂寂但如此，意恐至外逢紛華。奈何勝友百餘里，不可一見如天涯。何時更共把卮酒，側身北望空咨嗟。

和邵不疑校理蒲州十詩 必

飲　亭 亭有流盃渠

飛盖名僚集，臨流芳宴開。縈紆漱文石，次第傳清盃。迴波亦多意，并汎落花來。

涌　泉　石 樞密學士蔣公知府事，得片石大如席，上有數十竅，莫知所施。公問石工，對曰：此盖涌泉石也。乃於飲亭下鑿地爲埳，置石其上，夏日從旁激水灌之，躍高數尺，以清暑氣。

蒼然片石寒，百道飛泉吐。高堂忽蕭颯，坐失炎蒸苦。蛟龍卧欲飛，仰噀秋空雨。

翠　樓

條山翠氣横，隱嶙秋空窄。危樓雨初度，卷幌延佳色。撲撲滿前軒，嵐光真可摘。

碧樓

烟瓦疊琉璃，危樓半空倚。歌鍾奉高宴，聲來碧雲裏。日暮天四垂，黯澹如秋水。

静齋

逸二句 聊窺碧甃缺，寒草生歷歷。時聞山鳥呼，未得全幽寂。

槐軒

逸二字 軒已幽，況復植宫槐。簷外陰沈緑，南山雨氣來。逍遥不知久，驚此黄花開。

涼 逸一字

逸二句 清風滿四境，豈獨華榱下。不若楚臺人，披襟獨蕭灑。

芙蕖軒

荷花爛熳紅，不見方塘水。蕉蕘結飛閣，苒惹清香裏。露重忽欹側，翩然翠禽起。

惜花亭

春意復蹉跎，園林日愁寂。枝邊緑陰重，砌下紅英積。兹亭花最繁，飄零尤可惜。

竹軒

茂密正當軒，欹垂欲侵案。風枝忽交戛，月影争凌亂。誠嘉君子心，匪直林亭玩。

秋日寄山中友人

昨夜聽秋風，霜崖幾樹紅。心隨新鴈去，宛至碧谿東。聖主搜漁釣，林巖今已空。胡爲執高節，憔悴久山中。

和之美舟行雜詩八首

舟中夜坐二首❶

風柳動蕭疎，寒星浸寥落。中宵四寂然，時有遊魚躍。

汀沙落席帆，岸柳縈單舸。小市遠微茫，簇水初燈火。

船行遇風

蔡水僅成波，不若江湖濬。誠無傾側憂，纜弱終難進。

野　花

喧喧桃李蹊，何妨笑幽草。但願保天真，徐共春風老。

水　鴨

攤縱出短蒲，毰毸浴清水。物忌太鮮明，何妨染泥滓。

魚　鷹

翩然下林表，不憚風湍惡。得雋輒高飛，爲君羞擊搏。

罾魚者

弱篠絓輕絲，盡日寒溪側。獲少近知無，溪魚皆爾識。

都門路

紅塵晝夜飛，車馬古今迹。獨憐道傍柳，慘淡少顏色。

❶「二首」，原無，據《傳家集》補。

吴冲卿直舍閻士安畫墨竹歌

閻生畫竹舊所聞，望中一見遥可分。伊予不甚少佳畫，猶愛氣骨高出群。狂枝怒葉凌絹素，勢若飛動争紛紜。蟠根數節出地底，上有積年蒼蘚紋。森然直榦忽孤聳，意恐出屋排浮雲。秋風颯颯生左右，耳目灑落遺塵氛。乃知良工自神解，昧者倣習徒艱勤。子猷昔者得收玩，不患終朝無此君。

和之美河洲四詩

冉冉河洲曉，晴霞登木杪。稍見水烟開，孤舟天際小。

杳杳河洲晚，客行殊未返。目隨林鳥還，心共征鴻遠。

寂寂河洲夜，蘆花繞墟舍。孤客久未眠，窗燈落寒灺。

漠漠河洲雨，依稀辨村聚。時哉鷗鳥群，凌亂争鳴舞。

又和夜雨宿村舍

積雨久未闋，豈徒行客憂。夜聞屋中人，嘆息悲田疇。方春播殖時，種食皆外求。鞭訶犯赤日，酷烈慚羸牛。草薉競禾長，從人借鉏耰。晨鋤戴星起，日闇未能休。豈無一時勤，所覬歲有秋。今兹昏墊災，大壄成洪流。直疑滄海溢，繭栗浮陵丘。昔時百丈原，汎汎皆挐舟。喬木失端杪，飢鳥下無投。黍稷沈黄泥，圭合安可收。嗟予乏技能，無以易糠粺。販鬻固所昧，敢詑市井遊。欲依盗賊群，懦不閑戈矛。已哉任天地，無益徒爲愁。一身無死所，況爲妻兒謀。之美愛物者，凄然涕霑裘。一夫有不獲，伊尹爲深羞。何當富斯民，比屋囷倉稠。惜哉祿秩卑，此志終宜酬。

送伊闕王大夫歌

于嗟古之道邈既遠兮，日陵夷而就衰。群儒角逐異端競進兮，聖塗榛枳幽昧而難知。君獨恥從衆人之後兮，軒然高舉遠取而窮追。撥去虹蜺汛掃氛濁兮，廓然迺得睹夫朝曦。授邑於雒之南兮，始者既學今得而施。歸風俗於醇厚兮，又何西門卓魯之足爲。消奸化桀折牙杜蘖兮，寂不知其所之。❶何者爲令之德兮，黄童皓首接手而遊嬉。菽粟露積牛羊被壄兮，百里獨比於太古之時。予願解冠棄佩兮，受一廛於伊之埜。蓑身笠首兮，同邑民以熙熙。

送韓太祝維歸許昌 賦得交字

王城名利窟，冠盖鬱相交。夫君獨鳳舉，彯然去喧呶。潁水清可濯，箕山高可巢。反顧公相榮，一芥浮堂坳。缺大吕重，豈知輕斗筲。蒼蒼氣象嚴，萬木擁寒郊。缺點隈曲，初旭染林梢。去去善自將，因聲訪衡茅。

和興宗夜直聽雨

缺茫凍雨來，入夜勢增急。縱横挾春風，飄灑相噴吸。敗窗端見欺，遽有萬點入。先生伏經編，眼冷倍昏澀。夜分僮僕倦，跛

❶「之」，原作「知」，據《傳家集》改。

倚厭久立。燈火爲溟濛，詩書亦霑濕。夫君儲善價，未售不悁悒。物華迎霽新，佳賞時將及。囷中秫幾何，營釀須汲汲。

和之美諷古二首

曲逆從漢祖，出奇誰與讓。一朝寄天下，不及王陵戇。

海客久藏機，鷗知人未知。如何毫末利，管鮑亦相欺。

和之美二貧詩

君子尚仁義，實用爲身資。其人苟不賢，富饒亦胡爲。所以回憲徒，不厭糠與藜。當時萬金産，令名傳者誰。之美初解褐，爲吏長河湄。月得數斗禄，僅足供饘糜。謂言家無實，不必修藩籬。囊衣不自暖，乃爲偷意窺。穿墉入其室，探取無纖遺。從事借之帶，同列乞其衣。日高服未具，不敢踰門畿。蕭條四壁寒，獨立空自嗤。援毫引幅帋，書作二貧詩。上言運命邅，温飫無時期。下嗟職事勞，舊學日以隳。乃知賢者心，不獨憂寒飢。壈坎雖益多，志業終無衰。我實甚貧者，視君猶白圭。行年三十餘，碌碌無他奇。庇身太學官，旦夕唯鹽虀。讀君二貧作，我事借君詞。君誠士林秀，不免青衫卑。滿腹豈無才，抱蓄未有施。不用固爲小，用之活烝黎。如君有此富，豈必藏珠璣。財貧非道貧，已矣何嗟咨。

送薯蕷苗與興宗

客從魏都來，貽我山藷實。散之膏土

間，春苗比如櫛。吾家庭户狹，樹藝苦其密。危根遞扶戴，怒牙猶佛鬱。興言念伊人，好嗜與我一。家蓄桐君書，喜觀氾氏述。雖爲簪帶拘，雅尚林樊逸。分獻取其誠，豈容羞薄物。況聞知藥者，餌此等苓朮。願益君子年，康直體無疾。散誕得寬壤，繁大宜無日。蕭梢新蔓抽，苯蕁故叢失。入冬霜霰嚴，葉落掊可出。伸如猿臂長，拳若熊膰腯。拾木爨銅鼎，相期聚書室。誰得與其徒，谿茶與山栗。

答昌言求薯蕷苗

冬實散肥壤，春苗動新葉。雅意非遺人，野情聊自愜。何言好事者，求訪來相疊。會種十畝餘，坐取詩盈篋。

送冷金牋與興宗

蜀山瘦碧玉，蜀土膏黃金。寒谿漱其間，演漾清且深。工人剪稺麻，擣之白石砧。就谿漚爲紙，瑩若裁璆琳。風日常清和，小無塵滓侵。時逐賈舟來，萬里巴江潯。王城壓汴流，英俊萃如林。雄文溢箱篋，爭買傾奇琛。夫君乃冠冕，辭氣高千尋。十載爲舉首，於今猶陸沈。嗟我蓄此紙，才藻不足任。願以寫君詩，益爲人所欽。縞帶豈多物，足明同好心。黃鍾聲如雷，豈病無知音。請以此爲質，他年神所臨。華軒策駟馬，愼勿忘遺簪。❶

❶「愼」，原避宋孝宗諱作小字「御名」，今據《全宋詩》回改。

謝興宗惠草蟲扇

吴僧畫團扇，點綴成微蟲。秋毫宛皆具，獨竊天地功。細者及蛛蝥，大者纔阜螽。枯枝擁寒蜩，黄蕋黏飛蜂。翾然得生意，上下相追從。徒觀飛動姿，莫睹筆墨蹤。兒曹取真物，細校無不同。恐其遂躍去，亟取藏箱中。乃知藝無小，意精神可通。不與誤圖蠅，能惑紫髯翁。子猷壯彈雀，藏寶傳江東。不知古何如，此畫今爲雄。人墓木已拱，其徒頗能工。舊法存百一，要足超凡庸。友人幸爲賜，物薄意何隆。玩之不替手，愛重心無窮。常如對君子，穆穆來清風。

和昌言官舍十題

石　榴　花

靈根逐漢臣，遠自河源至。流離遍中壤，今兹盡苗裔。畏日助殷紅，凍雨滌濃翠。宜携避暑客，花下縱横醉。

薏　苡

佳實産南州，流傳却山瘴。如何馬伏波，坐取丘山謗。夫君道義白，復爲神明相。厲氣與流言，安能逞無狀。

石　蘭

楚人歌紫蘭，華禁無傳久。循名意兹是，誰得明真否。天憐菊性孤，秀發秋風後。固令芳物生，聊作黄花友。

萱　草

葉濯宿露翠，花迎朝日黄。昔誰封殖此，儼列侍高堂。達士隱於吏，孰爲行與藏。逍遥玩永日，自無憂可忘。

蜀　葵

白若繒初斷，紅如顔欲酡。坐疑儇駕嚴，幢節紛駢羅。物性有常妍，人情輕所多。菖蒲儻日秀，棄擲不吾過。

畦　蔬

隙土惜荒棄，剪治成春畦。講雩時澤洽，葵荏高參差。釃渠若貫脉，疏塍如畫棋。爲吾謝來客，桔槔毋語機。

水　紅

夢想水鄉遊，堦庭植籠古。宛如江外行，高帆落寒浦。煙枝静疎秀，風穗閒低舉。於今看未好，漠漠宜秋雨。

甘　菊

野菊細瑣物，籬間私自全。徒因氣味殊，不爲庖人捐。采升白玉堂，薦以黄金盤。願若南陽守，永扶君子年。

蘭

賢者非無心，園夫自臨課。蓺植日繁滋，芬芳時入座。青蓯春茹擢，皎潔秋英墮。正苦郢中人，逸唱高難和。

病　竹

園竹久不治，蕪没真可弔。豈無枯槁客，蕭疎自殊調。至人愛高節，命斧除藜藋。何用報至恩，清陰與長嘯。

送文慧師歸眉山 應符

至人心如雲，去住唯所適。飄飄涉四海，豈復校喧寂。朅來王城遊，紅塵暧晨夕。忽思還故峰，不可留宿昔。離合皆自然，於何寄驩戚。從兹坐林下，白首傲泉石。山鳥集掌中，巴猿侍瓶錫。寺前烟蔓深，何處求行迹。

風林石歌 蔡著作抗，字子直，得此石於朱陽山。

聞君家有風林石，鐫刻無痕畫無迹。靡然合勢俱左傾，偃蹇常如負風力。置之坐側野意生，静聽若有颼颼聲。忽疑身世在丘壑，使我蕭然無俗情。黄金白璧豈非好，子直視之不爲寶。

興宗南園草盛不翦僕過而愛之爲詩以贈❶

君家在何許，遠與南城鄰。車馬不甚繁，門前無俗塵。有園廢鉏治，繞舍皆荆榛。入夏益滋蔓，鬖鬖高没人。豈無舊桃李，蕪雜與之均。謂言彼草木，於我奚疎親。於間置取舍，豈得完天真。不若任其然，同受雨露仁。物性且不違，人心何緇磷。閉户不迎客，箕踞無冠巾。苟忘軒冕榮，何異巢居民。

古詩贈興宗

窮達有常分，得喪難豫言。古今浩茫茫，倚伏安可原。軒裳彼自榮，舉俗同崩奔。

❶「以贈」，書前及卷端目録作「贈主人」。

錙銖校重輕，冰火殊凉温。君子固無愧，立身明本根。度矩苟不愆，寵辱徒喧喧。有如清濟流，横貫長河渾。景公馬千駟，南面雄東藩。陶青劉舍徒，位爲丞相尊。當時非不顯，磨滅何足論。顔回在陋巷，藜藿甘盤飧。原憲結弊衣，蓬蒿塞其門。當時豈不窮，至今榮名存。况君齒方壯，德業素所敦。安知搨翅歸，不作凌雲翻。要之白首期，壯烈施元元。爲君畫善策，灑掃清前軒。長舒四五榻，客來輒開樽。群愁喜伺人，稍醒必煩冤。拒之亦無他，體中常昏昏。

出都日塗中成以下請告歸省及之汾陰省兄時所爲

賤生習山野，愚陋出於骨。雖爲冠帶拘，性非藩籠物。揚鞭出都門，曠若解徽紼。是時天風惡，靈沼波蕩汩。龍鬣互騫騰，鷗群遠浮没。川原寖疎豁，烟火稍蕭瑟。草木雖未榮，春態先髣髴。桑稀林已斜，柳弱條可屈。蛛絲罥晴陽，鼠土壅新窟。徐驅款段馬，放轡不呵咄。與爾同逍遥，紅塵免蓬勃。

重經車輞谷

昔年道經車輞谷，直上七里鹽南坡。今年行役復到此，方春流汗如翻波。中塗太息坐盤石，涕泗不覺雙滂沱。我生微尚在丘壑，强若麋鹿嬰虞羅。人踰三十只有老，後時過此知如何。雲泉佳處須速去，登山筋力行蹉跎。

送巢縣崔尉

弱歲家淮南，常愛風土美。悠然送君

行，思逐高秋起。巢湖映微寒，照眼正清泚。低昂蹙荷芡，明滅縈葭葦。銀花鱠肥魚，玉粒炊香米。居人自豐樂，不與他鄉比。况得良吏來，倍復蒙嘉祉。君爲太學生，氣格已英偉。登科如拾遺，舉步欻千里。毋嫌位尚微，觀政此爲始。尊公久場屋，上國困泥滓。豈不重相離，念子勉爲理。當令佳譽新，煒煒滿人耳。高堂雖在遠，聞之足爲喜。何必羞三牲，然後稱甘旨。

酬宋次道初登朝呈同舍

林葩積浮脆，煙霧矜春姿。山桂結芳堅，冰霰横秋枝。夫君名卿嗣，華實雙葳蕤。如何仕不偶，通籍鬢生絲。豈非秋桂類，不足煩嗟咨。我今三十餘，汩没無他奇。正恐食浮人，敢言位猶卑。同登天子廷，自視誠非宜。清朝正求治，諫路方坦夷。太平可立致，此任非君誰。

温國文正公文集卷第二

温國文正公文集卷第三

古　詩

奉同范景仁宋次道太常致齋韓廷評維見過閽人不時納韓去乃知爲詩謝之

端居太常署，寒日淡孤清。取酒呼諸友，談笑方縱横。韓君士林秀，四海依高名。家襲鍾鼎貴，身無簪組縈。逍遥風塵外，萬物秋毫輕。未嘗妄過人，所過以爲榮。如何枉玉趾，及門失相迎。主人豈傲客，事有迷誤并。追延既不及，相視徒嗟驚。威鳳顧脩梧，不下還孤征。景星欻呈彩，旋有流雲生。靈物固難覩，俗眼真不明。投謝有何物，珉石從雙璚。

送守哲歸廬山

哲公金陵來，神韻自孤秀。京華三十春，高節愈幽茂。烜赫公卿門，道俗日奔走。自非趣尚合，一息不相就。慷慨賢豪士，波溢千金富。蔬飯苟有餘，秋毫未嘗受。嚻呶不可變，堅白如瓊琇。居然尚愁寂，終厭塵土臭。忽思香爐雲，薈蔚冠孤岫。振衣尋昔遊，煙霞宛如舊。絡木藤蔓長，攫石松根瘦。瀑泉響夜壑，乳管添春竇。茅茨蔭方丈，宴坐度清晝。几席雨奇花，階除馴猛獸。方知物外樂，回視人寰陋。慎勿露聲光，❶愚迷

❶ 「慎」，原避宋孝宗諱作小字「御名」，今據《傳家集》回改。

將輻湊。

清明後二日同鄰幾秘閣校理江休復**景仁次道**中國國子監主簿宋敏求**興宗元明秉國**大理評事韓維**如晦**國子監直講裴煜**公疎**篆石經胡恢**飲趙道士東軒**以「日暮天無雲，春風扇微和」爲韻，得和字。

寂寥清明後，餘春已無多。閒軒富佳致，不惜載酒過。水木晚尤秀，風煙晴更和。臨樽不盡醉，奈此芳菲何。

和端式十題

春塘冰

春塘含薄冰，淅瀝隱隈曲。晴日射寒芒，柔風折哀玉。草樹曾未知，波光已先緑。

煙際鐘

蒼茫返照收，羃歷寒煙起。前山黯同色，不辨峰巒美。獨有遠來鐘，悠揚翠微裏。

汀洲蘋

秋江缺一字澹蕩，波急枝難定。參差碧葉繁，皎潔寒花静。幽人吟不歸，獨立汀洲暝。

漁洲火

漁翁繫葉舟，遠映楓林宿。手携雙白魚，呼兒爨山竹。深夜寂無人，明滅寒江曲。

寒溪石

穹石正嶄岩，寒流更清急。霜飛敗葉擁，波濺蒼苔濕。溪僧匆劇來，沙鶴方孤立。

幽谷泉

深谷窅無底，空聞泉水哀。時因秋日照，微見碧縈回。谷裏非人境，胡麻何處來。

秋原菊

高原向摇落，叢菊始滋榮。草際浮金碧，照人雙目明。何須天生理，玉斝汎餘英。

垂崖鞭

山竹引春根，垂透蒼崖底。綢直老龍鬚，佶屈脩蛇尾。❶支郎雖畜馬，不忍裁爲箠。

古木陰

古木夏陰薄，蕭蕭蠹葉微。豈無緑樹濃，愛此風煙姿。高僧此休息，肩倚瘦笻枝。

天外峰

飛鳥去不息，長空黯何極。疎峰帶夕暉，點綴秋天碧。禪觀坐超然，相望兩沈寂。

晉康陳生庸家世以孝悌聞有異木連理生其庭郡欲旌表其門不果王禹玉爲之求詩於朝之士大夫以紀之

靈珠蟠泥沙，積水不能掩。賢人畜美德，豈必自標檢。陳生世同財，百口共豐儉。遠居嶺海間，天質非陶染。邦人慕其行，闕辨日衰減。祥木并殊柯，童童植軒檻。或欲揭其門，令人識儀範。愚公私不然，外獎由内歉。已能孝悌著，默致神靈感。何必賜牛

❶「佶屈」，原作「（御名）佶」，據《傳家集》改。

酒，然後明褒貶。況茲詩詠末，瑣瑣事鉛槧。才薄不敢辭，適能爲污點。

送興宗之丹陽

赤日裂后土，萬家如烘爐。君行何事役，似爲貧所驅。埃塵稍去眼，雲景日蕭疎。扁舟乘長風，倏忽變三吳。六年羈旅倦，一旦誰掃除。慎勿忘回首，❶浩蕩江山娛。

瘻　盆

瘻盆生以醜自鬻，突兀當軒聳群目。海黿鬭怒腹幹張，老蛟蟠蟄鱗鬐禿。昔時仙客浮孤槎，波痕漬朽成凹窪。蜀都買卜置之去，爾來流落嚴遵家。誰逢好事得寶蓄，裁供盥濯真可辱。況爲飲具承歡娛，未必蟠根勝珠玉。不若刳爲太古尊，滿斟明水羞百神。𠙴桴葦籥薦忠信，坐使風俗還深淳。

送張兵部中庸，字无常**知遂州**

劒嶺横天古棧微，相如重駕傳車歸。雙親倚門望已久，千騎踏雪行如飛。人門富貴非不有，似君榮耀真亦稀。聞道西州遺畫像，使我涕淚空沾衣。先人知小溪縣，正板籍，均賦役，邑人至今誦之，畫像猶存。

同舍會飲金明沼上書事

日華駘蕩金明春，波光浄緑生魚鱗。煙深草青遊人少，道路苦無車馬塵。石渠諸君

❶「慎」，原避宋孝宗諱作小字「御名」，今回改。

職事簡，載酒擷花畏花晚。浮舟逐勝任所之，箕踞狂歌扣舷板。眼花耳熱氣愈豪，擲杯擊案聲嗷嗷。驚沙颯颯遶洲渚，魚龍遷去避我曹。人生大料無百歲，貴賤賢愚同一致。在家殽蔌餘幾何，一日風光不宜棄。

和聖俞詠昌言五物

括蒼石屏

主人小石屏，得之括蒼山。括蒼道里遠，致此良亦難。層崖萬仞餘，騰出浮雲端。吴兒采石時，蘿蔓愁攀緣。石文壯松雪，毫髮皆天然。置之坐席旁，清風常在顔。願君善藏蓄，永日供餘閒。慎勿示要人，❶坐致求者繁。將使括蒼民，吁嗟山谷間。

淡樹石屏

昔行鞏洛間，馬瘦天復陰。寒煙淡不收，一拂横長林。當時無畫工，負此清賞心。今朝石上迹，歷歷皆可尋。輕素已紛泊，老榦仍蕭森。坐令高興還，野氣生衣襟。丹青不耐久，風日易消侵。何如造化真，更彼歲月深。昌言家素貧，❷購此糜百金。請鐫好事名，千古無銷沈。

白鷴圖

白鷴日邊來，一息萬里遥。横飛碧海晴，六翮寒蕭蕭。輕如朔雪花，迴與長風飄。傾身疊紺爪，吟嘯何嘵哮。瞥來疾鶩電，欻起先扶摇。遂令狐與狸，不敢矜凶妖。罻羅

❶「慎」，原避宋孝宗諱作小字「御名」，今回改。
❷「貧」，原作「盆」，今據《傳家集》改。

不可取，滅影還雲霄。世人莫得見，粉繪圖輕綃。凛然堂牖間，霜氣生春朝。風雨夜如墨，古木無鳴梟。

懷素書

上人工書世所稀，於今散落無復遺。君從何處獲數幅，敗絹蒼蒼不成軸。雲流電走何縱横，昏醉視之雙目明。烈火燒林虎豹慄，疾雷裂地龍蛇驚。須臾掛壁未收卷，陰風颯颯來吹面。秖疑神物在闇中，寶秘不令闕俗眼。嗟予平生不識書，但愛意氣豪有餘。欲求數字置座側，安得滿斗千金珠。

縛虎圖

孫生非畫師，趣尚頗奇偉。爲人少諧合，不肯畜妻子。時時入深山，信足動百里。蕭然坐盤石，盡日曾不起。精心忽有得，縱筆何恢詭。萬象皆自然，神工相表裏。流傳落人間，萬金易寸紙。君家縛虎圖，用意尤精緻。雖云鎖紐牢，觀者猶披靡。昔聞劉綱妻，制虎如犬豕。繫之牀脚間，垂頭受鞭箠。孫生儻未見，畫此亦何理。明知非世人，羽化實不死。願君它日歸，置之成都市。必有乘槎人，庶幾能辨此。

新遷書齋頗爲清曠偶書呈全董二秀才并示姪良富

長夏暑候濁，雲火高巑岏。豈徒肌骨煩，木卷川流乾。新居得南齋，楹檻稍虛寛。森羅對草樹，曉暮清陰寒。汛掃布几簟，氣體粗可安。圖書雖非多，亦足備覽觀。聖賢述事業，細大無不完。高出萬古表，遠窮四海端。於中苟得趣，自可忘寢餐。況今有道世，穀禄正可干。勗哉二三子，及時張羽翰。力學致顯位，拖玉簪華冠。毋爲玩博奕，趣取一笑歡。壯年不再來，急景如流丸。

奉同何濟川迎吏未至秋暑方劇呈同舍十二韻

穉金避老火，暑勢尤驕盈。朱光爍厚地，萬葉焦無聲。夫子久倦遊，得郡爲親榮。束裝待騶吏，歸期殊未成。埃沙塞廣陌，蓬藋擁前楹。出處兩不愜，孤坐心煩縈。何時驚飆來，掃蕩天地清。郊墟草樹疎，千騎從雙旌。飄飖若神仙，皂蓋西南征。離群詎幾時，豈不懷友生。有意肯相過，不妨巾屨并。官舍稍虚凉，愧無殽酒迎。

和聶之美雞澤官舍詩七首

西齋

明府學既優，所聞今得施。四境已澄清，還以書自怡。西齋幾黄卷，治原俱在兹。

題廳壁

百里有民社，古爲子男國。苟有愛物心，穉老皆蒙德。爲身不爲人，鄙哉陶彭澤。

縣樓

孤樓雖不高，足以瞰四遠。餉婦陌頭歸，田夫桑廕飯。敕吏省追胥，勿令農事晚。

葦

索索夕風遒，瀼瀼朝露裛。啅雀梟寒

枝，宿螢依敗葉。眇然秋興長，坐與江潮接。

柳

驛道苦車馬，田廬悲斧斤。誰栽官舍前，老朽完天真。所願明府心，庇樹如庇人。

向城路

村路烟欲暝，行人殊未稀。借問往來者，營營皆有爲。乃知市朝客，趣務良可悲。

懷翠亭

高齋對秋山，平望殊不遠。雖違獨往心，蒼蒼長在眼。可嗟都邑遊，終日紅塵滿。

晚食菊羹

朝來趨府庭，飲啄厭腥羶。況臨敲扑喧，憒憒成中煩。歸來褫冠帶，杖屨行東園。菊畦濯新雨，緑秀何其煩。平時苦目痾，滋味性所便。采擷授厨人，烹瀹調甘酸。毋令薑桂多，失彼真味完。貯之鄱陽甌，薦以白木盤。餔啜有餘味，芬馥逾秋蘭。神明頓颯爽，毛髮皆蕭然。迺知愜口腹，不必矜肥鮮。嘗聞南陽山，有菊環清泉。居人飲其流，孫息皆華顛。嗟予素荒浪，强爲簪綬牽。何當葺弊廬，脱略區中緣。南陽匄嘉種，蒔彼數畝田。抱甕親灌溉，爛漫供晨餐。浩然養恬漠，庶足延頹年。

和冲卿崇文宿直睹壁上題名見寄并寄邵不疑 冲卿詩序：僕與不疑三人同登進士，同自太學官入校集賢書，又嘗同直一室。今不疑謫南方，僕佐東平，冲卿因宿直觀壁上題名，爲詩代書。

白袍昔紛紛，相與會東堂。帝梧碧蕭

瑟，翔集皆鸞凰。伊余素空疎，濫吹翰墨場。不爲群儁遺，出處聯簪裳。爾來凡六閏，轉轂飛炎涼。同歌太學下，共醉金馬旁。脩竹壓窗寒，夭桃倚户芳。金盤剖盧橘，玉壺分蔗漿。驚呼局上急，嘲笑杯間狂。神情一契會，形迹兩俱忘。歡餘嘆薄宦，離合何能常。濡毫紀歲時，揮霍素壁光。去秋隨相車，沿牒來東方。城中未徧辭，不疑逐南荒。奔波走郊外，取别何蒼黄。舉觴未及盡，亟歸還束裝。行行到官下，日積簿領忙。文書擁筆端，胥史森如牆。况當三伏深，沾汗尤淋浪。細蠅遶眉睫，驅赫不可攘。涔涔頭目昏，始覺冠帶妨。誠知才智微，吏治非所長。懼貽知己羞，敢不益自强。因思甌閩遠，南走侵溟漲。❶炎蒸異中縣，從古無雪霜。終朝坐茅屋，鹽茗征行商。讙譁費口舌，解囊收毫芒。不疑性高介，此困安可當。山川幾千里，問訊誰能將。冲卿居京邑，青雲正騰驤。寓直紫臺上，風露澄東廂。清夜不成寐，緩步聊彷徨。拂此壁上塵，遠懷同舍郎。英辭欻感發，高義紛激昂。泠泠宫殿虚，諷詠何琅琅。手書成兩通，貯之古錦囊。一往泉山南，一致汶水陽。堅重金璧體，光寒矛劍鋩。迺知賢儁心，淺俗未易量。何嘗用榮枯，遽爾分否臧。居然激衰薄，更使清風揚。

昔别贈宋復古張景淳

昔别如飛蓬，飄蕩隨所適。那知十六載，巵酒對今夕。渺然思舊遊，間不容一息。百年詎幾何，會合難屢得。復古素愷悌，志行重金錫。皎如百鍊精，不爲燥濕易。景淳

❶「溟」，原作「閩」，據《傳家集》改。

氣高逸，浩蕩誰與敵。下筆驚雷霆，龍蛇走屋壁。居然器業美，但有富貴逼。佗時綰金印，羈束愈愁寂。須窮今日懽，快意浮大白。勿辭簪弁傾，頽然倒樽席。

苦寒行

窮冬北上太行嶺，霰雪糺結風崢嶸。熊潛豹伏飛鳥絶，一徑僅可通人行。僮飢馬羸石磴滑，戰慄流汗皆成冰。妻愁兒號强相逐，萬險歷盡方到并。并州從來號慘烈，今日乃信非虚名。陰烟苦霧朝不散，旭日不復能精明。跨鞍攬轡趨上府，髮拳鬚磔指欲零。炭爐炙硯湯涉筆，重複畫字終難成。誰言醇醪能獨立，壺腹迸裂無由傾。石脂裝火近不熱，蓬勃氣入頭顱腥。仰慙鴻鴈得自適，隨陽南去何溟溟。又慙鳦鳥識時節，巖穴足以潛微形。我來蓋欲報恩分，契闊非盡利與榮。古人有爲知己死，只恐凍骨埋邊庭。中朝故人豈念我，重裘厚履飄華纓。傳聞此北更寒極，不知彼民何以生。

初見白髮慨然感懷

萬物壯必老，性理之自然。我年垂四十，安得無華顛。所悲道業寡，汩没無它賢。深懼歲月頽，宿心空棄捐。視此足自儆，拔之乃違天。留爲鑑中銘，晨夕思乾乾。

謝胡文學九齡惠水牛圖二卷

牛生天地間，益物用最大。其功配坤元，彖爻參衆卦。血毛類上帝，肹蠁景福介。宗廟及賓客，百禮無不在。引耒刺中田，粒食烝民賴。服箱走四方，竭力任重載。昔聞戴叟筆，圖寫窮纖芥。胡君繼其妙，差肩立異代。公卿仰名聲，一觀不可匄。如何散賤者，遽有雙圖賚。所嗟性顓愚，雅不曉佳畫。有如歌九韶，鐘鼓樂聾聵。得之乃虛器，無異居大蔡。神物恐化去，立召風雨怪。雙圖雖卷還，重貺敢不拜。

王書記以近詩三篇相示各摭其意以詩賡之

感遇

白鵠出江渚，刷羽何鮮新。志凌青霞端，欲飲天漢津。清飇未我與，陂澤聊逡巡。偶爲虞羅獲，遠趣無由伸。樊籠厭局促，野性那能馴。庭除數驚顧，慘慘常畏人。皓素不入俗，衆目誰爲珍。稻粱不充腹，日與雞鶩鄰。舉頭畏太高，俛啄空愁辛。蕭蕭斂六翮，憔悴傷精神。男兒五十不如意，青衫華髮遊埃塵。歸爲鹽官北如晉，今爲幕吏西適秦。慨然遂欲拋手板，拂衣高蹈錦水濱。長竿短艇入烟雨，放歌酣飲欹烏巾。方今聖朝清似水，林空谷静無隱淪。吾君夢卜偶未到，勿學君平與子真。❶

投聖俞

聖俞精爲詩，堅重比白玉。至寶識之希，未必諧衆目。應辰仰高風，跂聳自西蜀。平生未相識，歉歉不自足。薄遊困京師，旅食止脱粟。得官當入秦，行李未結束。先求聖俞門，執贄請所欲。九衢季冬月，風沙正慘黷。羸馬憚遠行，毛鬛寒瑟縮。旅拒不肯

❶「平與子真」，原脱，據《傳家集》、《全集》補。

前，一步九刺蹙。飢童袖擁口，手足盡皸瘃。論詩久未出，竊駡怨滿腹。歸來面揚揚，氣若飫粱肉。纍纍數十字，疎淡不滿幅。自謂獲至珍，呼兒謹藏蓄。長安十五驛，重複間川陸。置詩懷袖間，勸懣輒披讀。高吟桑野闊，目瞑即投宿。自可忘羈愁，行瞻灞陵曲。

呈景仁

劒山中斷融爲川，清江雙流鬱迴旋。溝塍阡陌粲如繡，香秔紫芋皆良田。地靈物秀氣淑美，由來袞袞生英賢。朝家文明所及遠，於今臺閣尤蟬聯。獵纓鳴佩走聲望，出入金馬如雲煙。奈何應辰獨壈坎，華髮未得離賓筵。璵璠懸黎已爲寶，結綠豈得偏棄捐。願君彈冠自重惜，邑人行誦紫虛篇。❶

酬胡侍講先生瑗，字翼之見寄

后王命天官，考績弊群吏。屬曹省閥閱，專職米鹽事。賤生偶承乏，竊祿聊自庇。才力困不逮，慘慘日憂惴。賴依僚友賢，剸裂沛餘地。自知雖寄名，不足繫軒輊。先生喜誘掖，貽詩極褒賁。誰云歲杪寒，面熱汗沾漬。非不悦子道，駑鈍力難致。常恐負吹噓，終爲重言累。

和君倚日本刀歌

昆吾道遠不復通，世傳切玉誰能窮。寶刀近出日本國，越賈得之滄海東。魚皮裝貼

❶「紫」，《傳家集》作「子」。

香木鞘，黄白間雜鍮與銅。賈人云：真鍮似金，真銅似銀。百金傳入好事手，佩服可以攘祅凶。傳聞其國居大島，土壤沃饒風俗好。其先徐福詐秦民，采藥淹留童丱老。百工五種與之俱，至今器用皆精巧。前朝貢獻屢往來，士人往往工辭藻。徐福行時書未焚，逸書百篇今尚存。令嚴不許傳中國，舉世無人識古文。嗟予乘桴欲往學，滄波浩蕩無通津。令人感嘆坐流涕，鏽澀短刀何足云。

同聖民過楊之美聽琵琶女奴彈啄木曲觀諸公所贈歌明日投此爲謝

坐曹據案心目疲，出門上馬行何之。闕然久不見之美，率意共往初無期。正逢攬轡欲有適，爲我却解連環羈。閑軒適足容數客，夏木初繁有佳色。呼兒取次具杯盤，青眼相逢喜無極。檀槽錦帶小青娥，妙質何須誇綺羅。按絃運撥驚四座，當今老手誰能過。彈爲幽鳥啄寒木，園林颯颯風雨和。喙長爪短躍更上，丁丁取蠹何其多。曲終拂羽忽飛去，不覺酒盡朱顔酡。已聞啄木曲，又觀啄木歌。雄文更復值絶藝，有如天際傾長河。今朝壯觀誠極樂，去此將奈寂寞何。歸來解帶豁胷腹，坐踞胡牀仰看屋。從今三日不洗耳，耳内泠泠有殘曲。人間何物號富貴，紆紫懷金盡虛器。知君自處真得策，身外百愁都擲置。太學餐錢月幾何，客來取酒同醒醉。

晚歸書室呈君倚

簿領日沈迷，事役等胥靡。得歸無所爲，未免閲書史。一種勞精神，胷中異憂喜。

人生無苦樂，適意即爲美。迺知抱關人，不必羨青紫。

偶成

於陵薄三公，桔槔親灌園。伯成輕南面，執耒耕丘樊。淵明恥爲令，乞食倚人門。賢人樂遂志，榮辱安足言。鄙哉夸毗子，結駟乘朱軒。

同君倚過聖俞

王畿天下樞，簿領日填積。自非奉朝請，九衢未嘗識。今兹到東城，胥靡暫逃役。近指聖俞居，安能不往覿。一室静蕭然，昏碑帖古壁。叩階讀新詩，迷闇得指擿。笑言殊未足，黯然日將夕。呼馬涉歸塗，燈火已歷歷。又知幾何時，更有重來迹。

聖俞惠詩復以二章爲謝

我得聖俞詩，於身亦何有。名字托文編，佗年知不朽。

我得聖俞詩，於家果何如。留爲子孫寶，勝有千金珠。

和君倚藤牀十二韻

嗟予仕京府，謀禄非謀身。豈徒勞百骸，消鑠侵天真。所畏曠官誅，敢辭從事勤。朝訊獄中囚，暮省案前文。雖有八尺牀，初無偃息痕。比歸暫解帶，日没軒窗昏。援枕未及就，撲面愁飛蚊。未能習律令，何暇闚皇墳。夫君天才秀，明穎排糾紛。右曹况清簡，剸裂奚足云。未遇且堅卧，逢時將致君。行當起經濟，膏沐醒吾人。

旬慮十七韻呈同舍

府官無旬休，慮問乃遊息。詔書禁從詣，還舍始朝食。緩帶對藜羹，下箭免促迫。門前吏卒散，却掃謝來客。北軒有藤床，今晨始拂拭。蓬髮亂宜梳，霜髭閒可摘。開軒曬藥物，❶發笥出書册。菊畦親灌浸，茶器自涓滌。於時孟秋末，天晴色紺碧。林葉雖未零，風聲已淅瀝。神明還九藏，清氣襲百脉。征夫解甲冑，疲馬脱羈靮。蜚鳥開樊籠，跳魚出鼎鬲。形骸盡我有，不復爲物役。雖非久安逸，幸得少頃適。訟庭止敲扑，咫尺異喧寂。明朝不能然，顧盼愁月夕。

夜坐

春陽氣未勝，重爲陰所乘。涔涔積雨闋，慘慘餘寒增。流雲鬱不開，烈風尚憑陵。夜闌閉户牖，青暈生昏燈。僮僕悉已眠，書几久欹凭。涉獵閲舊聞，暫使心魂澄。有如行役歸，丘園悦重登。又如遠別離，邂逅逢友朋。嗟嗟宦遊子，何異魚入罾。奪其性所樂，强以所不能。人生本不勞，苦被外物繩。坐愁清旦出，文墨來相仍。吏徒分四集，僕僕如秋蠅。煩中劇沸鼎，入骨真可憎。安得插六翮，適意高飛騰。

❶「軒」，《傳家集》作「囊」。

二月中旬慮問過景靈宫門始見花卉呈君倚

賤生參府僚，勉强踰半歲。終非性所好，出入意如醉。訟庭敲扑喧，衆草絶生意。不知有青春，倏忽已改燧。周章連日忙，爛漫數宵睡。軒窗炭飛舉，風雨頗恣睢。謂言芳菲物，狼籍應掃地。今晨呼馬出，歷獄問囚繫。窈窕清宫深，倉琅朱門閉。廣殿肅層陰，虚庭藹佳氣。長楊委嫩緑，老柏净新翠。薜荔垂冤延，❶奇石立贔屭。豁然愁憒開，精神四面至。事役難少留，馬去尚回睇。亦足慰無聊，年華不都棄。

和始平公夢中有懷歸之念作詩始得兩句而寤因足成一章

元宰撫洪鈞，四海可熏灼。至人養天真，視此猶嬰縛。出入金鼓威，寤寐琴樽樂。迺知伊吕心，未始忘丘壑。

和鄰幾六月十一日省宿書事

長夏金正伏，火意尤驕盈。夫子寓官舍，無術逃煩蒸。軒窗豁四開，滅去壁上燈。紵衣不可親，羽扇安能勝。濯泉泉已温，撫簟簟可憎。萬葉悄無風，但有飛蚊鳴。六府燥不濡，喉舌烟塵生。攝衣起徐步，四顧天

❶「冤」，《傳家集》作「宛」。

正晴。雲漢淺欲涸，箕畢徒縱横。忽思終南巔，秀出秦雲青。上有長松林，蔽日深杳冥。下有萬仞壑，含蓄太古冰。安得躡輕屐，杖策緣峥嶸。挂冠芙蓉闕，結屋高崖稜。回視萬鍾禄，彯撇如飛蠅。

和張仲通學士苦暑思長安幕中望終南秋雪呈鄰幾

秋雲覆秦川，小雨野未濕。誰言終南頂，已有霰雪集。返景開新晴，孱顔照都邑。初疑江津闊，遠浪横風急。又疑龍蜕骨，逶迤委原隰。詞客登高樓，四望清興入。當時應百篇，遺散不復拾。今兹宦帝城，大暑困鬱悒。紅塵滿九衢，出入冠帶襲。家居賓旅來，俯僂煩拜揖。回思幕中趣，引領安可及。江翁養文采，正如玄豹蟄。君往犯其嚴，騰起誰敢縶。嗟予素恇怯，旁睨毛髪立。强復綴此章，庶幾勇可習。

和仲通追賦陪資政侍郎吴公臨虚亭燕集寄呈陝府祖擇之學士

吾家陝之北，陝事吾能説。孤亭占城隅，形勝最殊絶。雲消天宇空，極目鳥飛滅。大河西北來，洶湧地脉裂。萬里卷流沙，長驅走溟碣。群山勢離合，披靡隨曲折。林薄帶村墟，郊原如繡纈。祠宫望神禹，閒田指虞芮。高丘想巫咸，空巖懷傅説。聖賢迹已遠，縹渺見風烈。吴公昔爲守，治行瑩冰雪。君從豐鎬來，華舘息塵轍。主人喜嘉客，置酒升嵽嵲。清歡浩無涯，燭至樽未撤。誰知捧手辭，遽有幽明訣。至今猶墮淚，遺愛滿耆耋。擇之新下車，條教悉施設。依然典刑在，先後如符節。嗟予仕京邑，苟禄自羈紲。丘壟翳荒松，三年灑掃缺。求歸未能得，朝莫腸百結。得君臨虚詩，髣髴見里闕。何時往登臨，曠若目去瞶。憂來復長吟，益使寸心折。

秋意呈鄰幾吴充

新凉入閭巷，舊暑何人掃。筠籠賣紅蓮，莎堦墜丹棗。蕉衫日以疎，紈扇安能好。蟬悲西風樹，燕亂斜陽草。此意屬淵明，籬邊幾樽倒。

次韻和吴冲卿秋意四首❶

掃棗好草倒

槐花滿庭除，籍籍不可掃。梢疎邵平瓜，漸熟王陽棗。失時團扇棄，新進袷衣好。日暮益愁思，寒螿起幽草。忽聞秋興篇，嘆賞幾絶倒。

又對前韻 窺棃卑枝垂

端居倦煩暑，園圃久不窺。雨餘秋氣新，紅葉生紫棃。形骸得蕭散，不知環堵卑。何能效流俗，把酒須菊枝。登高已可醉，四野青雲垂。

偏眠船舷邊

縱棹下清溪，波静地仍偏。日夕水風凉，蕭灑成安眠。兀兀但高枕，悠悠還進船。中流忽驚寤，漁父歌扣舷。山川非歸時，回首雲霞邊。

❶「吴冲卿秋意四首」，原無，據《傳家集》補。

後牖有朽柳

弱植生川澤，託根北堂後。昔時青春姿，扶疎映軒牖。風霜日消落，憔悴復何有。蠹穿枯節斷，雨漬虚心朽。幸不夭天年，猶得勝凡柳

聶著作三舅謫官長沙作耐辱亭書來索詩

少連善降志，無愠能忍詬。茲亭名耐辱，締構自吾舅。樽前湘水清，席下湘山秀。於焉忘榮枯，終日醉醇酎。攻愁若攻敵，避喧如避寇。困久理須通，非徒保無咎。

走　索

伎兒欲誇衆，喜占衢路交。繫組不厭長，縛竿不厭高。空中紛往來，巧捷如飛猱。却行欠膚寸，倒絓連秋毫。參差有萬一，虀粉安可逃。錢刀不盈掬，身世輕鴻毛。徒資旁觀好，曹偶相稱褒。豈知從事者，處之危且勞。

邵不疑廳薜荔及竹

脩竹非俗物，薜荔亦佳草。樹之君子庭，人來見逾好。侵堦鶴脛細，緣壁龍鱗老。紛披兩疎翠，煙色宜秋早。主人日封植，清風庶長保。

和公達過潘樓觀七夕市

織女雖七襄，不能成報章。無巧可乞汝，世人空自狂。帝城秋色新，滿市翠帘張。

僞物踰百種，爛漫侵數坊。誰家油壁車，金碧照面光。土偶長尺餘，買之珠一囊。安知杼軸勞，何物爲蠶桑。紛華不足悦，浮侈真可傷。

酬鄰幾問不飲栽菊鄰幾詩曰：君實不飲酒，庭下多栽菊。不知黄花開，奈此盃中緑。凌晨烟露滋，後日風霜促。欲表君苦心，宜種子猷竹。

黄菊本天物，先隨元化生。酒醴迺人功，後因儀狄成。酒客强親菊，菊酒初無情。種之荒階側，何嘗妨獨醒。脩竹氣蕭灑，自合生君庭。

次韻和不疑假書鄰幾知方酣寢爲詩通意

江翁順天和，心迹兩夷簡。雖如邊韶寢，且異宰予懶。平居無時閒，經史自課限。高歌慕翰林，鳴琴寫中散。翛然物外人，强爲章綬綰。官舍苦秋霖，瞬息聊休眼。勤勤已有餘，宴安何愧赧。借書誰敢驚，欹枕尚未暖。不疑神驥才，垂耳困皂棧。碌碌隨吾儕，拜揖把手版。毋嫌朱墨倦，騰擧已爲晚。慎勿思山林，❶山林付愚孱。

八月十七日夜省直紀事呈同舍

窮秋直省舍，大雨吁可畏。九河飜層空，入夜愈恣睢。置床東壁根，時有塗壁墜。颯颯勢將摧，怵惕不成寐。中宵抱衾立，呼燭久方至。徙之近西偏，裯帳不能備。飛蚊胡不仁，忍此加啄噬。避煩只深藏，悒悒面

❶「慎」，原避宋孝宗諱作小字「御名」，今回改。

蒙被。須臾漏轉劇，枕褥亦沾漬。雖起欲何之，室中無燥地。展轉遂達旦，耿耿負憂悸。因思閭井民，餬口仰執技。束手已連旬，❶妻兒日憔悴。囊錢與盎米，薪米同時匱。❷敗衣不足準，搏手坐相視。予今幸已多，敢不自知愧。無謀忝肉食，念爾但增欷。

送雷太簡

南山有白雲，應物任所適。欻來非有心，倏去還無迹。甘澤望沾浹，嘉生待蘇息。無爲遽收卷，復入巖間石。

和王介甫明妃曲

胡雛上馬唱胡歌，錦車已駕白橐駝。明妃揮淚辭漢主，漢主傷心知奈何。宮門銅環雙獸面，回首何時復來見。自嗟不若住巫山，布袖蒿簪嫁鄉縣。萬里寒沙草木稀，居延塞外使人歸。舊來相識更無物，只有雲邊秋鴈飛。愁坐泠泠調四絃，曲終掩面向胡天。侍兒不解漢家語，指下哀聲猶可傳。傳徧胡人到中土，萬一佗年流樂府。妾身生死知不歸，妾意終期寤人主。目前美醜良易知，咫尺掖庭猶可欺。君不見白頭蕭太傅，被讒仰藥更無疑。

和不疑送虜使還道中聞鄰幾聖俞長逝作詩哭之❸

昨夕郵吏來，叩門致書函。呼奴取以

❶「手」，原作「書」，據《傳家集》改。
❷「米」，《傳家集》作「木」。
❸此題，《傳家集》作「和邵不疑送虜使還道中聞江鄰幾梅聖俞長逝作詩笑之」。

入，就火開其緘。不疑賦長篇，發自燕之南。痛傷江與梅，繼踵良人殲。噫嗟知其二，尚未知其三。請從北轅後，覼縷爲君談。鄰幾雖久病，始不妨朝參。飲歠寖衰少，厥逆生虚痰。逮於易簀辰，皮骨餘峌嵌。遺書屬清儉，終始真無慙。聖俞食寒冰，外以風邪兼。愚醫暴下之，結轖候愈添。惙惙氣上走，不復容鍼砭。自言從良友，地下心亦甘。欽聖體素强，藥石性所諳。平居察舉措，敢以不壽占。一朝暫歸卧，簿領不廢簽。訃來衆皆愕，未信猶闚覘。輿言念三子，舉袂涕已霑。英賢能幾何，逝者迹相銜。君疑天上才，難得帝人貪。我疑人間美，多取神所嫌。茫茫幽明際，蓍蔡難窮探。憂來不可忘，終日心厭厭。

虞帝

虞帝老倦勤，薦禹爲天子。豈有復南巡，迢迢渡湘水。至德遠無象，異論紛紛起。意疑大聖人，姦憸亦如己。乃知中下士，無由逃謗毀。

憫獄謡

五刑象天有震耀，上聖本以防姦邪。法官由來少和泰，皋陶之面如削瓜。況於秦漢任酷吏，死人籍籍如亂麻。搖楚之求靡不得，小者剠刖大滅家。君不見古時牢獄地，幾多冤骨埋黃沙。

和吴沖卿三哀詩 江鄰幾、梅聖俞、韓欽聖

天生千萬人，中有一儁傑。奈何喪三賢，前後纔暮月。鄰幾任天資，浮飾恥澡刷。朝市等山林，衣冠同布褐。外無涇渭分，内有淄澠別。逢時敢危言，慷慨誰能奪。聖俞詩七千，歷歷盡精絶。初無追琢勤，氣質稟清潔。負兹驚世才，未嘗自標揭。鞠躬隨衆後，側足畏蹉跌。欽聖渥洼駒，初生已汗血。雖有絶塵踪，不失和鑾節。宜爲清廟器，儼雅應鍾律。衆論仍共然，非從友朋出。群材方大來，軮軋扶帝室。誰云指顧間，聯翩化異物。弔纊哭未已，病枕氣已竭。同爲地下遊，攜手不相失。紳紱頓蕭條，相逢但嗟咄。誦君三哀詩，終篇涕如雪。眉目尚昭晰，笑言猶髣髴。肅然來悲風，四望氣蕭瑟。

窮兔謡二首❶

和王介甫烘蝨

天生萬物名品夥，嗟爾爲生至么麽。依人自活反食人，性喜伏藏便垢涴。晨朝生子暮生孫，不日蕃滋踰萬箇。透疎緣隙巧百端，通夕爬搔不能卧。我歸彼出疲奔命，備北驚南厭搜邏。所擒至少所失多，捨置熏燒無術奈。加之炭上猶晏然，相顧未知亡族禍。大者洋洋迷所適，奔走未停身已墮。細者懦怯但深潛，乾死縫中誰復課。黑者抱髮亦憂疑，逃入幧頭默相賀。腥腥騰起遠襲

❶ 此首有目無文，卷端目録原注「闕」，今見集後補佚。

人，袖擁鼻端時一唾。初雖快意終自咎，致爾殲夷非爾過。吾家篋笥本自貧，况復爲人苦慵惰。體生鱗甲未能浴，衣不離身成脆破。朽繒壞絮爲淵藪，如麥如麻寖肥大。虚腸不免須侵人，肯學夷齊甘死餓。醯酸蜹聚理固然，爾輩披攘我當坐。但思努力自潔清，群蝨皆當遠逋播。

温國文正公文集卷第三

温國文正公文集卷第四

古诗

和勝之雪霽借馬入局偶書

勝之家本公侯貴，弱冠英才已驚世。雒陽多士誰敢倫，千古比肩唯賈誼。昔遭絳灌深切齒，奔走十年爲下吏。近方拔拭出泥塗，稍學和光匿鋒鋭。會計之官豈足爲，黽勉簿書聊自庇。王城九衢臘月尾，風雪數朝窮恣睢。櫪間款段疲且病，借馬於人亦披曳。揚鞭掣轡趨省廷，刺蹙不前泥没鼻。慨然遂有勞者歌，滿紙雄文欻軒輊。人生榮遇有早晚，視此錙銖勿關意。況君卓犖高出群，異日青雲終自致。鮮車大蓋擁驊騮，莫忘今朝乘小駟。

齊山詩呈王學士哲，❶字微之。

江上有奇山，群峰矗如翦。昔聞齊刺史，置酒升絶巘。其人有惠政，嘉名自兹遠。君來踵其迹，詞牒日清簡。驪駒時入谷，勝地窮搜選。問俗復懷人，非徒事遊衍。

吹簫

古人吹簫者，以和虞韶聲。後世不復

❶「哲」，《傳家集》作「晢」。

貴，給喪仍賚錫。

和始平公見寄八韻

嚮來從後車，雍容鎮藩垣。政成簿書簡，終日侍清樽。今茲備言職，不得登朱門。違離詎幾時，風色變寒温。忽聆吉甫什，穆如承話言。安得六翮生，隨意遠飛翻。垂耳倦新羈，蹀足思華軒。諒無伯樂顧，疲勞安敢論。

又和并寄楊樂道十二韻

聖主樂忠諫，曲從如轉圜。玉色粹陽春，至仁生自然。所慙群臣愚，無以稱關延。賤生何爲者，側足青規前。頑石不可鍊，安能補高天。狂簡昧大體，所依官長賢。有如驂之靷，左右隨周旋。庶幾助山甫，衮職無尤愆。緬思老成人，阻親函丈筵。豈不寸心勞，動爲纏徽牽。何當執壽卮，跪起得差肩。相顧藐無期，瞻望徒悁悁。

朝雞贈王樂道

小雞距短雙翅垂，廣場勇鬬無所施。清曉長鳴獨先衆，朝者恃此能知時。星河滿天月光白，東望扶桑悄無色。一聲高舉耳目醒，四遠群陰俱辟易。陋巷人疎烟火稀，永夜沈沈鍾鼓微。聞之徐起就盥櫛，顛倒不復憂裳衣。君家迥居北城曲，阿閣嶕嶢日鳴玉。蕭蕭風雨得司晨，不使無功啄君粟。

謝始平公以近詩一卷賜示

皇家駿命承蒼穹，烝民之傑生維嵩。聖

賢會合若符契，坐致四海登熙隆。三階清平九鼎重，指麾拱揖安華戎。人情誰不樂將相，往往皓首忘疲癃。北平飲乳尚懷印，千秋乘車猶入宫。唯公致政年甫至，耳目明利志氣充。幡然脱去萬鍾禄，羽儀高遠如翔鴻。靈臺不復絓塵務，至德恬淡含黄中。英華純粹積不發，事業轉爲文字工。大篇短韻間金石，遠追吉甫流清風。刻雕衆物非用意，默與元化參神功。應劉鮑謝事奇巧，細瑣豈足誇才雄。裸圭夷玉清廟器，肯與環玦争玲瓏。絳帳生徒東閤客，微官拘縶如樊籠。言詩何敢望商賜，幸得誦詠祛童蒙。昏花病目不自惜，服膺盥手書一通。千金之産不可易，子孫寶蓄傳無窮。

早春戲作呈范景仁

閏餘春意早，卉木先有思。嚶嚶群鳥翔，東西各求類。伊予忝諫垣，動息抱憂悸。衮職曠不補，言責真可畏。況復禁過從，[1]陋巷若囚縶。茅茨庇風雨，偏隘無餘地。時於壞垣隙，歷歷生新薺。君侯乃比鄰，跬步難自致。常思去歲初，西軒習歌吹。座客皆故人，歡笑無拘忌。平生不喜酒，是日成爛醉。豈言長揖歸，良會難再值。東風忽復來，時華一何駛。叢竹固無恙，夭桃作花未。朝廷正清明，詎肯容竊位。何當遂廢放，歡飲還自恣。

進詩表

臣光言：臣聞天尊地卑，道之常也，而乾下坤上謂之泰。豈非陽不下陰則無以行

[1]「復」，原空缺，據《傳家集》、《全集》補。

其施，君不交臣則無以得其心。是以詩人歌頌其君之德，多稱飲食飫燕之豐，鐘鼓筦磬之樂，車服旌旂之盛，幣帛錫予之多，蓋以君臣、兄弟、朋友之際，舍此無以相交也。雖然，人君不以誠心加之，則此四者雖美無益也。故《鹿鳴》曰：我有旨酒，以燕樂嘉賓之心。《彤弓》曰：我有嘉賓，中心貺之。此言君臣之恩不由外來也。中謝。伏見體天法道欽文聰武聖神孝德皇帝陛下，以十二月二十三日、二十七日再幸天章閣，悉召宰輔侍從之臣，徧觀瑞物，及先帝御書御集。又幸寶文閣，親爲飛白書，并御墨紙筆以賜群臣。又賦詩命群臣屬和。又幸群玉殿，置酒作樂，比暮而罷。其酒醪殽蔌，羅花金器，多出禁中。於二十七日，仍面喻群臣：以前日之燕辦於造次，未盡朕心，故欲重與卿等爲樂，今天下方無事，毋惜盡醉，以稱朕意。是日凡爲燕之具，又加厚於前。其所以勞徠存撫群臣，莫非出於陛下之志者。是以群臣膏沐寵光，被服德音，薰蒸條鬯，浹於肌膚，淪於骨髓，固不待飲食而先醉飽矣。退而詠歌聖德，流布四方，聞者無不咨嗟歎息，以爲陛下之於群臣可爲無負，而群臣實負陛下多矣。苟有可以死於其職，補益萬分，莫敢愛也。中謝。竊以群臣前後受陛下爵位廩禄、饗燕賜予固已多矣，未有如今日之歡欣感激，深厚切至，上下如一者，其故何哉？此非外物豐衍所能致也，正由陛下加之誠心而已矣。陛下方將推廣此心，以被天下，至於朝廷之政，進賢退不肖，賞善罰惡，無不盡誠以求之。臣見四海之内如殿堂之上，無不沈酣於茂恩，饜飫於盛德矣。不勝鼓舞抃蹈之至。謹成《瞻彼南山詩》七章，隨表上進。文采鄙野，不自揣度，羞污盛時。伏惟陛下察其狂簡，而裁其罪罰焉。

瞻彼南山詩

瞻彼南山，有梌有棠，❶維葉芊芊。君子之燕，籩豆洋洋，鼎俎將將。百羞阜昌，上下樂康，邦家之光。君子萬年，撫有四荒，受禄無疆。瞻彼南山，有椐有栩，維葉湑湑。君子之燕，清酒有萸，壺樽有楚。酌言賜之，命之醻之，上下以序。君子萬年，永綏兆民，受天之祜。瞻彼南山，有杞有樅，維葉逢逢。君子之燕，管絲噰噰，奏鼓鼟鼟。自堂徂庭，上下肅雍，靡有不恭。君子萬年，令德高明，高明有融。赫赫明明，天命有嚴。命我祖考，九土是監。倭馯之東，蠻蜑之南。享獻有時，靡敢不詹。閩茲餘文，複閣巖巖。萬世是承，四方是瞻。帝曰卿士，左右之臣。四方無虞，矜爾之勤。式觀且遊，從予一人。于壺于閎，于堂于陳。金石之符，翰墨之珍。匪予汝夸，祖考之勳。多士庶尹，群公百辟。拜手稽首，答揚休德。既醉既飽，慎思爾職。❷罔顧爾私，罔愛爾力。惇忠祗敕，永奉丕則。立民之極，載祀千億。

夏夜

溽暑鬱不開，轟轟雲萬疊。長風卷地來，凍雨不濡葉。雖無潤物功，涼冷得所愜。須臾號怒息，清月照壁頰。小冠簪短髮，衣裾輕獵獵。欹傾依曲几，暫爾蘇疲苶。坐久不思眠，草間微露浥。

❶「棠」，原作「堂」，據《傳家集》改。

❷「慎」，原避宋孝宗諱作小字「御名」，今回改。

和范景仁西圻野老

西郊廣路浮壤黄，上天雨泣寒雲蒼。鸞旗闒戟紛晻靄，❶扈從威神歸帝鄉。田家老父眉睫白，杖藜匍匐泣路旁。❷且云生逢至仁主，蠲租罷役歲爲常。蠶收百箔桑蔽野，麻麥極望無邊疆。去年翠華出賽雨，錦繡綿絡墟里光。拜迎六馬負縑帛，孫扶嫗接歸揚揚。自分謳歌畢餘景，一朝縞素安可防。哀聲澒洞徹四極，草木慘淡顔色傷。螻蟻衰齡不足贖，淚如飛雪空霑裳。河縈洛貫嵩峰足，泉底寰瀛日月長。羨門已閉屬車返，輀上空瞻金鳳凰。

種竹

種竹南牆陰，竹生皆北嚮。苟非陽在北，竹性安可强。乃知就陽意，草木皆有情。園葵最柔弱，獨取傾心名。

介甫作巫山高命光屬和勉率成篇真不知量❸

巫山高，巫山之高高不極。寒江西來曳練長，群峰森羅十二戟。清狖悲號裂翠崖，老蛟怒鬬摧丹壁。輕生重利三巴客，一葉直衝高浪白。船頭吟嘯坐自如，仰視長天不盈尺。叢祠象設儼山椒，巫祝紛紛非一朝。云是高唐神女之所處，至今暮雨常蕭蕭。我聞神理明且直，興亡唯觀惡與德。安肯來從楚

❶「闒」，原作「門」，據《傳家集》改。
❷「路」，原作「露」，據《傳家集》改。
❸此題，《傳家集》作「和王介甫巫山高」。

國君，憑依夢寐爲淫昏。襄王之心自荒惑，引領日望陽臺雲。獨不思懷王西行不復返，甲光照地屯秦軍。蠶食黔中下荆門，陵園宗廟皆燒焚。社稷飄零不復存，嗟嗟若敖蚡冒將，篳路藍縷皆辛勤。

昔予嘗權宰韋城今重過之二十五年矣慨然有懷

二十五年南北走，遺愛寂然民記否。昔日嬰兒今壯夫，昔日壯夫今老叟。

秋懷呈景仁❶

草木正蕃廡，孰知天地秋。況茲宿雨餘，景氣益和柔。消摇愧簪紱，夢想懷林丘。茲志久未果，❷素髮今已稠。仰視白日光，浩蕩浮雲流。安得黄鵠羽，陵風千里遊。

又和秋懷

疇昔共登仕，爾來三十秋。常晞絲繩直，竊耻鴟夷柔。蹄涔學鉅海，螘垤依崇丘。行之不自疑，親寡憎怨稠。於今不亟去，淪胥恐同流。努力買良田，遠追沮溺遊。

贈道士陳景元酒

籬根委餘菊，堦角擁殘葉。清言久不悒，何以慰疲苶。朋樽涵太和，高興雅所愜。誰云居室遠，風味自可接。

❶ 此與下首，《傳家集》作「秋懷呈范景仁二首」。

❷ 「未」，原作「木」，今據《傳家集》改。

景仁召飲東園呈彦升次道君錫才元子容❶

去冬辱嘉招，寒風方贔屭。今秋侍高宴，晴日正澄麗。雖無花蔦繁，且有丘樊思。雖無山泉樂，暫違塵土氣。僕休散城邑，馬縱脱羈轡。讙呼笑言適，散誕冠帶棄。殊勝禁掖嚴，進止有常地。

花菴詩寄邵堯夫 時任西京留臺，❷解舍東新開小園，無亭榭，乃治木插竹，❸多種酴醾、寶相及牽牛、扁豆諸蔓延之物，使蒙羃其上，如棟宇之狀，以爲遊涉休所，❹名曰花菴。

洛陽四時常有花，雨晴顔色秋更好。誰能相與共此樂，坐對年華不知老。

自然天物勝人爲，萬葉無風緑四垂。猶恨簪紳未離俗，荷衣蕙帶始相宜。

康定中予過洛橋南得詩兩句於今三十二年矣再過其處作成一章❺

銅駝陌上桃花紅，洛陽無處無春風。重來羞見水中影，鬢毛蕭颯如秋蓬。

寶鑑貽開叔

流塵集寶鑑，塵昏鑑不昏。纖泥落清

❶ 此題，《傳家集》作「范景仁召飲東園呈陳彦升宋次道李才元蘇子容」。
❷ 「任」，原作「在」，據《傳家集》改。
❸ 「治」，《傳家集》作「構」。
❹ 「休所」，《傳家集》作「休息之所」。
❺ 「作」，《傳家集》作「足」。

水，泥渾非水渾。人能辨二物，相與自忘言。二物不能辨，悠悠何足論。無爲捨其内，逐外取煩寃。❶

謝王道濟惠古石器

緱氏古城裏，好道王道濟。作詩有古風，讀書知古意。朝來遣僕夫，遺我古石器。結從天地初，生自一拳際。工倕創規摹，般輸施剞劂。瀹茗北窗下，坐有羲皇思。嗟予性迂鄙，齟齬居今世。忝官汙臺省，曾無益時智。退藏又濡滯，尚不離朝市。闢地避煩暑，頗與營窟類。新構西齋，中鑿地爲室，謂之涼洞。誠非古人比，拜賜得無媿。

壽安雜詩十首❷

噴玉泉

蒼崖雙起秋雲齊，亂峰迸出如攢犀。石稜澁不容馬蹄，下馬步入荊榛谿。瀑泉沃雪拖白霓，落潭横引成清溪。老木長藤咫尺迷，興闌欲出忘東西。

神林谷二首

石下泉聲蔓草深，石上露濃蒼蘚徧。山禽驚起飛且鳴，葉墜空林人不見。

雞幘奇峰雲外横，青壁千尋不可上。却

❶「外」，原作「和」，據《傳家集》改。

❷此題，《傳家集》作「遊壽安詩十首」。

羨樵兒輕險峽，❶腰繩操斧長來往。

遊神林谷寄邵堯夫

山人有山未嘗遊，俗客遠來仍久留。白雲滿眼望不見，可惜宜陽一片秋。

靈山寺流泉

去寺猶一里，隔林聞水聲。安知客乘興，山下遠相迎。

且　遊

遊人戀山水，日晏澹忘歸。但愛雲煙好，那知僕馬飢。

永　濟　渡❷

洛水寒可涉，長汀柳飛葉。節物先無期，自與幽懷愜。

清波見白鷗，静林聞啄木。泉細入平沙，雲閑出幽谷。

靈　山　寺

神林興盡謀早歸，草間露裛行徑微。忽思靈山去不遠，馬首欲東還向西。垂鞭縱轡尋山足，洛水逶迤過數曲。漸聞林下飛泉鳴，未到已覺神骨清。入門拂去衣上土，先愛娑羅陰滿庭。庭下雙渠走清澈，羅縠成紋日光徹。寒聲淅瀝入肝髓，亂影彯蕭動毛髮。寺僧引我觀泉源，堂東周迴百步寬。碧頗梨色湛無底，想像必有虬龍蟠。泉南高山名鳳翅，宛轉抱泉張遠勢。岸旁脩竹踰萬竿，颯颯長含風雨氣。寺門下望情豁然，桑柘紛披滿一川。嵩高女几列左右，王屋大行

❶「峽」，《傳家集》作「巇」。

❷「渡」下，《傳家集》有「二首」二字。

來掌前。昔爲孔氏懸泉莊，巖洞猶存荆棘荒。到今其下多怪石，熊蹲豹攫争軒昂。嗟予歸來苦不早，汩没朝市行欲老。捫蘿躡屣須數遊，筋力支離難自保。

藏　珠　石疊石溪東山下，有墜石銜丸，徑二尺餘，其崖上脱處猶存。

水齧東山根，土色渥如丹。危峰忽摧脱，半崖銜石丸。陰陽昔融結，神化不可原。初疑偓佺養靈藥，魑魅觸之無故落。又疑蛟龍伏巨卵，雷電擊之從此瘢。❶或者女媧補天餘，却下青冥遺耳珠。不然盤古戲爲樂，聊取天弧彈朱雀。物理萬狀終難知，巧心推求徒自疲。不如引客坐石上，好奇且醉手中巵。

君貺垂示嵩山祈雪詩十章合爲一篇以酬之❷

酬仲庶終南山詩

酬永樂劉祕校庚四洞詩

杕栢寄傅欽之

❶「瘢」，原作「斷」，據《傳家集》改。
❷以下四首有目無文。所闕見集後補佚詩。

獨樂園七題❶

讀書堂

吾愛董仲舒，窮經守幽獨。所居雖有園，三年不遊目。邪説遠去耳，聖言飽充腹。發策登漢庭，百家始消伏。

釣魚庵

吾愛嚴子陵，羊裘釣石瀨。萬乘雖故人，訪求失所在。三旌豈易貴，❷不足易其介。奈何夸毗子，斗禄窮百態。

采藥圃

吾愛韓伯休，采藥賣都市。有心安可欺，所以價不二。如何彼女子，已復知姓字。驚起入窮山，❸深畏名爲累。

見山臺

吾愛陶淵明，拂衣遂長往。手辭梁主命，犧牛憚金鞅。愛君心豈忘，居山神可養。輕舉向千齡，高風猶尚想。

弄水軒

吾愛杜牧之，氣調本高逸。結亭侵水際，揮弄消永日。洗硯可抄詩，泛觴宜促膝。莫取濯冠纓，紅塵汙清質。

種竹齋

吾愛王子猷，借宅亦種竹。一日不可無，蕭洒常在目。雪霜徒自白，柯葉不改緑。

❶「題」，《傳家集》作「詠」。
❷「旌」，《傳家集》作「公」。「易」，《傳家集》作「非」。
❸「起」，《傳家集》作「逃」。

殊勝石季倫，珊瑚滿金谷。

澆　花　亭

吾愛白樂天，退身家履道。釀酒酒初熟，澆花花正好。作詩邀賓朋，欄邊長醉倒。至今傳畫圖，風流稱九老。

温國文正公文集卷第四

温國文正公文集卷第五

古　詩

和利州鮮于轉運侁，字子駿公居八詠

桐　軒

朝陽升東隅，照此庭下桐。蓁蓁復萋萋，居然古人風。疎柯青玉聳，密葉翠羽蒙。午景疑餘清，夕照留殘紅。雨響甍棟外，風生户牖中。主人政多暇，步賞常從容。終當致威鳳，覽德鳴噰噰。又將施五絃，解愠歌帝宫。

竹　軒

兹軒最瀟落，歷歷種琅玕。正晝簿書稀，蕭蕭風雨寒。翠陰涼宴坐，疎韻承清歡。錦籜裁夏扇，玉筍供春槃。晴蝸潛葉底，暝雀投林端。幽興遇物愜，高懷隨處安。且免一日無，何須千畝寬。

柏　軒

凛然陵霜色，本自生丘壑。徙之君子庭，栽培固不薄。静夜聲飂飂，清晝陰漠漠。秀氣逼簷楹，翠影通簾箔。知君棟梁材，大匠偶未度。但守歲寒心，閑軒亦不惡。❶

巽　堂

華堂選形勝，地直巽之隅。主人心絜

❶「亦」，原作「赤」，據《傳家集》改。

齊，公閑此燕居。西來故鄉客，東過朝大夫。時逢志所愜，❶下榻同歡娱。琴碁間壺觴，賦詠雜歌呼。民間既羲皇，席上宜華胥。每思就一醉，幸無官守拘。奈何三千里，❷風埃與泥塗。

山　齋

幽蹊入桃李，危棧蟠林麓。行行忽虚敞，高齋出山腹。園圃近指掌，郊郭紛盈目。春老酴醾香，夏淺筤簹緑。條横喜罥衣，笋迸乍穿屋。秋江澄可卷，冬嶺翠如撲。煙間漁艇小，寒外村居獨。燒轉望畬田，響答聆伐木。驚麏挺走險，鴈禽嚶出谷。物華時變更，興趣日相續。誰知使者尊，常著野人服。肯以駟馬榮，區區詫鄉族。

閒　燕　亭

吏治正倥偬，夫君何燕閑。繭絲既云寡，符移皆可删。子駿奏：減役錢幾半，朝廷是之。印封從事散，躡屐升東山。❸放杖坐危亭，清嘯出雲間。無私席賓少，忘機林鳥還。野人瞻翠微，稽首雙眉斑。

會　景　亭

景物浩無窮，兹爲一都會。之人心若鑑，萬狀静相對。喬林擁砌底，脩嶺倚窗背。流雲過席上，去鳥出天外。徐徐杖屨整，❹藹藹郊原晦。來往亦何爲，逍遥真樂内。

寶　峰　亭

孤亭冠山椒，下視物不隔。六合縱心

❶「逢」，原作「運」，據《傳家集》改。
❷「奈」，原作「蔡」，據《傳家集》改。
❸「屐」，原作「屣」，據《傳家集》改。
❹「整」，《傳家集》作「征」。

賞，萬家窮目力。髻鬟烏奴翠，衣帶嘉陵碧。霞生白水尾，日没九隴脊。煙凝朝夕市，塵飛往來驛。雖復對紛紜，何嘗改岑寂。實兼觀風遠，非徒選勝適。巴峽少平田，每若天宇窄。及兹伏檽檻，坐瞰南北極。先君昔乘軺，名題古寺壁。侍行尚垂髫，孤露今戴白。讀君登臨詩，舊遊皆歷歷。永無膝下歡，終篇涕霑臆。光天聖中，侍先君爲利州路轉運使，題名諸寺，子駿皆爲之刻石。

題太原通判楊郎中希元**新買水北園**

洛陽名園不勝紀，門巷相連如櫛齒。脩竹長楊深徑迂，令人邑邑氣不舒。愛君買園中橋北，堂壓崖端跨空碧。滿川桃李皆目前，近水遠山一朝得。曾陪尊兄此高會，豁然如出樊籠外。塹遊尚爾況久居，勝氣清風日相對。易生畫筆世所珍，麞猿滿壁皆逼真。并州近胡沙塵惡，終更早來爲主人。❶

首夏二章呈諸鄰

首夏木陰薄，清和自一時。筍抽八九尺，荷生三四枝。新服裁蟬翼，舊扇拂蛛絲。莎徑熱未劇，晨昏來往宜。

爞爞久旱天，颯颯昨育雨。❷塵頭清過轍，水脉生新渚。豈徒滋杞菊，亦可望禾黍。勿笑盤蔬陋，時來一觴舉。

❶「主」，原作「士」，據《傳家集》改。
❷「育」，《傳家集》作「宵」。

酬安之謝藥栽二章❶

洛人栽花不栽藥，吾屬好尚何其偏。服之雖能已百疾，愛閑成癖無由痊。

護根帶土我親移，荷鍤汲泉君自種。❷悦目寧將惡草殊，扶危或比兼金重。

雨中過王安之所居不謁以詩寄之

萬木含涼雨，驅馬有餘清。長衝帶短蕪，舊潦駢新萍。高齋彼誰居，雅尚推名卿。汗亭雖地卑，躡屐未妨行。野服踞藜牀，蕭散臨前楹。纂纂棗林繁，欣欣藥畹榮。過門不敢叩，自視慙冠纓。素與安之約，不以公服相過。

送藥栽與安之

盛夏移藥栽，及雨方可種。爲君著屐取，呼童執傘送。到時雲已開，枝軟葉猶重。夕陽宜屢澆，又須煩抱甕。

張明叔兄弟雨中見過弄水軒投壺賭酒薄暮而散詰朝以詩謝之

喜君午際來，涼雨正紛泊。呼奴掃南軒，壺席謹量度。軒前紅微開，壺下鳴泉落。虎爪泉上覆之以版，每投壺，板上設榻繞之，榻去壺各二矢半。必爭如五射，有禮異六博。求全怯垂

❶「酬」，原缺，據《傳家集》補。

❷「鍤」，原作「鍾」，據《傳家集》改。

成，倒置畏反躍。新格：倒中者，壺中之筭盡廢之。雖無百驍巧，且有一笑樂。交飛觥酒滿，强進盤飧薄。苟非興趣同，珍殽徒綺錯。

小雨

雲日互出没，數朝飛雨清。曈曨似欲止，廉纖還未晴。❶映空輕絲亂，著物細珠明。葉端危未落，荷心重忽傾。喜涼高燕舞，便濕群蛙鳴。於予亦有得，藥畹胡麻生。

園中書事二絶❷

芳州晚日鮮，曲岸新雨好。紅薇點圓荷，金蓉出幽草。

坐嗅白蓮藥，卧看青竹枝。閑齋不成寐，起讀聖俞詩。

送劉仲通知涇州

四載一相逢，相逢遽爲别。儕輩日蕭條，與君俱白髮。巵酒不暇執，舊遊那復説。忽忽無他言，暑行戒飢渴。

和復古大雨

積陰連日作鬱蒸，長雲飛天勢如鵬。白雨四注垂萬絙，坐間斗寒衣可增。

雷公推車電施鞭，飛騰九澤舞百川。須臾開晴萬物鮮，仰視白日當青天。

❶「晴」，原作「晴」，據《傳家集》改。
❷「園」，原作「渴」，據《傳家集》改。

南園雜詩六首

見山臺書卧偶成

移牀獨上高臺卧，颯颯涼風吹面過。林蟬忽噪驚薄夢，手執殘書幅巾墮。

修酴醿架

貧家不辨構堅木，❶縛竹立架擎酴醿。風摇雨漬不耐久，未及三載俱離披。往來遂復廢此徑，舉頭礙冠行絓衣。呼奴改作豈得已，抽新换故拆四籬。來春席地還可飲，日色不到香風吹。

螢

林塘荒濕地，向夕已飛螢。月没蛩吟砌，露涼人在庭。隨風疑落燼，過水亂疎星。學子燈前寢，誰將爾照經。

明叔家瑞蓮

君家得蓮種，遠自浙江湄。明燭然深盌，濃朱畫細絲。盛開尤菡萏，到落不離披。豈獨夏花好，仍兼秋實奇。味長包石蜜，殼嫩剥燕支。況復芬芳久，霜前殊未衰。

蓮房

蓮房前後熟，供噉不須齊。内嫩山蜂子，稜深天馬蹄。尚連餘蘂在，深映亂荷低。脆美知新采，近根猶帶泥。

不寐

長年睡益少，氣耗非神清。昨朝多啜茶，況以思慮并。中煩枕屢移，展轉何時明。

❶「構」，原避宋高宗諱作小字「御名」，今回改。

蘇秦六國印，力取鴻毛輕。白圭萬金產，運智立可營。如何五更夢，百方終不成。

苦　雨

今春憂亢陽，引領望雲族。首夏忽滂沲，意爲蒼生福。自爾無虛日，高原亦霑足。連年困饑饉，此際庶和熟。如何涉秋序，沈陰仍慘黷。長簷瀉潺湲，晝夜浩相續。喧豗流潦怒，突兀壞垣禿。駕牛泥没鼻，跨馬水平腹。瓦欹松漫白，道廢草濃緑。汙萊閔下田，漏濕憐破屋。縱横委地麻，狼藉卧隴穀。怯聞飢嬰啼，愁聽寡婦哭。閑官雖無責，飽食愧有禄。世紛久去心，物役柰經目。鬱陶聊秉筆，狂簡已盈幅。

八月十五日夜宿南園懷君貺

昔公在洛師，未嘗棄嘉節。今宵秋半分，空羡西園月。天色湛澄清，風聲冷騷屑。笑言不可親，引領望金闕。賴有篋中詩，端居數披閲。

八月十六日過天街懷景仁

秋潦收四野，晴雲無一班。忽驚龍門缺，遠見鳴皐山。涼飈入毛髮，顥氣清心顔。悠然念吾友，逍遥城闕間。思陪藍輿尾，共此登臨閑。

宿南園

頃來興味少，旬日不爲詩。昏昏但思眠，疲病知吾衰。豈無籬邊菊，不欲拈酒巵。絡緯爾何苦，終夕鳴聲悲。

九月十一日夜雨宿南園韓秉國寄酒兼見招以詩謝之

雨多秋草盛，濃緑擁寒階。吾廬奧且曲，退縮如晴蝸。小園已自隘，欲往泥霑鞵。體羸畏風冷，室處門常闔空蝸切。九日古所重，負此時節佳。緬想使君宴，綺席臨高齋。肥羜堆玉盤，飛觴酒如淮。楚舞陵湖波，茱萸落金釵。神醒鼓吹喧，百疊疑傾崖。歡餘忽我思，牙兵星火差。湨泉耻獨醉，醇味相與偕。我飲雖不多，和氣浩無涯。梧子拾爲果，拒霜伐爲柴。沼中數寸魚，烹煎足爲鮭。吴人謂魚肉爲鮭。誰言無以侑，繞渚多鳴蛙。交道久衰薄，巋然見吾儕。奈何數舍遥，晤語積年乖。況乃辱嘉招，私心豈不懷。轘轅石道澁，重以陰雲埋。雖有果下馬，款段非渥洼。臨風徒竦踊，志願焉能諧。狂詩寄一笑，聊用當詼俳。

子厚先生哀辭張載

先生負材氣，弱冠遊窮邊。麻衣揖鉅公，決策期萬全。謂言叛羌背，坐可執而鞭。意趣小參差，萬金莫留連。中年更折節，六籍事精研。羲農訖周孔，上下皆貫穿。造次循繩墨，儒行無少愆。師道久廢闕，模範幾無傳。先生力振起，不絶尚聯緜。教人學雖博，要以禮爲先。庶幾百世後，復覩三王前。釋老比尤熾，群倫將蕩然。先生論性命，指示令知天。聲光動京師，名卿争薦延。寘之石渠閣，豈徒脩簡編。丞相正自用，立有榮枯權。先生不可屈，去之歸卧堅。孤嫠聚滿室，餬口耕無田。欣欣茹藜藿，皆不思肥鮮。近應詔書起，❶尋取病告旋。舊廬不能到，丹旐風翩翩。人生會歸盡，但問愚與賢。借令陽虎壽，鉅足驕顔淵。况於朱紫貴，飄忽如雲煙。豈若有清名，高出太白巔。門人俱經帶，雪涕會松阡。厚終信爲美，繼志仍須專。讀經守舊學，勿爲利禄遷。好禮效古人，勿爲時俗牽。修内勿修外，執中勿執偏。當令洙泗風，郁郁滿秦川。先生儻有知，無憾歸重泉。

古　墳

茫茫野田平極目，歷歷古墳如夏屋。碑版無文荆棘深，石獸沈淪松栢秃。問人雖不知姓名，昔皆高官仍厚禄。子孫流落何所之，凶吉當年非不卜。我來正值寒食天，祭膰不設無人哭。

酬趙少卿丙，字南正藥園見贈

鄙性苦迂僻，有園名獨樂。滿城争種花，治地惟種藥。栽培親荷鍤，購買屢傾橐。

❶「應」，《傳家集》作「因」。

縱橫百餘區，所識恨不博。身病尚未攻，❶何論療民瘼。

登封龐國博元常，字懋德年三十八自云欲棄官隱嵩山作吏隱庵於縣寺俾光賦詩勉率塞命

懋德負長才，全牛不足剸。纔爲百里宰，驥足殊未展。齒髮方盛彊，趣尚已高遠。結庵眠二室，志欲巢絶巘。賢人心如雲，無迹有舒卷。不須驚俗目，卓犖乃求顯。既知吏可隱，何必遺軒冕。

暮春同劉伯壽史誠之飲宋叔達園

絮狂飛作團，梅小不多酸。共惜餘春好，更窮今日歡。清流入花底，翠嶺出林端。嫩笋玉縈筯，新櫻珠照盤。邀迎嘉客易，會合故人難。寄語門前僕，驊騮任解鞍。

用前韻再呈

舊交今餘幾，追思鼻可酸。休論身外事，且盡目前歡。薜荔垂隄面，酴醾擁席端。舞精抽繭緒，絃妙落珠盤。醇酒回春易，靈丹却老難。扶歸不復記，茗艼上金鞍。

示道人

天覆地載如洪鑪，萬物死生同一塗。其中松栢與龜鶴，❷得年稍久終摧枯。借令真

❶「未」，原注作「缺字」，據《傳家集》補。
❷「其」，原注作「缺字」，據《傳家集》補。

有蓬萊山，未免亦居天地間。君不見太上老君頭似雪，世人浪説駐童顔。

謝君貺中秋見招不及赴

不侍庾公宴，月華虚四秋。幸逢東閤開，又阻西園遊。清輝散廣座，孤影隨行舟。衮衣如未歸，志願終可酬。

久雨效樂天體

雨多雖可厭，氣涼還可喜。欲語言慵開，無眠身懶起。一榻有餘寬，一飯有餘美。❶ 想彼廟堂人，正應憂爕理。

聞景仁遷居許昌爲詩寄之

天衢名利場，塵泥繼朝昏。况兹辭榮久，厭苦車馬喧。慨然忽高舉，翩若黄鵠翻。朝賣西城宅，暮理南行轅。回首豈無懷，眷眷望國門。想象解裝初，完美未可論。縱横置老屋，缺剥周短垣。臧獲念去故，炊爨假罌盆。幼稺喜就新，階庭走諸孫。幸有克家子，生事不日温。許昌昔名都，於今亦雄藩。先賢雖已遠，風迹凛猶存。况復多巨公，分義素所敦。丞相辭黄閣，學士乘朱轓。青雲同禁省，白首會山樊。❷ 潩水湛寒光，盡眼清心魂。華堂臨曲渚，畫舫承芳樽。高談金

❶「寬一飯有餘」，原缺，詩末注「缺第五句」，據《傳家集》補。

❷「樊」，原注作「缺字」，據《傳家集》補。

石諧，逸筆風雨奔。得朋誠多歡，孤陋未可諼。時當惠好音，獨樂慰荒園。

送張伯常同年移居郢州

楚江白逶迤，楚山碧參差。玉炊稻粒長，縷切魚腴肥。羨君盡室行，飄然無所羈。伐竹營茅茨，種橘爲藩籬。荒陂無四垣，但以荷塘圍。官雖朝大夫，身世已相遺。野老坐争席，林叟談忘歸。猶嫌沮溺徒，名字爲人知。

南園飲罷留宿詰朝呈鮮于子駿范堯夫彝叟兄弟

園僻青春深，衣寒積雨闋。中宵酒力散，卧對滿窗月。旁觀萬象寂，遠聽群動絶。只疑玉壺冰，未足比明潔。

自用前韻

耿耿寐不成，迢迢夜未闋。良朋悔不留，負此當軒月。懷想空鬱陶，眺聽轉清絶。他時重見過，餘樽猶可潔。

不寐

思夢久不効，良夜行已闌。此心如盃水，擾易澄苦難。百年能幾何，萬慮誰能殫。棄置勿復尋，專取形神安。

招子駿堯夫

虛牖延朝光，高林散晴藹。深夏猶清

和，閑齋亦爽塏。離群纔宿昔，跂佇心已痗。楸枰頗光潔，置設儼相待。軒車能朅來，雞黍足充餒。

和家兄喜晴用安之韻

象龍雖得請，躍蝝亦須占。既有膏苗益，寧無漂麥嫌。餘霏方映户，反照忽通簾。羈旅愁懷闃，農家喜色添。田間拾穗滿，陌上荷鉏兼。豫想三川迴，秋場萬庾尖。

病中子駿見招不往兼呈正叔堯夫 時正叔約次日爲會

衰朽拙自將，蘊積成中病。掩扉卧小榻，安養惟便静。遥知良友集，鬱若荀陳盛。獻醻屏浮飾，簡率任真性。雖無束帶苦，實憚把酒倂。開囊檢藥物，不與樽罍稱。筋骸幸復常，他時掃三徑。

和子駿秋意

好風自遠來，小雨初濡地。雖當未夏半，❶已有清秋意。新蟬乍孤吟，病葉或先墜。頓覺愈沈痾，蹔喜濯炎熾。彩筆動高興，瑶徽發幽思。賤子獨何爲，宵凉甘熟寐。

龍　門

石樓臨晴空，南眺出千里。人怜山氣佳，余歎禹功美。想彼未鑿時，極目皆洪水。誰知耕桑民，幸免魴與鯉。

❶「未」，《傳家集》作「朱」。

座中呈子駿堯夫 六言

微雨雖妨行樂，薄寒却解留花。今日且遊小圃，明朝更向誰家。

園櫻傷老也

園有繁櫻，圃有肥菁。我酒既清，我殽既馨。我友戾止，聊以娛情。今我不樂，日月其徑。[1]

園有穠李，圃有肥杞。我酒既旨，我殽既美。我友戾止，改憂爲喜。今我不樂，年其有幾。

園有弱柳，圃有肥韭。我酒既有，我殽既阜。載笑載歌，以宴我友。今我不樂，年其無久。

悠悠汎舟，載縱載横。白日將傾，飄風載驚。嗟我老矣，髮脱齒零。胡爲百憂，勞此餘生。

和景仁緱氏别後見寄求決樂議雖用其韻而不依次蓋以景仁才力高逸步驟絶群非駑拙所能追故也

至樂存要眇，失易求之難。昔從周道衰，疇人曠其官。聲律久無師，文字多缺漫。仁皇閔崩壞，廣庭集危冠。紛紜鬭筆舌，異論誰能殫。或欲徇陳迹，竅厚潛鎪刓。或欲立私意，妄取舊史刊。古今互齟齬，大抵皆欺謾。景仁信其説，墨守不可干。賤子欲面從，誰與换膽肝。必求此議決，深谷爲崇巒。

[1]「徑」，《傳家集》作「征」。

何如兩置之，試就中和看。天地育萬物，生成適暄寒。聖人保四海，皇極致阜安。樂理亦如此，炳焕猶朱丹。嘽緩與噍殺，折衷遺兩端。兹道苟不由，芒刃難嬰髖。魯樂最爲備，雍徹施三桓。❶齊韶猶肄習，太公避陳完。唐民聽伴侣，不復含悲酸。乃知樂有源，鍾鼓皆波瀾。昨者清明初，榆火始改鑽。景仁從許來，傾都咸聚觀。諸公競邀迓，非獨惜春殘。議樂不復對，晝夕且窮歡。來時桃李穠，去日勺藥闌。三旬只須臾，駛若阪上丸。轘轅逢雨別，惝怳歸騎單。東西步步遠，回首祝加餐。仍冀勉中和，心廣體自胖。

和秉國招景仁不至云方作書與光論樂

小桃佳李實如拳，西湖盡眼鋪芳蓮。景仁不從鄉賢飲，爲此樂論方窮研。周衰官失疇人散，鍾律要眇誰能傳。近人欺衆出私意，最可閔笑房生顛。如光初不辨宫羽，是非得失安敢專。每煩教諭累百紙，頑如鐵石不可鐫。王李阮胡相詆毁，各執所學何妨偏。景仁家居鑄龠斛，欲除民瘼恐未然。要須中和育萬物，始見大樂之功全。

同子駿題和樂亭

春禽哢晴朝，秋蟲吟雨夕。風和振蘭芳，露寒滋菊色。萬物苟得所，隨時各有適。矧伊人最靈，胡爲長慼慼。聖人垂大訓，燦爛著方册。至樂和無聲，大禮簡無跡。心專

❶「桓」，原避宋欽宗諱作小字「淵聖御名」，今回改。

守中庸，身不蹈邪僻。造次常在前，須臾不離側。窮通雖百變，何往不自得。兹亭聊寓名，和樂在胷臆。

温國文正公文集卷第五

温國文正公文集卷第六

律詩一

夏日西齋書事

榴花映葉未全開，槐影沉沉雨勢來。小院地偏人不到，滿庭鳥迹印蒼苔。

過故洛陽城二首

四合連山繚繞青，三川滉漾素波明。春風不識興亡意，草色年年滿故城。

烟愁雨嘯黍華生，宮闕簪裳舊帝京。若問古今興廢事，請君只看洛陽城。

華清宮

新豐雞犬稀，薊北馬秋肥。金殿翠華去，玉階紅葉飛。荒林上路廢，温谷舊流微。嗟此非人事，何須問是非。

初春登興國寺塔

雨過風清露氣匀，林花變色柳條新。爲君作意登高處，試望皇州表裏春。

虎牢關

天險限西東，難知造化功。路邀三晉

會，勢壓兩河雄。餘雪霑枯草，驚飈卷斷蓬。徒觀戰争處，今古索然空。

和李殿丞倉中對菊 三首

高士寄朝市，迥然心迹殊。秋風太倉裏，黄菊滿庭隅。陶令成詩後，王公送酒無。遥知厭俗事，未免强躊躕。

文案漸消散，倉閑吏已稀。庭空數蝶下，夜静一螢飛。愛賞忽成句，淹留時忘歸。高情雖不繫，遇此獨依依。

涼風正蕭瑟，好月復徘徊。幽興眇不盡，芳罇時一開。餘英蓋紅葉，墜露濕蒼苔。從此東籬下，應忘歸去來。

送何萬下第歸蜀 二首

十上終無就，才高定復論。清時守儒術，白首在丘園。遠樹隱殘日，孤煙生暮村。揚鞭萬里去，幾許不銷魂。

失意流年老，殘春對夕陽。可堪臨遠道，更復舉離觴。花柳已蕭索，雲山復渺茫。西風如有意，音信勿相忘。

執酒

執酒勸君君盡之，今朝取醉不當疑。好風好景心無事，閑利閑名何足知。

河橋春别

河橋春盡送君歸，又惜無歡度此時。亂花滿眼遮人望，不見行塵空酒旗。

答陳進士謂之憶江東舊遊見贈

客路今東去，亭皐木葉飛。居然不堪恨，況與賞心違。顧渚煙波闊，長洲草樹微。江邊好春色，行望錦標歸。

又贈謂之

文藻兼名理，三吴第一賢。鄉心幾千里，飛鴈滿秋天。

籬下多新菊，淵明歸思長。主人方愛客，未得傲羲皇。

君念東歸日，應須晝繡榮。當令故關吏，還識棄繻生。

重九日憶菊

節物都何晚，佳辰容易過。黄花不足念，當奈酒盃何。

客思

客思倦漂泊，居然感物華。關頭望紅葉，馬上見黄花。薄宦終無定，閑愁詎有涯。今朝書至否，幾夕夢還家。

前年春與楚正叔同遊陟屺寺今兹已復周歲窅然思之

陟屺寺南山，曾陪半日閑。春來夢携手，宛在白雲間。

曉霽

夢覺繁聲絶，林光透隙來。開門驚烏鳥，餘滴墮蒼苔。

觀江上人壁許道寧畫寒林

昔曾驅瘦馬，衝雪過滎陽。不悟當時景，蕭然在此堂。

自都往餘杭懷聶之美

閣上新文卷，欲逢知己開。相思不能已，欹枕夢君來。

夢與之美爲寒食之遊

寒食無佳賞，芳菲半已空。夜來逢勝友，未至負東風。

梧桐

紫極宫庭闊，扶疎四五栽。初聞一葉落，知是九秋來。實滿風前地，根添雨後苔。群仙儻來會，靈鳳必徘徊。

秋日登觀信亭

西風連夜雨，草樹已蕭條。宿靄稍零落，寒山更寂寥。林紅猶帶日，岸白欲生潮。新鴈來何處，離離天際遥。

湖上村家

萬頃寒煙外，茅茨枕碧流。楓林巢乳鶴，沙溆亂鳴鷗。漠漠菰蒲晚，蒼蒼蘆荻秋。欲過南浦去，籬下出漁舟。

別聶之美

客宦常漂泊，離懷徒自勞。貧無衣換酒，空有涕霑袍。木葉寒猶在，江湖暮更豪。行舟遠不見，賴有片帆高。

松江

吴山黯黯江水清，欲雨未雨傷交情。扁舟蕩漾泊何處，紅蓼白蘋相映生。秋風索索連江起，暮過煙波十餘里。長蘆瘦竹映漁家，燈火渺茫寒照水。

潮水 二首

平江欲上潮，古木自蕭蕭。兩岸饒葭葦，寒波浸寂寥。

淋淋出海門，百里雪花噴。坐看東歸去，平沙空有痕。

雙竹 并序

草木類同而種殊者，竹爲多。杭州廣嚴寺有雙竹，相比而生，舉林皆然。其尤異者生於枯樹腹中。❶自其頂出，森然駢竦，樹

❶「者」，原缺，據《傳家集》補。

如龍虵相縈，矯首砑然。❶余遊，見而賦之。

雙幹標枯腹，青青凡幾霜。龍騰雙角直，鯨噴兩鬚長。詎欲尋支遁，安能問辟彊。屢來非别意，未與此君忘。

旅宿睢陽南湖

梁王棄宫館，時世古今違。猶有南湖水，春來鴈鶩飛。樓臺沉倒影，林薄挂餘暉。豪侈終何在，行人得暫依。

南湖二首

宋都南野水，花柳媚名園。鳥起沙留迹，魚驚浪結痕。朱橋通别島，白路出荒村。城邑雖云邇，常無車馬喧。

海鴈長橋北，乘閑日日來。游魚自應樂，宿鳥不相猜。弱柳迴遭合，芳花次第開。梁王昔遊集，後乘列鄒枚。

西谿公讌二首

五馬非從樂，西城念勸功。翠帷低映水，紅旆不勝風。乘脱青山静，雲歸碧落空。淹留盡佳興，新月漸朦朧。

謝守愛山水，軍城況不賒。魚驚避落葉，鳥倦立浮查。古柏依崗遠，垂楊帶岸斜。秋風吹急管，一曲度荷花。

西湖

佳麗三吴國，湖光蕩日華。魚驚動蘋

❶「砑」，原作「呀」，據《傳家集》改。

葉，鷺喜掠楊花。雲過山腰黑，風驅雨脚斜。煙波遥盡處，髣髴見漁家。

金山寺

香刹冠嵯峩，松門絡薜蘿。❶風清塵不到，岸闊鳥難過。欲雨江聲怒，新晴海氣多。行舟未摇棹，迴望隔煙波。

出塞

邊草荒無路，星河秋夜明。卷旗遮虜塞，歇馬受降城。霜重征衣薄，風高戰鼓鳴。將軍功未厭，士卒不須生。

古松

摧頽巖壑間，磊落得天顛。香葉低漸水，餘根倒挂山。白猿窺子落，黄鶴認巢還。不久應爲石，莓苔舊已班。

聞龔伯建下第

文章真長物，堪歎又遺賢。利器空埋土，靈光久照天。趙錐猶未出，荆璧會須傳。道在雖窮困，知君不慨然。

故絳城

文公恢霸略，征討輔周衰。奕世爲盟

❶「絡」，原作「落」，據《傳家集》改。

主，諸侯聽會期。山河表裏在，朝市古今移。欲訪祁箎處，鄉人亦不知。

題陳秀才鳳園林

劇談驚滿座，音貌獨琅然。可惜酈生老，誰知蘇季賢。青囊世外藥，碧幕醉中天。不佩黄金印，都緣負郭田。

九日登麻蘭坂

客路逢佳節，無歡更益愁。前山造雲日，登陟不因遊。

游延安宿馬太博東館字承之

高館寂無譁，安閑勝在家。暮煙凝塞上，堠火落天涯。坐久筆生凍，夜闌灯作花。主人意未盡，歸路不爲賒。

塞上四首

節物正防秋，關山落葉稠。霜風壯金鼓，霧氣濕旌裘。未得西羌滅，終爲大漢羞。慙非班定遠，棄筆取封侯。

鴻鴈秋先到，牛羊夕未還。旌旗遥背水，亭堠遠依山。落日銜西塞，陰煙澹北門。何時獻戎捷，櫜甲一朝閑。

瀚海秋風至，蕭蕭木葉飛。如何逢漢使，猶未寄征衣。不歎千里遠，難甘一信稀。年年沙漠鴈，隨意得南歸。

劒客蒼鷹隊，將軍白虎牙。分兵邏圁水，縱騎獵鳴沙。浪有書藏袖，難憑信達家。不堪聞曉角，吹盡落梅花。

送何濟川爲龐公使慶陽席上探得冬字 涉

幕府遥三舍，❶傳車乘一封。忠深輕遠道，醉暖失嚴冬。圁水猶飛檄，蘆關未滅烽。賢侯雖喜士，難得久從容。

延安道中作

羈旅兼邊思，川原蹀血新。煙雲長帶雨，草樹不知春。細水淘沙骨，驚飈轉路塵。今朝見烽火，白首太平人。

鄜州懷聶之美

何言内外家，憂患兩如麻。别淚行三歲，思心各一涯。海邊昏霧雨，塞外慘風沙。安得雲飛術，乘空去不遐。

和張推官同年師奭春陰無緒偶成

澹泊輕雲寒不收，未成春雨只添愁。風煙寂寞幾何限，盡入憑高一寸眸。

薄寒未去臘纔過，春色先知在緑波。不是宿雲能作思，大都王粲自情多。

歸田詩 五首并序

同年張周輔嘗語及仕宦之多端，因稱仲長子有言，使吾有良田美宅，背山臨流，適意極樂，誠無事於此。慨然感之，作《歸田詩》五章。

❶「舍」，原作「合」，據《傳家集》改。

秋水風波大，嗟嗟未可遊。漁樵自應樂，珪組爲誰憂。直木知先伐，明珠忌暗投。果然鈎可曲，不惜取封侯。

紱冕誠虚器，簪裳悉畏塗。觸機身未保，好直道先孤。甑石曾何有，田園浪更蕪。可能推兩耜，沮溺共爲徒。

聖哲雖云遠，遺文幸未亡。沉冥觀禮樂，髣髴見虞黄。雞黍延三逕，琴書樂一堂。逍遥名教内，富貴亦微茫。

松菊陶潛宅，蓬蒿仲蔚家。行遊筇杖瘦，嘯傲幅巾斜。屋小疎茅覆，門深亂柳遮。村童迎客至，竹帚掃桃花。

桑柘緑無際，田間戴勝飛。清醪迎社熟，鳴雉向春肥。執耒時將急，銜盃日漸稀。四鄰能共樂，招飲莫相違。

春曉

鐘漏初傳曉，滿窗風雨寒。東崗行可種，欹枕不成安。

詠史三首

不事王侯者，翛然鄭子真。開田谷口美，荷鍤白渠春。德化移鄉曲，聲光動搢紳。一時鐘鼎貴，磨滅彼何人。

延陵腰利劍，上國使初通。待我周遊徧，逢君遺奠終。晶熒繫高樹，蕭瑟動寒風。誰敢欺生死，蒼蒼照爾衷。

春風三閣上，珠翠日紛紛。樂飲陶江月，清歌遏海雲。醉中失陳國，夢裏入隋軍。玉樹庭花曲，凄涼不可聞。

秋夜望月

萬里氛昏歇，金波秋更明。星連河渚闇，風繞桂枝生。鳷鵲臨華館，新豐落故城。古今佳賞盡，殊自有餘清。

漢宫詞

苜蓿花猶短，昌蒲葉未齊。更衣過栢谷，走馬宿棠黎。逆旅聊懷璽，田間共鬭雞。猶思飲雲露，高舉出虹蜺。

讀漢武帝紀

方士陳僊術，飄飄意不疑。雲浮仲山鼎，風降壽宫祠。上藥行當就，殊庭庶可期。蓬萊何日返，五利不吾欺。

鷺鷥

清閑自合無憂累，白髮何因更颯然。遥望孤飛下秋水，雪花一片落晴天。

待詔二首

京洛風塵裏，相逢眼盡青。故人多密近，誰誦四隅銘。

待詔久公車，囊裝半已虚。雄文雖雅麗，未得似相如。

觀僧室畫山水

畫精禪室冷，方暑久徘徊。不盡林端

雪，長青石上苔。心閑對巖岫，目浄失塵埃。坐久清風至，疑從翠澗來。

詠寒士

洋洋泌水側，蓬室坐蕭條。衣薄難勝夜，厨閑空過朝。笑談東郭履，歆誦買臣樵。但問才何似，無疑卿相遥。

贈外兄吴之才挺

何須親始重，友分固非疎。况復羈孤極，同經憂患餘。晚成應大器，先得類凡魚。遊衍陪嚴忌，聲華誦子虛。蒲輪詔枚叔，駟馬寵相如。莫忘西都日，寒牕夜讀書。

九日懷聶之美時余在河南，聶在陳州。

錢唐江裏扁舟上，别後籬花幾度黄。憂患縈心何繚繞，風光滿目盡淒凉。誰同鑿落盃中酒，獨繫茱萸肘後囊。可復無書道情素，雲間空有鴈南翔。

太室横山蔽千里，相思空復上高臺。瓮頭白酒行當熟，籬下黄花稍復開。陶令不無同醉興，孟君况有解嘲才。欲憑西北高風勢，飛度轘轅勸一盃。

飲吴之才家

京洛相逢設主人，富家鼎食不如貧。解衣换酒同爲樂，知是交情百倍親。

晚秋洛中思歸東園

不利不名空去國，鴈飛葉落未歸來。秋風肯待主人至，籬下黄花隨意開。

普明寺荷塘上置酒

菡萏飄零水寂寥，敗荷疎柳共蕭條。煙斜雨細愁無限，醇酒千分不易銷。

送孟仲習宜君令 翶

合抱生毫末，無爲厭小官。政成心更逸，道勝意常寬。野迥山形秀，雲疎雪意闌。離盃如不盡，何用禦祁寒。

野　廟

古廟崩榱在，牆閒雜樹荒。依稀餘像設，寂寞閟祠堂。舊日牲猳地，今晨狐兔鄉。英靈如未滅，何以度凄涼。

呂　禄　廟

赤帝祚四百，徒然諸呂謀。出遊逢友賣，未返見家收。蔽冢昔無記，遺祠今幸留。士心俱左袒，何怨曲周侯。

雪霽登普賢閣

積雪明朝日，山河坐可分。嶄巖初解凍，片段未歸雲。闊望窮人境，高尋府鴈群。

開門枝鳥散，玉絮墮紛紛。

上郡南三十里有相思亭在太山之麓二水所交平皋之上往來者徒習其名莫詳其義慶曆甲申歲余適延安過於其下于時夏虜梗邊征戍未息竊感東山采薇之義叙其情而愍其勞因作五詩庶幾不違周公之指且以釋亭之名爾

嶺上雙流水，猶知會合時。行人過於此，那得不相思。

偃蹇登脩阪，高侵雲日間。幾人征戍客，跛馬望家山。

塞下春寒在，東風雪滿鬢。河陽機上婦，知我苦辛無。

柳似妖饒舞，花如爛漫粧。那堪隴頭水，嗚咽斷人腸。

空外遊絲轉，飄楊似妾心。別來今幾日，髣髴近雕陰。

梅　花三首

從與夫君別，寒花幾度春。坐愁芳樹老，況乃鑑中人。

塞北爲君戍，江南是妾家。遥知關外雪，正似嶺頭花。

驛使何時發，憑君寄一枝。隴頭人不識，空向笛中吹。

友人楚孟德過余縱言及神仙余謂之無孟德謂之有伊人也非誕妄者蓋有以知之矣然余俗士終疑之故作遊仙曲五章以佐戲笑云

神仙謂無還似有，秦漢可怜空白首。會

須一躡青雲梯，與子同祛千古疑。

仙術有無終未知，眼看白髮亂如絲。何時得接浮丘袂，滄海横飛萬餘里。

若士北遊窮地角，還食蛤蜊卷龜殻。盧敖凡骨不能飛，今朝九陔何處期。

仙家不似人間歡，瑶漿琅菜青玉盤。乘醉東遊憩陽谷，酒瓢閑挂扶桑木。

柂師知子能操舟，稳過茫茫滄海流。白浪駕天千萬里，真令挂骨長鯨齒。❶

雲際亭

高齊杳冥際，迴與世塵違。席上山河近，天邊桑柘微。人間已飄灑，棟裏始紛霏。❷草樹收殘照，逍遥久未歸。

和孫器之清風樓

賢侯宴枚馬，歌鼓事繁華。晚吹來千里，清商落萬家。平原轉疎雨，遠樹隔殘霞。宋玉雖能賦，還須念景差。

龍女祠後塘自生荷花數枝與史誠之更相酬和

平湖漠漠芰荷稠，水國芳春不勝秋。空有棹歌人不見，晚風一曲去悠悠。

越女行歌縱棹輕，蒼茫別浦晚煙凝。荷花折盡未歸去，潋灔扁舟不易勝。

❶「真」，《傳家集》作「直」。

❷「霏」，原作「飛」，據《傳家集》改。

荷底清漣照綺羅，長安公子舊情多。躊躇不去知君意，重唱吴音白紵歌。

賀監家居逸興饒，枝分鑑水闊容舠。穿荷宜去邀漁叟，共醉舡頭半榼醪。

清江向晚採蓮稀，獨倚蘭舟久未歸。目斷可堪人不至，斜風細雨濕羅衣。

素舸朱蓬青竹篙，棹歌風散近還遥。斜陽借問歸何處，家住水村郎姓蕭。

別殿無人利自芳，玉階朱檻繞金塘。館娃寂寞無西子，羞與吴宮競曉粧。

贈楚法曹叔度楷

夫君能直節，不耻揚曹輕。道果因時屈，官無當已榮。松杉雖偃蹇，霜霰苦峥嶸。會有良工識，終觀大器成。

先春亭

園林近鈴閣，旦夕被仁風。自得芳菲早，豈將疎遠同。冰開半塘緑，雨借數枝紅。會待韶光徧，還應到野叢。

寄楊州侯都監仲倫

木落淮南樹，秋風日夜高。月臨楊子渡，雪卷廣陵濤。不得同蕭散，何因破鬱陶。空憑尺書速，未解夢魂勞。

沉陰欲雪與同列會飲南齋

簿領日沉迷，從容樂事稀。賓朋幸相值，樽酒不須違。慘澹愁雲積，參差遠樹微。

淹留勿輕散，待取雪花飛。

感　懷

昨日春冰破水邊，今朝臘雪墜風前。歲華過目疾飛鳥，壯志如何不着鞭。

之美舉進士寓京師此詩寄之

結髮聲華盛，無疑屈未伸。何妨久垂翅，從此欲驚人。鷹擊天風壯，鵬飛海浪春。行當解故褐，不惜化京塵。

風雪數日不見叔度晚約公明共詣之

雲雪連朝闇，朋從歎坐違。臨文與誰共，開卷爲君稀。趣掃六花散，聊通一徑微。當攜兔園賦，同映讀書幃。

南榮巵酒罷，君返道東居。坐作三朝別，杳疑千里餘。閑門嗟雀網，深濘怯柴車。向晚開簾喜，同雲稍覺疎。

贈吴之才

勝冠自立艱難裏，大器由來貴晚成。松栢儻非生磊落，巖崖何易出崢嶸。蘇秦遊困羞妻嫂，主父居貧厭弟兄。六印他年擁車騎，會須重過洛陽城。

寒食許昌道中寄幕府諸君

原上煙蕪淡復濃，寂寥佳節思無窮。竹林近水半邊緑，桃樹連村一片紅。盡日解鞍山店雨，晚天迴首酒旗風。遥知幕府清明

飲，應笑驅馳羈旅中。❶

和叔度獨登天臺水亭

郊外靈潭闊，新亭占曲隄。戲魚迎墜絮，驚雉出荒蹊。❷緑倒楊梢亂，光飜芰葉齊。雨餘纖月偃，野迥斷雲低。水氣常噴薄，天風助慘悽。何知塵外境，近在郡樓西。

五哀詩并序

孔子惡利口之覆邦家者。甚矣讒之爲害，不可一二數也。聊觀戰國以來，楚之屈原，趙之李牧，漢之晁錯、馬援，齊之斛律光，皆負不世之才，竭忠於上，然卒困於讒，不能自脱，流亡不得其所而死。或者國隨以丘墟，此其尤可大哀者也。因即其事作《五哀詩》，且以警後世云。

屈平

白玉徒爲潔，幽蘭未謂芳。窮羞事令尹，踈不忘懷王。冤骨銷寒渚，忠魂失舊鄉。空餘楚辭在，猶與日争光。

李牧

椎牛饗壯士，拔距養奇材。虜帳方驚避，秦金已閻來。旌旗移莫府，荆棘蔓叢臺。部曲依稀在，猶能話郭開。

晁大夫

人主恩猶盛，讒夫弄舌端。旋聞就斧質，不得解衣冠。友虜齒纔冷，謀臣心盡寒。

❶「馳」，原作「驅」，據《傳家集》改。

❷「雉」，原作「短」，並注「疑是雉字」，據《傳家集》改。

晁宗譙類盡，漢室泰山安。

馬伏波

漢令班南海，蠻兵避鬱林。天涯柱分界，徼外貢輸金。坐失姦臣意，誰明報國心。一棺忠勇骨，漂泊瘴煙深。

斛律丞相

君臣日荒宴，歌舞諱言愁。老相猶當國，彊鄰不敢謀。謠言雖未出，姦謗已先流。誰察忠臣意，通霄抱膝憂。

留別東郡諸僚友

際日浮空漲海流，蟲沙龍蜃各優游。津涯浩蕩雖難測，不見驚瀾曾覆舟。

白璧紫金爲世寶，賢愚知貴莫能名。廟堂祭器杯盤物，隨處得之光彩生。

楚國良金百鍊精，深藏求售價連城。豈徒豐獄吹毛利，兼有秦臺照膽明。

祖帳飄揚隄柳邊，北來飛蓋復連翩。追隨不忍輕言別，迴首城樓没晚煙。

空府同來賢大夫，短亭門外即長塗。不辭爛醉樽前倒，明日此歡重得無。

遣興

京洛紅塵裏，閉門常獨居。雖無守道愧，終與趣時疎。文舉徒飛表，曹丘懶挾書。誰怜從官久，不及策名初。待兔謀真拙，屠龍藝亦虚。何當治歸計，松菊繞吾廬。

閹吏

弊車羸馬犯塵泥，愁到朱門遍遍辭。相

國舍人雖驟見，❶將軍馬監豈相知。因循歲月勞何補，顛倒風埃辱固宜。惆悵東崗舊陂在，素心空負白雲期。

追和張學士從沂公遊廣固城

蒼鶃集宋幕，遊塵上燕臺。羈氣山河盡，王師江漢來。重圍經歲合，嚴鏁夜深開。廢殿餘沙礫，頹牆翳草萊。清時間千歲，良牧借三台。獄市乘餘暇，蕪城賦上才。

去歲與東郡幕府諸君同遊河亭望太行雪飲酒賦詩今冬罷歸京邑悵然有懷

疇昔追清景，狂吟忘苦寒。河冰塞津口，山雪照林端。健筆千篇富，醇醪一醉歡。困猶揮落麈，瞑不顧歸鞍。多事光陰駛，離群會合難。誰知塵滿袖，今日客長安。

哭馬承之

平生千里別，書問亦常來。隼拂秋雲擊，鸞兼霏霧迴。鄙無高世藝，安見出倫才。有紙盈箱篋，扃封不忍開。

山家

林下脫雙履，窗邊挂幅巾。閑堂風掩戶，斷嶺月窺人。

❶「雖」，《傳家集》作「難」。

風

隴首紅旌急，樽前翠幕重。林端翻遠刹，花外轉疎鍾。❶ 夜寂清機發，春闌別意濃。如何玉琴韻，併欲在青松。

送王殿丞景陽知眉山縣先公與秘閣府君相繼爲利州路轉運使，予與眉山同年登第。

疇昔侍嚴親，俱爲綵服人。遊蘭已多益，得桂復同春。風樹悲驪異，萍波聚散頻。峽中盡遺事，何處不霑巾。

君行杳何許，萬里蜀雲西。野色春期近，林煙曉意迷。天藏巴峽小，星逼劍關低。莫使鄉愁亂，咬咬信子規。

送朱校理寀，字廉叔**知濰州**

東國連年水傷稼，使君到部即行春。茫茫四野潢汙竭，鬱鬱萬行桑柘新。俗不好奢田器貴，獄無留繫吏家貧。齊人勿怨歸朝速，自是承明侍從臣。

貢院中戲從元禮求酒太常博士畢田

顧我虛罍耻，知君餘瀝多。庭前有春雪，如此薄寒何。

❶「花」，原作「在」，並注「恐誤」，據《傳家集》改。

黄　甘

黄金綴縹蔕，摇落楚江涯。采助盃盤勝，羞將橘柚偕。時移香不變，物遠味尤佳。欲種滄洲樹，何年此意諧。

寒食南宫夜飲

積旬留省署，容易度春華。芳草踏青晚，長楸行樂賒。雲疎時送雨，風細鬧飛花。直有黄金百，無因過酒家。

送孟著作翺，字仲習知濟陰

聖主焦勞意，誰云百里輕。東州比栽害，劇令選精明。水去良田闊，人歸旅穀生。閭閻還舊觀，雞犬變新聲。盜散疲民活，姦窮老吏驚。政成知不日，雙耳爲君傾。

同次道陪讌瓊林校勘宋敏求

冠蓋連翩數里塵，帝家全借上林春。鵷行不動煙霞秀，龍角正高雷雨新。喜氣晴熏宫樹緑，飛花醉墮玉巵頻。蒲萄盧橘應相識，半是當年舉酒人。是日，在席同年七人。

送馮狀元京歸鄂州

夙昔負奇節，琅然爲衆殊。下韝連得雋，出手盡成盧。喜氣兼鄉曲，榮名溢道塗。風雲俱動色，非復舊江湖。

送吴耿先生

先生通六經大義，久客關中，今還建陽北山。

儒服若煙海，幾人潛聖心。難才誠自昔，賤學況于今。夫子獨神解，明時何陸沉。大羹無和味，至樂寡知音。磳磴貂裘弊，飄蕭鶴髮侵。遊秦不得意，思越動長吟。甑米難求玉，經囊益少金。拂衣謝賓友，縱棹指雲岑。積葉迷幽逕，荒藤絡舊林。澗猿驚重至，野老喜相尋。山色猶當户，絃聲不變琴。人生貴適意，何必慕華簪。

送高陟歸金陵

三舉不登科，以好學孝弟聞於鄉里。

之子秣陵去，悠悠天塹東。帆開曉風疾，潮落夜江空。在昔才華盛，至今人物豐。山川氣雖盡，龍虎勢猶雄。卞玉已三獻，齊禽會一沖。當令關下吏，洗目認終童。

子高有徐浩詩碑昌言借摹其文甫及數本石有微釁懼而歸之子高答簡有碎珊瑚之戲昌言以詩贈子高同舍皆和

司諫錢彦遠

徐公精筆老生神，石刻猶能妙奪真。幾爲通書飜喪寶，愈令好事惜傳人。鋒鋩半折猶能健，圭璧微瑕自足珍。直使盡隨如意碎，石家玉樹未全貧。昌言家圖書所收最多。

送僧聰歸蜀

翠栢老精舍，紅塵倦帝城。千山一錫遠，萬里片雲輕。江棧紆還直，天星縱復横。聽猿應更喜，還是故鄉聲。

送史館任祠部顒河東轉運使

問望簪紳舊，恩華雨露重。圖書周内史，汾澮晉全封。秀發千尋壁，寒生百鍊鋒。歸時門有戟，情別更從容。

送沖卿通判河中府 校理吴充

聞道名都行有期，依然想見昔遊時。寒光一曲秋河轉，翠領三條夕照移。孤竹舊風民有讓，❶重華餘教俗無疵。不須到日方登歷，已在君家十二詩。

故翰林彭學士挽歌 三首乘❷

夙昔遊清貫，時流藉重名。讎書石渠秘，視草玉堂榮。吉兆虛三鱓，凶期告兩楹。子雲思故國，墳樹必西傾。

平生對交舊，萬日正如初。不復知榮賤，都能忘戚疎。遺靈瞻素几，僞物屏塗車。家事何蕭索，空餘萬卷書。

祖奠垂將撤，笳簫儼欲行。野寒嘶故馬，樹轉出新旌。泉路幽無底，魚燈曖不明。如何賫美志，鬱鬱向佳城。

景福東廂詩

皇祐元年秋八月，皇帝臨策賢良方正及武舉進士。僕與景仁受詔讎校策卷，寓直於景福殿東廂，凡三日，得詩十三首，編之

❶「風」，原注作「缺字」，據《傳家集》補。
❷此題，《傳家集》作「翰林彭學士(乘)挽辭三首」。

左方。

夜意

清夜四無譁，深嚴上帝家。星飜珠網白，斗挂玉樓斜。風静虚成韻，霜輕未作花。還疑漢津客，浩蕩寄流槎。

即日依韻

柃指留深殿，倉琅祕九門。日長人對直，風迴鸞高飜。林有蕭疎意，雲無片縷痕。鈞天真自到，不獨暫飛魂。

柏寒

落落抱高節，秀出青雲端。無言磵谷幽，自致宫廷難。芳風襲玉宇，餘露分銅槃。不使萬年木，嘉名高歲寒。

御溝秋

萬户鬱相鈎，枝分瑟瑟流。縈紆通桂觀，隱見帶龍樓。碧映千林曙，紅影一葉秋。寒波長不竭，歲歲奉宸遊。

賜酒霜

和氣盈金榼，恩光湛玉觴。應知北山羽，猶怯上林霜。醇味回秋色，清都近醉鄉。山茅霑雨露，誓極寸心長。

菊

瑣瑣南陽菊，秋潭歲自開。孤根擁紅葉，落蘂媚蒼苔。正以參靈藥，因之植紫臺。願兼金掌露，同入栢梁杯。

同景仁寄修書諸同舍

烈火非不猛，不耗百鍊金。寒霜非不嚴，不彫竹柏林。小人勢利合，傾覆無常心。君子道德親，白首猶視今。諸君閨臺秀，相得如璆琳。離群一昔期，乃爾動悲吟。古風久已衰，交道日頹侵。願名思友操，播之清徽琴。

賜　果

南海荔支來，別館蒲萄成。匪頒浹下陳，捧拜同驩榮。置黍敢先食，覽槃多未名。❶懷核待歸種，復愁千歲生。

賜　書御書四民安康字

上聖固天縱，英藝皆絕倫。時乘萬幾閑，翰動如有神。用之當豫遊，不忘安四民。匪頒及群下，絡繹來中宸。毰毸靈鳳翔，鬱怒虬龍振。清若四海秋，熙如天下春。愚臣土芥微，亦受雨露均。願推賜書意，直以古義陳。士本學先王，所求誼與仁。農當服稼穡，昏作甽畝勤。百工備用器，不治刺繡文。萬商遷有無，不通珠翠珍。四業既交修，坐令風化純。人和衣食豐，天應殊祥臻。皇心正在此，非以能高人。

怪　石葉

昔去江湖鄉，來與松桂接。圭角老龍脊，鋒稜秋劍鋏。歷亂枯苔點，交橫敗莎葉。會使成都人，更取神蓍揲。

未開木芙蓉無

木末采芙蓉，騷人歌所無。何言霜花豔，不與水芝殊。香苞麝臍結，茂葉桐陰敷。豈若龜巢類，飄零老五湖。

讀武士策風

漢家求猛士，雲集未央宮。天外朝星

❶「覽」，《傳家集》作「臨」。

淡，❶山西將種空。奇謀紛並進，壯節凛生風。八陣縱横勢，依然見目中。

觀試騎射 自

閶闔風正清，觚稜日初媚。材雄集便殿，玉座親臨視。三河俠少兒，初識天子貴。天山汗血騮，蹀躞金鐶轡。揚鞭秋雲高，顧眄有餘鋭。縈回勢可觀，罄控動如志。毫氂應心目，審固參身臂。鳴弦電雹驚，寸的冰瓦碎。龍顔薄笑春，喜色連傍侍。旦爲徒步人，暮作彯纓使。揚揚出九門，親友生意氣。須知天地德，慎勿忘所自。黠羌猶旅拒，獫狁方繁熾。求爲忠義臣，無負搜羅意。

喜景仁直秘閣 范鎮

延閣屹中天，積書雲漢連。神宗重其選，國士此爲偏。夫子岷嶓秀，聲名俊造先。清標峻不極，勝氣駛無前。待價猶懷璧，臨歧肯著鞭。❷介推不求顯，張季久方遷。玉檻鈎陳上，丹梯北斗邊。帝容瞻日角，閣有太宗聖容。宸翰照星躔。職秩曾無貴，光華在得賢。公卿殊未晚，尚少買臣年。

温國文正公文集卷第六

❶「朝」，《傳家集》作「胡」，《全集》卷十作「湖」。
❷「肯」，《傳家集》作「首」。

温國文正公文集卷第七

律詩 二

興宗許菊久之未得

菊栽許送定如何，庭下不堪秋草多。九日無花更無酒，便攜藜杖直相過。

得菊并詩

黄花小墢和煙斸，野興蕭蕭已相逐。同來更得詩句兼，久立看詩忘栽菊。

送史館唐祠部詢，字彦猷江南西路轉運使

豪桀争唐鹿，江南號富彊。明時雖混壹，餘俗尚彫傷。税版誅求急，詞曹牒訴忙。皇心愍頽弊，使節付才良。貪吏先投紱，姦民盡越鄉。閭閻無插筆，田畝有棲粮。漢閣歸期闊，隋河去驛長。風高片帆疾，鉦鼓入秋光。

送張寺丞覲知富順監

漢家五尺道，置吏撫南夷。欲使文翁教，兼令孟獲知。盤羞蒟醬實，歌雜竹枝辭。取酒須勤醉，鄉關不可思。

寄題李舍人偉蒲中新齋

隴上家聲勇氣殊，邊亭卧鼓欲安居。非同王翦私求宅，更似甘寧晚好書。劍倚寒牕風淅瀝，門無雜客柳蕭踈。蒲州風土平生愛，爲問旁鄰地有餘。

贈太子太傅康靖李公挽歌詞二首

黄髮今彫喪，蒼生欲柰何。散金纔極樂，曳杖已成歌。十郡餘恩在，三臺故吏多。位崇仍有後，五福更爲多。

鹵簿去悠悠，西郊亂葉秋。旐翻寒日薄，笳咽斷雲愁。吊客門飛鶴，佳城山卧牛。靈車今不返，洧水日東流。葬新鄭。

送二同年使北

華纓下王除，天子寵匈奴。雖復夷風陋，猶知漢使殊。夜烽沉不舉，秋柝寂無虞。何必燕然刻，蒼生肝腦塗。

右吕濟叔。

雲愁雪欲零，四牡出郊坰。古塞煙華紫，寒沙日氣青。金門秘雞樹，朱節燿龍庭。幾夜天街北，遥占漢使星。

右李公素。

昌言有詠石髮詩三章模寫精楷殆難復加僕雖未睹兹物而已若識之久者輒復强爲三詩以繼其後非敢庶幾差肩適足爲前詩之輿臺耳 校理石揚休

萬古風濤浸石巖，老苔垂足細鬖鬖。傳聞海底珠無數，何事從來散不簪。

金闕銀城仙客居，欲傳消息問麻姑。蓬萊無物堪爲信，剪寄蒼龍一握鬚。

琅菜來從若木邊，《西王母傳》有碧海之琅菜。非膏非沐緑冤延。玉盤委積羞嘉客，不是陶家無饌錢。

送沈寺丞紳知南昌縣 字公儀

長江湛湛帶楓林，古木寒雲縣寺深。老吏不能容狡獪，細民無復有冤侵。洪崖丹井聞猶在，徐孺衡門説可尋。寧復淹留如寶劍，更令牛斗氣沉沉。

酬不疑雪中書懷見寄 校理邵必

直道免三黜，敢云羞小官。盤飧紅粟澁，衣桁黑貂寒。書府容身易，侯門曲意難。荆扉盈尺雪，有客問袁安。

答師道對雪見寄 直講陳洙

陰風一夕驚，曉雪滿都城。氣覆千家白，光連萬象清。戀空飛不下，弄態舞相縈。歷亂看無定，飄飄轉未成。綴垣時缺剥，壓竹乍敧傾。細隙過無滯，寒窗拂有聲。園林匀結練，觀閣巧彫瓊。草木情先喜，乾坤意亦榮。營魂頓疎健，病目蹔虚明。郢曲高誰和，羞將叩缶并。

送王校理懌，字公和**守琅琊**沂公兄子，爲公後。

金門倦鳴玉，千騎出東方。封略依滄海，枌榆近故鄉。秦碑苔蝕字，鄗稻日翻芒。國吏遥應識，當年丞相郎。

哭尚穎字公楚

操業五常備，艱難六極全。仲尼難語命，禆竈不知天。弱女飄何許，遺文散莫傳。官輕史不録，後世孰稱賢。

故侍讀學士張公哀辭二首

喜愠與榮枯，居之悉晏如。稍閑多執筆，至老不抛書。常愧無能極，曾霑清論餘。秋風郭門外，雨泣望喪車。

凶夢歌洹水，妖巢集戴鵀。未嘗餘俸禄，無以具衣衾。袁涣分倉穀，翁歸賜府金。他年純固傳，寧使令名沉。朝廷以公清貧，贈賻有加。

錢子高挽歌二首

煒煒傳家學，連翩射策榮。走丸過省閣，破竹取公卿。埋玉嗟何早，爲山惜未成。空令澤官友，相顧淚縱橫。同年致祭者二十二人。

象設如平昔，升堂不見君。尚疑言笑

在，忽念死生分。清論千秋雪，浮榮一片雲。泉臺多少路，何處復修文。

題楊中正供奉洗心堂❶崇勳之孫

閥閲盛山西，朱門颺戟衣。雅知名教樂，深笑宴遊非。一室琴書隘，三年園圃稀。異時論事業，肯復讓輕肥。

送龔章判官之衛州新及第

几硯昔年遊，於今成十秋。松堅終發石，魚變即辭流。近郡無飛檄，清時不借籌。淇園春竹美，軍宴日椎牛。

送王瓘同年河南府司録❷字文玉。❸先君嘗爲此官。

綵服昔爲兒，隨親宦洛師。至今餘夢想，常記舊遊嬉。佐史頭應白，書樓樹已欹。聞君行有日，使我淚交頤。

送王彦臣同年通判亳州字伯逢

先朝御六飛，親謁瀨鄉祠。牛酒當時惠，衣冠此日思。仙蹤丹有竈，天瑞檜生枝。聖主憐耆舊，題輿得吏師。

❶「正」，原作「王」，據書前及卷端目録、《傳家集》改。
❷「瓘」，原作「灌」，據卷端目録、《傳家集》改。
❸「玉」，原作「正」，據卷端目録、《傳家集》、《全集》改。

正月二十四日夜雪

疊瓦浮輕雪，參差粉畫難。苦欺初變柳，故壓未生蘭。夜色微分白，春容不受寒。即爲花卉奪，猶得暫供看。

和道粹檢討王純臣**雪夜直宿**

天禄凝嚴近紫臺，書幃夜對雪華開。層樓直倚寒空出，清漏遠從深殿來。薄夢不成冰柱折，曉光先到玉花摧。兔園終是諸侯事，虛費相如能賦才。

和次道大慶殿上元迎駕

鳳律年華到尚新，九重氣象已成春。曉雲低拂羽林仗，宿雨先清紫陌塵。玉殿鳴鞘傳警蹕，彤庭委珮集簪紳。闕前無復魚龍戲，自有驩謡億萬人。

送茹屯田孝標**知無爲軍**

疊鼓鳴鐃迎候新，軍牙孑孑倚淮津。聊應衣繡過鄉曲，不作引章驚故人。荻迸短芽淝水暖，荷浮圓葉巢湖春。使君此去榮多少，猶是當年書劒身。

田　横　墓偃師西

昔時南面並稱孤，今日還爲絳灌徒。忍死秪能添屈辱，偷生不足愛須臾。一朝從殉傾群客，千古生風激懦夫。直使强顔臣漢帝，韓彭未必免同誅。

登平陸北山回瞰陝城奉寄李八丈學士使君二十二韻

漢家二千石，體望向來尊。況復嚴徐客，從前益稷孫。公侯貴不絶，禮樂器常存。符竹臨分陝，聲光應列藩。親闈先契重，三司同僚。子舍近交敦。滑州同幕。栢壟依仁域，棠陰接故園。懷歸聊露請，予告辱推恩。荷殳煩疆候，停車下郡門。帷廧紛大館，騶騎屈朱轓。不以黎苗待，還將臭味論。森羅牢禮重，滅裂俗儀煩。霜霽威嚴息，春生笑語温。草微侵碧甃，塵不染華軒。日影摇雲棟，風痕過玉樽。落塵歌迴出，激楚袖雙翻。雅戲象交扃，珍肴熊薦蹯。河梁俄首路，汾曲訪吹塤。舉手辭雙戟，騰裝改北轅。烏飛城樹曉，鴈泊野蕪喧。耿耿清標闊，涔涔宿酒昏。百蟠縈阪道，數里豁川原。跋馬風煙外，依稀鼓吹喧。

貟村坂

其東入政水，即古之傳巖，有傳説廟，又東北虞城，古虞公之國也。

穹谷鬱盤紆，河瀨陝北隅。泉流涓不絶，岡勢儼相扶。初旭紛高下，空煙似有无。石灘醒耳快，嶠樹窣雲孤。天霽嵐光活，❶人稀草色蘇。牧兒歌自若，樵子遠相呼。壞道傍連傳，空城右指虞。窮嵓今寂寞，蔓草只荒蕪。野店寒餐澁，山程瘦馬瘏。物華供興趣，亦足慰崎嶇。

❶「活」，《傳家集》作「合」。

太行

象帝胚渾散，愚公轍跡開。橫行四極外，蟠據九河隈。茀鬱天閽近，❶崢嶸地軸迴。陽崖明草樹，陰壑轉風雷。波沓群峰涌，雲奔峭壁來。猿嵓垂磊落，龍窟鬬喧豗。噴雨驚湍瀧，跳星巨石頽。平塗憂屐拆，跬步戒輪摧。覆頂千春雪，緣潭萬古苔。❷谷盤容國士，髓裂餌仙才。晉市飛樵札，燕郊落燒煤。棋圖分冀野，蟻壤認叢臺。在昔王塗塞，嘗聞霸略恢。巖開陰伏甲，間道夜銜枚。挾詐揮金斗，貪功襲墨縗。戰場空爝火，京觀悉蒿萊。險易曾何變，興亡只可哀。隆平方恃德，襟帶自崔嵬。

石昌言學士宰中牟日爲詩見寄久未之答今冬罷武成幕來京師此詩謝之 揚休

昔年三月浪，鱗翼化雲雷。竹箭流俱上，芙蓉幕對開。釋褐，昌言除同州推官，光華州判官。瀵泉揚沸渭，泰華聳崔嵬。捧檄容歸省，飛觴復屢陪。時先人知同州，光以吏事時往省覲，復得與昌言遊。芬芳襲芝室，嘉慶侍蘭堦。吴壁評殘筆，隋碑讀漬苔。同州龍興寺，即隋文帝故宅。寺有李德林撰碑，國公吴道子畫，畫或未就而止，云以俟後之能者。清陰依玉樹，和氣樂春臺。薄宦俄成別，私門忽遇災。一朝捐綵服，五載泣麄縗。季路還從仕，任安獨見哀。近畿須

❶「閽」，《傳家集》作「關」。
❷「潭」，原作「漳」，據《傳家集》改。

健令，劇邑試長才。過目全牛解，迎鋒巨枿權。雉留乘蔭伏，蝗避境苗迴。時得鳴琴暇，仍飛麗句來。正知榮篋笥，無足報瓊瑰。紞鼓俄攀鄧，安車已召枚。賦成平樂館，燕奉柏梁盃。自顧誠駑緩，于今尚草萊。履穿羞路雪，蓋敝怯京埃。儻借餘光便，❶炎風動死灰。

昌言見督詩債戲呈絶句

學餧才貧杼軸勞，踰年避債負詩豪。倒囊不惜償虚券，未敵瓊瑶舊價高。

静夜

午夜空齋四悄然，清寒透骨不成眠。秋風故揭疎簾起，正漏月華來枕前。

春

紅桃素李競年華，周遍長安萬萬家。何事青青庭下柏，東風吹盡亦無花。

送導江李主簿君俞

學海無涯富，辭鋒一戰勳。聲華掩終賈，賦頌繼淵雲。五斗爲邊吏，千倉飽戍軍。明恩美尤異，優秩賞能勤。黄祖陰懷怒，張湯巧用文。折雖因木秀，燒不變蘭薰。迹有窮通異，心無得喪分。龍蛇寧久蟄，玉石豈俱焚。蜀國花饒思，臨邛酒易醺。西風時有意，尺紙慰離群。

❶「借」，原作「惜」，據《傳家集》改。

送峽州陳廉祕丞三首

宜都賢太守，治迹古人齊。虎負衆子去，鳳環群鳥棲。行增潁川秩，別降武都泥。正恐還朝速，春林未子規。

郡府猿聲外，旌旗鳥道邊。樓高出楚塞，煙霽識巴船。襦袴嗟來暮，簪紳惜外遷。皇仁矜遠俗，非謂意疎賢。

地險三巴口，江流百折蟠。鷁珂通峽響，門戟照秋寒。翠壁虎牙石，素花狼尾灘。孫劉置栅處，細爲寫圖看。

武成致齋奉酬吴冲卿寺丞太學宿直見寄二首

廣文更直太常齋，咫尺無從盡素懷。不及清風得隨意，夜深容易過天街。

雪後餘冰尚綴簷，月華霜氣入疎簾。難堪瓊玉驚心骨，坐覺清寒幾倍添。

雪中尋友人不遇

擁袖犯風雪，驅車行詣誰。朱門不可入，素友復難期。依世誠多拙，迷方忽自悲。褊心終寡合，吾道易參差。

河邊晚望

高浪崩奔卷白沙，悠悠極望入天涯。誰能脱落塵中意，乘興東遊坐石槎。

早春寄東郡舊同僚

樓臺帶餘雪，寒色未全收。久負入閑意，空爲同舍羞。清樽接勝友，飛蓋從賢侯。應恨春來晚，❶煙林已數遊。

邊將 三首

紅旗一簇聚山椒，霽日清風看射鵰。脱帽胡兒遥稽首，漢家新將霍嫖姚。

月白星稀霜氣多，卷旗束甲涉菸河。田家不覺官軍度，夜半只聞風雨過。

橫吹長歌千萬騎，將軍塞北立功迴。邊人争出孤城望，漸見旌旗天外來。

漁父

楚岸橘花香，扁舟泛渺茫。短蓑衝密雨，素髮浄秋霜。煙外鳴桹遠，波間擲線長。無人識名姓，擊楫入滄浪。❷

早春二首

梅梢柳蕚未全開，日澹風和春意來。雨後誰家有桃李，會須多買及時栽。

又

璿霄轉斗車，春意逼梅花。熟寐侵衙

❶「恨」，原作「限」，據《傳家集》改。

❷「楫」，原作「汰」，並注「恐誤」，據《傳家集》改。

鼓，閑情到酒家。晴陽浮地末，寒色斂天涯。歸鴈空餘迹，朝來印浦沙。

山中早春

山木欣欣意，春光次第催。欹巾望歸鴈，伏檻聽新雷。巖静聞冰折，巢空喜鷰來。澗花從寂寞，亦向草堂開。

贈學仙者

微逕透重巒，茅堂竹葉冠。方瞳映骨静，秀氣逼人寒。夜火裝丹竈，晴霜醮石壇。不須驚淺俗，輕舉入雲端。

留别友生

野際共爲别，客亭芳草新。何心更執酒，滿目盡傷春。今古無窮路，東西相背塵。行行復回首，不欲着鞭頻。

二月六日初見待漏房前柳色微緑欣然成詠

宫城映出絲絲緑，頓覺皇州春意迴。從此不辭驅瘦馬，六街終日踏塵埃。

垂柳

天意清和二月初，春風不動整如梳。陶潛宅外時无此，想更蕭條不易居。

閑居

故人通貴絶相過，門外真堪置雀羅。我已幽慵僮更懶，雨來春草一番多。

中秋陪張龍圖讌射堂初夕陰雲酒行頓解喜而成詠

飛蓋共徘徊，西園高宴開。秋雲惜明月，留待庾公來。

貽宋四行簡迪

離群如幾辰，屈指十青春。不意輪蹄跡，共兹京洛塵。文場投漆契，客路轉蓬身。别易相逢闊，過從莫厭頻。

自嘲

盤飧羅新蔬，充腹不求餘。窮巷晝扃户，閑軒卧讀書。有心齊塞馬，无意羡川魚。世道方邀逐，如君術已疎。

醉

厚於太古暖於春，耳目无營見道真。果使屈原知醉趣，當年不作獨醒人。

雪寒取酒

雪意久未就，寒雲低不收。飄揚插孤巘，迢遞映高樓。試假賢人濁，聊攻客子愁。呼僮攜小榼，更準黑貂裘。

虞部劉員外約遊金明光以賤事失期劉惠詩見嘲以詩四首謝之 宗孟

絲管嘈嘈耳不分，綺羅雜沓自成春。不唯漢帝昆明小，更覺唐家曲水貧。

絳闕朝歸散玉珂，不遊不飲柰春何。皇仁聽使歡娛極，白簡從君冷峭多。

碧柳紅桃照眼春，綺肴芳醴集朝紳。自嫌林野疎頑迹，難預風流席上賓。

上苑花繁高覆牆，曲隄風暖柳絲長。爐邊應有步兵尉，甕下難尋吏部郎。

孫器之奉使淮浙至江爲書見寄以詩謝之 五首

韊矢迎山驛，軺車下帝臺。夜看牛斗分，應有使星來。

曉棹旌旗迥，暮河鉦鼓喧。商船極目避，漢使一何尊。

吳釀木蘭春，蘇州有木蘭堂酒。江鱸白錦鱗。玉盤聊下筯，初識紫絲蓴。

岫貼晴天闊，❶舟緣石岸深。吳江中石岸長數里。遥知作書處，纜裊緑波心。

沙溆鶴争飛，波光可染衣。松江異淇水，信美不如歸。器之家衛州。

和國子夏主簿李花 有章

儒宮岑寂覺春閑，仙李繁花重壓欄。碎錦不飛蒙樹合，素雲欹亞舉枝難。能詩此日當推謝，捧賜他年足繼桓。❷更約彫盤薦秋

❶「晴」，原作「睛」，據《傳家集》改。

❷「桓」，原避宋欽宗諱作小字「淵聖御名」，今回改。

實，豈徒穠豔一朝看。

送聶之美攝尉韋城

徒勞已足倦，漂泊益悽惶。短劍無三尺，征衣共一囊。❶折腰從事馬，贊謁使君堂。併日屢承檄，無時不裹粻。官曹大兒戲，弓槊小軍行。破柱黐偷窟，傾林索盜囊。❷村墟旅顔黑，風日故衫黄。瞑宿投煙舍，朝飧蔭道桑。誰憂課書殿，豈慕薦飛章。志氣空磅礴，才華浪激昂。鑴鑱圭始瑩，磨拂鑑尤光。衣褐仍纏袴，無羞俗吏裝。

送吴辨叔大名司户

元宰司官鑰，旌旄壓大河。敢言趨府倦，私歎折腰多。機發何妨避，光塵未免和。艱難方遠到，慶閾肯蹉跎。

致遠必自近，如君豈椽曹。魚龍試春浪，松栝露秋毫。錯落辭華富，堅砿氣節高。垂天起膚寸，❸無歎走塵勞。

送楊太祝忱知長州縣

三吴佳縣首，民物舊熙熙。專用清談治，非如俗吏爲。林疎丹橘迥，稻熟白芒欹。宜使民無忘，嚴修太伯祠。

和邵興宗秋夜學舍宿直

直舍逍遥度清夜，蹔报逢掖解儒冠。高

❶「共」，原作「兵」，據《傳家集》改。
❷「囊」，《傳家集》作「藏」。
❸此句原缺，據《傳家集》補。

樓影背星河轉，疎竹氣兼風露寒。籬下黄花新蘂亂，門邊碧柳舊株殘。折腰把板今無有，勿似陶潛遂棄官。

和吴冲卿病中偶書呈諸同舍光時亦卧疾

病來門不掃，秋草翳吾廬。棄置賢人酒，蕭條長者車。冥迷牀鬬蟻，潤溽篋生魚。藥物從無繼，簞瓢自有餘。形神寂可弔，身世邈相疎。何事文園客，消中亦著書。

月下小飲

美景賞心相值難，良宵四座盡儒冠。月華過冷衣襟潤，酒力易消樽俎寒。自有笑談供逸氣，不須絲竹借餘歡。坊樓五鼓欲催曙，桂影長先高興闌。

又絶句

舉首孤輪不似遥，罇前狂氣出雲霄。常娥不惜借丹桂，❶欲就高枝掛酒瓢。

馬病

羸病何其久，仁心到棧頻。須怜苜蓿歉，當認主人貧。客舍同蕭索，山程共苦辛。未能逢伯樂，且可自相親。

入塞

萬騎入榆關，臯蘭苦戰還。椎鋒佩刀

❶「借」，原作「惜」，據《傳家集》改。

缺，❶蹋血馬蹄殷。鐃吹來風外，牛羊出霧間。須知沙塞惡，壯士變衰顏。

喜孫器之來自共城

取友不無人，愛君天性真。遠尋窮巷宅，未拂滿衣塵。主禮貧尤重，❷交情別更親。誰家釀醇酒，盡醉準衣巾。

送韓太祝縝**知錢唐**

冠佩鬱相映，由來積德家。一時推儁異，四海走声華。圖籍添舟重，江山忘路賒。夷塗指霄漢，跼驥不須嗟。

和聶之美鴈

汲汲復栖栖，往來誰與期。映雲纔可見，入霧杳難追。羈枕夢初斷，寒閨涕已危。冥冥遠繒繳，愧尔獨知時。

又和諷古

海客久藏機，鷗知人不知。如何毫末利，管鮑亦相欺。

送王太祝豫**知伊闕**

百里驩迎新令賢，儒經吏術盡家傳。天

❶「椎」，《傳家集》作「推」。
❷「主」，原作「王」，據《傳家集》改。

開嶺阜竦雙闕，地雜桑麻隘一川。錦雉馴飛春陌上，雪鳬高去夕嵐邊。長才久屈君無限，所惜斯民受賜偏。

慶曆七年祀南郊禮畢賀赦

雷鼓千通破大幽，天開獄鑰縱纍囚。驛書散出先飛鳥，一日恩流四百州。

送張太博肅知岳州

嚴風秀木折爲薪，得罪由來爲出群。粥粥黃雞憎鶴介，芃芃青蔓掩蘭薰。天資讒嫉多端巧，人極精明不易分。飲水豈言吴刺史，謗書翻似馬將軍。波濤洶涌動寒野，樓閣嶕嶢壓暮雲。紅葉寺深秋晚見，蒼山鍾迴夜清聞。何妨絶境聊爲守，正恐中朝亟用君。身外百愁俱擲置，放歌沈飲且醺醺。

和之美河西列岫亭

秋山對疎牖，羈客倦登臨。雨後嵐光活，晴初落照深。素波明別浦，赤葉照衰林。佇目寂無語，何人知此心。

亭皐資遠矚，秋思浩無涯。鴈唼牽菱蔓，童歌出荻花。壟荒猶叱犢，枝暗稍栖鴉。煙靄藏東渚，憑軒莫望家。

書事

志士喜功業，感時心易勞。蘖栽終栝柏，荒蔓任蓬蒿。梁竦慵爲吏，蕭咸恥謟曹。風霜果不變，會見出雲高。

釣魚有感

垂竿臨晚岸，堅坐據莓苔。餌落萍初散，魚驚荷暫開。有求雖瑣細，未獲且低回。君識磻磎老，曾垂緑髮來。

又

野釣披榛竹，無人知往來。高空飛不下，鷗鳥已相猜。

田家

未塞豪人奪，何言公賦收。皇心雖惻隱，蓬户或焦愁。爲吏空多禄，無人能此憂。知君坐公府，他日富民侯。

和人葦花

葭菼迷河曲，高秋一番榮。齊紈張野白，楚練照川明。不夜月常皎，踰時雪未晴。萬仙霓帔合，千畝玉苗生。漠漠波瀾偃，茫茫沙磧平。際空鹽海竭，垂地塞雲横。日暖鷗無色，風高鶴有聲。逢君得嘲賦，豈愧束薪并。

送趙書記衆之官華州

車馬西城外，遥遥未有塵。辭梁猶帶雪，過洛漸生春。幕府斜依嶽，關山曲抱秦。橐來謨畫拙，不必笑前人。

又寄題陟屺寺

鄭南峰下寺前軒，反景分明見渭川。爲報十年容易别，於今愁悴不如先。

寄鄭縣史令千之 前君爲白馬尉，廨舍前即南浦，今西溪，封内勝地也。

憐君比比得佳縣，勝概閑情雙有餘。爲看西溪日沉後，如何南浦月生初。

長春宫柳遠扶疎，新樹應多舊已枯。蠹柱苔墻遍尋歷，古亭猶有杜詩無。

送華亭沈主簿

執袂青門道，蕭蕭馬欲東。暮雲零落翠，遠樹淺深紅。楚澤吟聲裏，吴山醉眼中。相思杳何許，野鶴唳高風。

閏正月十五日夜監直對月懷諸同舍 二首

霧净金波溢，天開碧幕空。夜寒雖料峭，春意自沖融。熠熠枝上露，翛翛竹杪風。蹔還林野興，不似畜樊籠。

澹薄春雲散，低昂北斗横。微分漢津鴈，静識建章更。濁酒怜虚爵，高文憶友生。前軒空不掩，悵息負孤清。

歸　鴈

亦知南國稻粱肥，水滿春江努力歸。聞道楚人繒繳細，平沙短草盡藏機。

憶龐之道

疇昔兩垂髫，知音結久要。何言半塗別，不待歲寒彫。幸有才名在，非隨氣運消。英靈猶髣髴，宿草已蕭蕭。

送鄭推官戢赴邠州❶

形便豳公國，旗旄擁將壇。秦雲低落日，塞樹怯春寒。草檄無留思，投壺不廢歡。還應笑黃卷，寂寂守儒官。

百榼行春樂，千弓從獵豪。苦吟邊月冷，飛鏑野風高。奇策鞭殊俗，長緌係不毛。輸君躍馬貴，一等着青袍。

驕虜已歸計，聖朝方寢兵。時聞候火入，非復塞塵驚。秋嶺無南牧，春田迩北耕。休窮西海路，辛苦學甘英。

興宗約遊會靈久不聞問以詩趣之

勝地何妨行樂頻，萬雙白璧不賒春。臘醅已老久未壓，楊柳青青不待人。

清明日興宗飲趙道士東軒

佳遊得令辰，過此不爲春。一境風光秀，萬家煙火新。鶯初飛玉殿，草不染香輪。逼水蒲牙短，圍隄柳帶匀。縱談高出古，落筆健生神。日暮還醒去，林花應笑人。

---

❶「州」下，《傳家集》有「三首」二字。

上巳日與太學諸同舍飲王都尉園

冠蓋鬱相依，名園花未稀。游絲縈復展，狂絮墮還飛。積弩遺風陋，蘭亭舊俗微。何如詠沂水，春服舞雩歸。

寄題洪州慈濟師西軒

登臨傳勝絶，悵息未成遊。山氣高凌霽，湖光碧照秋。煙疎茶竈迥，燈冷竹房幽。安得聊憑檻，蕭然洗客愁。

山頭春色

天意欲回煦，群生稍鬱烝。平田猶未徧，絶嶺獨先升。翠色添崖柏，寒聲折澗冰。誰爲物外友，挈手共同登。

三月十五日宿魏雲夫山莊

先生嫌俗賓，猶與故鄉親。不惜煙霞地，暫容纓鏁身。林廬深有徑，雞犬四無鄰。蔌蔌闇花墮，❶蒼蒼古柏春。飯炊松粒細，盤采蕨芽新。靜覺精神健，閑知氣味真。谿泉冷毛髮，❷山翠濕衣巾。竹色消酲易，林聲破夢頻。客輪來去轍，驛路古今塵。明日空迴首，白雲應笑人。

❶「闇」，原作「開」，據《傳家集》、《全集》改。

❷「谿」，原作「雞」，據《傳家集》改。

又七言

聞道山家門鎮開，獨驅瘦馬出塵埃。白雲明月先無約，何事今霄亦此來。

留别逢吉

君念承明臭味稀，相逢惜别重依依。會稽太守方坐嘯，東郭先生還步歸。嚴助、朱買臣皆爲會稽守。東郭先生，孝武時待詔公車。樂飲林塘留節物，餞行里舍動光輝。雙旌迴去行人發，一帶長皐煙雨微。

陜城桃李零落已盡硤石山中今方盛開馬上口占

西望飛花千樹暗，東來芳蘂一番新。行人不惜泥塗倦，喜見年光兩處春。

自澠至洛循穀水行百餘里

已煩穀水遠相送，更得嵩峰遥見迎。水碧峰青看未足，却愁前到洛陽城。

送不疑知常州

宦學不營身，京華費十春。非貪爲郡樂，意欲與民親。祖帳青門道，歸帆楊子津。江山舊遊在，煙火故鄉鄰。敢惜離群闊，欣

聞得吏循。嗟余一囊米，深負鬢絲新。❶

送聶之美任雞澤令

趙魏高氣俠，到今風俗然。椎埋吏難禁，擊斷世稱賢。明府宜更瑟，罷民庶息肩。無如繭絲者，急斂縱敲鞭。

送張秘校知分寧獻臣父

百里大夫官不輕，莫嗟領上髮垂星。人生穀禄偏宜晚，世路艱難不厭經。數曲秋江縈縣白，幾峰霽色入簾青。于公嚮日多陰德，已有鵷鶵在帝庭。

館宿遇雨懷諸同舍

佳雨濯煩暑，翛然生曉涼。森沈殿瓦碧，冪歷井苔蒼。院静杉篁秀，人閑鍾鼓長。憑誰同把酒，清興育相望。

送韓直講鐸，字子文鄆州寧親

車馬儼何之，東岡舊有陂。三年别親意，千里達家時。去仕元戎幕，來爲太學師。寧須負斗米，不復斷機絲。物色迎歸軺，光輝入壽巵。人生無此樂，此樂獨君知。

❶「深」，原作「滐」，據《傳家集》、《全集》改。

宣徽使河東經略使鄭文肅公挽歌二首

璿璣敷帝命，金節護邊兵。盡付將軍制，真爲儒者榮。扶摇方上擊，濛汜忽西傾。罷市人相弔，紛紛滿百城。

柳翣喪容盛，江山故國遥。清時獨長往，何日重來朝。事與秋雲斷，榮如曉夢消。西風虎丘路，馬鬣又蕉蕘。

又代孫檢討瑜，字叔禮作二首

湖澄翠岫孤，勝地古東吴。氣象常時秀，英靈何世無。金閨演王綍，玉帳綰兵符。煒燁照鄉曲，從兹益重儒。

人爲天地客，處世若浮休。豈有生長在，秖知名可留。露沾寒草晚，風嘯白楊秋。地下求文友，應從顧陸遊。

送丁秘丞翊，字公佐知雍丘❶

古縣跨河流，人繁軍市稠。羽飛朝暮驛，鱗疊往來舟。兄擅才華久，時推政治尤。足猶妨老驥，目不礙全牛。從道西來近，能無東望愁。時因趍上府，窮巷一相求。

苦雨

積雨欲侵旬，朝晡漫不分。蒼涼微露日，慘淡已生雲。地半成泥滓，天應厭垢氛。時聞度鵃鴰，空外自爲群。

❶「丞」，原脱，據書前目録及《傳家集》補。

酬師道雪夜見寄

玉樹交橫雪後天，銀河沉着斗欄干。筆峰微結冰絲澁，燈暈初成花燼殘。太學先生氈苦薄，公車倦客屨仍單。欲吟佳句到清曉，夜寂愁聞金石寒。

代叔禮作使北詩

人主愛民物，心無彼此情。約歡同一國，蒙福徧群生。玉帛遥相望，風波寂不驚。熙熙南北海，所至盡昇平。

又擊毬

肅奉承韶命，仍陪戲馬遊。朋分初迴出，勢合復相收。顧眄華星激，縈迴紫電流。良因重嘉好，禮接使臣優。

送計先輩泰符**尉宗城**

紅塵久帝城，高價動公卿。竹柏寒方茂，驊騮老更成。冰霜驅馬瘦，書劍束裝輕。丞相虚東閤，遥知倒履迎。❶

送趙殿丞象，字子輿**歸成都**祀明堂禮畢，子輿新升朝，以恩官其父大理評事，賜告歸寧，得其除書以俱。二三同舍爲詩以紀其美，僕得迴字。

蜀棧錦衣來，高堂綬笥開。恩輝同日至，喜色共春回。駟馬過鄰社，朝裾捧壽盃。

❶「履」，《傳家集》作「屣」。

吾生無此樂，空使寸心摧。

送張都官肅，字子莊**江南東路提刑**得前字

楚俗號難治，司刑尤擇賢。危疑片言決，舒慘一方專。松不彫寒色，絲曾斷直絃。清風過江外，應在下車前。

温國文正公文集卷第七

温國文正公文集卷第八

律詩三

送楊秘丞秉通判揚州

苦聞小杜説揚都，當昔豪華今在無。江勢横來控南楚，地形前下瞰東吴。萬商落日船交尾，一市春風酒並壚。得意莫忘京國友，踏塵衝雪奉朝趨。❶

送光禄王卿周致仕歸荆南

九列誰云非顯塗，人生已不負爲儒。拂衣長揖夔龍貴，散髮還爲黄綺徒。白鶴歸飛心自遠，青霞高舉勢何孤。千金盡與鄉人費，不向江頭買木奴。

贈清衍❷

我厭俗緣苦，空爲薄宦牽。如師真達者，於世必超然。敝笠衝塵陌，寒雲擁雪天。崎嶇遠相顧，深愧此心專。

和道粹春寒趨舘馬上口占

殘臘尚要春，清寒更着人。雪華猶惜别，物意倍添新。雲壓宫城重，風調玉漏匀。

❶「踏」，原漫漶不清，據《傳家集》改。

❷「衍」，原作「行」，據書前及卷端目録、《傳家集》改。

行遊宜結轡，九陌未多塵。

同次道元日宿尚書省聽誓戒寄常州邵不疑去歲是日，次道同不疑宿直。

椒花獻歲新，瑄玉侍祠頻。此夕同華省，非才愧後塵。江風迎茜旆，沙雨待朱輪。不比齋官冷，端居棄擲春。

和子淵除夜

緹室重飛玉琯灰，物華全與斗杓回。依依殘臘無情別，歷歷新春滿眼來。强取酒巵浮翠柏，懶開粽葉覓楊梅。男兒努力平生志，❶肯使功名落草萊。

春祠致齋寄呈景仁次道

比日聚官舍，笑言曾未厭。暫成揮手別，各有侍祠嚴。晴景朝朝麗，春容物物添。解齋當共醉，莫遣此期淹。

雙井茶寄贈景仁

春睡無端巧逐人，驅訶不去苦相親。欲憑洪井真茶力，試遣刀圭報谷神。

送王殿丞恪**西京簽判**

清白世風存，王公復有孫。挺生如玉

❶「生」，原作「主」，據《傳家集》改。

樹，不竭似淮源。日背崧峰紫，春添洛水喧。幕中多勝友，肯使負芳罇。

和子淵元夕

神嶽嶕嶢闕角齊，銀檐無影玉繩低。風傳絲管交加發，燈滉星河上下迷。清醴横飛金鑿落，香塵不染錦鄣泥。誰知此夕齋祠客，近在宫城槐柳西。

送謝都官顗**知光化軍**

廄吏整車馬，悤悤辦曉裝。青緺出閶闔，朱旆指滄浪。野店杏初發，津亭柳已黄。行行不可駐，猶及勸耕桑。

送仲更歸澤州

太行横擁巨川回，三晉由來産異才。展墓乘春走鄉陌，負書拂曉下蘭臺。河陽路側花應合，天井關頭雪未開。會使鄉人驚六印，莫羞今日弊裘來。

二月二日太常致齋晨起呈景仁次道二同舍

官舍春蕭瑟，朝來尚薄寒。人雖繁陌上，塵不近門端。已負踏青約，同舍先有是約。仍無舉白歡。從次道求酒不獲，故云。憑君御溝上，試折柳條看。

送劉觀察從廣知洛州❶

漢家英俊士，袞袞出金張。久襲諸侯籍，新腰太守章。畛封連故趙，盧井帶清漳。春色迎鐃吹，應忘道路長。

寒食御筵口号二首

雨意沉沉潑火餘，夔龍盛集退朝初。酒殽絡繹來丹禁，冠劒參差下玉除。紫鳳歸飛雲爛熳，黃鸝新囀柳扶疎。麥禾滿野邊烽息，佳節何妨賦樂胥。

聖主褒優鼎軸臣，金觴玉醴照青春。萬家煙火朝來静，九陌風光雨後新。高鶱翔飛驚紫綬，❷餘花點綴託朱輪。問牛因得觀民俗，不獨嬉遊惜令辰。

致政楊侍郎挽歌二首

時論歸清德，皇心重老臣。祖風終骾直，家學本深淳。便殿談經久，安車就第新。如何金未盡，奄忽棄鄉人。

憂國心如石，當朝有古風。挂冠雖在遠，遺扎不忘忠。飛旐西歸洛，新阡背倚嵩。還令往來客，下馬白楊中。

送晁校理仲衍，字子長知懷州

鷄犬相聞桑柘春，風光明潤帝鄉鄰。群峰斜轉太行角，萬谷同趨馬頰津。簪組傾都

❶「洛」，原作「洛」，據卷端目録、《傳家集》改。
❷「翔」，《傳家集》作「翻」。

邀別袂，壺漿滿路候行塵。非君厭薄承明直，天子方今重治人。

席上賦得榛

微物生山澤，蕭條荆棘鄰。何人掇秋實，此日待嘉賓。雖無木桃贈，投此寄情親。

二月三十日與同舍宴李氏園晚歸馬上賦詩 用歸字韻

門前蹀躞金羈滿，坐上連翩玉斝飛。數尺遊絲留客醉，一行垂柳送人歸。同邀勝友時難得，重到名園花已稀。莫惜芳辰贖行樂，無端風雨橫相違。

送師道知長溪因歸覲省

羈旅帝城久，逢人青眼稀。聞君又當去，使我益思歸。佳色鄰鄉樹，高堂望綵衣。春流先自疾，心出片帆飛。

雙竹詩

上苑通丹禁，脩林繞玉堂。周阿紆鏤檻，並榦擢新篁。蕭灑駢瑶甃，連翩拂璧璫。虬騰雙角直，鯨噴兩鬚長。曉泊煙華重，晴留雨氣涼。分音成律吕，齊秀待鸞凰。碧借雲霞潤，清依日月光。物情知有爲，天造固無方。比節群誠合，虛心至道彰。吾君愈勤德，不敢有嘉祥。

和次道奉慈齋宫見寄

去住邈如霄與塵，依依欲别更相親。雖知洛邑饒英俊，莫忘齋廬並直人。

送次道通判西京

相府新承檄，蘭臺舊校文。題輿榮得士，把袂惜離群。首夏郊原秀，晴陽草樹曛。觚稜日邊遠，闕塞霧中分。翠嶺林端出，飛泉竹外聞。金羈遊爛漫，珠履醉繽紛。人服聲光重，官無簿領勤。歸期肯留滯，漢主待淵雲。

送劉儀先輩大名尉

潭潭相府開，旌騎擁三臺。聞道廷中吏，無非天下才。策名新振拔，把板尚低回。勿爲卑飛困，青冥盡此來。

送皇甫寺丞穆**知藍田縣**

南山三輔劇，百里古諸侯。誰謂絃歌小，不分宵旰憂。煙横輞水暝，雲照武關秋。安得無羈束，從君一縱遊。

酬次道板橋晚望見寄

春來曾約醉河橋，深負垂楊千萬條。今日都門相望處，西風亂葉正蕭蕭。

送祁嶠潁陽主簿

蒼山臨縣郭，雲木冷蕭騷。人有漁樵樂，官無簿領勞。垂天起膚寸，合抱本纖毫。志意誠脩立，歸飛羽翼高。

送李尉以監丞致仕歸閩中

行行歌式微，浩嘆返荆扉。却著登山屐，盡焚趨府衣。溪清魚影亂，竹闇筍芽肥。應悔浮名誤，空將白髮歸。

和伯鎮再入館

甘泉獻賦人，流落浙江濱。自歎三年謫，歸來萬事新。銓衡時進對，户牖日相親。明主方思賈，非徒問鬼神。

和同舍對菊無酒

黄花倚秋色，曄曄爲誰開。更使窺殘榼，空令洗舊盃。嗅香行繚繞，撚蘂立徘徊。盡日柴門外，白衣來不來。

文太師挽歌三首 文潞公父

汾晉地形美，古今多鉅賢。况承勳烈後，宜有慶靈傳。著位登朝右，聲華出衆先。起家從此始，圭組遂蟬聯。

美化流民物，薫然遺愛多。欒公當日社，邵父至今歌。庭有三鱣集，門容駟馬過。欲知餘慶在，公鼎格平和。

夏屋封何處，山田有卧牛。蟠根走伊

水，回首負嵩丘。忠孝家風備，哀榮禮秩優。龍鸞舞宸翰，万古照松楸。

送李祠部復圭，字審言**知滑州**

東郡隄繇苦，歸來煙火疎。提封百里遠，生齒万家餘。賢守車襜下，疲人意已紓。行聞謡五袴，京廩滿郊墟。

和道粹垂拱早朝王范二直閣班列在前戲成小詩

霽日扶霜仗，祥煙覆曉班。帝車回北斗，天闕竦南山。紫殿鴻鸞肅，金門虎豹環。蓬萊兩仙伯，迥立白雲間。

答劉遼父賀龐公惠炭❶

東郭先生履半穿，禦冬深愧主人賢。應憐道上雪欲積，意使爐中灰復然。麴蘖暗添寒酒力，圖書共免濕薪煙。茅齋斗似饒光彩，客至何憂臘後天。

送田校理諒，字仲孚**知晉州**前判吏部南曹

銓筦萃賢豪，夫君主劇曹。長才沛餘裕，衆論蔚推高。逮此分符貴，知無頓刃勞。公卿如有缺，不獨賜金褒。

❶「賀」，《傳家集》作「謝」。

正月三日與廣淵同出南薰門分趨齋宮塗中有作

並轡出都門，葱籠日欲昕。野寒餘宿雪，樹闇濕春雲。稍望郊宮近，先愁馬首分。一朝猶戀戀，可復久離群。

寄題常州東山亭二首

謝傅英聲高可攀，結茅積土想東山。常憂勝概一朝盡，豈信風流千古還。麈尾蒲葵供永日，酒樽棋局奉歡顏。賢侯心跡遥相望，不使蘭陵風月閑。

閥閲崔嵬動四方，入門鸞鶴自成行。青緺舊已臨佳郡，墨客新歸耀故鄉。醉舞幾應摧屐齒，對棋正欲賭香囊。階庭玉樹寒相照，更使東山逸氣長。

送人爲閬宰

萬里東甌外，溪山秀出群。鄉人皆嗜學，太守復工文。正用慈良化，居無牒訴紛。誰云遠京國，佳政日相聞。

送才元知廣安軍歸成都覲省❶

皂蓋五騂騮，今來異昔遊。簞壺交里舍，鐃吹下瀛洲。壽酒行當舉，歸鞭不可留。春光久相待，先在錦江頭。

❶「知」，原作「守」，據書前及卷端目録、《傳家集》改。

送上雒王推官 經臣

墨綬百里宰，紅蕖幕府僚。民淳無鬬辨，地勝得逍遥。日上雲未散，春深雪不消。知音已交薦，勿茹紫芝苗。

送瀛州簽判蘇祕丞 宲

高陽十萬兵，幕府藉時英。塞上風猶勁，關南春未生。投壺邊柝静，倚馬檄書成。不忘塵中客，征鴻可寄聲。

和次道西都元日懷不疑并見寄

露冕優分竹，題輿佐畫圻。比年攜手樂，兹日賞心違。齋祀春來併，娱遊別後希。誰怜從宴卒，草際犯寒歸。

王金吾北園

丞相後園天籞鄰，年年分借上林春。目前但識禽魚樂，門外何妨車馬塵。花蔦秖疑名品盡，圖書方驗古今貧。將軍朝下無餘事，端爲風煙作主人。

二月二十四日館宿興宗舍後桃花盛開偶書牖上

金馬春寂寂，穠桃隨意開。夕風零落盡，不待主人來。

送周寺丞畋知洛南周，華人。

太華指商於，中間百里餘。稍行山驛遠，漸與世塵疎。楚塞參差接，秦民錯雜居。惜哉非肯綮，不足試投虛。

送齊學士廓，字公闢知荆南

漢家太守治才高，楚國山川氣象豪。旗旆逶迤蟠夢澤，樓舡贔屓壓江濤。雄名誰復知宣武，遺愛猶應祀叔敖。何必三年求奏計，詔書朝夕賜金褒。

送王待制知陝府

疇昔誠相契，間關分不渝。先君知鳳翔府，待制通判府事，以道誼相知，非直僚友而已。絶絃悲宿草，撫首念諸孤。位略尊榮間，年忘德齒殊。清陰容息足，重語辱噓枯。待制主漕京西，光仕武成幕府，仍叨奬引。鷗閣騫雲表，虹旌拂海隅。明光新出綍，陝陌重分符。豐潤還桑梓，謳謳復路衢。寧須更條教，耆舊已簞壺。待制爲陝牧，光寔陝人。

送張景淳知邵武軍

閩嶺窅何在，東南千里遥。仳離傷草草，會合更迢迢。隋岸微吹絮，吴江欲上潮。肯無同舍念，回首弭輕橈。

送章伯鎮知湖州

江外饒佳郡，吴興天下稀。蓴羹紫絲

滑，鱸鱠雪花肥。星斗寒相照，煙波碧四圍。柳侯還作牧，草樹轉清輝。

送王伯初通判婺州

煜爚屏星駕，迢遥婺女區。嵐光晴向背，溪溜暖縈紆。萬室鳴機杼，千艘隘舳艫。若逢耆舊問，能説隱侯無。

送張少卿學士子憲知洪州

相府典刑在，朝閨望實高。紬書榮史觀，典樂重卿曹。夷路迎飛鞚，桑林應奏刀。家籯傳舊學，廟鼎刻前勞。袨服屯千騎，連檣閲萬艘。劒芒衝夜氣，閣影動秋濤。風色傳花信，煙光拂酒膏。使君專問俗，無意在遊遨。

送昭遠兄歸陝

種種親頭白，帝城難少留。倚門應有望，列鼎本無求。清夜多歸夢，紅塵厭久遊。此行殊捧檄，轅下五驊騮。

寄清逸魏處士

鄉樹三揺落，臨風歌式微。徒嗟俗緣重，端使素心違。茅閣杉松冷，山園藥草肥。不能如海鷰，歲歲一西飛。

送雲卿知衛州

汗簡成新令，褰帷刺劇州。韋平家法在，邵杜治聲優。野竹交淇水，秋瓜蔓帝丘。

三年歸奉計，肯顧石渠遊。

送昌言知宿州

煒燁符離守，中流蔟鼓旂。柳陰濃不斷，舟勢激如飛。魏闕行歸奏，承明秖蹔違。星軺晨夕度，尺素勿令稀。

送濟川知漢州二首

金馬從容樂，問君何所之。客心彯若梗，親髮皜如絲。舊學已孤陋，素交仍別離。執經時有問，使我復從誰。

千騎擁朱轓，青霞晝繡還。復尋題柱迹，重過棄繻關。曉棧流雲濕，秋湖脱葉殷。久遊今得意，真不愧江山。

哭公素

負書遊上國，拾芥取榮名。雅度津涯闊，高文風雨驚。忘懷黐得謗，縱酒遂傷生。忍使泉臺客，悁悁不自明。

丹旐倚輤車，榮辱尽虛無。半道驊騮頓，先秋蘭茝枯。兒癡纔過亂，親老不勝扶。家事今蕭瑟，寧將未第殊。

送程端明知成都

高陽將幕開，濯錦使旌來。欲識關頭雪，正如江上梅。宵衣矜遠俗，霞冕寄良才。豈待三年最，脩梧茂帝臺。

丁尚書挽詞二首

鳳蹕遊汾曲，非熊得偉人。閨臺尤顯重，❶訓誥愈深淳。論道參黄閤，❷横經侍紫宸。如何天不憖，志業未全伸。

丹闕晨趍退，蕭然忘世榮。閑齋虚自白，永日澹無營。脱略簪紳累，沈冥丘壑情。貪夫誠有激，千載素風清。

奉和濟川代書三十韻寄諸同舍

金馬延群雋，芸香聚衆書。杳疑神境絶，深與世塵疎。氣逼煙霄爽，光分日月餘。不材叨誤選，故友幸聯居。雲蓋森朝騎，天閣謹契魚。後先陪賈馬，左右揖嚴徐。朱閣霜清外，璇題日上初。詞林精採擷，蓺囿縱遊漁。決勝楸枰暝，窮歡綺席舒。朝昏升紫闥，咫尺侍彤輿。玉壘俄鄉思，銅符忽詔除。綵衣承几杖，華轂照園廬。四郭柑垂蔭，千塍稻散渠。壺漿迎露冕，鐃吹擁高旗。有德能仁虎，無欺恥怒狙。道塗繁揖讓，犴獄絶淪胥。滯穗棲場圃，鳴桴静里閭。貧寧費官燭，飢不茹家蔬。翁子懷青綬，文園駕赤車。古今相與校，勝負定何如。上正開宣室，人方誦子虚。追鋒行入謁，委珮復傳臚。撫己聊睎驥，臨民遽起予。居然耗廩禄，豈不愧簪裾。鶂翼顔何厚，錐囊意未攄。因循戀糠籺，汩没老塗淤。自顧徒爲爾，誠非益者歟。俄承吕公檄，遂策阮生驢。驛騎傳巴徼，詩筒達魯墟。琳

❶「尤」，原作「光」，據《傳家集》改。
❷「閤」，《傳家集》作「閣」。

琅固無價，燕石敢沽諸。

和始平公貽一二賓僚

儒冠藹藹從平津，東閤由來盛衆賓。終始何嘗忘教育，高卑曾不問疏親。共陪樽俎無虛日，空喜谿山得主人。白雪屢歌殊未和，自知羞愧後車塵。

留　客

酒煙漠漠自生春，舞袖飄飄拍拍新。須信客歸絲竹散，清風白月解愁人。

和始平公長句寄漢州何學士

勢交倏忽易蕭條，賴有伊人尚建標。須信松筠凌雪茂，肯爲蒲柳望秋凋。欽賢高館三年別，廣漢專城百舍遥。書紙如雲詩叩玉，數憑疾翼度青霄。

濟川有書見貽云以親老須守遠郡以便禄養不得如光在主人幕下因以詩答

千騎駸駸簇畫輈，高旌大蓋五驊騮。齋中酒美連觴醉，湖上花繁爛熳遊。雞犬相聞通故里，旨甘不絶奉晨羞。秖應朝夕平津閤，得向君前立勝籌。

閼逢敦牂二月十一日與一二僚友遊叔禮園亭以詩戲呈

下馬久徘徊，林芳殊未開。春風真有

意，須待主翁來。

十四日小園置茶招宗聖應之皆辭以醉爲詩贈之

草樹弄春暉，家家倒載歸。誰怜獨醒客，日暝掩雙扉。

同僚有獨遊東園者小詩寄之三首

車馬東城路，芬芳數里塵。風光不相待，愁殺未遊人。

右

咫尺東園樂，無如簿領何。春風連夜惡，聞道落花多。

右

城樓傳晚鼓，稍稍訟庭稀。起拂衣中土，還乘款段歸。

小詩招僚友晚遊後園二首

五陵年少競春暉，肥馬銀鞍白玉羈。何似松間烹新茗，更來花底覆殘棋。

右

麥田小雨隴微青，草樹欣欣照晚晴。❶花下客來醒亦好，猶勝閉户過清明。

---

❶「晚」，原作「曉」，據《傳家集》改。

小園晚飲賦得春字

公府豐暇豫，真成棄擲春。招邀俱勝友，爛漫醉芳辰。花艷穠無敵，文鋒健有神。猶勝擁朱墨，終日坐埃塵。

李花得韻同前

嘉李繁相倚，園林澹泊春。齊紈翦衣薄，吴紵下機新。色與晴光亂，香和露氣勻。望中皆玉樹，環堵不爲貧。

東窗

臨風梳短髮，蕭颯晚涼新。不識市朝客，何如江海人。沉吟憑棐几，欹側戴紗巾。濁世事無盡，東窗聊放神。

奉和始平公酬大資政吴侍郎

道盛經綸業，文高翰墨場。雍容偃藩地，密邇釣璜鄉。回首紅塵遠，清心白日長。山形抱城堞，谿影照公堂。杞稏千塍碧，芙蕖萬頃香。跨波橫略彴，逼地亞篔簹。大埜禾麻溢，高齋几席涼。夔龍屢賡唱，東壁正垂光。

晚行後園見菊戲宜甫

野菊荒無數，班班初見花。徑須求一醉，❶試遣問東家。

❶「求」，原作「來」，據《傳家集》改。

野　菊

野菊未嘗種，秋花何處來。羞隨衆草没，故犯早霜開。寒蝶舞不去，夜蛩吟更哀。幽人自移席，小摘泛清盃。

温國文正公文集卷第八

温國文正公文集卷第九

律詩四

秋夜

城上調秋角，煙間發暝鍾。風枝摇宿鳥，霜草覆寒蛩。久負觀書樂，端愁束帶恭。蹔因群吏散，還得遂幽慵。

再呈宜甫

西家壺已倒，次第向東鄰。朱户如堅閉，黃花惡笑人。

宜甫家有金鈴菊客未之識因代菊贈宜甫

主人倦邀客，寂寞委蒼苔。此日開無益，明年不復開。

深夜

疎星映户月流天，群動收聲四寂然。嗟爾寒蛩怨何事，悲吟徹曙亦無眠。

奉和始平公喜聞昌言修注

鳳口除書下九閽，簪紳拭目仰殊恩。曉提麟筆依華蓋，日就螭坳記聖言。桃李新陰

方藹藹，驊騮老志更軒軒。主人喜見相如達，趣召鄒枚洗玉樽。光與昌言俱出始平門下。身亡時年五十九。❶

秋雨霽倏聞宗聖案伎應之飲酒詩呈宜甫❷

寒風細雨未晴天，密似輕塵薄似煙。一室獨吟圖史亂，四鄰高會綺羅鮮。鴈飛斜柱絃隨指，蟹薦新螯酒滿船。自笑不歌仍不飲，昏昏只解枕肱眠。

宜甫東樓晚飲

賓主俱歡醉，高樓迥倚空。形忘羈檢外，酒散笑談中。晚市煙初白，秋園葉半紅。登臨不厭數，朝夕是寒風。

送魏寺丞廣赴辟秦州判官

征西大府開，後乘得高材。區脫烽煙靜，渠搜職貢來。隴雲低玉帳，羌舞奉金罍。信美從軍樂，脩梧茂帝臺。

昌言謫官符離有病鶴折翼舟載以行及還修注始平公以詩問之命光同賦二首

曾下青田啄玉苗，泥沙病羽久蕭條。謫仙不欲留塵世，依舊提攜上碧霄。

相閣書傳紫闥深，破緘先問九皋禽。不令一物傷天理，仁愛方知真宰心。

❶「身亡時年五十九」，《傳家集》作「昌言時年五十」。

❷「霽倏」，《傳家集》作「蕭條」。

和聶之美重遊東郡二首

躍馬津亭未幾何，宦遊容易十年過。飄飄空似隨流梗，寂寞猶爲挂壁梭。西嶺應餘當日翠，南湖真減幾分波。之美云南浦比舊水涸過半。輸君尚得飛征蓋，重向春園聽舊歌。

又

南湖重過又逢春，官柳雖疎亦解新。臺榭傾攲賓友散，臨風愁殺獨遊人。

大熱

山澤欲焦枯，炎光滿太虚。不知天地外，暑氣復何如。

夷齊

夷齊雙骨已成塵，獨有清名日日新。餓死溝中人不識，可憐今古幾何人。

清風臺已下十七首，並和何濟川漢州西湖雜詠。❶

太守金閨客，天朝應對才。非因板輿戀，寧駕使車來。水鑑秋毫盡，霜鋒錯節開。清風偏千里，不獨此高臺。

佇月亭

燈火動漁磯，湖邊過鳥稀。孤蟾久未

❶ 題注，《傳家集》作「和何濟川漢州西湖雜詠十七首」。

上，五馬不成歸。長嘯風生座，高吟露滿衣。閑情無日厭，岸幘對清輝。

藥圃

三蜀膏腴地，偏於藥物宜。小畦千種聚，春雨一番滋。山相塹多識，桐君未徧知。佗年似胡廣，養壽復扶衰。

竹塢

二何迹相繼，竹塢日陰森。濟川詩注云：前守何修撰《不伐西湖竹》，余亦遵之。欲識養民意，先觀愛物心。低垂樽俎冷，密映管絃深。勿怪湖光少，年來碧影侵。

射堋

疊鼓花前急，紅旌竹外高。驚飈分白羽，餘響振烏號。壯觀傾春陌，讙聲涌夜濤。因茲形禮俗，豈獨事遊遨。

玉徽亭

房公昔漂泊，置酒此鳴琴。人事有憂樂，山光無古今。風流俱寂寞，結構尚蕭森。❶松竹含虛籟，猶疑絃上音。

❶「構」，原避宋高宗諱作小字「御名」，今回改。

書樓

使君有書癖，記覽浩無涯。況此孤樓迥，端無外物譁。橫肱欹曲几，搔首落烏紗。此趣人誰識，長吟窗日斜。

朔會堂

朔旦集僚吏，玆堂簪組繁。舞空孤鶴下，映日兩鳧翻。花散東方騎，萍浮北海樽。須知太守貴，鐃吹引朱幡。

浮醳亭❶

曲水華榱下，浮觴去復還。浪摇花影碎，日射酒缸殷。滅没遥尋客，裴回怯度灣。窮歡不知醉，清泚照心顔。

清燕亭

波澄蔭群木，永日湛清華。碧篠静秋色，白蘋低晚花。松聲工醒酒，泉味最便茶。外事付丞掾，無妨風景嘉。

流芳橋

橋下流芳度，餘春日夕催。呼人洗樽斝，招客藉莓苔。倚柱時流滯，隨波乍往回。仙家如不近，安得此花來。

❶「醳」，《傳家集》作「觴」。

曉景亭

簾櫳分曉色，遠樹子規啼。濃露侵衣冷，晴煙壓水低。神遊靈境健，身入畫圖迷。衙吏無煩報，汀洲鷺正棲。

假山

廣漢土平遠，已嫌丘壑疎。呼工刻巖洞，應手出庭除。縹眇神仙宅，嵌空虎豹居。人功與天力，秀絶兩何如。

探花橋

橋邊春意近，五馬屢徘徊。湖水旦暮緑，林花早晚開。適因嘗酒到，又爲賦詩來。借問雙華表，經過日幾回。

樂軒

繁絃凝渌水，疊鼓摻漁陽。風結舞初急，塵飛歌正長。凫鷖争上下，棟宇爲低昂。太守且安坐，新聲未遽央。

坐舡

使君張皂蓋，高宴碧湖心。苒蒻牽菱蔓，夷猶泊柳陰。晚風侵坐冷，春浪没篙深。倒載歸何晚，波間夕照沈。

枇杷洲[1]

周官斂珍味，場人掌國之場圃，而樹之果蓏。珍異之物以時斂而藏之。鄭康成曰：珍異，蒲桃、枇杷之屬。漢苑結芳根。初修上林苑，群臣遠方各献名果異樹，有枇杷十株。何意荒洲上，猶餘嘉樹存。犯寒花已發，迎暑實尤繁。願逐蒲萄使，離宮奉至尊。

寓泊鄭圃寄獻昌言舍人

旅食緇衣館，飃蓬怳自迷。樹橫寒霧遠，山隱古原低。愁暮空庭雀，驚晨別墅鷄。故人何處在，依約玉繩西。

奉和始平公憶東平

相印東臨汶水陽，兩看春葉與秋霜。登山置酒延鄒湛，上馬回鞭問葛强。谿竹低垂寒滴翠，露荷相倚净交香。宵衣深念長城固，肯待從容傲醉鄉。

又

千巖秀色擁晴川，万頃陂光上下天。委地魚鹽隨處市，蔽空桑柘不容田。訟庭虛静官曹樂，儒服寬長邑里賢。不爲從知方負羽，獨乘漁艇老風煙。

[1]「杷」，原作「粑」，據書前及卷端目録、《傳家集》改。

和運使舍人北園餞別行憩三交僧舍冒雪宿百井關見寄

驪駒北上雪孱顔，韊矢前驅度漢關。僧室松杉清照眼，驛亭煙火迴依山。馬銜邊草枯猶瘦，鴈怯胡雲冷未還。賤子不須回首問，鬢毛蕭颯簿書間。

又和留題定襄驛

按節羊腸阪，褰帷並塞州。仁風熙愛日，清德凜高秋。甘澤隨征蓋，華星近戍樓。佗年叱馭事，直筆寄歆彪。

又寄獻

承明共直廬，瞬息八年餘。幸託屏星駕，前迎使者車。跡雖殊貴賤，心不置親疏。青眼披情素，猶如相見初。

自嘲

英名愧終賈，高節謝巢由。直取雲山笑，空爲簪組羞。浮沉乖俗好，隱顯拙身謀。惆悵臨清鑑，霜毛不待秋。

晉陽三月未有春色

天心均煦嫗，物態異芬芳。上國花應爛，邊城柳未黃。清明空改火，元巳漫浮觴。

仍説秋寒早，年年八月霜。

柳溪對雪

春風不勝雪，散漫渡龍沙。❶密映緣溪柳，争飛亂眼花。鴟夷賒美酒，油壁繫輕車。塞下芳菲晚，聊將當物華。

酪羹

軍厨重羊酪，饗士舊風傳。不數紫蓴滑，徒誇素鮪鮮。爊蠡煩挏取，❷勺藥助烹煎。莫與吴兒説，還令笑茂先。

奉同道矩謝始平公惠硯

爵臺今已傾，飄瓦出燕城。還入縑緗用，尤資筆墨精。相君憐古物，白史擅書名。聊用飛軍檄，何愁楯鼻平。

陪始平公燕柳谿

谿光不動柳風輕，玉帳森沈擁萬兵。鷗入煙中閑自舞，魚翻波面喜相迎。樓船下視晴天碧，鼓吹前驅遠陌清。桃李歸時應盛發，薰然和氣滿春城。

送王都官淑，字元之官滿還都

粹美清廟器，可嗟沉下僚。優游仲舉坐，洋溢海沂謡。奏課應居首，知音況滿朝。

❶「龍」，原作「燕」，據《傳家集》改。
❷「挏」，原作「同」，據《傳家集》改。

從今黃鵠舉，眼冷看青霄。

到并州已復數月率爾成詩

忽忽此何地，經時更自猜。深疑醉裏得，復似夢中來。薄宦真何益，浮生信可咍。鵬蜩定有分，不若寸心灰。

和道矩送客汾西村舍杏花盛開置酒其下

田家繁杏壓枝紅，遠勝桃夭與李穠。何事偏宜閑處植，無端復向別時逢。林間暫繫黃金勒，花下聊飛瑪瑙鍾。會待重來醉嘉樹，只愁風雨不相容。

北軒老杏其大十圍春色向晚只開一花余憫其憔悴作詩嘲之

春木争秀發，嗟君獨不材。須慙一花少，强逐衆芳開。頑豔人誰采，微香蝶不來。直爲無用物，空爾費栽培。

杏　解　嘲

造物本非我，榮枯那足言。但餘良榦在，何必豔花繁。壯麗華林苑，歡娱梓澤園。芳菲如可采，豈得侍君軒。

寄陝西提刑江學士

明主於庶獄，❶選才從本朝。鄭侯三尺

❶「於」，《傳家集》作「矜」。

律，漢使一封軺。郡國清名滿，關河古意饒。淒涼乘障客，華髮日蕭蕭。

從始平公城西大閱

滄溟浴日照春臺，組練光中玉帳開。汾水騰凌金鼓震，西山宛轉旆旌回。逍遥静散晴空雨，叱咤横飛迥野雷。坐鎮四夷真漢相，武侯空復道英才。

陪諸君北園樂飲

浩歌縱飲任天機，莫使歡娛與性違。玉枕醉人從獨卧，金羈倦客聽先歸。須知會府閑時少，况復邊城樂事希。花卉正濃風日好，今年已不負春暉。

和道矩紅梨花二首

繁枝細葉互低昂，香敵酴醾豔海棠。應爲窮邊太寥落，併將春色付穠芳。

又

蜀江新錦濯朝陽，楚國纖腰傅薄粧。何事白花零落早，同時不敢鬬芬芳。

和懋賢聞道矩小園置酒助以酒果副之以詩

芙蓉幕下惜餘閑，不使芳華取次殘。珍果醇醪與新句，併將佳味助清歡。

數日不至後圃今晚偶來芳物都盡率然成詩

爛漫不解賞，飄零空慘悽。殘紅正滿地，不忍踏芳蹊。

和樂道自河外南轅過宜芳雨晴氣和景物可愛馬上偶成

京洛春應老，河邊初解顔。碧浮煙際草，翠滴雨餘山。目極褰帷外，詩成攬轡間。滿川桃李色，共喜傳車還。

夏日

窮邊已深夏，氣色耿清秋。鮮旭開山郭，凉煙澹戍樓。兜零烽火息，區脱虜塵收。追此軍中暇，無妨文雅游。

晨發故關寄逢吉

畫戟衣中趨絳帳，驛亭門外拂征鞍。已嗟漂泊三年别，更負從容十日歡。煖席未窮談笑樂，陟岡相望滯留難。揚鞭策馬幾多意，原上秋風作曉寒。

中秋夕始平公命與考校諸君置酒賦詩

月華秋色兩鮮新，萬里澄空不受塵。兔濯素毛騰浩露，桂飄香實下飛輪。光侵酒面寒無力，清入詩豪健有神。座客何須辭醉倒，相君應不惜車茵。

病酒呈晉州李八丈

身如五嶺炎蒸裏，心似三江高浪中。誰道醉鄉風土好，舟車常願不相通。

和李八丈小雪同會有懷鄰幾

天禄淹回德齒尊，暫留汾曲兩朱轓。閑軒坐嘯正飛雪，同舍倦游來及門。空嘆高歌如郢客，愧無佳賦似文園。坐中猶欠鄰幾在，深負棋枰與酒罇。

三月晦日登豐州故城

春盡蕪城天一涯，白榆生莢柳生花。滿川戰骨知誰罪，深屬來人戒覆車。

送張學士師中，字吉老**兩浙提點刑獄**賦得清字

朝家重典刑，書府借時英。鉦鼓喧江下，雲山拂眼清。秋風鱸鱠美，晝日錦衣榮。勿似朱翁子，空令守邸驚。

寄聶之美之美時監韶州錢監

去歲雙毛白，今春一齒零。人生浮似葉，客宦泛如萍。塞上貂裘弊，天涯海氣腥。何當占箕潁，蕭散並柴扃。

又寄

心目悠悠逐去鴻，别來容易四秋風。莫嗟密密書連紙，萬里經年信一通。

送昌言舍人得告還蜀三首

迢遞銅梁道，凝嚴青瑣闈。負書當日去，鳴玉此時歸。鄉樹迎朱轂，江花照錦衣。臨邛不足並，榮耀古今稀。

又

悽愴懷桑梓，劬勞詠蓼莪。樹風今遠矣，鼎食柰悲何。劒閣登車近，秦關屈指過。騰裝纔首路，夕夢已江沱。

又

富貴動歸思，由來光里閭。❶ 戒門羞主父，負弩笑相如。外物有榮悴，中心無戚疎。遥知見親舊，不改布衣初。

祁國正獻公挽歌三首 杜相

舟楫才猷大，冰霜德操堅。陶鈞成茂業，書史樂高年。瞻望簪紳共，吁嗟館舍捐。舉時無異論，方信令名全。

又

鈞玉吴臺舊，詠茅梁苑新。位登華衮貴，家似布衣貧。直道高當世，清風遺後人。千秋寒照目，竹帛不棲塵。

❶「由」，原空缺，今據《傳家集》補。

又

先子同烏府，知音誠皦然。脱縗來拜伏，撫首辱哀憐。迨此泉扃掩，空悲塵網牽。無由懷酒絮，撇涕望新阡。

侍讀王文公挽歌二首

石室書編富，金華講席重。薦紳歸博洽，鳴玉稱雍容。貳負纍囚象，尸臣古瑑蹤。老成今已矣，咨訪欲誰從。

又

盃底潛虵影，門陰集戴鵟。玉樓新記就，石槨舊名沉。篋有封巒扎，籯無遺子金。寂寥封馬鬣，秋色浄松林。

相國廣平文簡程公挽歌二首

明直君臣合，安危將相兼。金章四輔貴，玉帳萬兵嚴。禦侮長城隱，臨繁利刃銛。南山覔巖石，何以慰民瞻。

又

帝誥封泥紫，皇墳殺簡青。坐談安玉壘，專對讋龍庭。黼黻昭文理，冰霜瑩典刑。英靈入箕尾，終古作天星。

送王書記申，字應辰之官永興

白髮添新鑷，紅塵滿弊衣。人生適未

值，吾道豈云非。鞏洛風煙遠，函秦草樹微。長安春酒美，行樂勿令希。

和錢學士公輔，字君倚呈邵興宗

霜露蒼蒼宰樹高，累茵列鼎重鴻毛。蒹葭自幸猶依玉，髖髀何能學奏刀。才薄無由裨覆燾，命奇不得報劬勞。光仕始周歲，❶二親繼喪。平生念此心先亂，蓼蓼難分莪與蒿。

曉　思

束帶朝尚早，蓬門未脱扃。短籬潛落月，老樹戴孤星。隱几貂裘黑，開編竹簡青。子雲非執戟，何以得窮經。

送朱職方處仁，字表臣提舉江淮運鹽

熬漉滄波耗，征輸澤國貧。嬰羅矜赤子，運筴借能臣。拜手觚稜曉，❷浮舟狼湯狼音浪，湯音宕。見《地理志》「滎陽」。春。東南待蘇息，別酒莫逡巡。

送次道知太平州

狼湯春流滿，蕪湖候吏迎。旌旟曉日麗，鉦鼓野風清。塹喜紅塵遠，休嗟素髮生。專城方四十，自古以爲榮。

❶「仕」，原作「任」，據《傳家集》改。

❷「曉」，《傳家集》作「晚」。

送蘇屯田寀，字公佑**知單州**蘇先君嘗知單父縣

佳郡望都城，相聞擊柝聲。賓朋纔執別，耆舊已前迎。綵服當年戲，驪駒此日榮。絃歌應盡在，琴調不須更。

君倚示詩有歸吴之興爲詩三十二韻以贈

吴越爲君土，崤函是我家。濯纓從吏事，傾蓋聚京華。奕世交朋重，二先君景德二年同年進士。同僚分誼加。光與君倚，崇文、吏部、開封皆同官。聲光嘗耳剽，臭味辱肩差。選士參縣石，烝髦應椓罝。帝畿圍日月，蓬陼積煙霞。咨訪傾肝膽，推褒借齒牙。後來慙瓦礫，旁倚愧蒹葭。談論寥天一，詼諧老柏槎。❶虚舟坦莫逆，璞玉瑩無瑕。信美陪遊衍，胡爲起咄嗟。勞歌盡鄉思，旅夢各天涯。誠厭簪紳累，難堪獄訟譁。鉦簫朝插蝟，貫索暮如麻。霡霂霑朝服，蜩螗沸尹衙。宿姦牢窟宅，弊俗費鞭檛。鮝鱠思吹絮，吴中食鮝，以楊花爲候。羊羹憶卧沙。關中羊有卧沙細肋。梅林連雨熟，梨味得霜佳。秋色城臨水，春風路入花。稻肥初斷蟹，斷蟹事見《笠澤叢書》。桑密不通鴉。秦人謂桑密，有鴉飛不過之語。蹙衄浮盤芡，鉤聯卧壠瓜。江蓴半卷葉，石蕨乍舒芽。風物隨鄉樂，山川苦道遐。若人才有裕，修己德無邪。正恐臨髖髀，安能舍鏌鋣。怒飛期寖逼，肥遯迹猶賒。不比溝中木，微同井底蛙。果能真引去，誰復强邀遮。旋結蝸牛舍，還乘下澤車。閑門常友拒，醉幘任欹斜。林野遊如鹿，泥塗蟄似虵。故人時記

❶「槎」，原作「塗」，據《傳家集》改。

憶，陽羨致新茶。

喜聖民得登州

晝日少閑暇，中霄夢亦勞。符移空浩浩，榜楚鎮謷謷。敢説今求郡，番思昔坐曹。羨君乘五馬，東去一何高。

詩寄雲夫處士老兄兼呈知府待制八丈

一鶚曾飛奏，中林下鶴書。今乘使君馬，重到逸人居。松竹過從久，閭閻惠愛餘。只應棠樹影，比舊更扶疎。

和任屯田迥，字元道感舊敘懷

結交英俊樂如何，風誼敦明寄詠歌。自致青雲今有幾，化爲異物已居多。櫝中本自沽良價，毫末安能滑至和。鄰笛不堪頻嘆息，酒壚那得重經過。年華易度窗塵影，人事難期海水波。賢業著鞭猶可在，況君壯齒未蹉跎。

送李學士及之，字公遠使北

征蓋霜空迥，飄飄迎塞鴻。虜牙侵海角，漢節下天中。酒薄陰山雪，裘寒易水風。邊声不可聽，歸思浩無窮。

送薛水部十丈通判并州

十萬貔貅士，旌旗晉水陽。元戎倚耆碩，别乘選才良。秀直寒松節，精明利劍鋩。知君留滯久，從此欲騰驤。

送祖擇之守陜

聲教空巖穴，夫君集帝庭。辭華動丹扆，光價塞青冥。俊德争推轂，榮塗易建瓴。陸離寒水玉，磊落曙天星。得喪誰先識，艱虞困屢經。蹉跎渥洼足，漂泊鳳凰翎。粉署疏恩紀，甘棠寄典刑。仁風思布濩，❶疲俗待綏寧。賤子良多愧，餘光每乞靈。題名聯士版，占籍備民丁。種種顛毛白，蕭蕭壟栢青。陌頭瞻皂蓋，獨立涕飄零。

奉和鄰幾六月七日文德殿觀文武百官等上尊號十五韻

舜禹曾何與，羲農實强名。含靈徒叶贊，造物始無情。閶闔非煙滃，觚稜曉氣清。葳蕤大衢隘，殷轔外朝盈。鮮旭分衣繪，薰風拂佩瓊。華顛方内集，殊俗海隅傾。棨戟金閨奥，囊書赭桉横。敷言齊列位，稽首從群卿。不報乾坤施，難圖日月明。仁心由性得，治體與時行。金石皆中款，丹青豈外榮。功歸元首重，澤及草茅輕。業業沖虚意，區區愛戴誠。何爲猶讓德，不以慰懷生。退復歌天保，期於采頌聲。

和始平公郡齋偶書二首

文武從容兩有餘，公槐將幕往來居。已安四海如三傑，欲散千金比二疏。今日監邊親跪轂，他年入殿賜乘車。武侯暫爲蒼生起，長憶隆中卧舊廬。

❶「濩」，原作「護」，據《傳家集》改。

又

平安候火出雲間，區脱無塵刁斗閑。漢相威聲遥制敵，胡兵遠迹夜開關。赤松雅意思輕舉，黄閤群心望復還。❶玉帳牙旗空壯觀，謝公高興在東山。

感興寄聶之美

平生百無可，强爲一官縻。世味偏余薄，心期獨子知。林猿愁玉鎖，櫪馬患金羈。年事今華髮，求榮欲爲誰。

八月七日夜省直苦雨三首

夜色槐陰重，雨聲官舍寒。野農安敢問，環堵未能完。盡日流雲度，何時大塊乾。正愁開霽晚，霜露滿紅欄。

又

悵望中秋月，於今已上弦。明生圭様小，影露桂華偏。幽思邈難致，浮雲去不還。❷何當出陰翳，清澈照中天。

又

菊蘂如排粟，青青見葉心。未嘗窺白日，何以散黄金。欹側疎籬短，綿延蔓草深。寒蛩爾何與，終夕亦悲吟。

---

❶「閤」，《傳家集》作「閣」。

❷「思」，原作「恩」，據《傳家集》改。

次韻和鄰幾秋雨十六韻

氣象殊朝夕，興居錯晦明。混元初不宰，霪雨浩無程。蟄隘寧天意，咨嗟固物情。嚥嗢方有望，蔚薈已隨生。杲杲升還隱，淒淒斷復行。亂莎長被徑，荒蘚緑緣甍。轍跡康莊絶，潢汙壠畝平。茅茨不足庇，禾黍若爲成。蟋蟀頹牆泣，伊威壞竈盈。乘時衆鷗舞，得意怒蛙鳴。牛馬誰分異，蕭蘭已混并。居閑猶亘度，❶負重況遐征。舟泊川無渚，輪摧路有阬。轑羹愁病婦，煬竈擁寒嬰。災不妨明德，神應格至誠。淳光終下燭，時藿久心傾。

紫微石舍人挽歌二首❷

地勝岷峨秀，時清儁乂生。楊雄晚得禄，何武少知名。性有圖書癖，心忘紱冕榮。前年歸諭蜀，不使里人驚。

又

顧我非君比，最爲相得歡。平生遊處久，美行始終完。長夜忍埋玉，秋霜不借蘭。西風濕襟袖，空有涕闌干。

次韻和沖卿中秋朧月

豈無錦幄翠簾垂，匝樹明燈正赫曦。共惜月華方滿夜，更當秋色中分時。烏皮几穩

❶「亘」，原作「回」，據《傳家集》改。

❷「石」，原作「方」，據書前及卷端目録、《傳家集》改。「人」下，《傳家集》有小字「昌言」。

風侵鬢，白玉樓高冷透肌。千里浮雲何處斷，北來試問鴈應知。

次韻和鄰幾九月五夜省直

群騶布路歆，瘦馬解牽回。雨闋蟲聲樂，秋深菊意催。圖書紛自適，僚友邈誰陪。何以銷寒夜，殘醪不滿盃。

吴正肅公挽歌辭三首

皇家延茂異，鶚立迥無倫。高議誰能奪，英才自有真。驊騮寧受縶，水鑑不棲塵。試爲咨清論，風流第幾人。

又

辭華已獨步，政治復無前。吏不容三穴，❶民皆戴二天。於今知和寡，自古愧才偏。惆悵棠陰下，仁風尚藹然。公再爲陝牧，光實陝人，知公之政。

又

念昔少年日，謬登君子堂。重言何以稱，厚德不能忘。光昔以文請見，公答以長歌，過有褒美。玉麈声容在，泉臺歲月長。憑誰寄清淚，爲我灑松岡。

❶「穴」，原作「冗」，據《傳家集》改。

和鄰幾金鈴菊

何處見佳菊，秋風汶水陽。酒浮金鐸細，露泛蜜房香。不謂紅塵地，相逢君子堂。依然故人意，不減舊芬芳。

送賢良陳著作舜俞**簽書壽州判官**

海隅方萬里，豪儁幾何人。百汰求才盡，三薰得士新。聲華四方聳，器業一朝伸。佗日蒼生望，非徒澤壽春。

温國文正公文集卷第九

温國文正公文集卷第十

律詩五

致政邵少卿挽詞

北固啓佳城，東吴賁德星。繐帷長寂寞，羽扇遂飄零。泉燭千年碧，霜松數寸青。慶餘知有在，玉樹滿階庭。

之美訪及不獲展奉以詩爲謝

昔君來闕下，定館必吾廬。今者雖相值，依然是索居。之美館於僧舍。不堪休沐少，便使往還疎。深愧原思巷，空回長者車。

送聶秘丞希甫，字之美宰桐城二首

問子青雲器，胡爲不少留。未能充禄養，安敢及身謀。卓爾千人俊，居然百里優。連城價終在，自是玉工羞。

七載一相見，怳然如路衢。形骸漸枯槁，志業轉荒蕪。往事雲過眼，新悲雪染鬚。明朝又分首，上馬即重湖。

送蒲中舍霜致政歸蜀前栗亭令❶

厭苦折腰久，飄然黄鵠飛。田園未蕪

❶「霜」，《傳家集》作「霖」。

没，鄰曲有光輝。昔奮儒衣去，今紆朝紱歸。人生貴知足，得此已爲希。

念昔兩髦日，烏奴同燕遊。隨時自有樂，何物可爲愁。豈意今頭白，相逢欲涕流。憑君訪題壁，好在水西樓。光侍先君爲利州路轉運使，與君屢遊烏奴山寺，題名屋壁。

蘇門先生

長嘯蘇門石，行藏世莫知。逍遥心迹遠，寂寞姓名誰。鄉在無何有，時方不可爲。麒麟本神物，安得係而羈。

和沖卿喜雨偶成

萬里風隨快雨來，塵昏消伏旱光開。物情濯熱參差喜，天意爲仁容易迴。❶簾映薄寒燈有暈，窗含虚白麝成煤。❷君侯雅有江湖興，蕭灑何須氣象催。

寄贈致事劉都官❸

諷。張元常云：諷年六十三致事，❹夫婦皆徙居簡州賴山中。有二子，皆有官，其一登進士第。諸孫皆好書。

星郎年未至，辭禄一何高。目瑩棲靈氣，眉疎出秀豪。胷中自有樂，身外盡徒勞。回首紅塵地，紛紛笑我曹。解紱沱江外，誅茅井絡邊。老萊夫婦隱，韋孟子孫賢。浮蟻邀旁舍，蹲鴟種薄田。不須親几杖，想望已蕭然。范景仁詩云：移家尚恐青雲淺，隱几唯知白日長。

❶「迴」，原作「湖」，據《全集》、《傳家集》改。
❷「白」，原作「日」，據《全集》、《傳家集》改。
❸「事」，書前及卷端目録、《傳家集》作「仕」。下「事」字同。
❹「三」，《傳家集》作「二」。

朱公綽詩云：疏草焚來應見史，橐金散盡只留書。

和宋郎中選，字子才孟秋省直

夜久殘暑盡，好風來滿襟。牀空唯置枕，冠小不施簪。竹影亂涼月，林梢轉曉參。人心有喧寂，何必欲雲岑。

八月五夜省直

大火已西落，温風猶襲人。留連惜紈扇，散誕脱紗巾。蟾影夜色淺，蛩聲秋意新。圖書足自適，何物更關身。

送王著作慥西京簽判

古來都邑美，孰與雒陽先。況復元侯貴，兼之從事賢。玦離横闕塞，珠曲逗伊川。尉眼登臨樂，送君空惘然。

夢　穉子

窮泉纖骨已成塵，幽草閑花二十春。昔日相逢猶是夢，今宵夢裏更非真。

梅聖俞挽歌二首

兵形窮勝負，史法貫興衰。落落雖殊衆，恂恂不迕時。位卑名自重，才大命須奇。世俗那能識，傷嗟止爲詩。❶

添燈無復曙，柏徑不知春。南紀光華滅，中朝俊秀貧。淒清千古韻，寂寞一丘塵。

❶「止」，原作「正」，據《傳家集》改。

異日昭亭下，方多瀝酒人。

次韻和王勝之十二月十五日朝退馬上作

瓦溝微白雪光清，闕角初紅海日騰。塵息長街千騎入，鞘鳴深殿六龍昇。雲巖有客空回首，圭蓽何人尚曲肱。自笑鯫生章綬縛，不容逃去正如罾。

又和雪

四簷冰管未全晞，一夕陰風雪又飛。客卧牛衣憂死別，人留玉塞望生歸。公車歲晚憐東郭，遼海雲深失令威。頗憶當年映書否，物華如舊鬢毛非。

送裴中舍士傑赴太原幕府

元戎台鼎舊，大府節旄新。邊候正無事，賓筵況得人。山寒太行曉，水碧晉祠春。齋釀蒲萄熟，飛觴不厭頻。

和吴省副中復，字仲庶梅花半開招憑由張司封飲伯玉，字公達。

帝鄉春色嶺頭梅，高壓年華犯雪開。正與嘉賓思共醉，不須芳物重相催。從車貯酒傳呼出，側弁簪花倒載回。風雨難期王事劇，未知休沐幾旬來。

郭氏園送仲通出刺棣州得朝字

名園送嘉客，冠蓋去傾朝。小雨塵微斂，餘寒酒易消。鴈歸春近塞，日上海生潮。北道平如掌，東風五馬驕。

賞花釣魚二首

飛廉通上苑，鵁鶄帶夫淵。樹色含春霧，波光静曉煙。香飄仙仗外，花舞御巵前。籊籊文竿裊，簁簁素鮪鮮。誤陪金馬籍，愧奉栢梁篇。願獻南山壽，宸遊侍億年。

日麗芙蓉闕，春濃太液波。苑門鳴玉集，輦路翠華過。芳樹周阿密，嘉魚在渚多。浮英入樽罍，頒首出蒲荷。人樂熙熙德，臣賡旦旦歌。萬生同鼓舞，相與醉天和。

御製後苑賞花釣魚七言四韻詩一首奉聖旨次韻

駊娑蜚廉次第開，鳴鞘傳蹕自天來。雲隨綵仗低臨幄，柳壓金隄翠入杯。檻倚柔風絲縹緲，花翻麗日影徘徊。上林春色長如舊，玉輦嬉遊歲歲陪。

秦　人

楚旗獵獵蓋山紅，回首咸陽一炬空。惆悵秦人虚用意，幾年辛苦得山東。

送致仕朱郎中令孫

世間榮利無窮物，奔走勞勞何所之。仕

宦爲郎非不達，功名有命待無時。槖中雖乏千金直，膝下常攜兩綬兒。細校人生能此少，好從閭里樂期頤。

依韻和仲庶省壁畫山水

畫工執筆已心遊，稍稍蘅臯引杜洲。堆案煩文猶倦暑，滿軒新意忽驚秋。天生賢者非無爲，官遇明時未易休。正恐怒飛朝暮事，丹青難得久淹留。

太博同年葉兄紓以詩及建茶爲貺家有蜀牋二軸輙敢繫詩二章獻於左右亦投桃報李之意也

閩山草木未全春，破纇真茶采擷新。雅意不忘同臭味，先分疇昔桂堂人。

西來萬里浣花牋，舒卷雲霞照手鮮。書笥久藏無可稱，願投詩客助新編。

送宋郎中知鳳翔府

昔解陳倉印，於今二十秋。雙凫久東上，五馬重西遊。鐃騎行關外，壺漿擁道周。民心已化服，條教不更修。

秋夕不寢呈諫長樂道龍圖❶

雨氣生燈暈，霜寒入漏聲。疎籬過螢影，腐葉掩蟲鳴。丘壑違初願，簪裾徇外榮。丹心終夜苦，白髮詰朝生。恩與乾坤大，身如草木輕。何階致明主，垂拱視升平。

❶「寢」，《傳家集》作「寐」。

始平公以光得免使北賜之以詩謹依韻酬和

皇華將命得人難，專對非才輒自言。幸免驅車涉沙漠，尚容載筆待宣温。❶不惟羞屈穹廬膝，無奈常遊魏闕魂。衮職區區未能補，何時餘論奉清樽。

孟　嘗

冠蓋盈門意氣豪，海魚兼兩未充庖。歸來散盡三千客，方寤時人市道交。

喜李侍郎東之**得西京留臺**

賤子何爲者，栖栖今二毛。滄波浮片葉，大塊載秋毫。利物物何補，營身身已勞。羨君遺世網，脱屣一何高。

始平公新作雙樗庵命光爲詩

間氣生王佐，多材秉國鈞。棟隆憑杞梓，節勁仰松筠。底績承平業，遺榮壽考身。結廬依散木，退讓樂天真。

忝職諫垣日負憂畏緬思雲夫處士老兄蕭然物外何樂如之因成浮槎詩寄獻以杼鄙懷

秋水浮槎客，漂如一葉輕。鷗群雖仗信，鯨口幾忘生。耿耿天津闊，滔滔海浪驚。何時還故土，懷糈問君平。

❶「待」，《傳家集》、《全集》作「侍」。

邇英閣讀畢後漢書蒙恩賜御筵詩

赤伏開興運，昆陽定壯圖。官儀還舊物，郊兆建新都。杲日群陰破，油雲萬類蘇。鑾輿陟喬嶽，璽綬撫匈奴。厚祿優諸將，嘉猷訪大儒。重明紹堂構，❶奕葉奉規摹。叔世綱條紊，遺風節義扶。袁安空隕涕，楊震卒蒙辜。佞指車前鹿，❷人瞻屋上烏。炎精盡河渚，黃眚兆當塗。青簡傳良直，金華侍燕娛。興衰炳轍跡，淑慝粲龜符。赫赫天光照，孳孳睿思紆。方齊建武治，不啻永平俱。化盛文明止，恩隆飲食需。晞陽慙杞棘，濡味愧鵜鶘。帝力生成大，臣功報効無。先民誠可監，願不忘斯須。

送李侍郎東之西京留臺

先公勳烈盛鹽梅，清白仍聞世濟才。華省拂衣辭簿領，長衢回首謝塵埃。嵩峰排霧依稀出，洛水迎人迤邐來。寄語馬前頭白吏，何殊昔日李西臺。

送元侍制絳，字厚之出牧福唐

甌越東南美，田肥果稼饒。況懷新賜綬，重過舊題橋。食足姦回熄，風移獄犴銷。長才報政速，鈴閣日逍遥。

❶「構」，原避宋高宗諱作小字「御名」，今回改。

❷「佞」，原作「倿」，據《傳家集》改。

送吴駕部處厚知真州

曏託屏星駕，同隨丞相車。終朝容懶拙，經歲庇迂疎。共此趨雲闕，旋聞建隼旟。江淮一都會，遊刃必多餘。

和趙子輿龍州吏隱堂

四望逶迤萬疊山，微通雲棧落塵寰。誰知吏道自可隱，未必仙家有此閑。酒熟何人能共醉，詩成無事復相關。浮生適意即爲樂，安用腰金鼎鼐間。

寄題錢君倚明州重修衆樂亭

橫橋通廢島，華宇出荒榛。風月逢知己，湖山得主人。使君如獨樂，衆庶必深顰。何以知家給，笙歌滿水濱。

張元常挽歌二首

爲吏文無害，臨民政不苛。渾金生自美，古井澹無波。方喜風鵬舉，旋聞隙駟過。善人宜壽考，報施定如何。

秀眉無足驗，結轄遽爲災。鄉曲三年別，江山萬里回。林間飛旐入，書劍逐舟來。墳草枯還緑，重泉不復開。

冬夜

冬夜何其永，寒光四泬寥。鴈橫星歷歷，人静漏迢迢。破屋霜應重，荒庭雪未消。不眠何所念，達曉思無憀。

奉和御製龍圖等閣觀三聖御書詩 嘉祐七年十二月二十七日上❶

積厚丕丕業，重光郁郁文。寶書垂列宿，玉宇切浮雲。散帙鳴鑾駐，充庭雜佩分。願移天縱藝，似續聖功勤。

和景仁夜讀試卷

案前宮燭墮花頻，滿目高文妙入神。勇氣先登勢無敵，巧心後發語尤新。好賢何啻三薰貴，求寶方知百汰真。愚魯自非憑驥髮，崑山千里到無因。

又和雪霽

南宮來幾時，挾纊易春衣。意謂花將晚，何言雪尚飛。夜聲通旅枕，曉色弄晴暉。繼日勞王事，離鴻已北歸。

又和二月五日夜風雪

春風正豪怒，夜雪復飄揚。勿使羈愁亂，自知清興長。簾疎聲淅瀝，燈冷暈微茫。此夕牛衣客，成名不可忘。

❶ 題注，原無，據《傳家集》補。

仁宗皇帝挽歌詞二首

聲教萬餘里，文明四十春。茂勳留信史，盛福滿生民。共適禽魚樂，安知橐籥仁。百年龍馭遠，空復仰威神。

霧曉銅魚躍，霜寒閶闔開。哀聲際海發，靈仗拂天來。別寢嚴虛位，重閽閟夜臺。栢城空有路，無復屬車回。

故相國潁公挽歌辭三首

儒衣臨絕塞，廟略運奇兵。緩帶羌塵静，靈旗海霧清。公心結明主，陰德庇群生。名遂身仍退，人間五福并。

銘旌遠明滅，騎次去低昂。❶ 三鼎功名大，重泉日月長。鶴飛來弔客，牛卧卜連岡。車馬還城郭，悲風滿白楊。

滄波與鄧林，魚鳥久飛沈。一旦成陳迹，何人識寸心。高山亡景行，流水失知音。淚盡離東閣，歸來破故琴。

温國文正公文集卷第十

❶「次」，《傳家集》作「吹」。

温國文正公文集卷第十一

律詩　六

讀潁公清風集

伊皋垂訓皆王度，周召陳詩盡國風。非獨立言方不朽，相君功德已無窮。

人生百歲隙中光，唯有高名久不亡。千古但令編簡在，清風養物一何長。

佳城鬱鬱閟英靈，幸有文章見典刑。開卷未終雙袖濕，目前髣髴對淵庭。

一言華衮足爲榮，况託文編久愈明。鄒湛不逢羊叔子，世間何處復知名。公集有遺光詩數章。

寄題興州晁都官仲約東沼沼上唐鄭都官有詩刻石

名郎遊勝地，心跡繼風流。昔爲題詩著，今因好事脩。四山相照映，五馬屢淹留。想見波光净，依然一片秋。鄭詩云：徹底千峰影，無風一片秋。

送周密學沆，字子真真定安撫使

玉帳前茅舉，❶銅魚左契分。平生公望著，期月政聲聞。陌上壺漿隘，潭邊花氣曛。

❶「茅」，原作「牙」，據《傳家集》改。

遥知待新將，民物兩欣欣。

贈狄節推國賓，梁公之孫。

天馬雲孫在，終然骨相奇。泥塗辱雖久，霜雪志難移。白髮無嗟老，青衫莫厭卑。爲山已九仞，高節肯中衰。

送丁正臣知蔡州

趁趕汝水濱，千騎擁朱輪。懸瓠遺基古，磐囊吉夢新。丹心留紫闥，清耳遠紅塵。須識明君意，先應試治民。

感　春

積草滿春庭，衡門永晝扃。波頭何事白，柳眼爲誰青。榮落浮雲度，悲歡熟醉醒。繁華非我物，隨意任飄零。

不　寐

四遠寂然群動收，只餘嚴鼓度坊樓。無由更續三更夢，何處飛來一點愁。

雞

羽短籠深不得飛，久留寧爲稻粱肥。膠膠風雨鳴何苦，滿室高眠正掩扉。

光皇祐二年謁告歸鄉里至治平二年方得再來愴然感懷詩以紀事

十六載重歸，順塗歌式微。青松弊廬

在，白首故人稀。外飾服章改，流光顔貌非。巫咸舊山色，相見尚依依。

辭墳 嘉祐元年，光通判并州，因公事至此，❶私歸拜祭，❷不敢至夏縣而去，於今十年矣。

十年一展墓，旬浹復東旋。豈負襁褓愛，横遭章綬纏。更來知幾日，遺恨恐終天。慟哭出松徑，悲風爲颯然。

謁三門禹祠二首

信矣禹功美，獨兼人鬼謀。長山忽中斷，巨浸失横流。迹與天地久，民無魚鼈憂。誰能報盛德，空爾薦醪羞。

又

贔屭青崖裂，喧豗白浪豪。客舟浮木葉，生理脱鴻毛。柏映孤峰短，水際孤峰甚細而高，上有小柏，耆舊相傳不知幾何年矣，而止長尺餘，人莫測其理。銘書絶壁高。唐太宗刻銘底柱之陰，魏鄭公撰。字幾盈尺，殘缺僅可讀。河師不耕織，容易戲風濤。

遊三門開化寺

山石古來色，河流無盡聲。行舟自往返，群木幾枯榮。狂象調難伏，空華滅復生。

❶「此」，《傳家集》作「絳」。

❷「私」，原作「今」，據《傳家集》改。「拜祭」，書前及卷端目録作「辭墳」，《傳家集》作「拜墳」。

我來何所得，聊此濯塵纓。

送僧歸吴

高枕聊成夢，晴空忽見花。浮生盡是客，何處得爲家。旅食帝城久，歸舟澤國賒。勿因菰菜味，回首浩無涯。

次韻和韓子華寒食休沐與諸公同會趙令園暮歸馬上偶成

冠蓋連翩陌上來，風光爛漫擁樓臺。玉巵貯酒隨宜飲，綺席尋花觸處開。小雨前宵先潑火，季春明日又吹灰。須知勝集人間少，惆悵金羈容易回。

送晁秘丞端彦，子長子通判雄州

少傅名德重，蔚然人物師。群孫滿丹穴，嘉瑞盡長離。勿嘆毛羽短，已驚文采奇。勉哉勤志業，餘慶未應衰。

光頃爲諸生嘗受經於錢丈學賦於張丈今迺叨忝同爲侍臣蒙錢丈賜酒張丈賜詩不勝愧悚之深言志爲謝

疇昔勝冠日，曾爲絳帳生。九言聞善教，一顧得虚聲。不意叨嚴近，於今接老成。寧須詩酒賜，侍坐已知榮。

宋相國挽辭二首❶

仁聖初承緒，敷天籲儁賢。得人兹最盛，射策獨居先。禁省英聲遠，巖廊至化宣。辭榮還故第，三事究高年。

邦光華衮襚，家寶素書陳。東閤簪裾散，西芒宅兆新。泉臺無復曉，柏逕不知春。獨有高文在，芬芳繼古人。

英宗皇帝挽歌辭三首

盛德師堯舜，英姿肖祖宗。太陽光偏照，滄海量兼容。鴻業知能繼，齊民望可封。如何未五載，已上鼎湖龍。

虹瑞流朱邸，童髦侍紫宸。簡心天與子，授位帝知人。學古功時敏，鉤深道日新。宜然三百載，民物仰威神。

諫省臣無狀，龍鱗昔屢嬰。恩深忘位賤，義重覺生輕。不正誅鋤法，仍蒙奬嘆榮。百身何足報，天造固難名。

送燕諫議知潭州

長沙地饒美，賈誼獨傷悲。自古臨榮辱，幾人無怨咨。使君擁符節，大艦出江湄。意氣陶然樂，應無弔屈辭。

送李益之侍郎致政歸廬山 十月七日。益之好談禪，故效其語。

儒業金華貴，歸心白鶴孤。江山依舊

❶「宋相國」，《傳家集》作「相國鄭元憲宋公（庠）」。

在，軒冕歸來無。嘯詠誰當共，登臨未索扶。浩然知此樂，迥與世人殊。

水底元無月，衣中自有珠。六塵皆外物，萬法盡迷塗。瀑布寒雲濕，觚稜瑞氣扶。遥知至樂地，不異在京都。

資善堂宴餞應詔

士論歸清德，皇心重老成。陳謨侍經席，得謝解塵纓。坐密金章並，行徐玉醴清。都門昔供帳，疎傅未爲榮。

胡太傅宿字武平挽歌二首❶

行冠鄉人品，文爲學者師。黄裳藴厚德，玉律儼清規。大節人難奪，嘉謨世莫知。儀刑不可見，遺烈滿豐碑。

裴回游内禁，密勿贊鴻樞。陰德加民物，清名服士夫。天方遺一老，星忽隕三吴。疑從龍髯去，來雲在帝都。❷英宗時方上僊。

送惠思歸錢唐

孤岫平湖外，禪房老柏陰。倦遊諳濁世，獨往遂初心。夜雨燈牕迥，秋苔屐齒深。勿鋤山徑草，便有俗人尋。

鄭侍郎紓挽歌辭

雲夢氣回復，比肩生儁豪。司農家學富，廷尉里門高。騏驥昔千里，鳳皇今一毛。

❶ 此題，《傳家集》作「樞密太傅文恭胡公（宿）挽辭二首」。

❷ 「來」，《全宋詩》作「乘」。

即丘餘慶在，終應呂虔刀。

和吴仲庶寄吴瑛比部安道之子壯年致政歸隱蘄春

負米承親願已賒，遭母憂，服除，遂致仕。恥隨雞鶩啄泥沙。一朝投紱真高士，萬卷藏書舊世家。齒髮未衰非藥物，山林不返爲雲霞。厖眉尚有郎潛者，徇禄憂生直可嗟。

送吴仲庶知江寧

江南佳麗地，人物自風流。青骨靈祠在，黄旗王氣收。衣冠餘舊俗，歌頌樂賢侯。正恐還朝速，江山未徧遊。

蘇才翁子美有贈扶溝白鶴觀黄道士詩紀于屋壁歲久漫滅今縣宰周同年得完本於民間扺予求詩

潦倒黄冠無足論，白頭嗜酒住荒村。狂名偶爲留詩著，陳迹仍因好事存。金石鏘洋虚殿寂，龍虵灑落古牆昏。飛黄滅没浮雲外，疲馬何能望駿奔。

長垣道中作

極目王畿四坦然，方輿如地蓋如天。始知恃險不如德，去殺勝殘已百年。

再使河北

桑麥青青四月初，皇華使者又脂車。爲臣豈得辭王事，只向金鑾坐讀書。

河北道中作

綠柳陰中白浪花，河邊日日暗風沙。解鞍縱馬悄無事，隱几看書隨處家。

河勢東回今幾年，濃陰滿目盡桑田。川原變化無終極，一氣不爲常寂然。

原上纍纍古冢高，昔時意氣盡賢豪。斷碑名姓已磨滅，永日東風吹野蒿。

夜發長垣

長塗暑氣劇，永日卧郵亭。晝伏如牆鼠，宵行似野螢。歇鞍沙月白，拂面柳風醒。歷歷瞻雲漢，誰爲二使星。

送丁正臣通判復州

得失固有命，世人空自勞。冬温少霜雪，松短没蓬蒿。孤宦千里遠，榮名一旦高。回看碌碌者，太華與秋毫。

致政王侍郎珙，字君玉挽歌二首

弱冠獻奇策，居然終賈才。賦成平樂館，歌奉柏梁盃。侍郎天聖初以江都主簿上書獻十策，召試館職，嘗侍宴後苑，賦《山水石歌》首出諸文士，獨被褒賞。

麗藻留昭世，英遊隔夜臺。土中埋美玉，誰見不興哀。

振鷺辭靈沼，冥鴻翔太虛。清朝解鳴玉，舊里桂安車。詩酒江山勝，園林俸禄餘。所忠今不往，誰奏茂陵書。

景仁召遊東園馬上口占

適野自可愛，况逢佳主人。馬穿官柳影，衣拂帝城塵。物外誰知樂，樽前别有春。年華已消歇，歷歷見松筠。

依前韻奉送才元和甫使北

析木帶天津，華星隨去人。揚旍踰絶漠，負弩候前塵。出塞風霜苦，歸塗楊柳春。會書專對美，燁燁滿秋筠。

哭劉仲遵

天下才無幾，夫君獨患多。高文粲列宿，英辯瀉長河。榮宦成朝夢，浮生度尺波。舊僚空執酒，相與淚滂沲。

昔醉金明渚，今來慧辯祠。當年笑相視，此日哭殊悲。天迴川原浄，風高草木衰。江梅靈氣在，泉下復相知。

送向防禦經知陳州

千騎去翩翩，專城尚少年。韋平家好學，陰馬世稱賢。官用才能進，恩非雨露偏。想聞河潤遠，封略帝畿連。

春帖子詞

皇帝閤六首

肇履璿璣曆，重飛緹室灰。寒隨土牛盡，暖應斗車回。

鑾路迎長日，農祥正曉天。九垓同燠沐，萬物向蕃鮮。

盛德方迎木，柔風漸布和。省耕將效駕，擊壤已聞歌。

候鴈來歸北，寒魚陟負冰。相烏風色改，暘谷日華升。

浮陽滿野白溶溶，澤底山椒淑氣通。草木豈能知造化，一華一葉盡天功。

漠然天造與時新，根著浮流一氣均。萬物不須彫刻巧，正如恭己布深仁。

太皇太后閤六首❶

盛德初臨震，陽和已動坤。發生天施大，厚載母儀尊。

種桃臨玉井，裁勝刻金花。借問此何處，崑山王母家。

長樂曉鍾殘，皇輿入問安。東風猶料峭，冒絮禦餘寒。

慶壽風煙接未央，飛樓複道鬱相望。春來無以銷長日，閑取經書教小王。

冰斯半解波先緑，柳葉未生條已黄。四海澄清天子孝，朝回日奉萬年觴。

東宫歸政五年餘，隱几時觀黄老書。禁闥無爲民自化，熙熙不獨在春初。

❶「閤」，《傳家集》作「閣」。

皇太后閤六首

母德思齊盛，天心奮豫初。青暉凝輦路，佳氣擁宸居。

暖日初添刻，柔風乍襲衣。弄孫時哺果，觀織屢臨機。

膾肉紛銀縷，蘭牙蔟紫茸。太官遵舊俗，歲歲與今同。

釵上花開海鷰飛，紅繒翦萼蠟粘枝。風前飄蕩參差羽，還似瑶箱呈瑞時。

玉漏聲殘金殿開，乘輿清蹕問安來。盡將草木欣欣意，同與新春入壽盃。

裁縫大練成春服，慈儉由來性所鍾。肯使外家矜侈靡，車如流水馬如龍。

皇后閤五首

穜稑獻新種，褘褕澣舊衣。玉鈎隨步輦，行看采桑歸。

樛木猶藏葉，夭桃未作花。六宮歌逮下，四海詠宜家。

溝暖冰初斷，牕晴雪半消。餘寒不足畏，塗壁盡芳椒。

寶勝金幡巧鬭功，綵花蠟鷰颭和風。玉盤翠苣映紅蓼，捧案朝來獻兩宮。

春衣不用蕙蘭熏，領緣無煩刺繡文。曾在蠶宮親織紞，方知縷縷盡辛勤。

夫人閤四首

璧帶非煙潤，金鋪霽景鮮。繡功添采縷，和氣入繁絃。

翦綵催花發，開簾望鷰歸。藏鬮新過臘，習舞競裁衣。

綺窗繡户又東風，丹掖遊陪歲歲同。但願太平無限樂，何須三十六離宮。

聖主終朝勤萬機，燕居專事養希夷。千門永晝春岑寂，不用車前插竹枝。

和景仁瓊林席上偶成 時康與禹玉、景仁、次道之子同時登科，在席。

念昔瓊林賜宴歸，綵衣緑綬正相宜。將鶵雖復慰心喜，負米翻成觸目悲。殿角花猶紅勝火，樽前髮自白如絲。桂林衰朽何須恨，幸有新枝續舊枝。

早朝書事

太白明如李，恐誤。東方三丈高。晨光孤照闕，霧氣濕侵袍。槐柳經霜慘，驊騮得路豪。素飱無小補，俛仰愧金鼇。

奉和早朝書事 范鎮

日氣曉先赤，天形秋轉高。風輕金轡勒，霜重毳衣袍。疋馬精神勁，前騶意思豪。近來君在告，連直幾番鼇。

登長安見山樓

到官今十日，纔得一朝閑。歲晚愁雲合，登樓不見山。

長安送李堯夫同年

昔歲瓊林花氣曛，今朝長樂柳梢春。事隨流水滔滔度，鬢結繁霜戢戢新。世路飽諳都是夢，人生可貴莫如身。會須築室臨清洛，相與攜筇戴葛巾。

別長安

暫來還復去，夢裏到長安。可惜終南色，臨行子細看。

初到洛中書懷

三十餘年西復東，勞生薄宦等飛蓬。所存舊業惟清白，不負明君有樸忠。早避喧煩真得策，未逢危辱好收功。太平觸處農桑滿，贏取閭閻鶴髮翁。

和景仁題崇福宮二首

歷歷山頭雪，泠泠松下風。樽中亦有酒，恨不與君同。

又

不獨山頭白，人頭亦垂素。積雪有時消，青山色如故。

寄題傅欽之濟源別業

縣郭遥相望，脩篁百畝餘。林間清濟水，門外太行車。道勝隨宜足，身閑與世疏。

何時容命駕，采蕨釣肥魚。

遊李衛公平泉莊

相國已何在，空山餘故林。扉時堪炙手，今日但傷心。陵谷尚未改，門闌不可尋。誰知荆棘地，鶴蓋舊成陰。

贈河中通判朱郎中壽昌，侍郎巽之子。襁褓中母劉氏被出，壽昌長而訪之，不能得。熙寧中，知廣德軍，年五十三，乃乞尋醫，身自訪求，得於同州，爲民党氏妻。迎以歸，奏授封邑。壽昌，揚州人，以其母子孫俱在同州，故折資通判河中。

陟屺今將老，扶牀昔未行。旨甘無所展，朱紫不爲榮。里巷傳呼入，比鄰失涕驚。方知貫金石，何以易精誠。

寄題李水部庠滻水別業

茅茨臨素滻，沃野帶長林。日永一堂静，草生三逕深。銷憂何用酒，爲樂不須琴。擾擾市朝客，無人知此心。

泉水詩送吴都官大元，字一翁分司歸和州

泉水出幽谷，原流本自清。縈回徧中國，浩蕩入東瀛。峽口春雷怒，潭心曉鑑平。悠悠隨所值，行止兩無情。

温國文正公文集卷第十一

温國文正公文集卷第十二

律詩七

遊瀍上劉氏園

日暖孤臺迥，露濃幽徑微。茅齋舉白飲，沙溆踏青歸。照水清滿眼，穿林香濕衣。莫言春尚淺，已有杏花飛。

題致仕李太傅園亭

漢家飛將種，氣概耿清秋。解去金貂貴，來從洛社遊。清商擁高宴，華館帶長流。可笑班超老，崎嶇萬里侯。

早行

寒犬吠柴門，荒雞鳴遠村。河聲空自急，月影不曾渾。木末星猶白，榛中露已繁。客心獨惆悵，四顧與誰言。

送羅郎中登管勾玉局觀

官名爲玉局，已與俗塵疏。鍾出寒松迥，香凝古殿虛。鄉閭非甚遠，俸禄豈無餘。誰道神仙樂，神仙恐不如。

酬終南閻諫議詢，字議道見寄

齒衰心力耗，揣分乞西臺。微禄供多病，❶閑官養不才。弊廬容嘯傲，清洛伴歸來。故友猶相念，寒光生死灰。

寄成都吴龍圖同年

照席燭花煖，隨車劒騎寒。江山資秀句，風月助清歡。政簡坤維静，仁深井絡安。行歌與獨酌，豈得並閑官。

花庵獨坐

荒園才一畝，意足已爲多。雖不居丘壑，常如隱薜蘿。忘機林鳥下，極目塞鴻過。爲問市朝客，紅塵深幾何。

秋夜

浮雲一消散，星斗粲長天。浩露灑翠柏，清香生白蓮。體凉猶衣葛，耳静已無蟬。坐久群動息，秋空唯寂然。

平日遊園常策筇杖秋來發篋復出貂褥二物皆景仁所貺睹物思人斐然成詩

筇杖攜已久，❷貂褥展猶新。漸染岷山雪，拂除京國塵。危扶醉歸路，穩稱病來身。賴此齋中物，時如見故人。

❶「齒衰」至「多病」三句十五字，原缺，並於诗末注「疑闕」，據《傳家集》補。

❷「杖」，原作「枝」，據《傳家集》改。

雲

晴空碧於水，那得片雲飛。映日成丹凰，隨風變白衣。去來皆絶迹，隱顯兩忘機。天理誰能測，終然何所歸。

閑來

閑來觀萬物，在處可逍遥。魚爲貪鈎得，蛾因赴火焦。碧梧飢鸑鷟，白粒飽鶬鶊。帶索誰家子，行歌復采樵。

贈邵堯夫

家雖在城闕，蕭瑟似荒郊。遠去名利窟，自稱安樂巢。雲歸白石洞，鶴立碧松梢。得喪非吾事，何須更解嘲。

花庵多牽牛清晨始開日出已瘁花雖甚美而不堪留賞

望遠雲凝岫，粧餘黛散鈿。縹囊承曉露，翠蓋拂秋煙。嚮慕非葵比，彫零在槿先。才供少頃玩，空廢日高眠。

送劉仲通赴京師

聖朝方考牧，番育寄才能。屢别良可嘆，閑遊不復曾。行塵遵洛汭，朝騎對觚稜。瀍上秋臺迥，歸來正好登。

送稻醴與子才

昔賢尊道誼，置醴待嘉賓。今我樂閑放，提壺餉故人。螘浮盃面白，❶味撇甕頭醇。何以助高興，籬邊菊蘂新。

花庵二首

誰謂花庵小，纔容三兩人。君看賓席上，經月有凝塵。

誰謂花庵陋，徒爲見者嗤。此中勝廣廈，人自不能知。

和楊卿中秋月

秋氣平分夜，沈陰乍散天。窺林初淡薄，照席忽孤圓。冷入詩毫健，光浮醉弁偏。韋賓勿輕去，桂影正娟娟。

樂

吾心自有樂，世俗豈能知。不及老萊子，多於榮啓期。緼袍寬稱體，脱粟飽隨宜。乘興輒獨往，携筇任所之。

和邵堯夫秋霽登石閣

飛簷危檻出林端，王屋嵩丘咫尺間。獨愛高明遊佛閣，豈知憂喜滿塵寰。目窮莽蒼纖毫盡，身得逍遥萬象閑。暇日登臨無厭數，悲風殘葉已珊珊。先生冬夏俱不出。

❶「面」，原作「同」，據《傳家集》、《全集》改。

和河陽王宣徽拱辰，字君貺**九日平嵩閣宴集**

九日英僚集，千秋勝賞同。飛橋貫河渚，危閣壓霜風。金散黄花泛，雷驚疊鼓通。百尋高鳥外，❶萬里寸眸中。檻底臨丹葉，盃中倒碧嵩。來雲低拂座，去鴈遠沈空。吹帽陪遊阻，摇旌結想叢。風流免堙滅，鄒湛倚羊公。

和任開叔觀福嚴院舊題名

墨蹤塵淡鬢華新，猶喜重來值故人。二十二年如轉目，洛陽不改舊時春。

柏梯寺

鑿石開蹊峻，登崖置閣危。笑談空谷應，步武白雲隨。衆壑如翻浪，鄰州若布棋。何當遂棲隱，身世兩相遺。

重過華下

昔辭蓮幕去，三十四炎涼。舊物三峰雪，新悲一鑷霜。雲低秦野闊，木落渭川長。欲問當時事，無人獨歎傷。

❶「尋」，原作「常」，據《全集》卷二十一改。《傳家集》作「峰」。

和李君錫惠書及詩勉以早歸

書意勤渠詩意新，清如白雪煖如春。西遊不盡谿山樂，策馬歸來就故人。

和君錫雪後招探春

莫嫌微雪壓梅牙，已有歸鴻泊浦沙。天上詔來難久駐，直須早看洛陽花。

繁霙回夜色，凌亂落春雲。虛幌寒相襲，華堂静不聞。玉巵深可敵，銀燭近微分。誰念牛衣客，窮經白髮紛。

送祖擇之

人生榮與辱，百變似浮雲。自有窮通定，徒勞得喪分。銷愁唯有酒，娱意莫如文。方寸常蕭散，其餘何足云。

和宋子才致仕後歲且見贈

閑官逢獻歲，拜揖亦紛然。須信家居日，方爲已有年。劬勞中外徧，名迹始終全。伯玉空搔首，蹉跎愧在前。

上元書懷

老去春無味，年年覺病添。酒因脾積斷，燈爲目痾嫌。勢位非其好，紛華久已厭。唯餘讀書樂，暖日坐前簷。

喜才元過洛小詩招飲

素髮各垂領，舊交相見稀。不唯春物好，況是錦衣歸。洛社凍醪熟，《詩傳》：春酒，凍醪也。伊魴絲鱠肥。唐人諺曰：洛鯉伊魴，貴於牛羊。南軒已灑掃，命駕不須違。

仲庶同年兄自成都移長安以詩寄賀

蠶叢龜印解，鶉野隼旟新。借問錦江樂，何如興慶春。驪歌遮去轍，竹馬望行塵。惠政如膏雨，遥知彼此均。

西臺詩二十四韻

翰苑昔陪侍，天光辱顧瞻。寵雖承渙汗，功不立毫纖。山鹿纓頻頓，鉛刀礪不銛。拭花眸子缺，❶撚雪頷髭添。跼影慙尸素，胡顔處禁嚴。辭盈唯免戾，取少詎因廉。定鼎分都異，張官執法兼。剡章愚懇盡，出綍茂恩霑。原憲非無粟，胡威尚有縑。求田近瀍洛，買宅混閭閻。地僻宜花卉，兒勤付米鹽。倦遊良足悔，居吉不煩占。裘葛膚無見，囷倉飯屬饜。僧居閑可借，野步静無嫌。行樂笻枝瘦，延賓稻醴甜。麥田泥試屐，桑蔭帽低簷。愛竹忙猶種，貪書老未厭。松煙溪石潤，檀燼博山尖。牋啓來慵拆，衣冠脱怕拈。紫毫斜倚架，黄卷密垂籤。涸轍猶蒙潤，寒灰免附炎。所憂資秩滿，但願歲時淹。自是散無用，非爲智養恬。聖朝英彦富，幸許一夫潛。

❶「子」，原作「字」，據《傳家集》改。

和邵堯夫年老逢春

年老逢春春莫咍，朱顏不肯似春回。酒因多病無心醉，花不解愁隨意開。荒徑倦遊從碧草，空庭慵掃自蒼苔。相逢談笑猶能在，坐待牽車陌上來。

和范景仁謝寄西遊行記

洛川秦野鬱相望，風物山河舊帝鄉。澗底逢人問樵徑，松間繫馬宿僧房。恨無同好攜三雅，共講前聞醉百場。李白詩：痛掃鸚鵡洲，與君醉百場。歷徧勝遊翻悵望，日邊回首遠煙蒼。

又

八水三川路眇茫，翠微深處白雲鄉。目矒懶拭如松液，領髮頻抓似栗房。林壑不嫌無用物，形骸難入少年場。緣苔躡蔓知多少，千里歸來屐齒蒼。

獨步至洛濱

拜表歸來抵寺居，解鞍縱馬罷傳呼。紫衣金帶尽脱去，便是林間一野夫。

又

草軟波清沙徑微，手持筇竹着深衣。白鷗不信忘機久，見我猶穿岸柳飛。

送酒與范堯夫

紅櫻零落杏花開，春物相催次第來。莫作林間獨醒客，任從花笑玉山頹。

再和堯夫年老逢春

年老逢春猶解狂，行歌南陌上東岡。晴雲高鳥各自得，白日遊絲相與長。草色無情尽眼緑，花林多思襲人香。吾儕幸免簪裾累，痛飲閑吟樂未央。

又和來韻

年老逢春無用驚，對花弄筆眼猶明。不嫌貧舍舊來鷰，喚起醉眠何處鶯。一僕相隨幅巾出，群童聚看小車行。人間万事都捐去，莫遣胸中氣不平。

邵堯夫許來石閣久待不至

淡日濃雲合復開，碧嵩清洛遠縈回。林間高閣望已久，❶花外小車猶未來。

石閣春望

極目千里外，川原繡畫新。方知平地上，見不盡青春。

---

❶「間」，《傳家集》作「端」。

和邵堯夫安樂窩中職事吟

靈臺無事日休休，安樂由來不外求。細雨寒風宜獨坐，暖天佳景即閑遊。松篁亦足開青眼，桃李何妨插白頭。我以著書爲職業，爲君偷暇上高樓。

聞蟬　鎮

山中氣候別，二月已聞蟬。乍到清涼景，翻疑暑伏天。此身多暇日，何事更驚年。雜溜潨潨響，相和勝管絃。

和　光

春林滿巖緑，誰信已鳴蟬。葉上正多露，山中別有天。心閑寧感物，道合況忘年。坐聽生秋思，何須膝上絃。

宿憩鶴寺　鎮

憩鶴山間憩竹輿，宛然身世住空虛。地仙縱與天仙別，明月清風也不疎。

和　光

回廊複閣勢縈紆，四嶺中涵一氣虛。最愛欣欣向榮木，每來相見不相疎。

遊噴玉潭其日大風　光

驚風動地起，遊客望山行。若待佳辰去，應無好事名。萬木吼穹谷，駑駘屹不前。

猶勝望塵客，佇立九衢邊。

和　　　　　　鎮

畏風垂首立，臨水側身行。更拂懸崖壁，援毫寫姓名。一道來何處，千尋正面前。時時玉塵下，紛泊鬚毛邊。

鎮

大風吹沙高翳天，萬木簸蕩鳴空山。夜來奧熱今斗寒，下輿亂石崎嶇間。急著冒絮衣純綿，兩邊荆棘難躋攀。行到君實所詑處，却坐拂拭塵土顔。千尺瀑布才涓涓，深潭寂寞神龍跧。此來好事慎勿傳，乞得性命成生還。

光

昨朝景氣如暑天，僮僕流汗衣裘單。安知向曉暴風作，一變陽春成大寒。此時結友尋名山，伶俜徒步水石間。棘刺罥衣行路難，枯藤壽栢同攀援。驚沙擊眼百箭攢，時得閃爍窺林巒。景仁年長力更孱，牽衣執手幸不顛。仍聞旁谷有伏虎，賴得與君俱早還。

遊山呈景仁景仁六十三致仕　　　　光

我禄多龔舍，舍爲吏不過六百石，輒自免去。君年少孔戣。戣七十致仕，韓愈留之。道心閑始見，世路老方知。山水不相厭，風光難豫期。嬉遊不可緩，花卉即離披。

壽安　　鎮

錦屛山下錦江人，西去東來自在身。正是春天好時節，枉遭風起作埃塵。

和　　光

宜陽城下作遊人，都爲衣冠不繫身。衆竅怒號成地籟，也勝終日在紅塵。

噴玉潭　　光

千尺崖頭一派清，古今不絶墜峥嶸。長風卷起散巖壑，此日方知噴玉名。

和　　鎮

夜月光華照潔清，春雲容與覆峥嶸。都城咫尺無人到，却使廬山浪得名。

疊石溪二首　　光

道傍行采藥，石底卧題名。溪邊有石横出，下甚隘。景仁卧其下，題名而去。野老相迎拜，谿童乍見驚。

山鳥勸人飲，山多提壺鳥。山蟬笑我狂。山蟬聲如笑。歸時興未盡，不得看斜陽。

和　　鎮

到處窺泉竇，逢人問草名。簪裳已無

累，猿鳥不須驚。

對景有詩癖，酌泉無酒狂。山間少塵土，雲際足春陽。

疊石溪　鎮

昨旦愁風色，今朝喜日華。從容下官道，迤邐見人家。盛服緣崖看，焚香滿路遮。樵柯成市井，陶穴乃生涯。舂石聲相應，沉涇處或窪。累牆甃隱轔，開徑石槎牙。柴積高於阜，鈞槃疾甚車。自非秦世避，誰道舜風遐。拄杖逢山斗，迴輿值水斜。遠林行翠鳳，幽隧轉青蛇。泉眼思搴藻，雲頭望采花。仰身書疊壁，平坐挹飛霞。有景殊難紀，茲遊信可誇。君如別業就，後會固無差。

和　光

谿邊有村落，未始識紛華。去縣只數里，居民踰百家。山腰荒徑轉，谷口翠微遮。老木紛無際，重巒浩莫涯。力窮纔到頂，勢盡復成窪。不定雲煙色，難名草木牙。泥鈞羅比屋，澗石載連車。谷中多甃窰，土人自女几澗采石載來，賣之爲油。宛有純風在，誰云太古遐。梁隨木性曲，簷逐地形斜。榛路牛呼犢，叢祠雀噪蚍。倚崖松偃蓋，落石浪飜花。安用遊員嶠，何須躡紫霞。好將詩筆寫，還入帝城誇。已買漁樵舍，毋令後約差。

應天院朝拜回呈景仁　光

雞鳴上馬過河橋，何異東都赴早朝。紅

日已高猶熟寢，比君殊未得逍遥。

明日相陪送客水北始次元韻奉呈君實　鎮

仕宦歸來謝世囂，夢魂非復紫宸朝。如何正好睡時節，送客相陪十里遥。

鎮卜居許下雖未有涯先作五十六言奉寄子華相公持國端明玉汝待制

四十年來作往還，如今那怪鬢毛斑。皀居鴈户得安處，鶴怨猿驚羞故山。静樂顧子難獨享，公忙何日見君閑。相將嵩少深深處，更共眠雲紫翠間。

和景仁卜居許下 景仁頃見許居洛，今而倍之，故詩中頗致其怨。　光

壯齒相知約歲寒，索居今日鬢俱斑。拂衣已解虞卿印，築室何須謝傅山。許下田園雖有素，洛中花卉足供閑。它年決意歸何處，便見交情厚薄間。

喜雨三首呈景仁侍郎兼獻大尹宣徽

累日增煩暑，通宵結薄陰。蒼茫變風色，散漫作春霖。野店垂楊重，僧房緑篠深。疎慵尤得趣，閉户擁重衾。

漠漠春雲合，爞爞旱氣收。人心方有望，時雨不須求。豈獨老農喜，仍令惡客留。洛城花未謝，作意更同遊。

麥田正塵坌，桑徑忽滂沱。比屋起相告，荷鋤行且歌。園林半扃鎖，車馬絶經過。大尹愛民物，何妨喜更多。

和　　鎮

夜中間點滴，曉後見沉陰。正懼一時旱，何妨三日霖。着花開稍晚，入麥潤還深。想象離欄處，高張爛錦衾。

園館春無賴，田家歲有收。郍能垤鸛詠，還似土龍求。木蔭疎成密，雲容去復留。已然爲惡客，泥濘亦須遊。

一春憂旱熯，田里欲蹉跎。正合爲霖望，翻成擊壤歌。風緣簾隙至，雲壓舍簷過。大尹今朝喜，應同野老多。

亨杞下第作詩示之

清白君家舊，文章時態新。何妨偶蹉跌，未必遂沉淪。莫歎科名晚，惟憂道誼貧。進修專在己，得失盡由人。孝友亦爲政，簞瓢足養親。那將少年淚，容易輒傷春。

景仁思歸雨未克行以詩留之

嘉客念歸程，泥深未可行。今朝陰又重，春雨亦多情。

送景仁至丁正臣園寄主人

客到暫開扃，春蕪生滿庭。主人殊不顧，脩竹爲誰青。

和君貺老君廟姚黄牡丹

芳菲觸目已蕭然，獨著金衣奉老仙。若占上春先秀發，千花百卉不成妍。

又和董氏東園檜屏石牀

密葉蕭森翠幕紆，暫來猶恨不長居。脱冠解帶坐終日，花落石牀春自如。

温國文正公文集卷第十二

温國文正公文集卷第十三

律詩八

奉同運使陳殿丞知儉，字公廙**惜洛陽牡丹爲霜風所損**

名花多種欲紛敷，一夕霜風非所虞。節物偶然何足道，人情遺恨不能無。飄飄健筆詩千首，惆悵東風酒百壺。縱使前春滿朱檻，使車郍復滯西都。

又和惜春謡

朝來風雨歇，春意漠然收。去我不辭訣，憑誰能借留。杓星漸西轉，洛水自東流。曲渚撤華幄，芳園罷彩毬。雉鳴丘麥秀，蠶起野桑柔。亂絮天涯滿，晴陽草際浮。已嗟心緒減，况復鬢絲稠。賴聽新翻曲，非爲負勝游。劉伯壽坐中度曲，命曰《惜春謡》。

還陳殿丞原人論宗密所撰，破自然、破元氣、破天命、明佛性。

品物芸芸遊太虚，不知誰氏宰洪爐。一株花落分榮辱，萬竅風號見有無。覺後共占猶是夢，衣中所得亦非珠。何如鼓瑟浴沂水，春服成時詠舞雩。

和王秀才虞仲，字道濟以光始自陝右遊山歸復登少室爲詩見寄

瘦馬飄飖屢往還，疲勞專爲訪名山。須知筋力行將老，漸恐峰巒不可攀。蠟屐早能尋勝概，彈冠悔更落塵寰。幸依賢者爲東道，大得逍遥水石間。道濟居緱氏。

西湖泛舟輒用前韻寄呈君實

鎮

畫舩容與到橋還，舉袂依然洛酒斑。湖上曉光涵瀍水，坐中晴色見嵩山。心緣念别如多事，身爲移居似不閑。疊石石淙雖兩處，福昌陽翟正中間。

奉和❶

滿舩歌吹拂春灣，天外晴霞水底斑。誰信飛觴臨綺席，獨能回首望青山。東門車馬怱怱别，西洛風煙寂寂閑。疊石溪頭應更好，却輸野叟坐林間。

新買疊石溪莊再用前韻招景仁

一谿清水珮聲寒，兩岸莓苔錦繡斑。三徑誰來卜鄰舍，千峰我已作家山。鹿裘藜杖偏宜老，紫陌紅塵不稱閑。早挈琴書遠相就，放歌爛醉白雲間。

❶「奉和」下，《傳家集》有「景仁西湖泛舟」六字。

和　　鎮

畫處始知蚍足剩，管中那識豹文斑。從來有道須康世，未省升平却住山。學富名高難自晦，眼昏心悸始能閑。此句鎮自謂。計君疊石溪邊景，不得從容歲月間。

戲書宋子才止足堂

舉世戀榮禄，夜行無乃勞。獨君年未至，止足一何高。矮製烏紗帽，寬裁白氎袍。華穰坐終日，閑按紫檀槽。

寄題宇文中允之邵所居

孤宦行直道，栖栖良可悲。誰能拂衣去，不待挂冠期。經史乃吾友，雲山爲己知。世間青紫貴，盡付兩佳兒。

貽夸者

我樂非君樂，君憂非我憂。蓬蒿與溟渤，終老不同遊。

春遊

人物競紛華，驪駒逐鈿車。此時松與柏，不及道旁花。

和潞公遊天章楚諫議園宅

名卿新治第，上宰舊連牆。槐蔭青青葉，星鄰兩兩光。林花裂錦狹，門路築沙長。

共引庭間水，交生壁外篁。魚窺薦琴石，螢散讀書牀。玉帳方懷遠，松齋欲就荒。旌幢今少憩，蘭蕙不徒芳。早晚平狼望，同來舉壽觴。

還張景昱景昌秀才兄弟詩卷

韡韡新詩卷，青春映棣華。機雲今繼美，載協舊承家。幸託仁人里，時回長者車。白虹光亂眼，何敢議瑜瑕。

寄題張著作中理**善頌堂**嘉州公裕學士之父

玉壘老先生，逍遥樂太平。門闌百客盛，冠蓋一鄉榮。國族招邀近，堂皇指顧成。江山對平遠，圖史散縱横。止水中心適，秋毫外物輕。鯉庭新露冕，閭巷不須驚。

和宇文公南塗中見寄

騘馬烏紗遊洛塵，未能全得自由身。深慙白首戀微禄，不向青山爲散人。斥鷃卑飛聊取適，冥鴻高舉益難親。蜀都迢遞千餘里，徒誦新詩妙入神。

酬張二十五秀才南園遺意景昱，字明叔。

花卉日相續，朝昏興寄新。露荷香入座，風竹净無塵。嘯詠皆群從，喧囂遠四鄰。須知軒冕客，富貴不關身。

酬張三十秀才見贈景昌，字子京。

樸學居人後，清塗忝衆先。瓠因無用

棄，木爲不才全。比得林泉趣，仍依邑里賢。自慚頭半白，方解賦歸田。

八月十五夜陪留守宣徽登西樓值雨待月久不見

經歲待佳節，無如陰靄何。果然時雨足，安用月華多。未免銀釭進，空聞玉漏過。庾公興不淺，久爲駐鳴珂。

秋雨新霽遊水北馬上偶成

秋色與秋聲，蕭然滿洛城。未霜林葉赤，新雨野風清。水氣侵肌冷，嵐光刮眼明。誰云景如畫，但恐畫難成。

運使虞部按行洛西諸縣因遊所過名山有詩百餘首合爲一編蒙賜寵示俾之繼作一首

屬城窮僻地，攬轡偏周流。弊政已更化，名山不廢遊。鳴騶留谷口，輕屐歷巖幽。聚看官儀者，相扶半白頭。

呂宣徽挽歌二首

弈世台衡貴，盈門紱冕榮。遐方流惠化，殊俗讋威聲。宥密資忠力，安平寄老成。遽騎箕尾去，何以慰蒼生。

維嶽人皆仰，長城衆所依。遠猶方克壯，昭世忽長違。象設儼如在，英靈窅不歸。唯應令名久，竹素藹餘輝。

和君貺暮秋四日登石家寺閣晚泛洛舟二首

嬉遊乘晚霽，登覽犯秋寒。不出埃塵外，安知天壤寬。宫前斷山碧，林表落霞丹。欲下惜佳趣，相留更倚欄。

右登閣。

葉下宫槐老，雲飛洛浦秋。復陪元禮棹，却望仲宣樓。曲岸迷頻轉，遥山碎不流。夷猶聊寓賞，浩蕩得忘憂。晨出露漸徑，昏歸月滿舟。星河散寥廓，珠貝映汀洲。林館回車入，壺觴秉燭游。山公興未盡，徒御且番休。

右泛舟。

又和六日四老會并宋子才大監李幾先將軍

萸房迎令節，菊蘂入芳筵。華燭初長夜，清霜未冷天。悲風咽横吹，驟雨迸繁絃。聊附鄒枚客，敢希園綺賢。

和王少卿尚恭，字安之十日與留臺國子監崇福宫諸官赴王尹賞菊之會

儒衣武弁聚華軒，盡是西都冷落官。莫歎黄花過嘉節，且將素髪共清歡。紅牙板急絃聲咽，白玉舟横酒量寬。青眼主公情不薄，一如省闥要人看。

和白都官序見贈

齒疎鬢白兩眸昏，萬事無堪老病身。脫粟猶需太倉禄，法冠仍忝外臺臣。直緣迂僻求閑地，豈是孤高慕古人。英俊滿朝皆稷契，太山何少一飛塵。

送白都官歸長安

丈夫那肯浪低眉，薄宦空添鬢裏絲。瀘水歸來山浩蕩，都門辭去菊離披。黃雞白酒五陵樂，杜曲樊川九穀宜。復見夫君行直道，空峒氣俗未應衰。

送雷章秘丞知芮城

西伯昔斷訟，令名存迄今。南臨大河曲，北倚首陽岑。俗被聖賢化，人多禮讓心。夫君老經術，終日想鳴琴。

酬邵堯夫見示安樂窩中打乖吟

安樂窩中自在身，猶嫌名字落紅塵。醉吟終日不知老，經史滿堂誰道貧。長掩柴荊避寒暑，只將花卉記冬春。料非閑處打乖客，乃是清朝避世人。

和郊守宋度支迪來卜居與南園爲鄰

弱冠交遊鬢髮蒼，飽諳官況好深藏。閑

居共買一壥地，盡老常依數仞牆。雖喜卜鄰同晏子，尚慙推宅異周郎。何時稅此憑熊駕，倚杖相迎立路傍。

和張文裕初寒十首

何處初寒好，初寒郟鄏城。垂紳多俊彥，列第盡公卿。裘馬過從盛，門闌灑掃清。誰家擁獸炭，盡日管絃聲。

何處初寒好，初寒洛汭宫。翠華雖脉脉，佳氣自葱葱。闕角日華白，苑牆霜葉紅。都人心望幸，注目不離東。

何處初寒好，初寒洛水橋。沙痕水清淺，風葉柳蕭條。闕塞長塗直，嵩丘倒影遥。鳳樓雖在北，車馬不塵囂。

何處初寒好，初寒太室山。晴空煙濇泊，返照雪孱顔。極目鴈稍没，無心雲自還。猶餘拜表累，不得坐松間。嵩山去洛近二百里，五日僅能往還，以妨拜表，未果往。

何處初寒好，初寒禹鑿門。遥天露崖口，輕浪漱山根。萬佛龕苔老，一燈林靄昏。漁梁杳相望，石瀨夜聲喧。

何處初寒好，初寒噴玉泉。折冰流谷口，飛溜落雲邊。雀噪聚林杪，樵歌下石巔。尋幽不思返，坐嘯夕陽偏。

何處初寒好，初寒疊石溪。山斜改昏曉，路曲失東西。拾栗走村稚，鑿垣巢乳雞。我來閑擁褐，曝背草簷低。

何處初寒好，初寒肅政臺。官閑免簿領，門静少塵埃。天借風霜氣，人無鷹隼猜。庭荒餘老栢，尚有夕烏來。

何處初寒好，初寒遊弈園。林間葉未盡，籬底菊猶存。結竹爲庵小，開爐構火温。❶誰言處城市，岑寂似丘樊。

何處初寒好，初寒福善居。長宵對燈火，滿屋聚詩書。蹔息登山屐，休脂下澤車。所安容膝地，何必更多餘。遊奕、福善皆坊名。

寄題刁景純藏春塢景純致政歸京口，治其所居，命曰藏春塢。前有一岡皆松林，命曰萬松嶺。

藏春在何許，鬱鬱萬松林。永日門闌静，東風花木深。主公今素髮，野服遂初心。時與鄉人醉，高歌散百金。

和君貺少林寺

達磨自云傳佛心，緒言迷世到于今。既攜隻履歸西域，安得遺靈在少林。孤月正明高殿冷，清風不斷老松深。謝公自愛山泉美，肯爲幽禪此訪尋。

又和嶽祠謝雪題嶽寺平法華庵

宴坐幾何年，庭蕪與砌連。焚修真諦苦，功行得無圓。闕里詩三百，賴鄉文五千。厭煩猶不讀，何況淤泥蓮。平住庵不出近四十年，日誦《法華經》數十卷。

望日示康廣宏

清晨三緑袍，羅拜北堂高。積善因前烈，餘光及爾曹。勿矜從仕早，當念起家勞。修立皆由己，何人可佩刀。

❶「構」，原避宋高宗諱作小字「御名」，據《傳家集》回改。

和君貺題潞公東莊

嵩峰遠疊千重雪，伊浦低臨一片天。百頃平皋連別館，兩行疎柳拂清泉。國須柱石扶丕構，❶人待樓航濟巨川。蕭相方如左右手，且於窮僻置閑田。

和君貺任少師園賞梅

寒壓春頭草未牙，喜聞置酒賞新葩。官儀赫弈三川守，野意蕭疎四皓家。不用管絃妨淡泞，肯容桃李競繁華。昏鴉散亂傳呼出，歸路林間燭影斜。

別韻一首

風日雖寒晝景長，探春遠訪白蓮莊。岸冰猶在水先緑，柳葉未生條已黄。老木根侵苔徑窄，新梅花入酒巵香。天真不必人修飾，得趣勿嫌臺館荒。

又和開叔

寒梅犯雪榮，大隱又專名。異種生江渚，何年到洛城。洛中雖有梅，開花常晚，獨大隱梅最先開。相傳好事者自江南移來，今數十年矣。色如虛室白，香似主人清。嚮使吴兒見，不思菰菜羹。

❶ 「構」，原避宋高宗諱作小字「御名」，據《傳家集》回改。

和公廙喜雪用莊字韻

歸來河洛久愆陽，禱祀徒勞罄肅莊。林雪飛花欣暫白，麥田濡葉未全黄。城中稍覺桑薪貴，村外時聞社甕香。八使孜孜憫惸獨，斯民那復畏凶荒。

和史誠之謝送張明叔梅臺三種梅花

別後相驚兩鬢霜，可憐梅蘂爲誰芳。臺頭日暖分三色，林下風清共一香。❶ 正爛漫時遊不足，忽離披去樂難常。慇懃手折遥相贈，不欲花前獨舉觴。

早春寄景仁

辛夷花爛開，故人殊未來。愁看柳漸緑，更忍折殘梅。去歲景仁約辛夷花開即來洛中，芍藥謝乃去。

疊石溪上春，茅茨卜築新。前言如不踐，山蟬又笑人。

和君貺宴張氏梅臺

京洛春何早，憑高種嶺梅。紛披百株密，爛漫一朝開。青女工粘綴，霜娥巧剪裁。崑山雲滿谷，蓬渚浪成堆。勢擁樽前合，香從席下來。蜺旌羾天起，練甲洗兵回。不使

❶「林」，原作「材」，據《傳家集》改。

光風散，曾無夜色催。人稠衣馥郁，地狹舞徘徊。民服召公化，時推何遜才。何遜有《早梅》詩。淹留文酒樂，璧月上瑶臺。

看花四絶句

洛陽相望盡名園，牆外花勝牆裏看。手摘青梅供按酒，何須一一具柸盤。

洛陽相識盡名流，騎馬遊勝下馬遊。乘興東西無不到，但逢青眼即淹留。

洛陽春日最繁華，紅緑陰中十萬家。誰道群花如錦繡，人將錦繡學群花。

南園桃李近方栽，澆水未乾花已開。山果野蔬隨分有，交遊不厭但頻來。

和君貺清明與上巳同日泛舟洛川十韻

繁華兩佳節，邂逅適同時。雅俗共爲樂，風光如有期。曉煙新里巷，春服滿津涯。已散漢宫燭，仍浮洛水卮。占花分設席，愛柳就張帷。華轂争門出，輕簾夾路垂。三川雲錦爛，四座玉山欹。疊鼓傳遥吹，輕橈破直漪。清談何衮衮，和氣益熙熙。想見周南俗，當年播逸詩。

和君貺寄河陽侍中牡丹

真宰無私嫗煦同，洛花何事占全功。山河勢勝帝王宅，寒暑氣和天地中。盡日玉盤堆秀色，滿城繡轂走香風。謝公高興看春物，倍憶清伊與碧嵩。

又和安國寺及諸園賞牡丹

洛邑牡丹天下最，西南土沃得春多。一

城奇品推安國，四面名園接月波。山相著書稱上藥，翰林弄筆作新歌。人間朱粉無因學，浪把菱花百遍磨。

送酒與邵堯夫因戲之前送牡丹、藥苗，堯夫皆有詩。

林下雖無憂可銷，許由聞説掛空瓢。請君呼取孟光飲，共插花枝煑藥苗。

酬仲通初提舉崇福宫見寄

富壽安民舊學違，符移擁篳素心非。青雲有路那足顧，白髮滿頭胡不歸。永日杜門無俗客，臨風隱几得天機。西山爽氣秋應好，恨不相從上翠微。

魏忠獻公挽歌辭三首

嬴海訏謨定，宗祧指顧安。鴻勳柱石壯，勁節雪霜寒。翼亮三朝久，初終一德完。如何未黄髮，龍柏已丸丸。

愛物威容悴，憂公宿疹加。孤忠貫白日，美志掩丹霞。行路皆忡悵，聞風悉歎嗟。英靈覲宗祖，猶想佑皇家。

惻怛動旒扆，鴻臚葬老臣。簫鐃震淦口，紼翣隘漳濱。久大英名在，哀榮異禮陳。豐碑紀遺烈，長泣鄴城人。

酬君貺和景仁對酒見寄三首

懶拙無時用，耆明獨我思。乘閑同把酒，道舊各成詩。高義刮眼膜，清風生鬢絲。

方將激衰俗，賤子實何爲。

北闕黄金印，西山白髮翁。訏謨帝庭異，卜築洛川同。晴野峰峰碧，霜林葉葉紅。無因侍樽席，惆悵又西風。

右上宣徽。

何事挂冠客，至今留帝臺。紅塵終可厭，青眼不長開。春路半銷雪，寒枝初破梅。南園虚客席，❶洒掃望公來。

右上侍中。❷

野　軒 以下四首和安之

黄雞白酒田間樂，藜杖葛巾林下風。更若食芹仍暴背，野懷併在一軒中。

汙　亭

雜花亂種盤渦底，小屋深居鑑燧心。朝市囂聲那得到，晨昏暑氣不能侵。

藥　軒

雨餘條甲繞階生，往往桐君昔未名。采貯不須勤暴熭，秋陽日日滿簷楹。

晚暉亭

俯臨城市厭諠譁，回顧園林景更嘉。醉

---

❶「虛客」，原作「劣容」，據《傳家集》改。
❷「中」，《傳家集》作「郎」。

立斜陽頭似雪，往來誤認白公家。樂天《西樓獨立》詩云：身着白衣頭似雪，時時醉立小樓中。路人回顧應相怪，十六年來見此翁。

温國文正公文集卷第十三

温國文正公文集卷第十四

律　詩　九

喜雨八韻呈明叔

蘊隆亦太甚，薈蔚不朝隮。直可憂秋稟，非徒病夏畦。民心或能徹，天造固難稽。黯淡雲纔蔟，滂沱日未西。衣襟坐來冷，城闕望中迷。園筍新梢活，庭蕉濕葉低。響從窗破紙，行喜屐生泥。昨旦煩相報，憑君謝竹雞。明叔家舊養竹雞，放之林中，今蕃息頗多，❶俗以爲雨候。

六月十八日夜大暑

老柳蜩螗噪，荒庭熠燿流。人情正苦暑，物態已驚秋。❷月下濯寒水，風前梳白頭。如何夜半客，束帶謁公侯。

閑中有富貴

閑中有富貴，迥與俗塵殊。水凈齊紈展，花繁蜀錦紆。竹風寒扣玉，荷雨急跳珠。可笑公孫衍，酣歌誇丈夫。

❶「頗」，原作「頻」，據《傳家集》改。
❷「態」，原作「怎」，據《傳家集》改。

寄唐州吴辨叔二兄

方城古稱險，遠在豫州南。近歲汙萊闢，新民秦晉參。當官誠近厚，獲譴亦無慙。但惜牆陰竹，歸轅幾日驂。

自題寫真

黄面霜鬚細瘦身，從來未識漫相親。居然不可市朝住，骨相天生林野人。

和安之久雨

秋霖逢甲子，禾耳恐須生。流俗幸無驗，高田猶有成。潤唯藜莠得，爛與蕙蘭并。早晚浮雲豁，逍遥賦晚晴。

和復古小園書事

飽食復閑眠，風清雨霽天。葉深時墜果，岸曲乍藏蓮。波面秋光浄，林梢夕照鮮。東家近亦富，滿地布苔錢。

復古詩首句云獨步復静坐輒繼二章

踽踽出東軒，徐徐步小園。何須從吏卒，亦不引兒孫。躡屐尋莎徑，攜笻撥水源。愁聞俗客到，唯説市朝喧。

右獨步。

一榻僅容膝，身心俱寂然。直緣知樂内，亦不爲安禪。棐几陳編掩，竹窗殘局捐。尚餘喧噪在，野鳥與林蟬。

右静坐。

光詩首句云飽食復閑眠又成二章

錢少何須萬，杯多不過三。龜腸本易足，熊掌詎宜貪。散步竹齋外，高吟柳徑南。此心無所用，脱粟亦深甘。

右飽食。

秋懷一事無，暑盡晝涼初。竹户静長閉，藜牀安有餘。逍遥化胡蝶，容易入華胥。天上多官府，神仙恐不如。

右閑眠。

寄題濟源李少卿章**園亭**

縣僻人事少，土肥風物殊。杖刊靈壽木，輪裹溴梁蒲。竹不減淇水，花仍似洛都。主公眉雪白，遊覽未嘗扶。

和明叔九日

不奈衰鬢白，羞看朝鑑明。聊憑佳節酒，强作少年情。雨冷弊裘薄，風高醉帽傾。如何不行樂，况復值秋成。

邵堯夫先生哀辭二首

菽藿一簞樂，蒿萊三畝寬。蒲輪不能起，甕牖有餘安。高節去圭角，久要敦歲寒。今朝郊外客，誰免涕汍瀾。

慕德聞風久，論交傾蓋新。❶何須半面

❶「論」，原作「門」，據《傳家集》改。

舊，不待一言親。講道切磋直，忘懷笑語真。重言蒙蹠實，佩服敢書紳。先生嘗以予爲腳踏實地之人。❶

閑居呈復古

閑居雖懶放，未得便無營。伐木添山色，穿渠擘水聲。經霜收芋美，帶雨接花成。前日鄰翁至，柴門掃葉迎。

和明叔遊白龍溪

溪深荒徑微，尋勝不知疲。寒月影隨馬，曉風冰滿髭。行歌被褐叟，聚戲拾薪兒。外野饒真趣，令人襟抱夷。

和景仁七十一偶成

心地長閑爲己物，年華不駐是天時。當時海上乘槎客，維楫都無任所之。

六十寄景仁

從來好與天爭力，困竭方慙己力微。見事晚於蘧伯玉，今知五十九年非。

去春與景仁同至河陽謁晦叔館於府之後園既去晦叔名其館曰禮賢夢得作詩以紀其事光雖愧其名亦作詩以繼之

蓬飛匏繫十餘年，並蔭華榱出偶然。郭

❶ 注原無，據《傳家集》補。

隗金臺雖見禮，華歆龍尾豈能賢。浮雲世味閑先薄，寒柏交情老更堅。明日河梁即分首，人生樂事信難全。

與樂道約會超化寺比至樂道以疾先歸途中有詩見寄

顛毛種種齒浮摇，屈指交遊漸寂寥。時較半朝非是晚，路無數里不爲遥。子猷垂到復歸去，安道雖知未易邀。古寺裴回久東望，青春雲日冷蕭蕭。

和樂道再以詩見寄

諫垣簪筆接英遊，今日華顛昔日憂。邂逅升沉皆是命，逍遥出處本無愁。衡門不羨金門貴，藿食焉知肉食謀。溟海榆枋各安分，蓬萊未必勝嵩丘。

晚春病起呈擇之治臣

風日正和柔，身輕喜病瘳。懶拋殘蠹簡，暖脱弊貂裘。值客開青眼，逢花忘白頭。家家好春色，❶何處可同遊。

次韻和復古春日五絶句

雪霜衰鬢拔還生，桃李新園長未成。五十尚能勝六十，今年又減去年情。

車如流水馬如龍，花市相逢咽不通。獨閉柴荆老春色，任他陌上暮塵紅。❷

❶「春」，原作「酒」，據《傳家集》改。
❷「任」，原作「住」，據《傳家集》改。

東城絲網蹴紅毬，北里瓊樓唱石州。堪笑迂儒竹齋裏，眼昏逼紙看蠅頭。

家藏歌吹只西鄰，吹落梅花歌落塵。百葉桃開深院裏，輸它白髮有情人。

燕拂人衣絮撲頭，紅英滿地緑陰稠。殘春舉目多愁思，休上迢迢百尺樓。

酬宋叔達道，復古之兄**卜居洛城見寄**

離群四十一春風，縱有相逢似夢中。幸得東西作鄰舍，但嗟彼此是衰翁。漢文前席人將去，復古謫官，不日牽復。庾信誅茅橐未充。來詩云：自笑顛窮便歸去，並無穿繫買山錢。悵望新隄碧蕪闊，杖藜攜手幾時同。

和王安之題獨樂園❶

草濃初過雨，林静遠含煙。鷰引新飛轂，荷承半墜蓮。朋來惟有月，山見不須錢。誰與同其樂，壺中濁酒賢。

和吴辨叔知鳳翔見寄

岐陽府舍始相逢，四十餘春屈指中。昔日布衣今露冕，當時小吏亦衰翁。醉吟久作藏身計，條教應多及物功。惟是綵衣難再著，長林極目起悲風。

和安之今春於鄭國相公及光處得綴珠蓮各一本植之一盆仲夏始見一花喜而成詠末句云未知先合謝誰家

春凍消時種兩牙，南風薰日見孤花。先

❶「園」，原缺，據《傳家集》補。

開必自陶鈞力，且合歸功丞相家。

君貺環溪

地勝風埃外，門深花竹間。波光冷於玉，溪勢曲如環。榮路回翔厭，華軒嘯詠閑。堪羞謝太傅，不復到東山。

瞑目

瞑目思千古，飄然一烘塵。山川宛如舊，多少未來人。

獨樂園二首

獨樂園中客，朝朝常閉門。端居無一事，今日又黃昏。

客到暫冠帶，客歸還上關。朱門客如市，豈得似林間。

放鸚鵡二首

野性思歸久，籠樊今始開。雖知主恩厚，❶何日肯重來。

雖道長安樂，争如在隴頭。林間祝聖主，萬歲復千秋。

呈樂道

歡遊俛仰皆陳迹，薄宦須臾即色空。試憶昔年雙桂會，只如前日夢魂中。

❶「主」，原作「王」，據《傳家集》改。

太皇太后挽歌詞二首 曹后

麟閣承家慶，軒星應德輝。帝猷陰有補，嬪則動無違。遽就蒼梧野，空餘大練衣。只應彤管在，萬古播鴻徽。

四紀褘衣盛，兩朝長樂尊。九洲貢甘旨，❶萬乘問晨昏。明辟歸元子，嘉謨賚孝孫。群生資后土，難答化光恩。

和劉伯壽陪潞公禊飲

旌幢車騎滿沙頭，鼓吹喧繁畫鷁浮。一里羅紈光照地，千家簾幕遠臨流。觴隨洛水周公事，月映鳳樓裴相遊。令典久墮火規切。今更舉，行聞美俗偏中州。

南園雨霽景物粗佳有懷正叔安之

洛陽秋雨闋，荒圃物華饒。白鶴寒尤盛，紅薇晚未彫。烏驚朱實墮，雲滅翠岑遥。揚子方嘲白，相如尚苦痟。安之有疾。徘徊瞻望近，邂逅笑談遼。官冷壍無具，相思不敢招。

和潞公與昌言正叔遊獨樂園徘徊久之主人不至

茂動成亮采，勝賞寄風流。閑引翹材客，同爲獨樂遊。厭居華宇盛，翻愛弊廬幽。愧不先操篲，迎塵立道周。

❶「洲」，《傳家集》作「州」。

潞公遊龍門光以室家病不獲參陪獻詩十六韻

旌節擁憑熊，逶迤向鑿龍。順成時過蜡，閉塞令行冬。雪壟痕猶濕，梅林思已濃。傳呼空谷應，前導白雲逢。飛蓋多邀客，停車數問農。禹功雙壁斷，佛劫萬龕重。絶頂標孤刹，疎林透遠鍾。氣蒸泉郁郁，冰綻水溶溶。藥閣低臨渚，茅庵背倚峰。凍醪資野酌，寒笋佐晨饔。公作藥寮、潞公庵、臨伊庵，皆在龍門。棋局移依石，茶爐坐蔭松。醉醒皆衆共，小大盡公從。顧以私恩累，❶難追勝賞蹤。原思初不病，叔夜亦非慵。稽古慙經笥，摛華怯筆鋒。會須參後乘，異日侍從容。❷

初夏獨遊南園二首

取醉非無酒，忘憂亦有花。暫來疑是客，歸去不成家。

桃李都無實，梧桐半死身。那堪衰病意，更作獨遊人。

和景仁答才元寄示花圖

高士閑居舊，名花獨步今。移從洛浦遠，濯自錦江深。傳得巫山貌，非因延壽金。不須天女散，已解動禪心。近歲舉世談禪，獨景仁未耳，亦有空相之句，故卒章戲之。

❶「恩」，原作「思」，據《全宋詩》改。

❷「侍」，《傳家集》作「待」。

或謂光嗤景仁談禪而自談又因用前韻爲景仁解禪

賤子悟已久，景仁迷自今。良因拯溺急，是致涉波深。到岸何須栰，揮鉏不見金。浮雲任來去，明月在天心。

題傳燈録❶

呷著聲聞酒便狂，它州浪走不還鄉。誰曾縛汝安用解，彼自無創勿誤傷。❷探月拾針傳妄語，安居暇食賴先王。但令時世如三代，達磨從它面向牆。

奉和大夫同年張兄會南園詩 徽，字伯常。

露濃秋過半，氣爽雨收餘。取酒邀嘉客，呼兒掃弊廬。生涯數畝地，官業一軒書。竹結垂綸屋，泉分入座渠。愜心皆樂事，容膝即安居。梁靜栖無鷺，波澄戲有魚。茂林穿繚繞，微徑步虛徐。果落方知熟，莎長不忍除。過從當苦遠，接待每慙疎。❸不厭茅茨陋，時迂長者車。

答張伯常之郢州途中見寄

適意遺軒冕，輕於鴻一毛。扁舟千里

❶「録」下，書前及卷端目録有「後」字。
❷「創」，原作「槍」，據《傳家集》改。
❸「待」，原作「侍」，據《傳家集》改。

遠，佳句百篇豪。酒飲宜城美，歌聞白雪高。家林已春色，慎勿滯江皐。

獨樂園新春

春風與汝不相關，何事潛來入我園。曲沼揉藍通底緑，新梅翦綵壓枝繁。短莎乍見殊堪喜，鳴鳥初聞未覺喧。憑仗東君徐按轡，旋添花卉伴芳樽。

和潞公真率會詩

洛下衣冠愛惜春，相從小飲任天真。隨家所有自可樂，爲具更微誰笑貧。不待珍羞方下筯，只將佳景便娱賓。庾公此興知非淺，藜藋終難作主人。

景仁書云去冬因酒病耳病牙遂不入洛以詩寄呈

許昌攜手盡時英，況復新開甲第成。醉裏都將春作達，老來不向酒藏情。齒疏無廢銜盃趣，耳病猶分度曲聲。舊友昔遊渾忘却，可憐寂寂洛陽城。

又云新鑄鬴斛與今太府寺尺及權衡若合符契復次前韻

裁筩累黍久研精，況復新修鬴斛成。豈校忽微爭口語，本期淳古變人情。既言樂府符今尺，但恐簫韶似鄭聲。若欲世人俱信服，鳳皇再集潁川城。

三月二十五日安之以詩二絶見招作真率會光以無從者不及赴依韻和呈

真率由來無次第，來詩云：真率會名今第幾。經旬踰月不爲稀。籃輿但恨無人舉，今目軍士皆請粮，不獲趨赴。坐想紛紛醉落暉。來詩云：數酌仍須就晚暉。

又

盃盤豐腆勝陶令，園沼繁華減白家。惆悵佳辰掩蓬蓽，不陪高會賞鄰花。來示云：下瞰鄰花。

用安之韻招君從安之正叔不疑二十六日南園爲真率會❶

榆錢零亂柳花飛，枝上紅英漸漸稀。莫厭銜盃不虛日，須知共力惜春暉。

真率春來頻宴聚，不過東里即西家。小園容易邀嘉客，饌具雖無亦有花。

二十六日作真率會伯康與君從七十八歲安之七十七歲正叔七十四歲不疑七十三歲叔達七十歲光六十五歲合五百一十五歲口号成詩用安之前韻

七人五百有餘歲，❷同醉花前今古稀。

❶「二」，《全宋詩》作「一」。
❷「七」，原作「十」，據《傳家集》改。

走馬鬭雞非我事，紵衣絲髮且相暉。樂天《九老詩》云：七人五百七十歲。❶

經春無事連翩醉，彼此往來能幾家。切莫辭斟十分酒，儘從他笑滿頭花。

別用韻

座中七叟推年紀，比較前人少幾多。花似錦紅頭雪白，不遊不飲欲如何。

其夕宿獨樂園詰朝將歸賦詩

平曉何人汲井華，轆轤聲急散春鴉。開園更有四五日，映葉尚餘三兩花。宿病岑岑猶帶酒，無眠耿耿不禁平聲。茶。自嫌行樂妨年少，遽索籃輿且向家。❷

二十七日邀子駿堯夫賞西街諸花

今年節物非常晚，春盡西街花尚多。試問二三真率友，小車籃舁肯重過。

呈張子賤子賤新自安邑徙居洛

近時洛社名真率，簞食壺漿取次遊。試問西來老朝散，可能同志便相收。

二十八日會不疑家席上紀實

召客客俱來，賞花花正開。寒暄方得

❶「十」，原空缺，據《傳家集》補。
❷「輿」，原作「與」，據《傳家集》改。

所，風雨不相催。席上柳飛雪，門前車隱雷。主人意仍厚，安得不裴回。

三月三十日微雨偶成詩二十四韻書懷獻留守開府太尉兼呈真率諸公

春盡少歡意，昏昏睡思添。正憂花氣索，更用雨聲兼。乍語鶯喉澁，慵飛柳絮黏。落英紅没砌，茂草碧侵簾。寶相錦鋪架，酴醾雪擁簷。沼萍浮鈿靨，林笋露犀尖。坐惜光風駃，行愁畏日炎。追隨任塵甑，歌笑忘霜髯。落筆詩情放，飛觥酒令嚴。金丹呼勝彩，玉燭擢新籤。傲岸冠巾側，淋浪襟袖霑。飢仍留瘦馬，歸必待清蟾。筋力雖無幾，娱遊亦未厭。脱身離簿領，適性得閭閻。多病非辭貴，無才豈養恬。清塗誠愧忝，微禄已傷廉。日費須三爵，年支仰數縑。餱粮粗能足，蓍蔡不煩占。河洛今爲盛，圖書昔所潛。家家花啓户，處處酒飄帘。温飽資兼愛，安平倚具瞻。愚夫猶樂育，下客愈撝謙。落拓形骸逸，優游歲月淹。餘生信多幸，狂醉亦無嫌。

其日雨中聞姚黄開戲成詩二章呈子駿堯夫

穀雨後來花更濃，洛人謂穀雨爲牡丹厄，今年穀雨後名花始開。前時已見玉玲瓏。前時與堯夫遊西街，得新出白千葉花以呈潞公。潞公名之曰玉玲瓏。客來更説姚黄發，只在街西相第東。園夫張八，家在富相宅東。

小雨留春春未歸，好花雖有恐行稀。勸君披取漁蓑去，走看姚黄判濕衣。

四月十三日立夏呈安之

留春春不住，昨夜的然歸。歡趣何妨少，閑遊勿怪稀。林鶯欣有託，前日始聞鶯。叢蝶悵無依。窗下忘懷客，高眠正掩扉。陶潛嘗言：夏月虛閑，高卧北窗下，清風颯至，自謂羲皇上人。

和子駿洛中書事

西都自古繁華地，冠蓋優遊萃五方。比户清風人種竹，滿川濃緑土宜桑。鑿龍山斷開天闕，導洛波回載羽觴。況有耆英詩酒樂，問君何處不如唐。

安之令子河陽官舍作蛙樂軒安之有詩寄題輒敢繼和

鼓吹娱俗耳，蛙鳴愜雅懷。最宜涼雨歇，更與晚風偕。驥子方長騖，雲衢偶未諧。功名當努力，留此遺吾儕。❶

和安之喜雨

吁嗟方請雨，潤溽果如占。黍稷固有望，來麰亦未嫌。聲繁清倦枕，氣冷入疎簾。蔓喜龍頭舉，泉驚虎爪添。田疇誠最急，花藥不妨兼。詩伯才盈斛，聊應費筆尖。

❶「儕」，原作「濟」，據《傳家集》改。

逍遥四章呈欽之堯夫

結髮讀經史，疲精非一朝。於今成濩落，所幸得逍遥。不躔狂心息，難平客氣消。巢林易爲足，竊敢比鷦鷯。

閑思宇宙内，何物不由天。定分不移易，勞心徒棄捐。鵬飛九萬里，松壽一千年。斥鷃與朝菌，逍遥亦自然。

閉目念前古，飄然一烘塵。兩儀仍似舊，萬物互争新。軒冕榮何在，簞瓢樂最真。衆人俱我笑，我亦笑其人。

六合曠無際，逍遥好縱遊。放懷同一貫，瞬目即千秋。丸遇區臾止，萍隨波浪流。所之皆自得，何懼亦何憂。

温國文正公文集卷第十四

温國文正公文集卷第十五

律詩十

感物

朝看新鷰飛，暮聽子規啼。尺蠖身藏葉，神龜尾曳泥。鞲鷹何用掣，櫪馬不當嘶。自伐憎狙巧，頹然憂木雞。

送伯淳監汝州酒

惟知負米樂，不覺抱關卑。出處兩得意，是非皆自知。

酬安之謝光兄弟見過

平時一二日，不見已相思。况復閉關久，杳無攜手期。清談勝妙藥，高韻敵涼颸。愧乏機雲美，虚承清眼知。

酬王安之聞罷真率會

閉關寧是率，辭疾似非真。既處譏嘲地，誰爲長厚人。虚舟非有意，飄瓦不須嗔。此過如何贖，清秋宴席陳。安之詩有解嘲意，故以此戲之，資一笑。

和潞公伏日讌府園示座客

盛陽金氣伏，華宇玉樽開。真率除煩禮，耆英集上才。炎蒸疑遠避，流景忘西頹。幸忝俊遊並，仍慙右席陪。蒲葵參執扇，冰果侑傳杯。相國方留客，如何務早回。

和子駿新荷

懶不窺園久，元非効仲舒。新荷滿沼緑，❶籃舁出門疎。借問含煙晚，能勝裛露初。愧無魚戲句，弄翰白紛如。

司徒開府韓國富公挽辭四首

天祐休明祚，時生儁傑臣。賢科首多士，宰府澤生民。焕爛三台正，冲融四海春。欲知甄冶力，試問白頭人。

松漠驕無信，漁陽廣聚兵。移書侮中國，決意背齊盟。直氣輕軺入，英辭左衽驚。虜歸烽火滅，寓縣復升平。

大呂功名重，鴻毛軒冕輕。閑居容愈盛，蹔出市皆傾。溟海涵容大，龍門謁見榮。謙光儼在内，❷慟哭望佳城。

杖屨還私第，精誠在本朝。愛君老不懈，憂國没方昭。東閣秋牢落，西芒夜寂寥。只應忠亮志，氣運不能消。

臧郎中挽歌二首

積慶承前烈，呈才會聖時。踐揚朝有

❶「緑」，《傳家集》作「密」。
❷「内」，《傳家集》作「目」。

籍，治行吏爲師。僚友皆親譽，黎民每去思。惜哉違世早，志業未全施。

素履存誠厚，虛懷待物真。鄉閭昔相接，朋友世彌親。遺扎蠅頭細，長阡馬鬣新。九原那可作，空復想音塵。

和子華遊君貺園

甲第朱門久不開，春風潛入發江梅。今朝丞相雙車轍，輾破林間水畔苔。

小桃似喜相君來，争發新花繼落梅。更仗環溪醒殘酒，没蒿春水緑於苔。太尉公引水繞園，可以泛舟，名曰環溪。

又和上元日遊南園賞梅花

梅簇荒臺自可羞，相君愛賞忘宵遊。未言美實調羹味，且薦清香泛酒甌。

又和遊趙中令園

中令園陪丞相遊，❶百物恐誤。勸酒不須愁。❷春風陌上醒歸去，只恐更爲桃李羞。

又和遊吴氏園二首

天氣清和無喘牛，花林爛漫竹林幽。臨風高詠足爲樂，有勇方知笑仲由。

名園易主似行郵，美竹高松景自幽。誰信本來天地物，長爲己有固無由。

❶「令」，原作「舍」，據《傳家集》改。

❷「物」，《傳家集》作「分」。

和子駿約遊一二園亭看花遇雨而止

行樂及佳時，官閑無所羈。只知花正發，不共雨爲期。淺草碧無際，濃雲冷四垂。陪遊興未盡，安得不相思。來詩警句云：人尋載酒地，雨破看花期。又云：感公行樂處，蚤莫得相思。

又即事二章上呈

雨不成遊半路歸，❶逢花值柳倍依依。朝來賴飲三盃酒，醉卧西齋晝掩扉。❷

覺後追思氣味長，歡情愁緒兩俱忘。近來方得醉中趣，熟寐沈沈是醉鄉。

明日雨止復招子駿堯夫遊南園

昨朝洛北阻遊陪，惆悵中橋半醉回。潑火既經寒食雨，解酲須撥涷醪醅。《詩傳》曰：春酒，涷醪也。

遥思花寨交横錦，未分春心斗頓灰。更與二三頭白友，試攜薄具上高臺。

戲呈堯夫

近來朝野客，無座不談禪。顧我何爲者，逢人獨懵然。羨君詩既好，説佛衆誰先。只恐前身是，東都白樂天。

❶「半」，原漫漶不清，並注「恐誤」，據《傳家集》改。

❷「醉」，《傳家集》作「頓」。

聞正叔與客過趙園歡飲戲成小詩

吾廬寂寞類荒村，但有林間鳥雀喧。不似楚家多樂事，笙歌拾得醉鄰園。

和子華應天院行香歸過洛川

印節傳呼洛北還，府庭無訟不妨閑。度橋寒色侵春服，按轡晴光露曉山。香穗徘徊凝廣殿，花籃繁會滿通闤。自知白雪高難和，忍愧誰能寄我顏。

寒食遊南園獨飲

寒食良辰無賞心，雜花爛漫柳成陰。若非獨酌酬佳景，一日風光直万金。

次前韻二首

頭白惜春情更深，花間獨醉競分陰。泉声醒耳自可樂，不用歌抛滿袖金。

南園莫笑獨追尋，明日未知晴與陰。揮手一朝辭逆旅，滿堂安用累千金。

觀孫兒戲感懷

我昔垂髫今白頭，中間萬事水東流。此心争得還如尔，戲走階前不識愁。

陪子華燕醮廳酒半過趙令園❶

簪裾丞相閣，林沼令君家。煙曲香尋

❶「廳」，原作「聽」，據《傳家集》改。

篆，盃深酒過花。霏微爐沈水，馥郁漬榠柤。愧乏相如賦，陪遊託後車。

和秉國寄子駿堯夫二留臺

一臺二妙日追遊，琥珀香醪白玉甌。相下不厭賢者意，尚言執友欠龍頭。

和伯常自郢州見寄

西郊去歲揖行人，柳暗花濃又一春。坐想高風清入骨，沉吟佳句健生神。潺湲杳靄煙波古，來書云：郢西雨多，潺湲杳靄。散誕逍遥興趣新。應笑洛陽車馬道，緇衣未免化紅塵。

和潞公行及白馬寺得留守相公書云名園例惜好花以俟同賞詩二章

雲漢成章湛露晞，都門宴餞羽觴飛。謝安不復東山去，争似阿衡得謝歸。

其一。

相國東郊迓帝師，油幢交映碧參差。都人共喜安輿到，正是餘花可惜時。

其二。

和子華喜潞公入覲歸置酒遊諸園賞牡丹

介圭成禮下中天，春物雖闌色尚妍。園吏望塵皆闢户，肩輿回步即開筵。波濤凌亂靴旁錦，風雨縱横撥底絃。洛邑衣冠陪後乘，尋花載酒願年年。

陪致政開府太師留守相公致政内翰燕集輒歌盛美爲三公壽皆用公字爲韻

獨佐成康世，高年有畢公。神心降維嶽，龜兆告非熊。黄閤遵成範，太常書茂功。歸來保眉壽，恩禮享優隆。

右太師。

東閤延髦士，西都守别宫。不忘如衛武，難老似僖公。位貌今雖遠，官僚舊忝同。開懷盡巵酒，足以厚時風。

右相公。

眉似高僧秀，顔如童子紅。忠純汲長孺，高潔夏黄公。矯矯遼東鶴，冥冥塞北鴻。自誇新酒量，豫想百分空。

右内翰。

景仁將歸潁昌輒爲詩二十韻紀贈

秀發西南美，挺生河岳靈。雕龍蔚文采，老鶴瑩儀形。落筆高時儁，飛綏侍帝庭。英聲軼雲漢，遠勢擊滄溟。苦節專憂國，嘉謀每據經。温雖比圭璧，直不避雷霆。道勝軒裳薄，神和氣體寧。忠誠懷畎畝，樂事寄林坰。藻鑑評隨月，過從德應星。苦吟金出礦，確論木銜釘。賤子叨流輩，高風仰典刑。巨川容滴水，餘景借流螢。久别眉俱白，重來眼更青。淹留弦與晦，遊集醉還醒。有酒須相就，無歌不共聽。奇花喧夕市，疊鼓咽春亭。揚袂行辭洛，回車去望陘。許西北有陘山，見來書。往還天表鴈，離合浪間萍。異日期同傳，景仁嘗言：它日與光若得在國史，必同傳。

窮泉約互銘。光與景仁約，後死者當爲先死者作墓銘。古今難得事，交分保頹齡。

復用三公燕集韻酬子駿堯夫

官閑虛室白，粟飽太倉紅。朝夕掃三徑，往來從二公。蒹葭徒倚玉，燕雀豈知鴻。相遇輒同醉，惟愁樽酒空。

和吴朝議執中，字幾聖**同年謝光與景仁同年見過**

結綬東堂同發策，白頭相值益相親。却思景祐無多日，共見元豐有幾人。天下高名歸廣受，二公皆致仕。古來交道重雷陳。謝公身老才方壯，落筆成章字字新。

伏蒙留守相公賜示陪太師潞公東田宴集詩輒敢屬和

舞雩新雨浹公田，水滿東溪上下天。行逕乍迂初見笋，浮舟正好未生蓮。絃收裂帛胡琴闋，袖結清風楚舞妍。相國火城光滿路，夜歸不假玉蟾圓。

効趙學士體成口号十章獻開府太師

都人共喜太師回，比頻必切。户争迎不得催。正值土樓灘水淺，大家出手挽舡來。

東郊車馬走紅塵，城外多於城裏人。誰信今朝還政後，過如前歲下車新。

歸來甫可及春殘，丞相頻邀賞牡丹。遠處名園多不到，樽前日獻百餘盤。

洛陽風俗重繁華，荷擔樵夫亦戴花。貪看二公同宴會，遊人昏黑忘還家。

公厨敕許釀芳樽，屢喚賓朋醉後園。詎浪略無名位間，誰人知道太師尊。

過春稀復到諸園，厭苦終朝鼓吹喧。招得老僧江外至，啜茶揮麈話松軒。

東田小籍選新聲，歌吹胡琴色色精。客少有時全不用，天然水竹湛餘清。

首夏清和新雨晴，緑莎細軟不妨行。園夫遮道白何事，梔子花開斑笋生。

矮帽長條紫縠衫，朱門深静似重巖。莫言永日渾無事，種藥移花一一監。

八十聰明强健身，況從壯歲秉鴻鈞。功名富貴古亦有，無事歸來能幾人。

和潞公招堯夫不至

東閤尊罍招共飲，後房羅綺約同觀。既無薊子分身術，須欠車公一座歡。

和子華招潞公暑飲

朱門近在府園東，杖屨過從跬步中。避暑連翩投轄宴，析酲蕭灑滿襟風。閑來高韻渾如鶴，醉裏朱顔却變童。剪燭添香歡未極，但驚銅漏太怱怱。

再和伯常見寄

誅茅宋玉宅邊人，知醉宜城幾甕春。細雨短蓑魚向市，孤村極浦鼓迎神。偏遊七澤身忘倦，更賦千篇意轉新。不必滄浪羨清泚，歸來纓上已無塵。

再和秉國約遊石淙

上國分攜十五秋，未嘗偶坐捧茶甌。石淙今會須如約，彼此霜毛各滿頭。

送堯夫知河中府二首

耆老承風舊，絲綸錫命新。展禽安屢黜，原憲樂常貧。執志窮通壹，論交表裏真。但祈深自重，膏澤望斯民。

河抱城根曲，山侵地勢斜。周餘古樓觀，舜俗舊人家。回首從遊闊，裝懷牒訴譁。何時重載酒，同醉洛陽花。

席君從於洛城種金橘今秋始結六實以其四獻開府太師招三客以賞之留守相公賦詩以紀奇事光竊不自揆輒依高韻繼成五章❶

宜春果結洛陽枝，太師云：此果本出袁州。正遇耆明會客時。更引輕舟倚蘆岸，香秔鮮鱠雅相宜。

圓小香黄珠顆垂，結成洛邑重霜時。相公和氣陶群物，不是寒温變土宜。

君從好事不知疲，種子成株凡幾時。摘献帝師三取二，自嘗兩顆且隨宜。

物不須多且賞奇，禦寒想見結庵時。江南江北徒虚語，尽信前書是不宜。

❶「自」，原脱，據書前及卷端目録、《傳家集》補。

弊居橘亦自南移，愛護栽培費歲時。前此實成酸苦甚，應由與德不相宜。

和留守相公九月八日與潞公宴趙令園有懷去年與景仁秉國遊賞

今歲台星聚洛中，甘棠前後兩陰濃。英辭唱和詩千首，高宴遊陪禄萬鍾。木末霜繁花未落，雲間字小鴈相從。西湖在望親朋遠，節物那堪處處逢。

和留守相公寄酒與景仁

想對白衣初滿傾，執盃未飲已詩成。懷賢孤坐悄無語，不是朝來困宿酲。

和秉國芙蓉五章

清曉霜華漫自濃，獨憑愛日養殘紅。勸君秉燭須勤賞，閶闔難禁一夜風。

地方稀見誠奇物，❶筆界輕絲指捻紅。楚蜀可怜人不賞，牆根屋角數無窮。

平昔低顔避桃李，❷英華今發歲云秋。盛時已過渾如我，醉舞狂歌插滿頭。

後時獨立誠難事，猶賴階庭有菊叢。綽約霜前弄姿態，非如群木万株紅。❸

但見涉江求水際，豈知緣木采霜中。微紅未肯全衰歇，正似酡顔鶴髪翁。

❶「地」，《傳家集》作「北」。
❷「顔」，《傳家集》作「頭」。
❸「株」，《傳家集》作「林」。

安之朝議哀辭二首

場屋推聲價，朝紳仰典刑。朱衣老卿列，白首戀親庭。舟壑一朝失，泉臺万古扃。音容宛在目，争免涕飄零。

樂易春陽暖，孤高秋氣清。老惟知自適，貧不問爲生。京兆開阡陌，延陵題墓塋。何如帝師筆，純孝紀名卿。

和堯夫見寄

志趣苦難合，悵悵何所依。逢君始相照，知我信爲稀。忽報除書下，徒瞻征蓋飛。相思千里遠，洛浦又春歸。

仁政如慈父，蒲人得所依。教條前後接，風迹古今稀。試郡纔書最，還朝必奮飛。西臺舊班列，猶望繡衣歸。

華嚴真師以詩見貺聊成二章紀其趣尚

知足隨緣處處安，一身温飽不爲難。禪房窄小纔容榻，此外從它世界寬。

素髮青眸七十餘，未嘗遊學只安居。旁無几杖身輕健，應爲心閑得自如。

和子華過王帥家見梅花盛開呈君實子駿兼簡堯夫

去年與客盡清歡，今日重來立馬看。猶足攜觴同醉在，只愁風雨横相干。

和張伯常賀遷資政

不駕使車開漢關，相如。不棲巖穴鍊金丹。子微。豈無開徑三人友，分著垂緌五寸冠。惰遊之士。❶坐飽太倉猶自愧，謬躋秘殿益難安。顧同野老嬉堯壤，長守先生苜蓿盤。

又書一絶戲呈

伯常遠自郢中回，喜與愁心相繼來。幸得蒹葭依玉樹，愁將瓦礫報瓊瑰。

又和南園真率會見贈

白頭難入少年場，林下相招莫笑狂。綠篠影侵棋局暗，黃梅花漬酒巵香。任真自愧殽羞薄，假寐初便枕簟涼。酬應詩豪困牽帥，從來懶放似嵇康。

春日思景仁

去歲洛城中，嬉遊處處同。從離崿嶺北，常夢潩泉東。草遠春街碧，花繁夕市紅。臨風默惆悵，想像白眉翁。

神宗皇帝挽詞五首

決事神明速，任人金石堅。天機先兆朕，聖度蘊淵泉。仁義生知性，恩威獨化權。乾坤無毀息，長與大名傳。

---

❶「惰」，《傳家集》作「隨」。

其一。

聽政涉中昃，觀書達夜分。❶周王忘自逸，漢祖不知勤。棣萼因心友，雲章落筆文。它年紬石室，光大繼皇墳。

其二。

至德成無象，徽名避不居。期門弋獵絶，步輦宴遊疎。錢列金釭暗，兵嚴武帳虚。蓬萊日晏仗，猶望駕宫車。

其三。

鼇禁叨承詔，金華侍執經。微生輕草芥，聖澤闊滄溟。鹿性安林野，葵心注闕庭。堯雲不可望，白首涕飄零。

其四。

式道清行馬，靈輴下陛簾。雲奔同軌集，雨泣兆民瞻。石闕蒼煙暝，松門白露霑。戴弓徒隕絶，無計附龍髯。

其五。

北京留守王太師挽歌詞二首

其一。

盧肇時推重，終軍衆共賢。如何奪標日，未及棄繻年。官歷清塗徧，名居美事先。人間有五福，視履豈非全。

其二。

昔日程文士，光應舉，公發解。中間侍坐賓。遊陪慙晚輩，待遇過它人。方歎龍門遠，俄驚馬鬣新。西園行樂處，引領但霑巾。

温國文正公文集卷第十五

❶「達」，《傳家集》作「度」。

温國文正公文集卷第十六

章奏一

論兩浙不宜添置弓手狀 先公知杭州代作

准勑命指揮。云云。臣竊觀兩浙一路與他路不同，臣謹條列添置弓手不便事件如左，伏惟聖恩省察，少加詳擇焉。

當今西戎梗邊，三方皆聳，人心易動，當務安之。一旦聞異常，詔書大加調發，擐甲執兵，學習戰陳，置指揮使、節級等名目，頗似軍法，以爲欲劻河北、陝西沿邊鄉兵，謂國家以權計點之，假名捕盜，漸欲收爲卒伍，戍守邊防。吴人輕怯，易惑難曉，道聽塗説，衆情鼎沸，至欲毁體捐生，竄匿山澤。臣雖明加告諭，嚴行止約，愚民無知，不可户説。誠恐差點之後，摇動生憂，其不可一也。

吴越素不習兵，以故常少盜賊。不過聚結朋黨，私販茶鹽，時遇官司，往往鬭敵，在於兩浙最爲劇賊。然皆權時利合，事訖則散，不能久相屯結，又無銛利兵器，止偷商税，不敢剽掠平人。近年以來，雖亦頗有强盜，然比諸内地，要自稀疎。今避差點者若竄匿無歸，必例爲寇竊。加以弓矢刀鋸之類，許其私置，自今以後，賊盜必多。及私販茶鹽之徒，皆有利兵抵拒，吏士益難擒討。積微至著，漸不可長，其不可二也。

姦吏貪饕，惟喜多事。今計杭州管界當差若干人，他州比率，大凡有幾，縣胥里長，於兹相慶。民既憂愁而又脅之，煩苦不安而又擾之，所規自潤，豈顧其外。雖朝廷重爲懲禁，特倍常科，長吏勞心，不能悉察。厚利所誘，死亦冒之。加以版籍差誤，户口異同，毫釐不當，互相告決，追呼無時，獄訟不歇。則民未暇爲公上給役，而先困於貪吏之誅求矣。此之騷擾，勢不能免，其不可三也。

民皆生長畎畝，天性敦愚，所知不過播種之法，所識不過耒耜之器。加之吴人駑弱，天下所知，一旦使棄其所工，學所不能，恐徒煩教調，終無所成。就其有成，不堪施用，則是虚有煩費，而與不添置無異，其不可四也。

吴子壽夢以前世服於楚，自申公巫臣得罪於楚，逃奔於晉，爲晉聘吴，教之乘車，教之戰陳，其後楚人戎車歲駕，早朝晏罷，奔命不息，以至吴亡。自是以來，號稱輕狡。遠則劉濞，近至錢鏐，其間承風倔强無數，豈唯其人之跋扈，亦由習俗之樂亂也。幸賴祖宗之馴致，陛下之敦化，至德之醲，淪於骨髓，暴亂之風，移變無迹，此皆上天降祐，前世所不能庶幾者也。今忽無故黷玩威稜，狎侮危事，示以逆德，弄之凶器，生姦回之心，啓禍患之兆。臣恐似非國家之至便，所以萬全而無害，其不可五也。

方今兩浙雖水旱稍愆，未至流殍，閭閻無事，盗賊不添。縱使有之，舊來吏士隨發擒討，甚有餘力，不假更求，正恐平居興役，有害無益而已。臣職忝密近，官備藩方，不敢默然，理須上列。伏望陛下特令兩浙一路更不添置，或以事須過防，舊人太少，則乞只依近降勑命，量加添補，更不立指揮使等名目，閲習諸事，一如舊規。貴得衆情大安，別無生事。謹具狀奏聞，伏候勑旨。

爲孫太博乞免廣南轉運判官狀

右，臣今月九日樞密院遞到勑牒一道，差臣充廣南東路轉運判官。❶ 臣昨自滑州簽判就除本州通判，未及半歲，今又蒙恩授前件差遣，於臣忝冒，寔踰涯分，供命陳力，豈宜復辭？ 嚮若止臣一身，崎嶇困苦，雖更遠役，靡不甘心，敢以微誠，輕煩聖聽！ 念臣二親垂白，思戀鄉里。 兩任滑州，去家差近，迎侍朝夕，往來如意，甘脆供須，頗爲私便。 一日離側，倚門致念，况復貪榮，遠從吏道，其在人子，何心自安？ 况轉運判官，國家近置，推擇委任，務在得人，以臣愚疎，恐難堪稱。 伏惟聖慈詳求幹敏，授以此職。 今臣且充滑州通判，終滿一任，庶得官政無廢，侍養不闕，君親之際，恩義兩全。 棄骨畢身，❷ 曷云補報。

論麥允言給鹵簿狀

以下九道並同知太常禮院時上。奉聖旨，麥允言有軍功，特給鹵簿，今後不得爲例。

太常禮院，右伏見中書劄子云云。 昔仲叔於奚有功於衛，衛人使之繁纓以朝。 孔子曰：「惜也，不如多與之邑。 惟器與名，不可以假人。」夫爵位尊卑之謂名，車服等威之謂器。 二者，人主所以保畜其臣而安治其國家，不可忽也。 今允言近習之臣，非有元勳大勞過絶於人，而贈以三公之官，給以一品鹵簿，其爲繁纓，不亦大乎！ 陛下雖欲寵秩其人，而適足增其罪累也。 何則？ 三公之

❶ 「右」至「官」二十六字，《傳家集》無。

❷ 「畢」，《傳家集》作「殫」。

官，鼎足承君，上應三台；鹵簿者，所以褒賞元功，皆非近習之臣所當得者。陛下念允言服勤左右，生已極其富貴，死又以三事之禮爲之送終，鼓吹簫鐃，烜赫道路。是則揚其僭侈之罪，使天下側目扼腕而疾之，非所以爲榮也。惟陛下御仲叔於奚之傳，垂意孔子之言，則知名器之重，不可加非其人。況唐制，群臣於國立大功者，婚葬則給鹵簿，餘不在給限。伏望陛下追寢前命，其麥允言更不給鹵簿。毋使天下之人竊敢指目，以爲朝廷過舉，不勝幸甚。謹具狀奏聞，伏候勑旨。

皇祐二年九月十四日具官臣光等狀奏乞印行荀子揚子法言狀與舘閣諸君同上

臣等伏以戰國以降，百家蠭午，❶先王之道，荒塞不通。獨荀卿、揚雄排攘衆流，張大正術，使後世學者坦知去從。國家博采藝文，扶翼聖化，至於莊、列異端，醫方細伎，皆命摹刻，以廣其傳。顧茲二書，猶有所闕。雖民間頗畜私本，文字訛誤，讀不可通，誠恐賢達之言，寖成廢缺。今欲乞降勑下崇文院，將《荀子》、《揚子法言》本，精加考校訖，雕板送國子監，依諸書例印賣。臣等愚懵，不達大體，不勝區區，貪陳所見。

上，奉聖旨依奏。

申本寺乞奏修築皇地祇壇狀皇祐三年五月

右，光等謹案《唐郊祀録》：「方丘八角三成，每等高四尺七，闊十六步。設八陛，上等陛廣八尺，中等陛廣一丈，下等陛廣一丈

❶「午」，《傳家集》作「起」。

二尺。」今皇地祇壇四角再成，面廣四丈九尺，縱四丈六尺。上等高四尺五寸，下等高五尺，方五丈三尺。陛廣三尺五寸，平漫無城，大抵卑陋，不與禮典相應。伏以王者父天母地，天地之尊，禮相亞埒。今圜丘之制，極爲崇峻。獨於方丘，有所闕略，未稱國家嚴恭明察之意。謹具狀申聞，伏乞據狀敷奏指揮下有司，依《唐郊祀録》制度增脩，庶合典禮。謹録狀上。

論劉平招魂葬狀 皇祐三年八月上❶

右，准樞密院批送下國子博士劉慶孫等奏狀，六月二十三日進呈。奉聖旨，送太常禮院詳定聞奏。臣等謹案：延陵季子曰：「骨肉歸復於土，魂氣無所不之。」是故聖人作爲丘壟，以藏其形，作爲宗廟，以饗其神。形之不存，葬將安設？今劉平没身虜廷，喪柩不返，其子不忍封樹之不立，哀展省之無所，欲虚造棺椁，招魂假葬。朝廷下之禮官，令檢詳故實。臣等案，晉世袁環、賀循等議，以爲非身無棺，非棺無槨，苟無喪而葬，招幽魂氣，於德爲愆義，於禮爲不物。當時詔書明有禁約。今劉慶孫等所請招魂葬，不可聽許。所有將見贈官品定謚，則乞依條例施行。

奏乞移高禖壇狀 皇祐三年十二月上

准勑節文，高禖壇地下，仰依典故增修。今據濠寨張德等計料填疊修築都役，右具如前。竊緣見今所置高禖壇處，地勢極下。若

❶ 題注，原無，據《傳家集》補。

就彼填疊，不惟功費甚大，兼夏秋霖潦四集，未免浸漬。謹案北齊之制，高禖爲壇於南郊傍。景祐四年太常禮院脩定《儀注》，约用此制。今來若於南郊壇傍一二里以來，别踏行高燥地，修築上件高禖壇，則功費絶少，又免水患，參考禮典，亦無所違。如允所奏云云。

論張堯佐除宣徽使狀皇祐二年十二月具草，未上，聞堯佐罷宣徽使，遂不上。

臣聞明主勞心力以求諫，和顔色而受之，士猶畏懦而不敢進，又况震之以威，壓之以重，而望忠臣之至，直言之入，難矣。臣之不忠，言之不直，而天下安、萬事治者，未之有也。臣竊見臺諫官屢以張堯佐事上言，而陛下執之益堅，拒之益固。前日臺諫官等守閤請對，陛下却而不内。中外之人，莫不駭愕，以爲異事。昔漢元帝欲用馮昭儀兄野王爲御史大夫，既而疑曰：「吾恐後世謂吾私於後宫。」遂不用。今堯佐有野王之嫌而無其才，陛下不次用之，數年間自散郎至宣徽使。雖彼實有可稱，天下之人安可家至户曉，使謂陛下不私後宫哉？抑又聞之，人有種瓜而甚愛之者，盛夏日方中而灌之，瓜不旋踵而菸敗。其愛之非不勤也，然灌之不以其時，適所以敗之也。今陛下貴用堯佐，遠過其分，天下已側目扼腕而疾之。又復摧折忠諫以重其罪，是正日中而灌瓜也。臣竊爲堯佐寒心，而陛下獨不爲之深思遠慮哉！非獨如是而已，前者臺諫官不得對之日，陰霧冥冥，跬步相失，寒冰著木，終日不解。臣謹案《洪範五行傳》：「聽之不聰，是謂不謀，厥咎急，厥罰常寒。」又案《京房書》謂之「蒙氣」。此皆陰氣太盛，壅蔽陽明，上下否塞，疑惑不決之象。天意昭然，有如教語，行道之人皆知其異。陛下資性純孝，嚴恭天命，容納直言，深明得失。此非臣之諛，乃天下所共知也。獨奈何以堯佐之故，忽天戒而不顧，棄人言而不從，輕祖宗之爵禄，違古今之明鑒！書之簡策，使天下之人有以議聖德之萬一，或累於光融高大之美。此臣所以日夜痛心疾首，寢不能安，食不能飽，深爲陛下重惜者也。臣聞臣之事君，猶子事父也。豈有父獲大謗於外，而子不以告，且不諫哉！惟陛下亟召諫臣，使竭其所聞，采納其言而尉安其意，以厭上天之心，解外廷之惑，闢忠讜之路，塞寵倖之門，則天下歡然歌誦盛德，豈有窮哉！昔漢明帝作德陽殿，鍾離意諫，即時罷之。後乃復作，殿成，謂群臣曰：「鍾離尚書在，此殿不成矣。」然則明帝非不欲爲殿也，所以屈意罷之者，欲全諫臣之節，而開直言之端也。今臺諫官前後言堯佐者數矣，陛下曾不留神省察，少爲末減，以慰其心。夫人主所欲爲，人臣豈能强變之哉？顧自今以往，事復有大於堯佐者，在列之臣噤嘿拱手，視之而已矣。此非朝廷之福也。不然，群臣猶朽木，陛下猶雷霆，安可以力校哉，惟陛下察之而已矣。

論夏令公謚狀 皇祐四年七月十三日上

臣等伏覩故贈太師、中書令夏竦，以舊在東宫，特賜謚文正。臣聞《大戴禮》曰：「謚者，行之迹也。」行出於己，名生於人，所以勸善沮惡，不可私也。臣等叨預禮官，謚有得失，職所當言，不敢隱嘿。謹案令文：「諸謚王公及職事官三品以上，皆録行狀申省，考功勘校，下太常禮院擬謚訖，申省議定奏聞。」所以重名實，示至公也。陛下聖德涵容，如天如地，哀愍舊臣，恩厚無已。知竦平生不協群望，不欲委之有司，概以公議，且將揜覆其短，推見所長，故定謚於中，而後宣示於外。臣等謂猶宜擇中流之謚，使與行實粗相應者，取而賜之，亦非群臣所敢議也。今乃謚以文正，二者，謚之至美，無以復加。雖以周公之才，不敢兼取，況如竦者，豈易克當？所謂名與實爽，謚與行違，傳之永久，何以爲法？伏以陛下叡智聰明，燭見微遠，如竦所爲，豈不素聞？迺欲以恩澤之私，强加美謚。雖朝士大夫畏竦子孫方居美仕，不敢顯言。四方之人，耳目炳然，豈可揜蔽？必曰：「夏竦之爲如是，而謚文正，非以謚爲公器也，蓋出於天子之恩耳。」此其譏評國家之失，豈云細哉！臣等所以夙夜區區，不敢避誅戮之辜、怨讎之禍，狂僭妄言，正爲此耳。伏乞陛下留神幸察，改賜一謚，庶協中外之論，以爲萬世之法。臣等無任懇款惶懼之至。謹具狀奏聞，伏候勑旨。

論夏令公謚第二狀 二十三日上，奉聖旨改謚文莊。

右，臣等近以故贈太師、中書令夏竦，賜謚文正，輒有奏陳，乞賜改更，至今未奉俞旨。臣等竊以凡爲人臣，受禄不必多，居位不必高，苟當官不言，則刑戮之人也。是以夙夜惶懼，不敢默默。伏惟陛下不以鄙賤而忽其言。臣等竊迹謚法本意，所謂「道德博聞曰文」者，非聞見雜博之謂也，蓋以所學所行不離於道德也。「靖共其位曰正」者，非柔懦苟媮之謂也，蓋以《詩》云「靖共爾位，好是正直」也。今竦奢侈無度，聚斂無厭，內則不能制義於閨門，外則不能立效於邊鄙，言不副行，貌不應心，語其道德則貪淫矣，語其正直則回邪矣。此皆天下所共聞，非臣等所敢誣加也。陛下乃以文正謚之，臣等戇愚，不達大體，不知復以何謚待天下之正人良士哉！且陛下所以念竦如此之厚者，以竦嘗爲東宫之臣故也。嚮者東宫之臣，死而得謚者非一，陛下未嘗親有所定。至於竦獨不然，豈非知竦所爲不合衆心邪？陛下必以竦爲正直無疑，則何不委之有司，付以公議？然則陛下揜覆其短，適所以彰之也。陛下念竦不已，則莫若厚撫其家。至於謚者，先王所以勸善沮惡，非供恩澤之具也。議者將以謚爲虛名，何害借人？臣等請試言其害。凡國家所以馭臣下者，不過禍福榮辱而已。若爲善者生享其福，死受其榮；爲不善者，生遇其禍，死蒙其辱，天下雖欲不治安，何可得已！若有不令之臣，生則盗其禄位，死則盗其榮名，善者不知所勸，惡者不知所懼，臧否顛倒，不可復振，此其爲害，可勝道哉！《虞書》曰：「兢兢業業，一日二日萬幾。」孔安國傳曰：「言當戒懼萬事之微。」夫事之方微，治之易絶，及其既著，誰得治之？况天下之人皆知竦爲大邪，陛下雖謚之以正，此不足以揜竦之惡，而適足以傷國家之至公耳。且謚法所以信於後人者，爲其善善惡惡無私也。今以一臣之故而敗之，使忠良儁傑之士蒙美謚者，後世皆疑之，則謚法將安用哉？臣等所以冒犯天威，區區不已，與人父子爲怨者，誠惜國家勸沮大法，不可因循虧廢也。伏惟陛下憐察，少加采擇，特依前奏所陳，改賜竦謚，天下幸甚。臣等不勝惶恐待命之至。謹再具狀奏聞，伏候勑旨。

論周琰事乞不坐馮浩狀 皇祐四年十二月八日上❶

右，臣伏奉聖旨，以鎖廳舉人周琰重疊用殊字，既條制未明，試官不申請定奪。臣與馮浩各特罰銅五斤放。仰荷含貸，喜懼無量。然臣昨在武成王廟考試之時，其周琰所用殊字，浩本疑不係重疊用韻。由臣愚懵，鑒別不精，觀琰程試，不見所善，又據條制但言重疊用韻，不云用佗韻引而協者非，由此堅執，輒行黜落。鹵莽之罪，盡皆在臣。今浩與臣一例受罰，臣雖無似，能不愧心！伏望聖慈特賜矜察，與免馮浩責罰，於臣更加嚴譴，各得其分，誠不敢辭。干冒宸嚴，臣無任戰汗激切屏營之至。謹具狀奏聞，伏候勑旨。

請建儲副或進用宗室第一狀 至和三年六月十九日上。是歲仁宗違豫，不臨朝者累月，國嗣未建，天下寒心。中外之臣，勇悍不屈，素以忠直自負如唐介等，❷皆莫言。惟范景仁時爲諫官，❸首建此議。光聞而繼之。第一狀留中，第二、第三狀降付中書。

竊以人臣之進言者，捨其急而議其緩，則言益繁而用益寡矣。人君之聽納者，忽其大而謹其細，則心益勞而功益淺矣。故明主不惡逆耳之言，以察治亂之原；忠臣不避滅身之禍，以論安危之本。是以上下交泰而事業光美也。臣竊見陛下自首春以來，聖體小有不康，天下之人，側足而立，累氣而息，惘

❶ 題注，原無，據《傳家集》補。
❷ 「以」，原作「時」，據《傳家集》改。
❸ 「時」，原作「辱」，據書前及卷端目録、《傳家集》改。

恂憂懼，若蹈冰炭。間者雖已痊平，而民間猶有妄爲訛言以相驚動者。雖有司以嚴刑束之，彼口不得言，中心惶惶，何所不慮邪？陛下胡不試思其所以然者何哉？豈非儲貳者天下之根本，根本未定，則衆心不安也。賈誼有言：「抱火措之積薪之下，而寢其上，火未及然，因謂之安。」當誼之時，漢孝文帝春秋鼎盛，有孝景以爲之太子，中外乂安，公私富溢，誼猶有是言，使誼處於今日，當云何哉！陛下好學多聞，博覽經史，試以前古之事迹之，治亂安危之幾，何嘗不由繼嗣哉！得其人則治，不得其人則亂，分先定則安，不先定則危。此明白之理，皎如日月，得失之幾，間不容髮，於朝廷至大至急之務，孰先於此！而陛下晏然不以爲憂，群臣愛身，莫以爲言。此臣所以日夜痛心疾首，忘其身之疎賤，而不顧鼎鑊之罪者也。伏惟陛下哀而察之。今夫細民之家有百金之寶，猶擇親戚可信任者，使謹守之，況天下之大乎！三代之王以至二漢，所以能享天之禄若是其久者，豈非皆親任九族，以爲藩輔乎？使親者猶不可信，則疎者庸足恃乎？臣竊惟陛下天性純孝，振古無倫，事無大小，關於祖宗者，未嘗不勤身苦體，小心翼翼以奉承之。況所受祖宗光明盛大之基業，豈可不爲之深思遠慮，措之於安平堅固之地，以保萬世無疆之休哉！臣聞天子之孝，非若衆庶止於養親而已，蓋將慎守前人之業而傳於無窮，然後爲孝也。故經稱天子之孝，曰「德教加於百姓，刑於四海」；諸侯之孝，曰「保其社稷，而和其民人」；卿大夫之孝，曰「守其宗廟」；士之孝，曰「保其禄位，而守其祭祀」；庶人之孝，曰「謹身節用，以養父母」。此皆聖人之言，非臣之狂瞽也。今陛下所以奉事祖宗，其道至矣。若獨於此未留睿意，早定大議，則鼎時純孝巍巍之德，皆無益矣。此天下所共爲陛下重惜，非特愚臣而已。臣聞禮：「大宗無子，則同宗爲之後。」爲之後者，爲之子也。故爲人後者事其所後，禮皆如父，所以尊尊而親親也。伏惟祖宗受天明命，功德在人，本支百世，子孫千億。而陛下未有皇嗣，人心憂危。伏望陛下深念祖宗之艱難，基業之閎美，神器之大寶，蒼生之重望，勿聽苟且之言，勿從因循之計，斷自聖志，昭然勿疑，謹擇宗室之中聰明剛正孝友仁慈者，使攝居儲貳之位，以俟皇嗣之生，退居藩服。儻聖意未欲然者，或且使之輔政，或典宿衛，或尹京邑，亦足以安天下之心。如此則天神地祇、宗廟社稷，寔共賴陛下聖明之德，况群臣兆民其誰不歡呼鼓舞乎！昔魯漆室之女，憂魯君老、太子幼。彼匹婦也，猶知憂國家之難，蓋以魯國有難，則身必與焉故也。况臣食陛下之禄，立陛下之朝，又得承乏典册之府，比於漆室之女，斯亦重矣。誠不忍坐視國家至大至急之憂而隱嘿不言。臣誠知不言責不在臣，言之適足自禍。然而必言者，萬一冀陛下采而聽之，則臣於國家，譬如螻蟻，而爲陛下建万世無窮之基，救四海生民之命，臣榮多矣。願陛下勿以臣人微位賤，謂之狂狷而忽之。試以臣言自爲聖意，延問大臣忠於社稷者。儻以爲非，臣請伏妄言之誅。儻以爲是，願陛下決志而速行之。焚臣此奏，勿以示外，足以明臣非敢徼冀毫釐之幸也。《虞書》曰：「勑天之命，惟時惟幾。」陛下當此之時，變危爲安，變亂爲治，易於返掌。若失時不斷，使天下之人有以議陛下之純孝者，則臣雖欲畢命捐軀，以報陛下，亦無及已。臣不勝區區憤懣之誠，干冒冕旒，伏地待罪。

第二狀❶

臣先於六月十九日輒以瞽言干犯聖聽，伏地傾耳，以俟明詔，於今月餘，一無所聞。❷陛下寬仁，不加誅於狂愚之臣，然亦未賜采納。臣竊自痛人品猥細，言語吃訥，不能發明國家安危大體，致陛下輕而棄之，此皆臣之罪也。雖然，臣性誠愚，位誠賤，而意誠忠，語誠切，願陛下不以人之愚賤而廢忠切之言，少留聖心於宗廟社稷之至計，則天下幸甚，天下幸甚！竊以爲國家者，政有小大，事有緩急，知所先後，則功無不成。議者或曰：當今之務大而急者，在於水災沉溢。是大不然。彼水災所傷，不過汙下及濱河之民。若積雨既止，有司少疏而塞之，則民皆復業，豈能爲國家之患哉？又曰：然則，在於穀帛窘乏。是又不然。夫以四海之富，治平之久，若養之有道，用之有節，使良有司治之，穀帛不可勝用也，豈能爲國家之患哉？又曰：然則，在於戎狄侵盜。是又不然。夫戎狄侵盜，不過能驚擾邊鄙之民，若御之有道，備之有謀，可使朝貢相繼，豈能爲國家之患哉？以臣之愚，當今最大最急之患，在於本根未建，衆心危疑。釋此不憂，而顧憂彼三者，是舍其肺腑而救其四支也。不亦左乎！借有高材之臣，能復九河之道，儲九年之食，開千里之邊，而本根未建，猶無益也。況復細於彼三事者，烏足道哉！今陛下聖體雖安，四方之人未能遍知，尚有疑

❶ 此狀，《續資治通鑑長編》在嘉祐元年八月。

❷ 「聞」，原作「問」，據《傳家集》改。

懼者。陛下不以此時早擇宗室之賢者，使攝居儲副之位，內以輔衛聖躬，外以鎮安百姓，萬一有狂妄之人，出於意外，喧譁驚衆，雖知萬全無慮，然亦豈可不過爲之防哉！臣竊意陛下聖志洞照安危，策慮已定，而尚密之，未欲宣示於外。審或如此，亦恐不可。何則？今天下之人企踵而立，抉耳而聽，以須明詔之下，然後人人自安，又何待而密哉！若以儲副體大，非造次可定者，或且使之輔政，或典宿衛，或尹京邑，亦足以遏禍難之原，靖中外之意。今安危之幾，間不容髮，日失一日，貴在及時，而朝廷置之意外，不爲汲汲，朝夕所議，大抵皆目前常事，非甚大而急者。臣恐高拱雍容，養成國家之患，從而理之，用力難矣。此臣所以日夜區區，寢不能安，食不能飽，不避死亡之誅，進言不已者也。伏望陛下察其愚衷，特賜詳擇。臣前日所奏及今狀內事理稍有可施行者，乞決計而速行之，以安天下元元之心。然後理臣僭妄建言之罪，不敢辭也。

温國文正公文集卷第十六

温國文正公文集卷第十七

奏章二

第三狀❶

臣先於六月十九日、❷八月一日兩曾上言，乞擇宗室賢者進而用之，蓋以上則輔衛聖躬，下則鎮安百姓，迄今未聞聖朝少垂采聽。臣誠愚昧，不達國家高遠之意。若臣所言非邪，當明治其罪，以示天下。若其是邪，亦謂聖心不宜棄忽，豈可直以臣之愚賤，不察其言，若投羽毛於滄海之中，杳然莫知其所之，豈踈遠所望哉！臣不勝憤懑，敢復剖析肝膽，陳布以聞，雖抵罪萬死，亦無怨悔。臣聞《書》曰「遠乃猷」，《詩》云：「猶之未遠，是用大諫。」凡國家之弊，在於樂因循而多忌諱，不於治安之時豫爲長遠之謀，此患難所從而生也。竊觀漢室以至有唐，簡策所載，帝王即位則立太子，此乃古今不易之道也。其或謙讓未暇，則有司請之，所以尊宗廟，重社稷，皆國家莫大之慶，未聞人主以爲諱惡也。及唐中葉以來，人主始有惡聞立嗣者，群臣莫敢發言，言則刑戮隨之，是以禍亂相尋，不可復振。殊不知本强則茂，基壯則安，此乃國家所當深鑒，而不足以爲法也。今天下之人，上自公卿，下至庶人，苟有知識、忠

❶ 此狀，《續資治通鑑長編》在嘉祐元年九月。

❷ 「臣」，原無，據《傳家集》補。

於國家者，其心皆知當今之務，無此爲大，無此爲急。然而各畏忤旨之誅，莫敢進言。臣獨不愛犬馬之軀，爲陛下言之，陛下豈可不少留聖思而聽察之邪？臣嘗歷觀春秋以來迨至國初，積一千六百餘年，其間天下混一，内外無患，兵寢不用者不過四百餘年而已。至如聖朝芟夷僭亂，壹統四海，内平外順，上安下和，使在朝在野之人，自祖及孫，耳目相傳，不識戰鬭。蓋自上世以來，治平之久，未有若今之盛者也。竊見國家於州縣倉庫，斗粮尺帛，未嘗不嚴固扃鐍，擇人而守之。況如是融明闊茂之業，豈可不謹擇親戚可信任者，使助陛下守之乎！此則賢愚之人所共爲陛下重惜者也。陛下當此之時，頤指如意，不早決至策，以固萬世不拔之基，獨不念太祖、太宗跋履山川，經營天下，真宗宵衣旰食，以致太平之艱難乎！此臣所以夙夜遑遑，起則思之，卧則夢之，感嘆涕泗，不能自已，不避煩瀆之誅，再三進言者也。或者謂臣身賤居外，而言朝廷之事，侵官也。臣愚以爲治古諫争無官，自公卿、大夫、士至於庶人、百工、商旅、矇瞍、芻蕘無有不得言者，所以達下情而察國政也。若置官而守之，非其官者皆不得言，則下情壅而不通。如是則國家雖有迫切之憂，行道之人皆知之，而在上者莫得聞也。此其爲害，豈不深乎？況臣食陛下之禄，於今三世矣。先臣某以廉直恬退，特爲陛下所知，擢自孤微，升之侍從，此恩之重，子子孫孫何時敢忘！而又陛下鼂以水災親下明詔，延訪中外，勤求得失。臣獨何人，身逢盛際，捨此大節，隱而不言，其餘瑣碎豈足道哉！抑又聞之，「元后作民父母。」陛下，臣父也，安有爲人之子，見危而不告其父乎？伏望陛下察臣區區之心，不爲私其一身，不惜少頃之間，取臣前後所奏，略賜省覽。其中萬一苟有可施行者，乞以陛下之意斷而行之，宣告中外，使遠近涣然無復憂疑，則自然神靈悦於上而災異伏，衆庶喜於下而姦宄消。至於草木昆蟲，靡不蒙被其福。其爲功業，豈不盛哉！夫時者難得而易失，惟陛下早留神詳察。

論屈野河西修堡狀 嘉祐二年上❶

竊以爲人臣者，事君不避難，有罪不逃刑。臣先任通判并州軍州事，准經略司牒，差往麟州勾當公事。其屈野河西一帶田土，積年以來，爲夏虜所侵。臣委曲詢訪本州當職官吏，以虜之侵盗爲日已久，諭之以理，則不肯退縮；逼之以兵，則動成戰鬭；召之重定界至，則偃蹇不來。春種秋穫，無有已期。如何區處，可以不戰而得所侵之地？其本州官吏爲臣言：州城之西臨屈野河，自河以西直抵界首五六十里，並無堡障斥候，以此虜得恣耕其田，遊騎往往直至城下，或過城東，州人不知。去歲已於河西置一小堡，以處斥候之人，亦曾申經略司，乞於其西增置二堡。會今春以來，虜騎屯聚，徧滿河西，經略司牒令候西人退散，别申取指揮。今虜衆盡已退去，自州城以西至大横水爽平數十里間，絶無一人一騎。若乘此際，急於州西二十里左右增置二堡，每堡不過十日可成，比至虜中再行點集，此堡已皆有備，虜不能爲害。如此則麟州永無侵軼之虞，州兵出入有所宿頓，堡外先侵之田，虜皆不能耕種。臣之愚心，亦以爲國家固争屈野河西田者，非

❶ 題注，原無，據《傳家集》補。

少此尺寸之地，蓋以虜侵耕至河，則麟州孤危。果能成此二堡，以爲麟州耳目藩蔽，於事誠便。遂歸，具以官吏所言白於龐籍。籍用臣言，即牒麟州令依前申修築二堡，仍令精加探候，廣設隄備，戒諭約束，莫非丁寧。蓋欲乘間急修，故不暇取旨俟報，但曾奏知而已。不期牒到之後，❶元未興修，虜衆已復大集，於五月五日，彼處兵官引一千許人夜開城門，徑往屈野河西。前無探候，後無策應，中無部伍，但賫酒食，不爲戰備。以此逢敵，如何不敗！遂令所謀之事悉皆無成。此乃諸將恃勇輕敵、臨事無備之所致，本非修堡之過。況自元昊納款以來，麟州修建堡寨，及出兵過屈野河西，前後非一。雖與虜遇，未嘗敗北。明知今日之敗在於無備，不在修堡與過河也。然臣竊聞議者乃以龐籍爲擅修堡寨，引惹邊事。臣伏自惟省，本因臣與麟州官吏商量，傳道其言，達於龐籍。籍未嘗身至河西，周知利害，皆臣愚戇，思慮不熟，輕議大事，當伏重誅。今乃使議者悉歸咎於龐籍，臣豈敢晏然不言，苟求自脱？上負聖朝，死有餘責，臣雖小人，義不忍爲。伏望陛下察龐籍本心欲爲國家保固疆圉，發於忠赤，不顧身謀，過聽臣言，以至於此，獨治臣罪，以正典刑，雖蹈鼎鑊，亦無所畏。干冒宸嚴，臣無任戰汗激切屏營之至。

第二狀

右，臣先曾奏陳爲麟州修堡事，乞獨治臣罪，至今未奉朝旨。今竊知龐籍移知青州，夏倚等各有責降。臣伏自惟念，若朝廷

❶「牒」，原作「滿」，據《傳家集》改。

不以修堡爲非，龐籍等必不受責。若以爲非，則龐籍先已指揮麟州罷修此堡，因臣至彼，見虜騎退散，方議再修。武戡、夏倚等雖建此策，因臣至彼傳導其言，方得達於龐籍。由是言之，修堡之事皆臣所致。若治其罪，臣當爲首。今龐籍等先受其責，而臣未蒙譴罰，❶臣實内慙，無以自處。况臣在并州日，受經略司牒管勾本司要重公事，龐籍凡處置邊事，未嘗不詢及於臣，采用其説。臣亦夙夜竭盡愚慮，知無不言，庶幾協心裨補國家有萬一之益。今乃以智識淺短，思慮不精，上爲朝廷之憂，下爲龐籍之累。若復苟求自脱，不即大誅，是臣以蕞爾之軀，虧國家至平之法，罪釁愈重，不容於死。伏望聖慈察臣前後所陳本末事理，嚴賜誅譴，以正刑書，不勝幸甚。干冒宸嚴，臣無任惶恐屏營之至。謹具狀奏聞，伏候勑旨。

乞虢州狀 嘉祐三年上❷

右，臣不避斧鉞，傾瀝危懇。臣本貫陝州夏縣，丘壟宗族，俱在彼中。自先臣亡没，及臣服闋以來，十有餘年，守官未嘗得近鄉里。止曾一次請假焚黄，得展省墳墓。中心念此，朝夕不忘。近臣方欲上煩朝廷，陳乞家便一官。又爲自判吏部南曹未及一年，及陝州側近州郡俱未有闕，所以未敢陳請。今竊知已降勑命，授臣開封府推官。於臣之分，誠爲榮幸，然臣有此私懇，須至披陳。加以稟賦愚闇，不閑吏事，臨繁處劇，實非所長，心慮不職，以煩司寇。伏望聖慈特賜矜

❶「臣」，原脱，據《傳家集》補。
❷ 題注，原無，據《傳家集》補。

察，除知虢州或慶成軍一次，情願守待遠闕，庶得近便，灑掃先塋。或上件處所無闕，乞且歸館供職，候有闕日，特賜差除。干冒宸嚴，臣不任懇切惶懼之至。謹具狀奏聞，伏候勑旨。

第二狀

右，臣先蒙恩授臣開封府推官，臣爲久不曾到鄉里，及自知才性疲駑，不任劇職，曾奏乞知虢州或慶成軍一次，奉聖旨不許辭免。就職以來，已踰半歲，體素多病，牽强不前。竊知虢州即今有闕，臣欲乞依前來所奏，差知虢州一次。或已除人，即乞候主判登聞鼓院，或尚書省閑慢司局有闕日，差除一處，庶幾守官不至曠敗。干冒宸嚴，臣無任戰汗激切屏營之至。謹具狀奏聞，伏候勑旨。

第三狀

右，臣伏自去歲聖恩除開封府推官以來，臣以久不到陝州鄉里，及資性駑下，不任劇職，兩曾乞差知虢州，或主判登聞鼓院，及尚書省閑慢司局，不蒙聽許。臣以開封府重難之處，不敢更有陳請。今竊知已降勑命，除臣判三司度支句院。竊緣臣稟賦愚鈍，素無才幹，省府職任，俱爲繁劇，去此就彼，皆非所宜。若貪榮冒居，必致曠敗。内省僥忝，誠不自安。欲乞依前來所奏，差知虢州或主判登聞鼓院及尚書省閑慢司局。若俱無闕，則乞知絳州、乾州或在京閑慢差遣一次。干冒宸嚴，臣無任懇切戰汗屏營之至。謹具狀奏聞，伏候勑旨。

辭修注第一狀

右，臣伏奉勑，差臣同修起居注。臣性識庸昧，學術空淺。循塗平進，猶懼不稱。況記注之職，士林高選。若以叙進，則先達尚多。若以才升，則最出衆下。豈敢不自揣度，貪冒榮寵，内猶愧怍，人將謂何！承命震恐，殆無容措。伏望聖慈俯賜矜察，更擇時彦，以副群望。所有勑，臣不敢祇受。謹具狀奏聞，伏候勑旨。

第二狀

右，臣伏准中書劄子，以臣昨奉勑差同修起居注，不敢祇受，奉聖旨不許辭免，便令受勑者。臣聞人主度才然後授任，人臣量能然後就職。是以上無曠官，下無竊位。臣雖愚戇，粗識兹義。今修注之官，日侍黼扆，瞻望倩光，仕進之塗，無此爲美。臣非惡居顯榮，樂在疎賤，顧以駑下之質，不相當稱。苟强顔爲之，不惟取四方觀笑，爲士友所責，亦恐用非其人，貽朝廷羞。臣愚，所慮正在於此。是以傾輸悃愊，昧死自陳。今制旨益嚴，未賜開可。臣夙夜震懼，不知所圖。豈辭語拙訥，不能著白？將誠信未昭，無以感發，俛仰惶惑，若懷冰炭。是用再有披露，仰達天聰，不敢避煩瀆之誅，庶幾逃忝冒之罪。所有差同修起居注勑，臣不敢祇受，乞依前奏，更賜擇人。臣無任激切俟命之至。謹具狀奏聞，伏候勑旨。

第三狀

右，臣伏准中書劄子，以臣昨奉勑差同

修起居注，再有奏陳，不敢祗受，乞更賜擇人。奉聖旨，令臣依前降指揮，不許辭免，便令授勑者。臣區區之誠，屢塵天聽，言理鄙拙，未蒙采納，退自悚懼，置躬無所。臣雖愚陋，豈不知非常之恩不可輕得，詔命之嚴不可屢違，所以冒犯雷霆，祈請不已者，誠以人臣之義，陳力就列，不能者止。臣自釋褐從仕，佩服斯言，奉以周旋，不敢失墜。仕進本末，皆可覆按。鄉者承上庠之乏，充文館之員，補奉常之屬，給太史之役，未嘗敢以片言避免，煩浼朝廷。蓋以解擿章句，校讎文字，考尋儀典，編次簡牘，苟策勵疲駑，庶幾可以逃於罪戾。是以聞命之始，即時就職。至於修起居注，自祖宗以來，皆慎擇館閣之士，必得文采閎富可以潤色詔命者，然後爲之。臣自幼及長，雖粗能誦習經傳，涉獵史籍，至於屬文，實非所長。雖欲力自切劘，求及等輩，性有常分，不可强勉。儻不自惟忖，貪冒榮寵，異時驅策，有所不稱，使四方之人環目譏笑，以爲盛明之朝，容有竊位之人，其爲聖人之累，豈云細哉！如是，則雖伏質横分，不足以補塞無狀。此臣所以夙夜惶悸，欲止不能者也。且臣前後所陳，剖心析肝，莫非懇到，而朝廷棄置其言，曾不足省，是不以情實待臣也。意者，使臣言出於誠，陛下矜而聽之，足以盡下情，從物欲。使臣言出於僞，陛下亦因許之，足以沮姦回，警媮薄。臣竊爲朝廷計之，二者皆未爲失也。今臣所陳請，已及再三，而陛下拒之愈堅，督之愈急，使拳拳之志無以自明，豈上下坦然推心相信之道哉！臣不勝憤懣，伏望聖慈依臣前奏，更賜擇人。所有同修起居注勑，臣不敢祗受。謹具狀奏聞，伏候勑旨。

第四狀

右，臣伏自蒙恩差臣同修起居注，已三次奏陳，不敢受敕，更乞擇人。今又准中書劄子，奉聖旨，令臣依累降指揮便授敕，更不得辭免。詔旨丁寧，至于三四，而臣偃蹇自遂，是謂不恭。若正典刑，罪死無赦。然臣知而不敢避者，誠以罪有大於此者故也。臣聞《虞書》曰：「無曠庶官。」然則官無鉅細，皆分理天職，王者猶不敢私非其人，况人臣而敢叨居其位乎？如是則雖無國討，必有天刑。臣雖頑愚，粗知自愛，雖日遷九官，所不願也。臣曏辭開封府推官及判三司度支勾院，朝廷一有指揮，不令辭免，臣即時就職，豈以材力爲足堪其任哉？竊自惟度，以爲朝命已行，必不可移，雖章奏煩多，終無所益，是以黽勉從事，不敢復言。及覩王安石前者差修起居注，力自陳愬，章七八上，然後朝廷許之，臣乃追自悔恨。曏者非朝廷不許，由臣請之不堅故也。臣今所以煩瀆聖聽，不能自已，雖加重誅，所不敢逃。况王安石文辭閎富，世少倫比，四方士大夫素所推服，授以此職，猶懇惻固讓，終不肯爲。如臣空踈，何足稱道？比於安石，相去遠甚，乃敢不自愧耻，以當非常之命乎！使臣之才得及安石一二，則臣聞命之日受而不辭。今臣内自省循，一無可取，乃與之同被選擢，比肩並進，豈不玷朝廷之舉，爲士大夫所羞哉！此臣所以彷徨，尤不敢受者也。伏望聖慈察臣誠心，且令循守舊職，更賜推擇當今俊異之人可與安石爲比者，使同修起居注。如此則賢不肖各當其分，能不能各適其宜，下情獲安，衆望惟允。所有同修起居注勑，臣不敢祇受。謹具狀奏聞，伏候勑旨。

第五狀

右，臣先奉勑差同修起居注，臣四曾上奏，乞更擇人。今又准中書劄子，奉聖旨，令臣依累降指揮，更不得辭免，便令授勑供職者。臣要領如草芥，不足以膏斧鉞；軀命如螻蟻，不足以脂鼎鑊。今屢違明詔，當伏重誅。然臣區區之情，亦冀朝廷少賜寬察。臣自知材能不足塞職，歸情上聞，煩瀆聖聰，至于四五。刳肝瀝膽，盈卷溢幅，臣之情亦極矣，臣之辭亦殫矣。雖欲重複稱引，無以復加。而朝廷以臣賤微，終不之聽。臣晝夜憂悸，無以自存，俯仰三思，進退維谷。夫詔命至尊，微臣至卑，修注至榮，罪誅至辱。今臣以卑違尊，去榮就辱，原其本志，豈有它哉？正欲朝廷任官皆得其人，愚臣處身不失其分而已。若聖恩矜而許之，則豈惟愚臣之幸，亦可以少有補於國家。若章奏煩多而詔指不移，豈惟使臣獲頑愚不虔之罪，不容於葅醢，抑亦恐四方之人謂朝廷乏於賢材，如臣之比，尚足固留也。不勝迫切之情，伏望聖慈依臣前奏，更賜擇人。所有同修起居注勑，臣不敢祇受。謹具狀奏聞，伏望勑旨。

温國文正公文集卷第十七

温國文正公文集卷第十八

章奏三

日食遇陰雲不見乞不稱賀狀

六年五月二十八日上。是歲果大雨，不見日食，不復稱賀。自後踵以爲常。❶

右，臣准太常禮院公文，司天監奏，今年六月朔，太陽交食。臣伏覩近世以來，每有日食之變，曆官皆先具月日時刻及所食分數奏聞。至日，或爲陰雲所蔽，或所食不滿分數，公卿百官皆奉表稱賀，以爲大慶。臣愚以爲日之所照，周徧華夷，雲之所蔽，至爲近狹。今若太陽實虧，而有浮陰翳塞，雖京師不見，四方必有見者，此迺天戒至深，不可不察。臣聞漢成帝永始元年九月，日有食之，四方不見，京師見。谷永以爲沈湎于酒，禍在内也。二年二月，日有食之，四方見，京師不見。谷永以爲百姓屈竭，禍在外也。臣愚以爲永之所言，似未協天意。夫四方不見京師見者，禍尚淺也。四方見京師不見者，禍寖深也。日者，人君之象。天意若曰人君爲陰邪所蔽，災懸明著，天下皆知其憂危而朝廷獨不知也。由是言之，人主尤宜側身戒懼，憂念社稷。而群臣迺始相率稱賀，豈得不謂之上下相蒙，誣罔天譴哉！又所食不滿分數者，曆官術數之不精，當治其罪，亦非

❶ 「五月」，原作「八月」，據《傳家集》改。

所以爲賀也。伏望陛下明敕有司，若六月一日果有日食之異，或四方見京師不見，或所食不滿分數，皆不得奉表稱賀，以重皇天之怒，則天下幸甚。臣職在禮部，掌凡群臣慶賀章表，不敢不言。謹具狀奏聞，伏候敕旨。

三　德

以下三道劄子，嘉祐六年初除諫官，七月二十一日上殿。一留中，一送中書，一送察院□揀軍官員。❶

臣伏蒙聖恩，不以臣無似，擢臣爲諫官。臣自幼學先王之道，意欲有益於當時。是以雖在外方爲它官，猶願竭其愚心，陳國家之所急。況今立陛下之左右，以言事爲職。陛下仁聖聰明，求諫不倦。群臣雖有狂狷愚妄，觸犯忌諱，陛下皆含容寬貸，未嘗加罪，誠微臣千載難逢之際。苟不以此時傾輸胷腹之所有，以副陛下延納之意，則不可以自比於人，死有餘罪矣。臣竊惟人君之大德有三：曰仁，曰明，曰武。仁者，非嫗煦姑息之謂也。興教化，修政治，養百姓，利萬物，此人君之仁也。明者，非煩苛伺察之謂也。知道誼，識安危，別賢愚，辨是非，此人君之明也。武者，非彊亢暴戾之謂也。惟道所在，斷之不疑，姦不能惑，佞不能移，此人君之武也。故仁而不明，猶有良田而不能耕也。明而不武，猶視苗之穢而不能耘也。武而不仁，猶知穫而不知種也。三者兼備，則國治彊。闕一焉則衰，闕二則危，三者無一焉則亡。自生民以來，未之或改也。臣不勝區區，觸死忘生，竊見陛下天性慈惠，慎微接

❶ 題注，《傳家集》作「得旨留中三劄並初除諫官上」。「□」，據《長編》等，疑爲「戒」字。

下，子育元元，汎愛群生，雖古先聖王之仁，殆無以過。然自踐阼以來垂四十年，夙夜孜孜以求至治，而朝廷紀綱猶有虧缺，閭里窮民猶有怨歎，意者群臣不肖，不能宣揚聖化，將陛下之於三德萬分之一亦有所未盡歟？臣聞《春秋傳》曰：「賞慶刑威曰君。」臣幸得以修起居注，日侍黼扆之側，伏見陛下推心御物，端拱淵嘿，群臣各以其意有所敷奏，陛下不復詢訪利害，考察得失，一皆可之。誠使陛下左右前後、股肱耳目之臣皆忠實正人，則如此至善矣。或出於不意，有一姦邪在焉，則豈可不爲之寒心哉！夫善惡是非相與混殽，若待之如一，無所别白，或知其善而不能賞，知其惡而不能罰，則爲善者日懈，爲惡者日勸，雖有堯、舜、禹、湯、文、武之君，稷、契、伊、吕、周、召之臣，以之求治，猶鑿冰而取火，適楚而北行也。伏望陛下少垂聖思，以天授之至仁，廓日月之融光，奮乾剛之威斷，善無微而不録，惡無細而不誅，則唐虞三代之隆何遠之有？此臣愚淺所見，不敢不陳，取進止。

七月二十三日，起居舍人、直秘閣、同修起居注、同知諫院臣司馬光劄子。

御　臣

臣聞致治之道無它，在三而已：一曰任官，二曰信賞，三曰必罰。《康誥》稱文王之德曰：「庸庸，祗祗，威威，顯民。」言用其可用，祗其可祗，刑其可刑也。臣竊見國家所以御群臣之道，累日月以進秩，循資塗而授任。苟日月積久，則不擇其人之賢愚而寘高位，資塗相值，則不問其人之能否而居重職。夫人之材性，各有所宜，而官之職業，各有所守。自古得賢之盛，莫若陶虞之際。然稷降播種，益主山林，垂爲共工，龍作納言，契敷五教，臯陶明刑，伯夷典禮，后夔典樂，皆各守一官，終身不易。苟使之更來迭去，易地而守，未必能盡善。今以群臣之材，固非八人之比，迺使之遍居八人之官，遠者三年，近者數月，輙已易去。如此而望職事之修，功業之成，必不可得也。非特如是而已。設有勤恪之臣，悉心致力以治其職，群情未洽，績効未著，在上者疑之，同列者嫉之，在下者怨之。當是時，朝廷或以衆言而罰之，則勤恪者無不解體矣。姦邪之臣衒奇以譁衆，養交以市譽，居官未久，聲聞四達，畜患積弊，以遺後人，當是之時，朝廷或以衆言而賞之，則姦邪者無不争進矣。所以然者，其失在於國家采名不采實，誅文不誅意。夫以名行賞，則天下飾名以求功。以文行罰，則天下巧文以逃罪。如是，則爲善者未必賞，爲惡者未必誅。此陛下所以南面孜孜，夙夜求治，歷載甚久，而太平未效者也。❶今陛下誠能博選在位之士，不問其始所以進及資序所當爲，使有德行者掌教化，有文學者待顧問，有政術者爲守長，有勇略者爲將帥，明於禮者典禮，明於法者主法，下至醫卜、百工皆度材而授任，量能而施職。有功則增秩加賞而勿徙其官，無功則降黜廢棄而更求能者，有罪則流竄刑誅而勿加寬貸。如是而朝廷不尊，萬事不治，百姓不安，四夷不服，臣請伏面欺之誅。凡臣所言，皆陛下耳所厭聞，心所素知。然致治之要，無以易此。知之非艱，行之惟艱。願陛下力行何如耳。敢昧死陳瞽

❶「此陛下」至「未效者也」二十四字，原脱，據《傳家集》補。

言，惟陛下裁擇。取進止。

揀兵

臣竊聞朝廷近降指揮，揀選諸指揮兵士，補填近上軍分。其主兵之官惟務人多，不復精加選擇，其間明知羸弱，悉以充數。臣以耳目疎短，聞之後時，不能豫陳可否，致事已施行。然其得失利害之明，不可不盡爲陛下言之。往者不可及，來者猶可追也。臣竊惟當今國家之患，在於士卒不精，故四夷昌熾；財用不足，故公私窘迫。今縱不能澄汰衰老以省大費，而又平居晏然，非有警急，坐增無用之衆，以長無窮之患。臣不知爲國計者，果如何也？方今天下安樂無虞，而府庫之積，隨得隨散，曾無羡餘。設不幸有螽螟水旱，饑饉相仍，盜賊猝起，戎狄内侵，不知陛下將何以待之？此不可不爲之先慮也。臣竊觀自唐室募兵以來，果能得武猛材力之士，猶爲有益。若不擇勇怯而養之，臣不知其可也。唐德宗以神策軍使白琇珪爲京城召募使，應募者皆市井沽販之人，有名無實。及涇師犯闕，德宗命琇珪以神策軍禦之，卒無一人至者。德宗狼狽失據，遂幸奉天。及五代之際，軍政尤紊，是以叛亂接迹，禍敗相尋。周世宗以高平之戰，士卒不精，故樊愛能、何徽所部先奔。歸而大閲諸軍，悉簡去老弱，選其精鋭，以爲侍衛親軍。由是甲兵之盛，近世無比，故能南割淮甸，北取關南，群雄畏服，所向無敵。太祖皇帝受天明命，撫有大寶。當是之時，戰士不過數萬，北禦契丹，西捍河東，以其餘威，開荆楚，包湖湘，卷五嶺，吞巴蜀，掃江南，服吴越。太宗皇帝紹丕烈，奮神威，遂拔晉陽，一統四海，堂堂之業，萬世賴之。今天下兵數，臣不能盡知，竊聞比於太祖皇帝時其多數倍。然元昊羌胡之豎子，智高蠻獠之微種，迺敢倔强河西，横行嶺表。國家發兵討之，士卒或望塵奔北，或迎鋒沮潰。毀辱天威，爲四夷笑。由是觀之，養兵之術，務精不務多也。且今所選之兵，升其軍分，增其粮賜，是宜感戴上恩，人人喜悦。而竊聞京城之内，被選之人，往往咨嗟悲怨，父子相泣。況於外方兵士，違去鄉里，訣别親戚，其爲愁苦，不言可知。使中外人情遑遑，如此豈惟久遠之害，亦不可不以切近之憂，爲萬一之慮也。兵者，國之大事，廢興之端，安危之要，盡在於是。臣不知曾與不曾令兩府大臣相與熟議經久利害，然後行之？今在京兵士已經揀上分配諸軍者，無如之何；其未揀及外州軍兵士，伏望朝廷特降指揮，下應係揀軍臣僚，須是一一躬親，子細揀選。好人材，有膂力，及得等様，别無疾患，❶方得揀上。如已經揀中後，朝廷别差不干礙官覆揀得，却有不及等様及羸弱病患之人，其元揀軍臣僚，伏乞重行貶竄。仍自今後，每遇大段招揀兵士，並須先令兩府臣僚同共商量，度財用豐耗及事之緩急，若須至招揀，方得聞奏施行。并約束揀軍臣僚，務精不務多，一如今來指揮。取進止。

論赦及疎決狀 嘉祐六年八月十五日上

右，臣竊以赦者害多而利少，非國家之善政也。《虞書》曰：「眚災肆赦，怙終賊

❶「疾患」，原作「呈切」，《傳家集》作「羸弱」，據《續資治通鑑長編》改。

刑。」謂過誤有害則赦之，怙惡自終則殺之，非不擇罪之有無并赦之也。漢大司馬吴漢病篤，光武親臨，問所欲言，對曰：「惟願陛下慎無赦而已。」王符亦曰：「今日賊良民之甚者，莫大於數赦贖，赦贖數，則惡人昌而善人傷矣。」蜀人稱諸葛亮之賢，亦曰：「軍旅屢興，而赦不妄下。」然則古之明君賢臣，未嘗以數赦爲美也。國家承順天心，子愛百姓，發號出令，必先至仁。然數赦之弊，猶未能去。又古之赦者，其出無常，嚴謹周密，不可前知，姦民猶抵冒以待之。況今國家三年一郊，未嘗無赦，每歲盛夏，皆有疎決，猾吏貪縱，大爲姦利，悍民暴横，侵侮善良，百千之中，敗無一二。幸而發露，率皆亡匿，不過周歲，必遇赦降，則晏然自出，復爲平人。往往指望，謂之「熱勑」。使愿慤之民憤邑惴恐，凶狡之群志滿氣揚，豈爲民父母勸善沮惡之意哉！且疎決之名，本以盛暑之際，恐囹圄之中有滯積冤結，有司不爲申理，使無所告愬，故天子臨軒，親加慮問，平其枉直。無辜則赦，有罪則誅，使久繫之人，一朝而決。故能消釋沴氣，迎致太和。非謂不問是非，一切縱之也。又祖宗之時，每歲不過一次疎決，死罪以下，皆遞降一等。近年以來，或至再三，自徒以下，一切赦之。今歲五月以前，疎決之令已再行矣。此所以使百職隳慢、姦邪恣睢者也。今縱未能盡革前弊，伏望陛下特降指揮示中書，❶今後每歲疎決不過一次，或早或晚，使外人不可豫期。其徒罪仍依舊降從杖。或遇親祀南郊之歲，更不疎決，永爲定制。庶幾爲惡之人不敢指以自寬，有所戒懼。謹具狀奏聞，伏候勑旨。

❶ 「示」，《傳家集》作「下」。

薦鄭揚庭

臣竊見近世以來，搢紳之士專上華辭，不務經術。先聖微言，幾成廢墜。臣謂苟有盡心修明六藝，皆宜甄獎，以勵來者。伏見并州孟縣主簿鄭揚庭，自少及長，研精《易》道，譔著所得，成《易測》六卷。不泥陰陽，不涉怪妄，專用人事，指明六爻。求之等倫，誠難多得。臣不敢隱蔽，輒取進呈。❶ 伏望聖慈略垂省覽，苟有可取，量加旌異，貴使學者有所勸慕。取進止。

薦劉廱

臣伏見西鄙用兵以來，草萊之士談兵機、獻邊策者，不可勝紀。其間夸誕迂闊，不切事情，鄙陋膚淺，無可觀采者甚衆。蓋緣邊鄙之事，非土著之人，耳目習熟，則不能究明利病。非學古之士，歷觀成敗，則不能堅定是非。竊見并州鄉貢進士劉廱，撰成《邊議》十卷，援據古今，指陳得失，用意甚勤，論理頗多。不敢隱蔽，謹具進呈。伏乞少賜省覽，如有可取，欲乞朝廷略加甄獎。

進五規狀 嘉祐六年八月十七日上

右，臣幸得備位諫官，竊以國家之事，言其大者遠者，則汪洋濩落而無目前朝夕之益，陷於迂闊；言其小者近者，則叢脞委瑣，徒足以煩溷聖聽，失於苛細。夙夜惶惑，口與心謀，涉歷累旬，乃敢自決。與其受苛細

❶「呈」，原作「止」，據《傳家集》改。

之責，不若取迂闊之譏。伏以祖宗開業之艱難，國家致治之光美，難得而易失，不可以不慎，故作《保業》。隆平之基，因而安之者易爲功，頹壞之勢，從而救之者難爲力，故作《惜時》。道前定則不窮，事前定則不困，人無遠慮，必有近憂，故作《遠謀》。燎原之火，生於熒熒，懷山之水，❶漏於涓涓，故作《重微》。象龍不足以致雨，畫餅不足以療飢，華而不實，無益於治，故作《務實》。合而言之，謂之《五規》。此皆守邦之要道，當世之切務。戇陋狂瞽，觸冒忌諱，惟知納忠，不敢愛死。伏望陛下以萬幾之餘，遊豫之間，垂精留神，特賜省覽。萬一有取裁而行之，則臣生於天地之間，不與草木同朽矣。謹具狀奏聞，伏候勑旨。

保業

天下，重器也，得之至艱，守之至艱。王者始受天命之時，天下之人皆我比肩也，相與角智力而争之。智竭不能抗，力屈不能支，然後肯稽顙而爲臣。當是之時，有智相偶者則爲二，相參者則爲三，愈多則愈分。自非智力首出於世，則天下莫得而一也。斯不亦得之至艱乎！及夫繼體之君，群雄已服，衆心已定，上下之分明，彊弱之勢殊，則中人之性，皆以爲子孫萬世如泰山之不可摇也。於是有驕惰之心生。驕者，玩兵黷武，窮泰極侈，神怒不恤，民怨不知，一旦涣然，四方糜潰，秦、隋之季是也。惰者，沈湎宴

❶「水」，原作「冰」，據《傳家集》改。

安，慮不及遠，善惡雜糅，是非顛倒，日復一日，至於不振，漢、唐之季是也。二者或失之彊，或失之弱，其致敗一也。斯不亦守之至艱乎！臣竊觀自周室東遷以來，王政不行，諸侯逐進，分崩離析，不可勝紀，凡五百有五十年而合於秦。秦虐用其民，十有一年而天下亂，又八年而合於漢。漢爲天子二百有六年而失其柄，王莽盗之，十有七年而復爲漢。更始不能自保，光武誅除僭僞，凡十有四年，後能一之。又一百五十有三年，董卓擅朝，州郡瓦解，更相吞噬。至于魏氏，海内三分，凡九十有一年而合於晉。晉得天下，纔二十年，惠帝昏愚，宗室構難，群胡乘釁，濁亂中原，散爲六七，聚爲二三，凡二百八十有八年而合於隋。隋得天下，纔二十有八年，煬帝無道，九州幅裂，八年而天下合於唐。唐得天下一百有三十年，明皇恃其承平，荒于酒色，養其疽囊，以爲子孫不治之疾。於是漁陽竊發，而四海横流矣。肅、代以降，方鎮跋扈，號令不從，朝貢不至，名爲君臣，實爲讎敵。陵夷衰微，至于五代，三綱頹絶，五常殄滅，懷璽未煖，處宫未安，朝成夕敗，有如逆旅。禍亂相尋，戰争不息，流血成川澤，聚骸成丘陵，生民之類，其不盡者無幾矣。於是太祖皇帝受命于上帝，起而拯之，躬擐甲胄，櫛風沐雨，東征西伐，掃除海内。當是之時，食不暇飽，寢不遑安，以爲子孫建太平之基。大勳未集，太宗皇帝嗣而成之。凡二百二十有五年，然後大禹之迹復混而爲一，黎民遺種，始有所息肩矣。由是觀之，上下一千七百餘年，天下一統者，五百餘年而已。其間時時小有禍亂，不可悉數。國家自平河東以來，八十餘年，内外無事，然則三代以來，治平之世，未有若今之盛者也。今民有十金之産，猶以爲先人所營，苦身勞志，謹而守之，不敢失墜。況於承祖宗光美之業，奄有四海，傳作萬世，可不重哉！可不慎哉！《夏書》曰：「予臨兆民，懍乎若朽索之馭六馬。」《周書》曰：「心之憂危，若蹈虎尾，涉于春冰。」臣願陛下夙興夜寐，兢兢業業，思祖宗之勤勞，致王業之不易，援古以鑒今，知太平之世難得而易失，則天下生民，至於鳥獸草木，無不幸甚矣。

惜時

夏至，陽之極也，而一陰生。冬至，陰之極也，而一陽生。故盛衰之相承，治亂之相生，天地之常經，自然之至數也。其在《周易》，泰極則否，否極則泰。《豐》：「亨，宜日中。」孔子傳之曰：「日中則昃，月盈則食，天地盈虛，與時消息。而況於人乎，況於鬼神乎！」是以聖人當國家隆盛之時，則戒懼彌甚，故能保其令問，永久無疆也。凡守太平之業者，其術無它，如守巨室而已。今人有巨室於此，將以傳之子孫，爲無窮之規，則必實其堂基，壯其柱石，彊其棟梁，厚其茨蓋，高其垣墉，嚴其關鍵。既成又擇子孫之良者使謹守之。日省而月視，欹者扶之，弊者補之，如是則雖亘千萬年，無頹壞也。夫民者，國之堂基也。禮法者，柱石也。公卿者，棟梁也。百吏者，茨蓋也。將帥者，垣墉也。甲兵者，關鍵也。是六者不可不朝念而夕思也。夫繼體之君，謹守祖宗之成法，苟不隳之以逸欲，敗之以讒諂，則世世相承，無有窮期。及夫逸欲以隳之，讒諂以敗之，神怒於上，民怨於下，一旦渙然而去之，則雖有仁智恭儉之君，焦心勞力，猶不能救陵夷之運，遂至於顛沛而不振。嗚呼，可不鑒哉！今國家以此承平之時，立綱布紀，定萬世之基，使如南山之不朽，江河之不竭，可以指顧而成耳。失今不爲，已迺頓足扼腕而恨之，將何益矣！《詩》云：「我日斯邁，而月斯征。夙興夜寐，無忝爾所生。」時乎時乎，誠難得而易失也。

温國文正公文集卷第十八

温國文正公文集卷第十九

章奏四

遠謀

《易》曰：「君子以思患而豫防之。」《書》曰：「遠乃猷。」《詩》曰：「猷之未遠，是用大諫。」昔聖人之教民也，使之方暑則備寒，方寒則備暑，《七月》之詩是也。觀夫市井稗販之人，猶知旱則資舟，水則資車，夏則儲裘褐，冬則儲絺綌。彼偷安苟生之徒，朝醉飽而暮飢寒者，雖與之俱爲編户，貧富必不侔矣。况爲天下國家者，豈可不制治於未亂，保邦於未危乎？《詩》云：「迨天之未陰雨，徹彼桑土，綢繆牖户。今女下民，或敢侮予。」孔子曰：「爲此詩者，其知道乎！能治其國家，誰敢侮之？」迨天之未陰雨者，國家閑暇，無有災害之時也。徹彼桑土者，求賢於隱微也。綢繆牖户者，脩敕其政治也。夫桑土者，鴟鴞所以固其室也。賢儁者，明主所以固其國也。國既固矣，雖有侮之者，庸何傷哉！臣竊見國家每邊境有急，羽書相銜，或一方饑饉，餓莩盈野，則廟堂之上焦心勞思，忘寢廢食以憂之。當是之時，未嘗不以將帥之不選，士卒之不練，牧守之不良，倉廩之不實，追責前人，以其備禦之無素也。幸而烽燧息，五穀登，則明主舉萬壽之觴於上，群公百官歌太平、縱娛樂於下，晏然自以爲長無可憂之事矣。嗚呼！使自今日以往，四夷不復犯邊，水旱不復爲災則可矣。

若猶未也，則天幸安可數恃哉！陛下何不試以閑暇之時，思不幸邊鄙有警，饑饉荐臻，則將帥可任者爲誰，牧守可守者爲誰，雖在千里之外，使之常如目前。至於甲兵之利鈍，金穀之盈虚，皆不可不前知而豫謀也。若待事至而後求之，則已晚矣。夫四夷水旱，事之細者也。抑又有大於是者，陛下亦嘗留少頃之慮乎？《詩》云：「維彼聖人，瞻言百里。維此愚人，覆狂以喜。」此言遠謀之難知，近言之易行也。夫謀遠則似迂，迂則人皆忽之。其爲害至慘也，而無切身之急；爲利至大也，而無旦夕之驗。則愚者抵掌謂之迂也，宜矣。國家之制百官，莫得久於其位，求其功也速，責其過也備。是故或養交飾譽以待遷，或容身免過以待去。上自公卿，下及斗食，自非憂公忘私之人，大抵多懷苟且之計，莫肯爲十年之規，況萬世之慮乎！自非陛下惕然遠覽，勤而思之，日復一日，長此不已，豈國家之利哉！此臣日夜所以痛心泣血而憂也。昔賈誼當漢文帝之時，以爲天下方病大瘇，又苦跋盭，又類辟且病痱。陛下視方今國家安固，公私富實，百姓樂業，孰與漢文？然則天下之病，無乃更甚乎！失今不治，必爲痼疾。陛下雖欲治之，將無及已。治之之術，非有它奇巧也，在察其病之緩急，擇其藥之良苦，隨而攻之。勿責目前之近功，期於万世治安而已矣。

重微

《虞書》曰：「兢兢業業，一日二日万幾。」何謂万幾？幾之爲言微也，言當戒懼万事之微也。夫水之微也，捧土可塞；及其盛也，漂木石，没丘陵。火之微也，勺水可滅；及其盛也，焦都邑，燔山林。故治之於微則用力寡而功多，治之於盛則用力多而功寡。是故聖帝明王皆銷恶於未萌，弭禍於未形，天下陰被其澤而莫知所以然也。《周易》坤之初六曰：「履霜，堅冰至。」霜者，寒之始也。冰者，寒之極也。坤之初六於律爲林鍾，於曆爲建未之月，陽氣方盛，而陰氣已萌，物未之知也。是故聖人謹之曰：「履霜，堅冰至。」言爲人君者，當絶恶於未形，杜禍於未成也。《繫辭》曰：「知幾其神乎。」謂「君子知微、知彰、知柔、知剛，万夫之望。」謂此道也。孔子謂魯哀公曰：「昧爽夙興，正其衣冠。平旦視朝，慮其危難。一物失理，亂亡之端。」君以此思憂，則憂可知矣。太宗皇帝命昭宣使，河州團練使王繼恩討蜀，平之，宰相請除繼恩宣徽使，太宗不許，曰：「宣徽使位亞兩府，若使繼恩爲之，是宦官執政之漸也。」宰相固請，以繼恩功大，它官不足以賞之。太宗怒，切責宰相，特置宣政使以授之。真宗皇帝欲與章穆皇后及後宫遊内庫，后辭曰：「婦人之性，見珍寶財貨不能無求。夫府庫者，國家所以養六軍，備非常也。今秏散之於婦人，非所以重社稷也。」真宗深以爲然，遂止。由是觀之，先帝以睿明卓越，防微杜漸，如此之深，可不念哉！昔扁鵲見齊桓侯曰：❶「君有疾，在腠理，不治將深。」桓侯不悦，曰：「醫之好利也，欲以不疾者爲功。」及在血脈，在腸胃，桓侯皆不信。及在骨髓，扁鵲望之，遂逃去。徐福言霍氏太盛，宜以時抑制，漢宣帝不從。及霍氏誅，人爲之訟其功，以爲「曲突徙薪無恩澤，焦頭

❶「桓」，原避宋欽宗諱作小字「淵聖御名」，今回改。下二「桓」字同。

爛額爲上客」。故未然之言，常見棄忽；及其已然，又無所及。夫宴安怠惰，肇荒淫之基；奇巧珍玩，發奢泰之端；甘言悲辭，啓僥倖之塗；附耳屏語，開讒賊之門；不惜名器，導僭逼之源；假借威福，授陵奪之柄。凡此六者，其初甚微，朝夕狎玩，未睹其害，日滋月益，遂至深固。比知而革之，則用力百倍矣。伏惟陛下思萬幾之至重，覽大《易》之明戒，誦孔子之格言，繼先帝之聖志，使扁鵲得早從事，毋使徐福有「曲突」之歎，則可以修之於廟堂而德冒四海，治之於今日而福流萬世，優游逍遥，而光烈顯大，豈不美哉！豈不美哉！

務　實

《周書》曰：「若作梓材，既勤樸斲，惟其塗丹雘。」此言爲國家者，必先實而後文也。夫安國家，利百姓，仁之實也。保基緒，傳子孫，孝之實也。辨貴賤，立綱紀，禮之實也。和上下，親遠邇，樂之實也。決是非，明好惡，政之實也。詰姦邪，禁暴亂，刑之實也。察言行，試政事，求賢之實也。量材能，課功狀，審官之實也。詢安危，訪治亂，納諫之實也。選勇果，習戰鬭，治兵之實也。實之不存，雖文之盛美，無益也。臣竊見方今遠方窮民轉死溝壑，而屢赦有罪，循門散錢，其於仁也不亦遠乎！本根不固，有識寒心，而道宮佛廟，修廣御容，其於孝也不亦遠乎！統紀不明，名器紊亂，而彫繢文物，修飾容貌，其於禮也不亦遠乎！群心乖戾，元元愁苦，而斷竹數黍，敲叩古器，其於樂也不亦遠乎！是非錯繆，賢不肖混殽，而鉤校簿書，❶訪尋比例，其於政也不亦遠乎！姦暴不誅，寃結不理，而拘泥微文，糾摘細過，其於刑也不亦遠乎！行能之士，沉淪草野，而考校文辭，指抉声病，其於求賢不亦遠乎！材任相違，職業廢弛，而檢勘出身，比類資序，其於審官不亦遠乎！久大之謀，棄而不省，淺近之言，應時施行，其於諫也不亦遠乎！將帥不良，士卒不精，而廣聚虛數，徒取外觀，其於治兵不亦遠乎！凡此十者，皆文具而實亡，本失而末在。譬猶膠板爲舟，摶土爲檝，敗布爲帆，朽索爲維，畫以丹青，衣以文繡，使偶人駕之而履其上。以之居平陸，則煥然信可觀矣；若以之涉江河，犯風濤，豈不危哉！伏望陛下撥去浮文，悉敦本實。選任良吏，以子惠庶民；深謀遠慮，以保安宗廟；張布綱紀，使下無覦心；和厚風俗，使人無離怨；別白是非，使万事得正；誅鉏姦惡，使威令必行；取有益，罷無用，使野無遺賢；進有功，退不職，使朝無曠官；察讜言，考得失，使謀無不盡；擇智將，練勇士，使征無不服。如是則國家安若泰山而四維之也，又何必以文采之飾，歌頌之声，眩耀愚俗之耳目哉！

論舉選狀 嘉祐六年八月二十一日上❷

右，臣竊以取士之道，當以德行爲先，其次經術，其次政事，其次藝能。近世以來，專尚文辭。夫文辭者，迺藝能之一端耳，未足以盡天下之士也。國家雖設賢良方正等科，其實皆取文辭而已。近以袷享赦節文：「應

❶「簿」，原作「薄」，據《傳家集》改。

❷ 題注，原無，據《傳家集》補。

天下士人有素敦節行，兼通學術，久爲鄉里所推者，委轉運使、提點刑獄同加搜訪，每路各三兩人，仍與本處長吏連署結罪，保舉聞奏。」所舉之人，朝廷命本州敦遣，至則館於太學，待遇甚厚。考試之際，不糊名謄録。既而署等補官，皆過所望。此誠合先王取士之道。臣謂國家將除積久之弊，立太平之基，天下士大夫皆靡然嚮風矣。行之未幾，忽聞朝廷一切罷之，無不悵然失望。臣誠戇愚，不識所謂。若以所舉之人多非實有材行，則當治舉將之罪，別加搜訪，豈可以一二人謬濫，廢天下之舉賢？是由因溺而廢天下之舟，因噎而廢天下之食也。且人之毁譽，或出愛憎，雖復聖賢，不能自免。孔子曰：「衆好之，必察焉；衆惡之，必察焉。」恐國家亦未可以此遥斷否臧，遽行黜陟也。就使其人平昔所行，誠有虧缺，古之人或舉於漁鹽，或舉於盜賊，豈可不容其改行自新而終身棄之乎？且人之行能，迭有短長，若不棄瑕録用，而以一節廢之，則失之多矣。臣愚以爲天子撫有四海，海内之士，不可一一身察之也，必資舉者，然後能盡天下之才。既用舉者之言，授之爵禄，苟不嚴爲禁約，以防其私，則請託欺罔，無不至矣。竊以孝者，士之尊行；廉者，吏之首務。故漢世舉士，皆用孝廉，行之最久，得人爲多。臣欲乞應天下知州府軍監任内，聽舉孝廉一人；大藩聽舉二人；轉運使、提點刑獄任内，聽舉三人。並須到任及一年以上，方得奏舉。夫鄉舉里選，雖爲古法，今之爲吏者，不得久於其任，士之素行或不能盡知。若本部無人可舉，即聽舉別部之人素所知者，以充其數。其在京兩制以上，聽歲舉一人。其舉狀逐時送下貢院，置簿收掌。每遇科場詔下，即委貢院選擇其日，以前舉主最多者取三十人申奏，降指揮下本貫敦遣赴闕。若舉主數同者，即以發狀先後爲次，謂若俱有三人舉主，則取第三狀日月在前者。❶仍於進士奏名額内減三十人，候到闕日，或陛下臨軒親試，或委中書門下試經義策一道，時務策一道，但以義理優長爲上，不取文辭華美。若所對經義乖戾聖意，及時務全不通曉，方行黜落。其及第授官，並與進士第一甲同，在明經之上。仍於告身前列坐舉主姓名，其所舉之人若犯私罪情理重，及正入己贓，未及第者，舉主減三等；已及第者，減一等坐之，並不以赦原。其公罪及私罪情理輕者，舉主不坐。其未舉以前，若曾犯罪，除公案見在，證驗明白外，舉主亦不坐。即因勢要屬請求舉，及爲人屬請并受屬請而舉之者，並科違制之罪，受贓者並以枉法論。即敦遣不至者，更不就除官。若累經敦遣不至，即乞朝廷臨時裁度，特加聘召，不爲定制。又國家置明經一科，少有應者。及諸科所試大義，有司不以定去留，蓋由始者立格太高，致舉人合格者少。臣欲乞今後明經所試墨義，止問正文，不問注疏。其所試大義，不以明經諸科，但能具注疏本意，説解稍詳者爲通。雖不失本意，而講解疎略者爲粗，餘並爲不通。❷能先具注疏本意，次引諸家雜説，更以己意裁定，援據該贍，義理高遠，雖文辭質直，皆爲優等，與折二通。若不能記注疏本意，但以己見穿鑿，不合正道，雖文辭辨給，亦降爲不通。❸其明經以六通，諸科以四通以上爲合格。若

❶「在」，原作「有」，據《傳家集》改。
❷「通」，原作「若」，據《傳家集》改。
❸「通」，原脱，據《傳家集》補。

合格人少，即并取粗多者；合格人多，即減去通少者。委試官臨時相度，令合元額。又舊制，明經以《周易》、《尚書》爲小經，今欲乞以《周易》、《尚書》、《毛詩》爲一科，三《禮》爲一科，《春秋》三傳爲一科，皆習《孝經》、《論語》爲帖經。又説書一科，議者多以爲不當廢，欲乞與明經並置。但每次科場止取十人，奏名在諸科額内。試中受官，並與諸科同。若自以本科及第或出身者，更不得就試説書。如此則求賢之路廣，請託之源絶，浮僞之風息，得人之頌興矣。謹具狀奏聞，伏候勅旨。

論張叔詹知蔡州狀 八月下旬上，尋改知衛州。

叔詹遂乞致仕，朝廷許之。

右，臣竊見前知壽州張叔詹，因本路監司奏以本州水災，叔詹非才，乞別差人，尋移知蔡州。伏緣壽、蔡之民，皆陛下赤子。叔詹若爲政無狀，於民有害，移彼置此，有何所殊？況蔡州封部闊遠，户口繁庶，土饒山林，素多盗賊，地望之重，過於壽州，牧守之任，尤須擇人。豈有因不才被斥，❶更得善處。若叔詹實有才能，惠及於民，則當治本路監司罔上誣賢之罪，使叔詹仍居舊任，不復移易。今臧否不分，進退無據，衆口籍籍，皆云未允。臣前上言，爲治之要在於擇人、賞罰，此亦擇人不精，賞罰不當之一事也。況叔詹資性庸下，老而益昏，本無片長，授任過分，其爲忝冒，人盡知之。使之從政，所至爲害。伏乞朝廷直令致仕，或授以冗散之職，勿使親民。庶幾黜陟明白，無損政體。

❶「被」，原作「彼」，據《傳家集》改。

謹具狀奏聞，伏候勑旨。

十二等分職任差遣劄子 嘉祐六年閏八月八日上❶

臣竊以國家張官置吏，任事久則能否著，能否著則黜陟明，黜陟明則職業脩，職業脩則萬事理。此古今致治之要術也。今朝廷明知任官不久之弊，然不能變更者，其患有二：一者仕進資塗等級太繁，若不踐歷，無由擢用。二者歲月叙遷有增無減，員少人多，無地可處。此所以熟視日久而無如之何者也。臣嘗不自知其愚賤，私爲陛下慮之。竊以今之所謂官者，古之爵也；所謂差遣者，古之官也。官以任能，爵以疇功。今官爵渾殽，品秩紊亂，名實不副，員數濫溢。是以官吏愈多，而萬事益廢。欲治而清之，莫若於舊官九品之外，別分職任差遣，爲十二等之制，以進退群臣。謹具條列如左：

一、十二等之制：宰相第一，兩府第二，兩制以上第三，三司副使、知雜御史第四，三司判官、轉運使第五，提點刑獄第六，知州第七，通判第八，知縣第九，幕職第十，令録第十一，判、司、簿、尉第十二。其餘文武職任差遣，並以此比類爲十二等。若上等有闕，則於次等之中擇才以補之。

一、十二等之中，舊無員數者，並乞以即今人數爲定員。自今有闕則補，不可更增。

一、十二等之人，德行、學術、政事、勇略、錢穀、刑獄、文辭，各隨才授任。其提點刑獄以上，皆無罷滿之期。知州、知縣、縣令四年，餘皆三年爲滿。未滿之間，稱職有功，則改官益禄，賞賜奬諭，仍居舊任。必須上

❶ 題注，原無，據《傳家集》補。

等有闕，然後選擇遷補。其不能稱職者，則移易黜廢。有罪者，貶竄刑誅。

一、同等之人，雖名有尊卑，事有閑劇，地有遠近，治有小大。遇遷補之時，不復以資任相壓，皆合爲一等，選擇進用。

一、提點刑獄以上，伏乞陛下與執政大臣親加詳擇。其知州以下，委之審官院。幕職以下，委之流内銓。遇上等有闕，即於次等之中取職業修舉，功利及民，累經褒賞，或有舉主數多者。次取常調少過者，以次遷補。

一、應磨勘合改京官人，❶且依常調差遣。須候上等有闕，即取有功或舉主最多者以次遷補。其自幕職入知縣者，並改京官。

一、因資蔭得京官者，分監當爲三等。初任皆入下等監當，候中等、上等有闕，亦依簿尉、令録之制，取有功或舉主多者以次遷補。若知縣有闕，則與幕職混同遷補，但不改官而已。仍自今後以資蔭授官者，須歷薄尉，不得直除京官。

一、應因貪虐不公，或昏懦廢職，坐除免停替之人，永不得復舊等差遣。内别無入己贓，曾經叙理得差遣，或降充監當者，五年之外，有舉主五人以上，聽復舊等差遣。

右十二等之制，伏望裁擇，或有可采，乞下公卿大臣詳議，然後施行。取進止。

乞省覽制策劄子

臣竊以國家本置六科，蓋欲以上觀朝政之得失，下知元元之疾苦，非爲士人設此以爲進取之階也。臣昨差覆考應制舉人所試

❶「人」，原作「又」，據《傳家集》改。

策，竊見上等三人，所陳國家大體，社稷至計，其間甚有可采擇者。伏望陛下取正本留之禁中，常置左右，數加省覽，以爲儆戒。其副本下之中書，令擇其所言合於當今之務者，奏而行之。使四方之人，皆知朝廷求直言之士，非以飾虚名，迺取其實用也。及臣前所獻五規，雖智識闇淺，辭語鄙陋，然皆臣夙夜盡志竭誠以思治世之要道，非指陳一事之得失，於有司無所施行，亦望陛下以視朝之隙，時取觀之，庶幾於聖政或有萬分之益。取進止。

温國文正公文集卷第十九

温國文正公文集卷第二十

章奏五

論制策等第狀

閏八月九日上。既而執政以鈆所試進呈，欲黜之。上曰：「其言切直，不可棄也。」乃降一等收之，即蘇轍也。

右，臣近蒙差赴崇政殿後覆考應制舉人試卷。内回、鈆兩號所對策，辭理俱高，絶出倫輩。然鈆所對命秩之差、虚實之相養等一兩事，與所出差舛。臣遂與范鎮同議，以回爲第三等，鈆爲第四等，詳定官已定從覆考。竊知初考官以爲不當，朝廷更爲之差官重定，復從初考，以鈆爲不入等。臣竊以國家置此六科，本欲取材識高遠之士，固不以文辭華靡、記誦雜博爲賢。鈆所試文辭，臣不敢言。但見其指陳朝廷得失，無所顧慮，於四人之中，最爲切直。今若以此不蒙甄收，則臣恐及下之人，皆以爲朝廷虚設直言極諫之科，而鈆以直言被黜，❶從此四方以言爲諱。其於聖主寬明之德，虧損不細。臣區區所憂，正在於此，非爲臣已考爲高等，苟欲遂非取勝而已也。伏望陛下察臣愚心，特收鈆入等，使天下之人皆曰鈆所對事目雖有漏落，陛下特以其切直收之，豈不美哉！謹具狀奏聞，伏候敕旨。

❶「被」，原作「披」，據《傳家集》改。

免北使第一狀 嘉祐六年閏八月十三日上❶

右，臣竊知已降勑命，差臣充北朝國信使。臣緣名犯北朝諱，所行文字雖可以更改，竊慮臨時語言不能記憶，或有觸犯。兼臣體羸多病，性不耐寒，若涉窮荒，必生疾病。非敢自愛，恐於王事有所廢闕。伏望聖慈矜閔，別賜差官。在於愚臣，實爲至幸。謹具狀奏聞，伏候勑旨。

免北使第二狀 尋改差人

右，臣先曾奏乞免充北朝國信使，至今未奉朝旨。竊以專對之任，亦須擇才。臣不惟名犯北朝諱，及性不耐寒，兼臣不經接伴，未能諳練南北事體。資性拙訥，恐辱王命。伏望聖慈矜察，早賜選差曾經接伴之人充國信使。所貴臨事不至闕誤。謹具狀奏聞，伏候勑旨。

與楊畋論燕飲狀

臣畋等竊見今歲以來，災異屢臻，日食地震，江淮騰溢，風雨害稼，民多菜色。此正陛下側身克己、眚禮蕃樂之時。而道路之言，皆云陛下近日宫中燕飲，微爲過差，賞賚之費，動以萬計，耗散府庫，調斂細民。況酒之爲物，傷性敗德，禹湯所禁，周公所戒，殆非所以承天憂民，輔養聖躬之道也。陛下恭儉之德，彰信兆民。議者皆以爲後宫奢縱，務相誇尚，左右近臣，利於賞賚，陛下重違其

❶ 題注，原無，據《傳家集》補。

請，屈意從之。夫天以剛健爲德，君以正固爲事，柰何徇後宫左右之欲，上忽天戒，下忘民病，中不爲宗廟社稷深自重惜？臣等愚惑，竊爲陛下不取也。伏望陛下當此之際，悉罷燕飲，安神養氣。後宫妃嬪，進見有度，左右小臣，賞賚有節。及厚味腊毒之物，無益奉養者，皆不宜數御，以傷太和。迺可以解皇天譴告之威，慰元元困窮之望，保壽命無疆之休。天下群生，不勝幸甚。臣等區區，納忠忘死，惟陛下裁察。取進止。

論兩府遷官狀 未及上，孫抃等已罷官，遂不上。

右，臣伏見朝廷因進用宰臣韓琦等，凡兩府之臣盡遷一官。臣愚不明大體，未識所謂，竊恐從此相承，遂爲故事。凡公卿者，百吏之表率。今國家方以百吏繁冗，思革其弊，而公卿無故，一切遷官，將何以使三百赤芾受爵不讓者，有所愧心哉？况慶曆中，陛下以數月不雨，執政之臣皆降一官，以答天戒。今歲日食地震，河及江淮汎溢横流，烈風淫雨，敗傷五稼，四方之民，墊溺流餓不可勝紀，比於慶曆，災害尤衆。而兩府大臣，無問新舊，皆被褒遷，殆非所以仰承天心，下慰衆庶之意也。竊計大臣當此之際，亦必不敢受無名之賞。伏望陛下因其辭讓，内惟樞密使、副使，不可以給諫及郎中爲之者，依舊制外，其餘皆不遷官。以養大臣廉讓之節，無使之負謗於海内，則其爲德澤愈厚矣。

建儲劄子 嘉祐六年閏八月二十六日上❶

臣光於至和三年通判并州事日，三曾上

❶ 題注，原無，據《傳家集》補。

言，乞陛下早定繼嗣，以遏亂源。當是之時，臣疏遠在外，猶不敢隱忠愛死，敷陳社稷至計，況今日侍陛下左右，官以諫争爲名，竊惟國家至大至急之務，無先於此。若捨而不言，專以冗細之事煩瀆聖聽，厭塞職業，是臣懷姦以事陛下，罪不容於葅醢。伏望陛下取臣曏時所進二狀，少加省察。或有可取，乞斷自聖志，早賜施行。如此，則天地神祇、宗廟社稷、群臣百姓，並受其福。惟在陛下一言而已。取進止。

荒政劄子

臣竊聞淮南、兩浙今歲水災，民多乏食，往往群輩相聚，操執兵杖，販鬻私鹽，以救朝夕，至有與官軍拒鬭相殺傷者。若浸淫不止，將成大盜，朝廷不可不深以爲憂。蓋由所司榷之太急，故抵冒爲姦。臣聞《周禮》以荒政十有二聚民，近者朝廷略以施行，惟舍禁、除盜賊二者似未留意。今赤子凍餒，濱於溝壑。柰何尚與之争錙銖之利，豈爲民父母之意哉！臣謂陛下宜戒諭職司，使明體朝意，稍弛鹽禁，而嚴督盜賊。緩課利不充之罰，急群行剽劫之誅，廢告捕私鹽之賞，旌討禽彊暴之功，棄聚斂之小得，保安全之大福。除惡於纖介，弭亂於未形，最策之得者也。取進止。

論夜開宮門狀

閏八月二十九日上，❶有旨劄送皇城司。

右，臣竊聞今月二十五日，十三公主薨。

❶「八」，原爲空缺，按此是嘉祐六年閏八月。

其日宮中送殯出城，留宮門及城門至夜深方閉。物情駭異，以爲非宜。雖陛下慈愛至深，然門闕之禁，不可不嚴。若以式律言之，夜開宮殿門及城門者，皆須有墨敕魚符。其受敕人具録所開之門，并出入人帳，送中書門下。自監門衛大將軍以下，俱詣閤覆奏，御注聽，即請合符門鑰。監門官司先嚴門仗，所開之門，内外並立隊燃炬火，對勘符合，然後開之。符雖合不勘而開，若勘符不合而爲開，及不承敕而擅開閉，若得出入者，剩將人出入，其刑名輕者徒流，重者處絞。今以乳兒出殯之故，内自禁掖，外達郊野，諸門洞開，一如晝日，車馬往來，絡繹不絶，出入之人無復譏訶。有如萬分之一姦險不逞之人雜處其間，豈可不爲之寒心哉！伏望陛下深鑒安危，防微杜漸。自今宮殿門、城門，並須依時開閉。非有急切大事，勿復夜開。必不得已須至夜開者，即乞陛下親降手敕，加以御寶。受敕之人，仍寫出入人帳，委宿衛當上之官，衆共驗敕文真的，然後覆奏，候再見御批，方請門鑰，與監門官親自監開，依帳點閲人數，放令出入。即時下鏁，進納門鑰。其宿衛監門官司若不見手敕及御批而輒敢開者，依「不承敕而擅開閉」律文施行。雖有手敕御批，不參驗及親自監開點閲人數者，依「符雖合不勘而開」律文施行，庶可以養萬乘之威尊，消姦宄於未萌也。謹具狀奏聞，伏候敕旨。

論上殿屏人狀九月九日上，尋有旨依奏。

臣等竊聞自先帝以來，應兩府、臺諫官等上殿奏事，左右侍臣悉皆屏退。蓋以君不密則失臣，臣不密則失身，重慎樞機，不得不爾。竊見近日臣僚上殿奏事，左右侍臣不遵舊制，或有進至殿角板障門以裹，與御座相去不過數步。陛下德音及群臣敷奏之語，皆可聽聞。其間有機密大事，若致漏泄，大爲不便。欲乞一依舊制，今後應遇兩府、臺諫官等上殿奏事，其左右侍臣並於殿角板障門外踏道下祗候。仍乞委都知押班於兩邊板障門外檢校。如敢竊有覘聽者，並具姓名聞奏，勘罪施行。取進止。

建儲九月二十二日上殿劄子二道，尋有詔以濮王子宗實知宗正寺。

臣近於前月二十六日上殿敷奏，乞檢會臣在并州所奏三狀，早定繼嗣事。陛下聖意昭然，即垂聽納，凡所宣諭，皆非愚臣所能及。此乃天地神祇保佑皇家，實萬世無疆之休也。臣謂陛下朝夕當發德音，宣告大臣，施行其事。今將近一月，未有所聞。豈陛下以玆事體大，慎選宗室，未得其人；將左右之人，有所間沮，熒惑聖聽？臣皆不得而知也。臣聞爲人後者，爲之子也。著於禮律，皆有明文。漢孝成帝即位二十五年，年四十五，以未有皇嗣，立弟子定陶王欣爲太子。今陛下即位之年及春秋皆已過之，豈可不爲宗廟社稷深思遠慮哉？況今亦未使之正東宮之名，但願陛下自擇宗室仁孝聰明者，養以爲子，官爵居處，稍異於衆。使天下之人，皆知陛下意有所屬，以係遠近之心。俟他日皇子生，復使之退歸蕃邸，有何所傷？此誠天下安危之本，願陛下決意而遠行之。取進止。

勸農劄子 嘉祐六年上，尋得旨依。❶

臣聞食者生民之大本，爲政之首務也。饑饉之世，珠玉金銀等於糞土，惟穀之爲貴，不可一日無也。今國家每下詔書，必以勸農爲先。然而農夫日寡，游手日繁，豈非爲利害所驅邪？今農夫苦身勞力，惡衣糲食，以殖百穀，賦斂萃焉，繇役出焉，歲豐則賤糴以應公上之須，給債家之求；歲凶則流離異鄉，轉死溝壑。如是而欲使夫商賈末作之人，坐漁厚利，鮮衣美食者轉而緣南畝，斯亦難矣。然則勸農者，言也，害農者，政也。天下生之者益少，食之者益多，欲穀之無涸，得乎哉？爲今之術，勸農莫如重穀，重穀莫如平糴，使諸路轉運使及州軍長吏，遇豐歲能廣謀糴入。官滿之日，倉廩之實，比於始至增羡多者，賞之；其無水旱之災，益兵之費，而蓄積耗減者，黜之。又令民能力田積穀者，不以爲家貲之數。如是則穀重而農勸，雖有饑饉，常無流亡盗賊之患矣。今歲河北、河東緣邊穀糴至賤，此亦國家所宜留意者也。

乞矜恤陳洙遺孤狀 嘉祐六年九月二十三日上❷

右，臣竊見殿中侍御史裏行陳洙，資性忠果，憂公忘私。禀命不永，奄辭聖世。垂没之際，猶上章奏，搢紳之倫，靡不嗟惜。宜有旌嘉，異於諸臣。家素貧乏，遺孤頗衆。歸葬閩越，道塗險遠。伏望朝廷特賜矜憫，

❶ 題注，原無，據《傳家集》補。
❷ 題注，原無，據《傳家集》補。

依監察御史裏行張宗誼例，除子男一人官，及乞降朝旨下衢、信、建三州，候洙喪柩至彼，差人防護，津送前去。亦足以示朝廷褒直勸忠終始之恩也。謹具狀奏聞，伏候勑旨。

論環州事宜狀 嘉祐六年十月初一日上❶

右，臣竊知環州熟户蕃部，屯聚攻劫，殺傷兵民。雖犬羊之衆，人面獸心，緩之則驕，急之則叛，固其常性，亦由將吏恩不能懷，威不能服，信不能結，勇不能斷。平居無事則擾之使亂，及其陸梁，又不能制。是使戎狄順服王化，則浸苦不安，桀驁鴟張，則富饒熾大。凡邊境所以多事，未有不由此也。夫以屬國小胡，背誕不恭，而國家不能禽討，使西北二虜聞之，豈不益有輕漢之心？伏望陛下特詔陝西不干礙監司，體量蕃部所以叛亂之因。若果由將吏撫御乖方所致，則乞明行誅責，以謝邊民。更選良將能吏有方略者，使之鎮遏。分別蕃部善惡，附順者撫而安之，以壞散其黨；悖逆者討而誅之，使永久懾服。不然，臣恐其日月浸深，罪惡愈重，自知不爲朝廷所容，將外連西夏，内結諸部，黨與益衆，氣焰益大，方爲朝廷旰食之憂，非特鼠竊狗偷而已也。謹具狀奏聞，伏候勑旨。

論蘇安静狀 嘉祐六年十月初二日上❷

右，臣伏見朝廷近除帶御器械蘇安静充

❶ 題注，原無，據《傳家集》補。
❷ 題注，原無，據《傳家集》補。

内侍省押班。臣竊聞國家舊制，兩省押班須年五十以上方得爲之。安静年未五十，特蒙擢用。臣恐自今以後，内臣求進者援以爲例，迺有年齒極少，遂居衆首。國之舊章，因此隳壞，❶竊爲朝廷重之。伏望陛下追寢安静前命，以存典法。謹具狀奏聞，伏候敕旨。

論張方平守邊輕易狀 嘉祐六年十一月十四日上❷

右，臣竊聞近者秦鳳路經略安撫使、知秦州張方平承信邊人，虚稱西夏點兵侵犯邊境，惶擾失度，閉門乘城，移牒鄰路，索兵自救。自永興以西，軍馬皆被抽發，使近邊之民，轉相驚動，關隴騷然。仍飛奏上聞，致朝廷憂疑。已而按省，皆無事實。方平身爲元帥，繫一方安危，舉措施爲，衆所瞻倚。今乃怯懦輕易，一至於此。萬一疆場實有警急，使方平當之，豈不敗事！臣竊恐戎狄聞之，得以闚將帥之淺深，益有輕中國之心，非所以壯皇威、鎮殊俗也。伏望朝廷治方平之罪，嚴加譴謫，更擇明智沈勇之人，以代其任。庶幾國家藩屏得禦侮之臣，可以高枕矣。

論均税官吏乞隨功過量行懲勸狀 嘉祐六年十一月二十五日上❸

右，臣先奉敕與三司同共詳定均税，已立條約下諸路監司施行去訖。竊以爲國家

❶「隳壞」，原作「隨壞」，據《傳家集》改。
❷題注，原無，據《傳家集》補。
❸題注，原無，據《傳家集》補。

凡欲立事，當先使賞罰明白，然後事無不成。伏見職方員外郎秦植前通判德州事，均五縣税，皆得平允，並無人户詞訟。若與庸愚之人煩擾敗事者同歸常調，一無殿最，則能吏解體，必無成功。伏望朝廷察其勤瘁，優加酬獎。并其餘均税官吏，隨其功過，量行懲勸。則來者覩之，無不盡力矣。謹具奏聞，伏候勑旨。

論張方平第二狀

右，臣先於今月十四日上言秦鳳路經略安撫使張方平怯儒輕易，乞更擇良將以代其任，未蒙朝廷采納。臣聞將者成敗之機，安危之本，固不可以任非其人。今方平舉措輕脱，震駭一方，傳笑天下。不才之跡，章灼如此，而朝廷猶掩覆包含，一無所問。臣恐戎狄聞之，皆有窺窬之志；吏士覩之，皆有輕侮之心。是國家重惜方平，而輕棄秦隴也。凡將帥能否，患在不知。既知其不能，而任之如故，臣誠愚戇，深所未達。議者或以爲方平雖失於倉猝，然止於過爲備禦，若從而罪之，恐自今守邊之臣聞有寇至，皆不敢爲備也。臣竊以爲不然。所謂爲備者，當平居無事之時，簡其將佐，訓其士卒，嚴其壁壘，利其器械，審其間諜，遠其斥候。使朝夕之間，常若寇至。如是，則雖有猛鷙之敵，不能犯也。萬一犯之，可以安坐而制之耳。何至狼狽如是哉！臣聞方平在秦鳳，專以貴倨自處，下情壅而不通，自門牆之外，皆可欺也。況於兵民之休戚，戎狄之情僞，方平安得而知之？是以一旦承信虛聲，惶惑失據，内驚諸郡，上動朝廷。此而不責，典刑安用？臣所以區區獻言不已者，乃責方平之無備，非責其爲備也。伏望朝廷察臣前後所言，明治方平之罪，謫之遠方，以儆封疆之臣，使皆豫爲備禦，不敢驕傲懈弛，如方平所爲也。謹具狀奏聞，伏候勑旨。

温國文正公文集卷第二十

温國文正公文集卷第二十一

章奏六

論公主宅内臣狀嘉祐七年十月上❶

右，臣近聞有聖旨令召前管句兖國公主宅内臣二人復還本宅。臣與楊畋、龔鼎臣同有論列，以爲非宜，未蒙允納。臣聞父之愛子，教以義方，弗納於邪。公主生於深宫，年齒幼穉，不更傅姆之嚴，未知失得之理。臣謂陛下宜導之以德，約之以禮，擇淑慎長年之人，使侍左右，朝夕教諭，納諸善道。其有恃恩任意非法邀求，當少加裁抑，不可盡從。然後慈愛之道，於斯盡矣。此二人嚮在主第，罪惡山積，當伏重誅。陛下寬赦，斥之外方，中外之人，議論方息。今僅數月，復令召還。道路籍籍，口語可畏。殆非所以成公主肅雍之美，彰陛下義方之訓也。臣實憤悒，爲陛下惜之。伏望陛下察臣愚忠，追止前命，無使四方指目，以爲過舉，虧損盛德，非細故也。謹具狀奏聞。

論皇城司巡察親事官劄子十二月九日上。有旨，親事官決杖配下軍。

臣畋等伏聞皇城司親事官奏報，有百姓殺人，私用錢物休和，事下開封府推鞫，皆無事實。欲乞元初巡察人照勘，其皇城司庇

❶ 題注，原無，據《宋朝諸臣奏議》補。

護，不肯交付。臣等竊以祖宗開基之始，人心未安，恐有大姦，陰謀無狀，所以躬自選擇左右親信之人周流民間，密行伺察。當是之時，萬一有挾私誣枉者，則斧鉞隨之。是以此屬皆知畏懼，莫敢爲非。今海内承平已踰百年，上下安固，人無異望，世變風移，宜有釐革，而因循舊貫，更成大弊。乃至帝室姻親，諸司倉庫，悉委此屬，廉其過失，廣作威福，公受貨賂。所愛則雖有大惡，掩而不問；所憎則舉動語言，皆見掎摭。臣等常病國家擇天下賢才以爲公卿百官而猶不可信，顧任此厮役小人以爲耳目，豈足恃哉？今乃妄執平民，加之死罪，使人幽縶囹圄，横罹楚毒。幸而不自誣服，僅能辨明；若更不聽有司詰問元初巡察之人，少加懲戒，臣恐此屬無復畏憚，愈加恣横，使京師吏民無所措其手足，此豈合祖宗之意哉！伏望朝廷指揮皇城司，令送元初巡察人下開封府，推問本情。或别有仇嫌，或察訪鹵莽，各隨其狀，依法施行。仍自今後，永爲定制。庶可以塞欺罔之源，絶侵冤之門，以全國家至公之道。取進止。

論復置豐州劄子 嘉祐六年十二月十四日上❶

臣畋等伏見國家復修豐州故城，仍差人知州。此誠河西險要之地，修之甚便。然其地勢孤絶，外迫寇境。曏者王氏知州之時，所部蕃族甚衆，有永安、來遠、保寧三寨，皆以蕃族守之。慶曆初，拓跋元昊攻陷州城，州民及三寨蕃族盡爲所虜，掃地無遺。今州城之中，但有丘墟瓦礫，環城數十里皆草莽

❶ 題注，原無，據《傳家集》補。

林麓而已。若建以爲州，則須復設外寨，備置官吏，廣屯兵馬，多積芻粮，皆應調發内地之民以奉之，勞費甚大，此所謂徇虚名而受實弊也。頃年朝廷欲修豐州城，河東經略司嫌其單外，迺於其南數十里築永寧堡，其地窪下，居兩山間，疏惡難守。今既修豐州，則永寧堡深在腹内，無所復用。臣等以爲不若遷永寧堡於豐州故城，其兵馬芻粮不更增益，但擇使臣有材略者使守之，不必假以知州之名。仍召募蕃漢之民，使墾闢近城之田。俟民物繁庶皆如其舊，然後升以爲州，亦未晚也。取進止。

論上元遊幸劄子 嘉祐七年正月十二日上❶

臣畋等伏見今歲以祈穀改日之故，車駕併以十三、十四日幸諸寺觀。臣等竊惟上元觀燈，本非典禮。正以時和年豐，欲與百姓同樂，爲太平之榮觀而已。去歲四方諸州多罹水旱，鰥寡孤獨，流離道路。伏計陛下念此，未嘗去心。竊恐有司不明大體，務循故事，無所減損，不稱陛下子愛元元之意。又連日遊幸，在於聖體，亦爲煩勞。伏望陛下比之每歲，特減遊觀之處，以閔恤下民，安養聖神。天下幸甚。取進止。

論以公使酒食遺人刑名狀 嘉祐七年正月十九日上❷

臣聞聖王之教，尚忠厚而貴愷悌。故《詩》有《鹿鳴》、《伐木》、《既醉》、《行葦》，美

❶ 題注，原無，據《傳家集》補。
❷ 題注，原無，據《傳家集》補。

宴好之相樂，❶刺乾糇之失德；《禮》有幣帛饗餼，行於邦國，贄獻飲酒，施於鄉黨。是以風俗純和，協氣流通。漢景帝詔曰：「吏受所監臨，以飲食免，重。其更議著令。」丞相廷尉議曰：「吏及諸有秩受其官屬所監、所治、所行、所將飲食，計償費，勿論。」卓茂爲密令，民有言部亭長受其米肉遺者，茂曰：「凡人所以貴於禽獸者，以有仁愛也。鄰里饋遺，此乃人道，所以相親。汝獨不欲修之，寧能高飛遠走，不在人間邪？」民曰：「然則律何故禁之？」茂曰：「律設大法，禮順人情。今我以禮教汝，汝必無怨惡。以律治汝，汝一門之内，小者可刑，大者可殺也。」近歲以來，中外有司喜以微文刺舉苛細，至於宴飲相從，酒食相饋，皆集累成過，詆以峻法。竊聞知鎮戎軍曹佾，受鄰州所送公用酒，已而自首，法官處以贓罪。陝西都轉運使彭思永奏：「據密院劄子，賈漸起請除舊例送酒食外，不得買置金帛，作土風贈遺，并省司參詳。今後以公使錢置買珍異等物及見錢送與人者，並從違制定斷。其收受人坐贓論，其有公使錢人受還答之物入己，准盜論。今曹佾因陳首雖免書罰，尚負贓名，使人疑惑，乞明立條約。」朝廷命有司參議，至今未決。臣竊詳舊條之意，明許以酒食相遺，其有公使錢人受還答之物，正謂珍異、見錢。今曹佾所受止於樽酒，隨而自首，已爲刻薄。法官又以贓罪加之，剖析一條以爲二事，不察人情，不顧大體。若朝廷因之遂爲著令，臣恐忠厚之俗益衰，媮薄之風遂長，百司庶尹無所措其手足。虧損聖朝堂堂之化，非細故也。臣今所言，非爲曹佾除雪贓名，

❶「美」，原無，據《傳家集》補。

欲望朝廷申明舊條，❶應以公使錢及財物贈遺人及受者，各坐贓論。其監臨之官受所監臨，或因使於使所及經過處受取者，並準律文處分。即贈遺人而受其還答入己者，準盜論。並須贓滿五匹以上，方得科罪，其不滿五匹及以飲食之物相饋餉者，皆勿論。如此則人情有以相接，貪吏不能爲姦，百司有所循守矣。謹具狀奏聞，伏候勑旨。

論諸科試官狀

右，臣伏見朝廷取勘諸處發解考試諸科官，以所解之人到省九不十不者。臣竊惟國家本設諸科以求通經之士，有司專以上文下注爲問，已爲弊法。竊聞去歲貢院出義題官，更於弊法之中曲爲奇巧，或離合句讀，故相迷誤，或取卷末經注字數以爲問目，雖有善記誦之人亦不能對。其於設科本意，不亦遠乎？是則罪在貢院出義題官，不在諸處發解官也。今舉人被黜已非其理，又并發解之官亦坐停替，臣恐自此爲吏者益務奇巧，從學者益棄本原，殆非所以省刑罰、隆經術也。伏望朝廷更取本處解發上件諸科試卷，委官覆考。其通、粗、合格者，特與免罪。不合格者，乃依法坐之。仍勑貢院，將來科場選擇通經術、曉大體之人，充諸科出義官，依條出義，毋得更如今來詭僻苛細。至時如有十不九不之人，然後取勘本處發解考試官，依前後條貫施行。如此則彼皆無辭於罰，論者亦不以爲冤矣。謹具狀奏聞，伏候勑旨。

❶「舊」，原脱，據《傳家集》補。

論上元令婦人相撲狀 嘉祐七年正月二十八日上❶

右，臣竊聞今月十八日聖駕御宣德門，召諸色藝人，令各進技藝，賜與銀絹。內有婦人相撲，亦被賞賚。臣愚竊以宣德門者，國家之象魏，所以垂憲度、布號令也。今上有天子之尊，下有萬民之衆，后妃侍旁，命婦縱觀，而使婦人羸戲於前，殆非所以隆禮法、示四方也。陛下聖德温恭，動遵儀典，而所司巧佞獻技，以污瀆聰明，竊恐取譏四遠。愚臣區區，實所重惜。若舊例所有，伏望陛下因此斥去，仍詔有司嚴加禁約，今後婦人不得於街市以此聚衆爲戲。若今次上元始預百戲之列，即乞取勘管句臣僚，因何置在籍中。或有臣僚援引奏聞，因此宣召者，並重行譴責，庶使巧佞之臣有所誡懼，不敢導上爲非禮也。謹具狀奏聞，伏候勑旨。

正家劄子 嘉祐七年二月初四日上❷

臣先曾上言，爲前管句兖國公主宅內臣等過惡至大，乞不召還。近聞傳宣入內內侍省令押上件內臣梁懷吉赴公主宅，依舊句當。外議諠譁，無不駭異。臣聞太宗皇帝時，姚坦爲兖王宮翊善，王有過失，坦輒盡言諫正。王及左右皆患之，左右教王詐疾，踰月不朝。太宗甚憂之，召王乳母入宮，問王起居狀。乳母曰：「王本無疾，但以翊善姚坦檢束太嚴，王舉動不得自由，鬱鬱成疾耳。」太宗怒曰：「朕選端士爲王僚屬，固欲

❶ 題注，原無，據《傳家集》補。
❷ 題注，原無，據《傳家集》補。

導王爲善，今既不能納用規諫而又詐疾，欲使朕逐去正人，以求自便，其可得乎！且王年少，不知出此，皆汝輩教之耳。」命捽至後園，杖之數十。召坦慰勉之。太宗非不愛其子也，誠以愛之，則莫若納之於善。若縱其所欲，不忍譴訶，適所以害之也。齊國獻穆大長公主，太宗皇帝之子，真宗皇帝之妹，陛下之姑，於天下可謂貴矣。然獻穆公主仁孝謙恭，有如寒族。奉李氏宗親，備盡婦道，愛重其夫，無妬忌之行。至今天下稱婦德者，以獻穆公主爲首。獻穆公主豈不自知其身之貴哉？誠以貴而不驕，然後能保其福禄，全其令名故也。臣謂陛下教子以義，宜以太宗皇帝爲法；公主事夫以禮，宜以獻穆公主爲法，則風化流於四方，聲譽施於後世。今陛下曲徇公主之意，不復裁以禮法，使之無所畏憚，陷入於惡，觸情任性，以邀君父，憎賤其夫，不執婦道，將何以形四方之風，垂來世之則？《易》曰：「家人嗃嗃，悔厲，吉。婦子嘻嘻，終吝。」此言家道尚嚴，不可專用恩治也。伏望陛下斥逐梁懷吉等，復歸前來貶竄之處。其公主左右之人，欲使陛下召還梁懷吉等，皆教導公主爲不善之人也，悉宜治其罪而逐之，别擇柔和謹愿者以補其缺。仍戒敕公主，以法者天下之公器，若屢違詔命，不遵規矩，雖天子之子亦不可得而私。庶幾有所戒懼，率循善道，可以永保福禄，不失美名。不然，衆人所云，甚可畏也。取進止。

優老劄子

臣聞古之聖王尊禮黄髪，屬任以政者，蓋以其更歷天下之事，練習爲治之體故也。

昔鬻熊年九十見文王，文王曰：「老矣。」鬻熊曰：「君若使臣捕虎逐麋，臣已老矣。使臣坐而策國事，臣年尚少也。」近歲以來，大臣高年者皆不敢自安其位，言事者又欲以擊搏大臣爲名，從而攻之，此豈爲臣盡忠至公之道哉！凡言事者，當爲國家進賢退不肖。使其人無可取，雖少壯何爲？果有益於時，雖老何傷也？臣竊見樞密使張昪屢以老疾辭位，臣平生與昪迹不相接，無絲毫恩分。然竊聞其爲人忠謹清直，不可干以私。臣不敢上避聖主之疑，下畏世俗之謗，隱忠不言，以利其身。伏望陛下深念宥密之地，不可任非其人，先以聖意揣度，若未能得賢於昪者，則使昪且居其位，於事亦未有曠廢也。若昪必不可留，則願陛下慎選德望材器爲衆所服，知王體、曉兵略者以代之。不可以不擇其人之可否，使循資累叙而爲之也。取進止。

論張田湖南提刑狀❶嘉祐七年二月初八日上❷

右，臣竊聞朝廷差屯田員外郎張田，充荆湖南路提點刑獄。田之爲人，傾邪險薄，前知諫院唐介言之甚詳，伏計朝廷已熟知之。提點刑獄專按察之柄，繫一方休戚。今以傾邪險薄之人爲之，誠未見其可。况田曏者止自通判資序權發遣三司判官，因罪左遷知蘄州，議者已謂之太優。今到任未及三年，遂作監司。臣竊恐士大夫争欲効田所爲，以爲進取之捷徑。不惟任使失人，抑亦敗壞風俗。伏望朝廷寢田新命，更擇端士以

❶ 此題，書前及卷端目録作「論湖南提刑張田狀」。

❷ 題注，原無，據《傳家集》補。

代之，實遠方吏民之幸。謹具狀奏聞，伏候勑旨。

論張田第二狀 二月三十日上，田尋移知湖州。

右，臣近曾上言張田不可充荆湖南路提點刑獄，未蒙朝廷施行。臣竊以吏者，民之紀綱；提點刑獄，❶吏之師帥。苟不得其人，則一方咸受其弊。又凡今之朝士自常調進用者，皆自此官爲始，國家尤宜慎擇其人。田資性險薄，色厲内荏，毁譽出其愛憎，威福發於喜怒，陵其可陵，佞其可佞。真小人之雄傑，而時俗以爲賢才。夫不善之人，天下皆知其不善，斯不足疾也，惟衆人謂之賢而實不肖者，君子疾之。昔漢文帝欲以嗇夫爲上林令，張釋之以爲嗇夫利口捷給，恐天下隨風而靡。唐太宗見進士等第，怪其無張昌齡、王公謹名。王師旦曰：❷「二人有文無行，恐變陛下風雅。」今提點刑獄，其爲輕重，非特上林令與入等進士之比也。臣願陛下必選忠厚方正、實有治行者爲之。其飾僞行險，躁於進取如田比者，皆不可用也。臣今所言非專爲湖南之吏民，亦爲國家重惜風俗，伏惟陛下察其愚忠。其荆湖南路提點刑獄，乞別賜擇人。謹具狀奏聞，伏候勑旨。

論張方平第三狀

右，臣先曾上言秦鳳路經略安撫使張方平怯懦輕易，乞更擇人，至今未蒙朝廷施行。

❶「點」，原脱，據《傳家集》補。
❷「旦」，原作「明」，據《傳家集》改。

臣竊聞拓拔亮祚年齒寖長，猖狂好兵，常分之外，邀求無厭。董氈凶悍狡獪，超其父兄。朝廷官爵不滿其意，頗懷怨懟，與契丹結婚，陰相表裏，此朝廷所當旰食而憂也。秦州居二虜之交，爲陝西四路之首，軍馬民吏，最號繁富。而以怯懦輕易之人守之，是委羔豚於虎狼之蹊也。臣竊爲國家危之。况方平其他材識素無所長，止以文辭致位至此。姦憸貪猥，士論共知。❶今不可使之守邊，事狀昭然。而朝廷掩覆其過，曲加保全，愛一人而失一方，臣竊以爲過矣。伏望陛下不以邊事爲細而忽之，速治方平之罪，嚴加譴謫。更擇沉勇曉兵之人，以代其任。不然必待有烽燧之警然後易之，則寇已深矣。謹具狀奏聞，伏候敕旨。

論李瑋知衛州狀 二月二十八日上，來月五日公主降封沂國。❷

右，臣竊聞駙馬都尉李瑋出知衛州，兖國公主入居禁中，瑋所生母楊氏歸瑋兄璋之宅，其公主宅祗應人等悉令散遣。外議籍籍，無不怪愕。伏以陛下始者追念章懿太后，選瑋使之尚主，欲以申固姻戚，富貴其家。今以公主之故，使李氏母子離析，家事流落，大小憂讋，殆不聊生，豈始所以結婚之意哉？近者章懿太后忌日，陛下閱奩中之故物，思平生之居處，獨能無雨露之感，悽愴之心乎？臣愚以爲陛下宜且留李瑋在京

❶「士」，原作「上」，據《傳家集》改。
❷「沂」，原作「訢」，據《傳家集》改。

師。其公主宅祗應人等除作過者遠加竄逐出外，其餘並令仍舊。儲跱什物，皆安堵不移。以俟歲月之間，徐以義理曉諭公主，庶幾回意易慮，率德遵禮，復歸本宅，則中外之情無不釋然。不然，公主必無復歸李氏之志者。則今日致此衆議紛紜，煩瀆聖聽，皆由公主縱恣胷臆，無所畏憚，數違君父之命，陵蔑夫家，豈可李瑋獨蒙斥逐出外而公主爵邑請受全無貶損？非所以示天下至公之道也。謹具狀奏聞，伏候勑旨。

辭知制誥第一狀 嘉祐七年三月十四日上❶

右，臣近蒙中書召試制誥。竊聞聖恩已除臣本官知制誥，續又令兼侍講。數日之間，寵命相繼，在人爲榮，於臣甚懼。竊以二職，文士之高選，儒林之極致，古之英儁尚或難兼，况於微臣愚陋無比，一身二任，力所不堪，豈敢冒居，以取顛覆？聞之震恐，瞀憒失據。臣自少及長，章句之學，粗嘗從師，至於文詞，實爲鄙野。曏者辭免修起居注，非謂不能記録言動，正恐循次而進，典掌誥命，取嗤四方，爲國大辱。是以披心自歸，至于四五。誠懇不著，不蒙開允，惟黽勉就職，而夙夜惶懼，未嘗少安。近者被召之日，再欲具此奏陳，又以比來朝廷擢用數人，雖辭避懇至，未嘗得請。而或者不諒其心，以爲采名，恐復虚發，如前所爲。是以躊躇彷徨，不免赴試。除名既降，强顔忍恥亦欲就職，以俟疵吝布彰，自當退黜。今者竊聞天章閣侍講吕公著，與臣同時被召。公著辭讓不至，朝廷已除公著天章閣待制兼侍講。臣迺始

❶ 題注，原無，據《傳家集》補。

自悔恨，輒以愚心妄意朝廷，當伏重誅。臣雖無知，若使廉讓有恥者棄置不收，貪冒苟得者進受華顯，不惟虧聖朝風化，亦使微臣受四海之責，將不得單斃其死。所有除知制誥勑告，臣未敢祇受，乞更擇文學兼茂與職業相稱之人以代臣。庶幾克叶遠近之望，寬愚臣之罪。其侍講恩命，臣更不敢辭。謹具狀奏聞，伏候勑旨。

第二狀

右，臣今月十四日曾有奏陳，以知制誥之職非臣所堪，乞更擇人，未蒙允許。臣夙夜惶恐，不知所措。臣與吕公著同時召試，公著固辭得請，而臣獨就職，是公著廉讓，而臣無愧恥也。臣雖甚愚，誠不忍以身居下流，蒙受衆惡，爲世汙澤。雖獲美官，將何榮之有？且公著沉厚淵懿，士林推服，文學行能，非臣之比。名位寵禄，臣安敢先之？昔施氏卜宰，皇句須吉。施氏之宰有百室之邑，與皇句須邑，使爲宰，以讓鮑國而致邑焉。施孝叔曰：「子實吉。」對曰：「能與忠良，吉孰大焉。」少室周爲趙簡子之右，聞牛談有力，請與之戲。弗勝，致右焉，簡子許之。臣今自知不材，請釋美官以授能者，雖不足比迹大賢，庶幾得從皇句須、少室周之後，其榮多矣。伏望朝廷察其區區，特賜矜許。其除知制誥勑告，臣不敢祇受，乞授公著或别擇人，不勝大幸。謹具狀奏聞，伏候勑旨。

温國文正公文集卷第二十一

温國文正公文集卷第二十二

章奏七

第三狀

右，臣今月十四日、十七日兩曾上奏，辭免知制誥，乞更擇人，未蒙開許。臣聞明主商德而序位，忠臣量能而受職。是以分不亂於上，能不窮於下，治辦之要莫尚於斯。臣自知文字惡陋，又不敏速，若除拜稍多，詔令填委，必閣筆拱手，不能供給，縱復牽合，鄙拙尤甚。暴之四遠，爲人指笑，又貽聖朝愧恥，謂之乏賢。故爲公家之謀，則莫若用其所長；營一身之私，則莫若避其所短。夕寐晨興，慮之已熟，始敢披陳，干浼天聽，剖肝瀝膽，莫非懇到。自修注以來，前後非一，而昭昭之誠，無由上達，屢觸報聞，不蒙省察。或者謂臣修起居注自應知制誥，與吕公著不同，公著當辭，臣則當受。凡自修注知制誥者，非有祖宗法令著於方册，特近歲相承之例耳。祖宗之時，但取庶官之中有辭藻者，即知制誥，不必皆以修注爲之。其修注或改他官，不必皆知制誥也。夫以資塗用人，不問能否，比例從事，不顧是非，此最國家之弊法，所宜革正者也。又謂臣就試已畢，不當復辭。臣就試之日，以爲公著辭未必免，臣試未必中，是以不辭。今公著獲免，而臣忝恩命，則今日辭之亦未爲晚也。且過而能改，猶愈於迷而不復；見賢思齊，猶愈於受爵不讓。況臣修注之初，已嘗辭免，至于四五，而朝廷不允。伏望聖慈特賜哀察，使臣服勤他役，惟力是視。其知制誥敕告，臣不敢祗受，乞更賜擇人。謹具狀奏聞，伏候敕旨。

第四狀

右，臣昨三次上奏，辭免知制誥，乞更擇人。奉聖旨，令依累降指揮，不許辭讓，便授告敕。臣曏者承乏諫官，首曾上言，以爲致治之道，任官最急。人之材性，各有所宜，雖以稷、契、皋、夔之賢，皆守一官，終身不易，況今群臣固非其比，當度材而受任，量能而施職。奏牘具存，事可案驗。今臣自知文辭鄙野，不足以充知制誥之職。若止以修起居注資塗相值，循例序進，恬而有之，曾不愧畏。是臣但能譏評他人曠官竊位，而受爵不讓，至于己斯亡。此迺欺罔天聽，靖言庸違，當伏共兜之誅，以清唐虞之治。臣雖甚愚，決不敢爲。伏望聖慈察臣前後所奏，特賜允從。其知制誥，乞別賜擇人。所有敕告，不敢祗受。謹具狀奏聞，伏候敕旨。

第五狀

右，臣先曾四次上奏，乞免知制誥，別賜擇人。奉聖旨，依累降指揮，不許辭讓，令便受敕。臣幼嘗涉學，粗知臧否，豈敢以譎詐之心，上欺君父？顧人之材分，各有所宜，若貪榮冒居，使職業廢墜，則探囊胠篋，迺竊盜之微者，皆不足誅也。臣雖小人，實不敢爲。是以曏者不辭於召試之初而辭於吕公著免試之後，誠欲果於得請，不爲虛發故也。今若因循苟且，復往就職，則臣進退之迹自可猜惑，況於世人，誰不譏笑？如是則臣出入禁闥，何心自安？陪接縉紳，何施面目？顧視僮僕，何以爲容？是以違犯天威，不敢避死，決求自免。而詔命愈堅，終未置捨。臣誠愚瞢，不識所謂。意者朝廷以臣所言皆爲矯僞，不足聽察邪？若使臣言出於矯僞，當正典刑，以警姦回；若出於至誠，當從其所請，使上無曠官，下無竊位。柰何前後奏章上者，直加屏棄，不復省察，使區區之志，何以自明？若以近例修起居注者必知制誥，不可改易，則臣竊觀先朝以來，修起居注不因罪累譴黜及親嫌相避而去爲他官者，劉騭知衡州，潘慎修遷考功郎中，許袞判吏部南曹，劉熚改工部員外郎兼侍御史知雜事，丘雍充淮南都大制置發運使，徐奭充兩浙轉運使，蔡齊改禮部員外郎兼侍御史知雜事，鄭向充兩浙轉運副使，高餗罷守本官，陳詁充三司户部副使，葉清臣充兩浙轉運副使，趙概充天章閣待制，楊察充江南轉運使，蔡襄知福州。以是觀之，雖近例亦不盡知制誥也。臣今悃款迫切，無以復加。伏望聖慈特賜哀察。若使臣得遂其志，是去罪辱而就顯榮，雖日遷十官，未足方其幸也。所有知制誥敕告，臣必不敢祗受，乞別賜擇人。謹具狀奏聞，伏候敕旨。

第六狀

右，臣先曾五次上奏，乞免知制誥，別賜擇人。奉聖旨，令臣依累降指揮，不許辭讓，便受告敕者。臣聞晉王述每受職，不爲虚讓，其有所辭，必於不受。及遷尚書令，其子坦之諫，以爲故事應讓，述曰：「汝謂我不堪邪？」坦之曰：「非也，但克讓自美事耳。」述曰：「既云堪，何爲復讓？」臣竊重述知爲人臣陳力就列之體，心常慕之。臣自勝冠以來，投牒應舉，入朝求仕，豈偃蹇山林不求聞達之人邪？顧力有所不任，則不敢盜國家禄位，恐職事廢闕，陷於刑辟耳。故自度材分可以策勵，雖高位不敢辭；不可强勉，雖小官不敢受。曏者蒙聖恩除館職、諫官、侍講，皆不敢以一言飾讓。蓋以館職掌比校文字，諫官掌規正得失，侍講掌講解經術，皆不專以文辭爲職故也。今臣自修起居注以來，前後辭免，章十餘上，正爲文辭鄙惡，不堪典誥命而已。終未蒙朝廷賜察，是以奏牘煩多，喋喋不已，頗爲時人所怪。其愛臣者以爲讓榮利，惡臣者以爲飾虚詐。要之，二者皆未得臣之心。夫有諸中而辭諸外，然後謂之讓。若臣者，無諸中而不敢爲者也，安得謂之讓哉！譬如使羸夫負百鈞之重，而予之千金，羸夫必辭，非不欲金也，力不任故也。夫飾者，内欲之而外不取，將以有求也。今臣不就美官，屢違詔命，上怒下怪，將抵罪誅，尚何求哉？且苟能其官而固讓不止，則是朝廷百官皆無人可爲，非天下之通法也。臣故謂如王述，能則爲之，不能則止，爲得其宜。臣雖才非古人，願附王述之志。若始者可受，❶則不若勿辭。亦既辭之，則不可復受。伏望聖慈特加矜察。其知制誥勑告，臣必不敢祗受，乞如前奏，别賜擇人。謹具狀奏聞，伏候勑旨。

第七狀

右，臣先曾六次上奏，解免知制誥，乞更

❶「受」，原作「愛」，據《傳家集》改。

擇人。奉聖旨，令臣依累降指揮，不許辭讓，便受勑告者。臣天性樸騃，無他伎能，惟守信誠，是爲操履。平居與等輩語言，猶不敢欺罔，況以奏牘聞於朝廷。苟有毫髮不實，不惟陛下睿聖，憲章嚴明，天地鬼神，亦所不容。臣之愚意，但以知制誥之職當取天下文章高妙、逾衆絶倫者以充其選。如臣野陋，實不堪稱，竭懇自歸，❶前後非一。而聖恩確然，終未開察。臣竊自傷悼，幸生盛明之世，而昭昭之心無以自列。若黽勉包羞，奉承詔旨，則天下之人皆謂臣已試而復辭，已辭而復就，蓋習知朝命重於改移，因欲飾讓以盜虚名。如此，則臣生負大罪，死負餘愧，雖進極榮顯，不若啜菽飲水，長爲布衣也。臣今若得請於朝，則不肖之迹，庶幾猶有以自明。如其不然，則矯僞之名，至於身没骨朽，不可湔洗。臣夙夜念此，寢則不安，食則失味，進退遑遑，身無所措。是敢不避煩瀆，冒犯天威。伏望聖慈哀其窮迫，特寢恩命，使得服役他官，以報萬一，死不敢辭。若朝廷以臣頑蔽不恭，乞治臣之罪，削黜流放，靡不甘心。所有知制誥勑告，臣必不敢祗受，乞如前奏，别賜擇人。謹具狀奏聞，伏候勑旨。

第八狀

右，臣先曾七次上奏，乞免知制誥，奉聖旨，令臣依累降指揮，不許辭讓，便受告勑者。臣竊聞去歲權御史中丞王疇上言：「近年以來，中外臣僚，或因較量差遣，或因論辨身計，或因進以干譽，或因罪而覬

❶「竭」，原作「喝」，據《傳家集》改。

免，肆爲妄談，輒形奏章，皆心語兩違，情實交戾。外示輕官爵之愛，以欺於衆，内實計分銖之利，而争於上。遺義忘耻，至於要君用詐，而安爲小人之行。陛下聖度慈仁，包荒蓋匿，悉置不問。彼小人者，亦豈識恩德之隆哉？欲望朝廷應今後臣下有要君作僞如前所陳者，並出宸斷，便賜聽許。如此則罔上邀利者知所畏，而士之行己有耻、事君以誠者少勸矣。」奉聖旨：「今後臣僚所陳，如有似此，情涉詐慢者，令中書、樞密院取旨施行。」凡疇所言，實近歲之大弊，臣亦疾之，如疇之志。今臣自差修起居注以來，前後辭免十有三次。若朝廷以臣爲誠，則何惜曲回大恩，從臣所欲，使臣不肖之迹，稍有以自明。若以臣爲詐，則罔上邀利，章奏煩多，無臣爲甚，臣願以身就譴謫，以彰前令之必行。庶爲陛下清此頽俗，亦臣報國之一效也。所有知制誥敕告，臣必不敢祗受，乞別賜擇人。謹具狀奏聞，伏候敕旨。

第九狀二十三日上，尋蒙恩改天章閣待制。

右，臣先曾八次奏陳，乞免知制誥，奉聖旨，令臣依累降指揮，更不許辭讓，便授告敕者。臣以愚懇，煩瀆天聽，前後非一，聖朝確然，終不聽許。臣誠戇昧，不識所謂。豈此職非臣不可爲邪？將從臣之請，則隳紊綱紀，敗壞風俗邪？何請之之勤而拒之之堅也！若以爲非臣不可爲，則方今辭臣滿朝，英俊比肩，舉而用之，無不稱職。若以爲隳紊綱紀，敗壞風俗，則臣之微志，正欲朝廷無曠官，群下無竊位而已，於綱紀風俗亦無所虧損。不然者，臣之所爲，果誖理傷道，朝廷令之不從，諭之不入，至于四五，至于八九，侮慢威命，無此爲甚，則當投之四荒，以禦魑魅，豈有但已者也。臣不勝迫切之誠，伏望聖慈察臣前後所奏，或賜允從，或加譴責。其知制誥敕告，臣必不敢祇受。謹具狀奏聞，伏候敕旨。

除待制舉官自代狀

伏見三司度支判官、尚書刑部郎中、充集賢校理馮浩，修己以謹，與人以誠，端良無邪，恬淡不競。居常處衆，敦大有容。臨義據正，堅彊不奪。久在文館，屢更任使，比材量德，臣實不如。今舉自代，謹具狀奏聞。

上殿謝官劄子 嘉祐七年五月十一日上❶

臣光伏蒙聖恩，除天章閣待制兼侍講，仍知諫院。臣竊以爲方今國家之得失，生民之利病，大要不過擇人、賞罰、豐財、練兵數事而已。行道之人粗有智識者皆知之，意在朝廷不盡聞，雖聞不力行耳。朝廷不盡聞，此諫官之罪；聞而不力行，則非臣等之所及也。凡此數事，臣前忝諫官，已嘗略爲陛下言之。今陛下寘臣於侍從之列，留臣以諫争之職，恩施愈隆，責望愈重，臣有生安敢愛，有言安敢隱？伏願陛下擇其事之要重者，特留聖心，則天下幸甚。不然臣雖朝夕侍前，徒汙名位而費廩禄，於公家之用，果何益

❶ 題注，原無，據《傳家集》補。

也？取進止。

謹習疏 嘉祐七年六月二十九日上❶

月日，具位臣某謹昧死上疏尊號皇帝陛下。臣以駑蹇之質，再爲諫官，荷陛下寵禄之優，責任之重，夙夜震恐，不遑寧處，思極竭愚忠，以報塞萬一。顧瑣瑣細務，皆不足以煩瀆聖聽。竊以國家之治亂本於禮，而風俗之善惡繫於習。赤子之啼，無有五方，其聲一也。及其長，則言語不通，飲食不同，有至死莫能相爲者，是無他焉，所習異也。至於古今亦然。有服古之衣冠於今之世，則駭於州里矣；服今之衣冠於古之世，則僇於有司矣。衣冠烏有是非哉？習與不習而已矣。夫民朝夕見之，其心安焉，以爲天下之事正應如此，一旦驅之，使去此而就彼，則無不憂疑而莫肯從矣。昔秦廢井田而民愁怨，王莽復井田而民亦愁怨。趙武靈王變華俗、效胡服，而群下不悦；後魏孝文帝變胡服、效華俗，而群下亦不悦。由此觀之，世俗之情，安於所習，駭所未見，固其常也。是故上行下效謂之風，薰烝漸漬謂之化，倫胥委靡謂之流，衆心安定謂之俗。及夫風化已失，流俗已成，則雖有辯智弗能諭也，彊毅不能制也，重賞不能勸也，嚴刑不能止也。自非聖人得位而臨之，積百年之功，莫之能變也。《周易·履》之《象》曰：「君子以辨上下，定民志。」故天子之令必行於諸侯，諸侯之令必行於卿大夫士，卿大夫士之令必行於庶人。使天下之勢如身之使臂，臂之使指，莫不率從。《詩》曰：「勉勉我王，綱紀四方。」此禮

❶ 題注，原無，據《傳家集》補。

之本也。昔三代之王皆習民以禮，故子孫數百年享天之禄。及其衰也，雖以晉、楚、齊、秦之彊，不敢暴蔑王室。豈其力不足哉？知天下之不已與也。於是乎翼戴王命，以威懷諸侯，而諸侯莫敢不從。所以然者，猶有先王之遺風餘俗未絶於民故也。其後日以衰薄，下陵上替。晉平公之世，魯子服回如晉，還，謂季孫意如曰：「晉之公室將遂卑矣。六卿彊而奢傲，將因是以習，習實爲常，能無卑乎！」其後趙、魏、韓氏卒分晉國，習於君臣之分不明故也。降及漢氏，雖不能若三代之盛王，然猶尊君卑臣，敦尚名節，以行義取士，以儒術化民。是以王莽之亂，民思劉氏，而卒復之。赤眉雖群盜，猶立宗室，以從民望。王郎矯託名氏，而燕趙響應。董卓之亂，袁紹以誅卓爲名，而州郡雲合。曹操挾獻帝以令諸侯，而天下莫能與之敵。操之心豈不欲廢漢而自立哉？然没身不敢爲者，畏天下之人疾之也。自魏晉以降，人主始貴通才而賤守節，人臣始尚浮華而薄儒術。以先王之禮爲糟粕而不行，以純固之士爲鄙樸而不用。於是風俗日壞，入於偷薄。叛君不以爲耻，犯上不以爲非，惟利是從，不顧名節。至于有唐之衰，麾下之士有屠逐元帥者，朝廷不能討，因而撫之，拔於行伍，授以旄鉞。其始也，取偷安一時而已，及其久也，則衆庶習於聞見，以爲事理當然，不爲非禮，不爲無義。是以在上者惴惴焉畏其下，在下者睽睽焉伺其上。平居則酒肉金帛，甘言屈體，以相媚悦，得間則銛鋒利刃，很心詭計，以相屠膾。成者爲賢，敗者爲愚，不復論尊卑之序，是非之理。陵夷至于五代，天下蕩然，莫知禮義爲何物矣。是以世祚不永，遠者十餘年，近者四五年，❶敗亡相屬，生民塗炭。及大宋受命，太祖、太宗知天下之禍生於無禮也，於是以神武聰明，躬勤萬幾，征伐刑賞，斷於聖志。然後人主之勢重，而群臣慴服矣。於是翦削藩鎮，齊以法度，擇文吏爲之佐，以奪其殺生之柄。擥其金穀之富，選其麾下精鋭之士，聚諸京師，以備宿衛。制其腹心，落其爪牙，使不得陸梁。然後天子諸侯之分明，而悖亂之原塞矣。於是節度使之權歸於州，鎮員之權歸於縣。又分天下爲十餘路，各置轉運使以察州縣百吏之臧否。復漢部刺史之職，使朝廷之令必行於轉運使，轉運使之令必行於州，州之令必行於縣，縣之令必行於吏民，然後上下之叙正而紀綱立矣。於是申明軍法，使自押官以上，各有階級，以相臨統，小有違犯，罪皆殊死，然後行伍之政肅而士用命矣。此皆禮之大節也。故能四征不庭，莫不率服，泛掃九州，以陟禹之迹。至于真宗，重之以明德，繼二聖之志，夙夜孜孜，宣布善化，銷鑠惡俗。以至于今，治平百年，頑民殄絶，衆心咸安。此乃曠世難成之業，陛下當戰戰栗栗，守而勿失者也。臣竊見陛下有中宗之嚴恭，文王之小心，而小大之政多謙讓不決，委之臣下，誠使所委之人常得忠賢則可矣，萬一有姦邪在焉，豈不危甚矣哉！古人所謂委任而責成功者，擇人而授之職業，叢脞之務不身親之也。至於爵禄廢置，殺生予奪，不由己出不可也。《洪範》曰：「惟辟作威，惟辟作福。臣之有作威作福，害于而家，凶于而國。」威福之柄一失於人而習以爲常，則不可復收矣，此明主之所慎也。又頃以西鄙用兵，權

❶「五」，原作「三」，據《傳家集》改。

置經略安撫使，總一路之兵，得以便宜從事。及西事已平，因而不廢，其河東一路，總二十二州軍，曏時節度使之權不能及矣。唐始置沿邊八節度，亦如是而已。以其權任太重，故後世有跋扈之臣。《洛誥》曰：「毋若火始焰焰，厥攸灼，敘弗其絶。」言慎其微也。又將相大臣典諸州者，多以貴倨自恃，轉運使欲振舉職業，往往故違戾而不肯從。夫將相大臣在朝廷之時，則轉運使名位固相遠矣。及在外爲知州，則轉運使統諸州職也，烏得以一身之貴庇一州之事，轉運使不得問哉？漢刺史以六百石吏督察二千石，豈以名位之貴賤哉！又自景祐以來，國家怠於久安，樂因循而務省事，執事之臣頗行姑息之政。於是胥史讙譁而斥逐御史中丞，輦官悖慢而廢退宰相，衛士凶逆而獄不窮姦，澤加於舊，軍人罵三司使而法官以爲非犯階級，疑於用法，朝廷雖特誅其人而已停之，卒復收養之。其餘有一夫流言於道路而爲之變令推恩者，多矣。凡此數者，殆非所以習民於上下之分也。夫朝廷者，四方之表儀也。朝廷之政如是，則四方必有甚者矣。於是元帥畏偏裨，偏裨畏將校，將校畏士卒。姦邪怯懦之臣，至有簡省教閲，使之驕惰；保庇羸老，使之繁冗；屈撓正法，使之縱恣；詆訾粟帛，使之憤惋；甘言諂笑，靡所不至。於是士卒翕然譽之，而歸怨於上矣。彼既爲之，則此效之；下既言之，則上從之；前既行之，則後襲之。苟彼爲而此不效，下言而上不從，前行而後不襲，則怨怒聚於其身而禍亂生矣。長此不已，日滋月益，民之耳目習而安之，此有以異唐之季世乎？後魏孝明帝時，征西將軍張彝子仲瑀上封事，欲抑損武人，不預清品，羽林虎賁千餘人焚彝第，殺彝父子。

官爲收捕凶强者八人斬之，其餘大赦以安之。懷朔鎮人高歡，時奉使至洛陽，見之，歸而散家財以結客，曰：「朝政如此，事可知矣。」於是，始有飛揚之志。由是觀之，紀綱不立，則姦雄生心矣。夫祖宗苦身焦思，以變衰唐之俗；而陛下高拱熟視，以成後魏之風。此臣之所爲陛下痛惜也。臣愚以爲陛下當奮剛健之志，宣神明之德。凡群臣奏事，皆察其邪正，辨其臧否，熟問深思，求合於道，然後賞罰黜陟，斷而行之，則天下孰不曠然悦喜？《詩》曰：「君子如怒，亂庶遄沮。君子如祉，亂庶遄已。」蓋言無所臧否之爲患入也。經略安撫使有征討之事則置之，無事則當廢之。儻未能廢，則軍事迫急，不暇奏知者，使專之可也。其餘民事，皆委之州縣，一斷於法。或法重情輕，情重法輕，可殺可徙，可宥可赦，並聽本州申奏，決之朝廷，何必出於經略安撫使哉？轉運使規畫號令，行下諸州，而諸州違戾不從者，朝廷當辨其曲直。若事理實可施行，而州將恃貴勢故違之者，當罪州將，勿罪轉運使。將校士卒之於州縣及所統之官或公卿大臣，有悖慢無禮者，明著階級之法，使斷者不疑。將帥之官有廢法違道以取悦於下，歸怨於上者，當隨其輕重，誅竄廢黜；公正無私，御衆嚴整者，當量其才能，擢用褒賞。如是，則上之人難動而下用命矣。上之人難動而下用命，此所以尊朝廷也。上下已明，綱紀已定，然後修儒術，隆教化，進敦篤，退浮華，使禮義興行，風俗純美，則國家保萬世無疆之休，猶倚南山而坐平原也。臣某昧死再拜上疏。

温國文正公文集卷第二十二

温國文正公文集卷第二十三

章奏八

論因差遣例除監司劄子 嘉祐七年七月九日上❶

臣光竊以轉運使、提點刑獄、轉運判官等，皆宣布國家詔令，督察官吏善惡，一方之民，休戚所繫，事任至重，不可輕以授人。伏見近歲以來，多以所歷差遣循例得之，不問其人賢與不肖，有無績效。至如真、楚、泗州之類，雖云繁劇，然民事至少，賓客實多，大抵能飾厨傳，即爲稱職。官滿之日，往往擢爲監司。若其人實有材能政迹，則雖在它州，亦當擢用。若無以異於庸人，則不當獨以此數州爲僥倖之津塗也。臣欲乞應諸處知州軍有政迹尤異及功效著明者，特賜勑書獎諭，仍令中書記録姓名。若轉運使、提點刑獄、轉運判官等有闕，即采擇用之。其餘諸處差遣舊例得監司者，今後亦皆寢罷，得替日依舊人常程差遣。如此則官吏有所勸，監司皆得人矣。取進止。

論財利疏 嘉祐七年七月上❷

月日，具位臣光謹昧死上疏尊號皇帝陛下。臣聞昔楚莊王以無災爲懼，曰：「天豈棄不穀乎？」范文子曰：「唯聖人能外内無

❶ 題注，原無，據《傳家集》補。
❷ 題注，原無，據《傳家集》補。

患。」然則歲小不登，邊鄙有警，未必非國家之福也。伏見今春天久不雨，陛下憂勞於內，公卿惶恐於外，豈不以公私之積素不充實，若遇饑饉，將無以相恤乎？一朝京師得雨，遠方未遍，則君臣釋然相慶，不復以民食爲念。陛下安知來歲之旱不甚於今歲乎？蓋天降災沴，蠻夷猾夏，寇賊姦宄，此堯舜所不能免也。即不幸有大水大旱方二三千里，戎狄乘間而窺邊，細民窮困而爲盜，軍旅數起，久未有功，府庫之蓄積已竭，百姓之生業已盡。陛下當此之時，將以何道救之乎？臣不知陛下與公卿大臣以此爲必無而不足憂乎？將以爲有之而不爲之備，俟事至然後憂之也？若俟事至然後憂之，雖以陛下之聖明，得益、稷、太公以爲輔佐，臣以爲不及矣。何則？聖賢之治，皆積以歲月，然後有功。欲天下之家給人足，固不可一日具也。《周易·既濟》之《象》曰：「君子以思患而豫防之。」此其時矣。失之愈遠，救之愈難。柰何日復一日，取適目前而已乎？❶晉武帝時，何曾謂其子孫曰：「吾每見主上所說，皆平生常語，未嘗及經遠大計。吾子孫其及於亂乎？」其後五胡構亂，❷中州覆没，生民塗炭，幾三百年。由是觀之，上下偷安，不爲遠謀，此最國家之大患也。《詩》曰：「哀哉爲猷，匪先民是程，匪大猷是經。維邇言是聽，維邇言是爭。如彼築室于道謀，是用不潰于成。」方今之政，何以異此？此臣之夙夜所爲痛心疾首者也。古之王者，藏之於民，降而不能，乃藏於倉廩府庫。故上不足則取之於下，下不足則資之於上，此

❶「適」，原作「過」，據《傳家集》改。
❷「構」，原避宋高宗諱作小字「御名」，今回改。

上下所以相保也。今民既困矣，而倉廩府庫又虛，陛下儻不深以爲憂而早爲之謀，臣恐國家異日之患不在於它，在於財力屈竭而已矣。今朝廷不循其本而救其末，特置寬恤民力之官，分命使者，旁午四出，争言便宜，以變更舊制。米鹽靡密之事，皆非朝廷所當預者，張設科條，不可勝紀。或不如其舊，益爲民患。或朝三暮四，移左於右。其間果能利民者，不過放散縣官之物以予民耳。是誠損上益下，王者之仁政也。然臣聞古之聖王，養之有道，用之有節，上有餘財，然後推以予民，是以上下交足而頌聲作矣。今入者日寡，出者日滋，是所謂厭其原，開其瀆，其竭可立而待也。公家既竭，不取諸民，將焉取之？是徒有利民之名而無利民之實，果何益哉！夫寬恤民力，在於擇人，不在立法。若守令得人，則民力雖欲毋寬，其可得乎？守令非其人，而徒立苛法，適所以擾民耳。自置此官以來，於今累年，臣訪之民間，未聞其困弊小瘳於前也。

然則爲今之術柰何？曰在隨材用人而久任之，在養其本原而徐取之，在減損浮冗而省用之。

何謂隨材用人而久任之？夫人之材性，各有所宜，雖周、孔之材，不能偏爲人之所爲，况其下乎！固當就其所長而用之。今朝廷用人則不然，顧其出身、資叙何如耳，不復問其材之所堪也。故在兩禁則欲其爲嚴助、司馬相如，任將帥則欲其爲衛青、霍去病，典州郡則欲其爲龔遂、黄霸，尹京邑則欲其爲張敞、趙廣漢，司財利則欲其爲孔僅、桑弘羊，❶世豈有如此人哉？故財用之所以

❶「弘」，原脱，據《傳家集》補。

匱乏者，❶由朝廷不擇專曉錢穀之人爲之故也。國初，三司使或以諸衛將軍、諸司使爲之，判官則朝士曉錢穀者皆得爲之，不必用文辭之士也。先朝以數路用人，文辭之士寘之館閣，曉錢穀者爲三司判官，曉刑獄者爲開封府推判官。三者職業不同，趣舍各異，莫相涉也。然後人主以時引對，訪問以察之，使令以試之，積久以觀之。覈其真僞，辨其臧否，考其功效，然後進之退之，未必歷其職者皆須進用，不可復退也。故群臣各宣其用，而萬事交舉矣。夫官久於其業而後明，功久於其事而後成。是以古者世官相承，以爲氏姓。先朝陳恕領三司十餘年，至今稱能治財賦者以恕爲首，豈恕之材智獨異於人哉？蓋得久從事於其職故也。至於副使判官，堪其事者亦未數易也。是以先帝屢行大禮，東封西祀，廣修宮觀，而財用有餘者，用人專而任之久故也。近歲三司使、副使、判官，大率多用文辭之士爲之，以爲進用之資塗，不復問其習與不習於錢穀也。彼文辭之士，習錢穀者固有之矣，然不能專也。於是乎有以簿書爲煩而不省，以錢穀爲鄙而不問者矣。又居官者出入遷徙，有如郵舍，或未能盡識吏人之面，知職業之所主，已捨去矣。臣頃者判度支勾院甫一年耳，上自三司使，下至檢法官，改易皆徧，甚者或更歷數人。雖有恪勤之人，夙夜盡心，以治其職，人情稍通，綱紀粗立，則捨之而去。後來者意見各殊，則鄉之所爲，一皆廢壞。况怠惰之人，因循苟且，惟思便身，不顧公家者乎！如此而望太倉有紅腐之粟，水衡有貫朽之錢，臣未知其期也。凡百官莫不欲久於其任而食貨

❶「乏」，原作「之」，據《傳家集》改。

爲甚，何則？二十七年耕，然後有九年之食。今居官者不滿三歲，安得有二十七年之效乎？臣愚以爲朝廷宜精選朝士之曉鍊錢穀者，不問其始所以進，或進士、或諸科、或門蔭，先使之治錢穀小事，有功則使之權發遣三司判官事。及三年而察之，實效顯著者，然後得權三司判官事。又三年更有實效，然後得爲正三司判官。其無實效者，皆退歸常調，勿復收用。其諸路轉運使，不復以路分相壓，使之久於其任。有實效者，或自權爲正，自轉運副使爲轉運使。無實效者，亦退歸常調，勿復收用。每三司副使闕，則選三司判官及諸路轉運使功效尤著者以補之。三司使闕，亦選於副使以補之。三司使久於其任，能使用度豐衍、公私富實者，增其秩，使與兩府同，而勿改其職。如此則異日財用之豐耗不離於己，不得諉之它人，必務爲永久之規矣。其文辭之士，則自有資塗，不必使爲錢穀之吏以輕之也。

何謂養其本原而徐取之？善治財者，養其所自來，而收其所有餘。故用之不竭，而上下交足也。不善治財者反此。夫農工商賈者，財之所自來也。農盡力則田善收而穀有餘矣，工盡巧則器斯堅而用有餘矣，商賈流通則有無交而貨有餘矣。彼有餘而我取之，雖多不病矣。今之有司自謂能治財者，臣見之矣。凍餒其民而豐積聚者也，掃土以市禄位而不恤後人者也，捃拾麻麥而喪丘山者也，保惜一錢而費萬金者也，不操白刃而爲寇攘者也，姦巧簿書而罔君上者也。必曰養其所自來而收其所有餘，則聞者以爲笑矣。夫使稼穡者饒樂而惰游者困苦，則農盡力矣。堅好便用者獲利，浮僞侈靡者不售，則工盡巧矣。公家之利，捨其細而取其太，散諸近而收諸遠，則商賈流通矣。農、工、商賈皆樂其業而安其富，則公家何求而不獲乎？夫農，天下之首務也。古人之所重，而今人之所輕。非獨輕之，又困苦莫先焉。何以言之？彼農者苦身勞力，衣麤食糲，官之百賦出焉，百役歸焉。歲豐賤貿其穀，以應官私之求，歲凶則流離凍餒，先衆人填溝壑。如此而望浮食之民轉而緣南畝，難矣。彼直生而不知市井之樂耳，苟或知之，則去而不返矣。故以今天下之民度之，農者不過二三，而浮食者常七八矣。欲倉廩之實，❶其可得乎？臣愚以爲，凡農民租稅之外，宜無有所預。衙前當募人爲之，以優重相補，不足則以坊郭上户爲之。❷彼坊郭之民，部送綱運，典領倉庫，不費二三，而農民常費八九。何則？儇利戇愚之性不同故也。其餘輕役，則以農民爲之。歲豐則官爲平糴，使穀有所歸；歲凶則先案籍賙贍農民，而後及浮食者。民有能自耕種積穀多者，不籍以爲家貲之數。如此，則穀重而農勸矣。彼百工者，以時俗爲心者也。時俗貴用物而賤浮僞，則百工變而從之矣。時俗者，以在上之人爲心者也。在上好樸素而惡淫侈，則時俗變而從之矣。其百工在官者，亦當擇人而監之。以功致爲上，華靡爲下，物勒工名，謹考其良苦而誅賞之。取其用，不取其數，則器用無不精矣。彼商賈者，志於利而已矣。今縣官數以一切之計變法更令，棄信而奪之。彼無利則棄業而從佗，縣官安能止之哉！是以茶鹽棄捐，征稅耗損，凡以此也。然則縣官之利，果何得哉？善

❶「倉」，原作「食」，據《傳家集》改。

❷「上」，原作「二」，據《傳家集》改。

治財者不然，將取之，必予之；將斂之，必散之。故日計之不足，而歲計之有餘。此迺白圭、猗頓之所知，豈國家選賢擇能以治財，其用智顧不如白圭、猗頓邪？患在國家任之不久，貴近效而遺遠謀故也。夫伐薪者，刈其條枚，養其本根，則薪不絶矣。若并根本而伐之，其得薪豈不多哉？後無繼矣。是非難知之道也。然則有司不爲者，彼其心曰：「吾居官不日而遷，不立效於目前以自顯，顧養財以遺後之人，使爲功，吾何賴焉？」是非特有司之罪也，亦朝廷用人之法驅之使然也。

何謂減損浮冗而省用之？昔太祖初得天下之時，止有一百一十一州耳，江南、兩浙、西川富饒之土，皆爲異域。又承五代荒亂之餘，府庫空竭，豪桀棊布於海内，戎狄窺覦於邊境，戎車歲駕，四方多虞。當是之時，內給百官，外奉軍旅，誅除僭僞，賞賜鉅萬，未嘗聞財用不足如今日之汲汲也。陛下承祖宗之業，奄有四百餘州，天下一統，戎狄款塞，富饒之土，貢賦相屬，承平積久，百姓阜安。是宜財用羨溢，百倍於前，柰何竭府庫之所蓄，罄率土之所有，當天下無事之時，遑遑焉專救經費而不足？萬一有不可期之災患，將何以待之乎？夫以國初之狹隘艱難，財用宜不足而有餘，今日之廣大安寧，財用宜有餘而不足，陛下亦嘗熟思其所以然之理乎？得非太祖所養者，皆有功有用之人，陛下所養者，未必尽有功用乎？臣竊見陛下天性恭儉，不好侈靡。宮室苑囿，皆因祖宗之舊，無所更造，或隳頓荒蘙，不加修治；飲膳衣服，器皿帷帳，適足供用，不極精華，或苦惡弊綻，亦不更易。雖唐虞之土階三尺，茅茨不翦，殆無以過。然左右侍御之人，宗戚貴臣之家，第宅園圃，服食器用，往往窮天下之珍怪，極一時之鮮明，惟意所欲，無復分限。以豪華相尚，以儉陋相訾，愈厭而好新，月異而歲殊。是以費用不足，❶則求請無厭，匄貸不恥。甚者或依憑詔令以發府庫之財，假託供奉以靡縣官之物，真僞莫辨，多少不會。陛下聖度寬仁，不欲拒塞，惡聞人過，不加案詰。至於頒賜外廷之臣，亦皆踰溢常數，不循舊規。如曏者皇女初生，所散包子之類，費用不可勝紀。臣嘗聞耆舊之人言，先朝公主在宮中，俸錢不過月五千。其餘後宮月給，大抵倣此。非時未嘗輕有賜予，賜予亦不甚豐。竊聞近日俸給賜予，比於先朝，何啻數十倍矣。漢明帝曰：「我子豈宜與先帝子等乎？」夫等猶不可，又況過之！是以祖宗之積，窮於賜予，困於浮費。臣不能知其詳，以外望度之，什耗七八矣。內藏以虛，而浸淫於左藏矣。夫府庫者，聚天下之財以爲民也，非以奉一人之私也。祖宗所爲置內藏者，以備饑饉兵革非常之費，非以供陛下奉養賜予之具也。今內藏庫專以內臣掌之，不領於三司。其出納之多少，積蓄之虛實，簿書之是非，有司莫得而知也。若皆以奉養賜予而盡之，一旦有饑饉兵革之事，三司經費自不能周，內藏又無所仰，斂之於民，則民已困竭，得無狼狽而不支乎？此臣夙夜所懔懔也。今陛下所以有唐虞之德，而無唐虞之治者，其失在於不忍而好予。不忍，則不誅有罪；好予，則不待有功。不誅有罪，則姦邪欺罔而不忌；不待有功，則貪佞徼幸而無厭。治道之所以不格于上下者，凡以此也。昔韓昭侯有弊袴，命藏之。侍者

❶「是」，原作「長」，據《傳家集》改。

曰：「君亦不仁者矣，不賜左右而藏之。」昭侯曰：「吾聞明主愛一嚬一笑，嚬有爲嚬，笑有爲笑。今袴豈特嚬笑哉？吾必待有功者。」彼小國諸侯，猶能慎賞如是，而國以富强，况以四海之主，不行無功徼幸之賞，杜塞甘言悲辭之請，則唐虞之治，何遠之有哉！夫府庫金帛，皆生民之膏血。州縣之吏，鞭撻其丁壯，凍餒其老弱，銖銖寸寸而聚之。今以富大之州，終歲之積，輸之京師，適足以供陛下一朝恩澤之賜，貴臣一日燕飲之費。陛下何獨不忍於目前之群臣，而忍之於天下之百姓乎？夫以陛下恭儉之德，擬於唐虞；而百姓窮困之弊，鈞於秦漢。秦漢竭天下之力以奉一身，陛下竭天下之力以資衆人。其用心雖殊，其病民一也。此臣之所以尤慼慼者也。又宫掖者，風俗之原也；貴近者，衆庶之法也。故宫掖之所尚，則外必爲之；貴近之所好，則下必效之，自然之勢也。是以内自京師士大夫，外及遠方之人，下及軍中士伍、畎畝農民，其服食器用，比於數十年之前，皆華靡而不實矣。曏之所有，今人見之皆以爲鄙陋而笑之矣。夫天地之産有常而人類日繁，耕者寖寡而遊手日衆，嗜慾無極而風俗日奢，欲財力之無屈，得乎哉！又府史胥徒之屬，居無廪禄，進無榮望，皆以啗民爲生者也。上自公府省寺，諸路監司、州縣鄉村，倉塲庫務之吏，詞説追呼，租税繇役，出納會計，凡有毫釐之事關其手者，非賂遺則不行。是以百姓破家壞産者，非縣官賦役獨能使之然也，太半盡於吏家矣。此民之所以重困者也。又國家比來政令寬弛，百職隳廢。在上者簡倨而不加省察，在下者侵盗而恣爲姦利。是以每有營造貿買，其所費財物什倍於前，而所收功利曾不一二，此國用之所以尤不足者也。又自古百官皆有常員，而國家用磨勘之法，滿歲則遷。日滋月益，無復限極。是以一官至數百人，則俸禄有增而無損矣。又近歲養兵，務多不務精。夫兵多而不精，則力用寡而衣粮費。衣粮費則府庫耗，府庫耗則賜賚稀。是以不足者豈惟民哉？兵亦貧矣。策之失者，無甚於此也。凡此數者，皆所以竭民財者也。陛下安得熟視而無所變更邪？臣愚伏願陛下觀今日之弊，思將來之患，深自抑損，先由近始。凡宗室、外戚、後宫、内臣以至外廷之臣，俸給賜予，皆循祖宗舊規，勿復得援用近歲僥倖之例。其踰越常分，妄有干求者，一皆塞絶，分毫勿許。若祈請不已者，宜嚴加懲譴，以警其餘。凡文思院後苑作所爲奇巧珍玩之物，不急而無用者，一皆罷省。内自妃嬪，外及宗戚，下至臣庶之家，敢以奢麗之物夸眩相高，及貢獻賂遺以求悦媚者，亦明治其罪，而焚毁其物於四達之衢。專用樸素，以率先天下，矯正風俗。然後登用廉良，誅退貪殘，保佑公直，銷除姦蠹，澄清庶官，選練戰士，不禄無功，不食無用。如此行之，久而不懈，臣見御府之財將朽蠹而無所容貯，大倉之粟將彌漫而不可蓋藏，農夫棄粮於畊畝，商賈讓財於道路矣。孰與今日汲汲以應目前之求，懔懔以憂將來之困乎！夫食貨者，天下之急務。今窮之如是，而宰相不以爲憂。意者以爲非己之職故也。臣願復置總計使之官，使宰相領之。凡天下之金帛錢穀隸於三司，及不隸三司如内藏、奉宸庫之類，總計使皆統之。小事則官長專達，大事則謀於總計使而後行之。歲終則上其出入之數於總計使，總計使量入以爲出。若入寡而出多，則總計使察其所以然之理，求其費用之可省者以奏而省之。必使歲餘三分之一以爲儲蓄，備禦不虞。凡三司使、副使、判官、轉運使，及掌内藏、奉宸等庫之官，皆委總計使察其能否，考其功狀，以奏而誅賞之。若總計使久試無效，則乞陛下罷退其人，更置之。議者必以爲宰相論道經邦、燮理陰陽，不當領錢穀之職，是皆愚人不知治體者之言。昔舜舉八愷，使主后土，奏庶艱食，貿遷有無，地平天成，九功惟敘。《周禮》冢宰以九職、九賦、九式、九貢之法治財用。唐制以宰相領鹽鐵、度支、户部。國初亦以宰相都提舉三司、水陸發運等使。是則錢穀自古及今，皆宰相之職也。今譯經潤文，猶以宰相領之，豈有食貨國之大政，而謂之非宰相之事乎？必若府庫空竭，閭閻愁困，四方之民流轉死亡，而曰我能論道經邦，燮理陰陽，非愚臣之所知也。臣不勝狂愚，冒犯忌諱，惟陛下裁察。

臣光昧死再拜上疏。

温國文正公文集卷第二十三

温國文正公文集卷第二十四

章奏九

上殿劄子二道❶

臣近曾上疏，以即今公私財用率皆窮窘，專奉目前經費，猶汲汲不足，万一有大水大旱，飢饉相仍，戎狄侵邊，盜賊群起，發兵誅討，不時克定，倉庫已空，百姓又竭，其憂患不細，必當早爲之謀，以救斯弊。乞隨才用人，使久於其任，務農通商，以蓄息財物，節省賜予，裁損浮費。又以宰相領總計使之職，凡天下金帛錢穀，屬於三司、不屬三司者，總計使皆領之。歲終則校其出入之數，若入少而出多，則思其所以救補之術，奏而行之。常使歲餘三分之一，以備饑饉、軍旅非常之費。其内外錢穀官之長，皆委總計使察其能否，考其功狀以奏而誅賞之。此誠當今之急務，伏望陛下與公卿大臣定議，早賜施行。取進止。

又

臣伏見陛下以皇姪宗實知宗正寺，宗實辭讓多日，不肯就職。陛下兩次遣使者召令受勑，中外之人無不欣悦，以爲非陛下叡智

❶「上殿劄子二道」，《傳家集》無此總題，而分題爲「乞施行制國用疏上殿劄子」，「乞召皇姪就職上殿劄子」并注「嘉祐七年七月二十七日上」。

聰明，深謀遠慮，斷自聖志，確然不惑，何以及此？夫王者，以大庇生民爲仁，安固基業爲孝。仁孝之道，莫大於此。今陛下一舉而兩有之，天下聞之，安得不喜？又爵禄者人之所貪，往往校量絲毫，干求争訟，不顧廉恥。今宗實特受陛下簡拔，恩寵殊異，而以榮爲懼，辭讓懇切，首尾十月尚未受詔，其智識操行必賢於人，益足彰陛下知人之明，此天下所以尤喜也。然陛下於宗實，屬則父也，尊則君也。在禮，「父召無諾，唯而起，君命召，不俟駕」。今陛下兩遣使者召之，宗實雖不受恩命，亦當入見，面自陳述，豈可在家堅卧不起？臣愚伏願陛下更遣近上内臣往傳聖意，責以禮法，彼宜不敢不來，則陛下面加敦諭，使知聖心懇惻，發於至誠，彼宜不敢不受。如此則陛下仁孝之德，純粹光大，本末如一，無以復加。此皆陛下即今所行而臣復區區進言者，誠欲陛下守之益堅，行之不倦故也。取進止。

論覃恩劄子 嘉祐七年七月五日上❶

臣光等伏覩今月三日御扎，取今年季秋擇日有事于明堂，所有合行諸般恩賞，一依南郊例施行。臣等竊見皇祐二年親祀明堂，是時以初行希闊之禮，文武臣僚並轉一官。今國家修舉舊禮，乃是常典。雖已誕告恩賞一依南郊例，然竊慮貪冒無識之人尚有希覬，流言云云，動摇中外。況今庶官濫溢，經費窘竭，豈可復踵往歲之失，以增今日之弊？伏望朝廷豫先明降指揮，言今歲所行明堂之禮，更不覃恩轉官。使中外咸知，以

❶ 題注，原無，據《傳家集》補。

絶徼幸者之望。取進止。

論儀鸞失火劄子 嘉祐七年八月十一日上❶

臣竊聞今月九日夜，大慶殿前儀鸞司房内失火，煙焰已起，燒及屋宇。側近守宿之人知覺差早，僅能救滅。或聞聖恩欲寬貸失火之人。竊以宫省之内，火禁不可不嚴。嚮使救之稍緩，爲災不細。伏望選差不干礙官一員，仔細檢定火發蹤由，委開封府依公盡理根勘從初失火因依，應干繫人等嚴賜施行。所貴戒勵後人不敢懈慢。取進止。

請早令皇子入内劄子 嘉祐七年八月二十七日上❷

臣等伏聞擇今月二十二日，差内臣宣皇子曙入内，而曙猶復稱病未入。臣等初以臣子有「君命召，不俟駕」之禮，使者有「受命不受辭」之義。今曙但以恐懼，不敢便當陛下非常恩寵。而所差内臣亦當以臣子事君父之禮，曉諭切責，使即奉命。豈得備禮致命，默然往復，殊不副陛下聖意？其今月二十五日宣曙内臣，伏乞特行責降，以懲不職之罪。況皇子之名本非官職，無容避讓。今詔命已下二十餘日，而曙既爲陛下之子，禮當朝夕定省，備人子之職，不宜久處外宅。伏望聖慈速賜選差都知御藥，諭以君父之命不可違，臣子之職不可闕，敦迫切責，使即時入内。并下大宗正司及本宫亦仰以禮敦遣，不得更容遷延。取進止。

❶ 題注，原無，據《傳家集》補。

❷ 題注，原無，據《傳家集》補。

直講乞不限年及出身劄子 嘉祐七年九月一日上❶

臣伏見國子監直講見缺數員，久而未補。蓋以近制須年四十以上，及進士九經出身，方得爲之。臣愚以爲，學官正宜取德行經術可爲師表之人，不當限以苛法。若不察其人之賢愚，而惟年齒出身之問，則雖有德行如顏回，經術如王弼，皆終身不可爲學官也。又舊制學官皆先試講說，然後就職。近歲此法亦因循不行。臣欲乞今後應國子監直講有闕，許本監或兩制以上舉京朝官選人有德行經術者，具姓名聞奏，更不問年紀及出身。其國子監所舉者，委學士或舍人院試。兩制以上所舉者，委國子監試。並須衆官聚廳互舉疑義，面試講說，擇其義理精通者，保明聞奏，方降勑差除。若德行邪僻，經術荒謬，而輒敢舉薦保明者，並乞嚴行朝典。取進止。

奏乞復夏倚差遣劄子 嘉祐七年九月十七日上❷

臣先任通判并州事日，准經略司牒往麟州勾當公事。伏見通判本州事夏倚，通敏恪勤，勇於忠義，苟利公家，不爲身謀。始與臣共議於屈野河西修堡，以止西夏侵耕。及見管勾軍馬司公事郭恩，恃勇輕敵，倚與臣書，稱恩萬舉萬敗。經略司方行止約，恩已覆没，倚收撫散兵，孤城獲安。既而倚與衆人一例獲罪，降充監當。及今五年，兩經大赦，

❶ 題注，原無，據《傳家集》補。

❷ 題注，原無，據《傳家集》補。

應當時河西連累之人罪稍輕者，並已復舊差遣，惟倚尚合入知縣資敘。比於衆人，獨爲困躓，誠可哀憐。臣竊以倚當日知恩必敗，而力不能制，恩之敗績，實非倚罪。兼其人公忠材智，誠有可稱，不可專以一眚掩其衆善。伏望聖慈特與復通判差遣，庶使任職之臣知徇公獲罪，終不能久爲身累，有所勸慕。取進止。

奏乞推恩老臣劄子 嘉祐七年九月十九日上❶

臣伏見皇祐二年陛下親祀明堂，曾召前兩府杜衍、任布二人陪位。及禮畢，陛下推恩，特賜衍、布子男各一人進士出身。今陛下再舉希闊之典，❷亦曾召前宰相龐籍陪位。臣竊以籍歸守西邊，宣力實多，懷柔凶渠，復歸皇化。其在宰府，屬蠻寇憑陵，震驚二廣，翼贊聖謀，廓清醜類。及告老之年，精力猶壯，堅辭榮禄，去位家居。實朝家之碩臣，方今之舊俊。遇茲盛禮，伏望陛下用杜衍、任布前例，特推恩於籍子男一人，以慰其心，足以示養老優賢，增聖政之美。取進止。

論董淑妃謚議策禮劄子 嘉祐七年九月二十三日上❸

臣伏見充媛董氏薨，追贈婉儀，又贈淑妃。陛下親爲之輟朝掛服，群臣進名奉慰。又命有司爲之定謚及行策禮，於葬日仍給鹵簿。外廷之議，皆以爲董氏名秩本微，病亟

❶ 題注，原無，據《傳家集》補。
❷ 「闊」，原作「闕」，據《傳家集》改。
❸ 題注，原無，據《宋朝諸臣奏議》補。

之日方拜充媛。今送終之禮，太爲崇重。臣案：古者婦人無謚，近世惟皇后有謚，及有追加策命者，妃嬪以下未之有也。鹵簿本以賞軍功，未嘗施於婦人。唯唐平陽公主有舉兵佐高祖定天下之功，方給鼓吹。後至中宗時，韋后建議，始令妃主葬日皆給鼓吹，非明王之令典，不足法也。臣愚伏念陛下恭儉寡欲，近歲以來，後宫之寵絶無大盛過分著聞於外者，此四方之人所以咨嗟頌咏，歸仰聖德也。不意今兹以既没之董氏，而有司諂曲，妄崇虚飾，以隳紊制度，瀆慢名器，使天下之人疑陛下隆於女寵，甚非所以光益聖德也。況禮數既崇，則凡喪事所須，用度必廣。今明堂大禮新畢，帑藏空虚，賦斂日滋，元元愁困，誠不宜更崇大後宫之喪以横增煩費。夫亡者雖加之虚名盛飾，豈能復知，而足以仰累聖德，臣竊惜之。伏望陛下特詔有司，悉罷議謚及策禮事，其葬日更不給鹵簿。凡喪事所須，務從減損，不必盡一品之禮，以明陛下薄於女寵而厚於元元也。取進止。

論寺額劄子 嘉祐七年十月四日上❶

臣伏覩近降赦節文：「應天下係帳存留寺觀院舍，自來未有名額者，特賜名。其在四京管内者，雖不係帳，今日前已蓋到舍屋及百間以上者，亦賜名額。」竊以釋老之教，無益治世，而聚匿遊惰，耗蠹良民。此明識所共知，不待臣一二而言也。是以國家明著法令，有創造寺觀一間以上者，聽人陳告，科違制之罪，仍即時毁撤。蓋以流俗戇愚，崇尚釋老，積弊已深，不可猝除，故爲之禁限不

❶ 題注，原無，據《傳家集》補。

使繁滋而已。今若有人公違法令，擅造寺觀及百間已上，則其罪已大；幸遇赦恩，免其罰罪可矣，其棟宇瓦木，猶當毁撤，没入縣官。今既不毁，而又明行恩命，錫之寵名，是勸之也。臣聞爲人上者，洗濯其心，壹以待民，是以令行禁止而莫敢不從。今立法以禁之於前，而發赦以勸之於後，則凡國家之號令將使民何信而從乎？臣恐自今以往，姦猾之人將不顧法令，依憑釋老之教以欺誘愚民，聚斂其財以廣營寺觀，務及百間以上，以須後赦，冀幸今日之恩，不可復禁矣。方今元元貧困，衣食不贍，仁君在上，豈可復唱釋老之教，以害其財用乎？事有微而患深，令有近而害遠者，此之謂也。伏望陛下追改前命，應天下寺觀院舍，不係帳者，不以舍屋多少，並依前後勑條處分。其昨來赦文内四京寺觀院舍，雖不係帳亦賜名額一節，乞更不施行。庶使號令爲民所信，而遊惰不能爲姦也。取進止。

賈尹劄子 嘉祐七年十月十二日上❶

臣伏見權知開封府賈黯，本以文藝進身，不閑吏事。曏在流内銓、三班審官院已無聲迹可紀。及尹京邑，當繁劇之任，尤非所長，區斷乖方，怨嗟盈路。伏乞朝廷量其所能，授以它職。別選差人知開封府，庶合衆心。取進止。

王逵劄子 嘉祐七年十月十九日上❷

臣竊聞監兖州景靈宫王逵，近降勑差知

❶ 題注，原無，據《傳家集》補。
❷ 題注，原無，據《傳家集》補。

萊州。逵暴戾凶狡，陵上虐下，所至爲害，朝野具知。今年齒已衰，猶汙仕籍。若復授以一州，使爲長吏，必恣行不法，殘害民物，監司畏之，莫敢詰問，使一境之人何所控告？伏望朝廷撿會逵年紀，及察逵平生事迹，勒令致仕。或只與監當差遣，永不得令親民。取進止。

論赦劄子 嘉祐七年十月二十七日上❶

臣伏見國家每下赦書，輒云「敢以赦前事言者，以其罪罪之」。誠欲恩澤下究，而號令必信也。比見臣僚多以私意偏見奏赦前事乞不原赦，或更特行編配，重於不經赦之人，朝廷皆從其請。若其人情理巨蠹，必不可赦者，則國家當於約束勑及赦文內明白言之。若所坐不至甚重而特不赦，是恩澤有所不均，而同罪之人有幸有不幸也。且今劫盜殺人不死及雜犯死罪猶赦之而微罪不赦，是則罪之輕重不繫於人主，不刊之法令，而決於人臣一時之私意也。况使經赦之人仍就編配，得罪重於不經赦者，尤無謂也。夫赦者，誠非致治之道。然朝廷若能永無赦令，使有罪者必刑，則人知恐懼，莫敢犯矣。今既數下赦令，而使大罪得免，小罪被刑，經赦者其罪重，不經赦者其罰輕，臧否糾紛，使百姓何所取信哉？臣愚欲望陛下，自今犯罪之人情理巨蠹必不可赦者，乞於豫降約束勑內明白言之，其餘並從赦文處分。其有指赦作過，情狀顯然，不因臣僚奏請，陛下聖意特不原免者，止宜依法施行，亦不可使重於赦前之罪。應昨赦前犯罪不至編配而赦後特

❶ 題注，原無，據《傳家集》補。

編配者，並乞放令逐便。庶使恩澤均壹，號令明信。取進止。

壽星觀劄子 嘉祐七年十二月三日上❶

臣等前者伏覩陛下幸壽星觀奉安真宗御容。當是時，❷臣等不知事之本末，未敢進言。自後方知，本觀舊日止有先帝時所畫壽星。近因本觀管勾内臣吴知章妄有奏陳，稱是先帝御容，意欲張大事體，廣有興脩，自爲勞效，别圖恩賞。陛下天性仁孝，以爲崇奉祖宗，重違其請，遂更畫先帝御容，以易壽星之像，改爲崇先觀。知章既得御容，倚以爲名，姦詐之心，不知紀極。乃更求開展觀地，别建更衣殿及諸屋宇，將近百間，制度宏侈，計其所費踰數千万。向去增益，未有窮期。臣等竊以祖宗神靈之所憑依，在於太廟木主而已。自古帝王之孝者，莫若虞舜、商之高宗、周之文武，未聞宗廟之外，更廣爲象設，然後得盡至誠也。唯高宗祭祀親廟，微爲豐數。故傅說曰：「黷于祭祀，時謂弗欽。禮煩則亂，事神則難。」祖己曰「祀無豐于昵」，蓋規之也。後至漢氏，始爲原廟，當時醇儒達禮者靡不譏之。況畫御容於道宮佛寺，而又爲壽星之服，其爲黷也甚矣。且又太祖、太宗御容在京師者，止於興國寺啓聖院而已。真宗御容已有數處，今又益以崇先觀，是亦「豐于昵」也，無乃失尊尊之義乎！原其所來，止因知章妄希恩澤，乃敢恣爲誣罔，興造事端，致陷朝廷於非禮。今既奉安御容難以變更，若止就本觀舊來已脩屋宇，

❶ 題注，原無，據《傳家集》補。
❷ 「是時」，原作「時是」，據《傳家集》改。

固足崇奉。所有創添屋宇，伏乞一切停寢，止令有司以時侍奉。所有知章誣罔聖聰，依託御容，妄有干請，廣興力役，乞下所司取勘，窮治姦狀，明正其罪。取進止。

再論王逵劄子 十一月十八日上，逵改除西京留臺。

臣先曾上言，新差知萊州王逵暴戾凶狡，殘害民物，乞檢會逵年紀及平生事迹，勒令致仕，或只與監當差遣。至今未聞朝廷追改前命。臣竊以善爲政者，視民如子，見不仁者誅之，如鷹鸇之逐鳥雀也。故害民之吏，患在不知。知而不除，使戕賊良善，不愛一州而愛一酷吏，豈爲民父母之意哉？伏望朝廷檢會臣前來所奏，早賜施行。取進止。

趙滋劄子❶

臣先曾上言，趙滋爲人剛愎，❷不可管軍，朝廷不以爲信。臣亦自恐聞聽未審，不敢復有所陳。自後又聞滋對契丹人使禮貌驕倨，不遵舊式。近者又聞本路帥臣奏滋任意行事，恐致引惹。竊以景德以前契丹未和親之時，戎車歲駕，疆埸日駭，乘輿暴露於澶淵，虜騎憑陵於齊鄆，兩河之間，暴骨如莽。先帝深惟安危之大體，得失之至計，親屈帝王之尊，與之約爲兄弟，歲捐金帛以餌之，聘問往來，待以敵國之禮。陛下承統，一遵故

❶ 按：本篇爲趙滋知雄州時上，爲第一劄子。卷二六又有《趙滋劄子》，爲再知雄州時上，當爲第二劄子。

❷ 「愎」，原作「慢」，據《歷代名臣奏議》改。

約。夫豈以此爲不辱哉？志存生民故也。是以兵革不用，百姓阜安，垂六十年。今契丹所以事中國之禮，未有闕也。爲邊臣者，當訓卒乘，繕器械，以戒不虞，厚饔餼，慎威儀，以待使者；内不失備，外不失好，以副朝廷之意而已。今滋數乘客氣，以傲使人，争小勝以挑彊胡。苟爲夸大於目前，以求一時之聲名，而不顧國家永久之患，臣恐釁隙一開，則朝廷未得高枕而卧也。昔孫蒯毁缾而曹衛構難，❶鄫人漚菅而魯國喪邑，涉佗挼手而晉失諸侯，女子争桑而吴師入郢。故禍常起於細微，而事或生於所忽。凡二國所以相交之道，不可以不慎也。雄州當虜之衝，平居則行李之所往來，有事則戎馬之所出入。典州之將，不可不精擇其人。滋稟性狂很，恐不可久寘於彼。乞落軍職，徙之内地，毋使邊將相效爲國生事，實天下幸甚。取進止。

陳烈劄子 嘉祐七年十二月十八日上❷

臣等伏見朝廷曏以福州處士陳烈好學篤行，動遵禮法，樂道養志，名聞京師，故舉之閭閻之中，以爲學官，烈辭讓未至。今聞福建路提點刑獄王陶奏：「據福州勘到，烈爲妻林氏疾病瘦醜，遣歸其家，十年不視。」陶因言烈貪污險詐，行無纖完，乞盡追奪前後所受恩命。臣等素不識烈，不知其人果爲如何。惟見國家常患士人不修名檢，故舉烈等以獎勵風俗。若烈平生操守出於誠實，雖有底滯迂闊之行，不能合於中道，猶爲守節

❶「構」，原避宋高宗諱作小字「御名」，今回改。

❷題注，原無，據《傳家集》補。

之士，亦當保而全之。豈可毁壞挫辱，疾之如讎？《書》曰：「不協于極，不罹于咎，皇則受之。」古人所以禮九九、市駿骨，蓋以此也。若其内懷姦惡，虧敗名教，外飾詐僞，沽釣聲利，則朝廷篛者以爲有道之士，不次用之，今乃醜行布於四方，其爲愧恥，亦不細矣。其始者薦舉之人，安可置其罪而不問？臣等欲望陛下委鄰路監司，再行體量本人平生事迹，善惡虚實。或選差公正官吏，通儒術、識大體者，覆勘前件公事。若情理不至深重，止於夫妻不相安諧，則使之離絶而已，湔洗其過，庶幾復伸眉於後，又使四方節行之士，不憂横辱，得以安恬於閭里。若實有醜惡之迹，敗亂名教，則當嚴賜刑誅，并治舉者之罪，以明至公。取進止。

温國文正公文集卷第二十四

温國文正公文集卷第二十五

章奏十

后妃封贈劄子 嘉祐七年七月二十二日上❶

臣伏聞學士院新定後宫封贈父祖制度，皇后與妃皆贈三代。臣竊以爲不可。夫禮之所慎，在於尊卑之分，别嫌明微。故國君沐粱，大夫沐稷，士沐粱。❷蓋以大夫貴近於君，故推而遠之，以防僭偪之端；士賤遠於君，雖與之同物，無所嫌也。况后妃之際，實治亂之本，聖人於此尤兢兢焉。皇后敵體至尊，母儀四海，六宫之内，無與等夷。妃品秩雖貴，而皇后猶爲女君，今封贈之典混而爲一，臣實懼焉。雖陛下聖明，宫壼之政，貴賤有倫，必無僭偪之憂。然非所以别嫌疑、防萌兆、垂法度、示子孫也。昔漢文帝幸郎署，慎夫人與皇后同坐。中郎將袁盎引却慎夫人席曰：「陛下既以立后，慎夫人乃妾，妾主豈可同坐哉？」文帝善其言。彼少頃同席，盎猶以爲不可，而犯顔力争，况著之典策，以爲百世之法乎！臣謹按天聖中遇南郊大禮，皇太后追贈三代，太妃止贈二代。然則妃贈三代，乃近歲之失，不可以不正也。議者或謂外廷之臣凡入兩府者，皆贈三代，妃正一品，禮不可以後之。臣竊以爲不然。聖王制禮，内外異宜，不可均壹。自宰相、樞

❶ 題注，原無，據《傳家集》補。

❷ 「沐」，原脱，據《傳家集》補。

密副使，名秩雖殊，而比肩爲臣，共同職業，俱贈三代，不足爲嫌。皇后與妃，位次相亞，而有妾主之分。以此尤宜分别名器，使之著明，以防後世之有僭差，不可鹵莽滅裂，苟然而已也。臣愚欲望陛下特降聖旨，改定新制。自今後唯皇后得贈三代，自妃以下皆不過二代。若以外廷之臣封贈太優，則乞自今後唯宰相、樞密使贈三代，自參知政事以下止於二代，庶幾得禮之宜。取進止。

乞以假日入問聖體劄子 嘉祐八年二月二十一日上❶

臣等竊以休假之令，蓋愍群臣職事勞苦，故因節序，使得歸家，享祀宴樂，盡其私恩。今陛下聖體雖安，然飲饍起居尚未復舊。將來寒食節假頓經七日，群臣不奉天顔，曉夕之心，豈能自安？欲乞自入假以後，每隔日許兩府及知雜御史以上一次問聖體，仍乞召兩府入對便殿。所貴中外之人，盡知陛下聖體康寧，各獲安心。取進止。

告哀使劄子 嘉祐八年四月九日上❷

臣等竊見大行皇帝晏駕已近旬日，其告哀於契丹使人尚未進發，兼聞不曾素戒使者對答繼嗣之辭。臣等竊議，深恐未便。何則？國家既與契丹約爲兄弟，遭此大喪，立當訃告。虜中刺探之人所在有之。今天下縞素，虜中豈得不知？而訃告之人尚未到彼，虜謂中國有何事故，能不猜疑？自古大

❶ 題注，原無，據《傳家集》補。
❷ 題注，原無，據《傳家集》補。

宗無子，則取於小宗以爲後。著在禮典，豈爲國惡？若虜人有問，盡以實對，有何所傷？今問繼嗣於使人，而使人對以不知，事體豈得便穩？况陛下初爲皇子之時，詔書已布告天下，虜中安得不知？今若答以虛辭，不足詐彼，而適足取其笑侮耳。國家自與契丹和親以來，五十六年，生民樂業。今國有大故，正是鄰敵闚伺之時，豈可更接之失理，自生間隙？臣等願朝廷早決此議，令使人晝夜兼數程進發。若虜中問及繼嗣，皆以實告。孔子曰：「言忠信，雖蠻貊之邦行矣。」臣等愚意竊以如此爲便。取進止。

上皇太后疏

嘉祐八年四月十三日上。❶欲太后慎選賢才。❷

四月十三日，具位臣司馬光昧死再拜上疏皇太后殿下：群生無福，大行皇帝奄棄天下。皇帝繼統，哀毀成疾，未能親政，恭請殿下同決庶務。臣愚伏計殿下念宗廟社稷之重，爲四海黎元之計，不得已而臨之，非中心所欲也。若皇帝聖體不日康寧，殿下必推而不居。若藥石未効，則殿下方且總覽萬機，未暇自安。故凡舉措動静，不可不戒慎留心焉。方今天下之勢危於累卵，小大戰戰，憂慮百端。若非君臣同心，内外協力，夙夜勤勞，以徇國家之急，則禍難之生，豈可勝諱哉？夫安危之本在於任人，治亂之機在於賞罰，二者不可不察也。若中外百官各得其人，賢能者進，不肖者退，忠直者親，讒佞者踈，則天下何得不安？任職之臣多非其人，

❶「嘉祐」至「上」十字，原無，據《傳家集》補。
❷「欲」至「才」七字，原無，據《全集》卷三十一補。

賢者退，不肖者進，忠直者疎，讒佞者親，則天下何得不危？賞不因喜，罰不因怒，賞必有所勸，罰必有所懲，則天下何得不治？喜則濫賞，怒則妄罰，賞加於無功，罰加於無罪，則天下何得不亂？然則天下安危治亂不在於他，在於人主方寸之治而已矣。凡御下之道，恩過則驕，驕則不可不戢之以威；威過則怨，怨則不可不施之以恩。恩威之道，聖人所以制世御俗，猶天地之有陰陽，損之益之，不失中和，以生成萬物者也。夫恩者，欲物之親己也，有時而生怨；威者，欲物之畏己也，有時而生慢。小人之性，恩過則驕，驕而裁之則怨矣。爵禄賞賜妄加於人，則其同類皆曰：「我與彼才相若也，功相敵也，彼得之而我獨不得，何哉？」是出一恩而召群怨也。故曰恩有時而生怨也。威嚴太盛則人無所容，刑罰煩苛則濫及無辜，則其同類皆曰：「是過也，人誰無之，彼既不免，行將及我。」於是乎窮迫思亂。爲其上者乃更畏恐而求姑息，是始於嚴而終於慢也。故曰威有時而生慢也。如是則爲人上者，豈不至難哉？蓋善爲人上者不然，恩必施於有功，而罰必加於有罪。恩雖至厚而人不敢妬者，何也？衆人之所與也。罰雖至重而人無所怨者，何也？衆人之所惡也。大行皇帝天性至仁，群臣之功或未足言而賞之已厚，罪或不可容而罰之至輕。善則善矣，而小人不識大恩者，或幾乎驕慢矣。臣竊意殿下今兹繼而爲政，必將糾之以嚴。糾之以嚴誠是也，然天下之人涵濡大行皇帝聖澤日久，一旦暴加繩檢，恐駭而離心。伏願殿下徐以義理教之戒之，有不聽從而尤無良者，然後加刑罰焉，則誰敢不肅，此善者也。往者大行皇帝嗣位之初，章獻明肅皇太后保護聖躬，綱紀四方，進賢退姦，鎮撫中外，於趙氏實有大功，但以自奉之禮或崇重太過，外親鄙猥之人或忝汙官職；左右讒諂之臣或竊弄權柄，此所以負謗於天下也。今殿下初攝大政，四方之人莫不觀聽以占盛德。臣以爲凡名體禮數所以自奉者，皆當深自抑損，不可盡依章獻明肅皇太后故事，以成謙順之美，副四海之望。大臣忠厚如王曾，清純如張知白，剛正如魯宗道，質直如薛奎者，殿下當信之用之，與共謀天下之事。鄙猥如馬季良，讒諂如羅崇勳者，殿下當疎之遠之，不可寵以禄位，聽采其言也。臣聞婦人内夫家而外父母家，况后妃與國同體，休戚如一。若趙氏安，則百姓皆安，况於曹氏，必世世長享富貴，明矣。趙氏不安，則百姓塗地，曹氏雖欲獨安，其可得乎？是故政者，正也。爲政之道，莫若至公。臣願殿下熟察群臣之中，有賢才則舉之，有功則賞之。雖賤如厮役，憎如仇讎，遠在千里之外，皆不可棄遺。如此則人誰不勸矣？群臣之中，職事不修則廢之，有罪則刑之。雖貴爲公卿，親爲兄弟，近在耳目之前，皆不可寬假。如此則人誰不懼矣？夫爲善者勸，爲惡者懼，百官稱職，萬民樂業，天下之安，猶倚泰山而坐平原也。尚何憂哉！然後俟皇帝聖體平寧，授以治安之業，自居長樂之宫，坐享天下之養，則殿下聖善之德冠絶前古，光映後來。雖周之文母，漢之明德，不足比也。臣備國家侍從之臣，以諫争爲職，不勝區區之誠，妄冒以聞。伏惟殿下置之几席，少加聽察。臣光昧死再拜上疏。

遺留物劄子 嘉祐八年四月十五日上❶

臣伏覩聖恩，頒賜群臣以大行皇帝遺留物。如臣所得，已近千緡，況名位漸高，必霑賚愈厚。舉朝之内，所費何啻鉅萬？竊以國家用度素窘，復遭大喪，累世所藏，幾乎掃地。傳聞外州軍官庫無錢之處，或借貸民錢以供賞給，一朝取辦，逼以捶楚。當此之際，群臣何心以當厚賜？況將來山陵所須，全未有備，國信往來，又當供億。萬一更有水旱軍旅之虞，不知朝廷何以處之？若國用不足，必重斂於民。民已困窮，何以供命？飢寒所驅，必爲盜賊。此乃安危之本，願陛下深思熟慮，勿以爲細事而忽之也。臣誠知乾興之際曾有此例，亦恐當時所賜不至如此之多。況當時帑藏最爲富實，今事力耗竭，十無一二，豈可但云舊例，不思損益？況委質爲臣，共圖國事，股肱耳目，譬猶一體，安則俱安，危則俱危，豈待多得金珠，然後輸忠盡力？恐非所以遇士大夫之道也。今天崩地坼，率土哀摧，群臣各遷一官，不隔磨勘，恩澤已厚。誠不忍更受賜物，因公家之禍，爲私室之利。伏望聖慈許令侍從之臣，各隨其意，進奉金帛錢物，以助供山陵之費。如此則君恩下流，臣誠上達，上下相愛，洽於至和。既可以少紓民力，又不至有傷國體。取進止。貼黃：臣今來劄子，乞降付中書商量施行。

申堂狀

右，光今月十五日曾具劄子奏聞，以群

❶ 題注，原無，據《傳家集》補。

臣受大行皇帝遺留物過多，乞許令進金銀錢帛，以助山陵之費，至今未聞降出。蓋主上謙讓，未欲開允。伏望參政侍郎、參政侍郎、集賢相公、昭文相公表率百僚，❶首先進獻，以濟今日用度之急，抑向去僥倖之源，天下生民不勝幸甚。謹具狀申聞，伏候台旨。

遺留物第二劄子 嘉祐八年四月二十一日上❷

臣於今月十五日曾具劄子上言，乞許令侍從之臣進奉金銀錢帛以助山陵之費，至今來未聞降出。臣亦曾與同輩具狀詣客省進物，蒙批降指揮，以乾興年中無此例，不令收接。其事理本末，臣已於前來劄子內一一奏陳，今更不敢重複有言。竊以方今國家多虞，人心危懼，正是朝廷斟酌時宜，損益變通之際。豈可不究利害，但詢舊例而已。況所賜群臣之物，比舊例過多幾倍，而群臣有所進獻，則云舊例無之。雖聖恩務在優隆，然群臣有廉恥之心者何面目以自安？又州縣鞭撻平民，逼取錢物，以濟一時之急，不知乾興年中何嘗有此例也？以此見國家虛實緩急，逐時不同，豈可專執舊文，不加裁損？今大喪之後，內外困窮，凡百在位之臣，皆當焦心刻己，以救其患。若受此非常之賜，恬然有之，曾不爲愧，則士衆必曰：「我輩勞苦而所得微薄，群臣安坐而專享厚利。」其心安得不怨？百姓亦曰：「我輩剥膚錐髓以供賦斂，而浩浩入群臣之家，如泥沙不惜。」其心安得不怒？近者怨，遠者怒，爲國計者，可以不深思遠慮乎？是以臣輩區區欲輸此

❶「參政侍郎參政侍郎」，疑有訛誤。

❷題注，原無，據《傳家集》補。

物，非謂可以增帑藏之富，助用度之急也，其意蓋以通上下之情，慰遠近之心，塞無厭之怨，解重斂之怒。伏望朝廷留心省察，知其爲安危之本，非其誇小廉、競小忠也。臣今來并前來所奏劄子共二道，並乞早降付中書、樞密院，同共商量施行。取進止。

上皇帝疏

嘉祐八年四月二十七日上。❶欲英祖奉皇太后孝謹，撫諸公主慈愛。❷

月日，具位臣司馬光昧死再拜上疏皇帝陛下：臣愚竊惟大行皇帝春秋未甚高，以宗廟社稷之重，昭然遠覽，確然獨斷，知陛下仁孝聰明，可守大業，擢於宗族之中，建爲嗣子，授以天下。其恩德隆厚踰於天地，固非微臣所能稱述。今不幸奄棄萬國，陛下哀慕泣血，以夜繼晝，過於禮制，以至成疾。中外聞者無不感泣，知大行皇帝能爲天下得人，治平之期，企踵可待，群臣百姓，不勝大幸。今者聖體痊平，初臨大政，四海之人，拭目而視，傾耳而聽，舉措云爲，不可不慎。《易》曰：「君子以作事謀始。」《召誥》曰：❸「王乃初服。嗚呼！若生子，罔不在厥初生，自貽哲命。」夫爲政之要，在於用人、賞善、罰惡而已。三者之得，則遠近翕然嚮風從化，可以不勞而成，無爲而治。三者之失，則流聞四方，莫不解體，綱紀不立，萬事隳頓。治亂之原，安危之幾，盡在於是。臣願陛下難之慎之，精心審慮，如射之有的，必萬全取中，然後可發也。陛下思念先朝欲報之德，奉事皇

❶「嘉祐」至「上」十一字，原無，據《傳家集》補。
❷「欲」至「愛」十五字，原無，據《全集》卷三十補。
❸「誥」，原作「告」，據《傳家集》改。

太后孝謹，撫諸公主慈愛，此誠仁孝之至，過人遠甚。臣願陛下雖天性得之，復加聖心，夙夜匪懈，慎終如始，以結億兆之心，形四方之化，則福祚流於子孫，令聞垂於無窮矣。古者人君嗣位，必踰年然後改元。臣願陛下一循典禮，勿有變更於中年也。三年之喪，自天子達於庶人，一也。自漢氏以來，始從權制，以日易月。臣願陛下雖仰遵遺詔，俯徇群情，二十七日而釋服，至於宮禁之中，音樂遊燕吉慶之事，皆俟三年然後復常，以盡慎終追遠之義焉。禮，爲人後者爲之子，故爲所後服斬衰三年，而爲其父母齊衰不杖期。爲所後者之親皆如子，而爲己之親皆降一等。蓋以持重於大宗，則宜降其小宗。所以專志於所奉，而不敢顧私親也。漢宣帝自以爲昭帝後，終不敢加尊號於衛太子、史皇孫。光武起於布衣，親冒矢石以得天下，自以爲元帝後，亦不敢加尊號於鉅鹿都尉、南頓君。此皆徇大義，明至公，當時歸美，後世頌聖。至於哀、安、桓、靈，或自旁親入繼大統，皆追尊其祖父。此不足爲孝，而適足犯義侵禮，取譏當時，見非後世。臣願陛下深以爲鑑，杜絶此議，勿復聽也。凡此數者，臣伏計陛下聰明，皆素知之。然臣復區區進言者，誠懼不幸有諂諛之臣，不識大體，妄有關説，自求容媚。陛下萬一誤加聽從，聖言一出，布聞於外，則足以傷陛下之義，虧海内之望。臣雖欲捐軀争之，亦無及已。是以不敢不先事而言，庶幾聖德純粹完美，不有秋毫之缺，使一夫竊議於草萊者，臣之志也。輕冒宸嚴，不勝悃款惶悸之至，伏冀留神裁察。臣光昧死再拜上疏。

山陵擇地劄子

臣竊聞大行皇帝欲以十月二十七日大葬，而朝廷遣使按行山陵，至今未知定處。或云欲於永安縣界之外廣求吉地，臣愚以爲過矣。夫陰陽之書，使人拘而多畏，至於喪葬，爲害尤甚。是以士庶之家，或求葬地，擇歲月，至有累世不葬者。臣常深疾此風，欲乞國家禁絶其書，而未暇也。今山陵大事，當守先王之典禮，至於葬書，出於世俗委巷之言，司天陰陽官皆市井愚夫，何足問也？古者天子七月，諸侯五月，大夫三月，士踰月，葬於北方北首。未嘗問歲月，相山岡，然考其子孫之吉凶，豈有異於今哉！《春秋》書：「己丑，❶葬敬嬴，❷雨，不克葬。庚寅，日中而克葬。丁巳，葬定公，雨，不克葬。戊午，日下昃，乃克葬。」然則，雖云卜日，亦當臨事制宜也。《周禮》：「冢人掌公墓之地。先王之葬居中，以昭穆爲左右。」明不擇地形也。然而周有天下，三十六王，八百六十七歲。蓋王者受命於天，期運有常，國之興衰在德之美惡，固不繫葬地時日之吉凶也。且葬者，藏也，本以安祖考之形體。得土厚水深，高敞堅實之地則可矣，子孫豈可因以求福哉？又鄉者國家以謹於時日之故，堅用八日大斂，自爾以來，聖躬有疾，至今尚未平復，陰陽無驗，亦已明矣。况國家自宣祖以來葬於永安，百有餘年，官司儲峙，素皆有備。今改卜它所，不惟縣邑官司更須創置，

❶「己丑」，原作「己申」，按《春秋左傳集解·宣公上》：宣公八年，「十月己丑，葬我小君敬嬴。」今據《傳家集》改。

❷「敬」，原作「恭」，係宋人避翼祖諱，今回改。「嬴」，原作「羸」，據《傳家集》改。

亦恐大行皇帝神靈眷戀祖宗，未肯即安於新陵也。凡科率之物，期日遠則民力寬而事易辦，期日近則費愈多而事不集。塼石之類，體重難移，若山陵之處不使豫先知之，則有司何以供辦，百姓何以輸納？至時暴加迫趣，則一錢之物必直十錢，疲羸之民將不勝其弊矣。伏望朝廷特賜指揮按行山陵使等，只於永安縣界舊陵側近選擇善地，旬日之內，早定奪聞奏。仍令有司豫先計度山陵的實合用之物，降下本處，寬設期限，使之備辦，不得大約虚數，及妄立近限。必使號令明信，則事無不濟而民力不困矣。取進止。

温國文正公文集卷第二十五

温國文正公文集卷第二十六

章奏十一

論御藥寄資劄子 嘉祐八年五月二十一日上❶

臣伏見祖宗以來，擇内臣謹信者句當御藥院。以其職任最爲親近，恐名位寖崇，歲久則權勢太重，不可制御，故常用供奉官以下爲之，轉至内殿崇班，則出爲外官。此乃祖宗深思遠慮，防微杜漸，高出前古，詒謀萬世者也。近歲以來，頗隳舊法。居此任者往往閤理官資，請其俸給，久而不去，殊失祖宗之意，深爲不便。今兹踐阼之初，所宜革去積弊，率由舊章。竊聞勾當御藥院劉保信等四人亦曾自陳，乞因覃恩別授外官。伏望皇太后殿下、皇帝陛下，各依逐人所請及應自來内臣閤理官資者，並除正官，授以外任，别擇供奉官以下素知心腹忠信謹愨之人，使勾當御藥院。仍自今後凡轉官至内殿崇班以上者，並須出外，一遵祖宗之制，不得閤理官資，依舊留任内廷差遣。取進止。

乞令皇子伴讀提舉左右人劄子❷

臣伏見陛下差直史館王陶充皇子伴讀，秘閣校理孫思恭充本位説書。此誠國家之首務，聖哲之遠圖。然臣聞三代令王，置師、

❶ 題注，原無，據《傳家集》補。

❷ 此劄子，《續資治通鑑長編》在嘉祐八年五月二十一日。

傅、保以教其子，又置三少與之燕居。至於左右前後侍御僕從之人，皆選孝悌端良之士，逐去邪人，毋得在側。使之日見正事，聞正言，然後道明而德成，心諭而體安，福被兆民，功流萬世，此教之所以爲益也。今陶等雖爲皇子官屬，若不日日得見，或見而遽退，語言不洽，志意不通，未嘗與之論經術之精微，辨人情之邪正，究義理之是非，考行己之得失。教者止於供職，學者止於備禮。而左右前後侍御僕從，或有佞邪讒巧之人雜處其間，出入起居，朝夕相近，誘之以非禮，導之以不義，納之以諂諛，濟之以詐僞。雖皇子資性聰明，端慤難移，然親近易習，積久易遷，諂諛易入，詐僞易惑。如此則雖有碩儒端士爲之師傅，終無益也。臣聞《孟子》曰：「雖有天下易生之物，一日暴之，十日寒之，未有能生者也。吾見亦罕矣，吾退而寒之者至矣。」又曰：「一齊人傅之，衆楚人咻之，雖日撻而求其齊也，不可得矣。」臣愚伏望陛下多置皇子官屬，博選天下有學行之士以充之，使每日在皇子位，與皇子居處燕游，講論道義，聳善抑惡，輔成懿德。其左右前後侍御僕從，亦皆選小心端慤之人，使所屬官司結罪保明，然後得入。仍專委伴讀官提舉覺察，若有佞邪讒巧之人誘導皇子，爲非禮之事者，委伴讀官糾舉施行，即時斥逐，不令在側。若皇子自有過失，再三規誨不從者，亦聽以聞。如此則必進德修業，日就月將，善人益親，邪人益疏，誠天下之幸也。大理評事趙彦若孝友温良，謹潔正固，博聞强記，難進易退。國子監直講李寔好學有文，修身慎行。祕閣校理孟恂清純愷悌，始終如一。此臣之所知也。伏望陛下擇此三人及廣求其比，以備皇子官屬。臣推心盡忠，不存形迹，❶僭越妄言，伏俟譴謫。取進止。

祔廟議

禮，天子七廟，三昭三穆，與太祖之廟而七。太祖之廟萬世不毁，其餘昭穆盡則毁之，示有終也。自漢以來，天子或起於布衣，以受命之初，太祖尚在三昭三穆之次，故或祀四世，或祀六世。其太祖以上之主，雖屬尊於太祖，親盡則遷。故漢元帝之世，太上廟主瘞於寢園。魏明帝之世，處士廟主遷於園邑。晉武帝祔廟，遷征西府君；惠帝祔廟，又遷豫章府君。自是以下，大抵過六世則遷其神主。蓋以太祖未正東嚮之位，則止祀三昭三穆。若太祖已正東嚮之位，則并三昭三穆爲七世矣。唐高祖初立，祀四世，太宗增祀六世。及太宗祔廟，則遷洪農府君神主於夾室。高宗祔廟，又遷宣皇神主於夾室，皆祀六世。此前代之成法也。惟明皇立九室，祀八世，事不經見，難可依據。今若以太祖、太宗爲一世，則大行皇帝祔廟之日，僖祖親盡，當遷於西夾室。祀三昭三穆，於先王典禮及近世之制，無不符合，太廟更不須添展一室。

上兩宫疏 嘉祐八年六月二十二日上。❷欲皇帝與皇太后孝慈。❸

月日，具官臣光昧死再拜上疏皇太后殿

❶「存」，原作「敢」，據《傳家集》改。

❷「嘉祐」至「上」十一字，原無，據《傳家集》補。

❸「欲」至「慈」九字，原無，據《全集》卷三十二補。

下、皇帝陛下：臣聞天地交謂之泰，天地不交謂之否。天地者，上下之象也，施諸人事，君仁而臣忠，父慈而子孝，兄愛而弟恭，皆泰也。君不仁臣不忠，父不慈子不孝，兄不愛弟不恭，皆否也。泰則上下之情通，内外之志和，國以之治，家以之安。否則上下之情塞，内外之志乖，國以之亂，家以之危。治亂安危之分，不在於它，在於審察否泰之端而已矣。《書》曰：「立愛惟親，立恭惟長。始于家邦，終于四海。」自古明王治天下之道，未有不自孝慈始者也。恭惟先帝屬籍之親凡數百人，獨以天下之業傳於聖明。皇太后承顧命之際，鎮撫中外，決定大業。其恩德隆厚，踰於天地，何可勝言。皇帝至性烝烝，哀以執喪，共以致養，夙夜憂勞，以成疾疹。其於慈孝之美，可謂至矣。然臣猶竊有所懼，不可不過慮於萬一，先事而進言者。臣聞金隄千里，潰於蟻壤，白璧之瑕，易離難合。況社稷之重，非特金隄，骨肉之親，非特白璧也。在於守之至謹，執之至固，完美無間，然後福禄無疆也。夫姦邪之人，專闚主意，苟有釁隙，則因乘之。於是離間人君臣，交構人父子，❶使之上下相疾，内外相疑，然後得奮其詐謀，以盜其大權，私其重利。自古以來喪國敗家未有不由此者也。今雖叡聖在上，朝廷清明，中外之臣咸懷忠良，然禍福之原，其來甚微，舉措聽納，不可不慎。臣愚竊惟今日之事，皇帝非皇太后無以君天下，皇太后非皇帝無以安天下。兩宫相恃，猶頭目之與心腹也。皇帝聖體平寧之時，奉事皇太后，承順顔色，宜無不如禮。若藥石未効，而定省温凊有不能周備者，亦皇

❶「構」，原避宋高宗諱作小字「犯御名」，今回改。

太后所宜容也。孔子曰：「孝哉閔子騫，人不間於其父母昆弟之言。」蓋言誠信純至，表裹著明，而它人不能間也。孟子曰：「父子責善，賊恩之大者也。」蓋言骨肉至親，止當以恩意相厚，不當較錙銖之是非也。臣愚伏望皇帝常思孔子之言，皇太后無忘孟子之戒。萬一姦人欲有閞說涉於離間者，❶當立行誅戮，以明示天下，使咸知讒佞之徒不能欺惑聖明也。方今天地鬼神、群臣百姓、鳥獸草木皆恃兩宮以爲安，若兩宮歡欣於上，則天地鬼神得以歆其禋祀，鳥獸草木得以遂其生息，況群臣百姓孰不保首領以樂太平之化哉！臣狂瞽妄言，不識忌諱，惟知徇國，不爲身謀。不勝區區迫切之誠。臣光昧死再拜上疏。

夏國入弔劄子 嘉祐八年七月十四日上❷

臣伏聞夏國所遣使人前日不肯門見，固求入對，朝廷不許，勒歸館舍。臣愚竊以陛下繼統之初，四夷之人皆欲奉望天表，窺覘聖德。又聞曏曾不安，意謂未能視朝，所以犬羊之心敢爾桀黠。今若深閉固拒，不聽入見，則必疑有所隱避，益足使之驕慢。況即日陛下已御正殿，臣謂何惜紫庭數步之地，使之稽首拜伏，瞻仰清光，庶幾得識陛下神武之姿，知必能鎮服四海。歸至其國，轉相告語，使其蜂蟻之衆心服氣沮，不敢窺邊。此所謂「上兵伐謀，不待戰而屈敵」者也。取

❶「閞」，《傳家集》作「開」。

❷題注，原無，據《傳家集》補。

進止。

論進賀表恩澤劄子 嘉祐八年七月二十六日上❶

臣竊見諸路轉運使、❷提點刑獄、知州軍等，各遣親屬，進奉賀登極表至京師。朝廷不問官職高下，親屬遠近，一例推恩，乃至班行、幕職、權知州軍。或所遣之人不係親屬者，亦除齋郎及差使殿侍。此蓋國初承五代姑息藩鎮之弊，故有此例。後來人主嗣位之初，大臣因循故事，不能革正。然以理推之，國家爵禄本待賢才及有功効之人，今使此等無故受官，誠爲太濫。况近日官吏繁冗十倍於國初之時，朝廷深知其弊，所以數年前别定條制，減省諸色奏蔭之數。若進表之人皆得一官，則又併增數百入仕之人。鄉來減省奏蔭，悉爲虚設。今縱不能盡罷此等恩澤，其進表人若係五服内親者，或乞等第授一官；其五服外親及不係親屬者，並量賜金帛罷去，庶幾少救濫官之失。取進止。

上殿劄子二道❸

臣聞臯陶賛於舜曰：「元首明哉，股肱良哉，庶事康哉。」蓋言人君明則百官得其人，百官得其人則衆事無不美也。又曰：「元首叢脞哉，股肱惰哉，萬事隳哉。」蓋言人君細碎無大略則群臣不盡力，群臣不盡力則万事皆廢壞也。此二者，治亂之至要也。苟

❶ 題注，原無，據《傳家集》補。
❷ 「運」，原誤作「連」，據《傳家集》改。
❸ 此二道，《傳家集》分别題作：「乞簡省細務不必盡關聖覽上殿劄子」，「乞裁減機務上殿劄子」，並注「嘉祐八年八月二十七日上」。

子曰：「明主好要，闇主好詳。主好要則百事詳，主好詳則百事荒。」故爲人君者，自有職事，固不當詳察細務也。然則人君之職謂何？臣愚以爲量材而授官，一也；度功而加賞，二也；審罪而行罰，三也。材有長短，故官有能否；功有高下，故賞有厚薄；罪有小大，故罰有輕重。此三者，人君所當用心，其餘皆不足言也。臣伏見國家舊制，百司細事，如三司鞭一胥史，開封府補一廂鎮之類，往往皆須奏聞崇政殿。所引公事，有軍人武藝、國馬芻秣之類，皆一一躬親閲視。此蓋國初艱難權時之制，施於今日，頗傷煩碎。此陛下龍興撫運，聖政惟新，臣愚以爲宜令中書、樞密院檢詳中外百司自來公事，須申奏取旨，及後殿所引公事。其間不繫大體，非人君所宜身親者，悉從簡省，委之有司。陛下養性安身，以專念人君之三職，足以法天地之易簡，致虞舜之無爲，誠天下幸甚。取進止。

第二道

臣聞「王言惟作命，不言，臣下罔攸禀令」。陛下以明德令望，龍飛受命。四海之内，延頸傾耳，渴聞聖政。自踐阼以來，於今五月，而陛下深執謙巽，端拱淵默，群臣奏事，一無可否。中外之情，深爲鬱邑。曏者猶謂聖體未安，今御殿聽政，已遵舊式，出入起居，皆復常度，而獨於萬機未加裁決，臣竊惑之。《詩》曰：「弗躬弗親，庶民弗信。弗問弗仕，勿罔君子。」臣愚伏望陛下凡兩府及群臣奏事，稍留神省察，詢訪利害，議論是非，可則行之，否則却之。使四方翕然瞻仰聖德，億兆群生不勝幸甚。取進止。

醫官劄子 嘉祐八年九月一日上❶

臣伏見舊醫官宋安道等四人，昨以侍先帝醫藥無狀，降授諸州散官。尋以陛下聖體不安，大臣憂恐，權留安道等診候御脉。今已百有餘日，陛下聖體終未平復，安道等方術無驗，較然可知。而其人皆得罪於先帝，臣謂陛下不宜赦其罪戾留在京師，並乞發遣，令赴貶所。僧志緣本不曉醫，但以妖妄惑人於江淮之間，稱是診人六脉，能知災福。今亦出入禁庭，叨忝章服。察其療疾，實無所益。伏乞奪去紫衣，放歸本州。凡用醫之道，在謹擇其人而專任之。然後良工得盡其術，而功効可見。今聞診御脉者常以十數，工拙相雜，是非混殽，發言進藥，更相倚仗，前跋後疐，左瞻右顧。雖有俞扁之術，將安所施？於是彊者自專，弱者附會，雷同比周，共爲誣罔，不顧聖體，但爲身謀，俱云脉氣平和，❷藏府無疾。然而旁側衆人竊觀形證，豈得爲安寧復舊，如醫官所言哉！日月益深，根柢益固，四海憂畏，焦心墜膽。臣愚伏望陛下思一身之安危，繫群生之禍福，深自重惜，不可因循。博訪京邑四方通醫術者，精擇一人，使之專診御脉，聽用其言，服食其藥。若旬日之間，全無應効，則斥去不用，别更擇人。如此必遇良醫，痊復有日。臣不勝區區，伏望聖慈少加采察，天下幸甚。取進止。

❶ 題注，原無，據《傳家集》補。
❷ 「和」，原作「知」，據《傳家集》改。

西路旱劄子 九月十三日上，尋下兩路轉運司。

臣竊聞京西、陝西兩路，自夏末以來殊少雨澤，秋田豐稔者所收不過五分，枯旱之處所得尤薄。而官司或務爲聚斂，民有訴旱者不肯受接，道塗嗷嗷，頗多怨讟，已有流移就食它方者。況此兩路昨來供應山陵，百姓最爲勞苦，朝廷尤宜優恤。伏望特降詔旨，下兩路體量應有災傷之處，倍加存撫，寬其租税。敢有抑塞旱狀不爲收接者嚴加譴責，庶使困窮之民有所赴訴。取進止。

趙滋劄子 嘉祐八年九月二十三日上❶

臣累曾上言：趙滋剛愎狂妄，不可管軍，及守邊必將敗事。近聞朝廷益加寵任，令再知雄州。臣愚瞽之言，誠無足采。然竊聞曏時本路都轉運使唐介、安撫使彭思永，皆曾言滋罪狀。今朝廷使之再任，彼三人者必不肯同心協力，以利公家，但更相違戾，窺伺得失。雖容貌語言外相包容，其中心豈能坦然全無猜惡？是朝廷激之使交鬬也。若監司將帥互相猜惡而欲使之安下民，扞外敵，臣竊以爲難矣。伏望朝廷念河北一路繫國家安危，察滋所爲皆夸誕不實，授滋別路一閑慢差遣。使上下之情各獲自安，不唯邊境保無他慮，亦滋一身之福也。取進止。

福寧殿前尼女劄子 九月二十九日上，尋撤去。

臣竊見大行皇帝梓宮在福寧殿，自啓菆

❶ 題注，原無，據《傳家集》補。

以來，每日裝飾尼女，置於殿前。傅以粉黛，衣之綺繡，狀如俳優，又類戲劇，臣不知其説果何謂也。群臣見者無不駭異，或歎其失禮，或默有譏誚，黷嫚威神，莫甚於此。殆非所以裨助喪容，觀示萬方，伏望聖慈速令撤去。孔子曰：「葬之以禮，此孝之大也。」臣願陛下因此特降聖旨下有司，應將來靈駕進發以至襄事，凡儀仗送終之物，有鄙俚無稽不合典禮如此類者悉宜删去，無使四方之人有所觀笑。取進止。

遣奠劄子 嘉祐八年十月六日上❶

臣聞禮：「爲人後者，爲之子也。」孔子曰：「人未有自致者也，必也，親喪乎。」又曰：「喪事不敢不勉。」故天子即位之初，天下所以瞻仰而歸心者，唯在執喪盡禮而已矣。恭惟仁宗皇帝舉天下而授之陛下，明睿獨斷，人莫之間。父母能生陛下，不能使陛下貴爲天子，富有四海。至於萬世子孫永饗天禄，皆仁宗皇帝之厚德，不可忘也。今靈駕發引，遠就山陵，天長地久，永無還期。痛毒惻怛，無甚於此。伏望陛下至日，若聖體稍安，行禮之際，威儀容止動加矜慎，擗踊哭泣過於哀毁，以竭孝思之至，報罔極之恩，結四海之心，聳萬民之望。盛德本基，盡在於是，不可以不嚴畏也。此雖聖明所自知，然臣區區尚欲以塵露之微，助山海之大，庶幾萬一或有所益焉。取進止。

後殿起居劄子

臣竊見國家從來以垂拱、崇政爲便殿。

❶ 題注，原無，據《宋朝諸臣奏議》補。

乘輿每旦先御垂拱，退御崇政。是以侍從近臣已於垂拱起居者，非有職事奏對，更不復至崇政。近歲以來，乘輿間日一御垂拱，有司不詳事體本末，遂令學士、待制及兩省官只赴垂拱，不赴崇政起居。近以山陵未畢，乘輿不御垂拱將近旬月，學士以下遂廢起居之禮，豈有名爲侍從近臣而動踰旬月不得瞻望黼扆？臣恐朝廷之儀由此相承，寖益訛謬。欲乞今後應乘輿不御前殿，並令學士、待制及兩省官赴後殿起居。或以爲太煩，即令兩日一次起居。取進止。

皇地祇劄子 嘉祐八年九月十九日上❶

臣伏見今月十九日，以大行皇帝謚號奏告天地、宗廟、社稷，皇地祇止於圓丘望告。臣聞王者父天母地，其尊一也。是故《孝經》曰：「事父孝，故事天明。事母孝，故事地察。」今社稷之祀，位爲上公，猶特遣官奏告。而皇地祇寓於南郊，下同腏食。失尊卑之敘，乖重輕之義，考諸名體，竊所未安。欲乞今後凡祭告皇地祇，並遣兩府官一員詣北郊行事，庶合禮意。取進止。

虞祭劄子 嘉祐八年十一月三日上❷

臣聞禮：「既葬而虞。」虞，安也。柩既藏矣，孝子不忍一日離其親，恐精神彷徨無所依歸，故祭以安之也。然則虞者，孝子之事，主人當親其禮，非臣下所得攝也。臣竊見今月三日虞祭，百官皆入，就位而哭。而

❶ 題注，原無，據《傳家集》補。
❷ 題注，原無，據《傳家集》補。

陛下不親其禮，使宗正卿攝事，臣竊惑之。伏以永昭陵距京師猶五頓，木主還未至之時，不可一日不虞，故使群臣攝事。今木主已達京師，近在内殿，而有司不根禮意，尚如塗中使群臣行事。於親疎之序，有所不稱；於哀恭之情，有所未盡。臣恐聞見之人不知有司之失，而歸責於陛下。今未至卒哭，尚有三虞。欲望自來日以後，陛下親行其禮。取進止。

第二劄子 嘉祐八年十一月上❶

臣昨日上言，虞祭者，孝子之事，非臣下所得攝，乞陛下親行其禮。陛下不以臣言爲輕，以爲得禮，已降聖旨，依臣所奏。今日禮儀既具，百辟在庭而陛下不出，復使宗正卿攝事，在列之臣無不愕然自失。且昨日有司不爲陛下設親祭之禮，猶可謂之有司之失。若今日之事，則咎將誰歸？此皆由臣惷愚，以彰陛下之過。臣之罪重，惟陛下裁之。臣聞《易》曰：「不遠復，無祇悔，元吉。」孔子曰：「過而不改，是謂過矣。」伏望陛下來日雖聖體小有不康，亦當勉彊親行其禮，以解中外之惑。取進止。

温國文正公文集卷第二十六

❶ 題注，原無，據《宋朝諸臣奏議》補。

温國文正公文集卷第二十七

章奏十二

醫官第二劄子

臣先曾上言，以醫官宋安道等診候御脉日久，方術無驗，乞行降黜，别擇良醫，使專其事，考其功效，以行賞罰。自後寂然，不聞朝廷施行。臣以爲聖體已安，不敢復言。今覩陛下不親虞祭，乃知疾疹殊未痊平。臣子之心，何以自安？臣竊聞宋安道等每奏皇太后及語大臣，皆云陛下六脉平和，體中無疾。今乃疾狀如此，安道等不惟方術無効，論其面謾之罪，亦宜誅殛矣。且安道等侍先帝疾至於今日，而猶免於貶竄，宜其無所懲戒，不肯盡心也。臣不知朝廷何意，再三惜此數夫，不爲國家正賞罰之法，快天下之志也。夫以四海之廣，捨此數人之外，豈無良醫？患在上之人不求，求而不得，得而不使，使而不專故也。臣亦聞曏者朝廷選醫官數人，皆委近臣試以《難經》、《素問》，考其通粗，取合格者以爲侍醫。亦有不試而使與安道等雜處共事者。夫良醫由性識敏達，以平生所治之人考其得失，探其精粹，得之於心，未必皆讀古書也。亦猶誦《詩》、《書》者，豈盡能治民？讀《孫》、《吴》者，豈盡能行兵？今以《難經》、《素問》試之，是徒得記誦之人，未嘗得醫人也。安道等久在醫局，專利忌能，交結貴近，更相黨庇，使外方新進醫人與之共處，豈敢展其胸臆，施其方術哉！是以一概混同，而久不見功也。今若精擇一人，使之專診御脉，旬月之間考其應驗，有功則加以重賞，無功則俟以嚴刑。則術精者得盡其力，術疏者不敢濫進矣。臣又聞病人能自知其病者，未甚病也；憎良藥而不受者，病在内拒之也。今竊聞陛下不安如此，而常自謂無疾，則病已深矣。醫有良藥而陛下不服，則已爲病所拒矣。若陛下不早覺悟，而更求名醫，强進良藥，縱陛下不自惜，柰宗廟、社稷何？此臣所以痛心疾首，前有鼎鑊而不敢避者也。伏望陛下察臣兩次所奏，罷黜醫人有罪無功者，召募四方名醫，委大臣精選一人，使之專診御脉。聽用其言，服食其藥，以旬月之期，察其能否，如前所云，以保養聖神，爲天下生民之福。取進止。

張茂則劄子 十一月七日上，與吕獻可連名。

臣等竊聞祖宗舊制，内臣年未五十，不得充内侍省押班。近除張茂則，年方四十八。今陛下踐阼之初，尤宜謹守祖宗法度，以御左右之臣，示天下至公。若茂則果有才幹可用，雖更留此闕二年，俟其年至然後授之，又何晚也？臣恐茂則一開此例，則内臣攀援求進者多，畫一之法從此隳壞，❶人人相効，不可禁止，不若正之於事初也。臣等區區，所爲國家重惜，在此而已。取進止。

❶「隳」，原作「隨」，據《傳家集》改。

放宮人劄子 嘉祐八年十一月十七日上❶

臣伏見前代帝王升遐之後，後宮下陳者盡放之出宮，還其親戚。所以遂物情，重人世，省浮費，遠嫌疑也。竊惟先帝恭儉寡欲，清約執禮，後宮侍左右承寵渥者至少。而饗國日久，歲增月積，掖庭之間，冗食頗衆。陛下以哀恤之初，未忍罷遣。今山陵祔廟大禮俱畢，臣愚謂宜舉前代故事，應先帝後宮非御幸有子及位號稍貴并職掌文書之人，其餘皆給與糒奩，放遣出外，各令歸其親戚，或使任便適人。書之史册，亦聖朝一美事也。取進止。

上皇太后疏 嘉祐八年十一月二十六日上❷

十一月日，具位臣光謹再拜上疏皇太后殿下：臣聞聖人之德，使四海之外，編户之民，皆輻湊而歸之，如孝子之奉父母。其故何哉？推仁愛惻怛之誠以加之也。故《詩》云：「愷悌君子，民之父母。」夫四海至遠也，編户至微也，誠之至也，猶可以爲之父母，況閨門之内，血氣之親乎！昔漢明德馬皇后無子，明帝使養賈貴人之子炟以爲太子。且謂之曰：「人不必自生子，但患愛養不至耳。」后於是盡心撫育，勞悴過於所生。及明帝崩，太子即位，是爲章帝。章帝亦孝性淳

❶ 題注，原無，據《傳家集》補。
❷ 題注，原無，據《傳家集》補。

篤，恩性天至，母子慈愛，始終無纖芥之間，前史載之，以爲美談。臣光恭惟仁宗皇帝憂繼嗣之不立，念宗廟之至重，以皇帝仁孝聰明，選擢於宗室之中，使承大統。不幸踐阼數日，遽嬰疾疹，雖殿下撫視之慈無所不至，然醫工不精，藥石未効。竊聞曏日疾勢稍增，舉措語言不能自擇，左右之人一一上聞，致殿下以此之故不能堪忍。兩宮之間，微相責望，群心憂駭，不寒而栗。方今仁宗新棄四海，皇帝久疾未平，天下之勢危於累卵，惟恃兩宮和睦以自安，如天覆而地載也。豈可效常人之家，争語言細故，使有絲毫之隙，以爲宗廟社稷之憂哉！臣是用日夜焦心隕涕，側足累息，寧前死而盡言，不敢幸生而塞默也。伏以皇帝内則仁宗同堂兄之子，外則殿下之外甥壻。自童幼之歲，殿下鞠育於宫中。天下至親，何以過此？又仁宗立以爲皇子，殿下豈可不以仁宗之故特加愛念，包容其過失邪？况皇帝在藩邸之時，以至踐阼之初，孝謹温仁，動由禮法，此殿下所親見而明知也。苟非疾疹亂其本性，安得有此過失哉！夫心者神明之主也，若其有疾，則精爽迷亂，冥然無知，言語動作不自省記，不識親疎，不擇貴賤，此乃有疾者之常，不足怪也。殿下聰明睿智，天下之理無所不通，豈可責有疾之人以無疾之禮邪？今殿下雖日夕憂勞，徒自困苦，終何所益！以臣愚見，莫若精擇醫工一二人，以治皇帝之疾。旬月之間，察其進退，有効則加之以重賞，無効則威之以嚴刑。未愈之間，但宜深戒左右，謹於侍衛。其舉措語言有不合常度者，皆不得以聞，庶幾不增殿下之憂憤。殿下惟寬釋聖慮，和神養氣，以安靖國家，紀綱海内。俟天地垂祐，聖躬痊復，然後舉治平之業以授之，不亦美乎！古之慈母，有不孝之子，猶能以至誠惻隱，撫存愛養，使之内愧知非，革心爲善。况皇帝至孝之性，稟之於天，一旦疾愈，清明復初，其所以報答盛德，豈云細哉！臣之愚慮苦言，盡此而已，乞殿下更賜裁擇。臣光昧死再拜上疏。

上皇帝疏 嘉祐八年十一月二十六日上❶

十一月日，具位臣光昧死再拜上疏皇帝陛下：臣先於四月二十七日及六月二十三日皆曾上疏，以陛下受仁宗皇帝之天下，欲報之德，當奉事皇太后孝謹，撫諸公主慈愛，勿使姦邪之人有所離間，致兩宫有隙，以上貽宗廟之憂，下爲群生之禍。叩心瀝膽，極其懇惻。未審臣言得達聖聽，或萬機之繁未嘗奏御也？此乃成敗之端，安危之本，不可不察。臣聞漢章帝乃賈貴人之子，明帝使明德馬皇后母養之，后盡心撫育，勞瘁過於所生。章帝亦孝性淳篤，恩性天至，母子慈愛，始終無纖介之間。馬氏三舅皆爲卿校列侯，賈貴人終不加尊號，賈氏親族無受寵榮者。此前世美事，今日所當法也。《詩》云：「父兮生我，母兮鞠我。拊我畜我，長我育我，顧我復我，出入腹我。欲報之德，昊天罔極。」然則父母之恩，不獨以其生己也，拊畜長育居其太半焉。陛下自齠齔之年爲皇太后所鞠育，恩亦至矣。又况今日爲仁宗皇帝之嗣，承四海之大業乎？臣謂陛下宜夙興夜寐，昏定晨省，親奉甘旨，承順顔色，無異於事濮王與夫人之時也。近者道路之言頗異於是，紛紛籍籍，深可駭愕。臣竊惟陛下孝

❶ 題注，原無，據《傳家集》補。

恭之性著於平昔，豈一旦遽肯變更？　蓋繇者聖體未安之時，舉動語言，或有差失，不能自省，而外人訛傳，妄爲增飾，必無事實。　雖然，此等議論豈可使天下聞之也？《周書》曰：「小人怨汝詈汝，則皇自欽德。」古人有言曰：「禦寒莫如重裘，弭謗莫如自修。」陛下疾疹未平，固無如之何。　若既愈之後，臣愚伏望陛下親御皇太后閤，克己自責，以謝前失。　温恭朝夕，侍養左右，先意承志，動無違禮，使大孝之美純粹光顯，過於未登大位之時。　如此則上下咸悦，宗社永安。　今日道路妄傳之言，何能爲損也？　古之至孝者雖有不慈之母，猶能使之感寤驩悦，回心易慮，況皇太后聖善之德著聞四方，自陛下有疾以來，日夜泣涕，禱於神祇，憂勞困悴，以冀陛下之安寧，如耕者之望收，涉者之求濟。陛下豈不思有以慰安之也？　臣不勝區區，干冒以聞，乞留神采擇。　臣昧死再拜上疏。

講筵劄子　十月二十七日上。有旨，十二月二日開講。

臣伏覩講筵所告報，依乾興年故事，講《論語》，讀《史記》。　續奉聖旨，直候來春。臣聞傳説曰：「王人求多聞，時惟建事。　學于古訓，乃有獲。」又曰：「念終始典于學，厥德修，罔覺。」然則學者帝王之首務，不可忽也。　況今陛下初臨大寶，所宜朝夕延訪群臣講求先王之道□，❶覽觀前世之成敗，以輔益聖德，緝熙大化。　不可但循近例，以寒暑爲辭。　如此使下情何以上通？　四方何以觀望？　殆非所以廣聰明、宣令名也。　伏乞依前降聖旨，擇日開講筵。　取進止。

❶「道□」，《傳家集》作「至道」。

程宣徽劄子 嘉祐八年十一月三十日上❶

臣伏覩今月二十九日制書，宣徽南院使、鄜延路經略安撫使程戡，加安武軍節度使，令再任。臣聞官以待賢才，賞以勸有功。官非其人則職事廢闕，賞不當功則群臣解體。❷程戡素無才術，少壯之時，歷職中外，猶無名迹爲人所稱，況今老病，昏懦尤甚。在鄜延苟且偷安，以度日月，爲吏兵所慢，戎狄所輕。臣謂朝廷當因其歲滿授以冗秩，別擇能臣以代其任。今乃寵以節鉞，使居舊任，外庭聞者，無不駭愕。臣竊以兩府之外官尊禄厚，無若節度使者，群臣非有大功，不可輕授。臣不知程戡在鄜延曾有何功，遽授此官？萬一邊臣有能立大功者，朝廷當復以何官處之？況陛下踐阼之初，四方之人拭目傾耳，觀聽朝廷之刑賞，以占聖政。而戡首蒙濫賞，臣竊爲陛下惜之。伏望聖慈追還前命，別選賢才，使守鄜延，庶合中外之望。取進止。

後宮等級劄子 嘉祐八年十二月二日上❸

臣聞王化之興，始於閨門，故《易》基乾坤，《詩》首《關雎》。前世皆擇良家子以充後宮，位號等級，各有員數。祖宗之時，猶有公卿大夫之女在宮掖者。其始入宮，皆須年十二三以下。醫工診視，防禁甚嚴。近歲以

❶ 此題，書前及卷端目録題作「程宣徽劄子二道」，蓋指此篇與下文「程宣徽第二劄子」。題注，原無，據乾隆陳弘謀本補。
❷ 「解」，原作「懈」，據《傳家集》改。
❸ 題注，原無，據《傳家集》補。

來，頗隳舊制。內中下陳之人競置私身，等級寖多，無復限極。監勒牙人，使之雇買，前後相繼，無時暫絶。致有軍營井市下俚婦人雜處其間，不可辨識。此等置之宮掖，豈得爲便？臣嘗念此，不勝憤惋。今陛下即位之初，百度惟新，嬪嬙之官，皆闕而未備。臣謂宜當此之時，定立制度，依約古禮，使後宮之人共爲幾等，等有幾人。若未足之時，且虛其員數，既足之後，不可更增。凡初入宮，皆須幼年未適人者。若求乳母，亦須選擇良家性行和謹者，方得入宮。傳之子孫，爲萬世法。此誠治亂之本，禍福之原，不可以爲細事而忽之。取進止。

配天議 治平元年正月上❶

右，臣等伏准中書劄子，翰林學士王珪及知制誥錢公輔等奏，季秋大饗明堂，以仁宗皇帝配神作主事，奉聖旨，令臺諫及經筵臣僚與兩制、禮院，同共再詳定聞奏者。朝廷以祖宗事重，不敢自專，博訪群臣，使各陳其意。臣等愚憒，不達古今，但據所聞，正禮以對。至於取捨，繫自聖明。竊以孝子之心，誰不欲尊其父者？聖人制禮以爲之極，不敢踰也。故祖乙訓高宗曰：「祀無豐于昵。」孔子與孟懿子論孝，亦曰：「祭之以禮。」然則事親者不以數祭爲孝，貴於得禮而已矣。《祭法》：「有虞氏禘黄帝而郊嚳，祖顓頊而宗堯。夏后氏禘黄帝而郊鯀，祖顓頊而宗禹。商人禘嚳而郊冥，祖契而宗湯。周人禘嚳而郊稷，祖文王而宗武王。」先儒謂禘、郊、祖、宗，皆祭祀以配食也。禘謂祭昊

❶ 題注，原無，據《宋會要輯稿》補。

天於圜丘也，祭上帝於南郊曰郊，祭五帝五神於明堂曰祖、宗。故《詩》曰：「思文后稷，克配彼天。」又《我將》：「祀文王於明堂。」此其證也。下此皆不見於經矣。前漢以高祖配天，後漢以光武配明堂。以是觀之，古之帝王自非建邦啓土及造有區夏者，皆無配天之文。故雖周之成、康，漢之文、景、明、章，其德業非不美也，然而子孫不敢推以配天者，避祖宗也。《孝經》曰：「嚴父莫大於配天，則周公其人也。」孔子以周公有聖人之德，成太平之業，制禮作樂，而文王適其父也。故引之以證聖人之德莫大於孝，答曾子之問而已，非謂凡有天下者皆當尊其父以配天，然後爲孝也。近世祀明堂者，皆以其父配五帝，此乃誤識《孝經》之意，而違先王之禮，不可以爲法也。景祐二年，仁宗詔禮官稽案典籍，辨崇配之序，定二祧之位。乃以太祖爲帝者之祖，比周之后稷。太宗、真宗爲帝者之宗，比周之文、武。然則祀真宗於明堂，以配五帝，亦未識古禮。今仁宗雖豐功美德，洽於四海，而不在二祧之位。議者乃欲捨真宗而以仁宗配食明堂，恐於《祭法》不合。又以人情言之，是絀祖而進父也。夏父弗忌躋僖公，先兄而後弟，孔子猶以爲逆祀，書於《春秋》，況絀祖而進父乎？必若此行之，不獨乖違典禮，恐亦非仁宗之意也。議者又欲以太祖及三宗迭配郊丘及明堂，臣等亦以爲不可。何則？國家受天永命，傳祚萬世，若繼體守文之君皆得配天，則子孫將有無窮之數，與祖宗無別也。凡爲國家者，制禮立法，必思萬世之規，不可專徇目前而已。臣等竊謂宜遵舊禮，以真宗配五帝於明堂，行之爲便。謹具狀奏聞，伏候勑旨。

程宣徽第二劄子

臣近曾上言鄜延路經略使程戡建節再任，不合衆望，乞追還前命事，至今不聞施行。臣竊以方今國家外患，唯在西北二寇。所以捍禦二寇，唯在諸路經略安撫使。居此任者，豈可不精擇其人？程戡在鄜延，自以衰老，畏人指目，專務姑息，取媚群小。僚屬軍伍尚無稟畏，况於外夷，固所輕侮。比年以來，趙諒祚數違舊制，易姓建官，妄有邀求，不遵朝命。戡不能式遏而容納其使。事之可否，盡諉於朝廷，則禦侮之臣將何所用？事君不忠，孰甚於此！臣愚以爲，凡御群臣之道，若居官稱職，衆所不及，則當使之再任。若立功立事，爲人所知，則當加之品秩。今語其稱職，則軍政不修；語其立功，則戎狄驕慢。而朝廷寵命益優，委任益厚，臣恐將帥之臣，宣力者無所勸，而懷姦者得其志。如此而望疆埸安寧，四夷賓服，臣竊以爲難矣。所有程戡新授恩命，伏乞早賜追還。取進止。

乞延訪群臣劄子 嘉祐八年十二月十五日上❶

臣聞天尊地卑，道之常也。而《周易》乾下坤上，謂之泰者，蓋言人君降心接臣，人臣竭忠以事君，然後上下交而其志同也。若人君驕亢以自尊，人臣怠慢以自疎，則上下之情不通而否道成焉。是以孔子語舜之德曰：「舜好問而好察邇言，其斯以爲舜乎？」竊見祖宗之時，閑居無事，常召侍從近臣與

❶ 題注，原無，據《傳家集》補。

之從容講論萬事。至於文武朝士、使臣選人，凡得進見者，往往召之使前，親加訪問，委曲詳悉，無所不至。所以然者，一則欲使下情上通，無所壅蔽，二則欲知其人能否，才器所任。是以黜陟取捨，皆得其宜，太平之業，由此而致。恭惟陛下潛德藩邸踰三十年，一旦龍飛，奄有四海，雖聖質英睿，得於天縱，然與當世士大夫未甚相接，民間情僞未甚尽知。臣謂宜詔侍從近臣，每日輪一員直資善堂，夜則宿於崇文院，以備非時宣召。若有事故請假，則與以次官互换直宿。其餘群臣進見及奏事者，亦望聖慈稍解嚴重，細加訪問，以開廣聰明，裨益大政。取進止。

温國文正公文集卷第二十七

温國文正公文集卷第二十八

章奏十二

奉養劄子嘉祐八年十二月上❶

臣竊聞近日陛下聖體甚安，奉事皇太后，昏定晨省，未嘗廢闕，非獨群臣百姓之福，乃宗廟社稷之福也。陛下既爲仁宗皇帝之後，皇太后即陛下之母。今濮王既没，陛下平生孝養未盡之心，不施之於皇太后將何所用哉？臣聞君子受人一飯之恩，猶不忍負之，必思報答。况皇太后有莫大之德三，陛下豈可斯須忘之？先帝立陛下爲嗣，皇太后有居中之助，一也。及先帝晏駕之夜，皇太后決定大策，迎立聖明，二也。陛下踐阼數日而得疾，不省人事，中外衆心惶惑失措，皇太后爲陛下攝理萬機，鎮安中外，以俟痊復，三也。有此一德者，則陛下子子孫孫報之不盡，况兼三德而有之，陛下所以奉養之禮，若有絲毫不備，四海之人，其謂陛下爲如何？天地鬼神，其謂陛下爲如何？此不可以不留聖心也。今陛下已能奉養如禮，而臣復區區進言者，誠欲陛下戒之慎之，始終無倦。外盡其恭，内盡其愛，使孝德日新，令聞四達，以叶天下之望，保萬世之禄而已。若萬一有無識小人，以細末之事離間陛下母子，不顧國家傾覆之憂，而欲自營一身之利者，願陛下付之有司，明正其罪，使天下曉然

❶ 題注，原無，據《傳家集》補。

皆知陛下聖明仁孝，不負大恩，而讒佞不能間也。取進止。

上殿劄子❶

臣累曾上言，乞陛下加意奉養，躬親萬機，言辭拙訥，未蒙采納。臣竊惟當今切務無大於此，是敢不避斧鉞，重有敷陳。至於奉親之禮，報德之義，爲君之職，訪善之道，臣曏來文字敘述已詳，不敢復煩聖聽。獨以目前利害言之，陛下試詳擇焉。竊以皇太后，母也；陛下，子也。皇太后母儀天下已三十年，陛下新自藩邸入承大統，若萬一兩宫有隙，陛下以爲誰逆誰順、誰得誰失？又仁宗皇帝恩德在民，藏於骨髓。陛下受其大業而無以報之，則何以慰天下之望？若陛下上失皇太后之愛，下失百姓之望，則雖有大寶之位，將何以自安？凡人主所以保國家者，以有威福之柄也。故民畏之如神明，愛之如父母。今陛下即位將近朞年，而朝廷政事，除拜賞罰，一切委之大臣，未嘗詢訪事之本末，察其是非，有所與奪。臣恐上下之人習以爲常，威福之柄寖有所移，則雖有四海之業，將何以自固？位則不安，業則不固，於陛下果何所利乎？陛下必以爲事皇太后之禮，止如是亦不失矣；親萬機之務，止如是亦無闕矣，臣竊以爲不可。臣聞陛下昔在藩邸，事濮王承順顔色，備盡孝道。凡宫中之事，濮王皆委陛下幹之，無不平允。陛下事皇太后，當一如濮王然後可；視天下之政，當一如宫中之事然後可。況濮王之親

❶ 本劄子及其後《又劄子》，《傳家集》分别題作「言奉養上殿第二劄子」、「言奉養上殿第三劄子」。

以恩，皇太后之親以義，其奉養之謹，非特有所加，則無以取信也。宮中之事小，天下之事大，其聽斷之勤，非特有所加，則無以致治也。儻奉養極其謹，聽斷極其勤，則陛下仁孝之名流於萬世，英叡之德達於四表。宗廟永安，子孫蒙福，於陛下有何所害而久不肯爲哉？凡此利害之明，有如白黑，取捨之易，有如返掌，陛下今日回意易慮猶爲未晚。若固守所見，終無變更，臣恐日月寖久，釁隙愈深，不可復合，威權已去，不可復收。後雖悔之，亦無及已。臣受國家累世大恩，不敢愛死，爲陛下極陳社稷之計，肝膽所蓄，盡此而已。伏望陛下少留意察之。取進止。

又劄子

臣近以私懇求鄉便一州，伏蒙聖恩，令宰臣宣諭，以臣曏所言事略皆施行，令臣且在諫院供職，未得求出。臣以駑下之質，生於盛明之世，得備諫官，爲幸已大。況陛下謙恭接下，容受直言，此乃愚臣千載一遇畢命報國之秋，豈願離去左右，自棄於疎遠之地？誠以父母墳墓久不展省，人子之心遑遑不安，所以有此陳乞。今忽奉聖旨宣諭如此，臣惶恐慙懅，無地自容，夙夜循省，進退維谷。臣竊惟曏時所言，欲陛下以事濮王之禮事皇太后，又欲陛下延訪群臣，躬親政事。今陛下雖奉事皇太后加於往日，猶未及事濮王之時承顏順意，曲盡歡心也。雖省覽庶政，猶未嘗訪問群臣，講治亂之切務也。陛下若以二者爲止當如此，則兩宫之意無由和洽，萬機之務無由治辨，禍亂之原尚在，太平之期尚遠。臣雖日侍丹扆，有何所益？陛下若奉養之禮日增月益，訪求治道勤勞不倦，使慈母歡欣於上，百姓安樂於下，則臣雖在遠方，亦猶在陛下之側也。臣聞爲人子者事其親，而親不悦，不敢怨也。退而自責曰：「我之愛不至歟？」愛至矣而猶不悦，則曰：「我之禮不恭歟？」禮恭矣而猶不悦，則曰：「我之誠不盡歟？」誠既盡矣，則大孝之名達於四海，通於神明。神明且猶助之，而况人乎？臣又聞，爲人君者視天下，有一事不治，以爲己過；有一民失所，以爲己憂。天下已安已治矣，猶復思將來之患而豫防之。天下未嘗無事也，在人君思與不思而已。苟思之則治安，不思則亂危。陛下儻能以此二者自勉，則臣安敢廢公家之急，而徇私家之務乎！取進止。

永昭陵寺劄子 治平元年四月上❶

臣竊聞近有中旨於永昭陵側別建一寺，未知信否？若果如此，竊恐不可。何則？宣祖、太祖、太宗三陵共有一寺，❷若獨於真宗、仁宗各置一寺，則是尊奉之禮踰於祖宗。豈特於體理不順，爲朝廷闕失，亦是違先帝之孝心也。議者或謂三陵共在一處，永定、永昭相去稍遠，以此須別建一寺。凡臣僚之家，無人守墳，乃於墳側置寺，啗以微利，使之守護種植而已。至於國家，守衛山陵，有司備具，置寺之處，何較近遠？若云資薦求福，則死生之際人不能知，釋氏所言，虛實難驗。使亡者冥然無知，則資薦之事，有何所益？果然有知，如釋氏所言，則仁宗皇帝寬慈恭儉，好生惡殺，恩浹四海，澤被萬物，豈待別置一寺，更度數僧，然後得生天堂樂處

❶ 題注，原無，據《司馬温公年譜》補。

❷ 「太祖」，原脱，據《傳家集》補。

也？且仁宗皇帝晚年詔天下無名額寺屋及百間者，並特與名額，計創添寺額千有餘處。據此功德，宜享壽考無疆之福，而數月之間，宫車晏駕。以此驗之，佛不能爲人之福，豈不顯然？此皆皇太后與陛下所親見也。今自國喪之後，支給賞賜，供奉山陵，帑藏空虚，賦役煩多，百姓罷弊。京西去秋不稔，春復少雨，正是朝廷宵衣旰食存恤之時，乃復興此無名之役，不急之費，誠非中外所望也。若萬一有益於先帝，群臣豈敢愛惜？今逆禮傷孝，蠹財勞人，但使僧徒及監修之人因此爲名，妄求恩澤，以廣徼幸之路，臣竊爲朝廷不取也。伏望陛下與皇太后深思當今切務，汲汲於富國安民，息此無益之事，以副天下之望。其永昭陵寺，只乞依前來指揮，更不别置。取進止。

貢院定奪科場不用詩賦狀

治平元年四月十四日上❶

准中書送下天章閣待制、判國子監吕公著劄子：「臣聞以言取人，固未足以盡人之才。今之科場，格之以辭賦，又不足以觀言。國家承平日久，文物至盛，學者莫不欲宗經嚮道，至於浮華博習，有不得已而爲之者。先帝察取士之弊，嘗集近臣之論，形於詔文，則曰：『本學校以教之，然後可以求其行。先策論則辨理者得盡其説，簡程式則閎博者頗見其才。』雖丁寧申諭，而有司不能奉行。竊聞昨來南省考校，始專用論策升黜，議者頗以爲當。臣猶恐四方疎遠，未知所尚，有

❶ 題注，原無，據《傳家集》補。

司各持所見，則人無適從。欲乞今來科場更不用詩賦。如未欲遽罷，即乞令第一場試論，第二場試策，第三場試詩賦。每遇廷試，亦以論壓詩賦爲先後升降之法，庶成先帝之志，永底人文之盛。臣謬司學政，盍進輿言。如允所奏，即乞預行告示，令本院定奪聞奏者。」當院看詳。近世取人，專用詩賦，其爲弊法，有識共知。今來呂公著欲乞科場更不用詩賦，委得允當。然進士只試論、策，又似太簡。欲乞今後省試除論、策外，更試《周易》、《尚書》、《毛詩》、《周禮》、《儀禮》、《春秋》、《論語》大義，共十道，爲一場。其策只問時務。所有進士帖經、墨義一場，從來不曾考校，顯是虛設，乞更不試。御前除試論外，更試時務策一道，如此則舉人皆習經術，不尚浮華。若是依舊不罷詩賦之時，即先試後試，事歸一體，別無損益。今若罷去詩賦，仍乞依呂公著起請，預行告示，使天下學者早得聞知。

乞車駕早出祈雨劄子 治平元年四月十七日上❶

臣伏見權御史中丞王疇等建言，乞陛下循真宗故事，幸諸寺觀祈雨。朝廷雖從其所請，而講議選日已踰旬浹，至今車駕未出。衆論狐疑，皆云事恐中輟。臣愚竊以陛下踐位已踰朞年，京城百姓未聞屬車之音。重以曏者聖體不安，遠方之人妄造事端，訛言未息。若聞車駕一出，則遠近釋然，莫不悅喜。況今春少雨，麥田枯旱，禾種未入，倉廩虛竭，閭里飢愁。陛下爲民父母，當與之同其憂勞，祈禱群神，豈可晏然視之，不以疢懷？

❶ 題注，原無，據乾隆陳弘謀本補。

況詔命已降，流聞四方，若復遷延，久而不出，則道路之人愈增猜惑，不若歸時初無此議也。且王者以四海爲家，故稱乘輿，或稱行在。今車駕蹔出，近在京城之内，亦何必拘瞽史之言，選揀時日，忘萬民朝夕之急？殆非成湯桑林、周宣《雲漢》之意也。臣愚伏望陛下斷自聖志，於一兩日之間車駕早出，爲民祈雨，以副中外喁喁之望。取進止。

民有犯惡逆乞不令長官自劾狀 治平元年四月二十四日上❶

臣竊以國家承百王之弊，俗化陵夷，不肖愚民犯誼侵禮，無所不至。此朝廷所宜留意，不可忽也。昔賈誼歎秦俗之薄惡，以爲：「借父耰鉏，慮有德色；母取箕帚，立而誶語。抱哺其子，與公併倨。婦姑不相説，則反脣而相稽。」以今閭巷之民旦夕所爲，如彼數者，皆何足言？近聞開封府屢有子殺父母者，相繼事發。以京邑之中猶有如此悖逆之民，況於遠方教化之所不及哉！臣竊見刑部格勑：「百姓間有犯惡逆以上者，州縣長官量事貶降，隱而不言，委録事參軍糾察聞奏。」《刑统》參詳條：「部内有犯惡逆以上罪者，今後刺史以上，附表自劾，以敦風教。責與不責，並聽勑裁。」朝廷近年務行寬政，吏有故出人罪者，率皆不問。或小有失入，則終身廢棄。以此民有謀殺及毆詈尊長者，州縣之吏專務掩蔽縱釋，惟恐上聞。往往止從杖罪斷遣，少肯處以正法。蓋避自劾之耻，務爲身謀。遂使頑民益無顧憚，名敦風教，其實壞之。王者之政，當善善惡惡，若

❶ 題注，原無，據《傳家集》補。

寬此悖逆之民，以爲仁政，臣實愚淺，未之前聞。况教化之失，風俗之弊，任其責者，豈特州縣長吏而已。若長吏隱而不言，乃使録事參軍糾察聞奏，斯亦難矣。臣愚伏望朝廷，今後除去上件貶降長官及附表自劾二條，更不施行。在京則委糾察刑獄，畿内則委府界提點，在外則委轉運使、提點刑獄，常切覺察州縣官吏，如有敢將惡逆不孝不睦等罪寬縱隱蔽，不依正法，勘鞫斷遣，並畫時糾舉聞奏，隨其輕重，各以故出人罪論。若上件諸司不糾舉者，委臺諫官察訪聞奏。取進止。

二先劄子 治平元年五月十八日上❶

臣伏覩皇太后手書，已罷聽政。陛下欽承慈旨，獨斷萬機。臣聞《易》曰：「君子以作事謀始。」又曰：「正其始，萬事理。差之毫釐，繆以千里。」陛下雖踐祚朞年，於國家大政猶多所謙抑。雖時有處分，皆常式小事，非天下所以望於陛下者也。曏時外間議者皆曰陛下聖體未安，倦於聽覽。及知聖體已安，又曰陛下上畏皇太后之嚴，欲盡人子之禮，避專命之嫌，韜藴聰明，未敢施設。今皇太后舉國家大柄，盡付之陛下，則議者無復可言，唯拭目傾耳，以瞻望聖政而已矣。陛下當此之際，治身治國，舉措云爲，不可不慎。昔楊朱見衢塗而泣，謂其可以左、可以右，所差甚微、所失甚大也。人主即政之初，亦榮辱安危之衢塗也。故臣願陛下留聖心焉。臣聞治身莫先於孝，治國莫先於公。孔子曰：「孝，德之本也。」又曰：「不愛其親而愛它人者，謂之悖德；不恭其親而恭它人

❶ 題注，原無，據乾隆陳弘謀本補。

者，謂之悖禮。」未有根絶而葉茂，源涸而流長者也。仁宗皇帝以四海大業授之陛下，其恩德之大，天地不足以爲比。今登遐之後，骨肉至親獨有皇太后與公主數人，陛下所當日夜盡心竭力供承撫養，以副仁宗皇帝之意。曏者皇太后聽政之時，左右侍衛之人不敢不恪，求須之物無敢不備。既委去政柄，臣竊慮有無識小人隨勢傾移，侍奉懈慢，供給有闕，則天下之責皆歸陛下。此不可不留意朝夕省察者也。又若有不逞之人，於兩宫之間刺探動静，拾掇語言，外如效忠，内實求媚以相構間者，臣願陛下迎拒其辭，執付有司，加之顯戮。誅一人則群邪自退，納一言則百讒俱進，此乃禍亂之機，不可不深察也。臣聞國事聽於君，家事聽於親。臣愚以爲陛下在外朝之時，刑賞黜陟之政，當自以聖心決之。至禁庭之内，取捨賜予，事無大小，不若皆禀於皇太后而後行，陛下與中宫勿有所專。如此則内外之體正，尊卑之序明，慈母歡欣於上，臣民頌咏於下矣。不然，皇太后歸政之後，若侍衛之人稍有怠惰，求須之物小失供擬，加以讒邪妄興離間，萬一有絲毫闕失流聞於外，或皇太后憂思不樂，内生疾疢，則陛下何以勝此名於天下哉！雖百善不能掩矣。臣故曰治身莫先於孝也。

《洪範》於好惡偏黨之際，六反言之，重之至也。周任曰：「爲政者，不賞私勞，不罰私怨。」《大學》曰：「欲明明德於天下者，必先正其心。有所忿懥則不得其正，有所好樂則不得其正。」陛下奮發宫邸，入纂皇極，爰自潛躍，至於天飛。舊恩宿怨豈能盡無？然今日即政之初，皆不可置於聖慮，以害至正也。凡人君之要道，在於進賢退不肖、賞善罸惡而已。爵禄者，天下之爵禄，非以厚人君之所喜也。刑罸者，天下之刑罸，非以快人君之所怒也。是故古者爵人於朝，與士共之，刑人於市，與衆棄之，明不敢以己之私心蓋天下之公議也。今以四海之廣，百官之衆，有賢有愚，有善有惡，比肩接迹，雜遝並進。臣願陛下少留聰明，詳擇其間，苟有才德高茂合於人望者，進之，雖宿昔怨讎，勿棄也；有器識庸下無補於時者，退之，雖親暱姻婭，勿取也；有勵行立功爲世所推者，賞之，雖意之所憎，勿廢也；有懷姦犯禁爲衆所疾者，罸之，雖意之所愛，勿赦也。如此則野無遺賢，朝無曠官，爲善者勸，爲惡者懼，上下悦服，朝廷大治，百姓蒙福，社稷永安。不然，陛下若專居深宫，自暇自逸，威福之柄盡委大臣，取過目前，不爲遠慮，賢愚不分，善惡共貫，不則所進者皆平生所親愛，所退者皆平生所不快，所賞者皆諂諛而無功，所罸者皆忠諒而無罪。如此則中外解體，紀綱隳紊，群生失所，天下可憂矣。臣故曰治國莫先於公也。

此二先者，榮辱之大本，安危之至要，臣願陛下審思而力行之。《詩》云：「亹亹文王，令聞不已。」陛下誠能行此二者，則盛德美譽滂沛洋溢，近者傳誦，遠者褒歎，不過旬月之間，徧於天下，達於四夷。後日之政，如順風吹毛，乘高決水，可以不勞而成功矣。取進止。

延訪群臣第二劄子

臣先曾上言，乞詔侍從近臣每日輪一員直資善堂，夜則宿於崇文院，以備非時宣召。若有事故請假，則與以次官互换直宿，以開廣聰明，裨益大政，至今未聞施行。蓋陛下謙謹，以皇太后同聽庶政，未奉慈旨，不敢擅召群臣，與之論議。今皇太后盡以四海之事歸於陛下，出入起居，頤旨如意，臣是敢重申前説，乞少加采擇。凡人，牆之外，目不見也；里之前，耳不聞也。而天子奄有四海，一日萬機，民之憂樂，事之本末，雖有聰明叡智之性，若不問之於人，何從知之？是以太祖、太宗雖起於側微，猶日孜孜訪問群下，至於小臣卒伍亦無所間絶。故能紀綱四方，創業垂統。陛下生爲帝王子孫，未嘗歷試於外，天下之事，豈能細知？况先朝置直學士、待制等職以爲侍從之臣，若使之不得朝夕在左右備顧問，將安用之？所有每夜於崇文院輪宿，自是舊制，近年以來，因循隳廢，舉而行之，有何所難？伏望聖慈檢會臣近來所奏劄子内事節，特賜施行。取進止。

温國文正公文集卷第二十八

温國文正公文集卷第二十九

章奏十四

取索劄子 治平元年五月十九日上❶

臣竊聞兩府議定皇太后於諸處取索物色，令本閣使臣以皇太后旨申牒逐處，有司再具牓子奏聞，候見御寶，即便供應。臣熟思此一節事理恐未至穩便。臣聞自來内中凡有所須，止用御寶合同文字於諸司庫務取索，諸司庫務即時供應，過後方申三司覆奏，及行磨勘。今來皇太后有所取索，若一一須待本閣使臣申牒逐處，再行覆奏，候得御寶，方敢供應，臣愚竊慮行遣往復，太爲迂迴。萬一使者懈慢，有司泥文，皇太后緩急欲得藥餌什器之類細小之物，不能應時而至，遷延經日，有傷慈母之心，則非陛下以四海奉養之意也。事雖至微，當此之際，小有不足，所繫甚大。禮：「王及后世子之膳不會。」蓋優尊者，不可限以多少之數故也。臣愚欲望陛下再令兩府大臣商量此事。應皇太后所取物色，並令本閣使臣行文字與合同司，一如陛下聖旨所取，出御寶合同文字下諸司庫務，畫時供應。仍令合同司每日將本閣使臣文字繳連實封，別遣使臣進呈皇太后，以防矯僞。如此則尊卑之體正，孝養之禮盡。取進止。

❶ 題注，原無，據《傳家集》補。

后族乞不推恩劄子 治平元年五月二十五日上❶

臣竊聞陛下欲加曹佾使相，皇太后再三不許。又聞有聖旨令皇后本家分析親的骨肉聞奏，亦與推恩。臣愚以爲皇太后既深執謙遜，抑損外親，則后族亦恐未宜褒進。伏望陛下宣諭兩府，應后族恩澤，並未可施行，且俟佗時徐議其事。一則示人子恭孝之心，不敢使后族先於母黨；二則示人君即政之初，不可以爵禄待賢之具，獨私椒房之親。其於聖德，益有光榮。取進止。臣劄子乞更之降出，❷只作聖意自諭。

上皇太后疏 治平元年五月二十八日上❸

月日，具位臣光謹昧死再拜上疏皇太后殿下：去歲仁宗皇帝損棄萬方，皇帝嗣統之初，憂哀成疾。殿下念社稷之重，同聽庶政，以安群情。今聖體復初，四方無事，殿下推而不居，自取安逸，動静之節，無不合宜。率土臣民，孰不稱頌！臣不自量度，欲成殿下之全美，猶以螢燭之微明仰裨日月之盛光，伏惟殿下稍寬其罪而終聽其辭。臣竊以治家之道，貴賤雖殊，人情一也。嘗觀天下士民之家，其長幼群居，長者或恩意不備，衣食不豐；幼者或容貌不恭，語言不遜者。幼者孝恭而不怨，長者慈惠而不責，則上下雍睦，家道以興。若幼者以爲怨，長者以爲責，則上下乖離，家道以衰。其始相失也甚微，而

❶ 題注，原無，據《傳家集》補。
❷ 「更之」，疑當作「更不」。
❸ 題注，原無，據《傳家集》補。

終爲禍也甚大。又加以讒人間之，於是乎有父子相疑，兄弟相疾，亂虐並興，無所不至者矣。凡閨門之内，子婦有以孝恭之心至者，則尊親當歡然以慈愛之心接之。若其有過，則當以忠厚之心教之。教之備矣而猶不聽，則雖責之可也，罪之可也。及其既改，則又當復以歡心接之，不可以一忤顔色，而終身惡之，遂不可解謝也。故骨肉之間有威怒而無增疾，有詰責而無猜忌。此自古聖人所以御其親之道也。臣竊惟皇帝、皇后於殿下，兼内外之親，幼蒙保育，今日爲萬民父母，享天下富貴，孰云非殿下之力？臣謂殿下固宜撫存愛念，情同所生，周旋保護，以終大惠。不可偶以纖芥之失，遂蓄久長之怒，棄生成之厚恩，取疎絶之深怨，愚智所同知也。皇帝去歲得疾之時，禮貌言辭，誠有可疑得罪於殿下者，臣固已嘗言於殿下，云「不可責有疾之人以無疾之禮也」。凡醉而有過，醒猶可赦，況有疾之人不自省知，本非其意之所欲爲，豈可追數以爲罪咎邪？皇后自童孺之歲，朝暮游戲於殿下之懷，分甘哺果，拊循煦嫗，❶有恩無威。今既正位中宫，得復奉膳羞盥帨，以事殿下，其意恃昔日之愛，不自疎外，猶以童孺之心望於殿下。故或有所求須不時滿意，則愠懟怨望，不能盡如家人婦姑之禮。殿下雖怒之責之，固其宜也，誰曰不可？但事過之後，殿下若遂棄之不復收恤，憎疾如仇讎，則臣以爲過矣！臣在闕門之外，無由知禁廷之事，竊聞道路之言，未詳虚實，皆言近日皇帝與皇后奉事殿下，恭勤之禮甚加於往時，而殿下遇之太嚴，接之太簡。或時進見，殿下雖賜之坐，如待疎客，

❶「煦」，原作「呴」，據《傳家集》改。

語言相接不過數句，須臾之間已復遣去。如此，母子之恩如何得達？婦姑之禮如何得施？所以使之疑惑恐懼不敢自親者，蓋以此也。臣竊惟殿下母儀天下，踰三十年，柔明之譽，洽于中外。皇帝龍潛藩邸，進德脩業，仁聖之望，光于遠邇。先帝以至公大義，選賢建嗣，海内之人，皆謂繼統之日，慈孝之風必自家刑國。誠不意閭巷之民，忽有今兹異論。推其本原，蓋由皇帝遇疾之際，宫省之内，必有讒邪之人造飾語言，互相間構。❶一則欲詐效小忠，以結殿下之知，僥求禄利；二則自知過失素多，畏嗣君之嚴，有所不容；三則欲竊弄權柄，惡長君聰明，使己不得自恣。是以日夜闚覘，拾掇絲毫之失，無不納於殿下之耳。殿下雖至聰哲，不能無疑；雖至仁慈，不能無怒。皇帝以剛健之性，屈於衆口，無以自伸，能不憤悒？遂使兩宫之間介然相失，久而不解，流聞于外，致朝野之士有敢竊議其是非者，深可惜也。今天誘其衷，殿下濬發慈旨，卓然遠覽，舉天下之政歸之皇帝，此乃宗廟之靈，生民之福。然臣竊料讒邪之人，心如沸湯，愈不自安，力謀離間。彼皆自營一身之私，非爲國家與殿下之計也。臣願殿下深察其情，勿復聽納，斥遠其人，勿置左右。召諭皇帝，以向來紛紛，皆此屬所爲，自今以後，母子之間當坦然無疑。皇帝必涕泣拜伏，感激摧謝。然後兩宫之歡，一皆如舊。凡皇后進見之際，殿下宜賜以温顔，留之從容，來往無時，勿加限絶。或置酒語笑，與之欣欣相待，一如家人之禮。如此則殿下坐享孝養，何樂如之！心平氣和，眉壽無疆，國家乂安，内外無患，

❶「構」，原避宋高宗諱作小字「御名」，今回改。

名譽光美，垂於無窮。與其信任讒慝，猜防百端，終日戚戚，憂憤生疾，國家不寧，禍亂横生，譏謗之言，流於後世，二者得失，相去遠矣。且殿下既能以祖宗之業付皇帝，又能以大政授之，而獨於恩禮之際終不能豁然回心息怒，其故何哉？方今宫闈之中，殿下骨肉至親止於皇帝、皇后、長公主及皇子、公主數人而已，其餘皆行路之人，於殿下何有？若親者尚不可結以恩信，猜而遠之，則疎者獨肯受殿下顧遇，盡其死力，終始無貳乎？夫貴莫貴於爲天子之母，富莫富於受四海之養。今殿下有此富貴而不能自樂，親其所可疎，疎其所可親，使受恩之子婦彷徨而不自安，踧踖而不敢進，雖内懷反哺之心而無以施展，臣竊爲殿下惜之。臣父子皆蒙先帝大恩，擢於常調之中，置之侍從之列，心非木石，豈能暫忘？今先帝晏駕之後，臣唯不避死亡，以進忠直之言，庶幾殿下母子和悦，國家安寧，是臣所以爲報効也。不勝區區激切之誠，展布以聞，惟留神幸察。臣光昧死再拜上疏。

兩府遷官劄子 治平元年五月四日上❶

臣伏覩去歲陛下即位之初，兩府臣僚已各遷官。今兹甫及期年，一例又加恩命。雖陛下褒優大臣，務從豐厚，而朝野竊議，以爲近來國家官爵易得，恩賞太頻。柱石之臣，當勠力同心，共救此弊。今若連年之内寵數便蕃，恬然有之，自以爲宜，則何以率正佗人，抑塞僥倖？因此恐大失天下之望。然則陛下愛之，適所以傷之也。臣竊料大臣亦

❶ 題注，原無，據《傳家集》補。

不敢自安，必當辭避，願陛下因而聽之，以成其美。取進止。

又劄子 治平元年六月❶

臣近曾上言兩府臣僚遷官太頻，恐失天下之望，乞陛下聽其辭避，以成其美，未蒙采納。臣非憎此數人，嫉其遷官，乃是欲全其令名，使之輔佐陛下，重惜大柄耳。先帝親選聖明，傳以天下，今陛下乃欲歸功大臣，臣固知其人必不敢當也。借使當日實曾贊成先帝聖意，乃是欲安宗廟社稷。若今日受賞，則是豫邀非常之福，罪孰大焉！然則陛下賞之，是掩其盡忠之心，使爲徇利之人，何榮之有？臣所謂欲全其令名者此也。夫爵位者，人主所以御群臣之大柄也。然品秩高下，本皆虛名，但以難得之故，爲人所貴。若其易得，則爲人所賤。譬如金玉珠璣，苟或道路階庭處處有之，則與瓦礫無異矣。近歲以來，官冗賞濫，兩府大臣豈不素知？今遇陛下即政之初，所宜開導聖聰，以懲革斯弊。今陛下以纘紹之際及聖體未安之時中外平寧爲兩府之功，加以厚賞，則宿衛將帥、宗室外戚、四方藩鎮、内侍近臣，皆有冀望。若一一稱滿其意，則國家官爵賤於泥土，將無以役使群臣；若抑而不與，則人不自知，更生觖望。是始於推恩，而終於聚怨也。且輔佐之臣，自於期年之間連併遷官，而欲禁止它人之幸進，誠亦難矣。臣所謂欲使之輔佐陛下，重惜大柄者，此也。或者陛下以爲曹佾無功，尚加使相，況輔弼大臣當國家艱難之際，輸力盡瘁，不可不賞。臣愚以爲不然。

❶ 題注，原無，據《宋朝諸臣奏議》補。

陛下所以賞曹佾者，非以爲有功也，乃以皇太后之德至深至厚，無以爲報，故褒崇元舅，以慰母心。今若緣此推恩，次及后族，次及兩府，次及它人，則是曹佾隨衆遷官，不爲優異，於皇太后之心何所慰焉？然則陛下虚損盛恩，而衆人皆以大例遷官，何足爲喜也？臣豈不知陛下欲褒賞大臣，而臣區區不量其力，以横議干之，非身之利，然爲朝廷忠謀，無恤其它，惟陛下察之。取進止。

感慈塔劄子 治平元年閏五月十五日上❶

臣伏聞感慈塔已有聖旨拆修五層。竊以開封府界，京東、京西、河北、河東、陝西、西川等路，自去冬少雪，今春少雨，麥田已無所收。昨得五月十三日雨，方種秋田。自後又經一月無雨，萌芽始生，隨復焦槁。農民嗷嗷，大率無食，棄去鄉里，流離道路，顧妻賣子，以接糇粮。縣官倉廩素無蓄積，贍給軍衆猶恐不足，固無赢餘可以賑貸。陛下當此之際，所宜側身刻意，降服損膳，以救其患，而更脩此佛塔以費國財，臣竊以爲失緩急先後之務矣。且此塔傾欹，爲日已久，借使更經數年不脩，於僧徒有何大害？若百姓飢窮，朝不及夕，而國家不能收恤，則老弱轉死溝壑，壯者聚爲盜賊。當是之時，雖有千塔，將安用之？夫府庫之財，皆生民膏血，苟非事不得已，安可輕費？今有司既諂諛苟且，曾不爲陛下愛惜，陛下又不以介意，一皆聽之，使四海蒼生將何所依仰？臣愚欲望陛下親發德音，宣諭有司，以今歲旱災，且罷脩此塔。及其餘不急之費，有似此類

❶ 題注，原無，據《傳家集》補。

者，皆仰有司條奏以聞，一切寢罷。候他年豐稔，帑藏有餘，然後徐議其事。於聖政之初，亦足以彰愛民之意，爲盛美之一事也。取進止。

上殿劄子二道❶

臣前者兩次上言，乞詔侍從臣每日輪一員直資善堂，夜則宿於崇文院，以備非時宣召。若有事故請假，則與以次官互換直宿。亦曾面奉德音，云欲自以聖意宣諭政府，施行此事。自後至今，未聞施行。臣不避煩瀆天聽，再三進言者，蓋以爲國之要，在於審察人材，周知下情而已。審察人材之謂明，周知下情之謂聰。明則百官稱其職，聰則萬機當其理。百官稱其職，萬機當其理，治之極也。賢不肖渾殽之謂昏，下情不上通之謂蔽。昏則百職隳曠，蔽則萬機乖戾。百職隳曠，萬機乖戾，亂之至也。極治則安，至亂則危。故聰明昏蔽者，治亂之大本也。今陛下即政之初，厲精求治，而不以此事爲先，欲以興隆祖業，垂裕後昆，是猶却行而求及前人也。故臣不得不勤勤懇懇，爲陛下再三言之。《書》稱堯之德曰：「稽于衆，捨己從人。」稱舜之德曰：「賓于四門，明四目，達四聰。」故能咸熙庶績，格于上下。至今言聖人者，無不以二帝爲首，何哉？聰明故也。秦二世納趙高之謀，恐譴舉不當，見短於大臣，而深拱禁中。漢靈帝惑趙忠之言，謂人君登高則百姓散離，而不敢登臺榭。北齊後主忠度儒懦，不喜見朝士，非私昵未嘗交語。隋

❶ 《傳家集》第一道題作「乞延訪群臣第三劄子」，第二道題作「乞罷近臣恩命上殿劄子」。

煬帝沈湎淫泆，常在後宫，盗賊滿天下，惡人言之，是以上下怨叛，至於殺身滅國，而終不自知。後世言無道者，無不以四君爲首，何哉？昏蔽故也。太祖、太宗起於側微，天下艱難，民間情僞，無不備知。然南面之日，延訪群臣惟恐不及，晝日不足，繼之以夜。下至役夫田婦，無不詢察，以盡其情。用能創業垂統，力致太平。陛下以帝王子孫，生長富貴，朝士大夫，素未相接，耕織勞苦，不經耳目。當兹親政之始，雖孜孜下問，朝夕不倦，以察人情，猶恐不盡。况深居九重，非視朝之時不見群臣，群臣非官位職事有例上殿，無由進見。顒卬淵默，以嚴重自居，將使幽遠之民、銜冤失職者何由上聞，疎賤之臣懷材藴德者何由自達哉？國家安危之所分，將於此乎在。臣是以不勝憤懣，區區盡忠，重爲陛下陳之。伏望陛下察爲國之要，觀唐虞之所以興，秦、漢、齊、隋之所以亡，繼祖宗之志，以守太平之業，檢會臣前來所奏兩劄子内事節，早賜施行，實天下幸甚。取進止。

臣昨者上言：「近歲官冗賞濫，兩府大臣遇陛下即政之初，宜開導聖聰，以懲革斯弊。今陛下以紹纘之際及聖體未安之時，中外平寧，爲兩府之功，加以厚賞。則宿衛將帥、宗室外戚、四方藩鎮、内侍近臣，皆有冀望。若一一稱滿其意，則國家官爵賤如泥土，將無以役使群臣。且輔佐之臣自於期年之間連併遷官，則難以禁止它人之幸進。」伏蒙陛下面諭臣，以兩府大臣皆有大功，所以遷官，它人無功，何敢輒望？臣再三敷奏，以陛下若寢兩府恩命，則它人自然不敢僥求。若見兩府遷官，則誰肯自謂無功，不求榮進？恐至時陛下亦不能裁抑，兩府亦不敢執奏。當時陛下聖意確然，終不開納。今兩府纔受恩命，竊聞入内内侍省都都知任守忠等已一例遷官。臣竊料向去其餘臣僚互相形比，繼續遷官，猝無窮盡。蓋官爵者，人主之利器，所以驅策群臣，制御四海。今陛下曾不愛惜，容易與人，一至於此，臣竊惜之。凡政令之行，必自貴近爲始。前者濫恩已施之於貴臣，不可復收。若止之於近臣，猶可救其太半。所有任守忠等恩命，伏望聖慈特賜追還，以塞向去僥倖之路。取進止。

貢院奏繫官親人許鏁應狀 治平元年上❶

先准嘉祐三年八月二日中書劄子，供繫官親授班行人，云云。右，具如前，當院檢會貢舉條制，若奇才異行卓然不群者，雖工商雜類，亦聽取解。又進納人自來皆得鏁應。看詳上件繫官親人並是三代食祿之家，有人保任，方得充選，比於工商雜類納財授官之人，流品殊勝。其中豈無奇才異行可以進用？豈可止以連姻帝族，遂同贓私罪犯之人，不得鏁廳應舉？求諸義理，全無意謂。欲乞今後應與宗室女爲親補轉班行者，如别無事節違礙科場條貫，並許依其它武臣例，鏁廳應奉，以廣求賢之路。

温國文正公文集卷第二十九

❶ 題注，原無，據《傳家集》補。

温國文正公文集卷第三十

章奏十五

貢院乞逐路取人狀 治平元年上❶

准中書批送下太子中舍、知封州軍州事柳材奏：「伏見國家間歲一開科場，詔下州郡，使之鄉舉里選，遣詣京師，覆試於禮部，雖幽遠之士，咸與其進。然而天下發解進士，到省常不下二千餘人，南省取者纔及二百。而開封國學鏁廳、預奏名者，殆將太半；其諸路州軍所得者，僅百餘人爾。惟陝西、河東、河北、荆湖北、廣南東西等路州軍舉人，近年中第者或一二。竊以科舉既頻，天下之士誠奔走之不易，而嶺外尤爲遐僻。每隨計動經五七千里，往來不啻百餘程。跋履道塗，蒙犯風雪，比至京師，扶持困躓之不暇，使與郊圻安燕之士角其藝能，固不可得也。既而不第，孤寒之路，最爲蹭蹬。干進且難，往往廢學。於臣愚見，似有未均。欲乞今後南省考試進士，將開封、國學鎖廳舉人試卷衮同糊名，其諸道州府舉人試卷各以逐路糊名，委封彌官於試卷上題以『在京』、『逐路』字，用印送考試官。其南省所放合格進士，乞於『在京』、『逐路』以分數裁定取人。所貴國家科第均及中外。如允所請，伏乞下兩制詳定者。」右，謹具如前。當院今將簿籍勘會，近歲三次科場内，嘉祐三年：國子監

❶ 題注，原無，據《傳家集》補。

得解及免解進士共一百一十八人，及第者二十二人，約五人中取一人。開封府得解及免解進士共二百七十八人，及第者四十四人，約六人中取一人。河北路得解及免解進士共一百五十二人，及第者五人，約三十人中取一人。京東路得解及免解進士共一百五十七人，及第者五人；梓州路得解及免解進士六十三人，及第者二人，並約三十一人中取一人。廣南東路得解及免解進士共九十七人，及第者三人，約三十二人中取一人。荆湖南路得解及免解進士共六十九人，及第者二人，約三十四人中取一人。廣南西路得解及免解進士共三十八人，利州路得解及免解進士共二十六人，夔州路得解及免解進士共二十八人，及第者各只一人。河東路得解及免解進士共四十四人，全無人及第。嘉祐五年：國子監得解及免解進士共一百八人，及第者二十八人；開封府得解及免解進士共二百六十六人，及第者六十九人，並約四人中取一人。京東路得解及免解進士共一百五十人，及第者五人，約三十人中取一人。荆湖南路得解及免解進士共六十九人，及第者二人，約三十四人中取一人。廣南東路得解及免解進士共八十四人，及第者二人，約四十二人中取一人。河東路得解及免解進士共四十一人，陝西路得解及免解進士共一百二十三人，及第者各只一人。荆湖北路得解及免解進士共二十四人，廣南西路得解及免解進士共六十三人，夔州路得解及免解進士三十二人，並全無人及第。嘉祐七年：國子監得解及免解進士共一百一十一人，及第者三十人，約四人中取一人。開封府得解及免解進士共三百七人，及第者六十六人，約五人中取一人。荆湖南路得解及免解進士六十八人，及第者二人，約三十四人中取一人。陝西路得解及免解進士共一百二十四人，❶及第者二人，約六十二人中取一人。河北路得解及免解進士共一百五十四人，河東路得解及免解進士共四十五人，荆湖北路得解及免解進士共二十三人，及第者各一人。廣南東路得解及免解進士共七十七人，廣南西路得解及免解進士共六十三人，利州路得解及免解進士共二十八人，並全無人及第。以此比較在京及諸路舉人得失多少之數，顯然大段不均。蓋以朝廷每次科場所差試官，率皆兩制三館之人。❷其所好尚，即成風俗。在京舉人，追趣時好，易知體面，淵原漸染，文采自工。❸使僻遠孤陋之人與之爲敵，混同封彌，考較長短，勢不侔矣。孔子曰：「十室之邑，必有忠信如丘者焉。」言雖微陋之處，必有賢才，不可誣也。是以古之取士以郡國户口多少爲率，或以德行，或以材能，隨其所長，各有所取。近自族姻，遠及夷狄，無小無大，不可遺也。今或數路之中全無一人及第，則所遺多矣。國家用人之法，非進士及第者不得美官，非善爲賦、詩、論、策者不得及第，非遊學京師者不善爲賦、詩、論、策。以此之故，使四方學者皆棄背鄉里，違去二親，老於京師，不復更歸。其間亦有身負過惡，或隱憂匿服，不敢於鄉里取解者，往往私買監牒，妄冒户貫，於京師取解。自間歲開科場以來，遠方舉人憚於往還，只在京師寄應者，比舊尤多。國家雖重爲科禁，至於不用蔭贖，然冒犯之人歲歲滋甚。

❶「免解」下，原有「者」字，據《傳家集》删。
❷「三館」，原作「二館」，據《傳家集》改。
❸「工」，原作「下」，據《傳家集》改。

所以然者，蓋由每次科場及第進士，大率是國子監、開封府解送之人，則人之常情，誰肯去此而就彼哉！夫設美官厚利進取之塗以誘人於前，而以苛法空文禁之於後，是猶決洪河之尾而捧土以塞之，其勢必不行矣。《書》曰：「無偏無黨，王道蕩蕩。」國家設賢能之科，以俟四方之士，豈可使京師詐妄之人獨得取之？今來柳材所起請科場事件，若依而行之，委得中外均平，事理允當，可使孤遠者有望進達，僑寓者各思還本土矣。難者必曰：國家比設封彌謄録，以盡至公，其諸路舉人所以及第少於在京者，自以文藝疎拙，長短相形，理宜黜退。今若於封彌試卷上題「在京」、「逐路」字号，必慮試官挾私者因此得以用情。是大不然。國家設官分職以待賢能，大者道德器識，以弼諧教化；其次明察惠和，以拊循州縣；其次方略勇果，以扞禦外侮；小者刑獄錢穀，以供給役使。豈可專取文藝之人，欲以備百官、濟萬事邪？然則四方之人雖於文藝或有所短，而其餘所長有益於公家之用者，蓋亦多矣。安可盡加棄斥，使終身不仕邪？凡試官挾私者，不過徇其親知鄉黨。今雖題「逐路」字號，若試官欲徇其親知，則一路之人共聚一處，不知何者爲其親知。若欲徇其鄉黨，則一路之中所取自有分數，豈敢偏於本路剩取一人？以此言之，雖題「逐路」字號，試官亦無所容其私也。今欲乞依柳材起請，今後南省考試云云，裁定取人。若朝廷尚以爲有所嫌疑，即乞令封彌官將國子監、開封府及十八路臨時各以一字爲偏傍立號。假若國子監盡用「乾」字，開封府盡用「坤」字，京東路盡用「离」字，京西路盡用「坎」字爲偏傍，其餘路分，並依此例。委知貢舉官於逐號之中，❶考校文理善惡，各隨其長短，每十人中取一人奏名。其不滿十人者，六人以上亦取一人。五人以下更不取人。其親戚舉人別試者，緣人數至少，更不分別立號，只依舊條，混同封彌，分數取人。其合該奏名者，更不入南省奏名數内。如允所奏，乞降指揮下貢院遵守施行。

陳治要上殿劄子❷治平元年七月十八日上❸

臣聞舜與臯陶賡歌相戒，以明良爲美，以叢脞爲非。蓋以王者奄有四海、君臨億兆，若事無巨細皆以身親之，則所得至寡，所失至多矣。古語有之曰：「察者不能見目睫。」❹非不欲兼之，勢不可也。是以明王爲之不然，總其大體，執其樞要，精選賢能，任以百職，有功者賞，有罪者誅。故處躬不勞而收功甚大，用此道也。臣伏見陛下自親政以來，厲精求治，孳孳不倦，未明求衣，日昃不食，雖大禹之勤勞，文王之懿恭，無以過此。然而政有本末，事有細大，舉其綱則百目張，挈其領則衆毛理。臣願陛下先其本，後其末，急其大，緩其細。擇人而任之，此政之本也；賞善而罰惡，此事之大也。陛下當先察群臣之邪正與其材能之所堪，然後思天下有某事不治者，當使某人治之，其公忠勤恪功効顯著者，勸之以厚賞；姦回惰慢無功敗事者，威之以嚴刑。如是則萬事無不舉，兆民無不安，陛下可以高拱無爲而名配堯舜

❶「委」，原脱，據《傳家集》補。
❷「陳治要」，原無，據《傳家集》補。
❸題注，原無，據《傳家集》補。
❹「察者不能見目睫」，《傳家集》作「察目睫者不能見百步，察百步者亦不能見目睫」。

矣。至於簿書之煩碎，文法之微密，錢穀之出納，體例之有無，此乃群臣百吏之所守，非陛下所當留意也。陛下若捨彼而取此，則臣恐徒有大禹之勤勞而不獲其功，文王之懿恭而不見其治也。臣以獻替爲職，遇陛下勤政之初，虛心求諫，此乃千載一時，誠不敢以細末之事煩汙聰明，伏望陛下深思此道乃自古及今致治之大本，❶勿以爲迂闊陳熟之言而忽之，則天下幸甚。取進止。

擇帥劄子❷治平元年七月二十八日上❸

臣竊聞近者夏國屢起事端，邊境之變，不可不備。爲備之要，在於擇帥。伏見鄜延路經略使程戡資性姦回，涇原路經略使施昌言老病昏昧，皆以斗筲罷懦之才，當折衝禦侮之任。平居之時，未見有闕，一旦警急，必敗大事。譬如開門揖盗，以肉餧虎。臣竊爲國家危之。❹伏望朝廷早擇智勇之將以代其任，二人並除致仕，以安邊境之民，戒偷禄之臣。取進止。

延訪群臣第四劄子治平元年七月初八日上❺

臣屢曾上言，乞詔侍從近臣每日輪一員直資善堂，夜則宿於崇文院内，備非時宣召。亦曾面奉德音，云候秋涼當頻有宣召。今已秋涼，尚未聞有曾被召之人。臣始者上言之時，竊見陛下欣然開納，將謂即時施行，自後

❶「本」，原無，據《傳家集》補。
❷此題，《傳家集》作「言程戡施昌言劄子」。
❸題注，原無，據《傳家集》補。
❹「爲」，原作「謂」，據《傳家集》改。
❺題注，原無，據《傳家集》補。

遷延日久，聖意漸以爲難。臣竊意内外之臣必有欺惑天聽，沮難此事，欲陛下常居禁中，不與群下相接，以壅蔽聰明，專固權寵者，此豈忠臣之所爲而陛下之福邪？臣願陛下深察此情，斷自聖志，使之更直。陛下每日聽政餘暇，宫中無事之時，特賜召對，與之從容講論古今治體，民間情僞，使各竭其胸臆所有，而陛下更加采擇，是者取之，非者捨之，忠者進之，邪者黜之。如此則下情盡達，聖德日新矣。若以資善堂體例稍生，則學士、待制於崇文院輪宿自有舊條。只乞陛下傳宣崇文院，今後直宿者，並須從早在彼祗候宣召。其有事故請假者，須與以次官互换直宿。此事極不難行而所益甚大，惟陛下留意。取進止。

任守忠劄子 治平元年七月十八日上❶

臣竊聞入内内侍省都都知任守忠，擅取奉宸庫金珠數萬兩獻遺中宫，自以爲功，仍受中宫賞賜。外議籍籍，無不駭愕。伏以守忠從來罪惡極多，不可遽數。陛下體元繼統，聖政方新，守忠曾無畏憚，益恣巧諂，公取官物，自眩私恩，贊導椒房，首爲侈靡，既求權寵，又分厚利，姦邪之臣，無大於此。伏望陛下特發神斷，以守忠付所司，窮治所犯，明正典刑，以示天下。取進止。

第二劄子

臣近曾上言任守忠姦邪事跡，乞正典

❶ 題注，原無，據《傳家集》補。

刑，未聞施行。臣案守忠懷姦罔上，諂佞貪惏，竊弄權柄，固非一日。專爲讒慝，交構兩宫，❶狡詐反覆，陛下所知。若非先帝聖明，皇太后仁慈，則社稷可憂，天位不安。今又盗取庫物，曲求容媚，教中宫爲不順，陷陛下爲不義。此而不誅，典刑安用？據守忠罪惡，臣久合奏陳。但以陛下踐阼之初，天威未震，欲望陛下親發英斷，戮此大姦，使内外之臣莫不震肅。今聖恩容貸，已及歲餘。外議皆言守忠以諂佞之故，受陛下寵遇過於先帝之時。臣備位諫官，不敢塞默。守忠職在宫禁，久專威福，若不早除，恐别生事。伏望陛下如臣前奏，速以守忠付所司，窮治所犯，肆之市朝，以副天下之望。取進止。

第三劄子❷

二十日上殿，明日守忠除保信軍節度副使，蘄州安置。

臣近者兩次上言任守忠姦邪事跡，乞正典刑，至今未聞施行。臣迫於忠懇，不能自已。竊見守忠早以小臣獲事先帝，幸蒙獎拔，榮禄俱極。日侍左右，不能以忠言正道補益萬分，專以詼諧諂諛，苟求悦媚。其罪一也。總領近侍，委之差遣，而陵忽同列，與奪自恣。附己則愛悦，逆意則憎疾，援引親黨，排抑孤寒，任情徇私，略無顧避。其罪二也。從來所受俸禄賞賜亦爲不少，而資性貪惏，老而益甚。盗竊官物，受納貨賂，金帛珍

❶「構」，原避宋高宗諱作小字「犯御名」，今回改。

❷「第三劄子」，《傳家集》作「言任守忠第三劄子」。

玩，溢於私家，第宅産業，甲於京師，聚斂之心，曾無紀極。其罪三也。交結朋援，專權據勢，縱逞胷臆，妄行威福。所愛者雖有大罪，掩蓋不言，所惡者小有瑕疵，糾擿成事。使宫禁之内，側足屏息，畏憚守忠，無以爲比。其罪四也。濮王之薨，守忠監護葬事，賣弄國恩，輕蔑皇族。乘其有喪，匄奪財物，所得甚多，終不滿意，遂誣長子宗懿，以爲不孝，使被譴謫，感憤成疾，以至没身，不能自雪。其罪五也。先帝以春秋寖高，未有繼嗣，深思宗廟生民之重，屬意聖明，固非一日。而守忠陰蓄姦心，沮壞大策，深忌國家立長立賢，自欲於倉猝之際居中建議，擇幼弱昏懦之君以邀大利，如有唐之季定策國老，門生天子。賴先帝聰明，卓然遠覽，斷志不疑，不然則太平之業幾墜於地。其罪六也。及陛下既爲皇子，守忠内懷憂懼，日於先帝之前離間百端，隔絶内外，進對甚希。使先帝爲陛下之父，不得施爲父之恩；陛下爲先帝之子，不得展爲子之親。其罪七也。及先帝晏駕，陛下纘統，不幸遇疾，皇太后權同聽政。守忠乘此之際，大逞姦謀，闚伺語言，撰造事迹，往來革面，進退異辭。使皇太后以文母之慈不免投杼之疑，陛下以曾閔之孝立有負恩之謗。交構兩宫，❶遂成深隙，計其陰謀，無所不至。賴皇太后聰明，確然執義，不可傾移，不然禍變之興，豈可具道。其罪八也。及聖體既安，皇太后恭還大政，守忠不勸導陛下以勤修子道，承顔順意，報答盛德，恢廣令譽，而相時隨勢，斗異炎涼，欲詐輸新忠，以巧遮舊惡，用昔時讒陛下之計，爲今日讒皇太后之辭。雖陛下未必聽

❶ 「構」，原避宋高宗諱注作「犯御名」，今回改。

受，而使皇太后聞之，不能不以介意，終日涕泣，邑怏成疾，守忠但欲左右反覆，自爲身謀，並不顧天下之人議陛下之善惡。其罪九也。皇后正位尚新，❶天下聳觀令德。守忠輙爲皇后畫策，❷並不禀問皇太后，矯傳教旨，開祖宗寶藏，擅取金珠數萬兩以獻皇后。既取悦一時，又坐享厚賜，逆婦姑之禮，開驕侈之源。使皇后受其惡名，而己身收其重利。爲臣姦邪，孰甚於此！其罪十也。守忠有大罪十，皆陛下所親見，衆人所共知。其餘欺慢爲姦，恣横不法，事類繁多，不可勝言。誠國之大賊，人之巨蠹。伏望陛下盡發守忠之罪，明示四方，斬於都市，以懲姦慝。取進止。

奉養劄子❸治平元年八月上❹

臣伏見陛下曏者即位之初，奉事皇太后虔恭款至，皇太后撫愛陛下恩渥周備。數日之間，慈孝之譽達於中外，播於遠近，聞者無不相慶。自聖體不安，旬月之間，道路之人漸有異議。皆云因任守忠等本不樂陛下爲嗣，故於皇太后之處則言陛下與中宮之短，於陛下與中宮之處則言皇太后之失。遂使兩宮之心互相猜貳，間隙一開，猝難復合。今陛下奮發英斷，屏黜讒邪，守忠等皆降逐出外，中外之人，不勝抃悦。然臣愚竊恐皇太后尚未能盡知姦人之情，與陛下所以斥去之意。伏望陛下與中宮親詣皇太后閤頓首陳謝，具述從來爲守忠等所悞，致屢有違忤皇太后之意。今守忠等既去，願與皇太后母

❶「正」，原作「王」，據《傳家集》改。
❷「畫」，原作「晝」，據《傳家集》改。
❸「奉養劄子」，《全宋文》作「奉養第四劄子」。
❹題注，原無，據《宋朝諸臣奏議》補。

子之恩一如舊日。然後朝夕與中宫侍養左右，膳羞藥餌，躬親進獻，承顔順色，皆如臣庶之家母子婦姑之禮。若左右之人尚有敢相離間者，願陛下立行誅竄，勿復有疑。如此則讒慝黜遠，内外雍睦，善氣興行，災沴消亡，宗廟永安，令聞長世。若失此之際，兩宫之歡不能復舊，則恐長無可復之期。豈唯當今天下之人以陛下爲非，將傳於史策，取譏万世矣。此皆聖明所自知，而臣復區區進言者，欲陛下深更留意。取進止。

内侍差遣劄子 治平元年八月上❶

臣竊時上殿，伏見陛下宣諭以内臣差遣並一切委之都知司。臣當時已曾奏陳，以爲非便。今入内内侍省都都知任守忠恃此權勢，背公立私。奉之者坐獲進擢，忤之者立致排擯，威福之柄，盡在其手。遂使宫禁之中，畏憚其人過於人主，罪盈惡積。幸賴陛下神斷，已斥而去之。然儻不收還威福之柄，則是去一守忠，生一守忠，終無益也。臣愚伏望陛下自今日已後，除内臣常程差遣，依舊令都知司定差外，其勾當御藥院、内東門、龍圖、天章閣、後苑、化成殿、延福宫等處，及非時差管勾裏外要切公事之人，並乞陛下親加選擢，試之以事，觀其爲人。忠謹有功者則加賞拔，姦邪不職者則加貶退。不必一一勘會資序，檢尋體例。如此則誰不懷德畏威，輸忠竭力？豈獨内臣而已，雖外朝之臣，亦可用此道而治也。取進止。

❶ 題注，原無，據《傳家集》補。

貼黄所有見闕御藥四人，亦乞陛下一依舊例，於内供奉官以下，自以聖意選擢忠信謹慤可託心腹之人，使之勾當。

温國文正公文集卷第三十

温國文正公文集卷第三十一

章奏十六

講筵劄子治平元年九月三日上❶

臣伏覩講筵所告報，奉聖旨，令自九月初五日後日逐講筵，至重陽節住講，候將來開春，别選日講筵。臣竊以國家本設經筵，欲以發明道誼，裨益聖德。先帝時無事常開講筵，近歲因聖體不安，遂於端午及冬至以後盛暑盛寒之時，權罷數月。今陛下始初清明，方宜鋭精學問之時，而五日開講，八日已罷，臣恐議者以爲陛下非有意於求道，但欲循故事，備外飾而已；群臣非有意於明道，但欲塞職業、求錫賚而已。若果如此，臣竊爲朝廷羞之。且陛下近增置諸宫教授，仍下詔戒勗宗室，使之嚮學。儻陛下不以身先之，則宗室安肯奉詔哉！臣愚以爲陛下若别有所爲，未暇開講，則且俟它時亦未爲晚。若既開講筵，則恐數日之間未宜遽罷。取進止。

乞講尚書劄子治平元年上❷

臣伏覩經筵講説《論語》將畢，竊以《尚書》者，二帝三王嘉言要道盡在其中，爲政之成規，稽古之先務也。陛下新承大統，留意

❶ 題注，原無，據《傳家集》補。
❷ 題注，原無，據《傳家集》補。

萬機，欲求楷模，莫盛於此。臣不勝區區，欲望陛下更以聖意裁酌，將來《論語》既畢，令講説《尚書》。取進止。

除盜劄子 治平元年十月十日上❶

臣竊聞降勑下京東、京西災傷州軍，如人户委是家貧，偷盜斛㪷因而盜財者，與減等斷放，未知虚的。若果如此，深爲不便。臣聞《周禮》荒政十有二：散利、薄征、緩刑、弛力、舍禁、去幾，率皆推寬大之恩以利於民。獨於盜賊，愈更嚴急。所以然者，蓋以饑饉之歲，盜賊必多，殘害良民，不可不除也。頃年嘗見州縣官吏，有不知治體務爲小仁者，或遇凶年有刼盜斛斗者，小加寬縱則盜賊公行，更相刼奪，鄉村大擾，不免廣有收捕，重加刑辟，或死或流，然後稍定。今若朝廷明降勑文，豫言偷盜斛斗因而盜財者，與減等斷放，是勸民爲盜也。百姓乏食，官中當輕傜薄賦，開倉賑貸，以救其死，不當使之自相刼奪也。今歲府界、京東、京西水災極多，嚴刑峻法以除盜賊，猶恐春冬之交飢民嘯聚，不可禁禦，又況降勑以勸之！臣恐國家始於寬仁而終於酷暴，意在活人而殺人更多也。凡號令之出，不可不慎，毫釐之失，爲害實多。若纔知其失，隨即更張，猶勝於有害及民迷而不復者也。伏望陛下速令收還此勑，嚴責京東、京西轉運司及州縣，應災傷之處，多方擘畫斛斗，救濟飢民。若有一人敢刼奪人斛斗者，立加擒捕，依法施行。如此則衆知所畏，不敢輕犯，所以保全愚民，減省刑獄之道也。取進止。

❶ 題注，原無，據《傳家集》補。

備邊劄子 治平元年十月❶

臣聞《周書》稱文王之德曰：「大邦畏其力，小邦懷其德。」蓋言諸侯傲很不賓則討誅之，順從柔服則保全之。不避彊，不陵弱，此王者所以爲政於天下也。臣伏見去歲先帝登遐，趙諒祚遣使者來致祭，延州差指使高宜押伴入京。宜言語輕肆，傲其使者，侮其國主。使者臨辭自訴於朝，臣當時與呂晦上言，乞加宜罪。朝廷忽略此事，不以爲意，使其怨懟歸國，一國之人皆以爲耻。今歲以來，諒祚招誘亡命，點集兵馬，窺伺邊境，攻圍堡塞，驅脅熟户八十餘族，殺掠弓箭手約數千人。悖逆如此，而朝廷乃更遣使臣齎詔撫諭。彼順從則侮之，傲很則畏之，無乃非文王所以令諸侯乎？若使臣至彼，諒祚稽首服罪，禁止侵掠，猶或可赦。若復拒違王命，辭禮驕慢，侵掠不已，未知朝廷將何以待之？傷威毁重，孰甚於此！方今公私困竭，士卒驕惰，將帥乏人，而戎狄犯邊，事之可憂，孰大於此？而朝廷上下晏然若無事者，其故何哉？豈朝廷自有其備而疎外之臣不得與知乎？臣竊惑之。所謂備者，非但添屯軍馬，積貯粮草而已也，在於擇將帥而修軍政也。二者皆闕，何謂有備？臣不勝憤懣，伏望陛下博延群臣，訪以禦邊之策，擇其善者而力行之。方今救邊之急，宜若奉漏甕沃焦釜，猶恐不及，豈可外示閑暇而養成大患也？取進止。

❶ 題注，原無，據《司馬温公年譜》補。

蓄積劄子

臣聞國以民爲本，民以食爲天。國家近歲以來，官中及民間皆不務蓄積，官中倉廩大率無三年之儲，鄉村農民少有半年之食。是以小有水旱則公私窮匱，無以相救，流移轉徙，盜賊並興。當是之時，朝廷非不以爲憂。及年穀稍豐，則上下之人皆忘之矣。此最當今之深弊也。先帝時臣曾上言，乞將諸路轉運使及諸州軍長吏官滿之日倉廩之實比於始至增減多少，以爲黜陟。又令民能力田積穀者，皆不以爲家貲之數，欲爲國家力救此弊。自後不聞朝廷施行。今歲開封府界、南京、宿、亳、陳、蔡、曹、濮、濟、單等州霖雨爲災，稼穡之田悉爲洪流。百姓羸弱者流轉它方，餓死溝壑，彊壯者起爲盜賊，吏不能禁。朝廷欲開倉賑貸，則軍儲尚猶不足，何以贍民？欲括取於蓄積之家，則貧者未能振濟，富者亦將乏食，又使今後民間不敢蓄積。不幸復有凶年，則國家更於何處取之？此所以朝廷雖寒心銷志，亦坐而視之，無如之何者也。臣竊思之，蓋非今日有司之罪，乃曏時有司之罪也。往者不可及，來者猶可追。陛下儻不於今日特留聖心，速救斯弊，豐凶之期不可預保，若向去復有水旱螟蝗之災，饑饉相仍，甚於今年，則國家之憂，何所不至乎？臣又聞平糴之法，必謹視年之上下，故大熟則上糴三而舍一，中熟則糴二，下熟則糴一。使民適足，價平則止。小飢則發小熟之所斂，中飢則發中熟之所斂，大饑則發大熟之所斂而糶之，所以取有餘補不足也。今開封府及京東、京西水災之處，放税多及十分，是大飢之歲也。官吏往往更行收糴，所給官錢既少，百姓不肯自來中糴，則遣人編欄搜括，無以異於寇盜之鈔刼。是使有穀之家愈更閉匿不敢入市，穀價益貴，人不聊生。如此非獨天災，亦由吏治顛錯之所致也。臣愚欲望朝廷檢會臣前次及今來所奏事理，更加詳酌，擇其可者少賜施行。指揮開封府界及京東、京西災傷州軍，見今官中收糴者，一切止住。其有常平、廣惠倉斛斗之處，按籍置曆，出糴賑貸，先救農民。告諭蓄積之家，許令出利借貸與人，候豐熟之日，官中特爲理索，不令逋欠。其河北、陝西、河東及諸路應豐稔之處，委轉運司相度穀價賤者，廣謀收糴，價平即止。如本路闕少錢物，即委主司於它處擘畫那移應副。仍自今以後，乞朝廷每年謹察諸路豐凶之處，依此施行。臣竊料有司必言官無閑錢可以趂時收糴。臣伏見國家每遇凶荒之歲，緣邊屯軍多處常用數百錢糴米一斗。若用此於豐稔之歲，可糴一石。不識有司何故於凶荒之歲則有錢供億，至豐稔之歲則無錢也？此無它故，患在有司偷安目前，以俟遷移進用，不爲國家思久遠之計而已。故臣惟願陛下深留聖意。取進止。

階級劄子 治平元年十一月十五日上❶

臣聞治軍無禮，則威嚴不行。禮者，上下之分是也。唐自肅、代以降，務行姑息之政，是以藩鎮跋扈，威侮朝廷，士卒驕横，侵逼主帥，下陵上替，無復綱紀。以至五代，天下大亂，運祚迫蹙，生民塗炭。祖宗受天景命，聖德聰明，知天下之亂生於無禮也，乃立

❶ 題注，原無，據《傳家集》補。

軍中之制，曰：「一階一級，全歸伏事之儀。敢有違犯，罪至於死。」於是上至都指揮使，下至押官、長行，等衰相承，粲然有叙。若身之使臂，臂之使指，莫敢不從。故能東征西伐，削平海内，爲子孫建久大之業，至今百有餘年天下太平者，皆由此道也。近歲以來，中外主兵臣僚，往往不識大體，好施小惠，以盜虚名。軍中有犯階級者，務行寬貸。是致軍校大率不敢鈐束長行，甘言悦色，曲加煦嫗，以至懦怯兵官，亦爲此態。遂使行伍之間驕恣悖慢，寖不可制，上畏其下，尊制於卑，所謂下陵上替者，無過於此。臣聞「聖王刑期於無刑」，今寬貸犯階級之人，雖活一人之命，殊不知軍法不立，漸成陵替之風，則所係乃億兆人之命也。臣愚欲望陛下特降詔旨，申明階級之法，戒勑中外主兵臣僚，令一遵祖宗之制，如敢有輒行寬貸曲收衆心者，嚴加罪罰，以儆其餘，庶幾綱紀復振，基緒永安。取進止。

義勇第一劄子 治平元年十一月二十二日上❶

臣傳聞朝廷差陝西提點刑獄陳安石，於本路人户三丁之内，刺一丁充義勇，不知虚實。若果如此，大爲非便。臣竊意議者必以爲河北、河東皆有義勇，而陝西獨無。近因趙諒祚寇邊，故欲廣籍民兵，以備緩急，使之捍禦也。臣伏見康定、慶曆之際，趙元昊叛亂，王師屢敗，死者動以萬數。國家乏少正兵，遂籍陝西之民，三丁之内選一丁，以爲鄉弓手，尋又刺充保捷指揮，差於沿邊戍守。

❶ 此題，《全集》卷七十二作「乞罷陝西義勇劄子」。題注，原無，據《傳家集》補。

當是之時，閭里之間惶擾愁怨，不可勝言。耕桑之民不聞戰鬭，官中既費衣粮，私家又須供送，骨肉流離，田園盪盡。陝西之民比屋彫殘，至今二十餘年終不復舊者皆以此也。其謀策之失，亦足以爲戒矣。是時河北、河東邊事稍緩，故朝廷但籍其民以充義勇，更不刺爲軍。雖比之陝西保捷爲害差小，然國家何嘗使之捍禦戎狄，得其分毫之益乎？今議者但怪陝西獨無義勇，不知陝西之民三丁之内已有一丁充保捷矣。自西事以來，陝西困於科調，比於景祐以前，民力減耗三分之二。加之近歲屢遭凶歉，今秋方獲小稔，且望息肩，又值邊鄙有警，衆心已摇。若更聞此詔下，必大致驚擾，人人愁苦，一如康定、慶曆之時，是賊寇未來而先自困弊也。况即日陝西正軍甚多，不至闕乏，何爲遽作此有害無益之事以循覆車之轍也？伏望朝廷審察利害，特罷此事，誠一方之大幸。取進止。

舉官劄子治平元年十一月二十五日上❶

臣聞致治之本，在於得賢。天下至廣，群臣至衆，人主不能徧知，必資薦舉。若薦舉不得其實，則邪巧並進，官職耗廢，是故設連坐之法以懲之。此百王不易之道也。伏見近降詔書，令中外臣僚，於文資官内，不以職位高下，舉行實素著、官政尤異、可備升擢任使之人。又於諸司使以下，至三班使臣内，舉堪充將領及行陳任使之人。此乃前世之令典，當今之切務。臣始聞之，不勝慶抃。既而議者皆言，數年之前亦曾有此詔書，所

❶ 題注，原無，據《傳家集》補。

舉甚衆，未聞朝廷曾有所升擢。今兹蓋亦修故事、飾虚名而已，非有求賢之實也。若果如此，誠有何益？臣愚欲望陛下盡將今來臣僚所舉之人，隨逐人資叙各置一簿，編其姓名，留之禁中，其副本降付中書、樞密院。若遇文臣轉運使副、提點刑獄、轉運判官、知大藩府，及武臣總管、鈐轄、路分都監、知州軍等有闕，除用舊資序人外，應係升陟入上件差遣者，並乞於今來舉官簿内次第資叙人中，陛下親加選擇，點定一人。其不係今來薦舉之人，不得差充上件差遣。若升陟以後，它日職事敗闕，不如所舉，及犯贓私罪，其舉主並依法施行。雖見任兩府，亦乞不以恩例特放。凡係舉官不當降官及降差遣者，未滿三年，雖遇恩赦，不得牽復。如此則群臣莫敢不尽公擇人，天下賢才皆可得而官使矣。取進止。

義勇第二劄子❶

臣近曾上言乞罷刺陝西義勇事，未審朝廷曾與不曾別爲商量。臣前次上殿，乞陛下留意備邊。所謂備者，非但添屯軍馬、積貯粮草而已，在於擇將帥而修軍政。今將帥不才者，未聞有所更改，軍政頽弊者，未聞有所振舉，而忽取腹内州軍之民，盡刺以爲兵，外人聞之，無不駭愕。今陝西沿邊正軍動以萬數，朝廷若能擇有方略膽勇之人以爲將帥，使之簡去疲弱，選取精鋭，勤加教習，明行賞罰，則雖欲取銀夏而税其地，禽趙諒祚而制其命，有何所難？况但止其鈔盗乎？今朝

❶ 此題上，《全集》卷七十二有「乞罷陝西」四字。下一篇同。

廷不孜孜以將帥軍政爲急，而無故籍耕桑之民，使之執兵，徒有驚擾，而實無所用。臣不知誰爲陛下畫此策也。昔康定、慶曆之間，朝廷以元昊犯邊，官軍不利，已曾籍陝西之民以爲鄉弓手。始者明出勑牓云，但欲使之守護鄉里，必不刺充正軍，屯戍邊境。牓猶未收，而朝廷盡刺充保捷指揮，令於邊州屯戍，❶當是之時，臣丁憂在陝，備見其事。民皆生長太平，不識金革，一旦調發爲兵，自陝以西，閭閻之間，如人人有喪，户户被掠，號哭之聲，彌天亘野，天地爲之慘悽，日月爲之無色。往往逃避於外，官中縶其父母妻子急加追捕，鬻賣田園，以充購賞。暨刺面之後，兵員教頭利其家富，百端誅剥。衣粮不足以自贍，須至取於私家。或屯戍在邊，則更須千里供送，祖父財産，日銷月鑠，以至於盡。況其平生所習者，惟桑麻耒耜，至於甲冑弩槊，雖日加教閲，不免生疎。而又資性戇愚，加之畏懦，臨敵之際，得便即思退走，不惟自喪其身，兼更拽動大陣。自後官中知其無用，遂大加沙汰，給以公憑，放令逐便。而惰游已久，不復肯服稼穡之勞，兼田産已空，無所復歸，皆流落凍餒，不知所在。長老至今言之，猶長歎出涕。其爲失策，較然可知，足以爲後來之戒而不足以爲法也。今朝廷雖云所籍之民止刺手背，農隙之時，委州縣召集教閲，只在鄉里，不令戍邊。而民間懲往年之事，必大興訛言，互相驚擾。朝廷號令失信，前後已多，雖州縣之吏，徧至民家面加曉諭，亦終不肯信。逃亡避匿，刑獄必繁，怨嗟之聲，周遍一方，足以動揺群心，感傷和氣。若使分毫有益於國，亦無所顧。此有害

❶「於」，原無，據《傳家集》、《全集》補。

無益，顯然明白，近在目前。設使教習得成，一旦諒祚大舉入寇，邊臣不能捍禦，而使之深入三輔，東過潼關，乃欲驅此烏合村民以拒之，不亦難乎！此適足以取戎狄之笑而已。伏望陛下軫念生民，深察得失，其刺義勇事，早賜寢罷。取進止。

義勇第三劄子 治平元年十一月❶

臣累日前方聞朝廷有指揮，令陝西路揀鄉村百姓充義勇，臣即時有奏劄子，言其非便。昨日又上殿具劄子，面有敷陳。奉聖旨，令送中書、樞密院商量。臣到中書、樞密院，方知此事擬議已久，勑下本路已近旬日。臣耳目疎淺，聞之後時，不能先事進言，是臣之罪。然臣聞之《易》曰：「不遠復，無祇悔，元吉。」《説命》曰：「無恥過作非。」今雖勑命已下，若追而止之，猶勝於遂行不顧。不可避反汗之嫌，而蹈迷復之凶也。百姓一經刺手，則終身羈縻，不得左右，人情畏憚，不言可知。康定年中揀差鄉弓手時，元不刺手。後至慶曆年中，刺充保捷之時，富有之家猶得多用錢財，雇召壯健之人充替。今一切皆刺其手，則是十餘萬無罪之人永充軍籍，不得復爲平民。其爲害民，尤甚於康定之時也。臣料即今陝西之民已狼狽驚擾，不聊生矣。若朝廷晏然坐而視之，曾不憫恤，使赤子嗷嗷，何所告訴？爲民父母者，固當如是乎？古者，國有大事，謀及卿士，謀及庶人，謀及卜筮。今籍一路之民以爲兵，可謂大事矣，而兩府之外，朝士大夫無一人知者。一旦勑書既下，急如星火，嚴如雷霆，誰暇問其

❶ 題注，原無，據《續資治通鑑》補。

端倪，况敢言其非也！臣以備位諫官，既聞之後，不可畏避死亡不爲陛下力言之。若又棄忽其言，不爲改更，則是今後朝廷號令有過誤者，終不可復救也。如此則恐非國家之福。臣愚伏望聖慈速降指揮下陝西路，其義勇且未得揀刺，别聽候朝廷指揮。然後博延卿士大夫，更熟議其可否。果然有利於國，無害於民，徐復行之，何晚之有？取進止。

貼黄若更遷延數日，則陝西揀刺已畢，無由改更。

臣此劄子乞早降付中書、樞密院，速賜指揮。

温國文正公文集卷第三十一

温國文正公文集卷第三十二

章奏十七

義勇第四劄子❶治平元年十一月❷

臣近日已三次上言，乞罷陝西刺義勇事，未蒙朝廷采納。臣欲止而不言，則不忍坐視一路之民橫受困苦，而自圖一身之安。又恐遷延日久，則無及於事。是以不敢避斧鉞之誅，繼上封奏，爲陛下極陳其利害。臣比日以來，熟思此事，誠於民有世世之害，於國無分毫之利。

何謂於民有世世之害？臣竊見河北、陝西、河東，自景祐以前本無義勇，凡州縣諸般色役，並是上等有物力人户支當。其鄉村下等人户，除二税之外，更無大段差徭。自非大饑之歲，則温衣飽食，父子兄弟熙熙相樂。自寶元、慶曆之間，朝廷因趙元昊叛亂，契丹壓境，遂於三路鄉村人户之中，不問貧富等第，但有三丁之家，即揀一丁充鄉弓手及强壯。其時西邊事宜尤急，尋將陝西一路鄉弓手盡刺面，充保捷正軍。❸其河北、河東事宜稍緩，遂只將鄉弓手及强壯刺手背充義勇。自此三路之人始騷然愁苦矣。其河北、河東之民比於陝西，雖免離家去鄉戍邊死敵之患，然一刺手背之後，則終身拘綴。

❶「義」上，《全集》卷七十二有「乞罷陝西」四字。
❷題注，原無，據《續資治通鑑》補。
❸「捷」下，《全集》卷七十二有「指揮」二字。

或欲遠出幹事，糴賤販貴；或遇水旱凶荒，欲分房逐熟；或典賣盡田産，欲浮遊作客，皆慮官中非時點集，不敢東西。又當差點之際，州縣之吏寧無乞覓？教閲之時，人員教頭寧無斂掠？是於常時色役之外，添此一種科徭也。若果如議者之言，無害於民，則民皆樂從，官中何必更刺其手背，以防逃竄乎？以此觀之，義勇爲害，於兩路之民已可知矣。況陝西於慶曆年中，民家已各喪一丁刺充保捷，流落不歸。今又取其次丁刺充義勇，不亦甚乎？朝廷近年分命朝臣遍往諸路減省諸般色役，至於弓手、壯丁、解子、驛子之類，州縣所不可闕者，亦皆減放，謂之寬恤民力。今乃無故一旦刺一路之民十有餘万以爲義勇，何朝廷愛之於前而忍之於後，憫之於小而忘之於大乎？且今日既籍之後，則州縣義勇皆有常數。每有逃亡病死，州縣必隨而補之，則義勇之身既羈縻以至老死，而子孫若有進丁又不免刺爲義勇，是使陝西之民子子孫孫常有三分之一爲兵也。臣故曰於民有世世之害也。

何謂於國無分毫之利？太祖、太宗之時未有義勇，至於正軍，亦不及今日十分之一。然而太祖取荆湖，平西川，下廣南，克江南。太宗取兩浙，克河東，一統天下，若振槁拾遺。此豈義勇之力也哉？蓋由民政修治，軍令嚴肅，將帥得人，士卒精練故也。康定、慶曆之間，趙元昊負累朝厚恩，無故逆命，侮慢不恭，侵犯邊境，朝廷竭天下之力以奉邊鄙。劉平、任福、葛懷敏之師相繼覆没，士卒死者動以萬數。正軍不足，益以鄉兵；外府不足，繼以内帑。民力困極，財物殫盡，終不能出一旅之衆，涉區脱之地，以討其罪。而不免含垢忍耻，假以寵名，誘以重賂，僅得無事。當是之時，三路新置鄉兵共數十萬，何嘗得一人之力乎？由此觀之，義勇無用，亦可知矣。賈誼有言曰：「前車覆，後車戒。」康定、慶曆禦戎之策，國家當永以爲戒。今乃一檢當時體例而行之，是後車又將覆也。有難臣者必曰：「古之兵皆出民間，豈民兵可用於古而不可用於今乎？」臣則對曰：三代之時，用井田之法，以出卒車馬。居則爲比閭族黨州鄉，行則爲伍兩卒旅師軍。爲之長者，皆卿大夫士也。唐初府兵，各有營府，不屬州縣，有將軍、郎將、折衝、果毅，以相統攝。是以令下之日，數萬之衆可以立具，無敢逃亡避匿者，以其綱紀素備故也。今鄉兵則不然，雖有軍員節級之名，皆其鄉黨族姻，平居相與拍肩把袂，飲博鬭毆之人，非如正軍有階級上下之嚴也。若安寧無事之時，州縣聚集教閱，則亦有行陳旗鼓，關弓彍弩，坐作叫噪，真如可以戰敵者。彼若聞胡寇大入，邊兵已敗，邊城不守，胡騎殺掠蹂踐卷地而來，則莫不迎望風聲，奔波迸散。其軍員節級，將鳥伏鼠竄，自救之不暇，豈有一人能爲縣官率士卒而待寇乎？以臣觀之，此正如兒戲而已。安有爲國家計，驚擾一路之民，使之破家失業而爲兒戲之事乎？臣故曰於國無分毫之利也。

凡此利害之明，有如白黑。伏望陛下不以臣愚賤而忽其言，少留聽察。其刺陝西義勇事早賜寢罷，則一方幸甚。取進止。

貼黃此事若稍更遷延，竊慮陝西義勇已刺却手背，無由更改。伏望聖慈將臣文字早降中書、樞密院施行。

義勇第五劄子❶治平元年十一月❷

臣近者已曾四次上言，乞罷刺陝西義勇，别白利害，極其懇惻，然未蒙省察。方今陝西一路之民，大小遑遑，如在湯火之中。而朝廷晏然，略無拯救之意。臣職在箴諫，安可塞默？不敢廣有援引，以煩聖聽，請以目前顯驗言之。今建議以義勇爲便者，必曰即日河北、河東不用衣粮，而得勝兵數十萬，皆教閲精熟，可以戰敵。又兵出民間，合於古制。臣請言其不然。彼數十萬者，虚數也；教閲精熟者，外貌也；兵出民間者，名與古同而實異也。何以言之？河北、河東州縣既承朝廷之意，各揀刺義勇，只求數多，據帳籍言之，誠有數十萬之衆矣。若萬一胡寇在近，官中急欲點集之時，則一人不可見矣，豈非虚數乎？平常無事，州縣教閲之日，觀者但見其旗號鮮明，鉦鼓備具，行列有序，進退應節，即嘆美以爲真可戰。殊不知彼皆隊舞聚戲之類，若聞胡寇之來，則瓦解星散，不知所之矣。豈非外貌乎？古者，兵出民間，民耕桑之所得皆以衣食其家，故處則富足，出則精鋭。今既賦斂農民之粟帛以贍正軍，又籍農民之身以爲兵，是一家獨任二家之事也。如此，民之財力安得不屈，豈非名與古同而實異乎？以臣愚見，河北、河東已刺之民猶當遣放，况陝西未刺之民乎？陛下欲知利害之實，何不試召建議者而問之曰：河北、河東自置義勇以來，胡寇凡幾次深入至腹内，州軍用義勇拒戰而胡寇敗退？

❶「義」上，《全集》卷七十二有「乞罷刺陝西」五字。

❷題注，原無，據《續資治通鑑》補。

今既有義勇之後，三路正軍皆可廢而不用乎？若果然胡寇曾深入，因得義勇之力而敗退，今來刺義勇之後，正軍皆可廢罷，此乃萬世之長策也，願陛下行之勿疑。若自置義勇以來，未嘗經陣敵使用，今來雖有義勇，正軍亦未可廢罷，則何忍以十餘萬無罪之赤子盡刺以爲無用之兵乎？天生聖君，以爲民也。民今如此，陛下豈可全不爲之動心乎？臣之所言，盡於此矣。陛下若以爲稍有可采，即乞早降指揮下陝西，令罷刺義勇，以救一方之民。若以爲勑命已行，不肯遽改，即乞且免刺手背，候邊事寧息，依舊放散。則民雖有一時搔擾之勞，猶免終身羈縻之苦。若以臣所言，皆孟浪迂闊不可施行，則臣之智識愚闇，無以勉强變更，不可久汙諫諍之列，伏望聖慈特賜降黜，別擇賢才而代之。取進止。

義勇第六劄子❶ 治平元年十一月❷

臣昨日上殿爲言乞罷刺陝西義勇事，陛下宣諭，以爲命令已行。臣退而思之，不勝鬱悒，終夕不寐，深痛陛下此言之失。❸臣案《周易·復》之初九曰：「不遠復，無祇悔。❹元吉。」祇，大也。蓋言人誰無過，雖在聖賢，亦不能免。然聖賢皆能不遠而復，故雖有小悔，不至於大，而終保元吉也。其上六曰：「迷復，凶，有災眚。用行師，終有

❶「義」上，《全集》卷七十二有「乞罷刺陝西」五字。

❷題注，原無，據《續資治通鑑》補。

❸「痛」，原與下文「祇」字並居兩行之末而互訛，據《傳家集》改。

❹「祇」，原與上文「痛」字並居兩行之末而互訛，據《周易》和《傳家集》改。

大敗，以其國君凶，至于十年不克征。」蓋言失之已遠，迷而不復，無事不凶，而人君尤甚。故孔子贊之曰：「迷復之凶，反君道也。」自古明聖之君，聞一善言，立爲之變更號令者多矣，不可悉數。惟近歲大臣自知思慮不熟，號令已失，無以抑奪臺諫之言，則云「命令已行，難以更改」，此乃遂非拒諫之辭。陛下新臨大政，當求善無厭，從諫如流之時而亦有此言，天下將何望焉？且唐室以前，諫議大夫、拾遺、補闕，皆中書、門下省屬官，日與中書令、侍中侍於天子之側，議論大政。苟事有闕失，皆得隨時規正。今國家凡有大政，惟兩府大臣數人相與議論，深嚴祕密，外廷之臣無一人知者。及詔勅已下，然後臺諫之官始得與知。或事有未當，須至論列，又云「命令已行，難以更改」，則是國家凡有失政，皆不可復救也。如此，豈惟愚臣一人無用於時，諫諍之官皆可廢也。以臣所見，但當論其事之得失，言之是非，不當云「命令已行，不可改也」。今陝西一路之民，小大皇皇，正如在湯火之中。若忽得朝廷指揮，云所有義勇且住揀刺，其已刺手背者並給與公憑，放令逐便，是得出湯火之中，死而復生也。其誰不歡呼鼓舞，感戴聖恩？豈有一人云命令已行，不當復改邪？陛下，萬民之父母；萬民，陛下之赤子。豈有父母誤墜其子於井而曰吾已誤矣，遂忍不救邪？昔舜稱堯之德曰：「稽于衆，舍己從人。」仲虺稱湯之德曰：「用人惟己，改過不吝。」臣願陛下勿以先入之言爲主，虚心平意，以察臣前後五次所言，果然爲是爲非。若其是歟，即乞早降指揮，罷刺陝西義勇；若其非歟，即乞如臣前來所奏，特賜降黜，別擇賢才而代之。所有「命令已行」之言，伏望陛下自今永以爲戒，不可使天下聞之，塞絶善言之路也。取進止。

求降黜第一狀 治平元年十二月五日上❶

右，臣近日累曾上言，乞罷刺陝西義勇事。朝廷以言無可采，寢而不行。臣性識庸昧，不達大體，妄以狂瞽，煩瀆聖明，章奏相繼，至于五六，終不能少以愚誠，感動天聽。尸禄曠官，孰甚於此！臣實無顔尚居諫列，伏望聖慈察其無堪，早賜降黜。謹具狀奏聞，伏候勑旨。

第五狀

右，臣近曾四次進狀，以言事不當，乞賜降黜，未蒙朝廷施行。今伏見知制誥錢公輔，因繳納王疇除樞密副使詞頭，責授滁州團練副使。臣竊以公輔所坐，止於柅樞密副使恩命。臣鄉來所言，乃是沮宰相大議。公輔密啓於詔令未出之前，臣露章争執於詔令已行之後。公輔奏章止於一上，臣凡六次進劄子，五次進狀。以此校量，公輔罪輕，微臣罪重。輕罪猶蒙嚴譴，重罪安可不行？伏望聖慈詳臣前後所奏，比錢公輔更於遠小處責降。所貴聖朝刑典，行之均壹。謹具狀奏聞，伏候勑旨。

劄子 治平二年正月九日上❷

臣近曾六次進狀，以言事不當，乞賜降

❶ 題注，原無，據《傳家集》補。
❷ 題注，原無，據《傳家集》補。

黜，未蒙朝廷施行。陛下之意，蓋謂臣一言不從，遽求引去，太爲容易。臣之愚心，非敢獨爲鄉來一事而已。臣聞爲士者苟得位於朝，必能献可替否，致君堯舜，躋民仁壽。今臣備位諫職三年有半，不能悉心竭忠以補益明主，使國家綱紀浸以隳紊，百姓困窮，衣食日蹙，戎狄悖慢，軍旅驕惰，比於臣未作諫官之時，未見有分毫之勝。然則臣之不才，較然可見。豈敢不自愧恥，尚竊榮寵？伏望聖慈依臣前奏，早賜責降。取進止。

陳述古劄子 治平二年正月十日上❶

臣竊聞陝西都轉運使陳述古，昨因巡邊，妄奏朝廷，稱邊鄙寧静，不足爲慮。後因權涇原路經略司事聞副總管劉几稱西人點集，將謀入寇，請出兵防托。述古恐與前奏相違，因此怒几，奏稱不協軍情，張皇生事，擅移几知鳳翔府。數日之間，西人果大舉犯邊，殺掠弓箭手及熟户蕃部。述古亦不即時發兵救援，致陷没數千户。近者雖知朝廷已差臺官勘到述古罪狀，然竊聞所坐止於擅移劉几及奏狀有不實之處。若以文吏議之，罪不至重；若以國家計言之，爲害實深。何則？國家承平日久，人不習戰，雖屯戍之兵，亦臨敵難用。唯弓箭手及熟户蕃部皆生長邊陲，習山川道路，知西人情僞，材氣勇悍，不懼戰鬭。從來國家賴之，以爲藩蔽。今述古知西人欲來侵擾，❷而自避黜覆之辜，順成欺罔之謀，抑遏將官，不許救護。遂以數千户王民委於虎口，使父子流離，骨肉

❶ 題注，原無，據《傳家集》補。
❷ 「來」，原誤作「求」，據《傳家集》改。

塗炭。豈唯已陷没者深可哀痛，臣恐自今已後，諸路弓箭手皆不敢於極邊居止，熟户蕃部皆有叛國從賊之心。以此觀之，其害豈小哉！况述古出於明蔭，材器庸鄙，自歷官以來所至之處，縱恣胸臆，殘虐吏民，不顧憲典，輕侮王命，驕暴狼狡，天下共知。屢曾坐事黜降，旋復收用。叨竊名位，一朝至此，誠過其分量。故天奪之魄，舉措乖繆，駭人視聽，陷敗民命，坐辱國威，内外之人，無不憤疾。臣聞舜誅四凶而天下服，如述古平生所爲，亦可以謂之凶人矣。陛下縱不欲明加斧鉞以謝邊民，亦當投之荒裔以禦魑魅，庶使封疆之臣少知驚懼。取進止。

皮公弼劄子 治平二年正月十一日上❶

臣伏覩近降詔書，於初任、第二任通判人中選人權發遣三司判官公事，九年之後，擢爲職司，既使之久於其事，又待以不次之位。此誠用人之要術，爲政之首務也。然當兹選擢之初，天下士大夫莫不延頸而望，拭目而視，若得清修孤直之人，則皆勸慕爲善，砥節礪行，不肖者亦化而爲賢矣。若得貪汙諂僞之人，則皆傾巧干進，飾貌盗名，安恬者亦變而爲躁矣。此乃風俗之本原，政治之樞機，不可以不慎。自非有奇材異績爲天下所知，未可容易當此舉也。竊見尚書都官員外郎皮公弼爲吏之處，以貪饕致富，資性狡猾，善爲進取。在京師則造請不倦，在外則書啓相尋。專用此術，致舉者三十餘人。一旦首膺兹選，天下之人苟有知公弼所爲者，但私議竊

❶ 題注，原無，據《傳家集》補。

歎，憤鬱喑嗚，莫敢發言。此豈可以稱陛下求賢之意，副四方跂竦之望哉！若所選之人皆如公弼之類，乃是開此徼倖之門，以爲佞邪躁進之塗，恐非朝廷之福也。所有皮公弼，伏望聖慈追還前命，勒歸本任。況今中外之官本資序合入三司判官者尚不啻數十人，豈得其中全無可選擇者？願且選以補即日三司判官之闕。俟果有奇材異績，爲衆所知者，然後依近降詔書，舉而用之，天下幸甚。取進止。

王廣淵劄子 治平二年正月十三日上❶

臣伏見新除王廣淵直集賢院，外廷之人無不怪惑，偶語族談，莫知其故。或云廣淵以脣舌便佞，遊走於公卿之門，蓋執政所薦也。或云陛下潛龍之時，廣淵以文章因陛下故人自薦達，素蒙知賞，故特加拔擢。此二者臣莫知其虛實。若果有其一，皆非朝廷之美也。夫端士進者，治之表也；憸人進者，亂之階也。臣竊聞廣淵雖有文藝，其餘更無所長。於士大夫之間，好奔競，善進取，稱爲第一。若以此獲公卿之知，則其人固非端士矣。曏以初任通判，編排中書文字，二年之間，堂除知舒州，搢紳已皆相與指目，以爲僥倖。今又驟加美職，安得不取外朝之怪惑乎？陛下方蒞政之初，欲簡拔天下賢材，寘諸不次之位，以率厲群臣，而執事之臣不能稱陛下之意，前此用皮公弼權發遣三司判官，今又用王廣淵直集賢院，將何以使天下之人尚廉恥之節，崇敦厚之風乎？若陛下龍潛之時廣淵果曾以文章自達於左右，此尤

❶ 題注，原無，據《傳家集》補。

不可。昔漢文帝時，景帝爲太子，嘗召上左右飲，中郎將衛綰獨稱疾不往。及即位，寵待綰過於它臣。❶周太祖時，世宗鎮澶州，張美爲三司吏，掌州之錢穀。世宗私有求假，美悉力應奉。及即位，衆皆稱美材敏，而世宗終薄其爲人。廣淵若當仁宗之世，私以文章獻於陛下，爲臣忠謹者肯如是乎？陛下今日當治其罪，而又賞之，將何以厲人臣之節也？所有王廣淵新授直集賢院勑，伏乞追還。取進止。

皮公弼第二劄子

臣近曾上言，乞罷皮公弼權發遣三司判官公事，未聞朝廷施行。臣聞《周禮》，小宰以六計弊群吏之治，曰：廉善、廉能、廉敬、廉正、廉法、廉辨。蓋言爲吏者雖有六事，皆以廉爲本也。翼奉曰：「人誠向正，雖愚爲用。若乃懷邪，智益爲害。」蓋言人操心不正者，雖有材能，無所用也。今以公弼材能，求於朝士之間，不爲難得。若其貪污諂僞，則罕有其比。陛下方欲簡拔英賢，待之不次，以切厲群臣，新美大化。而得公弼之徒，臣恐四方聞之，無不解體，使廉正之士沉抑而不顯，貪邪之人輻湊而競進。其於虧損聖政，敗壞風俗，不爲細事。伏望陛下早追還公弼前所授恩命，勒歸東明本任。取進止。

王廣淵第二劄子

臣近曾上言，乞罷王廣淵直集賢院事，

❶「待」，原作「侍」，據《傳家集》改。

未聞朝廷施行。外議籍籍，至今未已。臣備位諫職，不敢塞默。竊見廣淵憸邪便佞，勤於造請。以此之故，自幕職入京，數年之間得至除知州。今又以特旨直集賢院。臣不知廣淵有何才德過絶於人，而受國家寵榮如此之速也。議者皆言陛下在藩邸時，廣淵因時君卿以文章筆扎私有贄獻，深自結納，故有今日之命。若果如此，大爲非宜。臣聞爲人君者，洗濯其心，至公至正，審察善惡，明辨是非。忠信者，雖有怨讎而必用；姦回者，雖有私恩而必誅。是以群臣曉然，各知所守，一心同德，以事其上。今廣淵若於仁宗之世私結陛下之知，則陛下察其爲人果爲忠信？果有姦回？若以此獲美官，則姦回之臣欲求進身者，將何所不爲？恐非陛下之利也。自古以來，惟英明之主能知此理。伏望陛下追還廣淵恩命，仍嚴加竄謫，以懲憸巧之臣用心不一者。取進止。

温國文正公文集卷第三十二

温國文正公文集卷第三十三

章奏十八

招軍劄子治平二年二月五日上❶

臣近聞朝廷於在京及諸路廣招禁軍，其災傷之處，又招飢民以充廂軍。臣愚以爲國家從來患在兵不精，不患不多。夫兵少而精，則衣粮易供，公私充足，一人可當十，遇敵必能取勝。兵多不精，則衣粮難贍，公私困匱，十人不足當一，遇敵必致敗北。此利害之明，有如白黑，不爲難知也。是以太祖皇帝之時，天下兵數不及當今十分之一，而猶日加選練，簡去羸老，專取精鋭，故能征伐四克，混壹區夏。自景德以來，中國既以金帛綏懷戎狄，不事征討，至今已六十餘年。是宜官有餘積，民有餘財，而府庫殫竭，倉廩空虚，水旱小沴，流殍滿野，其故何哉？豈非邊鄙雖安而冗兵益多之所致乎？此乃天下所共知，非臣一人之私言也。慶曆中，趙元昊叛，西邊用兵，朝廷廣加召募，應諸州都監、監押募及千人者，皆特遷一官。以此之故，天下冗兵愈衆，國力愈貧。近歲又累次大揀廂軍，以補禁軍之數。即日係籍之兵，已爲不少矣，何苦更復直招禁軍及招飢民以充廂軍？臣不知建議之臣，曾與不曾計校今日府庫之積，以養今日舊有之兵，果爲有餘爲不足乎？此蓋邊鄙之臣庸愚懦怯，無

❶ 題注，原無，據《傳家集》補。

它材略，但求添兵；在朝之臣又恐所給之兵不副所求，它日邊事或有敗闕，歸咎於己。是以不顧國家之匱乏，只知召募，取其虛數，不論疲軟，無所施用。此群臣容身保位，苟且目前之術，非爲朝廷深謀遠慮，建經久之畫也。諺曰：「多求不如省費。」此言雖小，可以喻大。今以十口之家，衣食僅足，一旦頓增五口，必不能贍。若不顧困中之粟、笥中之帛所餘幾何，而惟冗口是貪，能無窮匱乎？國家之勢，何以異此？群臣既不能爲陛下忠謀，陛下又不自以爲憂，則誰當憂之？臣恐邊臣之請兵無窮，朝廷之募兵無已，倉庫之粟帛有限，百姓之膏血有涯，不知國家長此沉瘵，何時當瘳乎？臣又聞即日災傷之處，軍無見粮，責薄粥以飼飢民猶不能給，況刺以爲兵，將以何物養之終身乎？且甽畝農民止因一時飢饉，故流移就食，若將來豐稔，則各思復業。今既刺以爲兵，是使之終身失業也。於官於民，皆爲非便，謀策之失，孰甚於此！臣願陛下斷自聖志，速降指揮，應在京及諸路並且罷招禁軍，但選擇將帥，使之訓練舊有之兵，以備禦四夷，不患不足。其災傷之處州縣，不得妄招飢民以充廂軍。但據所有斛斗，救接農民，俟向去稍豐，使各復舊業，則天下幸甚。臣自陛下踐阼以來，不自知其狂愚，見朝廷政令有未便，差除有未當，屢獻瞽言，浼瀆天聽。陛下未嘗爲之變一政令、改一差除。如臣者，亦可以不言矣，然猶區區獻言不已者，誠恥居位而不言，不恥多言而見厭也。取進止。

錢粮劄子 治平二年四月十九日上❶

臣近蒙恩給假，至陝州焚黄。竊見緣路諸州倉庫錢粮，例皆闕絶，其官吏軍人料錢月粮，並須逐旋收拾，方能支給。竊料其餘諸州臣不到處，亦多如此。臣聞國無三年之蓄，曰國非其國。今窘竭如此，而朝廷曾不以爲憂，若不幸有水旱蝗螭，方數千里，如明道、康定之時，加之邊鄙有急，❷興兵動衆，不知朝廷何以待之？臣伏見陳、許、潁、亳等州，止因去秋一次水災，遂致骨肉相食，積尸滿野。此非今日官吏之罪，乃曏時官吏之罪也。何則？曏時豐稔之歲，其人但務偷安，不爲遠慮，粟麥至賤，不能儲蓄，及至凶荒之際，官私俱竭，上下狼狽，何由相救？今春雖使桑羊、劉晏復生，亦無如之何也。今春幸而得雨，麥田有望，朝廷已置飢饉之事於度外，不復以儲蓄爲意矣。萬一天下州縣復有災傷，則何以異於陳、許、潁、亳之民也？若饑饉相繼，盗賊必興，此豈可不早爲之深慮乎？臣愚伏望陛下於天下錢穀常留聖心，特降詔書，明諭中外，應文武臣僚有熟知天下錢穀利害，能使倉庫充實，又不殘民害物者，並許上書自言。陛下勿以其人官職之疎賤，文辭之鄙惡，一一略加省覽。擇其理道稍長者，皆賜召對，從容訪問。以方今食貨俱乏，公私皆困，何故而然，如何擘畫，可使上下豐足？若其言無可取者，則罷遣而已；有可取者，即爲之施行。仍記録其姓名，置於左右，然後選其中材幹出群者，以爲

❶ 題注，原無，據《傳家集》補。

❷ 「加」，原誤作「如」，據《傳家集》改。

轉運使副、判官及三司使副、判官。仍每至年終，令三司撮計在京府界及十八路錢帛粮草見在都數聞奏，以之比較去年終見在都數。若增羨稍多，即令勘會。如別無姦巧欺謾，及非理賦斂而致增羨，其當職之人，宜量行褒賞。累經褒賞者，即別加進用。若減耗稍多，即令詰問。如別無大故災傷及添屯軍馬而致減耗，其當職之人，宜量行責罰。累經責罰者，即永從黜廢。誠能如此行之不懈，數年之後，可使天下倉皆有餘粟，庫皆有餘財。雖有水旱蝗螭之災及邊鄙有急，皆不足憂也。取進止。

西邊劄子 治平二年上❶

臣竊見近年以來，趙諒祚雖外遣使人稱臣奉貢，而内蓄姦謀窺伺邊境，陰以官爵金帛，招誘中國不逞之人及熟户蕃部。聞其亡命叛去及潛與交通者，已爲不少，而朝廷不能一一盡知也。其熟户蕃部有違拒不從者，諒祚輒發兵馬，公行殺掠。弓箭手有住在沿邊者，諒祚皆迫逐使入内地。將帥之臣但坐而視之，不能救援，遂使其餘熟户皆畏憚兇威，怨憤中國，人人各有離叛之心。及朝廷遣使齎詔責問，則諒祚拒而不納。縱有所答，皆侮慢欺謾之辭，朝廷亦隱忍含容，不復致詰。諒祚又數揚虚聲，以驚動邊鄙。而將帥之臣，率多懦怯，别無才謀以折衝禦侮，只知多聚兵馬以自衛其身。一路有警，則三路皆聳，盡抽腹内州軍下番兵士，置在麾下，使之虚食粮草。數月之後，寂無影響，然後遣還。未及休息，忽聞有警，又復抽去。如此

❶ 題注，原無，據《傳家集》補。

往還，疲於道路，訖無一事曾有施爲。臣雖愚駑，不習邊事，竊以私意料之，諒祚所以依舊遣使稱臣奉貢者，一則利於每歲所賜金帛二十餘萬，二則利於入京興販貿易，三則欲使朝廷不爲之備也。其所以招誘不逞之人者，欲以采訪中國虚實之事，平居則有謀主，入寇則用爲鄉導也。其所以誘脅熟户、迫逐弓箭手者，其意以爲東方客軍皆不足畏，惟熟户、弓箭手生長極邊，勇悍善鬬，若先事剪去，則邊人失其所恃，入寇之時可以通行無礙也。其所以數揚虚聲驚動邊鄙者，欲使中國之兵疲於奔命，耗散儲畜，公私貧困，既而邊吏習以爲常，不復設備，然後乘虚入寇也。凡此諸事，若不早爲之慮，使姦謀得成，竊恐其爲國家之患未可量也。臣謂朝廷宜宵衣旰食，❶以爲深憂。而但見其遣使奉貢，即以爲臣節未虧；得其侮玩之語，以爲恭順；得其侵謾之語，以爲誠實。蓋朝廷非不知其本心，且欲幸其未發，止求目前之暫安，不顧異時之深患。臣日夜思之，不勝憤悒，何戎狄爲謀之深，而中國慮事之淺也！臣愚伏望陛下於邊鄙之事常留聖心，特降詔書，明諭中外，應文武臣僚有久歷邊任，或曾經戰陣，知軍中利害及戎狄情僞者，並許上書自言。陛下勿以其人官職之踈賤，及文辭之鄙惡，一一略加省覽。擇其理道稍長者，皆賜召對，從容訪問以即日治兵禦戎之策何得何失，如何處置即得其宜。若其言無可取者，則罷遣而已；有可取者，即爲施行。仍記録其姓名，置於左右，然後選其中勇略殊衆者擢爲將帥。若能稱職有功，則勸之以爵賞；昏懦敗事，則威之以刑誅。加以選練士卒，

❶「宵」，原作「霄」，據《傳家集》改。

留精去冗，申明階級之法，抑揚驕惰之氣。誠能如此，行之不懈，數年之後，俟將帥得人，士卒用命，然後惟陛下之所欲爲。雖北取幽薊，西收銀夏，恢復漢唐之疆土，亦不足爲難。況但守今日之封略，制戎狄之侵侮，豈不沛然有餘裕哉！取進止。

論修造劄子 治平二年五月十一日上❶

臣伏見近日以來，修造稍多。只大内中自及九百餘間，以至皇城諸門并四邊行廊，及南薰門之類，皆非朝夕之所急，無不重修者。役人極衆，費財不少。此蓋陛下纘極之初，禁廷之中誠有破漏不可居者，陛下略命整葺，理亦宜然。而左右之臣，便謂陛下好興土木之功，遂廣有經度。雖不至損壞之處，亦毁拆重修，務以壯麗互相誇勝，外以希旨求知，内以營私規利。萬一陛下更因此賞之，則營造之端猝無窮已，國財必竭，民力必殫。臣竊惟陛下新臨天下，惠澤未孚於民，而以好治宫室流聞四方，非所以光益聖德也。修造勞費，不可勝數。臣請且言諸州買木一事，擾民甚多。衙前皆厚有産業之人，每遇押竹木綱，散失陪填，無有不破家者。先帝躬履節儉，宫室苑囿，無有增飾，故諸場材木，皆有羨餘。屢因赦恩，放免買木，以寬民力。自頃修造倍多，諸場材木漸就減耗，有司於外州科買，百端營致，尚恐不足，而工匠用之，賤如糞土。昔漢文帝惜十家之産，罷露臺而不作。今諸場前後所積竹木，何啻十家之産？陛下至仁，若察其所從來，得不爲之愛惜乎？況即今在京倉庫，疏漏甚多，

❶ 題注，原無，據《傳家集》補。

皆以上件數處興功，占使匠人物料，未暇修葺，致粟帛之類大有損敗。古者將營宫室，宗廟爲先，廄庫爲次，居室爲後。今之所修，緩急先後，無乃未得其宜乎？又皇子生而富貴，年未及冠，所宜示以樸素，慎其所習。今聞所修三位，規摹侈大，又復過於祖宗之時皇子所居。漢明帝曰：「我子何得比先帝子。」此恐非所以納之於義方也。❶臣愚伏望陛下特降聖旨，應大内裏外舍屋即目不至大段損壞之處，及不至要切，如南薰門之類，並罷興修。其皇子位，只因舊屋夾截修整，早令畢功，不得過爲宏壯。且令那減匠人物料，修倉庫之損壞者。所有諸處監修之官，自是本職，更不與減年磨勘及轉官酬獎，以塞泰侈之源，使天下皆知陛下去奢從儉，仁民愛物，不亦美乎！取進止。

濮安懿王合行典禮議❷

宰臣韓某等狀。伏以出於天性之謂親，緣於人情之謂禮。雖以義制事，因時適宜，而親必主於恩，禮不忘其本，此古今不易之常道也。伏惟皇帝陛下奮乾之健，乘离之明，擁天地神靈之休，荷宗廟社稷之重。即位以來，仁施澤浹，九族既睦，万國交歡。而濮安懿王德盛位隆，宜有尊禮。陛下受命先帝，躬承聖統，顧以大義，後其私恩。慎之重之，事不輕發。臣等忝備宰弼，實聞國論。謂當考古約禮，因宜稱情，使有以隆恩而廣

❶「恐」，原作「志」，據《傳家集》改。

❷此題，《傳家集》作「爲宰相韓琦等議濮安懿王合行典禮狀」。

愛，庶幾上以彰孝治，下以厚民風。臣等伏請下有司議濮安懿王及譙國太夫人王氏、襄國太夫人韓氏、仙遊縣君任氏合行典禮。詳處其當，以時施行。治平元年五月二十八日進呈。奉聖旨，候過仁宗皇帝大祥別取旨。治平二年四月九日再進呈。奉聖旨，送太常禮院與兩制已上同共詳定聞奏。

翰林學士王珪等狀❶

右謹具如前。臣等謹案：《儀禮·喪服》：「爲人後者。」傳曰：「何以三年也，受重者必以尊服服之。爲所後者之祖父母妻，妻之父母昆弟，昆弟之子若子。」若子者，言皆如親子也。又：「爲人後者爲其父母報。」❷傳曰：「何以期也？不貳斬也。何以不貳斬也？持重於大宗者，降其小宗也。」又：「爲人後者爲其昆弟。」傳曰：「何以大功也？爲人後者降其昆弟也。」以此觀之，爲人後者爲之子，不敢復顧私親。聖人制禮，尊無二上，若恭愛之心分施於彼，則不得專壹於此故也。是以秦漢以來，帝王有自旁支入承大統者，或推尊父母以爲帝后，皆見非當時，取譏後世，臣等不敢引以爲聖朝法。況前代入繼者，多宮車晏駕之後，援立之策，或出母后，或出臣下。非如仁宗皇帝年齡未衰，深惟宗廟之重，祗承天地之意，於宗室衆多之中，簡拔聖明，授以大業。陛下親爲先帝之子，然後繼體承祧，光有天下。濮安懿王雖於陛下有天性之親，顧復之恩，然陛下

❶ 此題，《傳家集》作「與翰林學士王珪等議濮安懿王典禮狀」。

❷ 「報」，原無，據《儀禮·喪服》補。

所以負扆端冕，富有四海，子子孫孫萬世相承者，皆先帝之德也。臣等愚淺，不達古今，竊以謂今日所以崇奉濮安懿王典禮，宜一準先朝封贈期親尊屬故事，高官大國，極其尊榮。譙國太夫人、襄國太夫人、仙遊縣君亦改封大國太夫人。❶ 考之古今，實爲宜稱。

孫長卿劄子 治平二年五月十二日上❷

臣伏聞前環慶路經略使孫長卿加集賢院學士，充河東路都轉運使。長卿前在環慶，不曉邊事，舉措煩苛，致熟户蕃部叛亡幾盡，道路之人，無不知之。臣謂朝廷宜嚴加譴謫，以儆群帥。不意今日更褒以寵名，授以重任。外廷聞之，無不駭笑。如此何以使群臣舉職，邊鄙獲安？伏望聖慈速改前命，數其無狀，於遠小處責降，庶今後封疆之臣稍有所畏。取進止。

第二劄子

臣近言前環慶路經略使孫長卿，守邊無狀，宜加譴謫，不當更加集賢院學士，充河東路都轉運使，不蒙朝廷省察。臣竊見陛下近者面諭執政，以中外臣僚多不修職業，令降詔書，嚴加戒諭。此誠致治之本。然臣愚以爲，言之不如行之，若言而不行，徒使號令玩瀆，傷威毁信，不若不言之爲愈也。長卿本以錢穀常才，驟蒙朝廷拔擢，數年之中，官爲丞郎，位爲元帥，智力淺薄，用過其分。不曉軍政，不達蕃情，處事煩碎，衆心不附。是致

❶「襄國太夫人」，原無，據《傳家集》補。

❷ 題注，原無，據《傳家集》補。

熟户蕃部各思離叛，受趙諒祚誘脅，去者極多。而長卿掩蔽欺謾，不一一聞奏。慶曆中，元昊背誕，環慶所以獨不被兵者，以熟户盛壯，爲之藩蔽也。今因長卿失於撫御，散亡殆盡。居官如此，可謂失職。而朝廷更加寵秩，委之重任。賞罰如此，雖復日下詔書，又何益也？臣愚伏望陛下黜不職之人，當以長卿爲始，則群臣無不悚栗，不令而行矣。取進止。

北邊劄子 治平二年六月二十八日上❶

臣聞明主謀事於始而慮患於微，是以用力不勞而收功甚大。竊見國家所以御戎狄之道，似未尽其宜。當其安靖附順之時，則好與之計校末節，争競細故。及其桀傲暴横之後，則又從而姑息，不能誅討。是使戎狄益有輕中國之心，皆厭於柔服而樂爲背叛。近者西戎之禍生於高宜，北狄之隙起於趙滋，而朝廷至今終未省寤，猶以二人所爲爲是，而以循理守分者爲非。是以邊鄙武臣皆鋭意生事，或以開展荒棄之地十數里爲功勞，或以殺略老弱之虜三五人爲勇敢。朝廷輒稱其才能，驟加擢用。既而虜心忿恨，遂來報復，屠剪熟户，鈔刼邊民，所喪失者動以千計。而朝廷但知驚駭，增兵聚粮。其致寇之人既不追究，而守邊之臣亦無譴責。如此而望戎狄賓服，疆埸無虞，是猶添薪扇火而求湯之不沸也。臣愚竊惟真宗皇帝親與契丹約爲兄弟，仁宗皇帝赦趙元昊背叛之罪，册爲國主，歲捐百万之財，分遺二虜，豈樂此而爲之哉？誠以屈己之愧小，愛民之仁大

❶ 題注，原無，據《傳家集》補。

故也。今陛下嗣已成之業，守既安之基，而執事之臣數以争桑之少忿，不思灌瓜之大計，使邊鄙之患紛紛不息，臣竊爲陛下惜之。近者聞契丹之民有於界河捕魚，及於白溝之南翦伐柳栽者，此乃邊鄙小事，何足介意，而朝廷以前知雄州季中祐不能禁禦爲不材，❶別選州將以代之。臣恐新將之至，必以中祐爲戒，而以趙滋爲法，妄殺虜民，則戰鬬之端往來無窮矣。況今民力彫弊，倉庫虚竭，將帥乏人，士卒不練。夏國既有憤怨，屢來侵寇，禍胎已成。若又加以契丹失歡，臣恐國力未易支也。伏望陛下嚴戒北邊將吏，若契丹不循常例，小小相侵，如漁船柳栽之類，止可以文牒整會，道理曉諭，使其官司自行禁約，不可輕以矢刃相加。若再三曉諭不聽，則聞於朝廷，雖專遣使臣至其王庭，與之辯論曲直，亦無傷也。若又不聽，則莫若博求賢才，增修德政。俟公私富足，士馬精彊，然後奉辭以討之，可以驅穹廬於幕北，復漢唐之土宇，與其争漁柳之勝負，不亦遠哉！取進止。

温國文正公文集卷第三十三

❶「季」，《傳家集》作「李」。

温國文正公文集卷第三十四

章奏十九

上皇帝疏 治平二年八月十一日上❶

月日，具位臣光謹昧死再拜上疏皇帝陛下：臣聞《書》曰：「面稽天若。」《詩》曰：「文王陟降，在帝左右。」蓋言王者爲天之子，不敢不朝夕小心，祗畏其命，如在其上，如在其左右也。是故《洪範》九疇以五行爲本。言王者當祗順五行之性，内謹五事以治身，外修八政以治國，正五紀以承天序，折衷於皇極之道，登用三德之人，參合以龜筮之謀，察風雨寒燠之來，以省得失、知休咎，導迎五福，避遠六極，此萬世不易之道也。臣不勝狂愚，忘生觸死，伏見陛下即位以來，災異甚衆。日有黑子，江淮之水或溢或涸。去夏霖雨涉秋不止，京畿東南十有餘州廬舍沈於深淵，浮苴棲於木末。老弱流離，捐瘠道路。妻兒之價，賤於犬豕。許、潁之間，親戚相食，積尸成丘。既而歷冬無雪，煖氣如春，草木早榮，繼以黑風。今夏癘疫大作，彌没數千里，病者比屋，喪車交路。至秋幸而豐熟，百姓欣然，庶獲蘇息。未及收穫而暴雨大至，一晝之間，川澤皆溢，溝渠逆流，原隰丘陵，悉爲洪波。一苗半穗，蕩無孑遺，都城之内，道路乘桴，城闕摧圮，官府倉廩、軍壘民居，覆没殆盡，死於壓溺者不可勝紀。耆耋

❶ 題注，原無，據《傳家集》補。

之人，皆言耳目所記，未嘗睹聞。此乃曠古之極異，非常之大災。陛下安得不側身恐懼，思其所以致此之咎乎？臣性愚學淺，不足以窺測天意。竊以《書》曰：「天聰明自我民聰明，天明畏自我民明威。」又曰：「天視自我民視，天聽自我民聽。」然則災異之來，不在於它，苟人心和悦，則天道無不順矣。《詩》曰：「亹亹文王，令聞不已。」又曰：「如珪如璋，令聞令望。」古之聖王，未有不先其令名而能行其政於天下者也。臣伏見陛下踐阼之初，上自宰輔，次及朝臣，下逮閭閻細民、士伍厮養，無不翕然同辭，稱頌聖德，如出一口。皆云方今皇族奉朝謁者八百餘人，陛下仁孝聰明，爲之首冠。知人疾苦，識其情僞，節儉愛物，剛果能斷。既美先帝知人之明，又慶己身逢時之幸。涕泣共談，悲喜相半。臣愚以爲：昔漢惠帝無子而得文帝，仁儉謙恭，百姓富饒，幾致刑措。昭帝無子而得宣帝，勤惠明斷，吏畏民樂，號稱中興。然則國無嗣子而旁親入繼，未必不爲天意福祐社稷，而光啓聖賢也。私心自幸，又甚於衆人。俄而聖躬有疾，上下之人思殺身爲牲，粉骨爲藥，庶祈早瘳，以觀聖政。不意數月之後，道塗之議稍異於前，頗有謗言，不專稱美。逮乎周歲之外，則頌者益寡，謗者益多。臣竊伏於闕門之外，日聞衆論，不勝悵恨，痛心疾首，晝而忘食，夕而忘寢，爲陛下深思其故，終不能明。意者陛下於舉動循守之間，万一有所未思乎？敢以愚慮言之，蓋有三焉，惟陛下寬其罪，使得畢其辭。

竊以皇太后仁明之德，爰自先朝，布聞四方，加之保育聖躬，在於襁褓，陛下入承大統，不可謂全非皇太后之力。當陛下初得疾之時，外間傳言皇太后於先帝梓宮之前爲陛下叩頭祈請，額爲之傷，如此豈可謂無慈愛之心於陛下哉！不幸爲讒賊之人交相離間，遂使兩宫之情介然有隙。就使皇太后有不慈於陛下，陛下爲人之子，安可校量曲直，遂生忿恨，而於愛恭之心有所不備乎？傳曰：「大德滅小怨。」先帝擢陛下於衆人之中，自防禦使升爲天子，唯以一后數公主屬於陛下。而梓宫在殯，已失皇太后之歡心，長公主數人皆屏居閑宫，希曾省見。臣請以小諭大，設有閭里之民，家有一妻數女，及有十畝之田，一金之産，老而無子，養同宗之子以爲後。其人既没，其子得田産而有之，遂疎母棄妹，使之愁憤怨歎，則鄰里鄉黨之人謂其子爲何如人哉？以匹夫而爲此行，猶見貶於鄉里，况以天子之尊，爲四海所瞻仰哉！此陛下所以失人心之始也。

先帝天性寬仁，重違物意。晚年嬰疾，厭倦万機，遂以天下之事悉委之兩府。兩府或見有所偏，或意有所私，取捨黜陟，未必皆當。又巧設倖門，進拔所愛，超資越級，欺罔衆人，抑壓孤寒，無所伸愬。及陛下即位，皆謂必能奮發乾剛，昭明君德，收取威福，復還王室，進賢退愚，賞善罰惡，使海内廓然，立見太平。而陛下益事謙遜，深自晦匿。凡百奏請，不肯與奪，動循舊例，不顧事情，謹於細務，忽於大體。知人之賢不能舉，知人不肖不能去，知事之非不能改，知事之是不能從。大臣專權，甚於先朝，率意差除，無所顧忌，或非材而驟進，或有罪而見寬，此天下所以重失望也。

臣聞《書》曰：「木從繩則正，后從諫則聖。」是以堯稽于衆，捨己從人，舜好問而好察邇言，禹聞善言則拜，湯用人猶己，改過不吝。此四聖人者，豈其才智之不足哉？然猶孜孜汲汲，下詢愚賤之人者，蓋以四海之廣，万機之衆，非一人所能獨知，必資天下之耳目思慮，然後能曲盡其理也。陛下聖質雖美，亦當取法於堯、舜、禹、湯。而即政以來，或意有所見，執之不移，如堅守嚴城，禦敵外寇，使群臣之言皆無自而入，殆非所以納百川而成巨海也。孔子曰：「人之言曰，予無樂乎爲君，唯其言而莫予違也。如其善而莫之違也，不亦善乎？如不善而莫之違也，不幾乎一言而喪邦乎？」是故明君之於聽納，無彼無我，無親無疎，無先無後，唯其是而已矣。若重我所有而輕彼所陳，信其所親而疑其所賤，主先入之言而拒後來之議，則雖有是者亦不可得而見矣。夫人心之所好者，視醜以爲美；所惡者，視善以爲惡。苟能以平心察之，則是非易見矣。《書》曰：「有言逆于汝心，必求諸道。有言遜于汝志，必求諸非道。」若必待合於聖意則悦而從之，不合則怒而棄之，臣恐讒諂日進，方正日疎，殆非所以增社稷之福也。又國家本置臺諫之官，爲天子耳目，防大臣壅蔽，朝廷政事皆大臣相與裁定，然後施行，而臺諫或以異議干之，陛下當自以聖意察其是非，可行則行，可止則止。今乃復付之大臣，彼安肯以己之所行爲非，而以它人所言爲是乎？此乃陛下所以獨取拒諫之名，而大臣坐得專權之利者也。夫以君相之重何啻泰山，賤臣之輕何啻雞卵，乃欲相與校其勝負，臣固知其不敵矣。是以四方懷忠之士願効區區者，皆望風不進，結舌沮氣，此天下所以又失望也。

凡此三者，在列之臣皆知其不可，而上畏嚴誅，下避怨怒，莫敢以此極言聞於陛下。使海内憤鬱之氣積而不發，宜其有以感動天地之心矣。臣聞天意保佑王者，故爲之下災異以譴告之。若王者恐懼修省，則非徒免一時之害，又將有福禄隨之。商之大戊、武丁，周之成、宣是也。若傲忽不顧，非徒爲害於一時，又將有危亡之禍。漢之成、哀、桓、靈是也。❶今災異之來，意者皇天亦將保佑陛下，以成商周之美乎？臣願陛下上稽天意，下順人心，於此三者，皆留聖念。奉事皇太后愈加孝謹，務得驩心；諸長公主時加存撫，無令失所。總攬大柄，勿以假人。選用英俊，循名責實，賞功罰罪，捨小取大，剗塞弊倖，一新大政。延納讜言，虚心從善，皆行之以至誠，非特爲空言而已。夫至誠可以動金石，而況人乎！不誠不足以感匹夫，而況天乎！《詩》云：「無曰高高在上，陟降厥士，日監在兹。」天雖至高，視聽甚邇。人之所爲發於中心，則天已知之，固不待見其容貌，形於聲音也。陛下果能盡誠於此，則聖德日新，令名四達。人心既悦，天道自和，百穀蕃昌，嘉瑞並至，蠻夷率服，福流子孫矣。臣自知不才，無補朝廷，然不敢遂自塞嘿，❷復有所陳，惟陛下裁察。臣光昧死再拜上疏。

節用劄子 治平二年八月十四日上❸

臣竊見國家公私窮窘，固非一日。今兹復遇大災，畿内秋田蕩無孑遺，倉廩儲蓄率多敗壞，府庫錢帛散用將盡，必恐今冬饑饉甚於去年，軍民嗷嗷，無以賑救。經費不足，重以郊禮。此乃國用危急之時，不可不早以

❶「桓」，原避宋欽宗諱注作「淵聖御名」，今回改。
❷「嘿」，原作「哩」，據《傳家集》改。
❸題注，原無，據《傳家集》補。

爲憂。今取之於内帑，則内帑已虚；收之於外方，則外方已盡；斂之於下民，則下民已竭。不知朝廷將何以爲計？臣愚以爲，若非陛下側身克己，痛自節約，則無以應合天意，感慰民心，使昏墊者忘其悲愁，餒死者無所怨嗟也。臣聞節用之道，必自近始。伏望上自乘輿服御之物，下至親王公主婚嫁之具，悉加裁損，務從儉薄，勿信主者以舊例爲言。出六宫冗食之人，使之從便；罷後苑、文思院所造淫巧服玩，止諸處不急之役。然後命有司考求在外，凡百浮費之事，皆一切除去。群臣非有顯然功效益國利民者，勿復濫加賞賜。將來南郊，自非犧牲、玉帛供神之物，其餘青城儀仗之類，止於奉車駕、備外飾者，亦令有司與禮官同共參詳減省。臣聞國有凶荒則殺禮，事天者貴於内誠而賤外物。是故器用陶匏，席用藁秸，况於青城儀仗之類，何爲而不可減乎？凡此數者，唯在聖意斷而行之，固不可與庸俗之人執文況例者謀之也。取進止。

乞轉對劄子

臣竊見祖宗之時，累曾令朝臣轉對。或遇災異，廣求直言。真宗咸平、景德之間，詢訪尤切。其詔書云：「涉訕訐者，固可優容；乏詞藻者，許其直致。」是時群臣上書言事者，日不下百餘封。每戒勑閤門令疾速進入。又詔樞密直學士馮拯、陳堯叟，令詳定以聞。所以然者，不惟考時政之得失，亦以觀群臣之能否也。是故太宗時得寇準，真宗時得張知白，皆因上書言事，驟加擢用，後爲宰相，俱著名迹。景德元年六月，内出朝士邊肅等二十四人姓名，令於崇政殿引對；在外者驛召赴闕。其後稍稍進用，多爲名臣。此皆近事易法者也。陛下踐阼未久，群臣能否，恐未遍知。欲乞依祖宗舊制，每遇内殿起居，日常令朝臣兩人轉對。其餘在京及外處臣僚有欲上書言事者，所在官司皆不得壅滯。彼必欣然承命，各竭所懷。然後陛下親加省覽，必有所得。若上書者稍多，陛下不能一一遍觀，即乞擇近臣識慮明達、用心公正者二人，先次看詳。但求理道切當，不取文辭華美，分爲數等，各以貼黄節出事宜，置之於前，然後奏御。陛下更以聖意擇其善者特令引對，面加詢訪。若實有可采，其所言之事，即爲施行。仍於禁中籍記姓名，每遇有重難公事，試委之幹辦，俟果有功効，乃加進用。如此則天下之才盡在目前，可以器使。雖堯舜之世嘉言罔攸伏，野無遺賢，亦不是過也。不然，若但循故事，止作虚名，所上之書未必省覽，亦無施設，則無益於事，不如不爲也。取進止。

尊號劄子

九月五日上，既而群臣五上表，終不允，亦由予當直，面有開陳。

臣聞謙德之美尊而益光，施之神人，無不悦順。竊見陛下將有事于南郊，群臣循襲故事，請上尊號。以陛下叡智聰明，徽柔懿恭，享兹鴻名，云何不可。正以屬者暴雨爲災，五稼漂没，編户失業，吁嗟之聲盈於道路，迄今未息。陛下當此之際，正宜深自抑損，以承答天譴，慰釋衆心。况尊號非古，近出有唐。陛下受而有之，不足以褒大聖功；推而不居，足以發揮盛德。所有群臣上尊號表，伏乞陛下拒而勿受，仍令更不得上表。此亦區區微誠，欲裨益萬分之一也。取進止。

濮王劄子 治平二年八月十七日上❶

臣聞聖人舉事，與衆同欲，故能下協人心，上順天意。《洪範》曰：「三人占，從二人言。」蓋國有大疑，則決之於衆，自上世而然矣。臣伏見曏者詔群臣議濮安懿王合行典禮，翰林學士王珪等二十餘人皆以爲宜准先朝封贈期親尊屬故事，凡兩次會議，無一人異辭。所以然者，蓋欲奉濮王以禮，輔陛下以義也。而政府之意，獨欲尊濮王爲皇考。巧飾詞説，誤惑聖聽，❷不顧先王之大典，蔑棄天下之公議。使宗室疏屬皆已受封贈，而崇奉濮王之禮，至今獨未施行，此衆人所以怫鬱而未爲稱愜者也。或者恐陛下未能知二議是非，臣請更爲陛下別白言之。政府言：《儀禮》、令文《五服年月勑》皆云「爲人後者爲其父母」，即出繼之子於所繼、所生，皆稱父母。臣案禮法必須指事立文，使人曉解。今欲言爲人後者爲其父母之服，若不謂之父母，不知如何立文？此乃政府欺罔天下之人，謂其皆不識文理也。又言漢宣帝、光武皆稱其父爲皇考。臣案宣帝承昭帝之後，以孫繼祖，故尊其父爲皇考，而不敢尊其祖爲皇祖考，以其與昭穆同故也。光武起布衣，誅王莽，親冒矢石，以得天下，名爲中興，其實創業。雖自立七廟，猶非太過，況但稱皇考，其謙損甚矣。今陛下親爲仁宗之子，以承大業。《傳》曰：「國無二君，家無二尊。」若復尊濮王爲皇考，則置仁宗於何地

❶ 題注，原無，據《傳家集》補。
❷ 「惑」，原作「感」，據《傳家集》改。

乎？政府若以二帝不加尊號於其父祖，引以爲法，則可矣，若謂皇考之名亦可施於今日，則事理不侔矣。設使仁宗尚御天下，濮王亦萬福，當是之時，命陛下爲皇子，則不知謂濮王爲父？爲伯？若先帝在則稱伯，没則稱父，臣計陛下必不爲此行也。以此言之，濮王當稱皇伯，又何疑矣？今舉朝之臣，自非挾姦佞之心欲附會政府誤惑陛下者，皆知濮王稱皇考爲不可，則衆志所欲亦可知矣。陛下何不試察群臣之情？群臣誰不知濮王於陛下爲天性至親，若希旨迎合，不顧禮義，過有尊崇，豈不於身有利而無患乎？所以區區執此議者，但不欲陛下失四海之心，受萬世之譏耳。以此觀之，群臣之忠佞邪正，甚易見矣。臣願陛下上稽古典，下順衆志，以禮崇奉濮安懿王，如珪等所議，此亦和天人之一事也。取進止。

乞改郊禮劄子 治平二年八月上❶

臣聞古者天子親祀上帝，一歲有九。國朝之制，天子三歲一郊，仍於其間改用它禮者甚衆。豈奉天之意有所倦略哉，蓋事有不得已者也。臣竊見國家帑藏素空，重以暴雨爲災，圓丘之側，流潦尚深，青城之材，頗多散失，儀仗法物，損敗非一。今若悉加完葺，恐難猝備。加以冬寒將近，諸營漂没，失其生業，屋宇敗壞，衣褐俱盡。陛下儻欲别加振救，亦恐力所不支。❷昔太宗太平興國九年下詔東封，尋以火災而止，更用郊禮。又淳化三年下詔祀圓丘，亦以事故，更用明年

❶ 題注，原無，據《傳家集》補。

❷ 「力」，原作「失」，據《傳家集》改。

祈穀。今災變至大，國用不足，臣謂不可不小有變更。若因兹天譴，隨時損益，以九月、十月之間於大慶殿恭謝天地，亦足以展純潔之誠，昭寅畏之志。減省大費，安慰衆心，事無便於此者。陛下儻以爲可，願決意早行之。取進止。

辭龍圖閣直學士第一狀 治平二年十月六日上❶

右，臣准閤門告報，已降勑命除臣依前尚書吏部郎中、充龍圖閣直學士，散官、差遣並依舊者。臣塵忝諫職，於今累年，曾無絲毫裨益盛德。自非聖度含容，❷豈免誅責？每自循省，心不遑安。向亦屢曾奏陳，乞補外任，天聽未允，黽勉至今，不敢頻有祈請，以取煩瀆之罪。豈意大恩，復加褒進，慙懼失措，若墜冰炭。臣雖庸愚，何敢膺受？伏望聖慈矜憫，曲從所欲，許臣只以舊職知河中府或襄、虢、晉、絳一州，使竭其駑蹇之分，以酬天地生成之施，臣不勝大幸。所有龍圖閣直學士勑告，不敢祗受。取進止。

辭龍圖閣直學士第二狀

右，臣近曾進狀，乞以舊職知河中府或襄、虢、晉、絳一州，❸所有龍圖閣直學士勑告，不敢祗受，自後未奉指揮者。臣伏覩真宗皇帝天禧元年初置諫官詔書節文：「候及三年，或職業無聞，公言同覩移授散秩，仍遣監臨。」臣自嘉祐六年七月初入諫院供職，到

❶ 題注，原無，據《傳家集》補。
❷ 「含」，原作「舍」，據《傳家集》、《全集》改。
❸ 「虢」，原誤作「號」，據《傳家集》改。

今已涉五年，智能淺薄，志氣庸懦，不能闡發大猷，補助聖政，竊祿偷安，虛損歲月，譴黜之典，已爲後時。今乃使之叨冒寵名，仍留舊任，臣猶自愧，況於它人。是以瀝懇自陳，庶幾燭察。若朝廷矜其愚昧，未用天禧詔書特行責降，伏乞依臣前奏，許以舊職知河中府或襄、虢、晉、絳一州。所有除龍圖閣直學士敕告，不敢祗受。取進止。

辭龍圖閣直學士第三狀 尋得旨免諫職，餘依前降指揮。

右，臣近兩次進狀，乞以舊職知河中府或襄、虢、晉、絳一州，准中書劄子，奉聖旨不許辭免，便令受告敕者。臣承諫職，首尾五年。自國朝以來，居此官者，未有如臣之久。臣資性愚戇，惟知報國，竭盡朴忠，與人立敵，前後甚衆。四海之内，觸處相逢，常恐異日身及子孫無容足之地。以此朝夕冀望解去，如處沸鼎之中，思寒泉之救。但以職當言路，不敢無故求出，盤桓强留，❶以至今日。不意朝廷更加奬擢，授以美職，仍居舊任。既荷寵祿，則卒無得出之期，禍敗罪誅，必不可免。是以人用爲喜，臣獨爲憂；人用爲榮，臣獨爲懼。四顧徊徨，無所逃竄，進退失圖，誠可矜哀。儻不訴於君父，使之何所依投？伏望聖慈憫其久在諫職，使得息肩於外，依臣前奏，只以舊職知河中府或襄、虢、晉、絳一州，所有新除龍圖閣直學士敕告，不敢祗受。取進止。

温國文正公文集卷第三十四

---

❶「桓」，原避宋欽宗諱作小字「淵聖御名」，今回改。

温國文正公文集卷第三十五

章奏二十

乞經筵訪問劄子 治平二年十月上❶

臣以駑朽，得侍勸講。竊見陛下天性好學，孜孜不倦。然於經席之中，未嘗發言有所詢問。臣愚意陛下欲護群臣之短，恐於應對之際倉卒失據，不能開陳，稠人之中受其愧怍。此誠聖心仁恕之極，群臣捐軀，無以報塞。然臣聞《易》曰：「君子學以聚之，問以辨之。」《論語》曰：「疑思問。」《中庸》曰：「有弗問，問之弗得，弗措也。有弗辨，辨之弗明，弗措也。」以此言之，學非問辨，無由發明。今陛下若皆默而識之，不加詢訪，雖爲臣等疎淺之幸，竊恐無以宣暢經旨，裨助聖性。伏望陛下自今講筵，或有臣等講解未盡之處，乞賜詰問，或慮一時記憶不能詳備者，許令退歸討論，次日別具劄子敷奏。庶幾可以輔稽古之志，成日新之益。取進止。

選人試經義劄子 治平二年十二月十七日上❷

臣竊見國家舊制，資蔭出身人初授差遣者，並令審官院流内銓試省格詩或賦或論一首，或五經墨義十道，各從其便。其賦、論、墨義，徒有其名，無人願試。大率皆乞試詩。

❶ 題注，原無，據《傳家集》補。
❷ 題注，原無，據《傳家集》補。

其間甚有假手於人，真僞難辨。就使自能作詩，辭采高妙，施於治民，亦無所用，不可以此便爲殿最。臣欲乞今後應資蔭出身人初授差遣者，並委審官院流内銓試《孝經》、《論語》大義共三道，仍令主判臣僚更將所對義面加詢問，使之口説。若義理精通者，特爲一等，并所試大義卷子，保明聞奏。京官與減一任監當，選人並與家便差遣，合入家便者與先次。其義理稍通者，依常調。不通者，且令修學，候一周年外再試，必須試中方得出官。若年四十以上者，即聽依舊制，只寫家狀讀律。如此則公卿大夫子弟皆嚮學知道，亦近於先王教冑子之術也。取進止。

論安懿皇劄子 治平三年正月上❶

臣聞諸道路，未知信否。或言朝廷欲追尊濮安懿王爲安懿皇。審或如此，竊恐不可。陛下既爲仁宗後，於禮不得復顧私親。臣先時言之已熟，不敢復煩聖聽。今臣不知陛下之意，固欲追尊濮王者，欲以爲榮邪，以爲利邪？以爲有益於濮王邪？前世帝王以旁支入繼，追尊其父爲皇者，自漢哀帝爲始。其後安帝、桓帝、靈帝亦爲之。❷哀帝追尊其父定陶恭王爲恭皇。今若追尊濮安懿王爲安懿皇，是正用哀帝之法也。陛下有堯、舜、禹、湯不以爲法，而法漢之昏主，安足以爲榮乎？仁宗恩澤在人，淪於骨髓，海内之心所以歸附陛下者，爲親受仁宗之命爲之子也。今陛下既得天下，乃加尊號於濮王，海内聞之，孰不解體？又安足以爲利乎？

❶ 題注，原無，據《傳家集》補。
❷ 「桓」，原避宋欽宗諱作小字「淵聖御名」，今回改。

夫生育之恩，昊天罔極，誰能忘之？陛下不忘濮王之恩，在陛下之中心，不在此外飾虚名也。孝子愛親，則祭之以禮。今以非禮之虚名加於濮王而祭之，其於濮王果有何益乎？三者無一可而陛下行之，臣竊惑之。此蓋政府一二臣自以曏者建議之失，已負天下之重責，苟欲文過遂非，不顧於陛下之德有所虧損，陛下從而聽之，臣竊以爲過矣。臣又聞政府之謀，欲託以皇太后手書，及不稱考而稱親。雖復巧飾百端，要之爲負先帝之恩，虧陛下之義，違聖人之禮，失四海之心。政府之臣秖能自欺，安能欺皇天上帝與天下之人乎？臣願陛下急罷此議，勿使流聞達於四方，則天下幸甚。臣今雖不爲諫官，然曏日已曾奏聞，身備近臣，遇國家有大得失，不敢不言。取進止。

留吕誨等劄子 治平三年三月八日上[1]

臣聞人主患在不聞其過，人臣患在不能盡忠。是故忠直敢言之臣，國家之至寶也。夫以人主之尊，下臨群臣，和顔色以求諫，重爵賞以勸之，群臣猶畏懦而不敢進，又況憚之以威，懲之以刑，則嘉言何從而至哉？竊聞侍御史知雜事吕誨、侍御史范純仁、監察御史裏行吕大防，因言濮王典禮事，盡被責降。中外聞之，無不駭愕。臣觀此三人，忠亮剛正，憂公忘家。求諸群臣，罕見其比。今一旦以言事太切，盡從竄逐，臣竊爲朝廷惜之。臣聞人君所以安榮者，莫大於得人心。今陛下徇政府一二人之情，違舉朝公

[1] 題注，原無，據《傳家集》補。

議，尊崇濮王過於禮制，天下之人已知陛下爲仁宗後，志意不專，悵然失望。今又取言事之臣，群輩逐之，臣恐累於聖德，所損不細。閭里之間，腹非竊歎者多矣。况純仁、大防，皆陛下簡拔於衆人之中，任以爲耳目之臣。蓋取其忠直，非取其阿諛也。純仁、大防，亦欲竭誠盡節，以報陛下之知，故敢不附政府，侃然正論。今更以此獲罪，則陛下於群臣之中，尚誰親哉！若使忠直日退，阿諛日進，則陛下何以復知臣下之善惡，政事之得失？如此殆非國家之福也。伏望聖慈亟令誨等還臺供職，則天下翕然，皆歌陛下之聖明。雖禹之樂聞善言，湯之改過不吝，不足過矣。不則且爲之別改近地一官，亦可以少慰外人之心也。

留傳堯俞等劄子 治平三年三月八日上❶

臣近曾上殿，蒙聖恩宣諭以濮王稱親事，云：「此親字，官家亦本不欲稱，假使只稱濮王與仙遊縣君，有何不可？」臣乃知陛下至公，本無過厚於私親之意，直爲政府所誤，以致外議紛紜。必謂且夕下詔罷去親名，其已出臺官，當別有除改，見在臺官，亦優加撫諭，使之就職。昨日忽聞侍御史知雜事傅堯俞知和州，侍御史趙鼎通判淄州，趙瞻通判汾州。中外之人，無不驚愕。此蓋政府欲閉塞來者，使皆不敢言，然後得專秉大權，逞其胸臆。臣竊惟陛下春秋方壯，聖性欽明，而今日獨取拒諫之名，受

❶ 題注，原無，據《傳家集》補。

孤恩之謗，違天下之望，失人主之權，止於遂政府數人很心而已，不知於陛下有何所利而爲之？臣不勝區區，深爲陛下痛惜。伏望陛下勿復詢於政府，特發宸斷，召還堯俞等，下詔更不稱親。如此則可以立使天下憤懣之氣化爲驩欣，誹謗之語更爲謳歌矣。取進止。

乞與傅堯俞等同責降劄子 治平三年三月十一日上❶

臣昨任諫官日，與其餘臺官等同共論列濮王典禮，不宜稱尊號及皇考事，前後非一。臣尋蒙恩改龍圖閣直學士，臣屢曾辭免，乞以舊職知河中府等一處，朝廷不許，止免諫職。❷今同知諫院傅堯俞、御史知雜事呂誨，侍御史范純仁、趙鼎、趙瞻，監察御史裏行呂大防並已責降。若所言濮王事合於典禮，則堯俞等不當竄逐；若所言非是，則臣不宜獨免。況同時臺諫官竄逐已盡，臣實無顏尚居故位。同罪異罰，有累公朝，伏乞與傅堯俞等一例責降。取進止。

居家奏狀

右，臣今日上殿已曾面奏，爲先任諫官日言事不當，乞賜責降。見居家待罪，自今月十二日已後不敢赴起居，所有本職公事，亦不敢管勾，謹具狀奏聞。謹奏。

❶ 題注，原無，據《傳家集》補。
❷「諫」，原作「缺」，據《傳家集》改。

第二劄子治平三年三月十四日上❶

臣於今月十一日上殿，以先任諫官日論列濮王事不當，乞賜責降。陛下令納下劄子，不送中書。臣以負罪在身，不可苟免。若不得臣劄子，中書無以進呈行遣。遂於次日具録劄子副本，繳申中書。臣又有此固違聖旨之罪，乞付外施行，早賜責降。取進止。

第三劄子

臣於今月十一日上殿，乞與傅堯俞等一例責降。十三日又曾自陳固違聖旨之罪，至今未奉指揮。臣竊於陛下即位之年四月二十七日已曾上疏，豫戒追尊祖父之事。及政府請議濮王典禮，陛下令候過仁宗大祥別取旨，臣與傅堯俞甫過大祥，即詣政府白以爲人後者不得顧私親之議。及詔兩制、禮官同共詳定之日，臣又獨爲衆人手撰奏草，若治其罪，臣當爲首。其呂誨等並係後來論列，已蒙譴逐，況如臣者，豈宜容恕？縱陛下至仁，特加保庇，臣能不愧於心！伏望聖慈依臣前奏，早賜責降。其竊所上疏，竊慮年月稍久，禁中遺失，今別録進呈。取進止。

第四劄子次日中使劉温直宣赴邇英閣，上面諭，令供職。❷

臣自今月十一日以來已曾三次奏乞與

❶ 題注，原無，據《傳家集》補。「十四」，《全宋文》作「十三」。

❷ 題注，原無，據《傳家集》補。

傅堯俞等一例責降，未蒙開允。今又准中書劄子，以侍講錢象先奏乞催臣依舊赴經筵供職，奉聖旨，令臣疾速朝參供職者。臣仰荷大恩，所宜奔走奉承詔旨，然臣退循義理，有所未安。是以不敢苟貪榮禄，至重有敷陳。臣與傅堯俞等七人同爲臺諫官，共論濮王典禮。凡堯俞等所坐，臣大約皆曾犯之。今堯俞等六人已蒙聖恩盡得外補，獨臣一人尚留闕下，使天下之人皆謂臣始則唱率衆人，共爲正論；終則顧惜禄位，苟免刑章。臣雖至愚，粗惜名節，受此指目，何以爲人？非徒如是而已，又使讒謗上流，謂國家行法有所偏頗。臣是用晝則忘餐，夕則忘寢，入則愧朝廷之士，出則慙道路之人，藐然一身，措之無地。雖知違犯天威，負罪愈重，豈敢更復朝參供職？伏望聖慈曲垂矜察，依臣前奏，早賜責降。取進止。

請不受尊號劄子 治平三年十一月十七日上❶

臣聞王者父天母地，子育黎元，嚴恭鬼神，畏懼災異。故能安靖國家，饗有多福。自生民以來，不易之道也。天雖至高，視聽甚邇，朝夕不離王者左右，順吉逆凶，應若影響。此乃《詩》、《書》所載，聖人所言，豈可謂之漠然無知而簡忽不顧哉！臣伏見陛下踐阼已來，太陽侵色，中有黑子，大風晝晦，冬温無冰，連年大水，漂没廬田。以至今歲，災異尤甚，彗星彰見，光炎隆熾，朝東暮西，連月乃滅。飛蝗害稼，日有食之。加之陝西、河東夏秋乏雨，禾既不收，麥仍未種，婦子悽惶，流離滿路。西戎内侮，邊鄙未安。當此

❶ 題注，原無，據《傳家集》補。

之際，群臣宜勸導陛下以祇畏天命，勤恤民隱，克己謙約，博求至言，以消復變咎，延致善祥。而朝廷晏然，曾不爲意。或以爲自有常數，非關人事；或以爲景星嘉瑞，更當有福。今者又有佞臣建議請上尊號，其爲欺蔽上天，誣罔海内，孰甚於此！是使上帝鬼神怫鬱不懌。自拜表以來，陛下嬰此疾疹，久而未愈，此皆群臣諂諛之罪，陛下豈得不省寤而深思哉！臣不勝區區，忘生觸死，伏望陛下自以聖意止群臣所上章表，却尊號而勿受。更下詔書，深自咎責，咨謀四方，廣開言路，求所以事天養民轉災爲福之道。俟聖體康復，政化流通，天時豐穰，人心悦豫，然後推崇徽稱，何晚之有？如此庶幾上帝收還威怒，福禄大來，聖躬和平，勿藥有喜，群生百姓，莫不幸甚。況陛下曏者郊禮之前辭尊號不受，天下稱誦盛德，至今未已。然則是棄虛名而得實名，捨虛美而取實美也，於陛下何損焉？臣荷國大恩，承乏侍從，誠見近日群臣皆以言爲諱，入則拜手稽首，請加鴻名；出則錯立族談，腹非竊笑，終無一人爲陛下正言其不可者，臣竊痛之。是敢妄進狂瞽，惟聖明采察。取進止。

議祧遷狀 治平四年閏三月上❶

右，臣准學士院告報，以大行皇帝神主祔廟，僖祖神主當遷夾室，准朝旨，令待制以上同議者。臣先於嘉祐八年仁宗祔廟之時，已曾與龍圖閣直學士盧士宗上言，僖祖當遷夾室。當時議臣皆以爲不然，朝廷遂從衆議。臣謹案《王制》稱：「天子七廟，三昭三

❶ 題注，原無，據《傳家集》補。

穆，與太祖之廟而七。」明太祖之外，止有三昭三穆而已。是以前代帝王於太祖未正東嚮之時，大率所祀不過六世。若僖祖於今日方議祧遷，則是太祖之外更有四昭三穆，與太祖之廟而八。不合先王典禮，難以施於後世。臣愚以爲仁宗祔廟之時，僖祖已當遷於夾室。今大行皇帝祔廟，順祖亦當遷於夾室。臣既承詔旨，令得與議，不敢不盡所見以對，伏乞朝廷更賜詳擇。今録嘉祐八年奏議一本，謹具狀繳連奏聞，伏候勑旨。

辭翰林學士第一狀 治平四年閏三月二十九日❶

右，臣竊聞已降勑告在閤門，除臣翰林學士者。臣聞人臣之義，陳力就列，不能者止。臣自從仕以來，佩服斯言，不敢失墜。頃事仁宗皇帝，蒙恩除知制誥，臣以平生拙於文辭，不敢濫居其職，瀝懇固辭。仁宗皇帝察其至誠，遂賜開許。今翰林學士比於知制誥職任尤重，固非愚臣所能堪稱。聞命震駭，無地自處。況臣於先皇帝時，以久官京師，私門多故，累曾進狀，乞知河中府或襄、虢、晉、絳一州。後值國有大故，及所修《君臣事迹》並未經奏御，以此未敢更上文字。今日近方欲再有陳乞，不意忽叨如此恩命。臣雖頑鄙，粗能自知，非分之榮，必不敢受。伏望聖慈察臣非才，不堪此任，特賜哀矜，遂其微志，許以舊職知河中府或襄、虢、晉、絳一州。若此數處無闕，即乞於京西、陝西路除一知州差遣，如此則上不累公朝之明，下不失私家之便，誠爲大幸。干冒宸嚴，臣無任惶恐懇切之至。謹具狀奏聞，伏候勑旨。

❶ 題注，原無，據《傳家集》補。

第二狀

右，臣近於閏三月二十九日，曾進狀辭免新除翰林學士恩命，乞一知州差遣，至今未奉朝旨者。臣竊以唐室以來，士人所重清要之職，無若翰林。自非天下英材，聲稱第一，詳識典故，富有文章，雖欲冒居，豈厭衆意？臣稟賦頑鈍，百無所堪，在於屬辭，尤爲鄙拙，安敢强顔，輒爲此職？人雖不言，能不内愧。是用輸肝瀝膽，貢實自歸。惟仁聖鑒其中悃，力小任重，慙懼交攻，坐炭履冰，未足爲諭，特遂所志，使之自安。天地至恩，無以過此。所有翰林學士勑告，臣不敢祗受。伏乞依臣前奏，只以舊職於晉、絳或京西、陝西路除一知州差遣。干冒宸嚴，臣無任惶恐懇切之至。

第三上殿劄子 治平四年四月十三日上❶

臣近蒙聖恩除翰林學士，已曾兩次進狀辭免，乞一知州差遣，奉聖旨不允，令便授勑告者。臣非不知美官難得，詔旨難違。然所以須至再三煩瀆天聽者，誠以臣之材性，各有短長，人君當量能授官，人臣當陳力就列。如此則事無曠廢，上下得宜。臣自幼少以來，雖稍曾讀書，而稟性愚鈍，拙於文辭。若使之解經述史，或粗有所長，至於代言視草，最其所短。今若苟貪榮寵，妄居此職，萬一朝廷有大號令，或除拜稍多，臣才思竭涸，必至閣筆。縱使勉强得成，其鄙惡必甚。以之宣布四方，使共傳笑，豈惟彰微臣之醜，亦恐

❶ 題注，原無，據《傳家集》補。

爲朝廷之羞。此臣所以寧犯譴怒之誅，而不敢當清華之選者也。陛下若察其至誠，知非矯飾，特賜哀矜，寢罷新命，則是掩臣所短，全臣所長。生成之恩，孰大於此！况臣自通判并州得替，住京十有餘年，去歲兄里身亡，遺孤無人照管。臣累曾奏先帝，乞家便一官，亦蒙聖恩許候脩書略成規矩，即除外任。無何先帝奄棄天下，臣哀荒失圖，未敢叙陳。近方欲具所修《前漢紀》三十卷，先次進呈，然後以私懇上干陛下聖聽。不期忽有今兹恩命，誠非愚臣本心所願。憂惶踴躇，無所容措。伏望聖慈依臣前奏，只以舊職於晉、絳或京西、陝西路除一知州差遣。所有翰林學士勑告，臣不敢祗受。取進止。

王陶乞除舊職劄子 治平四年四月二十二日上❶

臣昨日召對，蒙聖恩賜示以吴奎所上劄子，爲直除王陶翰林學士家居待罪事。臣尋已曾據所見敷奏。陛下始欲止還陶舊職，後又欲與陶侍讀學士。臣當時怱遽，未有以對，退爲陛下經宿思之。侍讀學士與翰林學士資級略同，若授陶此職，臣恐奎尚未肯起。陛下新即尊位，大臣屢有不安其位者。奎素有質直之名，萬一因此激發，舉動更有過當，若亟行罷免，則深失士大夫之望，若屢詔不起，則愈損陛下之威。况陶本以言事不聽，辭免臺職。待罪之際，若更加以美官，臣竊料陶亦不敢受。欲望聖慈止還陶未作御史

❶ 題注，原無，據《傳家集》補。

中丞時舊職，則奎前者已經商量，不敢不起，陶既是舊職，受之亦安。庶免更有紛紜，重傷朝廷大體。臣蒙陛下虚己下問，愚慮竊以此爲便，不敢不奏，乞賜詳擇。取進止。

温國文正公文集卷第三十五

温國文正公文集卷第三十六

章奏二十一

留吴奎劄子 治平四年四月二十四日上❶

臣竊聞王陶除樞密直學士知陳州，吴奎除資政殿學士知青州。外議籍籍，皆以爲奎不當去。所以然者，蓋由奎之名望素重於陶。雖今者封還詔書，徑歸私第，舉動語言，頗有過差，然外庭之人不知本末，但見陛下爲陶之故，罷奎政事，其罰太重，能不怪駭！如此，臣恐其餘大臣皆不自安，各求引去。陛下新登大寶，先帝梓宫在殯，若舉朝大臣紛紛盡去，則於四方觀聽，殊似非宜。臣愚欲望陛下收還奎青州勑告，且留奎在政府，以慰士大夫之望，安大臣之意。陛下以奎違詔而黜之，威令已行，嘉奎質直而留之，用意尤美。奎始負大譴，慴服陛下之英斷，終蒙開釋，銜戴陛下之深恩，上下驩悦，誠無所損。昔漢高帝疑蕭何受賈人金，械繫於獄，感王衛尉一言，赦令復位。君臣恩禮，相待如初。況於出入之間，何爲不可復留也？陛下素知臣非朋附大臣之人，故敢不避形迹，極意盡言，但爲朝廷惜大體耳。乞賜裁察。取進止。

❶ 題注，原無，據《傳家集》補。

作中丞初上殿劄子治平四年四月❶

臣聞澄其源則流清，固其本則末茂。臣蒙陛下聖恩，拔於衆臣之中，委以風憲。天下細小之事，皆未足爲陛下言之，敢先以人君修心治國之要爲言，此誠太平之原本也。臣聞修心之要有三：一曰仁，二曰明，三曰武。仁者，非嫗煦姑息之謂也。修政治，興教化，育萬物，養百姓，此人君之仁也。明者，非煩苛伺察之謂也。知道義，識安危，别賢愚，辨是非，此人君之明也。武者，非强亢暴戾之謂也。惟道所在，斷之不疑，姦不能惑，佞不能移，此人君之武也。故仁而不明，猶有良田而不能耕也；明而不武，猶視苗之穢而不能耘也；武而不仁，猶知穫而不知種也。三者兼備則國治强，闕一焉則衰，闕二焉則危，三者無一焉則亡。自生民以來，未之或改也。治國之要亦有三：一曰官人，二曰信賞，三曰必罰。夫人之才性，各有所長，官之職業，各有所守。自古得人之盛，莫若唐虞之際。稷、契、皋陶、垂、益、伯夷、夔、龍，各守一官，終身不易。苟使之更來迭去，易地而居，未必能盡善也。故人主誠能收采天下之英俊，隨其所長而用之，有功者勸之以重賞，有罪者威之以嚴刑，譬如乘輕車，駕駿馬，總其六轡，奮其鞭策，何往而不可至哉！昔仁宗皇帝之時，臣初爲諫官，上殿首曾敷奏此語。先皇帝時，臣曾進《歷年圖》，又以此語載之後序。今幸遇陛下始初清明之政，虚心下問之際，臣復以此語爲先者，誠以臣平生力學所得，至精至要，盡在於是。

❶ 題注，原無，據《續資治通鑑》補。

願陛下勿以爲迂闊，試加審察。若果無可取，則臣無所用於聖世矣。取進止。

乞罷詳定押班劄子 治平四年五月上❶

臣竊聞宰臣復有文字，乞下禮官詳定合與不合押班。臣聞王者設官分職，譬猶一體。以宰相爲股肱，以臺諫爲耳目，固當同心協力，以佐元首。若各分彼我，互争勝負，欲求其身之安，何由可得？近者御史中丞王陶，請宰相依舊制赴文德殿押班。宰相若從其所請，豈有後來紛紜？乃堅執不行，迭相激發，遂致王陶語言過差。今王陶既補外官，宰相已赴押班，臣謂朝廷可以無事矣，而宰相復有此奏。萬一禮官有希旨迎合者，以爲宰相不合押班，臺司欲默而不言，則朝廷之儀遂成隳廢；欲辨論是非，則與前日之事有何所異？是鬬訟之端則無時休息也。陛下新即天位，四方之人舉首傾耳，以觀大化。而朝廷不聞肅雍濟濟之風，數有變色分争之醜，臣竊爲陛下惜之。況今災異屢降，飢饉荐臻；官多而用寡，兵衆而不精；冗費日滋，公私困竭；戎狄桀傲，邊鄙無備；百姓流亡，盗賊將起。朝廷夙夜所憂，宜以此數者爲先，而以餘事爲後。伏望陛下特降聖旨，令宰臣依國朝舊制押班。所有下禮院文字，乞更不令詳定。取進止。

留韓吕劄子 治平四年五月十二日上❷

臣竊聞已有指揮，龍圖閣直學士韓維差

❶ 題注，原無，據《傳家集》補。

❷ 題注，原無，據《傳家集》改。

知潁州，侍御史吕景與堂除通判，未知信否。臣愚竊見韓維沈静方雅，於陛下疇昔官僚之中，最有美譽。今者無故稱病求出，外人皆不知其故。吕景渾厚剛直，於今日言事之臣亦爲難得。其人身爲臺官，坐言事罰銅，誠使羞辱，難以立朝，不若得貶竄之爲快也。然二人者皆陛下腹心耳目之良臣，一旦俱從外補，二人甚爲私便，臣竊爲陛下惜之。伏望聖慈更賜詳度，或且留之左右，使拾遺補闕，誠有所裨益。必若不可留者，其臺官乞更不舉人，只於舊臺官吕大防、郭源明、馬默等數内斷自聖意，選擇一人，以補其闕。所貴得質直之人，克厭衆心。取進止。

御殿劄子 治平四年五月十五日上❶

臣竊見今月十五日陛下以服藥不受慰，群臣無不憂疑。臣竊惟萬乘之主，起居動静，繫天下安危。況今國家多事之際，尤宜深思遠慮。若來日聖體全未得安，臣不敢言。若稍得痊愈，伏望陛下勉强御前殿或後殿，暫見群臣。若有奏事久不退者，雖諭以近新服藥，難爲久坐，使之且退，亦無所害。但使群下略得瞻望清光，則中外之心自然安帖。取進止。

宰臣押班第二劄子 治平四年五月❷

臣伏覩今月七日勑文，准四日手詔，今後宰臣赴文德殿押班，自春分後或遇辰牌上，秋分後遇辰正牌上，垂拱殿視事未退，止

❶ 題注，原無，據《傳家集》補。
❷ 題注，原無，據《宋會要輯稿》補。

令傳報，宰臣更不過，令御史臺一面放班。餘日並依祥符勑命指揮，永爲定制。所有前降下太常禮院詳定文字，更不施行者。臣竊見從來垂拱殿視事，比于中書樞密院及其餘臣僚奏事畢，春分以後少有不過辰初，秋分以後少有不過辰正。自陛下臨御以來，惟近因服藥，曾於辰牌以前駕起入内，自餘皆在辰牌以後。然則自今以往無事之日，宰臣永不赴文德殿押班也。臣切惟文德殿爲天子正衙，宰臣爲百僚師率。百僚既在彼常朝，則宰臣理當押班，斯乃前世舊規，自祖宗已來，未之或改。今陛下即政之始，事非有大利害者，恐未須更張。伏望陛下特降聖旨，令宰臣一依國朝舊制押班。若陛下以前者已降手詔，必欲限以時刻者，即乞自春分後遇辰正牌上，秋分後巳牌上，並依今月四日指揮施行，猶庶幾此禮不至遂廢。取進止。

乞訪四方雨水劄子治平四年五月十九日上❶

臣竊見陛下近以久旱爲災，分命使者徧祈嶽瀆，靡神不舉，精誠感通，甘雨降集，誠中外之大慶。然暑月暴雨，多不廣遠，臣切慮四方州縣尚有未霑足之處。王者以天下爲家，無有遠邇，當視之如一，不可使惻隱之心止於目前而已。今者京城雖已得雨，伏望陛下不可遽以爲秋成可望，怠於憂民。凡内外臣僚有新自四方來者，進對之際，皆乞訪以彼中雨水多少，苗稼如何，穀價貴賤，閭閻憂樂。互相參考，以驗虚實。既可以開益陛下聰明，日新盛德；又使遠方百姓皆知陛下燭見幽遠，無所遺忽，銜戴上恩，傾心歸附；

❶ 題注，原無，據《傳家集》補。

又使州縣之吏皆知陛下憫卹黎元，留心稼穡，不敢自恃僻遠，殘民害物。陛下一發德音而收此三善，非獨可以行之今日，亦願陛下永久行之，誠天下幸甚。取進止。

乞簡省舉御史條約劄子 治平四年五月二十二日上❶

臣聞法制之設，貴於簡要，而失在煩苛。官人之道，以得賢爲本，而資序爲末。昔東漢之衰，立三互之法，婚姻之家及兩州人士不得對相監臨，以是幽、冀二州久缺不補，蔡邕嘗上疏極陳其弊。然則詳其末而遺其本，非治世之政也。伏見國家每選御史官，須中行員外郎以下，太常博士以上，差遣須通判資序，其餘條約甚多。是以百僚之中可舉者至少，舉而得中者尤稀。近日以來，爲弊益甚。蓋以屢有覃恩，官品多高而差遣未至。幸而有資序相值者，則又未必賢矣。夫御史之職，但當求忠亮方正之人，區區資序，何足比較？臣愚欲望朝廷自今每舉御史，其前行員外郎以上，即以本官兼侍御史，三丞以下及知縣資序，即具充裏行，不復更須逐次陳請。庶幾取人路廣，有可選擇。取進止。

聽斷書 治平四年五月二十四日上❷

月日，具位臣某昧死再拜上書皇帝陛下：臣材識駑鈍，陛下過聽，擢備憲司。臣夙夜盡心，以思厥職，隕首捐軀，無足爲報。竊見近歲以來，政府言職迭相攻毀，分爲兩

❶ 題注，原無，據《傳家集》補。
❷ 題注，原無，據《傳家集》補。

朋，有如讎敵。所以然者，蓋由人臣各務逞其私志，互争勝負，不顧已之是非；人主不忍違逆人情，兩加全護，不肯判其得失。是以群下紛紛，日鬭於前，而朝廷爲之多事者也。臣伏見陛下天性聰明，仁孝恭儉，踐阼之初，孜孜求治。此誠堯舜之資，群生之福也。群臣幸得遭遇此時，不務將順聖德，紀綱治體，革政事之久弊，救百姓之疾苦，而各爲私鬭，不知窮極，誠可罪也。臣聞人君之尊，與天地同體，以剛健爲德，以重厚爲威。照微當如日月，發言當如雷霆。昔漢武帝謂田蚡曰：「君除吏盡未？吾亦欲除吏。」又謂衛青曰：「郭解布衣，權至使將軍自言，此其家不貧。」人主之言若皆切當如此，群臣安得不畏服哉！夫心知其非而面徇其情，口順其説，依違兩可，此最人君之大患也。今國家政事，未有不先經兩府相與商議，然後施行，關防秘密，外人莫得而知。及詔令已下，臺諫方得聞之。若事有未便，從而論列，陛下還復下之兩府。人之常情，自非大賢，誰肯以已之所謀爲非而以它人之言爲是哉！必須排擯沮抑，以爲難從，此人主之所以獨取拒諫之名而大臣私得專權之便者也。臣愚伏望陛下自今應有臣僚上言朝廷闕失者，陛下當清心審慮，自以大公至正之道決之。若大臣所謀果是，不必顧恤言者；言者所陳果當，不必曲順大臣之意。位無高下，言無先後，唯是之從，又何紛紜之足患哉！必若其人等固有争執者，陛下亦當再審察，更以理道往返與相詰難，以盡其情。果有可取，勿憚改爲。若漢宣帝之於趙充國，則萬事無不當矣。必若理道是非顯然在目，而其人執迷文過，强很不已者，雖加罪黜，天下豈以爲不可哉！如此則豈惟事得其正，亦使威福之柄盡歸帝室矣。凡天下之事，是非未明則不可不慎，是非既明則在陛下決而行之。臣前日所謂「惟道所在，斷之不疑，姦不能惑，佞不能移」者，正謂此也。伏惟聖明俯加裁察。臣某昧死再拜。

乞不更責降王陶劄子 治平四年上❶

臣竊聞政府以王陶上表，言辭狂率，恣爲詆毀，多過其實，欲有敷奏，乞重加責降。審或如此，恐不可許。何則？自仁宗皇帝已來，委政宰輔，宰輔之權，誠爲太重。加以臺諫官被貶者，多因指大臣之過失，少因犯人主之顔色，是威福之柄，潛移於下。陛下方將奮乾剛之盛德，伸元后之威斷，收還利器，以救其弊。今者王陶肆其褊心，失於詳審，言語不密，流布遠近。雖實有罪，然陶前者出知陳州，陛下蓋以先帝梓宮在殯，特爲大臣屈意行之。今若又以表文詆毀大臣，重加責降，臣恐人主之權益去，大臣之勢遂成。興衰之機，於此乎在，不可不察也。臣愚伏望陛下於執政進呈王陶謝上表之際，但諭以「躁人之辭，不足深罪，前已左遷在外，豈可更加貶責」。若其再三執奏，陛下當正色語以「王陶前作中丞，譏切朕躬，非無過當之言，朕亦未嘗加怒，欲以開廣言路。豈可觸犯卿等，則必欲再三責降，方爲快意邪」？若猶執奏不已者，陛下但不復應答，彼當自退。所以然者，非以保全王陶，蓋欲使其餘臣僚知陛下英武可恃，萬一它日大臣有欺罔聰明爲大罪者，群臣敢言之耳。凡此皆陛下聖智所能自知，臣復屑屑盡言者，誠荷陛下

❶ 題注，原無，據《傳家集》補。

不世之恩，貪於報効，不復自顧形迹之嫌故也。取進止。

王廣淵劄子 治平四年三月六日上❶

臣聞明君之政，莫大於去姦；忠臣之志，莫先於疾邪。陛下不知臣無似，使待罪憲府。受任以來，於今踰月，而寂無所糾，誠負大恩。伏見直龍圖閣兼侍讀王廣淵，以小人之質，有傾巧之材，苟求進身，無所不至。外依政府，内結近習，數年之間，致位清顯。國家本以龍閣寵賢彦，邇英待儒雅，皆非廣淵所宜濫處。陛下即位以來，未聞放黜姦邪，以警群臣。廣淵於朝列之中，爲姦邪之尤者，伏望陛下奮發乾剛，首加斥逐，奪去職名，除一遠地監當，亦足以醒天下之耳目。取進止。

高居簡劄子 治平四年六月十一日上❷

臣聞古人有言：「堂上不糞，則郊草不瞻曠耘。」近者不治，則不暇及遠也。竊見勾當御藥院高居簡，資性姦回，工讒善佞，久處近職，罪惡甚多。臣謹案祖宗舊制，勾當御藥院官至内殿崇班以上，即須出外。蓋以日月寖久，官資稍高，則防其憑恃威靈，竊弄權柄，遠鑒漢唐之禍，深爲子孫之慮故也。陛下即位之初，内臣以覃恩遷官者，盡補外職，獨留御藥院四人，天下首以此一事譏陛下之失。況居簡於衆人之中最爲狡猾，而陛下特加寵信，待以腹心，中外指目，大玷聖德。臣

❶ 題注，原無，據《傳家集》補。
❷ 題注，原無，據《傳家集》補。

職在繩糾，不敢不言。伏望聖慈遵祖宗令典，應句當御藥院官至崇班以上者，盡授以向外差遣。其高居簡，乞遠加竄逐，以解天下之惑。取進止。

王廣淵第二劄子

臣近曾上言，直龍圖閣兼侍讀王廣淵，傾巧姦邪，乞盡奪去職名，除一遠地監當。至今未聞指揮，臣竊惟廣淵所爲，布聞海內。陛下昔在宮邸，豈不備知，何待微臣更有詳述。❶《書》曰：「任賢勿貳，去邪勿疑。」此大舜所以成大功也。陛下若未知廣淵之爲賢與不肖，尚容致疑；若果知廣淵姦邪之狀，則豈可復置之左右而不速去之哉！夫佞人者，巧於求合，變故萬端。雖聖賢所不能察，是以帝堯畏巧言令色孔壬，而孔子教顏淵以遠佞人。夫堯與顏淵非不明也，苟不畏而遠之，則有時而惑之矣。伏望陛下依臣前奏，其王廣淵早賜黜逐。取進止。

賑贍流民劄子 治平四年六月十七日上❷

臣竊見朝廷差官支撥粳米於永泰等門，遇有河北路流民逐熟經過，即大人每人支米一斗，小兒支與米五升。仰仔細告諭，在京難以住泊，令速往近便豐熟州軍存活者。臣竊思之，如此處置，欲以爲恤人之名，掩人耳目則可矣，其實恐有損無益。何以言之？曏者或聞河北有人訛傳京師散米者，民遂襁負南來，今若實差官散米，恐河北飢民聞之，

❶「待」，原作「寂」，《傳家集》作「假」，據《全集》改。

❷題注，原無，據《傳家集》補。

未移者因兹誘引，皆來入京。京師之米有限，而河北流民無窮。既而無米可給，則不免聚而餓死，如前年許、潁二州是也。今禾苗既傷於旱，蝗蝻日益滋生，秋田豐歉，殊未可知。一斗、五升之米，止可延數日之命，豈能濟其飢饉之厄哉！凡民之情，見利則趨之，見害則避之。若京師可以住泊，雖驅之亦不肯去，若外州可以存活，雖留之亦不肯止，固非數人口舌所能告諭。故臣以爲有損無益也。臣聞民之本性懷土重遷，豈樂去其鄉里，捨其親戚，棄其丘壟，流離道路，乞匄於人哉？但以豐稔之歲，粒米狼戾，公家既不肯收糴，私家又不敢積蓄。所收之穀，隨手糜散，春指夏熟，夏望秋成，上下偷安，莫爲久計。是以稍遇水旱螽螟，則糇粮已絶，公私索然，無以相救。仰食縣官，既不能周，假貸富室，又無所得。此乃失在於無事之時，不在於凶荒之年也。加之監司守宰，多不得人，視民之窮，曾無矜閔。增無名之賦，興不急之役，吏緣爲姦，蠹弊百出。民搏手計窮，無以爲生，則不免有四方之志矣。意謂它處必有饒樂之鄉、仁惠之政，可以安居，遂伐其桑棗，撤其廬舍，殺其耕牛，委其良田，累世之業，一朝破之，相攜就道。若所詣之處復無所依，使之進退失望，彼老弱不轉死溝壑，壯者不起爲盜賊，將安歸乎？是以聖王之政，使民安其土，樂其業，自生至死，莫有離散之心。爲此之要，在於得人。以臣愚見，莫若謹擇公正之人爲河北監司，使之察災傷州縣，守宰不勝任者易之。然後多方那融斛斗，各使賑濟本州縣之民。若斛斗數少不能周徧者，且須救土著農民，各據版籍，先從下等，次第賑濟。則所給有限，可以豫約矣。若富室有蓄積者，官給印曆，聽其舉貸，量出利息。候豐熟日，官爲收索，示以必信，不可誑誘，則將來百姓争務蓄積矣。如此飢民知有可生之路，自然不棄舊業，浮遊外鄉。居者既安，則行者思返。若縣縣皆然，豈得復有流民哉！臣前曾上言，王者以天下爲家，不可使側隱之心止於目前而已。此特河北流民路過京師者耳，竊聞其它災傷之處，流民亦爲不少。若臣言可采，伏望聖慈依此行之。取進止。

温國文正公文集卷第三十六

温國文正公文集卷第三十七

章奏二十二

王廣淵第三劄子 治平四年五月上❶

臣前兩次上言：王廣淵傾巧姦邪，乞盡奪去職名，與遠地監當。近聞本人帶職知齊州，仍賜章服。如此乃是賞之，非黜之也。夫使廣淵自改京官以來，謹身守分，不爲姦諂，以至今日，不過作第二任通判。今所得乃如此，豈可謂爲姦諂無益哉？孔子稱：「唯器與名不可以假人。」今之章服，所謂器也；職名，所謂名也。二者皆無用之物，然而天下貴之者，爲其非賢材則不能得之故也。唐宣宗重惜章服，不輕以與人，有司製緋紫衣以備賜與，經年不用三兩領，故當時服緋紫者人以爲貴。夫名器者，譬如珠玉，若使之易得如瓦礫，尚安足貴乎！近歲兩次覃恩，服緋紫者已爲汎濫。今又如陳鑄、王廣淵輩皆賜章服，是使今後受賜服者皆以爲恥，不以爲榮也。且陛下使廣淵出補外官者，必已知其姦邪之迹也。今又復以職名、章服寵之，是勸人使効廣淵所爲也，臣竊恐非國家之福。伏望聖斷依臣前奏，盡奪去廣淵職名并比來章服，❷與遠地監當，使賞善訓惡，皦然明白。取進止。

❶ 題注，原無，據《宋朝諸臣奏議》補。
❷ 「比」，原作「此」，據《傳家集》改。

高居簡第二劄子治平四年六月十一日❶

臣近曾上言：句當御藥院高居簡工讒善佞，乞遠加竄逐，未蒙施行。昔周公以《立政》戒成王，至虎賁、綴衣、趣馬、小尹、左右攜僕、百司庶府，亦皆擇人。穆王命伯冏爲太僕正，曰：「昔在文武，侍御僕從，罔匪正人。」又曰：「慎簡乃僚，無以巧言令色，便辟側媚，其惟吉士。僕臣正，厥后克正。僕臣諛，厥后自聖。」自古聖帝明王，雖左右小臣未嘗不謹擇端良之人，以自防逸豫之生也。況陛下嗣膺寶命，聖德惟新，善惡興衰，於此乎分。而使讒佞如居簡者，旦夕常在左右，又寵而信之，此乃異日禍亂之根，腹心之疾也。臣職在去邪，不敢不再三上言。伏望聖明依祖宗舊制，應句當御藥院官至崇班以上者，並令出外，其高居簡仍乞遠加竄逐。取進止。

高居簡第三劄子

臣近曾兩次上言：句當御藥院高居簡工讒善佞，乞遠加竄逐，至今不蒙降出施行。居簡頃在先朝，已竊弄權柄，依憑城社，玷辱聖明。物論洶洶，切齒側目。及陛下繼統，必謂首行誅竄，以警邪臣。不意居簡狡猾多端，先自結於陛下，使陛下寵愛信任，更過於先帝之時。朝廷公忠之士無不憤懣，深爲陛下惜之。方今內侍之臣，小心謹慎可以備陛下左右使令者，何可勝數？陛下足以擇而用之，何必違祖宗舊典，負天下譏謗，獨保護

❶ 題注，原無，據《司馬温公年譜》補。

居簡，堅如金石。臣竊惑之。伏望聖慈取臺諫官前後所言居簡文字，❶盡付所司，明治其罪，以彰至公之義，順合衆心。其餘句當御藥院者，亦乞遵舊制，官至内殿崇班以上，並授以向外差遣。取進止。

封事劄子 治平四年六月十七日上❷

臣伏以大舜舉賢，敷納以言，明試以功。漢武帝詳延特起之士，待以不次之位，終獲其用，威加胡越。真宗皇帝總覽群臣章奏，用其言而顯其身，以成咸平、景德之治。凡察言所以知人，知人所以立政，自古及今，其道一也。今陛下即政之初，首開言路，令中外臣民皆得上封事。海内欣欣，咸畢精竭思，以承休德。若於此際能采其嘉謀，舉其賢材而用之，則太平之基可指日而望也。若徒備外飾，廢其言而不用，棄其人而不取，則天下頹弊之事當何時而振起乎？臣與張方平先受詔詳定中外所上封事，雖已盡心料簡合於義理可施行者一一奏聞，更望陛下擇其精者，決自聖意，必令行之。其有識慮稍出於衆者，願陛下特賜召對，面加詢訪，考其虚實。果有可采，密籍姓名，遇有差遣，隨材授任。俟其實有顯効，然後不次拔擢。如此則嘉言罔攸伏，野無遺賢矣。取進止。

高居簡第四劄子

臣累日前上殿言：句當御藥院高居簡，自先帝時竊弄權柄，陛下復寵而信之，大爲

❶「字」，原作「序」，據《傳家集》、《全集》改。
❷題注，原無，據《傳家集》補。

聖德之累，乞治其罪。陛下許臣送樞密院施行，至今未聞有指揮。不知居簡以何道結陛下，能如此之深也。居簡所能，止於讒佞。佞者不過巧言令色，希意迎合，快人主之欲以市其權，使人主溺於荒宴而不自知也。讒者不過離人君臣，間人骨肉，惑人主之心，以固其恩，使人主陷於傾危而不自寤也。有是二者，又可近乎？曏使陛下即位歲久，功業已成，而有讒佞之臣始得幸，天下有識者猶當寒心。何則？知其必爲禍亂之階也。況今初承大統，當鋭精求治之時，而遽留居簡於左右，仍加寵信，根蔕已牢，則異日之憂可勝道哉！此臣所以不避死亡，而必當力争者也。或聞陛下欲待居簡自求引退，然後遣去，臣誠戇愚，未曉所謂。若國之大臣，耆年有德，聞望素高，一旦偶有小失，未爲外人所知，陛下務存終始，使自引去，以全其名則可矣；其挾姦作慝者，猶宜明正刑書。況居簡閨闥小臣，罪惡盈積，所宜肆諸市朝，宣示四方，以戒憸人，而尚足爲之隱乎？且居簡姦邪，播聞遠近，陛下今日雖爲之隱，天下耳目庸可蔽乎？凡居簡所以能爲惡者，以其自託宫禁，譬如狐鼠，依憑城社。彼惟恐離去左右，豈肯自陳求退乎？伏望陛下盡出群臣前後所言居簡事狀，送居簡付所司，明治其罪，以彰至公之道。取進止。

郭昭選劄子 治平四年六月❶

臣竊聞：陛下曏時直省官郭昭選等四人，近有特旨，並除閤門祇候。衆言籍籍，頗謂僥忝。國初草創，天步尚艱，故祖宗即位

❶ 題注，原無，據《司馬温公年譜》補。

之始，必拔擢左右之人以爲腹心羽翼，豈以爲永世之法哉？乃遭時不得已而然也。自後嗣君，守承平之業，繼聖考之位，亮陰未言之間，有司因循，踵爲故事。凡東宮僚吏，一概超遷，謂之隨龍。以此昭選之徒，得自厮役直除班行，其爲幸已多矣。乃敢妄有攀援，邀求無已，曾不自省有何功勳。小人之心，終無厭極，不可縱也。且閤門祗候，祖宗所以蓄養賢才，以待任使之地也。其班序差遣，事事不同，譬諸文臣，則館閣之流也，豈可使厮役之人爲之哉！況東宮其餘吏卒甚衆，苟一人得之，則皆有冀望之心，此《書》所謂「啓寵納侮」者也。陛下既承大統，則率土之濱誰不爲臣？而獨私於東宮之人，則所與親者至狹矣。臣昨除御史中丞初上殿之日，首以官人、賞罰爲言，誠以三者致治之本，自上世以來不易之道也。今昭選等以賤隸而叨美職，是官不擇人也；無横草之勞，而數月之間恩命相繼，是無功受賞也；姦慝明著如高居簡等，尚保而庇之，是有事不罰也。陛下始初清明，方勵精求治，而乃輕其官爵，慢其賞罰，如此將以興太平之功，猶適楚而北轅也。今臣所以區區進言者，但爲陛下惜此而已。所有昭選等新除閤門祗候，❶乞賜追寢。取進止。

帖黄

或聞昭選等因告昌王入言得此旨，未知虛的，審或如此，尤爲不可。陛下之於昌王，但當極其友愛，至於官爵、刑賞，乃陛下政柄，須決之聖心，昌王亦不當關預，陛下亦不當聽從。如此則兄弟之恩全，君臣之分正矣。漢館陶公主爲子

❶「閤」，原作「隱」，據《傳家集》改。

求郎，明帝不許，賜錢十萬。曰：「郎官上應列宿，出宰百里，有非其人，民受其殃。」是以難之，彼爲其子猶不可，况爲它人乎！

高居簡第五劄子 當日罷居簡御藥院，除供備庫使。❶

臣聞邪正不可同朝，猶冰炭不可同器。陛下不知臣不肖，使待罪御史中丞。臣四次上言勾當御藥院高居簡工讒善佞，不宜寵信，置於左右。所言無取，不蒙省録。臣實無顔尚居風憲。若陛下以臣爲拙直，則居簡爲姦邪；若以居簡爲忠良，則臣爲讒慝。臣與居簡勢難兩留。况臣守官京師十有一年，自先帝時累曾陳乞外任，伏望聖慈罷臣御史中丞，除一外任差遣。取進止。

王中正第一劄子 治平四年七月二十七日上❷

臣伏見陛下前者盡罷寄資内臣高居簡等，令補外官，中外欣然，無不稱頌聖德。尋聞復留陳承禮、劉有方二人，又以王中正勾當御藥院，衆頗失望。臣竊惟祖宗之意，以御藥一職最爲親密，過供奉官以上，輒令罷去者，乃以防微杜漸，詒謀萬世。憂深思遠，誠自古帝王之所不及，子孫所宜謹守，不可失墜者也。近歲以來，左右之臣既戀權勢，又貪禄位，遂求闔理資序，豫支俸給，名曰寄資，以欺誑外人，此豈祖宗之意邪？今陛下欲振舉紀綱，一新治道，必當革去久弊，一遵

❶ 題注，原無，據《傳家集》補。

❷ 題注，原無，據《傳家集》補。

正法。夫法如隄防，常應完固，迺得無患。一有蟻壞泄之，則漸致潰敗，不可復救。近習之臣，朝夕在側，因緣祈恩，無有窮極。不以祖宗舊法制之，恐陛下它日亦將厭之也。况王中正素聞姦猾，頗好招權。今處之要職，是去一居簡得一居簡也。伏望陛下一依前降指揮，盡罷寄資者，令補外官，以成聖德之美。別擇内供奉以下樸直廉謹者，使勾當御藥院，以存祖宗之法。取進止。

辭賜金第一劄子 治平四年七月三十日上❶

臣先奉勑充山陵儀仗使，已蒙聖恩賜絹一百疋、錢二百貫文充盤纏。於今月二十九日，又降中使賜臣箔金五十兩，并銀合重三十兩。臣不敢仰違詔旨，雖已奏謝訖，然竊聞嘉祐八年永昭陵時，不曾有此則例，私心惶恐，深不自安。臣聞人君不行無功之賞，則群下勸；人臣不受非分之賜，則廉恥立。今臣等雖備位五使，❷猶在京城。跬步之勞，亦未嘗有，以何勳效，再受重賜？况臣職在執憲，當抑絶僥倖，而身自爲之，將何以糾正它人？其箔金并銀合，伏望聖慈許令回納入庫，庶使下臣有以自容。取進止。

辭賜金第二劄子 治平四年八月二日上❸

臣前日蒙恩賜金五十兩并銀合，臣以所賜過厚，尋問永昭陵禮儀使范鎮，知舊例所無，不敢當受，遂具奏陳，乞許令回納。伏蒙

❶ 題注，原無，據《傳家集》補。
❷「備位」，原無，據《傳家集》補。
❸ 題注，原無，據《傳家集》補。

聖慈特降中使宣諭令受。臣上荷恩遇，至深至重，螻蟻微命，不足爲報。愧懼流汗，無所容措。然臣竊聞昔韓昭侯有弊袴，命藏之。侍者曰：「君亦不仁者矣，不賜左右而藏之。」昭侯曰：「吾聞明主愛一嚬一笑，嚬有爲嚬，笑有爲笑。今袴豈特嚬笑哉，吾必待有功者。」彼一弊袴，猶不可以與無功之人，况數十兩之金乎？魏太祖之爲政，有功宜賞，不吝千金；無功望施，分毫不與。我太祖、太宗之御臣下亦然，故能驅駕英豪，光啓大業。夫明主之不妄賞賜，非吝之也，誠以賜一無功，則天下無功之人皆有徼覬之心，有功之人皆懷怨望故也。借使一人有功，而人主賜之一金，無功者不得，其有功者必喜。何則？衆人不得而我獨得之，是人主知我之功也，其榮多矣。如是則智者獻其謀，勇者竭其力，雖使之赴湯火，猶將甘而樂之。若有功者賜千金，無功者亦賜千金，其有功者必不悦。何則？彼無功而我與之鈞，是人主待我無以異於彼也，其辱深矣。如是則有功者莫不解體，誰肯竭其智力，觸冒死亡，以徇國家之急哉？故官爵金帛者，人主所以鼓舞群情，使之奔走左右而不自知者也。然則明王愛一嚬一笑，豈爲過論哉！仁宗皇帝天性寬仁，承累世餘烈，府庫充實，身雖節儉而好施於人。群臣左右，貪求無厭，賜予之例，因兹浸廣，府庫之積，日益減耗。不幸又於五年之中再遭大喪，左藏、内藏、奉宸庫率皆空竭，當此之時，舊例所有猶宜鐫減，以救其弊，况可以例外横賜無功之人乎？且陛下以國用不足之故，永厚陵猶遵遺制，比永昭陵事事裁減，而所賜群臣之物乃更多於永昭之時。臣雖小人，貪昧財賄，揣循此理，能自安乎？此臣所以夙夜憂惶，無以自處者也。况府庫之物，迺天下萬民之物也，自非有功於民者，皆不宜得之。臣所以仰違詔命，堅辭賜物至于再三者，非自以飾小廉也，迺欲助陛下成治道也。伏望聖慈察其誠懇，依臣前奏，許令將所賜金并銀合回納入庫。取進止。

納賜金劄子

臣近以所賜箔金五十兩并銀合三十兩，係永昭陵時舊例所無，不敢當受，奏乞許令回納。奉御寶批「依奏」。臣微懇獲伸，上荷聖恩，無有窮極。所有箔金并銀合，謹隨劄子進納。取進止。

王中正第二劄子 治平四年八月❶

臣竊聞：陛下好令内臣采訪外事，及問以群臣能否。臣愚竊以爲非宜。陛下内有兩府、兩制、臺諫，外有提轉牧守，皆腹心耳目股肱之臣也。陛下誠能精擇其人，使之各舉其職，薦舉賢能，糾案姦慝，論政事得失，述民間利病，皆令列於奏牘，明白啓陳。其有尸禄偷安及挾私欺罔者，小則罷黜，大則誅竄，誰敢不盡公竭誠，以承休德？如此則天下之事猶一堂之上，陛下何患於不知哉！今深處九重之内，詢於近習之臣，采道聽塗説之言，納曲躬附耳之奏，不驗虚實，即行賞罰，臣恐讒邪得以逞其愛憎，而陛下爲之受其譏謗也。近聞王中正差往陝西句當公事，有知涇州劉渙等曲加諂奉，鄜延路鈐轄吴舜臣違失其意，俄而渙等進擢，舜臣降黜，衆人皆言中正所爲。審或如是，則是中正弄權已

❶ 題注，原無，據《續資治通鑑》補。

有明驗。今陛下又置之肘腋，委以腹心，臣恐天下之人將重足一迹而畏之，與金輂璧而奉之矣。外議又言，山陵禮畢，韓琦必求引退，兩府當有遷補。臣竊慮兩制已上萬一有無廉恥之人，或陰結此屬，以求進用者。夫以堯之聰明，咨于四岳，衆言僉同，然後用人，猶失之於鯀，況可決於近習之口乎？凡公忠正直之士，必不肯借譽左右，以求自售。齊威王所以賞即墨大夫而烹阿大夫，正謂此也。昔漢唐之衰，宦官所以能壞亂綱紀，傾覆國家者，皆由人主與之謀議幃幄、進退群臣故也。此乃治亂安危之本，不可不察。伏望聖慈詳思臣言，凡欲知天下之事，當詢訪外庭之臣，其王中正不可令句當御藥院。或姦佞之臣豫設機謀以經營兩府者，必不可用，則天下幸甚。取進止。

王中正第三劄子

臣伏奉手詔節文問：「王中正等事得之於何人？可密奏來。」臣以非才，誤受陛下聖知，擢爲御史中丞，惟懼曠職，孤忝大恩，每與賓客語言，無不詢訪時事，稍有毫髮裨益盛德，率皆奏陳。此事臣得之賓客，前後非止一人，誠恐玷累公朝，所以有此論述。中正有無此語，惟陛下可以知之。臣在闕門之外，何由知其虛實？若其果有此事，陛下得以爲戒；若其無有，臣敢避妄言之罪！但外人有此論議，臣不敢不令陛下知之。萬一有益聖明，皆微臣之幸也。取進止。

石椁劄子 治平四年九月八日上❶

臣伏見永厚陵皇堂卷甃石四重，其二重並寄於枋木之上。陛下孝心深遠，以爲異日枋木終歸朽腐，石若隕墜，於梓宫非便，發自聖謀，欲爲石椁。其修奉山陵都護宋守約、鈐轄張若水，以策非己出，百端沮難，苟欲修飾目前，自營私計，不爲梓宫萬世之慮，爲人臣子不忠如此。乃敢令石匠作頭供狀，稱：「八月二十七日進入梓宫後，連夜造作，計二十四時辰了當。如蒙別差人定奪，却不依今來所定時辰先得了當，甘當軍令不辭。」❷公列奏牘，誑惑朝廷，是致掩閉皇堂，❸及虞祭并木主到京之日，皆曾改移。臣昨充山陵儀仗使，目覩内臣黄懷信用夷床、澁牀等下梓宫，數刻之間，安厝已畢。乃知守約、若水等欺罔聰明，輕侮邦憲。若不懲戒，則不公挾詐之人將何所忌憚？伏望陛下治守約、若水等罪，嚴行責降。若升祔畢有赦，守約、若水等緣修奉山陵得罪，特乞不原。其黄懷信等宜優與酬奬，貴使賞罰明白，人知聳畏。取進止。

温國文正公文集卷第三十七

❶ 題注，原無，據《傳家集》補。
❷ 「辭」，原作「詞」，據《傳家集》改。
❸ 「致」，原作「主」，據《傳家集》改。

温國文正公文集卷第三十八

章奏二十三

衙前劄子 治平四年九月上❶

臣伏見近者陛下特下詔書，以州郡差使之煩，使民無敢力田積穀，求致厚産，至有遺親背義，自求安全者，令中外臣庶條陳利害，委官詳定以聞。此誠堯舜之用心，生民之盛福也。臣竊見頃歲國家以民間苦里正之役，廢罷里正，置鄉户衙前。又以諸縣貧富不同，東鄉上户家業千貫，亦爲里正；西鄉上户家業百貫，亦爲里正。應副重難，勞逸不均。乃令立定衙前人數，每遇有闕，於一縣諸鄉中選物力最高者一户補充。行之到今，已逾十年，民間貧困，愈甚於舊。議者以爲一州一縣，利害各殊，今一概立法，未能盡善。又里正止管催税，人所願爲。衙前主管官物，乃有破壞家産者。然則民之所苦，在於衙前，不在里正。今廢里正而存衙前，是廢其所樂而存其所苦也。又曏者每鄉止有里正一人，借使有上等十户，一户應役則九户休息，可以晏然無事，專意營生。其所以勞逸不均，蓋由衙前一概差遣，不以家業所直爲準。若使直千貫者應副十分重難，直百貫者應副一分重難，則自然均平。今乃將一縣諸鄉混同爲一，選物力最高者差充衙前，如此則有物力人户常充重役，自非家計淪

❶ 題注，原無，據《傳家集》補。

落，則永無休息之期矣。有司但知選差富户，爲抑强扶弱，寬假貧民。殊不知富者既盡，賦役不歸於貧者，將安適矣。借使今日家産直十萬者充衙前，數年之後，十萬者盡則九萬者必當之矣，九萬者盡則八萬者必當之矣。自非磨滅消耗至於窮困而爲盗賊，無所止矣。故置鄉户衙前已來，民益困乏，不敢營生，富者返不如貧，貧者不敢求富，日削月朘，有減無增。以此爲富民之術，不亦疎乎？臣嘗行於村落，見農民生具之微而問其故，皆言不敢爲也。今欲多種一桑，多置一牛，蓄二年之粮，藏十匹之帛，鄰里已目爲富室，指使以爲衙前矣。況敢益田疇、葺廬舍乎？臣聞其言，愍焉傷心，安有聖帝在上，四方無事，而立法使民不敢爲久生之計乎？凡爲國者，患在見目前之利，不思永久之害。故初置鄉户衙前之時，人未見其患，及今然後知之。若因循不改，日益久則患益深矣。臣愚欲望聖慈特降指揮下諸路州縣，相度上件里正衙前與鄉户衙前，各具利害奏聞，隨其所便，别立條法，務令百姓敢營生計，則家給人足，庶幾可望矣。取進止。

横山劄子 治平四年九月十七日上❶

臣竊聞陝西邊臣有上言，欲招納趙諒祚國内人户，漸圖進取者。臣竊惟諒祚驕僭之罪，宜伏天誅，爲日固久。今國家新遭大憂，陛下初承寶命，公私困匱，軍政未講，恐征伐四夷之事，未易輕議也。況諒祚雖内懷桀驁而外存臣禮，方遣使者奉表吊祭，尚未還國。而遽令邊臣誘納其亡叛之民，臣恐未足以虧

❶ 題注，原無，據《傳家集》補。

損諒祚，而失王者之體多矣。伏望陛下且以拊循百姓爲先，以征伐四夷爲後，速詔邊臣務敦大信，勿納亡叛，專謹斥候，防其侵軼而已。俟諒祚咎惡既熟，中國兵穀有餘，然後奉辭伐罪，不爲晚也。取進止。

橫山疏 治平四年九月二十四日上❶

九月二十四日，具位臣光昧死再拜上疏皇帝陛下：臣聞王者之於戎狄，或懷之以德，或震之以威，要在使之不犯邊境，中國獲安則善矣。不必以踰葱嶺，誅大宛，絶沙漠，禽頡利，然後爲快也。竊聞有邊臣言：趙諒祚部將輕泥囔側，欲以橫山之衆攻取諒祚，歸命聖德。朝廷已有指揮，許令招納。臣近者雖曾論列，以爲非宜，尚懼語言疎略，未盡本末，不敢不再爲陛下陳之。今進謀者但言其利，不言其害，臣請試言其害，雖逆盛意，願陛下勿遽加棄置，略賜周覽，與進謀者參校其是非焉。臣聞戎狄之俗，自爲兒童則習騎射，父子兄弟相與群處，未嘗講仁義禮樂之言也，唯以詐謀攻戰相尚而已。故其民習旅用兵，善忍飢渴，能受辛苦，樂鬭死而恥病終，此中國之民所不能爲也。是以聖王與之校德，則有天地之殊；與之校力，則未能保其必勝也。以舜禹之明，征三苗而三旬逆命；商高宗之賢，伐鬼方三年乃克；漢高祖之雄傑，爲冒頓所圍，七日不火食。國朝以太宗之英武，北舉河東，南取閩浙，若拾地芥。加之猛將如雲，謀臣如雨，天下新平，民未忘戰。當是之時，繼遷背誕，太宗以鄭文寶爲陝西轉運使，用其計策，假之威權以討

❶ 題注，原無，據《傳家集》補。

之，十有餘年，卒不能克。發關中之民，飛芻輓粟以饋靈州及清遠軍，爲虜所鈔略。及經沙磧，飢渴死者什七八，白骨蔽野，號哭滿道。長老至今言之，猶歔欷酸鼻。及真宗即位，會繼遷爲羅潘支所殺。真宗因洗滌其罪，吊撫其孤，賜之節鉞，使長不毛之地，訖于天聖、明道四十餘年，爲不侵不叛之臣。關中户口滋息，農桑豐富。由是觀之，征伐之與懷柔，利害易見矣。及元昊背恩，國家發兵調賦以供邊役。關中既竭，延及四方，東自海岱，南踰江淮，占籍之民，無不蕭然苦於科斂。自其始叛，以至納款，纔五年耳，天下困弊，至今未復。仁宗屈己，賜以誓詔，册爲國主，歲與之物凡二十五萬，豈以其罪不足誅而功可賞哉？計不得已也。曏者諒祚雖時有偃蹇，禮節不備，或誘熟户，驚擾邊民，然猶稱臣奉貢，未敢顯然自絶也。今乃誘其叛臣以圖之，縱使誠能梟諒祚之首，復靈夏之土，以王者之兵言之猶可恥也，况其成敗未可知乎！臣恐邊事之興，生民之苦由此而始也。王者之於諸侯，叛則討之，服則撫之，是以諸侯懷德畏討，莫不率從。去歲諒祚攻大順城，殺掠吏民，今春朝貢之使不以時至，當是時不能討也。今朝廷既赦其罪，與其賜物，受其使者，納其貢獻，又從而誘其叛臣，激其忿心，是常欲其叛而不欲其服也。信義賞罰，將安在乎？議者或以爲彼誘我民，我誘彼臣，何爲不可？是特閭閻小人之語，非知國家之大體者也。彼僻陋小羌，竊誘我民，以益其衆，乃欲以天子億兆之富而效其所爲邪？譬如鄰人竊己之財，已以正議責之可也，豈可復竊彼之財以相報耶？臣聞諒祚陰蓄姦謀，爲日固久，招納不逞之人以爲謀主，誘脅熟户以撤中國之藩籬。常有據關中、窺河東之心，雖未必能，然若縱其毒螫，亦足以爲亭鄣之患，未可以小種之羌、孱弱之人待之也。國家不幸，比遭大憂，帑藏空竭。關中之民，自經西事以來，仍苦鐵錢，財力彫弊。熟户屢經殺掠，亡失太半，縱其在者亦懷貳心，非復得如景祐、寶元之時也。當此之際，陛下深詔邊吏，敦信誓，保分界，嚴守備，明斥候以待之，猶懼諒祚狼子野心，不識恩義，乘我釁隙，侵噬疆埸。又况彼不動而擾之，不來而召之乎！臣又聞虜中間諜所在甚多，中國動静，毫髮皆知。其嚷側自程戡在鄜延時已有聲聞，云欲歸降。自是至今，已經數年，朝廷屢召邊臣與之謀議，外人往往知之。亦有邸吏傳報四方，安有虜中獨不覺寤，寂然無事，曾無誅討之意乎？臣竊疑其内挾詐謀，未可信也。或者諒祚久懷逆計，以朝廷待之恩禮優厚，無因而發，故遣其部將詐降以卜之。若朝廷受之，則將歸曲而責直，得以爲背叛之名。或者使其部將詐言勢孤力微，不能獨制諒祚，乞朝廷遣將出爲之助，而陰設伏兵以徼大利。此二者皆未可知也。若萬一有之，則今日受之，正墮其計中矣。縱使嚷側實有降心，蓋亦私有忿恨，或別負罪惡，反側不安，欲倚大國之威，以逼其主。其所部之民，未必肯盡從也。雖其自言權勢之强，甲兵之盛，有謀善戰，爲民所附，蓋欲自誇以求售耳，未必然也。借令實能舉兵以與諒祚爲敵，戰而勝之，則是滅一諒祚，生一諒祚也。若其不勝，必引其餘衆南奔中國，諒祚悉其境内之兵以追之，怒氣直辭，長驅入塞，當是之時，非口舌文移所能解也。臣恐朝廷不惟失信於嚷側也。若嚷側餘衆無幾，猶可以縛而送之，以緩諒祚之兵，然形迹已露，諒祚必叛無疑也。若嚷側餘衆尚多，還北不可，入南不受，窮無所歸，必不肯如山禺束手就死，將突據邊城，以救其命，更爲中國之患，未有涯也。陛下不見侯景之事乎？❶臣聞羽翼未成，不可以高飛，近者未悦，不可以來遠。自堯、舜、禹、湯、文、武之王，下至齊桓、晉文之霸，未有不先治其内而能立功於外者也。故孔子曰：「善人教民七年，亦可以即戎矣。」又曰：「以不教民戰，是謂棄之。」今陛下新即大位，尚未逾年，朝廷之政未盡修也，封域之中未盡治也。内郡無一年之蓄，左帑無累月之財，民間貧困，十室九空，小有水旱則化爲流殍。承平日久，戎事不講，將帥乏人，士卒驕惰，上下姑息，有如兒戲。教閲稍頻則愠懟怨望，給賜小稽則揚言不遜。被甲行數十里則喘汗不進，遇鄉邑小盜則望塵奔北。此乃衆人所共知，非臣敢爲欺罔。兵法曰：「知彼知己，百戰不殆。不知彼知己，一勝一負。不知彼不知己，每戰必殆。」陛下視今天下如此，而欲謀境外之事，起兵革之端，挑陸梁之虜，冀難立之功，此臣所爲寒心者也。爲今之計，莫若收援賢俊，隨材受任，以舉百職；有功必賞，有罪必罰，以修庶政；慎擇監司，澄清守令，以安百姓；屏絶浮費，沙汰冗食，以實倉庫；詢訪智略，察驗武勇，以選將帥；申明階級，翦戮桀黠，以立軍法；料簡驍鋭，罷去羸老，以練士卒；完整犀利，變更苦窳，以精器械。俟百職既舉，庶政既修，百姓既安，倉庫既實，將帥既選，軍法既立，士卒既練，器械既精，然後惟陛下之所欲爲，復靈夏，取瓜沙，平幽薊，收蔚朔，無不可也。今八者未有其一，而欲納邊臣之狂

❶「侯景」，原誤倒，據《傳家集》改。

謀，信黠虜之詭辭，臣恐不能得其降者數百，而虜騎大至，覆軍殺將，邊城晝閉。朝廷乃爲之宵衣旰食，焦心勞思，興兵運財，以救其急，使天下愁困如康定、慶曆之時而已，卒無可柰何，然後忍恥以招之，卑辭以諭之，尊其名以悦之，增其賂以求之，其爲損也不亦多乎！斯乃國之大事，安危所繫，非特邊境之憂而已。願陛下深留聖恩，勿爲後悔，乃天下之福也。彼進謀者，皆非實能爲國家斬將搴旗，拓土闢境，建衛、霍、甘、陳之功也。但以利口長舌，虚辭大言，一時誑惑聖聰，欲盜陛下之官職耳。他日國家有患，不預其憂，是豈可哉！凡邊境有事，則將帥遷官，士卒受賞；無事則上下寂寂，無因徼幸。此乃人臣之利，非國家之利，願陛下不可不察也。

臣光昧死再拜以聞皇帝陛下。

横山上殿劄子 治平四年九月二十七日上❶

臣近曾上言：趙諒祚即今稱臣奉貢，朝廷不宜納其叛臣，以興邊事，未審聖意以爲如何？臣之所言，非謂諒祚無罪不可討也，又非能保其不叛也。但以國家今日内政未修，不可遽謀外事故也。伏望陛下察臣所言八事：舉百職，修庶政，安百姓，實倉庫，選將帥，立軍法，練士卒，精器械，然後觀四夷之釁，亂者取之，亡者侮之，何患不能復大禹之故迹，雪祖宗之宿憤也？取進止。

❶ 題注，原無，據《傳家集》補。

論不得言赦前事劄子 治平四年九月二十七日上❶

臣伏覩今月二十三日手詔：「應官吏黎庶犯罪在赦前者，並依前後勑條施行。内外言事、按察官司更不得依前舉劾具案取旨。如違並科違制之罪」者。臣竊惟按察之官以赦前事興起獄訟，枉繫平民，及以輕淺之罪，奏乞不原，聖恩禁之，誠爲大善。至於言事之官，事體稍異，恐難以一例指揮。何則？御史之職，本以繩案百僚，糾擿姦邪。姦邪之狀，固非一日所爲。國家素尚寬仁，數下赦令，或一歲之間，至于再三。若赦前之事皆不得言，則其可言者無幾矣。萬一有姦邪之臣，朝廷不知，誤加進用，御史欲言則違今日之詔，若其不言則陛下何從知之？臣恐因此言者得以藉口偷安，姦邪得以放心不懼，此乃人臣之至幸而非國家之長利也。伏望聖慈追改前詔，除去「言事」兩字，勿使群臣得以壅蔽聰明也。取進止。

張方平第一劄子 治平四年九月二十七日上❷

臣伏見陛下用翰林學士承旨張方平參知政事。方平文章之外，更無所長，姦邪貪猥，衆所共知。兩府大臣，繫國安危，苟非其人，爲害不細。臣職在繩糾，不敢塞嘿。伏望聖慈追寢方平新命，以恊輿論。取進止。

❶ 題注，原無，據《傳家集》補。

❷ 題注，原無，據《傳家集》補。

張方平第二劄子 治平四年十月一日上❶

臣近曾上言張方平參知政事不協衆望。臣識淺材下，其言固不足采。曏者仁宗時，包拯最名公直，與臺諫官共言方平姦邪貪猥，事迹甚多。陛下儻欲知方平爲賢爲不肖，乞盡令檢取包拯等言方平章奏及開封府陳升之兩處推勘劉保衡公案，并方平在秦州所奏邊上事宜狀，即知臣所言非一人之私論也。今所言之事，尚未蒙施行，尋聞除臣翰林學士兼侍讀學士。若臣所言果是，則方平當罷政事；若其非是，則臣爲譖毀忠賢，亦當遠貶。今兩無所問而臣復還翰林，仍加美職。臣誠愚憒，未曉所謂。伏望聖慈察臣前言方平事爲是爲非，早賜施行。所有新命，臣未敢祗受。取進止。

受侍讀乞先上殿劄子 治平四年十月二日上❷

臣累日前曾上殿論列張方平事，後來續聞除臣翰林學士兼侍讀學士。臣智識頑闇，不達聖心，以爲朝廷大政必當辨是與非，人臣事君不可辭難就易。是以不勝狂狷，復有奏陳。今蒙聖恩曲賜手詔，過加獎待，諭以至意，温密纖悉，提耳諄諄。臣雖木石，亦將開悟，况含氣血，得爲人類？自咎愚迷，九死難贖。伏地流汗，無所容入。愧感之極，涕泗滂沲。誠宜即時奔赴闕庭，祗受詔命。然臣尚有私懇，須當面陳，欲望聖恩先許上

❶ 題注，原無，據《傳家集》補。
❷ 題注，原無，據《傳家集》補。

殿敷奏，稟取聖旨，然後遂授敕告，❶不勝死生幸甚。取進止。

乞免翰林學士劄子 治平四年十月二日上❷

臣今日上殿，曾有敷奏，以聖旨令讀《資治通鑑》，其書卷帙尚少，須日逐接續編修，❸史籍煩多，恐難以應副禁林文字，乞免翰林學士一職。伏蒙聖恩宣諭，但令權免學士院文字。臣退自惟念，若取學士之名以自榮而不供學士之職，竊位素餐，孰甚於此？在臣愚分，深不自安。况侍讀學士與翰林學士資序一同，俸給仍優。伏望聖慈俯賜矜察，許臣只以侍讀學士專治《資治通鑑》，如此則材器稍宜，職業無曠，遂其私願，粗免愧心，不勝幸甚。取進止。

辭免館伴劄子 熙寧元年三月二十一日上❹

臣近爲差館伴北朝人使，曾進狀辭免。今日蒙聖恩差中使宣諭，以人使將至，有合商量事節，令臣不得辭免，早詣中書、樞密院看詳文字者。臣竊惟館伴北使，乃兩制常程差遣。臣所以輒違詔旨，再三固辭者，非敢避事偷安，誠以人之才性，各有能否，不可牽强。陛下以臣講讀經史，粗有可采，而使之應對賓客，此實非臣所長。夫以鄭國區區，將有諸侯之事，猶使裨諶草創，世叔討論，子羽修飾，子産潤色，然後接四方之賓客，故鮮

❶「遂」，《傳家集》作「退」。
❷題注，原無，據《傳家集》補。
❸「逐」，原作「近」，據《傳家集》改。
❹題注，原無，據《傳家集》補。

有敗事。況聖朝包戈偃革，專以文德懷撫北夷，信使往來，議論國事，折衝禦侮，呼吸成變，一言差忒，寔繫安危，臣豈敢不自揣量，安居其任？ 臣鄙以名犯北朝諱，元不曾接伴，亦不曾奉使，兩朝事體，正如牆面，虜中情僞，分毫不知。 加以禀性昏戇，遇事褊直，今若使之館伴，恐語言之際必有遺忘差錯，或漏泄機事，或抵觸使人。 萬一如此，以貽朝廷之憂，雖加臣以重誅，終無所益。 伏望聖慈矜察，於兩制中別選差才敏之人館伴北使，貴無闕誤。 取進止。

議謀殺已傷案問欲舉自首狀

知登州徐遵奏：婦人阿雲於母服內與韋阿大定婚，成親後嫌韋阿大，夜間就田中用刀斫傷。 縣尉令弓手勾到阿雲，問：「是你斫傷本夫？ 實道來，不打你。」阿雲遂具實招通，合作案問，欲舉減二等，大理寺不合作謀殺已傷絞罪斷遣。 下刑部，定得大理寺允當。 遵不服，詔下光與王安石定奪。 安石以爲遵議是，後朝廷竟從安石議。❶

臣竊以爲凡議法者當先原立法之意，然後可以斷獄。 竊詳律文：「其於人損傷，不在自首之例。」注云：「因犯殺傷而自首者，得免所因之罪，仍從故殺傷法。」所謂「因犯殺傷」者，言因犯他罪，本無殺傷之意，事不得已，致有殺傷，除爲盗之外，如劫囚、略賣

❶ 題注，原無，據《傳家集》補。

人之類皆是也。律意蓋以於人損傷既不得首，恐有別因餘罪而殺傷人者，有司執文并其餘罪亦不許首，故特加申明云：「因犯殺傷而自首者，得免所因之罪。」然殺傷之中，自有兩等，輕重不同：其處心積慮，巧詐百端，掩人不備者，則謂之謀；直情徑行，略無顧慮，公然殺害者，則謂之故。謀者尤重，故者差輕。今此人因犯他罪致殺傷人，他罪雖得首原，殺傷不在首例。若從謀殺則太重，若從鬬殺則太輕，故酌中令從「故殺傷法」也。其直犯殺傷更無他罪者，惟未傷則可首，但係已傷，皆不可首也。今許遵欲將謀之與殺分爲兩事，按謀殺、故殺皆是殺人，若將謀之與殺分爲兩事，則故之與殺亦是兩事也。且律稱「得免所因之罪」，故刼囚、略人皆是已有所犯，因而又殺傷人，故刼略可首而殺傷不原。若平常謀慮，不爲殺人，當有何罪可得首免？以此知「謀」字止因「殺」字生文，不得別爲所因之罪也。若以刼鬬與謀皆爲所因之罪，從故殺傷法，則是鬬傷自首反得加罪一等也。遵所引蘇州洪祚斷例，案《律疏》云：「假有因盜故殺傷人而自首者，盜罪得免，故殺傷罪仍科。」疏既指言故殺傷人，明是因盜謀殺傷人者自從謀法。當時法官誤斷，不可用例破條。遵又引《編勑》：「謀殺人傷與不傷，罪不至死者，並奏取勑裁。」以爲謀殺已傷而罪不至死者，即是自首之人。案尊長謀殺卑幼之類，皆是已傷而罪不至死，不必因首也。遵又引《律疏問答》條云：「謀殺凡人，乃云是舅。」又云：「謀殺之罪首盡，顯是謀殺，許令自首。」案《問》皆謂謀而未傷，方得首免，若其已傷，何由可首？凡議罪制刑，當使重輕有叙。今若使謀殺已傷者得自首，從故傷法，假有甲乙二人，甲因鬭毆人鼻中血出，既而自首，猶科杖六十罪；乙有怨讎欲致其人於死地，暮夜伺便推落河井，偶得不死，又不見血，若來自首，止科杖七十罪。二人所犯絶殊，而得罪相埒。果然如此，豈不長姦？况阿云嫌夫醜陋，親執腰刀就田野中，因其睡寐，斫近十刀，斷其一指，初不陳首，至官司執録將行拷捶，勢不獲已，方肯招承。情理如此，有何可憫？朝廷貸命編管，已是寬恩，而遵更稽留不斷，爲之伸理，欲令天下今後有似此之類，並作減二等斷遣，竊恐不足勸善而無以懲惡，開巧僞之路，長賊殺之源，姦邪得志，良民受弊，非法之善者也。臣愚以爲大理寺、刑部所定已得允當，難從許遵所奏作案問欲舉減等而科。今來與王安石各有所見，難以同共定奪，伏乞朝廷特賜裁酌施行。

温國文正公文集卷第三十八

温國文正公文集卷第三十九

章奏二十四

辭免裁減國用劄子 熙寧元年七月三日上殿，❶次日收還差敕，只令三司差官管勾。

臣近曾乞別選差官裁減國用，奉聖旨不許辭免。臣以非材，叨忝美職，月受厚俸，常自愧恐，無有報稱。若果能有益於國，臣何敢辭？竊惟方今國用所以不足者，在於用度太奢，賞賜不節，宗室繁多，官職冗濫，軍旅不精。此五者，必須陛下與兩府大臣及三司官吏深思其患，力救其弊，積以歲月，庶幾有効，固非愚臣一朝一夕所能裁減也。若但欲知慶曆二年裁減國用制度，比見今支費不同數目，只下三司令供析聞奏，立可盡見。況臣所修《資治通鑑》委實文字浩大，朝夕少暇，難以更兼錢穀差遣。取進止。

請不受尊號劄子 熙寧元年七月十七日上❷

臣今月十七日准内降曾公亮等上尊號第三表，檢會舊例合降不允批答，已具牓子審取聖旨去訖。臣竊惟上尊號之禮，非先王令典，起於唐武后、中宗之世，遂爲故事，因循至今。伏見太祖開寶九年，群臣上尊號，

❶「熙寧元年」，原無，據《傳家集》補。

❷題注，原無，據《傳家集》補。

有「一統太平」字，太祖以燕、晉未平，却而不受。以是見聖人之志，苟無其實，終不肯有其名也。太宗端拱二年詔：「自前所加尊號，盡從省去。」且曰：「以理言之，『皇帝』二字亦未可兼稱，朕欲稱王，但不可與諸子同耳。」群臣懇請，乃受「法天崇道」四字而已，其後終身遂不復增益。先帝治平二年，辭尊號不受，天下莫不稱頌聖德。不幸次年有諂諛之臣建言，國家與契丹常有往來書，彼有尊號，而中國獨無，足爲深恥，於是群臣復以非時上尊號，論者甚爲朝廷惜之。昔漢文帝遺單于書以尺一牘，單于答以尺二寸牘，自稱「天地所生日月所置匈奴大單于」，未聞文帝復爲勝大之名以加之也。學者至今稱文帝謙德之美，未嘗以爲可恥也。此乃不識大體之言，誠不足信耳。今群臣以故事上尊號，臣愚以爲陛下聰明睿智，雖宜享有鴻名，然踐祚未久，又在亮陰之中，考之事體，似未宜受。陛下誠能斷以聖意，推而不居，既不允所請，仍令更不得上表，則頌歎之聲將洋溢四海，此所謂一謙四益，後其身而身先，可以捨虛名而得實譽者也。伏望陛下更加詳擇。取進止。

手詔

覽卿來奏，深諒忠誠。朕方以頻日淫雨，甲申地震，天威彰著，日虞傾禍，實憂被此鴻名，有慙面目。況在亮陰，亦難當是盛典，誠如卿言。今已批降指揮，可善爲答辭，使中外知朕至誠，實乃内顧慙懼，非是欺衆，以邀虛名。

批答

省表具之。朕荷祖宗之休，撫有四海，

永惟燭理之不明，舉措之不中，元元困窮，未獲厥所，夙夜悼懼，如涉春冰。屬以美報之禮，不敢墮曠，故欲躬執犧牲，祗見上帝，固非昭告成功，自營福禄也。群公卿士，猥見褒譽，欲歸以溢美，增其徽稱，抗章勤請，至于再三。朕乏馨香之德，不能媚于神祇，乃甲申地震，淫雨爲災，天威彰著，日虞罪悔，尚何盛烈之可述，鴻名之敢當？心焉愧惕，流汗霑足。況尚在諒闇，哀素未忘，何宜此時，亟舉盛典？若斯之議，非所敢聞，宜體予至誠，勿復爲奏。所請宜不允，仍斷來請。

乞聽宰臣等辭免郊賜劄子 熙寧元年八月九日上❶

臣伏覩宰臣曾公亮等奏，以河朔菑沴，❷調用繁冗，欲望將來大禮畢，兩府臣僚更不賜銀絹，奉聖旨送學士院取旨議者。或以爲兩府所賜無多，納之不足以富國，而於待遇大臣禮太薄，頗爲傷體。臣愚竊以爲不然。古者冢宰制國用，視年之豐耗量入以爲出，固不可於饑饉之時，守豐登之法也。是故歲凶年穀不登，君膳不祭肺，大夫不食粱，士飲酒不樂，明君臣上下皆當深自貶損，以救民急也。臣竊惟國家帑藏素已空虛，重以今歲河北之地災害特甚。曏者慶曆之末，河決商胡，民田雖傷，官倉無損，而河北父子相食，餓殍蔽野。今河決之外加以地震，官府民居蕩爲糞壤，繼以霖雨，倉粟腐朽，軍食且乏，何暇及民？冬春之交，民必大困，甚於慶曆之時。國家豈可坐而視之，不加振救

❶ 題注，原無，據《傳家集》補。
❷ 「沴」，原作「泠」，據《傳家集》改。

乎？況復城櫓須修，河防應塞，百役並興，所費不貲。當此之際，朝廷上下安得不同心協力，痛加裁損，以徇一方之急？凡宣布惠澤則宜以在下爲先，撙節用度則宜以在上爲始。今欲裁損諸費，不先於貴者、近者，則疎遠之人安肯甘心而無怨乎？必若爲臣有大勳於天下，雖錫之山川、土田附庸，何爲不可？若止因郊禮陪位而受數百萬之賞，臣竊有所不安矣。臣前所謂「賞賜無節」者，此亦其一也。雖臣下不辭，猶應裁減，況其自辭，裁之何損乎！儻若但務因循，姑息度日，欲裁損乘輿供奉之物，則曰「減於制度，太爲削弱，非所以華國」；欲裁損大臣無功之賞，則曰「所減無多，虧傷大體，❶非所以養賢」；欲裁損群下浮冗之費，則曰「人情不悦，恐致生事，非所以安衆」。如此則是國用永無可省之日，下民永無蘇息之期，必至於涸竭窮極然後止也。且君子之所尚者，義也；小人之所徇者，利也。爲國者，當以義褒君子，利悦小人。今大臣以災害之故辭錫賚，以佐百姓之急，義之可褒者也。陛下從而聽之，乃所以爲厚，非所以爲薄也。雖然兩制銀絹止於二萬匹兩，未足以救今日之災。又國家舊制，每遇郊禋，大賚四海，下逮行伍，無不霑洽，不可於公卿大夫全無賜予。臣愚以爲，文臣自大兩省以上，武臣及宗室自正任刺史以上，内臣自押班以上，將來大禮畢，所賜並宜減半，俟他年豐稔，自依舊制。其文武朝臣以下，一切更不減，❷似爲酌中。臣亦知此物未能富國，誠冀國家因此

❶「非所以華國」至「虧傷大體」二十四字，原脱，注云「疑缺一段」，今據《傳家集》補。

❷「切」，原無，據《傳家集》補。

漸思減其餘浮費，自今日爲始耳。臣素愚戇，識慮膚淺，所言者皆目前之實狀，非奇偉之高論也。伏望陛下更賜裁察，若果有可取，乞斷自聖志，❶勿爲衆言所移，則天下幸甚。取進止。

舉諫官狀 熙寧元年八月十一日上❷

臣今日面奉聖旨，令臣采訪可爲諫官者，密具姓名聞奏。臣辭不獲命，退而惶恐，默自思忖，凡擇言事官，當以三事爲先：第一不愛富貴，次則重惜名節，次則曉知治體。具此三者，誠亦難材。臣愚何足以識別賢能？竊謂已試之人，差爲可信。伏見三司鹽鐵副使呂誨累居言職，不畏彊禦，再經謫降，執節不回。侍御史呂景外貌和厚，内守堅正，見得知恥，臨義不疑。於臣所知之中，此兩人似堪其選。更乞陛下博訪衆臣，裁以聖意。取進止。

八月十一日邇英對問河北災變 熙寧元年八月十一日上❸

八月十一日，邇英進讀已，召對問以「河北災變何以救之」，光對以「河北大水，倉廩漂没，所難得者，莫先於食。朝廷若降金帛，令配賣於民以糴穀，則重增煩擾。且禾稼蕩盡，糴之亦無所得。故饑饉之歲，金帛無所用，惟食不可一日無耳」。上曰：「已令漕五十萬石以賑之，可足乎？」對曰：「臣聞瀛州

❶「志」，原作「旨」，據《傳家集》改。
❷題注，原無，據《傳家集》補。
❸題注，原無，據《傳家集》補。

所損自百五十萬石，所漕者裁能補瀛州三分之一耳。」上曰：「然則柰何？」對曰：「臣聞河北東、西路水所不及州縣頗稔，可糴；又汴流未絶，宜多漕江淮之穀以濟之。」上又問：「諫官難得，人誰可者？」對曰：「臣賤官，何敢薦人？」上固問之，對曰：「臣倉猝不能記，容臣退而密奏。」上因論治道，言：「州縣長吏，多不得人，政府不能精擇。」對曰：「人不易知，天下三百餘州，責其精擇誠難。但能擇十八路監司，使之擇所部知州而進退之，知州擇所部知縣而進退之，得人多矣。今之提、轉，古方伯、州牧之任，繫一路休戚，當慎擇天下賢才，不可但取資叙及酬奬爲之也。」上又問：「兩府辭郊賚劄子，何不呈？」對以「同僚有假故」。上問：「兹事何如？」對曰：「臣已有奏狀，臣所見止如此，❶更乞博訪近臣，裁以聖意。」上曰：「誰不同？」對曰：「獨臣有此愚見，他人皆不以爲然。」上曰：「朕意亦與卿同，聽其辭賞，乃所以成其美，非薄之也。然減半無益，大臣懇辭，不若盡聽之。」對曰：「今郊賚下至卒伍皆有之，而公卿更無，恐於體未順。」上曰：「已有帶馬矣。」對曰：「求盡納者，人臣之志；賜其半者，人主之恩也。」後數日，光與禹玉、介甫同進呈郊賚劄子於延和殿。光言：「方今國用不足，災害荐臻，節省冗費，當自貴近爲始。宜聽兩府辭賞爲便。」介甫曰：「國家富有四海，大臣郊賚所費無幾，而惜不之與，未足富國，徒傷大體。昔常衮辭賜饌，時議以爲衮自知不能，當辭禄。今兩府辭郊賚，正與此同耳。且國用不足，非方今之急務也。」光曰：「常衮辭禄，猶知廉恥，

❶「止」，原作「上」，據《傳家集》改。

與夫固位且貪祿者不猶愈乎！國家自真廟之末，用度不足，近歲尤甚。何得言非急務邪？」介甫曰：「國用不足，由未得善理財之人故也。」光曰：「善理財之人不過頭會箕斂，以盡民財。如此則百姓困窮，流離爲盜，豈國家之利邪？」介甫曰：「此非善理財者也。善理財者，民不加賦而國用饒。」光曰：「此乃桑羊欺漢武帝之言，司馬遷書之以譏武帝之不明耳。天地所生貨財百物，止有此數，不在民間則在公家。桑羊能致國用之饒，不取於民，將焉取之？果如所言，武帝末年安得群盜蠭起，遣繡衣使者逐捕之乎？非民疲極而爲盜邪？此言豈可據以爲實？」介甫曰：「太祖時趙普等爲相，賞賚或以萬數。今郊賚匹兩，不過三千，豈足爲多？」光曰：「普等運籌幃幄，平定諸國，賞以萬數，不亦宜乎！今兩府助祭，不過奏中嚴外，辨沃盥，奉帨巾，有何功勤而得比普等乎？」與介甫爭論久之，禹玉曰：「司馬光言省費自貴近始，光言是也；王安石言所費不多，恐傷國體，安石言亦是也。惟陛下裁之。」上曰：「朕亦與司馬光同，今且以不允答之可也。」是日，適會介甫當制，遂以上前所言意草批答，引常袞事以責兩府，兩府亦不復辭。明日，邇英講讀罷，上獨留介甫與語，兩府不敢先出以俟之，至晡後乃出。不數日，介甫參知政事。❶

議學校貢舉狀 熙寧二年五月上❷

臣准御史臺牒，准勑節文，「天下學校貢

❶ 「介甫」，原無，據《傳家集》補。

❷ 題注，原無，據《傳家集》補。

舉之法，宜令兩府、兩省、待制以上，御史臺、三司、三館臣僚各限一月，具議狀聞奏」者。臣聞《詩》云：「無競惟人，四方其訓之。」言君欲立强於天下者，無如得人。得人而任之以事，則四方斯順之矣。臣竊惟取士之弊，自古始以來，未有若近世之甚者也。何以言之？自三代以前，其取士無不以德爲本，而未嘗專貴文辭也。漢氏始置茂才、孝廉等科，皆命公卿大夫、州郡舉有經術德行者，策試以治道，然後官之，故其風俗敦尚名節。降及末世，雖政衰於上而俗清於下，由取士之術素加獎勵故也。魏晉以降，貴通才而賤守節，習尚浮華，舊俗益敗。然所舉秀、孝，猶以經術取之。州郡皆置中正，以品其才行，一言一動之失，或終身爲累，士猶兢兢不敢自放。隋始置進士，唐益以明經等科，而秀、孝遂絶，止有進士、明經二科。皆自投牒求試，不復使人察舉矣。進士初但試策，及長安、神龍之際，加試詩賦。於是進士專尚屬辭，不本經術，而明經止於誦書，不識義理。至於德行，則不復誰何矣。自是以來，儒雅之風日益頽壞，爲士者狂躁險薄，無所不爲，積日既久，不勝其弊。於是又設封彌、謄録之法，蓋朝廷苦其難制而有司急於自營也。夫欲搜羅海内之賢俊而掩其姓名以考之，雖有顔、閔之德，苟不能爲賦、詩、論、策，則不免於遭擯棄，爲窮人。雖有跖、蹻之行，苟善爲賦、詩、論、策，則不害於取高第，❶爲美官。臣故曰取士之弊，自古始以來，未有若近世之甚者，非虚言也。今幸遇陛下聖明，心知貢舉之極弊，慨然發憤，深詔群臣，使得博議利病，更立新規，是千載一時也。

❶「則」，原誤重，據《傳家集》删。

議者或曰：古人鄉舉里選，今欲知士之德行，宜委知州、知縣者采察其實，保而薦之。臣獨以爲不然。古者分地建國，自卿大夫士皆以其國人爲之，猶患處士之德行不可得而詳也，故又擇其鄉之賢者，使爲閭胥、比長，自幼及長，朝夕察其所爲，然後士之德行美惡，莫得而隱也。今夫知州、知縣雜四海九州之人，遠者三歲而更，近者數月而更，或初到官即遇科場，遽責之知所部士人德行，誠亦難矣。又應開封府舉者，常不減數千人。而開封府獄訟之繁，知府者自旦至暮，耳不暇聽，目不暇視，又有餘裕可使之察數千人之德行乎？議者又曰：宜去封彌、謄録，委有司考其文辭，參以行實而取之。臣獨以爲不然。夫士之德行，知州縣者尚不能知，而有司居京師，一旦集天下之士，獨以何術知之？其術不過以衆人之毁譽決之。孔子曰：「衆好之，必察焉；衆惡之，必察焉。」夫衆人之毁譽，庸詎足以尽其實乎？必如是行之，臣見其愛憎互起，毁譽交作，請託公行，賄賂上流，謗讟並興，獄訟不息，將紛然殽亂。朝廷必厭苦之而復用封彌、謄録矣。夫封彌、謄録固爲此數者而設之也，譬猶築防以鄣洚水也。今不絶其源而徒去其防，則横流之患愈不可救矣。臣雖至愚，平生固嘗竭其思慮，欲以少救其弊，今敢試陳一策，乞陛下俯加裁擇。臣聞上之所爲，下之所歸也。國家從來以詩、賦、論、策取人，不問德行，故士之求仕進者日夜孜孜，專以習賦、詩、論、策爲事，惟恐不能勝人。父教其子，兄勉其弟，不是過也。今若更以德行取人，則士之力於德行亦猶是也。誠風化清濁之原，歷代訛繆而不寤，必待聖朝然後正之者也。夫德行修之於心，藏之於身，雖家人有所不知，況於鄉黨，況於州縣，況於朝廷，將何從知之？故必待明哲公正之臣知而舉之，然後四海之士皆可得而官使也。然舉薦之法既行，則干求屬請誠所不能無也。要在所舉非其人者，國家以嚴法繩之，勿加恩貸，則苟且徇私之人皆知懼矣。且國家既以德行取士，則彼貪猾輕躁之人依附權要，枉道求進者皆爲清議所貶，見棄於時，雖有舉者，必不多矣。臣愚欲乞今後應係舉人，令升朝官以上，歲舉一人，提點刑獄以上差遣者歲舉二人，諫議大夫或待制以上，歲舉三人。不以所部非所部、鄉里非鄉里，除自己親戚及曾犯真刑或私罪情理重、曾經罰贖，及不孝不友、盜竊淫亂明有迹狀者不得舉外，其餘皆得舉之。仍於舉狀内明言：「臣今保舉某州某科某人有學術節行，乞賜召試。」若舉狀既上之後却有前後諸般違礙事發，其舉主並依律文「貢舉非其人分故失」，從公私罪定斷。受贓而舉者，以枉法論。其舉狀逐時送下禮部貢院，置簿記録。若應舉人而不舉者，歲終委貢院勘會姓名聞奏，乞嚴加朝典。每遇三年一開貢舉，委貢院截自詔下之日，勘會選擇舉主最多者從上取之。舉主數同，則以舉狀到省日月先後爲次。其舉主曾有贓罪，及見停閑身亡，或在合參人數外者，並不准。倍於每次科場南省奏名人數，具姓名聞奏，乞下本貫發遣赴闕。❶其本貫更不考試，即具申狀解送赴貢院，仍出公憑給付逐人，❷令赴貢院照會。限十一月内取齊，十二月内引見，正月内委貢院考試。❸其試官或朝廷臨時添差。進士試經義策三道，子史策三道，時務策三道，更不試

❶「遣」，原作「遺」，據《傳家集》改。
❷「逐」，原作「遂」，據《傳家集》改。
❸「考」，原作「者」，據《傳家集》改。

賦、詩及論。明經及九經等諸科，試本經及《論語》、《孝經》大義共四十道，明經加試時務策三道，其帖經、墨義一切皆不試。對策及大義，❶但取義理優長，不取文辭華巧。唯所對經史乖僻，時務疎闊者，即行黜落。其奏名人數，並依科場舊制。若合格者少，不滿舊數，亦聽。至御試時，進士、明經各試時務策一道，九經等諸科試本經大義十道，所有名字高下，並只以舉主多者爲上。舉主數同，則以舉狀到省月日先後爲次。其舉人所納家狀，及授官後吏部所給告身，並須開坐元初舉主人數、姓名。若及第後犯私罪情理重及贓罪，其舉主並減一等坐之，未及第者減三等，皆不以去官及赦原。如此則群臣不敢挾私妄舉，士人皆崇尚經術，重惜操履，風俗丕變矣。朝廷若不能行此保舉之法，其次莫若修學校之法以取之。臣伏見自慶曆以來，天下諸州雖皆立學校，大抵多取丁憂及停閑官員以爲師長，籍其供給，以展私惠，聚在事官員及井市豪民子弟十數人，遊戲其間，坐耗粮食，未嘗講習，修謹之士多恥而不入。間有二千石自謂能興學者，不過盛修室屋，增置莊産，廣積粮儲，多聚生徒，以邀虚名。師長之人自謂能立教者，不過謹其出入，節其遊戲，教以鈔節經史，剽竊時文，以夜繼晝，習賦、詩、論、策，以取科名而已。此豈先王立學之意邪？於以修明聖道，長育人材，化民成俗，固已疎矣。臣欲乞自今天下州學，只許置教授一人，委本州長吏於本處命官中，選擇無過犯、有節行、能講説、爲衆所服者舉奏補充。若本州無人，則奏乞下銓司選差，委銓司於見在銓選人内，揀選進士、明

❶「及」，原作「反」，據《傳家集》改。

經諸科出身人，歷任無贓私罪、能講説經書者奏補，充逐州教授。仍令國子監試講説經書。應舉人初入學者，並爲外舍生，唯赴聽講及公試外，不得於學中宿食。其教授每日講書畢，取在學諸生姓名書於籤上，雜置筩中，抽取三人，問以聽過書中疑議三條，使對衆解説。通者置簿記録，粗者不問，不者有罰。每月中兩次公試，各試所習舉業，委教授考校，定優劣等第，具姓名出牓示訖，亦置簿記録。其有過犯者，小過則罰錢，中過則降，謂自内舍高等降爲中等，中等降爲初等，初等降爲外舍生，外舍生無等可降者，勒出學。大過則斥出學，亦置簿記録。每遇春秋釋奠畢，委教授選擇外舍生到學及半年以上，自前次釋奠以來説書多通、公試多在優等、姓名近上即爲優等。過犯情輕數少，即升入内舍，爲初等生，始聽於學中宿食。又選擇初等生升爲中等生，中等生升爲高等生，皆如外舍生之法。其有二人已上比較難決者，即特令説書及試所業以決。皆須具狀申本州，委知州、通判更加審覆，委得公當，然後給牒補之。如後來有過降等者，其牒即行抽取毁抹。其教授選擇、糾舉、升降等第若有不公，委知州、通判覺察，取勘聞奏，乞行衝替。其開封府舉人舊無府學，並令寓教於國子監。其國子監舉人須實是品官子弟，方得依條入學。其教試選升之法，並與外州同。以直講比教授，判監、同判監比知州、通判。凡國子監、開封府及諸州軍内舍高等生額，並用本處解額之半。解額有奇數者入高等生額，假若解額三人，則以二人爲高等生額。其中等倍高等，初等倍中等。若人數未足則闕之，不得溢額補人。若遇詔下開貢舉，委本處判監、同判監、知州、通判截自其日，勘會高等生補及半年以上者，具姓名結罪保明聞奏。開封府舉人，❶只委判監、同判監保明。仍給公憑，許令免解直就省試。其高等生占不盡解額，方許本處其餘舉人取解。其中等、初等生於取解時仍别立號，常比其餘舉人多取分數。所有高等生至省試時亦别立號，每七人中取一人奏名。如此則舉人亦稍嚮經術，敦行誼矣。夫經術深淺，非程試所能知，行誼美惡，非朝夕所能察。今使之處於學校，經二三年累經選擇升至高等，又占解額，妨衆人進取之路，若其行誼小有過差，必不爲衆人所容矣。由此觀之，其高等生經術則講説常通，文藝則屢入優等，過犯則全然輕少，行誼則爲衆所服，比之糊名、謄録，考其一日所試賦、詩、論、策，偶有所長而取之者相去遠矣。況近年舉人或一無行能，横遇恩澤，幸得免解者不可勝數。今高等生行能如此，裁免一解，豈足惜哉！此學校之法也。若朝廷又不能如此，只於舊條之中毛舉數事，微有更張，則於取士之道並無所益，徒更煩苛，不若悉循舊貫之爲愈也。

温國文正公文集卷第三十九

❶「舉」，原脱，據《傳家集》補。

温國文正公文集卷第四十

章奏二十五

論召陝西邊臣劄子 熙寧二年六月

臣曩任御史中丞日，聞國家招納夏國降民，曾上言：方今百職未舉，庶政未脩，百姓未安，倉庫未實，將帥未選，❶軍法未立，士卒未練，器械未精，八事不完，不可興兵。智慮迂疎，不合聖心。俄而种諤等起綏州之役，楊定爲夏虜所殺，陝西騷然，困於餽戍。朝廷悔前之失，故謫降种諤等以謝夏虜，再三招撫，方能得其稱臣奉表遵舊約。朝廷特遣使者，以誓詔册命及金帛雜物賜之，❷尚未返命。今竊聞陛下復召种諤等詣闕引對，不知陛下欲何所興爲？中外聞者，無不寒心。❸夫布衣不守信義猶見輕於鄉黨，况王者臨御四夷，當叛則威之，服則懷之，使信義之明皎如日月。若戎狄幸而臣服，無故擾之；及其背誕，則從而嫗煦之；得其臣服，又從而擾之，其於信義威懷如何哉！國家以信義臣畜戎狄百有餘年，前日种諤等舉而棄之，興兵掩其不備，以邀一時之功，僅能得不食之地百餘里、飢虜萬餘人耳。今地則歸之虜庭，民則逃散略盡，朝廷有何所得？❹而發兵守衛，轉粟饋餉，公私之費以鉅萬計，

❶「帥」，原作「師」，據《傳家集》改。
❷「詔」，原作「詒」，據《傳家集》改。
❸「不」，原作「所」，據《傳家集》改。
❹「何所」，原作「所何」，據《傳家集》改。

其爲失策，豈不昭然？ 今瘡痍未復，憂患未弭，臣前所言八事一無所修，虜疑忌中國警備已嚴，怨毒之心蓄而未發，謂等乃欲復爲前日所爲，臣見其無復綏州之功，而必有大敗覆没之事。 兵連禍結，不可救解，公私困竭，盜賊將生，此乃社稷之憂，非獨邊鄙之患也。 孔子曰：「過而不改，是謂過矣。」伏望陛下留神深念，至於再、至於三，當先修内政，未可輕議用兵，實天下幸甚。 取進止。

體要疏 熙寧二年八月五日上

月日，具位臣司馬光謹昧死再拜上疏皇帝陛下：臣准御史臺牒，伏奉四月二十日詔勑：「傳曰：『近臣盡規。』以其榮耻休戚與上同也。 今在此位者，視朕過失與朝廷政事之闕，默而不言，乃或私議竊歎，若以爲其責不在己，夫豈皆習見成俗以爲當然，其亦有含章懷寶待唱而發者也？ 今百度隳弛，風俗偷惰薄惡，烖異譖告不一，此誠忠賢助朕憂惕，以創制改法，救弊除患之時。❶宜令侍從官自今視朕過失與朝廷政事之闕，無有巨細，❷各具章奏，極言無隱。 噫！ 言善而不用，朕有厥咎；❸導之而不言，爾爲不恭。 朕將用此考察在位所以事君之實，明黜陟焉。」臣以駑下之材，自仁宗皇帝時蒙擢在侍從，服事三朝，恩隆德厚，隕身喪元，不足爲報。 雖訪問所不及，猶將披肝瀝膽，以効其區區之忠。 況聖意采納之勤，督責之嚴，諄諄如此，臣敢營私避怨，匿情愛己，不爲陛下

❶「弊」，原作「幣」，據《傳家集》改。
❷「巨」，原作「臣」，據《傳家集》改。
❸「咎」，原脱，據《傳家集》補。

別白當今之切務，庶幾少補萬分之一邪？

臣聞爲政有體，治事有要。自古聖帝明王，垂拱無爲而天下大治者，凡用此道也。何謂爲政有體？君爲元首，臣爲股肱，上下相維，内外相制，若網之有綱，絲之有紀。故《詩》云：「勉勉我王，綱紀四方。」又云：「豈弟君子，四方之綱。」故古之王者，設三公、九卿、二十七大夫、八十一元士，以綱紀其内；設方伯、州牧、卒正、連帥、屬長，以綱紀其外。尊卑有叙，若身之使臂，臂之使指，莫不率從。此爲政之體也。何謂治事有要？夫人智有分而力有涯，以一人之智力兼天下之衆務，欲物物而知之，日亦不給矣。是故尊者治衆，卑者治寡。治衆者事不得不約，治寡者事不得不詳。約則舉其大，詳則盡其細，此自然之勢也。益稷曰：「元首明哉，股肱良哉，庶事康哉。」言君明則能擇臣，臣良則能治事也。又曰：「元首叢脞哉，股肱惰哉，萬事惰哉。」言君親細務，則民不盡力而事廢壞也。《立政》曰：「文王罔攸兼于庶言、庶獄、庶慎，惟有司之牧夫，是訓用違。庶獄、庶慎，文王罔敢知于兹。」言文王擇有司而任之，其餘皆不足知也。《康誥》曰：「庸庸，祗祗，威威，顯民。」言文王用其可用，祗其可祗，刑其可刑，專明此道以示民也。是故王者之職在於量材任人、賞功罰罪而已。苟能謹擇公卿牧伯而屬任之，則其餘不待擇而精矣。謹察公卿牧伯之賢愚善惡而進退誅賞之，則其餘不待進退誅賞而治矣。然則王者所擇之人不爲多，所察之事不爲煩，此治事之要也。臣竊見陛下日出視朝，❶繼以經席，將及日中，乃還宫禁。入宫

❶「出」，原作「見」，據《傳家集》改。

之後，竊聞亦不自閒，省閲天下奏事，群臣章疏，逮至昏夜，又御燈火，研味經史，博觀群書。雖中宗、高宗之不敢荒寧，文王之日昃不食，臣以爲不能及也。然自踐祚以來，孜孜求治，於今三年，而功業未著者，殆未得其體要故也。祖宗創業垂統，爲後世法，内則設中書、樞密院、御史臺、三司、審官、審刑等在京諸司，外則設轉運使、知州、知縣等衆官，以相統御，上下有敘，此所謂綱紀者也。今陛下好使大臣奪小臣之事，小臣侵大臣之職。是以大臣解體不肯竭忠，小臣諉上不肯盡力，此百官所以弛廢，而萬事所以隳頹者也。而陛下方用爲致治之本，此臣之所大惑也。臣微賤不得盡知朝廷之事，且以耳目所接近日數事臣所知者言之，其餘陛下可以類求也。昔漢文帝問陳平：「天下一歲決獄及錢穀出入幾何？」平曰：「陛下即問決獄，責廷尉；問錢穀，責治粟内史。必也使卿大夫各得任其職，此乃宰相事也。」若平者，可謂能知治體矣。今之兩府，皆古宰相之任也。中書主文，樞密主武。若乃百官之長非其人，刑賞大政失其宜，此兩府之責也。至於錢穀之不充，條例之不當，此三司之事也。陛下苟能精選曉知錢穀、憂公忘私之人，以爲三司使副、判官、諸路轉運使，各使久於其任，以盡其能，有功則進，無功則退，名不能亂實，僞不能掩真，安民勿擾，使之自富，處之有道，用之有節，何患財利之不豐哉！今乃使兩府大臣悉取三司條例别置一局，聚文士數人與之謀議，改更制置，三司皆不與聞。臣恐所改更者未必勝於其舊，而徒紛亂祖宗成法，考古則不合，適今則非宜，吏緣爲姦，農商失業。數年之後，府庫耗竭於上，百姓愁困於下，衆心離駭，將不復振矣。且兩府於天下之事無所不總，若百官之職皆使兩府治之，則在上者不勝其勞，而在下者爲無所用矣。又監牧使主養馬，四園苑主課利，今乃使監牧使不屬群牧司，四園苑不屬三司提舉司，則在下者各得專權自恣，而在上者爲無所用矣。陛下方欲納天下於大治，而使百官在上者不委其下，在下者不禀其上，能爲治乎？若此之類，臣竊恐似未得其體也。

凡天下之事，在一縣者當委之知縣，在一州者當委之知州，在一路者當委之轉運使，在邊鄙者當委之將帥，然後事乃可集。何則？久任其位，識其人情，知其物宜，賞罰之權足以休戚所部之人，使之信服故也。今朝廷每有一事，不委之將帥、監司、守宰，使之自爲方略，❶責以成効而施其刑賞，常好别遣使者銜命奔走，旁午於道，所至徒有煩擾之弊而於事未必有益，不若勿遣之爲愈也。夫事之利害，吏之能否，皆非使者所能素知，不免臨時詢采於人。❷所詢者或遇公明忠信之人，猶僅能得其一二；或遇私闇姦險之人，則是非爲之倒置矣。此二者交集於前，而使者不能猝辨也，是以往往害事而少能爲益。非將帥、監司、守宰皆賢，而使者皆愚也，累歲之講求與一朝之議論，積久之采察與目前之毁譽，精粗詳略，其勢不同故也。其有居官累歲而不知利害，臨人積久而不知能否，或雖知利害而不能變更，雖知能否而不能黜陟，此乃愚昧私曲之人。朝廷當察而去之，更擇賢者以代其位，不當數遣使者擾亂其間，使不得行其職業也。又庸人之情，苟策非己出，則娼嫉沮壞，惟恐其成。官吏若是

❶「方」，原誤作「不」，據《傳家集》改。
❷「不免」，原無，據《傳家集》補。

者，十常五六。借使使者所規畫曲盡其宜，在彼之日，其當職之人已怏怏不悦，不肯同心以助其謀，協力以成其事，曰：「朝廷自遣專使治之，我何敢與知？」及返命之日，彼必敗之於後，曰：「使者既謀而授我，我今竭力而成之，功悉歸於首謀之人，我何有哉？」此所以爲不若毋遣使者而屬在當職之人爲愈也。夫使者所以通遠邇之情，固不可無。然今之轉運使，即古使者之任，苟得人而委之，賢於蹔遣使者遠矣。若監司自爲姦隱貪縱，或有所隱蔽欺罔，或爲部内之人所訟，或所謀畫之事未得其宜，朝廷欲察其罪惡，審其虛實，判其曲直，決其是非，然後别遣使者案之。若案得其實，監司有罪則當刑，不才則當廢，豈有但已者也。今每有一事，朝廷輒自京師遣使者往治之，是在外之官皆無所用也。使者既代之治事，而當職之人亦無所刑，無所廢，是只使之拱手旁觀，偷安竊禄者矣。若此之類，臣竊恐似未得其體也。❶今朝廷之士、左右之臣皆曰：「陛下聰明剛斷，威福在己，太平之功可指日而致。」臣愚竊獨以爲未也。臣聞古之聖帝明王，聞人之言則能識其是非，故謂之聰；觀人之行則能察其邪正，故謂之明；是非既辨，邪正既分，姦不能惑，佞不能移，故謂之剛；取是而捨非，誅邪而用正，確然無所疑，故謂之斷；誅一不善，而天下不善者皆懼，故謂之威；賞一有功，而天下有功者皆喜，故謂之福。今陛下聰明剛斷，則誠體之矣；欲收威福之柄，則誠有其志矣。然於所以爲之之道，尚或有所未盡，故臣以爲太平之功，未可期也。夫帝王之道，當務其遠者、大者，而略其近者、小

❶「未」，原作「宋」，據《傳家集》改。

者。國之大事，當與公卿議之，而不當使小臣參之；四方之事，當委牧伯察之，而不當使左右覘之。儻公卿、牧伯尚不能擇賢者而任之，小臣左右獨能得賢者而使之乎？若苟爲不賢，則險詖私謁，無不爲已。今陛下好於禁中出手詔指揮外事，非公卿所薦舉、牧伯所糾劾，或非次遷官，或無故廢罷，外人疑駭，不知所從。此豈非朝廷之士、左右之臣所謂「聰明剛斷，威福在己」者耶？陛下聞其言而信之，臣竊以爲過矣。夫公卿所薦舉，牧伯所糾劾，或謂之賢者而不賢，謂之有罪而無罪，皆有迹可見。責有所歸，故不敢大爲欺罔。若姦臣密白陛下，令陛下自爲聖意以行之，則威福集於私門而怨謗歸於陛下矣，安得謂之威福在陛下邪？且陛下鼂時中詔所指揮者，率非大事，至於兩禁美官、邊藩將帥、省府職任、諸路監司，此皆衆人之所希求，治亂之所繫屬，當除授之際，竊恐未必一一出聖志也。若乃姦邪貪猥之人，陛下所明知而黜去者，或更改官而升資，或不久復進用，然則威福之柄果不在陛下，而陛下偶未思也。以此觀之，面譽陛下「聰明剛斷，威福在己，太平可立致」者，非愚則諛，不可不察也。陛下必欲威福在己，曷若謹擇公卿大臣明正忠信者留之，愚昧阿私者去之。在位者既皆得其人矣，然後凡舉一事，則與之公議於朝，使各言其志，陛下清心平慮，擇其是者而行之，非者不能復奪也。凡除一官，亦與之公議於朝，使各舉所知，陛下清心平慮，擇其賢者而用之，不肖者不能復争也。如此則謀者、舉者雖在公卿大臣，而行之、用之皆在陛下，安得謂之威福不在己邪？陛下此之不爲而顧彼之久行，臣竊恐似未得其要也。夫三人群居，無所統一，不散則亂，是故立君以司牧之。群臣百姓，勢均力敵，不能相治，故從人君決之。人君者，固所以決是非，行刑賞也。❶若人君復不肯決，當使從誰決之乎？夫人心不同，如其面焉。國家凡舉一事，朝野之人必或以爲是，或以爲非；凡用一人，必或以爲賢，或以爲不肖。此固人情之常，自古而然，不足怪也。要在人主審其是非而取捨之。取是而捨非則安榮，取非而捨是則危辱，此乃安危榮辱之所以分也。是以聖王重之，故博謀群臣，下及庶人，然而終決之者，要在人君也。古人有言曰：「謀之在多，斷之在獨。」謀之多，故可以觀利害之極致；斷之獨，故可以定天下之是非。若知謀而不知斷，則群下人人各欲逞其私志，斯衰亂之政也。《詩》云：「謀夫孔多，是用不集，發言盈庭，誰敢執其咎？如匪行邁謀，是用不得于道。哀哉爲猷，匪先民是程，匪大猷是經。維邇言是聽，維邇言是争。如彼築室于道謀，是用不潰于成。」此言周室之衰，人臣不知先王之大道，務争近小之事，人君不能定其可否，而事終無成也。漢世國家有大典禮、大政令、大刑獄、大征伐，必下公卿大夫、博士、議郎議。其議者固不能一，必有參差不齊者矣，於是天子稱制決之，曰「丞相議是」，或曰「廷尉當是」，而群下厭然無有不服者矣。今陛下聽群臣各盡其情以議事，此誠善矣。然終不肯以聖志裁決，遂使群臣有尚勝者以巧文相攻，辯口相擠，至于再，至于三，互相反覆，無有限極。臣愚深恐虧朝廷之政體，損陛下之明德，流聞四方，取輕夷狄，非嘉事也。夫天下之事有難決者，以先王之道揆之，若權衡之於輕

❶「賞」，原作「貴」，據《傳家集》改。

重，規矩之於方圓，錙銖毫忽不可欺矣。是以人君務明先王之道而不習律令，知本根既殖，則枝葉必茂故也。近者登州婦人阿云謀殺其夫，重傷垂死，情無可愍，在理甚明，已傷不首，於法無疑。中材之吏，皆能立斷。事已經審刑院、大理寺、刑部斷爲死罪，而前知登州許遵文過飾非，妄爲巧説。朝廷命兩制定奪者再，命兩府定奪者再，勑出而復收者一，收而復出者一，争論縱横，至今未定。夫以田舍一婦人有罪，在於四海之廣，萬機之衆，其事之細，何啻秋毫之末？朝廷欲斷其獄，委一法吏足矣。今乃紛紜至此，設更有可疑之事大於此者，將何以決之？夫執條據例者，有司之職也；原情制義者，君相之事也。分争辨訟，非禮不決，禮之所去，刑之所取也。阿云之事，陛下試以禮觀之，豈難決之獄哉？彼謀殺爲一事、爲二事，謀爲所因、不爲所因，此苛察繳繞之論，乃文法俗吏之所事，豈明君賢相所當留意邪？今議論歲餘而後成法，終於棄百代之常典，悖三綱之大義，使良善無告，姦凶得志，豈非徇其枝葉而忘其本根之所致邪？若此之類，臣竊恐似未得其要也。此皆衆人之所私議竊歎，而莫敢明言者。臣以獨受恩深重，不顧斧鉞，爲陛下言之，惟聖明裁察。臣光昧死再拜以聞皇帝陛下。

温國文正公文集卷第四十

温國文正公文集卷第四十一

章奏二十六

論責降劉述等劄子熙寧二年九月上❶

臣竊聞知雜御史劉述、集賢校理丁諷、審刑詳議官王師元，皆以執守謀殺刑名，差官取勘；侍御史劉琦、錢顗，皆以論列政府公事，除員外郎降監酒税。中外聞之，無不驚謂。臣聞孔子曰：「守道不如守官。」孟子曰：「有言責者，不得其言，則去。」此古今之通義，人臣之大節也。彼謀殺已傷自首刑名，天下皆知其非，今朝廷既違衆議而行之，又罪守官之人，臣恐重失天下之心也。夫紲食鷹鸇，求其鷙也，鷙而烹之，將何用哉？陛下踐阼以來，待臣下以寬仁。至如皮公弼，陛下明知其貪，閻充國，陛下明知其猥也，二人皆以知縣權發遣三司判官公事，及得罪而出，皆爲知州。今琦、顗所坐，不過狂直，止以迕犯大臣，遂降爲監當。然則狂直之罪，重於貪猥，得罪大臣，甚於得罪陛下也。臣不勝拳拳，竊恐來者側目箝口，以言爲諱，威福移於臣下，聰明有所壅蔽，非國家之福也。臣備位近臣，親被明詔，覩朝廷政事之闕，不敢不言。伏望聖慈深察愚忠，早賜指揮，赦劉述等更不取勘，其劉琦等别除一本資序差遣，庶幾稍息群議。取進止。

❶ 題注，原無，據《傳家集》補。

再舉諫官劄子 熙寧二年十月七日上❶

臣昨日面奉聖旨，令臣采訪可任諫官者，密具姓名聞奏。臣竊見龍圖閣直學士陳薦，舊事陛下於藩邸，其忠厚質直，陛下必素知之。直史館蘇軾，制策入優等，文學富贍，曉達時務，勁直敢言。職方員外郎王元規，自少至長，志操堅正，所居之官，皆著風跡。集賢校理趙彥若，師民之子，强學懿行，不減於父，平居恂恂，如不勝衣，遇事剛勁，人莫能奪。此四人者，臣所素知，竊謂可備諫職，伏乞聖明更賜裁擇。取進止。

貼黄蘇軾、王元規、趙彥若官職，臣不能審記，竊慮差誤，不敢訪問於人，恐致漏泄。趙彥若昨任淄州通判，與知州解賓玉争公事，見降充監當。

請優賞宋昌言劄子 熙寧二年十月七日上❷

臣聞國家大政，在於賞罰明當。若賞罰明當，功無不成。臣去冬奉勑與張茂則相度二股河及生隄利害，當時都水監丞宋昌言建議，欲於二股河口西岸新灘上置立上約，擗攔水勢，令入東流，候向去東流漸深，北流淤淺，即閉塞斷北流，放出御河、胡盧河下流，以除恩、冀、深、瀛以西諸州軍水患。臣等因得其言，尋具此利害奏聞。蒙朝廷聽許，令修置上約。自後昌言同列提舉修生隄者，以策非己出，百端沮毁，以爲二股河必不可成，不如併力修生隄。及李立之赴闕上殿所言，

❶ 題注，原無，據《傳家集》補。

❷ 題注，原無，據《傳家集》補。

陛下所親聞也。賴陛下聖明，斷在不疑，必使之修置上約。今秋擗欄得水勢一併入東流，其北流尋已閉斷。雖頗漂溺，損近東滄、德等州民田廬舍，然恩、冀、深、瀛以西州軍，蒙利亦爲不少。其宋昌言不可謂之無功。今若與同列稱二股河不可成者一例受賞，臣竊恐當官之人覩之無所沮勸。況昌言因去歲職當在外，河決棗彊，獨奪一官，今若止復舊官，則是衆人受賞而昌言獨不得賞也。設使嚮者修上約不成，或背了二股，併入北流，其同列豈肯分昌言之罪？伏望聖慈察昌言建議之功，特與復舊官外更與董役之人等第別加酬奬，庶使向去用心向公者知朝廷必不負之也。取進止。

再乞資蔭人試經義劄子 熙寧三年二月六日上❶

臣先曾起請應資蔭出身人初授差遣者，更不試詩，只委審官院流内銓試《孝經》、《論語》大義共三道，仍令主判臣僚更將所對義面加詢問。若義理精通者，特保明聞奏，優與差遣；稍通者，依常調；不通者，且令修學，候一年外再試。必須試中，方得出官。若年四十以上，聽依舊制，只寫家狀讀律。自後不蒙朝廷施行。臣今復差知審官院，竊見資蔭人初授差遣者，令試詩一首，實爲無益。不惟其間有牆面者假手於人，徒長姦僞，就使自作詩得如曹、劉、沈、宋，其於立身治民，有何所用？古者二帝三王皆立大學之官，以教公卿大夫子弟，其何故哉？蓋以其人將嗣守官業，苟無德行道藝，則必害及於民故也。今若欲使公卿大夫子弟盡肄業於太學，則其父兄不常在京師，固難齊一；

❶ 題注，原無，據《傳家集》補。

若但使之習業於家，而考校於初授差遣之際，業不習者不得出官，則不煩勸督而人人自勉於學矣。此乃事之易行者也。嚮若使之盡通《詩》、《書》、《禮》、樂，則中材以下或有所不及；今但使之習《孝經》、《論語》，儻能盡朞年之功，則無不精熟矣。此乃業之易習者也。然《孝經》、《論語》其文雖不多，而立身治國之道盡在其中。就使學者不能踐履，亦知天下有周公、孔子、仁義禮樂，其爲益也，豈可與一首律詩爲比哉？臣竊以爲兹事用力不勤，更張甚易，而爲益稍大，別無所損。伏望聖明詳察，或有可取，乞檢臣前奏，特賜施行。取進止。

乞不揀退軍置淮南劄子 熙寧三年二月十一日上❶

臣竊聞道塗之言，未審虛實。或云朝廷欲揀在京禁軍年四十五以上微有呈切者，❷盡減下請給，兼其妻孥徙置淮南，以就粮食。若實有此議，臣竊以爲非宜。何則？在京禁軍及其家屬，率皆生長京師，親姻聯布，安居樂業，衣食縣官，爲日固久。年四十五，未爲衰老，微有呈切，尚任征役，一旦別無罪負，減其請給，徙之淮南，是横遭降配也。諸軍之內，沙汰甚多，必恐人情惶惑，大致愁怨。雖國家承平無事，綱紀具張，此屬恟恟不安，亦無能爲患。然詔書一下，若萬一有道路流言，驚動百姓，朝廷欲姑務省事，復爲收還，則頓失威重，向去無以復號令驕兵；若遂推而行之，則衆怒難犯，專欲難成，意外之變不可不防。梁室分魏博之兵，致張彦之

❶ 題注，原無，據《傳家集》補。
❷ 「呈」，原作「程」，據《傳家集》改。

亂，此近事之可鑑者也。❶故臣願朝廷更當深思熟議，未宜遽下此詔也。夫水未至而虛爲之防，水雖不至亦無所害；謂水不足憂而不爲之防，一旦水至則防無所及矣。❷故君子貴於思患而豫防之也。且國家竭天下之財，養長征兵士，本欲備禦邊陲。今淮南非用武之地，而多屯禁軍，坐費衣食，是養無用之兵，寘諸無用之地也。又，使邊陲常無事則已，異日或小有警急，主兵之臣必争求益兵，京師之兵既少，必須使者四出，大加召募，廣爲揀選，將數倍多於今日所退之兵。舊兵尚請衣粮未至而新兵更添衣粮，是棄已教閱經戰之兵而收市井甽畝之人，本欲減冗兵而冗兵更多，本欲省大費而大費更廣，竊恐非計之得者也。臣愚伏願朝廷且依舊法，每歲揀禁軍有不任征戰者減充小分，小分復不任執役者放充百姓，聽其自便，在京居止。但勿使老病者尚占名籍，虛費衣粮。人情既安於所習，皆無怨嗟，國家又得其力用，不爲虛設。冗兵既去，大費自省，在理甚明，於事爲便。臣備位近臣，兹事繫國家安危，不敢不言。取進止。

辭樞密副使第一劄子 熙寧三年二月十二日上❸

臣准閤門告報，已除臣樞密副使。續准句當御藥院陳承禮傳宣，令臣即今授勑告者。臣賦分樸愚，不通時務，近日以來，加以衰疾，恪居舊職，猶恐隳敗，況乃拔擢，待之不次？竊惟宥密之地，日侍訏謨，內訓六

❶「此」，原作「且」，據《傳家集》改。
❷「所」，原作「听」，據《傳家集》改。
❸題注，原無，據《傳家集》補。

師，外撫四海，用人當否，繫國安危，豈臣無似所能堪稱？伏望聖慈更擇賢材，俾居其任，聽臣且守舊職。取進止。

辭樞密副使第二劄子 熙寧三年二月十五日上❶

臣准句當御藥院黎永德奉宣聖旨，令臣即今入見者。臣屢違嚴詔，當伏重誅。但以聞命以來，揣分已熟。自幼及長，頗讀經史，捨此之外，一無所長。當世之務，懵不通曉，常日置之閑官，僅脱曠敗。尚以屬文不工，剸劇非長，翰林、審官，每欲辭免，况於樞府要地，任重責大，一日失職，則死及之。臣雖至愚，粗知自愛，陳力就列，古人所韙。是以寧冒違詔之罪，不敢當竊位之譏。伏望聖慈察其悃款，決非虚飾，特賜寢罷新命，止守舊職。天地更生之惠，臣莫大之幸也。取進止。

辭樞密副使第三劄子 熙寧三年二月十九日❷

臣前者兩次曾辭免樞密副使，未奉俞旨。竊慮區區之誠，未能上達，須至詳悉，復有奏陳。臣聞人之材性各有能有不能，人主量材然後授官，人臣審能然後授事，是以官不曠而事無敗也。臣幸生承平之時，家世爲儒，臣自髫齓至于弱冠，杜門讀書，不交人事。仕宦以來，多在京師，少歷外任，故於錢穀刑獄繁劇之務皆不能爲，况於軍旅固所不習。獨於解經述史，及以愚直補過拾遺，不避怨怒，則庶幾萬一，或有可取。是以每於

❶ 題注，原無，據《傳家集》補。
❷ 題注，原無，據《傳家集》補。

拜官之際，辭所不能，而不辭其所能。曏者除開封府推官，以繁劇曾辭；後除修起居注、知制誥、翰林學士，以文采不工曾辭；❶除龍圖閣直學士，以久在諫職無効曾辭；再除翰林學士兼侍讀學士，以言事未了曾辭；除史館修撰，以方修《資治通鑑》，恐朝廷修國史，難以兩處供職曾辭。自餘除國子監直講、館閣校勘、史館檢討、集賢校理、直秘閣起居舍人、同知諫院、天章閣待制兼侍講、知諫院、權御史中丞，此皆朝廷清要之職，除書始下，臣即時受命，未嘗輒辭。所以然者，自度駑鈍可以策厲，不至曠敗故也。天下之人見臣屢辭恩命，或以爲不慕榮貴，或以爲飾詐邀名，是皆不知臣者也。臣自幼習賦、詩、論、策，應舉就試，每三年一次，投狀乞磨勘，豈不慕榮貴者邪？臣若陰有營求，陽爲辭避，乃可謂之飾詐邀名，陛下察臣何嘗如此，豈飾詐邀名者邪？臣之愚心，正欲辭所不能而已。今二府之任，自非天下英傑之士，不可輕處，豈臣愚淺下材所能堪稱？或遇國家大事，參陪末議，有毫釐之差，使陛下有旰食之憂，以累知人之哲，臣雖伏質橫分，不足塞責。加之素有目疾，不能遠視。近日以來，頗多健忘，居常供職，猶懼廢闕。況以衰病，當茲重任？是用披肝瀝膽，昧冒上陳，違犯詔旨，至于再三，觸法抵罪，不自知覺。伏望聖慈特賜矜察，依臣前奏，追還新恩，俾守舊職。不勝憂慙危切之誠，臨紙叩頭，俯伏俟命。取進止。

❶「采」，原作「來」，據《傳家集》改。

乞罷條例司常平使疏 熙寧三年二月二十日上❶

二月二十日，具官臣司馬光謹昧死再拜上疏皇帝陛下：臣蒙聖恩，除樞密副使，仍屢遣陳承禮等趣臣就職，德澤汪洋，天隆地厚，非臣隕身糜骨所能報稱。然臣竊惟陛下所以用臣之意，蓋察臣狂直，庶幾有補於國家。臣所以事陛下之心，亦不過竭其愚忠，以裨聖德之萬一。若陛下徒以禄位榮臣而不取其言，則是以天官私非其人，臣徒以禄位自營而不能救生民之患，則是盗竊朝廷名器以私其一身。誠恐上累陛下之至公，下喪微臣之素守，此臣所以屢違詔命，不敢祗受者也。臣伏見陛下天縱英明，勵精求治，思得嘉謀，以新美天下。而建畫之臣不能仰副聖意，思慮未熟，講議未精，徒見目前之小利，不顧永久之大害。憂政事之不治，不能輔陛下修祖宗之令典，乃更變亂先王之正刑。正刑，正法也。患財利之不足，不能勸陛下以恭儉節用，乃更遣聚斂之臣，誅剥齊民。設官則以冗增冗，立法則以苛益苛，使四海危駭，百姓騷然，猶且堅執而行之，不肯自以爲非也。臣先曾上疏，言不當設制置三司條例司。又言天下之事，當委之轉運使、知州、知縣，不當别遣使者擾亂其間。又嘗因經筵侍坐，言散青苗錢不便。自後朝廷更遣使者四十餘人，分行天下，以提舉句當常平、廣惠倉，相度差役農田水利爲名，其實專使之散青苗錢。臣竊自疑智識淺短，不足以知天下變通之務。又疑因臣之言激怒建畫之臣，使行之更力，由是閉口不敢復言。今行之纔數

❶ 題注，原無，據《傳家集》補。

月，中外鼎沸，皆以散青苗錢爲不便，然後臣乃敢發言。彼言青苗錢不便者，大率但知所遣使者或年少位卑，倚勢作威，陵轢州縣，騷擾百姓，止論今日之害耳。臣所憂者在十年之後，非今日也。夫民之所以有貧富者，由其材性愚智不同。富者智識差長，憂深思遠，寧勞筋苦骨，惡衣菲食，終不肯取債於人，故其家常有贏餘而不至狼狽也。貧者呰窳偷生，不爲遠慮，一醉日富，無復贏餘，急則取債於人，積不能償，至於鬻妻賣子，凍餒填溝壑，而不知自悔也。是以富者常借貸貧民以自饒，而貧者常假貸富民以自存。雖苦樂不均，然猶彼此相資，以保其生也。今縣官乃自出息錢，以春秋貸民。民之富者皆不願取，貧者乃欲得之，提舉官欲以多散爲功，故不問民之貧富，各隨户等抑配與之。富者與債仍多，貧者與債差少。多至十五緡，少者不減千錢。州縣官吏恐以逋欠爲負，必令貧富相兼，共爲保甲，仍以富者爲之魁首。貧者得錢隨手皆盡，將來粟麥小有不登，二税且不能輸，况於息錢，固不能償。吏督之急，則散而之四方。富者不去則獨償數家所負，力竭不逮則官必爲之倚閣。春債未畢，秋債復來，歷年寖深，負債益重。或值凶年則流轉死亡，幸而豐稔則州縣之吏併催積年所負之債，是使百姓無有豐凶，長無蘇息之期也。貧者既盡，富者亦貧，臣恐十年之外，富者無幾何矣。富者既盡，若不幸國家有邊隅之警，興師動衆，凡粟帛軍須之費將從誰取之？臣不知今者天下所散青苗錢凡幾千万緡，若民力既竭，加以水旱之災，州縣之吏果有仁心愛民者，安得不爲之請於朝廷，乞因郊赦而除之？朝廷自祖宗以來以仁政養民，豈可視其流亡轉死而必責其所負？其勢不得不從請者之言也。然則官錢幾千万緡已放散而不返矣。官錢既放散，百姓又困竭，但使閭胥里長於收督之際，有乞取之資，此可以謂之善計乎？且常平倉者乃三代聖王之遺法，非獨李悝、耿壽昌能爲之也。穀賤不傷農，穀貴不傷民，民賴其食，而官收其利，法之善者，無過於此。比來所以隳廢者，由官吏不得人，非法之失也。今聞條例司盡以常平倉錢爲青苗錢，又以穀換轉運司錢，是欲盡壞常平，專行青苗也。國家每遇凶年，供軍倉自不能足用，固無羨餘以濟飢民，所賴者止有常平錢穀耳。今一旦盡作青苗錢散之，向去若有豐年，將以何錢平糴？若有凶年，將以何穀賙贍乎？臣竊聞先帝嘗出內藏庫錢一百萬緡，助天下常平倉作糴本。前日天下常平倉錢穀共約及一千餘萬貫石，今無故盡散之，他日若思常平之法，復欲收聚，何時得及此數乎？臣以謂散青苗錢之害猶小，❶而壞常平之害尤大也。今國家每有大費，三司所不能供者，陛下輒取內藏庫物以給之。彼內藏庫者，乃祖宗累世之所蓄聚，以備軍旅非常之用也。使其物常如泉源流出於庫，無有窮竭之時則可矣。若本皆斂之於民以實之，有時而空矣。昔漢文帝欲作露臺，召匠計之直百金，上曰：「百金，中人十家之産也，吾何以臺爲？」太宗時兖王嘗作假山，召僚屬置酒觀之，翊善姚坦獨俛首不視。王强使視之，坦曰：「坦唯見血山耳，不見假山。」王驚問其故，坦曰：「坦在田舍時，見州縣督税，里胥臨門捕人，父子兄弟送縣笞撻，血流滿身，愁苦之聲不可忍聞，此假山皆民租賦所爲，非血山而何？」是時

❶「猶」，原作「尤」，據《傳家集》改。

上亦自爲假山，聞之，遽命毁之。今陛下令薛向於江淮爲貿易，以三百万緡畀之，又散青苗錢數千萬緡，其餘五十萬、三十萬者，固不足數爾。其爲露臺、假山之費，不亦多乎？陛下聰明仁儉，固不減於漢文帝及太宗，然而視棄財物如糞土者，蓋未知其所從來皆出於生民之肌血耳。陛下若終信條例司所言，推而行之，不肯變更，以循舊貫，十年之外，富室既盡，常平已壞，帑藏又空，不幸有方二三千里之水旱，饑殍滿野，加以四夷侵犯邊境，羽書狎至，❶戎車塞路，攻戰不已，轉餉不休。當是之時，民之羸者不轉死溝壑，壯者不聚爲盜賊，將何之矣？秦之陳勝、吴廣，漢之赤眉、黄巾，唐之黄巢，皆窮民之所爲也。大勢既去，雖有智者，不能善其後矣。臣竊惟太祖、太宗躬擐甲胄，櫛風沐雨，跋履山川，蒙犯矢石，以爲子孫成光明盛大之業如此其美也。陛下試取臣所進《歷年圖》觀之，自周末以來，至于國初一千三百六十有二年，其間亂離板蕩，則固多矣。至於中外無事，不見兵革，百有餘年，如國朝之盛者，豈易得乎？此臣所以尤爲陛下痛惜者也。《書》曰：「民不静，亦惟在王宫邦君室。」臣竊觀方今四夷親附，邊鄙不聳，五穀和熟，盜賊稀簡，是宜爲天下和樂無事之時，而中外恟恟，人不自安者，無他故也，正由朝廷有制置三司條例司，諸路有提舉句當常平廣惠倉使者，争獻謀畫，各矜智巧，變更祖宗法度，侵奪細民常産，掊斂財利，以希恩寵。非獨此青苗一事而已，至於欲計畝率錢，雇人充役，決汴水以種稻及澆溉民田，及欲洩三十六陂水募人

❶「狎」，《傳家集》作「狹」。

耕佃，若此之類，不可悉數。道路之人共所非笑，而條例司自以爲高奇之策，書以授常平使者，必欲行之天下。恐其興作之不已，皆如青苗爲害於民也，故小大遑遑，不敢自安。苟不罷廢此局，則生民必無休息之期矣。陛下誠能昭然覺悟，采納臣言，罷制置三司條例司，及追還諸路提舉句當常平廣惠倉使者，其官員並送審官院與合入差遣。青苗錢已散者，令州縣候豐熟日催收本錢，更不取利，未散者無得更散；其常平倉錢穀依舊封樁，令提點刑獄司管句，則太平之業依然復故矣。玆事明如白黑，易如返掌，陛下何憚而不爲也。如此，臣雖盡納官爵，但得爲太平之民以終餘年，其幸多矣。苟言不足采，陛下雖引而寘諸二府，徒使天下指臣爲貪榮冒寵之人，未審陛下將何所用之？不勝懔懔狂愚之誠，惟聖明裁處。臣光昧死再拜以聞。

温國文正公文集卷第四十一

温國文正公文集卷第四十二

章奏二十七

辭樞密副使第四劄子熙寧三年二月二十一日上❶

臣准句當御藥院陳承禮傳宣，令臣即今入見者。臣仰煩聖恩重沓如此，雖頑如木石，亦當遷變。然臣固守愚志不移者，誠以荷盛德者必有以酬報，居重位者不可以無功。臣自惟立朝材器短淺，一無所用，獨有補過拾遺，可裨萬一。方今爲天下患者，唯有制置三司條例司，及諸路提舉句當常平廣惠倉使者。若陛下朝發一詔罷之，則夕無事矣。故臣不量力勢，輕用上陳。儻陛下以臣言爲是，乞早賜施行；若以爲非，則臣乃狂愚之人。於今英俊滿朝，而擢用狂愚之人，使汙宥密之地，豈不以爲聖政之累也！伏望聖慈追還樞密副使恩命，令臣且供舊職。取進止。

辭樞密副使第五劄子熙寧三年二月二十七日上❷

臣准句當御藥院李舜舉傳宣，令臣即今赴閤門授勑告者。陛下聖恩無窮，愚臣辭避不已，盡下之德愈盛，慢上之罪愈深，憂惶失圖，無地自處。臣竊惟陛下今兹不次用臣，必以識慮爲小有可采，臣亦以受

❶ 題注，原無，據《傳家集》補。
❷ 題注，原無，據《傳家集》補。

陛下非常之知，不可以全無報効，是以乞罷制置三司條例司，及諸路提舉句當常平廣惠倉使者。若陛下果能行此，勝於用臣爲兩府；臣若得此言果行，勝於居兩府之位。儻或所言皆無可采，臣獨何顔敢當重任？伏望聖慈矜察，更不復遣使臣宣召，追還樞密副使恩命，庶使賤臣差獲自安。取進止。

貼黄二道

李舜舉傳聖旨，諭臣以樞密院本兵之地，各有職分，不當更引它事爲辭。臣今若已授樞密副使敕告，即誠如聖旨，不敢更言職外之事。今未受恩命，猶是侍從之臣，於朝廷闕失無不可言者。所以區區貪進小忠，庶幾少補聖政之萬一。況所言二事，並是去年已曾上言，以其無効，所以不敢當今日新恩，非爲侵官，乞聖明裁察。兼臣右膝下見患一瘡，有妨拜起，入見未得，伏望聖慈更不差使臣宣召，候膝瘡稍愈，自乞入見，面奏懇誠。

辭樞密副使第六劄子 熙寧三年二月二十七日上，❶尋得旨聽許。

臣伏准句當御藥院劉有方傳宣撫問，兼問臣取幾日入見，令早入者。聖恩深厚，不忘微賤，存恤勤至，臣螻螘之命，無足報塞，惶恐無措。伏念臣即今膝瘡雖稍減可，尚未全愈，有妨拜起，未知可以入見之日。不獨如此，兼爲臣近曾上疏言，乞罷制置三司條例司，及追還諸路常平廣惠倉使者，未聞朝

❶「熙寧」至「上」十一字，原無，據《傳家集》補。

廷少賜采録，但聞條例司愈用事，催散青苗錢愈急，中外人情愈逴逴不安。臣當此際，獨以何心敢當高位？故寧被嚴譴，未敢輒出。臣聞古者國有大事，謀及卿士，謀及庶民，參酌下情，與衆同欲。是以事無不當，令無不行。未嘗有四海之内卿士大夫、農商工賈，異口同辭，咸以爲非，獨信二三人之偏見，而能成功致治者也。伏望陛下出臣近所上疏，宣示中外臣庶，使共決其是非。若臣言果是，乞早賜施行；若臣言果非，乞更不差使臣宣召，早收還樞密副使敕告，治臣妄言及違慢之罪，明正刑書。庶使是非不至渾殽，微臣進退有地，不爲天下之所疑怪。取進止。

乞免永興軍路青苗助役錢劄子 熙寧三年十一月二日上❶

臣奉敕差充永興軍一路安撫使。臣竊見陝西百姓自城綏州以來，供應諸般科配，及支移税賦往近邊州軍。日近復有環慶事宜，加之今年亢旱，五稼不熟，人户流移者已聞不少。國家所宜汲汲存恤，使人户安集。臣伏見先所散青苗錢貧破百姓，爲害不細，臣已曾累次上言，不敢重煩聖聽。今又聞議者欲令州縣將諸色役人一時放罷，官爲雇人祗應，却令人户均定免役錢，隨二税送納，乃至單丁、女户、客户、寺觀等，並令均出。若果行此法，其爲害必又甚於青苗錢。何則？

❶ 題注，原無，據《傳家集》補。

上等人户自來更互充役，有時休息，今歲歲出錢，是常無休息之期也。下等人户及單丁、女户等，從來無役，今盡使之出錢，是孤貧鰥寡之人，俱不免役也。若錢少，則不足以雇人；若錢多，則須重斂於民。雇人不足，則公家闕事；重斂於民，則衆心愁怨。自古以來，繇役皆出於民，今一旦變之，臣未見其利也。且受雇者皆浮浪之人，使之主守官物，則必侵盗；使之幹集公事，則必爲姦。事發則挺身逃亡，無有田宅宗族之累。建議者亦自知其不可，乃云若雇召人不足，即依例輪差，支與逐處所定雇錢，足了役事，自當有人應募。今既無人應募，必是錢少不足充役，是徒有免役之名而役猶不免，但無故普增數倍之税也。彼青苗錢以債與民而取其息，已是困民之法，今又使横出數倍之税，民安有不困蹷者哉？以富庶之域猶不能堪，况陝西累歲奉邊，民力彫弊，豈可復爲無益之事以擾之乎？伏望聖慈特免永興軍一路青苗免役錢，以愛惜民力，專奉邊費。其餘路分則繫自朝廷裁酌。取進止。

乞不令陝西義勇戍邊及刺充正兵劄子 熙寧三年十一月上❶

臣先任諫官日，伏見國家揀刺陝西義勇，臣累曾論列，以爲徒使百姓愁苦，無益於用。近聞環慶路用義勇與西賊戰鬭，望風奔潰，死傷甚多，致主將陷没，此義勇不可用之明驗也。臣竊聞議者猶欲教閲義勇，以抗西賊。若止令州縣教閲，守護鄉土，猶於人情不至大擾；若發以戍邊，或如慶曆中刺爲正兵，

❶ 題注，原無，據《傳家集》補。

則衆人覩環慶之敗，譬如無罪往就死地，恐於人情大有不安。國家既重賦斂以盡其財，又逼之戰鬭以絶其命，是驅良民使爲盜賊也。彼爲官軍則惜生，故望風退走；彼爲盜賊則必死，自可以一敵百。臣恐今日教之挽射擊刺，乃它日爲盜之資也。廟堂之議，臣所不得知。万一有之，詔下之日臣論列不及，況當遠離朝廷，故不得不先事而言也。取進止。

乞留諸州屯兵劄子 熙寧三年十一月上❶

臣奉勑充永興軍一路兵馬都總管、安撫使。臣竊聞本路十州所管屯駐禁軍至少，大率皆是緣邊就粮兵士。常時分爲上下番，有一半在逐州。或遇邊上稍有警急，則盡皆抽去，逐州並無守把兵士。臣竊惟天下事不可忽，必須思患豫防。戎狄犯邊雖當竭力扞禦，然腹内州軍豈可全無武備？況逐州皆有軍資甲仗，市邑民居万一犬羊奔突，間諜内應，或盜賊乘虚，姦人竊發，其本州官吏手下無兵，雖有智勇，將安所施？臣愚以爲逐州宜各添一指揮禁軍屯駐，内永興軍爲關中根本，宜添兩指揮。若朝廷別無兵士可以差撥，只乞於緣邊就粮兵士内，依此數目撥留在逐州屯駐，邊上更不得句抽，所貴緩急不至失備。取進止。

宗室襲封議 時在學士院，朝廷以爲非是。兩制議者各贖銅三十斤，禮院各追一官。

臣等竊原聖人制禮之意，必使嫡長世世承襲者，所以重正統而絶争端也。古者諸侯

❶ 題注，原無，據《傳家集》補。

生立世子，死則襲爵。故令文稱：「諸王、公、侯、伯、子、男，皆子孫承嫡者傳襲。若無嫡子及有罪疾，立嫡孫；無嫡孫，以次立嫡子同母弟；無母弟，立庶子；無庶子，立嫡孫同母弟；無母弟，立庶孫。曾孫以下，准此。」皆謂始薨之時應襲爵之人也，其無後者，則國除。自唐末以來，王公以下不復承襲。國朝故事，常封本宫最長者一人爲國公。陛下以爲非古，故於去年十一月十一日降勑，節文稱：「宣祖、太祖、太宗之子，皆擇其後一人爲宗，令世世封公，補環衛之官，以奉祭祀，不以服屬盡故殺其恩禮。」又稱：「其非祖免親，更不賜名授官。」太常禮院尋奉檢詳國朝近制，諸王之後皆用本宫最長一人封公繼襲。今來新制既言祖宗之子皆擇其後一人爲宗，即與自來事體不同。本院參詳，合依禮令傳嫡承襲。閏十一月五日，奉聖旨：「祖宗之子，并濮國公，並令傳嫡襲封。所有見今諸宫院已封公者，令依舊，將來即更不襲封。」臣等詳觀兩次詔旨丁寧，皆欲以復古禮而重正統也。今據禮院所定，諸王後合襲封人内，除越王曾孫世程、魯王孫宗肅、韓王孫宗績、吴王孫宗絳，並依禮令當傳襲外，其昭成太子、陳王、蔡王皆無後，國當除。宗保、仲郃、宗達，以旁親繼襲，乃是朝廷特恩爲之立後，紹封其國，於禮典亦無乖違。所有秦王之後，陳薦等欲立其庶曾孫克繼，韓忠彦等欲立其庶長孫承亮；楚王之後，陳薦等欲立其庶曾孫世逸，韓忠彦等欲立其庶長孫從式；魏王之後，衆禮官皆欲立其嫡孫同母弟宗惠。臣等看詳三王見今自有正統，而承亮、從式、宗惠皆係旁支。若此三人襲三王之封，則子子孫孫常居環衛，世襲爵禄，與國無窮。其正統子孫，袒免以外更不賜名授官，數世之後，降在皂隷。如此，三人何幸而封？正統何罪而絶？不惟與禮令之意乖違，亦非聖詔所謂「爲宗傳嫡」者也。所以然者，蓋縁禮令據初薨之時定爲嗣之人，今日於數世之後議當爲後者，事體有殊，而專執令文，所以參差不合而異論紛紜也。臣等按忠彦等以爲令文之制與古稍異，若無嫡孫而有嫡曾孫，則捨曾孫而立嫡子母弟，若無母弟，又立庶子。以此知亦許推及旁支，常以親近者爲先也。今令文稱「無嫡孫同母弟，則立庶孫」。以《禮典》與《五服勑》言之，諸子之子，除嫡長外皆爲庶孫。既云立庶孫，則當於諸房庶孫内擇其長者一人立之。蓋王視庶孫恩親等也，庶孫比曾孫行尊而屬近也。臣等按令文皆約古禮爲之，安有與古不同之理？借使不同，朝廷方憲章稽古，亦當捨令而從禮，豈可棄禮而就令也？況令文所謂「子孫承嫡者傳襲」，言嫡子、嫡孫相繼不絶，雖經百世，皆應傳襲也。若不幸而絶，則有立嫡子同母弟以下之事，非謂有嫡曾孫捨之不立而立嫡子之母弟也。晉庾純云：「古者所以重宗，諸侯世爵，士大夫世禄，防其争競，故明其宗也。」吴商云：「按禮貴嫡重正，所以尊祖禰，繼世之正統也。夫受重者不得以輕服服之，是以孫及曾、玄，❶其爲後者，皆服三年，受重故也。」王敞云：「君爲祖三年，既爲君而有父祖之喪者，謂父祖並有廢疾，不得受國，而已受位於曾祖者也。」范宣云：「嫡孫亡、無後，則次子之後乃得傳重。」以此觀之，明嫡統不絶，則旁支無繼襲之道。然則令文所謂「子孫承嫡者傳襲」，自嫡曾孫以下皆包之矣。所以

❶「玄」，原避趙玄朗諱作「元」，今回改。下「玄」字同。

更言「若無嫡子及有罪疾，立嫡孫」者，嫌人無嫡子，即立嫡子之母弟，或嫡子有罪疾，并其嫡孫廢之故也。又言「曾孫已下准此」者，謂庶孫以上皆無，即立嫡曾孫之母弟，無母弟則立庶弟之類是也。若令文之意，但以行尊屬近者爲嗣，則無嫡子，使應立嫡子母弟及庶子，何爲更立庶孫也？必若忠彦等所云，則國家故事取本宫最長者一人封公，已是行尊屬近之人，更當遵行，何必更有改作也。彼令文所指者，傳襲之人，《五服勑》所載喪服之制，事理各殊，豈可引喪服之庶孫，證傳襲之庶孫也。且造令之時，王公以下薨則傳襲，故少有立曾、玄者。今諸王之薨，已歷數世，乃更追議當爲後之人，則不應捨正統而更取旁支也。今欲使合於古而適於今，則莫若自國初以來，於其人薨没之時定當爲嗣者，以至於今日，則於禮令不失，而亦不離正統矣。案秦王以雍熙元年薨，於時嫡子德恭當立。德恭以景德三年卒，嫡長子承慶當立。承慶以寶元二年卒，無嫡子，有庶子六人，長曰克晤，先卒，無子。次曰克繼，當立。楚王以某年薨，嫡長子惟叙當立。惟叙以大中祥符五年卒，嫡子從煦當立。從煦以慶曆五年卒，無嫡子，有庶子世逸一人，當立。魏王以某年薨，無嫡子，有庶子三人，長曰允升，以某年卒，嫡子宗禮當立。宗禮以治平二年卒，嫡長子仲翹先卒，無子，次母弟仲髦亦先卒，次母弟仲蒼當立。以此考之，其當爲後者，豈不明白矣。所有承選雖是德文之嫡子，其父元非嫡長，自不應承襲。蓋因今來承亮以庶孫得承襲，故從承選有辭。先王制禮皆本諸天地，酌之人情，譬如四支百體，不可移也。移之則綱紀紛亂，争端並興，於承選可以見其驗矣。臣等謹依古禮及令文，并去年十一月十一日勑命、閏十一月五日聖旨指揮，撿詳屬籍，重行定奪到秦王之後合以克繼襲封，楚王之後合以世逸襲封，魏王之後合以仲蒼襲封。其餘並如衆禮官所定。

温國文正公文集卷第四十二

温國文正公文集卷第四十三

章奏二十八

請自擇臺諫劄子 熙寧三年四月十六日上❶

臣竊見近日臺諫官言制置三司條例司害民及呂惠卿姦邪者，率被責降，或更加以惡名。如呂公著告辭云：「乃誣方鎮，有除惡之謀。」中外聞者，無不駭愕。臣竊惟朝廷之意無它，止欲懲戒來者，使不敢復言耳。國家置臺諫官，以爲天子耳目，唯恐政事有闕失，百姓有疾苦，大臣專恣，左右姦邪，天子深居九重，不能得聞故也。今臺諫官稍有懷剛直之志，畏天下公議，憂念朝廷，哀憫百姓，忤犯大臣，刺譏左右者，陛下輒罪而逐之，更使大臣自擇所親，以代其任。萬一又爲公論，則又逐之。是必得庸懦阿諛，不知廉恥，附下罔上，背公死黨之人，然後止耳。若言路皆此等之人，則禁闥之外，陛下耳目之所不及者，雖有至大之事，迫切之禍，陛下何從知之？如此豈宗廟社稷之福也？晏子曰：「君所謂可，臣亦曰可；君所謂否，臣亦曰否。若以水濟水，誰能食之？」今陛下使大臣自擇臺諫官，大臣又取同於己者存之，❷異於己者去之，然則陛下獨與大臣爲天下足矣，何必更置臺諫官也！且條例司

❶ 題注，原無，據《傳家集》補。

❷ 「大臣」，原無，據《傳家集》補。「同」，原作「自」，據《傳家集》改。

之害民，吕惠卿之姦邪，天下之人誰不知之？獨陛下與王安石未之寤耳。豈可更爲之黜逐臺諫，以長其威福，成其氣勢？臣竊爲陛下寒心。今臺諫官已被逐者，臣不敢留。唯願陛下自擇公正剛直者布之言路，以明四目，達四聰，勿使爲群下所欺蔽，則天下幸甚。臣受陛下過分之恩，不敢塞默，雖死怨讎之手，猶賢於竊禄偷生者也。取進止。

論李定劄子 熙寧三年五月二日上❶

臣竊見近者朝廷除秀州推官李定爲監察御史裏行，知制誥李大臨、蘇頌等累次封還詞頭。數日來，外間皆言朝廷已爲之寢罷，今日復聞劄下舍人院，須令草詞。臣竊意朝廷知大臨等既累次封還詞頭，今復草之，則爲反覆，必難奉詔，因欲以違命之罪罪之，使今後凡朝廷所行政令，群下無敢立異者。若果如此，則百執事之人自非偷合苟容者，皆不得立於朝，政令或有得失，陛下復何從知之？晏嬰所謂「以水濟水」，賈山引秦之季世以戒漢文帝者，正患其如此耳。前論逐臺諫官，今又論大臨等，非敢私此數人，正爲國家惜言路之絶耳。伏望陛下審思慎行之，勿使聰明至壅蔽，❷則天下幸甚。取進止。

貼黄

國家不次用人，固無常法。然必使衆心厭服，然後爲美。是以堯舜非不聰明也，其命官皆先謀岳牧，既衆言僉同，復明試以功，而後用之，故舉不失能而上

❶ 題注，原無，據《傳家集》補。
❷ 「至」，原作「遂」，據《傳家集》改。

下雍熙也。臣素不識李定，實不知其行能何如。陛下果知其賢，何不且試之以漸，俟其功効顯著，衆皆知之，然後不次拔用，則誰曰不可？何必今日與臣下力校勝負，殆非人君廣大之體也。

諫西征疏 熙寧四年正月一日上❶

月日，具位臣光謹昧死再拜上疏皇帝陛下：臣以不材，誤承朝廷委用，待罪長安，兼領一路十州兵民大柄。朝辭之日，伏蒙陛下面諭以凡邊防事機及朝廷得失，有所聞見，令一一奏聞。臣受命以來，且愧且懼。所愧者，聖知深厚，責任至重；所懼者，智識淺短，無以堪稱。夙夜疚心，不敢寧居。臣自入境以來，見流移之民道路相望。詢訪閭里，皆云今夏大旱，禾苗枯瘁，河渭以北，絶無所收，獨南山之下稍有所存。而入秋霖雨，經月不霽。禾雖有穗，往往無實；雖有實，往往無米；雖有米，率皆細黑。一斗之粟，舂簸之後不過得米三四升。穀價踊貴，民間累年困於科調，素無蓄積，不能相贍。❷以此須至分房減口，就食西京、襄、鄧、商、虢等州。或傭賃客作，或燒炭采薪，或乞匄剽竊，以度朝夕。當此之際，國家惟宜鎮之以靜，省息諸事，減節用度，則租稅自輕，繇役自少，逋負自寬，科率自止。四患既除，民力自足，民財自饒，閭里自安，流亡自還。固不待陛下憂勤於中，宰相劬勞於外，然後人人得其所也。苟或不然，國家雖欲輕租稅，寬逋負，其所費之財何由可得？雖欲少繇役，

❶ 題注，原無，據《傳家集》補。

❷ 「贍」，原作「瞻」，據《傳家集》改。

止科率，其所管之事何由可成？四患不除，雖日下恩澤之詔，民猶不免於流移轉死也。蓋欲止沸者莫若絶薪，欲安民者莫若省事，此目前之驗，非難知也。臣到官以來，伏見朝廷及宣撫等司指揮，分義勇作四番，欲令以次於緣邊戍守，選諸軍驍鋭及募閭里惡少以爲奇兵。造乾粮皺飯，布囊力車，以備餽運。悉取歲賜秉常之物，散給緣邊諸路，又竭内地府庫甲兵財物以助之。且以永興一路言之，所發人馬甲八千副，錢九万貫，銀二万三千兩，銀椀六千枚，其餘細瑣之物不可勝數。動皆迫以軍期，上下相驅，急於星火，官吏狼狽，下民驚疑，皆云國家將以今春大舉六師，長驅深入，以討秉常之罪。臣以疎賤，不得預聞廟堂之議，未知兹事爲虚爲實。昨者親承德音，以爲方今邊計，惟宜謹嚴守備，俟其入寇，則堅壁清野，使之來无所得，兵疲食盡，可以坐收其弊。臣退而思念，聖謀高遠，深得王者御戎狄之道，實天下之福。及到關中，乃見凡百處置皆爲出征調度。臣不知有司在外不諭聖意，以致有此張皇？將陛下默運神筭，不令愚賤之臣得聞其實也？臣不勝惶惑，晝則忘食，夜則廢寢，心寒股栗，竊爲陛下危之。夫兵者凶器，聖人不得已而用之。自古以來，國家富彊，將良卒精，因人主好戰不已，以致危亂者多矣。况今公私困竭，將愚卒懦，乃欲驅之塞外以捕狡悍之虜，其无功必矣。豈惟無功，兼後患甚多，不可盡言也。若朝廷初無出征之意，則何爲坐散府庫之財，疲生民之力，訖無分毫之事？萬一將來虜騎入寇，府庫已竭，民力已困，將何以禦之？臣先任御史中丞日，朝廷將興綏州之役，臣曾上言，國家先當舉百職，修庶政，安百姓，實倉庫，選將帥，立軍法，練士卒，精器械，八事皆備，然後可以征伐四夷。今此八事未有一者勝於曩時，而況關中饑饉，十室九空，爲賊盜者紛紛已多，縣官倉庫之積所餘無幾，乃欲輕動大衆，橫挑猛敵，此臣之所大懼也。或者又云，國家未討秉常，先欲試兵誅一小族。若果如此，猶爲不可。何則？今者竭關中之財力，大興師衆，乃捨有罪之强寇，誅無事之小種，勝之不武，不勝爲笑，將無以復號令戎狄矣。此二策者，皆爲不可。伏望陛下深鑒安危之機，消之於未萌，救之於未形，速下明詔，撫諭關中之民以朝廷不爲出征之計。其義勇更不分番於緣邊戍守，亦不選募奇兵。凡諸調發爲饋運之具者，悉令停罷。愛惜内地倉庫之儲，以備春深賙救饑窮之人。如此豈惟生民之幸，亦社稷之福也。臣不勝憂迫，直輸赤誠，惟陛下裁察。臣光昧死再拜上疏。

乞罷修腹内城壁樓櫓及器械狀 熙寧四年正月三日上，尋得旨依奏。❶

准熙寧三年十一月初七日准樞密院劄子節文：❷檢會近爲麟府路豐州及外堡寨官吏弛慢不職，不修完城池樓櫓器甲等，已奉聖旨降官，等第斷遣，及劄與三路轉運司，遍牒轄下沿邊州軍，知委去訖。近又據陝西路提刑宣撫司奏，華州甲仗庫弓弩不堪，蓋是監官并本州官員全不用心點檢，有誤緩急使用。其鈐轄盧戫，坐受優俸，空占當直兵士，略不營職，朝廷已令鄜延路經略司舉官差替盧戫。其華州甲庫弓弩不堪，本州當職官員

❶「熙寧四年正月」，原無，據《傳家集》補。
❷下「准」字，疑衍。

全不用心點檢，仍宣撫司差官取勘聞奏。切慮諸路亦有不修完城壁器甲等去處。奉聖旨，令河東、河北、陝西經略安撫司指揮轄下州軍，委長吏仔細點檢，須管日近修完城壁、樓櫓堅固，器甲精利。如將來朝廷專差官點檢得却有未修城壁樓櫓器甲等，其應干官吏必當依此重行斷遣。劄付本司者，尋依准朝旨行下本路諸州軍施行。近准虢州申：「州司勘會，本州雖係陝西路，即不係近邊州軍。其州城從來並不曾有敵樓，戰棚爲自來霖雨損壞摧塌，及無兵功，累年不曾修築，今來亦不敢專擅役夫脩築。已牒在城兵馬都監呂士宣，重行檢計損壞城邑去處。才候檢計到合使人功物料，別具狀供申，乞差兵夫次。」及據解州申：「准兵馬監押狀申：『准州牒備録到安撫使司牒内坐到聖旨指揮修完城壁樓櫓等，尋將帶壕寨木匠作頭等檢計外，羅城面上只有更屋二十三座，並係年深倒塌，及城壁墜倒，久來亦不曾泥補修完。伏乞據狀申上衙，乞差官計料脩城人工及創添樓櫓，免致將來朝廷差官檢視，見並不修完城壁及創蓋樓櫓，虚負責降停替。』州司勘會舊來城上並無樓櫓，即目城面上闊處只及四五尺已來。今若指揮使行創造，又緣合使人工材料數目不少，今來未敢專擅創修，伏候指揮。」

右，謹具如前。勘會管下永興等一十州軍城壁，内有久來已行安置，樓櫓完備，亦有城壁低下薄怯，全未有樓櫓去處。其逐州官吏既准上項朝旨，及見麟府豐州官吏以不修完城壁樓櫓器甲，降官等第斷遣，并華州官吏差替取勘，仍恐朝廷非時差官點檢，例各畏懼，争欲日近興功完葺，以避譴責。伏緣營造樓櫓，須藉城基厚闊，方可安置。今來解、虢兩州城壁皆稱闊處只及四五尺，似此之類，須是先貼築城基，方可創脩樓櫓，若非大段興功，無以辦濟。況今本路州軍，全闕廂軍應急差使，官庫亦闕見錢收買材料。若是差役人夫，配率材料，又緣陝西州軍已是去歲夏麥薄收，秋苗旱損，當此饑饉人户流移之際，❶若更如此差擾，必是轉難存濟。兼永興軍一路州軍盡在腹裏，去沿邊絶遠。設若蕃賊入寇，亦未能便到逐州軍城下。其樓櫓修下數年不用，不免損壞。今來若盡令與沿邊州軍一例，須管日近修完城壁，樓櫓堅固，器甲精利，顯見官私虚有勞費。欲乞朝廷特降指揮，其沿邊及次邊州軍，即一依近降朝旨修完；所有腹内州軍城壁樓櫓，並候將來豐熟，以漸營葺。其器甲即據不堪數目，逐旋勒作院人匠依程課修整，務令精利，所貴公私皆得辦濟。

乞不添屯軍馬 熙寧四年正月八日上❷

今月七日，准熙寧三年十二月二十九日陝西、河東路宣撫使司劄子：「本司近已具奏聞，乞於永興軍、邠州、河中府三州軍易得粮草之處，别添屯軍馬，選差將官專切訓練，逐路不得句抽，專聽宣撫司節制。」内一項乞於永興軍駐劄兵馬，差本司准備差使莊宅使趙瑜充永興軍路都鈐轄，與知府專管訓練者。右具如前。臣勘會永興軍所管，今年正月一日見在軍粮麤細色斛斗，共三十六萬九千七百石二斗四升，據即目本府見駐泊及

❶「饉」，原作「饉」，據《傳家集》改。
❷題注，原無，據《傳家集》補。

就粮并本城兵員粮食及官僚請俸等，共約支得向去一十七箇月半。馬料三萬七千六百五十二石四斗二升，約支得向去一十五箇月有餘。稈草四十萬六千二百二十二束，約支得一十三箇月半有餘。此只是據見在軍馬約度，即不知今來所添屯軍馬，計多少數目。若只添一倍之時，其人粮只約支得八箇月有餘，馬料只约支得七箇月有餘，稈草只支得六箇月有餘。所添更多，所費尤廣。又先准中書劄子，奉聖旨，令體量應災傷人户委的飢乏不能自存者，仰撥省倉斛㪷，據第四第五以下人户各借二石。今勘會永興軍諸縣第四等以下闕食人户，約及十餘萬户。若每户支二石，共計合支二十餘万石。其外縣雖有粮草，亦是數目不多，更難支充貸粮。若並令在府省倉請領，又更減却此數，即軍粮約支更不及得上項月數。况去年陝西經夏大旱，入秋霖雨，五穀例皆不熟。其永興軍放稅多者，❶至七八分，即今每㪷白米價錢一百文足，稈草每束價錢二十七文足，雖差官開場糴買，只糴得白米九百餘石，稈草全無。兼勘會軍資庫日近雜支錢，盡底支絶。准轉運司牒，將三司、提刑司、鹽馬司、封樁錢盡數充雜支錢，止及四萬貫。除支每月料錢及府庫雜使，并不住准轉運司牒支撥往沿邊州軍及應副收買軍期物色。見今无錢支與和糴場糴買粮草，豈得謂之「易得粮草之處」？臣竊謂大凡添屯軍馬，先須約度本處粮草可以贍養以備。❷今來關中饑饉，倉庫空虛，贍

❶「其」，原作「某」，據《傳家集》改。
❷「以備」，《傳家集》作「與否」。

養舊兵猶恐不足，更添新者，何以枝梧？雖朝廷更於左藏庫、内藏庫支撥銀紬絹等，降下本路添助支費，亦不免令州縣配賣與百姓，轉增貧困。況粮草是重滯之物，不可從遠處興販得來，須本處土地所生，方可計置。今饑饉如此，雖多積金銀，高估物價，令轉運司與州縣多方擘畫，其目下所要粮草，何由可得？況即今民間闕食，流移死亡者已爲不少，諸縣處處申報驚劫。若至向前二三月後，舊穀已盡，新麥未熟，民間必轉更饑乏。若官中愛惜倉庫，坐視不救，竊恐流移轉多，死亡轉衆，盗賊轉煩，深爲不便。竊以戎狄擾邊，手足之疾，百姓離散，腹心之憂。豈可重外輕内，逐末忘本？兹事得失，所繫不細。伏望朝廷先將陝西諸州軍粮草，約度合贍得若干軍馬一年支費，仍須於十分中量留二三分，救濟目下饑民外，如有剩數，然後據數添屯軍馬。若苦無剩數之時，伏乞朝廷更不添屯。儻以邊鄙未寧，須至量添軍馬之時，即乞分散往諸州軍就粮，各委逐處兵官精加訓練，不須聚在永興軍、邠州、河中府三處。更特置都鈐轄三員，候邊事稍定，即乞速發遣歸住營處，所貴公私稍得辦濟。若不如此先約度粮草，但務添屯軍馬，切恐一旦倉庫俱竭，别有不虞，至時悔無所及。臣職在守藩，不敢不言。所有先准朝旨令第四等以下人户借支斛㪷二石，未審今來支與不支？若支與則軍粮轉更不足，不支則人户正當饑乏，伏願聖慈早降指揮。臣不勝迫切之誠。

温國文正公文集卷第四十三

温國文正公文集卷第四十四

章奏二十九

申宣撫權住製造乾粮皺飯狀

准都轉運司牒，准宣撫使衙劄子節文，製造乾粮州軍，將床一斗變造乾粮五斤，仍量支與柴錢。勘會近准宣撫使衙劄子節文，指揮沿邊四路十四州軍，并近裏永興軍、河中府、同、耀、乾州、鳳翔府等州軍，變造床餅皺飯，當司已兩次牒逐州軍疾早變造，施行去訖。今又准前項宣撫使衙劄子，已牒逐州將床一斗變造乾粮五斤，仍量支與柴錢。如闕床，即疾速計置收糴，變造乾粮，所是柴錢，斟量支給，施行去訖，牒請照會施行者。

右具如前。勘會先准中書劄子節文，奉聖旨，今後起發義勇赴沿邊戰守，並令自賫備一月口食，與折將來本户税物。若不能自備，只乞於起發州軍預請一月口食賫往者，亦聽。又勘會永興軍近准都轉運使司牒准宣撫使衙劄子，近准朝旨，義勇上番，令附帶乾粮一秤至屯戍州軍，須合預行變造乾粮，准備支遣，附帶前去。右劄送陝西轉運司。檢會近降義勇分番條貫，指揮沿邊四路十四州軍，并近裏永興、河中、同、耀、乾、鳳翔六州府速行勘會，義勇所居縣分近便省倉，斛斗内有床粟或白米，便約義勇合附帶乾粮秤數，中停變造床餅皺飯；如見在床數不多，即一色變造皺飯，仍趁此時月造下兩番令附帶數目，免致非時蒸㷫，易爲損惡。仍每乾粮一秤破係官布造袋子封印如法收，將來義勇上番日，依數附帶者。光切詳義勇戍守之時，每人逐日給米二升半，其一月口食七斗五升。若更加乾粮一秤并器械、衣裝、盤纏等物，切慮一人之力，難以勝任。兼今來變造乾粮皺飯，須至差配百姓。當此饑饉民間不易之際，雖云量支柴薪，亦不能全無搔擾。況即今諸縣官倉，床米至少。昨准朝旨，散支第四等、第五等闕食人户各二石，尚未有備，若更造乾粮皺飯，即將來二三月間正當闕食之際，更將何物可以救濟？必見大段失所。竊見慶曆年中，議欲出兵討伐元昊，亦曾令陝西諸州製造乾粮皺飯，萬數不少。後來既不出兵，其乾粮皺飯，所在堆積，經年朽腐，不可復食，盡爲棄物。今官中錢穀，比於慶曆年尤更難恃。若復造此物，徒使公私勞費，卒無所用，誠爲可惜。又國家備邊，若止於戍守，則沿邊自有倉廩，無用乾粮皺飯。今來承准指揮製造上件乾粮皺飯，仍令十日一申，倉卒取辦，切慮百姓猜疑，以爲國家又欲出兵，必致遠近驚憂，無由解諭，至時不爲便穩。光已指揮本路前項五州軍，且未令造乾粮皺飯，更聽候宣撫衙指揮去訖。謹具狀申宣撫使衙，伏望裁酌，早賜指揮。

奏乞所欠青苗錢許重疊倚閣狀 熙寧四年正月上❶

勘會永興軍准提舉陝西路常平廣惠倉

❶ 題注，原無，據《傳家集》補。

司牒：「准司農寺牒：檢會近准熙寧二年九月四日勑節文：所借過青苗錢斛，令隨省税日限送納。如遇本户災傷五分已上，合隨夏税納者，展至秋税；合隨秋税納者，展至次年夏税。寺司看詳上件勑意，人户合隨夏税送納者，如本户災傷五分已上，即展至當年秋税；若秋内更遇災傷，自合送納夏料錢斛了足，不許再行倚閣。若本户更曾借過秋料錢斛，即令倚閣秋料數目，展至次年夏料送納。切慮内有州郡並不詳認上件勑條，一例重疊倚閣。牒當司請詳此及備録上件勑條，遍下諸州軍。如是夏料合納青苗錢斛，本户災傷五分以上，展至秋料送納。如秋料内更遇災傷，即却合催夏料數目，仍將本路借過秋料錢斛，展至次年夏料送納了足。即不得將兩次災傷重疊倚閣，免至人户積欠數多，難爲了納，别致違悮。如有昨來夏料係災傷倚閣，展至今秋送納者，如今秋本户更遇災傷，便請疾速催納了足，具數申寺，仍關報提刑、轉運司依此施行者。

右，謹具如前。臣竊詳朝廷所散青苗錢斛，本爲救接窮困闕用之民，使得至夏秋成熟，所以春散夏斂，夏散秋斂。或遇本户災傷五分以上，即展至次料送納，蓋以寬假飢民，使有以自存，非爲乘此艱食，規求利息。今司農寺乃令不得將兩次災傷重疊倚閣。如有昨來夏料災傷倚閣，展至今秋送納者，今秋本户更遇災傷，便令疾速催納了足。臣竊恐此事不合勑意。蓋緣一次災傷，民間猶有舊來蓄積，未至困窮，其青苗錢尚許倚閣，豈有連併兩次災傷，百姓轉更不易之時，却令須得送納？舊來蓄積既盡，新穀又復不收，更將何物可以供輸？其逐州縣爲見司農寺有此指揮，不問有無，務行督促，嚴加科責，使貧下百姓何以爲生？ 竊惟朝廷爲民父母，必不肯如此。况災傷倚閣税賦并借貸過斛斗，准條並候豐熟日，令分作料次送納，如更遇災傷，亦權住催理。何故青苗錢斛最爲緊急，獨不許重疊倚閣？ 臣已指揮本路災傷地分，❶永興軍、河中、陝府、同、華、耀、乾、解八州軍，請勘會去歲夏料如係災傷倚閣青苗錢斛，展限至秋送納去處，若去秋本户更遇災傷，其夏料錢斛，未得依司農寺指揮催理，更聽候朝旨。伏望聖慈特賜采察，早降指揮。謹具狀奏聞，伏候勑旨。❷ 及牒提舉陝西路常平廣惠倉司。

奉聖旨，宜令提舉陝西路常平廣惠倉司疾速關牒永興軍、本路州軍，令詳司農寺牒，一依條貫指揮，即不得施行司馬光牒，致誤百姓及時送納。劄付司農寺，仍仰關牒合屬去處。准此。次日乞留臺。

奏爲乞不將米折青苗錢狀 熙寧四年正月上❸

准提舉陝西常平廣惠倉司牒。云云。

右，謹具如前。本司勘會朝廷元散青苗錢指揮，取利不得過二分。今來提舉常平廣惠倉司，乃依見今饑饉之歲，在市貴價，將本倉陳次斛斗紐作見錢，❹支散與人。又豫定將來粟麥之價，粟每斗二十五文足，小麥每斗四十文足。本司看詳向去夏秋五穀，有豐有儉，其穀麥之價，固難豫定。

❶「臣」，原作「日」，據《傳家集》改。
❷「旨」下，《傳家集》提行，行首有「奏去訖」三字。
❸題注，原無，據《傳家集》補。
❹「紐」，原作「細」，據《傳家集》改。

今將陳色白米每斗紐作見錢七十五文，❶若折計作小麥價錢支俵，每斗四十文，共折計得小麥一斗八升七合半。則是貧民於正、二月間請得陳色白米一石，却將來納著新好小麥一石八斗七升五合。若折計作粟錢支俵，每斗二十五文足計支，則一斗白米價錢七十五文足，共折得粟三㪷。則是貧民闕乏之時，只請得陳色白米一石，却將來共納著新粟三石。若只送納見錢，即又須賤糶斛斗，以償官中本利。使貧下之民，寒耕熱耘，竭盡心力，所收斛斗於正税之外，更以巧法取之至盡，不問歲豐歲儉，常受飢寒，顯見所散青苗錢大爲民害。竊惟朝廷從初散青苗錢之意，本以兼并之家放債取利，侵漁細民，故設此法抑其豪奪，官自借貸，薄收其利。今以一斗陳米散與飢民，却令納小麥一斗八升七合五勺，或納粟三斗，所取利約近一倍。向去物價轉貴，則取利轉多，雖兼并之家乘此饑饉取民利息，亦不至如此之重。國家爲民父母，置此二倉，名爲常平、廣惠，豈當如此！今邊鄙用兵，軍粮闕乏，既無餘剩可以賑貸。伏望朝廷閔此農民，遭值凶饑，困窮憔悴，鄰於死亡，直將上件常平、廣惠倉斛斗，依先降朝旨借貸與第四等以下人户，更不取利。若不能如此，須欲作青苗錢俵散之時，即乞不以元糴價貴賤，更不紐作見錢，❷只據所散與人户石斗，至將來成熟，令出息二分。每散得一斗米者，納一斗二升。細色或依倉式例折作麄色。如此，細民猶不至窮困，官中取

❶「紐」，原作「細」，據《傳家集》改。

❷「紐」，原作「細」，據《傳家集》改。

利雖薄，亦不減二分元數。如允所請，伏乞早降指揮。謹具狀奏聞，伏候敕旨。

奏乞兵官與趙瑜同訓練駐泊兵士狀熙寧四年上❶

右，臣准今月三日宣命，差下在京及外處拱聖等十四指揮計五千餘人，赴永興軍權駐泊，准備宣撫句抽差使，及差莊宅使趙瑜充本路都鈐轄，與臣專管句訓練。臣本書生，叨忝兩制，軍旅之事，素所不知。加以近准宣撫司劄子，坐到教閱新法，令排日各習事藝。臣所管永興軍一十三縣，民事至多，及應副沿邊軍須物色，文案填委，每日自旦至暮，未嘗暫閑，實無餘力與趙瑜同監教閱，又不可專委趙瑜獨行訓練。又永興軍舊管屯駐駐泊就粮兵士，自來並是鈐轄劉斌、路分都監李應之同共管句。今來所添兵士，准宣命指揮，只令趙瑜與臣專管句訓練。所有舊來兵士，不知趙瑜管與不管。若令通管之時，其新來兵士既在永興軍駐泊，其劉斌、李應之並是本路鈐轄、都監，豈可却管轄不得？竊慮向去新兵士不賓服舊兵官，舊兵官不應副新兵士，各分彼我，則致生事，深爲不便。所有上件新差來永興軍權駐劄兵士，臣欲乞令本路兵官與趙瑜同共訓練。所貴公共同心，管句得辦。謹具狀奏聞，伏候敕旨。并申宣撫相公更賜敷奏，乞早降指揮。

温國文正公文集卷第四十四

❶ 題注，原無，據《傳家集》補。

温國文正公文集卷第四十五

章奏三十

應詔言朝政闕失事 熙寧七年四月十八日上❶

右，臣准西京牒，准三月三十日詔勑：「朕涉道日淺，晻于致治，政失厥中，以干陰陽之和。乃自冬迄春，旱暵爲虐，四海之内，被災者廣。間詔有司，損常膳，避正殿，冀以塞責消變。歷日兹久，未蒙休應。嗷嗷下民，大命近止。中夜以興，震悸靡寧，永惟其咎，未知攸出。意者朕之聽納不得於理歟？獄訟非其情歟？賦斂失其節歟？忠謀讜言鬱於上聞，而阿諛壅蔽以成其私者衆歟？何嘉氣之不効也！應中外文武臣寮並許實封，直言朝政闕失，朕將親覽，考求其當，以輔政理。三事大夫務悉心交儆，成朕志焉。」

臣伏讀詔書，喜極以泣。昔成湯以六事自責，今陛下以四事求諫。聖人所爲，異世同符。凡詔書所言，皆即日之深患。陛下既已知之，群臣夫復何云？曾子曰：「尊其所聞則高明矣，行其所知則光大矣。」陛下誠知其如是，復能斷志無疑，不爲左右所移，則安知今日之災沴，不如太戊之桑穀，高宗之雊雉，成王之雷風，宣王之旱魃，更爲宗廟生民之福乎？然自詔下以來，臣不知中外之臣亦有以當今之急務，生民之疾苦，力爲陛下別白言之者乎？蓋必有之矣，而臣未得聞也。

❶ 題注，原無，據《傳家集》補。

臣竊不自揆，伏念父子受國厚恩，備位侍從。曩在朝廷，屢以狂瞽塵浼聖聰，問以衰疾自求閑官，不敢復預國家之議，四年於兹矣。幸遇陛下發不世之詔，問以朝政闕失，斯實千載一時。古人雖在畎畝，猶不忘君，况居位食禄者乎？是以不敢畏當塗，避衆怒，愛微軀，保妻子，心知時事之可憂而塞嘿不言也。竊觀陛下英睿之性，希世少倫，即位以來，鋭精求治，恥爲繼體守文之常主，高欲慕堯舜之隆，下不失漢唐之盛。擢俊傑之才，使之執政，言無不聽，計無不從，所譽者超遷，所毁者斥退，垂衣拱手，聽其所爲，推心置腹，人莫能間。雖齊桓公之任管仲，蜀先主之任諸葛亮，殆不及也。執政者亦悉心竭力，以副陛下之欲，恥爲碌碌守法循故事之臣，每以周公自任。是宜百度交正，四民豐樂，頌聲旁洽，嘉瑞沓至，乃其効也。然六年之間，百度紛擾，四民失業，怨憤之聲所不忍聞，災異之大古今罕比，其故何哉？豈非執政之臣所以輔陛下者未得其道歟？所謂未得其道者，在於好人同己而惡人異己是也。陛下既全以威福之柄授之，使之制作新法以利天下，是宜與衆共之，捨短取長，以求盡善。而獨任己意，惡人攻難，群臣有與之同者，則擢用不次；與之異者，則禍辱隨之。人之情，誰肯棄福而取禍，去榮而就辱？於是天下之士躁於富貴者翕然附之，争勸陛下益加委信，順從其言，嚴斷刑罰，以絶異議，如是者往往立取美官。比年以來，中外執事權者皆此屬矣。其懷忠直、守廉恥者，皆擯斥廢棄，或罹罪譴，無所容立。至於臺諫之官，天子耳目，所以規朝政之闕失，糾大臣之專恣，此陛下所當自擇，而亦使執政擇之。彼專用其所親愛之人，或小有違忤，即加貶逐，以懲後來，必得佞諛之尤者然後爲之。如是則政事之愆謬，群臣之姦詐，下民之疾苦，遠方之寃抑，陛下何從得聞見之乎？ 又奉使詢訪利害於四方者亦其所親愛之人，皆先稟其意指，憑其氣勢，以驅迫州縣之吏，善惡繫其筆端，升黜由其脣吻。 彼州縣之吏，承迎奉順之不贍，何暇與之講利害、立同異哉？ 及其入奏，則云州縣守宰咸以爲便，經久可行。 陛下但見其文書粲然可觀，以謂法之至善，詢謀僉同，豈知其在外之所爲哉！或者更增爲條目，務求新巧，互陳利病，各事改張，使畫一之法日殊月異，久而不定，吏民莫知所從。 蓋由襲故則無功，出奇則有賞，彼皆進身之私計，非有益國便民之志也。 又令使者督責所在監司，監司督責州縣，上下相驅，競爲苛刻。 不即奉行新法，立行停替。或未熟新法，誤有違犯，皆不理赦降去官，與犯贓者罪同，而重於犯私罪者。 州縣之吏唯奉行文書，赦免罪戾之不暇，民事不復留心矣。 又潛遣邏卒，聽市道之人謗議者執而刑之。 又出牓立賞，募人告捕誹謗朝政者。 臣不知自古聖帝明王之政，固如是耶？ 昔堯「稽于衆，捨己從人」。 舜戒群臣：「予違汝弼，汝無面從，退有後言。」此其所以爲帝王稱首者也。 秦惡聞其過，殺直諫之士，禁偶語之人，及其禍敗，行道之人皆知之而已獨不知。 此所以爲萬世戒者也。 子産相鄭，鄭人游于鄉校以論執政，然明請毁之。 子産曰：「何爲？ 夫人朝夕退而游焉，以議執政之善否。 其所善者，吾則行之；其所惡者，吾則改之。 是吾師也，若之何毁之？ 我聞忠善以損怨，不聞作威以防怨。 豈不遽止？然猶防川，大決所犯，傷人必多，吾不克救也。 不如小決使道，不如吾聞而藥之也。」何今之執政異於古之執政乎？齊景公謂梁丘據曰：「惟據與我和夫！」晏子對曰：「據亦同也，焉得爲和？和如羹焉，水火醯醢鹽梅以烹魚肉，宰夫和之，齊之以味，濟其不及，以洩其過，君子食之，以平其心。君臣亦然。君所謂可，而有否焉，臣獻其否，以成其可。君所謂否，而有可焉，臣獻其可，以去其否。是以政平而不干，民無争心。今據不然，君所謂可，據亦曰可，君所謂否，據亦曰否。以水濟水，誰能食之？」今朝廷之臣對楊啓沃，亦有異於梁丘據者乎？衛君言計非是，而群臣和者，如出一口。子思曰：「以吾觀衛，所謂君不君，臣不臣者也。人主自臧，則衆謀不進。事是而臧之，猶却衆謀，况和非以長惡乎？夫不察事之是非而悦人贊己，闇莫甚焉；不度理之所在而阿諛求容，諂莫甚焉。君闇臣諂，以在民上，民不與也。若此不已，國無類矣。」子思言於衛侯曰：「君之國事，將曰非矣！出言自以爲是，而卿大夫莫敢矯其非；卿大夫出言自以爲是，而士庶人莫敢矯其非。君臣既自賢矣，而群下同聲賢之。賢之則順而有福，矯之則逆而有禍。如此則善安從生？」今執政主新法，群下同聲賢之，有以異於衛國之政乎？是以士大夫憤懣鬱結，視屋竊歎而口不敢言。庶人飢寒憔悴，怨歎號泣而無所控告。此則陛下所謂忠謀讜言鬱於上聞，而阿諛壅蔽以成其私者也。苟忠讜退伏，阿諛滿側而望百度之正，四民之樂，頌聲之洽，嘉瑞之臻，固亦難矣。方今朝之闕政，其大者有六而已。一曰廣散青苗錢，使民負債日重，而縣官實無所得。二曰免上户之役，斂下户之錢，以養浮浪之人。三曰置市易司與細民争利，而實耗散官物。四曰中國未治而侵擾四夷，得少失多。五曰結保甲，教習凶器，以疲擾農民。六曰信狂狡之人，妄興水利，勞民費財。若其它瑣瑣米鹽之事，皆不足爲陛下道也。捨其大而言其細，捨其急而言其緩，外有獻替之迹，内懷附會之心，是姦邪之尤者，臣不敢爲也。凡此六者之爲害，人無貴賤愚智，莫不知之。乃至陛下左右前後之臣，日譽新法之善者，其心亦知其不可，但欲希合聖心，附會執政，盜貴富耳。一旦陛下之意移，則彼之所言亦異矣。臣今不敢復費簡札，叙利害以煩聖聽。但願陛下勿詢阿諛之黨，勿徇權臣之意，斷志罷之，必有能爲陛下言其詳者矣。此六者之中，青苗、免役錢爲害尤大。夫力者，民之所生而有也；穀帛者，民可耕桑而得也。至於錢者，縣官之所鑄，民不得私爲也。自未行新法之時，民間之錢固已少矣。富商大賈藏鏹者，或有之；彼農民之富者，不過占田稍廣，積穀稍多，室屋脩完，耕牛不假而已，未嘗有積錢巨萬於家者也。其貧者，繿縷不蔽形，糟糠不充腹，秋指夏熟，夏望秋成，或爲人耕種，資采拾以爲生，亦有未嘗識錢者矣。是以古之用民者，各因其所有而取之，農民之役不過出力，税不過穀帛，及唐末兵興，始有税錢者。故白居易譏之曰：「私家無錢鑪，平地無銅山。」言責民以所無也。今有司爲法則不然，無問市井田野之民，由中及外，自朝至暮，唯錢是求。農民值豐歲，賤糶其所收之穀以輸官，比常歲之價，或三分減二，於斗斛之數，或十分加一，以求售於人。若值凶年，無穀可糶，吏責其錢不已，欲賣田則家家賣田，欲賣屋則家家賣屋，欲賣牛則家家賣牛。無田可售，不免伐桑棗，撤屋材，賣其薪，或殺牛賣其肉，得錢以輸官。一年如此，明年將何以爲生乎？

故自行新法以來，農民尤被其患。農者，天下之本。農既失業，餘民安所取食哉？今貨益重，物益輕，年雖饑，穀不甚貴而民倍困。爲國計者，豈可不少思其故哉？此皆斂錢之咎也。北盡塞表，東被海涯，南踰江淮，西及邛蜀，自去歲秋冬，絶少雨雪，井泉溪澗，往往涸竭。二麥無收，民已絶望，孟夏過半，秋種未入。中户以下，大抵乏食，采木實草根以延朝夕。若又如是數月，將如何哉？當此之際，而州縣之吏督迫青苗、助役錢不敢少緩，鞭笞縲紲，唯恐不迨。婦子皇皇，如在湯火之中，號泣呼天，無復生望。臣恐鳥窮則啄，獸窮則攫，民窮困已極而無人救恤，羸者不轉死溝壑，壯者不聚爲盜賊，將何之矣？若東西南北所在嘯聚，連群結黨，日滋月蔓，彌漫山澤，蹈藉城邑，州縣不能禁，官軍不能討，當是時方議除去新法，將奚益哉？緑林、赤眉、黄巾、黑山之徒，自何而有？皆疲於賦斂，復值饑饉，窮困無聊之民耳。此乃宗廟社稷之憂。而廟堂之上方晏然自得，以爲太平之業八九已成，此臣所爲痛心疾首，晝則忘食，夜則忘寢，不避死亡，欲默不能者也。《易·復》之初六曰：「不遠復，無祇悔，元吉。」言過而能改，雖悔不大也。其上九曰：「迷復，凶，有災眚。用行師，終有大敗。以其國君凶，至于十年不克征。」言迷而不復，凶且有災，於君道尤不利也。昔秦穆公敗於殽，作《秦誓》曰：「唯古之謀人，則曰未就予忌。唯今之謀人，姑將以爲親。雖則云然，尚猷詢茲黄髮，則罔所愆。」蓋悔棄老成之遠慮，用利口之淺謀，以取覆敗，而思補其過也，故能終雪前恥，彊霸西戎。漢武帝征伐四夷，中國虚耗，賊盜群起，又喪貳師之軍，乃下哀痛之詔曰：「迺者以縛馬書徧示丞相、御史、二千石、諸大夫、郎爲文學者，皆以『虜自縛其馬，不祥甚哉』，公車方士、太史、太卜皆以爲吉。今計謀卦兆皆反謬。」蓋始寤公卿方士之諂諛，對不以誠，致誤國事，有悔于心也。故禁苛暴，止擅賦，力本農，天下復安。自國家行新法以來，天下之人心祈口禱，唯冀陛下之覺寤而拯救其失，以蘇疲民，如望上天之膏澤，日復一日，以至于今。及今改之，猶可救也，過是則民力屈竭，一旦涣然離散，乃始勞心安集，豈不難哉？竊觀陛下詔書，寅畏天災，深自咎責，丁寧懇惻，以求至言。是陛下已知前日之失，而欲有所改爲也。若徒著之空文，而於新法無所變更，是猶臨鼎哀魚之爛而益薪不已，將何補哉？陛下誠能垂日月之明，奮乾剛之斷，放遠阿諛，勿使壅蔽，自擇忠讜爲臺諫官，收還威福之柄，悉從己出；詔天下青苗錢勿復散，其見在民間逋欠者，計從初官本分作數年催納，更不收利息；其免役錢盡除放，差役並依舊法；罷市易務，其所積貨物，依元買價出賣，所欠官錢亦除利催本；罷拓土闢境之兵，先阜安中國，然後征伐四夷；罷保甲教閲，使服田力穡；所興修水利，委州縣相度，凡利少害多者，悉罷之。如此則中外讙呼，上下感悦，和氣薰蒸，雨必霑洽矣。彼阿諛之人附會執政者，皆緣新法以得富貴。若陛下以爲非而捨之，彼如魚之失水，必力争固執而不肯移，願陛下勿問之也。臣竊聞陛下以旱暵之故避殿撤膳，其焦勞至矣，而民終不預其澤，不若罷此六者，立有溥博之德及於四海也。又聞京師近雖獲雨，而畿甸之外旱氣如故，王者以四海爲家，無有遠近，皆陛下之赤子。願陛下雖徇群臣之請，御正殿，復常膳，猶應兢兢業業，憂勞四方，不遽自寬，以爲無復災也。又諸州縣奏雨，往往止欲解陛下之焦勞，一寸云三寸，三寸則云一尺，多不以其實，不可不察也。又聞青苗之法，災傷及五分則倚閣。其間官吏不仁者至有抑遏百姓，止放四分以下税，此尤可罪者也。臣在冗散之地，若朝政小小得失，臣固不敢預聞。今坐視百姓困於新法如此，將爲朝廷深憂，而陛下曾不知之。又今年以來，臣衰疾寖增，恐萬一溘先朝露，齎懷忠不盡之情，長抱恨於黄泉，是以冒死一爲陛下言之。儻陛下猶棄忽而不之信，此則天也，臣不敢復言矣。干冒宸扆，臣無任懇切惶懼之至。謹具狀奏聞，伏候敕旨。

論風俗劄子

元豐八年二月二十三日發書籠，於廢紙中得此劄子，有審官院印，蓋熙寧二年所爲也。不記當時曾上與不上，然觀今日之風俗，其言似誤中，故存之。

臣聞國之致治，在於審官；官之得人，在於選士；士之嚮道，在於立教；教之歸正，在於擇術。是知選士者，治亂之樞機，風俗之根原也。竊見近歲公卿大夫好爲高奇之論，喜誦老莊之言，流及科場，亦相習尚。新進後生，未知臧否，口傳耳剽，翕然成風。至有讀《易》未識卦爻，已謂《十翼》非孔子之言；讀《禮》未知篇數，已謂《周官》爲戰國之書；讀《詩》未盡《周南》、《召南》，已謂毛鄭爲章句之學；讀《春秋》未知十二公，已謂三傳可束之高閣。循守注疏者謂之腐儒，穿鑿臆説者謂之精義。且性者，子貢之所不及；命者，孔子之所罕言。今之舉人，發言秉筆，先論性命，乃至流蕩忘返，遂入老莊。縱虚無之談，騁荒唐之辭，以此欺惑考官，獵取名第。禄利所在，衆心所趨，如水赴壑，不可禁遏。彼老莊棄仁義而絶禮學，非堯舜而薄周孔，死生不以爲憂，存亡不以爲患，乃匹夫獨行之私言，非國家教人之正術也。魏之何晏、晉之王衍，相與祖述其道，宅心事外。選舉者以此爲賢，仕宦者以此爲業。遂使紀綱大壞，胡夷並興，生民塗炭，神州陸沈。今若於選士之際用此爲術，臣懼向去任官之士，皆何晏、王衍之徒，則政事安得不隳？風俗安得不壞？正始、永嘉之弊，將復見於今矣。伏望朝廷特下詔書，以此戒厲内外公卿大夫，仍指揮禮部貢院，豫先曉示進士，將來程試若有僻經妄説，其言涉老莊者，雖復文辭高妙，亦行黜落。庶幾不至疑誤後學，敗亂風俗。取進止。

十二月三十日，翰林學士兼侍讀學士、右諫議大夫、知制誥充史館修撰臣司馬光劄子。

薦范夢得狀 元豐七年十二月上❶

右，臣伏以報國之忠，莫如薦士；負國之罪，莫如蔽賢。臣伏見奉議郎、同編修《資治通鑑》范祖禹，智識明敏而性行温良，如不能言；好學能文而謙晦不伐，如無所有；操守堅正而圭角不露，如不勝衣。祖禹乃今正議大夫致仕范鎮兄孫。自祖禹年未二十爲舉人時，臣已識之。今年四十餘，行義完固，

❶ 題注，原無，據《傳家集》補。

常如一日。祖禹所爲本末，無如臣最熟知。臣於熙寧三年奏祖禹自前知資州龍水縣事，同修《資治通鑑》，至今首尾一十五年。由臣頑固，编集此書，久而不成，致祖禹淹回沈淪，不得早聞達於朝廷。而祖禹安恬静默，如可以終身下位，曾無滯留之念。臣誠孤陋，所識至少，於士大夫間罕遇其比，况如臣者，遠所不及。凡臣所言，莫非據實，不敢溢美。今所修書已畢，祖禹應歸吏部，别授差遣。臣竊爲朝廷惜此良寶委棄榛莽。伏望皇帝陛下特賜采拔，或使之供職祕省，觀其述作；或使之入侍經筵，察其學行。自餘進用，繫自聖志。如蒙朝廷擢用，後有不如所舉，臣甘與之同罪。

再乞西京留臺狀 元豐八年二月上❶

右，臣先於元豐五年九月二十六日受敕提舉西京嵩山崇福宫，候滿三十箇月，不候替人，發來赴闕。至今月此任當滿。伏念臣性雖至愚，粗常從學，平生所守，不敢忘信。雖遇布衣，未嘗妄語，况於朝廷，豈敢欺罔？臣今年六十有七，耳目手足雖未全衰，❷數年以來，昏忘特甚，舉錯云爲，動多差繆。使之臨繁處劇，實所不堪。非敢愛身，必恐敗事。但臣前後提舉崇福宫已經四任，坐享俸給，全無所掌。今復有求匄，實自愧心。竊見西京留司御史臺及國子監，比於宫觀，粗有職業。伏望聖慈俯加矜察，特於上件兩處差遣内，除授一任，庶使竊禄庇身，以養殘年。則陛下愛物，曲盡始終之賜，微臣陳力，兩遂公私之便。

❶ 題注，原無，據《傳家集》補。
❷ 「全」，原脱，據《傳家集》補。

乞奔喪狀 元豐八年三月十七日上❶

右，臣先任提舉西京嵩山崇福宫，於今年二月任滿。臣以數年以來昏忘特甚，臨繁處劇，實所不堪。尋具狀奏陳，乞於西京留司御史臺及國子監内，除授一任，未奉朝旨。間於今月七日，忽奉遺制，大行皇帝奄棄天下。臣哀荒摧絶，無地自處。伏念臣自先帝踐阼以來，❷過蒙知待，特出倫輩。首寘翰苑，繼處憲臺，亦嘗承乏，俾佐樞府。臣自知非才，不敢冒居，力辭事任，願就冗散。亦荷矜容，曲從所欲，養以俸禄，不責職業，優游自便，十有五年。近者書成，又叨進職，褒嘉賜賚，皆踰等比。聖恩汪洋，天隆地厚，未足爲諭。奉諱之初，即欲號哭奔走徑詣京師，奉望梓宫，展臣子之誠萬分之一。又念國朝故事，如昭、厚二陵，未嘗有近臣奔喪之例。加以前已乞留臺、國子監，未奉進止，彷徨疑慮，不敢輒行。今竊聞觀文殿學士孫固、資政殿學士韓維已至闕下，臣方自咎責，不敢寧居。已於今月十七日起離西京，欲乞亦赴闕庭，隨百官班入臨。見於前路，聽候指揮。

乞以除拜先後立班劄子 元豐八年六月四日上❸

臣於前月二十七日夜，准閤門告報已降告身授臣守門下侍郎。二十八日，三省、樞密院同奉聖旨，除知樞密院外，門下、中書侍郎、左右丞、同知樞密院事班次等，並以除拜

❶ 題注，原無，據《傳家集》補。
❷ 「自」，原無，據《傳家集》補。
❸ 題注，原無，據《傳家集》補。

先後爲序。今月四日，延和殿進呈。竊見張璪等奏乞推臣在上，今後依新得指揮。伏緣臣以不才，誤蒙朝廷拔擢，寘諸執政之末，已爲忝竊，况超越倫輩，特出其右，在臣愚分，何以克堪！兼臣在二十八日已前，伏乞依新得聖旨，以除拜先後爲序，在安燾之下。取進止。

第二劄子 元豐八年六月五日上❶

臣今月四日曾奏乞依新得聖旨，以除拜先後爲序，至今未奉指揮。臣器能學術，素出人下，執政之中，最爲後來。一旦起居衆人之上，誠所未安。伏望聖慈依臣前奏，班在安燾之下。取進止。

温國文正公文集卷第四十五

❶ 題注，原無，據《傳家集》補。

温國文正公文集卷第四十六

章奏三十一

謝宣諭表

太皇太后宣諭：「邦家不幸，大行升遐，嗣君冲幼，同攝國政。公歷事累朝，忠亮顯著，毋惜奏章，贊予不逮。」入内供奉官梁惟簡。

臣光言：今月二十二日，入内供奉官梁惟簡傳太皇太后陛下宣諭，以臣歷事累朝，令毋惜奏章者。臣光誠惶誠恐，頓首頓首。臣文學、政事一無所長，蒙仁宗皇帝擢寘侍臣，英宗皇帝引爲學士，大行皇帝初登宸極，召入翰林，繼處憲臺，又承人乏，俾貳樞府。臣荷累聖大恩，無以爲報，惟竭蠢愚，時進狂瞽，秪知推誠，不識忌諱。每荷矜容，未嘗譴黜。屬者大行皇帝染疾彌留，深惟萬幾之重，請陛下權同處分。上天降禍，奄及大故。陛下建立聖嗣，綏寧中外，民物咸若，神祇協從。此皆陛下之淵謀，群生之厚幸。臣以追懷先帝盛德，奔赴闕庭，止欲一望梓宫，少展臣子之哀誠，即退歸洛邑，復就冗官。不意陛下過有聽采，特降中使曲加獎飾，待以耆舊，許之盡言。臣聞《商書》曰：「木從繩則正，后從諫則聖。后克聖，臣不命其承。」陛下實有聖德，知所先務，聽政之初，首開言路。臣本何人，齒髮衰朽，精力昏耗，有何才識，克堪茲任？但冀天下之士由此識陛下之心，嘉言響應，正論輻湊，民間疾苦，何患不聞？國家紀綱，何患不治？斯乃宗廟社稷之靈，四海群生之福，豈伊微臣，獨爲慶幸！謹奉表稱謝以聞。臣光誠惶誠恐，頓首頓首，謹言。

乞開言路劄子元豐八年三月三十日上❶

臣聞《周易》：天地交則爲泰，不交則爲否。君父，天也；臣民，地也。是故君降心以訪問，臣竭誠以獻替，則庶政修治，邦家乂安。君惡逆耳之言，臣營便身之計，則下情壅蔽，衆心離叛。自生民以來，未有不由斯道者也。夫道猶岐路，近差跬步，遠失千里。今皇帝陛下新臨大寶，德性高明，太皇太后同斷萬機，聖謨光大，初發號令，不可不慎。斯乃治亂之岐塗，安危之所分也。當以要切爲先，以瑣細爲後。臣竊見近年以來，風俗頹弊，士大夫以偷合苟容爲智，以危言正論爲狂。是致下情蔽而不上通，上恩壅而不下達，閭閻愁苦，痛心疾首，而上不得知；明主憂勤，宵衣旰食，而下無所訴。公私兩困，盜賊已繁。猶賴上帝垂休，歲不大饑，祖宗詒謀，人無異志。不然者，天下之勢何不爲之寒心乎？此皆罪在群臣，愚民無知，往往怨歸先帝，此臣所以日夜憤痛，焦心泣血，不顧死亡，思有開發於朝廷者也。臣愚以爲，今日所宜先者，莫若明下詔書，廣開言路，不以有官無官之人，應有知朝政闕失及民間疾苦者，並許進實封狀，盡情極言。仍頒下諸路州軍，於所在要鬧處出榜曉示。在京則於

❶ 題注，原無，據《傳家集》補。

鼓院、檢院投下，委主判官晝時進入；在外則於州軍投下，委長吏即日附遞奏聞，皆不得取責副本，强有抑退。其百姓無産業人，慮有姦詐，即責保知在，奏取指揮，放令逐便。然後望陛下以聽政之暇，略賜省覽。其義理精當者，即施行其言而顯擢其人；其次取其所長，捨其所短；其狂愚鄙陋無可採取者，報聞罷去，亦不加罪。如此則嘉言日進，群情無隱，陛下雖深居九重，四海之事如指諸掌，舉措施爲，惟陛下所欲。斯乃治安之源，太平之基也。陛下若以臣言爲可取，伏乞決自聖意，下學士院草詔書施行。群臣若有沮難者，其人必有姦惡，畏人指陳，專欲壅蔽聰明，此不可不察。取進止。

進修心治國之要劄子狀 元豐八年四月十九日上❶

右，臣伏聞本固則末茂，源濁則流渾。昔仁宗皇帝擢臣知諫院，臣初上殿，即言人君之德三：曰仁，曰明，曰武；致治之道三：曰任官，曰信賞，曰必罰。英宗皇帝時臣曾進《曆年圖》，其後序言人君之道一，其德有三，其志亦猶所以事仁宗也。大行皇帝新即位，擢臣爲御史中丞，臣初上殿言人君修心治國之要，其志亦猶所以事英宗也。今上天降災，大行皇帝奄棄天下，皇帝陛下新承大統，太皇太后同聽萬幾，不知臣愚，猥蒙訪落。臣且愧且懼，無以塞責，謹復以人君修心治國之要爲獻，其志亦猶所以事大行皇帝也。所以然者，臣歷觀古今之行事，竭盡平生之思慮，質諸聖賢之格言，治亂、安危、存亡之道，舉在於是，不可移易，是以區區首爲累朝言之。不知臣者以臣爲進迂闊陳熟

❶ 題注，原無，據《傳家集》補。

之語，知臣者以臣爲識天下之本源也。夫治亂、安危、存亡之本源，皆在人君之心。仁、明、武，所出於內者也；用人、賞功、罰罪，所施於外者也。出於內者，雖有厚有薄，有多有寡，稟之自天，然好學則知所宜從，力行則光美日新矣。施於外者，施之當則保其治，保其安，保其存；不當則至於亂，至於危，至於亡，行之由己者也。所以能當，在於至明；所以能明，在於至公。是以明君善用人者，博訪遠舉，拔其殊尤。德行高人謂之賢，智勇出衆謂之能。賢不必能，能不必賢，各隨所長，授以位任，有功則賞，有罪則刑。其人苟賢能，雖讎必用；其人苟庸愚，雖親必棄。賞必有所勸，罰必有所懲。賞不以喜，罰不以怒。賞不厚於所愛，罰不重於所憎，必與一國之人同其好惡。是故古者爵人於朝，與士共之；刑人於市，與衆棄之。如此安有不當者乎？臣故曰「所以能當，在於至明；所以能明，在於至公」也。昔齊桓公置射鉤，❶而使管仲相。漢高祖知人善任，使苟爲不才，雖兄喜亦棄之；苟才矣，雖負販酒徒、亡將戍卒，亦用之。此所以能奮布衣取天下也。館陶公主爲子求郎，明帝不許，而賜錢十万。郎，賤官也，猶惜之，況其貴者乎？故永平之治，至今稱之。宋高祖事蕭太后甚孝，太后欲以子道憐爲揚州刺史，高祖以其貪愚不許，故功業之高，冠於南朝。唐太宗殺建成、元吉，而用其官屬魏鄭公、王珪等，與房、杜無異，卒得其效。宣宗事鄭太后甚謹，問舅鄭光以政事，不能對，罷其方鎮，故時人稱美，謂之「小太宗」。此用人之公明者也。韓昭侯惜弊袴，不以賜左右之無

❶「桓」，原避宋欽宗諱作小字「淵聖御名」，今回改。

功者。漢高祖深怨雍齒，而不忘其功。魏太祖勳勞宜賞，不吝千金；無功望施，分毫不與。唐宣宗重惜服章，故當時得緋紫者以爲榮。此賞功之公明者也。僮牛殺孟丙、仲壬立叔孫昭子，昭子數其罪而殺之，孔子善其不勞。丁公脱漢高祖於阸，高祖以爲不忠而斬之。武帝妹隆惠公主且死，屬其子昭平君，昭平君殺人，武帝流涕而誅之。唐明皇弄臣黄鸝，掠捕盗官墜馬，明皇杖殺之。宣宗謂樂工：「汝惜羅程藝，我惜高祖、太宗法。」此罰罪之公明者也。臣略舉此數者以爲明驗，其餘在陛下博覽載籍以考之，知臣所言不爲謬妄。臣以一夫之愚，不能周知天下之務，三月三十日曾上奏，乞詔書開言路，伏望聖慈早賜施行。今并治平四年五月三日上殿劄子具録進呈，乞陛下留神幸察。謹録奏聞，伏候勑旨。

年月日，具位臣司馬光狀奏。

乞去新法之病民傷國者疏 元豐八年四月二十七日上❶

月日，資政殿學士、太中大夫、上柱國臣光謹昧死再拜上疏太皇太后陛下、皇帝陛下：臣竊見先帝聰明睿智，勵精求治，思用賢輔，以致太平，委而任之，言行計從，人莫能間。雖周成王之任周公，齊桓公之任管仲，❷燕昭王之任樂毅，蜀先主之任諸葛亮，殆不能及。斯不世出之英主，曠千載而難逢者也。不幸所委之人，於人情物理多不通曉，不足以仰副聖志。又足己自是，謂古今

❶ 題注，原無，據《傳家集》補。

❷ 「桓」，原避宋欽宗諱作小字「淵聖御名」，今回改。

之人皆莫己如，不知擇祖宗之令典，合天下之嘉謀，以啓迪清衷，佐佑鴻業，而多以己意輕改舊章，謂之新法。其人意所欲爲，人主不能奪，天下莫能移。與之同者，援引登青雲；與之異者，擯斥沉溝壑。專欲遂其很心，不顧國家大體。人之常情，誰不愛富貴而畏刑禍？於是縉紳大夫望風承流，競獻策畫，務爲奇巧，捨是取非，興害除利。名爲愛民，其實病民，名爲益國，其實傷國。作青苗、免役、市易、賒貸等法，以聚斂相尚，以苛刻相驅。生此厲階，迄今爲梗。又有邊鄙之臣，行險徼幸，大言面欺，輕動干戈，妄擾蠻夷。夫兵者國之大事，廢興存亡於是乎在。而其人苟營一身之官賞，不顧百姓之死亡，國家之利病，輕慮淺謀，發於造次，御軍無法，僅同兒戲。深入敵境，坐守孤城，粮運既竭，狼狽奔潰。築寨極邊，功猶未畢，輕敵不備，闔城塗地。使兵夫數十萬，暴骸於曠野，資仗巨億，棄捐於異域。又有生事之臣，欲乘時干進，建議置保甲、户馬、保馬，以資武備；變茶、鹽、鐵冶等法，增家業、侵街、商税等錢，以供軍須。遂使九土之民失業困窮，如在湯火。此皆群臣躁於進取，惑誤先帝，使利歸於身，怨歸於上，非先帝之本志也。臣荷先帝大恩，常思報効。曏在朝廷之時，屢言新法非便，觸忤權貴，冒犯衆怒，争辨非一。先帝憐其孤忠，不以爲罪，仍蒙寵擢，寘之樞廷。臣以所言未行，力辭不受。臣非惡富貴而好貧賤，正欲感寤先帝，知臣爲國不爲身，庶幾采納狂瞽，使百姓獲安，基圖永固而已。既又自乞冗官，退伏閭里。雖身處于外，區區之心，晨夕寤寐，何嘗不在先帝之左右。所以不敢自赴闕廷如此之久者，亦猶辭樞廷之志也。熙寧七年，歷時不雨，先帝遇災而懼，深自刻責，誕布詔書，廣開言路。臣當是時，不勝踴躍，極有開陳。而建議之臣知所立之法不合衆心，天下之人必盡指其非，恐先帝覺寤，而已受誤國之罪，伏欺罔之刑，乃勸先帝繼下詔書，言「新法已行，必不可動」。臣之所言，正爲新法，❶若新法不動，臣尚何言？自是閉口不敢復預朝廷論議，十有一年矣。然每覩生民之愁怨，憂社稷之阽危，於中夜之間，一念及此，未嘗不失聲拊心也。葵藿之志，猶望先帝一賜召對，訪以外事，得吐心極言，退就斧鉞，死無所恨。不意上天降禍，先帝升遐，臣之寸誠，無由披露，鬱抑憤懣，自謂終天。及奔喪至京，乃蒙太皇太后陛下特降中使，訪以得失。是臣積年之志一朝獲伸，感激悲涕，不知所從。顧天下事務至多，臣思慮未熟，不敢輕有條對。但乞下詔使吏民皆得實封上言，庶幾民間疾苦無不聞達。既而聞有旨罷修城役夫，撤詗邏之卒，止御前造作。京城之人，已自歡躍。及臣歸西京之後，繼聞斥退近習之無狀者，戒飭有司奉法失當過爲煩擾者，罷物貨專場及民所養户馬，又寬保馬年限。四方之人，無不鼓舞。聖德傳布，一日千里，頌歎之聲，如出一口，溢于四表。乃知太皇太后陛下深居禁闥，皇帝陛下雖富於春秋，天下之事，靡不周知，民間衆情，久在聖度，四海群生可謂幸甚。凡臣所欲言者，陛下略已行之。臣稽慢之罪，實負萬死。夫爲政在順民心，苟民之所欲者與之，所惡者去之，如決水於高原之上以注川谷，無不行者。苟或不然，如逆阪走丸，雖竭力以進之，其復走而下，可必也。今新法之弊，天下之人無貴賤

❶「新」，原作「何」，據《傳家集》改。

愚智皆知之，是以陛下微有所改而遠近皆相賀也。然尚有病民傷國有害無益者，如保甲、免役錢、將官三事，皆當今之急務，釐革所宜先者。臣今別具狀奏聞，伏願決自聖志，早賜施行。議者必曰：「孔子稱孟莊子之孝，其它可能也；其不改父之臣與父之政，是難能也。」又曰：「三年無改於父之道，可謂孝矣。」彼謂無害於民無損於國者，不必以己意遽改之耳。必若病民傷國，豈可坐視而不改哉？《易》曰：「幹父之蠱，有子，考無咎。」《象》曰：「幹父之蠱，意承考也。」蠱者，事有蠱弊而治之也。幹父之蠱，迹似相違，意則在於承繼其業，成父之美也。又曰：「裕父之蠱，往見吝。」《象》曰：「裕父之蠱，往未得也。」裕者，饒益之名也。若不忍違異，益父之過，往而不返，未爲得宜也。昔漢文帝除肉刑，斬右趾者棄市，笞五百者多死。景帝元年即改之，笞者始得全。武帝作鹽鐵、榷酤、均輸等法，天下困弊，盜賊群起，昭帝用賢良文學之議而罷之，後世稱明。唐代宗縱宦官公求賂遺，❶置客省拘滯四方之人，德宗立未三月，悉禁止罷遣之，時人望致太平。德宗晚年有宫市，五坊小兒暴横爲民患，鹽鐵月進羨餘，順宗即位皆罷之，中外大悦。是皆改父之政而當者，人誰非之哉？況先帝之志，本欲求治，而群下干進者，競以私意紛更祖宗舊法，致天下籍籍如此，皆群臣之罪，非先帝之過也。爲今之計，莫若擇新法之便民益國者存之，病民傷國者悉去之。使天下曉然，知朝廷子愛黎庶之心，吏之苛刻者必變而爲忠厚，民之離怨者必變而爲親譽。德業光榮，福祚無窮，豈不盛哉！

❶「宦」，原作「官」，據《傳家集》改。

夫天子之孝，在於得萬國之歡心，以事其親。儻措置如此，歡心孰大焉，事親孰備焉。不然，今幅員之内所在嗷嗷，有倒垂之急，延頸傾耳，以俟改法，庶得蘇息。若朝廷不以爲意，日復一日，萬一遇數千里之蝗旱，公私匱竭，無以相救，失業之民蜂起爲盜，安知無姦雄乘之而動？則國家有累卵之危。申屠剛曰：「未至豫言，固常爲虚；及其已至，又無所及。」朝廷當此之際，解兆民倒垂之急，救國家累卵之危，豈暇必俟三年然後改之哉？況今軍國之事，太皇太后陛下權同行處分，是乃母改子之政，非子改父之道也，何憚而不爲哉？惟聖明裁察，臣光昧死再拜上疏。

乞罷保甲狀 元豐八年四月上❶

右，臣竊以兵出民間，雖云古法，然古者八百家纔出甲士三人，步卒七十二人，閑民甚多，三時務農，一時講武，不妨稼穡。自上世相承，習以爲常，民不驚擾。自兩司馬以上，皆選賢士大夫爲之，無侵漁之患，故卒乘輯睦，動則有功。今籍鄉村之民，二丁取一，以爲保甲，皆授以弓弩，教之戰陳，是農民半爲兵也。三四年來，又令河北、河東、陝西置都教場，無問四時，每五日一教，特置使者比監司，專切提舉，州縣不得關預。每一丁教閲，一丁供送，雖云五日，而保正長以泥堋除草爲名，日聚教場，得賂則縱之，不則留之，是三路耕耘收穫稼穡之業幾盡廢也。自唐開元以來，民兵法壞，戍守戰攻，盡募長征兵士，民間何嘗習兵？夫兵者凶器，聖人不得已而用之。國家承平百有餘年，四夷順服，

❶ 題注，原無，據《傳家集》補。

戴白之老不識兵革。一旦畎畝之人忽皆戎服執兵，奔驅滿野，見者孰不驚駭？耆舊歎息，以爲不祥。事既草創，調發無法，比户騷擾，不遺一家。又巡檢指使，按行鄉村，往來如織。保正保長，依倚弄權，坐索供給，多責賂遺，小不副意，妄加鞭撻，蠶食行伍，不知紀極。❶中下之民，罄家所有，侵肌削骨，無以供億，愁苦困弊，靡所投訴，流移四方，繦屬盈路。又朝廷時遣使者，徧行按閱，所至犒設賞賚，糜費金帛以巨萬計。此皆鞭撻平民，銖兩丈尺而斂之，一旦用之如糞土，而鄉村之民但苦勞役，不感恩澤。臣不知設保甲於農民之勞既如彼，國家之費又如此，終將何所用哉？若使之捕盜賊、衛鄉里，則何必如此之多？若使之戍邊境、征戎狄，則彼戎狄之民以騎射爲業，以攻戰爲俗，自幼及長，更無它務。中國之民生長太平，服田力穡，雖復授以兵械，教之擊刺，在教場之中坐作進退，有似嚴整，必若使之與戎狄相遇，填然鼓之，鳴鏑始交，其奔北潰敗，可以前料，決無疑也，是猶驅群羊而戰豺狼也。當是時，豈不誤國事乎？又悉罷三路巡檢下兵士及諸縣弓手，皆易以保甲。令主簿兼縣尉，但主草市以裏，其鄉村盜賊，悉委巡檢。而巡檢兼掌巡按保甲教閱，朝夕奔走，猶恐不辦，何暇逐捕盜賊哉？又保甲中往往有自爲盜者，亦有乘保馬行劫者，然則設保甲、保馬本欲除盜，乃更資盜也。《書》曰：「民惟邦本，本固邦寧。」又曰：「可畏非民。」夫川涸魚逝，❷林燔鳥飛，民喪其生業，無以自存，赴訴不受，失其所依，安得不去而爲盜哉！自

❶「紀」，原作「紹」，據《傳家集》改。
❷「川」，原作「州」，據《傳家集》改。

教閲保甲以來，河東、陝西、京西盜賊已多，至敢白晝公行入縣鎮殺官吏，官軍追討，經歷歲月，終不能制。況三路未至大饑，而盜賊已昌熾如此，萬一遇數千里之蝗旱，而失業飢寒武藝成就之人所在蜂起以應之，其爲國家之患，可勝言哉！此非小事，不可以忽。夫奪其衣食，使無以爲生，是驅民爲盜也；使比屋習戰，勸以官賞，是教民爲盜也；又撤去捕盜之人，是縱民爲盜也。謀國如此，果爲利乎？害乎？且嚮者干進之士，説先帝以征伐四夷、開邊拓土之策，故立保甲、户馬、保馬等法，近者登極赦書節文云：「應緣邊州軍，仰逐處長吏并巡檢使臣、鈐轄兵士及邊上人户，不得侵擾外界，務要静守疆埸，勿令搔擾。」此蓋聖意欲惠綏殊俗，休息中國，華夷之人，孰不歸戴？然則保甲、户馬、保馬，復何所用哉？今雖罷户馬，寬保馬，而保甲猶存者，蓋未有以其利害之詳奏聞者也。臣愚以爲宜悉罷保甲使歸農，召提舉官還朝，量逐縣户口，每五十户置弓手一人，略依沿邊弓箭手法，許蔭本户田二頃，悉免其税役。除出賊地分嚴加科罰及令出賞錢外，其賊發地分，更不立三限科校，但令捕賊給賞。若獲賊數多，及能獲强惡賊人者，各隨功大小遷補職級，或補班行。務在優假弓手，使人勸募。然後募本縣鄉村户有勇力武藝者投充，計即今保甲中有勇力武藝者，必多願應募。若一人闕額，有二人以上争投者，即委本縣令尉選武藝高强者充。或武藝衰退者，許它人指名與之比較。若武藝勝於舊者，即令充替，其被替者更不得蔭田。如此則不必教閲，武藝自然精熟。一縣之中，其壯勇者既爲弓手，其羸弱者雖使爲盜，亦不能爲患。仍委本州及提點刑獄常切按察，令佐有取捨不公者嚴行典憲。若召募不足，即且於鄉村户上依舊條權差，候有投名者即令充替。其餘巡檢兵士、縣尉弓手、耆長壯丁、逐捕盜賊，並乞依祖宗舊法。謹録奏聞，伏候勑旨。

温國文正公文集卷第四十六

温國文正公文集卷第四十七

章奏三十二

乞罷免役狀元豐八年四月二十七日上❶

右，臣竊以百姓出力以供在上之役，蓋自古及今，未之或改。熙寧中，執政者以爲百姓惟苦差役破産，不憚增税，乃請據家貲高下，各令出錢雇人充役。按因差役破産者，惟鄉户衙前有之，自餘散從、承符、弓手、手力、耆户長、壯丁，未聞破産者。其鄉户衙前所以破産者，蓋由山野愚戇之人不能幹事，及主管官物或因水火損敗，或謂上下侵欺，是致欠折，備償不足，有破産者。至於長名衙前，久在公庭，句當精熟，每經重難差遣，積累分數，别得優輕場務酬奬，往往致富，何破産之有？夫差役出於民，錢亦出於民，今使民出錢雇役，何異割鼻飼口，朝三暮四，於民何所利哉？又曏者役人，皆上等户爲之，其下户、單丁、女户及品官、僧道，本來無役，今更使之一概輸錢，則是賦斂愈重，非所以寬之也。故自行免役法以來，富室差得自寬，而貧者窮困日甚，殆非所以抑兼并、哀惸獨、均賦役也。又監司守令之不仁者於雇役人之外多取羨餘，或一縣至數萬貫，以冀恩賞、規進取，不顧爲民世世之患。又國家舊制所以必差青苗户充役人者，爲其有莊田家屬，有罪難以逃亡，故頗自重惜。今雇浮

❶ 題注，原無，據《傳家集》補。

浪之人充役，常日恣爲不法，一旦事發，單身竄匿，何處州縣不可投名？又農家所有不過穀、帛與力，自古賦役無出三者。自行新法以來，青苗、免役及賦斂，多責見錢。錢非私家所鑄，要須貿易外求。豐歲穀賤，已自傷農，况迫於期限，不得半價，盡糶所收，未能充數，家之糇粮，不暇更留。若值凶年，則又無穀可糶，人人賣田，無往可售，遂至殺牛賣肉，伐桑鬻薪，來年生計不敢復議。此農民所以重困也。又錢者，流通之物，故謂之泉布。比年以來，物價愈賤，而閭閻益困。所以然者，錢皆聚於官中，民間乏錢，貨重物輕，借使有人鬻薪糴米，米價雖賤，薪價亦賤故也。臣愚以爲宜悉罷免役錢，其州縣諸色役人並依舊制，委本縣令佐揭簿定差，替見雇役人。其衙前先召募人投充長名，召募不足，然後差鄉村人户。每經歷重難差遣，依舊以優輕場務充酬獎。所有見在免役錢，撥充州縣常平本錢，以户口爲率，常存三年之蓄，有餘則歸轉運司。凡免役之法，縱富强應役之人，征貧弱不役之户，利於富者，不利於貧者。及今耳目相接，猶可復舊；若更年深，富者安之，民不可復差役矣。謹録奏聞，伏候勑旨。

乞罷將官狀 元豐八年四月上❶

右，臣伏以州縣者，百姓之根本；長吏者，州縣之根本。根本危，❷則枝葉何以得安？故自古以來，凡置州郡，必嚴其武備；設長吏，必盛其侍衛。非以重其權、驕其人

❶ 題注，原無，據《傳家集》補。
❷ 「根」，原無，據《傳家集》補。

也，乃所以安百姓、衛朝廷也。秦懲周室幹弱枝强之弊，既滅六國，以爲天下不復用兵，雖分三十六郡，置郡守，更以御史監之，隳名城，消兵器，束以苛法，舉動施爲，皆不得自專。是以陳勝、吴廣以匹夫奮臂大呼，郡縣莫能制，多殺長吏以應之。雖由其殘虐取亡，亦守令無權無兵之所致也。晉武帝平吴，亦以爲天下既壹，兵無所用，悉去州郡兵，陶璜、山濤皆言「州郡武備不可廢」，帝不聽。及永寧以後，盗賊群起，州郡無備，不能擒制，天下遂大亂。夫兵者，所以威不軌而昭文德，誰能去兵？州縣無虞，則國家安矣；州縣不守，則國家危矣。臣竊見國朝以來，置總管、鈐轄、都監、監押爲將帥之官。❶凡州縣有兵馬者，其長吏未嘗不兼同管轄，蓋知州即一州之將，知縣即一縣之將故也。先帝欲征伐四夷，患諸州兵官不精勤訓練，士卒懈弛，於是有建議者請分河北、陝西、河東、京東、京西等路諸軍若干人爲一將，别置將官，使之專切訓練，其逐州總管以下及知州、知縣，皆不得關預及有差使。量留羸弱下軍及剩員，以充本州官白直及諸般差使，其餘禁軍，皆制在將官，專事教閲。臣愚以爲職事修舉，在於擇人，不在設官。苟得其人，雖總管等皆能訓練士卒，不得其人，雖將官亦何所爲？况今之將官，即歸之爲總管等者也。豈爲總管等則不能舉職，爲將官乃能舉職乎？此徒變易其名，無益事實，非惟無益，兼復有害。凡設官分職，當上下相維，如身之使臂，臂之使指，紀綱乃立。今爲州縣長吏及總管等，而於所部士卒有不相統攝，不得差使，殆如路人者。至於倉庫守宿，

❶ 下「監」字，原缺，據《傳家集》補。

街市巡邏，亦皆乏人。雖於條許差將下兵士，而州縣不得直差，須牒將官，將官往往占護，不肯差撥。萬一有非常之變，州縣長吏何以號令其衆，制禦姦宄哉！又頃歲以來，自轉運使、知州以下，白直及迎送之人日朘月減，出入導從，大爲蕭條，供承荷擔，有所不給，觀望削弱，無以威服吏民。臣略舉目覩一事，以證其餘。西京城郭周數十里，卑薄頹缺，犬豕可踰。又瀍、洛二水交貫其中，每夜諸門扃鐍雖嚴，而灘流之際，人皆可以平行往來。其屬水南北巡檢下所管兵士，除出軍外，餘數不多，通判以下諸官白直往來防送，倉庫守宿，街市巡邏，盡出其間。嚮者先帝違豫，勑西京留守親詣嵩山起建道場，其將下禁軍充白直者，於條皆不得出城經宿，所敢留者，剩員七八人而已。西京，天子別都也，其守禦不固如此；留守，前宰相重官也，其侍衛單寡如此。況僻小州縣，其守禦之備、侍衛之衆可知矣！萬一有凶狡之賊驅烏合之衆，突入城邑，或刼質戕賊長吏，以焚燒廬舍，殺掠吏民，將何以制之哉？此特天下太平之久，習俗淳厚，群心安固，賊不測虚實，膽智怯弱，故未敢爲之耳，豈可忽略，謂之必無而不爲之備哉！今獨沿邊州軍城隍完固，士卒衆多，可以守禦，自餘腹内州縣既無深溝高城，又乏士卒，群盗猝至，何以責其竭節守義，不棄城竄匿，或以酒食迎賊，以甲兵獻賊，斂民財以賂賊者乎？群盗尚尔，況戎狄傾國大舉長驅而來者哉？《易》曰：「君子安不忘危，存不忘亡，治不忘亂。」兵法曰：「不恃敵之不我犯，恃我之不可犯。」國家豈可恃即日平寧，晏然高枕，不以爲慮，謂其必不敢來乎？臣愚以爲河北、陝西、河東、京東、京西等路腹内州縣，宜以漸候豐年農安之際，委提點刑獄與本處長吏相度，各修築所治之城。州城稍高，縣城次之，不必廣大。所以然者，高則難踰，小則易守故也。其緣邊屯駐兵士，遇春夏無事之際，委經略安撫使與轉運使公共商量，減放歸住營州軍或於内地就粮，勿聽怯懦將帥多有虚占，以自守衛。其腹内州軍，量其大小緊慢，大藩常留千餘人，小州亦留數百人，不得差發往别州軍。見兵不足，即行招添。悉罷將官，其逐州縣禁軍，並委長吏與總管等官同共提舉教閱及諸多差使。其有不能勤飭致士卒懈弛者，委提點刑獄常切按察聞奏，嚴行責降。仍令逐縣各選有勇力武藝之人充弓手，以守衛城邑，討捕盗賊。其州縣吏所給白直迎送之人，皆如嘉祐編勑以前之數。如此力可以守，然後遇寇盗之至，責其棄城等罪而誅之，彼亦甘心矣。謹録奏聞，伏候勑旨。

乞開言路狀 元豐八年四月上❶

右，臣昨在京師，伏蒙太皇太后不以臣愚踈無取，遣使訪以得失。豈惟微臣有千載一遇之幸，中外聞之，踊躍相慶，以爲言路將開，下情得以上通，太平之期指日可待也。當是時，臣未暇備論天下之事，先陳所急，於三月三十日上言，以近歲風俗頹弊，士大夫以偷合苟容爲智，以危言正論爲狂，致閭閻愁苦而上不得知，明主憂勤而下無所訴，公私兩困，盗賊已繁。宜下詔書，不以有官無官之人，有知朝政闕失及民間疾苦者，並許進實封狀，鼓院、檢院、州軍長吏不得抑退。

❶ 題注，原無，據《傳家集》補。

其義精當者，行其言而顯其人；狂愚鄙陋者，報聞罷去，亦不加罪。又於四月二十一日復上言，皇帝陛下初即政，於用人賞罰，尤不可不當。夫諫争之臣，人主之耳目也，不可一日無之。《説命》曰：「若跣弗視地，厥足用傷。」設有人閉目而塞耳，跣足而疾趍，前遇險阻，能無傷乎？賈山有言：「人主之威，非特雷霆也，勢重，非特萬鈞也。開道而求諫，和顔色而受之，用其言而顯其身，士猶恐懼而不敢自盡，况震之以威，壓之以重乎？」頃者王安石秉政，欲蔽先帝聰明，專威福，行私意，由是深疾諫者，過於仇讎，嚴禁誹謗，甚於盜賊。是以天下之人以言爲諱，百姓愁苦無聊，靡所控告，致怨謗之語，上及先帝。臣常痛心泣血，思救其失，是故首乞下詔開言路以通下情。臣謂群臣苟有肯進言者，陛下必加褒擢，以勸來者，此乃古人市駿骨、揖怒蛙之意也。《召誥》曰：「王乃初服。烏呼！若生子，罔不在厥初生，自貽哲命。」今皇帝陛下新即位，太皇太后陛下初垂簾，天下之人莫不屬目傾耳。臣自到西京以來，朝夕伏聽朝廷惟新之政，以爲必務明四目，達四聰，以發天下積年憤鬱之志。今開言路之詔，既不聞頒於四方，而太府少卿宋彭年言「在京不可不並置三衙管軍臣僚」，水部員外郎王諤乞令依保馬元立條限，均定逐年合買之數，又乞令太學增置《春秋》博士，使諸生肄業。朝廷以非其本職而言，各罰銅三十斤。臣忽聞之，悵然失圖，憤邑無已。臣非私於二人，直爲朝廷惜治體耳。夫阿意箝口，容身竊禄，此小臣之利也；威福在己，人莫敢言，此大臣之利也。然民怨於下而不聞，國家阽危而不知，於陛下有何利哉？彼宋彭年、王諤，臣素不識，不知其人爲賢爲不肖，但惜陛下臨政之初，而二臣首以言事獲罪，臣恐中外聞之，忠臣解體，直士挫氣，欲仕者斂冠藏之，欲諫者咋舌相戒，則上之聰明猶有所不昭，下之情僞猶有所不達，太平之功尚未可期也。宋彭年所言雖不識事體，但當寢而不行，亦不宜加罪。至如孔子作《春秋》爲萬世法，王安石秉政輒黜之，使不得與諸經並列於學官，學者毋得習以爲業，王諤所言未至不當，乃以越職爲罪。古者置諫鼓、設謗木，詢于芻蕘，未聞有位於朝而以言事爲越職者也。若當職之人既不肯言，不當職之人又不得言，則以四海之廣，兆民之衆，其政治利病，天子深居九重，何由得聞之哉？昨日進奏院遞到告身，差臣知陳州。然則臣自今於一州之外言及它事，亦爲越職，何敢言矣。今二臣之罰既不可追，伏望陛下如臣前奏，下詔不以有官無官，當職不當職之人，皆得進言。擇其可取者微加旌賞，使天下之人知朝廷樂聞善言，不惡論事；毋可取者，寢而勿問，庶幾願納忠之人猶肯源源而來也。臣禀賦愚戇，文學政事皆出人下，惟不識忌諱，不阿權貴，遇事妄言，無所顧避，以此荷知於累朝，見稱於衆人。若亦不得言，則毋所復用於聖世矣。上孤太皇太后陛下下問之意，下負微臣平生願忠之心，内自痛悼，死不瞑目。臣久忝便安，今朝廷授以名藩，義不敢辭。見牒本州索遠接公人起發赴任次，到官之日，但勉竭疲駑，恪勤本職，苟力所不逮，伏須罪戾而已。謹録奏聞，伏候敕旨。

謝御前劄子催赴闕狀 元豐八年五月十五日上❶

右，臣今月十五日平明，準入内内侍省遞到太皇太后御前劄子一道，令臣早至闕庭者。臣狂瞽妄言，宜從誅譴，曲荷開納，仍叨獎飾，并以臣羸老抱疾，過形矜恤。螻蟻命微，何階報謝？ 臣專候陳州遠接兵士到，即起發赴闕次。臣無任瞻天望聖，激切屏營之至。謹録奏聞。謹奏。

請更張新法劄子 元豐八年五月二十八日上❷

臣聞《詩》云：「毋念爾祖，聿脩厥德。」故夏遵禹訓，商奉湯典，周守文、武之法，漢循高祖之律，唐行太宗之制，子孫享有天禄，咸數百年。國家受天明命，太祖、太宗撥亂返正，混一區夏，規模宏遠。子孫承之，百有餘年，四海治安，風塵無警，自生民以來，罕有其比，其法可謂善矣。先帝以睿智之性，切於求治，而王安石不達政體，專用私見，變亂舊章，誤先帝任使，遂致民多失業，閭里怨嗟。陛下深知其弊，即政之初，變其一二，歡呼之聲已洋溢於四表，則人情所苦、所願灼然可知。陛下何憚而不并其餘悉更張哉？ 譬如有人誤飲毒藥，致成大疾，苟知其毒，斯勿飲而已矣，豈可云姑少少減之，俟積以歲月，然後盡捨之哉？ 臣曏曾上言，教閲保甲，公私勞費，而無所用之。斂免役錢，寬富而困貧，以養浮浪之人，使農民失業，窮愁無告。將官專制軍政，州縣無權，無以備倉猝，

❶ 題注，原無，據《傳家集》補。
❷ 題注，原無，據《傳家集》補。

萬一饑饉，盜賊群起，國家可憂。此皆所害者大、所及者衆，先宜變更。借令皇帝陛下獨覽權綱，猶當早發號令，以解生民之急，救國家之危，❶收萬國之歡心，復祖宗之令典。况太皇太后陛下同斷國事，捨非而取是，去害而就利，於體甚順，何爲而不可？取進止。

乞改求諫詔書劄子 元豐八年五月二十三日上❷

臣先於三月三十日上言，乞下詔書廣開言路，不以有官無官之人並許進實封狀，仍頒下諸路州軍，於要鬧處出牓示，鼓院、檢院、州軍長吏不得抑退。臣昨奉聖旨令入見，於今月二十三日到京，蒙降中使，以五月五日詔書賜臣看閱。臣狂瞽妄言，曲荷采納，豈獨微臣之幸，抑亦天下之幸。此乃聖主之先務，太平之本原也。然臣伏讀詔書，其間有愚心未安者，不敢不冒萬死極竭以聞。竊見詔書始末之言，固盡善矣，中間有云：「若迺陰有所懷，犯非其分，或扇搖機事之重，或迎合已行之令，上則觀望朝廷之意，以徼倖希進，下則衒惑流俗之情，以干取虛譽，審出於此，苟不懲艾，必能亂俗害治。然則黜罰之行，是亦不得已也。」臣聞明主椎心以待其下而無所疑忌，忠臣竭誠以事其上而無所畏避。故情無不通，言無不盡。今詔書求諫而逆以六事防之，臣以爲人臣惟不上言，上言則皆可以六事罪之矣。其所言或於群臣有所褒貶，則可以謂之「陰有所懷」；本

❶「之危」，原無，據《傳家集》補。

❷題注，原無，據《司馬温公年譜》卷七補。《傳家集》無「五月」二字。

職之外微有所涉，則可以謂之「犯非其分」；陳國家安危大計，則可以謂之「扇摇機事之重」；或與朝旨暗合，則可以謂之「迎合已行之令」；言新法之不便當改，則可以謂之「觀望朝廷之意」；言民間愁苦可閔，則可以謂之「衒惑流俗之情」。然則天下之事，無復可言者矣。是詔書始於求諫而終於拒諫也，臣恐天下之士益箝口結舌，非國家之福也。又止令御史臺出榜朝堂，自非趍朝之人，莫之得見，所詢者狹。伏望聖明於詔書中删去中間一節，如臣三月三十日所奏，頒布天下。使天下之人曉然知陛下務在求諫，毋拒諫之心，各盡所懷，不憂黜罰。如此則中外之事，遠近之情，如指諸掌矣。取進止。

辭門下侍郎第一劄子元豐八年五月二十八日上❶

臣於今月二十七日夜准閤門告報，已降告除臣守門下侍郎者。臣先於熙寧三年蒙先帝除臣樞密副使，臣以才力短拙固辭得免，自是至今十有六年。臣齒髮愈耗，忽被恩詔，力少任重，非所克堪。豈敢愛身，實恐累國。伏望聖慈特寢新命，聽臣赴陳州本任。所有告身，臣不敢祗受。取進止。

第二劄子又，未上間，中使梁惟簡賜手詔，令受傳宣，云「再降詔開言路，俟卿供職施行」。遂止不上。

臣於今月二十八日，伏蒙聖恩差御藥吴

❶ 題注，原無，據《傳家集》補。《司馬温公年譜》卷七在二十七日。

靖方宣召臣，令受新除守門下侍郎告身。聖恩重複，惶愧愈深。臣性質愚魯，學術淺短，徒以素仗忠信，竊慕公直，偶爲時俗被以虚名，誤蒙累朝甄奬，承乏侍臣。熙寧初，王安石説導先帝置三司條例司，始議新法。臣以爲財聚則民散，下怨則上危，力曾開陳，稱其不可。言語拙訥，不能感寤。尋蒙聖恩除樞密副使。臣貪愛富貴，無異於人，顧以君無虚授，臣無虚受，先帝用臣，必以爲有益國家，苟言無足采，臣何敢叨居其位？是以累上章奏，終辭不拜。既而請補外郡，又乞散官，兩任留臺，四任崇福。臣區區之心，惟望先帝察其何故辭貴就賤，一賜召對，訪以新法於民間果爲利害，臣得輸肝瀝膽，極竭以聞，退就鼎鑊，死且不朽。飲食寤寐，不忘此志。幽明難欺，天實知之。不圖先帝奄棄天下，臣隕心泣血，謂積年所懷，生死莫伸。及來奔國喪，伏蒙太皇太后特降中使宣諭，令無惜奏章。臣不意愚誠復有所攄發，千載一遇，不勝踊躍。遂首以開言路爲請，及其它新法之不便者，略舉數條。今蒙恩差知陳州，又詔令過闕入覲。到城之日，蒙降中使以開言路詔書賜示。臣芻蕘之言，遽荷采納，且喜且懼，無地自容。然詳讀詔書，中間六事有所未安，似名爲求諫，其實拒諫，恐士民見者未達聖意，莫敢進言。方欲上殿論列，不意忽奉恩命俾貳左省。臣以非才，未敢祗受，及以言路不通，新法爲患，皆當今切務，遂於今早入一劄子，辭免恩命，并所准備上殿劄子二道，同於通進司投下。未審聖意以臣前後所言果爲如何？若稍有可采，乞特出神斷，力賜施行，則臣可以策勵疲駑，少佐萬一。若皆無可采，❶則是臣狂愚無識，不知爲政，豈可以汙高位、尸重任，使朝廷獲曠官之譏，微臣受竊位之責？它日有誤國事，罪不容誅。伏望聖慈特寢新命，使得自安其分。取進止。

賜卿手詔：深體予懷，更不多免。嗣君年德未高，吾當同處萬務。所賴方正之士贊佐邦國，想宜知悉。再宣諭前日所奏乞引對上殿，訖赴任其日，已降指揮，除卿門下侍郎，切要與卿商量軍國政事。早來所奏，備悉卿意，再降詔開言路，俟卿供職施行。

溫國文正公文集卷第四十七

❶「若」，原無，據《傳家集》補。

温國文正公文集卷第四十八

章奏三十三

乞申明求諫詔書劄子

嘉祐七年七月九日上。元豐八年六月十四日上，❶十八日進呈。依奏。

臣伏見皇帝陛下初臨大寶，太皇太后陛下同斷萬機，側身虚己，渴於求諫，於五月五日特下詔書，大開言路。此誠明主之先務，太平之本原也。竊見中間有「若逎陰有所懷」至「是亦不得已也」一節，天下見者未達聖心，咸以爲朝廷雖名求諫，實惡人論事，豫設科禁，有上言者皆可以六事罪之。是以盤桓猶豫，❷未敢盡言。如此則上恩不得下究，下情不得上通，上下否閉，萬事乖失。又前來詔書止牓朝堂，所詢不廣，見者甚少。臣愚欲望聖慈下學士院别草詔書，除去中間一節，務在勤求讜言，使之盡忠竭誠，無有所諱。仍乞遍頒天下，在京於尚書省前及馬行街出榜，在外諸州府軍監各於要鬧處曉示，不以有官無官之人，應有知朝政闕失及民間疾苦者，並許進實封狀言事。在京則於登聞鼓院、檢院投下，委主判官畫時進入；在外則於州府軍監投下，委長吏即日附遞聞奏，不得取責副本，强有抑退。其百姓無家業人，慮有姦詐，即令本州責保知在，奏取指揮，放令逐便。候有上件實封奏狀進入至内

❶「元豐八年」，原無，據陳弘謀本《傳家集》補。

❷「桓」，原避宋欽宗諱作小字「淵聖御名」，今回改。

中，伏望陛下以萬機之暇，略賜省覽。其所論至當者，當用其言而顯其身；其是非相半者，捨短取長；其言無可采、事不可行者，亦當矜容，不可加罪。如此則下情無不通，嘉言罔攸伏，聰明周四遠，海内如指掌矣。或慮奏狀繁多，難以親覽，即乞降付三省，委三省官看詳，擇其可取者，用黄紙簽出再進入。或乞留置左右，以備規戒，或乞降付有司施行。取進止。

看閲吕公著所陳劄子❶元豐八年七月二日上❷

臣今月一日夜，蒙降到吕公著劄子一道，付臣看閲所陳更張利害，有無兼濟之才，直書當與未當，具悉奏來者。臣自公著到京，止於都堂衆中一見，自後來未嘗私見及有簡帖往來。今公著所陳與臣所欲言者，正相符合。蓋由天下之人皆欲如此，臣與公著但具衆心奏聞耳。臣聞《書》曰：「有廢有興，出入自爾師虞，庶言同則繹。」言國家政事欲有所改更，必先謀於衆人，所言皆同，然後行之則無失也。《傳》曰：「上酌民言則下天上施。」言爲人上者，當采酌民言，從其所欲，則在下之人戴上如天，受其恩施也。伏望陛下察公著所陳，參以臣民所上實封奏狀，若與之同者，斷志行之，勿復有疑，臣見太平之功不日可成矣。公著一言而天下受其利，可謂有兼濟之才，所言無有不當，惟有保甲一事，欲就農隙教習。臣愚以爲朝廷既知其爲害於民，毋益於國，便當一切廢罷，更安用教習？容臣續具劄子奏聞次。其公著

❶「陳」下，《傳家集》有「利害」二字。

❷題注，原無，據《司馬温公年譜》卷七補。

劄子謹同封上。取進止。

乞罷保甲劄子 元豐八年七月三日上❶

臣竊見先帝以戎狄驕傲，侵據漢唐故地，有征伐開疆之志，故置保甲，令開封府界及河北、陝西、河東三路皆五日一教閱，京東、西兩路保甲養馬，仍各置提舉官，權任比監司。既而有司各務張皇，以希功賞。其提舉官專護本局，不顧它司，事干保甲，州縣皆不得關預，營内百姓不得處治。其巡檢、指使、保正、保長，競爲搔擾，饕食無厭，稍不如意，擅行捶撻。其保丁習於遊惰，不復務農，或自爲劫掠，或侵陵鄉里。其本家耕種耘穫，率皆妨廢，供送不辦，率斂無窮，貲産耗竭，毋以爲生。弱者流移四方，壯者亡爲盜賊。行之數年，先帝浸知其弊，申勑州縣，令保甲應有違犯并巡教官指使違法事件，並許州縣覺察施行。及陛下踐阼聽政，首令京東、西兩路保甲養馬，並依元降年限收買，其剩買過數目，並充以次年分之數。又令開封府界三路團教已及半年，經朝廷按閱者，每月併教兩日，未經按閱者，併教三日。陝西團校未及半年者，每月兩次，併教三日。又令見教人身材弱小，或久來疾病，及本家止有一丁，病患不堪營作，并第五等以下地土不及二十畝者，並許州縣保明，提舉司審驗放免。又令一縣不得放免過二分。皆聖澤矜寬民力，於保甲勞費雖十減五六，然保甲、保馬向去點擇、買養、補填，尚猶如舊；其巡教、指使、保正、保長，名目猶在，於所轄保甲，恐不免須有陵逼侵漁。其四時教閱雖減

❶ 題注，原無，據《傳家集》補。

日數，未免妨農。臣愚以爲，此保甲若使之逐捕盗賊，則近已有指揮，巡檢、縣尉及弓手、兵級人數，並令依保甲未上番以前人數復置，其保甲更不令管句捕盗；若使之攻討四夷，則此皆畎畝白徒，教閲雖熟，未嘗見敵，與戎狄戰鬬，必望風奔潰。登極詔書勑邊吏令不得侵擾外界，務要静守疆埸。然則此保甲、保馬，的實有何所用？徒令府界及五路農民不堪愁苦。幸賴社稷之靈，適值累年豐稔，猶流民甚多，盗賊充斥；若遇如明道年之蝗，康定年之旱，至和年之水，則爲國家大患，豈可盡言？近者群盗王冲乘保馬諸處行刼，置保馬本欲逐盗，今更爲盗資。又獲鹿縣保甲斫射毆傷提句孫文、巡檢張宗師，以下陵上，是乃大亂之源，漸不可長。凡保甲、保馬有害無利，天下之人莫不知之。臣不知朝廷何憚而久不廢罷？伏乞斷自聖志，盡罷諸處保甲、保正、保長使歸農。依舊置耆長、壯丁巡捕盗賊，户長催督税賦，其所養保馬，揀擇勾收，太僕寺量給價錢，分配兩騏驥院坊監及諸軍。召提舉官還朝，其句當公事、巡檢、指使，並送吏部，與合入差遣。如此則開封府界及五路之民孰不歡呼鼓舞，荷戴聖德？若以保甲中武藝已成之人可惜，使之歸農，即乞令逐縣户馬數每五十户置弓手一人，略依緣邊弓箭手法，許蔭本户田二頃與免二税，或税輕者與免若干石斗税，及户下諸般科役，本户田不足，聽蔭親戚田，務在優假，使人勸募。然後召募本縣鄉村户有勇力武藝者投充弓手，計即令保甲中有勇力武藝者，必多願應募。若一人闕額，有二人以上争投者，即委本縣令佐，揀試武藝高彊者充。若見充弓手人有勇力武藝衰退，許它人指名比較，若勝於舊者，即令充替。如此則不須教閱，武藝自然常得精熟。一縣之中，其勇壯者既充弓手，其羸者雖使之爲盗，亦無能爲患。仍委本州及提點刑獄常切按察，令佐有取捨不公者重加刑典。若無人報名，乞更議優法。若尚召募不足，即且於鄉村户上依舊雇人，候有投名者即令充替。若弓手數多，即令分番更互在縣祗應，一年一替，其餘各分地分巡捕盗賊。每獲賊，勘得赦後住止及窩藏去處，其本地分嚴行科責，及令出賞錢與獲賊之人。其賊發地分，更不作三限科校，只令捕賊給賞。如此則賊發之處，捕盗之人不復掩蔽住止窩藏之處，捕盗人不肯庇匿，盗賊無所容身，自然稀少。取進止。

密院劄子 時密院聞余欲上前奏，先以白劄子進呈，晝此指揮。

欲府界、三路保甲，自來年正月以後並罷團校，止令每農歲閑月分依義勇舊法，赴縣教閱一月。所有差官置場、排備軍器，及教閲法式番次、按賞費用等，仰樞密院取索會校，措置條畫，與三省同共立法，取旨施行。十月六日進呈，奉聖旨依此。

劄子批語

十二日三省樞密院同進呈，奉聖旨：保甲依今月六日已得指揮；所有保馬，別詳議立法進呈。

乞降臣民奏狀劄子 元豐八年七月十四日上❶

臣伏見陛下詔開言路，至今已涉旬月，必有臣僚民庶上言朝政闕失、民間疾苦，奏

❶ 題注，原無，據《傳家集》補。

狀已多，未見有付外令三省或樞密院商量施行者。如此則徒煩聽覽，何所裨益？昔漢昭帝時，吏民上書言便宜，有異輒下杜延年平復奏言。先帝初即位，詔中外上言得失，亦令臣與張方平同詳定，選擇可取者與元奏狀同進入内，或降付三省、樞密院施行。臣竊計今來臣民所上文字，其間是非臧否雖錯雜，嘉謀長策不可謂無。以睿明所燭，諒毫髮無遺，豈可一概棄置，全不采用？欲乞選其可從者降出施行，或以萬幾之繁，未暇徧加省覽，即乞依臣前奏，降付三省，委執政官分取看詳，擇其可取者，用黄紙簽出再進入，或留置左右，或降付有司施行。取進止。

審前劄子狀

臣於今月三日具劄子奏，爲保甲、保馬有害無利，乞廢罷，召募保甲投充弓手。仍乞降付三省、樞密院商議施行，至今未見降下。竊慮有司遺失，不達聖聽，乞令勘會，依臣前奏，早賜降下。取進止。

乞降封事簽帖劄子 元豐八年八月八日上❶

臣聞舜明四目、達四聰，王者視四海之内皆如户庭，閭閻之間皆如指掌，然後能治其天下。恭惟太皇太后陛下深居九重，皇帝陛下富於春秋，四海之廣大，閭閻之微隱，未嘗身親而目覩也。非采聽臣民之言，雖以天縱睿智之性，何由知之？陛下近詔天下臣民皆得上封事，言朝政闕失，民間疾苦，仍降出令臣與執政官看詳。其第一次降出者三

❶ 題注，原無，據《傳家集》補。

十三卷，臣謹與諸執政選擇，其中除無取及冗長之辭外，其可取者已用黃紙簽出進入訖。伏乞陛下取簽出者更賜詳覽，或留置左右以備規戒，或降付有司商議施行。如此則忠言日進，聰明日廣，誠生民之厚幸，社稷之盛福也。曏者執政請聽臣僚上殿，陛下謙退，以爲國家政事多未習知，臣僚欲言事者，自有章疏，何必上殿？今臣民章疏舉集於前，若陛下不勤加省覽，則朝政闕失、民間疾苦，何由上聞？國家政事無時而習知也。其間亦有一事而衆人共言者，臣亦重複簽出，蓋欲陛下知天下所共患，衆情所同欲也。夫爲政在順民心，民之所欲者行之，所惡者去之，則何患號令不行，民心不附，國家不安，名譽不榮哉？惟在陛下斷志而力行之耳。取進止。

乞不貸强盜白劄子 元豐八年八月上❶

刑部奏鈔：曹州勘到百姓趙倩、吕德、吕文，於今年三月二十三日同打刼南華縣界頓榮家財物，將槍刺頓榮一槍，腮上血出，打刼得財，被弓手捉獲。醫人檢得頓榮元被吕文刺傷處有血，是尖物傷。將刼到贓估定足錢陸貫玖拾玖文。本州只爲頓榮被刼刺傷時不曾申官檢定痕驗，遂具案申奏大理寺，會到進奏院。今年三月六日赦，七日到州。准律勑合決杖一頓處死。刑部檢到例，擬並特貸，命決脊杖二十，各刺面配廣南遠惡州軍牢城。門下勘會：近年以來，諸州勘到刼賊，但不曾殺人放火者，並作「情理可愍」或

❶ 題注，原無，據《傳家集》補。

「刑名疑慮」，申奏朝廷，率從寬貸。竊詳逐人既爲刼賊，情理有何可愍？ 赦後贓滿傷人，刑名有何疑慮？ 此皆逐州官吏避見失入罪名，專務便文營己，無去害疾惡之心。況曹州素多賊盜，係重法地分，如趙倩等所犯皆得免死，則是强盜不放火殺人者盡得免死。竊恐盜賊轉加恣横，良民無以自存，殆非懲惡勸善之道。其趙倩等欲乞並令本州依法處死。仍乞立法，自今後天下州軍勘到强盜，情理無可愍，刑名無疑慮，輒敢奏聞者，並令刑部舉駁，重行典憲，更不得似日前用例破條。

乞不貸故鬭殺劄子 元豐八年八月十四日上❶

竊惟王者所以治天下，惟在法令。凡殺人者死，自有刑法以來，❷百世莫之或改。若殺人者不死，傷人者不刑，雖堯舜不能以致治也。近者刑部奏鈔：泰寧軍勘到保正家人姜齊，見本都代名大保長張存捽着百姓孫遇，其孫遇捽着袁貴髻子。張存道：「此人稱是東嶽急脚子，胡亂打人，不伏收領。」齊捽着孫遇遞互打三二十拳，解擘放却袁貴。齊與張存捽倒孫遇，❸齊行拳踢打，孫遇身死。齊發心共張存捉縛袁貴，虛做打殺元相争人，申解赴縣，替得償命。其袁貴到縣不肯虛招，❹齊蒙枷項隔勘，方具實招通。又懷州勘到百姓魏簡與郭興争賭錢，拽倒郭興家棚子，郭興父郭昇拽着簡，使頭撞簡。簡爲本人年老，便道：「你共我不是抵對，休

❶ 題注，原無，據《傳家集》補。
❷ 「有」，原作「省」，據《傳家集》改。
❸ 「倒」，原作「到」，據《傳家集》。
❹ 「到」，原作「倒」，據《傳家集》。

扯着我。」待推搭郭昇圖放却，簡用力去郭昇咽喉上搭一搭，其人當下倒地身死。又耀州勘到百姓張志松，爲再從弟張小六冤執，稱呪罵堂兄弟男女偉。❶志松乘酒嗔恨張小六，因此行拳打張小六，當時身死。上件三人於條例皆合處死。本州並作「情理可愍」奏裁。耀州仍稱張志松本無殺意。刑部一切檢例，擬特貸命，決脊杖二十，刺配斷所牢城。竊詳孫遇不合詐稱「東嶽急脚子」，胡亂打人，雖是罪人，然不至死。其姜齊等既解擘放袁貴，即合申送赴官，依法施行。其孫遇别更不曾拒捍及走，兼已就拘執，豈可更捽倒毆擊直至於死？又更誣執被苦人袁貴作殺人賊，欲令替自己償命。如此情理，有何可愍？其魏簡爲郭昇年老不欲相打，却用力去本人咽喉上一搭致死，豈不更甚於毆打？又張志松只爲張小六冤執呪罵，事理至輕，遂毆本人致死。並是鬬殺，於情理皆無可憫。凡人因忿相争，迭相毆擊，其意豈在於殺？但一人於辜限内死，則彼一人須當償命。況三人皆即時毆殺，當死無疑，只是逐州避見失入罪名，妄作「情理可憫」或「刑名疑慮」奏裁。刑部即引舊例，一切貸命。若因循不改，爲弊甚大。所以然者，從來律令勑式，有該説不盡之事，有司無以處決，引例行之。今鬬殺當死，自有正條，而刑部不問可貸與否，承例盡免死決配，作奏鈔施行。是殺人者不死，其鬬殺律條更無所用也。於殺人者雖荷寬恩，其被殺者何所告訴！非所以禁制凶暴，保安良善也。欲乞今後應諸州奏大辟罪人，並委大理寺依法定斷，如非情理可憫、其刑名疑慮，即仰刑部退

❶「女」，《傳家集》作「後」，《全集》卷四十七無此字。

回本州，令依法施行。如委見有可憫及疑慮，即仰刑部於奏鈔後别用貼黄，聲説情理如何可憫，刑名如何疑慮，今擬如何施行，令門下省省審。如所擬委得允當，❶則用繳狀進入施行。如有不當及用例破條，即仰門下省駁奏，乞行取勘。庶使畫一之法不至墮壞，凶暴之人有所畏憚。其姜齊等緣係未立法以前，今欲先次進入。

乞省覽農民封事劄子 元豐八年九月三日上❷

臣伏覩近降農民訴疾苦實封奏狀王嗇等一百五十道，除所訴重復外，俱已簽帖進入。竊惟四民之中，惟農最苦。農夫寒耕熱耘，霑體塗足，戴星而作，戴星而息。蠶婦育蠶治繭，績麻紡緯，縷縷而積之，寸寸而成之，其勤極矣。而又水旱霜雹蝗蜮間爲之災，幸而收成，則公私之債交爭互奪，穀未離場，帛未下機，已非己有矣。農夫蠶婦所食者糠籺而不足，所衣者綈褐而不完，直以世服田畝，不知捨此之外有何可生之路耳。故其子弟遊市井者，食甘服美，目覩盛麗，則不復肯歸南畝矣。至使世俗俳諧共以農爲嗤鄙，誠可哀也。又況聚斂之臣，於租税之外巧取百端，以邀功賞。青苗則强散重斂，給陳納新；免役則刻剥窮民，收養浮食；保甲則勞於非業之作；保馬則困於無益之費，可不念哉！夫農蠶者，天下衣食之源，人之所仰以生也，是以聖王重之。臣不敢遠引前古，竊聞太宗皇帝嘗遊金明池，召田婦數十人於殿上，賜席使坐，問以民間疾苦。田婦

❶「所」，原誤作「何」，據《傳家集》改。

❷題注，原無，據《傳家集》補。

愚戇，無所隱避，賜帛遣之。太宗興於側微，民間事固無不知，所以然者，恐富貴而忘之故也。每臨朝無一日不言及稼穡。真宗皇帝乳母秦國夫人劉氏本農家也，喜言農家之事。真宗皇帝自幼聞之，故爲開封尹，以善政著聞。及踐大位，咸平、景德之治，爲有宋隆平之極，《景德農田勅》至今稱爲精當。昔周公相成王，作《無逸》曰：「先知稼穡之艱難，乃逸。」則知小人之依，蓋以一盂之飯、一尺之帛，莫不出於艱難。人主既知之，則不肯用之於無益，散之於無功，驕侈之心無自而生矣。伏惟太皇太后陛下深居九重，皇帝陛下富於春秋，自非今者濬發德音，大開言路，使畎畝之民皆得上封事，則此曹疾苦何由有萬分之一得達於天聽哉？雖其文辭鄙俚，語言叢雜，皆身受實患，直貢其誠，不可忽也。伏惟太皇太后陛下與皇帝陛下同賜省覽，庶以開廣聰明，資益聖性，於民間情僞靡不周知，異日太平之業，由此爲始矣。取進止。

温國文正公文集卷第四十八

温國文正公文集卷第四十九

章奏三十四

與晦叔同舉程頤❶元豐八年九月十五日上

臣等竊見河南處士程頤力學好古，安貧守節，言必忠信，動遵禮義。年踰五十，不求仕進，真儒者之高蹈，聖世之逸民。伏望聖慈特加召命，擢以不次，足以矜式士類，裨益風化。取進止。

乞裁斷政事劄子元豐八年十月十七日上❷

臣聞兩貴之不能相事，兩賤之不能相使，此乃物理自然，人情之常也。是以聖人立爲君臣，使人臣各獻其謀，而人君裁決其是非，若網在綱，有條而不紊，此國家所以治也。若人君不加裁決，使人臣各行其意，則朝夕鬭訟，弱不勝强，寡不勝衆，不則雷同詭隨，尸禄竊位，苟且偷安，以度目前，此國家所以衰也。然人君於是非之間亦當三思，清察昭然無疑，然後決之，自古興衰治亂未有不由此塗出也。夫人心不同，各如其面，雖以周公之聖、召公之賢，同輔成王，猶有不

❶ 此題，《傳家集》作「與吕公著同舉程頤劄子」。
❷ 題注，原無，據《傳家集》補。

悦，况邪正忠佞各有所存者乎？ 臣竊惟皇帝富於春秋，太皇太后親臨萬機，事無大小，皆委於執政，垂拱仰成。 萬一群臣有所見不同，勢均力敵，莫能相壹者，伏望陛下特留聖意，審察是非。 若甲是而乙非，當捨乙而從甲；乙是而甲非，當捨甲而從乙。 如此則群臣莫敢不服，善政日新矣。 不然，陛下雖有求治之心，事功無時而成也。 況《書》曰：「惟辟作福作威。」不可使用人賞罰之柄盡歸執政，人主一不得而專也。 取進止。

議可劄子 元豐八年十月二十四日上❶

臣聞古人有言：「謀之在多，斷之在獨。」陛下寬仁，委政群下，或群疑議論難一，❷儻陛下不決其是非，則爭辯紛紜，無時而息，事功何由可成？ 臣謹按蔡邕《獨斷》敘漢制，有疑事，公卿百官會議。 若臺閣有正處而獨執異意者，曰駁議。 其合於上意者，文報曰：某官某甲議可。 此所以各盡臣下之所見，而人主亦不失操柄也。 今執政之臣雖相與竭力，同寅協恭，若萬一有議論必不可合者，欲乞許令各具劄子奏聞，望陛下精察其是非可否，以聖意決之。 或於簾前宣諭，或於禁中批出，令依某人所奏。 若群臣猶有固爭執者，則願陛下更加審察；若前來處分果非，則勿憚改爲；若灼然無疑，則決行不移耳。 如此再思而行，庶幾得盡衆心，事亦少失矣。 取進止。

❶ 題注，原無，據《傳家集》補。

❷ 「群疑」，《傳家集》作「政有大疑」。

大辟貸配法草

應開封府、諸路州軍奏到大辟罪人，稱是刑名疑慮及情理可憫者，仰刑部、大理寺依條定斷，并坐疑慮、可憫條送刑部看詳。如刑名實有疑慮，情理實有可憫，因依申奏取旨；若看詳得别無疑慮及可憫者，即具鈔奏下本處，依法施行。不得一概將舊例貸配，破却律勑正條。仍委門下、中書、尚書省點撿，如有不當及用例破條，奏乞取勘施行。

進孝經指解劄子 元豐八年十二月二日上❶

臣竊惟自古五帝三王，未有不由學以成其聖德者。所謂學者，非誦章句、習筆扎、作文辭也，在於正心修身、齊家治國、明明德於天下也。恭惟皇帝陛下肇承基緒，雖年在幼冲，而執喪臨朝，率禮弗越，體貌尊嚴，舉止安重，顒顒卬卬，有老成之德，華夷瞻仰，無不愛戴。此乃聖性自然，不聞亦式，實天祐皇家，宗廟社稷生民之盛福也。然玉不琢不成器，人不學不知道。儻復資學問以成之，則堯、舜、禹、湯、文、武何遠之有？伏見近降聖旨，過冬至開講筵。臣竊以聖人之德，無以加於孝。自天子至於庶人，莫不始於事親，終於立身，揚名於後世，誠爲學所宜先也。臣鄙不自揆，嘗撰《古文孝經指解》，皇祐中獻於仁宗皇帝。竊慮歲久遺失不存，今别繕寫爲一册上進。伏乞聖明少賜省覽。取進止。

❶ 題注，原無，據《傳家集》補。

辭特轉官第一劄子元豐八年十二月十二日上❶

臣伏覩中書録黄,奉聖旨,神宗祔廟畢,執政官依故事轉遷,以臣爲正議大夫者。臣竊惟英宗皇帝親政之初,以宰臣韓琦等於嘉祐之末有定策大功,保祐聖躬濟于艱難,故各特遷一官。今陛下以神宗皇帝大漸之際,宰臣蔡確等啓迪聖心,建立儲貳,傳授大寶,各特遷一官,固亦其宜。臣當是時方閑居西京,憑几未命,非所預聞,豈得與確等同受褒賞? 且國家名位本以疇功報德,不可但以祔廟禮畢檢舉故事,虚有授受。況臣於登極之初,已蒙覃恩改官,今曾未踰年,安敢再叨殊渥? 縱臣貪冒,不知愧耻,天下之人其謂臣何? 所有授正議大夫告身,臣不敢祗受,伏望聖慈特賜寢罷。取進止。

辭官第二劄子元豐八年十二月上❷

臣於今月十一日伏覩中書録黄,蒙恩除正議大夫。臣於十二日具劄子奏,以蔡確等啓迪神宗皇帝建立儲貳,傳授大寶,宜遷一官;臣閑居西京,非所預聞,所有正議大夫告身,臣不敢祗受。自後未聞降出,至十四日准閤門告報,令臣受上件告身。臣竊惟富弼輔佐三朝,名德老成,當嘉祐之初亦是定策之臣,但以不預顧命,懇辭甚至。如臣才德,比於富弼,無能爲役。當建儲顧命之際,臣爲庶僚在外,初不預聞,豈敢止因祔廟隨例遷官? 凡爲政之要,惟在賞功罰罪。臣

❶ 題注,原無,據《傳家集》補。
❷ 題注,原無,據《傳家集》補。

忝備執政，無功受賞，將何以裁抑他人？所有新命，伏望聖慈特賜寢罷。取進止。

革弊劄子 元豐八年十二月四日上❶

臣伏見陛下自臨政以來，夙夜孜孜，以愛百姓、安國家爲事。蓋善治疾者，必究其所來，攻其所急，救之欲速，去之欲盡。臣觀今日公私耗竭，遠近疲弊，其原大概出於用兵。夫兵者，凶器，天下之毒，財用之蠹，聖人除暴定亂，不得已而用之耳。自有唐中葉，藩鎮跋扈，降及五代，群雄角逐，四海九州，瓜分糜潰，兵相吞噬，生民塗炭，二百餘年。太祖受天明命，四征弗庭，光啓景祚。太宗繼之，克成厥勳，然後大禹之迹悉爲宋有。於是載戢干戈，與民休息，或自生至死，年及期頤，不見兵革。吏守法度，民安生業，雞鳴狗吠，煙火相望，可謂太平之極致，自古所罕侔矣。及神宗繼統，材雄氣英，以幽、薊、雲、朔淪於契丹，靈、夏、河西專於拓跋，交趾、日南制於李氏，不得悉張置官吏，收籍賦役，比於漢唐之境，猶有未完，深用爲恥，遂慨然有征伐開拓之志。於是邊鄙武夫窺伺小利，敢肆大言，秖知邀功，不顧國患，争賈餘勇，自謂衛、霍不死；白面書生，披文按圖，玩習陳迹，不知合變，競獻奇策，自謂良、平更生；聚斂之臣，捃拾財利，剖析秋毫，以供軍費，專務市恩，不恤殘民，各陳遺利，自謂孔、桑復出。❷誤惑先帝，自求榮位。於是置提舉官，强配青苗，多收免役，以聚貨泉；又驅畎畝之人爲保甲，使捨耒耜、習弓

❶ 題注，原無，據《傳家集》補。
❷ 「孔」，原作「研」，據《傳家集》改。

矢；又置都作院調筋皮角木，以多造器甲；又養保馬，使賣耕牛，市駔駿，而農民始愁苦矣。部分諸軍，無間邊州内地，各置將官以領之，自知州軍、總管、鈐轄、都監、監押，❶皆不得關預。捨祖宗教閲舊制，誦射法，効胡服，機械陣圖，競爲新奇，朝晡上場，罕得休息，而士卒始怨嗟矣。置市易司，强市摧取，坐列販賣，增商税色件及菜果，而商賈始貧困矣。又立賒貸之法，誘不肖子弟破其家；又令民封狀增價以買坊場，❷致其子孫鄰保籍没貲産，不能備償。又增茶鹽之額，賤買貴賣，❸强以配民，食用不盡，迫以威刑，破産輸錢。又設措置河北糴便司，廣積粮穀於臨流州縣，以備饋運。教兵既久，積財既多，然後用之。而承平日久，人已忘戰，將帥愚懦，行伍驕惰，加以運籌決勝者乃浮躁巧僞之士，不知彼己，妄動輕舉。是以頓兵靈武，力疲食盡，自潰而歸，執兵之士，荷粮之夫，暴骨塞外，且數十萬。築堡永樂，怠忽無備，縱寇延敵，闔城之人翦爲魚肉。曾未足以威服戎狄，而中國先自困矣。先帝深悔其然，厭截截諞言，思番番良士，未及下哀痛之詔，息兵富民，奄棄天下。此臣所爲痛心疾首，泣血追傷者也。伏惟皇帝陛下肇承基緒，太皇太后同聽庶政，首戒邊吏無得妄出侵掠，俾華夷兩安。今契丹繼好，秉常納貢，乾德拜章，征伐開拓之議，皆已息矣。❹則此置提舉官、散青苗、斂免役錢、點教保甲、置都作院、養保馬、將官、市易司、封狀買坊場、增茶鹽額、措置河北糴便司，皆爲虚

❶「知州軍」，原作「軍州」，據《傳家集》改。
❷「價」，原作「損」，據《傳家集》改。
❸「貴賣」，原作「賣貴」，據《傳家集》補。
❹「息」，原作「悉」，據《傳家集》改。

設。陛下幸詔臣民各言疾苦，其已至者千有餘章，未有不言此數事者。足知其爲天下公患，衆人所共知，非臣一人之私言也。利害著明，皎如日月，何所復疑？而群臣猶習常安故，憚於更張，雖頗加裁損而監司按堵，將官具存，保甲猶教閱，保馬猶養飼，邊州屯戍不減，軍器造作不休，茶鹽新額尚在，差役舊法未復。是用兵雖息，而公私勞費猶未息也。如此因循，不知改轍，數年之後，萬一遇水旱大飢，盜賊群起，其爲國家憂患，豈敢盡言哉？伏願陛下斷自聖志，凡王安石等所立新法，果能勝於舊者則存之，其餘臣民以爲不如舊法之便者，痛加釐革。雖非一日可行之事，欲乞陛下宣諭執政。❶令因臣民上封事，熟議利害進呈，以聖鑒裁決而行之。昔夏遵禹訓，商用湯法，周循文、武之典，蓋創業垂統之王，貽厥孫謀，後世所宜謹守不可失也。若凡百措置，率由舊章，但使政事悉如熙寧之初，則民物熙熙，海内太平，更無餘事矣。議者必曰：「革弊不可倉猝，當徐徐有漸。」此何異使醫治疾而曰勿使遽愈，且勿除其根原使盡也！其爲醫者謀則善矣，其爲疾者謀，奚利哉！取進止。

辭轉官第三劄子 元豐八年十二月上❷

臣伏奉詔書，以臣辭免恩命，所請宜不允者。昔英宗皇帝入承大統，宰臣韓琦等實有定策之功；又踐阼之初，聖躬違豫，慈聖光獻皇太后權同聽政，琦等盡忠竭力，亦不爲不至。及英宗皇帝專制萬機，褒賞琦等各

❶「諭」，原作「論」，據《傳家集》改。
❷題注，原無，據《傳家集》補。

遷一官。臣時爲諫官，猶曾上言，以近歲官冗賞濫，兩府大臣，陛下即政之初，宜懲革斯弊，今自於朞年之間連併遷官，則難以禁它人之幸進者。恐宿衛將帥、宗室外戚、四方藩鎮、内侍近臣皆有冀望。至時陛下亦不能裁抑，兩府亦不敢輒奏。當是時，英宗皇帝雖不收還恩命，而富弼亦有定策之功，自以不預顧命，力辭甚苦。況臣既不預定策，又不預顧命，豈可來自冗散之地，遽與輔臣同賞？且臣昔日在人則言其不可受，今日在己則受而不辭，顧行復言，能不自愧？所有告身，臣不敢祗受，伏望聖慈矜察，特賜寢罷。取進止。

辭官第四劄子元豐八年十二月上❶

昨蒙恩除臣正議大夫，臣三具劄子及簾前面陳至懇，終未賜開允。臣夙夜愧恐，不能自已。臣切以爲政之要，惟在於賞功、罰罪。賞不當功，則徼幸競進；罰不當罪，則善良憂恐，亂之基也。曏日神宗大漸之際，臣屏居閭閻，今乃與建儲受遺之臣一例遷官，賞不當功，何以過此？陛下不知臣不肖，使待罪執政。執政當爲陛下抑徼幸、惜官職，而身自冒賞，何以表率它人？臣非敢私飾小廉，其志欲爲國家慎重名器。伏望聖慈矜察，特寢罷新命，所有告身，臣不敢祗受。取進止。

辭官第五劄子元豐八年十二月上❷

臣准閤門告示，以臣累上章辭免新命，

❶ 題注，原無，據《傳家集》補。
❷ 題注，原無，據《傳家集》補。

已降批答不許，所有告身可告示早令祇受者。臣竊惟無功受賞，士之所難。究觀英宗皇帝、神宗皇帝即政之初，褒賞大臣皆以定策受遺之功，非因祔廟禮畢。臣既非定策，又不受遺，實難虛受。至於政事日新，皆陛下聖明，衆賢協力，在臣一人，何能裨益？而無名冒賞，惟恐有玷清朝。所有告身，臣不敢祇受。伏乞早賜寢罷。取進止。

乞罷免役錢依舊差役劄子 元祐元年正月二十二日上。❶ 尋得旨依奏。

臣竊見免役之法，其害有五：舊日差役之時，上户雖差充役次，有所陪備，然年滿之後，却得休息數年，管治家産，以備後役。今則年年出錢，無有休息，或有所出錢數多於往日充役陪備之錢者。此其害一也。舊日差役之時，下户元不充役。今來一例出免役錢，驅迫貧民，剥膚椎髓，家産既盡，流移無歸，弱者轉死溝壑，强者聚爲盜賊。此其害二也。舊日差役之時，所差皆土著良民，各有宗族田産。使之作公人管句諸事，各自愛惜，少敢大段作過；使之主守官物，少敢侵盜。所以然者，事發逃亡，有宗族田産以累其心故也。今召募四方浮浪之人，使之充役，無宗族田産之累。作公人則恣爲姦僞，曲法受贓；主守官物則侵欺盜用。一旦事發，則挈家亡去，變姓名别往州縣投名，官中無由追捕，官物亦無處理索。此其害三也。自古農民所有，不過穀、帛與力，凡所以供公賦役，無出三者，皆取諸其身而無窮盡。今朝廷立法曰：「我不用汝力，輸我錢，我自雇

❶「元祐元年正月」，原無，據《傳家集》補。

人。」殊不知農民出錢難於出力，何則？錢非民間所鑄，皆出於官。上農之家所多有者，不過莊田、穀帛、牛具、桑柘而已，無積錢數百貫者。自古豐歲穀賤，已自傷農，官中更以免役及諸色錢督之，則穀愈賤矣。平時一斗直百錢者不過直四五十文，❶更急責之，❷則直三二十矣。豐年猶可以糶穀送納官錢，若遇凶年，則穀帛亦無，不免賣莊田、牛具、桑柘，以求錢納官。既家家各賣，如何得售？惟有拆屋伐桑以賣薪，殺牛以賣肉。今歲如此，來歲何以爲生？是官立法以殄盡民之生計。此其害四也。提舉常平倉司惟務多斂役錢，廣積寬剩，以爲功効，希求進用。今朝廷雖有指揮，令役錢寬剩錢不得過二分，切慮聚斂之臣，猶依傍役錢別作名目，隱藏寬剩，使幽遠之人不被聖澤。此其害五也。陛下近詔臣民各上封事，言民間疾苦，所降出者約數千章，無有不言免役錢之害者，足知其爲天下之公患無疑也。以臣愚見，爲今之計莫若直降勑命，應天下免役錢一切並罷，其諸色役人並依熙寧元年以前舊法人數，委本縣令佐親自揭五等丁產簿定差，仍令刑部檢會熙寧元年見行差役條貫，雕印頒下諸州。所差之人，若正身自願充役者，即令充役，不願充役者，任便選雇有行止人自代。其雇錢多少，私下商量。若所雇人逃亡，即勒正身別雇；若將帶却官物，勒正身陪填。如此則諸色公人盡得有根柢行止之人，少敢作過，官中百事，無不修舉。其見雇役人，候差到役人，各放令逐便。數内惟衙前一役最號重難，曏日差役之時，有因重

❶「百」、「文」，原脱，據《傳家集》補。

❷「責之」，原脱，據《傳家集》補。

難破家産者，朝廷爲此始議作助役法。然自後條貫優假衙前，諸公使庫設厨酒庫、茶酒司，並差將校句當；諸上京綱運，及得替官員，❶或差使臣、殿侍、軍大將管押；其麤色及畸零之物差將校或節級管押。❷衙前若無差遣，不聞更有破産之人。若今日差充衙前，料民間陪備亦少於曏日，不至有破家産者。若猶以爲衙前户力難以獨任，即乞依舊法於官户、僧寺、道觀、單丁、女户有屋産，每月掠錢及十五貫，莊田中年所收斛斗及百石以上者，並令隨貧富分等第出助役錢。不及此數者，與放免。其餘産業，並約此爲准。所有助役錢，令逐州樁管，據所有多少數目，約本州衙前重難分數，每分合給幾錢，遇衙前合當重難差遣，即行支給。然尚慮天下役人利害，逐處各有不同，欲乞於今來勑内更指揮行下開封府界及諸路轉運司，牒下州縣，委逐縣官看詳。若依今來指揮別無妨礙，可以施行，即便依此施行。若有妨礙，致施行未得，即仰限勑到五日内，具利害擘畫申本州。仰本州類聚諸縣所申，擇其可取者，限勑到一月内，具利害擘畫申轉運司。仰轉運司類聚諸州所申，擇其可取者，限勑到一季内，具利害畫一奏聞。朝廷候奏到，委執政官再加看詳，各隨宜修改，別作一路一州一縣勑施行。務要所在役法曲盡其宜。取進止。

辭免醫官劄子 元祐元年正月二十三日上❸

臣以病在朝假，伏蒙聖慈連日差中使押

❶「及」，《傳家集》作「召」。
❷「之物」，原脱，據《傳家集》補。
❸題注，原無，據《傳家集》補。

醫官沈士安、朱有章、楊文蔚、陳易簡等到臣家，各診候留藥。臣上荷大恩，天隆地厚，隕首糜軀，無足論報。然臣竊聞陳易簡見在病假，近皇太后服藥，亦祇應不得，今以臣故，特煩聖旨督迫，令每日一到臣家看候醫治。臣忝爲人臣，實不自安。況臣私家亦須更請一醫人，每日診候調理。其陳易簡已知臣脉氣病狀，欲乞特降聖旨，只令臣每日具病狀增減，就易簡處取藥，更不令易簡每日到臣家診候，庶於體分稍得自安。取進止。

温國文正公文集卷第四十九

温國文正公文集卷第五十

章奏三十五

辭不正謝劄子 元祐元年上❶

臣伏聞降聖旨在閤門：「宰臣執政官近遷轉已正謝訖，内有司馬光見患在假，特放謝。仍免赴景靈宫福寧殿恭謝。」臣聞命震駭，無地自處。豈有朝廷特遷一官卧家受之，並不入謝。君降異常之澤，臣無一拜之勤，自古以來，未嘗有此。臣雖頑暗，必不敢當。伏望聖慈早賜收還今來指揮，候臣疾患稍痊，只依前來指揮減拜入謝，及赴景靈宫福寧殿恭謝，庶使賤臣粗能自安。取進止。

内批依近降指揮審取指揮劄子 元祐元年正月上。内批：依二十八日指揮。❷

臣昨日具劄子奏爲聖旨特放正謝，仍免赴景靈宫福寧殿恭謝，臣以自古以來未有此禮，必不敢當。當夜准御批：「依近降指揮。」臣勘會今月十四日内降，以臣轉官，所有將來正謝，特令兩拜起居，免舞蹈。十七日又准内降，所有臣將來合赴景靈宫恭謝，逐殿宜止令兩拜。二十八日又准入内供奉官劉永年傳宣，放臣正謝及景靈宫福寧殿神御前恭謝。臣未審御批依近降指揮，是依十

❶ 題注，原無，據《傳家集》補。「不」，《全集》作「放」。
❷ 題注，原無，據《傳家集》補。

四日指揮、十七日指揮，依二十八日指揮？須至再奏稟，取進止。內批：依二十八日指揮。

辭放正謝第三劄子 元祐元年二月上❶

臣昨夜准御批指揮，今早再有奏稟，蒙復降御批：「依二十八日指揮。」臣承命驚惶，措躬無地。伏念臣忝爲人臣，陛下賜之一顧，賜之巵酒，賜之瓜果，臣亦當稽首拜謝。況進以高位，加之寵名，榮動搢紳，澤流苗裔，豈可即安私室，專養沈痾，不造王庭，坐受圭組？不獨爲海內之所共責，有司之所直繩，天威違顏，不出咫尺，隕越蹷踣，爲聖朝羞。臣雖至愚，粗知自愛，何敢受此，自納於不測之誅？伏望聖慈矜閔，候臣所患稍痊安日，止依十四日、十七日所降指揮，減拜入謝，及於景靈宮福寧殿神御前恭謝，庶差可自安。其二十八日指揮，臣以死自守，必不敢奉詔。取進止。

論西夏劄子 元祐元年正月上❷

臣伏見神宗皇帝以夏國主趙秉常爲臣下所囚，興兵致討，奮揚天威，震蕩沙漠。虜擕其種落竄伏河外，諸將收其邊地，建米脂、義合、浮圖、葭蘆、吴堡、安疆等寨。此蓋止以藉口用爲己功，皆爲其身謀，非爲國計。臣竊聞此數寨者皆孤僻單外，難於應援，田非肥良，不可以耕墾；地非險要，不足以守

❶ 題注，原無，據《傳家集》補。

❷ 題注，原無，據《傳家集》補，《司馬温公年譜》作元祐元年二月三日壬戌上。

禦。中國得之，徒分屯兵馬，坐費芻粮，有久戍遠輸之累，無拓土闢境之實。此衆人所共知也。王師既收靈州不克，狼狽而歸，卒疲食盡，失亡頗多。西人知中國兵力所至，自此始有輕慢之心。是以明年邊臣築永樂城，虜潛師掩襲，覆軍殺將，塗炭一城。久之又舉一國之衆攻圍蘭州，期於必取，將士堅守，僅而得全。虜自是鋭氣小挫，不敢輕犯邊矣。臣聞此數寨之地，中國得之雖無所利，虜中失之爲害頗多。何則？深入其境，近其腹心，常慮中國一朝討襲，無以支梧，不敢安居。是以必欲得之，不肯棄捨。一年前虜嘗專遣使者詣闕，深自辨訴，請臣服如故，其志無它，止爲欲求其舊境而已。朝廷既許其臣服，虜來請舊境，朝廷乃降指揮。其前則云：「所以興舉甲兵，本欲執取罪人，救援幽辱，非有意侵取疆埸土地而已。」其後乃云：「止將已得些少邊土，聊示削罰，豈可更有陳乞還復之理？」此則朝旨首尾已自相違。又興師本爲振援秉常，拒命者國人之罪，豈可更削秉常之地？於理差似未安。王者以大信御四海，羌戎雖微，恐未易以文辭欺也。於是虜既失望，憤怒怨懟，移文保安軍，辭理不遜，云：「今來賀正旦人使，難議發遣。」自是正旦、生辰乃至陛下繼明，皆不遣使入賀，其不臣大矣。然而去歲四遣使者詣闕，吊慰祭奠，告其母喪，并進遺物，禮雖不備，稍示屈服。臣竊料虜意不出於三：一者猶冀朝廷萬一赦其罪戾，返其侵疆；二者陽爲恭順，使中國休息，陰伺間隙入爲邊患；三者久自絶於上國，其國中貧乏，使者往來得賜賚之物，且因爲商販耳。昔衛貳於晉，晉取戚田，及衛人既服，郤缺曰：「日衛不睦，故取其地。今已睦矣，可以歸之。叛而不討，何以示威？服而不柔，何以示懷？非威非懷，何以示德？」遂歸戚田于衛。今西人所爲如此，朝廷既不能拒絶勿受其使，又不能招納與之更始。彼來則迎送館穀，以賓客待之；不來則一無所問，日復一日，將踰二年。臣竊意朝廷謂西人勢已衰弱，心實内附，故來則不拒，去則不追，置之度外，不以爲虞。殊不思數年前王師大舉深入，❶將士所過，烈於猛火，割其疆埸，屢請而不還，彼怨毒欲讎報之心，窺窬欲乘釁之意，日夜不忘，若渴者不忘飲，盲者不忘視也。譬如有虎狼在屋側垂頭熟寢，人豈可見其不動，狎而侮之，循其頭躡其尾邪？臣每思之，終夕寒心。以臣愚慮，於今爲之止有二策：一者返其侵疆，二者禁其私市。

何謂返其侵疆？凡天子即位，天地一新，滌瑕蕩穢，小大無遺。昔趙佗自稱南越武帝，倔强嶺南，漢文帝即位，赦其大罪，遣單使往諭之。佗稽首請服，累世爲臣。李繼遷僩擾西陲十有餘年，關中困弊，真宗皇帝即位，赦其大罪，割靈夏等數州，除其子趙德明爲定難軍節度使，由是邊境安寧者四十年。此乃前世及祖宗之成法，非無所依據也。今秉常之罪不大於繼遷也，米脂等寨不多於靈夏也，陛下誠能於此踰年改元之際，特下詔書，數其累年不來賀正旦、生辰及登寶位等不備之禮，嘉其吊慰祭奠、告國母喪、進遺物之勤，曠然推恩，盡赦前罪。自今以後，貢獻賜予，悉如舊規。廢米脂、義合、浮圖、葭蘆、吴堡、安疆等寨，令延、慶二州悉加毁撤，除省地外，元係夏國舊日之境，並以還之。其定西城、蘭州，議者或謂本花麻所居，

❶「數年」，原作「去年」，據《傳家集》改。

趙元昊以女妻之，羈縻役屬，非其本土，欲且存留，以爲後圖，猶似有名禦夷狄者，不壹而足。俟其再請，或留或與，徐議其宜，亦無所傷。至於會州，尚在化外，而經略司遽稱「熙河蘭會」，虜常疑中國更有闢境之心，不若改爲熙河岷蘭經略司。如此則西人忽被德音，出於意外，雖禽獸木石亦將感動，況其人類，豈得不鼓舞抃蹈，世世臣服者乎？議者或曰：「先帝興師動衆，所費億萬，僅得數寨，今復無故棄之，此中國之恥也。」昔漢元帝棄朱崖，詔曰：「朕日夜惟思議者之言，羞威不行，則欲誅之；通於時變，則憂萬民。夫萬民之飢餓與遠蠻之不討，危孰大焉？」遂棄之。此乃帝王之大度，仁人之用心，如天地之覆燾，父母之慈愛，盛德之事，何恥之有？國家方制萬里，今此尋丈之地惜而不與，萬一西人積怨憤之氣，逞凶悖之心，悉舉犬羊之衆，投間伺隙，長驅深入，覆軍殺將，兵連禍結，如曏日繼遷、元昊之叛逆，天下騷動，當是之時，雖有米脂等千寨，能有益乎？不唯待其攻圍自取，固可深恥，借使虜有一言不遜而還之，傷威毀重，固已多矣。故不若今日與之之爲愈也。此國家大事，伏望陛下留神熟慮，更與執政詳議，以聖意斷而行之，不可後時。失此機會，悔將無及。

何謂禁其私市？西夏所居氐羌舊壤，所産者不過羊馬、氈毯，其國中用之不盡，其勢必推其餘與它國貿易。其三面皆戎狄，鬻之不售，惟中國者羊馬氊毯之所輸，而茶綵百貨之所自來也。故其人如嬰兒，而中國乳哺之矣。寶元、慶曆之間，元昊負恩僭亂，屢犯邊境，大入則大利，小入則小利，中國未嘗蹈其境、破其軍、禽其將、屠其城，有害於社稷也。而首尾六年，元昊遣使，因緣邊吏，卑辭納款，頓顙稱臣，雖其惡積罪盈，欲懷音革面，原其私心，亦未必不貪中國之財，思私市之利故也。舊制官給客人公據，方聽與西人交易。傳聞近歲法禁疎闊，官吏弛慢，邊民與西人交易者日夕公行。彼西人公則頻遣使者，商販中國；私則邊鄙小民，竊相交易。雖不獲歲賜之物，公私無乏，所以得偃蹇自肆。數年之間，似恭似慢，示不汲汲於事中國，由資用饒足，與事中國時無以異故也。陛下誠能却其使者，責以累年正旦、生辰及登寶位皆不來賀，何獨遣此使者，拒而勿內，明勑邊吏嚴禁私市。俟其年歲之間，公私困弊，使自謀而來，禮必益恭，辭必益遜，然後朝廷責而赦之，許通私市，待之如初。然邊民與西人交易爲日積久，習玩爲常，一旦禁之，其事甚難。何則？若以常法治之，則有司泥文，動循繩墨，追問證佐，逮捕傳送之人，停匿之家，奏裁待報，動涉半年。如此則徒使邊民麗刑者衆，獄犴盈溢，而私市終不能禁也。夫三尺之限，空車不能登，峭峻故也；❶百仞之山，重載陟其上，陵夷故也。今必欲嚴禁邊民與西人私市，須權時別立重法，犯者必死無赦。本地分吏卒應巡邏者不覺透漏，官員衝替，兵士降配，仍許人告捉，獲者賞錢若干，當日内以官錢支給，更不以犯事人家財充。如此則沿邊六路各行得一兩人，則庶幾可以聳動人耳目，令行禁止，人不敢犯矣。然人存政舉，此事全在邊帥得人。昔龐籍爲河東經略使，下令禁邊民與西人私市，有熟户犯禁，籍斬於犯處，妻孥皆送淮南編管，一境凛然無敢犯者。其後施昌言

❶「峻」，原脱，據《傳家集》補。

爲環慶路經略使，亦禁私市。西人發兵壓境，昌言遣使問其所以來之故，西人言「無它事，只爲交易不通」。使者懼其兵威，輒私許之，法遂復壞。若邊帥未能盡得其人，則此法恐未易可行。不若前策道大體正，萬全無失也。取進止。

辭放正謝第四劄子❶元祐元年二月上❷

今月五日准尚書省劄子，以臣前奏乞候所患稍痊安日，依正月十四日、十七日所降指揮，減拜入謝，及於景靈宮福寧殿神御前恭謝。今月二日，三省同奉聖旨，依正月二十八日指揮。臣聞君待臣以惠，臣奉君以恭，故能上下相親，道用交泰。陛下念臣衰老抱疾，筋力尫羸，特損朝儀，以從私便，陛下之大惠也。若不知禮體，有靦面目，坐受優恩，曾無辭避，是君有惠而臣不恭，上行施而下無報。臣雖頑昧，心豈敢安？伏望聖慈如臣前奏，依正月十四日、十七日指揮，庶使微軀有地自處。取進止。

乞未禁私市先赦西人劄子

臣於今月三日上言，以西人未服，中國不得無憂，而備邊不敢少弛，不自揆其狂妄，獻二策。上策欲因天子繼統，曠然赦之，歸其侵地，與之更始。下策欲嚴私市，俟其屈服，然後赦之。然禁私市甚難，立法極嚴，又邊帥得人，然後能行，不若前策之道大體正，

❶「四」，《傳家集》作「三」。
❷題注，原無，據《傳家集》補。

萬全無失也。今竊聞執政用臣下策，止令禁私市。又立法不嚴，邊帥未盡得人。若邊吏拘文，獲一漏百，私市滔滔如故；或此路禁絶而彼路放行，如隄防一存一亡，將何所益？如此適足以激怒西人，使益發悖心，安肯屈服？萬一微犯邊境，或表牒中形不遜語，至時朝廷轉難處置，悔之無及。不若用臣上策，早相彌縫。縱未欲還其侵地，且下詔書，責而赦之，使彼此安心。時難得而易失，不可忽也。况本欲因天子繼統，蕩滌其罪，今日行之，已爲太晚，若更遷延，則赦之無名。玆事繫國安危，若俟執政論議僉同，恐失機會，誤國大事。伏望聖意獨斷行之，勿復有疑，天下幸甚。若有執政立異議，乞令其人自立文字。若依從其議，它日因此致引惹邊事，當專執其咎。取進止。

又劄子❶元祐元年二月十六日上❷

臣於今月十二日上言，乞以天子繼統，曠然更始，宜下詔數西人之罪而赦之，縱未還其侵地，且行此策，❸以安邊境，至今聞執政議尚未決。臣之愚意，以爲封内未安，未可圖外，欲急行臣前策，以覊縻西人，且可數年邊鄙無事，朝廷得休息戍兵，安養百姓。待國力完備，家給人足，然後奮揚天威，討貳柔服，何所不可？若行臣前策，可以萬全；行臣後策，有得有失。豈可棄上策而用下策，捨萬全而就有失也？太平興國中李繼

❶ 此題，《傳家集》作「乞先赦西人第二劄子」。

❷ 題注，原無，據《續資治通鑑長編》補。《傳家集》無「十六日」三字。

❸ 「行此策」，原作「此策行」，據《傳家集》改。

還反，西陲不解甲者十餘年，關中困竭。寶元、慶曆之間，趙元昊叛，屢入爲寇，覆軍殺將。自是中國虚耗，不復富實。今國家理財未得其道，民力困窮於下，府庫窘乏於上，又新遭大喪，山陵纔畢，自去年十月初以來不雨雪，旱勢甚大。若萬一激怒西人，微出一不遜語，則并臣前策亦不可行矣。今因天子即位未久，西人外迹未有不順，故臣願朝廷旦夕汲汲行之，機會難得，時不可失。此臣所以惓惓進言不已者也。若萬一激怒西人，致生邊患，兵連禍結，士卒殄盡於鋒鏑，生民困竭於轉餉，餓殍蔽地，盜賊蜂起，爲國家慮，豈不危哉！而執政方以爲西人微弱不敢動，數遣使來，誠心内附，置之度外，不以爲虞。今復固執先禁私市之議，又立法不嚴，邊帥不才者不先易去，行之太早，不能中節，一旦禍生所忽，邊鄙震驚，乃始歸罪戎狄，豈不害國事乎！臣於今月三日上所言措置西邊事，雖畫二策，固以還其侵地，責而赦之爲上策；嚴私市，待其數年貧困來服，然後赦之爲下策。所爲絶私市非立法至嚴，帥臣智勇，此法恐未易可行，不若前策道大體正，萬全無失。非臣前後返覆，静言庸違也。朝廷比來擢臣於冗散之中，使預聞國論，蓋亦誤謂臣微有益於國家，非徒采其虚名也。臣不敢終辭，亦欲竭盡疲駑，少酬大恩，非苟貪於禄位也。今盡忠謀國而爲衆所挫，臣尚留此有何所用？此國大事，伏望陛下早審察二議，從其長者。若聖意以臣言爲然，乞御批依臣前策。若降付三省、樞密院，執政仍有固守己見爭之最力者，乞如臣前奏，令自入文字，言先禁私市，保得它日必不致引惹邊事，如其不然，身執其咎。取進止。

乞堅守罷役錢敕不改更劄子❶元祐元年二月二十二日上❷

臣近以抱病家居，恐溘先朝露，無以少報盛德，是以力疾貪陳所見。竊以即日爲小民病者，無若免役錢，欲乞悉行廢罷，復祖宗差役舊法。識慮愚短，誠不意朝廷盡從其說。非陛下明斷，不能如是。此乃天下之幸，非獨微臣之幸也。然臣聞令出惟行弗惟返，彼免役錢，雖於下户困苦，而上户優便，行之已近二十年，人情習熟，一旦變更，不能不懷異同。又復行差役之初，州縣不能不小有煩擾。又提舉官專以多斂役錢爲功，惟恐役錢之罷，若見朝廷於今日所下勑微有變動，必更相告曰：「朝廷之勑果尚未定，宜且觀望。」必競言役錢不可罷。朝廷萬一聽之，則良法復壞矣。伏望朝廷執之堅如金石，雖有小小利害未備，俟諸路轉運司奏到，徐爲改更，亦未爲晚。當此之際，則願朝廷勿以人言輕壞利民良法。取進止。

温國文正公文集卷第五十

❶ 此題，《傳家集》作「乞不改更罷役錢敕劄子」。

❷ 題注，原無，據《宋會要輯稿》補。《傳家集》無月日。

温國文正公文集卷第五十一

章奏三十六

乞罷提舉官劄子 元祐元年閏二月上❶

臣聞《書》稱：「明王立政，不惟其官，惟其人。」臣少時見天聖中諸路止各有轉運使一員，亦無提點刑獄，惟河北、陝西以地重事多，置轉運使兩員。然朝廷必擇朝士累任知州有聲迹、曉錢穀者乃得爲之，未嘗輕以授人。凡一路之事，無所不總。❷使按察官吏薦賢發姦，愛養百姓，興利除害。或朝廷有本路事務未能細知利害者，則委之相度措置。當是之時，官少民安，事無不舉，公私饒樂，海内晏清。景祐初始復置提點刑獄，其後或時置轉運判官，以其冗長害事，尋復廢罷。自王安石執政以來，欲成新法，諸路始置提舉常平廣惠、農田水利官。其後每事各置提舉官，皆得按察官吏，事權一如監司。又增轉運副使、判官等員數，皆選年少資淺輕俊之士爲之，或通判、知縣、監當官資序及選人以權發遣處之，有未嘗歷親民即爲監司者。能順己意則不次遷擢，小有乖違則送審官院，與合入差遣，或更加責降。彼年少則歷事未多，資淺則衆所不服，輕俊則舉措率易。歷事未多，故措置百事往往乖方；衆所

❶ 題注，原無，據《司馬温公年譜》卷八補。《傳家集》無月份。

❷ 「所」，原無，據《傳家集》補。

不服，故依勢立威以行號令；舉措率易，故慮事不熟，壞法害民。又利禄誘於前，罪戾俟於後，由是往往上不顧國家事體，下不恤百姓怨咨，專務希合，以圖進取，致今日天下籍籍如此，皆由此來也。陛下幸念民惟邦本，本固邦寧，知元元困窮，於國家非便，欲救而安之，詔青苗錢不得抑配，免役錢寬剩不得過三分。竊聞諸路提舉官州縣，猶有於春首抑配青苗錢，勒百姓供情願狀，別作名目，占免役寬剩錢，但取文具而已。如此是朝廷號令廢格不行於臣下，恩澤壅塞不被於黎民，徒存空文，何以爲政？臣聞去草者絶其本，救水者回其源。提舉官者，乃病民之本源也。陛下必欲蘇息疲瘵，乞盡罷諸路提舉官。其轉運使，除河北、陝西、河東外，餘路只置使一員、判官一員，❶提點刑獄分兩路者，合爲一路，共差文臣兩員。凡本路錢穀財用事，悉委轉運司；刑獄、常平、兵甲、賊盜事，悉委提點刑獄管句。仍選知州已上資序，累經親民差遣，所至有政迹，聰明公正之人，方得爲監司。聰明則知官吏賢不肖，公正則黜陟無私。部下官吏既皆得人，事務安有不幹集？百姓安有不富庶？此乃國家鎮撫四方之本也。若以提舉官累年積蓄錢穀財物不少，恐轉運司一旦得之，妄有耗散，即乞盡椿作常平倉錢物，委提點刑獄一面交割主管，依常平倉法謹伺穀價賤糴貴糶，及准備災傷賑貸，其餘不得支用。若轉運司委的窘乏，須至兑那常平倉錢物者，必須具數先奏朝廷，得旨乃得移牒支撥。❷若以監司數少，路分闊遠處巡歷及管勾不辦，

❶「判官一員」，原脱，據《傳家集》補。

❷「乃」，原作「仍」，據《傳家集》改。

即乞只依舊法，每歲遍巡諸州，更不偏巡諸縣。❶ 自非要切大事，朝廷不令監司親往幹當，只令選差本部官，除司理、司法、縣尉、獨員監當之類，舊條不許差出外，其舊條不得隔州差選人幹當，差及被差之人皆有罪。新條諸州管勾官及主簿，當給散月分不得差出之類指揮，乞更不施行。所貴監司有官可差，幹得事務。若遇有賊盜，乞朝廷只委提點刑獄差官，或行移文字監督捕盜官捉殺。察其不稱職及有可以代之者，先令權攝，仍奏乞替換。許一面相度賊盜彊弱，立賞錢數目。其捕盜官若立功，許隨功大小保明乞轉官及升差遣，或減年磨勘，朝廷更不下刑部磨勘，詰難住滯。臨時詳酌恩澤，直賜指揮，賊盜自然無不敗獲，不須令親出入監逐捉殺，於事無益。如此則監司巡歷管勾職事簡要，易爲辦集。取進止。

論錢穀宜歸一劄子元祐元年閏二月六日上❷

臣竊以《洪範》八政，食貨爲先，故古者國用必使冢宰制之。祖宗之制，天下錢穀自非常平倉隸司農寺外，其餘皆總於三司。一文一勺以上，悉申帳籍，非條例有定數者，不敢擅支。故能知其大數，量入爲出，詳度利害，變通法度，分畫移用，取彼有餘，濟彼不足。指揮百司，轉運使、諸州，如臂使指。朝廷常慎選健吏精於理財者爲三司官，如陳恕、林特、李參之類，皆稱職有名者也。其餘非通曉錢穀者，亦罕得叨居其任，理資序、受

❶「諸州更不偏巡」，原脱，據《傳家集》補。
❷ 題注，原無，據《宋會要輯稿》補。《傳家集》無月日。

厚俸而已。❶故能倉庫充溢，用度有餘，民不疲乏，邦家乂安。自改官制以來，備置尚書省六曹二十四司，及九寺三監，各令有職事，將舊日三司所掌事務散在六曹及諸寺監，户部不得總天下財賦，既不相統攝，帳籍不盡申户部，户部不能盡知天下錢穀之數。五曹各得支用錢物，有司得符，不敢不應副，户部不能制。户部既不能知天下錢穀出納見在之數，無由量入爲出。五曹及内百司各自建白理財之法，申奏施行，户部不得一一關預，無由盡公共利害。今之户部尚書，舊三司使之任也。左曹隸尚書，右曹不隸尚書，天下之財分而爲二，視彼有餘，視此不足，不得移用。天下皆國家之財，而分張如此，無專主之者，誰爲國家公共愛惜通融措置者乎？譬人家有財，必使一人專主管支用。使數人主之，各務己分，所有者多互相侵奪，又人人得取用之，財有增益者乎？故利權不一，雖使天下財如江海，亦恐有時而竭，况民力及山澤所出有限劑乎！此臣所以日夜爲國家深憂者也。今縱未能大有更張，欲乞且令尚書兼領左右曹，侍郎則分職而治。其右曹所掌錢物，尚書非奏請得旨，不得擅支。諸州錢穀金帛隸提舉常平倉司者，每月亦須具文帳申户部六曹及寺監。欲支用錢物，皆須先關户部，符下支撥。不得一面奏乞直支應掌錢物。諸司不見户部符，不得應副。其舊日三司所管錢穀財用，事有散在五曹及諸寺監者，並乞收歸户部。若以如此户部事多官少，難以辦集，即乞減户部冗末事務，付閑曹比司兼領，而通隸户部，如此則利權歸一。若更選用得人，則天下之財

❶「理」至「已」八字，《傳家集》無。

庶幾可理矣。取進止。

隨求退表第一劄子 元祐元年二月上❶

臣以羸病，拜起及上下馬不得，請朝假將治，已及月餘。旬日以來，疾大勢雖退，飲食亦稍進，然氣體疲乏，足腫生瘡，步履甚難，策杖而行，不出室堂，況於拜起，固所未易。臣自料度，筋力完復，可以朝趨，近亦數月，遠則半年，或過此期，未可前定。豈有執政之臣，身據高位，受厚俸，既不趨朝，又不供職，宴安偃仰，養病於家，何待人言，獨不内愧？臣是用夙宵惶愧，無地自處。今不免有表上瀆聖聰，乞除宮觀差遣一任，以養衰殘。竊慮陛下怪其忽有此奏，故别具劄子，披瀝肝膽，伏望聖慈，早賜開允。取進止。

三月二十八日内降

臣伏見御批指揮，以臣近建明差役法，大意已善，緣關涉事衆，尚慮其間未得盡備。繼有執政論奏，臣僚上言役法，利害若不精加考究，何以成萬世良法？宜差韓維、呂大防、孫永、范純仁四人專切詳定聞奏者。仍將逐項文字抄録付韓維等。

乞申勑州縣依前勑差役劄子 元祐元年二月上❷

臣伏見御批指揮，以臣近建明差役法，慮其間未得盡備，差韓維、呂大防、孫永、范

❶ 題注，原無，據《司馬温公年譜》補。《傳家集》無月份。

❷ 題注，原無，據《宋會要輯稿》補。《傳家集》無月份。

純仁專切詳定聞奏。臣竊以免役錢之病民，自鄉日臣僚民庶上封事，及日近劉摯等奏陳，言之甚詳，非獨出一人之私意也。陛下幸用臣言，悉罷免役錢，依舊差役。詔下之日，中外驩呼，往來之人，聞道路農民迭相慶賀云：「今後這回快活也。」然則此令之下，深合人心，明白灼然，無可疑者。其間條目未備，不能委曲盡善，固須有之。臣所以乞下諸路州縣官吏令看詳，若有妨礙，施行未得，即具利害擘畫，以次上聞。誠以畎畝幽隱，南北異宜，自非在彼親民小官，無以知其詳悉。故令各具所見，指陳利害，所以盡下情，求民瘼也。非謂勑書一下，禁人不得復議也。俟其奏到，徐議添改，何後之有？要在早罷役錢，復差役爲大利而已。如構大厦，❶棟宇已立，雖户牖未備，可以徐圖。今陛下令韓維等再行詳定，考究利害，完補漏略，成就良法，固無所妨。但勑下已踰半月，州縣差役，約以及半，方行遣紛紜。臣愚竊恐聞此指揮，謂朝廷前日之勑改更未定，或斂錢，或差役，尚未可知。官吏惶惑，不知所從，衆庶失望，怨嗟益甚。必有本因新法得進之臣，乘此間隙，争言免役錢不可罷，因聚斂獲功之吏稱舊條未改，督責免役錢愈急。是民出湯火、濯清泉，復入湯火也。伏望朝廷特賜申勑州縣，言今來止爲其間條目未備，令維等詳定，所有差役，仰州縣依前勑一面施行。候詳定到事節，續降下次。免致於差役中半紛紜之際，令出反汗，人情大摇，實天下幸甚。取進止。

❶「構」，原避宋高宗諱作小字「御名」，今回改。

辭位第二劄子 元祐元年二月上❶

今月二十六日，❷伏蒙聖慈以臣乞宫觀差遣，特命入内内侍省東頭供奉官陳衍，❸賜臣批答不允，仍斷來章者。伏念臣自結髮從學，講先王之道，聞君子之風，竊不自揆，常妄有尊主庇民之志。不意天幸，蒙陛下誤采虚名，擢於閭閻之間，寘之廟堂之上，禮遇過優，委任至重。臣非木石，豈不知荷戴大恩？銘心鏤骨，願竭駑蹇，少報萬分。眷戀天庭，豈肯輕去？不謂一旦嬰此沈痾，累月不愈，害於飲食，不能造朝。今雖疾勢漸平，飲食亦進，而皮骨羸瘠，氣力疲乏，腫足骭瘍，餘毒方熾。旬月之間，必未能趨伏闕庭，瞻望天光。端居私家，尸位竊禄，縱陛下寬仁，微臣不知廉耻，中外有識之士及天下衆庶其謂臣何？伏望聖慈矜察，依臣前奏，除宫觀差遣一任，使得自安其分。取進止。

奏爲病未任入謝劄子 元祐元年閏二月二日上❹

今月二日，准閤門承受范禹臣告報，已降白麻，除臣守尚書左僕射兼門下侍郎，令當日入謝者。臣先爲久病在假，不能朝參，乞一宫觀差遣，未奉俞旨。今忽聞制命超升左輔，俾之師長百僚，豈臣空疎所能堪可？臣方别具悃款辭免，未敢祗受。況臣即今以久病少力，足瘡未愈，步履甚艱，拜起不得，

❶ 題注，原無，據《續資治通鑑長編》補。《傳家集》無月份。
❷「今月二十六日」，《傳家集》作「臣」。
❸「侍」，原無，據《傳家集》補。
❹ 題注，原無，據《傳家集》補。

未任朝見。乞候臣筋力稍完，入覲宸扆，面陳至誠。取進止。

辭左僕射第一劄子元祐元年閏二月上❶

今月二日，伏聞已降白麻，除臣左僕射兼門下侍郎者。臣資性愚鈍，學術膚淺，誤蒙甄采，預聞政事，常懼不稱，陷于罪戾。加以近癭疾疹，久不朝參，方乞宮觀，以便頤養。豈意天恩出於意表，即長中臺，直升元宰。躐等踰分，近世罕倫，愧赧驚懼，汗流霑踵。況今中外舊臣，或輔佐累朝，或踐揚兩府，高才碩德，顯著甚多，若以代臣，皆出臣右。又即今執政，臣位在四，若以次而舉，亦未至臣。伏望聖明歷選其人，俾居斯任。如臣無狀，何敢克當？所有新命，臣不敢祇受。取進止。

乞留僕射制書在閤門劄子元祐元年閏二月上❷

今月六日，伏蒙聖慈差東上閤門副使王舜封，賜臣左僕射兼門下侍郎告身者。臣近聞恩命，自知非分，不敢膺克，已累有文字辭免，恭俟俞旨。今蒙降到告身，臣未敢祇受，欲乞且留在閤門。取進止。

內批：「早令祇受。」

第三劄子

臣於今月二十三日，相繼有劄子辭免新除尚書左僕射恩命，未奉俞旨。六日，又蒙

❶ 題注，原無，據《續資治通鑑長編》補。

❷ 題注，原無，據《傳家集》補。

聖恩，差東上閤門副使王舜封就臣本家賜臣告身，臣亦未敢祗受，乞且留在閤門。今早勾當御藥院馮宗道，傳宣并降到御批「早令祗受」。臣上戴天恩，下顧無狀，進退惟谷，無地自處。臣聞高宗命傅説爲相，戒之曰：「若作酒醴，爾惟麴蘖。若作和羹，爾惟鹽梅。」夫釀酒者，多麴則太苦，多蘖則太甘；調羹者，多鹽則太鹹，多梅則太酸。和調適宜，最爲難事。故以論良相，酌寬猛之政，處小大之事，必和平允愜，曲盡其宜，然後爲善。臣才性長短，敢不自知？賦分於天，樸鈍戇直。至於守事君之忠，懷愛民之志，不爲欺罔，不涉佞邪，如此數條，臣敢自保。然燭理不明，見事不敏，度量褊隘，閑防淺露。若位以元宰，委之機務，分畫措置，必有差違。至時雖自納於刑，亦無所益。臣非敢愛身，實恐誤國。況臣之少壯，猶不如人，今年齒衰老，目視近昏，事多健忘，目前所爲，轉首不記，舉措語言，動多差失。自近病來，耳頗重聽。此皆事實，衆所共見，非臣以虛辭文飾。如此豈可首居相位，毗贊萬機？方今老成碩德，已試有効，及抱道藏器，藴積未施，中外之臣，不爲無人。伏望聖慈博訪，選以代臣，必能稱職。所有告身，臣未敢祗受。緣臣即日步趨拜起皆所未能，朝覲之期無由預定，告身留臣本家，於禮非是。伏乞依臣前奏，早賜宣取，且留在閤門，候臣所患痊平，堪步趨拜起，入覲天顔，面陳至誠。至時若不允許，祗受未晚。取進止。

奏乞黄庭堅同校資治通鑑劄子 元祐元年三月十九日上❶

臣先奉勑編修《資治通鑑》，共成二百餘卷。於去年九月内奉聖旨，令秘書省正字范祖禹及臣男康用副本重行校定聞奏。近又奉聖旨，令據已校定到本，逐旋送國子監鏤板。竊緣上件文字卷秩稍多，其范祖禹近差充修神宗皇帝實録檢討官，在彼自有職事，慮恐日近校定不辦，有妨鏤板。臣竊見秘書省校書郎黄庭堅好學有文，即日在本省别無職事。欲望聖慈特差令與范祖禹及臣男康，同校定上件《資治通鑑》，所貴早得了當。取進止。

乞令校定資治通鑑所寫稽古録劄子 元祐元年三月上❷

臣聞史者，今之所以知古，後之所以知先，是故人主不可以不觀史。善者可以爲法，不善者可以爲戒。自生民以來，帝王之盛者無如堯舜。《書》稱其德，皆曰「稽古」，然則治天下者安可以不師古哉！❸伏見皇帝陛下初開經筵，先講《論語》，讀祖宗《寶訓》。《論語》記孔子之言行，《寶訓》述祖宗之聖謀，誠爲從學之要。然國家未有天下以前帝王之事，臣愚以爲亦不可不知也。顧以

❶ 題注，原無，據《續資治通鑑長編》補。《傳家集》無月日。
❷ 題注，原無，據《續資治通鑑長編》補。《傳家集》無月份。
❸ 「可以不」，原作「可不以」，據《傳家集》改。

年祀悠遠，載籍浩博，非一日二日所能徧閲而周知，所宜提其綱目，撮其精英，然後可以見治亂存亡之大略也。臣先於英宗皇帝時嘗采獵經史，上自周威烈王二十三年，下盡周世宗顯德六年，略舉每年大事，編次爲圖，年爲一行，六十行爲一重，五重爲一卷，❶凡一千三百六十二年，共成五卷，謂之《歷年圖》，上之，以省煩文，便觀覽。臣又於神宗皇帝時，受詔修《國朝百官公卿表》。臣依司馬遷法，自建隆元年至治平四年，各記大事於上方，書成上之，有詔附於國史。臣今更討論經史，上自伏羲，下至周威王二十二年，略序大要，以補二書之闕，合爲二十卷，名曰《稽古録》。欲繕寫奏御，而私家少得筆吏，恐日近不能了畢。竊見先有聖旨，令秘書省正字范祖禹等就本省校定臣所編修《資治通鑑》，見有筆吏及紙札等物。伏望聖慈特降指揮，許臣并上件《稽古録》送祖禹等，令就本局繕寫校對訖，先次上進。候將來讀祖宗《寶訓》了日，若别未有書可讀，欲乞且取臣此書進讀。仍令侍讀官隨文解釋，則前王軌十九日上輸，皆可概見。庶幾足以資稽古之萬一，輔聖性之聰明。取進止。

温國文正公文集卷第五十一

❶「五重」，原作「五十行」，據《傳家集》改。

温國文正公文集卷第五十二

章奏三十七

起請科場劄子 元祐元年三月上❶

臣伏覩朝廷改科場制度，第一場試本經義，第二場試詩賦，第三場試論，第四場試策試。新科明法，除斷案外，試《論語》、《孝經》義。奉聖旨，令禮部與兩省、學士、待制御史臺、國子監司業集議聞奏。臣竊有所見，不敢不以聞。凡取士之道，當以德行爲先，❷文學爲後。就文學之中，又當以經術爲先，辭采爲後。是故《周禮》大司徒以六德六行賓興萬民，漢以賢良方正、孝廉、質樸敦厚取士。中興以後，取士尤爲精慎，至於公府掾屬、州從事、郡國計吏、丞史、縣功曹、鄉嗇夫，皆擇賢者爲之。苟非其人，則爲世所譏貶。是以人人思自砥礪，教化興行，風俗純厚，乃至後世陵夷，雖政刑紊於上而節義立於下，有以姦回巧僞致富貴者，不爲清議所容。此乃德化之本源，王者所先務，不可忽也。熹平中，詔引諸生能文賦者待制鴻都門下，蔡邕力争，以爲辭賦小才，無益於治，不如經術。自魏晉以降，始貴文章而賤經術，以詞人爲英俊，以儒生爲鄙樸。下至隋唐，雖設明經、進士兩科，進士日隆而明經日替矣。所以然者，有司以帖經墨義試明經，專

❶ 題注，原無，據《續資治通鑑長編》補。《傳家集》無月份。

❷ 「當」，原作「常」，據《傳家集》改。

取記誦，不詢義理，其弊至於離經析注，務隱争難，多方以誤之。是致舉人自幼至老，以夜繼晝，腐脣爛舌，虚費勤勞，以求應格。詰之以聖人之道，瞢若面牆，或不知句讀，或音字乖訛。乃有司之失，非舉人之罪也。至於以賦、詩、論、策試進士，及其末流，專用律賦、格詩取捨過落，擿其落韻、失平側、偏枯不對、蜂腰、鶴膝，以進退天下士。不問其賢不肖，雖頑如跖、蹻，苟程試合格，不廢高第；行如淵、騫，程試不合格，不免黜落，老死衡茅。是致舉人專尚辭華，不根道德，涉獵鈔節，懷挾勦剽，以取科名。詰之以聖人之道，未必皆知。其中或遊處放蕩，容止輕儇，言行醜惡，靡所不至者，不能無之。其爲弊亦極矣！神宗皇帝深鑒其失，於是悉罷賦、詩及經學諸科，專以經義、論策試進士。此乃革歷代之積弊，復先王之令典，百世不易之法也。但王安石不當以一家私學欲蓋掩先儒，令天下學官講解及科場程試同己者取，異己者黜。使聖人坦明之言，轉而陷於奇僻；先王中正之道，流而入於異端。若己論果是，先儒果非，何患學者不棄彼而從此，何必以利害誘脅如此其急也！又黜《春秋》而進《孟子》，廢六藝而尊百家。加之但考校文學，不勉勵德行，此其失也。凡謀度國事，當守公論，不可希時，又不可徇俗。宜校是非之小大，利害之多少，使質諸聖人而不謬，酌於人情而皆通，稽於上古而克合，施之當世而可行，然後爲善也。今國家大議科場之法，欲盡善盡美，以臣所見，莫若依先朝成法，合明經、進士爲一科，立《周易》、《尚書》、《詩》、《周禮》、《儀禮》、《禮記》、《春秋》、《孝經》、《論語》爲九經，令天下學官依注疏講説，學士博觀諸家，自擇短長，各從所好。

《春秋》止用《左氏傳》，其《公羊》、《穀梁》、陸淳等説，並爲諸家。《孟子》止爲諸子，更不試大義。應舉者聽自占習三經，以上多少隨意，皆須習《孝經》、《論語》。於家狀前開坐習某經某經。又每歲委陞朝文官保舉一人，不拘見在任不在任，是本部非本部，各舉所知。若係親戚，亦於舉狀内聲説。其舉狀稱：「臣竊見某州某縣人某甲，有何行能，臣今舉堪應經明行修科。於後不如所舉，臣甘當連坐不詞。」❶候奏狀到，朝廷下禮部貢院置簿，各分逐路抄録本人姓名，注舉主官位姓名於其下。仍下本州出給公據，付本人收執，及令本州亦如貢院置簿抄録，准備開科場日考驗公據。其舉狀既上之後，若所舉之人犯贓私罪，至徒以上、情理重，及違犯名教，候斷訖，仍收坐舉主，奏乞朝廷取勘施行。其人未及第者減五等，已及第者減三等坐之，一如舉選人充京官法。臣竊料此法初行，其奔競屬請固不能免，若朝廷必坐舉主，無有所赦，行三五人後，❷自皆慎擇其人，不敢妄舉。如此則士之居鄉居家，獨處闇室，立身行己，不敢不慎，惟懼玷缺有聞於外矣。所謂不言之教，不肅而成，不待學官日訓月察，立賞告訐，而士行自美矣。每遇開科場，其有舉主者，自稱應經明行修舉，仍於所投家狀前開坐舉主官位姓名。有司檢會簿上合同，方許收接。其無舉主者，只稱應鄉貢進士舉，如常法。每舉人三人以上，自相結爲一保，止保委是正身，及是本貫，不曾犯真刑，無隱憂匿服，此外皆不保。其本州及貢院考試，並依舊法差封彌、謄録，監門、巡鋪

❶「詞」，《傳家集》作「辭」。
❷「行」，原無，據《傳家集》補。

官，程試之日，❶嚴加檢察相聚傳義傳本懷挾代筆，❷違者扶出。第一場先試《孝經》、《論語》大義五道，内《孝經》一道，《論語》四道。先須備載正文，次述注疏大意，次引諸家異義，次以己見評其是非。以援據精詳、理長文優者爲通，其次爲粗，援據疏略、理短文拙者爲否。三通以上爲合格，不合格者先次駮放，合格者牓引次場就試，如舊試經學諸科法。或合格人數太少，則委試官臨時短中求長，詳酌放過。次場試《尚書》，次場試《周禮》，次場試《儀禮》，次場試《禮記》，次場試《春秋》，次場試《周易》大義，各五道，令舉人各隨所習經書就試，考校過落如《孝經》、《論語》法。次場試論二道，一道於儒家諸子書内出題，一道於歷代正史内出題。次場試策三道，皆問時務。考策之日，方依解額及奏名人數定去留，編排高下。以經數多者在上，經數均，以論策理長文優者在上。❸其經明行修舉人，並於進士前别作一項出牓解發。及奏名至御前，試時務策一道，千字以上。封彌官於號上題所明經數及舉主人數，候考校詳定畢，編排之時，亦以經數多者在上；經數均，以策理長文優者在上；文理均，以舉主多者在上。其經明行修舉人，亦於進士前别作一項編排，先放及第；其推恩注官，比進士特加優異。它時選擇清要官館閣、臺諫等，並須先取經明行修人；其舉主姓名，常於官告前聲説。如此則舉人皆務尊尚經術，窮聖人指趣不敢不精；旁覽子史不敢不博，又不流放入於異端小説；講求時

❶「日」，原無，據《傳家集》補。

❷「嚴加檢察」，《傳家集》作「查」，下並有「如舊試經學諸科法，各令求己，毋得移坐位相從託商量」二十二字。

❸「論策」，原作「論策」，《傳家集》作「策論」，據改。

務，亦不敢不知。所得之士既有行義，又能明道，又能博學，又知從政，其爲國家之用，豈不賢於今日之所取乎？所有今來乞復詩賦者，皆嚮日老舉人，止習詩賦，不習經義，應舉不得，故爲此說。欲以動摇科場制度，爲己私便。朝廷若不欲棄捐舊人，候將來科場進士有特奏名者，令試詩賦，隨其優劣，等第推恩，亦無傷也。不可以此輕改成法，復從弊俗，誤惑後生。若以爲文章之士，國家所不可無，即乞許人於試本經合格日投狀乞試雜文，❶於試論次場引試。或律詩、或歌行、或古賦、或頌、或銘、或贊、或四六表啓，臨時委試官出題目。試某文，定篇數、字數共須及五百字以上，取辭采高者爲合格。❷候得解及奏名及第日，編排姓名高下，各在數經同等人之上。如此則文章之士亦不乏矣。至於律令勑式，皆當官者所須，何必置明法一科，使爲士者豫習之，夫禮之所去，刑之所取，爲士者果能知道義，自與法律冥合，若其不知，但日誦徒流絞斬之書，習鍛鍊文致之事，爲士已成刻薄，從政豈有循良？非所以長育人材，敦厚風俗也。朝廷若不欲廢棄已習之人，其明法曾得解者，依舊應舉；未曾得解者，不得更應，則收拾無遺矣。臣愚所見如此，伏乞以臣所奏及禮部等官所議，牓國子監門及偏下諸州，❸有州學處牓州學門，令舉人限一月内投狀，指定何法爲善，仰本州附遞以聞。候到京齊足，更委其他執政看詳參酌，從長施行。取進止。

❶「許人於」，原無，據《傳家集》補。
❷「高」下，原衍「下」字，據《傳家集》删。
❸「榜」，原作「謗」，據《傳家集》改。

賑濟劄子元祐元年四月上❶

臣竊惟鄉村人户播殖百穀，種蓺桑麻，乃天下衣食之原，比於餘民，尤宜存恤。凡人情戀土，各願安居，苟非無以自存，豈願流移它境？國家若於未流移之前，早行賑濟，使粮食相接，不至失業，則比屋安堵，官中所費少而民間實受賜。若於既流移之後，方散米賁粥，以有限之儲蓄待無窮之流民，徒更聚而餓死，官中所費多而民實無所濟。伏覩近降朝旨，令户部指揮府界諸路提點刑獄司，體量州縣人户，如委是闕食，據見在義倉及常平米穀，速行賑濟。仍丁寧指揮州縣多方存恤，無致流移失所，此誠得安民之要道。然所以能使民不流移者，❷全在本縣令佐得人。欲乞更令提點刑獄司指揮逐縣令佐，專切體量鄉村人户。有闕食者，一面申知上司及本州，更不候回報，即將本縣義倉及常平倉米穀直行賑濟。仍據鄉村五等人户逐户計口，出給曆頭，大人日給二升，小兒日給一升。令各從民便，或五日、或十日、或半月一次，賫曆頭詣縣請領，縣司亦置簿照會。若本縣米穀數少，則先從下户出給曆頭，有餘則并及上户。其不願請領者，亦聽。候將來夏秋成熟粮食相接日，即據簿曆上所貸過粮，令隨税送納，一斗只納一斗，更無利息。其令佐若别有良法，簡易便民勝於此法者，亦聽從便，要在民不乏食，❸不至流移而已。仍令提點刑獄司常切體量逐縣令佐，有能用

❶ 題注，原無，據《續資治通鑑長編》補。《傳家集》無月份。

❷ 「民不流移」，原作「流民不移」，據《傳家集》改。

❸ 「不」，原作「下」，據《傳家集》改。

心存恤闕食人户，雖係災傷並不流移者，保明聞奏，優與酬獎。其全不用心賑貸，致户口多流移者，取勘聞奏，乞行停替。庶使官吏有所勸沮，百姓實霑聖澤。取進止。

乞撫納西人劄子 元祐元年三月上❶

臣先於二月中曾上言，乞因新天子繼統，下詔悉赦西人之罪，與之更始，雖未還其侵疆，且給歲賜，待之如故，此道大體正，萬全無失。既而執政所見各有異同，沮難遷延，遂屏棄不行。臣竊聞今來西人已有開報，定使副詣闕，賀登寶位。國家若於此際又不下詔開而納之，萬一西人蓄怨積憤，肆其悖心，或有一騎犯邊，或於表牒中有一語不遜，當是之時，雖欲招納，乃是畏其陸梁，傷威毀重，何恥如之？臣之前策亦不可行矣。伏望陛下令三省、樞密院，將臣二月三日、十二日、十六日并今來所上文字，一處進呈。臣愚欲爲國家消患於未萌，誠惜此機會，夙夜遑遑，廢寢忘食。陛下若俟詢謀僉同，然後施行，則執政人人各有所見，臣言必又屏棄。凡邊境安則中國安，此乃國家安危之機。伏望陛下察臣所言甚易行而無後害，可使華夷兩安，爲利甚大，斷自聖旨，勿復有疑。取進止。

詔意❷元祐元年三月上

朕聞王者奄有四極，至仁無私，靡間華夷，視之如一。夏國主秉常世守西土，藩衛

❶ 題注，原無，據《傳家集》補。
❷ 「詔」上，《傳家集》有「撫納西人」四字。

中邦，自其祖彝興以來，沐浴皇化，職貢時至，率多忠勤。仁宗皇帝加之寵名，胙以大國，錫予之數，歲則有常。曏因邊臣奏陳，云彼君臣失職，及移文詰問，曾無報應。神宗皇帝乃出師命將，極彼阽危。在於夏國主秉常實有大造，而所部之人遽敢自絶，侵軼我邊鄙，虔劉我吏民，正旦、同天，皆不入賀。國家包以大度，置而不問，但絶歲賜，以俟悛心。不幸先帝違棄萬國，朕嗣守令緒，祇承前志，夙夜寅畏，迨今朞年，宣廣恩澤，無幽不振。而夏國主秉常屢遣使者造于闕庭，弔祭訃告，寖修常職。朕惟江海之大，來則受之，豈復追念往昔，校計細故？宜捨其前日之不恭，取其今茲之效順，曠然湔滌，與之更始。自今申敕將吏嚴戢兵民，毋得輒規小利，擾彼疆埸，凡歲時頒賚，命有司率由舊章，必使桴鼓不鳴，烽燧無警，彼此之民，早眠晏起，同底太寧，不亦休哉！可布告中外，咸使聞知。

乞先行經明行修科劄子 元祐元年四月上❶

臣先上言，乞每歲委陞朝文官保舉一人應經明行修科，與進士並置，程試一如進士。惟於及第後推恩優異，以勸勉天下舉人，使敦修士行。昨已有朝旨，來年科場且依舊法施行。竊聞近有聖旨，其進士經義，並兼用注疏及諸家之説或己見，仍罷律義，先次施行。臣竊詳朝廷之意，蓋爲舉人經義文體專習王氏新學，爲日已久，來年科場，欲兼取舊學，故有此指揮，令舉人豫知而習之。臣所乞置經明行修科者，欲使舉人知向去科場，

❶「四月」，原無，據《續資治通鑑長編》補。

朝廷敦尚行義，不專取文學，所以美教化、厚風俗，比於經義文體，尤爲要切，宜使舉人豫知。欲乞亦降朝旨，先次施行，況與進士舊法兩不相妨。取進止。

辭接續支俸劄子 元祐元年五月上❶

臣以假滿百日，自四月以後不敢勘請俸給。聞近有聖旨，特再給臣寬假將治，其俸給等接續支給。臣自正月二十一日以病在朝假，久而不愈，亦曾陳乞宮觀，以養衰殘，聖恩不許，更除左僕射，臣惶恐失圖，不敢復言。自爾日望痊平，入覲丹扆，面陳至誠，庶得極竭疲駑，且供舊職，以補報萬分。而藏府雖寧，瘡瘍未愈，肌體羸瘠，足力全無，步履甚難，拜起不得。以此無由朝參，計告假不管本職公事，已及一百一十餘日。❷入覲之期，未能自定。竊以百日停俸，著在舊章，況臣當表率百僚，豈敢廢格不行？臣聞孔子曰「先事後得」，《詩》云：「不素餐兮。」今雖聖澤優厚，曲加矜恤，而使臣違先事之義，重素餐之罪，四海指目，何以自安？伏望聖慈許臣依條百日外住支請受，候參假日依舊。庶使臣得安心養疾，保全微軀。取進止。

請罷將官劄子 元祐元年三月上❸

臣於去年四月二十七日曾上言：州縣者百姓之根本，長吏者州縣之根本，根本危

❶ 題注，原無，據《續資治通鑑長編》補。「五」，《傳家集》作「三」。
❷ 「已」，原無，據《傳家集》補。
❸ 題注，原無，據《傳家集》補。

則枝葉何以得安？故自古以來，置州郡必嚴其武備，設長吏必盛其侍衛，所以安百姓、衛朝廷也。秦滅六國，以爲兵不復用，雖置郡守，而以御史監之，墮名城，銷鋒鏑，故陳勝、吴廣起而郡縣不能制，國隨以亡。晉武帝平吴，悉罷州郡縣兵，陶璜、山濤皆言州郡武備不可廢。及永寧以後，盜賊群起，州郡無備，天下遂大亂。國朝置總管、鈐轄、都監、監押爲將率之官，凡州縣兵馬，其長吏未嘗不同管轄。蓋知州則一州之將，知縣則一縣之將也。熙寧中，謀臣建議分天下禁軍，每數千爲一將，別置將官以領之，訓練差使抽那，一出其手。其逐州總管以下及知州、知縣，皆不得關預。量留羸弱下軍及剩員，以充本州白直及諸般差使而已。凡設官分職，當上下相維，如身之使臂，臂之使指，紀綱乃立。今爲州縣長及總管等官，而於所部士卒有不相統攝，殆如路人者。至於倉庫守宿、街市巡邏，亦皆乏人。雖於條有許差將下兵士者，而州縣不得直差，須牒將官，將官往往占護，❶不肯差撥。萬一有非常之變，州縣長吏何以號令其衆制禦姦宄哉！臣目覩前宰相西京留守韓絳，謁嵩山起建道場，其將下禁軍充白直者，於條不得出城經宿，所敢留者，剩員七八人而已。況僻小州縣，其守禦之備，侍衛之衆可知矣。臣當時乞悉罷將官，其逐州縣禁軍並委長吏與總管等官同共提舉教閱及諸多差使，其州縣長吏所給白直，皆如嘉祐編勑以前之數。臣自上此文字，後來不聞朝廷有所施行。竊見今歲諸處多闕雨澤，盜賊頗多，州縣全無武備，長吏侍衛單寡，禁軍盡屬將官，將官多與長吏爭衡，

❶「將官」，原無，據《傳家集》補。

長吏勢力遠出其下。萬一有如李順、王倫攻城陷邑之寇，或如王均、王則竊發肘腋之變，豈不爲朝廷旰食之憂邪？王者制治於未亂，保安於未危，豈可自恃太平之久，謂必無此等事邪？又自祖宗以來，諸軍少曾在營，常分番往緣邊及諸路屯駐駐泊，蓋欲使之均勞逸、知艱難、識戰鬥、習山川。自置將官以來，苟非有所征討，全將起發與將官偕行外，其餘常在本營，不復分番屯駐駐泊。飽食安坐，養成驕惰之性，歲月滋久，恐不可復用。又每將下各有部隊，將准備差遣指使之類一二十人，而諸州總管、鈐轄、都監、監押員數亦如舊，設官重複，虛費廩禄。凡將官之設，有害無利，天下曉軍政者莫不知之。臣愚伏望朝廷如臣前奏，盡罷諸路將官。其禁軍各委本州縣長吏與總管、鈐轄、都監、監押等管轄，一如未置將官以前之法。其諸州軍兵馬全少，不足守禦之處，量與立額招添。其守禦有備，而寇賊之發不能式遏，或棄城逃避，或率吏民迎賊，或斂民財賂賊，雖責之以死，彼亦甘心。今平居騶從且不能備，一旦寇至，責以死節，不亦難哉！取進止。

温國文正公文集卷第五十二

温國文正公文集卷第五十三

章奏三十八

舉張舜民等充館閣劄子 元祐元年上❶

臣今月二十四日准尚書省劄子，准二十二日詔書節文：「執政大臣宜各舉文學、政事、行誼之臣可以充館閣之選者三人。」臣竊見奉議郎張舜民材氣秀異，讀書能文，剛直敢言，竭忠憂國。通直郎孫準學問優博，文辭宏贍，行義無缺，久淹下僚。河南府左軍巡判官劉安世才而自晦，愿而有立，力學修己，恬於進取。其人並堪充館閣之選，如後不如所舉，臣甘當同罪。取進止。

五月三日尚書劄子：光所患已安，惟足瘡有妨拜跪，不候參假，特放謝，仍權免赴前後殿起居。許乘轎子三日一至都堂聚議，或門下、尚書省治事。

辭三日一至都堂劄子 元祐元年五月上❷

臣伏覩中書省録黄，今月二日奉聖旨，以臣所患已安，惟足瘡有妨拜跪，不候參假，特放正謝，仍權免赴前後殿起居，許乘轎子三日一至都堂聚議，或門下、尚書省治事者。臣聞命震恐，無地自處。竊念臣臟腑雖安，

❶ 題注，原無，據《傳家集》補。

❷ 題注，原無，據《續資治通鑑長編》補。《傳家集》無月份。

飲食如故，但兩足無力，瘡口未合，步履艱難，拜起不得，以此未果朝參。至於數日一至政事堂，乃唐世以來宿德元老高年有疾，朝廷尊禮，特降此命，豈伊微臣所敢倫擬？况臣自正月二十一日請朝假，至今百三十餘日，豈有未見君父輒赴省供職？况臣於病中除左僕射，雖累具劄子辭免，未蒙開允，仍蒙就家賜以告身，臣亦未敢祇受。方俟入覲天顔，面陳至懇，豈可遽治尚書省事？伏望聖慈俟臣步履稍有力，拜起得成，參假了日，與諸執政一例供職，貴於微軀差得自安。所有今月二日指揮，乞賜寢罷。取進止。

內降付中書省許肩輿，至內東門扶掖入對小殿

左僕射兼門下侍郎司馬光，爲足瘡妨拜跪，已指揮免起居，許乘轎子至尚書省等處治事。今有劄子辭免，可依前降指揮，不許辭免。仍令閤門告示，許肩輿至內東門外，令男康扶掖至小殿引對，特免起居。令引見前一日聞奏。

辭入對小殿劄子 元祐元年五月上❶

臣今月二日聞有聖旨，令臣：「不候參假，特放正謝，仍權免赴前後殿起居。許乘轎子三日一至都堂聚議，或門下、尚書省治事。」臣以恩禮太優，不敢輒當，尋具劄子辭免。今月四日又覩中書省録黃，奉聖旨：「依前降指揮，不許辭免。仍令閤門告示，許肩輿至內東門外，❷令男康扶掖至小殿引

❶ 題注，原無，據《續資治通鑑長編》補。《傳家集》無月份。
❷ 「內」，原無，據《傳家集》補。

對，特免起居。令引見前一日聞奏。」如此則禮數愈重，尤不敢當。臣竊惟富弼三世輔臣，德高望重，神宗皇帝想見其人，故特制此禮，乃自古所無。顧臣何人，敢與爲比？況親屈乘輿，特御小殿，以臣勤君，其罪至大。縱陛下優借而天威咫尺，恐隕越隨之，似此異數，臣決不敢受。乞只候垂簾日於延和殿引見，并乞上殿。然事有不得已者，雖知僭越，不得不承順聖恩。臣即日上下馬未得，及足上有瘡，深惡馬汗，欲乞如今來聖旨權許乘轎子入內，至常時下馬處下轎子。又臣兩足無力，若無人扶掖，委實全拜起不得。欲乞今來入見及將來每遇入對，並權許令臣男康入殿，遇拜時扶掖。候痊安日，皆復舊規。如此則曲成之仁已踰於天地，非臣隕身喪元，所能報塞。所有其餘恩禮，並乞寢罷。取進止。

三省同奉聖旨：令乘轎子至崇政殿門外，於延和殿垂簾日引對，餘並依前降指揮。

辭康章服劄子 元祐元年上❶

臣久在病假，今月十二日於延和殿入見，并辭免新命。以兩足無力，拜起不得，聖恩特許令臣男康入殿扶掖。臣既不得請，臣男復賜章服，父子忝竊，誠不自安。所有臣男恩命，乞賜寢罷。取進止。

乞進呈文字劄子 元祐元年五月上❷

臣先奉聖旨，權免赴前後殿起居，許乘

❶ 題注，原無，據《傳家集》補。
❷ 題注，原無，據《續資治通鑑長編》補。《傳家集》無月份。

轎子三日一至都堂聚議，又許肩輿至内東門外，令男康扶掖，至小殿引對。臣以恩禮太重，不敢輒當，只於延和殿引見，以兩足無力，無人扶掖，委實全拜起不得，乞令來入見及將來每遇入對，並許令臣男康入殿，遇拜時扶掖。奉聖旨，令乘轎子至崇政殿門外，於延和殿垂簾日引對，餘並依前降指揮。臣今月十八日合至都堂，遇其日垂簾，臣欲隨執政赴延和殿常起居進呈文字。竊慮閤門以前來聖旨有「免赴起居」字，及只云「三日一至都堂」。後來聖旨無「將來每遇入對，並許令臣男康入殿，遇拜時扶掖」字，不聽臣及男康入殿。伏望聖慈傳宣閤門，十八日許臣隨執政赴延和殿常起居及上殿進呈文字，令臣男康入殿，遇拜時扶掖。仍自今後每遇入對並乞准此。取進止。

中使徐湜封還傳宣

聖旨且令入都堂、尚書省、門下省治事，所有入殿起居，且頤養筋力，直候秋涼引對。所有元上劄子，今却令封還，并賜食二合。

乞與諸位往來商量公事劄子 元祐元年五月十八日上❶

臣近奉聖旨，許臣乘轎子三日一至都堂聚議。伏緣三省、樞密院每有職事，難以臣故必令三日一聚。檢會去歲曾有指揮，遇假日有公事，許於東西府聚議。其東西府近北舊有便門，臣欲乞於近南更開一便門。臣今

❶ 題注，原無，據《續資治通鑑長編》補。《傳家集》無月日。

有足疾未愈，乞遇假日，或日晚執政出省後有合商量公事，許乘小竹轎子往諸位商量。其諸執政有欲商量公事者，亦許來臣本位，更不一一奏聞。所貴論議詳盡，事無留滯。取進止。

再乞進呈文字劄子 元祐元年五月上❶

臣今月十六日曾具劄子奏，乞於十八日隨執政赴延和殿常起居及上殿進呈文字。尋蒙聖慈差入内東頭供奉官徐湜封還，仍傳宣且令入門下、尚書省治事，所有入殿起居，且頤養筋力，直候秋凉引對。此乃聖恩憐臣疲羸，恐其不堪勞苦，欲其且就安逸。雖父母之愛其子，恐不能如此之備，臣隕身喪元，無以爲報。然臣既參假治事，若不以時入對，面盡愚忠，少裨萬一，則與未參假時無異，所以區區陳請，不能自已。臣今欲再乞於二十六日隨執政赴延和殿常起居及上殿進呈文字。臣至時自度，若筋力委實不能枝梧，即乞如今來聖旨，且只入門下、尚書省治事，候筋力稍完，再有陳請。若且可以支梧，即乞每遇垂簾日許隨執政赴延和殿常起居及進呈文字。仍乞傳宣閤門，自今後每遇臣入對，許令臣男康入殿，遇拜時扶掖。取進止。

乞進呈文字第三劄子

臣自前月十二日參假以來，兩曾具劄子奏乞隨執政官於延和殿進呈文字，皆蒙聖恩遣中使封回，令候秋凉。陛下矜愛微臣，誠

❶ 題注，原無，據《續資治通鑑長編》補。《傳家集》無月份。

至深至厚。然陛下不知臣不肖，使待罪宰相，宰相之職，❶在輔佐天子，謨明萬幾，朝夕在前，啓沃獻替。臣自閏二月二日降麻除左僕射，屬在病假，至今未嘗得一日與諸執政至簾前參陪國論。雖許投進文字，然中心委細，無由一一面陳。陛下徒閔其衰病，欲使便安於一身，不若使之竭盡愚忠，庶幾有補於天下。臣爲私計，豈不願宴安在家？若顧公義，豈得内無愧懼？竊恐上則失陛下所以擢用臣之意，下則失微臣忘身徇國之心。況已先奉聖旨，權免前後殿起居，朝會之勞，什減七八。臣自體當近日以來病勢亦似更減，步履比嚮時稍輕，但兩足少力，若無人扶掖，則全拜不得。今不免冒乞恩無厭之罪，伏望聖慈特降指揮，令臣每遇殿上問聖體及謝恩等合拜之時，特令免拜；若在殿下常起居，許令臣男康扶掖。❷仍乞傳宣閤門，每遇臣入朝，許令臣男康隨入殿門。如此則於臣羸病之軀，優假已極，於公家之務亦無所廢。臣今欲乞如臣前奏，❸於今月八日隨執政赴延和殿常起居及上殿進呈文字。取進止。此劄子若降付三省再候進呈，則八日以前皆值假，故不坐，八日入朝不及。如允臣所奏，乞直批降指揮依奏。

論西人請地乞不拒絶劄子 元祐元年六月上❹

臣近具劄子奏，乞於今月八日隨執政赴延和殿進呈文字，復蒙聖慈遣中使封還，令依前降指揮。臣不敢再三固違聖旨，然臣區

❶「宰相宰相」，原不重，據《傳家集》補。
❷「男」，原脱，據《傳家集》補。
❸「如」，原誤作「加」，據《傳家集》改。
❹題注，原無，據《續資治通鑑長編》補。《傳家集》無月份。

區之心所以欲於八日入對者，竊見夏國宥州有牒，稱已差人詣闕計會所侵疆土城寨，❶竊慮其日進呈上件文字，此乃邊鄙安危之機，生民休戚之本，不可不察。臣自今年二月初以來累曾上言，乞因新天子即位，西人恭順之際，早下詔書，赦其罪戾，待遇如故。如此則控縱在我，天子之體正，❷休兵息民，夷夏之心安。不幸虜人有一語不遜，一騎犯邊，則此詔不可復下。無何臣在病假，不得面論，人心不同，爲衆所奪，日復一日，遷延至今。虜先遣使來直求侵地，指陳兵端，辭意浸慢，前所議詔書已不可下矣。既失此機會，即日使者至，應答亦難。若悉從其所請，則彼益驕而無厭，若悉拒而不從，則邊患由此而起。今就二者之中，寧爲百姓屈己，少從所請，以紓邊患，❸不可激令憤怒，致興兵犯塞，以困生民。所以然者，靈夏之役本由我起，新開數寨皆是彼田，今既許其内附，豈可猶靳所侵地而不與？彼必曰：「我自天子新即位，卑辭厚禮，以事中國，庶幾歸我侵疆。今猶不許，則是恭順無益，不若以武力取之。」彼小則上書悖慢，大則攻陷新城。當是之時，不得已而與之，其爲國家之恥，無乃甚於今日乎？以小喻大，譬如甲奪乙田，未請而與之，勝於請而後與。若更請而不與，則彼必興鬭訟矣。此是非利害，明如白黑。臣竊慮進呈之際，群臣猶有見小忘大、守近遺遠，惜此不毛無用之地，結成覆軍殺將之禍，兵連不解，爲國家憂。伏望陛下決自聖志，勿聽浮言，爲兆民計。文彦博輔佐四朝，

❶「已」，原作「凡」，據《傳家集》改。
❷「正」，原作「主」，據《傳家集》改。
❸「以」，原脱，據《傳家集》補。

熟知虜情，此可謂軍國重事，願陛下詢彦博以決之。取進止。

申明役法劄子 元祐元年六月上❶

臣先曾上言，乞直降勑命，應天下免役錢一切並罷，其諸色役人，並依熙寧元年以前舊法人數，委令佐揭簿定差，蒙朝廷一一如臣所請。臣竊聞降勑之初，百姓莫不喜悦，一兩月間，州縣定差已了，别無辭訟，人情安帖。無何續有雇募不足，方行定差指揮，人始疑惑。既而屢有更張，号令不一。又轉運使各以己見，欲合本路共爲一法，不令州縣各從其宜。是致州縣惶惑，不知所從。或已差役人却放，或已放雇人却收，或依舊用役錢雇人，或不用錢招人充役，朝夕不定，上下紛紜，往往與二月六日勑意相違。竊緣臣元初起請及朝廷所降節文，明言委逐縣官看詳，依今來指揮。若有妨礙，致施行未得，仰具利害擘畫申州，州申轉運司，轉運司奏聞，委執政官再加看詳，隨宜修改，别作一路一州一縣勑施行。務要曲盡其宜，豈是當日所言一字不可移易？但患轉運司、州縣不肯奏陳耳。臣今欲申明元初起請内聲説不明不盡事件，謹具畫一如後：

一、臣起請雖云依熙寧元年舊法人數定差，若舊法有於今日不可行者，即是妨礙。合申乞改更人數，或太多，或太少，惟本州縣知得的確合消數目，合酌中立額，申乞依數定差，朝廷難爲遥度。

一、臣起請雖云若所差人不願充役，任便選雇有行止人自代，雇錢多少，私下商量。

❶ 題注，原無，據《續資治通鑑長編》補。《傳家集》無月份。

若所雇之人邀勒被差之人，廣求雇直，官亦當裁定，不得過自來官中雇錢之數。其州縣官員即不得指占所雇之人，令被差之人雇覓。

一、臣起請雖云見雇役人候差到役人，各放令逐便。若所雇之人自有田産，情願充役者，亦自可依舊存留。又曹司一役，新差之人多不諳熟書筭行遣，及案下文字未曾交割，合留所雇之人，給與雇錢，令與新差之人同共行遣，限半年内交割了畢，才放逐便。

一、臣起請云，今日衙前陪備少於鄉日，不至破家。若猶以爲户力難任，即乞於官户、僧道、單丁、女户有屋業每月掠錢及十五貫，莊田中年所收斛斗及百石以上者並等第出助役錢，不及此數者與放免。臣意以爲十口之家，歲收百石，足供口食，月掠房錢十五貫，足供日用，二者相須，此外有餘者，始令出助役錢。非謂止收百石，即令助役也。若猶嫌太少，及所收掠課利難知實數，即乞應係第三等以上令出助役錢，第四等以下放免。若本州坊場、河渡等錢自可支酬衙前重難分數得足，則官户等更不消出助役錢。

一、從來諸州招募人投充長名衙前，若招募不足，方始差到鄉户衙前，此自是舊法。今來别無改更，惟是舊日將坊場、河渡折酬長名衙前重難，令自出賣。今來官中出賣坊場、河渡收錢，依分數折酬長名衙前重難，只此與舊法有異。若鄉户差補已足，續有投名，即先從貧下放鄉户歸農，鄉户願投充長名，亦聽。

一、臣起請委逐縣看詳，具利害擘畫申州。本州類聚擇其可取者，擘畫申轉運司；轉運司類聚諸州所申，擇其可取者擘畫奏聞朝廷。伏緣知逐處民間利害子細，轉運司不如州，州不如縣。切慮逐縣逐州有擘畫得事理切當，而本州及轉運司抑遏删去，不以上聞，致勑下之日依舊妨礙，施行未得。欲乞更降指揮下州縣，如有似此擘畫切當被在上删去者，許逐縣直申轉運司，本州直申奏。所貴下情無壅，曲盡事宜。仍乞降指揮下詳定役法所，只得以諸路州縣申到利害，詳其可否，立爲定法。其不當職之人，爲高奇之論，不切事情者，不得施行。亦不可將一路一州一縣利害作海行條貫。

一、詳定役法所奏請行下指揮，若有妨礙難行之事，亦乞如臣起請，委逐路州縣看詳，具利害擘畫申上，隨宜修改。右臣所言若有可取，乞遍頒下諸州縣，除此外，並依二月六日所降勑命施行。

乞進呈文字第四劄子 元祐元年六月上❶

臣近曾三次具劄子奏，乞與諸執政赴延和殿進呈文字，皆蒙聖慈遣中使封還，云候秋凉。雖聖恩矜閔，隆厚無窮，然臣既待罪宰相，豈可不於簾前參陪國論？况今已立秋，兼臣自體當得筋力差勝於前，可以支梧，只是無人扶掖，全拜起不得。欲乞如臣前奏，候垂簾日，許令與諸執政赴延和殿常起居，同進呈文字，并乞特降指揮，自今後每遇臣入對，許令臣男康隨入殿門。❷取進止。

聖意若不欲批指揮，即乞降付三省。

❶ 題注，原無，據《續資治通鑑長編》補。

❷ 「自今後」至「隨入」十五字，原作小字「云云」，據《傳家集》改。

乞延和殿常起居劄子 尋封回❶

臣昨乞自今後遇延和殿垂簾日赴起居奏事，蒙聖恩依所乞，爲足瘡，所有起居等宜特與權免拜，及令男康扶掖入殿者。臣若得男康扶掖，實可以拜起。臣既久不面天顔，豈有全不拜之理？欲乞每遇延和殿垂簾日，與吕公著同班常起居。取進止。

乞官劉恕一子劄子 元祐元年上❷

臣伏覩秘書少監劉攽等奏，故秘書丞劉恕同編修《資治通鑑》，功力最多。比及書成，編修屬官皆蒙甄録，惟恕身亡，其家獨未霑恩。門户單露，子孫並無人食禄，乞依黄鑑、梅堯臣例，官其一子。臣往歲初受勑編修《資治通鑑》，首先奏舉恕同修。恕博聞强記，尤精史學，舉世少及。臣修上件書，其討論編次，多出於恕。至於十國五代之際，群雄競逐，九土分裂，傳記訛謬，簡編缺落，歲月交互，事迹差舛，非恕精博，它人莫能整治。所以攽等以衆共推先，以爲功力最多。不幸早夭，不見書成。未死之前，未嘗一日捨書不修。今書成奏御，臣等皆蒙天恩，褒賞甚厚，獨恕一人不得霑預，降爲編户，良可矜閔。欲乞如攽等所奏，用黄鑑、梅堯臣例，除一子官，使其平生苦心竭力，不爲虚設。取進止。

---

❶ 題注，原無，據《傳家集》補。

❷ 題注，原無，據《傳家集》補。

乞以十科舉士劄子 元祐元年上，尋依此施行。❶

臣竊惟爲政之要，莫如得人，❷百官稱職，則万務咸治。然人之才性，各有所能。或優於德而嗇於才，❸或長於此而短於彼。雖皐、夔、稷、契，止能各守一官，况於中人，安可求備？是故孔門以四科論士，漢室以數路得人。若指瑕掩善，則朝無可用之人；苟隨器授任，則世無可棄之士。臣誤蒙甄擢，備位宰相，慎選百官，乃其職業。而智識淺短，見聞褊狹，知人之難，聖賢所重。寰宇至廣，俊彦如林，或以恬退滯淹，或以孤寒遺逸，被褐懷玉，豈能周知？若專引知識，則嫌於挾私，難服衆心；若止循資序，則官非其人，何以致治。莫若使在位達官人舉所知，然後克協至公，野無遺賢矣。臣不勝狂愚，欲乞朝廷設十科舉士。一曰行義純固、可爲師表科。有官無官人皆可舉。二曰節操方正、可備獻納科。舉有官人。三曰智勇過人、可備將帥科。舉文武有官人，此科亦許鈐轄已上武臣舉。四曰公正聰明、可備監司科。舉知州以上資序人。五曰經術精通、可備講讀科。有官無官人皆可舉。六曰學問該博、可備顧問科。有官無官人皆可舉。七曰文章典麗、可備著述科。有官無官人皆可舉。八曰善聽獄訟、盡公得實科。舉有官人。九曰善治財賦、公私俱便科。舉有官人。十曰練習法令、能斷請讞科。舉有官人。應職事官自尚書至給舍諫議，寄禄官自開府儀同三司至太中大夫，職自觀文殿大學士至待制，每歲須得於十科内舉三人。非謂每科各舉三人，謂

❶ 題注，原無，據《傳家集》補。
❷ 「人」，原作「優」，據《傳家集》改。
❸ 「優」，原作「人」，據《傳家集》改。

各隨所知某人堪充某科，共計三人。其狀云：「臣竊見某人有何行能，並須指陳事實，不得徒飾虛辭。位在上者，得舉在下之人；位在下者，不得舉在上之人。臣今保舉堪充某科。如蒙朝廷擢用，後不如所舉，謂若舉行義純固而違犯名教，節操方正而佞邪險躁，智勇過人而愚懦致敗，公正聰明而私曲昏闇，經術精通而不能講讀，學問該博而空疎牆面，文章典麗而鄙拙紕繆，善聽獄訟而冤滯失實，善治財賦而病民耗國，練習法令而屢致出入。及犯正入己贓，臣甘伏朝典不辭。」候奏狀到日，付中書省，擇勤謹吏人專切收掌，仍十科各置簿畫時抄録年月日，❶某官姓名，舉某官姓名。❷別置合舉官臣僚簿，歲終不舉及人數不足，按劾施行。或遇在京或外方有事，須合差官體量相度，點檢磨勘，剗刷催促，推勘定奪，則委執政親檢逐簿，各隨所舉之科選差，令試管勾上件事務。❸若能辦集，即別置簿記其勞績。遇本科職任有闕，謂若經筵或學官有闕，即用行義純固、經術精通、學問該博等科人。臺諫有闕，即用節操方正科人之類。則委執政親檢逐簿，選名實相稱、或舉主多、或有勞績之人補充，仍於本人除官勑告前盡開坐舉主姓名於後。或不如所舉，其舉主從貢舉非其人律科罪；犯正入己贓，❹舉主減三等科罪。若因受賄徇私而舉之，罪名重者，自從重法，期在必行，不可寬宥。雖見爲執政官、朝廷所不可輟者，亦須降官示罰。即朝廷臨時因事特詔舉官，謂若舉知河渠、馬牧等之類。不在十科之內者，有不如所舉，亦同此法。所貴人人重慎，所舉官皆得人。取進止。

温國文正公文集卷第五十三

❶「十」，原無，據《傳家集》補。
❷「舉某官姓名」，原無，據《傳家集》補。
❸「勾」，原作「句」，據《傳家集》改。
❹「犯」下，原衍「人」字，據《傳家集》删。

温國文正公文集卷第五十四

章奏三十九

謝免北使朝見日起居狀 元祐元年上❶

右，臣伏覩中書省録黄，以今月十一日北使朝見，奉聖旨，許臣與文彦博免赴起居。仍候人使升殿降階訖，權歸幕次；將欲賜茶，即升殿。臣以久患脚膝，遠行久立實所未堪。方欲奏陳，伏蒙聖恩差句當御藥院梁某宣諭，令臣於人使見辭日更不赴。臣無任感天荷聖，激切屏營之至。謹録奏謝以聞。謹奏。

所舉孫準有罪自劾劄子 元祐元年上❷

臣先準詔書，舉文學、政事、行誼之臣，可以充館閣之選者三人，臣舉通直郎孫準。近聞孫準與妻趙氏因争女使，與妻兄趙元裕相論，訴狀内有虚妄事，罰銅六斤。臣昧於知人，所舉有罪，理當連坐，乞賜責降。取進止。

後殿常起居乞拜劄子 元祐元年上❸

竊以人臣見君，禮無不拜。文彦博年齡

❶ 題注，原無，據《傳家集》補。
❷ 題注，原無，據《傳家集》補。
❸ 題注，原無，據《傳家集》補。

位望皆遠踰於臣，每後殿起居，猶須拜伏。獨臣一人恩旨不拜，忝爲臣子，實不自安。欲乞今後遇文彥博入朝，與之同班；不入朝即別爲一班，依群臣例常起居。況臣自揣近日筋力微增，若得臣男扶掖，其常起居四拜殊不爲難。伏望聖慈聽許，以存朝廷之禮。取進止。乞特賜批依。

辭大禮使劄子 二十七日上，尋改差。

臣先奉勑差充明堂大禮使。伏緣臣自去冬以來，膝脚無力，拜起艱難，至今年正月下旬，全妨拜起。遂請朝假，至今首尾八箇月。若無人扶掖，委實獨自拜起不得。每次朝見，幸蒙聖恩許男扶掖。將來大饗明堂，在上帝前不可使人扶掖。又隨從皇帝陟降拜伏，必恐未能一一如禮。欲望聖慈矜憫，別賜差官充大禮使。取進止。

上官均奏乞尚書省事類分輕重某事關尚書某事關二丞某事關僕射進呈白劄子

七月二十八日三省同上，得旨依。

今欲應尚書省事，舊有條例，事不至大者並委六曹長官一面專決，應奏上者奏上，應行下者行下。其有衝改動條貫，或應臨時特取旨，及事體大，非六曹所能專決者，即申都省，委僕射、左右丞同商量，或送中書取旨，或直批判指揮。所有都省常程文字，並只委左右丞一面批判施行。事體稍大及有所疑者，方與僕射商量同批判。所是諸色人辭狀，只委左右丞一面收接，可留即留，可退即退。若六曹判斷不當，及住滯不決，即別委不干礙官定奪是非，及根穷住滯因依。若顯有不當及故住滯，其本曹官吏即行按劾。所貴上下相承，各有職分，行遣簡徑，事務辦集。

乞趂時收糴常平斛㪷白劄子 八月三日三省同上，得旨依。

勘會舊常平倉法，以豐歲穀賤傷農，故官中比在市添價收糴，使蓄積之家無由抑塞農夫，須令賤糴。凶歲穀貴傷民，故官中比在市減價出糶，使蓄積之家無由邀勒貧民，須令貴糴。物價常平，公私兩利，此乃三代之良法也。曏者有因州縣闕常平糴本錢，雖遇豐歲，無錢收糴。又有官吏怠慢，厭糴糶之煩，雖遇豐歲，不肯收糴。又有官吏不能察知在市斛㪷實價，只信憑行人與蓄積之家通同作弊。當收成之初，農夫要錢急糶之時，故意小估價例，令官中收糴不得，盡入蓄積之家；直至過時，蓄積之家倉廩盈滿，方始頓添價例，中糴入官。是以農夫糶穀止得賤價，官中糴穀常用貴價，厚利皆歸蓄積之家。又有官吏雖欲趂時收糴，而縣申州，州申提點刑獄，提點刑獄申司農寺，取候指揮，比至回報，動涉累月，已是失時，穀價倍貴。是致州縣常平倉斛㪷，有經隔多年，在市價例終不及元糴之價，出糶不行，堆積腐爛者。此乃法因人壞，非法之不善也。熙寧之初，執政以舊常平法爲不善，更糴本作青苗錢散與人户，令出息二分，置提舉官以督之。豐歲則農夫糶穀什不得四五之價，凶年則屠牛賣肉，伐桑賣薪，以輸錢於官。錢貨愈重，穀直愈輕，朝廷深知其弊，故罷提舉官，令將累年積蓄錢穀財物盡椿作常平倉錢物，委提點刑獄交割主管，依舊常平倉法施行。今歲諸路除有水災州軍外，其餘豐熟處多。今欲時降指揮下諸路提點刑獄司，乘有此糴本之時，委豐熟州縣官員各體察在市斛㪷實價，多添錢數，以廣行收糴。如闕少倉敖之處，以常平倉錢添蓋，仍令少糴麥豆，多糴穀米。其南方及川界卑濕之地，有斛㪷難以久貯者，即委提點刑獄相度逐州逐縣合銷數目，抛降收糴。纔候將來在市物價比元糴價稍增即行出糶，不得令積壓損壞，仍令州縣各勒行人將十年以來在市斛㪷價例比較，立定貴賤，酌中價例，然後將逐色價分爲三等：自幾錢至幾錢爲中等價，幾錢以上爲上等價，幾錢以下爲下等價。今逐處臨時斟酌加減，務在合宜。既約定三等價，仰自今後州縣每遇豐歲，斛㪷價賤至下等之時，即比市價相度添錢，開場收糴。凶年斛㪷價貴至上等之時，即比市價相度減錢，開場出糶。若在市見價只在中等之内，即不糴不糶，更不申本州及上司指揮，免有稽滯失時之患。仍委提點刑獄常切提舉覺察。若州縣斛㪷價及下等而不收糴，價及上等而不出糶，及收貯不如法，變轉不以時，致有損壞，并監官不逐日入場，致壅滯糶糴人户，並取勘施行。若州縣長吏監官能用心及時糴糶，至得替時將酌中價錢與斛㪷通行比折，與初到任時增剩及十分中一分以上，許批書上曆子，候到吏部日與升半年名次。及二分以上，許指射家便差遣一次。所貴官吏各各用心，州縣皆有儲蓄，雖遇荐饑，民無菜色。又得官中所積之錢稍稍散在民間，可使物貨流通。其河北州縣有糴便司斛㪷見多，及緣邊州縣轉運司見糴軍粮處，更不糴常平倉斛㪷，❶若今

❶「不」，原無，據《傳家集》補。

來指揮内有未盡未便事件，委提點刑獄司逐旋擘畫，申奏施行。

約束州縣抑配青苗錢白劄子 同前。中書舍人蘇軾不肯簽，臺諫亦累章乞盡罷。四日，再進呈後劄子。

檢會先朝初散青苗錢，本爲利民，故當時指揮並取人户情願，不得抑配。自後因提舉官速要見功，務求多散，諷脅州縣，廢格詔書，名爲情願，其實抑配，或舉縣句集，或排門抄劄。亦有無賴子弟謾昧尊長，錢不入家；亦有它人冒名，詐僞請去，莫知爲誰，及至追催，皆歸本户。朝廷深知其弊，故悉罷提舉官，不復立額考較，天下莫不欣戴。昨於四月二十六日，有勅令給常平錢穀，限三月或正月，只爲人户欲借請者及時得用。又令半留倉庫，半出給者，只爲所給不得輒過此數。❶至於取人户情願，不得抑配，一遵先朝本意。慮恐州縣不曉勅意，將謂朝廷復欲多散青苗錢，廣收利息，句集抑配，督責嚴急，一如曩日置提舉官時。今欲續降指揮下諸路提點刑獄司，告示州縣，並須候人户自執狀結保，赴縣乞請常平錢穀之時，方得勘會，依條支給，不得依前句集抄劄，强行抑配。仍仰提點刑獄常切覺察，如有官吏似此違法搔擾者，即時取勘施行；若提點刑獄不切覺察，委轉運安撫司覺察聞奏。

乞罷散青苗白劄子 四日進呈，得旨依。

昨於四月二十六日降指揮，令於正月、二月支散常平倉錢穀。切慮州縣多不曉朝

❶「者只爲所給」，原無，據《傳家集》補。

廷之意，將謂却欲廣散青苗錢，多收利息，嚴行督責，一如未罷提舉官時。勘會青苗錢利民甚少，害民極多，臣民上言，前後非一。今欲遍行指揮下諸路提點刑獄司，自今後其常平錢穀，只令州縣依舊法趁時糴糶，其青苗錢更不支俵，所有舊欠二分之息，盡皆除放。只令提點刑獄契勘逐州縣元支本錢，隨見欠多少，分作料次，令隨税送納。

薦王大臨劄子 八月八日上，大臨除太學録，已卒。

臣竊見鄆州處士王大臨，通經術，善講説，安仁樂義，譽高鄉曲，貧不易志，老不變節。歸常有詔敦遣，固辭不起。伏望聖慈召致京師，寘之學官，爲士類矜式。取進止。

乞官陳洙一子劄子 元祐元年八月上❶

嘉祐中，仁宗皇帝未有繼嗣，故殿中侍御史陳洙奏，乞擇宗室之賢者立以爲後。既發奏狀，謂家人曰：「我今日入一文字，言社稷大計，若得罪，大者死，小者貶竄。汝輩當爲之備。」下奏狀者未返，洙得疾而卒。臣時爲諫官，親聞見此事。竊憐其亡身徇國，繼之以死，而天下莫之知。近見故職方員外郎張術，亦以當時乞建儲貳，子申伯特補太廟齋郎。伏望聖慈依張術例，除一子官，以旌忠義。取進止。

❶ 題注，原無，據《續資治通鑑長編》補。

得旨依。

乞令六曹删減條貫劄子 八月十二日三省同上，

勘會近歲法令，尤爲繁多。凡法貴簡要，令貴必行，則官吏易爲檢詳，咸知畏避。近據中書門下後省修成《尚書六曹條貫》，共計三千六百九十四册，寺監在外。又據編修諸司勑式所申，脩到勑令格式一千餘卷册。雖有官吏彊力勤敏者，恐不能遍觀而詳覽，况於備記而必行之！其間條目苛密、抵梧難行者不可勝數。昨者條貫初下，吏部侍郎左選差注不行者數日，不免再有奏陳，復依舊法，必料諸曹條貫皆有似此拘礙難行者。今欲特降指揮下尚書六曹，委長貳郎官同共看詳本曹新舊條貫，内有海行已有，及全無義理、於事無益、防禁太繁、難爲遵守者，盡令删去。惟取紀綱大體、切近事情、朝夕不可無者，方始存留，作本司條貫，限兩月申奏施行。

乞罷保甲招置長名弓手劄子 元祐元年上❶

臣竊見府界及三路保甲雖罷團教，猶冬教一月，於民有損，於官無益，不若盡罷之便。何則？比團教之時，民間勞費雖十減六七，然猶有三四，此所謂於民有損也。朝廷每歲遣使按閲，所費金帛以百萬計，而終無所用之，此所謂於官無益也。臣以爲不若盡罷之便。自置保甲以來，盗賊倍多。所以然者，鄉村無賴子弟乍涉城市，聞見紛華，自恃身爲保丁，坐索本家供給，飲博遊蕩，習以

❶ 題注，原無，據《傳家集》補。

成性。今雖罷團教，不肯復歸南畝服田力穡，逸欲既深，資用不足，既家藏利兵，又身挾武藝，由是邀結黨友，群行攻刼，父兄不能禁，州縣不能制，此自然之勢也。是以數年以來年不甚飢，而府界、三路盜賊縱横，入縣鎮殺官吏。若遇蟲蝗水旱大饑之歲，將若之何？此不可不爲之先慮也。以臣愚見，莫若盡罷府界及諸路保甲，據逐縣主户數目、盜賊多少，委提點刑獄相度，每若干户置長名弓手一人，與免户下租税，支移、折變及夫役諸般差徭科配，一無所預，務爲優假，使人歆慕。每十人置節級一員，五十人置十將一員，百人置員寮一員，二百人以上置指揮使、副指揮使各一員。雖不及二百人，亦置指揮使、副指揮使名目，盡管一縣弓手，以爲賞功資級。其節級，始初且令本縣令佐依上下名次，❶或選有部轄者權管。候有長行捉殺到强盜一人，即補充正節級，替下權管之人。自後每捉殺到强盜一人，依此遷一級。若未有闕，且爲守闕，不得管人，候有闕日補正。其累功勞遷至正指揮使滿三年以上，又曾捉殺到强盜三人，從來不曾犯贓罪者，仰本縣官吏結罪保明申州，本州官吏結罪保明申奏，乞朝廷與於三班借差内安排。若遇有强惡賊人，朝廷臨時别立賞格者，不在此限。如此則保甲内勇健之士見前有出官之望，來應募者必多。除第一、第二等户物力高强，合充重役，不得應募外，其餘但於本縣有户籍田産，不以等第高下，並許投充長名弓手，永無解役之期。若第一、第二等户情願以一丁爲弓手，餘丁充重役者，亦聽。若一人闕額，有二人以上争投者，即委令佐揀試武藝高强者充。如

❶「上下名次」，原作「上名下次」，據《傳家集》改。

此則本縣勇健者皆充弓手，其餘怯弱者雖使之爲盜，亦無能爲患。若見充長名弓手人有勇力武藝衰退者，許令外人指名比校，若勝於舊者，即令充替。如此則不須教閱，武藝自然長得精熟。仍委本州及提點刑獄常切覺察，令佐有取捨不公者，取勘依法施行。若應募未滿見今鄉差弓手之數，即且令與鄉差弓手相兼祗應。候招到長名弓手一人，即替鄉差弓手一人歸農。其鄉差弓手願投長名者，亦聽。若長名弓手及百人以上，即令分一半作兩番；二百人以上，每百餘人分作一番，並年終交替。其上番者，隨縣尉逐捕盜賊。自節級以上，各令管所轄之人。若所轄之人有小可過犯，許一面區分不得過小杖十下。若所轄之人敢陵犯本轄人員者，杖一百，毆者杖，徒一年。雖權管亦同。本轄人員若於所轄人處取受財物，並依律科罪。犯贓罪杖者，若係權管，即降充長行下名；❶若係正人員，即降一資。自後每捉殺到强盜三人，始當一人，❷雖許遷資，並係額外不得管人，不得出官。若遇下番，則不相管轄，亦無階級。其下番者，自十將以下，各隨所居之處，與耆長同覺察本管分内曾爲强盜之人及窩藏之家。凡爲强盜者，不肯於本管分作過，須在它處，蓋恐累及本地分捕盜人，無所自容故也。其本地分捕盜人往往知之，莫肯發舉。盜既得財分贓，則絶迹遠遁，其賊發地分捕盜人雖欲擒捕，莫知其處。官中雖立三限科校，終無所益，由此賊發地分捕盜人每有賊發，莫肯申舉。若變主懦弱，則多方抑塞，不令聲賊；變主强梁，則共陪所失之

❶「下」，原無，據《傳家集》補。
❷「始」，原作「如」，據《傳家集》改。

財，勸和使休。是致群盜無所忌憚，日益昌熾。又告捕得賊，多被賊人讎報，焚燒莊舍，屠害老小。其賞錢豈宜留滯，而往往爲州縣沮難，有司靳惜，動有經年請領不得，使之懈體。欲乞今後應賊發地分，其捕盜人更不立三限科校，捕盜官亦不批罰，只以擒賊多少論其功賞。若敢抑塞隱蔽，從嚴法施行。仍每州各隨大小、賊盜多少，借官錢千貫，專充告捕賞錢。每獲强盜，勘得從來住止、窩藏去處，候斷遣已了，委本州長吏當日先以官錢支給告捕之人。即移牒出賊州縣，句追住止、窩藏地分捕盜人，科不覺察罪，弓手杖一百，耆長杖八十，壯丁笞四十。先籍没賊人及窩藏家財産償所支賞錢外，❶其不足之數，令捕盜人等第均攤，限一月催足津般，赴給賞州軍補填官錢。若路遠難以津般，則各於本州官錢内閑牒折兑。其强惡賊人，朝廷特於常法外多立賞錢者，自以省錢充，不在捕盜人均攤之限。如此，賊盜無所容身，必思改過自新。若果行此法，府界、三路既免教閲勞費之患，無賴子弟又有所歸投，得以覊縻。諸路正鄉村之名，復國家舊制。勇健之士前有仕進之望，争討賊立功，不待教閲，而弓手武藝自然不敢衰退，不須點差，而鄉兵自足，兼有所用。人雖衆多，而上下有綱紀，不敢相侵暴。賊發地分，捕盜人不知賊處，免虚受刑責。出賊地分，爲累及身，不敢蔽匿景迹之人。被賊之家，無人抑塞，有所伸訴。盜賊窮窘，無所容身，稍冀衰息。取進止。

温國文正公文集卷第五十四

❶「藏」、「所支賞」，原脱，據《傳家集》補。

温國文正公文集卷第五十五

章奏四十 謚議附

論監司守資格任舉主劄子 元祐元年八月上❶

臣竊見御史韓川上言，諸路監司不當拘限資格，專任舉主，當令宰相自加選擇。竊緣常調之人，不可不爲之立資格，以抑躁進，塞倖門。若果有賢材，朝廷自當不次遷擢，豈拘此制？凡年高資深之人，雖未必盡賢，然累任親民，歷事頗多，知在下艱難，比於元不親民便任監司者，必小勝矣。朝廷執政止八九人，若非交舊，無以知其行能。不惟涉徇私之嫌，兼所取至狹，豈足以盡天下之賢才？若采訪聲譽，則愛憎毁譽，情僞萬端，與其聽遊談之言，曷若使之結罪保舉？故臣奏設十科以舉士，其中一科公正聰明，可備監司。誠知請屬挾私所不能無，但有不如所舉者，其舉主嚴加譴責，無所寬宥，則今後自然慎擇，不敢妄舉矣。至如楚潛等，雖無聲名，安知其無實用？俟其到官無狀廢職，并舉主坐之，亦未爲晚。取進止。

舉孫準自劾第二劄子

臣先舉孫準行義無缺，❷堪充館閣之選，如後不如所舉，甘當同罪。近聞準與妻

❶ 題注，原無，據《續資治通鑑長編》補。《傳家集》無月份。
❷ 「缺」，原作「假」，據《傳家集》改。

家争訟，罰銅六斤，臣奏乞連坐責降。伏蒙聖慈批還，云：「孫準爲家私小事罰銅，安有連罪？」伏緣臣舉狀稱準行義無缺，今準閨門不睦，妻妾交争，是行義有缺。於臣爲貢舉非其人，臣不敢逃刑。況臣近奏設十科，或有不如所舉，其舉主從貢舉非其人律科罪。雖見爲執政，朝廷所不可輟者亦須降官示罰。臣備位宰相，身自立法，首先犯之，此而不行，何以齊衆？乞如臣所奏從貢舉非其人律施行。所貴率厲群臣，審慎所舉。取進止。

辭明堂宿衛劄子 元祐元年上❶

臣先奉聖旨，將來明堂特與免侍祠、攝事、導駕，及稱賀陪位、肆赦立班，止令宿衛。在人臣，恩禮優厚，無以復加，捐生隕命，不足酬報。然臣日近患左足掌底腫痛，全然履地不得，跬步不能行，未知痊愈之期。所有將來明堂宿衛亦恐祗赴不得，伏望聖慈特賜矜免。乞恩不已，慚懼無地。取進止。

辭提舉修實録劄子 元祐元年上❷

臣先奉勑提舉修《神宗皇帝實録》，臣自受命以來，以衰羸多病，罕曾得到局供職。日近又患左足腫痛，不能履地，日甚一日，未有痊愈之期。所有修《神宗皇帝實録》，伏乞別賜差官提舉。取進止。

❶ 題注，原無，據《傳家集》補。
❷ 題注，原無，據《傳家集》補。

乞合兩省爲一劄子 元祐元年與三省同上❶

臣等聞三王不相襲禮，五帝不相沿樂。況國家設官分職，張立治具，上下相維，修飭明備，何所愧於漢唐？何必事事循其陳迹，而失當今之宜也。謹按西漢以丞相揔百官，而九卿分治天下之事。光武中興，身親庶務，事歸臺閣，尚書始重，而西漢公卿稍已失職矣。及魏武佐漢，❷初建魏國，置祕書令典尚書奏事。文帝受禪，改祕書爲中書，有令有監，而亦不廢尚書，然中書親近而尚書疎外矣。東晉以後，天子以侍中常在左右，多與之議政事，不專任中書，於是又有門下，而中書權始分矣。降及南北朝，大抵皆循此制。唐初始合中書、門下之職，故有同中書門下三品，同中書門下平章事。其後又置政事堂，蓋以中書出詔令，門下掌封駁，日有爭論，紛紜不決。故使兩省先於政事堂議定，然後奏聞。開元中，張說奏改政事堂爲中書門下，自是相承，至于國朝，莫之能改。非不欲分也，理勢不可復分也。故曏日所謂中書者，乃中書門下政事堂也。唐末諸司使皆內臣領之，樞密使參預朝政，始與宰相分權矣。降及五代，改用士人，樞密使皆天子腹心之臣，日與議軍國大事，其權重於宰相。太祖受命，以宰相專主文事，❸參知政事佐之；樞密使專掌武事，副使佐之。自是以來，百有餘年，官師相承，中外安帖。百司長官及諸路監司、諸州長吏，皆得專達，或申奏朝廷，

❶ 題注，原無，據《傳家集》補。
❷ 「武」，原無，據《傳家集》補。
❸ 「主」，原無，據《傳家集》補。

或止申中書、樞密院。事大則中書、樞密院進呈取旨，降勑劄宣命指揮；事小則批狀直下本司本路本州本人。故文書簡徑，事無留滯。神宗皇帝以唐自中葉以後官職繁冗，名器紊亂，欲革而正之，誠爲至當，❶然但當據今日之事實，考前世之訛謬，删去重複，去其冗長。必有此事，乃置此官，不必一依唐之《六典》，分中書爲三省，令中書取旨，門下覆省，❷尚書施行。凡内降文書及諸處所上奏狀、申狀至門下、中書省者，大率皆送尚書省。尚書省下六曹，六曹付諸案勘當，檢尋文書，會問事節，近則寺監，遠則州縣，一切齊足，然後相度事理，定奪歸着申尚書省。尚書省送中書取旨，中書既得旨，❸送門下省覆奏畫可，然後翻録下尚書省，尚書省復下六曹，方得符下諸處。以此文字繁冗，行遣迂回，近者數月，遠者踰年，未能結絶。或四方急奏待報，或吏民辭訟求決，皆困於留滯。又本置門下省，欲以封駮中書省録黄、樞密院録白，恐有未當。若令舉職，則須日有駮正，争論紛紜，執政大臣遂成不協。故自置門下省以來，駮議甚少。又門下不得直取旨行下，雖有駮議，必須却送中書取旨。中書或不捨前見，復行改易。又内批文字及諸處奏請，多降付三省同共進呈，則門下之官已經商量奏決，若復有駮正，則爲反覆。又近日中書文字有急速者，往往更不送門下省，然則門下一官殆爲虚設，徒使吏員倍多，文字繁冗，無益於事。臣等今衆共商量，欲乞依舊令中書、門下通同職業，以都堂爲政

❶ 「至」，原作「正」，據《傳家集》改。
❷ 「省」，《傳家集》作「奏」。
❸ 「既」，原作「歸」，據《傳家集》改。

事堂。每有政事差除及臺諫官章奏，已有聖旨三省同進呈外，其餘並令中書門下官同商議，簽書施行。事大則進呈取旨降勑劄，事小則直批狀指揮，一如舊日中書門下故事。併兩省十二房吏人爲六房，同共點檢鈔狀，行遣文書。若有溢員，除揀選留住外，並特與減三年出職。不及三年應出職者，與減磨勘年限。若政事有差失，委給事中封駮，差除有不當，委中書舍人封還詞頭，又兩省諫官，皆得論列，則號令之出亦不爲不審慎矣。如此則政事歸一，吏員不冗，文理不繁，行遣徑直，於先帝所建之官，並無所變更，但於職業微有修改，欲令於事務時宜，差爲簡便。其委曲條目，並候得旨允許，續議條立。取進止。

月日，中書侍郎臣張某等劄子

門下侍郎臣韓某

尚書右僕射兼中書侍郎臣某

尚書左僕射兼門下侍郎臣某

乞令六曹長官專達劄子 元祐元年七月上❶

臣等聞王者設官分職，居上者所總多，故治其大要；居下者所分少，故治其詳細。此理勢之自然，紀綱所由立也。是以《周官》小宰官府之六屬舉邦治，大事則從其長，小事則專達。凡宰相，上則啓沃人主，論道經邦；中則選用百官，賞功罰罪；下則阜安百姓，興利除害，乃其職也。至於簿領之差失，期會之稽違，獄訟之曲直，胥吏之遷補，皆郎吏之任，非宰相所宜親也。故人有言：「察目睫者，不能見百步；察百步者，亦不能見目睫。」言詳於近者必略於遠，謹於細者必遺

❶ 題注，原無，據《續資治通鑑長編》補。《傳家集》無月份。

於大也。今尚書省事無大小，皆決於僕射。僕射自朝至暮省覽文書，受接辭狀，未嘗暫息，精力疲弊於米鹽細故，其於經國之大體，安民之遠猷，不暇復精思而熟慮，恐非朝廷所以責宰相之事業也。竊以六曹長官，古之六卿，事之小者，豈不可令專達？臣等商量，欲乞今後凡有詔令降付尚書省者，僕射、左右丞簽訖，官告黄牒之類已簽訖者，更不簽。分付六曹謄印，符下諸司及諸路、諸州施行。其臣民所上文字降付尚書省，僕射、左右丞簽訖，亦分付六曹，本曹尚書、侍郎及本廳郎官次第簽訖，委本廳郎官討尋公案，會問事節，相度理道，檢詳條貫，下筆判云今欲如何施行，次第通呈侍郎、尚書。若郎官所判已得允當，則侍郎簽過，尚書判准，應奏上者直奏上，應行下者直行下。即未得允當者，委侍郎、尚書改判，事之可否，皆決於本曹長官。

其文字分付本廳郎官之時，委本曹長官隨事大小鑿限，若有稽違，即行糾劾。即委的有事故結絶未得者，申長官展，吏部尚書如舊日判東西審官院，左選侍郎如舊日判流内銓，右選侍郎如舊日判三班院，户部長官如舊日三司使，刑部如舊日判審刑院。舊日本司文字，並直奏直下，今欲令六曹長官准此。更不經由僕射、左右丞。即改更條法，或奏乞特旨，謂如刑部刑名疑慮，或情理可憫，或情重法輕，特乞停替編配事之類。或事體稍大，或理有可疑，非六曹所能專決者，聽詣僕射、左右丞咨白，或具狀申都省，委僕射、左右丞商議，或上殿取旨，或頭簽劄子奏聞，或入熟狀，或直批判指揮。其諸色人辭狀，並只令經本曹長官陳過尚書、侍郎，本廳郎官次第簽押判決，一如朝廷降下臣民所上文字，次第施行。若六曹不爲收接，及久不結絶，或判斷不當，即令經登聞鼓院進狀，降下尚書省，委僕射、左右丞判付本省不干礙官員看詳定奪。若本曹顯有不當，即行糾劾。所貴上下相承，各有職分，行遣簡徑，事務辦集。取進止。

月日，尚書右丞臣吕某

尚書左丞臣李某

尚書右僕射臣某

尚書左僕射臣某

乞令三省諸司無條方用例白劄子元祐元年上❶

勘會舊例，只是前官所行，或是或非，豈足永爲後法？近歲三省及百司多用例破條，諸色人亦多於條外攀援體例，希求恩澤。欲令今後凡有正條者，並須依條，無條方許用例。前例若是，所當遵行，前例若非，即宜釐革。只委本省、本曹、本司長官相度理道，與奪批判。所貴向去漸除弊例。

乞令監司州縣各舉按所部官吏白劄子元祐元年上❷

檢會監司、知州、通判於本部官吏内有罪惡顯著而有失覺察者，並連累責降。雖有舊條，然未嘗一一行遣。又慮一路、一州官吏衆多，上位覺察不盡，又未指定合覺察事件，致寬者則一切不問，急者則濫及無辜。又凡爲監司、州縣長吏，當進賢退不肖，不可但令覺察有罪，不令舉薦賢才。今欲立舉薦四條：一曰仁惠，謂安民利物，衆所畏愛，非疲軟不立，曲取人情者。二曰公直，謂心無適莫，事不吐茹，非

❶ 題注，原無，據《傳家集》補。

❷ 題注，原無，據《傳家集》補。

内私外公，實佞詐直者。三曰明敏，謂深察情理，應幾辦事，非飾詐掠美，利口矜功者。四曰廉謹。謂安貧守分，動遵法度，非詐清釣名，偷安避事者。按察四條：一曰苛酷，謂用刑繁苛，殘虐踰法者。二曰狡佞，謂傾險巧詐，危人自安者。三曰昏懦，謂不曉物情，依阿無守者。四曰貪縱。謂饕餮無厭，任情不法者。凡監司、州縣於所部之内，皆得以此八條舉按官吏。其舉薦者，於本部官吏之内有仁惠、公直、明敏、廉謹者，可舉則舉，無有定數。縣舉之州，州置簿記姓名；州舉之監司，監司置簿記姓名；監司舉之朝廷，中書置簿記姓名。各隨所舉行能任使以試之，果有實効，則漸加旌異。其按察者，監司專按察知州軍、通判、路分都監以上；知州軍、通判專按察在州官吏及諸知縣；知縣專按察簿、尉及縣界内官吏。若有苛酷、狡佞、昏懦、貪縱者，縣體量申州，州體量申監司，監司體量申奏，續更體量的確事迹，糾發施行。若有失察覺，別致因事彰露，其監司降知州軍，知州降通判，通判各降一資，知縣降監當。其餘所部官吏，監司、知州軍、通判，皆得按察，但不坐失覺察之罪。即挾情按察不以公者，候勘鞫見實，自依常法。知縣惟得具事迹申州，不得擅勘命官。

乞不帖例貸配劄子 元祐元年十月二十日上❶

勘會守法者，有司之職；揆道者，君相之權。伏見從來命官犯罪，大理寺既依法定斷，更令刑部檢例。或追官，或勒停，或衝替，或差替之類，朝廷依而行之，謂之特旨。凡人之罪犯千端，而事體萬計，豈可求其比

❶ 題注，原無，據《傳家集》補。「十月」，《全宋文》作「七月」。

類，能得正同？又既謂之特旨，當臨時斷在朝廷。若先令刑部帖例，朝廷依此施行，乃是輕重之權返在有司也。欲今後應命官犯罪，大理寺既定斷，委刑部看詳，内有法重情輕，或法輕情重，並具狀申中書省，更不帖例。委中書省官相度情理輕重，同共商量。除依法外，自貸命編配至特放，臨時擬定進呈，取旨施行。其百姓犯大辟罪，諸州奏稱刑名疑慮及情理可憫者，大理寺依法定斷，委刑部看詳。委的有疑慮、可憫之狀，即具狀申門下省，更不帖例。委門下省官相度事理，同共商量，臨時擬定，或依法，或貸命編配，進呈取旨施行。

再申明役法元祐元年上❶

檢會二月六日勑文，止是罷免役錢，其諸色役人並依熙寧元年以前舊法，委令佐揭簿定差。尚慮諸路州縣利害各有不同，所以下文云：「委逐縣看詳，若有妨礙，施行未得，即具利害擘畫申州；仰本州類聚諸縣所申，擇其可取者，具利害擘畫申轉運司，轉運司類聚諸州所申，❷擇其可取者，具利害擘畫奏聞。」❸其意欲使本州體量諸縣所申利害之虚實，❹擘畫之是非，擇其實而是者，條例申轉運司，云：「某縣當如何措置，某縣當如何措置，❺其餘已依舊法定差施行。」轉運司得諸州所申，亦如此體量，條例申奏。蓋欲隨處差役曲盡其宜，非謂使逐路共爲一法

❶ 題注，原無，據《傳家集》補。
❷ 「諸」，原作「申」，據《傳家集》改。
❸ 「具」，原作「其」，據《傳家集》改。
❹ 「意」，原作「音」，據《傳家集》改。
❺ 「某」，原作「集」，據《傳家集》改。

也。今訪聞諸路轉運司，不遵用熙寧元年以前舊法，又不取諸州縣所擘畫，各以己意撰成一路役法。差官分詣諸州縣，名爲商量，其實諷諭令隨己意，却作州縣擘畫，立法申奏。州縣稍有違異，輒加責怒。以此多不依應得逐處利便，不合民心。又諸路州縣見朝廷置詳定役法所，以爲當別撰役法頒下。❶往往等候，下即定差。殊不知看詳役法所專候諸路州縣具到利害擘畫，即依一路一州勑行下。以此觀望遷延，久不了絶。今欲特降指揮下諸州縣，除有舊法妨礙難行之事，速具申陳外，其餘並依舊法，一面定差。其看詳役法，據逐處先申到利害擘畫事件，如得允當，逐旋奏乞，令本處依此施行。所貴差役之法，日近早見結絶。

謚　議

故參知政事贈僕射李文恭公謚議

議曰：僕射稟秀美之氣，函純壹之德，剛柔得中，華實兼茂。越自衡泌，奮飛天朝，回翔禁垣，遂贊大政。咨命不永，奄忽遷徂，自時迄今，垂七十載。令問休暢，決然未息，紳弁之士，流爲美談。謹按《謚法》：忠信接禮曰文，不懈于位曰恭。夫事親盡誠，與人不欺，行有標的，言有規括，忠信接禮之謂矣。光輔神宗，億安四海，邁其懿德，倡率士民，不懈于位之謂矣。請謚曰文恭。謹議。

❶「撰」，原作「撲」，據《傳家集》改。

錢宣靖謚議

議曰：令公仁惠足以布政，明智足以建功，清修足以服人，寬裕足以容衆。與物無競，執議甚堅。泊乎如淵，撓不可濁；介乎如石，重不可移。信尚德之君子，全節之正人矣。而又講學不倦，好謀而成，文以美身，忠以贊國。謹案《謚法》：善問周達曰宣，和德考衆曰靖。令公論譔常典，發揮聖政，使祖宗之烈燭燿無窮，是不亦宣乎？關領樞機，謀謨帷幄，六師輯睦，夷夏乂安，是不亦靖乎？請謚曰宣靖。謹議。

趙僖質公謚議

議曰：少傅體和居厚，履恭涵壹，言必有物，動不近名。矯迹衡茅，濯羽雲漢。入贊樞極，出殿藩維。謹案《謚法》：小心恭慎曰僖，言行相應曰質。少傅内則造辟盡忠，外則騰章建畫，親昵有問，應以佗言，可不謂僖乎？歷事三朝，始終一節，不賁飾以譁衆，不激訐以高人，可不謂質乎？請謚曰僖質。謹議。

侍衛親軍副都指揮使威塞軍節度使贈太尉馮守信謚議❶

議曰：昔者晉人不恭，敢距大邦，負固阻兵，趑趄不庭。太宗征之，霆駭風趨，狐狼之墟，化爲樂都。混壹之勳，太尉與焉。玁狁孔熾，整居幽冀，縱騎鳴弦，至于澶淵。真

❶ 此題，《傳家集》作「馮太尉謚勤威議（守信）」。

宗一麾，電卷雲披，剪其酋豪，鳥潰麇逃。底寧之功，太尉在焉。天下既平，蜚游不驚，符瑞充盈，登休薦成。和鑾四巡，萬乘星陳，東暨云亭，西涉河汾。警蹕之清，太尉扈焉。白馬之河，漏爲横波。濟澤之阿，閭殫可歌。隕林仆竹，❶薪石相屬。淵吐其陸，莓莓衍沃。隄防之勞，太尉董焉。謹案《謚法》：能修其官曰勤，猛以彊果曰威。迹其夙夜在公，臨敵剛決，榮禄昭融，令問始終，考於二法，可謂協矣。謚曰勤威。謹議。

温國文正公文集卷第五十五

❶「隕」，原作「隤」，據《傳家集》改。

温國文正公文集卷第五十六

制　詔

中書試制詔三道

殿前都指揮使節度使加宣徽南院使制限二百字以上成

國家選果毅之材以守衛中禁，委謹信之士以敷揚大猷。自非忠力冠倫，識略高世，折衝厭難，外可以任爪牙之官，諭志布和，内可以受腹心之寄，則何以克叶民望，無曠天工？在兹詳求，固匪輕受。爰發休命，誕告明庭：具官某心通武經，材應時用。以禮樂慈愛爲制勝之本，以智信仁勇爲和衆之資。羞孫吴而不爲，慕方邵而自任。嶷爾深念則物莫能窺，截然長驅則敵不及避。是以錫之六纛，總此八屯，士皆知方，國以增重。嘉其扈從之久，積是勤勞之多，宜峻寵名，以昭丕績。俾奉宣於美德，庶敦懋於膚公。永念厥艱，必有以稱。於戲！竭股肱之効，所以報恩榮；罄夙夜之勤，所以熙職業。典聽朕毖，無棄爾成。

翰林學士禮部侍郎除三司使制限一百五十字以上成

朕荷天地之貺施，承祖宗之慶靈，四方無虞，萬物咸遂。而公私之積，尚未豐衍，歲小不登，民有菜色。豈朕所以嫗煦撫循之未至，將有司奉揚宣布之未稱與？何其設心之勤而收効之寡也？以爾具官某性質之美，得於自然，而發揮於文，追琢於學。多士之秀，無爾爲先。雖禁林清塗，秩宗美仕，居之積久，譽望已優。而古之進賢，必試以事，財賦之任，於今爲急。求稱其職，僉曰汝能，是用命汝，典兹邦計。汝其勿以金穀爲末而不恤，勿以簿領爲煩而不爲。九功所歌，八政所重，登平之業，將汝乎取之。

誡勵舉人敦修行檢詔限二百字以上成

孔子稱德成而上，藝成而下。故爲四科，以第門人，而文學處末。然則爲士者，文有餘而德不足，斯而已矣，奚足尚哉！國家憲章前古，詳延俊乂，敷奏以言，明試以功，何嘗不勤求敦忠，屏斥浮僞？列于庶位，得人已多。尚慮有司教導之方不能盡善，登進之法有所未精，是以士或背本追末，棄實取華。不知從學所以立身，爲文所以行遠，而謂能離章辨句，則百行可遺，非屬辭比事，則六經無用。習尚成俗，安恬不非，此豈聖人所以立教之心，而朕所以待賢之志哉？自今天下之士，其務以道德爲師，仁義爲友，進之於内而讓之於外，治之於身而施之於人。如才雖美不敢以自驕，善未至不敢以自怠。如是則窮居閭閻，何病乎不達？苟異於是，朕無取焉。仍敕有司，明諭中外，使咸稱朕意。

賜宰臣韓琦乞退第一表不允批答

朕以寡薄，少承基緒，未及究明師保之訓，更閲事物之變。而遽失先帝之大庇，膺四海之重任，怵惕危懼，若涉巨川，蹝于春冰。實賴耆耋不貳心之臣，朝夕左右，同力協義，用濟于艱難。夫選賢任能，廣參同異，何損於政。設官分職，論列得失，亦維其常。至於天時數沴，蓋以警誨朕躬，非專輔弼。而卿遽自咎責，抗章辭位，是重朕之不德也。卿其體兹眷倚之志，專精致思，廣裕厥心，博采嘉謨，以輔不逮。

賜新除知樞密院事陳升之辭免恩命不允斷來章詔

敕升之省所奏劄子：「今樞密院使副四員，無容其間更置一知院事。既非舊典，驟增員數。當無事時，四方聞之，得無驚動耳目？伏望聖慈如臣前所請。若大名府、永興軍已除用人，即且乞授臣陳、潁一郡。」事具悉。卿志氣安裕，明智自將，屢更邊藩，嘗佐樞府，出牧于外，迨今朞年。朕惟汝思，俾復舊職，宜夙夜竭力，以副所期。尚爾固辭，殊失朕意。夫登用賢儁，憂在不多，咨詢大猷，患在不博。設官隨世，何必故常？今邊境雖安而不虞當戒，亟踐乃位，毋違朕言。所乞宜不允，仍斷來奏。故兹詔示，想宜知悉。

賜資政殿大學士户部侍郎知青州吴奎乞就差知兖州不允詔

敕吴奎：省所奏乞就差知兖州，貴便頤養，事具悉。卿朝廷舊臣，踐歷二府，忠厚彊直，簡在朕心。海岱之區，土沃民庶，風聲氣俗，卿所習知。雖宿疾未平，而事務無廢，式是重望，底綏一方。當體至懷，未容辭避。所乞宜不允。

賜文武百寮曾公亮已下上第三表乞上尊號不允斷來請批答

省表具之。朕荷祖宗之重寄，元元困窮，未獲厥所，夙夜悼懼，如涉春冰。屬以報本之禮，不敢墮曠，故躬執犧牲，祗見上帝。固非昭告成功，自營福禄也。而群公卿士，猥見褒譽，欲歸以溢美，增其徽稱。抗章勤請，至于再三。朕乏馨香之德，不能媚于神祇，乃甲申地震，淫雨爲災。天威彰著，日虞罪悔，尚何盛烈之可述，鴻名之敢當？心焉愧惕，流汗霑足。况尚在諒闇，哀素未忘，何宜此時，亟舉盛典？若斯之議，非所敢聞，宜體予至誠，勿復爲奏。所請宜不允，仍斷來請。

賜新除知樞密院事陳升之上第一表辭恩命不允斷來章批答

省表具之。股肱之臣，佐佑帝室，樞機之職，謀謨廟堂。自非僉諧，曷敢輕授？卿歷事三世，克肩一心，事効已明，時望攸屬。膺兹圖任，夫復何辭？所辭宜不允，仍斷來章。

賜宰臣曾公亮不允批答

省表具之。朕以不德，災及元元。地震冀方，隄防横潰，流離壓覆，靡所底居。朕夙夜震懼，不忘于心。實賴祖考所遺耆儁之臣，佐佑輔翼，濟于艱難。今乃遽自引咎，抗章辭位，朕何望焉！卿其專精致思，勉修職業，以裨不逮。所請宜不允。

賜觀文殿學士新除兵部尚書知青州歐陽脩詔

敕歐陽脩省所劄子奏：「准樞密院遞到誥勑，授臣兵部尚書，依前觀文殿學士、知青州。伏念臣近以疾病，累乞致仕，未賜俞允。欲望且守舊任，冀得將理衰殘。」卿服采三朝，佐佑大政。朕惟東表之地，事任至重，自非宗工，莫可付委。況旅力未衰，嘉猷克壯，宜念王事，勿復有辭。所乞宜不允，可便受告勑，發赴本任。

除文彦博

門下：雖天子必有尊，所以嚴事上之訓；唯聖人能饗帝，所以昭報本之誠。朕祇紹丕基，肇稱元祀，禮文既備，慶賜誕敷。眷惟心膂之臣，斡是機衡之任，共膺神貺，宜處衆先。推忠協謀崇仁同德贊治守正亮節佐理翊戴功臣，❶樞密使、劍南西川節度管内觀察處置橋道等使，開府儀同三司、守司空、檢校太師兼侍中兼群牧制置使、行成都尹、上柱國、潞國公，食邑一万六千二百户，食實封六千三百户文彦博，道茂國華，才推人傑，體忠厚以居德，壯謀猷而奮庸。弼亮三朝，周旋二紀，再司魁柄，仍冠中樞。仗鉞臨戎則兇渠折首，秉鈞調化則黎獻承風。内外荐更，望實弥劭。矧在纂承之際，親聞顧託之言。委寄至隆，眷注爲重。協贊盛儀之舉，克臻熙事之成。是用進美號以褒功，取開田

❶「正」下，《傳家集》有「保運」二字。

而增邑，併伸異數，式示優恩。於戲！慮危於安，所以綏萬國。懷遠以義，所以靖四夷。益懋乃官，用副朕志。可特授依前守司空、檢校太師兼侍中兼群牧制置使，行成都尹、潞國公，充樞密使、劍南西川節度管内觀察處置橋道等使、加食邑一千户，食實封肆伯户。仍賜推忠協謀崇仁同德贊治守正保運亮節佐理翊戴功臣，散官、勳如故。主者施行。

除皇弟顥

門下：立愛惟親，治由近始，因心則友，化自上行。朕合太宫，逆釐后帝，百神受職，四海推恩。矧孝弟之至隆，宜寵章之光被。皇弟山南西道節度管内觀察處置橋道等使、光禄大夫、檢校太尉、同中書門下平章事、興元尹、上柱國、高密郡王，食邑一千七百户，食實封陸伯户顥，温良異禀，聰達夙成。勝衣形信厚之風，佩韘負老成之志。孝友之性，不强而安，德義之經，未言而諭。甫當就學，亦既疏封，予所撫憐，同氣異息。迨盛儀之具舉，方涣澤之誕敷。錫嘉號以記功，進崇階而叙位。仍加井賦，益重藩維。於戲！寵而不驕，以謙恭爲之本；滿而不溢，以節儉爲之先。汝其念哉，無替朕命。可特授特進，依前檢校太尉、同中書門下平章事、興元尹、高密郡王、充山南西道節度管内觀察處置橋道等使，加食邑七百户，仍賜崇仁保運功臣，勳、食實封如故。主者施行。

除皇伯祖承顯

門下：朕惇宗盛禮，祇遹先猷，茂對三

靈，駿奔億醜。臣工顯相，后帝居歆，嘉與親賢，共膺戩穀。皇伯祖、昭化軍節度、金州管内觀察處置等使、金紫光禄大夫、檢校工部尚書、使持節金州諸軍事、金州刺史兼御史大夫、上柱國、康國公，食邑五千八百户，食實封一千八百户承顯，治躬齋栗，養志粹和，挺宗室之令儀，藹公侯之淑問。地隆磐石，任重藩垣。春秋浸高，學問不倦。被服儒素，藴河間之雅材；琢磨箴規，蹈衛武之美德。助我毖祀，協于多儀。是用進功伐之名，益陪敦之賦。仍加真食，併示徽恩。於戲！懷德維寧，昔王之明訓；爲善最樂，前哲之徽猷。勉思高滿之危，勿忘臨履之戒。可特授依前檢校工部尚書，使持節金州諸軍事、金州刺史，兼御史大夫，康國公，充昭化軍節度、金州管内觀察處置等使，加食邑七百户，食實封三百户，賜推誠保順功臣，散官、勳如故。主者施行。

除郝質

門下：朕順考古道，率由舊章，三歲一郊，四海大賚。乃眷爪牙之士，寔惟心膂之臣，宜涣茂恩，以均景貺。亮節保順功臣、殿前都指揮使、安武軍節度、冀州管内觀察處置等使、光禄大夫、檢校尚書左僕射、使持節冀州諸軍事、冀州刺史兼御史大夫、上柱國、文水郡開國公，食邑三千一百户，食實封七百户郝質，温恭不犯，沈毅有謀，敢決應北方之强，閑暇得晉國之勇。仁能附衆，忠以發身。内總七萃之師，外分十連之任。訓兵肅給，騶御習於義方；逢時安平，戎狄仰其威信。屬是齋祠之謹，復兼扈從之勞，不有旌褒，曷昭倚注？論功加等，益地從隆，考諸僉諧，允爲宜稱。於戲！竭誠盡節，所以享安榮；徇公忘私，所以報寵禄。往服休命，汝其懋哉！可特授依前檢校尚書、左僕射、使持節冀州諸軍事、冀州刺史兼御史大夫、充殿前都指揮使、安武軍節度、冀州管内觀察處置等使，加食邑七百户，食實封三百户。仍賜亮節保順翊戴功臣，散官、勳封如故。主者施行。

賜文武百寮宰臣富弼已下上第五表乞皇帝御正殿復常膳聽樂允批答

省表具之。朕秉德不明，陰陽繆戾，旱暵爲災，辜及元元。爲人父母，不能保養覆冒以厚其生，朕甚愧之。是用避去正寢，貶膳徹樂，夙夜悼懼，内自刻責，以請咎于神祇。浹辰之間，雖霡霂屢霑而不能周洽，菽麥將槁，禾麻未滋，而群公卿士，以尊奉母慈，誕揚顯號，良日既戒，宜以時行，禮樂之文，不可不備。當抑己復常，以成大典。苟協於義，朕何敢違？所請宜允。

西京應天禪院及會聖宫奉安仁宗英宗皇帝御容了畢德音

門下：朕祇紹前烈，寵綏庶邦，率時典常，罔敢墜逸。越兹有雒之汭，自昔令王之都。藝祖之所誕生，迹存遺老；寢園之所安宅，神有餘威。是用即西竺之仁祠，因北邙之勝地，儀刑二后，鎮撫一方。爰命宰司，肅將使指，鴻儀克舉，熙事大成。永惟畿甸之民，能無供億之役，宜敷涣澤，用慰群心。應西京管内限德音到日，見禁罪人，除故殺、劫殺、鬬殺、謀殺、十惡，及僞造符印、放火官典、犯贓不赦外，雜犯死罪降從流，内情理切害，奏取指揮。其餘流罪降從徒，徒罪降從杖，杖罪已下並放。見句當修奉天禪院會聖宫影殿使臣官員已下，并工匠兵士，及迎奉執擎兵，並與等第支賜。應西京城郭内耆老年八十已上者，勘會詣實人數，仰長吏等賜酒食，仍量支賜每人茶三斤，絹二匹，常加存撫，即不得於村縣追集，致有勞擾。於戲！稱秩舊章，克廣奉先之孝；蠲除有罪，式昭惠下之仁。咨爾群倫，咸體予意，主者施行。

賜樞密使守司空檢校太師兼侍中文彦博乞退不允手詔

省所再上表乞罷樞府，事具悉。卿器質方厚，謀猷明審，憂公尽忠，臨事能斷。越自仁祖，知卿美材。入輔出藩，于兹二紀。再冠台席，一總鴻樞。事功蔚然，洽于黎庶，任重道遠，卿實有焉。朕負荷前烈，夙宵危懼，若涉大川，必憑舟楫。卿當悉心致力，以裨不逮，而何嫌何疑，遽求去位，封奏薦至，❶良用憮然，撫覽再三，殊失所望。老成之德，重於典刑，當體至懷，安居厥職。所請宜不允。付彦博。

賜樞密使守司空兼侍中文彦博不允手詔

省所奏：「伏覩詔書，宰臣陳升之位在臣之下者，願寢異恩，庶安孤跡。」事具悉。卿翼亮三朝，周旋二府，國之耆儁，望實素隆。升之任用尚新，甫登宰席，原其雅意，必欲推先。是用斟酌禮文，裁其宜稱，發於朕

❶「薦」，原作「狎」，據《傳家集》改。

志，奚取常規？ 蓋以褒異老成，豈與利用爲比？❶ 卿謙恭久著，於此何嫌？ 往安乃居，毋逆朕命。所乞宜不允。付彦博。

除皇伯宗諤

門下：朕祇荷先烈，誕受多方，樂與宗支共其福禄。儻率履之有立，在褒表之敢忘！皇伯推誠保順功臣、集慶軍節度、亳州管内觀察處置河隄等使、光禄大夫、檢校尚書左僕射、使持節亳州諸軍事、亳州刺史兼御史大夫、上柱國、虢國公，食邑六千四百户、食實封壹阡捌伯户宗諤，屬尊地親，材高性敏，承累朝敦睦之慶，膺列藩封建之榮。間由思慮之疏，麗于文法之禁。眷是有司之議，繫夫天下之公，愛雖甚隆，理不可屈。是用收還相印，專秉節旄，將警動於放心，期輔成於盛德。迨兹周歲，克懋令圖，勤被仁服義之風，勵臨深履薄之戒。朕於庶姓，猶不棄人，況九族之。下文缺。

賜參知政事王安石乞退不允批答

省表具之。卿文學高一時，名譽專四海。勇於立事，急於進賢。朕心倚之以安平，士論待之以康濟。蓋居位之尚淺，或改命之未孚，雖群言之正讜，豈同德之有間？遽求分務，深用駭聞。居就乃功，期副予望。所乞宜不允。

❶「利」，《全宋文》作「例」。

賜南平王李日尊示諭敕書

敕南平王日尊，省所上表稱：「於今年二月內，親領本道兵甲，乘駕舟航，直抵南蕃，與占城國及占臘國蕃兵交戰，其占城國及占臘國蕃兵甲一時敗散。臣帶領兵甲回旋本道，師旅保全，舟航寧謐。」事具悉。卿與占城等國交戰，師出逾時，今覩奏章，備言勝捷。益敦忠順，良用歎嘉。朕子視兆民，臣畜萬國，思銷偃於中外，共嬉遊於邇遐。宜體至懷，以綏後福。故茲示諭，想宜知悉。

賜參知政事王安石不允斷來章批答

省表具之。朕以卿材高古人，名重當世，召自巖穴，寘諸廟朝。推心委誠，言聽計用，人莫能間，衆所共知。今士夫沸騰，黎民騷動，乃欲委遠事任，退處便安。卿之私謀，固爲無憾，朕所素望，將以諉誰？祇復官常，無用辭費。所乞宜不允，仍斷來章。

賜參知政事右諫議大夫趙抃乞退第一表不允批答

省表具之。朕躬攬庶政，燭理未周，思得博聞善言，以參得失。卿以清直之操，夙夜在公。遽求外遷，殊匪朕志。所乞宜不允。

賜殿前都指揮使安武軍節度使郝質不允詔

敕郝質，省所上表：「星未半周，疾已十作。伏望罷領殿師，俾外補於散官，庶漸蘇於餘喘。」事具悉。卿以沈勇冠軍，忠厚許國，內典嚴衛，外秉節旄。夙夜之勞，簡于朕志。偃息之便，難徇爾懷。所乞宜不允。故兹詔示，想宜知悉。

祁國長公主特進封衛國長公主制 張尉

門下：帝妹中行，《易》象贊其元吉；王姬下嫁，《召南》美其肅雍。命服亞正后之尊，主禮用上公之貴。寵光之盛，誰昔《釋訓》：「誰昔，昔也。」而然。矧同氣之至親，推異數而何愛？祁國長公主，席靈長之緒，承濬哲之祥。禀乾坤之粹和，鍾日月之明潤。淵懿可度，柔嘉有章。志女功而忘勞，承師教而不倦。今王笄在首，厭翟戒塗，方結帨於皇家，將執笲音煩，竹器。於士族。宜疏沐土之邑，俾適富平之孫。庸展茂恩，誕孚醲化。於戲！琴瑟静好，式昭和樂之音；雷風順承，是爲常久之道。勿以夫家之平素，有虧婦德之聽從。祗服訓辭，永綏福履。可特進封衛國長公主，仍令所司擇日備禮册命。主者施行。

賜新除參知政事韓絳辭恩命不允斷來章批答

省表具之。卿世濟明允，時推儁良。毗贊樞庭，茂著功烈。俾參國論，允叶衆心。需章亟來，謙志大過，據引先誓，祈還故棲。夫顯親揚名，斯爲上孝，建功立事，莫若盡忠。往即乃官，勿替朕命。所辭宜不允，仍斷來章。

賜新除宣徽南院使特進檢校太保判太原府歐陽脩辭免恩命不允詔

敕歐陽脩，省所兩次劄子奏：「伏蒙特差中使賷到告敕，除臣宣徽南院使，判太原府事，所有敕告，未敢祇受。欲望檢會臣前所陳乞，於淮潁間移一小郡，俾養殘年。」事具悉。卿才名素高，夷夏所服，中外備更，文武咸適。眷兹并部，氣俗沈鷙。綏和一方，威懷二虜，牧伯之任，豈易其人？詢謀僉諧，然後發命。朕所選付，卿宜體識。況風土高凉，其何恙不已？往踐乃職，毋復固辭。所辭宜不允。故兹詔示，想宜知悉。

賜守司徒兼侍中判大名府韓琦不允詔

敕韓琦：省所四上劄子，乞就移徐州一任，事具悉。卿倦居守之勤，樂偃藩之逸。眷是別都之重，控夫北道之衝，自非元臣，疇克譽處？是以臨遣近侍，往宣至懷，恩禮之隆，所宜欽若。而尚兹固請，良用憮然。卿以衰疾爲言，則未愆於旅力；以朴忠自許，則何憚於劇煩？安視爾師，毋逆朕命。所乞宜不允。故兹詔示，想宜知悉。

賜新除樞密副使右諫議大夫馮京辭恩命不允斷來章批答

省表具之。樞衡之司，基本攸託，制勝帷幄，折衝方隅。苟非文武之兼資，孰副安危之重委？簡自朕志，無若汝材，故推不次之恩，冀獲非常之効。當思自勉，勿或深辭。所辭宜不允，仍斷來章。

除董氊制

門下：國家蠲潔大德，懷柔四方，懋宣《行葦》之仁，横被《蓼蕭》之澤。遐邇無間，内外一均。西藩邈川首領、保順軍節度、洮州管内觀察處置押蕃落等使、金紫光禄大夫、檢校太傅、使持節洮州諸軍事、洮州刺史兼御史大夫、上柱國、常樂郡開國公，食邑五千一百户，食實封一千一百户董氊，氣禀沈雄，性資果毅，載勳庸於奕世，開土宇於西陲。早膺旄鉞之榮，撫有洮湟之地。祇勤厥事，忠誠著于皇家；糾逖不虔，威令行於戎落。修其職貢，保我封畛。宜陳錫於寵章，用褒嘉於美志。位進異等，食衍真封。豈緊鎮服於爾師，抑亦光華於殊俗。於戲！王官至重，固不徒施；臣道惟艱，諒無虚受。勉服休命，益思壯猷。可特授特進，依前檢校太傅、使持節洮州諸軍事、洮州刺史兼御史大夫，充保順軍節度、洮州管内觀察處置押蕃落等使，仍舊西蕃邈川首領，加食邑一千户，食實封叁伯户。勳、封如故。主者施行。

賜新除河陽三城節度使守司空檢校太師兼侍中充集禧觀使曾公亮辭免恩命不允詔

敕公亮，省所劄子奏：「伏望聖慈特賜停罷使相之命，許只授正官充觀使。」事具悉。卿久居宰席，道茂勳隆，屢以耆耋，懇辭機政。

朕重違雅志，曲成冲德，禮命之數，愧於未厚。而尚兹遜避，良用憮然，宜即欽承，以副優養。所辭宜不允。故兹詔示，想宜知悉。

賜新除守司空檢校太師兼侍中充河陽三城節度使集禧觀使曾公亮辭免恩命第一表不允批答

省表具之。卿以耆明之德寅亮皇家，功成告休，海内歸美。崇報之典，朕疑其薄；冲挹之志，卿以爲優。勇退難進，益增嘉尚；成命不易，毋庸固辭。所辭宜不允。

賜新除參知政事馮京辭恩命不允斷來章批答

省表具之。卿負英異之才，首俊造之選。内尹京邑，風績著聞；外護邊兵，民夷清謐。入冠憲府，進躋樞庭。究觀爾能，宜贊朕政。往祇成命，無或再辭。所辭宜不允，仍斷來章。

賜新除樞密副使右諫議大夫吴充辭恩命不允斷來章批答

省表具之。卿之英聲，著于士倫；卿之嘉績，簡在朕心。是用擢諸計廷，陟彼樞府。乃更過自菲薄，固辭寵光。謙降之深，歎尚不已。所辭宜不允，仍斷來章。

賜觀文殿學士户部尚書知陳州張方平乞南京留臺不允詔

敕方平：省所奏乞南京留臺，事具悉。

卿學問精洽，文辭雅奥，荐登儁科，久居邇列。入贊大政，出臨近藩。晦明小愆，何恙不已？遽祈散地，良用憮然。當體眷懷，往安爾職。所乞宜不允。故兹詔示，想宜知悉。

賜文彦博辭恩命第一表不允批答

省表具之。卿社稷元老，股肱三朝，黎庶具瞻，百工矜式。矧以丞弼，相予毖祀，書勞進律，抑有舊章。宜亮眷懷，無庸辭避。所辭宜不允。

賜殿前都指揮使郝質辭恩命不允批答

省表具之。卿總領禁衛，爲王虎臣，敦忠一心，夙夜匪懈。況兹戎祀之大，兼有侍從之勤，推恩報功，固有常典。尚兹冲避，豈悉至懷！所辭宜不允。

賜殿前都指揮使郝質辭恩命不允斷來章批答

省表具之。朕奉若訓典，肅將禋祀，嘉與臣工，共兹休福。卿董率王旅，陪贊國容，居則有侍衛之謹，出則有扈從之勞。考諸故常，宜在褒進。當體至意，勿復有辭。所辭宜不允，仍斷來章。

賜皇伯祖昭化軍節度使檢校工部尚書康國公承顯辭恩命第一表不允批答

省表具之。卿仰稽唐虞，惇敘九族，矧以尊屬，相予肆祀。推恩進律，禮亦宜之。

茲率典彝，無爲辭避。所辭宜不允。

賜文彦博辭恩命不允斷來章批答

省表具之。朕躬執珪幣，對越三靈。惟時福祥，不敢專享，湛恩布濩，覃及海隅。卿國之耆明，斡統機密。茲率常典，奚煩固辭？所辭宜不允，仍斷來章。

賜皇弟高密郡王顥辭恩命第一表不允批答

省表具之。朕以郊禮大備，廣敷慶澤。物無遐遺，況於親昵，錫茲異數，咸迪舊章。汝其勿辭，往服嘉命。所辭宜不允。

賜皇弟高密郡王顥辭恩命第二表不允斷來章批答

省表具之。禋宗類帝，國之盛儀；施恩親賢，由來蓋久。兄弟具邇，悃愊無華。汝往欽哉，毋煩辭避。所辭宜不允，仍斷來章。

賜皇伯祖昭化軍節度使承顯辭恩命第二表不允斷來章批答

省表具之。朕躬祠郊丘，誕布惠澤，周浹庶姓，況於宗英。執謙固辭，益昭令德。朕命不易，往其欽承。所辭宜不允，仍斷來章。

賜宰臣富弼等上表賀雲陰日食不及分數批答

省表具之。朕不明庶政，上累三光，天雖微陰，人誰不見？彼食分之少損，由司曆之未精。爲懼方深，奚賀之有？矧明書於信史，將取誚於異時。宜懋乃誠，以輔台德。所賀知。

賜宰臣曾公亮已下賀壽星出現批答

省表具之。司分底日，垂象降休，炳然德星，著見南極。太史獻狀，以爲壽祺。卿等浚明一心，寅亮元化。爕友氣物，導迎善祥。仍賁需章，願書信牒。眷言歸美，重益愧懷。所賀知，仍依奏宣付史館。

賜樞密使文彥博等賀壽星出見批答

省表具之。天垂文象，依類而言。世格隆平，得臣是賴。卿等懋建一德，光輔萬微，格于上神，錫兹嘉瑞。昭升丙位，申告永年。刻章以聞，傳信爲請。雖菲凉之可愧，顧忠愛之敢忘。所賀知。

温國文正公文集卷第五十六

温國文正公文集卷第五十七

表

爲龐公讓明堂加恩第一表

展采合宫，甫成於盛禮；推恩列位，首冒於徽章。内省空疎，交深震栗。云云。伏念臣出於單族，素乏異能，遭會聖辰，襲承義訓，肩隨群士，齒列具僚。始更郡縣之勞，遂玷闈臺之美。雖慕盡公之節，力自祓摩；迄無高衆之名，可容稱道。頃由邊瑣，進貳樞廷，復參承弼之司，旋總幾微之務。固已任踰才表，榮出望涯。十七物之珍羞，居慙厚賜；三百囷之重禄，坐愧素餐。雖僶勉以自安，常忸怩而内訟。屬國家講求闊典，祇紹明禋，幸千載之親逢，叨一時之榮觀。伏遇尊號皇帝陛下，大衷廣覆，聖道兼容，不專享於神休，俾下覃於朝衆。謂臣職當扆蹕，禮與執膰，曲矜孱陋之蹤，猥被殊尤之澤。位列元功之次，邑增真食之封。事與志違，名非德稱，惴如臨谷，憂甚履冰。豈可忽非據之災，安無勞之賞，俾衆庶有假人之議，致朝廷蒙含垢之羞？孰自省循，誠難膺克。伏望俯矜危款，曲軫睿慈，特寢不貲之恩，以全無似之質。露誠獲允，受賜益深。干冒宸嚴。

第二表

愚衷上列，冀寢於殊恩；睿志莫回，必

中於前命。征營無措，兢戰失圖。中謝。伏以陟配總章，❶昔王之盛節；追嚴廟祐，前載之美談。唐虞著五府之文，商周增重屋之制。久茲曠絶，未暇脩明。伏遇尊號皇帝陛下，祇若天常，寅恭祭典。謂五精之氣不可久契於神歡，三祖之靈不可弗親於宗祀。若稽古訓，濬發聖謨。昆侖倣玉帶之圖，路寢采康成之義。八牕四户，屬象相依；萬舞九成，聲明具在。臣謬居機近，忝助祼將，庀徒護法駕之嚴，負璽託屬車之末。奉汶上肅雝之慶，無《周南》留滯之嗟。其在惷愚，固爲榮幸，不可復妄膺高位，慆竊寵名。况士卒有暴露之勞，百司有供億之費，欲加之賞，宜用爲先。臣禄秩已豐，勤劬至薄，不可復加，固難褒進，以重愆尤。伏惟天鑒崇高，下垂燭察，物誠精至，庶獲感通。干冒宸嚴。

爲龐相謝明堂禮成加光禄大夫行尚書户部侍郎依前樞密使檢校太傅表❷

臣某言，伏奉云云。叨榮過分，❸揣己非宜。❹制命益嚴，懇辭不獲。中謝。伏念臣顓愚無述，❺孤陋寡徒，起家衡茅，致位機近。此皆出於天幸，斷自宸知，非才伎過絶於人，豈朋援陰爲之地。是以每循涯知止，以寵爲憂，獲一官若負譴訶，進一位若懷疾眚。非敢厭薄高爵，希慕虚名。誠以居二府之崇，贊万機之大，久留不去，妨廢實多。况禄厚

❶「陟配總章」，原作「總章□□」，據《傳家集》補。
❷此題，《傳家集》作「爲龐相公謝明堂禮成轉官表」。
❸「分」，《傳家集》作「厚」。
❹「己」，《傳家集》作「分」。
❺「述」，《傳家集》作「術」。

者衆之所趨，勢尤者人之所疾。不獨力綿任重，失職是虞。亦將智淺跡單，處躬可畏。方自謀於遜避，以深遠於譏嫌。豈謂伏遇尊號皇帝陛下，濬發清衷，述脩盛禮，合祫天地之祀，嚴配祖宗之靈。茂典既成，鴻私旁洽。謂臣屬當扈從，與在駿奔，疇其執事之勞，均以受釐之慶，遷地官之亞列，增帝傅之寵名。悉非庸虚所能堪稱，是用力陳危款，冀寢殊恩。葵藿之心，徒自傾而無隱；雨露之澤，非已降而可收。雖祗徇於詔文，實内慙於靈府，敢不益堅苦節，愈勵樸忠？當官而行，蹈水火而無避；惟力是視，竭筋骨以爲期。

謝生日賜羊酒米笏記

臣遭會聖辰，謬塵機任。屬是門弧之旦，方慙鼎食之榮。敢意睿慈，重加蕃錫。内循朽薄，徒極悸惶。

夫人謝恩功德疏文

皇　帝

伏以金仙妙法，克贊於邦猷；寶偈勝因，有資於帝祉。妾親逢熙旦，祗戴鴻恩。庶憑佛事之嚴，仰佑皇基之固。懇祈攸至，慧照所臨。

皇　后

伏以坤元布德，亭育群生；太陰凝暉，燭臨四海。輒依真界，恭薦微誠。絜蒲塞之嘉羞，敷貝多之妙偈。庶資佛事，以佑母儀。

貴　妃

伏以《關雎》首於《國風》，式昭淑德；軒星著於天象，寔亞柔儀。敢憑金偈之勝，緣仰輔椒闈之多福。慈明所鑒，懇款惟精。

爲文相公謝神道碑文表

臣某言，伏蒙聖恩詔翰林學士承旨王某撰先臣某神道碑文，降付臣者。命發宸廷，文成禁署，澤加存没，榮動邇遐。中謝。竊以金石之傳，久而彌茂。風樹之感，貴而自悲。諒知爲子之心，咸有顯親之願。伏念先臣策名休運，接武辨朝，陳力當官，服勤没齒。臣荷析薪之業，紹作室之功。雖資性甚愚，曾無肖似，而義方未墜，少逭譴尤。伏遇尊號皇帝陛下，過聽菲才，遽加大任，寘彼官師之首，列於丞弼之司。非藉世榮，曷膺國寵？頃以歲時得卜，宅兆圖新，將論譔於豐碑，用表章於大隧。豈意睿明曲照，優渥沓臻，紆彼神翰，揭諸螭首？仍詔代言之職，直書傳信之辭。著琬琰以無忘，與松楸而並列。聲光不朽，永蒙庇於昆孫，精爽有知，潛拜嘉於幽壤。荷恩益腆，撫己知輕。且身體髮膚，皆仰資於顧復；而股肱心膂，敢有愛於生成！未識津涯，徒知涕泗。

爲文相公求退第二表

臣某言：伏奉今月某日批答。云云。臣省躬甚明，揣分已熟，非敢外飾，以邀上知。天恩留連，未見識察，物意專愨，期於感通。中謝。伏念臣本以諸生親逢盛世，行能無出於萃類，學術不際於幾微。所期解韋布之衣，霑斗石之禄，竭簿領之効，免耕稼之勤。安敢企踵帝庭，許身王佐？伏遇尊號皇帝陛下，嘉其木訥，亮以孤忠。課於近小之功，粗能稱旨；役以煩縟之事，❶不至敗官。乃謂榱桷之才，可勝棟楹之任；錡釜之器，足兼鼎鼐之容。遠自西州，驟叨重柄。躋密地則不踰中宿，參大政則曾未朞年。遽越等夷，直登佑弼。静言遭際，熟察基緣，寧左右先爲之容，豈朋援陰爲之地？莫非眷鑒，特振寒蹤。雖以草木之微，猶知雨露之澤，況於有識，詎敢忘恩！豈欲違去旒扆之前，遠離闕廷之外，棄萬鍾之秩，辭四輔之崇。顧以義不可留，情有所迫。大《易》存覆餗之戒，詩人著在梁之譏，任重難勝，位高多懼。雖人主含貸，未賜於譴訶，有司因循，不加於繩治，臣敢不捫心自愧，顧影知非？乘疵吝之未形，保名迹而先退。必使愆尤增積，謗讟流聞，致陛下失始終之仁，愚臣受遠邇之責。非止謀身之過，抑亦負國之深。是用寢食震驚，夙宵悸慄，視金章於芒刺，等黄閣於焦原。苟未去身，何能歉志？伏望燭臨危款，矜恤苦言，聽避位於上司，得保躬於散地。博求儁傑，光輔休明。則臣俯就下陳，若獲九遷之喜；出居外職，無殊三接之榮。干冒冕旒，不勝惓惓切至之誠。

爲龐相公讓官表

臣某言：伏奉制命，特授臣某官者。恩出非常，位遷不次，内循空薄，交集震驚。中謝。臣識昧疎通，學非殫洽。依憑時會，叨

❶「縟」，原作「辱」，據《傳家集》改。

假國靈，荐更要劇之權，遂躋通顯之地。陪侍帷幄，參與機衡。雖盡股肱之勞，不遺餘力；訖無毫髮之効，克厭衆心。居常自思，敢忘内訟！方且俟清閒之燕，竭悃款之私，力辭宥密之聯，退祈冗散之秩，庶逭官責，少息人言。豈期志願未從，寵光逾峻，遽以梼昧之質，猥當佑弼之司。承命以還，措躬無所。竊以緝熙帝術，寅亮國成，翼戴萬機，統和三極，得人則群生蒙福，失職則百度乖方。詎可妄居，豈容虚授？臣雖欲冒榮不顧，懷禄苟安，儻衆庶責望之深，誠朝廷倚毗之失。❶是用夙宵愧恧，寤寐兢憂，不知列鼎之榮，怳若臨淵之懼。伏望尊號皇帝陛下俯從危款，曲照孤蹤。矜其驅策之勤，爲日已久；察其避議之固，於心不欺。俾祗服於舊官，特寢除於新命。旁求儁德，式副輿情。干冒宸嚴，臣無任懇迫激切之望。

爲龐相公再讓宰相表

伏奉某月日批答，云云。需奏仰陳，冀安於涯分；綸言俯及，未照於悃誠。蹐地載驚，履冰逾畏。中謝。臣聞量能授職者，人主之通術；陳力就列者，臣下之令圖。義或此違，治何由立？臣是以退居深念，申旦伏思。竊惟佑弼之崇，寔繫安平之本，總領衆職，鎮撫四夷，下遂萬物之宜，上序三光之統，凡將圖任，豈易輕言？至若黄霸循良，朱博鋭敏，始爲郡守，皆號能臣，暨陟宰司，遂隳盛譽，或受嗤於鶡雀，或召咎於鼓妖。豈前智而後愚，蓋任盈而量溢。況臣空薄，詎敢擬倫？必欲使用不違才，舉無敗事，則

❶「誠」，原作「成」，據《傳家集》改。

莫若委之藩服，俾敷寬大之條；寘以邊方，得奉綏懷之略。庶幾展効，不敢憚勤。儻以服役有年，居官無過，不欲捐之草莽，❶尚將留彼闕庭，則願且守故棲，未遷它職。私自寧於密地，❷得時望於清光，忝幸已深，感概何極！豈敢使巖廊曠位，元鼎失和，竊貪一日之榮，不虞四海之責？伏望尊號皇帝陛下曲垂矜恤，靡賜忽遺。察底裏之無欺，全始終而可保，特收涣命，俯徇愚衷。少安據蒺之憂，尚免在梁之刺。內惟懇迫，期獲允俞。

爲龐相公謝官表

伏奉某月日批答，云云。荷恩逾分，瀝懇敷言，成命莫回，愧顏無寄。中謝。伏念臣賦能甚薄，探道未深，習詩禮以爲儒，師法令而補吏。適際亨嘉之會，誤膺濬哲之知，亟陟顯塗，薦膺煩使。監邊則盡護群帥，侍幄則協贊萬微。密邇清光，訏謨基命。固已任逾器表，榮溢望涯。居無終食之間，少忘素餐之責。何意天恩横被，宸睠曲成，猥掄樗液之才，專委棟隆之任。靡由階漸，遽爾直登，冠册府之華資，緫史臣之善志，翻經演法，進律加田。甫聞出綍之言，殆失措躬之地。力陳丹慊，仰黷邃旒。雖堅不奪之誠，難變已行之令。威顏甚邇，私願莫從，俯僂若驚，徜佯自失。此蓋伏遇尊號皇帝陛下用人道廣，愛物義深，不求純備之功，姑委爕調之職，爰從隗始，俾奉蕭規。敢不祓飾厥心，耀明其志？識慮所及，不敢顧私，筋力可任，期於

❶「不」，原作「而」，據《傳家集》改。
❷「私」，原作「秘」，據《傳家集》改。

盡瘁。少助緝熙之化，仰酬覆燾之仁。

爲文相公許州謝上表

伏奉制命，云云。已於今月某日到任上訖。避辭公鼎，雖弛負擔，違離天閣，倍深眷戀。中謝。伏念臣材非出類，識不先幾。逢辰休嘉，致位通顯。謹司斥候，亟守於邊隅；虔布教條，荐更於方鎮。訖無聲跡，可聳傳聞。伏遇尊號皇帝陛下明燭幽微，仁霑疏逖，遽還掄於遐服，俾陪貳於中樞。曾不浹旬，遂參大政。未能周歲，爰陟上司。念遭際之非常，求比倫之蓋寡，雖濵隕越，豈謝生成。是用杜僥倖之門，窒奇衺之徑，激揚廉讓，抑止浮華。苟有利於公家，固不爲於私計。然而力非其任，智實有涯，群心萬殊，理難稱愜，衆目環視，動成詆訶，紛如鋒矢之衝，浩若波濤之沸。從之則懼傷國體，違之則立致身殃。進退靡遑，啓居無所。屢以清閒之侍，力陳退避之誠。蓋揣分之甚詳，恐敗官而爲辱，貴全終始，不蹈顛危。陛下察其愚衷，必非緣飾，愍其孤迹，易致怨憎。俾述職於近藩，得免譏於尸禄。仍進天官之秩，復升殿幄之華。禮數甚優，恩輝愈洽。脱吕梁之險，亟就安瀾；去焦原之危，更遵夷路。非曲加於庇佑，豈自信於保全？惟許昌之奥區，乃昆吾之故壤，土毛豐衍，民齒夥繁。敢不志在拊循，勤加訓導，奉承寬大之詔，期臻富庶之風？少副憂勤，兹爲報効。

賀皇子昕建節表

臣光言：伏覩進奏院報，月日，皇子授

忠正軍節度使、檢校太尉、壽國公。封建本支，光隆基祿，王室增維城之固，萬方有磐石之安。臣光中謝。恭惟皇帝陛下仁被海寓，道合天衷，膺受純禧，誕錫元冑。采古昔之令典，考今兹之盛務，爰立藩邸，恢建宏規。假節秉鉞，習以戎律。赤舃衮衣，崇其儀望。苴茅胙土，訓以政治。明尊尚親，資忠移孝。一舉而善，衆美具該。斯寔堂構之遠謀，❶黎苗之隆福也。臣述職外方，傳聞嘉喜，不勝拜蹈激切之至。

謝中冬衣襖表

臣光言：伏奉詔書，賜臣翠毛細錦綿旋襴一領者。祇荷寵光，心顔無措。臣光中謝。恭惟皇帝陛下皇仁溥洽，衣被九圍，軫念祁寒，寵錫嘉服。臣雖無似，蒙澤猶均。濫承安燠之榮，空慙不稱之責。

賀皇子降生表

臣光言：伏覩都進奏官牒，皇子降生，仍令諸道不得進奉者。伏以熊羆之兆，載於《詩·雅》；弓韣之祥，著於禮典。蓋以保育黎元，無兹爲大，本支既茂，基祚益安。是故百男昌而周興，五宗彊而漢熾。隆替之源，古今一揆。臣光中謝。伏惟尊號皇帝陛下純孝奉先，遠猷垂世。錫類之祉，久屬群心，皇穹隆休，誕啓茂緒。蓬矢遵吉，牢具脩儀。斯寔宗廟眷祐之靈，黎庶無疆之福。窮河際海，聲教所霑，儻曰有心，率知相慶。況臣職

❶「構」，原避宋高宗諱作小字「御名」，今回改。

叨近署，❶位備列藩，竊聆嘉憙，奚勝踊躍。官守有繫，阻造闕廷。臣無任瞻天望聖，蹈舞屏營之至。❷

賀章獻章懿皇后祔廟表 爲滑州張龍圖作

臣某言：伏承今月九日，章獻明肅皇后、章懿皇后並升祔真宗皇帝廟室禮畢者。聖心追遠，思慕慈親，陟配禰宮，順成大禮。臣某中賀。伏以章獻明肅皇后輔佐先朝，敷明陰教，導揚末命，鎮綏大業。章懿皇后淑慎在躬，受天元祉，茂育聖神，光啓丕祚。而猶分祀閟宮，未登太室。尊號皇帝陛下濬發孝思，沿情著制，采開元之令典，講國家之故事，涓選嘉辰，咸升配侑，述祖宗之志，成母后之尊。允所謂道隆列辟，法垂後世，禮行於宗廟，孝通乎神明。日月所臨，霜露所墜，抃手蹈足，小大同之。況臣任居藩垣，職參臺閣，欣豫之志，倍億等夷。官守所居，不獲奔詣闕廷稱慶。

進古文孝經指解表 嘉祐元年作❸

臣光言：臣聞聖人之德，莫加於孝，猶江河之有源，草木之有本。源遠則流大，本固則葉繁。是以由古及今，臣畜四海，未有孝不先隆而能宣昭功化者也。臣某誠惶誠恐，頓首頓首。伏惟尊號皇帝陛下，純孝之性，發於自然。動静云爲，必咨訓典，起居出入，不忘先烈。以爲滁州者，太祖皇帝所以

❶ 「署」，原作「著」，據《傳家集》改。

❷ 「臣無任」至「之至」十三字，原脱，據《傳家集》補。

❸ 題注，原無，據《傳家集》補。

禽馘姦桀，肇開王跡；并州者，太宗皇帝所以芟夷僭亂，混壹九圍；澶州者，真宗皇帝所以攘却貪殘，億寧華夏。皆大勳懿業，威靈所存。遂命有司，分建原廟，圖繢聖容，躬題扁榜。嚴奉之禮，備盡恭勤，羽衛供帳，率從豐衍。兹有以見陛下尊顯祖宗之意，無不至矣。經曰：「愛恭盡於事親，而德教加於百姓，刑于四海。」夫以陛下天授之資，愛恭之志，而又念夫百官者，祖宗之百官，不可以私非其人；府庫者，祖宗之府庫，不可以賞非其功；法令者，祖宗之法令，不可以罰非其罪，慎之重之，益自儆戒。如是，則爲無不成，求無不給，榮名之彰，炳如日月，❶基緒之固，巍如泰山。黎民乂安，四夷懷服，草木禽魚，靡不茂豫。此誠孝德之極致也。臣愚幸得補文館之缺，以經史爲職。竊覩秘閣所藏古文《孝經》，先秦舊書，傳注遺逸，孤學堙微，不絶如綫。是敢不自揆量，妄以所聞，爲之指解。雖才識褊淺，無能發明，庶幾因聖人之言，得少關省覽，則糞土之臣，榮願足矣。其《古文孝經指解》一卷，謹隨表奉進以聞。臣光誠惶誠恐，頓首頓首，謹言。年月日，具位臣司馬光上表。

進通志表

臣光言：臣聞治亂之原，古今同體。載在方册，不可不思。臣光誠惶誠恐，頓首頓首。臣少好史學，病其煩冗，常欲删取其要，爲編年一書。力薄道悠，久而未就。今兹伏遇皇帝陛下丕承基緒，留意藝文，開延儒臣，講求古訓。臣有先所述《通志》八卷，起周威

❶「則爲」至「炳如」十五字，原脱，今據《傳家集》補。

烈王二十三年，盡秦二世三年。《史記》之外，參以它書，於七國興亡之迹，大略可見。文理迂疏，無足觀采，不敢自匿，謹繕寫隨表上進。干冒宸嚴，臣無任戰汗屏營之至。臣光誠惶誠恐，頓首頓首。謹言。

謝賜資治通鑑序表

臣光言：今月九日，伏蒙聖恩，令臣讀所修《資治通鑑》，仍面賜御製御書序一篇者。臣性識駑鈍，學問空淺，偶自幼齡，粗涉群史。嘗欲芟去蕪雜，發輝精雋，窮探治亂之迹，上助聖明之鑒。功大力薄，任重道悠，徒懷寸心，行將白首。伏遇先皇帝若稽古道，博采徽言，俾摭舊聞，遂伸微志。尚方帟墨，分於奏御之餘；內閣圖書，從其假借之便。未遑汗簡，已泣遺弓。陛下祗服駿命，丕承前烈。臣以屬藁有緒，不可不成。受詔所爲，不敢不上。詮次無法，抵捂實多，仰汙覽觀，伏須罪戾。豈謂陛下赦其狂簡，❶賞其專勤，思所以旌異於它書，焜燿於群下，特發殊恩，不用常例。屬當勸講之始，俾參經史之末。迨此清閒，命之進讀，而又序其本原，冠於篇秩。發言爲典，肆筆成書。炳蔚互變，如虎豹之明；灝噩無涯，逾商周之盛。況復褒貶是非，古人有所未至，造端立意，愚臣不能自言。陛下一賜指陳，渙然冰釋。至於「博而得其要，簡而周於事，典刑之總會，册牘之淵林」，臣實何人，克堪斯語？若乃嘉文宣以作則，援貞觀而爲師，❷茲實生民之福，豈伊微臣之幸！臣某誠感誠抃，頓首

❶「陛」上，《傳家集》有「皇帝」二字。

❷「貞」，原避宋仁宗諱作「正」，今回改。

頓首。竊以周之南、董，漢之遷、固，皆推高一時，播美千載。未有親屈帝文，特紆宸翰，曲蒙獎飾，大振輝光。如臣樸樕小才，固非先賢之比；便蕃茂澤，獨專後世之榮。退自揣循，殆無容措。遂使螢爝末照，依日月以永存；草木常名，附天地而不朽。臣不任懇款之至，謹奉表陳謝以聞。臣光誠感誠抃，頓首頓首，謹言。年月日具位臣光上表。

謝獎諭勑書并帶馬表

臣光言：伏蒙聖恩，以二股河北流已閉斷，降勑書獎諭，仍賜衣一對、金帶一條、鞍轡馬一疋者。聖言優渥，寵錫便蕃。顧循無勞，何以堪稱！臣光誠感誠愧，頓首頓首。竊以去秋積雨，河決棗强，朝廷憂勞，憫兹昏墊。臣祗奉明詔，相視所宜，詢采衆言，聞達天聽。捨短收長，率由聖志，處決利害，昭晰如神。今流勢東折，徑趨渤碣，恩冀西北，公私安堵。斯皆上帝儲休，明主獨斷。勞心建策則有當官之人，勤力奏功則有執役之士。臣進無運籌之智，退無負薪之勤，曾何施爲，膺兹貺賚。辭之則涉於僞慢，受之則寔爲尸素，有靦面目，無地自容。臣性雖頑愚，靈於草木，蒙被天施，敢忘報効？唯期竭忠，庶裨萬一。臣光誠感誠愧，頓首頓首，謹言。

永興謝上表

臣光言：昨奉敕差充永興軍一路兵馬都緫管、安撫使、兼知永興軍府事，已於今月十四日到任訖。荷恩至重，任責尤深，巡撫吏民，敷宣詔令。臣光誠感誠懼，頓首頓首。臣識慮闇淺，規爲闊疎，唯知愚忠，屢貢狂直。奉事三世，操守一心。間以齒髮浸衰，疾疹交集，曾靡論思之効，久汙侍從之班。既無補於本朝，祈自安於散地。不圖睿澤，更委名都。雖要重之權，自知不稱；而煩劇之地，難以固辭。受命以還，措躬無所。竭來就道，甫尔到官。維此咸秦，昔爲畿甸，山川秀美，土地膏腴。論其平時，誠爲樂土；在於今日，適值凶年。經夏亢陽，苗青乾而不秀；涉秋淫雨，穗腐黑而無收。廩食一空，家乏蓋藏之粟；襁負相屬，道有流離之人。老弱懷溝壑之憂，姦猾蓄萑蒲之志。正宜安静，不可動摇。譬諸烹魚，勿煩擾則免於糜爛；如彼種木，任生殖則自然蕃滋。謹當策勵疲駑，彫磨朽鈍，智力所及，勤瘁無辭。雖復失位危身，終不病民負國。庶幾小補，用答大恩。臣無任戴天荷聖，激切屏營之至。謹奉奏謝以聞。臣光誠感誠懼，頓首頓首，謹言。

遺　表

元豐五年秋，吾言語澁，疑爲中風之候，恐朝夕疾作，猝然不救，乃豫作《遺表》，自書之，常置卧內。倏且死，以授范堯夫、范夢得，使上之。八年三月五日，宫車晏駕，此表無用，留以示子孫，欲使知吾事君區區之心耳。

臣光言：臣世受國恩，常思補報，但以性識愚戇，不合聖心。是以比年以來，屏居杜口，不敢復言。今衰疾日侵，將填溝壑，敢以平生忠懇，一達天聰，庶幾陛下知臣無求於朝廷，而未嘗忘國家也。臣光誠哀誠切，頓首頓首。伏惟皇帝陛下天縱睿哲，燭物精敏。踐阼以來，鋭志求治，圖任奇傑，恢張洪業。得王安石委而信之，不復疑貳。聽其言，從其計，人有沮毁之者，責而逐之。雖周成王之信周公，齊桓公之任管仲，❶燕昭王之倚樂毅，蜀先主之託諸葛亮，殆無以及。斯乃不世出之英主，曠千載而難逢者也。不幸所委不得其人，安石既愚且愎，不知擇祖宗之令典，合天下之嘉謀，以啓迪聰明，佐佑丕烈。乃足己自是，謂古今之人皆莫己如。有人與之同則喜，與之異則怒。喜則數年之間援引登青雲，怒則黜逐擯棄終身沉草萊。凡人之情，誰不喜富貴而畏刑禍？於是忠直遠屏，姦諛競進，爲之腹心羽翼，以干禄徼利，遂使中外權要之任非其黨與不得處也。深疾諫者，過於仇讎，嚴禁誹謗，甚於盗賊。然後逞其胸臆，變亂舊章。興害除利，捨是取非。其尤病民傷國者，略舉四條：其一曰青苗錢。分命使者，誘以重賞，强散息錢，朘民求利。取新償舊，負債歲多，官守空簿，實無所獲。貨重物輕，公私兩困。其二曰免役錢。縱富强應役之人，使家居自逸。征貧弱不役之户，使流離轉死。凡農家所有，不過穀、帛與力，自古賦役無出三者。今皆不取，專責以錢。錢非私家所鑄，要須貿易外求。豐歲穀賤，已自傷農，又迫於期限，不得半價。盡糶所收，未能充數，家之糇粮，不暇更留。若值凶年，則又無穀可糶，人人賣田，無往可售。遂至殺牛賣肉，伐桑鬻薪，來年生計，安敢復議？用此雇浮浪之人，以供百役，使緩則爲姦，急則逃竄。處事若此，豈非倒置？其三曰保甲。自唐募長征之兵，賦農民穀帛以給其衣粮，農固已困矣。今穀帛税如故，又使捨耕桑，事戰陣，一身二任，民何以堪？又罷巡檢兵士及尉司弓手，皆易以保甲，半月一代，彼畎畒之民尚未能操弓

❶「桓」，原避宋欽宗諱作小字「御名」，今回改。

挾矢，已復代去。用此擒盜，不亦難乎？夫奪其衣食，使無以爲生，是驅民爲盜也。使比屋習戰，勸以官賞，是教民爲盜也。又撤去捕盜之人，是縱民爲盜也。謀國如此，果爲利乎？四曰市易。遣吏坐列販賣，與細民争利，下至菜果油麵，駔儈所得，皆摧而奪之，使道路怨嗟，遠近羞笑。商旅不行，酒税虧損，奪彼與此，得少失多。又稱貸於民，恣其所取，使無賴子弟得醉飽之資，在家父兄受督責之苦，傾貲破産，什有五六。凡此四者，皆逆人情，違物理，天下非之，莫之肯從。安石乃以峻法驅之。彼十惡盜賊，累更赦令，猶得寬除，獨違新法者，不以赦降去官原免，是其所犯重於十惡盜賊也。安石苟欲遂其狠心，無顧治體，此其厲階，至今爲梗也。又有姦詐之臣，如种諤、薛向、王韶、李憲、王中正之徒，行險徼幸，懷諼罔上，輕動干戈，妄擾蠻夷。夫兵者國之大事，廢興存亡，於是乎在。而諤等苟營一身之官賞，不顧百姓之死亡，國家之利病，輕慮淺謀，發於造次，深入自潰，僅同兒戲。使兵夫數十萬，暴骸於曠野，資仗巨億，棄捐於異域。昔王恢爲馬邑之謀，單于覺之遁去，時漢軍無所失亡，但無功耳。武帝猶以爲不誅恢無以謝天下。今潰敗亡失，狼藉如此，而建議行師之人晏然曾無愧畏，或更蒙寵任。竊見國家至仁，重惜人命，諸州論囚，有法應流而誤入死者，舉州官吏皆坐停廢。柰何使數十萬人無罪就死，反無所坐乎？此所以使狂躁貪冒之人競爲常試之説，而無所懲艾者也。若舉事屢如此，其於國家豈不可憂乎？臣聞堂上不坋，則郊草不贍曠耘。是以古聖王之治天下，必先内而後外，安近以服遠。故《書》曰：「帝乃誕敷文德，七旬有苗格。」《詩》

云：「王猷允塞，徐方既來。」下至齊桓、晉文，❶亦先富教其民，然後用之。陛下何不視今日朝廷之政治何如，群臣之智能何如，百姓之富樂何如，士卒之精鋭何如，乃遽從事於四夷也？臣所惜者，以陛下之聖明，不師虞舜、周宣之德，反慕秦皇、漢武之所爲。借使能踰葱嶺，絶大漠，鏖皋蘭，焚龍庭，又何足貴哉！自古人主喜於用兵，疲弊百姓，致内盗蠭起，或外寇窺覦者多矣。申屠剛曰：「未至豫言，固常爲虚；及其已至，又無所及。」必若待四方糜沸，如秦、漢、隋、唐之季，然後悔之，固已晚矣。夫諫争之臣，人主之耳目也，安可一日無之？《書》曰：「若跣弗視地，厥足用傷。」設有人閉目塞耳，跣而疾趨，前遇險阻，安有不顛躓者哉？臣竊見十年以來，天下以言爲諱，大臣偷安於禄位，小臣苟免於罪戾。閭閻之民，憔悴困窮，無所控告，宗廟社稷，危於累卵，可爲寒心。人無賢愚貴賤，莫不知之，而訖無一人敢發口言者。陛下深居九重，徒日聞諛臣之言，以爲天下家給人足，太平之功十已八九成矣。臣是以不勝憤懣，爲陛下忍死言之，庶幾陛下覽其垂盡之辭，察其碩忠之志，廓然發日月之明，毅然奮乾剛之斷，悔既往之失，收將來之福。登進忠直，黜遠佞邪。審黄髮之可任，寤諞言之難信。罷苗役，廢保甲，以寬農民；除市易，絶稱貸，以惠工商。斥退聚斂之臣，襃顯循良之吏。禁約邊將，不使貪功而危國；制抑近習，不使握兵而北亂。除苛察之法，以隆易簡之政；變刻薄之俗，以復敦樸之化。使衆庶安農桑，士卒保首領，宗社永安，傳祚無窮。則臣没勝於存，死榮於

❶「桓」，原避宋欽宗諱作小字「淵聖御名」，今回改。

生，瞑目九泉，無所復恨矣。臣不勝瞻天戀聖之至，謹手書遺表以聞。臣光誠哀誠切，頓首頓首，謹言。年月日，端明殿學士兼翰林侍讀學士、太中大夫臣司馬光上表。

賀立皇太子表

臣光言：伏覩今月三日制書節文：皇子延安郡王傭可立爲皇太子，仍賜名煦者。主器惟長，立邦家之基；錫命以時，爲社稷之福。臣光中謝。竊以天意與子，人情愛親。三王以來，百世不易。伏惟皇帝陛下光紹前烈，濬發遠猷，仰尊宗廟之嚴，俯眷蒸民之重。寵建上嗣，誕告多方。离日昭布於重光，震雷何啻於百里。封略之內，❶聲教所覃，凡有識知，孰不鼓舞？況臣叨居近列，夙受大恩，喜聞徽音，遠踰庶品。無任踊躍之至，謹奉表陳賀以聞。

謝起居減拜表❷

臣光言：伏惟閤門告報，今月十四日內降，以臣與呂公著近各推恩轉官，所有將來正謝，特令兩拜起居，餘免舞蹈。仍於執政官班次後別作一班，及自今後凡遇前殿，應干大起居，特令別作一班，止兩拜起居。恩出非常，禮加異數，優假太過，慙負愈深。臣光誠感誠懼，頓首頓首。臣猥以瑣才，預聞機政。去春以後，疾疹屢生，入冬以來，飲食漸少。迨茲歲序之首，頓覺筋力之衰，拜起絕艱，朝請殆廢。內惟恩紀之重，天地所不

❶「略」，《傳家集》作「畛」。

❷據《范太史集》卷七，此篇爲范祖禹代作。

能踰。退思績効之微，絲毫未嘗有立。欲避位則爲罪益大，欲就列則强力不前。朝夕爲衆目所觀，啓處無措躬之地。敢謂皇帝陛下，太皇太后陛下，仁霑枯朽，明燭幽微，特虧著定之儀，曲遂形骸之便。臣詢諸故老，或謂有舊章，然彼皆位躋宰輔之崇，德著耆明之美，豈臣么麽所敢比方？欲辭則實所不支，欲受則自知非分。蹴踖心悸，戰兢汗流。惟仰賴於寵靈，冀有瘳於藥物。病庶遄已，禮得如初。期於竭忠，不敢愛死。謹奉表稱謝以聞，臣誠感誠懼，頓首頓首，謹言。

温國文正公文集卷第五十七

温國文正公文集卷第五十八

書啓一

上許州吴給事書

月日，具官光謹再拜獻書某官執事。光昔者未冠爲書生，從師友間得執事所對直言策及後策觀之，喟然歎曰：「道之不明久矣。蔽於古者，迂大而不可從。溺於今者，淺薄而不足用。今執事論高而不悖於今，議實而不戾於古，所譏切皆當世之病，所區畫皆應事之宜。粲然虞夏商周之道，可以覆手而取，舉足而登也。非夫深明於道之本，其孰克以致此哉？」由是私自誓曰：「異日儻得出入門下承事之間，以受一言之教，使皦然睹道之正，涣然識道之歸，事君行己，知所取捨而無所疑，則私願足矣。」及舉進士，幸免黜去，始敢進謁朝之公卿大夫。當是時，蓄才德，負名聲，出入帝廷，榮耀輝赫照人者衆矣。光皆未及往見，首求執事之門而叩之，誠欲急於學術之明，而成宿昔之志也。并裹其所爲文，以爲始見之贄。執事不責其僭，而辱賜之詩以振飾之，且曰：「道爲根抵言爲華，由來表裏相經緯。」光由是益知君子務知大者、遠者，則光願受學之志愈固而專矣。不幸光獻文之明日，西出之官。自是已來，非奔走吏道，則在苫凷衰絰之中矣。東西南北，崎嶇壈坎，過闕門，上逆旅，爨未及燃，已復出外矣。是以役役十年，而不得卒業也。去年，罷滑臺從事至京師，則執事既爲天子輔弼臣矣。光賤士也，其敢不自分限而屢以其不肖之跡汙辱門下之塵，稱道舊恩，以求瞻望几杖哉！必若是，而爲天下之人謂之不營禄位而爲道，則難矣。光是以屏身退處，不敢屢進，以煩將命。非爲輒自疎外，誠懼不知者不能察其區區而有塵累於至公也。今聖主以許田股肱大郡屈煩執事鎮治之，光然後敢復叙昔日之知，而求畢其戇愚之志。夫肝鬲之所崇聚而欲杼展於左右者，固不可立談而盡也。是敢復繕綴近所爲文凡五卷而薦之，非敢以爲文也，貴露下情而已。伏惟亮其狂簡之誅，而矜其自幼及長企仰之意，副其所以來求考正道義之誠，則没齒銜戴盛德，永永爲執鞭秉轡門下之士矣。不宣。光惶懼再拜。

答胙城郭太丞書

光頓首再拜。竊以前世郡縣以來，朝廷唯置太守、都尉、令長，自他掾屬，皆官長所自辟除，供趨走治文書而已。今幕府吏，猶古之掾屬也，職至輕，位至微，獨命於朝廷差異耳。執事以老成之德，任百里之重，官爲三丞，著籍於朝，雖大君子卑遜不以自重，然考之古，視之今，其事任位序不輕章矣。而歲時月朔，必以賀牘爲賜，詞恭禮備，若小邑長之事牧伯，然此豈光之所能堪哉？是以日夜鞠躬重足，繼爲書啓，布之左右，乞停此儀，以安反側。而執事好謙之志，確然愈固。雖於盛德，益有光美；將使無似之軀，於何自置？殆非所以相全愛之道也。迺者韋城張祕丞亦然，光具此意因書請焉。韋城悟其不可，幸賜惠許。獨執事未炤愚款，祈請喋喋，不垂允納。每得一紙，流汗霑足。光聞君子與人恭而有禮，固不若此也。今不敢避煩再薦言，庶幾高明垂意，察古今之體，酌重輕之宜，凡此過禮，率從翦削。時有惠訓，手筆往來，使得泰然自安，無負踧踖，幸之大者。不宣。光頓首再拜。

與薛子立秀才書

光頓首。❶前日承不賜棄外，辱以所爲文示之，使得竊觀。甫盡數篇，不覺喟然置之而歎。噫，士之讀書者，豈專爲禄利而已哉？求得位而行其道，以利斯民也。國家所以求士者，豈徒用印綬粟帛富寵其人哉？亦欲得其道以利民也。故上之所以求下，下之所以求上，皆非顧其私，主於民而已矣。近世爲士者頗謬於古，往往以讀書爲資身之貨耳，彼又惡知所謂利民者邪？顧足下之文，上以薦之於宰輔，下以貽之令長求盗之吏，未嘗不以民爲先，皆閭里素所疾苦而上不獲知者，深切著白，使其人果舉而行之，則足下雖未得位而澤固施於民矣。且夫身爲布衣，已能孳孳念民若此，况得位邪？光竊有以知異日卓然爲名臣，使所至之方蒙被其福者，非足下而誰？此真古人之志也。朝廷得之，亦異於劖刻經史，潤飾文采以自售，施之於政而不達者矣。光是用矍然，喜於今之世而復見古之士，且竦首傾耳，以俟朝廷之得人而賀之也。其文編不敢久留，謹奉而歸之。晨起，使者至門，立欲返報，忽忽，不宣。光再拜。

❶「光」，原無，據《傳家集》補。

上龐副樞論貝州事宜書

云云。孔子曰:「不在其位,不謀其政。」國有大事,廟堂之上,謀議素熟,方略已定,而復以疎賤之人,狂愚之議,奸與其間,罪之大者也。然光聞之,受恩而不知報者,犬彘也。光雖不才,獨忍爲犬彘之行,忘盛德而無所裨益哉?是以夙夜思之,苟有以報萬分者,雖陷入大罪,不敢愛也。竊聞貝州軍士,恩過而驕,厭其久生,罪求速死。雖狂戇妄爲,勢無所至,蚤晚之間,終就屠滅。若兵久不決,難久不解,萬一城中之寇未即伏誅,而它變旁起,不逞之人,同惡相濟,乘釁而動,則爲朝廷之憂,方此始耳。此不得不爲之過慮也。雖國家恩德在民,淪於骨髓,根深柢固,萬無所慮,然王者舉事固當計萬全之勢,然後行之者也。不則狂賊自知罪惡無狀,降首亡繇,獨守窮城,勢不支久,則擁其徒衆,盜取庫兵,收載寶賄,豨突而出,建旗鳴鼓,攻剽城邑。以數千之盜,散之趙、魏之郊,東連青、徐,亦足以爲齊民之患,未可以旬月擒也。以光之愚,竊謂城中之衆未必皆有怨叛之志,其造計首惡者不過數人,自餘皆迫於兇威,不得已而從之者也。其望大軍之至,赦令之降,若墜塗炭者之待救,紡於樹者之求解也。朝廷誠以此時發近郡之兵,塹環其郛,勿攻勿戰,使不得出而已。又陰以重賞募人入城,焚其積聚,壞其所恃,使逃無所出,守無所資。然後命重臣素仁厚爲士卒所信愛者,奉明詔以臨之,諭以脅從之人,有能捕斬首惡,若唱先出降者,待以不次之賞;其始雖與謀,而能翻然悔過從善者,亦除其罪,待以不死;或爲惡不變,敢拒官軍者，戮及妻子，無有所赦。如是，不過旬月，逆卒之首必函致於闕下矣。此坐支解狂賊之術也。今爲惡者，必誑誘其徒曰：「汝罪已大，出城必誅，保州近事，足以爲戒。」自非賞至厚，信至明，則不足以破散其謀。宜得先降者厚賞賜之，超資越序，拜以官爵，錦衣駿馬，徇於城下，使足歆慕，以焜燿其餘。彼雖甚愚，國家昭昭然設貴爵重賞於前，峻刑嚴誅於後，示以大信，皦如日月，安有不動心者哉？《書》曰：「除惡務本。」《周頌》曰：「鋪時繹思，我徂維求定。」明聖王之誅，不在快意多殺，要欲布陳條理，期於安而已。今誠貰其脅從之辜，開以自新之塗，縱未即日殄滅，使其内自相猜，肘腋之變，紛紛數起。支節散落，腹心潰敗，渠魁之首可指日而烹也。然後分别白黑，表章善惡，取倡爲亂者種族誅之，餘皆勿問，亦足以立威而示懷矣。討不失罪，賞不失功，士卒無傷，甲兵不頓，財穀不費，盜賊不滋，竊以爲最策之得者也。或者必欲以兵力取之，賊憑堅城，執利兵，據倉庫，比其授首，則河朔之力固已困矣，況加以不虞之變哉！夫炎炎不絶，焰焰柰何？當事之微，治之易耳，時至不爲，禍如發機。今狂賊日夜煦嫗其黨，出庫物，奪民財以啗之，又恐喝以國家之威刑，沮抑其嚮善之意。不乘其衆心危疑未定之際，壞敗其謀，已而日寖久，罪寖深，朝廷無寬貸之令，凶黨有滲毒之威，朝薰暮蒸，衆志已固。然後圖之，❶則招之不來，攻之不克，用力百倍而功不可必也。故不愛官爵金帛之重賞，以壞其黨，今其時也，過是無益矣。朝廷之議，高深幽密，今日處

❶ 「之」，原爲空格，據《傳家集》補。

置，爲攻、爲戰、爲赦、爲誅，非艸茅之所能知也。萬一議者有欲用兵碎而不以計破者，此乃愚誠區區願陳所見者也。《詩》云：「先民有言，詢于芻蕘。」夫以周公之才，於天下事宜無所不知，而日孜孜禮白屋之士，求善言、詢政治者，誠欲盡衆人之思慮。執事爲天子腹心之臣，典樞機之任，凡百籌畫，得失之數，必已決於胸中矣。而某不識分限，復妄有云者，誠貪於報恩而忘其愚僭之罪也。伏計執事法周公之道，亦不厭芻蕘之言，以博觀焉。

謝校勘啓

蒙恩充前件職者。伏以聖哲之道，悉載於書，書之散訛，道亦鬱滯。是以國家開圖籍之府，設校讎之官，必求秀偉絶特之人，使之執事，誠以道爲重也。光天與之分甚魯且愚，徒以世家相承，習尚儒素。故自免去襁褓，初知語言，父兄提攜，授以經籍，是以不執餘技而逢衣自名。曾未能遊聖人之藩籬，嚌六藝之糟粕，遽用門蔭，列於王官，始就鄉舉，❶徑叨上第。常竊自恨道未至而受禄，學未優而治民。雖媮獲於一時，終不足爲成人也。已而天降之禍，服衰五年，指景數刻，幾無生望。洎免喪爲吏，從事藩方，則牒訴文移，所居委塞。是以舊學蓋廢，翦爲荊榛，私心悵然，每用歎邑。不自意得承乏東序，息肩簿領，乃始脩勵錢鎛，誅治荒穢，庶幾克徇宿昔之志。雖失之春芸，猶得之秋穫，足爲愈焉。敢謂朝之輔臣，不察駑朽，遽列其名，薦之法座。上方倚信大臣，議無不用，遂

❶「就」，原作「舉」，據《傳家集》改。

發中詔，引登書府，使之款朱闕，蹈紫臺，倏去蓬蒿，頡頏霄漢。榮耀過分，不寒而栗，夙夜循念，罔知所來。此蓋伏遇某官内竭忠力以勤王家，外隆寬裕以延士類，各適其器，不遺衆才。顧眄所加，人增大吕之重；議論所與，世劇衮章之榮。俾茲妄庸，濫獲甄采。敢不益自勤敕，無違率履，勉服故業，期於有成，庶幾不辱寵靈，無負知鑒。過此以往，未知所裁。

授校勘謝龐參政啓

蒙恩充前件職者。伏以朋友道缺，爲日久矣，陵夷至于近世，益以衰薄。甚者旦爲好言，暮而反之。况於存没之異，貴賤之絶，苟能言其姓名，識其遊處，斯可頌矣。矧又收撫其孤，誘掖成就，使之自卵而翼，去幽而光，天下幾何人哉！光質性愚陋，動無可稱，學古著文，皆不逮衆。徒以先人疇昔嘗託僚寀，獲友高明，道同志合，出處如一，分義之美，近古所希。光以童子獲執几杖，侍見於前。執事撫髫誨道，俾之就學，以至冒竊科級，叨塵禄位。始終之賜，皆有自焉。及夫上天降災，禍罰崇大，屏伏田里，號咷待盡。執事賜書吊撫，俾能自存。又譔著遺烈，表之楸柏，使其後祀焜燿無窮。凡茲大恩，固已無量矣。而又以光樸儒自守，謂其寡過，每賜袚飾，多踰其實。光或聞之，流汗被顙，常懼不能堪副，以累知言。暨衰麻外除，復從吏役。執事以文武才實入贊樞極，薦士之奏，首列光名。事雖報聞，勤惻愈甚。間二歲，進參大政，則又復前奏，出之扆前。上方推信大臣，議無不用，亟命近署，試其所能。藝術素疎，果暴嗤鄙。方自踧踖，以須譴絀，不意天恩曲成，引内祕府。遽使頡頏禁闥，依光紫霄，校讎群書，參奉遊豫。豈光空薄，所能堪稱？承命震駭，征營失據，靜自循度，罔知所來。此非先人之餘休，被及後昆，執事之敦篤，不遺故舊，糠粃小生，何階自致？銜恩念親，涕泗横集。夫以執事之忠亮純明，豈其私一不肖之人，使汙巇文館，羞士大夫？蓋將驅一世之人，使媮者日敦，薄者日醇，誠有以贊天子之大化，非獨苟然而已，乃知大君子之舉事用志遠矣。光敢不夙夜刻勵，寤寐訓辭，進益所長，攻去所短。苟使不忝前人之教訓，羞知己之偁論，以負明詔之收擢而已，過此已往，不知所爲。

謝檢討啓

蒙恩充前件職者。仰戴寵靈，俯循涯分，任非才稱，憂與愧并。竊以帝王垂憲於典墳，文武布政於方册。參天球赤刀之寶，閟石室金匱之嚴，豈緊記述之良，抑亦討論之美。自微貫穿前載，浹洽舊聞，稽古侔倚相之才，叙事識子長之體，則何以懋明得失，考合異同，訪逸事於名山，求緒言於故老，使聖哲丕績，弊天壤而無窮，俊乂隆名，炳丹青而不朽？原立官之甚重，宜擇士以恪居，豈容冒塵，坐致瘝曠？如光者，行能褊淺，器質迂疎。徒以儒術承家，蚤用門資署吏，甫任典謁，已辱聞詩。愚者常專，雖慕攻堅之業；勤而無獲，正如毀瓦之爲。猥玷士科，始陪賓幕。漆雕之道未信，尹何之傷實多。旋屬家艱，零丁苦凷，比還官次，汩没道塗。辭鋒頓而不修，學殖落而亡幾，分從塵役，絶覬榮階。俄承乏於瞽宗，遂參華於天禄。慶霄清晏，蓬渚邃嚴。縑素牣盈，率多未見。

英豪仝集，叨與並遊。顧鎖陋之無庸，每怔忪而自失。所虞揚汰，敢冀甄收。何期佑弼之司，誤辱褒稱之奏，俾登史觀，贊治信書。緝記言記動之殊，辨所見所聞之實，詳明其故，紬繹厥文。竊惟累洽之辰，方咏衆賢之富，弗圖嘉命，遽及窳才。靖究所來，孰云無自？此蓋伏遇某官獎延後進，汲引下僚，采其毫髮之長，振以齒牙之論。使不售之馬，立享千金之酬；無用之材，或充萬乘之器。敢不劬勞從事，恪慎處躬。冀少答於生成，庶無慙於知遇。過此以往，未知所裁。

上宋侍讀書

昔燕王有馬千里，而天下無敢獻馬於燕者，爲其皆不能及廐中之良也。趙王有璧徑尺，而天下無敢賈玉於趙者，謂其皆不能及櫝中之美也。彼以物求售者誠然，以道求售者則異矣。請以周公言之。夫周公之德美才智，天下固無庶幾望其藩籬者。然周公沐則捉髮，飧則吐哺，汲汲焉走迎天下之士，惟恐一人伏於蓬萊之下者。是以鍾石筦絃之音，歌舞其德，于今未衰。曏者儻以己之才德，求諸佗人，則外踰四海，舟車所極，終無一人可收采者，又安有曄曄光美施於千載邪？降及後世，賢公卿大夫未有不祖述此道而能具美者也。伏惟執事體純明以立質，積學問以廣德。自結聖主，優游禁闥，四表仰聲而響集，群士希光而景附。眄睞所被，温於春陽，咳唾所沾，重於珪璧。誠薦紳之表的，後進之衡鑑也。光才朽行僻，學疎文陋，群居士林，無與比數。而不自屏絀，妄以其技進於左右，是猶獻馬於燕，賈玉於趙也。執事儻以二國之意遇之，則光宜驅呵擯逐，不得少留於門下矣。以周公之道接之，則光必得從七十子之後而俟見焉。竊以古者見於公卿大夫必有贄，今其禮亡久矣。士非文無用爲贄者，是敢不自隱其嗤鄙，雜録舊所爲文，凡五卷，執之立於屏外，以待進退之命焉。

回狀元第二第三先輩啓

伏蒙某官不以光之愚庸散賤，親枉車騎，辱臨其門，前之以啓，以將盛意。恐悚愧懼，於兹未息。竊以取士之詳，進賢之速，視古以來，宜無若今者。今天下之士舉於其州，用不能而退者，❶十常七八。然後升之禮部，禮部又如之，然後升之天子之庭。天子臨軒親覆之，又有退者，然後解其布衣而禄之。如此可不謂之取士之詳歟？然其以魁傑秀異在殊級者，其視朝廷美官，若寓物褚中，不十年畢取之，大抵皆至公卿，如此可不謂之進賢之速歟？取如是詳，而能獨爲群士之先，則其才可知已；進如是速，而能不自隆貴，以禮於愚庸散賤之人，則其德可知已。才與德二者，議士之所先也，而皆有以過絶於人。光是用不敢私賀於左右，而賀於朝廷，賀於衆庶，知其將得賢公卿而有所瞻賴也。

答薛虢州謝石月屏書❷

光再拜啓。積日前令嗣先輩訪逮，出手筆并石月屏爲貺，捧玩，不勝愧喜。比來數

❶「而」，原無，據《傳家集》補。
❷「月」，原作「硯」，據《傳家集》改。

於都下朋從處見此屏，觀其天質圓瑩，非刻非繪，如秋高氣清，迥然在望，信乎天地之異氣，山澤之殊寶也。素心悦之，無從可得，豈以一旦不煩懇請，坐致握中。性本疎野，雅叶所欲，雖受文錦十純，白璧百雙，在光之愚，未爲重賜。謹當縢閟箱笈，不忘惠好耳。氣序瘴暑，信後伏想休勝。俗故怱怱，久不遑修謝，尤增悚懼。先輩注官甚便，想加慰喜。未期接侍，倍希珍厚。不宣。光再拜上啓。

答謝公儀啓

光之得游於書府也爲日寡，竊嘗側聞先達長者之言曰：「昔之初有職業於兹者，不以位之崇卑，名之顯晦，皆摯啓以造於僚友之門，誾誾焉與見於公卿貴人之禮均。若是者非佗，蓋以凡居此官，本以禮義相先，非以名位相高也。」兹道之替久矣，光不及見焉。常拊髀私歎，自恨生之後而進之晚，不得目前人盛事。又傷身之賤而名之晦，不能率先士夫以振起之也。不意今者某官以英偉之才，負天下燁燁之望，始以鴻漸之翼，翔集兹地，獨能力探故實，勤而行之。雖光之愚陋輕微，不足齒於僚列者，皆親枉車騎，懷啓袖謁，臨其蓬蓽，一無所遺。光始愧中疑，終而釋然。知兹禮之來，非光之爲，而爲臺閣之美，不可使遂委草莽而沉絶不繼也。伏以某官始者遊太學則冠諸生，登王庭則先俊選，貴名之白，若列宿之羅清旻，疾風之走四海。凡一事一爲，皆天下之所仰而趨、慕而歸者也。若使出於媮，則後來之士無自入於敦；出於敦，則後來之士無自入於媮。況始仕於朝，天下方拭目而觀之，清耳而聽之，乃獨不出於媮而出於敦，是則及物之利，繇此其始矣。光是以爲天下士大夫賀，而不敢以見禮私自榮也。

答聞喜馬寺丞中庸書

月日。光頓首再拜明府寺丞閣下。光頃日雖得邂逅，奉望顏色，然殊未暇陪從容、杼悃款也。今者猥蒙記存，遠賜之書，仍以新與邑中賢士大夫治孔子祠，命爲之記。何采聽之過而責望之重也！且愧且恐，若無所容。光資性頑蔽，辭藝鄙薄，平居爲朝夕近用之文，猶多乖僻，取人嗤傲，況於語先聖之道，載賢令之功，鐫之金石，傳之將來，是猶執尫人而負之以千鈞之重。雖欲自託於顯茂之業而貪不朽之榮，獨不輕先聖而累明府，羞邑中之賢士大夫乎！此誠非光之所敢任也。伏惟寬明，當賜開察，改求酣鬯於道而富有於文者使爲之，則宜與大名昭昭，千古不窮矣。若光類者，正可相與誦咏而已。不宣。司馬光頓首再拜。

與范景仁書

月日，司馬光謹再拜獻書景仁足下。《詩》云：「先民有言，詢于芻蕘。」言人君不以鄙賤廢善言也。又云：「心乎愛矣，遐不謂矣。」言人臣不以疏遠忘忠愛也。又云：「彼姝者子，何以予之。」言賢者在位，下樂告以善道也。又云：「何以恤我？我其收之。」言賢者得忠信之言，無不受也。光實何人，明主以爲臣，景仁以爲友。明主方側身求諫，而景仁以言事爲官。光又可以嘿而已乎？光聞古者士傳言諫，蓋以士賤，不能自通於君，故因資卿大夫以傳之。光鄙者不知其賤且愚，輒以宗廟社稷深遠之計冒聞朝廷。誠知位卑而言高，智小而謀大，觸罪皆死，然死者人之所必不免也，若忠於國家而死，死之榮也。是以剖肝瀝膽，手書緘封而進之，庶幾得達法坐之前。明主或加聽采，自以聖意建萬世不拔之基，則光退就鼎鑊，如蒙黼黻。此光之本心也。無何自夏及秋，囊書三上，皆杳然若投沙礫於滄海之中，莫有知其所之者。夫以即日明主求諫之切，詔書爛然，頒於天下，而光所言又非瑣瑣不急之務，❶若幸而得關聖聽，則光所言是邪當采而行之，非邪當明治其罪。豈有直加棄置，曾不誰何！此必所言涉千里之遠，歷九閽之深，或棄或遺，而不得上通也。古之人有奏疏而焚藁者，蓋爲言已施行，不可掠君之美以爲己功也。若奏而不通，又自焚其藁，則與不言何異哉？光是用中夜起坐，涕泣霑衿。竊惟當今朝廷諫争之臣，忠於國家敢言大事，而又周旋日久，知光素心者，惟景仁而已。某之言不因景仁以自通，尚誰望哉？且景仁爲天子耳目之臣，得光之言，傳於明主，天下固莫得而窺也。光是敢輒取所上奏藁獻於左右，伏冀景仁察其所陳，果能中於義理，合於當今之務，則願因進見之際，爲明主開陳。兹事之大，所當汲汲留意，不當因循簡忽，以忘祖宗光美之業。及乞取光所上三奏，略賜省覽，知其可取、可捨、可矜、可罪，裁定其一而明賜之，無使孤遠之臣徒懷憤嘿嘿而無所告語也。昔樊噲諫漢高祖留止秦宫，❷奉春君請徙都長安，始皆未聽，得留侯言，即日從之。蓋人主素所信重，入

❶「瑣瑣」，原作「鎖鎖」，據《傳家集》改。
❷「秦」，原作「奉」，據《傳家集》改。

其言易故也。今某官於千里之外，爲邊州下吏，景仁朝夕出入紫闥，登降丹陛，天下之責治亂安危者，不在於光，皆在景仁。光雖言之，終不能有益於國家，止於是而已矣。若夫懇惻復熟，以感寤明主，成聖世無疆之休則在景仁留意而已。如是實天下之幸，非獨光之幸也。不宣。光惶恐再拜。

與李子儀書❶嘉祐元年❷

光再拜。昨日值客至，不克盡談，宿夕思之，終未能達子儀高遠之慮。故輒復布其愚悃，以聞左右，未審果肯省眎否？凡足下今所欲爲，義邪？利邪？將不勝其忿，苟爲詆訐，以快志邪？此三者皆未見其可也。足下雖自信其心不爲利動，然天下之人烏可户曉？萬一被涉此謗，於何湔洗，是棄千金之璧而得腐鼠也，雖一日十官，豈足羨哉？光辱與足下遊最久，竊觀士大夫間才行具美如足下者，能有幾人？所以孳孳深更重惜，不欲使有毫末之議加於全德。事苟上聞，不可復掩，朋友雖欲從而辭之，亦無及已。足下何不試察光心，所以區區不避譴怒，竭忠相告者亦何所利哉？正爲賢者惜舉措而已。

別劉孝叔雜端手啓時謫知江州，名述。❸

光再拜。前日暫得詣別，悵戀何可勝言。比宿起居何如？舟艦具未？解維果在何時？恭惟道勝名立，餘無可貴，外物土

❶「李」，原作「季」，據《傳家集》改。
❷題注，原無，據《傳家集》補。
❸題注，原無，據卷端目録補。

芥，固不足以滑和。唯冀親近藥物，益自愛重。區區所禱，不宣。光再拜。

與范堯夫經略龍圖書

光啓。昨在洛中，及至京師，兩於河中遞次得所賜書。值光治裝赴陳州，又得旨詣闕，尋又忝左省之命。忽忽事多，久不修報，明恕必察其非疎懈也。繇承就移慶帥，既踐世官，復修舊治，計堯夫必樂然就職。然士論所鬱鬱者猶多也。光今日忝竊，皆由堯夫素加誨誘，重以推挽，其感戢固不在言。今歲大暑異常，邊地必稍愈，觸熱飲冷，更祈節慎。不宣。光再拜。

第二書

光愚拙有素，見事常若不敏，不擇人而盡言，此才性之蔽，光所自知也。加之閑居十五年，本欲更求一任散官，守候七十，即如禮致事。久絶榮進之心，分當委順田里，凡朝廷之事，未嘗挂慮。況數年以來，昏忘特甚，誠不意一旦冒居此地，蒙人主知待之厚，特異於常，義難力辭，黽勉就職。故事多所遺忘，新法固皆面牆，朝中士大夫百人中所識不過三四，如一黃葉在烈風中，幾何其不危墜也。又爲世俗妄被以虛名，不知其中實無所有。上下責望不輕，如何應副得及？荷堯夫知待，固非一日，望深賜教，督以所不及。聞其短拙，隨時示諭，勿復形迹。此獨敢望於堯夫，不敢望於它人者也。光再拜。

温國文正公文集卷第五十八

温國文正公文集卷第五十九

書啓 二

與東阿張主簿書 嘉祐二年正月二十四日上❶

正月二十四日，光頓首主簿足下。光不佞，蒙丞相辟署來此。官雖賤微，朝廷亦委之察舉境内賢士大夫，苟捨置賢者，而惟目前營求者之與，辠孰大焉？是以到官以來，竊觀諸縣賢士大夫無如足下徇公愛民者，其所以奉知，固不俟足下之求也。今迺貶損書誨，有「從風雨而老」之歎，殊非所望。君子患不能，不患人不知，足下姑勉修所能，何患無知己？不宣。光頓首。

與范景仁書

九月二十六日，同年弟司馬光再拜景仁學士足下。曏者景仁初爲諫官，四方之士知與不知，聞者皆曰：「諫官得景仁，天下其庶矣。」況如光者，其喜固不在衆人之後。然而有所懼者，其故何哉？請試爲景仁道之。夫良玉易瑕，清水易汙，凡負天下之望者，必任天下之責，此理之固然也。曏使景仁才術操行無以異於衆人，則其來也人不爲之喜，其去也人不爲之慼，嘿然不言人不以爲責。今景仁之名曒然暴於天下，已如清夜列星之文，雖欲厚自謙讓，藏於衆人，烏可得哉？

❶ 題注，原無，據《傳家集》補。

此光所以爲景仁懼也。景仁官雖未甚達，然爲天子耳目之臣，朝夕在天子左右，萬民之利病已得而言之，朝廷之得失已得而言之，亦不得謂之不用矣。夫士之學行已美而名不彰者，朋友之過也。既彰矣而時不用者，執事之過也。既用矣而功業不白於天下者，敢問誰之過也？行矣，景仁勉之。自今日以往，天下之民萬一有失職而吟歎者，景仁之責也。朝廷之政，萬一有違理而傷道者，景仁之責也。非獨光浮目而望，沈耳而聽也，天下之人莫不皆然。舉措小差，天下之責四面至矣。嗚呼，可不懼哉！自非相愛重之深至，烏肯及此也？不宣。光再拜。

再與范景仁書

月日，光再拜景仁足下。日者不自知其不肖猥賤，敢妄以書干冒左右。退自悔恐，謂必且得罪，見棄絶矣。北都遞中，忽辱示問，然後知大君子納善無厭，以畜其德，汪汪然若江海之大。夫如是，天下之士孰不願挾其忠信以趨左右者哉！幸甚。景仁書云：「有朝廷之是非，有天下之是非，有後世之是非，夫何憂何懼？」善矣，景仁之充此言也，寔天下蒼生之福也。雖光亦願景仁如是而已矣。必曰「議天下之是非，若議樂之是非」，則非光之所敢知也。又云：「必欲伺大臣之細故，發其隱微，以市己直，實不能也。」此則不唯景仁恥之，光亦恥之，不願景仁爲也。光所謂「良玉易疵，清水易汙」者，謂其全之之難，有疵汙而人見之易也，非謂其易磷緇也。《春秋》責賢者備，孔子之意豈有異哉？景仁或未之思耳。凡論者審知其是，守之不移，然後能明其道，何强辯之有哉？

必詭隨雷同，然後景仁悦之邪？屬部役者之金隄，行在朝夕，怱怱，不能盡所懷。光再拜。

答明端太祝書 嘉祐二年六月二十四日❶

六月二十四日，司馬光頓首太祝足下。士之服儒衣冠者，莫不指聖賢之道以爲歸。然而能至焉者幾希，非其智力不足爲也，名利誘之，則轉而從佗，不自知耳。自古士之求道而不至者，凡病此也。今足下年甚少，才甚美，不知光之不肖而辱賜之書，迺云非爲名也，非爲利也，❷欲師道德而已。嗚呼，足下之言，古大君子之言也。審能充之，聖賢之道，近在耳目之前矣。如光者，將跂仰頌歎之不及，又奚暇道德之知，而況以師道自處哉！足下之志則誠美矣，其所從求之人則非也。孟子謂曹交曰：「夫道若大路然，豈難知哉？人病不求耳，子歸而求之，有餘師。」荀子曰：「學者誦數以貫之，思索以通之，爲其人以處之，除其害以養之。」足下儻察二子之言，則雖閉門求之，道烏有不至者哉？光何人也，足下推褒之過，而督責之重，譬之若指江河而使孺子涉焉，必不敢從已。不宣。光恐悚頓首。

答陳充祕校書 嘉祐二年九月二十四日上❸

九月二十四日，司馬光再拜復書祕校足下。比日前辱賜書，推褒責望，皆非光所敢

❶ 題注，原無，據《傳家集》補。
❷「非爲利也」，原無，據《傳家集》補。
❸ 題注，原無，據《傳家集》補。

當，惶恐累日，無以自處，豈非足下愛之之厚而不覺言之之過也？ 然光未知足下之志，所欲學者古之文邪？ 古之道邪？ 若古之文，則某平生不能爲文，不敢强爲之對，以欺足下。 若古之道，則光與足下並肩以學於聖人，光又智短力劣，罷倦不進者也，烏足問哉？ 雖然，足下之意勤，不竭盡以告則必不止。 敢私薦其所聞，足下擇焉。 足下書所稱引古今傳道者，自孔子及孟、荀、楊、王、韓、孫、柳、張、賈才十人耳。 若語其文，則荀、楊以上，不專爲文；若語其道，則恐王、韓以下，未得與孔子並稱也。 若論學古之人，則又不盡於此十人者也。 孔子自稱述而不作，然則孔子之道，非取諸己也，蓋述三皇五帝三王之道也。 三皇五帝三王，亦非取諸己也，鈎探天地之道以教人也。 故學者苟志於道，則莫若本之於天地，考之於先王，質之於孔子，驗之於當今。 四者皆冥合無間，然後勉而進之，則其智之所及，力之所勝，雖或近或遠，或小或大，要爲不失其正焉。 舍是而求之，有害無益矣。 彼數君子者，誠大賢也，然於道殆不能無駁而不粹者焉。 足下必欲求道之真，則莫若以孔子爲的而已。 夫射者必志於的，志於的而不中者有矣，未有不志於的而中者也。 彼數君子者，與我皆射者也，彼雖近，我雖遠，我不志於的，而惟彼所射之從，則亦去的愈遠矣。 此某之所聞，而是非不能自定者也，足下試熟察而審處焉。 不宣。 光再拜。

與夏祕丞倚，字中立書

光再拜。 光初離并州一驛，曾於遞中領所賜書，以道塗無便可以報謝。 暨至都下，則朝論紛紛，以忽里之敗，爲皆因築堡引惹生事。光每見公卿大夫下至等輩，輒爲開述虜侵漢地事體本末，二堡不可不築之狀。前日之敗，蓋由邊將輕敵無備，穿頭入網中，本非作堡之過，言之切至，口幾流血。而世俗常情，成是敗非，氣燄方張，不可嚮邇。以光區區，譬如鷦鷯漸羽以灑鄧林之火，固無益矣。聞光言者，或逆加排折，不容出口，或嘸然陽應，腹非皆笑。要之，所語數十百人，訖無一人信者，光遂閉口，不敢復言。但引咎責躬，乞分取諸君之罪而并坐之。所上之奏，非特爲龐公也，亦具述當日與諸君謀議本末，其言皆天地所監，不敢有分毫欺罔。仍言朝廷若不以修堡爲非，則龐某、夏某等必不受責；若以爲非，則龐某先已罷修此堡，因臣至彼，見虜騎退散，方議再修。武某、夏某等，因臣傳導其言，方得達於龐某，修堡之事皆臣所致，若治其罪，臣當爲首，乞伏重誅，以正國典。章再上，不報。又巡白二府，力陳此誠，乞朝廷大則肆之斧鉞，中則流竄嶺海，或聖朝至仁，減貸極輕，亦望以中立爲比，除一遠郡監當。所以然者，上以不虧國家至平之法，中以少謝負累知己之繫，下則它日復見武侯、中立及邢、賈諸人，有所施其面目。瀝瀉肝膽，懇惻備至。而二府諸公，確然以爲臺獄元無收豎，使朝廷何以施行？光退復具奏草，更欲以死自請，則親友皆言如此是明知朝廷不行而飾僞以采名也。光聞其言，實無以自明，遂自塞嘿，不敢復上。而再三循念，當日與中立於東齋計議之時，固以成敗自決，迨至忽里敗績之後，光又與中立書，言朝廷若知敗績不因修堡，則吾輩何罪？若爲因修堡所致，則必不以事盡諉諸君。今諸君俱被譴責，而光獨得無咎，是責諸君以自脱也。將不得列於人類，其爲羞愧，可勝道哉！每一念此，晝則投箸輟餐，夜則擊席歎吒，終身慊慊，不可湔洗，若貯瓦石在於胸中，無時可吐。所以經年不通一字以問動止者，固非懈惰，誠由内自慙怍，又未知中立察之與否，使光執筆無以置辭。前日邸吏乃以手字相示，云得之西來軍士，光然後知中立聰明，察光非賣友者，不加罪絶而猶賜存問。光始敢布陳其所懷，庶幾中立參以所聞，知其非妄也。雖然，此乃略道梗概，其不可以書傳者，須在佗日面談，方盡覼縷也。

别紙

詔獄所竪中立事嘗亦剽聞，立寨斫木則有之，辰巳之差，則告者過也。但謂所申郭武出巡爲虛，及狀内無武侯入城一節事耳。然以光觀之，皆中立忠於朝廷，信於上司，篤於僚友之事，而治獄者集以爲過，當如之何？此蓋措意不在中立故也。《書》云「又有餘憂」，此則慮之過者。光去夏自麟還，并悉述所聞衆人之議，不出五策，以白龐公。其最下聽其侵耕，置而勿問。凡淺識偷安者，其言皆如是也。次則力戰，決以勝負。勇悍不思者，其言如是也。次則誘其耕民，徙之内地，使彼自懼失亡而去。陳懷順之謀也。次則絶其私市，使彼自計侵耕所得不償所亡，必來分割。光與邢舍人所議也。次則乘間築堡以扞之，借使不盡得其田，亦足爲麟州耳目藩蔽。光與武侯、中立所議也。龐公幸用其二，而舍置其三。誘民、決戰、勿問。於今日思之，始知當日下策乃上計也。嗟乎！事難預知，無可言者。所惜者國家邊臣姑息之弊久矣，今止欲自於漢地内立一小堡，已謂之引惹生事，罪及元帥，則後來者所爲可知，益使戎狄輕漢矣。次則龐公垂教，孜孜爲國，更獲欺罔之名。次則中立才美操堅，而横罹此咎，❶雖不足爲異日之累，而亦暫致淹回。次則光罪當爲首，而不蒙誅戮貶竄，使國家有同罪異罰之譏。此皆某所慊慊者也。以此之故，光今雖强顔出入朝省，每有人正視其面，則慙不敢仰。凡以上累知己，而旁負朋友故也。其佗一一非書所盡。盛暑中，倍自保輔。

與魏雲夫書閑

十二月十一日，光再拜雲夫處士老兄。近蒙貺手筆，云見家兄，言光頗喜養生。夫生之貴於物也甚矣，人不能保其生，於他何有？光心雖喜之，不能得其塗徑，望其藩牆也。今老兄年餘八十矣，自皇祐初拜别又逾十年，每聞家兄言，老兄精神益明，膂力益壯，❷視聽飲食過於少年，不知以何道修育，乃能至是？誠不勝歎慕之深。顧以俗網縻縶，無由得親執几杖，以受教於下坐。儻有道之稊稗土苴，可使愚陋牽俗之人與知而力行者，願時賜誨諭，俟它日得侍左右，然後卒業，不勝幸甚。不宣。光再拜。

答德順軍劉太博忱書

光頓首再拜。趙令來，蒙貺書，教以所不及。始於喜愧，終於感懼。光常病世人稱

❶「咎」，原無，據陳弘謀本補。
❷「膂」，原作「旅」，據《傳家集》改。

交友者，相遇則詡詡笑言，以酒食相悦；相去則長函短幅，副以苞苴，言皆諂諛，又似欺侮。習尚成俗，莫知其非。求諸古人，切切偲偲，諒直之益，萬無一二。常懼没世不見其人，今乃得之於足下，此其所以爲喜。足下所示，皆國家安危之本、治亂之原，當今所宜汲汲者。足下爲遠官，無言責，猶能孳孳不忘忠藎如此。光仕於朝廷，官以諫爲名，政事有闕，或不能知，知之或不能言，言之或不能入，不能入又不能去。此其所以爲愧也。昔者先人獲知於先龍圖，推稱援挽，以至於通達。今兹某又獲知於足下，教誨隱括，使逃於罪戾，仍世受賜於門下，此其所以爲感也。觀足下之言，非直可以爲交友之良，乃實國家之忠臣。光知不能薦，又偷安竊禄，以妨賢者之路，大則將受誅於朝廷，小則將取譏於天下之士大夫，此其所以爲懼也。凡足下所論，敢不熟思而謹志之？苟其智力之所及者，不敢不勉也。謹此布謝懇，伏惟俯賜照察。不宣。光頓首再拜。

上始平公述不受知制誥啓 龐丞相

光惶恐啓。雨後薄寒，比日晴霽，稍復暄暖，伏惟台候萬福。適蒙寵賜手教，問以久不受恩命之故。不惟愛念之厚，迺復知其堅守愚志，必有所爲，非苟然而已。古人所謂知己者，正應如是。區區之死，不足以報，感極以泣，無言可諭。光自總角以來，則拜伏趨走於前，又辱知愛如此之重，豈敢以半言誣罔聰明？借使有之，亦不能欺也。光自幼讀經書，雖不能鉤探微藴，比之佗人，差爲勤苦盡心而已。又好史學，多編緝舊事，此其所長也。至於屬文，則性分素薄，尤懶爲之。當應舉時，强作科場文字，雖僅能牽合，終不甚工。頗慕作古文，又不能刻意致力，闚前脩之藩籬，❶徒使其言迂僻鄙俚，不益世用。此真所謂學步邯鄲，匍匐而歸者。曏者年三十餘，相公在樞府時，始令學作四六文字，供給牋奏。雖承命不敢不勉，而終以愚陋不能進益。自相公出鎮以來，亦遂捨置，未常復爲也。時時答親舊書啓，則不免假手於人。今知制誥之職掌，爲天子作詔文，宣布華夷，豈可使假手答書啓者爲之邪？光與石舍人同年登第，少相親狎，熟知其人，志度清夷，操行純一，當在館閣時，聞望甚美，其文采亦不全出衆人之後。一旦擢處西掖，所作告命，小有瑕謫，則輕薄之士相與傳以爲笑，至今身没而傳笑者未已，光竊傷之。曏使石不登西掖，豈有此辱邪？光平生所爲文辭，比之於石，自謂猶未能及，而視此前轍，欲使光遵而蹈之，豈能不懼且愧？苟貪其榮利，强顏爲之，不惟取一身没齒之羞，亦非所以增朝廷之光華也。以是觀之，光之不授知制誥，出於赤誠，非飾讓也，但不爲朝廷及世人所諒耳。夫館職止於校正文字，故雖如光者，亦可爲之。至於知制誥，天下止有四員，非文辭高妙，殊衆絶倫者，固不可爲也。非獨如是而已，抑又有勢不可受者。光曏者除開封府推官，判三司度支句院，及修起居注，皆曾辭免至于四五而不能得請，卒復舊職。今兹召試制誥，私心自念，以爲若復辭而不獲，則舉措可慙，不若勿辭，遂勉强就試，當是之時，謂吕侍講雖辭，亦必不免，無何明旦，欲詣閤門受勑，而

❶「籬」，原無，據《傳家集》補。

今夕聞吕别有除命，乃知光自不辭，而非朝廷不許也。是以復有今者之請。奏章已四上矣，若又因循復往就職，則是前後辭讓禄位，皆詭詐飾名，以巧邀朝廷，舉不可信矣。雖家人僕隸猶將疑之，况天下之人乎？如是則光無復面目以立於士大夫之間，是以竭力致辭，不復計奏章之數。若朝廷終不見聽，治其頑蔽不恭之罪，行罰而已矣，知制誥必可免也。前日至堂中見執政，亦具以此誠白之，不知其見信否。今并四次奏草封上，貴知其本末之詳。自免諫職以來，❶喜有參侍之期，而以辭官之故，未奉朝請。伏謁門下，杳未有涯，晨夕遑遑，心如遊雲，常在左右，但形留不往耳。既不獲面陳，因辭抒情，不覺煩多。

答劉蒙書

五月十六日，陜郡司馬光再拜復書賢良劉君足下。昔張伯松語陳孟公曰：「人各有性，長短自裁，子欲爲我亦不能，吾而效子亦敗矣。」馬文淵戒兄子，欲其効龍伯高之周慎謙儉，不欲其效杜季良憂人之憂，樂人之樂也。光愚無似，何足以望萬一於古人，然私心所慕者伯松、伯高，而不敢爲孟公、季良之行也。况幼時始能言則誦儒書，習謹敕，長而爲吏則讀律令，守繩墨。齪齪然爲鄙細之人，側足於庸俗之間，不爲雄俊奇偉之士所齒目爲日久矣。不意去歲足下自大河之北洋洋而來，遊於京師。負其千鎰之寶，欲求

❶「諫」，原作「陳」，據《傳家集》改。

良工大賈而售之。乃幸見顧於陋巷，因得竊讀足下之文，窺足下之志，文甚高，志甚大，語古則浩博而淵微，論今則明切而精至，誠不能不口誇而心服。譬如窶人子，終日環繞愛玩，咨嗟傳布，訖無一錢，敢問其直之高下，亦終於無益而已矣。今者足下忽以親之無以養，兄之無以葬，弟妹嫂姪之無以恤，策馬裁書，千里渡河，指某以爲歸。且曰：「以鬻一下婢之資五十萬畀之，足以周事。」何足下見期待之厚，而不相知之深也，光得不駭且疑乎？方今豪傑之士，内則充朝廷，外則布郡縣，力有餘而人可仰者，爲不少矣。足下莫之取，乃獨左顧而抵於不肖，豈非見期待之厚哉！光雖竊託迹於侍從之臣，月俸不及數萬，爨桂炊玉，晦朔不相續。居京師已十年，囊褚舊物皆竭，安所取五十萬以佐從者之疏糲乎？夫君子雖樂施予，亦必己有餘，然後能及人。就其有餘，亦當先親而後疎，先舊而後新。光得侍足下裁周歲，得見不過四五，而遽以五十萬奉之，其餘親戚故舊不可勝數，將何以待之乎？光家居食不敢常有肉，衣不敢純衣帛，何敢以五十萬市一婢乎？而足下忽以此責之，❶豈非不相知之深哉！光視地而後敢行，頓足然後敢立，足下一旦待以爲陳孟公、杜季良之徒，光能無駭乎？足下服儒衣，談孔顔之道，啜菽飲水，足以盡歡於親，簞食瓢飲，足以致樂於身，而遑遑焉以貧乏有求於人，光能無疑乎？足下又責以韓退之所爲，若光者何人，敢望韓退之哉？韓退之能爲文，其文爲天下貴，凡當時王公大人廟碑墓碣，靡不請焉。故受其厚謝，隨復散之於親舊，此其所以能

❶「忽以此」，原作「勿以出」，據《傳家集》改。

行義也。若光者何人，敢望退之哉！光自結髮以來，雖行能無所長，然實不敢錙銖妄取於人，此衆人所知也。取之也廉，則其施之人也靳，亦其理宜也。若既求其取之廉，又責其施之厚，是二行者誠難得而兼矣。足下又欲使光取之於佗人，是尤不可之大者。微生高乞醯於鄰人以應求者，孔子以爲不直，况己不能施，而斂之於人以爲己惠，豈不害於恕乎？足下之命既不克承，又費辭以釋之，其爲罪尤深。足下所稱韓退之亦云：「文章不足以發天下之事業，錢財不足以賄左右之匱急，❶稛載而往，垂橐而歸，足下亮之而已。」不宣。光再拜。

温國文正公文集卷第五十九

❶「賄」，《傳家集》作「賙」。

温國文正公文集卷第六十

書啓三

答楚州粮料胡寺丞宗愈 宗愈薦歙州蘄門令丁隲

光頓首再拜。前歲承臨訪，以諫局不得詣謝。頃又辱賜書，兼示以所著文藁。京師日困俗事，因循踰年，尚未報謝。雖感戢勤仰之心，無時少忘，而惰慢之罪，誠無以辭於左右，宜見棄絶而不録者也。今兹乃復重賜以書，仍告以賢者之名。是不以小禮爲疏密，而直責以古人之處也。光實何人，蒙期待之厚如此，且愧且恐，殆無容措。丁君未之得見，又不知其所居，不獲身往受教也。唯當謹識重語，無日忘之。京師利名之場，士大夫不知光之不肖，日枉車騎過弊廬者，不啻十數，然爲道誼而來者則難得矣。丁君不屈臨，迺益知足下之不妄譽人也。時寒，千万加愛。不宣。光再拜。

答周源同年書

十二月日，具銜光謹再拜復書都官同年。足下前此承賜書，并示以古律詩三卷，理致精奥，辭氣清壯，誠陋目所未嘗睹。如登崑丘閲衆寶，顧眩驚眄，心知其可貴而口不可盡名也。幸甚！幸甚！受貺至大，宜即時修報，而缺然逾旬者，抑有由焉。光生而樸愚，行能無所長，自度於方今士大夫間，最出其下。不意朝廷過采，置之侍從，居常自愧。今同年賜書，迺欲方之汲黯。夫汲黯何可當也？漢武帝猜忍暴刻，其近臣如莊助、朱買臣、吾丘壽王之徒，雖平生所信愛，小有過輒抵死。九卿顔異對賓客微反脣，以爲腹誹而誅之。其視殺人族人，若鉏草茅。然黯當此時，能犯忌諱，觸盛怒，直詆其非，以安國家利百姓，非天下賢傑，能如是耶？今陛下慈愛寬仁，與群臣言，愉愉和顔色，如接賓友，唯恐傷其意。求規諫之言，孜孜如不及，雖有狂狷訐直，亦能容之。光於群臣中，官非甚薄，曾不能引古聖賢之道以少助盛德萬分之一，直碌碌隨衆，容身庇妻子而已，豈得爲汲黯之倫乎？夫任羸者以萬鈞之重，非徒不能負也，且有顛仆糜碎之患焉。光雖至愚，猶知避顛仆糜碎之患，是以戰栗汗流而不敢報也。惟同年少賜矜察而寬假之。不宣。光惶恐再拜。

答孔文仲司户書

三月二十日，司馬光頓首復書司户秘校孔君足下。辱書教以孔子第門人而文學處四科之末所以然之理，幸甚幸甚！光愚陋無堪，居常不見齒於士大夫，足下徒以生之蚤，而仕之久，亦從而訪焉。稱褒之過，而責望之重，且恐且愧，無以自處。光昔也聞諸師友曰：「學者貴於行之，而不貴於知之；貴於有用，而不貴於無用。」故孔子曰：「弟子入則孝，出則悌，謹而信，泛愛衆而親仁。行有餘力，則以學文。」子夏曰：「事父母能竭其力，事君能致其身，與朋友交，言而有信，雖曰未學，吾必謂之學矣。」此德行之所以爲四科首者也。孔子又曰：「誦《詩》三百，授之以政，不達；使於四方，不能專對，雖多，亦奚以爲？」夫國有諸侯之事，而能端委束帶，與賓客言，以排難解紛，徇國家之急；或務農訓兵，以扞城其民，是亦學之有益於時者也。故言語、政事次之。若夫習其容而未能盡其義，誦其數而未能行其道，雖敏而博，君子所不愛，❶此文學之所以爲末者也。然則古之所謂文者，乃所謂禮樂之文，升降進退之容，絃歌雅頌之聲，非今之所謂文也。今之所謂文者，古之辭也。孔子曰：「辭達而已矣。」明其足以通意，斯止矣，無事於華藻宏辯也。必也以華藻宏辯爲賢，則屈、宋、唐、景、莊、列、楊、墨、蘇、張、范、蔡皆不在七十子之後也。顔子不違如愚，仲弓仁而不佞，夫豈尚辭哉！足下所謂學積於內，則文發於外。積於內也深博，則發於外也淳奥。則夫文者雖不學焉，而亦可以兼得之。學不充於中，而徒外事其文，則文盛於外而實困於內，亦將兼棄其所學。斯言得之矣。曾子曰：「尊其所聞則高明矣，行其所知則光大矣。」足下允蹈其言，爲之無倦，將與淵、騫並驅争先，又况游、夏，尚奚足慕？光方歎服企仰之不暇，自視一無所有，其何以爲獻？不宣。光頓首。

與王介甫書 熙寧三年二月二十七日❷

二月二十七日，翰林學士兼侍讀學士、右諫議大夫司馬光，惶恐再拜介甫參政諫議閣下。光居常無事，不敢涉兩府之門，以是久不得通名於將命者。春暖，伏惟機政餘

❶「博」，原作「傳」，據《傳家集》改。「愛」，《傳家集》作「貴」。

❷題注，原無，據《司馬温公年譜》補。「七」，《傳家集》作「六」。

裕，台候萬福。孔子曰：「益者三友，損者三友。」光不才，不足以辱介甫爲友，然自接侍以來，十有餘年，屢嘗同僚，亦不可謂之無一日之雅也。雖愧多聞，至於直諒，不敢不勉。若乃便辟善柔、便佞，❶則固不敢爲也。孔子曰：「君子和而不同，小人同而不和。」君子之道，出處語嘿，安可同也？然其志則皆欲立身行道，輔世養民，此其所以和也。曏者與介甫議論朝廷事，數相違，❷未知介甫之察不察。然於光嚮慕之心，未始變移也。竊見介甫獨負天下大名三十餘年，才高而學富，難進而易退。遠近之士，識與不識，咸謂介甫不起則已，起則太平可立致，生民咸被其澤矣。天子用此起介甫於不可起之中，引參大政，豈非欲望衆人之所望於介甫邪？今介甫從政始朞年，而士大夫在朝廷及自四方來者，莫不非議介甫，如出一口。下至閭閻細民、小吏走卒，亦竊竊怨歎，人人歸咎於介甫，不知介甫亦嘗聞其言而知其故乎？光竊意門下之士，方日譽盛德而贊功業，未始有一人敢以此聞達於左右者也。非門下之士，則皆曰：「彼方得君而專政，無爲觸之以取禍，不若坐而待之，不過二三年，彼將自敗。」若是者不唯不忠於介甫，亦不忠於朝廷。若介甫果信此志，推而行之，及二三年，則朝廷之患已深矣，安可救乎？如光則不然，忝備交遊之末，不敢苟避譴怒，不爲介甫一一陳之。今天下之人惡介甫之甚者，其詆毀無所不至，光獨知其不然。介甫固大賢，其失在於用心太過，自信太厚而已。何以言之？自古聖賢所以治國者，不過使百官各

❶「便辟善柔」，原無，據《傳家集》補。
❷「違」下，《傳家集》有「戾」字。

稱其職，委任而責成功也。其所以養民者，不過輕租稅，薄賦斂，已逋責也。介甫以爲此皆腐儒之常談，不足爲思，得古人所未嘗爲者而爲之。於是財利不以委三司而自治之，更立制置三司條例司，聚文章之士及曉財利之人，使之講利。孔子曰：「君子喻於義，小人喻於利。」樊須請學稼，孔子猶鄙之，以爲不知禮義信，况講商賈之末利乎？使彼誠君子邪，則固不能言利；彼誠小人邪，則固民是盡，❶以飫上之欲，又可從乎？是知條例一司，已不當置而置之。又於其中不次用人，往往暴得美官。於是言利之人皆攘臂圜視，衒鬻争進，各鬬智巧，以變更祖宗舊法。大抵所利不能補其所傷，所得不能償其所亡，徒欲別出新意，以自爲功名耳。此其爲害已甚矣，又置提舉句當常平廣惠倉使者四十餘人，使行新法於四方。先散青苗錢，次欲使比户出助役錢，次又欲更搜求農田水利而行之。所遣者雖皆選擇才俊，然其中亦有輕佻狂躁之人，陵轢州縣，騷擾百姓者。於是士大夫不服，農商喪業，故謗議沸騰，怨嗟盈路。迹其本原，咸以此也。《書》曰：「民不静，亦惟在王宫邦君室。」伊尹爲阿衡，有一夫不獲其所，若己推而内之溝中。孔子曰：「君子求諸己。」介甫亦當自思所以致其然者，不可專罪天下之人也。夫侵官，亂政也，介甫更以爲治術而先施之；貸息錢，鄙事也，介甫更以爲王政而力行之；繇役自古皆從民出，介甫更欲斂民錢雇市傭而使之。此三者，常人皆知其不可，而介甫獨以爲可。非介甫之智不及常人也，直欲求非常之功而忽常人之所知耳。夫皇極之道，施之於天

❶「固民是盡」，《傳家集》作「惟民是虐」。

地，人皆不可須臾離。故孔子曰：「道之不明也，我知之矣，智者過之，愚者不及也。道之不行也，我知之矣，賢者過之，不肖者不及也。」介甫之智與賢皆過人，及其失也，乃與不及之患均。此光所謂用心太過者也。自古人臣之聖者，無過周公與孔子，周公、孔子亦未嘗無過，未嘗無師。介甫雖大賢，於周公、孔子則有間矣，今乃自以爲我之所見，天下莫能及。人之議論，與我合則善之，與我不合則惡之。如此，方正之士何由進？諂諛之士何由遠？方正日疎，諂諛日親，而望万事之得其宜，令名之施四遠，難矣。夫從諫納善，不獨人君爲美也，於人臣亦然。昔鄭人遊于鄉校，以議執政之善否。或謂子産毁鄉校，子産曰：「其所善者，吾則行之；其所惡者，吾則改之。是吾師也，若之何毁之？」薳子馮爲楚令尹，有寵於薳子者八人，皆無禄而多馬。申叔豫以子南觀起之事警之，薳子懼，辭八人者，而後王安之。趙簡子有臣曰周舍，好直諫，日有記，月有成，歲有効。周舍死，簡子臨朝而歎曰：「千羊之皮，不如一狐之腋。諸大夫朝，徒聞唯唯，不聞周舍之鄂鄂，吾是以憂也。」子路，人告之以有過則喜。鄭文終侯相漢，有書過之史。諸葛孔明相蜀，發教與群下曰：「違覆而得中，猶棄弊蹻而獲珠玉。然人心苦不能盡，惟董幼宰參署七年，❶事有不至，至于十反。」孔明嘗自校簿書，主簿楊顒諫曰：「爲治有體，上下不可相侵。請爲明公以作家譬之。今有人使奴執耕稼，婢典爨，雞主司晨，犬主吠盜，私業無曠，所求皆足。忽一旦盡欲以身親其役，不復付任，形疲神困，終無一成，豈

❶「署」，原作「書」，據《三國志·蜀書·董和傳》改。

其知之不如奴婢雞狗哉？失爲家主之法也。」孔明謝之。及顒卒，孔明垂泣三日。吕定公有親近曰徐原，有才志，定公薦拔至侍御史。原性忠壯，好直言，定公時有得失，原輒諫争，又公論之。人或以告定公，定公歎曰：「是我所以貴德淵者也。」及原卒，定公哭之盡哀，曰：「德淵，吕岱之益友，今不幸，岱復於何聞過哉！」此數君子者，所以能功成名立，皆由樂聞直諫，不諱過失故也。若其餘驕亢自用，不受忠諫而亡者，不可勝數。介甫多識前世之載，固不俟光言而知之矣。孔子稱：「有一言而可以終身行之者，其恕乎！」《詩》云：「伐柯伐柯，其則不遠。」言以其所願乎上交乎下，以其所願乎下事乎上，不遠求也。介甫素剛直，每議事於人主前，如與朋友争辨於私室，不少降辭氣，視斧鉞鼎鑊無如也。及賓客僚屬謁見論事，則唯希意迎合、曲從如流者親而禮之。或所見小異，微言新令之不便者，介甫輒艴然加怒，或詬駡以辱之，或言於上而逐之，不待其辭之畢也。明主寬容如此，而介甫拒諫乃爾，無乃不足於恕乎！昔王子雍方於事上，而好下佞己。介甫不幸亦近是乎！此光所謂自信太厚者也。光昔從介甫游，介甫於諸書無不觀，❶而特好孟子與老子之言。今得君得位而行其道，是宜先其所美，必不先其所不美也。孟子曰：「仁義而已，何必曰利？」又曰：「爲民父母，使民盻盻然，將終歲勤動，不得以養其父母，又稱貸而益之，惡在其爲民父母也。」今介甫爲政，首建制置條例司，❷大講財利之事。又命薛向行均輸法於

❶「介甫」，原無，據《傳家集》補。
❷「建」、「司」，原無，據《傳家集》補。

江淮，欲盡奪商賈之利。又分遣使者，散青苗錢於天下而收其息，使人人愁痛，父子不相見，兄弟妻子離散，此豈孟子之志乎？老子曰：「天下神器，不可爲也。爲者敗之，執者失之。」又曰：「我無爲而民自化，我好静而民自正，我無事而民自富，我無欲而民自樸。」又曰：「治大國若烹小鮮。」今介甫爲政，盡變更祖宗舊法，先者後之，上者下之，右者左之，成者毁之，棄者取之。矻矻焉窮日力，繼之以夜而不得息。使上自朝廷，下及田野，内起京師，外周四海，士、吏、兵、農、工、商、僧、道，無一人得襲故而守常者，紛紛擾擾，莫安其居，此豈老氏之志乎？何介甫總角讀書，白頭秉政，乃盡棄其所學而從今世淺丈夫之謀乎！古者國有大事，謀及卿士，謀及庶人。成王戒君陳曰：「有廢有興，出入自爾師虞。庶言同則繹。」《詩》云：「先民有言，詢于芻蕘。」孔子曰：「上酌民言，則下天上施；上不酌民言，則下不天上施。」自古立功立事，未有專欲違衆而能有濟者也。使《詩》、《書》、孔子之言皆不可信則已，若猶可信，則豈得盡棄而不顧哉？今介甫獨信數人之言而棄先聖之道，違天下人之心，將以致治，不亦難乎？近者，藩鎮大臣有言散青苗錢不便者，天子出其議以示執政，而介甫遽悻悻然不樂，引疾卧家。光被旨爲批答，見士民方不安如此，而介甫乃欲辭位而去，殆非明主所以拔擢委任之意。故直叙其事，以義責介甫，意欲介甫早出視事，更新令之不便於民者，以福天下。其辭雖樸拙，然無一字不得其實者。竊聞介甫不相識察，頗督過之。上書自辯，至使天子自爲手詔以遜謝。又使吕學士再三諭意，然後乃出視事。出視事誠是也，然當速改前令之非者，以慰安士民，報天子之盛德。今則不然，更加忿怒，行之愈急。李正言言青苗錢不便，詰責使之分析。呂司封傳語祥符知縣未散青苗錢，劾奏乞行取勘。觀介甫之意，必欲力戰天下之人，與之一決勝負，不復顧義理之是非，生民之憂樂，國家之安危。光竊爲介甫不取也。光近蒙聖恩過聽，欲使之副貳樞府。光竊惟居高位者不可以無功，受大恩者不可以不報。故輙敢申明去歲之論，進當今之急務，乞罷制置三司條例司，及追還諸路提舉常平廣惠倉使者。主上以介甫爲心，未肯俯從。光竊念主上親重介甫，中外群臣無能及者，動静取捨，唯介甫之爲信。介甫曰可罷，則天下之人咸被其澤；曰不可罷，則天下之人咸被其害。方今生民之憂樂，國家之安危，唯繫介甫之一言。介甫何忍必遂己意而不恤乎？夫人誰無過，君子之過，如日月之食。過也，人皆見之；更也，人皆仰之，何損於明？介甫誠能進一言於主上，請罷條例司，追還常平使者，則國家太平之業皆復其舊，而介甫改過從善之美愈光大於前日矣。於介甫何所虧喪而固不移哉？光今所言，正逆介甫之意，明知其不合也，然光與介甫趣嚮雖殊，大歸則同。介甫方欲得位以行其道，澤天下之民；光方欲辭位以行其志，救天下之民。此所謂和而不同者也。故敢一陳其志，以自達於介甫，以終益友之義。其捨之取之，則在介甫矣。《詩》云：「周爰咨謀。」介甫得光書，儻未賜棄擲，幸與忠信之士謀其可否，不可以示諂諛之人，必不肯以光言爲然也。彼諂諛之人欲依附介甫，因緣改法，以爲進身之資，一旦罷局，譬如魚之失水，此所以挽引介甫，使不得由直道行者也。介甫柰何徇此曹之所欲而不思國家之大計哉？孔子曰：「巧言令色，鮮矣仁。」彼忠信之士於介甫當路之時，或齟齬可憎，及失勢之後，必徐得其力。諂諛之士於介甫當路之時，誠有順適之快，一旦失勢，必有賣介甫以自售者矣。介甫將何擇焉？國武子好盡言以招人之過，卒不得其死。光常自病似之，而不能改也。雖然，於善人亦何憂之有？用是故敢妄發而不疑也。屬以辭避恩命，未得請，且病膝瘡，不可出，不獲親侍言於左右，而布陳以書，悚懼尤深。介甫其受而聽之，與罪而絕之，或詬詈而辱之，與言於上而逐之，無不可者，光俟命而已。不宣。光惶恐再拜。

第二書❶熙寧三年三月三日作❷

光惶恐再拜。光以荷眷之久，誠不忍視天下之議論恟恟，是敢輒獻盡言於左右。意謂縱未棄絕，其取詬辱必矣，不謂介甫乃更賜之誨筆，存慰温厚。雖未肯信用其言，亦不辱而絕之，足見君子寬大之德，過人遠甚也。光雖未甚曉《孟子》，至於義利之説，至爲明白。介甫或更有它解，亦恐似用心太過也。《傳》曰：「作法於涼，其弊猶貪；作法於貪，弊將若何？」今四方豐稔，縣官復散錢與之，安有父子不相見、兄弟離散之事？光所言者，乃在數年之後。常平法既壞，内藏庫又空，百姓家家於常賦之外更增息錢、役錢。又言利者見前人以聚斂得好官，後來者必競生新意，以朘民之膏澤，日甚一日，民産既竭，小值水旱，則光所言

❶「書」，原無，據《傳家集》補。
❷題注，原無，據《傳家集》補。

者，介甫且親見之，知其不爲過論也。當是之時，毋罪歲而已。感發而言，重有喋喋，負罪益深。不宣。光惶恐再拜介甫參政諫議。

第三書

某惶恐再拜。重辱示諭，益知不見棄外，收而教之，不勝感悚感悚！❶夫議法度以授有司，此誠執政事也。然當舉其大而略其細，存其善而革其弊，不當無大無小，盡變舊法以爲新奇也。且人存則政舉，介甫誠能擇良有司而任之，弊法自去。苟有司非其人，雖曰授以善法，終無益也。介甫所謂先王之政者，豈非泉府賒貸之事乎？竊觀其意，似與今日散青苗錢之意異也。且先王之善政多矣，顧以此獨爲先務乎？今之散青苗錢者，無問民之貧富，願與不願，强抑與之，歲收其什四之息。謂之不征利，光不信也。至於闢邪説，難壬人，果能如是，乃國家生民之福也。但恐介甫之座日相與變法而講利者，邪説、壬人爲不少矣，彼頌德贊功，希意迎合者皆是也，介甫偶未之察耳。《盤庚》曰：「今我民用蕩析離居。」又曰：「予豈汝威，用奉畜汝衆。」又曰：「無或敢伏小人之攸箴。」❷又曰：「非廢厥謀，弔由靈。」蓋盤庚遇水災而遷都，臣民有從者，有違者。盤庚不忍脅以威刑，故勤勞曉解，其卒也皆化而從之，非謂盡棄天下人之言而獨行己志也。光豈勸介甫以不恤國事而同俗自媚哉？蓋謂天下異同之議亦當少垂意采察而

❶ 下「感悚」上，《傳家集》有「不勝」二字。
❷ 「攸」，原作「收」，據《傳家集》改。

已。幸恕其狂愚，不宣。光惶恐再拜。

答河陽李夷白祕校書

五月三十日，光再拜司理祕校李君足下。頃國家羅天下豪儁，光以無似，叨備有司。以是得瞻見符采，承接餘論，其爲幸已大。違別已來，汩没俗事，未遑修問。信至，兩蒙惠言，且謂自省於中，至於無愧，則安爲之。又謂某事之非禮固弗受，悦之非道，固不悦。何足下自遇之厚而見期之深也！愧感之外，敢不頌詠美志而佩服雅言，庶幾黽勉以不負所教焉。至於師法，非所敢當，又承王事鞅掌，以學之不講爲深憂。某也聞諸宓子賤曰：「始誦之，今得而行之。」是學益明也，何費日之有？盛暑，未獲展晤，惟加愛爲禱。不宣。光再拜。

答齊州司法張祕校正彦書

十一月七日，光白司法祕校張君足下。前日辱書，始則諭以古之爲士易，今之爲士難，終則見索惡詩，欲以示郡之賢守倅。光實何人，承雅意勤厚如此，固不當辭。然某素無文，於詩尤拙，不足以揄揚盛美，取信於人。況近世之詩，大抵華而不實，雖壯麗如曹、劉、鮑、謝，亦無益於用。光忝與足下以經術相知，誠不敢以此爲獻，所可獻者，在於相與講明道義而已。足下所謂古之爲士者，乃君子之道也。所謂今之爲士者，乃小人之道也。自有天地以來，君子小人相與並生，於世各居其半，一消一息，一否一泰，紛然雜糅，固非一日。非君子之道多於古而鮮於今，古則可爲而今不可爲也；小人之道鮮於古而多於今，古不可爲而今則可爲也。顧人之取捨何如爾，奚古今之異而有易有難哉？足下學《春秋》，非徒誦其文、通其義而已，乃能於傳注之外，凡古今治《春秋》之書存可見者，皆徧觀而略記之。評其短長，靡不精當。人或雜舉而猝問之，醻對無滯，袞袞焉如泉源之不窮，年未弱冠，舉明經爲天下第一。今位雖卑，年雖少，譬如隋珠和璧，委於道塗，愚者猶知拾而寶之，況賢守倅哉？《詩》云：「鶴鳴于九皋，聲聞于天。魚在于渚，或潛在淵。」孔子曰：「不患人之不己知，求爲可知也。」足下當固守於古而勿流放於今，汲汲於己而徐於人，爲之不止，光見異日爲賢公卿，功業烜赫於當時，名聲彰徹於後世，竹帛所不能紀，金石所不能頌，詩何爲哉！詩何爲哉！不宣。光白。

温國文正公文集卷第六十

温國文正公文集卷第六十一

書啓四

答張砥先生書

八月二日，涑水司馬光白張君先生。辱書示以所著《春秋傳》。士大夫不以經術爲事久矣，足下獨能治《春秋》三十年，成書三十萬言，是古之儒者復見於今日也。欽仰咨歎，無有窮已。足下自謂天以聖師之道厄日引久，而陰有所相，若非己意之所自出者。光經術素淺，於《春秋》尤所不通。虚辱足下之賜，讀之累日，不能識其涯涘，又烏暇知其得失，敢錯論議於其間哉？至於建白於上，乞廢三傳之學而行足下之書，以伸千載聖人未明之意，此尤非光之所敢任也，不勝惶悸之劇。其書謹再拜封納，請更擇能通《春秋》學，有大名，居高位，可以副足下之求者而從之。幸甚幸甚。不宣。光白。

答陳師仲監簿書

九月十八日，涑水司馬光再拜陳君監簿足下：金州人來，辱兩書，以能出處見期，未相識爲恨。光實何人，敢受此賜？反仄愧汗，無地自處。光性愚陋，頗好讀古人書。聞君子之風，亦知慕之，而未能至；睹小人所爲，亦知恥之，但恐未能免耳。曏蒙朝廷猥加收采，塵汙侍從，預陪國論，訖無銖兩之補。俄又權寘樞庭，譬如有人舉萬金之重加稚子之背，彼必走而避之。萬金非不貴也，然走而避之者，知其非任故也。此乃物理之常，烏足謂之賢哉？今以衰病，自求便安，朝廷未棄之田里，尚縻以一官，賜之廪禄，使飽食安坐，自放於豐草長林間，乃聖主之至仁，鄙夫之大幸，豈敢効古之人，以道不行而自藏哉？恐足下傳聞之誤而奬借之過，誠不敢自保，恐萬一它日陷足下於不知言之責，以重老朽之辠。是敢輒自陳叙，浼瀆聰明，庶幾識察而已。光雖未獲侍前，三復足下書及所示文編，語高而氣直，才美而志大，其嚮往欽服之心固非筆札所能盡也。不宣。光再拜。

答李大卿孝基書 熙寧五年正月十三日作❶

光再拜。昨晚暫得請見，經宿，起居何如？適辱誨筆，承朝夕往河清，不得再詣辭，千萬以保攝爲禱。大卿平生以保攝爲事，計其專勤，舉世無倫。然光區區猶有所獻者，譬如舉輕塵以裨泰山，雖不知量，志在忠益而已。光聞一陰一陽之謂道，然變而通之，未始不由乎中和也。陰陽之道，在天爲寒燠雨暘，在國爲禮樂賞刑，在心爲剛柔緩急，在身爲飢飽寒熱。此皆天人之所以存，日用而不可免者也。然稍過其分，未嘗不爲災。是故過寒則爲春霜、夏雹，過燠則爲秋華、冬雷，過雨則爲霪潦，過暘則爲旱暵。禮勝則離，樂勝則流，賞僭則人驕溢，刑濫則人乖叛。太剛則暴，太柔則懦，太緩則泥，太急則輕。飢甚則氣虛竭，飽甚則氣留滯，寒甚則氣沉濡，熱甚則氣浮躁。此皆執一而不變

❶ 題注，原無，據《傳家集》補。

者也。善爲之者，損其有餘，益其不足，抑其太過，舉其不及，大要歸諸中和而已矣。故陰陽者，弓矢也；中和者，質的也。弓矢不可偏廢，而質的不可遠離。《中庸》曰：「中者，天下之大本也；和者，天下之達道也。致中和，天地位焉，萬物育焉。」由是言之，中和豈可須臾離哉！昨日聞大卿言，臟腑素有冷疾，須至服熱藥，今則偏身生瘡疥，手足時瘈瘲，疑有風邪，尚欲以烏頭治之。光雖略曾以所見貢聞，又恐侍坐之久，尊體疲倦，不敢畢其辭而退。竊以大卿勤養生之術數十年而猶有冷疾者，殆食素膳太多故也。彼筍蕈、乳腐、麵滓、豆炙，性大寒而滯氣，光見人多食之，致脾胃虚弱、脹滿滑泄、面目浮腫、腰足沈重者，前後非一矣。天生萬物，各有所食，苟不得其所食，則不能全其生。人爲萬物之靈，兼蔬穀酒肉而食之，乃其常性也。酒肉者，所以扶衰養疾，不可廢也。大卿絶酒肉而專素膳爲日已久，此其所以有冷疾也。既得冷疾，復以熱藥攻之，聞大卿所服之藥皆躁悍酷烈，它人莫能近口，此其所以失中和也。中冷則爲羸瘠面腫；外熱容於肌膚則爲瘡疥，流於筋脉則爲瘈瘲。光雖不曉醫，以陰陽之理推之，殆不遠矣。不勝款款之愚，欲望大卿自今罷素膳，屏熱藥，静慮以適神，潛心以實下，起居飲食，造次須臾不少離於中和。試行之旬月，竊謂所苦不須攻療，必自去矣。若旬月無效，棄黜其言可也。光以託契義之舊，仰德名之熟，雖得見尚新，所居連牆而往來不數，然愛重之心，過於朝夕握手接膝者矣。是以敢輒獻盡言，幸希裁察。不宣。光再拜崇福大卿。

與吴相書 熙寧十年四月作❶

光啓。光愚戇迂僻，自知於世無所堪可，以是退伏散地，苟竊微禄，以庇身保家而已。近聞道路之人自京師來者多云相公時語及姓名，或云亦常有所薦引，未知虚實。光自居洛以來，仕宦之心久已杜絶。在少壯之時，猶不如人，況年垂六十，鬚髮皓然，視昏聽重，齒落七八，精神衰耗，豈復容有干進之心？但以從遊之久，今日特蒙齒記，感荷知己之恩，終身豈敢忘哉？顧惟相公富貴顯榮，豐備已極。光疎冗之人，無一物可以爲報，惟忠信之言，庶幾仰醻盛德之萬一耳。伏惟明主歷選周行，登用人傑，以毗元化。以光不敢忘知己之心，知相公必不輕孤於明主也。竊見國家自行新法以來，中外恟恟，人無愚智，咸知其非。州縣之吏，困於煩苛，以夜繼晝，棄置實務，崇飾空文，以刻意爲能，以欺誣爲才。閭閻之民，迫於誅斂，人無貧富，咸失作業，愁怨流離，轉死溝壑，聚爲盜賊。日夜引領，冀朝廷之覺寤，弊法之變更，凡幾年于兹矣。相公聰明，豈得不聞之邪？今府庫之實，耗費殆竭；倉廩之儲，僅支數月；民間貲産，朝不謀夕，而用度日廣，掊斂日急。河北、京東、淮南蠭起之盜，攻剽城邑，殺掠官吏，官軍已不能制矣。若不幸復有方二三千里之水旱、霜蝗，所在如是，其爲憂患，豈可勝諱哉！此安得謂之細事，保其必無，而恬然曾不以爲意乎？賈誼當漢文之世，以爲譬如抱火厝之積薪之下，而寢其上，火未及然，固謂之安。若當今日，必謂

❶ 題注，原無，據《傳家集》補。

之火已然，而安寢自若者也。昔周公勤勞王家，坐以待旦。跋胡疐尾，羽敝口瘏，終能爲周家成太平之業，立八百之祚，身爲太師，名播無窮，子孫奄有龜蒙，與周升降。王夷甫位居宰輔，不思經國，專欲自全，置二弟於方鎮，以爲三窟。及晉室阽危，身亦不免。然則聖賢之心，豈皆忘身徇物、不自爲謀哉？蓋以國家興隆，則身未有不預其福者也。顧衆人之識近，而聖賢之慮遠耳。如相公之用心，固周公之用心也。今若法弊而不更，民疲而不恤，萬一鼠竊益多，蠭蠆有毒，❶則竊恐廟堂之位亦未易安居。雖復委遠機柄，均逸外藩，外藩固非息肩之處；乃至投簪解紱，嘯傲東山，東山亦非高枕之地也。然則相公今日救天下之急，保國家之安，更無所與讓矣。救急保安之道，苟不罷青苗、免役、保甲、市易之法，息征伐之謀，而欲求其成效，是猶惡湯之沸而益薪鼓橐，欲適鄢郢而北轅疾驅也，所求必不果矣。欲去此五者而不先別利害，以寤人主之心，則五者不可得而去矣；欲寤人主之心而不先開言路，則人主之心不可得而寤矣。所謂開言路者，非如曏時徒下詔書，使臣民言得失，既而所言當者，一無所施行，又取其稍訐直者，隨而罪之。此乃塞言路，非開之也。爲今之要，在於輔佐之臣朝夕啓沃，唯以親忠直、納諫争、廣聰明、去壅蔽爲先務。如是則政令之得失，❷下民之疾苦，粲然無所隱矣。以聖主睿明之資，有賢相公忠之助，使讜言日進，下情上通，則至治可指期而致，弊法何難去哉？夫難得而易失者，時也。今病雖已深，

❶「蠆」，原作「蕙」，據《傳家集》改。
❷「則」，原無，據《傳家集》補。

猶未至膏肓，苟制治於未亂，保邦於未危，尚有返掌之易。失今不治，遂爲痼疾，雖邴、魏、姚、宋之佐，將未如之何，必有噬臍之悔矣。相公讀書從仕，位至首相，展志行道，正在此時。苟志無所屈，道無所失，其合則利澤施於四海，其不合則令名高於千古。丈夫立身事君，始終如此，亦可以爲無負矣。光切於報德，貪盡區區，不覺辭多。光惶恐再拜。

答蔣中舍深之書 深之祖綸，淳化中爲永康軍判官，死蜀寇。

光啓。承垂示先都官畫像記，沈公論之已詳，殆無以加。古之人誰不死，惟得其所爲難。故國君死社稷，大夫死衆，士死制，各死其所受禮也。爲臣事君，不計位之高卑、恩之厚薄、知之淺深，苟在其職，死之義也。方蜀寇之熾，守臣軍帥棄地與衆而逃者多矣，先都官獨以文吏在下位，力戰死之，其於禮義，非知之明、守之篤，能如是乎？可謂得其所矣。沈公既叙其忠孝，光又述其禮義，然忠孝禮義亦相與爲表裏者也。光再拜。

答郭純長官書

光啓。去歲十月，蒙惠書。足下所治路僻，光閑居，難值便人，以是朞年不獲修報。然中懷耿耿，未嘗暫忘。潘司録來，又辱書，且媿且感。霜秋公餘，喜聆安善。所示《會統稽元圖》，貫穿千餘載，前賢搜羅所不至者纖悉盡備，靡有闕遺。非夫好學之勤，用意之精，誰能臻此？欽服欽服。光學疎識淺，於正閏之際尤所未達。故於所修《通鑑》叙前世帝王，但以授受相承，借其年以記事爾，亦非有所取捨抑揚也。於漢昭烈之立，嘗著論以述其事。今并録呈，可以見其不敢專矣。夫正閏之論，誠爲難曉。近世歐陽公作《正統論》七篇以斷之，自謂無以易矣。有章表明者，作《明統論》三篇以難之，則歐陽公之論似或有所未盡也。歐陽公謂正統不必常相繼，有時而絶，斯則善矣。然謂秦得天下，無異禹湯；又謂始皇如桀紂，不廢夏商之統；又以魏居漢、晉之間，推其本末，進而正之。此則有以來章子之疑矣。章子補歐陽公思慮之所未至，謂秦、晉、隋不得與二帝三王並爲正統，魏不能兼天下，當爲無統，斯則善矣。然五代亦不能兼天下，與魏同，乃獨不絶而進之，使與秦、晉、隋皆爲霸統，亦誤矣。足下離之，更爲異等，斯又善矣。然則正閏之論雖爲難知，經三君子盡心以求之，愈講而愈精，庶幾或可以臻其極乎？是以古之人貴於切切偲偲，良有以也。如光者，惷愚冥頑，安足以闚三君子之藩籬，而敢措一辭於正閏之間？竊惟足下録此書以相示，蓋亦有切切偲偲之志，非欲光爲諾諾之人也。芻蕘之言，明者擇焉。光辱足下之厚意，豈可逆自鄙薄，不傾胷腹之所有，以盡布於左右而求采擇乎？孔子曰：「名不正則言不順。」先儒謂秦爲閏者，以其居二代之間，而非正統。如餘居兩月之間，而非正月也。夫霸之爲言伯也，古者天子立二伯，分治天下諸侯。周衰，方伯之職廢，齊桓、晉文能帥諸侯以尊周室，❶故天子册命使續方伯之職，謂之霸主。而後世學者，乃更以皇帝

❶「桓」，原避宋欽宗諱作小字「犯御名」，今回改。

王霸爲德業之差，謂其所行各異道，此乃儒家之末失也。今章子以霸易閏、以失爲得，恐不足遵也。夫統者，合於一之謂也。今自餘以下，皆謂之統，亦恐名之未正也。又蜀先主自言中山靖王之後，而不能舉其世系。後唐出於沙陀，姓朱邪氏，唐賜之姓。明宗復非莊宗之族，清泰又非明宗之子。李昪起於厮役，莫知其姓。或云湖州潘氏子，李神福俘之，以爲僮僕，徐温匄之以爲子。及稱帝，慕唐之盛，始自言姓李。初欲祖吴王恪，嫌其誅死，又欲祖鄭王元懿，命有司檢討二王苗裔，有司請爲恪十世孫。昪曰：「歷十九帝，十世何以盡之？」有司請以三十年爲一世，議後始定。足下云：「蒙先世之烈者謂之餘。」今三家皆謂之餘可乎？且餘者，豈非謂承正統之餘也。今劉知遠謂之閏，而劉崇謂之餘，可乎？又凡不能壹天下者，或在中國，或在方隅，所處雖不同，要之不得爲真天子。今以曹魏、劉石二趙、苻姚兩秦、元魏、高齊、宇文周、朱梁、石晉、劉漢、郭周爲閏，孫吴、劉宋、二蕭齊、梁、陳、慕容燕、赫連夏爲偏，李蜀，吕、李、秃髮、沮渠西涼，❶乞伏秦、馮燕、楊吴、王孟兩蜀、廣南漢、王閩爲僭，❷三者如不相遠，然願更詳之。彼苻氏、姚氏與慕容氏、赫連氏與拓跋氏，一據關西，一據山東，與高齊、宇文周何以異乎？又凡天禄之不終者，傳世不傳世等耳。王莽雖篡竊天下，嘗盡爲之臣者十八年，與秦頗相類，非四夷群盜之比也。則天乃唐之母后，臨朝稱制，與吕后無殊，但不當革命稱周耳。其

❶「西涼」，疑當作「四涼」，謂吕氏後涼、李氏西涼、秃髮氏南涼、沮渠氏北涼。

❷「閩」，原作「閏」，據《傳家集》改。

後子孫相繼有天下，不得謂之不終其身。今與王莽同謂之僞，亦似未安也。凡此數者，皆愚陋之所見，未必中理，願足下采其區區之心，而不以爲罪，幸甚幸甚！ 光再拜長官祕校足下。

答陳師仲司法書

八月三十日，涑水司馬光謹復書司法陳君足下：辱書，并示先國博家傳，以爲何蕃、董邵南之節行，不見於它書，獨韓文公傳而詩之，故其名彰徹迨于今，謂光盍亦爲傳若詩，使吾先君之名流布於世。承命悸栗，流汗及足。何足下比擬之非倫而責望之太過乎？ 文章自魏、晉衰微，流及齊、梁、陳、隋，羸備纖靡，窮無所之。文公傑然振而起之，如雷霆列星，驚照今古。自班、張、崔、蔡不敢企仰，況潘、陸以降，固無足言。故何、董之名附其文而傳。鄉使一妄庸人傳而詩之，二子於今尚有聞乎？ 光性愚學疎，於文尤非所長，今時常爲秉筆者笑，敢望傳於後乎？ 足下乃使爲韓之所爲，是猶驅策駑馬，曰「必爲我追千里之足」，其果能爲之乎？借使光不自知量，輒引韓以自況，爲詩傳以敘當世賢者之事業，必取舉世之唾詈，且無所容其身矣。誠不敢自愛，大懼汨没先君子之名，以重其辠。況先君子潛德遺美，二顏既傳而評之，甚精且詳，決傳無疑。光何所有可以加銖兩之重乎？ 惟足下憐而察之。光再拜。

問景仁以正書所疑書

光啓：晚來蒙惠手筆并櫻扇，值相繼有

客，不得即時修謝。前此承示所著正書，且垂諭云未安處便與點竄。以景仁之明達耆壽，加以平生所致思而得者，乃下問於頑鄙末學，如光之比，雖古人詢于芻蕘，以能問不能，殆無以踰此，何以勝克？悚仄悚仄。伏讀累日，如《風》、《雅》，皆周道既衰，詩人追思其盛而歌之。《關雎》以興淑女，非興后妃。成、康、平王、康侯，皆指其爵謚。文王配上帝，終周世常然。❶八蜡不數昆虫。三年之喪，不應二十七月。衆子在，嫡孫亦應傳重。舜無塗廩浚井之事。韓愈爲嫂服期非是。凡此之類，皆光素所探揣，謂其當然而未敢自信。今乃幸與景仁如合符契，豁然決矣。至於解利貞者性情也，四海困窮，柔遠能邇，皆先儒研思所未到，不勝歎服。其間亦有愚昧所未諭者十餘條，或一字筆誤，無不簽出，以俟稍暇，得侍函丈，請益卒業。前日所留《易説》、《繫辭注》、《續詩話》，皆狂簡不揆，宜見誅絶於君子者，然亦庶幾景仁矜其有志於學，痛爲鉏治其蕪穢，明示以坦塗，使識所之詣，幸甚幸甚。孔子曰「朋友切切偲偲」，斯道也亡廢久矣，面相諛背相訾者，出門皆是也。非吾人，孰當惜之？幸冀留意。

温國文正公文集卷第六十一

❶「常然」，原爲空格，據《傳家集》補。

温國文正公文集卷第六十二

書啓五

答孫察長官書之翰待制之姪也

十一月二十七日，涑水司馬光再拜復書崇信賢令孫君足下：蒙貺書，兼示以尊伯父行狀、墓誌及所著《唐史記》，令光爲之碑，以紀述遺烈。以尊伯父之清節令望，加之光自幼稚至于成人，得接侍周旋，今日獲寓名豐碑之末，附以不朽，何榮如之？雖文字鄙拙，亦不敢辭。顧有必不敢承命者，惟足下察之。光曏日亦不自揆，妄爲人作碑銘，既而自咎，曰：「凡刊瑑金石，自非聲名足以服天下，文章足以傳後世，雖强顔爲之，後人必隨而棄之，烏能流永久乎？」彼孝子孝孫，欲論譔其祖考之美，垂之無窮。而愚陋如光者，亦敢膺受以爲己任，是羞汙人之祖考，而没其德善功烈也，罪孰大焉？遂止不爲。自是至今六七年，所辭拒者且數十家，如張龍圖文裕、張侍郎子思、錢舍人君倚、樂卿損之、宋監子才。或師，或友，或僚寀，或故舊，不可悉數，京洛之間盡知之。儻獨爲尊伯父爲之，彼數十家者必曰：是人也，蓋擇賢不肖而爲之也。爲人子孫者，有人薄其祖考，宜如何讎疾之哉！以光么麽，使當此數十家之讎疾，將何以堪之？所以必不可承命者，此也。雖然，竊有愚意，敢試陳之，唯足下采擇焉。今世之人，既使人爲銘，納諸壙中，又使它人爲銘，植之隧外。壙中者，謂之誌；隧外者，謂之碑。其志蓋以爲陵谷有變，而祖考之名猶庶幾其不泯也。然彼一人之身爾，其辭雖殊，其爵里勳德無以異也，而必使二人爲之，何哉？愚竊以爲惑矣。今尊伯父既有歐陽公爲之墓誌，如歐陽公可謂聲名足以服天下，文章足以傳後世矣，它人誰能加之？愚意區區，欲願足下止刻歐陽公之銘，植於隧外以爲碑。則尊伯父之名自可光輝於無窮，又足以正世俗之惑，爲後來之法，不亦美乎？未審足下以爲何如。光再拜。

答福昌張尉來書

五月五日，陝人司馬光謹復書福昌少府祕校足下。光行能固不足以高於庸人，而又退處冗散。屬者車騎過洛，乃蒙不辱而訪臨之，其榮已多。今又承賜書，兼示以新文七篇，豈有人嘗以不肖欺聽聞邪？何足下所與之過也？始懼中愧，終於感藏以自慰，知幸知幸。光以居世百事無一長，於文尤所不閑。然竊見屈平始爲騷，自賈誼以來，[1]東方朔、嚴忌、王子淵、劉子政之徒踵而爲之，皆蹈襲模倣，若重景疊響，訖無挺特自立於其外者。獨柳子厚恥其然，乃變古體、造新意，依事以叙懷，假物以寓興，高揚橫騖，不可羈束。若《咸》、《韶》、《護》、《武》之不同音，而爲閎美條鬯，其實鈞也。自是寂寥無聞。今於足下復見之，苟非英才間出，能如此乎？欽服慕重，非言可迨。然彼皆失時不得志者之所爲，今明聖在上，求賢如不及。足下齒髮方壯，才氣茂美，官雖未達，高遠有

[1]「以來」，原無，據《傳家集》補。

漸。異日方將冠進賢，佩水蒼，出入紫闥，訏謨黃閣，致人主於唐虞之隆，納烝民於三代之厚。如斯文者，以光愚陋，竊謂不可遽爲也。不宣。光再拜。

與王樂道書 元豐三年八月作❶

昨日，光退與郭秀才再三評議，樂道所苦，蓋本非大病，但藥物過分劑，衣食不適宜，致困憊如此耳。光雖不曉醫，觀樂道羸瘠雖甚，然精神聲氣殊未覺衰，願樂道姑自保養，勿爲過慮。凡人之所賴以生者，天地中和之氣也。若不節飲食衣服，直以極熱極寒疎利之藥循環攻之，使中和之氣何以自存乎？況今樂道之疾，上熱下寒，服凉藥則熱未去而寒益甚，服温藥則寒未減而熱益加。然則所服之藥，皆有損而無益也。光愚欲望樂道盡屏去諸藥，必不得已，止服參苓之類，扶助胃氣可也。只調飲食，以待病氣自退。飲食不惟禁止生冷，亦不可傷飽，亦不可傷飢。粟米性温，作薄糜，以藥强服之，且有穀氣以助養臟腑。衣服不可過薄，亦不可過厚。加之棄置萬事，勿以經懷，沉聽内視，藏心于淵，恬淡逍遥，歸于自然，使神安志適，骨肉都融，則中和之氣油然自生。如此養之旬月，何疾不瘳矣。夫欲速則不達，半歲之病，豈一朝可愈？但當去其害之者，勿令過與不及，俟氣血徐徐自復則善矣。光夙夜爲樂道思之，無以出此，輒敢獻其區區。雖其言似迂，然收効甚遠，在聰明詳擇之。

❶ 題注，原無，據《傳家集》補。

答新知磁州陳大夫游古書❶

正月二十二日，涑水司馬光再拜復書知府大夫足下。光雖未獲展際，然與令姪公廙相知，爲日固久。近蒙貺書，并寵示先相國文集一通。三復書文，愧汗滿顔。伏惟先相國閎才茂勳，布在竹帛，以其餘力，發揮於文。光自爲兒未齓時固已誦相國之詩，况於今日瞻仰遺文。譬如蓬莪生泰山之隅，依附而不知其高；鯈鮒歷渤澥之尾，游泳而莫測其廣。足下乃比之楊雄遇明哲君子，過矣。此豈後進小生所宜當也？前歲公廙校正先集，欲刻板摹之，廣傳於世。光幸以鄰居，公廙每有一事未明，一字未正，必垂訪問。苟淺學所能及者，未嘗敢有隱也；所不能及者，亦不敢質而闕之，請公廙訪諸能者。此特磨研編削之比耳，豈足爲有功於先集哉？乃蒙足下勤勤相謝，又褒借太過，雖增君子謙謙之美，顧小人不敢受而有，殆無地以自處。所幸者，得閟藏先集，以詒子孫，俾轉相授受，❷以永其傳，乃其志也。不宣。光再拜。

答景仁論養生及樂書

光啓。近於夢得處連得所賜兩書。聞泛西湖，浮溴水，❸登香菜樓，望陘山，起居甚適，差尉勤想。又蒙教以宜觀《素問》、《病原》，有療病導引之方。且云鑄周鬴、漢斛已

❶「磁」，原作「滋」，據《傳家集》改。

❷「受」，原無，據《傳家集》補。

❸「溴」，原爲空格，據《傳家集》補。

成，欲令光至潁昌就觀之。雖古之儒者，聞善相告，見善相示，勤勤懇懇，殆不過此。其幸與感，何可勝言！但以家兄約非久入洛，須留此待之，不可捨去，故未敢輕諾，徒增耿耿耳。景仁所教誠善矣。孔子曰：「盍各言爾志。」竊不自揆，敢盡其所聞可以養生及治樂者薦於左右。譬猶嘉穀既殖，必使傭役從而耘耨之；大厦既構，❶必使賤工從而礱斲之，然後克成其粹美。景仁可能不鄙而聽之乎？常記昔者與景仁同在貢院充點檢官，主文試進士《民受天地之中以生論》。當是時，場中秉筆者且千人，皆以爲民之始生，❷無不稟天地中和之氣也。其文辭之美固多矣，以愚觀之，似皆未得劉康公之指，常欲私出鄙意而論之。因循汨没，卒不能就，於今三十五年矣。因景仁教以養生之道，敢試言之。康公之言曰：「民受天地之中以生，所謂命也。是以有動作禮義威儀之則，以定命也。能者養之以取福，不能者敗之以取禍。今成子惰棄其命矣。」蓋所謂生者，乃生存之生，非始生之生也。夫中者，天地之所以立也，在《易》爲太極，在《書》爲皇極，在《禮》爲中庸。其德大矣、至矣，無以尚矣。上焉治天下，下焉脩一身，捨是莫之能矣。❸就其小小者言之，則養生亦其一也。何以知之？夫人之有疾也，必自於過與不及而得之。陰陽風雨晦明，必有過者焉；飢飽寒燠勞逸喜怒，必有偏者焉。使二者各得其中，無疾矣。陰陽風雨晦明，天之所施也；飢飽寒暑勞逸喜怒，人之所爲也。人之所爲苟不失其中，

❶「構」，原避宋高宗諱作小字「御名」，今回改。
❷「始」，原無，據《傳家集》補。
❸「無以尚矣」至「莫之能矣」二十字，原脱，據《傳家集》補。

則天之所施，雖過亦弗能傷矣。木朽而蝎處焉，肉腐而蟲聚焉，人之所爲不得其中，然後病襲焉。故曰：「養備而動時，則天不能病也。」是以聖人制動作禮義威儀之則，所以教民不離於中。不離於中，所以定命也。能者則養其中以享福，不能者則敗其中以取禍。是皆在己，非在它也。《詩》云：「人而無禮，胡不遄死。」《記》曰：「人有禮則生，無禮則死。」人無禮則失中，失中則棄命矣。劉康公所以能知成肅公之將死，蓋用此道也。彼《素問》、《病原》之説雖佳，恐漫汗支離，不若此道之爲明且約也。昔者聖人造次而動，不爽於和，縱心所欲，不失其中。施之於身，則有餘矣，將以教天下，垂後世，則未能也。是故調六律、五聲、八音、七始，以形容其心；制吉、凶、賓、軍、嘉禮，以軌物其德。使當時及後世之人，雖四海之遠，千載之久，聽其樂則洋洋乎其心和，常若聖人之在其上；循其禮則肅肅然其體正，常若聖人之處其旁。是以大夫無故不徹簨簴，士無故不徹琴瑟，朝夕出入起居，未嘗不在禮樂之間，以收其放心，檢其慢志，此禮樂之所以爲用也。周室既衰，禮缺樂弛，典章亡逸，疇人流散，律、度、量、衡不存乎世，《咸》、《英》、《韶》、《護》不傳乎人。重以暴秦焚滅六籍，樂之要妙存乎聲音，其失之甚易，求之甚難。自漢以來，諸儒取諸胷臆，以億度古法，牽於文義，拘於名數，校竹管之短長，計黍粒之多寡，競於無形之域，訟於無證之庭，迭相否臧，紛然無已，雖使后夔復生亦不能決。彼周鬴出於《考工記》，事非經見，是非固未得而知。如漢斛者，乃劉歆爲王莽爲之，就使其真器尚存，亦不足法。况景仁復改其制度，恐勞役心力，費銅炭而已。孔子曰：「禮云禮云，玉帛云乎哉？樂云樂云，鍾鼓云乎哉？」今先王之樂，餘音遺文，既不可得而覩聞矣，盍亦返其本乎？《樂記》曰：「禮樂不可斯須去身，致樂以治心，則易直子諒之心油然生矣。易直子諒之心生則樂，樂則安，安則久，久則天，天則神。天則不言而信，神則不怒而威，致樂以治心者也。致禮以治躬則莊敬，❶莊敬則嚴威。中心斯須不和不樂，則鄙詐之心入之矣；外貌斯須不莊不敬，而易慢之心入之矣。樂也者，動於内者也；禮也者，動於外者也。樂極和，禮極順。内和而外順，則民瞻其顔色而弗與争也，望其容貌而民不生易慢焉。」此樂之本、禮之原也。夫樂之用不過於和，禮之用不過於順，二者非徒宜於治民，乃兼所以養生也。如光者，雖知之，常病未能行之。今老矣，猶庶幾强勉而學焉，以養其餘生。亦願景仁共勤此道，捐其末，求其本，捨其流，取其原，致樂以和其内，致禮以順其外。内和則疾疹不生，外順則災患不至。疾疹不生則樂，災患不至則安。既樂且安，志氣平泰，精神清明，暢乎四支，浹乎百體。如此則功何以不若伶倫、師曠，壽何以不若召康、衛武？《醫經》、《病原》皆可焚，周鬴、漢斛皆可銷矣。景仁以爲何如哉？抑禮樂乃天地人之大倫，自古大賢君子尚不敢輕議，而狂簡小子輒妄言及之，是宜得誅絶之罪於聖人。賴景仁之知我，如鮑叔之知管仲也，不以爲僭，不以爲狂，庶幾有可采擇於其中焉。不宣。光再拜景仁正議七兄左右。

❶「敬」，原避宋太祖祖諱作「謹」，據《禮記·樂記》回改。

與范景仁書

光啓。范朝散來，領二月二十三日及晦日兩書，所云遞中書未嘗得，蓋二十三日書即是也。夫治心以中，此舜、禹所以相戒也；治氣以和，此孟子所以養浩然者也。孔子曰：「爵禄可辭也，白刃可蹈也，中庸不可能也。」然則中和者，聖賢之所難。而來示謂光心未嘗不平，氣未嘗不和，猶不免於病，此言過矣。以光方於古人，乃下之下者也。於聖賢之道，曾不能望其藩籬，然亦知中和之美，可以爲養生作樂之本。譬如萬物，皆知天之爲高，日之爲明，莫不瞻仰而歸向之，誰能跂而及之邪？顧所以薦於左右者，欲與景仁黽勉共學之耳，安能遽入其域邪？至於景仁，去冬爲酒所困，發於耳，發於牙，是亦過中之所爲也。又云：「今之尺，乃古之尺；今之權衡，乃古之權衡。惟量比所爲律十三分二之大，此無它，出於魏晉以來貪政也。」光謂尺量權衡自秦漢以來變更多矣，今之尺與權衡，豈得猶是先王之所用邪？彼貪者知大其量以多取人穀，豈不知大其尺以多取人帛，大其權衡以多取人金乎？❶且尺量權衡，公私所共用也，斂之以大量，則給之亦以大量，貪者何所得乎？此則衆共知，其不然明矣。黄金方寸，其重一斤，恐亦據今之尺與權衡言之耳。唐自安史之亂，雅樂工器什不一存。逮於黄巢，蕩無孑遺。有殷盈孫者，更按《考工記》始鑄鎛鍾十二。五代用之，周世宗更命王朴考正其音律。今以景仁律驗之，在未位者已中黄鍾，則是太常鎛

❶ 「衡」，原無，據《傳家集》補。

鍾下七律也。不知何故反以爲合。又景仁所謂律與鬴斛之分數，光未甚解。豈非語其容受邪？景仁亦以千二百黍爲一龠，❶則二百四十萬黍爲一斛。以今斛概之，何啻大十三分之二邪？此皆愚所不及，非面議莫之盡。繇謂景仁必入洛，庶得相與極論養生作樂之本。今景仁既不來，光又不得往，鬱鬱之志，殊未央也。不宣。光再拜。

答范景仁書❷

光再拜。自四月來，連於夢得處領三書，以無的便，久未之報。惟景仁必能察其非惰慢也。來書主鬴斛論甚確，光寡學於鐘律，實所不解，不足以辨是非。繇者互相攻難，聊資戲笑耳。今若喋喋爲報，乃是求勝而强相加，争言而競後息，非素志也。且置是論，至於中和爲養生作樂之本，此皆見於經傳，非取諸光之胷臆，不可忽也。《詩》云：「呦呦鹿鳴，食野之苹。」鹿得美草，猶呼其類共食之，况君子得美道，可不告其執友而共學之乎？何光區區仰告之勤，而景仁却之之堅，曾不熟察也。來示云：「致中和，天地位焉，萬物育焉。言帝王中和之化行，則陰陽和，動植之類蕃，非爲一身除病也。」夫和者，大則天地，中則帝王，下則匹夫，細則昆虫草木，皆不可須臾離者也。豈帝王則可行而一身則不可行邪？人苟能無失中和則無病，豈待已病然後除之邪？夫養生用中和，猶割雞用牛刀，所益誠微，然生非中和，亦不可養也。譬如用勺水滌一器，景仁

❶「一」，原無，據《傳家集》補。

❷「范」，原無，據二目録補。

見而責之曰：「夫水之所以浮天載地，生育萬物，汝何得用之滌器？」如此則可乎不可乎？又云：「孟軻養浩然之氣，言榮辱禍福不能動其心，非除病之謂也。」夫志，氣之帥也，苟不以中和養其志，氣能浩然乎？苟氣不浩然，則榮辱禍福交攻之，終日戚戚，隕穫充詘，能無病乎？孔子曰：「仁者壽。」又曰：「大德必得其壽。」彼仁與德，捨中和能爲之乎？又云：「向之病，誠猶飲食過中，是過飲食之中，非中和也。」光誠愚，不知飲食之中非中和，更爲何物也？光所願者，欲景仁舉措云爲，造次顛沛，未始不存乎中和，豈於飲食獨捨之乎？此則尤所不解也。夫中和之道，崇深閎遠，無所不周，無所不容。人從之者如鳥獸依林，去之者如魚鰕出水。得失在此，於彼奚損益焉？而光重複反覆言之，猶噓温以助春，吹寒以佐冬，徒自困苦，夫何爲哉？正身遇所忠愛，不能自默耳。夫己自未能力行而遽以强人，此孔子所謂道聽而塗説，宜人之未見信也。然景仁明如離朱，中和之益著於南山，豈景仁所不能睹哉？或者偶未之思耳。曏者所蒙教誨，何敢忘之。但承其意，不承其術。謹當熟讀《中庸》以代《素問》、《巢原》，熟讀《樂記》以代《考工記》、《律曆志》。庶幾有得於桑榆，啓發其端，皆自益友之賜也。至幸至幸！至感至感！不宣。光再拜景仁七兄左右。

答兩浙提舉趙宣德屼書

光頓首再拜。比見邸報，聞先大資少保違去盛世，驚怛惋痛，衷懷如割。以道遠無便，無由發疏致慰。昨晚兵人來，忽辱示問并鄭君所爲行狀，欲令光作誌文。光實何人，望先公名德，何啻倍蓰什百。竊獲接侍之久，蒙知顧之厚，今得論譔盛美，自託不朽，何幸如之！顧以光不爲人作碑誌已十餘年，所辭拒者甚多。往歲有孫令以書見屬，欲令光譔其伯父之翰碑，光時復書，叙不可爲之故頗詳。是後又辭王樂道、曾子固等數家，皆以此書呈之。去年富公初薨，光往弔酹。其孤朝奉在草土中號哭自擲，必欲使光作墓誌。又遣人來垂諭至于三四，光亦以所以語孫令者告之，竟辭不爲。今若獨爲先公爲之，則是有所輕重厚薄，足下試以尊意度之，謂光敢爲之乎？不敢爲乎？此則不待光辭之畢，足下必盡察之矣。况先公清節直道，著於海内，皎如列星，決不沉没。它年所以取信於世者，在國史列傳，豈待光鄙陋之文然後彰彰乎？方今群公文章高出於衆，論議爲人所信者，何可悉數。足下不求於彼，顧遣使者自衢至洛，走數千里，專以相委，荷雅意期待如此之重，乃敢仰違尊命，俾使者虚返，其爲罪戾，擢髮有餘。所冀大君子聰明通恕，知其非可爲而不爲也。慚懅恐悸，言不能盡。光頓首。

答懷州許奉世秀才書

五月四日，涑水司馬光再拜復書許君秀才足下：去年十二月懷州人來，蒙惠書。自爾日欲因王判官寓書報謝，俗事汩没，繼以國喪，奔走京師，往返殊無暇，稽慢之罪，固無所逃。光性愚魯，自幼誦諸經，讀注疏，以求聖人之道，直取其合人情物理、目前可用者而從之。前賢高奇之論，皆如面牆，亦不知其有内外中間、爲古爲今也。比老，止成一樸儒而已。竊屢聞王君具道盛美，云道甚高，學甚精，孝悌隆閭門，名義著鄉里。常延頸企踵，睎仰聲采，固非一日。不意過聽，遽詒之話言，仍示以所述孝睦事迹。夫孝悌者，仁義之實；敦睦者，政化之本。光以是闚足下之志，固不待承顔接辭而後知之矣。欽服欽服！夫玉韞窮山，十仞之土不能掩其光；珠潛深淵，岸草爲之不枯。足下始進德修業，但恐大名不免彰徹於世，勿病人之不己知也。光屬受詔守陳，不久留於洛。王君多沿牒在外，今日暫見之，來旦復出，輒走此布區區，草率不悉。仍封舊注《古文孝經》一册，容易上呈，庶達鄙志。光頓首再拜。

答武功石令飛卿啓

光啓。縣人來，蒙示啓事千餘言，大指以爲明天子在上，宜以時起佐萬一，以澤斯民，不宜專務自逸，何足下期待之過而責望之重也。捧讀戰慄，流汗及踵。光聞君子擬人必於其倫。仲尼，聖人也，自生民以來未之有也，而足下語及不肖，動輒以仲尼況之。此雖甚愚不辨菽麥之人，亦不敢當，無乃重增不肖之罪，而爲足下失言之累乎？不可不可！光自惟德行、文學、言語、政事，一無所長，在稠人間，僅及下中。但事君不敢欺，得官非智力所任者不敢輕受，此固爲士者之常守，無足言者。而世俗閭閻之人，遽相與驚怪，從而譽之。光聞之，每踧踖發慙，不自知其何以致之，蓋所謂名浮於實者也。性戇滯，不曉時務，比又苦衰疾，不堪治民，遂自乞冗員，苟竊微禄以庇身養族。天子憐其無它惡，直不才耳，而嘗歷事三朝，今雖昏耄無所用，不忍棄捐，俾之掌留臺道宫，月給錢粟而不責以職事。如疲牛老馬，尚以莝豆飼之，不求其任重致遠，脱其絏靮，縱之林野，使之徜徉自適，以盡其天年。此乃天子至仁，雖天地之覆載，滄海之涵容，未足以諭。而草木魚蟲，無一毫之益以報盛德。乃光有負於朝廷，而朝廷實無負於光也。光豈敢養高傲世，釣名邀利邪？光胸中何所有，而足下欲迫之，使立朝廷佐下風邪？且明天子在上，進賢退不肖，褒勤黜惰，皆決於掌握。爲人臣者，身非己有，如金在鎔，泥在鈞，惟甄冶之所爲，用捨進退，豈得自專邪？竊恐足下誤信世俗之談而有是言也。願勿以騏驥之皮，蒙駑駘之背，而策之使一日千里，幸甚幸甚。❶

與劉道原書

光再拜。光少時惟得《高氏小史》讀之，自宋訖隋正史并《南》《北史》，或未嘗得見，或讀之不熟。今因修南北朝《通鑑》，方得細觀。乃知李延壽之書亦近世之佳史也。雖於禨祥詼嘲小事無所不載，然叙事簡徑，比於《南》、《北》正史，無煩冗蕪穢之辭。竊謂陳壽之後，惟延壽可以亞之也。渠亦當時見衆人所作五代史，不快意，故别自私著此書也。但恨延壽不作志，使數代制度沿革皆没不見。道原《五代長編》若不費功，計不日即成。若與將沈約、蕭子顯、魏收三《志》，❷依《隋志》篇目删次補葺，别爲一書，與《南》《北史》、《隋志》並行，則雖正史遺逸，不足患矣。不知道原肯有意否？其符瑞等皆無用，可删。《後魏·釋老志》取其要用者，附於《崔浩傳》後。《官氏志》中氏族附於《宗室》及代

❶「幸甚幸甚」，原作「幸幸甚甚」，據《傳家集》乙。
❷「將」，《傳家集》無。

初《功臣傳》後。如此，則《南》《北史》更無遺事矣。今國家雖校定摹印正史，天下人家共能有幾本？久遠必不傳於世。又校得絶不精，只如沈約《叙傳》，差却數板亦不寤，其它可知也。以此欲告道原，存録其律歷、禮樂、職官、地里、食貨、刑法之大要耳。不知可否，如何如何？光再拜。

温國文正公文集卷第六十二

温國文正公文集卷第六十三

書啓六

答范景仁書❶

光啓。許人至，得五日所賜書，承氣體休佳，至慰至喜。示諭孔子、孟軻亦病。凡議論者，以此所有，佐彼所闕，以此之是，變彼之非。告之以忠，進之以直；彼當察之以公，受之以虛。若饋獻之相益，貿易之相資，各得所求，故可貴也。光前獻樂議，景仁已拒之；今獻中和之論，又不售。若墨翟守千仞之城，以待勍敵，使光何自而入焉？夫聚財異於用兵，用兵則貴必勝，聚財則貴多得。今光屢有所獻，皆不克納。借使光肯伏其不勝，然於景仁亦何所得哉？豈可徒競無窮之辭？請亦置是論。處暑以來，天氣頓凉，望慎護自愛而已。❷不宣。光再拜景仁七兄足下。

答景仁書❸

光啓。六月中於夢得處連辱兩書。自爾以《通鑑》欲進御，結絶文字，日不暇給，以是闕然久不修報。計景仁雖怪之，必知其非疎怠也。光與景仁自皇祐中論樂，迄今三十

❶ 此題，《傳家集》作「與景仁再論中和書」。

❷ 「望」，原無，據《傳家集》補。

❸ 此題，《傳家集》題「與景仁論積黍書」。

年，筆舌往返，前後非一。今更欲竭肺腸以仰告，亦止於陳言重複，衹增煩瀆，無益於析理也。然景仁今書所詰責者，亦不可不略自辨。來示云：「光與胡、阮前非李照，今復主之。」光皇祐中所上聞者，正以房庶妄改《漢書》，以就私意，謂景仁不宜信而從之。近日所上聞者，止爲景仁以今之本府尺即黄帝時尺，恐不然。至於音律高下，素非光所習學，實不曉其是非，亦不知王、李、胡、阮之相去幾律，何嘗敢有所主，有所非邪？此則所不敢當也。來示云：「經有注釋之未安，史有記録之害義理者，不可不正。」此則誠然，然須新義勝舊義，新理勝舊理，乃可奪耳。如浴乎沂、十月五星聚東井之類是也。至於房庶所改《漢書》云：「一黍之起，積一千二百黍之廣。」全不成文理，豈可遽改舊書邪？其餘則與景仁之意殊塗而同歸。景仁以禮樂爲治國之大而不可慢，光豈以爲小而可慢邪？景仁吹律吕，考鍾磬，校尺量，鑄鬴斛，以求先王之樂，光謂先王之樂，大要主於中和而已。亦猶景仁謂衣有青赤黄白黑之異，光謂主於温而已矣；景仁謂食有酸苦甘辛鹹之異，光謂主於飽而已矣。然則景仁豈能全廢光之説，光豈敢盡不用景仁之論邪？彼諸家言樂者，各有十二律五音，更相是非。如五方之人，言語不通，飲食不同，各謂我是而彼非，孰能正之？從景仁之樂視之，則王朴君臣民事物皆不相干，李照皆失其位。使二人復生於今日，視景仁之樂，未知其云何也。若欲知其真是真非，必有如伶倫、后夔、師曠者始能知之耳。今既未有其人，願景仁且以所著《樂説》與光書合藏之，以俟後世，必有知樂者能辨之也。光之言止於此，自今景仁更以《樂論》相示，光亦不敢對也。不宣。光再拜。

韓秉國書

維啓。春氣斗温，伏惟動止安和，相見之期竟未有定，殊增耿耿。見與景仁書，似怪鄙拙論議，於公有所未盡者。向讀《中和論》，疑「中」字解釋未甚明，然未敢決然以爲非也。今試妄言，煩公一閲是非，幸復垂諭，以解愚蔽。胷中所欲言者非可以書盡，惟冀自愛重而已。謹手啓。不宣。維再拜君實資政閣下。

秉國論中和書❶

中之説有二：對外而爲言一也，無過與不及一也。喜怒哀樂之未發，漠然無形；及其既發，然後見其中節與不中節也。故喜怒哀樂之未發謂之中，發而中節謂之和。人之心，虚則明，塞則暗，虚而明則燭理而無滯，應物而不窮，喜怒哀樂之發有不中節乎？中節則無過與不及矣。有不和乎？在《易》之卦，虚其中曰离，爲日、爲南方、爲火。王弼解「復，其見天地之心」，云天地以本爲心者也。雷動風行，運變萬化，寂然至無，是其本也。春萌夏長，秋落冬閉，日月之行，星斗之運，此天地之迹可見於外者也。張官置吏，發號施令，事功之修，舉民物之茂遂，此聖人治天下之迹可見於外者也。若其所以迹者，盖莫得而擬議也。凡物莫不有本，此又衆本之所自出，故曰大本。凡物不得其

❶ 此題，原作「秉國論」，書前及卷端目録作「秉國書」，今從《傳家集》。

節，則過與不及，施於用則爲蔽塞，爲睽乖，爲不行，爲患難，無此四者和矣，故曰達道。明乎此者，其見天地聖人之心乎！

答韓秉國書元豐八年二月二十九日作❶

光啓。丁通直來，蒙貺書，審起居安和，至喜。示論，見與景仁書，似怪論議有所不同，此何言哉？朋友道廢久矣，光述《中和論》所以必欲呈秉國者，正爲求切磋琢磨，庶幾近是耳。豈欲秉國雷同而已邪？聞秉國有論，光不勝其喜，故因景仁請見之，何謂怪也？然光至愚，於秉國之論猶有所未達者，請試陳之，惟秉國擇焉。秉國云：「中之説有二，對外而言一也，無過與不及一也。」此誠如論，然中者皆不近四旁之名也。指形而言之，則有中有外，指德而言之，則有和。此書以「中庸」爲名，其所指者，蓋德也，非形也。如秉國所諭，則《中庸》應云「喜怒哀樂之未發謂之中，及其既發謂之外」，不則云「喜怒哀樂之未發謂之虚，發而皆中節謂之和」，乃相應也。秉國又云：「虚則明，塞則暗。」此誠如所論，然所謂虚者，非空洞無物之謂也。不以好惡利害蔽其明是也。夫心，動物也，一息之間，升天沈淵，周流四海，固不肯兀然如木石也。惟賢者治之，能止於一。擇其所止，莫如中庸。故《虞書》曰「惟精惟一，允執厥中」也。凡人固有無喜怒哀樂之時，當此之際，其心必有所在。小人則追求嗜好，靡所不之。惟君子能自處於中庸之地，不動以待事也。《大學》曰：「知止而後有定，定而後能靜，靜而後能安，安而後能

❶ 題注，原無，據《傳家集》補。

慮，慮而後能得。」又曰：「爲人君止於仁，爲人臣止於敬，❶爲人子止於孝，爲人父止於慈，與國人交止於信。」言所止各有在也。《荀子》曰：「德操然後能定，能定然後能應。能定能應，夫是之謂成人。」亦言所定在於德也。又曰：「人何以知道？曰心。心何以知？曰虛一而靜。心未嘗不藏也，然而有所謂虛。不以所已藏害所將受，謂之虛。心未嘗不兩也，然而有所謂靜。不以夢劇亂知，謂之靜。」然則虛者，固不爲空洞無物；靜者，固不謂兀然如木石也。凡曰虛、曰靜、曰定云者，如《大學》與荀卿之言，則得中而近道矣；如佛老之言，則失中而遠道矣。光所以不好佛老者，正謂其不得中道，可言而不可行故也。借使有人真能獨居宴坐，屏物棄事，以求虛無寂滅，心如死灰，形如槁木，及有物歘然來感之，必未免出應之，則其喜怒哀樂未必皆能中節也。曷若治心養氣，專以中爲事？動靜語默，飲食起居，未始不在乎中。則物雖輻湊橫至，一以中待之，無有不中節者矣。秉國又引王輔嗣解「復，其見天地之心」，以證虛無爲衆本之所自出。夫萬物之有，誠皆出於無。然既有，則不可以無治之矣。常病輔嗣好以老莊解《易》，恐非《易》之本指，未足以爲據也。輔嗣以雷動風行，運變萬化爲非天之心，然則爲此者，果誰邪？夫雷、風、日、月、山、澤，此天地所以生成萬物者也。若皆寂然至無，則萬物何所資仰邪？天地之有雲雷風雨，猶人之有喜怒哀樂，必不能無，亦不可無也。故《易》曰：「雲行雨施，品物流形。」《詩》曰：「君子如怒，亂庶遄沮。君子如祉，亂庶遄已。」但動

❶「敬」，原避宋太祖祖諱作「謹」，據《大學》回改。

靜有節，隱見有時，不可過與不及。過與不及，皆爲災害。必得中，然後和，和然後能育萬物也。自有天地以來，陽極則陰生，陰極則陽生，動極則靜，靜極則動，盛極則衰，衰極則盛，否極則泰，泰極則否。若循環之無端，萬物莫不由之，故曰一陰一陽之謂道，此皆天地之心。然復者，陽生之卦也。天地之大德曰生，故聖人贊之曰：「復，其見天地之心乎！」言天地之道，雖一往一來，本以好生爲心也。《易》道幽深，而輒敢妄爲之解？其罪甚大，亦不自識其是與非也。抑求之空言，不若驗之實事。竊聞秉國平日好習靜，光不勝區區，願秉國試輟習靜之心以爲習中之心，❶動靜語默，飲食起居，皆在於中，勿須臾離也。久而觀其所得所失，孰少孰多，則秉國必自得之矣，豈待光之煩言哉？愚慮如此，所不及者不惜更示。不宣。光再拜秉國資政五兄左右。

答秉國第二書 元豐八年三月十五日作❷

光啓。辱四日所惠書，誨以所未諭。幸甚幸甚！書文甚多，援据甚廣，光欲一一條對，則恐逐枝葉而忘本根，徒費紙札視聽，無益於進道。是宜直指其大要而言之。今光與秉國，皆知中庸之爲至德而信之矣，所未合者，秉國以無形爲中，光以無過與不及爲中，此所謂同門而異户也。夫喜怒哀樂之未發，常設中于厥心，豈有形於外哉？荀卿、《大學》所謂虛、靜、定者，非寂然無思慮也。虛者，不以欲惡蔽其明也；靜者，不以怵迫

❶「以爲習中之心」，原無，據《傳家集》補。
❷題注，原無，據《傳家集》補。

亂其志也；定者，不以得喪易其操也。《中庸》所謂中者，動静云爲無過與不及也。二者雖皆爲治心之術，其事則殊矣。今秉國合而爲一，恐未然也。周公思兼三王以施四事，有不合者，仰而思之，夜以繼日；孔子終日不食，終夜不寢以思道，豈得寂然無思慮哉？苟爲不思，又不慮，直情徑行，雖聖人亦恐喜怒哀樂不能皆中節也。《中庸》所謂「誠者，天之道」，言聰明睿智，天所賦也；「誠之者，人之道」，言好學從諫，人所爲也；「不勉而中，不思而得，從容中道」，謂聖德之已成者也；「擇善而固執之」，「博學、審問、慎思、明辨、篤行」，謂賢人之好學者也；「人一能之，己百之」，謂愚者之求益者也。夫不歷塊埤，不能登山；不沿江河，不能至海。聖人亦人耳，非生而聖也。雖聰明睿智過絶於人，未有不好學從諫以求道之極致，由賢以入於聖者也。故孔子曰：「我非生而知之，好古敏以求之者也。」又曰「吾十有五而志于學」，「至於七十，然後「縱心所欲，不踰矩」。以孔子之德性，猶力學五十有五年，乃能成其聖，況它人不學而能之乎？若謂聖人生知自天，必不可及，則顏子何爲欲罷不能，孟子何爲自比於舜哉？舜戒群臣曰：「予違汝弼，汝無面從。」使舜生而聖，不勉而中，不思而得，夫又何弼哉？《詩》稱文王「不聞亦式，不諫亦入」。言其性近於道，處師弗煩，在傅弗勤，非謂不學而不諫也。光前書論中已備矣，恐秉國尚未詳覽而熟察也。光前書云：「願秉國動静語默，飲食起居，皆在於中，勿須臾離也，久必得之矣。」秉國亦常留意采其言乎？今有人饋食於吾二人者，吾二人未嘗而先争之，一人曰鹹，一人曰酸，曷若相與共嘗，則知其味矣。又有饋藥於吾二人者，吾二人未服而先争之，一人曰寒，一人曰温，曷若相與共服，則知其驗矣。中，美食也，良藥也，光願與秉國强勉而試行之。師曠曰：「秉燭之明，孰與夜行？」吾二人雖老矣，繼今而猶學，庶幾其有益也。往來之言，奚以多爲！光再拜。

三省咨目 元祐元年五月❶

光比日牽强入朝，欲與諸公商議數事，貢其短拙，以求采擇。無何上下馬不得，須至在朝假，謹具咨目如左：當今法度所宜最先更張者，莫如免役錢。不惟刻剥貧民，使不聊生，又雇得四方無賴浮民，使供百役，官不得力。爲今之計，莫若盡罷免役錢，依舊差役。民間息肩者什已七八，若慮逐處利害不同，即委諸路轉運司及州縣具未便事理，申陳朝廷，更爲相度，别立一州一縣勑施行。❷第一不可委提舉司相度，彼雖本職，藉賴役錢，如魚之有水，安肯放免？必來沮難無疑也。光見欲作一文字奏聞，若降至三省，望諸公同心叶力與贊成。如此行之，可以除久弊，蘇疲民。凡法久則難變，此法行之已十五年，下户雖愁苦，上户頗優便，常情論議，已是非不一。若不於此際決志改之，恐異日遂爲萬世膏肓之疾，公家不得用民力，貧民常苦，富民常優矣。朝廷今欲整治天下，蘇息疲民，先須十八路各得好監司一兩人，忠厚曉事，憂民忘私，使之進賢退不肖，興利除害，朝廷於本路事有所不知，問之則以實對，委之措置則不至乖方，然後可以

❶ 題注，原無，據《傳家集》補。
❷ 下「一」字，原脱，據《傳家集》補。

倚仗爲耳目股肱也。苟非其人，則百事倒置矣。前日所草監司資格及委官薦舉文字，不知諸公曾徧見未？若如此可行，則早告進呈施行。然立格爲易，守格爲難，既出指揮已後，願諸公堅執此格，勿自隳壞，始爲有益也。旱勢可懼，若春更不雨，必成大飢，不可不預爲之備。國家所賴爲根本者，莫若農民。農民者，衣食之原，國家不可不先存恤也。欲加存恤，莫若察其乏食之初，早加賑贍，使各安土，不至流移。官費既省，民不失業，此上策也。若已流移，官雖作擘畫，散米煑粥，徒聚爲餓殍，無益也。爲今之計，莫若預先將常平斛斗在州縣者十分中支撥一分，充賑貸米，委州縣椿管，許一面支破。常切覺察鄉村人户，有闕食者，許經本縣投狀，據口數多少老小，出給曆子，每五七日一次，赴縣請領口食。先從下户爲始。❶縣亦置簿，拘管請却之數。如此救接，直至成熟日，即一切住支，却令還納所貸元數，更不取利息。如此始是實惠。弋俊已獲，未聞賞獲之者。其將官討捕者，不無搔擾，宜早罷之。前日蔡尹來，言開封有巨盜，朝廷有募人能禽之者，賞以班行。今既禽之，止賞以錢。孔子稱去食、去兵，無信不立。聖朝政令，豈當如此？諸公更筭其多者。范景仁當仁宗不豫，未有繼嗣，天下寒心，莫敢啓口之時，獨能首建大議，以安宗廟社稷。章十九上，除官不拜，可謂以身徇國之臣，其功不在文、富之下。今文、富重賞，景仁獨不霑及，此太皇太后亦應知其功大，願諸公進呈秉國文字時，詳爲敷奏，乞優與推恩。前日簾前宣諭，上封事異等者，宜略加旌賞，此乃聖朝美事。

❶「下」，原作「丁」，據《傳家集》改。

光有《看詳封事曆》三卷，官職、姓名及所言事，一一有之。願諸公同於其間選擇才識出衆者，具姓名敷奏，量加褒異，以成聖志。

密院咨目 元祐元年五月❶

光比日曳病入朝，只爲欲與諸公商議數事，於簾前敷奏，終不能得聚廳。今光飲食日減，不能造朝，未知幾時復得瞻望顏色。須至具咨目如左：吕大忠言夏虜乍恭乍驁，由私市公行故也。其延慶侵疆，有害無用，終當與之，然今日未可與也。俟大忠到官，審察事勢，先奏乞嚴禁私市，不過年歲間，彼必屈服，遣人來祈請。然後朝廷下詔，曠然歸以侵疆，赦其罪戾，自今貢賜往來，一切如故。此策大善，請明公更召見，詢訪其詳。然如光愚見，若只如去夏約束，檢門下開折簿曾行下。則大是悠悠，徒爲玩令，一無所益，須別立法云：應漢户、熟户與西人私相交易者，正犯人處斬，妻子送江淮編管。粉壁曉示，許人陳告，即時給係省錢五十貫充賞。本地分巡檢、寨主、監押，並衝替。仍令經略司、本州常切覺察。如此逐處行却一兩箇，方能禁絶。若西人如往年興兵壓境，以脅慶州，劉忱時亦莫之聽，但堅壁清野，使自疲弊而去。河東經略司總領二十餘州軍，邊面千餘里，地接二虜。帥府之重，孰過於此？❷而以吉甫處之，果能稱職否？且如昨者，北虜侵火山地，不與。於初累石時，便令撤去。彼若放箭，我射何傷，仍明據道理，亦行文牒，痛加詰責，云當奏朝廷，問諸北朝。今朝

❶ 題注，原無，據《續資治通鑑長編》補。

❷ 「孰」，原作「熟」，據《傳家集》改。

廷亦不共理會，❶示之以弱。但恐春暖，虜狃於得志，以爲南朝易與，大興徒衆，廣有占割，朝廷亦坐視，無如之何。土地者，國之本，若虜惟意所欲，無問多少，要取便取，成何國家？此由邊帥不能防微杜漸故也。❷渠自乞揚州，諸公何不早許之，別擇老成重厚有膽略者以代之。子厚方欲措置熙河，爲經久之計，而元帥乃一方頭目，其人豈高材英器，憂國忘家者邪？願早易之，勿致敗事。御史所言保甲罷按閱，甚當，宜從之。彼得三時務農，豈顧此微茫賞物，而省國用不少。但與逐旋置庫，量留些小金帛，遇冬教時，委令佐選絶藝者賞以銀楪子、銀盌、綵段。如與人班行，雖云猥賤，亦是國家命官，豈可如泥土與人？其出等事藝，及正長教人，及分數，欲更不與班行。正長所以鞭撻保丁，只爲未及分數，干賞故也。前日見駕部來白，沙苑地狹，不能容京西所送騍馬。且彼無牡馬，徒多養騍馬何爲？但使之積死，可惜耳。欲令京西未發者皆烙退印還民，已發者令沙苑估價出賣。如何？若可取，望早指揮。然監牧亦不可不一面早差官相度興復。漢唐都長安，故養馬多在汧、隴、三輔之間。國家都大梁，故監牧在鄆、鄭、相、衛、許、洛之間，各取便於出入故也。合宜且復近處一二監，各有舊基故也。子厚常言軍賞誤，何時當與裁減改正。邊人立小功者宜勿賞，此宋璟所以安開元也。❸封事大約已遍，止有兩複吏云其籤，子厚欲有去取，既難得會議，彼亦無大利害，但請子厚欲去者去之，餘令進入，貴早結絶。

❶「亦」，原作「緊」，據《傳家集》改。
❷「也」，原作「漸」，據《傳家集》改。
❸「璟」，原作「景」，據《傳家集》改。

與三省密院論西事簡

不和西戎，中國終不得高枕。光所上芻蕘，果有可采否？縱未欲遽以侵地歸之，且早下一詔，數其不賀正旦、生辰及登寶位，臣禮不備；諭以天子新即位，務崇寬大，曠然赦之，自今貢奉賜予，宜皆復舊規。但不責其必來獻地，分畫疆界而已。令保安牒與。如此則彼此相彌縫，且有名，又不失大體。不乘此際爲之，萬一彼微爲邊患，或更出不遜語，愈難處置。願諸公筭其多者。

與呂晦叔簡 元祐元年正月❶

光啓。自晦叔入都，及得共事，每與僚寀行坐不相離，未嘗得伸悃愊。雖日夕接武，猶隔闊千里也。今不幸又在病告，杳未有展覿之期，其邑邑可知。光平生有國武子疾，好盡言以招人過。遇庸人時，或妄發以取怨，況至交益友，豈敢返懷情不盡乎？晦叔自結髮志學，仕而行之，端方忠厚，天下仰服。垂老乃得秉國政，平生所蘊不施於今日，將何俟乎？比日以來，物論頗譏晦叔慎嘿太過，若此際復不廷爭，事蹉跌則入彼朋矣。願慎旃，慎旃！光誠不肖，豈敢以憂國爲己任。然昨日富家之諭，已上聞矣。光自病以來，悉以身付醫，家事付康，惟國事未有所付，今日屬於晦叔矣。

❶ 題注，原無，據《續資治通鑑長編》補。

又❶

介甫文章、節義過人處甚多，但性不曉事，而喜遂非。致忠直疎遠，讒佞輻輳，敗壞百度，以至于此。今方矯其失，革其弊，不幸介甫謝世，反覆之徒必詆毁百端。光意以謂朝廷特宜優加厚禮，❷以振起浮薄之風。苟有所得，輒以上聞。不識晦叔以爲如何？更不煩答以筆札。扆前力言，則全仗晦叔也。

答彭寂朝議書

光啓。辱書，奬借太過，期待太厚，且愧且懼，殆無所容。光禀性甚愚，求道多蔽。德行、言語、政事、文學皆不迨人，齪齪廉謹，自守而已。不意時俗妄加虚名，如火附螢，如膏汙衣，潛逃湔澣，不知所避。固微生之不幸，未嘗敢取以爲己有也。屬者朝廷誤賜甄擢，俾待罪政府，辭不獲命，黽勉就職。每内訟非據，如藉蒺藜。素與足下未嘗得接聲采之熟，陪從容之久，乃能不遠數千里教以所不及。❸非光無似，克堪大賜，乃足下愛君仁民之志，勤懇切至，不暇擇其人之可否而語之也。銜荷盛德，刻骨不忘。謹當寳藏，時取伏讀，以自警策，庶幾少副萬分之一。譬如駑馬聞騏驥嘶鳴，不自量度，踴躍躑躅，亦欲疾步而從之。殊不知軼景遺風，雖破骨絶筋，而不可及也。雖然，朝廷近發

❶ 此題，《傳家集》作「與吕晦叔第二簡」。

❷ 「特」，原作「持」，據《傳家集》改。

❸ 「以所」，原作「所以」，據《傳家集》乙。

詔書，溥覃四海，雖市廛畎畝之民，皆得直上封言事，足下位爲朝大夫，任爲部刺史，於朝政闕失、民間疾苦，顧不惜以時上聞。俟禁中降出，❶得與諸公詳議協同者，即行之。幸甚幸甚！不宣。光再拜。

温國文正公文集卷第六十三

❶「俟」，原作「後」，據《傳家集》改。

温國文正公文集卷第六十四

序一

送同年郎兄景微歸會稽榮覲序

進士此科見重於時久矣，自兩漢而下，選舉之盛，無與爲比，洎至販鬻給役之徒，❶皆知以爲美尚。是以得之者矜夸滿志，焜燿於物，如謂天下莫己若也，亦何惑哉！賢者居世，會當蹈仁履義，以德自顯，區區外名，豈足恃邪？郎景微與余周旋甚悉，余備知之。其爲人剛不可狡，柔不可犯，和易以爲樂，節正以爲禮。由七品官舉進士，一上中選，❷可謂美矣。然未嘗有偃蹇之容，自滿之意。或未識者卒然遇之，尚不知其爲舉人，又焉知其有科級邪。所謂以德自顯者，殆無過此乎。家君與尊諫議景德中同年登第，在朝廷最名相善，余又與景微以蔭籍同官偕舉進士，送名於天府，覆試於南廟，以至登第，未嘗異處。古人有言：「朋友世親如我比者，固不疎矣。」今將泛舟南下，拜親于越，謂余必以文序别。余誠荒陋，非不知辭，顧以非余無能紀其實美者，故直書以贈之。時景祐五年季夏，司馬光序。

❶「販」，原作「敗」，據《傳家集》改。
❷「中」，原作「十」，據《傳家集》改。

顔太初雜文序 寶元二年作❶

天下之不尚儒久矣。今世之士大夫，發言必自稱曰儒，儒者果何如哉？高冠博帶，廣袂之衣，謂之儒邪？執簡伏册，呻吟不息，謂之儒邪？又況點墨濡翰，織製綺組之文以稱儒，亦遠矣。捨此勿言，至於西漢之公孫丞相、蕭望之、張禹、孔光；東漢之歐陽歙、張酺、胡廣，世之所謂大儒，果足以充儒之名乎？魯人顔太初，字醇之，常憤其然，讀先王之書，不治章句，必求其理而已矣。既得其理，不徒誦之以誇誑於人，必也蹈而行之，在其身與鄉黨無餘，於其外則不光，不光，先王之道猶藹如也。迺求天下國家政理風俗之得失，爲詩謌洎文以宣暢之。景祐初，青州牧有以荒淫放蕩爲事，慕嵇康、阮籍之爲人，當時四方士大夫樂其無名教之拘，翕然效之，寖以成風。太初惡其爲大亂風俗之本，作《東州逸黨詩》以刺之。詩遂上聞，天子亟治牧罪。又有鄆州牧怒屬令之清直與己異者，誣以罪，榜掠死獄中。妻子弱不能自訴，太初素與令善，憐其冤死，作《哭友人詩》，牧亦坐是廢。於時或薦太初博學有文，詔用爲國子監直講。會有御史素不善太初者，上言太初狂狷，不可任學官。詔即行所至改除河中府臨晉主簿。太初爲人，實寬良有治行，非狂人也。自臨晉改應天府户曹，掌南京學，卒於睢陽。舊制，判司、簿尉四考，無殿負，例爲令録。雖愚懦昏耄無所取者，積以年數必得之。而太初才識如此，舉進士解褐近十年，卒不得脱判司、簿尉之

❶ 題注，原無，據《傳家集》補。

列以終身，死時蓋年四十餘。噫，天喪儒者，使必至於大壞乎！將犬吠所怪，桀桀者必見鋤也？何其仕與壽兩窮如此？世人見太初官職不能動人，又其文多指訐，有疵病者所惡聞，雖得其文，不甚重之。故所棄失居多，余止得其兩卷。在同州又得其所爲《題名記》，今集而序之。前世之士身不顯於時，而言立於後世者多矣。太初雖賤而夭，其文豈必不傳？異日有見之者，觀其《後車詩》，則不忘鑒戒矣；觀其《逸黨詩》，則禮義不壞矣；觀其《哭友人詩》，則酷吏愧心矣；觀其《同州題名記》，則守長知弊政矣；觀其《望仙驛記》，則守長不事厨傳矣。由是言之，爲益豈不厚哉！

名苑序 慶曆九年作❶

孔子稱：名不正則言不順，言不順則事不成，乃至於百姓無所措手足。甚矣，聖人重名之至也。劉子政述九流，有名家者流曰尹文子、公孫龍子等，凡七家。《尹文子》今存，其術雜黄老刑名之言耳。餘書更歷久遠，世鮮傳之。今有孫氏《釋名》，蓋亦其類也。昔者魯哀公問社於宰我，宰我對曰：「周人以栗，曰使民戰栗。」孔子聞而深非之，曰：「成事不説，遂事不諫，既往不咎。」戒其後復爲也。兩漢以來，儒者務爲此態，旁貫曲取，紆辭蔓説，至有依聲襲韻，强爲立理，誠可閔笑者甚衆。此非宰我栗社之比邪？今《釋名》之文亦猶是矣，抑亦失聖人之旨遠哉？愚嘗念之久矣。間因觀經傳諸書有可以正名者，因記之。竊以爲備萬物之體用者，無過於字；包衆字之形聲者，無過於韻。

❶ 題注，原無，據《傳家集》補。

今以《集韻》本爲正，先以平、上、去、入衆韻正其聲，次以《説文解字》正其形，次以訓詁同異辨其理，次以經傳諸書之言證其實，命曰《名苑》。其有法制云爲時遷物變者，亦略敘其沿革，欲人知其源流變態云爾。至於魚蟲草木之類，雖纖苛煩碎，非忼慨君子所當用心，然亦重名之一節爾。至於正三才、道德禮樂、善惡真僞之名，輔佐世治，其功亦不細哉！謂文武之道未墜於地，在人，賢者識其大者，不賢者識其小者。將來君子好學樂道，庶幾亦有取焉。

送李揆之推官序 慶曆五年二月❶

古者朋友將别，必有言以相贈與處也。近世多爲之序。序者，其亦贈處之道歟？然世俗失之，往往崇虚辭，相歎譽，曾無一言以爲規，是豈昔人贈處之道哉？愚以爲朋友之道，譽其善，規其過。專譽而不規，路人而聚處飲酒於市道者耳。光於揆之，非直同官而已，實朋友也。於其行，又可無言以贈之。揆之，名相子孫，聰達有美才，習於時務。觀其行能，殆無所復擇矣。然爲之友者，猶舉其毛髮之闕而告之，誠欲就其全也。夫人非至聖，必有短；非至愚，必有長。至愚之難值，亦猶至聖之不世出也。故短長雜者，舉世比肩是也。是以君子之取人也，不求備；稱其善，不計其惡；求其工，不責其拙。如此，故人竭其用而悦從之，怨憎不至而功業榮焉。然則垢面而瞌眥，操耒而胥靡者，尚未可輕辱而易視也。禹曰：「知人則哲，惟帝其難之。」堯、禹以爲難，則凡人安

❶ 題注，原無，據陳弘謀本補。

得謂之易？人事常不可測，夫又詎知操耒者不爲阿衡，而胥靡者不爲傅説，若之何其可以心目斷也？竊嘗聞之，夫智者攘患，常於至微，著而攘之，則無及已。昔智伯一會而辱二主一臣，以成鑿臺之禍。以智伯之强，人莫之害，失一言於樽俎之際，其禍章章如此，况無其勢，取悔易矣。《夏書》曰：「一人三失，怨豈在明，不見是圖。」足下行矣慎之！智或召災，敏或賈禍。愚不可忽，鄙不可侮。是皆無損於人，不宜於身。勉之哉！時思鄙言，光之贈盡此而已，未知足下復何以處我也。❶ 慶曆乙酉歲二月庚戌序。

諸兄子字序

余兄子十四人，大抵未字。皇祐二年，告歸過家，徧爲之字，皆附其名，以寓訓焉。

京字亢宗。京，大也。孟子曰：「修其天爵，而人爵從之。」爾姑大其德乎，然後宗有所亢矣。亮字信之。孔子稱：去食、去兵，而信不可去。信者，行之本也。稟字從之。從，順也。君子在家則稟於親，出則稟於君，無所不用其順焉，夫順者，天之所助也。元字茂善。元者，善之長也。勉善不已，能無長乎？育字龢之。致中和，天地位焉，萬物育焉，况其邇者乎！良字希祖。《詩》云：「毋念爾祖，聿修厥德。」君子修德以爲祖也，可不勉乎！富字希道。智者富於道，愚者富於賄，爾其勉於智乎！齊字居德。齊，中也。孔子曰：「中庸之爲德，其至矣乎。」居德以中，奚適而不利哉？方字思之。方，道也。孔子曰：「道不遠人。」苟思之精，行之

❶「以」，原無，據《傳家集》補。

勤，則道何遠之有哉？ 爽字成德。爽，明也。明敏辯智，天之才也；中和正直，人之德也。天與之才，必資人德以成之。與其才勝德，不若德勝才，故願爾勉於德而已矣。衮字補之。君子之事上，進思盡忠，退思補過。異日爾仕於朝，當以仲山甫爲法乎！章字晦之。君子之道，闇然而日章，然則欲道之章者，其惟晦乎。弈字襲美。《詩》云：「夙興夜寐，毋忝爾所生。」弈世之美，將待爾而襲之，可不勉歟！ 裔字承之。爾於昆弟中爲最幼，承祖之美者，捨爾尚誰任哉？嗚呼！ 朝夕不離於口耳者，名字而已。爾曹苟能言其名，求其義，聞其字，念其道，庶幾吾宗其猶不爲人後乎！

送李子儀序 皇祐三年作❶

寶元中，光從事在華，子儀僑居州下，始得從之遊。竊嘗與僚友議曰：「人之裕於才者或褊於行，豐於行者或歉於才，要之不能得兼。若子儀者，才如是，行如是，他日吾屬其敢望乎！」間二年，子儀升進士第，名聲暴灼於縉紳間。光聞之，喜曰：「所期果不負矣。」又五年，光與子儀俱官太學下，❷日夕相從，講道甚樂。不幸子儀遭先府君憂去職，服除來還，則光去遷他官。雖不得亟見，然慕重其爲人，常若在旁也。皇祐三年，丞相文公出鎮許昌，士大夫願從後車以自効於幕下者甚衆。公無所取，獨與子儀俱。夫以文公之明且公，而子儀獨應其選，其不輕而重可知矣。論者猶謂子儀不當舍中都遊外方。夫玉，巨用之則爲璧爲圭，細用之則爲

❶ 題注，原無，據《傳家集》補。
❷ 「下」，《傳家集》無。

環爲玦。玉能明潔潤澤而已矣，璧與圭、環與玦，唯工者之所爲，玉豈能自制哉！行矣子儀，君子之道猶玉也，亦烏適而不見貴乎？陝郡司馬光序。

越州張推官字序嘉祐元年❶

天下之事，未嘗不敗於專而成於共。專則隘，隘則睽，睽則窮。共則博，博則通，通則成。故君子修身治心，則與人共其道；興事立業，則與人共其功；道隆功著，則與人共其名；志得欲從，則與人共其利。是以道無不明，功無不成，名無不榮，利無不長。小人則不然，專己之道而不能從善服義以自廣也，專己之功而不能任賢與能以自大也，專己之名而日恐人之勝之也，專己之利而不欲人之有之也。是以道不免於蔽，功不免於楛，名不免於辱，利不免於亡。此二者，君子、小人之大分也。陝郡張君，名共，才甚美，行甚修，舉進士登上科，今從事於浙東。光辱與張君爲同郡人，習其爲人固久。竊以爲古者名於親而字於朋友，字必附名而爲義焉。光是敢輒廣其名之義，而字曰大成，以勉之。異日張君克充其名，顯裕光大，庸可量哉！

馮亞詩集序

文章之精者，盡在於詩。觀人文者觀其詩，❷斯知其才之遠近矣。陝人馮亞，字希顔，學詩於處士魏野，偏得其道，潘逍遥深重

❶ 題注，原無，據《傳家集》補。

❷ 「者」，原作「徒」，據《傳家集》改。

之，未四十而終。魏詩大行於時，亞詩去魏不遠，而所傳者鄉曲而已。所以然者，由魏之壽，亞之夭歟？家公知杭州，亞子噩以其先人詩集請因杭工刻諸板而傳之。余以爲世俗不能識真，貴於難得而賤於飽聞，不若藏之於家，有同志者就而寫之，則雖欲勿傳，安得不傳？若刻之於版，有不知文者或敢譏評其臧否，衆心無當，從而和之，是隕夫子之盛名也。不果刻，序而歸之。

送孟翺宰宜君序❶

天之所以賜人賢不肖之分，曰心智而已矣。故它可能也，心智之叡明强識，不肖者竭力無以及焉。仲習爲夏縣尉，封域之内，山澤之夷險，道塗之遠邇，邑落之疎密，無不歷歷詳其名數。吏卒數百人，民踰萬室，性行之善惡，家貲之豐約，居處之里，囷倉之數，皆能修列而詮次之。凡人居官朞歲，不能悉吏卒之名氏，而仲習小大畢舉，如指諸掌，抑可謂叡明而强識矣。國家謂親於民事者無若令，於三王之世，伯、子、男之職也，而以資秩久次爲之，甚無謂，乃詔二千石舉明達政事者充其官。仲習以是得宜君令。夫爲政者，患於不知民之情僞、下之得失，上蔽下壅，故賞罰糾紛而不治。今仲習之精力乃如此，以從小邑之政，是猶激疾風以振鴻毛，委洪波以滅炬火，何足言者？異日居相府，立柱下，總天下之圖書，承明主之顧問，應答如響，畫地成圖，亦誰得居其右哉？戊寅歲，僕與仲習同登進士第。辛巳歲，僕以憂去官歸鄉里，日從仲習遊，睹其强識，未嘗不

❶「宜」，原作「冥」，據書前及卷端目録和《傳家集》改。

咨嗟駭服。故於其行也，書以贈之。

送丁浦江序

始僕爲兒時，家於壽之安豐，浦江以年少氣儁，誦書屬文，聞於縣中。家之父兄皆祝僕曰：「他日得如丁君足矣。」及壯，侍親之吴，浦江爲掾於潤州。人稱曰：「丁君爲治，精敏肅給，凡州之僚吏無與比者。」僕乃知丁君非徒以文自高，又能以政自力，信乎其才之周也。謂其此去而升美仕，若巨河之決，駿馬之逸，沛然莫之能禦也。間九年，復相遇於京師，則猶服故時藍衫，守銓門求一官，矉然久之，乃得婺之浦江。同時輩流及後來者，仕宦率居其右矣。僕然後喟然歎曰：才乎才乎，信不足恃者邪？抑又聞之，天將降大任於是人也，必先空乏其身，行拂亂其所爲，浦江近是乎？况浦江齒尚壯，志尚鋭，以斯之才而濟之以無倦，則德業之涯未易前知也。於其行，聊序以勸之。

古文孝經指解序

聖人言則爲經，動則爲法，故孔子與曾參論孝，而門人書之，謂之《孝經》。及傳授滋久，章句寖差，孔氏之人畏其流蕩失真，故取其先世定本，雜虞、夏、商、周之書及《論語》藏諸壁中。苟使人或知之，則旋踵散失，故雖子孫不以告也。遭秦滅學，天下之書掃地無遺。漢興，河間人顔芝之子得《孝經》十八章，儒者相與傳之，是爲今文。及魯恭王壞孔子宅，而古文始出，凡二十二章。當是之時，今文之學已盛，古文排擯，不得列於學官。獨孔安國及後漢馬融爲之傳，諸儒黨同疾異，信僞疑真，是以歷載數百而孤學沉厭，人無知者。隋開皇中，秘書學士王逸於陳人處得之，河間劉炫爲之作《稽疑》一篇，將以興墜起廢，而時人已多譏笑之者。及唐明皇開元中，詔議孔、鄭二家，劉知幾以爲宜行孔廢鄭。於是諸儒争難蠭起，卒行鄭學。及明皇自注，遂用十八章爲定。先儒皆以爲孔氏避秦禁而藏書，臣竊疑其不然。何則？秦世科斗之書廢絶已久。❶又始皇三十四年始下焚書之令，距漢興纔七年耳。孔氏孫豈容悉無知者，必待恭王然後迺出？蓋始藏之時，去聖未遠，其書最真，與夫他國之人轉相傳授，歷世疎遠者，誠不侔矣。且《孝經》與《尚書》俱出壁中，今人皆知《尚書》之真而疑《孝經》之僞，是何異信膾之可啗而疑炙之不可食也？嗟乎！真僞之明，皦若日月，而歷世争論，不能自伸。雖其中異同不多，然要爲得正，此學者所當重惜也。前世中《孝經》多者五十餘家，少者亦不減十家。今祕閣所藏，止有鄭氏、明皇及古文三家而已。其古文有經無傳，案孔安國以古文時無通者，故以隸體寫《尚書》而傳之。然則《論語》、《孝經》不得獨用古文。此蓋後世好事者，用孔氏傳本更以古文寫之。其文則非，其語則是也。夫聖人之經，高深幽遠，固非一人所能獨了。是以前世並存百家之説，使明者擇焉。所以廣思慮、重經術也。臣愚雖不足以度越前人之胷臆，闚望先聖之藩籬，至於時有所見，亦各言爾志之義，是敢輒以隸寫古文，爲之指解。其今文舊注，有未盡者引而伸之，其不合者易而去之，亦未知此

❶「秦」，原無，據《傳家集》補。

之爲是而彼之爲非。然經猶的也，一人射之，不若衆人射之，其爲取中多也。臣不敢避狂僭之罪，而庶幾於先王之道，萬一有所裨焉。

王内翰贈商雒龐主簿詩後序

王詩云：「織女峰前貧主簿，黄姑巖下舊詞臣。久棲枳棘方思替，謾戴貂蟬不是真。六里青山雲簇簇，一條丹水石磷磷。春來魂夢應相似，同是帝城東畔人。」❶

至道初，今觀文殿大學士始平公先君子贈中書令諱格爲主簿商雒。王公時自中書舍人謫官商州。王公以文章獨步當世，久宦，已通顯於朝，又剛簡峭直，固不妄與人交。然令君以九品官與相往來，王公贈詩，意好款密，則令君爲人可知已。至和初，始平公以前相國在鄆，從容出王公詩示光曰：「先君嘗有德於商雒，吏民至今思之，其辭牒判署猶有寶蓄存者。而兄今守商州，爲我刻王公之詩於商雒，以慰吏民之心。」光曰：「諾。」退而序其事，并詩往刻焉。

并州學規後序

天下所以化，在於學；百官所以治，在於法。然則學爲化原，法爲治本，兹二者又可忽歟？前牧韓公既從學而廣之，又取法於太學及河南、大名、京兆府、蘇州，除苛補漏，以爲新規。今牧龐公懼學者寖久而寖忘之也，迺命刻著于石。嗚呼！是規也存，雖屋不加美，食不加豐，生徒不加衆，猶爲學與

❶ 題注，原作大字，據《傳家集》改。「東」，《傳家集》作「南」。

也。是規也亡，雖列屋萬區，糗粻如陵，生徒如雲，猶爲學廢也。後之人司是學者可不慎與！年月日，具官司馬光序。

送胡完夫序

舜之取士，敷納以言，明試以功，車服以庸。考其言中於道，試之事克有功，然後用之。故能舉十六相，恭己不爲，而天下大治也。近世取士不然，一決之以文辭。噫！文辭豈能盡取士之道邪？天下病是久矣。明天子知之，迺詔有司，自今進士高第皆先試之小官，使知爲下之勞而熟於民之疾苦，然後察其功而舉之。雖置以爲卿相，無不可者。嗚呼！此誰發哉，乃舜之業也。晉陵胡完夫以進士貢於州，試於有司，覆於天子之庭，第其名未嘗在一二人之後，則完夫文辭可知矣。其試於有司也，光不佞尸其事，得竊觀其論策，蓋非特文辭之美也，迺能發明聖人之淵原，叶於古而適於今，信乎其言能中於道者邪！言既中於道矣，自今日以往，天子將又試之以事。異日完夫能擴其道以充其言，則天子將引而置之卿相之位，庶幾乎元凱之功復見於今日矣。嗚呼！天子一更法度，復古之道，其功業之歸迺巍巍如是，豈不偉與？噫！是道也不難至，在完夫勉之而已矣。

送通山郝令戭序

通山郝明府年四十餘，父嘗舉進士，老而無成。以其志之不獲也，雖子登進士第，仕至長吏，終歉歉不自足。明府亦以親之不怡也，不以仕爲榮，乃詣闕上書請致仕，而爲其親匄一官。朝廷雖嘉其意，以無故事，不之許。明府將之官，戚戚若受謫者，且曰：「通山道險遠，吾親必不肯行，將留妻子侍吾親，而單車之官。至則復請，期於成吾志焉。」明府於光，母黨也。光聞其言，瞿然慚曰：嘗聞古之人，仕以爲親，非爲身也。若明府之仕，其真無意於身者邪。如光者，禄既不及於親而又無補於君，役役然耗廩食以飽妻子，留而不能去，得不爲君子之罪人邪？嗚呼！明府誠可頌而礪世人矣。嘉祐八年八月十六日涑水司馬光序。

敘清河郡君 元豐六年

清河郡君張氏，冀州信都人。禮部尚書致仕存之女，端明殿學士司馬光之妻也。年十六適司馬氏，夫登朝，封清河縣君，及爲學士，改郡君。年六十，元豐五年正月壬子晦終於洛陽，三月辛巳晦葬涑水先塋。君性和柔，敦實。自始嫁至于瞑目，未嘗見其有忿懥之色，矯妄之言，人雖以非意侵加，默而受之，終不與之辨曲直，已亦不復貯於懷也。上承舅姑，旁接娣姒，下撫甥姪，莫不悦而安之。御婢妾寬而知其勞苦，無妬忌心。嘗夜濯足，婢誤以湯沃之，爛其一足，君批其頰數下而止，病足月餘方愈。故其没也，自族姻至於厮養，無親疎大小哭之極哀，久而不衰。咸出於惻怛，非外飾也。內外無一人私議其短者，兹豈聲音笑貌之所能致邪！平居謹於財，不妄用，自奉甚約，及余用之以賙親戚之急，亦未嘗吝也。始余爲學官，笥中衣無幾，一夕盜入室，盡卷以去。時天向寒，衾無纊絮，客至，無衫以見之。余不能不歎嗟，君笑曰：「但願身安，財須復有。」余賢其言，爲之釋然。近世墓皆有誌，刻石摹其文以遺人。余以爲婦人無外事，有善不出閨門，故止叙其事，存於家，庶使後世爲婦者有所矜式耳。

温國文正公文集卷第六十四

温國文正公文集卷第六十五

序 二

送李公明序柬之，李相迪之子。❶

治平四年夏，龍圖閣直學士、工部尚書兼侍讀李公公明得謝於朝，以太子少保致仕。故事，告老者不復謝辭，徑歸其家。天子謂公明歷事四朝，清慎公方，進退以禮，不可與它臣比，特召入對，賜之坐，慰勞久之。又特置餞宴於資善堂，唯講讀之官及記起居者凡七人得與焉。比終宴，天子六遣使者存問勸侑，加賜白金御茶，給優俸。又詔以梓宫在殯，不欲自爲詩，凡與宴之官皆命賦詩，以寵其行，仍别録一通以聞。自前世稱告老而榮者，莫若漢二疏。當是時，宣帝不過賜之二十金而已，未聞有恩禮若今之盛者也。嗚呼！天子之安養耆壽，優崇有德，勤厚周密，誠古今所未有也。公明少爲丞相子，長爲臺閣顯官，迨今老而去位，耳目聰明，手足輕利；諸子爲九卿牧守，而性皆孝謹；洛陽佳園宅，此數者又二疏所不能備也。然則公明福禄完美，顯榮光大，亦古今所未有也。先皇帝時公明數求致仕，未之得。光嘗侍坐，從容請曰：「兄年雖七十，而康寧如是，獨不可强爲天子少留邪？」公明曰：「所貴於致仕者，欲及其身之無恙，自樂於鄉黨耳。必待不任朝謁，輿疾而歸，是不得已，豈止足

❶ 題注，原無，據《傳家集》補。

之謂邪？」光忻然服其言，益知賢者所存，固非庸人所能及也。昔先子登進士第，先相國爲舉首，故光於公明，兄弟行也。資善之會，光以新去經席，不得與焉。於其行也，僚友復設祖道，供張於西郊。光又以御史之職，不得與焉。其悵悵可言邪？故聊序其事以爲別。從表弟右諫議大夫權御史中丞涑水司馬光序。

投壺新格序

《傳》曰：「張而不弛，文武弗能也；弛而不張，文武弗爲也。一張一弛，文武之道也。」君子學道從政，勤勞罷倦，必從宴息以養志游神，故可久也。蕩而無度，將以自敗。故聖人制禮以爲之節，因以合朋友之和，飾賓主之歡，且寓其教焉。夫投壺細事，遊戲之類，而聖人取之以爲禮，用諸鄉黨，用諸邦國，其故何哉？鄭康成曰：投壺，射之細也。古者君子射以觀德，爲其平體正，端壹審固，然後能中故也。蓋投壺亦猶是矣。夫審度於此，而取中於彼，仁道存焉；疑畏則疎，惰慢則失，義方象焉；左右前却，過分則差，中庸著焉；得十失二，成功盡棄，誡慎明焉。是故投壺可以治心，可以修身，可以爲國，可以觀人。何以言之？夫投壺者，不使之過，亦不使之不及，所以爲中也；不使之偏頗流散，所以爲正也。中正，道之根柢也。聖人作禮樂，修刑政，立教化，垂典謨，凡所施爲，不啻萬端，要在納民心於中正而已。然難得而制者，無若人之心也。自非大賢守道敦固，則放蕩傾移，無所不至，求諸少選且不可得。是故聖人廣爲之術以求之，投壺與其一焉。觀夫臨壺荷矢之際，性無麤密，莫不聳然恭謹，志存中正，雖不能久，可以習焉，豈非治心之道歟？ 一矢之失，猶一行之虧也，豈非修身之道歟？ 兢兢業業，慎終如始，豈非爲國之道歟？ 君子之爲之也，確然不動其心，儼然不改其容，未得之而不懾，既得之而不驕。小人爲之也，俯身引臂，挾巧取奇，苟得而無愧，豈非觀人之道歟？ 由是言之，聖人取以爲禮宜矣。彼博弈者，以詭譎相高，以殘賊相勝，孔子猶曰：「飽食終日，無所用心，爲之猶賢乎已。」況投壺者，又可鄙略而輕廢哉！ 古者，壺矢之制，揖遜之容，今雖闕焉，然其遺風餘象猶髣髴也。世傳投壺格圖，皆以奇儁難得者爲右，是亦投瓊探鬮之類耳，❶非古禮之本意也。余今更定新格，增損舊圖，以精密者爲右，偶中者爲下，使夫用機徼幸者無所措其手焉。壺口徑三寸，耳徑一寸，高一尺，實以小豆。壺去席二箭半。箭十有二枚，長二尺有四寸。以全壺不失者爲賢。苟不能全，則積算先滿百二十者勝，後者負。俱滿則餘算多者勝，少者負。爲圖列之左方，并各釋其旨意焉。

有初箭十算：首箭中者，君子作事謀始，以其能慎始，故賞之。第二箭以下連中不絕者，皆五算。若一箭不中，次箭皆爲散箭。其連中內有貫耳及驍者，其箭別計。假若有初箭仍貫耳，則二十算是也。舊圖初箭一籌，其次每箭加二籌，盡四箭而止，甚非勸功之道。今自二箭以下連中不絕者，皆賞之，所以勉人於不解也。

全壺無算：無算者，不以耦之，算數多少皆勝之也。若兩人俱全，則復計其餘算，以決勝負。夫爲山九仞，功虧一簣，全壺實難，故君子貴之。

有終十五算：末箭中也。靡不有初，鮮克有終，故比之有初，又加五算也。

❶「探」，原無，據《傳家集》補。

散箭一算。

貫耳十算：耳小於口而能中之，是其用心愈精，故賞之。

驍箭十算：亦謂之驍，❶皆俊猛意也。謂投而不中，箭激反躍，捷而得之，復投而中者也。爲其已失，而復得之不遠，復善補過者也，故賞之。若復投而貫耳者，其算別計。復投而不中者，廢之。

敗壺不問已有之算，皆負。謂十二箭皆不中，大無功也。若兩人皆敗，則亦計餘算以決勝負。

横耳：謂箭横加耳上，舊五十籌。横壺：横加壺口，舊四十籌。皆依常算無賞。偶然而横，非投者工，何足以賞。若爲後箭所擊而墜地者，與不中同。

倚竿：箭斜倚壺口中，舊十五籌。龍首：倚竿而箭首正向己者，舊十八籌。龍尾：倚竿而箭羽正向己者，舊十五籌。狼壺：轉旋口上而成倚竿者，舊十四籌。帶劍：貫耳不至地者，舊十五籌。耳倚竿：舊十五籌。皆廢其算。傾斜險詖，不在於善，而舊圖以爲奇箭，多與之筭，甚無謂也。今廢其算，所以罰之，然亦異於不中者，故於連中全壺皆得通數。若爲後箭所擊及自墜壺若耳中者，復計其筭。墜地者，與不中同矣。

倒中：舊百二十籌。倒耳：舊不問籌數並滿。❷壺中之筭盡廢之。顛倒反覆，惡之大者，柰何爲上賞。今盡廢其筭，所以明逆順之道。

呂獻可章奏集序 熙寧五年八月二十九日❸

歐陽觀文有言：「士學古懷道者仕於時，不得爲宰相，必爲諫官，諫官與宰相等。」

❶「驍」，《古今事文類聚》作「驕」。
❷「問」，原作「門」，據《傳家集》改。
❸題注，原無，據《傳家集》補。

坐乎廟堂之上，與天子相可否者，宰相也；立乎殿陛之前，與天子争是非者，諫官也。宰相、九卿而下失職者，受責於有司；諫官失職者，取譏於君子。有司之法行乎一時，君子之譏著之策書而昭明，垂之百世而不泯。」誠哉是言也。然士之居其任，果能不失職者亦鮮矣。獻可爲臺諫官，前後凡若干年，遇黜者三，皆以彈奏執政，確切不已，天子重傷大臣意，不得已而黜之，其直聲赫然振動天下。自餘百官之愆違，政事之闕失，苟與之同時，無彊弱大小，知無不言，言無不盡。如獻可者，於其職業可謂無所愧負矣。古之人稱死而不朽者，如臧文仲既没，其言立是也。然文仲之言傳於今者無幾，蓋時人不能存録，遂使遺逸，豈不惜哉！光於獻可，忝備僚友，獻可平生造膝之言，固不可得而聞。今既没，其子由庚等搜求章奏遺藁，得二百餘篇。光請而序之，俾後之人察其言，足以知獻可之心。然則獻可身雖没，其心長存也。嗚呼！獻可以直道自立，終始無缺，而官止於諫議大夫，年止於五十八。彼不以其道得者，或位極將相，壽及胡耇。從愚者視之，則可爲憤邑；從賢者視之，以此况彼，所得所失，孰爲多少邪？後之人得是書者，宜寶蓄之。當官事君，苟能効其一二，斯爲偉人矣。熙寧五年八月二十九日司馬光序。

劉道原十國紀年序

皇祐初，光爲貢院屬官。時有詔士能講解經義者聽别奏名，應詔者數十人。趙周翰爲侍講，知貢舉，問以《春秋》、《禮記》大義。其中一人所對最精詳，先具注疏，次引先儒異說，末以己意論而斷之，凡二十問，所對皆然。主司驚異，擢爲第一。及發糊名，乃進士劉恕，年十八矣。光以是慕重之，始與相識。道原乃其字也。道原是歲賦詩論策，亦入高等。殿試不中格，更下國子監試講經，復第一，釋褐鉅鹿主簿、和川令。陸介夫爲廣西帥，奏掌機宜。前世史自太史公所記，下至周顯德之末，簡策極博，而於科舉非所急，故近歲學者多不讀，鮮有能道之者，獨道原篤好之。爲人强記，紀傳之外，閭里所録，私記雜説，無所不覽。坐聽其談，衮衮無窮，上下數千載間細大之事如指掌，皆有稽據可考驗，令人不覺心服。英宗皇帝雅好稽古，欲偏觀前世行事得失，以爲龜鑑。光承乏侍臣，嘗從容奏舊史文繁，自布衣之士，鮮能該通，況天子一日萬機，誠無暇周覽。乞自戰國以還，訖于顯德，凡關國家之興衰，繫衆庶之休戚，善可爲法，惡可爲戒者，詮次爲《編年》一書，删其浮長之辭，庶於奏御差便。上甚喜，尋詔光編次《歷代君臣事跡》，❶仍謂光曰：「卿自擇館閣英才共修之。」光對曰：「館閣文學之士誠多，至於專精史學，臣未得而知者，唯和川令劉恕一人而已。」上曰：「善。」退即奏召之，與共修書，凡數年，史事之紛錯難治者，則以諉之，光蒙成而已。今上即位，更命其書曰《資治通鑑》。王介甫與道原有舊，深愛其才。熙寧中，介甫參大政，欲引道原修三司條例。道原固辭以不習金穀之事，因言天子方屬公以政事，宜恢張堯舜之道，以佐明主，不應以財用爲先。介甫雖不能用，亦未之怒。道原每見之，輒盡誠規益。及吕獻可得罪知鄧州，道原往見介甫

❶「跡」，原脱，據《傳家集》補。

曰：「公所以致人言，蓋亦有所未思。」因爲條陳所更法令不合衆心者，宜復其舊，則議論自息。介甫大怒，遂與之絶。未幾，光出知永興軍，道原曰：「我以直道忤執政，今官長復去，我何以自安？且吾親老，不可久留京師。」即奏乞監南康軍酒，得之。光尋判西京留臺，奏遷書局於洛陽。後數年，道原奏請身詣光議修書事，朝廷許之。道原水陸行數千里至洛陽，自言比氣羸憊，必病且死，恐不復再見，留數月而歸。未至家，遭母喪。俄得風疾，右手足偏廢，伏枕再期，痛苦備至。每呻吟之隙，輒取書修之。病益篤，乃束書歸之局中。以元豐元年九月戊戌終，官至祕書丞，年止四十七。嗟乎！以道原之耿介，其不容於人，齟齬以没固宜，天何爲復病而夭之邪？此益使人痛惋惝怳而不能忘者也。道原嗜學，方其讀書，家人呼之食，至羹炙冷而不顧。夜則卧思古今，或不寐達旦。在和川，嘗以公事適野，見劉聰太宰劉雄碑，知嘉平五年始改建元，正舊史之失。在洛陽，與光偕如萬安山，道旁有碑，讀之乃五代列將，人所不稱道者。道原即能言其行事始終，歸驗於舊史，信然。宋次道知亳州，家多書，道原枉道就借觀之，次道日具酒饌爲主人禮，道原曰：「此非吾所爲來也，殊廢吾事，願悉撤去。」獨閉閤晝夜讀且抄，留旬日，盡其書而去，目爲之翳。道原致疾，亦由學之苦邪？方介甫用事，呼吸成禍福，凡有施置，舉天下莫能奪。高論之士，始異而終附之，面譽而背毁之，口是而心非之者比肩是也。道原獨奮厲不顧，直指其事，是曰是，非曰非。或面刺介甫，至變色如鐵，或稠人廣坐，介甫之人滿側，道原公議其得失，無所隱。惡之者側目，愛之者寒心，至掩耳起避之，而道原曾不以爲意。見質厚者，親之如兄弟，姦諂者疾之如讎。用是困窮而終不悔，此誠人之所難也。昔申棖以多欲不得爲剛，微生高以乞醯不得爲直。如道原者，可以爲剛直之士乎？道原家貧，至無以給旨甘，一毫不妄取於人。其自洛陽南歸也，時已十月，無寒具。光以衣襪一二事及舊貂褥賫之，固辭，强與之，行及潁州，悉封而返之。於光而不受，於它人可知矣。尤不信浮屠説，以爲必無是事，曰：「人如居逆旅，一物不可乏，去則盡棄之矣，豈得賫以自隨哉！」可謂知之明而決之勇矣。道原好讀書，志欲籠絡宇宙而無所遺，不幸早夭。其成者，《十國紀年》四十二卷，包羲至周厲王《疑年譜》、共和至熙寧《年略譜》各一卷，《資治通鑑外紀》十卷，餘皆未成，其成者亦未以傳人。曰：今柳芳《唐曆》本皆不同，由芳書未成而傳之故也。期於瞑目然後傳。病亟猶汲汲借人書以參校己之書，是正其失。氣垂盡，乃口授其子羲仲爲書，屬光使譔埋銘及《十國紀年序》。且曰：「始欲諸國各作《百官》及《藩鎮表》，未能就，幸於序中言之。」光不爲人譔銘文已累年，所拒且數十家，非不知道原託我之厚，而不獲承命，悲愧尤深。故序平生所知道原之美，附於其書以傳來世。道原自言其先萬年人，六世祖度，唐末明經及第，爲臨川令，卒官，遇亂不能歸，遂葬高安，因家焉。南唐以高安爲筠州，今爲筠州人。父渙，字凝之，進士及第，爲潁上令。不能屈節事上官，年五十棄官，家廬山之陽，且三十年矣，人服其高，歐陽永叔作《廬山高》以美之。今爲屯田員外郎致仕云。

洛陽耆英會序 元豐五年正月作❶

昔白樂天在洛，與高年者八人遊，時人慕之，爲《九老圖》，傳於世。宋興，洛中諸公繼而爲之者凡再矣，皆圖形普明僧舍。普明，樂天之故第也。元豐中，文潞公留守西都，韓國富公納政在里第，自餘士大夫以老自逸於洛者，於時爲多。潞公謂韓公曰：「凡所爲慕於樂天者，以其志趣高逸也，奚必數與地之襲焉？」一旦悉集士大夫老而賢者於韓公之第，置酒相樂。賓主凡十有一人。既而圖形妙覺僧舍，時人謂之「洛陽耆英會」。孔子曰：「好賢如緇衣，取其敝又改爲，樂善無厭也。」二公寅亮三朝，爲國元老，入贊萬機，出綏四方。上則固社稷，尊宗廟，下則熙百工，和萬民，天子心腹，股肱耳目，天下所取安，所取平。其勳業閎大顯融，豈樂天所能庶幾？然猶慕効樂天所爲，汲汲如恐不及，豈非樂善無厭者與？又洛中舊俗，燕私相聚，尚齒不尚官。自樂天之會已然，是日復行之，斯乃風化之本可頌也。宣徽王公方留守北都，聞之，以書請於潞公曰：「某亦家洛，位與年不居數客之後，顧以官守不得執巵酒在坐席，良以爲恨。願寓名其間，幸無我遺。」其爲諸公嘉羡如此。光未及七十，用狄監、盧尹故事，亦預於會。潞公命光序其事，不敢辭。時五年正月壬辰，端明殿學士兼翰林侍讀學士、太中大夫、提舉崇福宮司馬光序。

開府儀同三司、守司徒、武寧軍節度使致仕、韓國公富弼，字彥國，年七十九。

❶ 題注，原無，據《傳家集》補。

河東節度使、開府儀同三司、守太尉、判河南府兼西京留守司事、潞國公文彦博，字寬夫，年七十七。

司封郎中致仕席汝言，字君從，年七十七。

太常少卿致仕王尚恭，字安之，年七十六。

太常少卿致仕趙丙，字南正，年七十五。

祕書監致仕劉几，字伯壽，年七十五。

衛州防禦使致仕馮行己，字肅之，年七十五。

太中大夫、充天章閣待制、提舉崇福宮楚建中，字正叔，年七十三。

司農少卿致仕王慎言，字不疑，年七十二。

太中大夫、提舉崇福宮張問，字昌言，年七十。

龍圖閣直學士、通議大夫、提舉崇福宮張燾，字景元，年七十。

序賻禮 元豐六年十一月一日作❶

名以位顯，行由學成，此禮之常。若夫身處草野，未嘗從學，志在爲善，不求聲利，此則尤可尚也。近世史氏專取高官爲之傳，故閭閻之善人莫之聞。喪禮之廢壞久矣，而民間爲甚。至有初喪，親賓各具酒肉聚於其家，與主人同醉飽者，有以鼓樂導喪車者，有因喪納婦者。相習爲常，恬不知怪。醫助教劉太居親喪，獨不飲酒食肉終三年，此乃今士大夫所難能也。其弟永一尤孝友廉謹過人。於熙寧初，巫咸水入夏縣城，民溺死者

❶ 題注，原無，據《傳家集》補。

以百數，永一執竿立門首，他人物流入門者輒擿出之。有僧寓錢數萬於其室，居無何，僧自經死，永一遽詣縣自陳，請以錢歸其弟子。鄉人負其債久不償者，永一輒毁券以愧其心。其行事類如此。有周文粲者，其兄嗜酒，仰文粲爲生。兄或時酗毆文粲，其鄰人不平而唁之。文粲怒曰：「吾兄未嘗歐我，汝何離間吾兄弟也？」有蘇慶文者，事繼母以孝聞，常語其婦曰：「汝事吾母，小不謹，必逐汝。」繼母少寡而無子，由是安其室終身。元豐中，朝廷修景靈宫，調天下畫工詣京師，事畢，有詔選試其優者留翰林授官禄。有臺亨者，名第一，以父老固辭，歸養於田里。此五人與余同縣，故余得而知之。悲夫！天下布衣之士，刻志厲行而人莫知者，可勝數哉！始太之喪其父也，余兄弟賻以千錢，且爲書致之曰：「禮：凡有喪，它人助之，珠玉曰含，車馬曰賵，貨財曰賻，衣服曰襚。今物雖薄，欲人之可繼也。」久之，太請刻其書於石，曰：「鄙也，❶鄉人不知有賻禮，自太父之喪，鄉人稍稍行之。太欲廣其傳，由吾鄉以及鄰縣，由鄰縣以達四方。使民間皆去弊俗而入於禮，豈小補哉！」余益美其志，因諭之曰：「是書不足刻。余竊慕君子樂道人之善，請書若兄弟及周文粲、蘇慶文、臺亨所爲，以傳於世，庶幾使爲善者不以隱微而自懈焉。元豐六年十一月壬寅朔，涑水迂叟序。

河南志序

《周官》有職方、土訓、誦訓之職，掌道四

❶「鄙」，原作「鄉」，據《傳家集》改。

方九州之事物，以詔王知其利害。後世學者爲書以述地理，亦其遺法也。唐麗正殿直學士韋述爲《兩京記》，近故龍圖閣直學士宋君敏求字次道，演之爲《河南》、《長安志》。凡其廢興、遷徙，及宫室、城郭、坊市、第舍、縣鎮、鄉里、山川、津梁、亭驛、廟寺、陵墓之名數，與古先之遺迹、人物之俊秀、守令之良能、花卉之殊尤，無不備載。考諸韋記，其詳不啻十餘倍。開編粲然，如指諸掌，其博物之書也。次道性嗜學，先正宣獻公蓄書三万卷，次道自毁齒至于白首，從事其間，未嘗一日捨置。故其見聞博洽，當時罕倫。又閑習國家故事，公私有疑，咸往質焉。又喜著書，如《唐書》、《仁宗實録》、《國史會要》、《集注史記》之類，與衆共之或專修而未成者皆不計外，其手自纂述已成者凡四百五十卷。蓋昔人所著，未有若此其多也。次道既没，太尉潞公留守西京，其子慶曾等奉《河南志》以請於公，曰：「先人昔嘗佐此府，叙其事尤詳，惜其傳於世者甚鮮，願因公刻印以廣之。豈徒先人蒙不朽之賜於泉壤，抑亦使四方之人未嘗至洛者，得之如遊處已熟；後世聞今日洛都之盛者，得之如身逢目睹也。幸公留意。」公從之，且命光爲之序。光於次道，友人也，烏敢以固陋而辭？時元豐六年二月戊辰，端明殿學士兼翰林侍讀學士司馬光序。

故相國龐公清風集略後序

公之勳業治行，范景仁所爲《清風集叙》言之精矣。公性喜詩，雖相府機務之繁，邊庭軍旅之急，未嘗一日置不爲。凡所以怡神養志及逢時值事，一寓之於詩。其高深閎遠之趣，固非庸淺所可及。至於用事精當，偶對的切，雖古人能者，殆無以過。及疾亟，光時爲諫官，有謁禁，走手啓參候，公猶録詩十餘篇相示，手注其後曰：「欲令吾弟知老夫病中尚有此意思耳。」字已慘澹難識，後數日而薨。曏者嗣子某，字懋賢，已集其文爲五十卷。既而以文字之多，懼世人傳者不能廣也，又選詩之尤善者凡千篇，爲十卷，命曰《清風集略》，刻板摹之，命光繼叙其事。嗚呼！公之善在人者旁施四海，後垂無窮。如詩乃公之餘事耳，懋賢猶務其傳，勤勤恐不逮，况其大者乎！公之積慶，宜有繼哉！時年月日，門人涑水司馬光敍。

百官表總序

四海至廣，雖聖人不能獨治；萬機至衆，雖聖人不能偏知。是故設官以分其事，量能而授之任。自生民以來，有國家者莫之能易也。唐、虞、夏、商尚矣，周官具存，粲然大備。降及秦、漢，迄于隋、唐，雖不能如三代之粹美，然上下相維，皆有條緒。孔子稱「惟器與名不可以假人」，又曰「必也正名乎」。名之宜正者，無若百官。唐初職事官有六省、一臺、九寺、三監、十六衛、十率府之屬，其外又有勳官、散官。勳官以賞戰功，散官以褒勤舊。故必折馘執俘，然後賜勳；積資累考，❶然後進階。以其不可妄得，故當時人以爲榮。及高宗東封，武后預政，求媚於衆，始有泛階。自是品秩浸訛，朱紫日繁矣。肅宗之後，四方糜沸，兵革不息，財力屈

❶「然後賜勳積資累考」，原脱，據《傳家集》補。

竭。勳官不足以勸武功，府庫不足以募戰士。❶遂并職事官通用爲賞，不復選材，無所愛吝。將帥出征者，皆給空名告身，自開府至郎將，聽臨事注名。後又聽以信牒授人，有至異姓王者，於是金帛重而官爵輕矣。或以大將軍告身纔易一醉，其濫如此。重以藩方跋扈，朝廷畏之，窮極褒寵，苟求姑息。遂有朝編卒伍，暮擁節旄，夕解緹衣，旦紆公衮者矣。流及五代，等衰益紊。三公端揆之貴，施於軍校；衣紫執象之榮，被於胥史。名器之亂，無此爲甚。大宋受命，承其餘弊，方綱紀大基，未暇釐正。故臺、省、寺、監、衛、率之官，止以辨班列之崇卑，制廪禄之厚薄，多無職業。其所謂官者，乃古之爵也；所謂差遣者，乃古之官也；所謂職者，乃古之加官也。自餘功臣、檢校官、散官、階、勳、爵、邑，徒爲煩文，人不復貴。凡朝廷所以鼓舞群倫，緝熙庶績者，曰官、曰差遣、曰職而已。於三者之中，復有名同實異，❷交錯難知。又遷徙去來，常無虚日。欲觀其大略，故自建隆以來，文官知雜御史以上，武官閤門使以上，内臣押班以上，遷除黜免，删其煩冗，存其要實，以倫類相從，以先後相次，爲《百官公卿表》云。

故樞密直學士薛公諱田詩集序

揚子《法言》曰：「言，心聲也。書，心畫也。」聲、畫之美者，無如文。文之精者，無如詩。詩者，志之所之也。然則觀其詩，其人之心可見矣。今之親没，則畫像而事之。畫

❶「庫」，原爲空格，據《傳家集》補。
❷「異」，原作「具」，據《傳家集》改。

像，外貌也，豈若詩之見其中心哉！故樞密直學士贈太尉薛公，以文學政事顯於真宗、仁宗之際。其所施設，見於國史及宋宣獻公所爲神道碑，此不詳書。公既薨五十餘年，少子中散大夫致仕某，集公詩二百二章以授光，俾之譔序，且爲之名。昔先人爲郫尉，公爲轉運使，知待甚厚，薦之於朝。光雖不肖，其敢忘諸？是以雖不文，不敢辭。謹按，薛氏自姚秦以來，世有偉人，位公卿將相，行能功業，光照簡册，號稱甲族，迄于今不衰。豈非河汾勝氣，獨鍾於一門乎？然而枝葉因遊宦多散之四方，惟公一族留不去，猶居河東。請名之曰《河汾集》。庶子孫孫繼公之志，常保守奉事，則而象之，以傳慶於無窮也。元豐八年三月丁未，涑水司馬光序。

趙朝議丙，字南正文藁序

在心爲志，發口爲言，言之美者爲文，文之美者爲詩。如鼓鍾者，聲必聞於外；灼龜者，兆必見于表。玉藴石而山木茂，珠居淵而岸草榮，皆物理自然。雖欲揜之，不可得已。朝議大夫致仕趙君南正，善屬文，尤嗜爲詩。自初仕至歸老，❶聚其藁凡十四編。一旦走僕負之，以書屬光爲之序。光實何人，克膺兹任。然嘗聞同僚楚正叔之言曰：「予與南正同登進士第，又同居潁陽，熟其爲人。其清白耿介，它人殆難能也。」今閱其文藁，味其言，求其志，乃知正叔信不我欺，而南正所守良可尚也。噫！世人有得南正文

❶「老」，原作「者」，據《傳家集》改。

藁而觀之，雖未之識，如自少至老日與之遊矣。元豐七年三月十一日丁未，涑水司馬光序。

温國文正公文集卷第六十五

温國文正公文集卷第六十六

記一

秀州真如院法堂記 皇祐四年作❶

壬辰歲夏四月，有僧清辨踵門來告曰：「清辨，秀州真如草堂僧也。真如故有堂，庳狹不足以庥學者。清辨與同術惠宗治而新之，今高顯矣。願得子之文刻諸石，以諗來者。」光謝曰：「光文不足以辱石刻，加平生不習佛書，不知所以云者，師其請諸他人。」曰：「他人清辨所不敢請也，故維子之歸，而子又何辭？」光固辭不獲，乃言曰：「師之爲是堂也，其志何如？」曰：「清辨之爲是堂也，屬堂中之人而告之曰：二三子苟能究明吾佛之書，爲人講解者，吾且南鄉坐而師之。審或不能，則將取於四方之能者。皆伏謝不能，然後相率抵精嚴寺，迎沙門道歡而師之。又屬其徒而告之曰：凡我二三子，肇自今以及于後，相與協力同志，堂圮則扶之，師缺則補之，以至於金石可弊，山淵可平，而講肄之聲不可絶也。」光曰：「師之志則美矣，抑光雖不習佛書，亦嘗剽聞佛之爲人矣。夫佛蓋西域之賢者，其爲人也清儉而寡慾，慈惠而愛物，故服弊補之衣，食蔬糲之食，巖居壄處，斥妻屏子，所以自奉甚約而憚於煩人也。雖草木蟲魚，不敢妄殺，蓋欲與物並生而不相害也。凡此之道，皆以涓潔其身，不爲物

❶ 題注，原無，據《傳家集》補。

累。蓋中國於陵子仲、焦先之徒近之矣。夫聖人之德周，賢者之德偏。周者無不覆，而末流之人猶不免棄本而背原，況其偏者乎？故後世之爲佛書者，日遠而日訛，莫不侈大其師之言而附益之，以淫怪誣罔之辭，以駭俗人而取世資，厚自豐殖，不知厭極。故一衣之費或百金，不若綺紈之爲愈，一飯之直或萬錢，不若膾炙之爲省也。高堂鉅室，以自奉養，佛之志豈如是哉？天下事佛者莫不然，而吳人爲甚。師之爲是堂，將以明佛之道也。是必深思於本原而勿放蕩於末流，則治斯堂之爲益也，豈其細哉！」

聞喜縣重修至聖文宣王廟記 嘉祐元年作❶

或問：「太古何如？」曰：「不今日如也。」「何以言之？」曰：「古之人寒衣而飢食，貪生而畏死，不殊於今也。」喜怒哀樂，好惡畏欲，與民俱生，非今有而古無也。古之人食鳥獸之肉、艸木之實而衣其皮，鳥獸日益殫，❷艸木日益稀，人日益衆，物日益寡。視此或不足，視彼或有餘，能相與守死而勿争乎？争而不已，相賊傷，相滅亡，人之類蓋可計日而盡也。聖人者，愍其然，於是作而治之，擇其賢智而君長之，分其土田而疆域之，聚其父子、兄弟、夫婦而安養之，施其禮樂政令而綱紀之，明其道德、仁義、孝慈、忠信、廉讓而教導之。猶有狂愚傲很之民悖戾而不從者，於是鞭扑以威之，鈇鉞以戮之，甲兵以殄之。是以民相與安分而保常，養生而送終，繁衍而久長也。及周之衰，先王之

❶ 題注，原無，據《傳家集》補。
❷ 「殫」，原作「憚」，據《傳家集》改。

道蕩覆崩壞，幾無餘矣，其不絶者纖若毫芒。自非孔子起而振之，廓而引之，使閎大顯融以迄于今，則生民之衆，幾何其不淪而爲禽夷也？今國家所以奉事孔子非輕也，廟食於國、於州、於縣，以歲時陳其俎豆，鳴其金石，以禮饗之。自天子之貴，親北面而拜焉。所以然者，非一人之私，爲道存也。然吏於州縣者，或以簿領鞭扑爲急務，視孔子之祠及學校廢爲餘事，置之曾不誰何。彼真俗吏，無足道者。聞喜自前世固搢紳大夫之林藪也。縣有孔子廟，咸平中，武吏慈釋回修之，尉李垂爲之記。厥後繼而爲長者，其嚴事孔子之心，不能及釋回。於是廟屋隳頓，垣墉圮缺，艸樹荒椔，碑石斷仆，况於鄉飲酒之容，絃誦之音，固不可得而睹聞矣。今大夫馬君至而歎曰：「嗚呼！爲川者知防而不知濬，則橫潰而不禁；爲民者知怒而不知教，則愁怨而不從。故善爲川者，相高下而導之；善爲民者，明是非而告之。是以爲者逸而從者易，物遂性而功速成也。今爲吏者不能揭先王之道以教人，而曰吾專任刑罰，亦足爲治者？是掩民之耳目，而以陷穽俟之也，不仁孰大焉！」乃屬邑中之賢士大夫而告之曰：「今孔子之廟廢而不修，❶士無所講其業，民無所承其化，斯豈惟令之辠，亦二三子之恥也。」皆曰：「斯固邑人日夜所不忘而不敢請者也。今明府有命，是天相聖人之道，而以明府賜邑人也，敢不奔走而承之。」乃相與斂材聚工，葺屋之隳而壯大之，修垣之圮而高厚之，去木之椔而改樹之，起碑之仆而更刻之。民不加賦，吏不告勞，不日而新廟焕然成矣。於是，邑中之賢士大夫

❶「而」，原無，據《傳家集》補。

相與朝夕誦堯舜之書，咏商周之詩於其中，彬彬然有鄒魯之風矣。噫！馬君之於學也，既正其基矣，猶未也。今之吏率三歲而更，後之人繼而長於斯者，宜勿替馬君之功，引而伸之。學者宜卒成馬君之志而張大之，知人所以嚴事孔子者，非徒飾其祠、誦其文也，固將明其道，循其法，心諭而身行之，使近者悦化，遠者慕效。繇邑及於鄉，繇鄉及於家，父靡不慈，子靡不孝，兄靡不友，弟靡不恭。夫然後知學之成而爲益大也。夫道之汙隆，豈有常邪？人爲之則存，不爲之則亡，非道去人，人去道也。古者至治之時，或耕者推畔，行者推塗，獄訟不興，盜賊不作。彼風俗若是之美者，豈古則可爲而今不可爲邪？繇教之未至故也。今基既正矣，其餘則勉之而已矣，何憚不及於古邪？人之言曰：「古民淳質故可教，今已僞薄，故不可教。」是瞽惑之言，不足稽也。於廟之成，馬君謂光旁縣之人也，宜爲之記。光以不文，辭不敢爲，使者三返而不獲命，因直述所聞而書。時某年月日也。

題絳州鼓堆祠記 嘉祐元年九月作❶

鼓堆在州治所西北二十五里。樊紹述《守居記》作「古」，州之圖志作「鼓」。鼓者，人馬踐之，逢逢如鼓狀，蓋水原充滿石下而然云。紹述之文，其必有据，然今以耳目驗之，則圖志亦未可全廢也。堆之西山曰馬首，❷其東長陵纚屬，相傳以爲晉之九原。

❶ 題注，原無，據《傳家集》補。

❷ 「曰」，原作「白」，據陳弘謀本改。

其北水出澤堂，❶別名清泉堆。周圍四里，高三丈，穹隆而圓，狀如覆釜。水原數十環之，觱沸雜發，匯于其南，溶爲深淵。中多魚鼈蠏鱓，水極清潔，可鑑毛髮，盛寒不冰，大旱不耗，霪雨不溢。其南釃爲三渠，一載高地入州城，周吏民園沼之用；二散布田間，灌溉萬餘頃，所餘皆歸於汾。田之所生，禾麻稌穱，肥茂薌甘，異它水所溉。堆上有神祠，蓋以水陰類也，故其神爲婦人像，而祠中石刻乃妄以爲堯后及舜之二妃。噫！是水也，有清明之性，温厚之德，常壹之操，潤澤之功，雖古聖賢無以加。其廟食於民也固宜，何必假於堯后、舜妃，然後可祀也？嘉祐元年九月壬寅，通判并州事司馬光以事至絳，從州之諸官尚書比部員外郎薛長孺元卿、國子博士劉常守道、尹仲舒漢臣、判官陳太初寓之，同遊祠下。愛其氣象之美，登臨之樂，而又功德及人若此其盛，愍流俗之訛，不可以莫之正也，於是題云。

諫院題名記 嘉祐八年作❷

古者諫無官，自公卿大夫至于工商無不得諫者。漢興以來，始置官。夫以天下之政，四海之衆，得失利病萃於一官，使言之，其爲任亦重矣。居是官者，當志其大，捨其細，先其急，後其緩，專利國家而不爲身謀。彼汲汲於名者，猶汲汲於利也。其間相去何遠哉？天禧初，真宗詔置諫官六員，責其職事。慶曆中，錢君始書其名於版。光恐久而漫滅，嘉祐八年刻著于石。後之人將歷指其

❶「堂」，原作「掌」，據《傳家集》改。
❷題注，原無，據《傳家集》補。

名而議之曰：某也忠，某也詐，某也直，某也回。嗚呼，可不懼哉！

先公遺文記元豐三年三月十日作❶

《玉藻》曰：「父没而不能讀父之書，手澤存焉爾。」揚子曰：「書，心畫也。」今之人親没則畫像而事之。畫像，外貌也。豈若心畫手澤之爲深切哉？今集先公遺文、手書及碑誌、行狀，共爲一櫝，寘諸影堂。子子孫孫，永祇保之。

仁宗賜張公御書記

皇祐初，故右諫議大夫張公爲翰林侍讀學士，仁宗皇帝謂侍臣曰：「朕宅帝位幾三十年，天下名儒皆嘗與之遊。自得張某，使我日聞所未聞。」因書紙爲「博學」字，命使者即其家賜之。當是時，國家中外無事，天子方嚮藝文，同侍殿閣者皆名臣之選，環觀愧羡，莫敢望云。公没既十有六年，公之子子瑾字材之，將摹著其書于石，謂光曰：「必爲之記。」光曰：昔公知滑州，光從事於幕下，嘗聞公之言曰：「余平生喜書，讀之不啻數十百過，其簡編弊矣。然每發之，必有新獲之意焉。」噫！公之篤學如此，宜其當明主之知，爲多聞之友，受殊常之寵，成不朽之名也。使曩也先皇帝賞公以萬金，於今何有？固不若垂一言之褒，其爲子孫榮，世世無窮也。夫知人則哲，帝堯之所難。仲尼門人以千數，獨稱顔淵爲好學。今材之所爲，欲以彰先皇帝之知人而揚先公之好學也。夫彰

❶ 題注，原無，據《傳家集》補。

君之明，忠也；揚父之美，孝也。惟忠與孝，材之兩有焉。光也雖無文，又焉敢辭！時某年月司馬光記。

記曆年圖後

光頃歲讀史，患其文繁事廣，不能得其綱要。又諸國分列，歲時先後，參差不齊，乃上采共和以來，❶下訖五代，略記國家興衰大迹，集爲五圖。每圖爲五重，每重爲六十行，每行記一年之事。其年取一國爲主，而以朱書它國元年綴於其下。蓋欲指其元年，以推二三四五，則從可知矣。凡一千八百年，命曰《曆年圖》。其書雜亂無法，聊以私便於討論，不敢廣布於它人也。不意趙君乃摹刻於版傳之，蜀人梁山令孟君得其一通以相示。始光率意爲此書，苟天下非一統，則漫以一國主其年，固不能辨其正閏，而趙君乃易其名曰《帝統》，非光志也。趙君頗有所增損，仍變其卷秩，又傳寫多脱誤。今此淺陋之書，既不可掩，因刊正使復其舊而歸之。

陳氏四令祠堂記

故左諫議大夫、贈太師、中書令、秦國陳公諱有三子：❷長曰某國文忠公諱，官至樞密使、同平章事、左僕射；次曰鄭國文惠公諱，官至户部侍郎、平章事、太子太師致仕；幼曰某國康肅公諱，官至武寧軍節度使，皆贈太師、尚書令兼中書令。始，秦公爲濟源令，縣西龍潭有延慶佛舍，三子相與爲學其

❶「上」，原作「止」，據《傳家集》改。
❷「諱」，《傳家集》作「某」。下三「諱」字同。

中，既而相繼登進士科。文忠、康肅公仍居群士之首，遂接踵爲將相，始大其家。子孫蕃衍，多以才能致美官，棋布中外。故當世稱衣冠之盛者推陳氏。其後文忠公自樞府出判河陽。文惠公與其子主客郎中某，孫虞部員外郎某，康肅公之子祠部郎中某，前後皆爲京西轉運使。主客君之子某復爲濟源尉。濟源，河陽之屬縣。河陽，京西之屬郡也。四世凡七人莅官，於是故濟源之人被陳氏之政爲多。秦公尤有恩於民，能使其民既去而思之。虞部君嘗行部過濟源，遊龍潭佛舍，❶見《秦公善政銘》、真宗皇帝賜文忠公詩、主客君題名，皆刻于石。歎曰：「吾家所以能顯大於世，自非曾祖父勤施仁政於民，三祖父力學以取富貴，何從而致之乎？至于今，子孫蒙福禄不絶，豈可不知其所自邪？」乃構堂於佛舍之側，❷畫四公之像而祠之，集三石刻皆置祠下，且屬光爲之記。光曰：「光之文不足以發揚先君之美，不敢爲。」虞部曰：「不然。某之建是祠堂，非敢自矜奕世之美，蓋欲來者見之，知愛民好學，可以大其家，有以勸也。」光曰：「如君之言，其志遠，其益大矣，光何敢辭？若夫四公之事業，則有國史在，光不敢及也。」熙寧七年五月辛酉，涑水司馬光記。

獨樂園記 熙寧六年作❸

孟子曰：「獨樂樂，不如與人樂樂；與少樂樂，不如與衆樂樂。」此王公大人之樂，

❶「潭」，原作「湮」，據《傳家集》改。
❷「構」，原避宋高宗諱作小字「犯御名」，今回改。
❸題注，原無，據《傳家集》補。

非貧賤者所及也。孔子曰：「飯蔬食，飲水，曲肱而枕之，樂亦在其中矣。」顔子一簞食，一瓢飲，不改其樂。此聖賢之樂，非愚者所及也。若夫鷦鷯巢林，不過一枝；偃鼠飲河，不過滿腹，各盡其分而安之，此乃迂叟之所樂也。熙寧四年，迂叟始家洛。六年，買田二十畝於尊賢坊北關，以爲園，其中爲堂，聚書出五千卷，命之曰「讀書堂」。堂南有屋一區，引水北流，貫宇下。中央爲沼，方深各三尺，疏水爲五，派注沼中若虎爪。自沼北伏流出北階，懸注庭下，若象鼻。自是分爲二渠，繞庭四隅，會於西北而出，命之曰「弄水軒」。堂北爲沼，中央有島，島上植竹。圓若玉玦，圍三丈，❶攬結其杪，如漁人之廬，命之曰「釣魚庵」。沼北横屋六楹，厚其墉茨，以禦烈日，開户東出，南北列軒牖以延涼颸，前後多植美竹，爲清暑之所，命之曰「種竹齋」。沼東治地爲百有二十畦，雜蒔艸藥，辨其名物而揭之。畦北植竹，方若碁局，❷徑一丈，屈其杪，交相掩以爲屋。植竹於其前，夾道如步廊，皆以蔓藥覆之，四周植木藥爲藩援，命之曰「采藥圃」。圃南爲六欄，芍藥、牡丹、雜花，各居其二，每種止植兩本，識其名狀而已，不求多也。欄北爲亭，命之曰「澆花亭」。洛城距山不遠，而林薄茂密，常若不得見，乃於園中築臺，構屋其上，❸以望萬安、轘轅，至于太室，命之曰「見山臺」。迂叟平日多處堂中讀書，上師聖人，下友群賢，窺仁義之原，探禮樂之緒。自未始有形之前，暨四達無窮之外，事物之理，舉集目前。

❶「圓若玉玦圍三丈」，《傳家集》作「圓周三丈狀若玉玦」。

❷「方」，《傳家集》作「狀」。

❸「構」，原避宋高宗諱作小字「御名」，今回改。

所病者學之未至，夫又何求於人，何待於外哉！志倦體疲，則投竿取魚，執衽采藥，決渠灌花，操斧剳竹，❶濯熱盥手，臨高縱目，逍遥相羊，唯意所適。明月時至，清風自來，行無所牽，止無所柅，耳目肺腸，悉爲己有。踽踽焉，洋洋焉，不知天壤之間復有何樂可以代此也。因合而命之曰「獨樂園」。或咎迂叟曰：「吾聞君子所樂，必與人共之。今吾子獨取足於己，不以及人，其可乎？」迂叟謝曰：「叟愚何得比君子，自樂恐不足，安能及人？況叟之所樂者薄陋鄙野，皆世之所棄也。雖推以與人，人且不取，豈得强之乎？必也有人肯同此樂，則再拜而獻之矣，安敢專之哉！」

竚瞻堂記

元豐三年，天子大饗明堂，召河東節度使、守司徒兼侍中潞國文公，自北都入覲于京師，以相祀事。禮成，天子以公勱相三后，❷克底隆休，澤敷乎烝民，功安乎廟祧，復命公以太尉留守西都。於是公尹洛者三矣。將行，天子仍賜之詩云：「西都舊士女，白首竚瞻公。」洛人喜公之來，榮天子之言。明年，相與構堂于資聖佛祠，肖公之像於其中，名之曰「竚瞻」。又二年，河南進士宋師中、李徹與其鄉里士民之衆以書抵光，曰：「公再爲宰相，三守洛都，雖惠化徧天下，靡有不周，而在洛爲多。今吾人日洒掃茲堂而奉事之，至于子孫固不忘矣。異時遠方之人有過茲堂而不知其所以然者，亦吾人之恥也。子盍爲我書其事，著于石，以傳告無

❶「剳」，《傳家集》作「剖」。

❷「勱」，原作「勵」，據《傳家集》改。

窮。」光謝曰：「諸君以此屬我，誠大幸。然凡爲士者，頌一守令且猶秉筆不敢輕爲，況公之德業位望崇顯如是，乃使如光者紀之，必得罪於識者，能無懼乎？西都，搢紳之淵藪，賢而有文者肩隨踵接。諸君不往求之，顧惟不肖之求，能無慙乎？願置我而更請於它。」衆皆曰：「子出公之門最久，其居洛又久。然則記兹堂也，子於何避之？夫登岱、華者固不能盡其高廣，游滄海者固不能窮其幽深。苟身之所至，目之所睹，皆可得而言矣。」光既不得辭，乃曰：「光僑居於洛，已十有三年，日聞士民之譽公者如出一口。敢問公之前後治洛，其規爲施置如何？而得民心如是，願條以告我，得藉之以書。」衆皆曰：「公之爲政，其大者汪洋溥暢，若化工之神，膏雨之仁，固非吾人之所測也。其細者，樵夫牧兒皆能道之，又不足以盡公之美也。姑以吾人之所及者言之，其簡而有節，安而不擾乎？抑又聞之，昔黄霸爲潁川太守，治爲天下第一。及作相，時人不謂之賢。謝安爲吴興太守，在官無當時譽。及作宰相，名振異域。彼皆才有所不贍，故用有不周，能兼之者，其在公乎？」光曰：「諸君知其一，未知其二。光嘗學於史氏，觀自古爲人臣者，或得於君而失於民，或得於民而失於君。君非不悦也，如民疾之何？民非不愛也，如君惡之何？若是者，殆不可勝筭也。至於事君以忠，養民以仁，惻然至誠，積於胷中，夙夜不倦，悠久不渝，晦之而益光，隱之而益彰，逃寵而寵不我捨，避名而名常我隨。若玉之在山，珠之在淵，擊鍾鼓於宫，種草木在土，達于上下，而不可掩者，彌百千年，無幾人而已矣。《詩》云：『樂只君子，天子命之』，言得乎上也；『豈弟君子，民之父母』，言得乎下也。《書》曰：『臣爲上爲德，爲下爲民。』言其惟禹、稷與臯陶乎？佐舜、禹以臯安斯民，君賴之如股肱，民依之如父母，功盛乎一時，名高乎百世。公之德其近是乎？不然，何天子之寵光，便蕃而不厭，下民之悦服，悠久而不忘，若此其備乎？」衆皆曰：「然。」光曰：「然則，請書此爲之記。」時六年八月某日也。

温國文正公文集卷第六十六

温國文正公文集卷第六十七

記 二 傳附

北京韓魏公祠堂記

没而祠之，禮也。由漢以來，牧守有惠政於民者，民或爲之生祠。雖非先王之制，皆發於人心之去思，❶亦不可廢也。然年時浸遠，人浸忘之。惟唐狄梁公爲魏州刺史，屬契丹寇河北，梁公省徹戰守之備，撫綏彫弊之民，民安而虜自退，魏人祠之，至今血食。熙寧初，河北水溢，地大震，官寺民居蕩覆者太半。詔以淮南節度使、司徒兼侍中韓魏公爲河北安撫使，判大名府兼北京留守。公既至，❷愛民如愛子，治民如治家，去其疾忘己之疾，閔其勞忘己之勞。未幾，居者以安，流者以還，飢者以充，乏者以足。群心既和，歲則屢豐。在魏五年，徙判相州。魏人涕泣遮止，數日乃得去。魏人思公而不得見也，相與立祠於熙寧禪院，壊公像而事之。後二年，公薨于相州。魏人聞之，争奔走哭祠下，雲合而雷動，連日乃稍息。自是，每歲公生及違世之日，皆來致祠及作佛事，❸未嘗少懈。噫！公之德及一方、功施一時者，魏人固知之矣。至於德及海内、功施後世者，亦嘗知之乎？公爲宰相十年，當仁宗之

❶「心」，原無，據《金石萃編》補。
❷「至」，原無，據《金石萃編》補。
❸「及」，原無，據《金石萃編》補。

末、英宗之初，朝廷多故，公臨大節，處危疑，苟利國家，知無不爲，若湍水之赴深壑，無所疑憚。或諫曰：「公所爲如是，誠善，萬一蹉跌，豈惟身不自保，恐家無處所，殆非明哲之所尚也。」公歎曰：「此何言也！凡爲人臣者盡力以事君，死生以之，顧事之是非何如耳。至於成敗，天也。豈可豫憂其不成，遂輟不爲哉？」聞者愧服。其忠勇如此，故能光輔三后，大濟艱難，❶使中外之人餔啜嬉遊自若，曾無驚視傾聽竊語之警，坐置天下於太寧，公之力也。嗚呼！公與狄梁公皆有惠政於魏，故魏人祠之。然其爲遠近所遵慕，年時雖遠而不毀，非有大功於社稷，爲神祇所相祐，能如是乎？況梁公之功顯，天下皆知之。魏公之功隱，天下或未能盡知也。然則魏公不又賢乎？宜其與梁公之祠並立於魏，享祀無窮。公薨後九年，魏人以狀抵西京，俾光爲記，❷將刻于石。竊惟梁公二碑乃李邕、馮宿之文，光實何人，敢不自量！顧魏人之美意不可抑，又欲以其所未知者諗之，故不敢辭。時元豐七年六月丙戌，涑水司馬光記。

范景仁傳

范景仁，名鎮，益州華陽人。少舉進士，善文賦，場屋師之。爲人和易修敕，故參知政事薛簡肅公、端明殿學士宋景文公，皆器重之。補國子監生及貢院奏名，皆第一。故事，殿廷唱第過三人，則爲奏名之首者必抗聲自陳以祈恩，雖考校在下，天子必擢寘上

❶「大濟艱難」，原作「濟大難」，據《傳家集》改。
❷「爲」，原無，據《傳家集》補。

列。以吴春卿、歐陽永叔之耿介，猶不免從衆。景仁獨不然，左右與並立者屢趣之使自陳，景仁不應。至七十九人始唱名及之，景仁出拜，退就列，訖無一言，衆皆服其安恬。自是始以自陳爲恥，舊風遂絶。釋褐新安主簿，到官數旬，時宋宣獻公留守西京，不欲使與下吏共勞辱，召置國子監，使教諸生。秩滿，又薦於朝，爲東監直講。未幾，宋景文公奏同修《唐書》。又用參知政事王公薦，召試學士院。詩用「彩霓」字，學士以沈約《郊居賦》「雌霓連蜷」，讀「霓」爲入聲，謂景仁爲失韻。由是除館閣校勘，殊不知約賦但取聲律便美，非霓不可讀爲平聲也。當時有學者皆爲景仁積鬱，而景仁處之晏然，不自辯。爲校勘四年，應遷校理。丞相龐公薦景仁有美才，不汲汲於進取，特除直祕閣。未幾，以起居舍人知諫院。仁宗性寬仁，言事者競爲激訐以采名，或緣愛憎，汙人以帷箔不可明之事。景仁獨引大體，自非關朝廷安危、繫生民利病，皆闊略不言。陳恭公爲相，嬖妾張氏笞殺婢，御史劾奏，欲逐去之，不能得，乃誣之云私其女。景仁上言：「朝廷設臺諫官，使之除讒慝也。審如御史所言，則執中可斬。如其不然，御史亦可斬。」御史怒，共劾景仁以爲阿附宰相。景仁不顧，力爲辨其不然，深救當時之弊，識者韙之。仁宗即位三十五年，未有繼嗣。嘉祐初暴得疾，旬日不知人，中外大小之臣無不寒心，而畏避嫌疑，相倚仗莫敢發言。景仁獨奮曰：「天下事尚有大於此者乎？捨此不言，顧惟抉擿細微以塞職，是真負國，吾不忍也。」即上言：「太祖捨其子而立太宗。周王既薨，真宗取宗室子養之宫中，陛下宜爲宗廟社稷計，早擇宗室賢者，優其禮數，試之以政，與圖天下之事，以系天下人心。」章累上，寢不報。景仁因闔門家居，自求誅譴。執政或諭以柰何效干名希進之人。景仁上執政書言：「繼嗣不定，將有急兵，鎮義當死朝廷之刑，不可死亂兵之下。此乃鎮擇死之時，尚安暇顧干名希進之嫌，而不爲去就之決哉！」又奏稱：「臣竊原大臣之意，恐行之而事有中變，故畏避而爲容身之計也。萬一兵起，大臣家族首領顧不可保，其爲身計亦已疎矣。就使事有中變而死陛下之職，與其死於亂兵，不猶愈乎？乞陛下以臣此章示大臣，使其自擇死所。」聞者爲之服栗。尋除兼侍御史知雜事。景仁固辭不受，❶乞解言職，就散地。執政復諭以上之不豫，諸大臣亦嘗建此策，今姦言已入，爲之甚難。景仁復上執政書云：「但當論事之是非，不當問其難易。況事早則濟，緩則不及。此聖賢所以貴機會也。諸公謂今日難於前日，安知它日不難於今日乎？謂今日姦言已入不可弭，他日可弭乎？」凡見上面陳者三，奏章者十有七，朝廷不能奪，乃罷諫職，改集賢殿修撰。頃之，拜知制誥，遷翰林學士。英宗即位，中書奏請追尊濮安懿王，事下兩制議，以爲宜稱皇伯，高官大國，極其尊榮，大迕執政意。更下尚書省，集百官議之，意朝士必有迎合者。既而臺諫爭上言：爲人後者爲之子，不得顧私親。今陛下既爲仁宗後，若復推尊濮王，是貳統也。殆非所以報仁宗之盛德。衆論鼎沸，執政欲緩其事，乃下詔罷百官集議，曰：「當令禮官檢詳典禮以聞。」景仁時判太常寺，即具列爲人後之禮及漢魏以來論議得失，悉奏之，與兩制、臺諫議合。執

❶ 「受」，原作「變」，據《傳家集》改。

政怒，召景仁詰責之，曰：「詔書云：當令檢詳。柰何遽列上邪？」景仁曰：「有司得詔書，不敢稽留，即以聞，乃其職也，柰何更以爲罪乎？」會宰相遷官，景仁當草制，坐失於考按，不合故事，加侍讀學士，出知陳州。今上即位，復召還翰林。王介甫參知政事，置三司條例司，變更祖宗法令，專以聚斂爲務，斥逐忠直，引進姦佞。景仁上疏極言其不可，朝廷不報。景仁時年六十三，因上言：「即不用臣言，臣無顔復居位食禄，願聽臣致仕。」章累上，語益切直。介甫大怒，自草制書，極口醜詆，使以本官户部侍郎致仕，凡所應得恩例，悉不之與。於是當時在位者皆自愧，景仁名益重於天下。介甫雖詆之深，人更以爲榮焉。景仁既退居，有園第在京師，專以讀書賦詩自娱。客至無貴賤，皆野服見之，不復報謝。故人或爲具召之，雖權貴不拒也，不召則不往見之。或時乘興出遊，則無遠近皆往。嘗乘籃輿歸蜀，與親舊樂飲，賑施其貧者，周覽江山，窮其勝賞，期年然後返。年益老而視聽聰明，支體尤堅疆。嗚呼！鄉使景仁枉道希世以得富貴，蒙屈辱，任憂患，豈有今日之樂邪？然則景仁所失甚少，❶所得殊多矣。《詩》云：「愷悌君子，神所勞矣。」又曰：「樂只君子，遐不眉壽。」景仁有焉。客有問今世之勇於迂叟者，叟曰：「有范景仁者，其爲勇，人莫之敵。」客曰：「景仁長僅五尺，循循如不勝衣，奚其勇？」叟曰：「何哉而所謂勇者？而以瞋目裂眥，髮上指冠，力曳九牛，氣陵三軍者爲勇乎？是特匹夫之勇耳，勇於外者也。若景仁，勇於内者也。自唐宣宗以來，不欲聞人

❶「然」，原無，據《傳家集》補。

言立嗣，萬一有言之者，輒切齒疾之，與倍畔無異。而景仁獨唱言之，十餘章不已，視身與宗族如鴻毛。後人見景仁無恙，而繼爲之者則有矣。然景仁首冒不測之淵，❶無勇者能之乎？人之情孰不畏天子與執政？親愛之至隆者，孰若父子？執政欲尊天子之父，而景仁引古義以争之，無勇者能之乎？禄與位皆人所貪，或老且病，前無可冀，猶戀戀不忍捨去。況景仁身已通顯，有聲望，視公相無跬步之遠，以言不行，年六十三即拂衣歸，終身不復起，無勇者能之乎？」凡人有所不能，而人或能之，無不服焉。如吕獻可之先見，范景仁之勇決，皆余所不及也。余心誠服之，故作《范景仁傳》。

圉人傳 慶曆五年作❷

汧侯有馬，悍戾不可乘服，以爲無用，將棄之野。愛其疾足，募有能馴之者，禄以百金。有圉人叩門而告曰：「臣能馴之。」汧侯使養馬數月，馬益調服，步驟緩速，折還左右，唯人所志。汧侯喜，賞以百金之禄，拜爲圉師。衆騶疾之，譖於侯曰：「侯馬今馴矣，彼何功而徒費侯金？臣請代之。」侯逐圉人。居數月，馬復悍戾如故。侯乃召圉人而謝曰：「子能使悍馬馴，子去而馬復悍，敢問何術也？」對曰：「臣賤夫也。不知異術，而唯養馬之知。夫馬太肥則陸梁，太瘠則不能任重，策之急則駭而難馴，緩則不肯盡力。善爲圉者，渴之飢之，飲之秣之，視其肥瘠而豐殺其菽粟。緩之以盡其材，急之以禁其逸，鞭策以警其怠，恩渥以馴其心，使之得其

❶「首」，原作「者」，據《傳家集》改。
❷題注，原無，據《傳家集》補。

宜適而不勞，亦不使有遺力焉。其術甚微，得於心，應於手，己不能傳之於人，人亦不能從己傳也。如此，故馬之材在馬，馬之性在我。雖悍戾何傷哉？」汧侯曰：「善。」圉人曰：「是術也，豈特養馬而已？抑治國亦猶是也。夫材智之士，治國者之悍馬也。捨之則不能以興功業，御之不以道，則不獲其利，而桀黠不可制。故明君者能用材智之士，而以爵禄賞罰御之。是以爵太高則驕，禄太豐則憧。驕憧之臣，雖有智力，君不得而使也。制之急則不得盡其能，制之緩則不肯宣其用。不任恩渥，一驅之以威，則愁怨而離心。故明君者，節其爵禄，裁其緩急，恩澤足以結其心，威嚴足以服其志，則生死貴賤之命在於君矣，雖僄悍，何憂哉？」汧侯悦，位爲上卿，任以國政，用其術推而行之，汧國大治。

張行婆傳

行婆張氏，濰州昌樂人。父爲虎翼軍校。張氏生七年，繼母潛使儈者鬻之，紿其父云失之。父哭之，一目失明，由是落軍籍爲民。儈者鬻於故尚書左丞范公家，字曰菊花。范氏以媵其女，適泗州人三班借職全士則。❶ 張氏勤謹，其主家愛之。與父别凡二十一年，一旦遇之於范氏之門而識之，遂辭范氏，與父俱歸。父怒繼母，欲毆而逐之。張氏曰：「兒非母不得入貴人家，母乃有德於兒，又何怨焉？今賴天之力得復見父，若兒歸而母逐，兒何安焉？」父乃止。父時年且八十，無佗子，家甚貧，鬻薪爲業。昌樂有

❶「全士則」，《傳家集》作「金世則」。下同。

故田園，爲人所據。張氏乃與父母歸鄉里，訟於州而得之。未幾，父卒，張氏養繼母，盡子道。母老不能行，所適稍遠，則張氏負之。母卒，張氏嫁爲里民王祐妻，生一男二女。祐早卒，諸孤皆幼，張氏鞠之，不從人。既長，畢婚嫁，乃謂其子曰：「吾素樂浮屠法，里中有古寺廢已久，吾當帥里人修之。棄家處其中，不復爲爾母矣。」里人聞之，爭助以財。不日立堂殿厨廡，塑繪佛像，營儲峙皆備。每戒其子毋得至寺，曰：「寺有衆人之財，將以興佛事。吾一毫不敢私也。汝來，使吾無以自明。」全士則之妹，余嫂也。元豐中張氏自濰之泗省全氏，又自泗之陝省余嫂，徒步數千里，曰：「吾故時主家，不可忘也。」嫂置諸園門之旁，獨處一室，日一蔬食，讀佛書。每與女僕語，專誨以忠勤。有不受而詬之者，輒拜謝不與校。遇勞辱之事，則以身先之。與之錢刀衣服，固辭。强之不得已，辭多受少。見尺薪寸帛，不忍棄，必拾以歸，愛之如己物。女僕之幼者，則爲之櫛沐紉縫，視之如己女。至於猴犬，飲食以時，無不馴服，張氏去，輒數日悲鳴不食。余熟察其所爲而異之，因諭之曰：「嫗已老，幸有子，不與之居以終其身，而栖栖汲汲，周遊四方，何爲乎？」張氏曰：「凡學佛者，先應斷愛。彼雖吾子，久已捨之，不復思也。」嗚呼！世之服儒衣冠，讀詩書，以君子自名者，其忠孝廉讓能如張氏者幾希，豈得以其微賤而忽之邪？聞其風者，能無怍乎？嚮使生於劉子政之前，使子政得而傳之，雖古列女何以尚之？惜乎爲浮屠所蔽，不得入於禮義之塗。然其處心有可重者，余是敢私記之。

猫䶉傳

仁義天德也。天不獨施之於人，凡物之有性識者咸有之，顧所賦與有厚薄耳。余家有猫曰䶉。每與衆猫食，常退處于後，俟衆猫飽，盡去，然後進食之。有復還者，又退避之。他猫生子多者，䶉輒分置其栖，與己子並乳之，愛視踰於己子。有頑猫不知其德於己，乃食䶉之子，䶉亦不與校。家人以《白澤圖》云畜自食其子不祥，見䶉在旁，以爲共食之，痛箠而斥之，以畀僧舍。僧飼之，不食，匿竇中，近旬日餓且死，家人怜而返之，至家然後食。家人每得穉猫，輒令䶉母之。嘗爲它猫子搏犬，犬噬之幾死，人救獲免。後老且病，不復執鼠，於家爲長物。余不忍棄，常自飼之。及死，余命貯篚中，瘞於西園。時元豐七年十月甲午也。自生至死，近二十年。昔韓文公作《猫相乳説》，❶以爲北平王之德感應召致。及余家有䶉，乃知物性各於其類，自有善惡，韓子之説，幾於諂耳。嗟乎！人有不知仁義，貪冒争奪，病人以利己者，聞䶉所爲，得無愧哉！司馬相如稱「物有同類而殊能者，故力稱烏獲，捷言慶忌」，人誠有之，獸亦宜然。昔余通判鄆州，有猫曰山賓，生數月，遇鼷得巨鼠，方食之，前與鼷鬭嚙，鼷走，奪鼠以歸。後因汙余書，余以畀都監常鼎。始縶之，跳擲高數尺，不可牽制，乃囊盛以授之。兩廨相距二里許，後數日，山賓復來歸余。又囊以授之，鼎命婢牢縶之，山賓既識路，即時歸，繩約滿身。鼎責群婢曰：「汝曹雖爲人，曾不及彼猫一心於

❶「猫」，原作「猶」，據《傳家集》改。

其主。」余以既畀之，不可復留，卒囊以授之，遂不復歸。不知其爲死爲生也。山賓非臚之比，余獨嘉其不忘舊主，故録之附于《臚傳》之末。

温國文正公文集卷第六十七

温國文正公文集卷第六十八

銘❶

鐵界方銘 景祐四年作❷

質重精剛，端平直方。進退無私，法度攸資。燥濕不渝，寒暑不殊。立身踐道，是則是傚。

劍銘 并序

或曰：古者君子居常佩劍，以備不虞，今也無之，倉卒何恃焉？應之曰：君子恃道不恃劍。道不在焉，雖劍不去體，不能救其死。是故苟得其道，則劍存可也，亡可也。作劍銘云：

昆吾之精，太阿之靈。深慮過防，却除不祥。倏忽縱横，萬夫莫當。用得其道，利器可保。道之不明，器無足憑。怙力棄常，疋夫以亡。敗德阻兵，國家以傾。逆不敵順，暴不犯仁。上以守國，下以全身。長鋏蕭蕭，七星炤腰。不離於道，神鋒可銷。

槃水銘 嘉祐七年二月一日作❸

槃水之盈，止之則平。平而後清，清而

❶ 此題，原爲總題，作「銘箴頌原説述」，今據書前及卷端目録分題於文内。下文不再一一出校。
❷ 題注，原無，據《傳家集》補。
❸ 題注，原無，據《傳家集》補。

後明。勿使小欹，小欹必傾。傾不可收，用毁其成。嗚呼奉之，可不兢兢！

四言銘 熙寧三年五月二十一日作❶

聰明勇健之謂才，忠信孝友之謂行，正直中和之謂德，深遠高大之謂道。

箴

修己箴 三首

勇　箴 景祐四年作❷

何爲而正？致誠則正。何爲而勇？蹈正則勇。孟賁之材，心動則回。臨義不疑，嗚呼勇哉！

逸　箴

百仞之木，生本秋毫。德隳於惰，名立於勞。宴安之娱，窮乎一晝。德著名成，億年不朽。可貪非道，可愛非時。没世無稱，君子恥之。昔在周公，作爲《無逸》。大聖猶然，況非其匹。

友　箴

余何遊乎？余將遊聖之門、仁之里。非聖不師，非仁不友，可乎？未可。不若遊衆人之場，聞善而遷，觀過而改。

❶ 題注，原無，據《傳家集》補。
❷ 題注，原無，據《傳家集》補。

頌

顔樂亭頌并序。周翰，孔子四十七世孫，名宗翰；邦直，李清臣也。

孔子舊宅東北可百步有井，魯人以爲昔顔氏之居也。周翰思其人，買其地構亭其上，❶命曰「顔樂」。邦直爲之銘，其言顔子之志盡矣，無以加矣。子瞻論韓子以在隱約而平寬爲哲人之細事，以爲君子之於人必於其小焉觀之。光謂韓子以三書抵宰相求官；與于襄陽書謂先達後進之士，互爲前後，❷以相推援，如市賈然，以求朝夕芻米僕賃之資；❸又好悦人以銘誌而受其金。觀其文，知其志，其汲汲於富貴，戚戚於貧賤如此。彼又烏知顔子之所爲哉？夫歲寒然後知松柏之後彫，士貧賤然後見其志，此固哲人之所難。故孔子稱之而韓子以爲細事，韓子能之乎？光實何人，敢評先賢之得失？聊因子瞻之言，申而盡之。頌曰：貧而無怨難。顔子在陋巷，飲一瓢，食一簞，能固其守，不戚而安。此德之所以完。

原

原命

子罕言命。子貢稱：「夫子之文章可得而聞也，夫子之言性與天道，不可得而聞

❶「構」，原避宋高宗諱作小字「犯御名」，今回改。
❷「互」，原作「玄」，據《傳家集》改。
❸「米」，原作「犬」，據《傳家集》改。

也。」是則天道精微，非聖人莫能知。今學者未能通人理之萬一，而遽從事於天，是猶未嘗操舟而欲涉海，不陷溺者其幾矣。昔眭孟知有王者興於微賤，而不知孝宣，乃欲求公孫氏擅以天下。翼奉知漢有中衰阨會之象而不知王莽，乃云洪水爲災。西門君惠知劉秀當爲天子，而不知光武，乃謀立國師公劉秀，秀亦更名以應之。劉靈助知三月當入定州，四月尔朱氏滅，而不知滅尔朱者爲齊神武，入定州者乃其首也。此五子者，其於術可謂精矣，皆無益於事，而身爲戮没，又况下此者哉！夫天道窅冥恍惚，若有若亡，雖以端兆示人而不可盡知也。非天下之至神，其孰能與於此？是以聖人之教，治人而不治天，知人而不知天。《春秋》記異而説不書，唯恐民冒没猖狂以趨於亂也。

説

説玄

余少之時，聞《玄》之名而不獲見，獨觀雄之自序，稱《玄》盛矣。及班固爲雄傳，則曰：「劉歆嘗觀《玄》，謂雄曰：『空自苦，今學者有禄利，然尚不能明《易》，又如《玄》何？吾恐後人用覆醬瓿也。』雄笑而不應。諸儒或譏，以爲雄非聖人而作經，猶春秋吴、楚之君僭号稱王，蓋誅絶之罪也。」固存此言，則固之意雖愈於歆，亦未謂《玄》之善如雄所云也。余亦私怪雄不贊《易》而别爲《玄》。《易》之道，其於天人之緼備矣，而雄豈有以加之？迺更爲一書，且不知其焉所用之，故亦不謂雄宜爲《玄》也。及長，學《易》，苦其幽奥難知，以爲《玄》者，賢人之書，校於《易》，其義必淺，其文必易。夫登喬山者，必踐於坱埤；適滄海者，必沿於江漢。故願先從事於《玄》，以漸而進於《易》，庶幾乎其可跂而望也。於是求之積年，始得觀之。初則溟涬漫漶，略不可入。迺研精易慮，屏人事而讀之數十過，參以首尾，稍得闚其梗概。然後喟然置書歎曰：嗚呼，揚子雲真大儒者邪？孔子既没，知聖人之道者非子雲而誰？孟與荀殆不足擬，况其餘乎！觀《玄》之書，昭則極於人，幽則盡於神，大則包宇宙，小則入毛髮。合天地人之道以爲一，刮其根本，示人所出，胎育萬物而兼爲之母，若地履之而不可窮也，若海挹之而不可竭也。蓋天下之道雖有善者，蔑以易此矣。考之於渾元之初，而玄已生；察之於當今，而玄非不行；窮之於天地之季，而玄不可亡。叩之以万物之情而不漏，測之以鬼神之狀而不違，概之以六經之言而不悖。藉使聖人復生，視《玄》必釋然而笑，以爲得己之心矣，乃知《玄》者所以贊《易》也，非别爲書以與《易》角逐也。何歆、固知之之淺，而過之之深也。或曰：「《易》之法與《玄》異，雄不遵《易》而自爲之制，安在其贊《易》乎？且如與《易》同道，則既有《易》矣，何以《玄》爲？」曰：夫畋者所以爲禽也，網而得之，與弋而得之何異？書者，所以爲道也。《易》，網也；《玄》，弋也。何害不既設網而使弋者爲之助乎？子之求道亦膠矣。且揚子作《法言》，所以准《論語》；作《玄》，所以准《易》。子不廢《法言》而欲廢《玄》，不亦惑乎？夫《法言》與《論語》之道，庸有異乎？《玄》之於《易》亦然。大厦將傾，一木扶之，不若衆木扶之之爲固也。大道將晦，一書辨之，不若衆書辨之之爲明也。學者能專精於《易》誠足矣，然《易》天也，《玄》者所以爲之階也。子將升天而廢其階乎？先儒爲《玄》解者，誠已善矣。然子雲爲文，既多訓詁，指趣幽邃，而《玄》又其難知者也。故今疑先儒之解未能盡契子雲之志，世必有能通之者，比老終且學焉。

述

述國語 慶曆五年作❶

先儒多怪左丘明既傳《春秋》，又作《國語》，爲之説者多矣，皆未通也。先君以爲丘明將傳《春秋》，乃先采集列國之史，國別分之，取其菁英者爲《春秋傳》，而先所采集之藁，因爲時人所傳，命曰《國語》，非丘明之本志也。故其詞語繁重，❷序事過詳，不若《春秋傳》之簡直精明、渾厚遒峻也。又多駁雜不粹之文，誠由列國之史，學有薄厚，才有淺深，不能醇一故也。不然，丘明作此複重之書何爲邪？然所載皆國家大節，興亡之本。柳宗元邪佞之人，智識淺短，豈足以窺望古君子藩籬而妄著一書以非之？竊懼後之學者惑於宗元之言，而簡棄此書，故述其所益以張之。

四言銘系述 元豐二年五月十七日作❸

迂叟爲《四言銘》，見者忽之，曰老生常

❶ 題注，原無，據《傳家集》補。
❷ 「之藁」至「繁重」二十五字，原作「列國因」，據《傳家集》改補。
❸ 題注，原無，據《傳家集》補。

談耳。故有系述。孔子稱才難。夫才者，所受於天，非人所能强也。故推十合一曰士，千人曰俊，萬人曰傑，出於其類，拔於其萃，此其所以難也。聞言易悟曰聰，睹事易辨曰明，敢爲不懼曰勇，强力不屈曰健。有是四者，才則美矣，然未足恃也。自古恃才而不勤德行，以殺身喪家亡國者踵相及也。彼皆天之所與，非己之所爲，又奚足以驕人哉？君子則不然，有其才必思美其行以成之。盡心於人曰忠，不欺於己曰信，善父母曰孝，善兄弟曰友。夫孝、友，百行之先，而後於忠、信，何也？苟孝、友而不忠、信，則非孝、友矣。能是四者，行則美矣，未及於德也。正直爲正，正曲爲直，適宜爲中，交泰爲和。正直非中和不行，中和非正直不立。若寒暑之相濟，陰陽之相成也。夫察目睫者，不能見百步；瞻百步者，亦不能見目睫。均是德也，執其近小而遺其遠大，守其卑淺而忘其高深，是猶不免爲小人焉。故君子好學不厭，自强不息，推之使遠，廓之使大，聳之使高，研之使深，發于心，形于身，裕于家，施于國，格于上下，被于四表。雖堯、舜、周、孔，莫不本於是矣。嗚呼！捨是而云道者，皆不足學也。

温國文正公文集卷第六十八

温國文正公文集卷第六十九

贈

書心經後贈紹鑒元豐五年十二月十三日作❶

余嘗聞學佛者言，佛書入中國，經、律、論三藏合五千四十八卷，《般若經》獨居六百卷。學者撮其要爲《心經》一卷。爲之注者，鄭預最簡而明。余讀鄭注，乃知佛書之要，盡於「空」一字而已。或問揚子：「人有齊死生，同貧富，等貴賤，何如？」揚子曰：「作此者，其有懼乎？」此經云「照見五蘊皆空，度一切苦厄」，似與揚子同指。然則釋老之道皆宜爲憂患之用乎？世稱韓文公不喜佛，常排之。余觀其《與孟尚書書》，論大顛云：「能以理自勝，不爲事物侵亂。」乃知文公於書無所不觀，蓋嘗徧觀佛書，取其精粹而排其糟粕耳。不然，何以知不爲事物侵亂，爲學佛者所先耶？今之學佛者，自言得佛心，作佛事。然曾不免侵亂於事物，則其人果何如哉？西京僧官凡六員，曰録、曰首座、曰副首座，左右街各有一。缺則選僧之有行業者補之，又缺則以次上遷，逮左録而止。崇德僧紹鑒既爲左首座矣，會足有微疾，乃歎曰：「吾棄家爲僧，固求自安逸，今已病而猶自勤於僧職，豈吾本心哉？」即投牒自請解去。時左録新物故，其徒皆上之，以爲宜待次補。鑒不聽。

❶ 題注，原無，據《傳家集》補。

既解去，明日，右録亦物故，補其處者乃位於鑒下之人也。其徒皆爲之恨，鑒處之恬然。噫，鑒儻不知事物之空，能如是乎？鄭經刻石於天寶末，今頗殘缺。余賢鑒能不以所重易所輕，且欲勸之，俾全其所得，乃命吏好寫一通以贈之。元豐五年十二月甲寅，涑水迂叟書。

諭

諭若訥

熙寧六年冬，光在洛，有衢州僧若訥袖書來見，曰：「仁宗皇帝時，若訥得召對化成殿，命講所學經，且作頌三篇。上甚喜。後數日，中使賜若訥紫衣，若訥辭曰：『臣所爲不遠千里求見明主者，欲獻其所學，庶幾廣之於天下。今陛下乃賜臣紫衣，非臣志也，臣不敢奉詔。』使者三返，終辭不受。上飛白『安浄』二字以賜，若訥然後舉手加額，❶受而藏之。若訥，野僧也，生江湖間，一旦萬乘之主召入禁中，面訪所學，授以二字，蓋師號之類也。天下僧受師號者何可勝紀，有能親屈帝筆如若訥之光榮者乎？若訥是以不敢忘先帝不貲之恩，思有以報之。曏聚吾師所述之經五千餘卷，合爲一藏，命曰《報恩經藏》。徧請朝廷輔佐之臣譔文書石，瑑而立之。今又將刻所賜二字于石，以傳于後。子爲我序其事而記之。」光謝曰：「光，儒者，素不習釋氏書，將何以發明上人之學與受賜之由？且文辭鄙陋，何敢輒寓名諸公之末，自

❶「舉」，原無，據《傳家集》補。

陷不知量之罪乎！」若訥固請不已，曰：「若訥去冬已嘗犯寒至洛，值子西適秦，不克見而返。今兹復來，非有它求，欲得記文而已。若訥豈不知朝廷貴人及四方之士能文者甚衆，欲爲斯記者亦不鮮。若訥皆不願得，而唯子之求，何子拒我之深乎？」光甚愧其言，因諭之曰：「上人之志於光，勤且厚如此，光敢無辭以爲復！抑仁宗皇帝既嘉上人不受命服，賜以二字，豈師號之謂邪？蓋以褒勸上人之德也。上人亦嘗思其指乎？夫『安浄』，德之美者也。既曰『安』矣，則於物宜無求；既曰『浄』矣，則物不得而間之。是故安如磐石，雖加減萬鈞，不爲之低昂；浄如清水，有一毫入之則累矣。上人既能知先帝之大恩，當謹守聖言而力行之，以無負先帝之所期，乃所以報也。經藏奚爲哉？况光之文又足求邪？」

訓

訓儉示康

吾本寒家，世以清白相承。吾性不喜華靡，自爲乳兒，長者加以金銀華美之服，輒羞赧棄去之。二十忝科名，聞喜宴獨不戴花，同年曰：「君賜不可違也。」乃簪一花。平生衣取蔽寒，食取充腹，亦不敢服垢弊以矯俗干名，但順吾性而已。衆人皆以奢靡爲榮，吾心獨以儉素爲美。人皆嗤吾固陋，吾不以爲病，應之曰：孔子稱：「與其不遜也，寧固。」又曰：「以約失之者鮮矣。」❶又曰：「士

❶「者」，原無，據《傳家集》補。

志於道而耻惡衣惡食者，未足與議也。」古人以儉爲美德，今人乃以儉相詬病。嘻，異哉！近歲風俗尤爲侈靡，走卒類士服，農夫躡絲履。吾記天聖中先公爲群牧判官，客至，未嘗不置酒，或三行五行，多不過七行。酒酤於市，果止於梨、栗、棗、柿之類，肴止於脯醢、菜羹，器用甆漆。當時士大夫家皆然，人不相非也。會數而禮勤，物薄而情厚。近日士大夫家，酒非内法，果肴非遠方珍異，食非多品，器皿非滿按，不敢會賓友。常數月營聚，然後敢發書。苟或不然，人争非之，以爲鄙吝，故不隨俗靡者蓋鮮矣。嗟乎！風俗頹弊如是，居位者雖不能禁，忍助之乎？又聞昔李文靖公爲相，治居第於封丘門内，聽事前僅容旋馬。或言其太隘，公笑曰：「居第當傳子孫，此爲宰相聽事誠隘，爲太祝奉禮聽事已寬矣。」參政魯公爲諫官，真宗遣使急召之，得於酒家。既入，問其所來，以實對。上曰：❶「卿爲清望官，奈何飲於酒肆？」對曰：「臣家貧，客至，無器皿肴果，故就酒家觴之。」上以無隱，益重之。張文節爲相，自奉養如爲河陽掌書記時，所親或規之曰：「公今受俸不少，而自奉若此，公雖自信清約，外人頗有公孫布被之譏。公宜少從衆。」公歎曰：「吾今日之俸，雖舉家錦衣玉食，何患不能？顧人之常情，由儉入奢易，由奢入儉難。吾今日之俸，豈能常存？一旦異於今日，家人習奢已久，不能頓儉，必致失所，豈若吾居位去位，身存身亡，常如一日乎？」嗚呼，大賢之深謀遠慮，豈庸人所及哉？御孫曰：「儉，德之共也；侈，惡之大也。」共，同也。言有德者，皆由儉來也。夫

❶「上」，原無，據《傳家集》補。

儉則寡欲，君子寡欲則不役於物，可以直道而行。小人寡欲則能謹身節用，遠罪豐家。故曰：儉，德之共也。侈則多欲，君子多欲則貪慕富貴，枉道速禍；小人多欲則多求妄用，敗家喪身。是以居官必賄，居鄉必盜。故曰：侈，惡之大也。昔正考父饘鬻以餬口，孟僖子知其後必有達人。季文子相三君，妾不衣帛，馬不食粟，君子以爲忠。管仲鏤簋朱紘，山楶藻棁，孔子鄙其小器。公叔文子享衛靈公，史鰌知其及禍，及戍果以富得罪出亡。何曾日食萬錢，至孫以驕溢傾家。石崇以奢靡誇人，卒以此死東市。近世寇萊公豪侈冠一時，然以功業大，人莫之非。子孫習其家風，今多窮困。其餘以儉立名、以侈自敗者多矣，不可偏數，聊舉數人以訓汝。汝非徒身當服行，當以訓汝子孫，使知前輩之風俗云。

樂　詞

樞密院開啓聖節道場排當散念作語❶

樞密院三月十三日於大相國寺開啓聖節道場錫慶院排當第一盞散念

紫電流樞，元聖誕應於丕運；妙花雨地，輔臣祇奉於仁祠。憑不垢之勝因，佑無疆之遐筭。仍修高會，共洽多娛，宜盡從容，式昭慈惠。

第二盞散念

夔龍滿坐集緌紳，花雨仍添一日春。欲

❶ 此題，原無，據書前及卷端目録補。

識華胥何處在，只應近與醉鄉憐。

作　語

德水澄瀾，上聖應期而降誕；崇丘儲粹，大賢名世以挺生。蓋精神之會昌，若符契之相合。必資同德，用厎太寧。恭惟尊號皇帝陛下容覆如天，照臨若日，躋群生於富壽之域，納庶俗於仁讓之塗。雷雨弗迷，魚鱉咸若。伏惟某官、某官丕宣忠力，克壯遠猷，筦樞機而均四時，撫韜鈐而制八狄。屬呈祥於里社，冀徼福於香城。大啓梵筵，同祈睿筭。玉毫珠髻，既瞻仰於慈雲；寶案金觴，仍涵濡於湛露。肴羞交錯，笙磬駢羅。仁澤醲於惠風，喜色饒於淑氣。某謬參樂吏，獲對台廷，不揆蕪才，敢獻口號。

華渚流星表聖期，宗工齋祓款仁祠。異花散漫承嚴供，妙樂從容奉宴嬉。印紱相鮮金錯落，佩鐶交映玉葳蕤。乾坤長久南山固，此地年年捧羽巵。

句　曲

八音繁會，七律鈞諧。上悦台顔，把色合曲。

御筵送李宣徽昭亮**知真定府口號**

匈奴舊畏李將軍，今日重來幾代孫。旗尾飄揚山燒裂，馬蹄騰踏塞塵昏。胡兒稽顙朝南闕，天子垂衣御北門。幕府事閑刁斗静，碧潭佳景日開樽。

作　語

天文垂象，貴將陪扈於太微；地險流形，常山控臨於大漠。矧聖神之御辨，懷荒憬以嚮風。秋塵無驚，夜户不閉。眷是股肱之郡，委於心膂之臣。某官武節兼人，❶雄規絶衆。元戎十乘，董鋭士以啓行；清酒百壺，命賢王而出餞。榮生道路，威動塞垣。駐大斾於近郊，留朱輪於清籞。某叩居樂部，幸對台光。不揆蕪才，敢獻口號。

秋風蕭瑟引華旌，祖宴高張出斗城。玉饌芳菲羅百品，鐵衣照耀擁千兵。驪歌未闋長楊苑，騎吹先臨細柳營。雨露醲恩何以報，沙場不惜樹功名。

慶文公八十會口號

仙才聞，❷三王之盛，未有遺年；五福之先，莫如享壽。恭惟開府太師，才爲人傑，位極帝師。黑頭强仕之時，已登廊廟；黄髮老成之日，還賞林泉。贊熙洽於三朝，保康寧於八十。太公望口餘兩齒，猶釣渭濱；田千秋身乘小車，尚腰相印。何曾則始爲太宰，石鑒則甫拜司空。平津之談論多聞，方叔之謀猷克壯。獨兼具美，度越前脩。留守相公鎮撫都畿，典司宫鑰。遇唐虞之無事，喜稷卨之得朋，大啓華筵，益祈遐筭。提舉端明，惜盛事之難值，慕賢者之所爲，親邀相車，就宴甲第。跪斟芳醑，仰祝椿齡。仙才不揆荒蕪，敢獻口號。

元勳茂德古無倫，海内高閑第一人。台席已酬調鼎志，磻溪還作釣魚身。師臣首冠三旃貴，歲曆行開九帙新。願過期頤躋上壽，飛觴四十有餘春。

温國文正公文集卷第六十九

❶「某官」，《全集》卷二十八無。
❷「仙才」，《傳家集》作「某」。

温國文正公文集卷第七十

論一

十哲論慶曆二年作❶

十哲於經無見，而學者多稱之。國家祀孔子，十哲則祀於堂上，其餘門人祀於東西廡下，俎豆之數皆異焉。愚竊以爲過矣。是十人者，孔子雖以四科第之，非謂門人之中唯十人爲賢也。至於柴也愚，參也魯，師也辟，由也喭，豈謂唯此四人爲不肖邪？以此觀之，尊十哲非孔子意明矣。必若以一善取之，則門人之賢者非止十人也。以盡善取之，則德行之外未有無過者也。孔子謂宰我曰：「朽木不可彫，於予與何誅。」謂子貢曰：「賜，不受命而貨殖焉。億則屢中。」謂冉有曰：「求也，非吾徒也，小子鳴鼓而攻之可也。」謂子路曰：「由，知德者鮮矣。」謂子夏曰：「商也不及。」然則豈爲盡善邪？又十哲之外，孔子之所稱譽多矣。曾點與子路、冉有俱侍坐，各言其志，而孔子獨曰：「吾與點也。」曾參以至孝顯，孔子爲之語《孝經》。又謂子賤：「君子哉若人。」然則十人之餘，豈可盡誣邪？且政事、言語、文學之高者不足以當德行之卑者，是十人者，其中固有差等矣，豈可爲之一概邪？

❶ 題注，原無，據《傳家集》補。

龔君賓論慶曆五年作❶

王莽慕龔君賓之名，詸以尊爵厚禄，劫以淫威重勢，而必致之。君賓不勝逼迫，絶食而死。班固以薰膏之語譏焉，未聞有爲之辨者也，可不大哀！昔者紂爲不道，毒痡四海，武王不忍天下困窮而征之。斯則有道天子誅一亂政之匹夫爾，於何不可？而伯夷、叔齊深非之，義不食周粟而餓死。狷隘如此，仲尼猶稱之曰仁，以爲不殞其節而已。況於王莽憑漢累世之恩，因其繼嗣衰絶，飾詐僞而盗之。又欲誣汚清士，以其臭腐之爵禄，甘言諛禮，期於必致。不可以智免，不可以義攘，則志行之士，舍死何以全其道哉！或者謂其不能黜芳棄明，保其天年。然則虎豹之鞹，何以異於犬羊之鞹，庸人之行孰不如此？又責其不詭辭曲對，若薛方然。然則將未免於諂，豈曰賢能？故君賓遭遇無道，及此窮矣。失節之徒，排毁忠正以遂己非，不察者又從而和之。太史公稱伯夷、叔齊不有孔子，則西山之餓夫誰識知之？信矣哉！

邴吉論

邴吉爲丞相，出逢群盗格鬭，死傷横道，過之不問，見牛喘而問之。以爲詰禁盗賊，守令之事；陰陽不調，此乃宰相職耳。談者美之。愚竊以爲不然。夫宰相所以治陰陽者，豈拱手端居無所施設，而陰陽自調？蓋亦佐人主，治庶政，安四海，使和氣洋洋薄於

❶ 題注，原無，據《傳家集》補。

宇宙，旁暢周達，浸潤滲漉。明則百姓洽，幽則鬼神諧，然後寒暑時至，萬物阜安。雖古昔聖人之治天下，至於陰陽和，寒暑時，而至治極矣，豈庸人所能致哉！當邴吉爲政之時，政治之不得，刑罰之失中，不肖之未去，忠賢之未進，可勝紀哉？釋此不慮而慮於牛喘，以求陰陽，不亦疎乎？且京邑之內，盜賊縱橫，政之不行，孰甚於此？《詩》云：「商邑翼翼，四方之極。」近不能正，如遠人何？若曰守令之職，守令不賢，當責何人？非執政者之過而又誰歟？昔士會爲政，晉國之盜逃奔于秦。子産爲政，桃李垂於街者莫援。若盜賊不禁，而曰長安令之職；風俗不和，而曰三老之職；刑罰不當，而曰廷尉之職；衣食不足，而曰司農之職。推而演之，天下之事，各有其官，則宰相居於其間，悉無所與，而曰主調陰陽，陰陽固可坐而調耶？愚以爲邴吉自知居其位而無益於世，飾智譎問，以揜其迹，抑亦自欺而已矣。

賈生論 慶曆三年作❶

世皆以賈生聰明辯博，曉練治體，若遭明主、當治世，誠得盡用其道，三代可復，帝皇可幾。不幸黜於絳、灌，疎廢早終，可爲痛惜。愚以爲賈生學不純正，雖有儁才，任之爲治必不效矣。何以知之？觀其書而知之。賈生數上疏陳得失云：「可爲痛哭者一，流涕者二，太息者六。」然所謂痛哭者，諸侯太彊也。以爲指大於股，脛大於腰，久而不制，必爲國害。夫爲天下者，患政刑之不

❶ 題注，原無，據《傳家集》補。

立，不患諸侯之太彊。賈生言不見用，然終文帝世，諸侯帖服。孝景初立，晁錯不勝其憤而削之，反者紛然響應，起不踰時，敗亡不救，惡能爲漢之大害哉？所謂流涕者，匈奴不賓也。匈奴荒外之國，與禽獸無殊。天下治而不服，不足損聖王之德；天下弊而得之，不足爲聖王之功。而賈生孜孜愛其蕞爾之金絮，忘其征討之大費；忿其區區之禮節，忽其勤民之鉅害，惡在其爲知治體也？夫治天下之具，孰先於禮義者？安天下之本，孰先於嗣君者？禮義不張，雖復四夷賓服，疆埸不聳，當如內憂何？儲嗣失教，雖復諸侯微弱，四方無虞，其誰能守之？然賈生以此二者列之於後，以爲餘事，捨國家之紀綱，遺天下之大本，顧切切然以列國、外夷爲慮，皆涕泣之，可謂悖本末之統，繆緩急之序，謂之知治體，何哉？又曰：「仁義者，人主之芒刃也。法制者，人主之斤斧也。」不能以道輔人主，鎮撫諸侯，綏之以德，齊之以禮，而欲疎骨肉，斷慈惠，視仁義爲虛器，操刑法爲利柄，翦周禮之夷塗，樹申商之險術。由此觀之，所學豈得爲純正耶？世人不察其所由之術，苟見其材之茂，學之博，其言暐曄可觀而不得施於世，因從而歎之，不知夫駮濫刻深，非吾黨也。夫唯材高而道不正者，君子惡之。

四豪論 慶曆二年作❶

「戰國之時，天下禮義消亡，下陵上替，諸侯僭天子，大夫偪諸侯。陪臣之間有能約身抑志，尊賢養士，不愛煩費，以樹聲名者，

❶ 題注，原無，據《傳家集》補。

齊有孟嘗，魏有信陵，趙有平原，楚有春申。雖不能以禮義佐其君，以政教和其民，合於至公，概於大道，然自奮於濁世，天下談士異口同舌咸謂之賢。銓於四人，臧否優劣，亦可聞歟？」論者曰：「凡人臣者，上以事君，中以利國，下以養民。釋此三者，非人臣也。臣而不臣，聖王當世，必爲誅首。孟嘗君養亡賴，匿亡命，廢公法，樹私恩，媮采名譽，以竊國相之位。迹其行事，皆爲身耳，非能爲國與民謀也。至其晚節，遂挾仇敵以覆宗國，保薛中立，自比諸侯。臣而不臣，孰甚於此？春申君進書秦宮，解楚國社稷之憂，縱楚太子而自以身當不測之誅，智勇忠信有足稱者。至其柱石楚國，權寵無貳，割江東之封，窮僭奢之樂，十餘年間，楚國益弱。又納邪人之言，造姦僞之謀，亂其國嗣，洿敗王家。方諸田文，罪又甚焉。終爲李園所襲，身首屠裂，則其智勇忠信，果安在也？平原君行事大倣孟嘗，至於貪上黨之田，致邯鄲之禍，遂至國家大敗，社稷幾亡，于以知其智謀尤出數子之下也。然趙奢戮平原君之客，奢諭釋以公義，而平原君薦奢於朝，卒著功名。且平原君臣人之節，終始無虧，此其賢於孟嘗、春申遠矣。信陵君以母弟之親、卿相之尊，抱關鼓刀之人，親執馭而事之，詘而不耻，勞而不倦，非有高世之材，孰能如此？且向使侯生、朱亥皆實庸人，公子雖事之如是，不足稱也。然公子所以降身詘志者，審知二子之賢耳，以區區之魏，惴懼之衆，當秦乘勝十倍之兵，一戰却之，邯鄲全，六國安，信陵君之功也。秦乘公子之去魏，急攻大梁。公子一悟毛薛之言，翻然易慮，歸救宗國，復破秦軍，閉諸函谷，可謂能矣。魏王信讒，猜阻公子，公子遂滅迹酣飲，全身遠害，以其壽終，可謂智矣。智能如此，而又守之以仁，行之以恭。必若采善於亂世，論賢於游俠，則彼三人者，蔑以加其上矣。故校其臧否，當以信陵爲首，平原次之，孟嘗又次之，春申爲其下矣。」或曰：「無忌盜國兵符，矯殺晉鄙，以赴平原君之私交，雖有功於魏，非忠臣也，何以賢於三子？」對曰：「趙魏脣齒之國，以虎狼之秦攻危亡之趙，趙亡則魏斃，理勢然矣。魏王不達事宜，徒畏彊秦之空言，坐擁盛兵，以觀成敗，計之大失，無過於此。故無忌矯奪其軍以救趙，非獨赴趙之難，亦爲魏謀也，奚其不忠哉？漢高祖過大梁，輒祠信陵君，爲置守冢者，彼三子則皆無旌異。高祖英主也，蓋有以知之矣。」

廉藺論 慶曆五年作❶

世稱藺相如以區區之趙，抗虎狼之秦，秦雖彊暴，不能陵趙者，相如之功也，謂其賢於廉頗。光竊疑之。何則？秦之所以不能陵趙者，以其國治兵强也，固非口舌之間所能抗也。然則國何以治，兵何以强，豈非廉頗在其位耶？趙得和氏璧，秦王聞而欲之，請易之以土田。相如奉璧銜命而往，秦王欲强取之，相如抗節不撓，視死如歸，卒欺秦王而歸璧於趙，以是爲相如之功。噫，又何足稱哉！夫和氏之璧，懷握之玩，得之不足以爲重，失之不足以爲輕，而相如以死争之，以詐取之。有如秦王赫然增怒，肆其强暴，逞

❶ 題注，原無，據《傳家集》補。

其毒螫，葅醢相如，移兵攻趙。是爲趙王愛數寸之玉，喪國士之賢，貪無用之器，貽宗廟之憂。人臣愛君，果如是哉？澠水之會，秦王謂趙王鼓瑟，而詔史書之。相如進缶於秦王，秦王不可，則挺劍劫之，必得當而後止。是何異賈豎小人，矜豪恃氣，不能相下者，惡足言功哉！昔桀爲無道，湯幽囚於夏臺；戎狄侵豳，太王避之於岐；文王三分天下有其二，就拘於羑里。夫以幽拘之辱，棄國而逃，與一鼓瑟之間，孰難哉？然而三王忍恥行之，卒蹶夏商，撫綏四海。相如儻能相趙王，示微弱以驕秦，忍小恥以怒趙，崇德修政，以須秦之可亡，從而仆之，濟黔首於塗炭，救赤子於虎狼，其功烈豈不煒爗光遠哉！而於罇俎之間，壇坫之上，争言暴氣，取當而止。英偉之士不亦可羞哉？趙王不能遠觀，嘉其一命之不辱，賞其要劫之小策，一旦位諸功實之上。廉頗日夜憤憤，欲礪刃刺之，而相如能不與之校，此則賢矣。然亦不可用一善掩大功，世稱藺優於廉，非通論也。

才德論 慶曆五年作❶

世之所謂賢者，何哉？非才與德之謂邪？二者殊異，不可不察。所謂才者，存諸天；德者，存諸人。智愚勇怯，才也。愚不可强智，怯不可强勇，四者有常分而不可移。故曰存諸天。善惡逆順，德也。人苟棄惡而取善，變逆而就順，孰禦之哉？故曰存諸人。譬之於物，金可以爲鍾，可以爲鼎；玉可以爲珪，可以爲璧，此存諸人者也。玉不

❶ 題注，原無，據《傳家集》補。

可以爲鍾鼎，金不可以爲珪璧，此存諸天者也。存諸天者，聖人因而用之；存諸人者，聖人教而成之。雖然，自非上聖，必有偏也。厚於才者或薄於德，豐於德者或殺於才。鈞之不能兩全，寧捨才而取德。昔者鄷舒有三儁才，恃之而不務德，晉滅之。智宣子將以瑶爲後，智果曰：「不如宵也。瑶之賢於人者五，其不逮者一也。美鬚長大則賢，射御足力則賢，伎藝畢給則賢，巧文辯慧則賢，彊毅果敢則賢，如是而甚不仁。以其五賢陵人，而以不仁行之，智宗必滅。」宣子弗聽，智氏果亡。故曰寧捨才而取德。抑又聞之，爲國家者，進取莫若才，守成莫若德。進取不以才則無功，守成不以德則不久。陳平貪汙之人也，韓信無恥之士也，樊噲屠者，而酈食其酒徒也，天下之至賤無行者也。然其才皆有過人者，漢祖舉而用之，故蹶秦仆項而卒兼天下也。魏國置相而用田文，吴起不悦，與之論功。田文曰：「我戰鬭、治民皆不如子，若主幼國危，大臣未附，百姓不信，當是時，屬之子乎？屬之我乎？」吴起乃謝曰：「屬之子矣。」此言田文無他技能，唯忠厚可信也。夫有德者必不反其君，故可以託六尺之孤，寄百里之命，爲社稷臣。有才者不必忠信，故以羈策御之，而爲德者役也。然則德者掌也，才者指也，掌亡則指不可用矣。是故民者田也，國者苗也。才，耒耜也；德，膏澤也。進取不以才，猶無耒耜而耕也，雖勤灌溉，不能生矣。守成不以德，猶既種而無膏澤也，苗槁無日矣。故人主利其耒耜以墾治其民，而封殖其國；又引膏澤以溉之，使其本根深固而枝葉葰茂。故子孫謹守其畔，穫而食之而已，復何爲哉！

知人論 嘉祐二年作❶

考制度，習威儀，辯牢餼之等，詳籩豆之數，❷此宗人之職也。察清濁，别邪正，協律吕之音，肆綴兆之容，此太師之職也。練士卒，簡器械，戰必勝，攻必取，此將帥之職也。明法令，審獄訟，禁强禦，誅姦回，此士師之職也。豐衣食，衍貨財，通有無，紓滯積，此司會之職也。便舟輿，利器械，守法度，禁淫巧，此工師之職也。考龜筮，占祲祥，相吉凶，視休咎，此太卜之職也。謹蓋藏，吝出納，治文書，精會計，此府史之職也。若夫選賢而進之，量能而任之，成功者賞，敗官者誅，此則人君之職也。夫天下至廣也，兆民至衆也，萬機至繁也，而天子兼而有之。必將以一人之耳目智力爲之，則所及者寡，所廢者多矣。是以明主擇輔佐以論官師，論官師以正群吏，正群吏以和萬民，則治約而事無曠矣。《益稷》曰：「元首明哉，股肱良哉，庶事康哉！」此言君明則臣良，臣良則事康也。《立政》曰：「宅乃事，宅乃牧，宅乃準，兹惟后矣。」又曰：「文王惟克厥宅心，乃克立兹常事，司牧人，以克俊有德。文王罔攸兼于庶言、庶獄、庶慎，惟有司之牧夫。是訓用違，庶獄、庶慎，文王罔敢知于兹。」此言人君急於知人，緩於知事也。魏文侯與田子方飲，文侯曰：「鍾聲不比乎左高。」田子方笑，文侯曰：「何笑？」子方曰：「臣聞之，君明樂官，不明樂音。今君審於音，臣恐其聾於官也，是以笑。」荀子曰：「治國有道，人主有

❶ 題注，原無，據《傳家集》補。
❷ 「籩」，原作「邊」，據《傳家集》改。

職。若夫貫日而治，詳一日而曲列之，是所以使夫百吏官人爲也，不足以是傷遊玩安燕之樂。若夫論一相以兼率之，使臣下百吏莫不宿道鄉方而務，是夫人主之職也。人主者，守至約而詳，事至佚而功，垂衣裳不下簟席之上，而海内之民莫不願得以爲帝王。夫是之謂至約，樂莫大焉。人主者，以官人爲能者也；匹夫者，以自能爲能者也。人主得使人爲之，匹夫則無所移之。百畝一守，事業窮，無所移之也。今以一人兼聽天下，日有餘而治不足者，使人爲之也。大有天下，小有一國，必自爲之然後可，則勞苦耗悴莫甚焉。如是則雖臧獲不肯與天子易勢業。以是統天下，一四海，何故必自爲之？爲之者，役夫之道也，墨子之説也。論德使能而官施之者，聖王之道也，儒之所謹守也。《傳》曰：『農分田而耕，賈分貨而販，百工分事而勸，士大夫分職而聽，建國諸侯分土而守，三公揔方而議。』則天子共己而已矣。」由是言之，人君之事守莫大於知人也。昔者，舜導百川不如禹，殖百穀不如稷，布五教不如契，聽五刑不如皋陶，典百工不如垂，典山澤不如益，典禮不如伯夷，典樂不如夔，然而明此八者之本，能知其人而任使之者，舜也。譬若車之有轂，宫之有棟，人之有心，此群聖所以爲之役而歸之功也。嗚呼！帝王之事美矣，大矣，固不可得而言也。齊桓公兄弟争國，❶暴於豺狼，閨門不治，甚於狗彘。然獨能知管仲之賢，舉國而委之，一則仲父，二則仲父，是以兵車之會三，乘車之會六，指麾左右而諸侯莫敢不從。後世言桓公者，徒知

❶「桓」，原避宋欽宗諱作小字「淵聖御名」，今回改。下「桓」字同。

其賢，而不復知其惡也。孔子言衛靈公之無道，季康子曰：「夫如是，奚而不喪？」子曰：「仲叔圉治賓客，祝佗治宗廟，王孫賈治軍旅，夫如是，奚其喪？」齊文宣帝荒淫狂悖，甚於桀紂，然而知楊愔之賢，悉以國事委之，時人以爲主昏於上，政清於下。凡此皆淫昏暴亂之君也，徒以能知賢人而用之，大者以霸，其次以安，小者以存。况乎以聖君而用賢臣，是猶王良之御六驥，逢蒙之關繁弱，孟賁之揮干將，何適而不達，何射而不中，何擊而不斷哉？或曰：人主之職在知人。則既知之矣，抑以堯之聖而失之四凶，孔子之聖而失之宰我、子羽，夫人豈易知也哉？曰：是則然矣。夫射者必志於的，弓矢既調，專精審固而發之，雖或不中，亦鮮矣。與夫冥冥而射者，不猶愈乎？昔臯陶陳九德，曰：「寬而栗，柔而立，愿而恭，亂而肅，擾而毅，直而温，簡而廉，剛而塞，彊而義，彰厥有常，吉哉！日宣三德，夙夜俊明有家。日嚴祗肅六德，亮采有邦。翕受敷施，九德咸事，俊乂在官。百僚師師，百工惟時。」孔子曰：「視其所以，觀其所由，察其所安，人焉廋哉！人焉廋哉！」李克曰：「居視其所親，富視其所與，達視其所舉，窮視其所不爲，貧視其所不取。」是亦知人之術也，顧人主不深察而已矣。

温國文正公文集卷第七十

温國文正公文集卷第七十一

論　二

功名論景祐二年作❶

自古人臣有功者，誰哉？愚以爲人臣未嘗有功，其有功者，皆君之功也。何以言之？夫地有艸木，天不雨露之則不能以生；月有光華，日不照望之則不能以明；臣有事業，君不信任之則不能以成。此自然之道也。古者，大國不過百里，小國半之。然皆有賢卿大夫以輔佐，其君大者以王，小者以霸，下者猶能保其社稷，世數十傳而不絶。由是觀之，天下烏有無士之國哉？患在人主知之不明，用之不固，信之不專耳。如是則人臣雖有才智而不得施，雖有忠信而不敢效，人主徒憂勞於上，欲治而愈亂，欲安而愈危，欲榮而愈辱矣。然則人主有賢不能知，與無賢同；知而不能用，與不知同；用而不能信，與不用同。不用賢而求功業之美、名譽之白，難矣。昔百里奚，虞人也；由余，戎人也；商鞅，魏人也，而用於秦。苗賁皇、申公巫臣，楚人也，而用於晉。伍員，楚人也，而用於吴。韓信、陳平，項羽之人也，而用於漢。是五國者，非無賢人也，主不能知，而驅之以資敵國。此所謂有賢不能知，與無賢同也。齊桓公見郭氏之虚，❷問於野人曰：「郭

❶ 題注，原無，據《傳家集》補。

❷ 「桓」，原避宋欽宗諱作小字「御名」，今回改。

何故亡？」對曰：「以其善善而惡惡。」公曰：「善善而惡惡，國所以興也，而亡，何故？」對曰：「善善而不能行，惡惡而不能去，所以亡也。」公歸以告管仲，管仲曰：「君與其人俱來乎？」曰：「否。」管仲曰：「君亦一郭氏也。」公乃召而官之。齊景公待孔子，曰：「若季氏，則吾不能。」以季孟之間待之。齊王欲中國而授孟子室，養孟子以禄萬鍾，使諸大夫國人皆有所矜式。是二君者，非不知孔孟之爲聖賢也，不能行其道，而徒欲尊之以爲名，是以孔孟以爲不義而不留也。《洪範》曰：「凡厥正人，既富方穀。汝弗能，使有好于而家，時人斯其辜。」此所謂知賢不能用，與不知同也。樂毅爲燕伐齊，下七十餘城。燕王疑之，使騎刧代將。田單詐騎刧而敗之，盡失齊地。廉頗爲趙將，拒秦，久而不戰。趙王疑之，使趙括代將。白起擊趙括而虜之，阬其卒四十萬。項羽用范增謀，彊霸諸侯，圍漢王滎陽，幾拔矣，聞漢之反間而疑之，范增怒去，而項羽卒爲漢擒。夫駕車者，既服騏驥矣，又以駑馬參之，欲其並驅而前，不可得也。蓺田者，既樹嘉穀矣，又以稂莠雜之，欲其並生而茂，不可得也。爲國者，既置賢才矣，又以小人間之，欲其並立而治，不可得也。是故宓子賤爲單父宰，辭於君，請君之近史二人與之俱。至官，使二史書，方書，輒掣其肘，書不善，則從而怒之。二史患之，辭，請歸，以告魯君。魯君以問孔子，孔子曰：「宓不齊，君子也，其才任王霸之佐，屈節治單父，將以自試也。意者以此爲諫乎？」公寤，太息而歎曰：「此寡人之不肖，寡人亂宓子之政而責其善者數矣。微二史，寡人無以知其過。微夫子，寡人無以自寤。」遽發所愛之使，告宓子曰：「自今以往，單父非吾有也。從子之制，有便於民者，子決爲之。五年一言其要。」宓子遂得行其政，而單父大治。《大禹謨》曰：「任賢勿貳，去邪勿疑。疑謀勿成，百志惟熙。」荀子曰：「人主有六患：使賢者爲之，則與不肖規之；使智者慮之，則與愚者論之；使修士行之，則與汙邪之人疑之。雖欲成立，得乎哉？譬之是猶立直木而恐其影之枉也，惑莫大焉！」語曰：「好女之色，惡者之孽也。公正之士，衆人之痤也。修乎道之人，汙邪之賊也。」今使汙邪之人論其怨賊而求其無偏，得乎哉？譬之是猶立枉木而求其影之直也，亂莫大焉。噫！人主苟不知其賢則已矣，已審知其賢，授之以政而復疑之，何哉？凡忠直之臣，行其道於國家，則必與夫天下之姦邪爲怨敵矣。非喜與之爲怨也，不與之爲怨，則君不尊，國不治，功不立也。以一人之身，日與天下之姦邪爲怨，更進迭毁於君前，而君不能決，兼聽而兩可之。如是則忠直之臣求欲無危，不可得也。君子非愛死而不爲也，知其身死而功不立，姦邪愈熾，忠良愈恐，政治愈亂，國家愈危也。是以君子難進易退，辭貴就賤，被髮佯狂，逃匿山林者，以此故也。此所謂用賢不能專，與不用同也。明主爲之不然，審求天下之大賢而亟用之，專信之，舉社稷百姓而委屬之。雖有至親，不能奪也；雖有至貴，不敢争也；雖有讒巧，不能間也。確然若膠漆之相合，視其際而不可得見也。然後賢者得竭其心而施其才，不憂怨賊之口，不懼猜嫌之迹。人主端拱無爲，享其功利，收其榮名而已矣。古之聖帝明王，用此道而光宅四海，長育萬物，功如天地，名若日月者多矣，固不待稱引而知也。請言其時近而道卑者。昔齊桓公得管仲，三薰而三浴之，解其縲紲，置以爲相。鮑叔，桓公之傅也，避太宰之位而安隨其後。國子、高子，天子之守卿也，人率五卿而聽其政令。况其餘四境之内，上下之人，其孰敢不戰戰栗栗，從桓公而貴信之？是以能九合諸侯，一正天下，爲五霸首也。陳平，楚之亡將也。漢高祖得之，使典護諸將。絳、灌之屬盡害之，高祖以平爲護軍中尉，盡監護諸將，諸將乃不敢言。韓信，亡卒也，高祖用蕭何一言，拔諸行伍之中，以爲大將，諸將皆驚而不敢争也。是以五年之中，滅項羽，定天下，創業垂統，四百歲而不絶。蜀先主與關羽、張飛，布衣之友，周旋艱險，恩若兄弟。一旦得諸葛孔明，待之過於關、張，關、張不説，先主曰：「孤之有孔明，猶魚之有水，願諸君勿復言。」是以能起於敗亡之中，保有一方，與魏、吴爲敵國。符永固得王景略於處士，以爲丞相。貴戚大臣有害之者，永固輒殺之，謂太子宏及長樂公丕曰：「汝事王公如事我也。」是以能東取燕，西取涼，南取襄陽，北取拓跋，奄有中原，幾平海内。此五臣者，從今日視之，皆英傑之才也。曏使四君知之不明，用之不固，信之不專，則管仲醢於齊庭，陳平窮於户牖，韓信餓於淮陰，諸葛孔明老於隆中，王景略死於華山。名氏埋滅不可復知，烏有曄曄功烈施於後世如此哉？是以《大雅》云：「徐方既同，天子之功。」晉平公問叔向曰：「齊桓公之霸，❶君之力乎？臣之力乎？」叔向曰：「管仲善制割，隰朋善削縫，賓胥無善純緣。桓公知衣而已，亦其臣之力也。」師曠曰：「管仲善斷

❶「桓」，原避宋欽宗諱作小字「淵聖御名」，今回改。下「桓」字同。

割之，隰朋善煎熬之，賓胥無善齊和之，羹已熟矣，奉而進之，而君不食，誰能强之？亦其君之力也。」魏文侯使樂羊將而攻中山，三年而拔之。返而論功，文侯示之謗書一篋。樂羊再拜稽首，曰：「此非臣之功，主君之力也。」由是言之，人臣不能立功，凡有功者，皆其君之功也。

機權論 慶曆五年作❶

世之命機權也妄，故作《機權論》以辨之。機者，弩之所以發矢者也。機正於此而的中於彼，差之至微，失之甚遠，故聖人之用機也似之。《易》曰：「機者，動之微，吉凶之先見者也。」❷又曰：「君子見幾而作，不俟終日。」然則機者事之未著，萌牙耑兆之時，聖人眇然見之，能去禍而取福，迎吉而禦凶，所以爲神也。聖人之所慎，無過機者，故曰「兢兢業業，一日二日万機」也。權者，銓也，所以平輕重也。聖人之用權也，必將校輕重，商緩急。彼重而此輕，則舍此而取彼；彼緩而此急，則去彼而就此。取捨去就之間，不離於道，乃所謂權也。然則機者仁之端也，權者義之平也。今世俗之爲説者，乃欲棄仁義而行機權，不亦反哉？夫不知機權則無以爲聖人，聖人未嘗斯須不用者，機權而已矣。聖人精心審謹而後行之，故百姓萬物皆賴焉。小人知機權之道而誣竊其名，妄行詐理，所以福禄不久而禍亂及之也。請問聖人機權之道，曰：「昔紂爲玉杯象箸，而箕子佯狂；衛靈公仰視蜚鴻，而孔子行。是皆知機

❶ 題注，原無，據《傳家集》補。
❷ 「凶」，原無，據《傳家集》補。

者也。」❶夫柸箸小器，飾以珠玉，未爲大過，而箕子知其必亡國者，爲其奢淫泰侈之漸，由此始也。仰視蜚鴻，失理之細者，而孔子去之者，知其不能用聖而有厭怠之心，不去則大禍將至也。如此，聖人之知機，豈不偉哉！伊尹放太甲，微子去商歸周，周公誅管、蔡，是皆知權者也。夫數君子豈不知放君、畔宗、戮親之爲不善哉？誠以放君之責輕，而淪喪大業之禍重；畔宗之譏薄，而保存宗祀之孝深；戮親之嫌小，而傾覆周室之害大，故去彼而取此也。夫太甲之初，欲敗度，縱敗禮，苟非苦其身體，勞其思慮，則不能變惡遷善，克終允德，成湯之業，將墜於地。伊尹躬受湯命，阿衡王家，故不得不放諸桐宫也。受爲不道，自絕於天，微子不去，與之偕亡，則祖禰不祀，宗族無主，故不得不抱祭器而歸周也。管、蔡奉廢姓，伐宗國，違天命，逆人心，傾危聖輔，斵喪周室。成王幼弱，周公攝政，故不得不奮干戈、揚斧鉞以治之，蓋周公非自愛而愛周室故也。嚮若太甲尚可諫而改，則伊尹必不放君。商受苟可輔而存，則微子必不畔宗。管、蔡猶可教而治，❷則周公必不戮親。夫豈不思，誠不得以已也。是以太甲曰：「惟嗣王不惠于阿衡。」伊尹作書曰：「祇爾厥辟，辟不辟，忝厥祖。」是猶以辱先爲戒，未欲正言覆亡之禍，委蛇其辭以感切之也。王惟庸罔念聞，伊尹乃言曰：「無越厥命以自覆。」是正言禍敗以聳動之也。王未克變，伊尹乃以王生而榮逸，不知勞辱，狎近小人，積習至此，非其性惡。故曰：「茲乃不義，習與性成。」營于桐

❶「機」，原作「譏」，據《傳家集》改。
❷「蔡」，原作「葵」，據《傳家集》改。

宮，密邇先王其訓，❶無俾世迷。」言積習浸久，將成其性，及今猶可沮詘而改。此乃伊尹盡心盡力於成湯、太甲之至也。微子之誥曰：「商其弗或亂正四方。」言受不可復正，決必亡國，❷己所以當出奔，存湯後也。父師若曰：「商其淪喪，我罔爲臣僕。」言商既亡，宗族俱滅，無所寄託也。又曰：「王子弗出，我乃顛隮。」言不可不行也。此微子廣咨謀、權輕重之審諦也。《大誥》曰：「肆予冲人，不卬自恤。義爾邦君，越爾多士。尹氏御事。」言今東征非爲己也。《豳風》曰：「既取我子，無毀我室。」子以喻管、蔡也，室以喻周家也，言管、蔡輕而周家重也。曰「予羽譙譙，予尾翛翛」，言勤瘁也；「予室翹翹，風雨所漂搖，予唯音嘵嘵」，言三監背誕，王室阽旎，故我恐懼以憂之也。此豈周公背公向私之志哉？夫聖人之用權也如此，故國家安而仁義立也。後世之人昧錙銖之利，以放逐其君，懷芥蔕之嫌，以屠滅其親，而亦自比於伊、周，曰「吾用機權」，不亦誣哉！此乃亂臣賊子所以滋多也。

朋黨論 嘉祐三年五月二十三日作❸

黄介夫作《壞唐論》五篇，以爲壞唐者，非巢、温與閹豎，乃李宗閔、李德裕朋黨之弊也。是誠得其本矣。雖然，介夫知其一，未知其二。彼盜賊之興由閹豎，閹豎之横由輔相，則信然矣。噫！輔相樹立私黨，更相排壓而不能正者，又誰咎哉？夫朋黨之患不

❶「密邇先王」，原無，據《傳家集》補。
❷「決」，原作「史」，據《傳家集》改。
❸題注，原無，據《傳家集》補。

專在唐，自古有之。以堯之明，共工、讙兜相薦於朝，舜臣堯，既流共工，又放讙兜，除其邪黨，然後四門穆穆，百工咸熙。仲虺數夏之惡曰：「簡賢附勢，實繁有徒。」武王數商之惡曰：「朋家作仇，脅權相滅。」是則治亂之世，未嘗無朋黨。堯舜聰明，故能别白善惡而德業昌明；桀紂昏亂，故不能區處是非而邦家覆亡。由是言之，興亡不在朋黨，而在昏、明矣。《洪範》皇極曰：「無偏無陂，遵王之義。無有作好，遵王之道。無有作惡，遵王之路。無偏無黨，王道蕩蕩。無黨無偏，王道平平。無反無側，王道正直。」周公戒成王曰：「孺子其朋，孺子其朋。其往無若火，始燄燄，厥攸灼叙，弗其絶。」是以舜誅禹父而禹爲舜佐，伊尹放太甲而相之，周公放蔡叔而封蔡仲，公之至也。夫宗閔、德裕雖爲朋黨，由文宗實使之。文宗嘗曰：「去河北賊易，去朝中朋黨難。」殊不知群臣爲朋黨，誰之過也？由是觀之，壞唐者，文宗之不明，宗閔、德裕不足專罪也。

三勤論

揚子曰：「民有三勤，政善而吏惡，一勤也；吏善而政惡，二勤也；政吏駢惡，三勤也。」愚謂勤民者一，未嘗有三也。何則？吏者，民之司命。吏良則民斯逸矣，未有吏善而政惡者也，亦未有政善而吏惡者也。度吏之材而任之者，君之政也；形民之力而用之者，吏之政也。吏苟得人，安有穀人不足於晝，絲人不足於夜者乎？故爲人君者，謹於擇吏而已矣，它奚足事哉！

管仲小器論

孔子稱：「管仲之器小哉！」先儒以爲管仲得君如此，不勉之以王而僅止於霸，❶此其所以爲小也。愚以爲周天子尊，而管仲勉齊桓公以王，❷是教之篡也。此管仲所恥而不爲，孔子顧欲其爲之邪？夫大人者，顧時不用則已，用則必以禮樂正天下，使綱紀文章粲然有萬世之安，豈直一時之功名已邪？管仲相桓公，霸諸侯，禹迹所及，冠帶所加，未能使之皆率識也，而偃然自以天下爲莫己若也，朱紘而鏤簋，反坫而三歸，此其器豈不小哉？揚子曰：「大器其猶規矩準繩乎？先自治而後治人。」斯言得之矣。

荀息論

晉獻公使荀息傅奚齊，荀息曰：「臣竭其股肱之力不濟，則以死繼之。」及里克殺奚齊，荀息死之。君子曰：「《詩》所謂『白圭之玷，尚可磨也。斯言之玷，不可爲也』。荀息有焉。」杜元凱以爲荀息有此詩人重言之義，以愚觀之，元凱失左氏之意多矣。彼生與君言，死而背之者，是小人穿窬之行，君子所不譏也。夫立嫡以長，正也。獻公溺於嬖寵，廢長立少。荀息爲國正卿，君所倚信，不能明白禮義，以格君心之非，而遽以死許之，是

❶「王」，原作「主」，據《傳家集》改。

❷「桓」，原避宋欽宗諱作小字「淵聖御名」，今回改。下一「桓」字同。

則荀息之言玷於獻公未没之前，而不可救於已没之後也。然則左氏之志所以貶荀息而非所以爲褒也。

致知在格物論 元豐六年作❶

人之情莫不好善而惡惡，慕是而羞非。然善且是者蓋寡，惡且非者實多。何哉？皆物誘之也，物迫之也。桀、紂亦知禹、湯之爲聖也，而所爲與之反者，不能勝其欲心故也。盜跖亦知顔、閔之爲賢也，而所爲與之反者，不能勝其利心故也。不軌之民，非不知穿窬探囊之可羞也，而冒行之，驅於飢寒故也。失節之臣，亦非不知反君事讎之可愧也，而忍處之，逼於刑禍故也。況於學者，豈不知仁義之美，廉恥之尚哉？斗升之秩、錙銖之利誘於前，則趨之如流水，豈能安展禽之黜，樂顔子之貧也？動色之怒、毫末之害迫於後，則畏之如烈火，豈能守伯夷之餓，徇比干之死乎？如此則何暇仁義之思，廉恥之顧哉？不惟不思與不顧也，抑亦莫之知也。譬如逐獸者不見泰山，彈雀者不覺露之霑衣也。所以然者，物蔽之也。故水誠清矣，泥沙汩之則俛而不見其影。燭誠明矣，舉掌翳之則咫尺不辨人眉目。況富貴之汩其智，貧賤之翳其心哉？惟好學君子爲不然。己之道誠善也、是也，雖茹之以藜藿如粱肉，臨之以鼎鑊如茵席；誠惡也、非也，雖位之以公相如塗泥，賂之以萬金如糞壤。如此則視天下之事，善惡是非如數一二，如辨黑白，如日之出，無所不照，如風之入，無所不通，洞然四達，安有

❶ 題注，原無，據《傳家集》補。

不知者哉？所以然者，物莫之蔽故也。於是依仁以爲宅，遵義以爲路，誠意以行之，正心以處之，修身以帥之，則天下國家何爲而不治哉！《大學》曰：「致知在格物。」格，猶扞也，禦也。能扞禦外物，然後能知至道矣。鄭氏以「格」爲「來」，或者猶未盡古人之意乎？

葬論

葬者，藏也。孝子不忍其親之暴露，故斂而藏之。齎送不必厚，厚者有損無益，古人論之詳矣。今人葬不厚於古，而拘於陰陽禁忌則甚焉。古者雖卜宅、卜日，蓋先謀人事之便，然後質諸蓍龜，庶無後艱耳，無常地與常日也。今之葬書，乃相山川岡畎之形勢，考歲月日時之支干，以爲子孫貴賤、貧富、壽夭、賢愚皆繫焉，非此地、非此時，不可葬也。舉世惑而信之，於是喪親者往往久而不葬。問之，曰：「歲月未利也。」又曰：「未有吉地也。」又曰：「遊宦遠方未得歸也。」又曰：「貧未能辦葬具也。」至有終身累世而不葬，遂棄失尸柩，不知其處者。嗚呼！可不令人深歎愍哉！人所貴於身後有子孫者，爲能藏其形骸也。其所爲乃如是，曷若無子孫死於道路，猶有仁者見而殣之耶？先王制禮，葬期遠不過七月。今世著令，自王公以下皆三月而葬。又禮，未葬不變服，食粥居倚廬，哀親之未有所歸也。既葬，然後漸有變除。今之人背禮違法，未葬而除喪，從宦四方，食稻衣錦，飲酒作樂，其心安乎？人之貴賤、貧富、壽夭繫於天，賢愚繫於人，固無關預於葬。就使皆如葬師之言，爲人子者方當哀窮之際，何忍不顧其親之暴露，乃欲自營福利耶？　昔者，吾諸祖之葬也，家甚貧，不能具棺槨。　自太尉公而下，始有棺槨，然金銀珠玉之物，未嘗以錙銖入於壙中。　將葬太尉公，族人皆曰：「葬者，家之大事，奈何不詢陰陽，此必不可。」吾兄伯康無如之何，乃曰：「詢於陰陽則可矣，安得良葬師而詢之？」族人曰：「近村有張生者，良師也。數縣皆用之。」兄乃召張生，許以錢二萬。　張生，野夫也，世爲葬師，爲野人葬，所得不過千錢，聞之大喜。　兄曰：「汝能用吾言，吾俾爾葬。　不用吾言，將求它師。」張師曰：「惟命是聽。」於是兄自以己意處歲月日時，及壙之淺深廣狹，道路所從出，皆取便於事者，使張生以《葬書》緣飾之，曰「大吉」，以示族人。　族人皆悦，無違異者。　今吾兄年七十九，以列卿致仕。　吾年六十六，忝備侍從。　宗族之後仕者二十有三人。　視它人之謹用《葬書》，未必勝吾家也。　前年吾妻死，棺成而斂，裝辦而行，壙成而葬，未嘗以一言詢陰陽家，迄今亦無它故。　吾常疾陰陽家立邪説以惑衆，爲世患，於喪家尤甚。　頃爲諫官，嘗奏乞禁天下《葬書》。　當時執政莫以爲意。　今著兹論，庶俾後之子孫葬必以時，欲知葬具之不必厚，視吾祖；欲知《葬書》之不足信，視吾家。　元豐七年正月日，具官司馬光述。

中和論 元豐七年十月三日作❶

君子從學貴於博，求道貴於要。　道之要在治方寸之地而已。《大禹謨》曰：「人心惟危，道心惟微。　惟精惟一，允執厥中。」危則

❶ 題注，原無，據《傳家集》補。

難安，微則難明，精之所以明其微也，一之所以安其危也，要在執中而已。《中庸》曰：「喜怒哀樂之未發謂之中，發而皆中節謂之和。」君子之心於喜怒哀樂之未發，未始不存乎中，故謂之中庸。庸，常也。以中爲常也。及其既發，必制之以中，則無不中節。中節，則和矣。是中、和一物也，養之爲中，發之爲和。故曰：「中者，天下之大本也；和者，天下之達道也。」智者知此者也，仁者守此者也，禮者履此者也，樂者樂此者也，政者正其不能然者也，刑者威其不從者也。合而言之謂之道。道者，聖賢之所共由也，❶豈惟人哉？天地之所以生成萬物，靡不由之，故曰：「致中和，天地位焉，萬物育焉。」孔子曰：「君子無終食之間違仁，造次必於是，顛沛必於是。」故曰：「道不可須臾離，可離非道也。」孔子曰：「中庸之爲德也，其至矣乎，民鮮久矣。」又曰：「回也，其心三月不違仁。其餘則日月至焉而已。」日月至焉者，斯已賢矣。以是觀之，能久於中庸者，蓋鮮矣。孔子曰：「智者樂，仁者壽。」蓋言知夫中和者，無入而不自得，能無樂乎？守夫中和者，清明在躬，志氣如神，能無壽乎？《小雅》曰：「樂只君子，邦家之基。樂只君子，萬壽無期。」又曰：「樂只君子，邦家之光。樂只君子，萬壽無疆。」蓋言君子有中和之德則邦家安榮，既樂且壽也。孔子曰：「克己復禮爲仁。」蓋言禮者中和之法，仁者中和之行，故得禮斯得仁矣。《孔子閒居》曰「無聲之樂，志氣不違」，以至於「氣志既起」，《樂記》曰：「易直子諒之心生則樂」，以至「於不言而信，不怒而威」，蓋言樂以中和爲本，以鍾鼓爲末

❶「由」，原作「用」，據《傳家集》改。

也。《商頌》曰：「不競不絿，不剛不柔。布政優優，百禄是遒。」蓋言政以中和爲美也。《大雅》曰：「惠此中國，以綏四方。無縱詭隨，以謹無良。」蓋言刑以中和爲貴也。子曰：「飯蔬食，飲水，曲肱而枕之，樂亦在其中矣。」又曰：「回也，一簞食，一瓢飲，不改其樂。」揚子曰：「紆朱懷金之樂也外，顔氏子之樂也内。」蓋言聖賢内守中和，雖幽隱貧賤，不失其樂也。劉康公曰：「民受天地之中以生，所謂命也。能者養之以福，不能者敗以取禍。」《中庸》曰：「有德者必得其壽。」蓋言君子動以中和爲節，至於飲食起居，咸得其宜，則陰陽不能病，天地不能夭，雖不導引服餌，不失其壽也。孟子曰：「我善養吾浩然之氣。」夫志，氣之帥也。氣，體之充也。志至焉，氣次焉。故孟子養德，以氣言之。蓋能謹守中和之志，不以喜怒哀樂亂其氣，則志平氣順，德日新矣。故曰：「持其志，無暴其氣。」及夫德之成也，沛然不息，確然不動，挺然不屈，故曰：「其爲氣也，至大至剛，以直養而無害。」不有道義以充其内，能如此乎？故曰：「配義與道，無是餒也。」凡人爲不善，能欺天下之人，不能欺其心。雖忍而行之，於其心不能無蔕芥焉，然則浩然之氣不存矣。故曰：「行有不慊於心則餒矣。」君子優游從容，以養其氣，雖不敢忽忘，亦不正以爲事，欲其速成，故曰：「必有事焉而勿正。心勿忘，勿助長也。」操之則存，捨之則亡，久而無怠，然後自得之。此其所以難言也。揚子曰：「藏心于淵，美厥靈根。」君子存神於内，應務於外，雖往來万變，未嘗失其所守，是以百骸治而德本植焉，故曰「神不外」也。志之所至，氣必輔之，君子乘之以爲善，小人乘之以爲惡，故曰「氣者所適，善惡之馬」也。君子守中和之心，養中和之氣，既得其樂，又得其壽，夫復何求哉？ 孔子曰：「狂者進取。」又曰：「吾黨之小子狂簡，斐然成章。」如光之謂矣。 雖然，此皆纂述聖賢之言，非取諸胸臆也。 夫道猶的也，射者莫不志於的，其中否則未可知也，必俟有道者乃能裁之。

温國文正公文集卷第七十一

温國文正公文集卷第七十二

議

不以卑臨尊議 慶曆五年作❶

《大傳》以爲武王克商，祀於牧室，追王太王、王季、文王，不以卑臨尊也。夫父子之間，譬猶天地之體殊，君臣之位絶，尊卑之分，天性自然。是以子雖爲天子，無害父之尊；父雖爲士，子不敢先之。人道之大倫，古今之通義也。武王纂紹前迹，登隆基緒，追尊先世，告成王業。蓋以推功歸美，崇戴前人，非謂身臨四海之尊，不可以諸侯爲祖父也。竊謂記禮者，探於聖人之旨失之，何則？太王、王季，文王追褒既盛，則太王之前，公劉、不窋之倫，尚爲以卑臨尊，未得謂之順也。然則追稱繼號，終已無窮，豈可行哉？謹案：《武成》曰：「大王肇基王迹，王季其勤王家。我文考文王，克成厥勳。」又《周頌》曰：「天作高山，大王荒之。」《大雅》曰：「維此王季，受禄無喪，奄有四方。」至言文王受命非一，不可悉著。然則周之王迹肇於大王，茂於王季，成於文王，終於武王。武王既有四海，追思王迹之所由興，積功開業之艱難，是故推三世而王之，以明非己功，藉祖宗之餘烈也。聖人之志昭晰若此，而謂之不欲以卑臨尊，其爲失也大矣。且夫以大王

❶ 題注，原無，據《傳家集》補。

之仁愛勤勞，王季之孝友光明，文王之布德行化，討叛懷柔，三分天下之諸侯而有其二，謙畏天命，不輯大勳，以授聖子。武王因累世之基，用既王之周，摧已亡之商，而取天位，臨四海，朝諸侯。雖以中庸之君處之，猶不敢蓋其祖宗之勳，謂天禄由己而成，徒以私意追王祖宗，不使諸侯臨天子之尊而已，況於武王大聖，豈得爾哉？《泰誓》曰：「予克受，非予武，惟朕文考無罪。受克予，非朕文考有罪，惟予小子無良。」夫武王歸美前人之意如此，追王之理，豈不明與？

辨

情辨

應幾有子，生十年而喪之，應幾悲哀甚。既而自諭曰：「是何益哉！昔者吾嘗聞於有道者矣，曰：『死而悲哀者情也。死生有時，長短有命，知其物理之常，不足悲者道也。故其始也，悲不自制，情勝道也。及其久也，悲日益衰而理可以奪，道勝情也。』予常以爲知言。」光辨之曰：是非有道者之言也。夫情與道一體也，何嘗相離哉？始死而悲者，道當然也；久而寖衰者，亦道當然也。故始死而不悲，是豺狼也；悲而傷生，是忘親也。豺狼不可，忘親亦不可，是以聖人制服，日遠日輕，有時而除之。若此者非它，皆順人情而爲之也。夫情者水也，道者防也；情者馬也，道者御也。水不防則汎溢蕩潏，無所不敗也；馬不御則騰走奔放，無所不之也。防之御之，然後洋洋焉注夫海，駸駸焉就夫道。由是觀之，情與道何嘗交勝哉！

善惡混辨 治平三年正月二十日作❶

孟子以爲人性善，其不善者，外物誘之也。荀子以爲人性惡，其善者，聖人之教之也。是皆得其偏而遺其大體也。夫性者，人之所受於天以生者也，善與惡必兼有之。是故雖聖人不能無惡，雖愚人不能無善。其所受多少之間則殊矣。善至多而惡至少則爲聖人，惡至多而善至少則爲愚人，善惡相半則爲中人。聖人之惡不能勝其善，愚人之善不能勝其惡，不勝則從而亡矣，故曰：「惟上智與下愚不移。」雖然，不學則善日消而惡日滋，學焉則惡日消而善日滋，故曰：「惟聖罔念作狂，惟狂克念作聖。」必曰聖人無惡，則安用學矣？必曰愚人無善，則安用教矣？譬之於田，稻粱藜莠相與並生，善治田者，耘其藜莠而養其稻粱，不善治田者反之。善治性者，長其善而去其惡，不善治性者反之。孟子以爲仁義禮智皆出乎性者也，是豈可謂之不然乎？然不知暴慢貪惑亦出乎性也，是知稻粱之生於田而不知藜莠之亦生於田也。荀子以爲爭奪殘賊之心，人之所生而有也，不以師法禮義正之，則悖亂而不治，是豈可謂之不然乎？然殊不知慈愛羞愧之心亦生而有也，是知藜莠之生於田而不知稻粱之亦生於田也。故揚子以謂人之性善惡混。混者，善惡雜處於身中之謂也。顧人擇而修之何如耳，修其善則爲善人，修其惡則爲惡人。斯理也，豈不曉然明白矣哉！如孟子之言，所謂長善者也；如荀子之言，所謂去惡者也；揚子則兼之矣。韓文公解揚子之

❶ 此題，《傳家集》作「性辨」。題注，原無，據《傳家集》補。

言，以爲始也混而今也善惡，亦非知揚子者也。

策問

賢良策 邵興宗令余爲之。皇祐四年。❶

國家比下詔書，以延天下豪俊之士，待之以不次之位，豈特以學問之富爲賢良，文辭之麗爲方正邪？蓋思得先古之至道，當今要務，施之於事，以安元元。此主上所以側席而求，寤寐而思者也。今子大夫褎然爲舉首，固當有以副所以待之之意，而不愧乎其名矣。言及之而不言，則幾於所謂隱者乎？昔三代之王也，遠者八百載，近者不減四百。後世王天下者，鮮能及之。陵夷衰微，至於五代，或四三年。敢問前之所以延者，豈世有哲王以守其業，後之所以蹙者，豈繼嗣不肖，不能享其功歟？抑繇祖宗建法垂統，明備固密，子孫不能敗邪？至治之世，耕者讓畔，漁者讓澤。今國家修明禮義，以切勵天下久矣，而退讓之風未甚行於朝，争奪之俗未盡絶於野。秋毫之利，捐仁廢誼而爲之而不恥，上下病之而不能革也。又内外百吏，或侵牟細民，苟不得其欲，則轉賞爲罰，倒直爲曲，冤痛失職，吁嗟滿道，雖待之以重誅嚴刑而不能止也。兹二者，豈世俗澆譌不可復振，將教之禁之之道有所未備也？漢有天下，至於孝文纔三十年，而帛朽於庫，粟流於庾；國家平定宇内嚮九十載，而公私之積日以凋耗。議者推測其故而未能明也，

❶「皇」，原誤作「星」，據書前及卷端目録、《傳家集》改。

憂者雖衆而莫能謀也。敢問所以明之謀之亦有其術歟？又若韓非之「五蠹」，荀悦之「三遊」，此皆先世之患而今猶未息者也，將何道以息之？至於朝政之善有所未盡，黎庶之病有所未聞，子大夫其精心致思，條析陳之，靡有所遺。有司將以復於上而行焉。毋悼後害，以枉執事，苞忠隱知而不自盡，以取美禄榮名而已。

策問五道

第一道

問：昔季路、冉有、公西華、曾晳閒居縱言，各陳其志。趙文子觀於九原，以爲死者可作，想慕隨會之爲人。夫材性散殊，不可致之於一塗；愛尚不同，不可納之於一趣。吾子懷材抱器，待時而用，前言往行，心所常存。然則志於道者何術？慕於古者何人？當位得時，施於政而何尚？修身立行，選於德而何從？蓋聞言不及之而言謂之躁，言及之而不言謂之隱。今聽者雖非昔人之明，而亦未爲不知己，則其言也，可無隱焉？

第二道

問：昔者堯遭洪水，咨於四岳，曰：「有能俾乂？」四岳薦鯀，堯曰：「吁咈哉！方命圮族。」則知鯀之不可用亦明矣。四岳復薦，曰：「試可乃已。」堯遂命之治水。九年功用不成，然後黜之，而興禹焉。夫唐堯聖人之盛者，舉事興爲，豈容過差，顧後之學者不能辨明耳。不然，使不善之人任事九年，蒸民汎濫，所廢者大，所害者廣，然後去之。仁聖用心，固不如此。愚智有涯，不能測遠，吾子其辨焉？

第三道

問：稽於經傳，帝王之際，玉帛諸侯，亡慮萬國。當是之時，聲教所被，東不踰海，西距流沙，南不盡荆蠻，北不及獯鬻。以五服之民養萬國之君，公有羨積，私有餘儲，征伐朝貢，無歲而無，咸出其中，未嘗匱乏。今國家奄有萬方，囊括禹迹，加以兵革不試，垂三十年。累聖恭儉，與民休息，宫室不崇，苑囿不曠，衣服不麗，飲食不精。然比歲以來，有事西虜，發輸滯積，以餽一隅，乃復財用竭而不繼，力役困而不給，吁嗟之聲，蕭然道路。何曩者用民之侈而有餘，❶今者用民之狹而不足乎？ 變而通之，必有其道。此最國家之急，而從政者之所欲聞也。吾子明於古之道而察於今之故，何施何爲而得國用饒，民力足，以及於古之世也？仁者之言，其利宜博，幸無讓焉。

第四道

問：《夏書》曰：「賞延于世。」《小雅·裳裳者華》刺幽王棄賢者之類，絶功臣之世。是古有世禄之道也。《周書》數紂之罪，則曰：「官人以世。」言《春秋》者，公羊氏亦云譏世卿。《詩》、《書》、《春秋》，皆聖人所以儀範後世也，今其言乃違戾如是，豈聖人之道淵微奥遠，學者不足以至邪？ 願聞所以辨之而毋讓。

第五道

問：王者受天命，臨四海，上承天之序，

❶「侈」，原作「後」，據《傳家集》改。

下正人之統。故政治之本，莫先於曆數；曆數之紀，莫大於正朔。正朔者，曆數之大端，而萬事之維首也，是以聖人重之。三代之王，視斗招摇建寅、建丑、建子，以爲正月，仰應三光，俯順三統，揔象三材，備在典策，其傳詳矣。至於唐虞以前，則歷世儒生各爲異見。孔安國以爲建寅爲正，得天之叙，自古皆用之。湯、武放伐，以有天下，革故鼎新，然後有改正朔，易人視聽之事。今據唐虞之前，無異正朔之文，則似孔説得之。然鄭康成依《尚書緯》，以爲正朔三而改，自古皆相變若循環，然非至於夏商周而後變也。孔子曰：「行夏之時。」自古皆用建寅，何得謂之夏之時，似鄭義復爲優。夫正朔者，帝王之盛節，國家之大事，而古今異論紛紛不決。願吾子辨其得失，明究其説，使後來學者知其適從。

策問十道

問：夫佐天子治四海，安萬民，使諸侯軌道，四夷賓服，百吏稱職，萬機辨治，地平天成，風雨和順者，宰相之任也，其功烈莫先焉。王者封二王後，所以存三統，重絶先聖之世也。而班固《漢書》采漢興以來有金革之勤及蠻夷降王受爵邑者，爲《功臣表》。又采椒房母舅之家僥倖獲封者，爲《外戚恩澤侯表》。而自平津以降，由丞相得侯者，及商、周之後，皆不得附於功臣之列，而猥編於外戚恩澤之間。豈以燮理陰陽之重，而居貫甲執兵之後；先聖苗裔，王者賓客，而在武夫健將之左邪？抑史氏將有深旨，非淺識所知乎？將不思而已矣？願聞所以辨之。

問：子曰：「侍於君子有三愆，言未及

之而言謂之躁，言及之而不言謂之隱，未見顔色而言謂之瞽。」夫聖人之道，正直無隱，豈司人顔色而言邪？必有微旨，幸爲辨之。

問：祭典曰：「法施於民則祀之，有功於民則祀之。」故厲山氏之子曰柱，能殖百穀，祀以爲稷；共工氏之子曰句龍，能平水土，祀以爲社。湯既勝夏，欲變先王之制，以明革命，於是乎以棄代，而後世無及句龍者，故不易也。夫平水土者，莫尚於禹，禹之功顧不及句龍邪？湯不祀禹以爲社，而云後世無及句龍者，其旨何哉？聖人規爲必不妄也，子大夫其懋明之。

問：世之爲《詩》者，皆稱魯僖公能遵伯禽之法，魯人尊之而爲之《頌》。自孔子删《詩》，而存著不去，非虚美也。今以《春秋》迹之，或違禮而動，或作事不時，至於修泮宫，伐淮夷，作新廟，皆無聞焉。殆若與《頌》不相應者，其故何哉？

問：孟子稱：「盡信《書》，不如無《書》，吾於《武成》，取二三策而已。」爲其以至仁伐至不仁，而有血流漂杵也。後之學者皆祖其言，乃以《書》爲舛駁，非若它經之純美也。嗚呼！彼孟子者，果愈於聖人邪？《書》者果是非相冒，中有可信不可信者邪？學者病於隨風而呼，順流而攘，未有能排其門，上其堂，探其室，嚌其肉，而徒披猖横騖乎藩籬之外，彼又烏知甘酸之正味邪？乃欲信孟子而非《書》。孟子又曰：「説《詩》者不以文害辭，不以辭害志。」斯言也，豈獨可施於《詩》而不可施於《書》邪？孟子之云《書》不可盡信者，果是歟？願與諸君訂之。

問：《關雎》、《麟趾》之化，王者之風，故繫之周公。《鵲巢》、《騶虞》之德，諸侯之風，先王之所以教，故繫之召公。説者以爲先王謂大王、王季，今據二《南》之詩，大抵皆言文王之化，或美召伯，或美王姬，烏在其爲大王、王季也？且如大王、王季、文王之詩，何爲不編之《雅》、《頌》而列於《國風》？又文王之道被于天下，何故其中雜有王者諸侯之風？復何爲繫之周公、召公？皆惷昧所不識也。二三君子奥博於學，願聞所以辨之，其説何也？

問：《曲禮》曰：「禮不下庶人，刑不上大夫。」按《王制》修六禮以節民性，冠、昏、喪、祭、鄉、相見，此庶人之禮也。《舜典》五服三就，大夫於朝，士於市，此大夫之刑也。夫禮與刑，先王所以治群臣萬民，不可斯須偏廢也。今《曲禮》乃云如是，然則必有異旨，其可見乎？

問：《春秋》始隱之説誰氏爲通？

問：《春秋》不書公即位，何以特書「王正月」？杜元凱以朝正於廟解之。朝正于廟，國家常禮，非特行於君之始年也。

問：《春秋》貴儀父者，爲其能自通於大國，繼好息民也。夫小事大者，盟不重於朝。今犂來名，而儀父字，其説何也？

學士院試李清臣等策目

熙寧三年三月二十八日。時王介甫言於上，以爲「天命不足畏，祖宗不足法，流俗不足恤」。故因策目，以此三事質於所試者。范景仁後至，曰：「流俗不足恤一事，我已爲策目矣。」遂删之。明日，禁中以帋帖其上，別出策目試清臣等。

問：先王之治盛矣，其遺文餘事可見於今者，《詩》、《書》而已矣。《詩》曰：「文王陟降，在帝左右。」《書》曰：「面稽天若。」蓋言王者造次動静，未嘗不考察天心而嚴畏之也。《詩》曰：「毋念爾祖，聿修厥德。」《書》

曰：「有典有則，貽厥子孫。」蓋言三代嗣王，未有不遵禹、湯、文、武之法而能爲政者也。《詩》曰：「先民有言，詢于芻蕘。」《書》曰：「有廢有興，出入自爾師虞，庶言同則繹。」蓋言與衆同欲，則令無不行、功無不成也。今之論者或曰：「天地與人了不相關，薄食震摇，皆有常數，不足畏忌。祖宗之法，未必盡善，可革則革，不足循守。庸人之情，喜因循而憚改爲，可與樂成，難與慮始。紛紜之議，不足聽采。」意者，古今異宜，《詩》、《書》陳迹，不可盡信邪？將聖人之言深微高遠，非常人所能知，先儒之解或未得其旨邪？願聞所以辨之。

温國文正公文集卷第七十二

温國文正公文集卷第七十三

史贊評議

河間獻王贊慶曆五年作❶

周室衰，道德壞。五帝三王之文飄淪散失，棄置不省。重以暴秦，害聖典，疾格言，燔詩書，屠術士。稱禮樂者謂之狂惑，述仁義者謂之妖妄。❷必薙滅先聖之道，響絶迹盡，然後慊其志。雖有好古君子，心誦腹藏，壁扃巖鐍，濟秦之險，以通於漢者，萬無一二。漢初，挾書之律尚存，久雖除之，亦未尊録，謂之餘事而已。則我先王之道，𧺆𧺆其不熄者無幾矣。河間獻王生爲帝子，幼爲人君。是時列國諸侯，苟不以宫室相高，狗馬相尚，則衰姦聚猾，僭逆妄圖。唯獻王厲節治身，愛古博雅，專以聖人法度遺落爲憂，聚殘補缺，校實取正。得《周官》、《左氏春秋》、《毛氏詩》而立之。《周禮》者，周公之大典，毛氏言《詩》最密，左氏與《春秋》爲表裏。三者不出，六蓺不明。噫，微獻王則六蓺其遂曀乎！故其功烈，至今賴之。且夫觀其人之所好，足以知其心。王侯貴人不好侈靡而喜書者，固鮮矣。不喜浮辨之書而樂正道，知之明而信之篤，守之純而行之勤者，百無一二焉。武帝雖好儒，好其名而不知其實，

❶ 題注，原無，據《傳家集》補。以下至《讀張中丞傳》十八篇題注同。

❷ 「述」，原作「術」，據《傳家集》改。

慕其華而廢其質，是以好儒愈於文景，而德業後之。景帝之子十有四人，栗太子廢，而獻王最長。嚮若尊大義，屬重器，用其德，施其志，必無神僊祠祀之煩，宫室觀遊之費，窮兵黷武之勞，賦役轉輸之敝。宜其仁豐義洽，❶風移俗變，焕然帝王之治復還，其必賢於文、景遠矣。嗟乎！天實不欲禮樂復興邪？抑四海自不幸而已矣？

范睢評 慶曆五年作

穰侯相秦，秦益彊，宰制諸侯，如嚴主之役僕夫，左右前後無不如志。此穰侯之功也。范睢非能爲秦忠謀，亦非有怨於穰侯也。欲行其説，而穰侯適妨其路，故控其喉，拊其背，而奪之位。秦王視聽之不明，遂至於遷母逐弟。况穰侯何有哉？穰侯雖擅權，未至如睢之所言。孔子惡夫佞者，豈以此夫！

秦阬趙軍 慶曆五年作

夫兵之設，非以害人，所以養人也。殘暴如此，其誰與之。秦七世役諸侯，卒兼天下。然其失策之大者有三焉：欺楚懷王而虜之，不信莫大焉；阬趙降卒四十萬，不仁莫大焉；欺與國，❷誅已降，使諸侯疑而百姓怨，不智莫大焉。秦所以失天下之故多矣，在此三者：於不信之不信，不仁之不仁，不智之不智。是以始皇墳草未生而四海横潰，宗廟爲墟。究其禍本，兆於此矣。

❶「洽」，原作「治」，據《傳家集》改。
❷「與」，原作「興」，據《傳家集》改。

項羽誅韓生 慶曆五年作

世皆以項羽不能用韓生之言，棄關中之險，故失天下。竊謂不然。夫秦據函谷，東嚮以制天下。然孝、惠、昭、襄以之興，而二世、子嬰以之亡，顧所以用之之道如何耳，地形不足議也。項羽放殺其君，不義之名明於日月。宰制天下，王諸侯，廢公義而任私意，逐其君以置其臣，其受封者争奪不服，❶疎斥忠良，猜忌有功，使臣下皆無親附之意。推此道以行之，雖重金襲湯，不能以一日守也，况三秦之險哉！

貫高 慶曆五年作

高祖以驕失臣，貫高以很亡君。君臣之際，不亦兩傷耶？高不能輔君以義，不忍小恥，輕慮淺謀，以陷殺君之惡，卒亡其國，禍自高始。雖殺身破家，以明張敖，而令趙國社稷蕪没，宗廟丘墟，所存者小，所亡者大，所得者少，所失者多。概以大義，亦烏足言哉！

戾太子敗 慶曆五年作

鉤弋夫人之子十四月而生，孝武以爲神靈，命其門曰：「堯母。」當是時，太子猶在東宫，則孝武屬意固已異矣。是以姦臣逆窺上意以傾覆冢嗣，❷卒成巫蠱之禍，天下咸被其殃。然則人君用意，小違大義，禍亂及此，

❶「奪」，原爲空格，據《傳家集》補。
❷「冢」，原作「家」，據《傳家集》改。

可不慎哉！

立鉤弋子爲太子 慶曆五年作

孝武以孝昭之生，神異於人，而復有早成之資，違長幼之次而立之。鑒於諸吕，先誅其母以絶禍源，其於重天下、謀子孫深遠矣。然而舉襁褓之子置之萬民之上，非有孝昭之明，霍光之忠，鮮不危哉！

趙廣漢誅 慶曆五年作

廣漢之爲京兆，漢興以來，無能及者。《周禮》議賢議能，然則雖有罪，固當宥之，况廣漢之罪不及死邪！斯足以爲孝宣、魏相之累矣。

魏孝武帝西遷 慶曆五年作

《周書》曰：「天之所壞，不可支也。」元氏失政久矣，而孝武欲興之，脱於高歡，得宇文黑獺，其所以異者無幾耳。嗚呼！爲人君者必制治於未亂，保安於未危，兢兢業業，日愼一日。不然，怠惰荒淫，使禍流子孫，既亂且危，然後圖之，其可及乎！

應侯罷武安君兵 慶曆五年作

甚矣，邪臣之害國也。以得爲喪，以成爲敗，保身固寵，不顧國謀，損公而益私，付人而立己，國家喪敗，不與其憂。世之患此，亦已久矣。

馮道爲四代相慶曆五年作

忠臣不二君，賢女不二夫。策名委質，有死無貳，天之制也。彼馮道者，存則何心以臨前代之民，死則何面以見前代之君？自古人臣不忠，未有如此比者。然而尊官重禄，老以没齒，何哉？夫爲國家者，明禮義，奬忠良，褒義烈，誅姦回，以厲群臣；群臣猶愛死而忘其君，況相印將節以寵叛臣，其不能永享天命宜矣。然而庸愚之人往往猶稱其智，蓋五代披攘，人主歲易，群臣失節，比踵於朝，因而譽之，欲以自釋。余恐後世以道所爲爲合於理，君臣之道，將大壞矣。臣而不臣，雖云其智，安所用哉？

漢高祖斬丁公評慶曆五年作

漢高祖可謂能遠謀矣。臣無二心，古之命也。縱君之敵，以樹私恩，姦莫大焉。姦而爲惠，勿報可也。若將報之，其望必大。爲臣不忠而享大報，雖無背施，何以使人？天下既定，姦不干正，❶盡節者賞，二心者誅。君無失刑，臣無二心，然後人無覬覦，上下安矣。宜乎子孫相承，廟祀四百，蓋亦謀之遠矣。《周書》曰：「遠乃猷。」此之謂矣。

甘　羅慶曆五年作

甘羅以稚子名顯於世，非有它奇略，正

❶「干正」，原作「奸止」，據《傳家集》改。

以勢力恐張唐耳。雖云慧敏，然君子治世，無所取焉。

張湯有後 慶曆五年作

或稱張湯矯僞刻薄，而後嗣顯榮，七葉不絶。意者積善餘慶，積惡餘殃，近虛語耶？應之曰：不然。所謂積者，繼世相因之謂也。故傳稱八元八凱，世濟其美。又稱三族，世濟其凶。此非積善、積惡之謂耶？欒書有惠於晉，晉人思之。黶雖剛愎，猶得保其宗廟。至盈無德，卿族遂亡。然則黶之所以存，書之餘慶也；盈之所以亡，黶之餘殃也。祖父有德，子孫爲不善，未免禍敗，慶何有焉？祖父不善，而子孫有德，福禄將集，殃何有焉？祖父爲不善，而子孫又無德以蓋前人之愆，則餘殃被之。是以堯、舜雖至德，朱、均不能免其災。瞽、鯀雖大惡，舜、禹無所虧其聖。若張湯者，雖險詖人也，有子安世，保輔漢室，寔有大功。子孫嗣之，率皆忠恪信厚，恭儉周密。邦有道不廢，邦無道免於刑戮。以是光顯於後，彌歷永世，固其宜矣，又何異焉？

高順 慶曆五年作

或問：陳登、高順皆有過人之才，俱事呂布，而登輸心魏祖，親爲反間，順盡力於布，與之偕死。意者順賢登歟？應之曰：不然。古者列國並立，同事王室，故先王制禮，諸侯有王，大夫有君，君臣始終，有死無二。漢氏平一海内，萬國一君，天下之君，惟帝室耳。順於呂布，雖備將佐，無委質之分。布者，反覆亂人，非能輔佐漢室，而又强暴無謀，敗亡有證。登知幾輕舉，以存易亡，豫徐克清，百姓蘇息。順託身失所，迷遠不復，以陷大戮。《易》稱「比之匪人」，豈謂順耶？其才雖美，未能及登。自茲觀智，優劣見焉。

賈捐之 慶曆五年作

君子以正消邪，捐之以邪攻邪，宜乎其不濟矣。

魏孝武初立 慶曆五年作

甚矣，高歡之無道！其視君不如弈棋，廢而置之，在造次爾。立君大事，不詳如此，取悔宜哉！

京房對漢元帝 慶曆五年作

甚矣，闇君之不可與言也！天實剥喪漢室，而昏塞孝元之心，使如木石，不可得入，至於此乎，哀哉！京房之言，如此其深切著明也，而曾不能諭，何哉？《詩》云：「匪面命之，言提其耳。匪手攜之，言示之事。」又云：「誨爾諄諄，聽我藐藐。」噫，後之人可不以孝元爲鑒乎？

讀張中丞傳 嘉祐元年作

天授之謂才，人從而成之之謂義，發而著之事業之謂功。精敏辯博，拳捷趫勇，非才也；驅市井數千之衆，摧胡虜百萬之師，戰則不可勝，守則不可拔，斯可謂之才矣。

死黨友，存孤兒，非義也；明君臣之大分，識天下之大義，守死而不變，斯可謂之義矣。攻城拔邑之衆，斬首捕虜之多，❶非功也；控扼天下之咽喉，蔽全天下之太半，使其國家定於已傾，存於既亡，斯可謂之功矣。嗚呼！以巡之才如是，義如是，功如是，而猶不免於流俗之毀，況其曖曖者邪？

烹酈生

班固稱蒯通一説而喪三儁，爲其亡田横、殺酈生、驕韓信也。以愚觀之，漢王既遣酈生下齊，而不止韓信之進兵，是則漢王殺之，非蒯通殺之也。❷惜夫，一失其信，群臣孰敢爲之使，諸侯孰敢爲之與？雖得齊而有之，所亡豈不多哉！

子噲

堯舜之聖，非以其能輕天下也，迺以其能重天下也。夫唯重天下，故必得聖人然後授之。禹之傳於子，非私之也。苟天下無聖人以授之，則非子莫之傳矣。夫父之傳子，非至禹而後有之也。蓋自生民以來，有國家者，無不然矣。燕噲徒知慕堯舜之名，不知察堯舜之實，訹於姦言，以陷於死亡，爲天下笑，豈不悲哉！孟子曰：「以天下與人易，爲天下得人難。」豈非以燕噲而知之邪？

❶「虜」，原作「勇」，據《傳家集》改。

❷「非蒯通殺之」，原無，據《傳家集》補。

疑孟

伯夷隘柳下惠不恭元豐五年作❶

疑曰：孟子稱所願學者孔子。然則君子之行，孰先於孔子？孔子歷聘七十餘國，皆以道不合而去，豈非非其君不事乎？孺悲欲見孔子，孔子辭以疾，豈非非其友不友乎？陽虎爲政於魯，孔子不肯仕，豈非不立於惡人之朝乎？爲定、哀之臣，豈非不羞汙君乎？爲委吏、爲乘田，豈非不卑小官乎？舉世莫知之，不怨天，不尤人，豈非遺佚而不怨乎？飲水曲肱，樂在其中，豈非阨窮而不憫乎？居鄉黨，恂恂似不能言，豈非由由與之偕而不自失乎？是故君子邦有道則見，邦無道則隱，事其大夫之賢者，友其士之仁者，非隘也。和而不同，遯世無悶，非不恭也。苟毋失其中，雖孔子由之，何得云君子不由乎？

陳仲子避兄離母

疑曰：仲子以兄之禄爲不義之禄，蓋謂不以其道事君而得之也；以兄之室爲不義之室，蓋謂不以其道取於人而成之也。仲子蓋嘗諫其兄矣，而兄不用也。仲子之志，以爲吾既知其不義矣，然且食而居之，是口非之而身享之也，故避之，居於於陵。於陵之室與粟，身織屨、妻辟纑而得之也，非不義也，豈當更問其築與種之者誰邪？以所食之鶃，兄所受之饋也，故哇之。豈以母則不食，以妻則食之邪？君子之責人當探其情。

❶ 題注，原無，據《傳家集》補。

仲子之避兄離母，豈所願邪？若仲子者，誠非中行，亦猾者有所不爲也。孟子過之，何其甚與！

孟子將朝王至孟子謂蚳鼃云云。元豐五年正月二十七日作。❶

疑曰：孔子，聖人也。定、哀，庸君也。然定、哀召孔子，孔子不俟駕而行。過位，色勃如也，足躩如也。過虛位，且不敢不恭，況召之有不往而它適乎？孟子學孔子者也，其道豈異乎？夫君臣之義，人之大倫也。孟子之德孰與周公？其齒之長，孰與周公之於成王？成王幼，周公負之以朝諸侯。及長而歸政，北面稽首，畏事之，與事文、武無異也。豈得云彼有爵，我有德齒，可慢彼哉！

孟子謂蚳鼃居其位不可以不言言而不用不可以不去己無官守無言責進退可以有餘裕❷

孟子居齊，齊王師之。夫師者，導人以善而救其惡者也，豈得謂之無官守、無言責乎？若謂之爲貧而仕邪？則後車數十乘，從者數百人，仰食於齊，非抱關擊柝之比也。《詩》云：「彼君子兮，不素餐兮。」夫賢者所爲，百世之法也。余懼後之人挾其有以驕其君、無所事而貪禄位者，皆援孟子以自況，故不得不疑。

沈同問伐燕元豐五年正月二十八日作❸

疑曰：孟子知燕之可伐，而必待能仁政

❶「元豐」至「作」十一字，原無，據《傳家集》補。
❷此條，原誤連上條，據《傳家集》、《邵氏聞見後録》改。
❸題注，原無，據《傳家集》補。

者乃可伐之。齊無仁政，伐燕非其任也。使齊之君臣不謀於孟子，孟子勿預知可也。沈同既以孟子之言勸王伐燕，孟子之言尚有懷而未盡者，安得不告王而止之乎？夫軍旅大事也，民之死生、國之存亡皆繫焉。苟動而不得其宜，則民殘而國危。仁者何忍坐視其終委乎？

公孫丑曰君子之不教子何也孟子曰父子之間不責善責善則離離則不祥莫大焉元豐五年作❶

疑曰：經云：「當不義，則子不可不争於父。」傳云：「愛子，教以義方。」孟子云：「父子之間不責善。」不責善，是不諫、不教也，而可乎？

告子曰性猶湍水也云云亦由是也元豐八年作❷

疑曰：告子云：「性之無分於善不善，猶水之無分於東西。」此告子之言失也。水之無分於東西，謂乎地也。使其地東高而西下，西高而東下，豈決導所能致乎？性之無分於善不善，謂中人也。瞽叟生舜，舜生商均，豈陶染所能變乎？孟子云：「人無有不善。」此孟子之言失也。丹朱、商均自幼及長，所日見者堯、舜也，不能移其惡，豈人之性無不善乎？

❶ 此題，《傳家集》作「父子之間不責善」。題注，原無，據《傳家集》補。

❷ 此題，《傳家集》作「性猶湍水」。題注，原無，據《傳家集》補。

告子曰生之謂性云云猶人之性乎元豐八年作❶

疑曰：孟子云：「白羽之白，猶白雪之白。白雪之白，猶白玉之白。」告子當應之云：「色則同矣，性則殊矣。羽性輕，雪性弱，玉性堅。」而告子亦皆然之。此所以來犬牛人之難也。孟子亦可謂以辯勝人矣。

齊宣王問卿孟子曰有貴戚之卿有異姓之卿云云反覆之而不聽則去❷

疑曰：禮，君不與同姓同車，與異姓同車，嫌其偪也。爲卿者，無貴戚異姓，皆人臣也。人臣之義，諫於君而不聽，去之可也，死之可也。若之何以其貴戚之故，敢易位而處也。孟子之言過矣。君有大過無若紂，紂之卿士莫若王子比干、箕子、微子之親且貴也。微子去之，箕子爲之奴，比干諫而死。孔子曰：「商有三仁焉。」夫以紂之過大而三子之賢，猶且不敢易位也，况過不及紂而賢不及三子者乎！必也，使後世有貴戚之臣，諫其君而不聽，遂廢而代之，曰：「吾用孟子之言也，非篡也，義也。」其可乎？或曰：「孟子之志，欲以懼齊王也。」是又不然。齊王若聞孟子之言而懼，則將愈忌惡其貴戚，聞諫而誅之。貴戚聞孟子之言，又將起而蹈之。則孟子之言不足以格驕君之非，而適足以爲篡亂之資也，其可乎？

❶ 此題，《傳家集》作「生之謂性」。題注，原無，據《傳家集》補。

❷ 此題，《傳家集》作「齊宣王問卿」。

陳子曰古之君子何如則仕孟子曰所就三所去三❶

疑曰：君子之仕，行其道也，非爲禮貌與飲食也。昔伊尹去湯就桀，桀豈能迎之以禮哉？孔子栖栖遑遑，周遊天下，佛肸召欲往，公山弗擾召欲往，彼豈爲禮貌與飲食哉？急於行道也。今孟子之言曰：「雖未行其言也，迎之有禮則就之，禮貌衰則去之。」是爲禮貌而仕也。又曰：「朝不食，夕不食。君曰，吾大者，不能行其道，又不能從其言也，使飢餓於我土地，吾恥之。周之，亦可受也。」是爲飲食而仕也。必如是，是不免於鬻先王之道以售其身也。古之君子之仕也，殆不如此。

孟子曰堯舜性之也❷

疑曰：所謂性之者，天與之也；身之者，親行之也；假之者，外有之而內實亡也。堯、舜、湯、武之於仁義也，皆性得而身行之也，五霸則强焉而已。夫仁義者，所以治國家而服諸侯也，❸皇帝、王、霸皆用之，顧其所以殊者，大小、高下、遠近、多寡之間耳。假者，文具而實不從之謂也。文具而實不從，其國家且不可保，況能霸乎？雖久假而不歸，猶非其有也。

桃應問曰舜爲天子皋陶爲士瞽叟殺人則如之何❹

疑曰：《虞書》稱舜之德曰：「父頑、母

❶「陳子」至「孟子曰」十四字，《傳家集》無。

❷此題，《傳家集》作「堯舜性之也湯武身之也五霸假之也」。

❸「義者」，原無，據《傳家集》補。

❹此題，《傳家集》作「瞽叟殺人」。

嚚，象傲，克諧以孝，蒸蒸乂，不格姦。」所貴於舜者，爲其能以孝和諧其親，使之進退以善，❶自治而不至於惡也。如是則舜爲子，瞽瞍必不殺人矣。若不能止其未然，使至於殺人，執於有司，乃棄天下，竊之以逃，狂夫且猶不爲，而謂舜爲之乎？是特委巷之言也，殆非孟子之言也。且瞽叟既執於皋陶矣，舜惡得而竊之？雖負而逃於海濱，皋陶猶可執也。若曰皋陶外雖執之以正其法，而内實縱之以予舜，是君臣相與爲僞以欺天下也，惡得爲舜與皋陶哉！又舜既爲天子矣，天下之民戴之如父母，雖欲遵海濱而處，民豈聽之哉？是皋陶之執瞽叟，得法而亡舜也，所亡益多矣。故曰是特委巷之言，殆非孟子之言也。

温國文正公文集卷第七十三

❶「退」，原作「進」，據《傳家集》改。

温國文正公文集卷第七十四

史　剡

史剡序

愚觀前世之史，有存之不如其亡者，故作《史剡》。其細瑣繁蕪，固不可悉數，此言其卓卓爲士大夫所信者云。

虞　舜

堯以二女妻舜，百官牛羊事舜於畎畝之中。瞽瞍與象猶欲殺之，使舜塗廩而縱火。舜以兩笠自扞而下。又使舜穿井而實以土，舜爲匿空，出它人井。

剡曰：頑嚚之人不入德義則有矣，其好利而畏害，則與衆不殊也。或者舜未爲堯知，而瞽瞍欲殺之，則可矣。堯已知之，四岳舉之，妻以二女，養以百官，方且試以百揆而禪天下焉，則瞽瞍豈得不利其子之爲天子，而尚欲殺之乎？雖欲殺之，亦不可得已。藉使得而殺之，瞽瞍與象將隨踵而誅，雖甚愚，人必不爲也。此特閭父里嫗之言，而孟子信之，過矣。後世又承以爲實，豈不過甚矣哉？

又

舜南巡守，崩於蒼梧之野，葬於江南九疑，是爲零陵。

剡曰：昔舜命禹曰：「朕耄期，倦于勤，汝惟不怠，揔朕師。」是以天子爲勤，故老而使禹攝也。夫天子之職莫勤於巡守，而舜猶親之，卒死於外而葬焉，惡用使禹攝哉？是必不然。或曰：「《虞書》稱舜陟方乃死，孔安國以爲升道南方，巡守而死，《禮記》亦稱舜葬於蒼梧之野，皆如太史公之言。子獨以爲不然，何如？」曰：傳記之言，固不可據以爲實。藉使有之，又安知無中國之蒼梧，❶而必在江南邪？❷《虞書》陟方云者，❸言舜在帝位，治天下五十載，升於至道然後死耳，非謂巡守爲陟方也。嗚呼！遂使後世愚悖之人或疑舜、禹而非聖人，豈非孔安國與太史公之過也哉？

夏禹

禹以天下授益，益避啓於箕山之陽。禹子啓賢，天下皆去益而歸啓，啓遂即天子位。

剡曰：父之位傳歸於子，自生民以來如是矣。堯以朱不肖，故授舜。舜以均不肖，故授禹。禹子啓果賢，足以任天下，而禹授益，使天下自擇啓而歸焉，是飾僞也。益知啓之賢，得天下心，己不足以間，而受天下於禹，是竊位也。禹以天下授益，啓以違父之命而爲天子，是不孝也。惡有飾僞、竊位、不孝而謂之聖賢哉，❹此爲傳者之過明矣。

夏桀

桀走鳴條，逐放而死。桀謂人曰：「吾

❶「知」，原作「和」，據《傳家集》改。
❷「南」，原作「而」，據《傳家集》改。
❸「書」，原作「盡」，據《傳家集》改。
❹「位」，原作「任」，據《傳家集》改。

悔不遂殺湯於夏臺，使至此。」

剡曰：是言也，存爲後世之懲勸，其可乎？

周文王

崇侯譖西伯於紂，曰：「西伯積善累德，諸侯皆嚮之，將不利於帝。」紂乃囚西伯於羑里，云云。西伯既出，乃獻洛西之地，以請紂去炮烙之刑，紂許之。

剡曰：紂疑文王之得民，故囚之。既釋而又獻地，以止其虐刑，是正信崇侯虎之譖於紂也。豈所謂遵養時晦，以蒙大難者哉！若且紂惟不勝其淫虐之心，故爲炮烙之刑。若能自止而不爲，則不待受西伯之地；若不能自止，雖受地於西伯而爲之如故，誰能禁之哉？

由余

戎王使由余於秦。秦穆公問曰：「中國以詩書禮樂法度爲政，然尚時亂，今戎狄無此，何以爲治？」由余笑曰：「此乃中國所以亂也。夫自上聖作爲禮樂法度，僅以小治。及近世，阻法度之威，以督責於下。下罷極則以仁義怨望於上，上下交争怨而相篡弑。夫戎狄不然，上含淳德以遇其下，下懷忠信以事其上。此真聖人之治也。」穆公以爲賢，乃離間戎之君臣，卒得由余而用之，遂霸西戎。

剡曰：所貴乎有賢者，爲其能治人國家也。治人國家，捨詩書禮樂法度，無由也。今由余曰是六者，中國之所以亂也。不如我戎夷無此六者之爲善。如此而穆公以爲賢而用之，則雖亡國無難矣，若之何其能霸哉？是特老莊之徒設爲此言，以詆先王之法。太史公遂以爲實而載之。過矣。

蕭何營未央宮

蕭何作未央宮。高祖見宮闕壯甚，怒。何曰：「天下方未定，故可因遂就宮室。且天子以四海爲家，非壯麗無以重威，且無令後世有以加也。」高祖乃說。❶

剡曰：是必非蕭何之言。審或有之，何惡得爲賢相哉？天下方未定，爲之上者拊循煦嫗之不暇，又安可重爲煩費以壯宮室哉？古之王者明其德刑而天下服，未聞宮室可以重威也。創業垂統之君，致其恭儉以訓子孫，子孫猶淫靡而不可禁，况示之以驕侈乎？孝武卒以宮室糜弊天下，惡在其無以加也？是皆庸人之所及，而謂蕭相國肯爲此言乎？

孔子

齊景公欲以尼谿田封孔子。晏嬰進曰：「夫儒者滑稽，而不可軌法；倨傲自順，不可以爲下；游説乞貸，不可以爲國。」云云。

剡曰：晏嬰忠信以有禮，愛君而樂善。於晉悦叔向，於鄭悦子皮，於吴悦季扎，豈於孔子獨不知而毁之乎？

又

楚昭王將以書社地七百里封孔子。令

❶「乃」，原作「説」，據《傳家集》改。

尹子西曰：「文、武百里之君，卒王天下。今孔丘得據土壤，賢弟子爲佐，非楚之福也。」乃止。

剡曰：子西，楚之賢令尹也。楚國賴之，亡而復存，危而復安。其志猶晏嬰也，其言豈容鄙淺之如是哉？

季布

季布聞曹丘生招權顧金錢，與竇長君書使絶之。曹丘聞之，往見布，揖曰：「使僕游，揚足下名於天下，顧不美乎？何拒僕深也？」布大悦，留數月，爲上客，厚遺之。

剡曰：曹丘與長君善，而布與書使絶之，是以曹丘爲小人也。及曹丘見，以毀譽動己，而己善之，是養小人以自利者也。夫以毀譽動人及養小人以自利，皆姦人之道也。果如是，則布惡得爲賢大夫？

迂書

迂書序 嘉祐二年作❶

余生六齡，而父兄教之《書》，雖誦之，不能知其義。又七年，始得稍聞聖人之道，朝誦之而夕思之，至於今二十有七年矣。雖其性之昏愚，憊而不能進，然勤亦至矣。時有所獲，書以示人。人之論高者則曰：「子之書庸而無奇，衆人所同知也。」論卑者則曰：「子之書迂而難用，於世無益也。」嘻！我窮我之心以求古之道，力之所及者則取之。庸

❶ 題注，原無，據《傳家集》補。

與迂，惟人之所名也，我安得知之？故命其書曰《庸書》，亦曰《迂書》云。

釋迂

或謂迂夫曰：「子之言太迂，於世無益也。」迂夫曰：子知迂之無益，而不知其爲益且大也。子知逕之有益，而不知其爲損亦大也。子不見夫樹木者乎？樹之一年而伐之，則足以給新蘇而已。二年而伐之，則足以爲桷。五年而伐之，則足以爲楹。十年而伐之，則足以爲棟。夫以爲收功愈遠，而爲利愈大乎。古之人惟其道閎大而不狹也，其志邃奥而不能邇也，其言崇高而不能庳也，是以所適齟齬，而或窮爲布衣，貧賤困苦，以終其身。然其遺風餘烈，數百千年而人猶以爲法。曏使其人狹道以求容，邇志以取合，庳言以趨功，雖當時貴爲卿相，利止於其躬，榮盡於其生，惡得餘澤以及後世哉？如余者，患不能迂而已矣，迂何病哉！

辨庸

或謂迂夫曰：「子之言甚庸，衆人之所及也，惡足貴哉？」迂夫曰：然。余學先王之道，勤且久矣，惟其性之惛也，苦心勞神而不自知，猶未免夫庸也。雖然，古之天地有以異於今乎？古之萬物有以異於今乎？古之性情有以異於今乎？天地不易也，日月無變也，萬物自若也，性情如故也，道何爲而獨變哉？子之於道也，將厭常而好新。譬夫之楚者不之南而之北，之齊者不之東而之西，信可謂殊於衆人矣，得無所適失其所求，愈勤而愈遠邪？嗚呼，孝慈仁義，忠信禮樂，自生民以來，談之至今矣，安得不庸哉？如余者，懼不能庸而已矣，庸何病也？

士則

或曰：「爲士何如？」迂夫曰：「士者，事天以順，交人以謹。謹司其分，不敢失隕而已矣。」或曰：「爲士者，亦事天乎？」曰：「是何言也？天者，萬物之父也。父之命，子不敢逆；君之言，臣不敢違。父曰前，子不敢不前；父曰止，子不敢不止。臣之於君亦然。故違君之言，臣不順也；逆父之命，子不孝也。不順不孝者，人得而刑之；順且孝者，人得而賞之。違天之命者，天得而刑之；順天之命者，天得而賞之。」或曰：「何謂違天之命？」曰：「天使汝窮而汝强通之，天使汝愚而汝强智之。若是者必得天刑。」或曰：「何謂天刑？」曰：「人之刑賞，刑賞其身；天之刑賞，刑賞其神。故天之所賞者，其神閒静而佚樂，以考終其命；天之所刑者，其神勞苦而愁困，以夭折其生。彼雖僂然而白首哉，猶貳負之臣桎梏而處諸石下，雖踰千歲，惡足稱壽哉！」或曰：「夫士者，當美國家，利百姓，功施當時，澤其後世，豈獨齪齪然謹司其分，不敢失隕而已乎？」曰：「非謂其然也。智愚勇怯，貴賤貧富，天之分也；君明臣忠，父慈子孝，人之分也；僭天之分，必有天災；失人之分，必有人殃。堯、舜、禹、湯、文、武勤勞天下，周公輔相致太平，孔子以《詩》《書》禮樂教洙泗，顔淵簞食瓢飲安於陋巷。雖德業異等、出處異趣如此其遠也，何嘗捨其分而安爲哉？」

言戒

迂夫曰：言不可不重也。子不見鍾鼓乎？夫鍾鼓叩之然後鳴，鏗訇鏜鞈，人不以爲異也。若不叩自鳴，人孰不謂之祆邪？可以言而不言，猶叩之而不鳴也，亦爲廢鍾鼓矣。

齾齒

迂夫病齾齒，呻吟之聲達於四鄰，通夕不寐。有道士過之，問曰：「子知病之所來乎？」曰：「不知也。」道士曰：「病來於天，天且取子之齒以食食骨之蟲，而子拒之，是違天也。夫天者，子之所受命也，若之何拒之？其必與之。」迂叟曰：「諾。」於是以齒與蟲，惛然而寐，一夕而愈。

蠆祝

迂夫夜立於庭，拊樹而蠆螫其手。捧手吟呼，痛徹於心。家人呼祝師祝之。祝師曰：「子姑勿以蠆爲慘烈，以爲凡蟲而藐之。曰：是惡能苦我哉，則痛已矣。」從之。少選而痛息，迺謝祝師曰：「爾何術而能攘蠆之毒如是其速也？」祝師曰：「蠆不汝毒也，汝自召之。余不汝攘也，汝自攘之。夫召與攘皆非我術之所能及也，子自爲之也。」於是迂夫歎曰：「嘻！利害憂樂之毒人也，豈直蠆尾而已哉？人自召之，人自攘之，亦若是而已矣。」

飯車

天雨，迂夫出，見飯車息於高蹊者，指謂其徒曰：「是車也將覆，不久矣。」行未十步，聞讙聲，顧見其車已覆。其徒問曰：「子何用知之？」迂夫曰：「吾以人事知之。夫天雨道濘，而蹊獨不濡，又狹而高，是衆人之所趣也。而車不量其力，固狹擅高，久留不去，以妨衆人之欲進者，其能無覆乎？」禍有鉅於此者，奚飯車之足云？

拾樵

迂夫見童子拾樵於道，約曰：「見樵，先呼者得之，後毋得争也。」皆曰：「諾。」既而行，相與笑語戲狎至驩也。瞲然見横芥於道，其一先呼，而衆童争之，遂相摣擊，有傷者。迂夫惕然，亟歸而歎曰：「噫！天下之利，大於横芥者多矣。吾不知戒，而日與人遊，恃其驩而信其約，一旦有先呼而鬭者，能無傷乎？」

知非

嘉祐三年五月二十五日作❶

或曰：「蘧伯玉五十而知四十九年非，信乎？」曰：「何啻其然也。古之君子好學者，有垂死而知其未死之前所爲非者，况五十乎？夫道如山也，愈升而愈高；如路也，愈行而愈遠。學者亦盡其力而止耳。自非聖人，有能窮其高遠者哉？」

❶ 題注，原無，據《傳家集》補。

天人

迂叟曰：「天力之所不及者，人也，故有耕耘斂藏。人力之所不及者，天也，故有水旱螟蝗。」

無怪

迂叟曰：「有茲事必有茲理，無茲理必無茲事。世人之怪所希見，由明者視之，天下無可怪之事。」

理性 元豐二年十月二十八日❶

《易》曰：窮理盡性，以至於命。世之高論者，競爲幽僻之語以欺人，使人跂縣而不可及，憒瞀而不能知，則盡而捨之。❷其實奚遠哉！是不是理也，才不才性也，遇不遇命也。

事親 元豐四年作❸

迂叟事親無以踰人，能不欺而已矣。其事君亦然。

事神 元豐四年正月十六日作❹

或問迂叟：「事神乎？」曰：「事神。」或曰：「何神之事？」曰：「事其心神。」或曰：

❶題注，原無，據《傳家集》補。
❷「盡」，原作「晝」，據《傳家集》改。
❸題注，原無，據《傳家集》補。
❹題注，原無，據《傳家集》補。

「其事之何如？」曰：「至簡矣。不黍稷，不犧牲，惟不欺之爲用。君子上戴天，下履地，中函心，雖欲欺之，其可得乎？」

寬猛 元豐四年十月作❶

迂叟曰：寬而疾惡，嚴而原情，政之善者也。

回心

或問：「子能無心乎？」迂叟曰：「不能。若夫回心，則庶幾矣。」「何謂回心？」曰：「去惡而從善，捨非而從是，人或知之而不能徙，以爲如制駻馬、如斡磻石之難也，静而思之，在我而已，如轉户樞，何難之有？」

無益 元豐六年二月十七日作❷

迂叟曰：言而無益，不若勿言。爲而無益，不若勿爲。余久知之，病未能行也。

學要 元豐六年五月二日作❸

迂叟曰：學者所以求治心也，學雖多而心不治，安以學爲？

❶ 題注，原無，據《傳家集》補。
❷ 題注，原無，據《傳家集》補。
❸ 題注，原無，據《傳家集》補。

治心元豐六年六月二十三日作❶

迂叟曰：小人治迹，君子治心。

文害元豐六年七月十八日作❷

或謂迂叟：「子於道則得其一二矣，惜乎無文以發之。」迂叟曰：「然。君子有文以明道，小人有文以發身。夫變白以爲黑，轉南以爲北，非小人有文者，孰能之？」

道大元豐六年八月一日作❸

迂叟曰：聖人之道如天地。天地之間，靡所不有。衆人之道如山川，如陵谷，如鳥獸，如草木，如蟲沙，各盡其分，不知其外。天地則無不包也，無不徧也。

毋我

孔子曰：「殷有三仁焉。」蓋孔子之前，爲比干者，則非微子矣；爲微子者，則非比干矣；爲箕子者，則非比干與微子矣。至孔子，然後人知三人者皆仁人也。孔子曰：「微管仲，吾其被髮左衽矣。如其仁，如其仁。」孟、荀氏之言曰：「仲尼之門，五尺童子羞稱五伯。」以是觀之，孟、荀氏之道，概諸孔子，其隘甚矣。

❶ 題注，原無，據《傳家集》補。
❷ 題注，原無，據《傳家集》補。
❸ 題注，原無，據《傳家集》補。

道同 元豐六年作❶

迂叟曰：合天下而君之之謂王，王者必立三公。三公分天下而治之，曰二伯一公，處乎内皆王官也。周衰，二伯之職廢，齊桓、晉文糾合諸侯以尊天子，❷天子因命之爲侯伯，修舊職也。伯之語轉而爲霸，霸之名自是興。自孟、荀氏而下，皆曰：由何道而王，由何道而霸。道豈有二哉？得之有淺深，成功有小大爾。譬諸水，爲畎、爲澮、爲谷、爲谿、爲川、爲瀆，若所鍾則海也。大夫、士，畎澮也。諸侯，谿谷也。州牧，川也。方伯，瀆也。天子，海也。小大雖殊，水之性奚以異哉？

絶四論 元豐六年作❸

或問：「子絶四，何以始於毋意？」迂叟曰：「吉凶悔吝未有不生乎事者也，事之生未有不本乎意者也，意必自欲。欲既立於此矣，於是乎有從有違。從則有喜、有樂、有愛；違則有怒、有哀、有惡，此人之常情也。愛實生貪，惡實生暴。貪、暴，惡之大者也。是以聖人除其萌，塞其原，惡奚自而至哉？」或曰：「毋意於惡，既聞矣。敢問聖人亦毋意於善乎？」曰：「不然。聖人之爲善，豈有意乎其間哉？事至而應之，以禮義耳。禮

❶ 題注，原無，據《傳家集》補。
❷ 「桓」，原避宋欽宗諱作小字「淵聖御名」，今回改。
❸ 題注，原無，據《傳家集》補。

者，履也，循禮則事無不行。義者，宜也。守義則事無不得。聖人執禮義以待事，不爲善而善至矣。聖人豈有意乎其間哉！」或曰：「然則聖人之心，其猶死灰乎？」曰：「不然。聖人之心，如宿火爾。夫火宿之則晦，發之則光，引之則燃，鼓之則熾。既而復掩之，則乃晦矣。深而不消，久而不滅者，其宿火乎！聖人之心亦然。治其心以待物，物至而應，事至而辨，豈若死灰哉？灰死則不復然矣，奚所用哉？」或曰：「毋固、毋必，奚以異乎？」曰：「在我爲固，在人爲必。聖人出處語默，惟義所在，無可無不可，奚其固？成敗禍福，繫命所遭，誰得而知之，奚其必？」或曰：「然則何以終於無我？」曰：「有意、有必、有固，則有我。有我則私，私實生蔽。是故泰山觸額而不見，雷霆破柱而不聞。無意、無必、無固，則無我。無我則公，公實生明，是故秋毫過目，無不見也，飛蚊歷耳，無不聞也。其得失豈不遠哉？」

求用 元豐六年作❶

或曰：「士不好富貴，則爲上者不得其用，刑賞不行矣。」迂叟曰：「小人有才，必求用於世，以利其身，不賞不勸，不刑不懲。君子有才，亦求用於世，以行其道，勸不待賞，懲不待刑。自古亂臣賊子未有不出於好富貴者也，爲上者亦何利焉？」

負恩 元豐七年四月二十八日作❷

迂叟曰：受人恩而不忍負者，其爲子必

❶ 題注，原無，據《傳家集》補。
❷ 題注，原無，據《傳家集》補。

孝，爲臣必忠。

羨厭元豐七年三月十五日作❶

迂叟曰：人情苦厭其所有，羨其所不可得。未得則羨，已得則厭。厭而求新，則爲惡無不至矣。

釋老元豐七年十二月二日作❷

或問：「釋老有取乎？」迂叟曰：「有。」或曰：「何取？」曰：「釋取其空，老取其無爲自然。捨是無取也。」或曰：「空則人不爲善，無爲則人不可治，柰何？」曰：「非謂其然也。空取其無利欲之心，善則死而不朽，非空矣。無爲取其因任，治則一日萬幾，有爲矣。」

鑿龍門辨元豐七年十二月二日作❸

或問：「禹鑿龍門，闢伊闕，有諸？」迂叟曰：「龍門、伊闕，天所爲也，禹治之耳。非山横其前，水壅不流，禹始鑿而闢之，然後通也。」或曰：「何以知之？」曰：「孟子云：『禹之行水，行其所無事。』若鑿山以通水，不可謂之無事矣。」

無爲贊貽邢和叔

學黄老者，以心如死灰，形如槁木，爲無

❶ 題注，原無，據《傳家集》補。
❷ 題注，原無，據《傳家集》補。
❸ 題注，原無，據《傳家集》補。

爲。迂叟以爲不然，作無爲贊：治心以正，保躬以靜。進退有義，得失有命。守道在己，成功則天。夫復何爲，莫非自然。

聖窮

聖人專以利人爲心，於術無不知也。穀而可辟，則不教人耒耜矣；死而可違，則不教人棺椁矣。夫豈非天使民食且死，❶雖聖人不能違乎？

諱有

人之情，諱有而不諱無。離婁之明，人謂之瞽，不愠矣。柳下惠之和，人謂之汙，不怍矣。

斥莊

或曰：「莊子之文，人不能爲也。」迂夫曰：「君子之學，爲道乎？爲文乎？夫唯文勝而道不至者，君子惡諸。是猶朽屋而塗丹雘，不可處也；眢井而羃綺繢，❷不可履也；烏喙而漬飴糖，不可嘗也。而子獨嗜之乎？」或曰：「莊子之辯，雖當世宿學不能自解。」迂夫曰：「然則佞人也，堯之所畏，舜之所難，孔子之所惡，是青蠅之變白黑者也，而子獨悅之乎？」

❶「夫」，原作「失」，據《傳家集》改。
❷「繢」，原作「續」，據《傳家集》改。

辨揚

或曰：「揚子之諂也，以王莽爲可以繼周公、軼阿衡。」迂夫曰：「得已哉？揚子之爲書也，品藻當世，蜀莊、子真、仲元靡不及焉。莽宰天下，而自况於伊、周，敢遺諸乎？何、鮑之死，不可不畏也。雖然，莽自况伊、周，則與之，况黄虞，則不與也。其志將曰，爲伊、周而止，斯可矣！不止而至於簒，伊、周豈然哉？」

無黨

或曰：「吾子擯莊而引揚，或者爲黨乎？」曰：「無黨也。使莊爲揚言，斯與之矣；揚爲莊言，斯拒之矣，孰黨哉？」

兼容

或曰：「甚矣，子道之隘也，奚容之不兼？」迂夫曰：「沱潛之於江也，榛楛之於山也，兼容焉可也；莠之於苗也，冰之於火也，欲兼，得乎哉？」

指過

或曰：「有人於此，指其過而告之則喜，何如？」迂夫曰：「君子也。」或曰：「曷若無過而指諸？」迂夫曰：「君子履中正而行者也，故有過則人得而指諸。若夫不中、不正之人，終日所爲皆過也，又安得而指之？」

難能

或曰：「堯舜之德，何以爲難能？」迂夫曰：「舜自脩於畎畝之中，而聞於堯，此舜之難也。舜在畎畝之中，而堯知之，此堯之難也。」

三欺

迂夫曰：鞠躬便辟，不足爲恭；長號流涕，不足爲哀；弊衣糲食，不足爲儉。三者以之欺人可矣，感人則未也。君子所以感人者，其惟誠乎。欺人者，不旋踵人必知之，感人者，益久而人益信之。

官失

迂叟曰：「世之人不以耳視而目食者，鮮矣。」聞者駭曰：「何謂也？」迂叟曰：「衣冠所以爲容觀也，稱體斯美矣。世人捨其所稱，聞人所尚而慕之，豈非以耳視者乎？飲食之物，所以爲味也，適口斯善矣。世人取果餌而刻鏤之，朱緑之，以爲盤案之玩，豈非以目食者乎？」

天人

迂叟曰：「天之所不能爲而人能之者，人也。人之所不能爲而天能之者，天也。稼穡，人也。豐歉，天也。」

温國文正公文集卷第七十四

温國文正公文集卷第七十五

碑誌一

宋故處州縉雲縣尉張君墓誌銘

故翰林侍讀學士張公，有子曰某，前公若干年卒，殯楚州。後若干年，與公皆葬襄城，時皇祐五年閏月甲申也。其弟大理寺丞某，以治行來求銘。光獲事侍讀公爲日久，又與君之兄弟遊，今也不敢以愚陋辭而不爲，姑譔次其所聞納諸壙云。君字仲倩，其世家鄉黨，見於侍讀公之碑。君性嗜學，年十五，志節已皦皦出人。有從母嫠居，將從其女於保德軍。子幼不能自致，君奮曰：「人母子單弱如此，於以涉遠，我獨何以坐視之邪？」即白父母請送之。父母疑其尚少，然聞其言，甚説，即遣之。君冒盛寒，❶往返數千里，曾不爲勞，人皆歎其仁而有立。以蔭補太廟齋郎。及長，調縉雲尉，治有聲迹。縣有淫祀曰「五通」，人嚴事之。歲旱，君遍禱群祀，不及五通。吏民以爲請，君不得已，强往禱，且卜之。巫曰：「不吉，必無雨。」比歸，雨大至。君笑曰：「果然，雨不雨，非妖鬼事也。而敢屢爲變怪，以驚愚民，是不可不除。」即部吏卒焚滅其祠，捽土偶人投江中。歲亦大熟。官滿歸，道病。或請留傳舍，俟愈而行，君曰：「吾官遠方，不獲侍親之左右，四年于此矣。今幸歸至舍，見吾

❶「冒」，原誤作「胃」，據《傳家集》改。

親而死，吾目瞑矣。又何可留？」趣舟而行，及楚州卒，年二十八。娶袁氏，故諫議大夫煒之孫。生二男：絪，試將作監主簿；繼，太常寺太祝。二女，其幼者早夭。初，侍讀公有五子，光知其三人焉，而不及識君。三人者皆甚才，然猶自謂不如也。侍讀公没，兄弟寓居汝潁間，食口衆，無田宅以自給，咸泣曰：「縉雲在，吾屬豈憂此乎！」言其知力足賴而不遺其親也。嗚呼！使顯於朝而老，所施設豈若是而已哉？銘曰：

苑彼嘉木，煒煒其華。實而未碩，孰披之柯。人之明果，胡壽不遐。思而悲者，豈伊其家？

故玉城縣君墓誌銘并序

夫人姓楊氏，故尚書工部郎中、直史館韓公之配也。公之世系事業，龍圖閣直學士郭公誌之矣。夫人之先，在唐爲盛族，居靖恭坊。五代之亂，衣冠之緒，零落殆盡，唯靖恭楊氏徙家于吴，世有顯人，迄于今不絶。考諱蜕，仕至尚書司封郎中，精於吏治，所至著聲迹。始，韓公娶夫人之姊，生男鑑、鐸及二女，不幸早世。公曰：「楊氏名族，吾既謀於宗而卜於廟矣，不可易也。」迺復請昏于夫人，夫人年若干歸韓氏，生男鎮、鉞。初封真定，後更封玉城縣君。爲人慈和淵静，不喜聲味。自少及長，家人伺其動静語默，皆有常度，未嘗移也。其撫視六子，衣服飲食，無絲毫薄厚，六子亦相與親愛如一，雖中外族姻莫知其爲異母也。年三十九而喪韓公，三年不茹葷。自是閨閤深居，日誦佛書，不復有自虞樂之意。年五十，以至和元年三月乙亥終。其五月壬申祔于公之墓。時鑑爲某官，鐸爲某官，鉞已前卒。鐸與光遊素久，因狀夫人之行，命光爲之銘，光不得辭。曰：

允矣夫人，德則均壹而行有常邪？承祖之休，宜于夫家而壽不將邪？福禄當有餘而更不足，子孫其昌邪？

蘇騏驥墓碣銘序 爲孫器之作

蘇氏之先，出自重黎。忿生爲周武王司寇，封於温，世爲卿士，或謂之温子。春秋時，蘇子爲狄所滅，子孫以邑爲氏，歷世久遠，散之四方。在洛陽者，秦厲代以口辯顯戰國世。在杜陵者，建爲漢名將，子武使匈奴中十九年，不屈節。在武功者，綽仕宇文周，以明法令爲某官。子威，隋文帝佐命功臣。至唐，瓌父子爲賢相。此其章章尤著者也。周衰，温爲晉邑，漢屬河内郡。隋以河内爲懷州。維修武之族，不棄其故土，留懷州不去，公其後焉。公諱某，字某，曾大父某，大父某，皆不仕，父某贈左司衛率。公幼慷慨有遠志，自力讀書，不治家事。宗族争笑且怒之曰：「汝世農家，勤治耕桑以豐衣食，汝忽棄業爲書生，窮餓無日矣。」公曾不顧，爲學益堅。早喪二親，哀毁過禮，鄉曲稱之。弱冠舉「三傳」科。景德中契丹南侵，河北盗賊蠭起，公於是盡散家財，糾合鄉曲子弟，結以信義，扞禦群寇，修武由是獲全。大將軍某北征，公踵軍門上謁。延入，與語兵事，大悦，即奏偕行。至中山，會契丹圍城甚急，用公之策，卒拒却之。於是天子曰：「契丹犯塞，河北士子躬被甲冑，扞敵有功。今天下貢舉已畢，朕憐夫北方賢士大夫不得以時充貢，其皆召試賜第。」公由是解褐補符離尉。縣多寇盜，吏卒單弱，公奬訓率厲，擒馘七十餘人，闔境清肅。改河清主簿，考滿，吏民群詣轉運使所請留，詔聽更留，成資而去。遷遂州録事參軍。本道論薦，召對，擢爲大理寺丞，知大名縣事。尋除通判州事。入朝，遷太子中舍。國家沿前世故事，分文武百官爲二塗，其遷次、任使，皆不相參涉。有願相移易者，聽之。以公素喜武事，加習邊務，遂改供備庫副使，知威勝軍事。繼典嵐、莫、石、鳳、夔五州，皆著聲績。官歷東染院、洛苑二副使。其在夔州，兼夔、梓兩路兵馬都監，提舉諸州巡檢兵甲事。久之，上表乞朝。因言邊防民政諸利害，稱旨，遷右騏驥副使，同提點湖南兩浙刑獄公事。年七十四，以慶曆二年十月十三日終於長沙官舍。公始雖以學術爲文吏，而性好勇，有智略。晚年夏寇苦邊，❶諸將多敗北無功，公聞之歎曰：「吾以布衣起家至方伯，承兩朝恩渥，不可勝紀。家近趙魏，粗習兵略，今狂虜驕嫚，侵擾疆場，而吾老病，不得荷戈前驅，以報萬一，豈非命也。」然卒不得盡其志。嗚呼哀哉！夫人張氏，先公即世。子四人：師古，果州團練判官；師顔，衛州司法參軍；夢臣，獲嘉縣主簿；季子師説及孫孝先、曾孫叔元，皆三班借職。餘孫若干人，幼未官。公之在荆湖也，夢臣爲三班奉職，以公高年多疾，求告省侍。朝廷以武吏求省侍無故事，不許。即乞改文職歸省，方許之。行及苑葉間，聞喪，因號泣，晝夜奔赴，凡七日行千三百里。近世官遠方而歿者，子孫多焚其柩，以燼歸葬，相習爲常，無譏誚者。夢臣獨奮曰：「爲人子孫，忍行此，豈人心也哉！」自長沙數千里奉柩以歸。嗚呼，其信知義而

❶「苦」，原作「若」，據《傳家集》改。

斷不與俗流者夫！古人稱善人者，其身不耀，必在子孫，豈信然邪？某年月日，葬於某所先府君之兆，夫人張氏祔。某鄉邑於公近，又久承公之知，故其於公之始終治行也，於佗人爲悉。其諸子以碣文爲請，光何敢辭，謹銘。銘闕。

故府州軍事判官杜君墓誌銘

嘉祐二年秋，光在京師，進士杜知臣涕泣來言曰：「大人昔以進士得見於先公，又與子遊最久，今不幸而没，子爲我銘其墓。」光既吊，因辭以不文，不敢爲。知臣固請曰：「佗人，知臣所不敢請也，故唯子之歸。」光迺曰：「然則願聞子先君世系、治行之詳。」知臣退以其狀來，曰：君諱陟，字從聖。其先自成都徙長江，曾大父禮，大父鍔，皆不仕。父昭文，遂州長史。君少好古，學無所不闚，著《化坊》三十一篇，言王者以教化坊民之道。慶曆初，天子詔諸州皆立學，擇其士之賢有行者爲之師，州人共推上君。君屢舉進士，有司失之，卒以三《禮》釋褐，選爕道尉。考滿，遷府州軍事判官。力於吏治，轉運使、提點刑獄交章薦之。會屬官有以姦贓敗者，怨恨，反誣訟君，坐罷官去。君詣闕欲自理，未果，遇疾，以八月己巳終於里舍，年五十有七。娶譚氏，生三子。男知臣，女長適卞宗建，幼適姚申，皆舉進士。嗚呼杜君，觀其所學與所爲書，其志豈欲如是而止哉？卒無遇以窮，斯可哀矣。知臣負其喪歸，以其年月日葬某地。銘曰：

學之也勤，守之也專。仕進迍邅，又不永年。嗚呼！孰知其然，必歸之天。

石昌言哀辭

眉山石昌言，年十八，州舉進士，倫輩數百人，昌言爲之首，聲振西蜀。四十三迺及第，十八年知制誥，又三年以疾終。嗚呼！少而秀，宜其速成，返齟齬不進；晚而達，宜其壽，又未老而終。天道幽遠，真不可得而識邪！昌言爲人純素忠謹，望之儼然，以律度自居，即之恂恂温厚，善談笑，令人心醉不能舍去。光爲兒始執卷，則聞昌言名，已而同年登進士第，與昌言遊凡二十年。自始得見至於永訣，其間迭有進退窮通，相遇如一日，既不可得而親，亦不可得而疏也。《詩》云：「淑人君子，其儀一兮，其儀一兮，心如結兮。」昌言之謂邪？於未没數日，光往見之，起居固無恙。一旦有人告曰，昌言去夜得疾甚急，未及問訊。又有繼至者曰，昌言没矣！❶嗚呼！死者人之常，善惡脩短，固不敢言，何奪之之暴也？前年光自晉陽歸，昌言延我於中堂，酌滑臺暑醸以飲我。及往奠於畫像之前，則依然昔時置酒處也。

嗚呼！誰能睹是而不慟也哉！迺爲之辭曰：嗚呼昌言，天既賦以純美兮，胡有德而不年？榮禄何後兮，零落何先！幾日不見兮，邈然九泉。士喪師友兮，國亡俊賢。緑耳顛躓兮，璵璠棄捐。冥冥不可求兮，杳杳不可追。獨行過門兮，怳焉自疑。車馬不見兮，遠行何之？忽思長逝兮，涕下交頤。寒暑回薄兮，宿草離離。哭也有終兮，忘也無時！

❶「矣」，原無，據《傳家集》補。

宋故渠州鄰水縣令贈太常博士吴君墓誌銘嘉祐五年作❶

君之先世家金鄉。曾大父諱賁，不仕。大父諱豫，贈太常丞，始葬洛陽金谷鄉之尹里。父諱蒨，太平興國中進士高第，以公直材敏，立名朝廷，數迕權貴，由是不得居中，連典大州，官至侍御史，亦葬尹里。君諱元亨，字子正。用御史遺奏，補太廟齋郎，遷許州司士參軍，選授永康尉。歷河中府法曹參軍、馮翊令。馮翊、華陰以漆沮爲境，中間洲上有美田，民相與争之，五十餘年，吏不能決。君檄華陰令會境上，盡案兩鄉之籍，徧履其田，執度以度之，皆得其實。自是民不敢復争，時人稱之。君爲人勤廉，專以誠長者處官，不能飾智巧以媚上，故官久不遂。官滿，集吏部選，除鄰水令。還，未至家，道疾，抵知洛陽縣李宋卿，宋卿延之縣舍。以天聖九年八月二日終，年四十一。宋卿主辦其喪，殯於永安佛室。夫人聶氏，秘閣校理震之女，後君五年；長男顥，先夫人二年，皆不禄。獨少男幾復，年未冠，及幼女一人，相與居家，無一金之産。幾復於孤貧中能自刻意爲學，取進士第。今爲太常博士，知蓬州事。累贈君官至太常博士，夫人封仙源縣太君，嫁其妹於比陽令李鵬。嘉祐五年秋，蓬州將之官，泣謂光曰：「幾復先君夫人之遺體，常恐不克續承祭祀。今幸有禄秩，室家苟完矣。念先君先夫人之久未葬，痛切不少忘于心，况又遠宦於蜀，忍置而去乎？將以八月某日葬於梁縣之新豐鄉西成里，子與我

❶ 題注，原無，據《傳家集》補。

皆聶氏甥也，先君治行，子皆知之，其爲我譔銘。」光曰：「懼不能堪子之命，敢不諾。」銘曰：

御史之賢，顯大於世。及君恂恂，清德不墜。迨君之終，家禍相繼。微蓬州之立，吴氏幾廢。嗚呼！以君之慈良而沉抑不遂，宜其有嗣。

宋故進士吴君墓誌銘

君諱顥，字某。其先金鄉人。曾祖某，贈太常丞。祖某，侍御史。父某，鄰水縣令，贈太常博士。鄰水府君娶於秘閣校理聶君某，於某爲從母。鄰水府君之没也，先妣在鄭，君衰絰來，入門哭且拜，問故，又哭。先妣命與某處。於是時君年尚未冠，爲人長大，有容觀。論議忼慨，讀書屬文，材敏過人，爲進士業已完美。先妣歎曰：「吾妹不幸，早喪其良人。今有是子也，吾妹猶有望。」間二歲，君以疾卒於蒲阪，年二十一。先妣聞之，哭曰：「吾妹何負於天，使至此極也！」已而弟幾復負其喪，殯於汝州佛舍。後二十六年，幾復爲太常博士，乃舉其喪，葬於梁縣，以從鄰水府君之兆。時某年月日也。銘曰：

特苗之秀，未實而朽。繫時之逢，無有美醜。骨兮有歸，祭兮有依。下從先人，夫又奚悲。

宋故侍御史吴君夫人彭城縣君劉氏墓誌銘

嘉祐五年某月日，太常博士、知蓬州事吴君幾復祔其祖妣彭城縣君劉氏于祖考御史府君之墓。始，夫人之没，蓬州生二年矣。

比冠，而父、母、兄皆即世，家至貧，漂泊汝洛間。嘗記幼時，聞其兄言，夫人之殯在京師廣濟寺。已舉進士及第，乃求所謂廣濟佛寺者，凡有二焉，在城之東西。往問夫人之殯，皆莫能知。蓬州刻志求之，積年不得。一旦至西寺，有僧老矣。忽來訊曰：「君非鄰水令吴君之子邪？」曰：「然。」僧曰：「去三十載之前，吴君殯其母夫人於是。某爲童子，手親塗之。某亦吴姓也，故能識之。」因指示其處，蓬州未之敢信，周視其塗，圮剥且盡，所餘如掌，而鄰水府君之題識存焉。乃奠而哭之。又數年，然後得合葬於洛陽之金谷鄉。自始没至葬四十二年矣。噫！微是孫也，則夫人之柩其不可復得邪。露殯積久而題識獨存，豈非鄰水府君自悼其不幸未葬，而天陰相之邪？乃知誠孝可以動鬼神，信矣。御史府君諱某，鄰水府君諱某。夫人平生行事，不可復見。其先單父人，父爲尚書郎云。銘曰：

夫人既終，吴氏中微。四十餘年，乃得其歸。孝孫有立，神實告之。

故處士贈尚書都官郎中司馬君行狀

曾祖林祖政父炳皆不仕。❶

君諱沂，陝州夏縣涑水鄉高堠里人。其先出於晉安平獻王，至征東大將軍陽，始葬於河東安邑涑水之南。後魏孝文帝大和中，分安邑爲夏縣，遂爲夏縣人。自唐以來，仕宦陵夷，降在甽畝。然累世兄弟未嘗異居，故家之食口甚衆，而生業素薄，无以贍之。君幼以孝謹，諸父兄悉以家事委之。於是治

❶ 本段原誤入標題，《傳家集》提行，今改入正文。

田疇，繕園圃，修闌笠，完囷倉。雖有傭保，必以身先之，使莫敢不盡力者。夜則側板而枕之，寐不至熟輒寤。當是時，田不加廣而家用饒，又未嘗爲商賈奇袤之業，一出於田畜而已。諸父兄皆醉飽安佚，而君無故不親酒肉，遇鄉人之匱乏者或解衣以濟之。年三十二，以景德三年十二月丙子終於家，某年月日葬於南原。待制府君常歎曰：「自吾兄之亡而家遂貧，豈所以資生之具減於昔，勤惰不同而已矣。嗚呼！使天下之民皆若吾兄之爲，雖古治世何以加？惜其無位而才不大施也。」夫人李氏，同里人。年二十八而寡。二男詠、里及一女，皆幼。詠及女尋又卒。父母欲奪其志，夫家尊章亦遣焉。夫人自誓不許，惡衣蔬食，躬執勤苦，使里之四方就學。姑李氏老且病，常卧一榻，扶然後起，哺然後食，夫人左右就養，未嘗小失其意。如是積年以至於没，无懈倦之色。既而里登進士第，迎夫人之官，夫人自幼未嘗與其母别，至是思慕成疾，久之方愈。里累遷爲尚書都官郎中，歷典數州。贈君官至尚書都官郎中，夫人封永壽縣太君。夫人爲人慈柔勤儉，中外宗族咸慕仰之，始終一無間言。子爲二千石，極其榮養。年八十三，以嘉祐五年九月甲寅終於京師，其年十一月壬寅祔於君之墓。光不及事君，而及事夫人。故得書其聞見之實，以請於今之德行文辭爲人信者，以表其墓。庶幾傳於不朽，而子孫有所法則焉。謹狀。

嘉祐六年六月日，從父弟子具位某狀。

宋故處士贈尚書都官郎中司馬君墓誌銘

并序

君諱某，其先出自晉安平獻王，自周隋

之前，家涑水之上。至唐，仕宦陵夷，降在畎畝。曾祖諱林，祖諱政，父諱炳，❶累世同爨，食口甚衆。父兄以君孝謹，自幼以家事委之。君晝夜服勤，不遺餘力，專以稼穡畜牧致饒給，不事奇衺末業。所獲悉以奉六親，有餘則及鄉人，身無私焉。年三十二，以某年月日終，某年月日葬於涑水南原。先待制府君常歎曰：「自吾兄之亡，而家始貧。使天下之民皆若吾兄之爲，雖古至治之世，何以尚諸？惜其無位而才不大施也。」夫人李氏，同里人。年二十八而寡，父母欲奪其志，夫家尊章亦遺焉。夫人自誓不許，惡衣蔬食，躬執勤苦，教育二子。詠不幸早世，里登進士第，累遷尚書都官郎中，歷典數州。贈君官至尚書都官郎中，夫人封永壽縣太君。夫人爲人孝慈勤儉，中外宗族慕仰其德，一無間言。子爲二千石，極其榮養。年八十三，以某年月日終於京師，某月日祔於君之墓。光不及事君，而事夫人久，敢書聞見之實，而繫之以銘。銘曰：

士不得位，善無所施。勤儉于躬，家道以肥。宗族是賴，鄉黨是師。壽之少多，命不可移。有配有子，後無棄基。淑慝之效，炤然不欺。

温國文正公文集卷第七十五

❶「諱」，原作「煒」，據《傳家集》改。

温國文正公文集卷第七十六

碑誌二

太子太保龐公墓誌銘 嘉祐八年作❶

公諱某，字醇之。其先出於周之畢公，因邑命氏。近世自鄆徙居單之成武。曾祖考諱某，贈太師中書令；妣何氏，封越國太夫人。祖考諱某，贈太師、中書令兼尚書令，封秦國公；妣陳氏，封楚國太夫人。考諱某，贈太師、中書令兼尚書令，封魏國公；妣邢氏，封燕國太夫人。自秦公以往，仍世不仕。魏公始以通《春秋》，仕至國子博士。公幼敏達，工文辭，書無不觀。舉進士上第，釋褐黄州司理參軍。秩滿，居魏公憂，服除，調江州判官。未之官，用舉者除開封府兵曹參軍。諸兄欲分魏公遺産，公曰，吾幸有禄，盡以讓二兄，一錢不取。知府事薛公奎素名威嚴，少許可，獨見公而器之，待遇甚厚。謂曰：「君它日必至公輔，余不及也。」仍舉爲法曹。頃之，改大理寺丞、知襄邑縣。召還，編《天聖勑》，授刑部詳覆官。會群牧判官缺，是時章獻太后臨朝，用中旨求之者以十數。執政患之，謀曰：「得孤寒中有聲望才節可以服人者與之，則中旨可塞矣。」乃以公名進，太后果從之，仍改服銀緋。久之，出知秀州事。明道中，召入爲殿中侍御史。章獻太后崩，章惠太后欲踵之臨朝，公奏燔閤門

❶ 題注，原無，據《傳家集》補。

所掌垂簾儀制以沮其謀，當時服其敢言。先帝始專萬機，富於春秋，左右欲以奇巧自媚，後苑珠玉之工，頗盛於前日。公上言：「今螽螟爲災，民憂轉死，北有耶律，西有拓跋，陛下安得不以儉約爲師、奢靡爲戒，重惜國用，以徇民之急。」上深納其言。中丞孔公道輔嘗謂人曰：「今之御史，多承望要人風指，陰爲之用，獨龐君天子御史耳。」尋授開封判官。尚美人方有寵，遣宦者稱教旨免工人市豯。公上言：「祖宗已來，未有美人敢稱教旨干撓府政者。」上怒，抶宦者，切責美人，仍詔諸官府自今有傳宫中之命，皆毋得施行。龍圖閣學士范諷喜放曠，不遵禮法，士大夫多慕效之，又爲姦利事，公屢奏其狀，不報。會除祠部員外郎、廣南東路轉運使，將之官，復奏言之，且曰：「苟不懲治，則敗亂風俗，將如西晉之季，不可不察。」有詔置獄，以覈其實。獄成，諷坐貶鄂州行軍司馬，仍下詔戒天下風俗。上欲還公御史，既而以貶逐大臣之故，亦以公爲太常博士、知臨江軍。至官未百日，復授祠部員外郎、福建路轉運使。景祐三年，以侍御史召還。執政奏擬户部判官，上曰：「龐某止可三司判官邪？」後九日，除刑部員外郎、兼侍御史知雜事，改服金紫。尋判大理寺，糾察在京刑獄，知審官院。在臺中二年，執政奏擬户部副使，上曰：「龐某豈得以堂塗進之？」遂擢爲天章閣待制。拓拔元昊僭亂，陝右騷動，公奉使體量安撫。還未幾，出知汝州事，數月徙知同州事，尋授陝西都轉運使。慶曆元年，延安缺帥，以公爲龍圖閣直學士、知延州事，尋加鄜延路馬步軍都部署、經略安撫、沿邊招討等使。明年，除延州觀察使，五辭不受。復還諫議大夫，職任如故。延安自五龍川之敗，戎落民居焚掠幾盡，距郭無幾，悉爲寇境，人心危懼。公至，補綻茹漏，聚用增備，撫民以仁，馭軍以嚴。戍兵近十萬，未有壁壘，多寄止民家，無秋毫敢犯民者。諸將欲出兵，公必召問方略，取其所長，而誨其所短，告以賞罰，已而必行。由是諸將莫敢不盡力，出輒有功。是時元昊數犯邊，覆軍殺將，而獨不近鄜延。間或小入，輒以敗去。故地爲虜所據者，公悉逐之，築十一城於險要，其腹中可食之田，盡募民耕之，延安遂爲樂土。會朝廷益厭兵，欲赦元昊之罪，以詔書命公招懷之，公曰：「虜驟勝方驕，若中國自遣人説之，彼益偃蹇不可與言。」先是，元昊用事之臣野利旺榮遣其牙校李文貴來，公留之於邊。至是召之，自從公所諭以逆順禍福，遣還。文貴尋以旺榮曹偶四人書來，用敵國修好之禮。公以其不遜，未敢復書，請於朝。朝廷急於息民，命公復之書，開延而勿拒，稱旺榮等爲太尉，且曰：「元昊果肯稱臣，雖仍其僭名可也。」公上言：「僭名理不可容，臣不敢奉詔。太尉天子上公，非陪臣所得稱。今方抑止其僭，而稱其臣爲上公，恐虜滋驕，不可得臣。旺榮等與臣書，自稱寧令謨，寧令，此虜中之官，中國不能知其義，可以無嫌，臣輒從而稱之。」朝廷善之。旺榮等又請用小國事大之禮。公曰：「此非邊帥所敢知也。而主若遣使者奉表以來，乃敢導致於朝廷耳。」是時朝廷方修復涇原，公恐虜猝犯之，敗其功，乃留連其使，數與之講議。雖抑止其僭，亦不決然絶也。如是踰年，元昊乃遣其伊州刺史賀從勖來，自稱「男邦面令國兀卒郎霄上書父大宋皇帝」，公使謂之曰：「天子至尊，荆王，叔父也，猶奉表稱臣。今名體未正，不敢以聞。」從勖曰：「子事父，猶臣事君也，使從勗得至京師，而天子不許，請更歸議之。」公上言：「虜自背誕以來，雖屢戰得氣，然喪私市之利，民甚愁困。今其辭禮寢順，必誠有改事中國之心。願聽從勗詣闕，更選使者，往至其國，以詔旨抑之，彼必稱臣。凡名稱禮數及求匄之物，當力加裁損，必不得已，乃少許之。若所求不違，恐豺狼之心未易盈厭也。」朝廷皆從其策。元昊果稱臣，册命爲夏國主。上以西鄙之寧，皆公之功，乃密詔諭以兩府有缺當補之。四年，遂入爲樞密副使。公在延州，治州城及諸寨，皆募禁軍爲之。軍行出塞，則使因粮於敵，馬芻皆自刈之，還畀其直，民無飛輓之勞。及去，民遮道泣曰：「公用兵數年，未嘗以一事煩民。雖以一子爲香焚之，猶不足報也。」追送數驛乃去。公至樞府，上言：陝西用兵以來，用度太廣，請遣使者減省邊費。上從之，所省逾半。八年，參知政事。皇祐元年，以工部侍郎爲樞密使。公以近世養兵之弊在於多而不精，故國用困竭，與丞相合議，大加簡閱。於是中外言者鼎沸，以爲必生大變，上亦疑焉。公曰：「萬一有一夫狂譟，二臣請以百口償之。」卒行其策。是歲凡省八萬餘人，三司粮賜皆有餘矣。三年，同中書門下平章事，兼昭文舘大學士。公爲相，專以公忠便國家爲事，不以官爵養私交、取聲譽。端明殿學士程公戡知益州，將行，上俾公諭之曰：「戡還，當處以兩府。」公曰：「兹事出於上恩，臣不敢與聞。」卒不與程言。廣源蠻儂智高反，毒偏嶺南，王師數不利，詔以樞密副使狄青爲宣撫使以討之。言事者以青武人，不足專任，固請以侍從文臣爲之副。上以訪公，公曰：「屬者王師所以屢敗，皆由大將權輕，偏裨人人自用，遇敵或進或退，力不能制故也。今青起於行伍，若以侍從之臣副之，彼視青無如也。青之號令復不可得行，是循覆車之軌也。青素名善戰，今以二府將大兵討賊，若又不勝，不惟嶺南非陛下之有，荆湖、江南皆可憂矣。禍難之興，未見其涯，不可不慎。❶青昔在鄜延，居臣麾下，沈勇有智略。若專以智高委之，使青先以威齊衆而後用之，必能辦賊，幸陛下勿以爲憂也。」上曰：「善。」於是詔嶺南用兵皆受青節制，處置民事則與樞密直學士孫沔等議之。青至嶺下，斬敗軍將校數人，進擊智高於邕州，大破之。智高奔大理，捷書至。上喜，謂公曰：「嶺南非卿執議之堅，不能平，今日皆卿功也。」青還，上欲以爲樞密使、同平章事。公曰：「昔曹彬平江南，太祖謂之曰：『朕欲以卿爲使相，然今外敵尚多，卿爲使相，安肯爲朕盡死力邪？』賜錢二億而已。今青雖有功，未若彬之大，若賞以此官，則富貴極矣。異日復有寇盜，青更立功，將以何官賞之？且青起軍中，致位二府，衆論紛然，以爲國朝未有此比。今幸而立功，論者方息。若又賞之太過，是復使青得罪於衆人也。臣所言非徒便於國體，亦爲青謀也。」爭之累日，上乃許之，加青檢校官，遷護國軍節度使、河中尹，仍賜其諸子官。既而内外訟青功，以爲賞薄者多。上重於違衆，復以青爲樞密使，其後青卒以官盛爲世所疑。近世臺官進用太速，公舉舊制，御史秩滿，以大藩處之。内侍省都知王守忠侍上久，求領節度使。上以問公，公曰：「自宋興以來，未有内臣爲節度使者。陛下至孝，凡祭祀文物事有毫髮關於宗廟者，未嘗不兢兢

❶「慎」，原避宋孝宗諱作小字「御名」，今回改。

畏慎，况祖宗典法又可隳邪？」上乃止，由是内外怨疾頗多。❶會道士趙清貺與公有瓜葛親，與堂吏通謀，受人賂，❷詐許爲之求官。公聞之，奏捕清貺及堂吏繫獄，窮治其姦，杖而流之，清貺行數日而斃。於是言事者乘此争詆毁公，協力排之，始以爲公私於清貺，末言殺以滅口。上雖知公無罪，欲厭言者之心，五年，命公以户部侍郎知鄆州事，兼京東西路安撫使。既而深悔之。是歲，上親祠南郊，前月餘謂執政曰：「龐某可就加觀文殿大學士，速行之。若過大禮，是與有罪者無以異也。」及詔出，仍厚加賜賚。契丹來求上御容及例外事數條，上以問執政，皆相視莫能對，上悵然久之，曰：「前者出龐某太忽忽！」蓋以公習知夷狄情，能斷大事故也。至和二年，除昭德軍節度使、永興軍路安撫使、知永興軍事。未行，又改河東路經略安撫使、知并州事。嘉祐元年，上得疾，久未瘳，中外憂懼。公上言：「比者陛下皇子繼夭，宫坊虚位。立嗣之義，禮有明文，願陛下深思祖宗統緒之重，歷選宗室宜爲嗣者，速決聖志。制命一出，則群心大安。奉承宗廟之孝，無大於此。臣以寒儒，荷陛下大恩，位至將相，是以冒重禍而不疑不悔。年垂七十，逼於休退，固無佗望，唯陛下保萬世之業，懷生蒙無窮之幸，乃老臣之大願。」後數年，上遂定大策，如公議。麟州屈野水西有田與夏虜相接，疆埸不明，數十年來，虜盗耕之，麟人不能正也。至是詔邊吏禁止之，邊吏頗暴掠其民。公曰：「拓跋氏稱臣奉貢，未失臣禮。今不先以文告而遽暴掠之，使歸

❶「疾頗」，原作「公□」，據《傳家集》改補。
❷「人」，原爲空格，據《傳家集》補。

曲而責直，非中國所以御夷狄也。」乃戒邊吏謹斥候，毋得輒犯虜，徐以義理曉之，虜不去。召使更定疆場，又不至。公曰：「虜仰吾私市，如嬰兒之待乳，若絶之，虜必自來。」乃禁邊毋與虜爲市，虜大窮，移書於邊，請遣使更議疆埸。使者至有日，會管勾麟府軍馬事郭恩恃其勇果，與知麟州事武戡、走馬承受公事黄道元，率兵不滿千人，涉屈野之西，至忽里堆，不爲戰備。虜怨邊吏之暴其民，每聚兵萬餘於境上，以待邊吏，至而擊之，以復其仇。邊吏守公約束，虜以饑疲罷去者數矣。至是，或告虜在水西，恩等不信，虜遂發伏兵以擊恩等。恩、道元皆没於虜，戡脱走得歸。然虜以私市故，猶遣使者來，請退水西之田二十里，公不許。先是，公命通判并州事司馬光之麟州，與戡議邊事。戡請乘虜罷兵之時，築二堡於屈野之西以禁耕者，且爲州耳目。光還以告，公從之。比往，而虜兵已復聚，戡不敢興役。及敗，乃言其日行視堡地，爲虜所掩，以致失亡。會虜遣道元歸，朝廷命御史按之。御史新拜官，欲排擊大臣以爲名，移幕府取文書。公以築堡之議，光實與焉，恐并獲罪，乃留徹光之書，以其餘與之。御史遂劾奏公擅築堡於邊以敗師徒，又匿制獄所取文書，坐是解節鉞，復以觀文殿大學士、户部侍郎知青州事兼京東東路安撫使。光慚怍，❶守闕上書，具言其狀，自請斧鉞之誅，朝廷不許。公又上奏，引咎自歸，乞矜免光罪，光卒不坐。佗日，光見公無所自容，而公待之如故，終身不復言。始公在并州，年甫七十，亟欲告老，會左遷，不敢，至青半歲乃上表自陳，朝廷不許。遷尚

❶「怍」，原作「詐」，據《傳家集》改。

書左丞，徙知定州事、本路安撫使。公過京師入見上，面陳至誠，上曰：「新進之臣，畏怯避事，定州兵驕日久，藉卿威名以鎮之，卿勉爲朝廷行也。」公不得已，請讓還左丞，及至定一年而歸老。上許之。如期復請，詔召還京師，公陳情不已。或謂公今精力克壯，年少所不及，主上注意方厚，何遽引去若此之堅？公曰：「必待筋力不支，明主厭棄，然後乃去，是不得已，豈止足之謂邪？」凡上表者九，手疏二十餘通，朝廷不能奪。五年，聽以太子太保致仕。公好學出於天性，雖耋老家居，常讀書賦詩，未嘗閑，❶用此自娱，至忘饑渴寒暑。子弟雖愛之甚，常莊色以誨之。閨門燕居，人不見其有惰容。其爲治以愛民爲主，明練法令，以平心處之。常曰：「凡爲大臣，尤宜祇畏繩墨，豈得自恃貴重，亂天子法邪？」唯治軍差嚴，有犯輒以便宜從事，或斷斬刳磔，或累笞取斃，軍中股栗。然能察知其勞苦，至於廬舍飲食，無不盡心爲之區處，使皆完美，故所至士卒望風聳畏，而終無怨心。遇僚屬謙恭和易，有所開白，苟可取，雖文書已行，立爲更易，無愛吝心。八年三月丙午，以疾薨于第，年七十六。時上已不豫，聞之震悼，不能臨奠，遣中使吊賻其家。未踰月，宫車晏駕，今上在亮陰，故未及贈謚。公先娶夫人邊氏，故樞密直學士肅之女，封嘉興縣君。再娶劉氏，供備庫使永崇之女，封彭國夫人。男五人：長曰元魯，登進士第，官至大理寺丞，早終。次元英，太常博士。次元常，内殿崇班。次元中，大理寺丞。次元直，大理評事。女七人：長適冀州支使陳琪，封南安縣君；次適都官員外郎

❶「閑」，原作「問」，據《傳家集》改。

宋充國，封德安縣君，早終；次適屯田員外郎程嗣隆，封仁壽縣君；次繼適宋充國，封永康縣君；次適大理評事趙彦若，封榮德縣君；次及幼女皆未嫁。❶孤元英將以其年六月壬申葬公于雍丘之東山，乃謂光曰：「公平生知愛莫子如也，子當銘公墓。」光自知不文，不敢辭。噫！光受公恩如此其大，滅身不足以報，然公之德烈載天下之耳目，光不敢以一言私焉。銘曰：

顯允公德，柔嘉維則。敏而好謀，果而不惑。函谷以西，幼艾嬉遊。邊鄙不聳，荷公之休。五嶺以南，復爲王土。制勝廟堂，承公之祐。文服武取，動皆有成。誰克知之，維天子明。天子爵禄，天子法度。怨憎孔多，公忠乃著。膂力未愆，辭榮以年。子衆而賢，受福之全。天之生公，以佐先帝。綴衣在庭，公適辭世。迹實爲文，款石幽泉。身毁名傳，垂之億年。

龐之道墓誌銘❷嘉祐八年作❸

龐之道，名元魯，故相國潁公之元子。妣曰嘉興縣君邊氏。其鄉里世系見於潁公之誌。天聖中，先君與潁公皆爲群牧判官，居相近，光朝夕與之道遊，兄事之。之道時尚幼，性明潁，於文辭不待力學而自能。讀書初如不措意，已盡得其精要，前輩見之皆驚嘆。光年不相遠，自視如土瓦之望珠玉。潁公爲廣南東路轉運使，奏之道試祕書省校書郎。及爲知雜御史，又奏守將作監主簿。

❶「次」，原無，據《傳家集》補。

❷「龐」上，《傳家集》有「大理寺丞」四字。

❸題注，原無，據《傳家集》補。

景祐五年，光與之道同登進士第，之道簽書懷州判官事。未幾，徙知河南縣事。縣多豪貴家，素號難治。之道至，繩案無所避，豪貴爲之斂手。徙簽書河中府判官事。後數年，光過河南，問於野人曰：「龐君爲治何如？」曰：「明而有斷。」又問今宰，曰：「不及龐君遠矣。」乃知野人最不可欺，而論議甚公也。潁公爲鄜延經略安撫使，奏之道書機宜文字。時方用兵，文書填委，或中宵不得寐。潁公入爲樞密副使，欲奏其勞，爲之求升資，之道辭曰：「將吏有功者，願大人悉奏之，元魯不足言也。」潁公喜而從之。久之，以大理寺丞監國子監書庫。慶曆七年五月戊寅，以疾終，年三十二。殯於薦嚴佛舍。之道事繼母劉夫人，撫畜諸弟，始終無間言。及没，哭之皆哀不自勝。終潁公之世，親友不敢語及之道。語之，潁公未嘗不悲慟。始，光知之道敏於爲學，及過河南，又得其爲政焉；其没也，益知之道孝友之行深矣。先娶孫氏，故都官員外郎道之女。又娶張氏，今吏部侍郎致仕存之女。一女早卒，遂無子。嘉祐八年六月壬申，弟元英遷之道之柩葬於雍丘潁公之墓側，祔以孫氏。光爲之銘曰：

學施於治，孝友兼美。官不登朝，没纔壯齒。如光何人，榮禄及此。噫！才固不足言，直命而已矣。

蘇主簿夫人墓誌銘❶ 治平三年作❷

治平三年夏，蘇府君終于京師，光往弔焉。二孤軾、轍哭且言曰：「某將奉先君之

❶ 此題，《傳家集》作「程夫人墓誌銘」。
❷ 題注，原無，據《傳家集》補。

柩歸葬於蜀。蜀人之祔也，同壟而異壙。日者吾母夫人之葬也，未之銘。子爲我銘其壙。」光固辭不獲命，因曰：「夫人之德，非異人所能知也，願聞其略。」二孤奉其事狀，拜以授光。光拜受，退而次之曰：夫人姓程氏，眉山人，大理寺丞文應之女。生十八年歸蘇氏。程氏富，而蘇氏極貧。夫人入門，執婦職，孝恭勤儉，族人環視之，無絲毫鞅鞅驕倨可譏訶狀，由是共賢之。或謂夫人曰：「若父母非乏於財，以父母之愛，若求之，宜無不應者。何爲甘此蔬糲，獨不可以一發言乎？」夫人曰：「然，以我求於父母，誠無不可。萬一使人謂吾夫爲求於人以活其妻子者，將若之何？」卒不求。時祖姑猶在堂，老而性嚴，家人過堂下，履錯然有聲，已畏獲辠。獨夫人能順適其志，祖姑見之必説。府君年二十七猶不學，一旦慨然謂夫人曰：「吾自視今猶可學，然家待我而生，學且廢生，奈何？」夫人曰：「我欲言之久矣，惡使子爲因我而學者。子苟有志，以生累我可也。」即罄出服玩鬻之以治生，不數年遂爲富家。府君由是得專志於學，卒成大儒。夫人喜讀書，皆識其大義。軾、轍之幼也，夫人親教之。常戒曰：「汝讀書勿効曹耦，止欲以書自名而已。」每稱引古人名節以勵之曰：「汝果能死直道，吾無戚焉。」已而二子同年登進士第，又同登賢良方正科目。宋興以來，唯故資政殿大學士吴公育與軾制策入三等，轍所對語，尤切直驚人，繇夫人素勖之也。若夫人者，可謂知愛其子矣。始，夫人視其家財既有餘，迺歎曰：「是豈所謂福哉！不已，且愚吾子孫。」因求族姻之孤窮者，悉爲嫁娶振業之。鄉人有急者，時亦賙焉。比其没，家無一年之儲。夫人以嘉祐二年四月癸丑終於鄉里，其年十一月庚子葬某地，年四十八。軾登朝，追封武陽縣君。凡生六子。長男景山及三女皆早夭，幼女有夫人之風，能屬文，年十九，既嫁而卒。嗚呼！婦人柔順足以睦其族，智能足以齊其家，斯已賢矣。況如夫人，能開發輔導成就其夫、子，使皆以文學顯重於天下，非識慮高絶，能如是乎？古之人稱有國有家者，其興衰無不於閨門。今於夫人益見古人之可信也。銘曰：

貧不以汙其夫之名，富不以爲其子之累。知力學可以顯其門，而直道可以榮於世。勉夫教子，底于光大。壽不充德，福宜施於後嗣。

温國文正公文集卷第七十六

温國文正公文集卷第七十七

碑誌三

太常少卿司馬府君墓誌銘 治平三年作❶

兄諱某，字昭遠。曾祖考諱某，妣某氏。祖考諱某，妣某氏。考諱某，追贈光禄卿；妣李氏，封永壽縣太君。兄舉進士及第，初命威勝軍判官，又調涇州觀察推官。尋監渭州酒稅，改大理寺丞、知猗氏縣。未幾，簽書保大軍節度判官事。故丞相龐公爲鄜延經略使，奏兄通判鄜州事，徙知渝州。歷知慶成軍解、房二州，解、房皆未到官，徙知商州。自商還京師，監右廂店宅務。丁永壽太君憂，服除，知乾州。以治平三年正月辛酉終於州廨，享年六十有九，累官至太常少卿。兄爲人孝友，居喪致哀，寬厚容物，而內守勁直。在鄜州，州長皆武人，多驕恣不法。兄平居與之燕遊笑語，若無不可者，及臨公事，則正色立争，❷必當理然後已。州長雖甚怒，無如之何。然知其無害己心，亦不深怨也。在渝州，其佐曰趙寅，以傲狠刻暴名於世，雖在卑位，常行行視天，意氣如公相。兄始至，閱獄囚，釋寅所妄繫者近百人。寅争之，兄一不顧。既而詞禮倨慢，兄亦不與之校。久之，寅竊自媿悔謝服。及寅官滿，泣涕不忍去。兄早孤，年過三十乃仕，以是周

❶ 題注，原無，據《傳家集》補。

❷ 「立」，《傳家集》作「力」。

知民間情僞，其爲政務合民心。有悍狡爲民害者，痛繩以法，愚弱不失理者，徐爲諭解，往往曉悟欣悦，輟訟而去。故所至民愛慕，去之久猶思詠不已。然其奉上官無過分之禮，每罷官入京師，多閉户家居，未嘗及權貴之門。視審官缺員榜於壁，人久不取者，輒受以去。惟掌店宅時，留京師凡再朞，自餘率不過數月已去矣。以是獨所治之民知其才業之美，朝廷終無從知之。佗人或仕宦絶在兄後，❶或才能出兄下遠甚，以熟於時態，往往取顯宦。兄處之晏然，俱若不見聞者。常曰：「吾幸以寒士積官至二千石，自足已久，尚何求於人哉！」司馬氏同居累世，宗族甚大，兄爲之長。凡二十餘年，能一施以恩，無親疎賢不肖之間，故人人無怨。善爲詩，多爲人傳誦。夫人同郡魏氏，封某縣君，故處士贈著作郎野之女。處士名重於真宗朝，列傳在國史。夫人先兄十八年終於渝州，享年若干。子男二人：雍，太廟室長；應，試將作監主簿。女三人：長適内殿承制雷周祐；次適馮翊縣尉王淳，蚤卒；次適郊社齋郎崔穎。兄終之歲，某月某甲子與夫人合葬於先塋。光以葬日之迫，不暇請於佗人，故忍泣叙而銘之。光後兄二十一歲而生，加之各從宦四方，於兄治行不能得其詳，姑録其所知以傳永久，不敢以一言私也。銘曰：

壽雖未高不爲夭，官雖未顯不爲卑。德之和爲衆所慕，政之便爲民所知。仕不苟進兮於道無虧，兄今何恨兮生者同悲。嗚呼哀哉！

❶「人」下，原衍一「人」字，據《傳家集》删。

清逸處士魏君墓誌銘 嘉祐八年作❶

君諱閑，字雲夫。世家于陜之東郊。父諱野，真宗皇帝時有大名，累召終不能起，贈著作郎。君少喜爲詩，學鼓琴，不樂仕進，一遵著作君之志。皇祐二年，仁宗皇帝祀明堂，詔天下求遺逸，草萊年耆德茂者。知府直史舘李公昭遘薦君再世有高節，上嘉之，賜號清逸處士。嘉祐八年八月癸未終于家，年八十四。君自始生至没，當國家隆盛，偃兵無事之時，家有舊田廬，君謹守而治之。朝廷以著作君之賢，復其子孫，無有所與，以故沛然自足，無衣食之累。性不嗜酒，謹潔守法度。然與人和，浮沈閭里，不自標揭，以故其生也人樂與之遊，其没也無謗言。府縣之官或時延禮，亦與之往來，然未嘗有毫髮之私以干之。其政事失得未嘗納於耳、出於口也，以故皆愛重之，無厭倦。少好養生，大要用冲澹自守，不以一物累其心，以故視聽步趨，能老而不衰。嗚呼！今之名處士者多矣，或力爲奇譎，以盜聲名，萬一輩幸，欲欺愚俗，取美官；或交遊有位，依其名勢，乾没射利，以侵漁細民。若是者，雖不仕，又足賢乎？然則能保其福樂而免於過咎有如君者，凡幾人邪？君三娶，曰臧氏，曰趙氏，曰皇甫氏。子男一人，曰樵。女三人，適進士梁軫、張震、左侍禁張宏。孫男二人，曰潛，曰澤。先僕射與著作君相愛如昆弟，光拜君於髫齓之年。今也，其孤將以某年月日葬君於某地，來求銘，光何敢辭？銘曰：

天長不息兮，地大無疆。人寓其中兮，

❶ 題注，原無，據《傳家集》補。

細於毫芒。奪攘紛糾兮，非愚則狂。惟君之生兮，遭世寧昌。依承先德兮，曄然有光。笥有餘衣兮，廩有餘粮。養生以理兮，行己有方。居不煩人兮，遊不出鄉。逍遥自適兮，既壽而康。視彼公侯兮，金朱煌煌。憂勞没齒兮，或罹咎殃。爲得孰多兮，爲謀孰長。

鄆州處士王君墓誌銘 嘉祐六年作❶

至和中，光從故丞相龐公鎮鄆州。公命光典州學，學生王大臨，通經有行誼，光特愛重之。後十五年，王生來見光於京師，曰：「大臨將以今年某月某日葬其親於須城縣長山之麓，子爲我銘其墓。」光辭以拙於文，生曰：「大臨遠來，非有佗故，唯銘之求，朝士大夫以百數，大臨無所詣，❷唯子之歸，子何得拒之？」光媿其言，不敢辭，因曰：「然則願聞先子之行。」生乃出其邑人試祕書省校書郎梁君燾之狀以授光，曰：君諱惟德，字輔之。始爲童子，父行戍於蜀，君侍大父母，撫諸弟，以孝友聞，其治家如成人。大父母終，君親負土成墳，終喪不嘗酒肉。父自蜀歸，家益富。父好散施，君竭力以助之。有所予，必稱父命以致之。嘗舉三《禮》，一試於禮部，不中格，喟然歸，不復就舉。專以養親治經爲事，著《禮説》二十卷。性温厚，喜導人爲善，鄉里謂之王君子。有鬬者，君徐以義理辨告，皆悦曰：「君子幸教我，我何敢違？」即解去，不復詣吏。年若干，病亟，歎曰：「死生有命，恨不得終爲子之道。」以天

❶ 題注，原無，據《傳家集》補。
❷ 「詣」，原作「謟」，據《傳家集》改。

聖五年十一月辛亥終。再娶，皆楊氏。其後夫人贈職方員外郎旦之女也，能成君之志，順適舅姑，使之終身無憂愠之色。及老寢疾，每祭祀猶强起執事，年若干，以嘉祐五年十二月己巳終。子男五人：長曰大順，今爲剡縣主簿；次未名，次大同，皆早世；次宗道，次大臨。女二人，長適大學館學究劉應祥，次亦早世。君既没，家甚貧。大臨以善講解爲諸生師，月受俸於州學錢二千，積而不用，滿三十萬，乃舉兩世之柩而葬之。光不及見君，知其爲人，以其子之賢與梁君之言，於是乎銘。銘曰：

孝乎親，友于其弟。家有餘，施及鄉里。人悦其教，稱爲君子。嗚呼！是亦爲政，奚必仕？

禮部尚書張公墓誌銘 熙寧四年三月作❶

熙寧四年三月癸巳，禮部尚書致仕張公年八十八，薨于冀州私第。其孤保孫狀公之功行，遣使者走洛陽，謂光曰：「公將以八月壬申葬，子爲我銘公之墓。」光既哭，自惟文辭鄙惡，不足發明公事業。然婚媾累世，庶知公之志於佗人爲詳，用不敢辭。公諱某，字誠之。其先家於深州，曾祖諱侑，祖諱光偉，贈太子中允。父諱文質，贈尚書左僕射。母太原郡太君王氏。自僕射以上皆不仕，而家饒於財。太平興國中，契丹屢入塞，僕射以深州城惡，始徙居冀州，明年深州陷。公以景德二年登進士第，歷蜀州、趙州司理，遷

❶ 題注，原無，據《傳家集》補。

安肅軍判官。天禧末，詔詮司以身言書判取士，應詔者五十餘人，唯二人中選，而公與其一。由是除著作佐郎，知朝城縣。寇忠愍公尹大名，於僚吏中待公獨異，曰：「觀君器業，他日必當遠到。」秩滿，爲開封府司録，出知將陵縣，通判雄州。王文康公爲御史中丞，薦公，自屯田員外郎改殿中侍御史，遷侍御史，彈劾不避貴戚。遷兵部員外郎，判鹽鐵勾院。❶明道二年，京東大飢，選公爲轉運使，賑救有方，優詔褒美，就賜紫衣金魚。間一歲，徙陝西，又徙河北。舉按貪横，風迹益顯。景祐四年，入爲户部副使。寶元元年，遷度支副使。尋元昊僭亂，西鄙騷動，詔以公爲天章閣待制、陝西都轉運使。諸將争進攻取之策，❷公上言：「戎狄狂僭，自古有之。今大兵出征，臣恐生民偏受其弊。若元昊果有悛悔懷服之心，無佗邀求，雖名號未正，臣謂亦可闊略。與其責虚名於戎狄，曷若拯實弊於生民也？」朝廷雖不即從，其後綏撫元昊，亦略如公策。康定元年，遷龍圖閣直學士，知延州。是時太夫人高年被疾，公難於遠離而不敢辭，朝廷責公不即之官，復以待制知澤州。明年，徙知成德軍。遭太夫人憂，有詔起令視事，俄還學士職。公上言：「契丹與元昊爲婚，恐陰謀相首尾。河北城久不治，宜留意。」會契丹聚兵塞上，求關南地。慶曆二年，詔以公爲河北都轉運使，悉城河北諸州。契丹講解，復知成德軍。明年，自兵部郎中遷右諫議大夫，充河北都轉運使。公辭以河北幸無事，願以故官留成德，詔從之。明年，徙知青州。間一歲，入知

❶「判」，原作「封」，據《全宋文》改。
❷「策」，原作「榮」，據《傳家集》改。

審官院，改知開封府。明年，出知成德軍，未行，改河北都轉運使。公上言：「恩州守臣非其人，州兵驕悍，恐有意外之變。」不報。俄徙陝西都轉運使，恩州兵王則果作亂，公坐失覺察，明年左遷知汀州。先是，冀州男子李教醉酒妄言，涉妖逆，事覺自經死，教兄歘爲公壻，其怨家告歘父母因歘私屬公得免緣坐，事下御史府案驗，皆無實。公猶以婚家落學士，自給事中降授左諫議大夫。初貶江南，尋徙知郴州。❶皇祐元年，復以給事中知洪州。明年復爲學士。在洪三年，入判流内銓，知審官院，出知澶州。明年，徙河北都轉運使。至和元年，徙知相州。明年復知審官院。嘉祐元年，知邢州。明年告老，以吏部侍郎致仕。家居凡十五年。遇英宗、今上即位及郊禮恩，就遷三官，爲禮部尚書。公性孝友，始罷蜀州歸，得蜀中奇繒物，入門不以適私室，悉布之堂上，請太夫人及昆弟姊妹恣擇取之。常曰：「兄弟天之所生，譬如手足，不可離絶；妻妾乃外舍之人，奈何用外人而斷手足乎？」宗族雖甚疎遠，其貧窶者無不收恤。男女孤嫠者，皆爲之婚嫁，無一人失所者。然爲人莊重，雖家居常自整飭，衣冠不具，不以見子孫。與語或至夜分，不命之坐。閨門之内，肅然如官府，事小大皆有條理。自始仕至終老，凡與賓友相接，常垂足危坐。或燕飲終日逮夜，未嘗稍輕倚有倦怠之色，佗人莫能爲也。其在官以精敏廉直爲朝廷所知，故每有邊警及災害處，多以公當之，事無不集。識量高遠，能甄别人物，前後薦舉僚吏數百人，訖無一人敗官爲累者。翰林鄭學士獬屢舉進士不中，見公於

❶「郴」，原作「彬」，據《宋史·張存傳》改。

洪州。公曰：「君科名當爲天下第一，得自有時，勿以爲憂。」已而果然。家本河北，不習舟楫，及謫官南方，極江湖之險，每值風濤，家人不勝愁恐。公曰：「吾自省平生處心無可愧者，神明必將衛我，豈沉溺於此哉？」怡然不以屑意。在南方累年，夫人及子孫相繼物故者數人。❶知冀州蔣偕嘗有憾於公，乘公之謫，以事殘破公家。至伐墓中柏以治道路，佗人謂公罹此憂患，必不能濟。公以道自寬，卒無恙而返。及偕爲儂蠻所殺，家人或有快之者，公輒怒責。公既納政還鄉里，熙寧初河北地大震，往往壞官府民居，公方食案上，器皆傾墜，左右奔散，公安坐自如，徐曰：「地震常理，何至驚遽如此？」時河決棗彊，勢逼州城，或勸公徙家邢州，公曰：「吾家衆所望也，苟輕爲舉動，使一州吏民何以自安？」卒不徙。朝廷優禮舊德，五授其子保孫以冀州官。保孫欲順適公意，凡居處出入及燕待賓客，奉養供張之具，皆不減爲二千石時。故公雖退居，不自覺異於昔日也。年逾八十，耳目手足猶聰明輕利，飲食起居，壯者或不能及。嗜讀書，老而不衰，臨終前一日，呼門生問西邊用兵今何如？朝廷法令無復變更否？其忠愛之心，蓋出天性，非有爲而爲之也。訃聞，太常謚曰恭安。夫人永嘉郡君劉氏，先公亡。二男：長曰貽孫，大理評事；次曰保孫，殿中丞。五女：長適前進士李歟，次適供備庫副使賈世永，次適端明殿學士司馬光，次適供備庫使任永，次適歷城主簿劉忠輔。貽孫及適賈氏、劉氏女皆早卒。公久在貴位，宗族用公蔭補官者凡三十餘

❶「繼」，原作「衛」，據《傳家集》改。

人。銘曰：

福善之道，世或疑之。以公而觀，決無可疑。仁不遺親，忠不忘君。立身謹嚴，當官恪勤。入踐臺閣，出臨藩服。自少通顯，逮于納禄。體强無疾，資用常充。年垂九十，榮禄而終。章綬纍纍，延于九族。歸從祖考，是謂全福。

右諫議大夫呂府君墓誌銘 熙寧四年作❶

府君諱誨，字獻可。其先幽州安次人。曾祖父諱琦，晉兵部侍郎，贈太師、中書令、尚書令。祖諱端，相太宗、真宗，以太子太保薨，謚正惠，贈太師、中書令。伯祖諱餘慶，太祖時參知政事，贈鎮南軍節度使。各有功烈，記於史官。父諱荀，國子博士，贈兵部侍郎。母張氏，追封清河郡太君。獻可幼孤，自力爲學。家于洛陽，性沈厚，不妄交游，洛陽士人往往不之識。登進士第，調浮梁尉，不之官。歷旌德、扶風主簿，遷雲陽令。改著作佐郎，知翼城縣，徙簽書定國軍節度判官，通判梓州事。未至官，遭母喪。服除，知大通監兼交城縣，召入爲殿中侍御史，彈劾無所避。兖國公主，仁宗之愛女，下嫁李瑋，薄其夫家，嘗因忿恚，夜開禁門入訴於上。獻可奏宿衛不可不嚴，公主夜叩禁門，門者不當聽入，并劾奏公主閤宦者梁懷古、梁全一，竄逐之。會有新除樞密副使者，當時人有疑論，獻可與其僚直以衆言陳上前，謂必不可留。章十七上，卒與之俱罷。獻可得知江州。久之，復召還臺。英宗即位，改起居舍人，同知諫院。時上有疾，太后權同聽政。

❶ 題注，原無，據《傳家集》補。

内侍都都知任守忠久用事於中，上之立，非守忠意，乘此與其徒間構兩宫，❶造播惡言，中外恟懼。獻可連上兩宫書，開陳大義，情辭切至，由是慈孝益篤，讒言不得行。上疾久未平，獻可請早建東宫，以安人心。既而上小瘳，謙默未可否事。獻可屢乞親萬機，攬威福，延近臣，通下情。又請太后間數日一御東殿，漸遠庶務，自謀安佚。會小旱，因請上親出禱雨，使外疑釋然。太后既歸政，獻可復言於上，今雖專聽斷，太后輔佐先帝久，❷多閲天下事，事之大者猶宜關白咨訪，然後行，示不敢專，以報盛德。任守忠謀不售而懼，乃更巧爲諂諛，求自入於上。獻可曰：「是不可使久處左右。」亟言上，數其前後巨惡，并其黨史昭錫竄於南方。因上言大姦已去，其餘嚮日憑恃無禮者，宜一切縱捨勿念，以安反側。頃之，以兵部員外郎兼侍御史知雜事。執政建言，欲如漢氏故事，推尊濮安懿王。獻可率僚屬極陳其不可，且請治執政之罪，積十餘章，不聽，仍求自貶，又十餘章。懷知雜御史勑告納上前，曰：「臣言不效，不敢居其位。」上重違大臣，又嘉臺官敢直言，章留中不下，還其勑告，屢詔令就職。獻可與僚屬具録所上奏草納中書，稱不敢奉詔，固請即罪。上不得已，聽以本官出知蘄州。已而徙知晉州。今上即位，加集賢殿脩撰，知河中府。未幾，召爲刑部郎中，充鹽鐵副使。上素聞其彊直，擢爲天章閣待制，復知諫院。遷諫議大夫，權御史中丞。是時有侍臣棄官家居者，朝野稱其材，以爲古今少倫，天子引參大政，衆皆喜於得人，獻

❶「構」，原避宋高宗諱作小字「太上御名」，今回改。
❷「閲」，原作「闅」，據《傳家集》改。

可獨以爲不然，衆莫不怪之。居無何，新爲政者恃其材，棄衆任己，厭常爲奇，多變更祖宗法，專汲汲斂民財，所愛信引拔，時或非其人，天下大失望。獻可屢争不能得，乃抗章悉條其過失，且曰：「誤天下蒼生必此人。如久居廟堂，必無安静之理。」又曰：「天下本無事，但庸人擾之。」上遣使諭解，獻可執之愈堅，乃罷中丞，出知鄧州。獻可雖在外，遇朝廷有大得失，猶言之不置。會有疾，奏乞閑官歸鄉里，朝旨未許。乃乞致仕，詔提舉西京崇福宫。到官，又乞致仕，許之。以熙寧四年五月甲午終於家，年五十有八。初正惠公薨，其家日益貧。獻可既仕，常分俸之半以給宗族之孤嫠者，室無餘貲，所以自奉養至儉薄。其治民主於惠利而疾姦暴，大抵概以公平，故所至人安之。屢爲言職，其奏草存可見者凡二百八十有九。歷觀古人，有能得一二，已可載之列傳，垂示後世，在獻可曾何足道！今特舉其事繫安危者書之，至於進對口陳之語，不可得而聞也。前後三逐，皆以迕犯大臣。所與敵者，莫非秉大權、天子所信嚮、氣勢軋天下。獻可視之，若無所睹，正色直辭，指數其非，不去不已，旁側爲之股栗，❶而獻可處之自如。平居容貌語言，恂恂和易，使之不得位於朝，人不過以謹厚長者名之而已矣。及遇事，苟義所當爲，疾趋徑前，如救焚溺；所不當爲，畏避遠去，如顧陷穽，惟恐墜焉。晚年病卧洛陽，猶旦夕憤嘆，以天下事爲憂，過於在位任其責者，曾不念其身之病、子孫之貧也。嗚呼！今之世愛君憂民發於誠心，無所爲而爲之，可已而不已，始終不變，有如獻可

❶「側」，原作「則」，據《傳家集》改。

者，能幾人邪！　故其没之日，天下識不識皆咨嗟痛惜，彼其心豈獨私於獻可哉？　獻可始娶張氏，故丞相鄧公之孫。　後娶時氏，故侍御史旦之孫，封同安縣君。　四男：長曰由庚，金水主簿；次曰由聖，將作監主簿；次曰由禮、由誠，皆未仕。　六女：長適羅山令鞠承之，次適光禄寺丞吴安詩，次適進士姚輝，次蚤卒，處者二人。　以其年八月某日葬伊闕先塋。　獻可病亟，爲手書命光爲埋文。　光往省之，至則目且瞑，光伏呼曰：「更有以見屬乎？」張目强視曰：「無。」光出門而獻可没。　噫！　如光者，烏足以副獻可之所待邪？　顧義不得辭，哭而爲銘。　銘曰：

有宋名臣，吕正惠公之孫。　以忠直敢言，克紹其門。　位則不究，道則不負，年則不壽，名則不朽。　嗚呼！　爲人臣，爲人嗣，始終無愧。　能底于是，可謂備矣。

温國文正公文集卷第七十七

温國文正公文集卷第七十八

碑誌四

皇從兄華陰侯墓誌銘 熙寧二年作❶

華陰侯仲連，字齊賢，魏恭顯王元佐之曾孫，鄆國公允成之孫，遂昭裕公宗顏之長子。❷母曰太原郡君郭氏。初除右内率府副率，歷率府率、右千牛衛將軍、右監門衛大將軍。英宗即位，遷右武衛大將軍、撫州刺史。今上即位，遷右羽林軍大將軍、辰州團練使。侯幼不好弄，長而樂善，學尤精於《漢書》。昭裕公素好學，喜爲詩，藏書萬卷。侯能嗣承其志，目其詩曰《貽慶集》。熙寧二年五月戊子以疾終，享年三十有六。上爲之輟視朝一日，追贈華州觀察使，封華陰侯。夫人長安縣君劉氏。男二人：長曰士轡，蚤卒；幼曰士頪，右内率府率。女六人，四蚤卒，二未嫁。以某年十一月癸酉葬永安縣。銘曰：

昭裕愛子，以詩書教。名而藏之，志在則傚。能守富貴，爲諸侯孝。

皇姪右屯衛大將軍令邦墓誌銘❸ 熙寧二年作❹

右千牛衛大將軍令邦，字安國。冀康孝

❶ 題注，原無，據《傳家集》補。
❷ 「昭」，原作「昌」，據《傳家集》改。
❸ 「皇姪」，《傳家集》無。
❹ 題注，原無，據《傳家集》補。

王惟吉之曾孫，丹陽僖穆王守節之孫，右龍武軍大將軍、隴州防禦使世符之子也。母曰南陽縣君張氏。將軍生五年，除太子内率府副率。英宗即位，遷古監門率府率。今上踐祚，遷右千牛衛將軍。熙寧二年五月甲午遇疾卒，年十九。贈右屯衛大將軍。治平初，英宗詔宗子無幼長皆就學，差其年爲大中小三品，各置師以教之。將軍時年十二，從父南康修孝王愛其才性，命爲小學録，以表率群兒。及年十五，以新制試《孝經》、《論語》於大宗正司，二宗正以其誦習最精，屢稱嘆之。將軍起謝不敏，拜於牀下，衆益美其警悟而不伐。遂升中學，授《左氏春秋》。將軍事親至孝，有疾，至焚香於臂以禱請，然親有過，未嘗不諫争。其所爲得禮義類皆如此。不幸蚤世，識之者無親疏共惜之。二子，男未名而卒，女尚幼。是歲十一月癸酉葬於永安縣。銘曰：

學則敏，行則孝。志業修，宜遠到。命不融，衆所悼。

皇從姪蓬州刺史夫人仁和縣君潘氏墓誌銘❶熙寧二年作❷

皇從姪右武衛大將軍、蓬州刺史令超之夫人，曰仁和縣君潘氏，故鄭王美之曾孫，平州刺史惟熙之孫，閤門祇候仁矩之子。生十六年，以選歸於蓬州使君，封仁和縣君。熙寧二年八月己未疾以卒，享年二十有四。生五子，男子翺，右内率府副率，次二男未名，二女早夭。銘曰：

❶「皇」至「夫人」九字，《傳家集》無。
❷題注，原無，據《傳家集》補。

大勳之門，❶克生令孫。歸於帝族，稟命天昏。款文幽石，以識塋園。

皇從姪右屯衛大將軍士虬墓記熙寧二年作❷

右千牛衛將軍士虬，右武衛大將軍、果州團練使、齊安郡公仲郜之子，贈安化軍節度觀察留後、高密郡公宗望之孫，贈安遠軍節度使、同中書門下平章事、密國公允言之曾孫也。母曰安康縣君李氏。將軍生五歲，以例賜名，除右内率府副率，明年，遷右監門率府率。今上踐阼，遷右千牛衛將軍。幼而秀慧，不嬉戲，異於常兒。七歲始就學，授《孝經》，孜孜不捨晝夜。教授劉仲章，老儒生，嘗於廣坐問之曰：「將軍誦《孝經》，果有何得？」對曰：「事親孝，故忠可移於君。居家理，故治可移於官。此其所得也。」仲章驚嘆曰：「異日成長，必爲德器。」數年，愈自修立，有成人之風。親親尊尊，動皆應法，問安視膳，朝夕無倦。不幸遇疾，以熙寧二年五月丙戌卒，年十二。宗室共嗟惜之。朝廷贈右屯衛大將軍。其年十一月癸酉葬永安縣。謹記。

右班殿直傅君墓誌銘皇祐五年作❸

熙寧二年春，傅欽之遺光書曰：「昔我王考，材氣過人，宦不遂以沒。堯俞幼鞠于王妣，以至成人，恩隱殊厚。堯俞或以事夜艾未寢，王妣常危坐待之。及仕而之四方，

❶「大」，原作「太」，據《傳家集》改。
❷ 題注，原無，據《傳家集》補。
❸ 題注，原無，據《傳家集》補。

王妣不見，再逾月，則憂念，氣濇而成癰。逮王妣之亡，竭堯俞之泣，不足以償癰之血也。今將以某月某日，舉吾王考妣之柩，葬于濟源。吾嘗與子同在諫省，子幸而知我，必爲我銘其墓。子苟自謂不能，是愛其少頃之勤，而使我抱終已之恨，非仁人之爲也。」光讀之，媿且懼。復書曰：「子以義責光，光何敢辭？然門内之美，光不得聞也。子爲光叙其事以來，光謹條次之，則可矣。」有間，欽之以其狀來曰：君諱某，字寶臣。其先大名内黄人，世爲富家。曾祖考諱思進，始讀書爲儒。祖考諱凝，贈虞部員外郎。考諱世隆，以《春秋》三傳登科，官至駕部員外郎、知邛州事，始家於鄆。君少通《尚書》，屢舉不中第，用親蔭補三班借職，累遷至右班殿直。初監澶州酒税，歷齊州離濟賽酒税、廬州巡檢，以事去官。後監趙州倉，知定州新樂縣，復以事去官。已而監博州酒税，以疾罷歸。明道元年十月十日，終於家，壽六十一。君爲人忼慨方嚴，家之子弟雖甚愛之，不命坐不敢坐。其當官明敏果斷，在新樂，有西山采木卒二百人，謀刼其縣，大呼自南門入，君率左右操白挺逆之。至則叱使坐，卒不意君遽出，皆愕不敢動，君因罵之曰：「餓兵欲奚爲！」捽其爲魁者數人，杖之各數十而縱之，皆抑首去，不敢出聲。然不能與世浮沉，平視貴要若無人，故所至齟齬，且老益窮，因發狂疾。棄官歸卧一歲所，忽起召家人與訣，語言如平生，人乃疑其非狂也。故相國王沂公爲諸生，家居，未與人接，君即以公輔器之，已而果然，人不知其何用知之也。夫人霍氏，國子博士致仕若拙之孫。篤於孝慈，其父亡，夫人未之知，獨視雲煙草木皆慘悽變色，泣下不能自止，逾月而訃至。後君二十二年，年八十一而終。男某，仕至山南東道節度推官，知磁州昭德縣事，贈工部郎中。二女，其長者蚤世，幼適楊氏。孫七人：長曰堯俞，字欽之，今爲兵部員外郎，次舜俞，郊社齋郎，次君俞，未仕；餘皆早世。欽之爲諫官，處大議，正直無所顧避。朝廷不能用其言，除知雜御史，欽之固辭不肯拜，必求得罪以去，知和州，聲振天下。嗚呼！得非承其祖之風烈邪？欽之以夫人嘗至濟源，愛其土風，遂葬焉。銘曰：

氣直志剛，難進易傷。善抑不揚，其後必昌，皆理之常。

虞部郎中李君墓誌銘 熙寧二年作❶

君之族出趙郡，後家肥鄉，今爲開封府人。曾祖考諱滔，洺州團練判官，贈中書令；妣魯國夫人苗氏。祖考諱炳，侍御史，贈尚書令；妣陳國夫人周氏。考諱贊，虞部員外郎，贈司封員外郎；妣扶風縣太君宋氏。司封之兄沆，以清重知治體，相真宗；弟維以文辭高，仁宗初爲翰林學士，皆有傳在國史，當世士族咸榮慕之。君諱某，字漢臣。早孤，始以相國夫人奏試將作監主簿，復以翰林君奏爲守主簿。初監汝州鹽酒稅、在京茶庫、西京粮料院。遭扶風太君喪，服除，監南京麴院、在京豐濟倉。會久疾，以國子博士分司西京，尋又掌中嶽廟。慶曆七年七月癸巳終于官舍，年五十二。君喜爲詩，有前人風格。爲人温良清謹，睦於族姻，厚於朋友，故其生也人無與之爲怨，没也久而思之。夫人聶氏，祕閣校理震之女，封河南

❶ 題注，原無，據《傳家集》補。

縣君。生六子。男攸，今爲內殿承制。❶女一適右班殿直王裔，一適屯田郎中朱處仁。餘一男二女早卒。君之没，攸與二處妹皆幼，家極貧。夫人嫠居二十餘年，撫育諸孤，綱紀家事，小大曲盡其宜，李氏以復振。熙寧二年六月戊午終於京師，年七十五。先是，攸升朝，贈君虞部郎中，夫人封福昌縣太君。攸所居官，皆有能名，異日必將有成者也。光於夫人爲姊子，攸謂光：「將以今年某月日葬於洛陽賢相鄉之墓，子宜爲之銘。」光不辭。銘曰：

生則人親之，没則人思之。誠不盡於中，其誰能得之？位則不充，壽則不融。宜其有子，以收以祀，以終厥祉。

比部郎中司馬君墓表❷

兄諱某，字嘉謨，陜州夏縣人。其先宗支所自出，見於祖墓碣。曾祖諱某，祖諱某，父諱某，皆不仕。兄爲人謹厚，孝於親，友於兄弟，自幼及長，無子弟之過。不幸生二十八年，以天僖四年六月辛卯終於家。夫人同縣王氏，進士禹之女。長男未名而夭。次男京，生未踰歲而兄没。夫人年尚少，自誓不嫁。京既長，以叔祖天章府君蔭入官。爲人彊直幹敏，所至吏民稱之，由是累遷尚書駕部員外郎、通判潞州軍州事。贈兄官至比部郎中。夫人享榮禄之養幾三十年，封福昌縣太君。年七十九，以熙寧三年七月壬寅終。二女：長適鄉人曹中立，早卒；次適進士宋

❶「內殿承制」，原作「內閣承制」，按宋無此官，今據《宋史·職官志》改。

❷「比」上，《傳家集》有「贈」字。此墓表，《傳家集》有題注「天聖元年三月作」，時司馬光僅五歲，恐誤。疑當作於熙寧三年嫂卒之後。

輔。始兄之没，光生二年矣。故於兄之材行不能詳知，然苟非兄力爲善，於其身而無禄，安能有遺福及其後邪？兄以天聖六年三月乙巳葬於先塋。及夫人之没，以其年十月辛酉祔于兄墓。京懼歲時之久，不可以莫之識也，泣請於光爲之表。

龍圖閣直學士李公墓誌銘皇祐四年八月作❶

公諱某，字公素。其先唐之宗室，避亂入蜀，家於邛州之依政。曾大父諱㲄，大父諱扆，父諱憲，皆不仕。大父以才行著鄉曲，朝廷褒之，號静惠處士。公生三歲而孤，性警敏過人。兄絢教之書，嚴其程課而出，公遨戲自如。比暮，兄歸，公徐取書乘月視之一過，立誦數千言，兄由是奇之。稍長，善屬文，尤工詞詩，氣格豪邁。景祐五年舉進士，爲天下第二，除大理評事、通判邠州事。州人以公少年高科，始不以吏事期之。公鋭精爲治，所處畫皆出人意表，吏民大驚。會夏虜寇西鄙，劉平、石元孫戰没，邊人恟懼。邠州城惡，吏民謀内徙以避之。時州無守將，公攝州事，即發民治州城，僚吏固争，以事當言上待報。公曰：「虜將至國外，何暇顧文法爲身計耶？且我實爲之，有罪不爾累。」乃親度材庀用，❷賦功董役，不三旬而畢。仁宗聞而嘉之，下詔佗州守備當完者，視邠爲比。官滿召試，除集賢院，歷判登聞鼓院、吏部南曹、開封府推官、修起居注。失執政意，出爲京西轉運使。復還修起居注，判三司鹽鐵勾院。時杜祁公爲宰相，多採拔英

❶ 題注，原無，據《傳家集》補。
❷ 「用」，原作「恩」，據《傳家集》改。

儁，實之臺省。不利祁公者，指公爲其黨，左遷知潤州事，徙知洪州事。久之，谿蠻寇荆湖，❶朝廷議擇有材智者以爲轉運使鎮撫之。上曰：「有舘職，善飲酒者爲誰？其材可用，今安在？」宰相不能對。上復曰：「是往歲城邠州者。」宰相即言公姓名，乃除荆湖南路轉運使。公乘驛至邵陵，令諸州皆按兵，毋得進討，遣使就蠻居諭以禍福，群蠻感悦，皆罷兵受約束。又召還，修起居注，糾察在京刑獄。遂知制誥，判吏部流内銓，知審官院。以龍圖直學士權知開封府事。京師多老奸宿猾，吏不能禽。公推迹其物色起居，一時録治略盡，威令大行。坐盜入慈孝寺竊章獻皇后御容大珠，徙提舉在京諸司庫務。頃之遇疾，皇祐四年八月癸未終於家，年四十。官累遷至起居舍人。公爲人疎明樂易，倜儻不羈。飲酒盡數斗不亂，視金帛如糞壤。厚於交友，與之遊者，久而益親之。爲布衣時，周遊四方，識其土風人情，故平生喜言爲治之體及用兵方略，數陳便宜，書數十上。仁宗春秋寖高，未有繼嗣，公因侍祠高禖，遂奏賦，大指言王者修身治國家，遠嬖寵，近柔良，則神降之福，子孫蕃衍。上深嘉納，命内侍石全育宣詔慰撫之。公家至貧，及病亟，自爲表言母老不能終養，以是累陛下。上哀之，賻恤甚厚。時之士大夫無不惜公之志有餘而壽不給也。夫人張氏，封南陽郡君。子男三人：稷，太子中舍；秬，大理寺丞；秠，太常寺奉禮郎。女四人：長適皇城使劉永吉，次適進士謝少微，次早夭，次未嫁。光與公同年進士也。稷狀公之治行，命光爲之誌，光不得辭。銘曰：

❶「荆」，原作「京」，據《傳家集》改。

材氣以爲實，文學以爲華。孤舉秀出，以大其家。千里之足，羈紲所不能制；百圍之木，鉤矩所不能加。功可大施，而壽禄不遐。嗚呼！天實使然，其又奚嗟！

户部侍郎周公神道碑 治平四年作❶

周以國爲氏，漢魏以來，世有顯人。公之先，家於益都。曾祖考諱仁貴，不仕。祖考諱子元，舉「三禮」登科，爲深州司法參軍。契丹覆深州，舉室罹禍。朝廷哀之，贈大理寺丞。祖妣田氏，追封仙遊縣太君。考諱圭，時適在外，得免。朝廷賜以官，終太子中舍，累贈尚書左僕射。妣李氏，累封常山縣太君。公諱沆，字子真，舉進士，一上中第，除膠水縣主簿。初試吏事，精敏如素習，上下稱其能。徙諸城主簿，用蔡文忠公薦，遷鎮海軍節度推官，知勃海縣。濱州大吏恃府勢築室郭民居，❷害其出入，民訴縣以十數，前令莫敢直。公立表撤室，收吏抵罪，豪猾惕息。歲餘召入，改著作佐郎，縣民詣轉運使杜祁公請留。祁公爲奏，詔許之。會公以母老疾，求監青州稅，尋以憂去職。服除，知嘉興縣。趙元昊擾西陲，詔近臣舉可通判陝西諸州者，富丞相時知制誥，以公名聞，擢通判鳳翔府。以權發遣鹽鐵判官召還，改江西轉運判官。公固辭，願得近鄉里一官以謀葬，乃改知沂州。過京師，入對言事，仁宗善之，賜服銀緋。到官數月，召還，爲開封府推官，俄遷判官。會湖南蠻唐、盤二族殺掠居民，官軍討之，數不利，有詔本路遣人招撫，

❶ 題注，原無，據《傳家集》補。

❷ 「民」，原作「氏」，據《傳家集》改。

蠻輒殺之，乃以公爲轉運使，委之經畫。辭行，仍服金紫。公至，上言：「蠻驟勝方驕，未易懷服，宜須秋冬進兵擊之。蠻地險氣毒，其人驍悍，善用鋋盾，北軍不能與之确。請選邕、宜、融三州澄海、忠敢知其山川，習其伎藝者三千人，入擣巢穴。餘兵絡山足，出則獵取之。俟其勢窮力屈，然後可招撫也。」朝廷用其策，二族皆降，湖南遂平。是時軍旅暴興，運路險澀，公隨宜區處，資粮豐給，而民不疲病。召爲度支判官，行未至，復加直史館、知潭州，兼荆湖南路安撫使。先是，北軍戍湖南山谿者，或朞年，或再朞，乃代去。再朞者多死瘴癘，公奏以爲不均，請皆以朞年爲斷，所生全甚衆。歸朝，除河東路轉運使。自慶曆以來，河東行鐵錢，民多盗鑄。吏以峻法懲之，抵罪者日繁，終不能禁。公乃命高估鐵價，盗鑄者無利，不禁自息。入爲度支副使。儂智高寇掠廣南，既敗走，詔以公爲西路安撫使。天子以嶺南地惡，命公非賊所殘州縣不必往，公曰：「天子之命至仁也，然遠民新罹荼毒，佘敢不究宣天子之澤，以面慰之乎？」遂徧行州縣，雖窮僻無不到者。民避賊，多棄田里遠去，吏以常法滿半歲不還者，皆聽人占佃。公曰：「是豈與凶年逃租役者同乎？」奏更延期一年，召使復業。有已爲人占佃者，皆奪還之，仍免其一年租、三年役，貧者縣官貸以種粮。由是嶺南民復安集。又奉使契丹，還，加天章閣待制，爲陝西都轉運使。未幾，改河北。初，河自横隴西徙，趋德、博，後十餘年又自商胡西徙，趋恩、冀。朝廷皆以功大，遂不復塞。有李仲昌者建議，請自商胡口下鑿六塔渠，引河東注横隴故道，用功省而利大。詔遣使者與公行視利害，公上言：「國家近議塞商胡，計用薪蘇一千六百四十五萬，役工五百八十三萬。今仲昌奏塞六塔，計用薪蘇三百萬。共是一河，其塞之工力不容若是之殊，蓋仲昌故爲小計以求興役，殆非事實。又即日河水廣二百餘步，六塔渠廣四十餘步，必不能容。且横隴下流自河徙以東，填閼成高陸，其西隄粗完，東隄或在或亡。前日六塔水微通，分大河之水，曾不及十分之三，濱水之民喪業者已三萬餘户。就使如仲昌言，全河東注，必横潰泛濫，齊、博、德、棣、濱五州之民，皆爲魚鼈食矣。今自六塔距海不啻千餘里，若果欲壅河使東，宜先治水所過兩隄，使皆高厚，仍備置吏兵分守其地，多積薪蘇以防衝決，乃可爲也。然其勞費甚大，恐未易可辦。以臣度之，六塔實不可塞。」朝廷卒用仲昌議塞之，既塞，不終朝復決，齊、博等州果大被水害。朝廷乃竄仲昌於嶺南，諸阿附其議者亦抵罪，衆始知公議爲是。公又上言：「民罹水災，皆結廬隄冢，粮乏可哀。臣欲輒發近倉賑之，顧大恩當自上出，臣不敢竊取爲名，願亟遣使者案視收恤之。」朝廷從之。未幾，徙河東都轉運使。踰年，遷龍圖閣直學士、知慶州，兼環慶路經略安撫使。邊民多闌出塞販青鹽，抵重法。公請損官鹽之價，犯者稍衰。入判三班，監兵部、太常寺、通進銀臺司。仁宗山陵，爲鹵簿使。又以遺留物奉使契丹，公以二使皆有厚賚，不欲專之。因託以力不能兼，辭使契丹，不行，士大夫美之。英宗初即位，契丹遣使賀乾元節，公爲館伴。詔取書入，置柩前，使者固請見上，曰：「取書非故典也。」上以方衰絰不許，使者執書不肯入閤門。公曰：「昔北朝有喪，南使至柳河而還。今朝廷重鄰好，聽君前至京師，達命於先帝，恩禮厚矣。奈何更以取書爲嫌乎？」使者立授書。是時朝廷未知契丹主之年，公從容雜佗語以問使者，使者出不意，遽以實對。既而悔之，相顧愕眙，曰：「今復應兄事南朝矣。」頃之，遷樞密直學士、知成德軍，兼真定府路安撫使。土俗多棄親事浮屠，公案籍閱其不知法者，皆斥還其家，凡斥數千人。在真定數年，以疾辭位。治平四年，以户部侍郎致仕。其年八月丁未朔薨于家，年六十九。公爲人莊重，動止皆有法，不妄笑語。居家孝友甚至，而當官謹嚴，始終如一。鉏姦衛良，摧彊撫弱。去嘉興二十年，人有過其縣，聞民間猶思咏之，以爲前後無有。罷潭州，民遮道不得行，公諭解不能却，乃旋鞚而南曰：「當與汝歸耳。」衆喜奔呼爭先，道稍開，躍馬北去，追至境者尚數百人。與僚佐議事，其言當者立從之，不當，不面斥其短，徐曰：「某意欲如此爲安。」衆亦不能易也。所部官屬有罪，先以好言諭之，不變，乃誚責之，懼而自改者蓋十七八。苟尚不變，乃案致於法，猶爲虧除，不盡繩也。有死於官下，其家孤貧不能自歸者，必爲賻斂衛送。或無歸者，則爲存處立生業，嫁其女，誨其子弟，視如親戚故人。始望其貌，皆懔然畏之，久而求其心，乃知實仁厚長者也。先娶王氏，再娶劉氏，封彭城郡君，皆先公即世。三男：莘，將作監主簿；百藥，大理寺丞；常，大理評事。二女，適太常博士滎安道，來安令江懋簡。公薨之歲十月己酉葬於先塋。百藥暨常欲刻碑臨道，俾異日鄉人皆得瞻公之墓，不忘公之德，請館閣校勘梁君燾狀公之功行以授光，命爲之銘。光昔通判并州事，事公於河東，雖自知無文，不敢終辭。銘曰：

古之君子，德盛道尊。望之儼然，即之

也温。公正衣冠，嚴不可干。施之於政，乃仁乃寬。吏畏而悛，民思不諼。款銘垂美，以告後昆。

温國文正公文集卷第七十八

温國文正公文集卷第七十九

碑誌五

殿中丞知商州薛君墓誌銘❶熙寧五年作❷

魏晉之間，薛氏始自蜀徙河東，有部曲數千家。永嘉之亂，保河汾以自固。歷劉、石、符氏莫能屈，姚秦、元魏以來，始出仕爲公侯卿相者，比肩並起。入唐尤盛，號爲甲族。然率因遊宦去鄉里，惟府君之先至今留居河東。唐衰，薛氏中微。曾祖考諱昉，不仕。祖考諱允恭，贈諫議大夫。考諱田，樞密直學士、右諫議大夫，贈太尉。其行義功烈皆見於宋宣獻公所爲太尉公之碑。府君諱儀，字式之，太尉公之第二子。始以父蔭爲太廟齋郎，又除守將作監主簿。太尉公知益州，奏府君監鳳翔府商稅，後徙知河東。府君年少，河東士民皆鄉里長老，然素嚴憚府君，不敢干以私，府君御之亦不失恩義之中。以父憂去官，服除，知鄠縣，徙知安邑，通判渭州。州將武人，不能謹廉。州大吏郝正者把其陰事，招權受賕，莫敢詰。府君至，以正罪惡言於將，請治之。將内窘，私以情告。府君曰：「某止欲去惡吏耳，必不使及君。」將亦知府君不欺，即移疾以州事屬府君。府君乃發正私出塞市馬，收案伏法。將不染於辭，深德府君，且内慙，自是悉委事於

❶「知商州」，《傳家集》無。
❷題注，原無，據《傳家集》補。

府君。後將知府君賢，亦委以事如前將。既而某官張君亢除知渭州，或謂府君曰：「君自到渭，名雖州佐，其實將也。張君有材而尚氣，到必不爲君下。彼不可以文法拘也，君宜於事一無所與，庶幾或免。」府君喟然歎曰：「吾推忠信正直之心以事人，豈好犯上而專事邪？今張君來，吾猶是心也。使張君賢，必不我怨，如其不賢，吾獲罪亦命而已矣。豈可因人而變其守哉！」及張君至，處事有失，府君力爭如故，必當理而後止，僚吏皆爲之懼。張君初無言，久之，乃於廣坐謂衆曰：「亢喜忠義，與身俱生，遇事輒發，不能顧慮。故數爲小人而陷，使爲亢佐者皆如薛君，亢復何患？」於是聞者皆服張君之賢，而重府君之正。是時元昊數寇邊，覆軍殺將，朝廷患之，乃命范文正公爲鄜延招討使，以張君知鄜州，爲范公之副。張公即具奏府君在渭州所以佐己之狀，乞移通判鄜州，朝廷許之。而府君母馮翊郡太君党氏春秋高，多疾，顧戀鄉里，不肯隨諸子之官。府君兄弟用太尉君恩得官河中者，❶適皆罷去，府君乃固辭鄜州，願監河中鹽稅以便親。既得請，范公遽上奏曰：「朝廷從薛某之欲，於其私固便，然甚非張亢求與共事之意。乞以薛某還亢，仍爲徙其兄若弟鄉里一官，以慰其心。」朝廷即以府君弟俅知河東縣，府君鄜州，❷府君不得已之官。張君患州大而處勢卑，難以待敵，欲遷就伏龜山，計功數十萬。時虜乘勝深入，而州無役兵，欲以戰士築之，衆咸以爲難，府君獨以爲可。張君喜曰：「薛君謂之可，事無不成矣。」役始興，而張君

❶「兄」，原作「之」，據《傳家集》改。
❷「府」上，《全集》卷一百十四有「還」字。

病失音。府君外備寇敵，内董役事，人不知張君之病也。城成，民至今賴之。歲餘，徙知深州，遭母憂，服除，知商州。慶曆八年閏月庚戌，終于州廨，年五十一。先是，屬縣宰有建言商山産銅，請置監鑄錢。朝廷下其議，轉運使有是之者，府君上言：「朝廷前置阜民監於州境洪崖，冶鑄銕錢，未數年銕已竭，其監當廢。況又益置銅錢監，銅産尤薄，恐徒勞費無益。請以所得銅於舊監鑄錢，銅竭而止。」章交上，❶久不決。會府君没，宰之説遂行。縣官之費甚廣而銅尋竭，如府君言，宰坐抵罪。府君居家孝友，自幼能屬文，始習律賦，語意即高奇驚人。然不肯從進士舉，嘗著《蓼蟲賦》以刺世之嗜外物而忘其苦者。又以爲事之當慎者，❷莫若言、動、交、修、名，乃著《五慎文》以自警。觀是二文，足以知其旨趣矣。初娶唐氏，天章閣待制肅之女。生一女，適殿中丞趙士寧。又娶劉氏，左諫議大夫綜之孫。又娶李氏，直集賢院建中之孫。又娶陳氏，司農卿宗元之女。生二男，長曰昌朝，繇太子中允、監察御史裏行坐正論不阿黜爲大理寺丞。❸次曰昌期，早卒。二女，長適祕書省校書郎張煦，次早卒。昌朝將以熙寧五年正月某甲子葬府君於本縣趙行村，請直龍圖閣趙君尚狀其治行以授光，使爲之誌。昔者先子嘗獲知於太尉公，從兄里佐府君於鄜州幕，❹光亦嘗拜府君於兄舍，以是頗知府君之爲人。府君容貌温恭而内守堅不可奪移，語言無機巧蔽匿而明察

❶「交」，原作「久」，據《傳家集》改。

❷「慎」，原避宋孝宗諱作小字「御名」，今回改。下一「慎」字同。

❸「寺」，原作「司」，據《傳家集》改。

❹「里」，原作「理」，據《傳家集》改。

物情，其志常在利民而深疾姦惡，故所至上官信之，僚友親之，下民愛之。今也幸使光誌其墓，光既取趙君之狀詮次之，又敢私附其所知云。銘曰：

迕意宜疎，而或以之親。阿意宜合，而或以之離。盖至誠可以待無窮，而辭色不過欺一時。嗚呼！允如薛君，以忠信正直爲心，夫又何施而不宜？

衛尉少卿司馬府君墓表❶

府君諱浩，於司徒公爲從父兄，其鄉里先世見於祖墓碣。曾祖諱某，祖諱某，父諱某，皆不仕。府君少治《詩》，以學究舉，凡八上，終不遇，遂絶意不復自進於有司，專以治家爲事。爲人魁岸慷慨，尚氣義，於宗族恩尤篤。司馬氏累世聚居，❷食口衆而田園寡，府君竭力營衣食以贈之，均一無私，孀婦孤兒，皆獲其所，凡數十年，始終無絲豪怨言。❸家貧，祖墓迫隘，尊卑長幼前後積若干喪，久未之葬。府君履行祖墓之西，相地爲新墓，稱家之有無，一旦悉舉而葬之。弟子里早孤，府君識其儁異，自幼教督甚嚴，其後卒以文學取進士第，仕至太常少卿，所至著名迹。前此，鄉人導涑水以溉田，利甚博。歲久，岸益深峭，水不能復上，田日磽薄，將不足以輸租。府君率鄉人言縣官，始請築塌於下流，水乃復行田間爲民用，至于今賴之。天聖八年四月癸巳終於家，年六十三。慶曆二年八月癸酉葬西墓。初娶張氏，早終。生

❶「衛」上，《傳家集》有「贈」字。《傳家集》有題注「慶曆二年」。
❷「聚」，原作「娶」，據《傳家集》改。
❸「終」，原作「衆」，據《傳家集》改。

女，適解人南公佐，公佐舉進士，得同學究出身。再娶蘇氏，先府君十年終，年五十八。生男宣。又娶郭氏，無子，後府君十六年終，年若干。宣用司徒公蔭補郊社齋郎，累官爲尚書駕部員外郎、知梁山軍，今致仕居家。駕部君寬厚有守，練習法令，善爲政，吏民不能欺。既升朝，累贈府君官至衛尉少卿，夫人蘇氏追封長安縣太君。駕部君謂古君子論譔其世，先人之美，著諸金石，故命光直叙其實，以表於府君之墓道。時熙寧六年五月辛酉也。

尚書駕部員外郎司馬府君墓誌銘❶

熙寧九年作❷

兄諱某，字周卿。曾大父諱某，大父諱某，皆不仕。父諱某，以通《毛詩》，屢應州舉，名升禮部，及兄登朝，累贈衛尉。卿母某氏，封某縣太君。司馬氏累世聚居，食口常不減數十。衛尉府君爲之長，兄年十六，衛尉即以家事委之，衣食均贍，宗族無間言。衛尉得以優游自適十餘年而終。兄用從父太尉君蔭，補郊社齋郎。太尉以家事非兄不能辦，未聽從宦。後數年乃調達州通川尉。州有宣漢鹽井，距州千餘里，唯一谿僅通小舟，可以往來。守井吏恃其險遠，大爲姦利。州遣兄往按之，因爲之區處利害，凡再往返，遂革其弊。考滿，除華州司理參軍。州將驕貴，數用私欲撓公法，兄執不聽。有幕僚性剛戾，自將以下皆惡之，共文致其罪，俾兄鞫之。幕僚復上書訟州官，皆獲罪，惟兄不染

❶「尚書」，《傳家集》無。

❷題注，原無，據《傳家集》補。

於辭，人以是益知其公平。有驍騎十餘卒，犯罪謀亡去，監押捕獲之。誣云共圖不軌，欲殺之以求功賞。州官信之，謂兄必考掠取服，兄不從，據實鞫之，皆止杖罪。餘囚負冤得直者甚衆。既而遭繼母郭氏憂去官，直者或炷香於頂臂以送之。服除，授解州聞喜尉。用薦者遷大理寺丞、知河中府猗氏縣。徙閬州新井縣，通判鄧、均二州。先是，房州竹山有金谿，出金甚多。山谷窮僻，人跡罕至，豪族專其利。監司欲命官置場市之，皆憚其險，辭不行。時兄年已踰六十，奮曰：「利其禄而避其勞，可乎？」遂往。躋攀崖巘，爲之經畫條目，使公私俱利。仍每月一按行，凡歲餘乃還。均州秩滿，徙知梁山軍。累官至駕部員外郎，年甫七十，體力尚壯，即求致仕。詔補子廣郊社齋郎。廣爲虢州盧氏主簿，迎兄之官。以熙寧八年十二月戊子朔暴得疾，己丑終於官舍，年七十有三。兄爲人沉厚寬裕，喜愠不形於外。少時家貧，有衣一笥，夜遺火，比家人覺，狼狽救之，笥衣已盡。兄獨卧不起，家人尤之曰：「燒衣蕩盡，何心尚安卧邪？」兄曰：「衣已燒矣，起視何益？」轉枕復寢，人皆服其度量。子孫、僕役有過，徐訓諭之，不輕駡辱。然當官公直，能知小民情僞，吏不敢以絲毫欺也。雖練習律令而不爲峭刻，斷獄必求厭人心。摧抑彊猾，扶衛愚弱。所治職事皆有方略，或素號繁劇者，兄處之嘗有餘暇，氣色不動而衆務修舉。廷中永晝，寂無人聲。其下皆畏而愛之，久猶見思。從仕三十餘年，未嘗有過。然性恬静，不自矜譽，故人知之者益鮮。無所超越，循常調終身，兄亦不憾也。其奉養儉素，自爲布衣至二千石，飲啜服用，未嘗少異。與鄉人居，和易簡静，故没之日，聞者無不歎惜。先娶紐氏，早終。再娶張氏，解州助教震之女。柔静慈良，宜於族姻，封清河縣君。治平四年終於鄧州，年五十八。子男四人，曰齊、曰庭、曰廣、曰房。庭，虢州虢略尉。女四人：長適解人樊景讓，次適陝人張安仁，次二人未嫁，皆早夭。齊等以熙寧九年二月壬寅奉兄及嫂之喪葬於夏川鄉先塋之西南。光以期日之迫，不暇請於時之賢士大夫，自爲之銘曰：

廓然有容，頹然無争。所涖之政，不煩而成。去久而人益思，無求而人莫知。年至歸休，始終無虧。

書孫之翰墓誌後

明道中，公在華州，光始以太廟齋郎得謁見。皇祐中，幸與公同在舘閣。公於光爲前輩，而光服公才，仰公德，不敢以同舍期也，然粗能執公之爲人。元豐二年十一月，公弟子崇信令察示光以歐陽公所譔公墓誌。光讀之，怳然如復見公，得侍坐於傍也。昔蔡伯喈嘗言：「吾爲碑銘多矣，皆有慙德，唯郭有道無媿色耳。」觀歐陽公此文，其言公自初仕，以美才清德爲時所重。在諫院言宫禁事，切直無所避，在陝不飾厨傳。凡當官公論，不私其所愛，淡然寡所好，外和而內勁。喜言唐事，學者終歲讀史，不如一日聞公論。此皆光親所覩聞，當時士大夫所共知，可謂實録而無愧矣。公名高於世，歐陽公以文雄天下，固不待光言而後人信之。然歲月益久，識公者益寡。竊懼後之人見歐陽公之文，以爲如世俗之銘誌，但飾虚美以取悦其子孫耳，故冒進越之罪，嗣書其末。譬猶捧土以培泰山，匊水以沃大河，彼豈賴此以爲高深哉？ 蓋志在有以益之，不自知非其任也。

書孫之翰唐史記後

孫公昔著此書，甚自重惜，嘗別緘其稾於笥，必盥手，然後啓之。 謂家人曰：「萬一有水火兵刃之急，佗貨財盡棄之，此笥不可失也。」每公私少間，則增損改易，未嘗去手。其在江東爲轉運使，出行部，亦以自隨，過亭傳休止，輒修之。 會宣州有急變，乘馹遽往，不暇挈以俱。 既行，於後金陵大火，延及轉運廨舍，弟子察親負其笥，避於沼中島上。公在宣州聞之，亟還，入門，問曰：「《唐書》在乎？」察對曰：「在。」乃悦，餘無所問。 自壯年至于今，白首乃成，亦未以示人。 文潞公執政，嘗從公借之，公不與，但録姚崇、宋璟論以諭之，况佗人固不得見也。 元豐二年，察自陽翟來洛陽，以其書授光曰：「伯父平生之志，萃於是書。 朝廷先嘗取之，留禁中不出。 今没二十餘年，家道益衰，大懼是書遂散逸不傳於人，故録以授子。」光昔聞公有是書，固願見而未之得，得之驚喜，曰：「子之貺我，兼金不如，顧無以爲報。 請受而藏之，遇同好則傳之。 異日或廣布於天下，使公之志業煒煌於千古，庶幾亦足以少報乎？」

文潞公家廟碑❶ 嘉祐二年作❷

先王之制，自天子至于官師皆有廟。 君

❶ 此題，《傳家集》作「河東節度使太尉開府儀同三司潞國公文公先廟碑」。

❷ 題注，原無，據《傳家集》補。

子將營宫室，宗廟爲先，居室爲後。及秦非笑聖人，蕩滅典禮，務尊君卑臣，於是天子之外，無敢營宗廟者。漢世公卿貴人多建祠堂於墓所，在都邑則鮮焉。魏晉以降，漸復廟制。其後遂著於令，以官品爲所祀世數之差。唐侍中王珪不立私廟，爲執法所糾。太宗命有司爲之營構以耻之，❶是以唐世貴臣皆有廟。及五代蕩析，士民求生有所未遑，禮頹教陊，廟制遂絶。宋興，夷亂蘇疲，久而未講。仁宗皇帝閔群臣貴極公相而祖禰食于寢，儕於庶人。慶曆元年，因郊祀赦，聽文武官依舊式立家廟。令雖下，有司莫之舉，士大夫亦以耳目久不際，往往不知廟之可設於家也。皇祐二年，天子宗祀禮成，平章事宋公奏言：「有司不能推述先典，明諭上仁，因循顧望，遂踰十載，緣偷襲弊，殊可嗟閔！臣嘗因進對，屢聞聖言，謂諸臣專殖第産，不立私廟，睿心至意，形于歎息。蓋由古今異宜，封爵殊制，因疑成憚，遂格詔書，請下禮官議定制度。」於是翰林承旨，而下其奏請，自平章事以上立四廟，東宫少保以上三廟，其餘器服儀範，俟更參酌以聞。是歲十二月詔如其請。既而在職者違慢相仍，❷迄今廟制卒不立。公卿亦安故習常，得諉以爲辭，無肯唱衆爲之者。獨平章事文公首奏，乞立廟河南。明年七月，有詔可之。然尚未知築構之式，靡所循依。至和初，西鎮長安，訪唐廟之存者，得杜岐公舊迹，止餘一堂四室及旁兩翼。嘉祐元年，始倣而營之。三年，增置前兩廡及門，東廡以藏祭器，西廡以藏家譜。齋枋在中門之右，省牲展饌、視滌濯在

❶「構」，原避宋高宗諱作小字「太上御名」，今回改。

❷「仍」，原作「仗」，據《傳家集》改。

中門之左，庖厨在其東南。其外門再重，西折而南出。四年秋，廟成，公以入輔出藩，未嘗踰時安處於洛。元豐三年秋，留守西都，始釁廟而祀焉。一旦，授光以家譜，曰：❶「予欲志族世之所從來，及廟之所由立，垂示後昆，而爲我叙其事，款于石。」光竊惟公追遠復古，率禮興化之盛德，不可以無傳。雖自知不文，不敢辭。謹叙而銘之。按譜云：文氏之先，出陳公子完，以謚爲氏，與翼祖諱同。至秦有丕，丕生河東太守教，始家平陽。其後有韶，漢末爲揚州刺史。自韶以來，世乃可譜。韶之六世孫頻，爲後魏北絳太守。頻曾孫顯儁，以别駕從北齊高祖起晉州，就霸業，戰功名居多，❷終兖州刺史。頻之六世孫曰肅、曰君洪。肅仕隋，爲潁川郡丞，名列循吏，以公直抗宇文述，老卑秩。君洪從高祖起晉陽，爲右衛將軍。太子建成餘黨攻宫門，君洪首奮挺出，戰没。頻之八世孫曰暉、曰播。暉相中宗誅張易之，奪武后天下，歸之唐。用仇人讒，謫死嶠南。播有史學，官至給事中。君洪之曾孫羽爲御史中丞，肅之四世孫括爲御史大夫。括孫晦爲太子賓客，晦兄昕爲義成節度使，皞爲散騎常侍，榮冠當時。自顯儁至晦，皆有傳見於史。其家自平陽或遷太平，或遷蒲阪，或遷寶鼎。❸晦之從父昆弟晤爲北都留守判官，始居介休。晤生汾州參軍檖，檖生館，館生澤州録事參軍，即公之高祖考也，諱浩。曾祖考諱某，仕後唐，歷晉城、天池、平城三主簿。避晉高祖諱，更其氏曰文。歷崞、太谷二令。

❶「曰」，原無，據《傳家集》補。
❷「名」，《傳家集》無。
❸「寶」，原作「實」，據《傳家集》改。

漢高祖即位，復舊氏，更名某。漢失天下，其支別者自帝於晉陽，復事之，終嵐州録事參軍。祖考諱某，辟石州幕府，棄官歸鄉里。太宗皇帝平晉陽，召之不起，以廟諱故復爲文氏。考諱某，以儒學進，歷十三官，所至以强直勤敏，振利攘害，名聞達不可揜。判三司開拆、磨勘司，終主客郎中、河東轉運使。其治行之詳，見於故平章事晏公、參知政事王公沂撰墓誌及碑。公貴，朝廷褒榮三代，贈官皆至太師、中書令兼尚書令，爵燕、周、魏三國公。廟成，澤州府君爲第一室，夫人某氏配。燕公爲第二室，燕國太夫人宋氏配。周公爲第三室，周國太夫人王氏、❶越國太夫人申氏配。魏公居東室，魏國太夫人耿氏、魯國太夫人申氏配。❷公以廟制未備，不敢作主，用晉荀安昌公祠制作神板，采唐周元陽議，祠以元日、寒食、秋分、冬夏至，致齋一日。又以或受詔之四方，不常其居，乃酌古諸侯載遷主之義，作車奉神板以行。此皆禮之從宜者也。其銘曰：

鬱彼喬木，茂于苞根。浩彼長川，發于浚源。矧人之先，云誰敢諼。天佑有宋，誕生哲臣。乃斡樞軸，乃秉鎔鈞。克釐克諧，允武允文。甘陵有妖，悖暴紛囂。公往逌遥，不日而消。仁祖構疾，群心震栗。公入密勿，四海清謐。出殿方維，爲諸侯師。以惠以綏，不廢其威。至也民悦，去也民思。其思如何，式謡且歌。歌政之和，在洛爲多。謀居之安，疇如得民。公自汾渚，遷于洛湝。允樂兹土，永燕私處。伊水洋洋，山木蒼蒼。是掄是度，是斷是斲，達于有洛。是相是虞，

❶「人」，原脱，據《傳家集》補。
❷「人」，原脱，據《傳家集》補。

是卜是諏。是築是捄，是植是扶。是茨是塗，作廟渠渠，新廟既成，室家是營。公曰予居，風雨是撫。勿侈勿崇，予躬是容。人庳公堂，❶公曰予康。人隘公庭，公曰予寧。人人勿予隘，惟子孫是賴。人勿予庳，惟子孫是利。克恭克儉，予履予視。俾躬之爲美，匪目之爲麗。廟堂既闢，四室有侐。豢牲孔碩，導黍及稷。豆籩既滌，汛掃既備。旨酒既泲，刲牲爲饎。乃薦乃陳，苾苾芬芬。祖考欣欣，百嘏來臻。天錫公祉，强明壽愷。帝錫公禄，崇榮豐泰。天匪公私，公德是宜。帝匪公優，公勳是酬。公拜稽首，揚天子之休。思純終始，式貽孫子。子子孫孫，❷勿替勿忘。時奉烝嘗，保公之烈光。

書田諫議碑陰

光自始學未冠，聞故諫議大夫田公，當

真宗踐阼之初，求治方急，公稽古以監今，日有獻，月有納，以贊成咸平盛隆之治，私心慕仰，想見其爲人。熙寧中，始識公之曾孫偃師尉衎，因就求觀公之遺文。後十餘年，衎爲武勝軍節度推官、知沈丘縣事，以公文集及墓銘相示，且命光爲神道碑。其墓銘乃故參知政事范公所爲也。范公大賢，其言固無所苟，今其銘曰：「嗚呼田公，天下之正人也。」雖復使佗人竭其慕仰之心，頌公之美，累千萬言，能有過於此乎？光於范公，無能爲役，范公恨不得見田公，則田公果何如人哉？光不惟愚陋不學，且不爲人作碑銘已久，不敢承命。然常怪世人論譔其祖禰之德業，壙中之銘、道旁之碑，必使二人爲之。彼

❶「庳」，原作「痺」，據《傳家集》改。

❷「孫孫」，原脱一「孫」字，據《傳家集》補。

其德業一也，銘與碑奚以異？ 曷若刻大賢之言，既納諸壙，又植於道，其爲取信於永久，豈不無疑乎？ 顧審思之，脱或可從，請附刻於碑陰之末。

温國文正公文集卷第七十九

温國文正公文集卷第八十

祭文

豢龍廟祈雨文

年月日，宣德郎、將作監主簿、權知韋城縣事司馬光謹率吏民，具清酌庶羞之奠，致祭于豢龍之神。昔者聖王設官分職，畜擾神物，以爲人用。後世喪業，神寔繼之，知龍嗜慾，服事夏后。王嘉神勞，胙以此土。歲祀超忽，廟貌仍存。闔縣奔走，春秋薦獻。却災致福，保佑斯人。今大夏將盡，而歷時不雨，穀苗槁死，不可復殖。倉廩無儲，民將何恃？民寔神主，神寔民休。百姓不粒，誰供神役？邑長有罪，神當罰之，百姓無辜，神當愛之。天有甘澤，龍寔司之，以時宣施，神寔使之。槁者以榮，死者以生。旱氣消除，化爲豐登。然後自邇及遠，粢盛牲酒，以承事神，永永無斁。伏惟尚饗！

祭齊國獻穆大長公主文 爲兩制諸公作❶

惟靈襲慶皇家，作嬪侯族。環珮爲節，動顧禮文。蘋藻必親，無違婦職。承夫以順，❷教子以慈。純素柔嘉，自忘王姬之貴；肅雍明智，居爲里戚之規。嗚呼！遐福未終，大期奄及。去白日之昭晰，歸下泉

❶ 題注，原無，據《傳家集》補。
❷ 「夫」，《傳家集》作「天」。

之窈冥。宸極惋傷，具僚增欷。祇陳薄薦，庶達菲誠。尚饗！

爲文相作改葬先令公啓殯文❶

某釁惡不天，福祐單薄。旨甘甫備，風樹永違。日月留遷，松檟未植。夙興夜處，心不遑寧。是用物土之良，諏時之吉，改卜宅兆，恭啓攢塗。屬以備位宰司，任隆責大，懇祈退避，恩指莫從，不得臨穴盡哀，憑棺取訣。永言罪負，隕絶復蘇，叩心長號，五内糜沸。

令公祖奠文

日月有期，靈輀將進。遠違故壤，還就佳城。惟靈澹泊安閒，以時就道。山川無壅，徒御不驚。瞻慕攀號，心摧氣結。

令公到墓文

闕塞之陽，伊川之涘，地形爽塏，水脉厚深。惟靈去故就新，永寧茲宅，不騫不圮，保固億年。涕慕之心，昊天罔極。

令公掩壙文

嗚呼！禄不逮親，古人所嘆。重茵列鼎，誰適爲榮？掩坎聚墳，身不親在。羨門既鍵，長夜無晨。瞻望題和，於茲永絶。興言念此，心爽飛飈。觸地號天，肝腸寸絶。

❶ 此題，《傳家集》無「爲文相作」四字。「殯」下，有「祭」字，並有題注：「以下爲丞相作。」

員外啓殯文

惟靈居家孝慈，涖官肅給。如何茂德，不享遐年。爰擇令辰，肇開旅殯。還就祖域，永有依歸。沃酹不親，倍增悲涕。尚饗！

員外掩壙文

日吉時良，已就安宅。祖禰咸在，如從遠歸。英靈有知，足慰冥漠。終古永訣，臨風涕洟。尚饗！

潁川郡夫人焚黄祭文

夫人胄自德門，無禄蚤世。久同困約，不與顯榮。朝推恩渥，追錫嘉命。魚軒翟茀，燭耀重泉。靈而有知，歆戴天寵。尚饗！

啓殯祭文

旅宦飄飖，家無常所。槥櫝未瘞，久寓西郊。逢時之良，還就窀穸。撤攢云始，取道有期。撫事悵然，益增感悼。

祖奠祭文

日月有期，輤輿當發。川塗寖邈，丘隴長歸。伉儷之心，曷勝悲惋。

祭郭侍讀文

維皇祐四年五月壬子，尚書屯田員外郎孫琳、殿中丞司馬光、太子左贊善大夫李端卿、大理寺丞李杲卿、前通州推官楚楷，謹致祭于故侍讀學士郭公之靈。嗚呼！惟公之德，清夷純白。恪慎匪懈，❶勤劬朝夕。文爲國華，行爲士則。抱牘拱編，❷雍容帝側。貧錫之金，坐命之席。絶衆逾倫，恩輝備極。如何不淑，奄從窀穸。某等庸蔽，久泳公恩。承乏下僚，從公外藩。庇其闕遺，誨之話言。如姨如甥，心何敢諼？今茲相顧，失涕來門。瞻望靈帷，薦其蘋蘩。凄風肅然，髣髴如存。嗚呼哀哉！尚饗！

祭范尚書文 以下兩篇爲兩制諸公作❸

嗚呼！天生儁賢，爲國之紀。服休服采，以翼天子。冠帶立朝，正色巇巇。讜言直節，奮不顧己。迺率西師，氐羌率俾。迺贊公台，緝熙物執。乃牧東夏，刑清政理。德實光大，才則茂美。宜其永齡，享有多祉。如何不淑，遠塗中止。輴車過都，頓舍甚邇。奠不手觴，僭痌何已。靈底其衷，歆茲馨旨。尚饗！

祭觀文丁尚書文

惟公抱潔懷真，❹含忠履厚。賦才茂美，逢世休嘉。降集帝庭，回翔禁署。羽儀髦儁，黼黻訓辭。登贊機衡，進參台鼎。物無疵癘，民底乂安。陪貳殿惟，雍容風議。老成之德，中外式瞻。宜享永年，以毗大業。如何不淑，隕此哲人。日月有時，輴車首路。

❶「慎」，原避宋孝宗諱作小字「御名」，今回改。
❷「牘」，原作「讀」，據《傳家集》改。
❸題注，原無，據《傳家集》補。
❹「潔」，《傳家集》作「素」。

興言僚舊，哽涕無從。薄薦醪羞，式歆哀款。尚饗！

諸廟祈雪文

竊以雪霜不時，神寔職之。編室流亡，吏當坐之。今者自秋徂冬，天澤未浹。麰麥既寡，又將槁枯。意者吏不職歟？民無告歟？胡爲困苦，使至此極也！惟神哀民之窮，寬吏之辜。使雪以時降，而麥猶有收。敢不牲酒鼓舞，以承神休。尚饗！

祭黄石公文

維年月日具官某，謹遣某官某，敢以香酒告于黄石公之神。惟公禀天至靈，與聖同契，幽贊人傑，光啓漢家。廟食于今，千有餘祀。惟是鄆土，居神宇下。曠冬無雪，宿麥將枯。舊廩既罄，新埸無望。老稺遑遑，濱于溝壑。上聖夙夜，苦心焦思。中外百吏，憂愧失圖。❶惟神導天之和，寬上之慮，救民之死，赦吏之罪。使膏澤下濟，土脉僨興，回枯爲榮，變凶成稔。敢不祇率所部遠邇之民，以承事神，永永無斁。尚饗！

爲始平公祭劉大卿文❷

諸廟祈雨祝文

❶「愧」，原爲空格，據《傳家集》補。

❷以下三篇有目無文。《傳家集》卷八十有《祭劉大卿文》，題注「爲始平公作」，以及《諸廟祈雨文》、《諸廟謝雨文》，今收入附録《補佚文一》。

謝雨文

爲始平公祭晉祠文❶

蓋聞誠通無遠，神鑒無幽，始謂不然，迺今知信。屬者時雨稍乏，宿麥未滋。躬謁嚴祠，默伸心禱。回輈再宿，嘉澍響臻。豈懇款之微，克留神聽，寔元元之幸，宜蒙神福。然原陸久燥，根荄未浹，畎畝喁喁，猶有待望。謹以清酤嘉薦，答揚神惠。神當茂布優渥，以終大施。尚饗！

又祭晉祠文

維年月日，具官某謹遣某官某，謹以醪果殽羞，恭薦于某神。惟神宅晉之原，食晉之土。凡在晉境，皆爲神宇。今嘉澤雖豐，霑潤未溥。神心無私，民靡不撫。遠邇之間，奚有捨取？惟神申大前德，均錫靈雨。實我來麰，秀我稌黍。穗棲于田，粒益于庾。爲酒爲醴，永承神祜。尚饗！

雨止謝晉祠文❷

久雨不止，涉于積旬。汙邪既瀦，平原將溢。田恐蕪穢，民憂墊隘。有司恐懼，謀請于神。聰明感通，遽已晴霽。水返其壑，雲歸于山。蔬穀無虧，歲則大熟。蒙神之休，敢愛牲酒。尚饗！

❶ 此題，《傳家集》作「晉祠祈雨文」。
❷ 此題，《傳家集》作「晉祠謝晴文」。

祭雷道矩文

維年月日，陝郡司馬光，謹致祭于士友雷君道矩之靈。嗚呼道矩！氣厚以和，行直且方。謹畏禮律，如循鋒鋩。臨義敢決，若揮干將。無位於朝，憂國遑遑。發憤抗言，忠鯁激昂。遠慮萬世，引之深長。家聲不隕，燁然有光。西戎驕貪，蠶食我疆。縈馬徑前，挺身戰場。敷陳直辭，逆折豺狼。虜氣方沮，斂蹤退藏。如何不淑，罹此疾殃。微息垂盡，遺音琅琅。上嗟王事，未畢而亡；下痛老母，皤然在堂。言終而絶，云誰不傷。嗚呼道矩！短長有時，不可推移。善惡得失，繫人施爲。顯晦窮通，云胡可期。立身如此，可以無悲。獨我友生，煩寃涕洟。恨此膏澤，不霑烝黎。奠以薦誠，魂乎有知。嗚呼哀哉，尚饗！

祭江鄰幾文

嗚呼！他人之生，憎愛糾紛。獨君不然，見之者親。他人之死，議論交集。獨君不然，聞之者泣。問君何修，乃能致此。率其誠心，無有表裏。是宜胡耇，光大顯融。如何不淑，星未五終。平日之遊，晨往夕來。宛其在目，誰能不哀！念君素懷，於物何有？叙兹永違，無若巵酒。尚饗！

三司祭張元常文

惟君寛裕敦篤，外和内直。秀眉廣顙，盛氣揚休。吉德之報，宜蒙遐福。骨相之符，必享永年。如何一朝，兩違所望。凡在僚友，孰不惋傷。奠以薦誠，庶幾來饗。

初除待制祭先公文

光聞禄不及親，古人所歎。重茵列鼎，適足增悲。光弱冠之初，幸塵仕籍。罪多福鮮，繼招凶釁。顧復之恩，闕焉靡報。痛毒愁辛，無忘夙夜。誠不自意，蒙荷餘休。名參侍從，身踐世職。不肖之質，何以似續。慙怍戰兢，不遑啓處。甘旨之養，已無所展。忠直之風，庶幾不墜。力自黽勉，無忝所生，備位諫臣，不敢自遠。瞻望丘壟，涕泗交横。尚饗！

祭潁公文❶嘉祐八年五月作❷

維嘉祐八年五月丁巳，具官司馬光，謹以清酌庶羞之奠，躬薦于故相國贈司空、侍中、潁公之靈。公茂德豐功，布於四海。事存石刻，不敢重陳。念昔先人，久同僚寀。越自童齔，得侍坐隅。撫首提携，愛均子姓。甫勝冠弁，遽喪所天。孤苦惷愚，不能自立。長號四望，誰復顧哀。惟公眷憐，過於平日。既釋縗服，還齒簪裾。舉首朝端，繫公是賴。爰加振拔，俾出泥塗。讎校秘文，討論前載。逮公出牧，兩托後車。推心不疑，言皆見納。立效甚寡，爲負實多。過若丘山，咸加掩覆。善如絲粟，必見褒揚。屢薦其名，徹聞天聽。遂塵清貫，獲備邇臣。今日所蒙，莫非公力。言念恩紀，終身敢忘！承乏諫垣，造請有禁。不親杖屨，殆將再朞。豈意一朝，忽爲

❶「潁」上，《傳家集》有「龐」字。
❷ 題注，原無，據《傳家集》補。

永訣。儀刑在目，訓誨如聞。奄去華堂，長歸幽壤。心焉隕絶，言不成章。英靈有知，臨此薄酹。嗚呼哀哉，尚饗！

告題祭版文 治平四年十月作❶

治平四年十月辛酉，曾孫具官光，敢昭告于曾祖考處士府君、曾祖妣夫人。伏以春秋祭祀，思慕無窮。宜有屏攝，以伸瞻奉。謹以良月吉日，恭題祭版。伏惟尊靈，降監昭格，是憑是依。尚饗！

祭張尚書文 熙寧四年作❷

維熙寧四年月日，女壻具官司馬光，謹以清酌庶羞，祭于故禮部尚書張公之靈。公之德業，衆所尊仰。始終詳實，已載銘文。在昔先公，與公同省。間來問訊，延就中堂。光時弁髦，立侍左右。蒙公一見，許以成人。不卜不謀，遂妻以子。自惟童騃，齒位殊絶。未嘗交語，從何辱知。知己之恩，重於姻戚。没身銜戢，不敢弭忘。聞訃之初，涕零如雨。綴於官守，走哭無從。遠薦醪羞，用辭爲侑。尚饗！

祭獻可文 熙寧四年八月作❸

嗚呼！獻可之亡，海内歎惜。況於親友，惋傷可知。忠直敢言，人人自許。誰知獻可，始末無虧。道不愧心，名高於世，壽夭不校，餘復何言？知我之深，見於臨没。今

❶ 題注，原無，據《傳家集》補。
❷ 題注，原無，據《傳家集》補。
❸ 題注，原無，據《傳家集》補。

兹永訣，文不逮情。嗚呼哀哉，尚饗！

張尚書葬祭文

惟熙寧四年八月日，女壻具官司馬光，謹以清酌庶羞，祭于禮部尚書致仕清河恭安公之靈。日月徂遷，葬期已及。承乏西臺，不敢離局。行不執紼，奠不操卮。引領松楸，悲何有極！尚饗！

祭錢君倚文

維熙寧六年七月己未，陝郡司馬光謹致祭于君倚舍人之靈。嗚呼君倚！好賢如親，就義若渴。非聖不學，唯善是爲。納忠於君，恥後堯舜。竭力於友，志追陳雷。推誠而行，不疑不畏。屢蹈顛沛，終殄悔心。甲科榮名，西掖清貫。君倚之美，兹不足言。始謂吉人，必膺遐福。如何彫謝，曾未二毛。我與君倚，南北殊鄉，哲愚異品。中年相值，情厚故交。飾貌無華，發言必盡。風迹猶在，精爽何之？江山阻長，醪羞微薄。唯期惋怛，可以潛通。嗚呼哀哉，尚饗！

祭董少卿文

維年月日，具位司馬光，謹致祭于鄰幾少卿董兄之靈。兄昔爲夏宰，西鄙用師。賦調雖煩，民不告病。生齒雖衆，訟庭常虚。光實夏民，目所親睹。自兄之去，繼者爲誰？三十年餘，屈指無幾。兄入佐會計，出奉簡書。歷守別藩，所至稱治。民懷其惠，吏畏其明。爲時才臣，屢當劇任。指顧立辦，不廢笑談。與人遊居，雍容愷悌。引年據禮，納禄辭榮。志力精强，謂宜遐壽。如何不淑，奄忽長歸。光既舊且親，荷知爲厚。聞訃哀惋，始不自勝。薄致醪羞，維誠是薦。尚饗！

祭張密學文

惟公幼而孝，長而謹。以文學從仕，以勤力當官。入侍禁嚴，譽處臺省。出敷惠化，周流藩宣。將漕則蓄積豐衍，監邊則民夷懷服。慮無微而不臻，職無煩而不舉。朝倚器幹，時推精力。壽考而終，福禄流厚。今兹自宋遷周，捨卑就燥。卜宅得吉，祖載及期。光等早厠賓客之末，晚陪嗣子之遊。式陳醪羞，用薦衷素。尚饗！

祭陳彦升文

年月日，涑水司馬光謹以香酒膳羞，致祭于彦升之靈。嗚呼！光平生取友，以道相親。如彦升之質直，光所心服。忽焉棄我，惋痛誠深。尚饗！

奠李夫人文

元豐七年十月乙酉，具官司馬光謹遣男某官某，致祭奠于故李尚書夫人之靈。夫人明智而温，柔順而正。知古不泥，從俗不流。禮刑閨門，名播鄉曲。神明保祐，壽考令終。光忝預族姻，素服懿德。敢陳薄酹，式薦微誠。尚饗！

温國文正公文集卷第八十終

補佚文一

章　奏

乞賜諫院新修唐書奏治平元年五月六日

本院舊有國子監所印書籍粗備，惟闕《唐書》。以國家政令多循唐制，得失之監，近而易行。臣等備位諫臣，職在獻納，考尋前載，旦夕所資。乞依學士、舍人院例，特賜新修《唐書》。（《宋會要輯稿》職官三之五三）

乞給假展省父母墳墓奏治平二年二月二十九日

父母墳在陝州夏縣，久不展省，欲乞給假拜掃及焚黄。（《宋會要輯稿》禮三九之一）

乞差劉恕趙君錫同修書奏治平三年四月

自少已來，略涉群史，竊見紀傳之體，文字繁多。雖以衡門專學之士，往往讀之不能周浹，况於帝王日有萬幾，必欲遍知前世得失，誠爲未易。竊不自揆，常欲上自戰國，下至五代，正史之外，旁采他書，凡關國家之盛衰，繫生民之休戚，善可爲法，惡可爲戒，帝王所宜知者，略依《左氏春秋傳》體爲編年一書，名曰《通志》，其餘浮冗之文，悉刪去不載，庶幾聽覽不勞，而聞見甚博。私家區區，力不能辨，徒有其志而無成。頃臣曾以戰國時八卷上進，幸蒙賜覽。今所奉詔旨，未審令臣續成此書，或別有編集？若續此書，欲乞亦以《通志》爲名。其書上下貫穿千餘載，固非愚臣所能獨修。伏見翁源縣令廣南西路經略安撫司勾當公事劉恕、將作監主簿趙君錫，皆習史學，爲衆所推，欲望特差二人與臣同修，庶使早得成書，不至疏略。（《續資治通鑑長編》卷二〇八）

乞罷測驗渾儀所瞻望流星雲氣奏 熙寧二年二月

前代以來，流星或大如杯斗，或有光燭地，或有聲如雷，動人耳目者，方記於史籍，以爲災異。宋朝舊制，司天監天文院、翰林天文院測驗渾儀所每夜專差學生數人，臺上四面瞻望流星，逐次以聞，及關報史館。緣流星每夜有之，不可勝數，本不繫國家休咎，雖令瞻望，亦不能盡記，虛費人工，別無所益。況測驗渾儀近置刻漏，及專用渾儀考察七政，以課諸曆疏密，委實無暇更瞻望流星雲氣。欲乞今後流星雲氣迹狀或異，及於占書有占驗者，委兩天文院具休咎以聞，迹狀關報史館外，其測驗渾儀所更不令瞻望流星雲氣。（《宋會要輯稿》職官一八之八二）

乞罷審覆陝西轉運司所收鹽利及所入粮草奏 熙寧二年七月二十九日

奉詔將三司陝西轉運司見根磨到嘉祐八年至治平四年所收鹽利及所入粮草再行審覆，候見的數，即對范祥任內虧增，并比嘉祐七年至嘉祐三年虧增奏聞。至差權發遣度支判官公事孫構、權發遣戶部判官公事張諷，呼索照證帳案文字，根磨實數，比對虧增，申監議所以憑審覆聞奏。今據孫構等狀，陝西諸州軍例稱專典替罷，帳曆不完，見行根究供報未得。臣看詳國家設制置解鹽一司，置九折博務，本爲沿邊粮草進用。薛向亦只以饒知錢穀，薛向前在陝西，不止於制置解鹽，亦兼本路轉運使。前後兩任，首尾八年，職司久任，無如向者。其陝西一路粮草增虧，皆是向之本職，欲的知向在陝西有功無功，何不直下司取陝西粮草收支較比文狀，勘會薛向兩次到罷季分，一路及沿邊九州軍見在粮草數目。若罷任增於到任，即向在任有功；若罷任虧於到任，即向在任無功，灼然可知。若粮草數虧，其鹽課雖增，有何所濟？此皆事狀確實顯著，不所欺罔者也。何必更令臣等根磨向與范詳任内鹽利增虧？況今已除向江淮兩浙等路制置發運使，所有鹽利增虧雖磨勘得見，亦何所用？伏望省察此理，令臣等更不將三司陝西轉運司見根磨到所有鹽利及所入粮草再行審覆，比對范祥任内增虧，免致邊民虛有煩擾。（《宋會要輯稿》食貨二四之二）

乞將國史實録付翰林院收掌奏 熙寧二年十月九日

近領史館修撰，所有龍圖閣抄寫國史一部，欲乞依仁宗時所降指揮，付本院收掌。并新修仁宗、英宗《實録》亦各寫一本，留本院。（《宋會要輯稿》職官一八之七九）

乞依實注曆更不進退朔望奏 熙寧二年十月十三日

衆曆官稱久來注曆須朔，並不曾注在十

七日望，欲進朔在己未，以就十六日望，朔在月二日也。所有來年注曆，八月戊午朔、甲戌望，欲乞更不進退。仍自今後所行之曆，依本經法，遇有望在十三日或十七日者，并令依實注曆。其於交蝕氣節之類，有所妨礙，須至進退朔望者，自合依本法。（《宋會要輯稿》運曆一之八）

武舉人試策優并挽弓及把者皆許就試奏

熙寧三年八月

奉職考試武舉人，而法當先試弓馬，若合格即試策。緣弓馬者選士卒之法，非所以求將帥者也。不幸而不能挽强馳突，則有策略將帥之才，不得預試，恐非朝廷建武舉人之意。況試弓馬法，挽與把齊猶不應格。自今欲乞試策優，并挽弓及把者，皆聽就試。（《續資治通鑑長編》卷二一四）

論王安石疏 熙寧四年二月

臣之不才，最出群臣之下，先見不如呂誨，公直不如范純仁、程顥，敢言不如蘇軾、孔文仲，勇決不如范鎮。誨於安石始知政事之時，已言安石爲姦邪，謂其必敗亂天下。臣以謂安石止於不曉事與很愎爾，不至如誨所言。今觀安石引援親黨，盤據津要，擯排異己，占固權寵。常自以己意陰贊陛下內出手詔，以決外廷之事，使天下之威福在己，而謗議悉歸於陛下。臣乃自知先見不如誨遠矣。純仁與顥皆與安石素厚，安石拔於庶寮之中，超處清要。純仁與顥覩安石所爲，不敢顧私恩，廢公議，極言其短。臣與安石南北異鄉，取舍異道，臣接安石素疎，安石待臣素薄，徒以屢嘗同寮之故，私心眷眷，不忍輕絶而預言之，因循以至今日。是臣不負安石，而負陛下甚多。此其不如純仁與顥遠矣。臣承乏兩制，逮事三朝，於國家義則君臣，恩猶骨肉。覩安石專逞其狂愚，使天下生民被荼害之苦，宗廟社稷有累卵之危，臣畏懦惜身，不早爲陛下别白言之。軾與文仲皆疏遠小臣，乃敢不避陛下雷霆之威、安石虎狼之怒，上書對策，指陳其失，隳官獲譴，無所顧慮。此臣不如軾與文仲遠矣。人情誰不貪富貴、戀俸禄，鎮覩安石熒惑陛下，以佞爲忠，以忠爲佞，以是爲非，以非爲是，不勝憤懣，抗章極言，自乞致仕，甘受醜詆，杜門家居。臣顧惜禄位，爲妻子計，包羞忍恥，尚居方鎮。此臣不如鎮遠矣。臣聞居其位者必憂其事，食其禄者必任其患，苟或不然，是爲盜竊。臣雖無似，嘗受教於君子，不忍以身爲盜竊之行。今陛下唯安石之言是信，安石以爲賢則賢，以爲愚則愚，以爲是則是，以爲非則非，諂附安石者謂之忠良，攻難安石者謂之讒慝。臣之才識固安石之所愚，臣之議論固安石之所非，今日所言，陛下之所謂讒慝者也。伏望陛下聖恩裁處其罪。若臣罪與范鎮同，即乞依范鎮例致仕；若罪重於鎮，或竄或誅，所不敢逃。（《續資治通鑑長編》卷二二〇）

乞别選人封崇義公以奉周祀奏 熙寧四年十二月

比部員外郎、崇義公、分司西京柴詠管勾周陵祭祀，不遵依式，無肅恭之心。周本郭姓，世宗以后姪爲郭氏後，在位之日，父守禮但以元舅處之。及太祖受禪，其周朝祭享，皆命周宗正少卿郭玘行禮。國家若欲存周後，恐宜封郭氏子孫。若以郭氏絶後，須取於柴氏，雖不得如微子之賢，竊謂其宜擇人爲之。而詠本出班行，不知典故，性識庸猥，加之老病，侮慢憲章，簡忽祭祀，豈可承周後作賓皇家？欲乞朝廷考詳典禮，别選人封崇義公以奉周祀。（《續資治通鑑長編》卷二二八）

奉詔薦舉賢才奏元豐八年六月

昨僭妄上言用人等事，尋準御前劄子：所奏職位卑微，如堪大任者，令具姓名奏入。陛下推心於臣，俾擇多士，無復疑問。臣承命惶恐，惟懼不稱，豈可阿私？竊見吏部郎中劉摯，公忠剛正，終始不變；龍圖閣待制、知亳州趙彦若，博學有父風，内行修飭；朝請郎傅堯俞，清立安恬，淹滯歲久；直龍圖閣、知慶州范純仁，臨事明敏，不畏强禦；朝請郎唐淑問，行己有耻，難進易退；祕書省正字范祖禹，温良端願，修身無缺。此六人者，皆臣素所熟知，節操堅正。雖不敢言遽當大任，若使之或處臺諫，或侍講讀，必有裨益。其人或與臣有親，或有過失，臣竊慕古人内舉不避親，不以一眚掩大德，既蒙訪問，不敢自避嫌疑，致國家遺才。自餘如新翰林學士吕大防、兵部尚書王存、禮部侍郎李常、祕書少監孫覺、右司郎中胡宗愈、户部郎中韓宗道、工部郎中梁燾、開封府推官趙君錫、新監察御史王巖叟、朝議大夫知澤州晏知止、朝請大夫范純禮、知登州蘇軾、知歙州績溪縣蘇轍、承議郎朱光廷，或以行義，或以文學，皆爲衆所推伏。臣雖與往還不熟，不敢隱蔽。伏望陛下紀其姓名，各隨器能，臨時任使。然知人則哲，自古所難，况臣愚陋，加以屏居歲久，與士大夫多不相接，豈敢盡天下之賢才？伏望聖慈博加采訪。如文彦博、吕公著、馮京、孫固、韓維等，皆國之老成，可以倚信，乞亦令各舉所知，庶幾可以參考異同，無所遺逸。❶（《續資治通鑑長編》卷三五七）

乞召文彦博爲相奏 元祐元年閏二月

臣聞《書》曰「人惟求舊」，蓋以其歷事之多也。夫老成之人，輔相累世，如周之太公、周公、召公、畢公，唐之郭子儀、裴度，皆難得之賢臣也。臣竊見文彦博沈敏有謀略，知國家治體，能斷大事。自仁宗以來，出將入相，功效顯著，天下之所共知也。年踰八十，精力尚强。臣初除門下侍郎日，已曾奏乞召彦博，置之百僚之首，以鎮安四海。尋蒙陛下遣梁惟簡宣諭，以彦博名位已重，又得人心，今天子幼沖，恐其有震主之威，且於輔相中無處安排，又已致仕，難爲復起。臣當時新入朝，恭承詔旨，更不敢復言。今蔡確出知陳州，以臣代之，臣方敢再有敘陳。竊惟彦博一書生耳，年逼桑榆，富貴已極，夫復何求？非有兵權、死黨可畏懼也。假使爲相，陛下一旦欲罷之，止煩召一學士，授以詞頭，白麻既出，則一匹夫耳，何難制之有？震主之威，竊恐防慮太過也。若依今官制，用之爲相，以太師兼侍中行左僕射，亦有何不可？儻不欲以劇務煩老臣，則凡常程文書，只委右僕射以下簽書發遣，惟事有難決者，

❶《長編》原注云：「此奏得之《雜録》，不著姓名。其首云『今月二十五日僭妄上言』，用推究本末，蓋司馬光也。但光集獨無此，亦無二十五日所奏用人事。當考。」

方就彦博咨稟，在陛下臨時優禮耳。自古國家藉其才謀，致仕復起者，蓋非一人，何爲不可？彦博今年八十一，朝廷不過得其數年之力耳，願急用之。臣但乞爲門下侍郎，彦博爲政，庶亦時有小補。今不以彦博爲首相，而以臣處之，是猶舍騏驥而策駑駘，棄璵璠而收碔砆。臣竊爲朝廷惜之。臣今自書此劄子，不令人見，陛下若允臣所奏，乞自以聖意行之。若以已除臣左僕射，難以無故以他人易之，則臣欲露表舉彦博自代。乞御批依臣所奏，以臣表付學士院草麻施行。（《續資治通鑑長編》卷三六八。又見《容齋四筆》卷七）

舉程頤爲崇政殿説書奏元祐元年三月

今月二十一日，中使陳衍奉宣聖旨，問臣來日程頤上殿，若奏對有取，當除以何官職，不可太輕，亦不可太重。若令在經筵，當與何名目？臣竊惟程頤本以布衣，守道不仕。昨朝廷除幕職官西京教授，頤曾固辭。及朝廷召赴闕，除宣德郎、校書郎，頤又辭。卑官在經筵者，惟有崇政殿説書。若以新所除官充崇政殿説書，足爲超擢。但恐頤堅辭不敢受耳，更乞聖意裁度。（《續資治通鑑長編》卷三七三）

乞委文彦博行尚書左僕射事奏元祐元年四月

彦博勳德爵齒遠在臣前。今恩制已除臣左僕射，若以彦博行尚書左僕射，臣守右僕射，則事體俱正。仍乞差内臣一員，往西京宣彦博赴闕。所有合行恩禮次第，臣久在外，不一一諳悉，乞候麻制下日，悉委有司檢

詳典故聞奏。（《續資治通鑑長編》卷三七四）

乞令執政就文彦博宅咨謀國之重事奏 元祐元年五月

臣前日承準御前劄子，以范純仁、朱光庭等上言文彦博不當煩以宰相職事，令別議優禮。臣當時恐稽留聖問，不暇仔細檢詳典故。但聞晉太傅鄭沖乞致仕，詔以壽光公就第，國之大政，皆就咨之。又以近日如臣之人微位輕者，以久在病假，執政猶奏知來至臣家商量公事。況彦博宿德元老，理無不可，遂率爾奏對，稱或非時有重事，令執政就宅咨謀。今再準御前劄子，問臣有無典故。臣實別無所據，其疏略僭妄之罪，甘伏重誅。若聖意以執政就宅咨謀爲太重，臣謹按：故宰相王旦守太尉兼侍中，許五日一赴起居，每起居日入中書。或遇軍國重事，不限時日，并令入預參決。今若令彦博依王旦故事，未審可否，乞賜裁決。（《續資治通鑑長編》卷三七六）

乞專護上約及二股河堤岸奏 熙寧二年三月

治河當因地形水勢，若彊用人力，引使就高，横立堤防，則逆激旁潰，不惟無成，仍敗舊績。臣慮官吏見東流已及四分，急於見功，遽塞北流。而不知二股分流，十里之内，相去尚近，地勢復東高西下。若河流併東，一遇盛漲，水勢西合入北流，則東流遂絶；或於滄、德堤埽未成之處，決溢横流。雖除西路之患，而害及東路，非策也。宜專護上約及二股堤岸。若今歲東流止添二分，則此去河勢自東，近者二三年，遠者四五年，候及

八分以上，河流衝刷已闊，滄、德堤埽已固，自然北流日減，可以閉塞，兩路俱無害矣。（《宋史》卷九一《河渠志》一）

表❶

慰太皇太后上仙表

臣今月二十三日蒙西京宣示二十日太皇太后遺誥者。旻天降禍，仙馭上賓。奉訃哀惶，罔知所措。伏以太皇太后作配仁祖，聽政英朝，洪基所以固安，景命由其保祐。風化形於海内，德澤結於民心。宜永享東朝之尊，長膺天下之養，而中壽未至，大期有終。哀纏兩宫，痛浹萬宇。恭惟皇帝陛下孝心罔極，號慕難居。瞻内寢以如存，追慈顔而靡及。伏望上爲宗廟之重，下庇烝民之生，少抑聖情，俯就中制。臣忝列侍從，不獲奔赴闕庭，瞻望宸極。（《傳家集》卷一七）

進資治通鑑表❷

臣光言：先奉勑編集《歷代君臣事迹》，又奉聖旨賜名《資治通鑑》，今已了畢者。伏念臣性識愚魯，學術荒疏，凡百事爲，皆出人下，獨於前史，粗嘗盡心。自幼至老，嗜之不厭。每患遷、固以來，文字繁多，自布衣之士

❶ 按《傳家集》表類較《文集》多出若干篇，然多爲范祖禹代作，今僅録其不見於《范太史集》者。

❷ 按晁補之《晁氏客語》云：「《資治通鑑》成，范純夫爲温公草《進書表》，簡謝純夫云：『真得遇心所欲言而不能發者。』温公書帖，無一字不誠實也。」此表當亦范祖禹所草。然不見於《范太史集》，蓋司馬光改定，今仍收入光集。

讀之不徧，況於人主，日有萬機，何暇周覽？臣常不自揆，欲删削冗長，舉撮機要，專取關國家興衰、繫生民休戚，善可爲法、惡可爲戒者，爲《編年》一書，使先後有倫，精粗不雜。私家力薄，無由可成。伏遇英宗皇帝資睿智之性，敷文明之治，思歷覽古事，用恢張大猷，爰詔下臣，俾之編集。臣夙昔所願，一朝獲伸，踊躍奉承，惟懼不稱。先帝仍命自選辟官屬，於崇文院置局，許借龍圖、天章閣、三館秘閣書籍，賜以御書筆墨繒帛及御前錢，以供果餌，以内臣爲承受。眷遇之榮，近臣莫及。不幸書未進御，先帝違棄群臣。陛下紹膺大統，欽承先志，寵以冠序，錫之嘉名。每開經筵，常令進讀。臣雖頑愚，荷兩朝知待如此甚厚，隕身喪元，未足報塞。苟智力所及，豈敢有遺？會差知永興軍，以衰疾不任治劇，乞就冗官。陛下俯從所欲，曲賜容養，差判西京留司御史臺及提舉嵩山崇福宫，前後六任，仍聽以書局自隨，給之禄秩，不責職業。臣既無佗事，得以研精極慮，窮竭所有，日力不足，繼之以夜。徧閲舊史，旁采小説，簡牘盈積，浩如煙海，抉擿幽隱，校計毫釐。上起戰國，下終五代，凡一千三百六十二年，修成二百九十四卷。又略舉事目，年經國緯，以備檢尋，爲目録三十卷。又參考群書，評其同異，俾歸一塗，爲考異三十卷。合三百五十四卷。自治平開局，迨今始成，歲月淹久。其間牴牾，不敢自保，罪負之重，固無所逃。中謝。重念臣違離闕庭十有五年，雖身處于外，區區之心，朝夕寤寐，何嘗不在陛下之左右？顧以駑蹇，無施而可，是以專事鉛槧，用酬大恩，庶竭涓塵，少裨海嶽。臣今筋骸癯瘁，目視昏近，齒牙無幾，神識衰耗，目前所爲，旋踵遺忘。臣之精力，盡於此書。伏望陛下寬其妄作之誅，察其願忠之意，以清閒之燕，時賜省覽，監前世之興衰，考當今之得失，嘉善矜惡，取是捨非，足以懋稽古之盛德，躋無前之至治。俾四海群生，咸蒙其福，則臣雖委骨九泉，志願永畢矣。（《傳家集》卷一七）

謝門下侍郎表

臣光言：近上表辭免新除門下侍郎恩命，伏奉批答不允者。母慈臨御，嗣聖亮陰，登進弼臣，眷求舊物。才非稱任，辭不獲從。中謝。伏念臣出自諸生，幸承素業，守泥古之朴學，乏經世之遠猷。逮事仁皇，備員諫省，容逆鱗之愚直，無補袞之嘉謀。會英祖之纂承，進河圖之近密，最膺異禮，深亮孤忠。及先皇即政之初，被内相代言之命，委司天憲，擢貳樞鈞。終獲遂於懇辭，盖曲成於志守。而臣涓埃罔效，精力早衰，出守無能，分臺得請。留連祠館，荏苒歲華。不圖仙駕之升，永絶清光之望。伏遇皇帝陛下丕承洪緒，寅御中區。訪落之謀，亟先於群辟；賜還之詔，屢出於中宸。起於林壑之中，處以廟堂之上。矧今始初政事，綏靖邦家，四方翹首以向風，萬姓傾心而聽上。斯乃君臣儆懼之日，宗社安危之機，必得非常之才，以濟維新之治。臣避命弗獲，居寵爲憂。謹當承元首之明，竭股肱之力，庶圖薄效，仰答鴻私。臣無任戴天荷聖激切屏營之至。（《傳家集》卷一七）

上皇帝謝賜生日禮物表

臣光言：伏蒙聖恩，以臣生日，特降詔

書賜臣米麵羊酒者。使車傳命，宸檢頒恩，乃眷微生，特推異數。中謝。伏念臣本由孤進，歷事先朝。屬睿哲之統臨，承贊襄之乏使，無嘉謀之云補，有素食之深譏。適當生育之辰，倍切劬勞之感。累茵列鼎，思負米以難追；立身揚名，在顯親而何有。敢煩君賜，下逮家庭。雖邦禮之有常，在臣愚而曷稱？此蓋伏遇皇帝陛下寵優近列，仁育群生，隆餼廩之多儀，廣雲天之麗澤。先事後得，顧慙錫與之榮；移孝爲忠，誓竭糜捐之節。（《傳家集》卷一七）

上太皇太后謝賜生日禮物表

臣光言：伏蒙聖慈，以臣生日，特降詔書，賜臣米麵羊酒者。至仁垂眷，多物分頒，拜賜惟優，汗顏有靦。中謝。伏念臣器能淺陋，術學迂疎，仰膺簡注之隆，進備弼諧之職。適及始生之旦，復叨厚下之恩。及養無因，感劬勞於茲日；致禮有秩，蒙慶澤以自天。此蓋伏遇太皇太后陛下坤厚兼容，母慈廣被，重近司之責任，推異數以勸官。特加餼廩之儀，以示寵光之渥。所生無忝，敢忘夙夜之勤；來事可爲，益圖忠義之報。（《傳家集》卷一七）

進稽古録表❶

臣光言：竊以九州四海，一日萬幾，將察知民物之性情，蓋布在文武之方策。雖歷年多而舉其大要，則用力少而見夫全功。恭

❶ 按此文亦收入黄庭堅文集，題作「代司馬丞相進稽古録表」。

以皇帝陛下富有春秋，敉寧方夏。念終始典於學，於緝熙單厥心，延登老成，親近觀講。發《論語》章句，探經藝之同歸；誦寶訓丁寧，憲祖宗之不易。有本如是，實惟濫觴。惟稽古堯舜之舊章，惟信史《春秋》之成法，高山可仰，覆轍在前。其興亡在知人，其成敗在立政。或當艱難之運，而不能師用賢智；或有隱惻之意，而無以照知忠邪。載籍之編，患乎太漫；鑒觀之主，力不暇遑。敢用芟夷，略存體要。由三晉開國，迄於顯德之末造，臣既具之於《歷年圖》；自六合爲宋，接乎熙寧之始元，臣又著之於《百官表》。乃若威烈丁丑而上，伏羲書契以來，對越神人，可用龜鏡，悉從論纂，皆有憑依。總而成書，名爲《稽古録》二十卷，因仍書局繕寫奏篇。兹冒昧以上陳，助聰明之遠覽。臣光中謝。恭惟太皇太后陛下定九鼎以守天下之重器，乘六龍以御古今之正權。思齊之功，啟佑聖學；過物之濟，燕及宗祧。至於法弊於涼而改爲，官非其人而變置，御戎之策上下，措國之勢安危。據舊以鑒新，去彼而取此。陶成萬化，簡在兩宮。七廟乘無疆之休，微臣與不朽之業。干冒宸扆，無任司馬光進表。（《四部叢刊初編》本《稽古録》卷首）

乞宮觀表

竊以不能者止，蓋量力以効忠；有疾則辭，豈愛身而避事？輒殫悃愊，上瀆高明。中謝。伏念臣學古迂疎，受材淺薄，惟期不欺而行己，豈謂有志於濟時？徒以辱先朝過聽之知，荷陛下非常之眷，越從散地，擢處近司。雖智力之已窮，諒毫分之無補。屬嬰衰疾，累涉旬時，沉綿幾及於膏肓，羸瘦僅存於皮骨。桑榆向暮，藥物難瘳。未知朝謁之何期，惟恐顛隮之無日。千錢賦禄，豈高卧而可當；三事列居，非養痾之所處。夙宵興念，怵惕匪寧。何待人言，固當自省。伏望皇帝陛下仁深惻隱，明燭幽微，曲成萬物之宜，不奪一夫之守。使其全進退之義，察其無矯激之心，早賜允俞，俾遂安養。伏乞令臣宫觀差遣一任。下情上達，必冀於感通；人欲天從，終期於得請。（《五百家播芳大全文粹》卷七）

書　帖

與范景仁論樂書❶

九月二十一日，某再拜白景仁足下：蒙示房生尺法，云：生嘗得古本《漢書》云：「度起於黄鍾之長，以子穀秬黍中者，一黍之起，積一千二百黍之廣，度之九十分，黄鍾之長，一爲一分。」今文誤脱「之起，積一千二百黍」八字。故自前世以來，累黍爲之，縱置之則太長，横置之則太短。今新尺横置之，不能容一千二百黍，則大其空徑四氂六毫，是以樂聲太高。又嘗得開元中笛及方響，校太常樂下五律、教坊樂下三律，皆由儒者誤以一黍爲一分，其法非是。不若以一千二百黍實管中，隨其短長斷之以爲黄鍾，九寸之管九十分，其長一爲一分，取三分以度空徑，數合則律正矣。景仁此來盛稱此論，以爲先儒

❶ 陳弘謀本《傳家集》收司馬光與范景仁書十篇。《文集》六十二卷、六十三卷僅有五篇。今據陳本《傳家集》補入五篇，即本篇和以下四篇。

用意皆不能到，可以正積古之謬，袪一世之惑。光竊思之，有所未諭者凡數條，敢書布陳，幸景仁教之。景仁曰：「房生家有《漢書》，異於今本。」光按累黍求尺，其來久矣，生所得書，不知傳於何世。而相承積謬，由古至今，更大儒甚衆，曾不寤也。又其書既云「積一千二百黍之廣」，何必更云「一黍之起」，此四字者將安施設？劉子駿、班孟堅之書不宜如此冗長也。且生欲以黍實中，乃求其長，何得謂之「積一千二百黍之廣」？孔子稱：「必也正名乎。」必若所云，則爲新尺一丈二尺，得無求合其術而更戾乎？景仁曰：「度量權衡皆生於律者也。今先累黍爲尺，而後制律，返生於度與黍，無乃非古人之意乎！」光謂不然。夫所謂律者，果何如哉？嚮使古之律存，則歙其聲而知聲，度其長而知度，審其容而知量，校其輕重而知權衡。今古律已亡矣，非黍無以見度，非度無以見律，律不生於度與黍，將何從生邪？夫度量衡所以佐律而存法也。古人所爲制四器者，以相參校，以爲三者雖亡，苟其一存，則三者從可推也。又謂後世器或壞亡，故載之於書，形之於物。夫黍者自然之物，有常不變者也，故於此寓法焉。今四器皆亡，不取於黍，將安取之？凡物之度其長短則謂之度，量其多少則謂之量，稱其輕重則謂之權衡。然量有虛實，衡有低昂，皆易差而難精。等之，不若因度求律之爲審也。房生今欲先取容一龠者爲黄鍾之律，是則律生於量也。量與度皆非律也，捨彼用此，將何擇焉？景仁曰：「古律法空徑三分，圍九分。今新律空徑三分四釐六毫。此四釐六毫者，何從出耶？」光謂不然。夫徑三分、圍九分者，數家言其大要耳。若以密率言之，徑七分者，圍二十有二分也。古之爲數者，患其空積微之大煩，則上下輩之，所爲三分者，舉成數而言耳，四釐六毫不及半分，故棄之也。又律管至小，而黍粒體圓，其中豈無負載庣空之處，而必欲責其絲忽不差邪？景仁曰：「生以一千二百黍積實於管中，以爲九寸，取其三分以爲空徑，此自然之符也。」光按量法，方尺之量所受一斛，此用累黍之法校之則合矣。若從生言，度法變矣，而量法自如，則一斛之物，豈能滿方尺之量乎？景仁曰：「量權衡皆以千二百黍爲法，何得度法獨用一黍！」光按黄鍾所生，凡有五法：一曰備數，二曰和聲，三曰審量，四曰嘉量，五曰權衡。量與衡據其容與其重，非千二百黍不可至於度法，止於一黍爲分，無用其餘。若數與聲，則無所事黍矣，安在其必以一千二百爲之定率也？景仁曰：「生云今樂太高，太常黄鍾適當古之仲呂。」不知生所謂仲呂者，果后夔之仲呂耶？開元之仲呂邪？若開元之仲呂，則安知今之太高非昔之太下耶？笛與方響，里巷之樂，庸工所爲，豈能盡得律呂之正？乃欲取以爲法，考定雅樂，不亦難乎？此皆光之所大惑也。君子之論，無固無我，惟是之從。景仁苟有以解之，使瑩然明白，則敢不斂衽服義，豈欲徒爲此譊譊也。（陳本《傳家集》卷六一）

再與景仁書

九月二十三日，光再拜景仁足下：前者妄爲書，以干聰明，意欲就大君子決所疑也。退而懼曰：房生老儒遠來，景仁方欲就其名，而我難問不置，得無罪於景仁乎？既又自得曰：景仁惟義之從，非人之私也，我又何懼？昨日得所示書，然後釋然。而不我罪而猶我教也，幸甚幸甚！然其中猶有未察愚意，而直以彊辭抗之，此所以憒憒不得飲默，必當自伸者也。景仁曰：「我違群公之議，而下與匹士合，宜獲戾於朋友。」此何言也？光雖不肖，豈肯教景仁枉道上同以取容哉！顧所論何如耳。論苟是歟，雖褐寬博，當從而事之；論苟非歟，雖萬乘之君，滋不受也。若以爲彼貴人也，論雖是當非之；此寒士也，論雖非當是之，亦非中正之道，光所不爲也。景仁曰：如光之説，以尺生律，《漢書》不當先言本起黄鍾之長，而後論用黍之法。是大不然，光非謂太古以來律必生於度也，特以近世古律不存，故返從度法度求之耳，安得不謂之度生於黄鍾之長邪？景仁曰：「安知今之太高，非昔之太下，是不知聲者之論。」是則然矣，然能知聲之正者果誰耶？又曰：「徒知今古樂器之名爲異，而不知其律與聲之同。」夫古今樂器與聲之同，光亦知之，所不知者，今樂之太蔟，或應古樂之大吕，今樂之大吕或應古樂之黄鍾，則非光所及知也。豈徒光耳，自非古之神瞽，誰適知之？景仁曰：「就使得真黍用庶之法，制爲律吕，無忽微之差，乃黄帝之仲吕也。」夫真黍或可得，而律吕不難制，若欲求無忽微之差，則難矣。乃遽以房生之智爲與黄帝同，亦以褒矣。景仁謂光：「欲成其名而知所附，若抱橋浴者。」光始聞景仁論房生尺，則未敢謂之然。當是時，豈前知諸公絀房生之議乎？蓋景仁欲以此抑之，使不敢語宜。苟欲立論求是者，安避此譏哉？避此譏而不爲，非正直也。若乃尺法之可疑者，則前書論之已詳，惟景仁未賜熟察耳，光復何言！若終如是而不可變，則願附景仁之言，以達來世之君子而質是非焉。古之朋友，無不切磋琢磨以明其道，景仁必不罪其不已，從而往返不已也。（《傳家集》卷六二）

與范景仁第四書

某啟：近領正月十二日書，續又領所賜論醫及樂書，教誨勤勤，感藏無已。醫書固難測，《素問》、《巢源》在其中最精奧，誠如所論。光前書所云者，非敢廢棄之也。竊謂醫書治已病，平心和氣治未病。冀景仁既得其本，則末可焚也。然謂《素問》爲真黄帝之書，則恐未可。黄帝亦治天下，豈可終日坐明堂，但與岐伯論醫藥鍼灸耶？此周漢之間，醫者依託以取重耳。古律既亡，胡、李之律生於尺，房庶之律生於量，皆難以定是非。光爲景仁言之熟矣，今不復云。權量雖聖所重，又須更審法制，修廢官，然後政行於四方，恐未可專恃以爲治也。又今之權量，未必合於聖人之權量也。夫中和，樂之本也；鍾律，樂之末也。本巧也，末規矩也。雖不盡善，猶能成器。若規不規、矩不矩，雖使良工執之，猶將惑焉。光是以願景仁銷新鑄之龠斛，不欲使傳於後世。萬一有知樂者，音律既合於古矣，不幸得景仁之器，考之而不合，反以自疑曰：「景仁賢者，豈肯作器以誤我？」更惑於其所學矣。此光之所大懼也，望景仁察之。數日來頓暄，洛城花卉如錦，家兄已到，光未可離此。景仁既許來，千萬勿食言也。（《傳家集》卷六二）

與范景仁第八書

來論云以中和、作樂及養生之議未可

置，必是非有定，乃止此議。上有先聖，下有來哲，是非必有所定。若但以筆舌相攻，則光與景仁借令有老彭壽，是非何時而定耶？是以置之。昨在鄉里作《絶四》及《致知在格物》二論，輒敢録呈。有不合於理處，更告景仁攻難，庶得求其是而從之，勿以前不受教，遂棄之也。（《傳家集》卷六二）

與范景仁第九書

聞景仁欲奏所爲樂，此大不可，恐爲累非細，是非未論，或招悔吝。尚可舉措，所宜慎惜也。區區之懇，盡託尋叟，布之左右，願垂識察。光寧可爲景仁屈服，景仁所論爲是，光所論爲非，不願景仁上此奏也。且景仁所論果是，但存文字傳於後世，必有施行之時，何必汲汲自薦於今日也？切告切告，不可不可！（《傳家集》卷六二）

答程伯淳書

光昨日承問及張子厚謚，倉卒奉對，以漢魏以來此例甚多，無不可者。退而思之，有所未盡。竊惟子厚平生用心，欲率今世之人復三代之禮者也。漢魏以下，蓋不足法。《郊特牲》曰：「古者生無爵，死無謚。」爵謂大夫以上者。《檀弓》記禮所由失，以謂士之有誄自縣賁父始。子厚官比諸侯之大夫，則已貴，宜有謚矣。然《曾子問》曰：「賤不誄貴，幼不誄長，禮也。」唯天子稱天以誄之，諸侯相誄猶爲非禮，況弟子而誄其師乎！孔子之没，哀公誄之，不聞弟子復爲之謚也。子路欲使門人爲臣，孔子以爲欺天。門人厚葬顔淵，孔子嘆不得視猶子也。君子愛人以禮。今關中諸君欲謚子厚，而不合於古禮，非子厚之志。與其以陳文範、陶靖節、王文中子、孟貞曜爲比，其尊之也，曷若以孔子爲比乎？承關中諸君決疑於伯淳，而伯淳謙遜，博謀及於淺陋，不敢不盡所聞而獻之，以備萬一。惟伯淳裁擇而折衷之。（《傳家集》卷六二）

答呂由庚推官手書

光再啓：示諭史院所取文字。光前此亦蒙取稟兩朝所上章疏，光以身今尚存，難將諫草内授史官，但答云：「所上疏内多涉朝廷機密，不敢輒具録上。伏乞朝廷於禁中及中書、密院檢尋，如有可采者，乞下史院修纂。」今來先中丞文字又似不同，子孫正當發揮前烈，垂之不朽。唯於慈壽乞增奉養一事，恐當諱避。其餘言時政闕失、彈奏大臣等事，今日不録申史院，則先公平生事業遂汨没矣。更希裁度。光再啓。（《傳家集》卷六三）

答范夢得書

光前者削奏時將謂宫教二年改官，不知新制乃須五年，得無却成奉滯否。慚悚慚悚！夢得今來所作《叢目》，方是將《實録》事目標出，其《實録》中事應移在前後者，必已注於逐事下訖。假如《實録》貞觀二十三年李靖薨，其下始有靖傳。傳中自鎖告變事，須注在隋義寧元年唐公起兵時；破蕭銑事，須注在武德四年滅銑時；斬輔公祏，須注在七年平江東時；擒頡利，須注在貞觀四年破突厥時。佗皆倣此。自《舊唐書》以下俱未曾附注，如何遽可作《長編》也？請且將新、舊

《唐書》紀、志、傳及《統紀補録》並諸家傳記小説，以至諸人文集，稍干時事者，皆須依年月注所出篇卷於逐事之下。《實録》所無者亦須依年月日添附。無日者，附於其月之下，稱是月；無月者，附於其年之下，稱是歲。無年者附於其事之首尾。如《左傳》稱「初，鄭武公娶于申」之類。及爲某事張本、起本者，皆附事首者也。如衛文公復國之初，言「季年乃三百乘」。因陳完奔齊，而言「完始生筮」，知八世之後成子得政。因晉悼公即位，而言「其命官得人，不失霸業」。因衛北宮文子聘於鄭，而言「裨諶草創，子産潤色」。因吴亂，而言「吴夫概王爲棠谿氏」。注云「傳終言之」之類，皆附事尾者也。有無事可附者，則約其時之早晚，附於一年之下。如《左傳》子罕辭玉之類，必無的實年月也。假使宰相有忠直、姦邪事，無處可附者，則附於拜相時，佗官則附於到官時，或免卒時。具有處可附者，不用此法。但稍與其事相涉者即注之，過多不害。假如唐公起兵，諸列傳中有一兩句涉當時者，但與注其姓名於事目之下。至時雖別無事迹可取，亦可以證異同者日月也。嘗見道原云只此已是千餘卷書，日看一兩卷，亦須二三年功夫也。俟如此附注俱畢，然後請從高祖初起兵修《長編》，至哀帝禪位而止。其起兵以前、禪位以後事，於今來所看書中見者，亦請令書吏別用草紙録出。每一事中間，空一行許素紙。以備翦開粘綴故也。隋以前者與貢父，梁以後者與道原，令各修入《長編》中，蓋緣二君更不看此書。若足下止修武德以後、天祐以前，則此等事盡成遺棄也。二君所看書中有唐事，亦當納足下處修《長編》耳。其修《長編》時，請據事目下所該新舊紀、志、傳及雜史、小説、文集，盡檢出一閱。其中事同文異者，則請擇一明白詳備者録之。彼此互有詳略，則請左右采獲，錯綜銓次，自用文辭修正之，一如《左傳》敘事之體也。此並作大字寫。若彼此年月、事迹有

静以待之爲愈也。□□知念，故敢盡言無隱。光上。

朝旨若一旦以局無用，徒費太官令廢罷者，吾輩相與收斂筆硯歸家，與鄭、滑諸官何異，又何耻耶？但恐去此爲他官，負耻益多耳。（《增節入注附音司馬温公資治通鑑》卷一，元初張氏晦明軒刻本）

與范祖禹帖一

按《鄧仲華傳》：仲華内文明，篤行淳備，輒欲更表德曰「淳備」。既協吉夢，又可止訛，且與令德相應。未審可否。（上海古籍出版社校點本《梁谿漫志》卷三）

與范祖禹帖二

昨夕再思，「淳備」字太顯而盡，不若單字淳。臨時配以甫，子而稱之，五十則稱伯仲，亦猶子路或稱季路是也。如何如何？

（上海古籍出版社校點本《梁谿漫志》卷三）

與宋次道書

某自到洛以來，耑以修《資治通鑑》爲事，於今八年，僅了得晉、宋、齊、梁、陳、隋六代以來奏御，唐文字尤多，託范夢得將諸書依年月日編爲草卷，每四丈截爲一卷，自課三日爲删一卷，有事故妨廢則追補。自前秋始删，到今已二百餘卷，纔至大曆末年耳。向後卷數又須倍此，共計不減六七百卷，更須三年方可粗成編。又須細删，所存不過數十卷而已。（影印文淵閣《四庫全書》本《緯略》卷一二。又見《苕溪漁隱叢話》後集卷二二）

除門下侍郎謝宰執啟

祗奉恩綸，進參國論，力避不獲，冒處尤慚。伏念某識謝通才，學非貫道。荷三朝之眷遇，極四禁之清華，備顧問於經幃，班詔條於藩服。緣衰殘而自乞，庇冗散以取容，彌歷歲時，優游田里。比卒陳編之業，亟塵秘殿之班。誤簡聖知，累紆召札。方朝近陛，遽陟東臺。顧惟朽邁之資，曷稱輔相之任？此蓋伏遇某官燮調鈞化，勵翼帝猷，啟道淵衷，甄收舊物。致兹迂拙，茂對寵休。感佩之私，喻言奚既。（《四庫全書》本《五百家播芳大全文粹》卷二八）

與錢舍人帖

比日前聞君倚有滁州之命，某自時已入四章求自黜。若訟君倚以言獲罪，不當如此之重，乃是自爲道地也，以此不敢與君倚同謫也而已。至今尚未得請，欲留則不得，曉夕皇皇，棲身無所。仰視君倚，如遷者輕舉，計君倚亦不用此戚戚也。以著令，不得躬往致餞。（《四庫全書》本《五百家播芳大全文粹》卷六三）

集序帖

集序前日已白景仁，更請一簡咨之。光非敢憚煩，但以荒惡，冠於相公文筆之前，太爲不知量故也。惶悚惶悚！繇承示諭，以相公作御史時曾乞召還孔、范，其草在否？得所資也。光再拜太傅，十九日。（《叢書集成初編》本《寶真齋法書贊》卷一一）

與文同小簡

某再啟。特承寵惠詩序石刻，渺然想見與可襟韵。游處之狀，高遠蕭灑，如晴雲秋月，塵埃所不能到。某所以心服者，非特詞翰之美而已也。某再拜。（《丹淵集》附録《諸公書翰詩文》）

與姪帖

叔五月二十三日到京，與八哥哥以下俱安。八哥哥飲食起居甚健，殊不似去年在鄉里時，不用憂得。光近蒙聖恩除門下侍郎。此皆祖考餘慶，家門厚福，致兹忝竊，誠爲多幸。然光素無才能，加以衰老，久在沈散，絶望顯榮。一朝陞擢，出人意表，舉朝之人悉非舊識，逆見忌嫉者何可勝數？而獨以愚直之性處於其間，如一黄葉在烈風中，幾何其不危墜也！是以受命以來，有懼而無喜。汝輩當識此意，倍須謙恭推讓，伏弱於人，不可恃賴我聲勢，作不公不法，攪擾官方，侵凌小民。使爲鄉人所厭苦，則我之禍皆起於汝輩，如曹侍中兒帶累曹侍中，貶隨州自縊死也。且當共相愛惜。我身若危，則汝輩亦不如人也。我待牒縣令榜街市，豫先約束汝輩，所以曲相保全，使不陷於刑法，且莫怪也。時熱，且各好自將息。叔報五通直以下，六月三日。（《古今圖書集成》家範典卷七六，《淵鑑類函》卷二四五）

遺都下友人書

晦叔進用，天下皆喜，以爲治表。聞其

猶力辭，光不敢致書，君宜勸之早就職。（《三朝名臣言行後録》卷八，《宋史資料萃編》本）

與范鎮論立皇子書

此大事，不言則已，言一出，豈可復反？願以死争之。（《適園叢書》本《東都事略》卷八七上）

與人書

草妨步則薙之，木礙冠則芟之，其他任其自然。相與同生天地間，亦各使遂其生耳。（《宋稗類鈔》卷一四）

與太師書

光啟：自承台候違和，未獲身訊起居，無何，十二日忽苦痰嘔，遂自謁告。尋又病瘡之足連掌底發腫痛，不能履地，害於行步，無由與同列俯伏門下奉望顔色。私心縣縣，晨夕左右。伏計即日飲食復常，下利益少。更乞親近藥物，善自將輔，以養天和。不備。光惶恐再拜太師台座。十七日，謹空。（《停雲館帖》卷六，明拓本）

謝頒賜帖

右，伏蒙尊慈特有頒賜，感佩之至。但積下情，謹奉狀陳謝，伏惟照察。謹狀。月日具位狀。（《四庫全書》本《珊瑚網》上卷三）

兩淮帖

光再覆：伏自兵興，兩淮幾爲棄地，朝

廷雖欲漸謀經理，而兵食闕然，未易倉卒辦也。餘俟後訊詳具，伏乞照知。光再拜。（《六藝之一録》卷三九四）

青胡桃帖

光年五六歲，弄青胡桃，女兄欲爲脱其皮，不得。女兄去，一婢子以湯脱之。女兄復來，問脱胡桃皮者。光曰：「自脱也。」先公適見，訶之曰：「小子何得謾語！」光自是不敢謾語。（《四庫全書》本《邵氏聞見後録》卷二一）

嵩山題字

登山有道，徐行則不困，措足於平穩之地則不跌。慎之哉！（《邵氏聞見録》卷一一）

序　跋❶

資治通鑑目録序

臣聞古之爲史者，必先正其歷以統萬事，故謂之春秋。故崇文院檢討劉羲叟徧通前代曆法，起漢元以來爲長曆，臣昔嘗得其書。今用羲叟氣朔并閏，及采七政之變著於史者，置於上方。又編年之書，雜記衆國之事，參差不齊。今倣司馬遷年表，年經而國緯之，列於下方。又叙事之體太簡，則首尾不可得詳；太煩，則義理相没而難知。今撮新書精要之語，散於其間，以爲目録云。（《四

❶ 寫在書稿後面的文字，司馬光標題作「後」、「後記」、「尾」，今作爲標題採最常用的「跋」。

部叢刊初編》本《資治通鑑目録》卷首）

潛虛序

萬物皆祖於虛，生於氣。氣以成體，體以受性，性以辨名，名以立行，行以俟命。故虛者物之府也，氣者生之户也，體者質之具也，性者神之賦也，名者事之分也，行者人之務也，命者時之遇也。（《四部叢刊三編》本《潛虛》卷首）

潛虛後序

《玄》以準《易》，《虛》以擬《玄》。《玄》且覆瓿，而况《虛》乎！其棄必矣。然子雲曰：「後世復有揚子雲，必知《玄》。」吾於子雲，雖未能知，固好之矣。安知後世復無司馬君實乎？（《四部叢刊三編》本《潛虛》卷末）

切韻指掌圖叙

仁宗皇帝詔翰林學士丁公度、李公淑增崇韻學，自許叔重而降凡數十家，總爲《集韻》，而以賈公昌朝、王公洙爲之屬。治平四年，予得旨繼纂其職，書成上之，有詔攽焉。嘗因討究之暇，科別清濁，爲二十圖，以三十六字母列其上，推四聲相生之法，縱横上下，旁通曲暢，律度精密，最爲捷徑，名之曰《切韻指掌圖》。嗚呼，韻學之廢久矣！士溺於所習，讀書綴文，趣了目前，以至覽古篇奇字，往往有含胡囁嚅之狀。是殆天造神授，以便學者，予不敢私也。❶涑水司馬光書。

（影印文淵閣《四庫全書》本《切韻指掌圖》卷首）

❶「私」，《四部叢刊》本作「秘」。

類篇序

雖有天下甚多之物，苟有以待之，無不各獲其處也。多而至於失其處者，非多罪也。無以待之，則十百而亂；有以待之，則千萬若一。今夫字書之於天下，可以爲多矣。然而從其有聲也，而待之以《集韻》，天下之字以聲相從者無不得也。從其有形也，而待之以《類篇》，天下之字以形相從者無不得也。既已盡之以其聲矣，而又究之以其形，而字書之變曲盡。蓋景祐中諸儒始受詔爲《集韻》之書，既而以爲有形存而聲亡者，不可以貴得於《集韻》，於是又詔爲《類篇》，凡受詔累年而後成。夫天下之物，其多而至比於字書者，未始有也，然而多不獲其處，豈其無以待之？ 昔周公之爲政，登龜取黿、攻梟去蛙之法，無不備具；而孔子之論禮，至於千萬而一有者，皆預爲之説。夫此將以應天下之無窮，故待天下之物，使處如治字書，則物無足治者。凡爲《類篇》，以《説文》爲本，而例有九：一曰，「梘」、「槼」異釋，而「吶」、「㕯」異形，凡同音而異形者，皆兩見也。二曰，天一在年，一在真，凡同意而異聲者，皆一見也。三曰，䏎之在艸，㐱之在㫃，凡古意之不可知者，皆從其故也。四曰，雩，古氣類也，而今附雨；韹，古口類也，而今附音。凡變古而有異義者，皆從今也。五曰，壺之在口，無之在林，凡變古而失其真者，皆從古也。六曰，兂之附天，垕之附人，凡字之後出而無據者，皆不得特見也。七曰，王之爲玉，朋之爲朋，凡字之失故而遂然者，皆明其由也。八曰，邑之加邑，白之加𤏳，凡《集韻》之所遺者，皆載於今書也。九曰，䵲之附小，䊹之附叒，凡字之無部分者，皆以類相聚也。推此九者以求其詳，可得而見也。凡十四篇，目録一篇，每篇分上、中、下，總四十五卷，文三萬一千三百一十九，重音二萬一千八百四十六，具於後云。（汲古閣影宋鈔本《類篇》卷首）

集註揚子序 元豐四年十一月

韓文公稱荀子，以爲在軻、雄之間。又曰：「孟子醇乎醇者也，荀與揚大醇而小疵。」三子皆大賢，祖六藝而師孔子。孟子好《詩》、《書》，荀子好《禮》，揚子好《易》。古今之人共所宗仰，如光之愚，固不敢議其等差。然揚子之生最後，監於二子而折衷於聖人，潛心以求道之極致，至於白首，然後著書，故其所得爲多，後之立言者，莫能加也。雖未能無小疵，然其所潛最深矣，恐文公所云亦未可以爲定論也。孟子之文直而顯，荀子之文富而麗，揚子之文簡而奥。唯其簡而奥也，故難知，學者多以爲諸子而忽之。光少好此書，研精竭慮，歷年已多。今老矣，計智識所及，無以復進，竊不自揆，輒采諸家所長，附以己意，名曰《集註》。凡觀書者當先正其文，辨其音，然後可以求其義。然此特愚心所安，未必皆是，冀來者擇焉。元豐四年十一月己丑，涑水司馬光序。（《百子全書》本《揚子法言》卷首）

集註太玄序 元豐五年六月

漢五業主事宋衷始爲《玄》作《解詁》，吴鬱林太守陸績作《釋正》，晉尚書郎范望作《解贊》，唐門下侍郎、平章事王涯注經及首測。宋興，都官郎中、直昭文館宋惟幹通爲之注，秦州天水尉陳漸作《演玄》，司封員外郎吳祕作《音義》。慶曆中，光始得《太玄》而讀之，作《讀玄》。自是，求訪此數書，皆得之，又作《説玄》。疲精勞神三十餘年，訖不能造其藩籬，以其用心久，棄之似可惜，乃依《法言》爲之集注。誠不知量，庶幾來者或有取焉。其直云宋者，沖子也；云小宋者，昭文郎中也。元豐五年六月丁丑，司馬光序。

（《百子全書》本揚雄《太玄》卷首）

資治通鑑外紀序 元豐元年十月

道原好著書，志欲籠絡宇宙，而無所遺。其著《資治通鑑外紀》十卷，未以傳人，病亟，猶汲汲借人書，以參校己之書，是正其失。氣垂盡，乃口授其子羲仲爲書，凡使撰《外紀序》。皇祐初有詔，士能講經義者聽別奏名。其中所對最精詳，先具疏，次引先儒異説，末以己意斷而論之，凡二十問，所對皆然。主司驚異，擢爲第一。及發糊名，乃進士劉恕，年十八矣。光以是慕重之，始與相識。道原乃其字也。釋褐鉅鹿主簿，遷和川令。英宗雅好稽古，詔光編次歷代君臣事，乃謂光曰：「卿自擇館閣英才共修之。」光對曰：「館閣之士誠多，至於專精史學，臣未得而知，所識者惟和川劉恕一人而已。」上曰：「甚善。」即奏召之共修書。凡數年，史事之紛錯難治者則以諉之，光仰成而已。今上即位，賜名曰《資治通鑑》，道原所編之事皆在《通鑑》之前，故曰《外紀》焉。光尋判西京留臺，奏還書局。後數年，道原至洛歸局中。以元豐元年九月戊戌終，官至祕書丞，年止四十七。嗟乎！以道原之耿介，其不容於人，齟齬以没固宜，天何爲復病而夭之耶！此益使痛惋惝怳而不能忘者也。道原，其先萬年人。祖度爲臨川令，卒官，葬高安，因家焉。元豐元年十月日，涑水司馬光君實序。（《四部叢刊初編》本《資治通鑑外紀》卷首）

解禪偈并序

文中子以佛爲西方聖人，信如文中子之言，則佛之心可知矣。今之言禪者，好爲隱語以相迷，大言以相勝，使學者倀倀然益入於迷妄。故予廣文中子之言而解之，作《解禪偈》六首。若其果然，則雖中國行矣，何必西方？若其不然，則非予之所知也。

忿怒如列火，利欲如銛鋒。終朝長戚戚，是名阿鼻獄。

顔回安陋巷，孟軻養浩然。富貴如浮雲，是名極樂國。

孝弟通神明，忠信行蠻貊。積善來百祥，是名作因果。

言爲百代師，行爲天下法。久久不可掩，是名不壞身。

仁人之安宅，義人之正路。行之誠且久，是名光明藏。

道德修一身，功德被萬物。爲賢爲大聖，是名佛菩薩。（《緇門警訓》卷六，頻伽藏騰一一。《澠水燕談録》卷三）

續詩話序

《詩話》尚有遺者，歐陽公文章名聲雖不可及，然記事一也，故敢續書之。（咸淳刻《百川學海》本《司馬温公詩話》卷首）

書文潞公牘尾

玉爵弗揮，典禮雖聞於往記；彩雲易散，過差可恕於斯人。（《四部叢刊初編》本《詩話總龜》後集卷四八下）

題徽言後

余此書類舉人鈔書。然舉子所鈔獵其詞，余所鈔覈其意。舉人志科名，余志道德。（《直齋書録解題》卷一〇）

題陳洎手書詩稿後

天聖中，先太尉與故相龐公同爲群牧判官，故省副陳公與龐公善，光以孺子得拜陳公於榻下。元豐二年八月乙丑晦，陳公之孫法曹過洛，以公手書詩稿相示，追計五十年矣。嗚呼！人生如寄，其才志之美所以能不朽於後者，賴遺文耳。苟無賢子孫，其湮没不顯於世者，可勝道哉！光竊自悲，侍公之久，今日乃得睹公之文，又喜法曹君之賢，能顯融其先烈，是敢嗣書於群賢之末。涑水司馬光。（《式古堂朱墨書畫記》卷七〇）

類篇後記

寶元二年十一月，翰林學士丁度等奏：「今修《集韻》，添字既多，與顧野王《玉篇》不相參協，欲乞委修韻官將新韻添入，别爲《類篇》，與《集韻》相副施行。」時修韻官獨有史館檢討王洙在職，詔洙修纂。久之，洙卒。嘉祐二年九月，以翰林學士胡宿代之。三年四月，宿奏乞光禄卿直祕閣掌禹錫、大理寺丞張次立同加校正。六年九月，宿遷樞密副使，又以翰林學士范鎮代之。治平三年二月，范鎮出知陳州，又以龍圖閣直學士司馬光代之。時已成書，繕寫未畢，至四年十二月上之。（汲古閣影宋鈔本《類篇》卷末）

箴銘

我箴❶

誠實以啟人之信我，樂易以使人之親我。虛己以聽人之教我，恭己以取人之敬我。自檢以杜人之議我，自反以息人之罪我。容忍以受人之欺我，勤儉以補人之侵我。警悟以脱人之陷我，奮發以破人之量我。遜言以免人之詈我，危行以銷人之鄙我。静定以處人之擾我，從容以待人之迫我。游藝以備人之鄙我，勵操以去人之污我。直道以伸人之屈我，洞徹以解人之疑我。量力以濟人之求我，盡心以報人之任我。弊端切勿始於我，凡事毋俾有私於我。聖人每存心於無我，天下之事盡其在我。（影印文淵閣《四庫全書》本《山堂肆考》卷一三二。又見《宋元學案補遺》卷八）

他箴

讀書知禮之人不可慢他，高年有德之人不可輕他。有恩有義之人不可忘他，無父無

❶ 司馬光有《修己箴五首》，《文集》卷六八已收《勇箴》、《逸箴》、《友箴》三首，今補《我箴》、《他箴》二首。

君之人不可饒他。忠言逆耳之人不可惱他，反面無情之人不可交他。平生梗直之人不可疑他，過後反覆之人不可託他。富貴暴發之人不可羨他，時運未來之人不可欺他。不識高低之人不可保他，不達時務之人不可依他。輕諾寡信之人不可準他，花言巧語之人不可聽他。好評陰私之人不可近他，恃刁撒潑之人不可惹他。飲酒不正之人不可請他，來歷不明之人不可留他。貧窮性急之人須要慰他，顛倒落難之人須要扶他。（《宋元學案補遺》卷八）

布衾銘

藜藿之甘，綈袍之温。名教之樂，德義之尊。求之孔易，享之常安。綺繡之奢，膏粱之珍。權寵之盛，利欲之繁。苦難其得，危辱旋臻。取易舍難，去危就安。至愚且知，士寧不然。顔樂簞食，萬世師模。紂居瓊室，厄爲獨夫。君子以儉爲德，小人以奢喪軀。則斯衾之陋，其可忽諸！（宋刻本《聖宋五百家播芳大全文粹》卷九九）

客位牓❶

司馬温公作相日，親書牓稿揭于客位，曰：「訪及諸君，若覩朝政闕遺，庶民疾苦，欲進忠言者，請以奏牘聞於朝廷。光得與同僚商議，擇可行者進呈，取旨行之。若但以私書寵諭，終無所益。若光身有過失，欲賜規正，即以通封書簡分付吏人，令傳入，光得内自省訟，佩服改行。至於整

❶「客位牓」，《全宋文》作「客住榜」。

會官職差遣、理雪罪名，凡干身計，並請一面進狀，光得與朝省衆官公議施行。若在私第垂訪，不請語及。某再拜咨白。」乾道九年，公之曾孫伋出鎮廣州，道過贛，獲觀之。（《容齋隨筆》卷四）

寃牛文❶

華州村民往歲有耕山者，日晡疲甚，遂枕犂而卧。乳虎翳林間，怒髭摇尾，張勢作威，欲啖而食。屢前，牛輒以身立其人之體上左右，以角抵虎甚力，虎不得食，垂涎至地而去。其人則熟寢，未之知也。虎行已遠，牛且未離其體。人則覺而惡之，意以爲妖，因杖牛，牛不能言而奔，輒自逐之，盡怒而得。愈見怪焉，歸而殺之，解其體、食其肉不悔。夫牛有功而見殺，盡力於不見知之地，死而不能以自明。向使其人早覺而悟虎之害己，則牛知免而獲德矣。惟牛出身捍虎於其人未覺之前，此所以功立而身斃。嗚呼！觀此可以見夫天下之害甚于翳虎，忠臣之功力于一牛，嫌疑之猜過于伏體，不悟之心深于熟寢。苟人主莫或察焉，則忠義之恨何所自别哉！傳稱：妾佯僵而棄酒，上存主父，下存主母，猶不免于笞，固有忠臣獲罪言猶諒夫。客有目牛之事親過而弔焉，予聞其語感而書寃牛云。又自跋曰：是牛也，能捍虎于其人未寤之前，而不能全其功于虎行之後，其見殺宜哉。（《陶朱新録》）

❶「文」，《説郛》所收《陶朱新録》作「問」。文内異文不録。

祭文

祭韓忠獻魏公文[1]

惟公仁義忠厚，得之自然。所施所履，命世之賢。冠登甲科，聲名四傳。聯輝册府，表暴英躔。迴翔諫署，風節孤騫。擢升法從，壯觀近班。賊昊叛命，西領中權。經畫應禦，勤勞累年。戎醜來庭，延登樞府。道德之俊，同時入輔。窒姦塞邪，剗弊除蠹。謗言陰摇，分符以去。中山大齒，太行東西。連開戎府，彈壓羌夷。天聲萬里，雷動神馳。帝思勳舊，召還廟堂。帷幄論道，海寓樂康。仁廟晚年，少陽虛位。天下大本，未有所繫。公常深念，圖建冢嗣。引古盡言，山岳其意。忘身忘家，無所顧忌。聖心感悟，遂定大計。合天符人，英廟主器。夷夏歡呼，聲震天地。千艱萬險，公若平易。六龍飛天，帖無一事。俄膺顯命，今上嗣政。永厚復土，力辭大柄。得殿本邦，均休遂性。未離闕廷，西陲微擾。天子詔公，改帥咸鎬。義不辭難，受命戒道。事寧求還，復守鄉閭。至始閱月，又遷魏都。時議者建，青苗之令。取錢取息，始惠終病。抗疏論列，辭嚴義正。天子動容，賢路交慶。四見炎涼，復臨安陽。燦燦錦衣，煌煌繡裳。願上印綬，十拜封章。宸眷深厚，未頒俞音。遽嘆逝川，莫伸素志。嗚呼哀哉！自公之薨，城邑田裏，老壯童幼，咨嗟涕泗。非德感人，孰能如是？位居將相，殆將二紀。萬鍾之禄，隨得隨施。姻親僑客，賴公以濟。蓋

[1] 此題，《全集》卷一百八題作「祭韓魏公文」。

棺之日，所餘無幾。清白之風，照耀來世。某之稚愚，少有倫比。久參賓從，納顧特異。朝教暮誨，意均子弟。粗有成立，皆公之賜。撫膺長號，肝膈將毁。奠以敘哀，痛無窮已。英靈不昧，敢冀歆此！（宋刻本《聖宋五百家播芳大全文粹》卷八四）

祭周國太夫人文

某辱前丞相之深知，荷太夫人之懿德，趨走門下，累紀於兹。每登堂拜伏，或違離在外，撫存問遺，一均子姓。何期一旦，永不侍前？薄具薦誠，悲號摧絶。嗚呼，尚享！（宋刻本《聖宋五百家播芳大全文粹》卷九一）

代王懿臣祭故秦帥蔡密學文

惟靈德涵深淳，學貫根柢。頡頏儒館，陟降文陛。在昔英廟，粤遇潛邸。龍飛九天，首被褒禮。乃處禁掖，書詔有體。乃直樞府，出帥隴坻。行有前纛，居有列棨。秦庭蕭關，相望兄弟。兵威陣形，破竹聚米。朝夕大用，物論所徯。如何彼蒼，不相愷悌！笑語猶在，手足已啓。爾民爾兵，一聲萬涕。旅櫬東返，雨沐煙洗。矢哀以詞，爰薦肴醴。尚享！（《永樂大典》卷一四〇四六）

祭劉大卿文 爲始平公作

維年月日，具位某謹以清酌庶羞之奠，致祭于同年留臺大卿之靈。昔與群儁，同登帝庭。煜如春葩，雜然秀發。歲陽四浹，零落幾盡。如何兹者，又隕伊人！惟君資性純和，雅尚恬漠。委遠繁要，雍容外臺。維汶之陽，寔爲故里。間者相遇，觴咏甚歡。

華軒西征，遠送于野。轍迹未滅，遽以喪歸。永言痌嗟，情何能極。薦奠雖薄，歆兹至誠。尚饗！（《傳家集》卷八十）

祈　文

諸廟祈雨文

間以旱暵，病于稼穡。得請于神，貺之甘澤。來穡以登，民以粒食。荷神之休，永久無極。今兹禾黍尚穉，菽麥未蓺，土壤已槁，霶潤無繼，川澤將涸，螟蜮方熾。婦子遑遑，憂猶未艾。神宜監民之窮，憫物之沴，沃灑嘉生，導迎和氣。庶幾豐穰，克終大惠。敢不鼓舞，以承神事。尚饗！

諸廟謝雨文

間以旱暵，有謁于神。神享其衷，錫以嘉雨。雖高下未浹，遠邇未均，田畝小濡，民意差緩。蒙神之惠，不敢寧居。選牲潔酒，亟伸報賽。惟神嗣降豐澤，克終顯德。尚饗！（《傳家集》卷八十）

傳

文中子補傳

文中子王通，字仲淹，河東龍門人。六代祖玄則，仕宋，歷太僕、國子博士。兄玄謨以將略顯，而玄則用儒術進。玄則生焕，焕生虯。齊高帝將受宋禪，誅袁粲，虯由是北奔魏。魏孝文帝甚重之，累官至并州刺史，封晉陽公，謚曰穆，始家河汾之間。虯生彥，官至同州刺史。彥生傑，官至濟州刺史，封安康公，謚曰獻。傑生隆，字伯高。隋開皇初，以國子博士待詔雲龍門。隋文帝嘗從容謂隆曰：「朕何如主？」隆曰：「陛下聰明神武，得之於天，發號施令，不盡稽古。雖負堯舜之資，終以不學爲累。」帝默然有間，曰：「先生，朕之陸賈也，何以教朕？」隆乃著《興衰要論》七篇，奏之，帝雖稱善，亦不甚達也。歷昌樂、猗氏、銅川令，棄官歸，教授，卒於家。隆生通。自玄則以來，世傳儒業。通幼明悟好學，受《書》於東海李育，受《詩》於會稽夏琠，受《禮》於河東關朗，受《樂》於北平霍汲，受《易》於族父仲華。仁壽三年，通始冠，西入長安，獻《太平十二策》，帝召見，歎美之，然不能用，罷歸，尋復徵之。煬帝即位，又徵之，皆稱疾不至，專以教授爲事。弟子自遠方而至者甚衆，乃著《禮論》二十五篇、《樂論》二十篇、《續書》百有五十篇、《續詩》三百六十篇、《元經》五十篇、《贊易》七十篇，謂之《王氏六經》。司徒楊素重其才行，勸之仕，通曰：「汾水之曲，有先人之弊廬，足以庇風雨，薄田足以具饘粥。願明公正身以治天下，使時和年豐。通也受賜多矣，不願仕也。」或譖通於素曰：「彼實慢公，公何敬焉？」素以問通，通曰：「使公可慢，則僕得矣；不可慢，則僕失矣。得失在僕，公何與焉？」素待之如初。右武侯大將軍賀若弼嘗示之射，發無不中，通曰：「美哉，藝也！君子志道、據德、依仁，然後遊於藝也。」弼不悅而去，通謂門人曰：「夫子矜而愎，難乎免於今之世矣。」納言蘇威好蓄古器，通曰：「昔之好古者聚道，今之好古者聚物。」太學博士劉炫問《易》，通曰：「聖人之於《易》也，没身而已矣，况吾儕乎！」有仲長子光者，隱於河渚，嘗曰：「在險而運奇，不若宅平而無爲。」通以爲知言，曰：「名愈消，德愈長；身愈退，道愈進，若人知之矣。」通見劉孝標《絶交論》，曰：「惜乎，舉任公而毁也，任公不可謂知人矣。」見《辯命論》，曰：「人事廢矣。」弟子薛收問：「恩不害義，儉不傷禮，何如？」通曰：「是漢文之所難也。廢肉刑害於義，省之可也；衣弋綈傷於禮，中焉可也。」王孝逸曰：「天下皆争利而棄義，若之何？」通曰：「捨其所争，取其所棄，不亦君子乎！」或問人善，通曰：「知其善則稱之，不善則對曰，未嘗與久也。」賈瓊問息謗，通曰：「無辨。」問止怨，曰：「不争。」故其鄉人皆化之，無争者。賈瓊問群居之道，通曰：「同不害正，異不傷物。古之有道者内不失真，外不殊俗，故全也。」賈瓊請絶人事，通曰：「不可。」瓊曰：「然則奚若？」通曰：「莊以待之，信以應之，來者勿拒，去者勿追，瀋如也，則可。」通謂姚義能交，或曰簡，通曰：「兹所以能也。」又曰廣，通曰：「廣而不濫，兹又所以爲能。」又謂薛收「善接小人，遠而不踈，近而不狎，頹如也」。通嘗曰：「封禪非古也，其秦漢之侈心乎！」又曰：「美哉，周公之志深矣乎！寧家所以安天下，存我所以厚蒼生也。」又曰：「易樂者必多哀，輕施者必好奪。」又曰：「無赦之國，其刑必平，重斂之國，其財必貧。」又曰：「廉者常樂無求，貪者常憂不足也。」又曰：「我未見得誹而喜、聞譽而懼者。」又曰：「昏娶而論財，夷虜之道也。」又曰：「居近而識遠，處今而知古，其惟學乎！」又曰：「輕譽苟毁，好憎尚怒，小人哉！」又曰：「聞謗而怒者，讒之階也；見譽而喜者，佞之媒也。絶階去媒，讒佞遠矣。」通謂北山黄公善醫，先飲食起居，而後針藥；謂汾陰侯生善筮，先人事而後爻象。大業十年，尚書召通蜀郡司户。十一年，以著作郎、國子博士徵，皆不至。十四年，病終於家，門人謚曰文中子。二子：福郊、福時。二弟：凝、績。

評曰：此皆通之《世家》及《中説》云爾。玄謨仕宋，至開府儀同三司。績及福時之子勔、勮、勃，皆以能文著於唐世，各有列傳。余竊謂先王之六經不可勝學也，而又奚續焉？續之庸能出其外乎？出則非經矣。苟無出而續之，則贅也，奚益哉？或曰：「彼商周以往，此漢魏以還也。」曰：「漢魏以還，遷、固之徒記之詳矣，奚待於續經，然後人知之？必也，好大而欺愚乎，則彼不愚者孰肯從之哉！」今其六經皆亡，而《中説》猶存，《中説》亦出於其家。雖云門人薛收、姚義所記，然予觀其書，竊疑唐室既興，凝與福時輩依并時事，從而附益之也。何則？其所稱朋友、門人，皆隋唐之際將相名臣，如蘇威、楊素、賀若弼、李德林、李靖、竇威、房玄齡、杜如晦、王珪、魏徵、陳叔達、薛收之徒，考諸舊史，無一人語及通名者。《隋史》，唐初爲也，亦未嘗載其名於儒林、隱逸之間，豈諸公皆忘師棄舊之人乎？何獨其家以爲名世之聖人，而外人皆莫之知也？福時又云：「凝爲監察御史，劾奏侯君集有反狀，太宗不信之，但黜爲姑蘇令。大夫杜淹奏凝直言非辜，長孫無忌與君集善，由是與淹有隙，王氏兄弟皆抑不用。時陳叔達方撰《隋史》，畏無忌，不爲文中子立傳。」按叔達前宰相，與無忌位任相埒，何故畏之，至没其師之名，使無聞於世乎？且魏徵實總《隋史》，縱叔達曲避權威，徵肯聽之乎？此予所以疑也。又淹以貞觀二年卒，十四年君集平高昌還而下獄，由是怨望，十七年謀反，誅。此其前後參差不實之尤著者也。如通對李靖聖人之道，曰：「無所由，亦不至於彼，道之方也。必也無至乎。」又對魏徵以聖人有憂疑，退語董常以聖人無憂疑，曰：「心迹之判久矣。」皆流入於釋老者也。夫聖人之道，始於正心、脩身、齊家、治國，至於安萬邦，和黎民，格天地，遂萬物，功施當時，法垂後世，安在其無所至乎？聖人所爲皆發於至誠，而後功業被於四海。至誠，心也，功業，迹也，奚爲而判哉？如通所言，是聖人作僞以欺天下也，其可哉？又曰：「佛，聖人也，西方之教也。中國則泥。」又曰：「《詩》、《書》盛而秦世滅，非仲尼之罪也；虚玄長而晉室亂，非老莊之罪也；齋戒脩而梁國亡，非釋迦之罪也。」苟爲聖人矣，則推而放諸南海而準，推而放諸北海而準，烏有可行於西方，不可行於中國哉？苟非聖人矣，則泥於中國，獨不泥於西方耶？秦焚《詩》、《書》，故滅；使《詩》、《書》之道盛於天下，❶秦安得滅乎？老莊貴虚無而賊禮法，故王衍、阮籍之徒乘其風而鼓之，飾談論，恣情欲，以至九州覆没；釋迦稱前生之因果，棄今日之仁義，故梁武帝承其流而信之，嚴齋戒，弛政刑，至於百姓塗炭。發端倡導者，非二家之罪而誰哉？此皆議論不合於聖人者也。唐世文學之士傳道其書者蓋寡，獨李翱以比《太公家教》，及司空圖、皮日休始重之。宋興，柳開、孫何振而張之，遂大行於世，至有真以爲聖

❶「天下」，原無，據《宋文鑑》補。

人可繼孔子者。余讀其書，想其爲人，誠好學篤行之儒。惜也，其自任太重，其子弟譽之太過，更使後之人莫之敢信也。余恐世人譏其僭而累其美，故采其行事於理可通而所言切於事情者，著於篇，以補《隋書》之闕。

（《四庫全書》本《邵氏聞見後録》卷四。又見《宋文鑑》卷一四九）

錢學士傳❶

錢若水，字澹成，又字長卿，河南人。十歲餘屬文，華山陳摶一見，以爲有仙風道骨。事母以孝聞，所至有譽望，接物必以誠，評人貴賤壽夭多驗。自知不壽，故懇辭勢位，賢士大夫皆宗慕之。有文集二十卷。修《太宗實録》。至道三年春，太宗宴駕，有馴犬號呼不食，詔送陵寢。參知政事李至欲若水書其

事，遺之詩曰：「白麟朱雁且勿書，勸君書此懲浮俗。」若水不從。真宗幸大名，拜御史中丞，令訪近臣邊事，若水奏：「臣聞用兵以伐謀爲上，禦將以用法當先。比者傅潛爲帥，擁數十萬，開關縱寇，殘虐生民，不正典刑，曷懲其後？楊延郎、楊嗣勇於赴敵，奮不顧身，授任尚輕，見功未大。臣願陛下誅傅潛以殉衆，擢嗣、郎以勸能，使諸將承風，各思用命。欲消外侮，必本安邊。用得其人，莫如太祖：郭進在關南，何繼筠處鎮定，隰州則李謙溥，易州則賀惟忠，名不過沿邊巡檢，責其效皆十餘年。闊略其細故，則無畏避之心；就録其功賞，則絶幸遷之意。官卑故易以使，久任故知虜情，間授睿謀，戒其生事，是以西寇北虜不爲外患，已試之效，今皆可

❶ 此文唯見於方志，頗可疑，姑録存備考。

行。」久之，外虜未賓，復詔詢若水備禦剪滅之術，若水言：「臣讀前史，謂自古禦戎無上策，臣竊□之，守在四夷，制勝以静，非上策而何？ 臣聞唐魏博一鎮爾，兵不重於今日，而虜未嘗南牧者，以幽薊爲北門，扼□□□故也。 石晉剖地之後，由定武達滄海，千里受敵，雖□□□□以重兵。 臣以爲未得幽州，未可剪滅也。 蓋先爲萬□□□□勝，此善用兵者也。 夫戰守不同，心將不料，敵重兵□□□□，在内則今之患也。 臣願陛下遠智謀，任邊郡，聽召□□□□部曲而官爲廩給之，又募民爲招收軍，厚其粮賜，□其租賦，供輸兩地，各有親屬，則敵之動息，得以知之。 然無以統衆，則不能用衆，必擇大臣領近鎮，提重兵，有警則督戰，已事則班師，既無舉兵之名，又得馭兵之要。 備禦之方，舉即此矣。 乃若患民力之困，則廣營田；患卒戍之驕，則嚴法令。 願陛下推太祖所以待郭進之心而待諸將，則法令不患不嚴，勸禦不患不至。」上善其議。（乾隆四十四年刊本《河南府志》卷八七）

補佚文二

授門下侍郎謝兩府狀 前兩府同

右某啓：祗奉恩綸，進參國論，力避不獲，冒處尤慙。伏念某識謝通方，學非貫道。荷三朝之眷遇，極兩禁之清華。備顧問於經帷，頒詔條於藩服。緣衰殘而自乞，庇冗散以取容。彌歷歲時，優遊田里，比卒陳編之業，亟塵秘殿之班，誤簡聖知，累紆召扎。方朝近陛，遽陟東臺。顧惟朽邁之姿，曷稱輔和之任。此盖某官燮調鈞化，勵翼帝猷，啓導淵衷，甄收舊物。致兹迂拙茂對寵休，感佩之私，喻言奚既。

謝親王使相狀

右其啓：下同前，此盖某官藩垣帝室，柱石邦基。下同。

謝兩制狀

右某啓：下同前，此盖某官眷私朋類，奬借題評。下同。

回謝外任諸官啓

右某啓：此者叨膺中詔，俾貳東臺，内省無堪，固辭不獲。某才非致遠，學不造微，早遘亨嘉，屢承褒擢，雖竭駑鈆之力，曾微絲髮之功。豈期不次之恩，遽及凡庸之品。此蓋某官義隆推轂，仁及噓枯，顧憐無似之蹤，崇尚相先之美，就兹衰朽，誤被恩私，仍荷眷勤，曲形存誨。仰承謙厚，益重悚惶云。

回北京相公辭免狀

伏審命敷宸扆，秩視台司，榮易節旄，改司宮鑰。恭惟某官，才挺人傑，望崇世臣。識慮造於精微，德業兼於久大。隱若長城之固，嶄然巖石之高。寅亮四朝，公忠一節，久積搢紳之令聞，夙膺當宁之重知。分正成周嘉績，已成於西邑；保釐全魏英聲，仍振於北門。寵數之優，僉謀惟允。豈意謙沖之美，尚兹遜避之勤。宜副勞求，早從譽處。曲承音教，俾及么私，惶愧之深，名言罔迨。

與稍尊及平交啓狀

某啓：時候。伏惟某官尊候萬福。平交則云動止万福。某即日蒙免，未由覲展，伏冀順時，善加保養，卑情不任，勤禱之至。平交則云仍尉勤懷。謹奉啓起居，不宣。謹啓。

月　日具銜姓某啓上

某官閣下

與卑官啓狀

某啓：間別寖久，眷仰增勞。不相識則云久欽令望，徒勞向往。忽辱來書，深以爲慰。無書來則云禮不枉書，無以爲尉。某諸弊少理，首冬薄寒。時候隨月如後。未由欵晤，更希順時，勤自保愛，不宣。謹狀。

月　日具銜姓某狀上

某官左右

回謝賀正狀

伏以人統更端，王春底日，三朝襲吉，萬寶惟新。恭惟某官，德懋惇中，躬函方厚，謹於潔矩，行有宮庭，明以剸煩，政無髖髀，逢皇旦之累洽，立賢基而會昌。履兹今辰，介以休福，未皇脩問，先辱寄聲，慚懅之深，名陳靡及。

回謝賀冬狀

伏以一陽施種，萬彙造端。登魯觀以考祥，參洛圭而致日。恭惟某官，淳和表物，惇大履中，散揮齊敏之才，茂對休寧之運。履兹令序，坌集繁禧。某以官守所嬰，書文未達，敢期謙挹，遽枉誨存，内自揣循，殆無容措。

回遠迎狀

兹者言旋故里，已届近郊，幸展奉之有期，辱誨言之先及，其爲愧悚，靡追敷宣。

又

伏審榮驅騶馭，已届郊畿。諒惟涉履之餘，無爽節宣之適，即諧參候，預集欣愉。

又

伏審夙馳星騎，已次郊畿。未及參承，

先蒙誨問，其爲愧悚，靡逮稱陳。

答董子勉殿丞手書

某啓：違闊寖久，企詠良深。比枉書問，稍慰勤懷。某諸弊少理，首夏清和，末由展奉，惟冀順時，善加愛重。

别帋

某啓：爲别忽數載，頃日荼蓼之苦，赴弔既不以時，自後屢蒙賜書。今春專信來，值某在壽安，比歸，愚子輒以遣回，又不果脩報，積是惰慢，負咎非一。縱寬明垂宥，私自忖度，慙恧反仄，無地自處。即日起居何如？差遣當授何處？氣候煩鬱，惟强食自愛，以爲懇禱。不宣。某再拜。

又啓

寫書后覆觀來示，乃知已授倉局，兼知去冬尊候大不安，重以愛子化去。人生值災運時，往往不一事而止。惟以道寬遣，勿使悲傷，更有所損，切禱切禱。掌庾雖未稱美才，然今兹得之，亦未必不是佳處，勝於倅宰之勞也。來書稱引殊過當，非惟增不肖之罪，亦恐仰累明哲。今往希息此論也。

再答

某啓：初暑起居何似？專人來，蒙貺書，荷意顧之厚，不勝感愧，未涯展謁，第深傾謁。不宣。某頓首。

小簡

某啓：久不脩問，恭惟起居佳裕。每辱不忘，時賜誨筆，感愧何已。某近蒙恩改崇福職葉，益無事於老懶，尤所便也。秋暑未由展奉，祝在加愛。

又

所蒙寵諭，非所敢聞。某以愚鄙無堪，養痾散地，得老林泉幸矣。其它非其志也，慙悚。

慰人父母亡歿狀

某頓首：不意凶變，某官奄棄榮養。奉訃驚怛，不能自已。緬惟孝心純至，思慕號絶，何可堪居。日月流速，奄踰旬朔，或云已踰卒哭、小祥、大祥。哀痛奈何！不審自罹荼毒，氣力何似，惟冀强加餐粥，俯從禮制。某冗役所縻，未由奉慰，悲係增深。謹奉狀。不宣。

與稍卑官啓狀

某啓時候。伏惟某官，動止萬福。某即日幸如宜，未由展奉，惟順時善加保愛，用慰遠懷。謹奉狀。不宣。謹狀。

月　日具銜姓某狀上

某官左右

與提舉留后

某久不接見，方積思企，日憶餘論，適辱

誨筆。方審以足疾在告，不勝怏怏，束於著令，不得躬往候問。惟冀精意藥食，多自愛重。

與錢舍人

某再拜：比日聞君倚有滁州之命。某是時已入四章，求自黜。若訟君倚以言獲罪，不當如此之重，乃是自爲遠地也。以此不敢與君倚同謫而已。至今尚未得請，欲留則不得。曉夕皇皇，橫身無所。抑視君倚如僊者輕舉，計君倚亦不用此爲戚戚也。以著令，不得躬往致餞。

（以上二十二文見《全集》卷九八）

賀李大臨舍人知制誥啓

光膺詔撿，榮踐掖垣，伏惟慶慰。竊以孚號四方，追風烈於前古；垂鴻來世，示軌範於方今。代天之選，既憂得人之慶，尤重眷茲遴選，允副僉諧。恭以紫微舍人性緼粹和，學通幾奧，協大儒之美俗，得君子之時中。蓋材備則其用必周，器大則其成匪易。是以回翔中外，茂建風聲，挺然攬轡之威，乃有擊豪之妙。乃復擢躋侍從，潤色王猷，鼓舞群光，渙汗基命。足以聳多士之素望，爲本朝之輝光。方欣天寵之優，仍竊宮聯之幸。遽煩勤眷，垂示華牋，載窺麗密之詞，徒積感銘之素。（《全集》卷九七）

代韓魏公祭范希文文❶

某謹以清酌庶羞之奠，致祭于資政范公

❶ 此文亦見於韓琦《安陽集》，題作「祭文正范公文」。

之靈。嗚呼哀哉！上天生公，固爲吾宋。以堯舜致吾君兮，❶既忘身而忠國。以成康期吾俗兮，又竭思而仁衆。升贊樞宰，孰云不用。殿撫藩服，孰云不重。何太平之策，噤不得施兮，委經綸於一夢。此一人所以震嗟，而天下爲之深痛。豈止平生之交，得訃音而長慟。嗚呼哀哉！僕始立朝，接公尚疎，道同氣合，千里相符。忝帥于西，乃與公俱。協心畢力，誓翦兇渠。義切王室，情均友于。雖千艱而萬險，仗忠信而如無。僕之望公，公驥僕駑。十駕未逮，敢擬齊驅。人胡弗辨，遂連公呼。自顧無有，愧常汗珠。繄公是託，終履夷塗。叛羌來附，一節同趍。與公並命，參翊萬樞。凡有大事，爲國遠圖。爭而後已，歡言如初。指之爲黨，豈如是乎？道卒與時戾，謂公迂而僕愚。相緣補外，謗毀崎嶇。感公之知，謂死不渝。嗚呼哀哉！定之去青，不遑驛置，自公之東，訊問時至。愛顧日深，❷交朋莫二。蠅頭細書，以詩爲寄。珠貝累幅，氣嚴法備。自云矍鑠，以將厚意。謂公康寧，日保純粹。忽以疾聞，求醫往視。遽然遺介，候公盟寐。會公得潁，肩與赴治，尚煩公答，親筆數字。意公少痊，粗以爲慰。方具書藥，詣公所憩。得元規報，云公永逝。讀之駭泣，手足俱廢。氣填滿膺，食不知味。惟公事君之大方，固始終之一致。有生即有死，雖聖智其安避。所惜者國家待賢而後乂，天胡弗仁而不憖遺？嗚呼哀哉！公之所存，包夔蹈禼。❸雄文奇謀，大忠偉節，❹充塞宇宙，照耀日

❶「以」，原無，據《安陽集》補。
❷「日」，《安陽集》作「益」。
❸「包」，《安陽集》作「履」。
❹「大」，原誤作「天」，據《安陽集》改。

月。前不愧於古人，後可師於來哲。固有良史，直書海内。公説亘億，万世不可磨滅。此爲夭而爲壽兮，諒識者之能别。豈於一奠之間兮，可盡公之德烈。惟是冥然而思，黯然而悲。此生未殞，曾無已時。公乎公乎，知乎不知？尚饗！（《全集》卷一百八）

補佚詩詞

詩

和陳殿丞芍藥

化工餘巧惜春殘，更發濃芳繼牡丹。檀點藏心殷勝纈，異香迎鼻酷如蘭。瓊樓窈窕仙家宅，雲葉低垂醉裏冠。纈子、樓子、兒子、醉西施，皆芍藥名品。自有殊功存藥録，不當獨取鄭詩看。

到任明年旨罷官有作

恬然如一夢，分竹守長安。去日冰猶壯，歸時花未闌。風光經目少，惠愛及民難。可惜終南色，臨行子細看。

和景文議交絶句

邇來友義漸隳頽，直諒多聞貴不回。勢利相交何足道，已知餘耳愧陳雷。

（以上三首見《傳家集》卷六）

超然臺詩寄子瞻學士

使君仁智心，濟以忠義膽。嬰兒手自

撫，猛虎鬚可攬。出牧爲龔黄，廷議乃陵黯。萬鍾何所加，甑石何所減。用此始優游，當官免阿諂。歸時守高密，民安吏手斂。投閒爲小臺，節物得周覽。容膝常有餘，縱目皆不掩。山川遠布張，花卉近綴點。筵賓殽核旅，燕居兵衛儼。比之在陋巷，爲樂亦何歉。可笑夸者愚，中天猶慘慘。

今古路行❶

出門道路多，縱横不我測。我今欲遠行，須問曾行客。徐徐逢路人，咨問青松側。客曰君何往，答曰遊京邑。客乃指要路，而言行有益。古路雖大道，不如今路直。但行今人路，猶如假羽翼。彼客别我去，獨自踟躕立。爲見今古路，無乃須差忒。今路足輪蹄，古路饒荆棘。欲行今人路，恐背古人迹。擬行古人路，今人笑迂僻。又擬不出門，奈有飢寒逼。哀哀於此情，悠悠蒼天色。不避今人嫌，路須行古陌。古陌雖然遠，且保無厥失。勉哉自勉哉，前古難知識。不復見楊朱，萬古凝愁魄。

憶同尋上陽故宫路

上陽門外雲連草，車馬遥遥往來道。昔王遊豫幾何年，今人豈識當時好。明珠翠羽已成塵，道上行人幾番老。當時秋天落宫槐，今此婆娑皆合抱。

（以上三首見《傳家集》卷五）

❶ 此詩又見劉敞《公是集》卷六。

窮兔謠二首

鶻翅崩騰來九霄，兔命迫窄無所逃。秋毫就死忽背躍，鶻拳不中還飛高。安知韓盧復在後，力屈但作嬰兒號。少年秪取一快樂，誰念草根腥血毛。

又

兔營三窟定何在，棘間塹底高丘巔。却行百步方躍入，未免餘蹤留雪田。少年何爲無惻隱，解鷹縱犬薰以煙。人言兔狡非兔狡，窘急偷生真可憐。（《全集》卷二八，又見《傳家集》卷五，可補《文集》卷三之有目無詩）

君貺垂示嵩中祈雪詩十章合爲一篇以醻之❶

今朝少雨天不雪，❷麥寄浮埃根欲絶。聖主焦心憫萬方，❸負扆不怡常膳撤。詔書朝下偏九州，岳瀆百神俱禱求。西都留守虔君命，促駕不敢須臾留。嵩高万仞蟠地中，海内衆山無與雄。前駈大旆擁千騎，波騰馬湧來同宮。❹牲肥酒香籩豆潔，盛服齊明薦毛血。有司執事皆肅然，寶帳神來風窣屑。公心猶畏九閽遥，丹誠不得通青霄。分留導

❶「君」上，《傳家集》有「王」字。「貺」下，《傳家集》有「宣徽」二字。
❷「朝」，《傳家集》作「秋」。「天」，《傳家集》作「冬」。
❸「方」，《傳家集》作「民」。
❹「馬」，《傳家集》作「雲」。

從屯林麓，别張醮具登山椒。山椒迢遰峻無極，行挽枯滕蹋危石。万室嗷嗷愁死飢，敢憚劬勞愛餘力。天門山出俄坦平，下視一世塵杳冥。焚香拜手傾懇側，左右前後皆列星。公今三守三川地，咫尺嵩高未嘗至。詰朝既畢祠事嚴，暫轉鳴珂歷諸寺。少林昔爲達磨居，達磨英靈今有無。庾辭流散滿天下，競以兩手捫空隅。❶法王魏氏離宫牗，土刻狻猊屭猶有。子孫宗廟皆塵灰，止見伽籃存不朽。會善庭隅千歲松，一根三股凌寒空。勢如鼎足挺秀出，❷泠泠永夜吟霜風。少室先生樂閒暇，棄官來家玉峰下。昔爲浪泊據鞍人，令結東陵賣瓜舍。溪上有堂名掛冠，四垣重複皆林巒。呼兒掃地喜公到，隨分絃歌留盡歡。周王太子名聞久，相傳羽化緱山首。鶴飛笙遠窅無迹，遺廟今人空瀝酒。公來本不事遨嬉，周流閭里詢疲羸。親呼令長囑赤子，勿貪名利窮鞭笞。境中群望無不走，回轡仍過鑿龍口。奉先暮投林日曛，浥潤晨征轍冰厚。歸來新詩盈一編，明珠大貝相屬聯。此行雖不從公後，歷歷勝遊皆目前。（見《全集》卷二五，可補《文集》卷四有目無詩）

酬吴仲庶龍圖終南山詩❸

泰山魯所瞻，終南乃秦望。西侵井絡闊，北壓鶉野曠。條梅韞名材，金玉富珍藏。飄風何烈烈，萬物盡摇蕩。屹立不傾倚，勢與厚坤壯。有如牧伯賢，斯民蒙保障。雪霜舉世寒，千里獨重纊。病夫伏閭里，非能事

❶「隅」，《傳家集》作「虚」。

❷「挺」，《傳家集》作「争」。

❸「吴」、「龍圖」，《文集》目録無此三字。

微尚。顧無孤高實，藻飾安可强？景行雖不忘，詎敢承嘉貺。

酬永樂劉祕校庚**四洞詩**

貧居苦湫隘，無術逃炎曦。穿地作幽室，頗與朱夏宜。寬者容一席，狹者分三支。芳草植中唐，嘉卉周四垂。詎堪接賓宴，適足供兒嬉。自問安取法，前脩果慕誰？非如太古民，營窟避寒威；又非學射人，空石專致思；又非沮漆俗，陶復習西夷；又非楚司馬，金奏相賓儀；又非鄭伯有，壑谷甘糟醨；又非越王子，丹穴免憂危；又非張巨和，崇巖立師資。所慕於陵子，欲效蚓所爲。微竅足藏身，槁壤足充飢。養生既無憾，此外安敢知？唯祈膏澤布，歌嘯樂餘滋。豈羞泥塗賤，甘受高明嗤。何言清尚士，善頌形聲詩？困剥固未嘗，井復敢終辭？

（以上二首見《傳家集》卷四）

杕柏寄傅欽之

彼杕者柏，生于崇巒，其葉丸丸。君子爰處，爰處爰遊。匪憂勿憂，其樂休休。彼郁者蘭，生於幽涯，其葉菲菲。君子爰處，爰處爰嬉。靡適弗宜，忘其渴飢。洋洋者舟，汎彼中流，于渚于洲。思其可思，知其可知。其逝勿追，某來勿期。（《傳家集》卷五）

感懷寄樂道

對食寧無愧，銜恩豈免憂。愚公欲轉石，能者正操舟。衢路豺狼立，蓬蒿虺蜴遊。松菂不榮落，天地有春秋。潭底寒蟾滿，霜前紅葉稠。要之無可奈，萍梗任漂流。

和君錫憶同遊龍門

昔曾陪五馬，勝跡昔經行。水落雙崖秀，煙收一水清。人回雲嶺路，鍾到國門聲。別後常東望，飛綏在帝城。

憶同遊瀍上劉氏園

茅茨依曲岸，桃李隱重扃。共入林間路，同刊洞口銘。柳陰分榻坐，石瀨執盃聽。自與山公別，彌年不復經。

感　懷

黄河清濁定難變，白髮新陳空復多。勝事眼前無計奈，不遊不飲欲如何。

正月二十六日同子華相公遊王太尉園

閑說名園乘興來，小桃繁艷間寒梅。主人千里司宮鑰，寂寞殘英委綠苔。

明日相陪送客

仕宦歸來謝世囂，夢魂非復紫宸朝。如何正好睡時節，送客相陪十里遥。

和子華相公上元遊園二首

明月華燈忘衆樂，寒梅危榭與公遊。橫霄午枕鬬春困，準擬連宵醉三甌。

梅簇荒臺目可羞，相君憂賞忘宵遊。未

言美實和羹味，且薦清香泛酒甌。

種竹

種竹不用多，更要堅如玉。但有歲寒心，兩三竿也足。（以上見《全集》卷一一）

又和景仁

峰巒步步新，興趣浩相因。草色如鋪褥，蟬聲若喚人。謾成詩不記，自酌酒無巡。有路即前進，何須更問津。（《全集》卷一五）

贈主人直講邵亢

君家在何許，遠與南城鄰。車馬不甚繁，門前無俗塵。有園廢鉏治，繞舍皆荆榛。蕪入夏益滋蔓，蔘蔘高没人。豈無舊桃李，蕪雜與之均。謂言彼草木，於我奚疎親。放開置取舍，豈得完天真。不若任其然，同受雨露仁。物性且不違，人心何緇磷。閉户不迎客，箕踞無冠巾。苟忘軒冕心，何異巢居民。（《全集》卷二七）

寒食御筵口号二首

雨意沉沉發火餘，夔龍盛集退朝初。酒殽絡繹來丹禁，冠劍參差下玉除。紫鳳歸飛雲爛熳，黄鸝新轉却扶疎。麥禾滿野邊烽息，佳節何妨賦樂胥。

又

聖主褒優鼎軸臣，金觴玉醴照青春。万家煙火朝來静，九陌風光雨後新。飛鸞高翿鷺紫綬，餘花點綴託朱輪。問牛因得觀民俗，不獨嬉遊惜令辰。（《全集》卷二八）

和堯夫先生相招遊夏圃

野迴秋光滿，逕微朝露寒。登高與行遠，餘力尚桓桓。（宋邵雍《擊壤集》卷九附）

酬堯夫招看牡丹

君家牡丹深淺紅，二十四枝爲一叢。不唯春光占七八，才華自是詩人雄。

君家牡丹今盛開，二十四枝爲一栽。主人果然青眼待，正忙亦須偷暇來。（宋邵雍《擊壤集》卷一〇附）

走筆和君錫堯夫

先生洛社坐忘機，大尹朝天去佐時。今日梅花浮别酒，青雲早晚重來披。（宋邵雍《擊壤集》卷一一附）

和堯夫首尾吟

堯夫非是愛吟詩，安樂窩中無所爲。古道白頭無處用，今時青眼幾人知。嵩山洛水長相見，秋月春風不失期。筋力雖衰才思壯，遮年比較未嘗虧。（宋邵雍《擊壤集》卷二〇附）

居洛初夏作

四月清和雨乍晴，南山當户轉分明。更無柳絮隨風起，惟有葵花向日傾。（宋蔡正孫《詩林廣記》後集卷一〇）

集句詩

年去年來來去忙，暫偷閑卧老僧床。驚回一覺游仙夢，又逐流鶯過短牆。（宋陳師道《後山詩話》）

睢陽五老圖

圖謀已就樂時閒，曉向田園喜脱冠。心志不灰猶有策，星長還在尚無桓。朝陽鳴鳳身輕暖，赴壑剛蛇齒健寒。儀表珍藏傳不朽，每於清士敬持看。（清陳邦彦《御定歷代題畫詩類》卷四一）

悼静照堂僧

寶閣灰寒静照新，馬蹄從此踏京塵。金門乞得詩千首，蕭寺歸時老一身。弟子去來渾領袖，交朋存殁半簪紳。西風又剪梧桐葉，不見蒲團舊主人。（清沈季友《檇李詩繫》卷三七）

次韵謝杜祁公借觀五老圖

脱遺軒冕就安閑，笑傲丘園縱倒冠。白髮憂民雖種種，丹心許國尚桓桓。鴻冥得路高難慕，松老無風韵自寒。聞説優遊多唱

和，新篇何惜畫圖看。（清厲鶚《宋詩紀事》卷一四引《鐵網珊瑚》）

句

清茶淡話難逢友，濁歌狂歌易得朋。❶題趙舍人庵。（《苕溪漁隱叢話》前集卷二八）

不肯那錢買珠翠，任教堆插階前菊。九日贈梅聖俞瑟姬歌。（宋陳元靚《歲時廣記》卷三四）

藏鬮新度臘，習舞競裁衣。

不知藏在何人手，卻向尊前鬥弄拳。藏彄（以上宋陳元靚《歲時廣記》卷四〇）

一朝雲路果然登，姓名亞等呼先輩。勸學歌（宋吳枋《宜齋野乘》）

初時被目爲迂叟，近日蒙呼作隱人。（宋黄徹《䂬溪詩話》卷九）

蟬聲若喚人。

薄梗任飄流。

霜花錯節開。

猶將談笑對風塵。（以上宋紹嵩《亞愚江浙紀行集句詩》）

雨濕蓼花千穗紅。蓼花（宋陳景沂《全芳備祖》前集卷一四）

詞

西江月

昔楊元素學士嘗云：端明司馬公剛風勁節，聳動朝野。疑其金心鐵意，不善吐婉媺辭，近得其席上所製《西江月》一篇，雅亦風情不薄。

辭曰：

❶ 上「歌」字，宋黄徹《䂬溪詩話》作「酒」。

寶髻惚惚綰就，鉛華澹澹粧成，紅煙紫霧罩輕盈，飛絮游絲無定。
相見争如不見，有情還似無情，笙歌散後酒初醒，深院月明人静。

又河橋參會

范公鎮景仁，司馬光君實、吕公公著晦叔，熙寧初同在禁林爲學士。于後景仁致仕，君實、晦叔各在外服，至熙寧十年，晦叔移知河陽，景仁、君實游濟源，因參會於河橋。君實即宴作《西江月》辭以道舊并叙别，景仁、晦叔皆依韻賡之，並爲絶倡。

辭曰：

鼇禁十年同舍，河橋三月春風，緑楊陰底一樽同，道舊依稀如夢。
歌罷塵飛酒盞，舞餘花落筵中，主人開宴客西東，此别千金非重。

中吕調踏莎行寄致政潞公

潩水雲深，銅駞風暖，重陽動色輕冰斷。雪花獨共鶺鴒飛，燈光漸與蟾蜍滿。
德行星高，文章錦焕，冥鴻威鳳煙霄伴。脂車須在落梅前，新聲飜入韶華管。（《全集》卷二八）

附録

清黄丕烈文集跋二道

嘉慶丁巳夏，有杭州書友以宋刻《温國文正司馬公文集》介郡城學餘堂書肆示余。余取與案頭所貯抄本相對，其標題《司馬太師温國文正公傳家集》，已與此不合。而序文節去首尾，并誤「劉嶠」爲「劉隨」，不知其何本也。至於年號、官銜，槩從闕略。俾考古者茫無依據，是可慨已。是刻序文一一完善，次列《進司馬温公文集表》一篇，分卷、序次，離合先後多有不同。偶取校勘，雖文義未甚齟齬，而一字一句揔覺舊刻之妙，愛不忍釋矣。問其直，索白金一百六十兩，余以價昂，一時又無其資還之。既而思此書爲明初人收藏本，卷首表文弟一葉末餘紙有硃書一行云：「洪武丁巳秋八月收」八字，有小方印一，其文云：「徐達。」左印有大方印一，其文云：「松雲道人徐良夫藏書。」卷第八十後，空葉有墨書三行云：「國初吴儒徐松雲先生收藏温公集八十卷，缺九卷，雍謹鈔補以爲完書云。弘治乙丑秋九月望日，石湖盧雍謹記。」則此書本爲吴中藏書，不知何時轉入武林，而今又重歸合浦，此一奇也。且松雲收藏在洪武丁巳，而此書之來又在嘉慶丁巳，其間甲子屢更，顯晦亦復幾易，此奇之又奇也。今雖不能即得，或者遲之又久，必俟諸秋八月收，以符前賢之轍邪？閲月有五，學餘主人來云：「此書出君家，徧示郡中藏書者，雖皆識爲宋刻，然所還之價有不及，無過者，曷於前四十之數而益其半乎？」余重是書之刻在宋爲最初本，兼重以徐、盧二公之手澤，使大弓寶玉有歸魯之日，未始非前賢實呵護之，故不惜重資購得。得之日適在秋八月，何巧乃爾？爰誌顛末，以示後之讀是書者，見奇書之出，造物若有以使之然。而聚散既有其地，顯晦又有其時，豈不異哉？讀未見書齋主人黄丕烈識。

嘉慶己未冬十一月既望，裝此書成。夫然而快，然大慊於心也。蓋余自丁巳八月至今，即付裝潢，幾閲二載餘，費且倍於得價。然其書若有待於余之裝潢而始完善者，是書之幸，實余之幸也。初書裝十四册，破爛特甚，買得後驅蠹魚至數百計，且缺葉及無字處每册俱有。乃命工補綴其缺葉，皆誤重於他葉之腹，其無字者，皆漿黏於前後葉之背。始悟當時俗工所爲，以致不可卒讀，苟非精加裝潢，則全者缺之，有者無之，不幾使此書多遺憾耶？用著原委，以見古書難得，即裝潢亦當煞費苦心也。至此本爲宋最初之刻，錢竹汀謂余曰：宋王深寧撰《困學紀聞》，載《温公集》字句多與此刻合，知深寧所見即是本也。世行本以《傳家集》爲最古，今見此紹興初刻，題曰《温國文正司馬公文集》，則《傳家》之名非其最初。及觀周香嚴所藏舊抄本，亦爲卷八十，而標題則曰《司馬太師温國文正公傳家集》。卷末有「泉州公使庫印書局」、「淳熙拾年正月内印造到」云云。又有嘉定甲申金華應謙之并有門生文林郎差充武岡軍軍學教授陳冠兩跋。皆云公裔孫出泉本重刊，是《傳家》又重刊本矣。

文淵閣四庫全書傳家集書前提要

臣等謹案：《傳家集》八十卷，宋司馬光撰。凡賦一卷，詩十四卷，襍文五十七卷，題跋、疑孟、史剡共一卷，迂書一卷，壺格、策問、樂詞共一卷，誌三卷，碑、行狀、墓表、哀辭共一卷，祭文一卷。光大儒名臣，固不以文重，然即以文論，亦所謂辭有體要者。邵伯温《聞見録》記王安石推其文類西漢，不誣也。伯温又稱：「光除知制誥，自言不善爲四六，神宗許其用古文體。」今按集中制詔亦有儷體者，但語自質實，不以駢麗爲工耳。邵博《聞見後録》謂光辭樞密副使疏《傳家集》不載，博獨記之。熙寧中，光嘗論西夏事，其疏亦不傳，惟略見於《元城語録》中。又論張載私謚一書，載《張子全書》之首，稱其真迹在楊時家，本集不載。則亦頗有散佚矣。光所作《疑孟》今載集中，元白珽《湛淵静語》謂爲王安石而發。考《孟子》之表章爲經，實自王安石始，或意見相激，務與相反，亦事理之所有。疑珽必有所受之，亦可存以備一説也。乾隆四十四年五月恭校上。

司馬温公全集序

朝奉郎卬州司録事賜緋魚袋黄革譔

温公事業文章暴耀天下，其人雖亡，其書具存。學者知想慕其人而不知讀其書，蓋亦漫云爾。考公之書，唯《資治通鑑》獨爲精詳，其他文集，不無闕失。昔東坡先生撰公《神道碑》，并《行狀》，得《迂叟集》於其家，以備鋪述。於是見當時廟堂之上，吁俞獻替，多載於此。革頃官青衣，知有此書，先生之表姪謹守固藏，不敢示人。杜友傳道迺今得之，既惜其隱晦不傳，又歎夫書肆之本多所闕失，用是重加編緝，增舊補遺，始克全備，願與學者共之。兹可嘉也。故爲之書。

謹序。

宋史司馬光傳

司馬光，字君實，陝州夏縣人也。父池，天章閣待制。光生七歲，凛然如成人，聞講《左氏春秋》，愛之，退爲家人講，即了其大指。自是手不釋書，至不知飢渴寒暑。群兒戲於庭，一兒登甕，足跌没水中，衆皆棄去，光持石擊甕破之，水迸，兒得活。其後京、洛間畫以爲圖。仁宗寶元初，中進士甲科。年甫冠，性不喜華靡，聞喜宴獨不戴花，同列語之曰：「君賜不可違。」乃簪一枝。除奉禮郎，時池在杭，求簽蘇州判官事以便親，許之。丁内外艱，執喪累年，毁瘠如禮。服除，簽書武成軍判官事，改大理評事，補國子直講。樞密副使龐籍薦爲館閣校勘，同知禮院。

中官麥允言死，給鹵簿。光言：「繁纓以朝，孔子且猶不可。允言近習之臣，非有元勳大勞，而贈以三公官，給一品鹵簿，其視繁纓，不亦大乎。」夏竦賜謚文正，光言：「此謚之至美者，竦何人，可以當之？」改文莊。加集賢校理。

從龐籍辟，通判并州。麟州屈野河西多良田，夏人蠶食其地，爲河東患。籍命光按視，光建：「築二堡以制夏人，募民耕之，耕者衆則糴賤，亦可漸紓河東貴糴遠輸之憂。」籍從其策；而麟將郭恩勇且狂，引兵夜渡河，不設備，没於敵，籍得罪去。光三上書自引咎，不報。籍没，光升堂拜其妻如母，撫其子如昆弟，時人賢之。

改直秘閣、開封府推官。交趾貢異獸，謂之麟，光言：「真僞不可知，使其真，非自至不足爲瑞，願還其獻。」又奏賦以風。修起居注，判禮部。有司奏日當食，故事食不滿分，或京師不見，皆表賀。光言：「四方見、京師不見，此人君爲陰邪所蔽；天下皆知而朝廷獨不知，其爲災當益甚，不當賀。」從之。

同知諫院。蘇轍答制策切直，考官胡宿將黜之，光言：「轍有愛君憂國之心，不宜黜。」詔置末級。

仁宗始不豫，國嗣未立，天下寒心而莫敢言。諫官范鎮首發其議，光在并州聞而繼之，且貽書勸鎮以死争。至是，復面言：「臣昔通判并州，所上三章，願陛下果斷力行。」帝沉思久之，曰：「得非欲選宗室爲繼嗣者乎？此忠臣之言，但人不敢及耳。」光曰：「臣言此，自謂必死，不意陛下開納。」帝曰：「此何害，古今皆有之。」光退未聞命，復上疏曰：「臣向者進説，意謂即行，今寂無所聞，此必有小人言陛下春秋鼎盛，何遽爲不祥之事。小人無遠慮，特欲倉卒之際，援立其所厚善者耳。『定策國老』、『門生天子』之禍，可勝言哉？」帝大感動曰：「送中書。」光見韓琦等曰：「諸公不及今定議，異日禁中夜半出寸紙，以某人爲嗣，則天下莫敢違。」琦等拱手曰：「敢不盡力。」未幾，詔英宗判宗正，辭不就，遂立爲皇子，又稱疾不入。光言：「皇子辭不貲之富，至於旬月，其賢於人遠矣。然父召無諾，君命召不俟駕，願以臣子大義責皇子，宜必入。」英宗遂受命。

兖國公主嫁李瑋，不相能，詔出瑋衛州，母楊歸其兄璋，主入居禁中。光言：「陛下追念章懿太后，故使瑋尚主。今乃母子離析，家事流落，獨無雨露之感乎？瑋既黜，主安得無罪？」帝悟，降主沂國，待李氏恩不衰。

進知制誥，固辭，改天章閣待制兼侍講、知諫院。時朝政頗姑息，胥史喧嘩則逐中執法，輦官悖慢則退宰相，衛士凶逆而獄不窮治，軍卒詈三司使而以爲非犯階級。光言皆陵遲之漸，不可以不正。

充媛董氏薨，贈淑妃，輟朝成服，百官奉慰，定謚，行册禮，葬給鹵簿。光言：「董氏秩本微，病革方拜充媛。古者婦人無謚，近制惟皇后有之。鹵簿本以賞軍功，未嘗施於婦人。唐平陽公主有舉兵佐高祖定天下功，乃得給。至韋庶人始令妃主葬日皆給鼓吹，非令典，不足法。」時有司定後宫封贈法，后與妃俱贈三代，光論：「妃不當與后同，袁盎引却慎夫人席，正爲此耳。天聖親郊，太妃止贈二代，而况妃乎？」

英宗立，遇疾，慈聖光獻后同聽政。光上疏曰：「昔章獻明肅有保佑先帝之功，特以親用外戚小人，負謗海内。今攝政之際，大臣忠厚如王曾，清純如張知白，剛正如魯宗道，質直如薛奎者，當信用之；猥鄙如馬季良，讒諂如羅崇勳者，當疎遠之，則天下服。」

帝疾愈，光料必有追隆本生事，即奏言：「漢宣帝爲孝昭後，終不追尊衛太子、史皇孫；光武上繼元帝，亦不追尊鉅鹿、南頓君，此萬世法也。」後詔兩制集議濮王典禮，學士王珪等相視莫敢先，光獨奮筆書曰：「爲人後者爲之子，不得顧私親。王宜準封贈期親尊屬故事，稱爲皇伯，高官大國，極其尊榮。」議成，珪即命吏以其手稿爲按。既上，與大臣意殊，御史六人争之力，皆斥去。光乞留之，不可，遂請與俱貶。

初，西夏遣使致祭，延州指使高宜押伴，傲其使者，侮其國主，使者訴於朝。光與呂誨乞加宜罪，不從。明年，夏人犯邊，殺略吏士。趙滋爲雄州，專以猛悍治邊，光論其不可。至是，契丹之民捕魚界河，伐柳白溝之南，朝廷以知雄州李中祐爲不材，將代之。光謂：「國家當戎夷附順時，好與之計較末節，及其桀驁，又從而姑息之。近者西禍生於高宜，北禍起於趙滋；時方賢此二人，故邊臣皆以生事爲能，漸不可長。宜敕邊吏，疆埸細故輒以矢刃相加者，罪之。」

仁宗遺賜直百餘萬，光率同列三上章，謂：「國有大憂，中外窘乏，不可專用乾興故事。若遺賜不可辭，宜許侍從上進金錢佐山陵。」不許。光乃以所得珠爲諫院公使錢，金以遺舅氏，義不藏於家。后還政，有司立式，凡后有所取用，當覆奏乃供。光云：「當移所屬使立供已，乃具數白后，以防矯僞。」

曹佾無功除使相，兩府皆遷官。光言：「陛下欲以慰母心，而遷除無名，則宿衛將帥、内侍小臣，必有覬望。」已而遷都知任守忠等官，光復争之，因論：「守忠大姦，陛下爲皇子，非守忠意，沮壞大策，離間百端，賴先帝不聽；及陛下嗣位，反覆交構，國之大賊。乞斬於都市，以謝天下。」責守忠爲節度副使，蘄州安置，天下快之。

詔刺陝西義勇二十萬，民情驚撓，而紀律疎略不可用。光抗言其非，持白韓琦。琦曰：「兵貴先聲，諒祚方桀驁，使驟聞益兵二十萬，豈不震慴？」光曰：「兵之貴先聲，爲無其實也，獨可欺之於一日之間耳。今吾雖益兵，實不可用，不過十日，彼將知其詳，尚何懼？」琦曰：「君但見慶曆間鄉兵刺爲保捷，憂今復然，已降敕榜與民約，永不充軍戍邊矣。」光曰：「朝廷嘗失信，民未敢以爲然，雖光亦不能不疑也。」琦曰：「吾在此，君無憂。」光曰：「公長在此地，可也；異日他人當位，因公見兵，用之運粮戍邊，反掌間事耳。」琦嘿然，而訖不爲止。不十年，皆如光慮。

王廣淵除直集賢院，光論其姦邪不可近：「昔漢景帝重衛綰，周世宗薄張美。廣淵當仁宗之世，私自結於陛下，豈忠臣哉？宜黜之以厲天下。」進龍圖閣直學士。

神宗即位，擢爲翰林學士，光力辭。帝曰：「古之君子，或學而不文，或文而不學，惟董仲舒、揚雄兼之。卿有文學，何辭爲？」對曰：「臣不能爲四六。」帝曰：「如兩漢制詔可也；且卿能進士取高第，而云不能四六，何邪？」竟不獲辭。

御史中丞王陶以論宰相不押班罷，光代之，光言：「陶由論宰相罷，則中丞不可復爲。臣願俟既押班，然後就職。」許之。遂上疏論修心之要三：曰仁，曰明，曰武；治國之要三：曰官人，曰信賞，曰必罰。其説甚備。且曰：「臣獲事三朝，皆以此六言獻，平生力學所得，盡在是矣。」御藥院内臣，國朝常用供奉官以下，至内殿崇班則出；近歲暗理官資，非祖宗本意。因論高居簡姦邪，乞加遠竄。章五上，帝爲出居簡，盡罷寄資者。既而復留二人，光又力争之。張方平參知政事，光論其不叶物望，帝不從。還光翰林兼侍讀學士。

光常患歷代史繁，人主不能遍覽，遂爲《通志》八卷以獻。英宗悦之，命置局祕閣，續其書。至是，神宗名之曰《資治通鑑》，自製《序》授之，俾日進讀。

詔録潁邸直省官四人爲閤門祗候，光曰：「國初草創，天步尚艱，故御極之初，必以左右舊人爲腹心耳目，謂之隨龍，非平日法也。閤門祗候在文臣爲館職，豈可使廝役爲之。」

西戎部將嵬名山欲以横山之衆，取諒祚以降，詔邊臣招納其衆。光上疏極論，以爲：「名山之衆，未必能制諒祚。幸而勝之，滅一諒祚，生一諒祚，何利之有；若其不勝，必引衆歸我，不知何以待之。臣恐朝廷不獨失信諒祚，又將失信於名山矣。若名山餘衆尚多，還北不可，入南不受，窮無所歸，必將突據邊城以救其命。陛下不見侯景之事乎？」上不聽，遣將种諤發兵迎之，取綏州，費六十萬，❶西方用兵，蓋自此始矣。

百官上尊號，光當荅詔，言：「先帝親郊，不受尊號。末年有獻議者，謂國家與契丹往來通信，彼有尊號我獨無，於是復以非時奉册。昔匈奴冒頓自稱『天地所生日月所置匈奴大單於』，不聞漢文帝復爲大名以加之也。願追述先帝本意，不受此名。」帝大悦，手詔奬光，使善爲荅辭，以示中外。

執政以河朔旱傷，國用不足，乞南郊勿賜金帛。詔學士議，光與王珪、王安石同見，光曰：「救災節用，宜自貴近始，可聽也。」安石曰：「常衮辭堂饌，時以爲衮自知不能，當辭位不當辭禄。且國用不足，非當世急務，所以不足者，以未得善理財者故也。」光曰：「善理財者，不過頭會箕斂爾。」安石曰：「不然，善理財者，不加賦而國用足。」光曰：「天下安有此理？天地所生財貨百物，不在民，

❶「萬」，《行狀》作「萬萬」。

則在官，彼設法奪民，其害乃甚於加賦。此蓋桑羊欺武帝之言，太史公書之以見其不明耳。」争議不已。帝曰：「朕意與光同，然姑以不允答之。」會安石草詔，引常衮事責兩府，兩府不敢復辭。

安石得政，行新法，光逆疏其利害。邇英進讀，至曹參代蕭何事，帝曰：「漢常守蕭何之法不變，可乎？」對曰：「寧獨漢也，使三代之君常守禹、湯、文、武之法，雖至今存可也。漢武取高帝約束紛更，盜賊半天下；元帝改孝宣之政，漢業遂衰。由此言之，祖宗之法不可變也。」

吕惠卿言：「先王之法，有一年一變者，『正月始和，布法象魏』是也；有五年一變者，巡守考制度是也；有三十年一變者，『刑罰世輕世重』是也。光言非是，其意以風朝廷耳。」帝問光，光曰：「布法象魏，布舊法也。諸侯變禮易樂者，王巡守則誅之，不自變也。刑新國用輕典，亂國用重典，是爲世輕世重，非變也。且治天下譬如居室，敝則修之，非大壞不更造也。公卿侍從皆在此，願陛下問之。三司使掌天下財，不才而黜可也，不可使執政侵其事。今爲制置三司條例司，何也？宰相以道佐人主，安用例？苟用例，則胥吏矣。今爲看詳中書條例司，何也？」惠卿不能對，則以他語詆光。帝曰：「相與論是非耳，何至是。」光曰：「平民舉錢出息，尚能蠶食下户，况縣官督責之威乎！」惠卿曰：「青苗法，願取則與之，不願不强也。」光曰：「愚民知取債之利，不知還債之害，非獨縣官不强，富民亦不强也。昔太宗平河東，立糴法，時米斗十錢，民樂與官爲市。其後物貴而和糴不解，遂爲河東世世患。臣恐異日之青苗，亦猶是也。」帝曰：

「坐倉糴米何如？」坐者皆起，光曰：「不便。」惠卿曰：「糴米百萬斛，則省東南之漕，以其錢供京師。」光曰：「東南錢荒而粒米狼戾，今不糴米而漕錢，棄其有餘，取其所無，農末皆病矣！」侍講吴申起曰：「光言，至論也。」

它日留對，帝曰：「今天下洶洶者，孫叔敖所謂『國之有是，衆之所惡』也。」光曰：「然。陛下當論其是非。今條例司所爲，獨安石、韓絳、惠卿以爲是耳，陛下豈能獨與此三人共爲天下邪？」帝欲用光，訪之安石。安石曰：「光外託劘上之名，内懷附下之實。所言盡害政之事，所與盡害政之人，而欲寘之左右，使與國論，此消長之大機也。光才豈能害政，但在高位，則異論之人倚以爲重。韓信立漢赤幟，趙卒氣奪，今用光，是與異論者立赤幟也。」

安石以韓琦上疏，卧家求退。帝乃拜光樞密副使，光辭之曰：「陛下所以用臣，蓋察其狂直，庶有補於國家。若徒以禄位榮之，而不取其言，是以天官私非其人也。臣徒以禄位自榮，而不能救生民之患，是盜竊名器以私其身也。陛下誠能罷制置條例司，追還提舉官，不行青苗、助役等法，雖不用臣，臣受賜多矣。今言青苗之害者，不過謂使者騷動州縣，爲今日之患耳。而臣之所憂，乃在十年之外，非今日也。夫民之貧富，由勤惰不同，惰者常乏，故必資於人。今出錢貸民而斂其息，富者不願取，使者以多散爲功，一切抑配。恐其逋負，必令貧富相保，貧者無可償，則散而之四方；富者不能去，必責使代償數家之負。春算秋計，展轉日滋，貧者既盡，富者亦貧。十年之外，百姓無復存者矣。又盡散常平錢穀，專行青苗，它日若思復之，將何所取？富室既盡，常平已廢，加之以師旅，因之以饑饉，民之羸者必委死溝壑，壯者必聚而爲盜賊，此事之必至者也。」抗章至七八，帝使謂曰：「樞密，兵事也，官各有職，不當以他事爲辭。」對曰：「臣未受命，則猶侍從也，於事無不可言者。」安石起視事，光乃得請，遂求去。

以端明殿學士知永興軍。宣撫使下令分義勇戍邊，選諸軍驍勇士，募市井惡少年爲奇兵；調民造乾糒，悉修城池樓櫓，關輔騷然。光極言：「公私困敝，不可舉事，而京兆一路皆内郡，繕治非急。宣撫之令，皆未敢從，若乏軍興，臣當任其責。」於是一路獨得免。徙知許州，趣入覲，不赴，請判西京御史臺歸洛，自是絶口不論事。而求言詔下，光讀之感泣，欲嘿不忍，乃復陳六事，又移書責宰相吴充，事見《充傳》。

蔡天申爲察訪，妄作威福，河南尹、轉運使敬事之如上官，嘗朝謁應天院神御殿，府獨爲設一班，示不敢與抗。光顧謂臺吏曰：「引蔡寺丞歸本班。」吏即引天申立監竹木務官富贊善之下。天申窘沮，即日行。

元豐五年，忽得語澀疾，疑且死，豫作遺表置卧内，即有緩急，當以畀所善者上之。官制行，帝指御史大夫曰：「非司馬光不可。」又將以爲東宫師傅。蔡確曰：「國是方定，願少遲之。」《資治通鑑》未就，帝尤重之，以爲賢於荀悦《漢紀》，數促使終篇，賜以潁邸舊書二千四百卷。及書成，加資政殿學士。凡居洛陽十五年，天下以爲真宰相，田夫野老皆號爲司馬相公，婦人孺子亦知其爲君實也。

帝崩，赴闕臨，衛士望見，皆以手加額曰：「此司馬相公也。」所至，民遮道聚觀，馬至不得行，曰：「公無歸洛，留相天子，活百姓。」哲宗幼沖，太皇太后臨政，遣使問所當先，光謂：「開言路。」詔榜朝堂。而大臣有不悦者，設六語云：「若陰有所懷，犯非其分，或扇摇機事之重，或迎合已行之令，上以徼倖希進，下以眩惑流俗。若此者，罰無赦。」后復命示光，光曰：「此非求諫，乃拒諫也。人臣惟不言，言則入六事矣。」乃具論其情，改詔行之，於是上封者以千數。

起光知陳州，過闕，留爲門下侍郎。蘇軾自登州召還，緣道人相聚號呼曰：「寄謝司馬相公，毋去朝廷，厚自愛以活我。」是時天下之民，引領拭目以觀新政，而議者猶謂「三年無改於父之道」，但毛舉細事，稍塞人言。光曰：「先帝之法，其善者雖百世不可變也。若安石、惠卿所建，爲天下害者，改之當如救焚拯溺。況太皇太后以母改子，非子改父。」衆議甫定。遂罷保甲團教，不復置保馬；廢市易法，所儲物皆鬻之，不取息，除民所欠錢；京東鐵錢及茶鹽之法，皆復其舊。或謂光曰：「熙、豐舊臣，多憸巧小人，他日有以父子義間上，則禍作矣。」光正色曰：「天若祚宗社，必無此事。」於是天下釋然，曰：「此先帝本意也。」

元祐元年復得疾，詔朝會再拜，勿舞蹈。時青苗、免役、將官之法猶在，而西戎之議未決。光歎曰：「四患未除，吾死不瞑目矣。」折簡與吕公著云：「光以身付醫，以家事付愚子，惟國事未有所託，今以屬公。」乃論免役五害，乞直降敕罷之。諸將兵皆隸州縣，軍政委守令通決。廢提舉常平司，以其事歸之轉運、提點刑獄。邊計以和戎爲便。謂監司多新進少年，務爲刻急，令近臣於郡守中選舉，而於通判中舉轉運判官。又立十科薦士法。皆從之。

拜尚書左僕射兼門下侍郎，免朝覲，許乘肩輿，三日一入省。光不敢當，曰：「不見君，不可以視事。」詔令子康扶入對，且曰：「毋拜。」遂罷青苗錢，復常平糴糶法。兩宮虚己以聽。遼、夏使至，必問光起居，敕其邊吏曰：「中國相司馬矣，毋輕生事、開邊隙。」光自見言行計從，欲以身徇社稷，躬親庶務，不舍晝夜。賓客見其體羸，舉諸葛亮食少事煩以爲戒，光曰：「死生，命也。」爲之益力。病革，不復自覺，諄諄如夢中語，然皆朝廷天下事也。

是年九月薨，年六十八。太皇太后聞之慟，與帝即臨其喪，明堂禮成不賀，贈太師、温國公，襚以一品禮服，賻銀絹七千。詔户部侍郎趙瞻、内侍省押班馮宗道護其喪，歸葬陝州。謚曰文正，賜碑曰忠清粹德。京師人罷市往弔，鬻衣以致奠，巷哭以過車。及葬，哭者如哭其私親。嶺南封州父老，亦相率具祭，都中及四方皆畫像以祀，飲食必祝。

光孝友忠信，恭儉正直，居處有法，動作有禮。在洛時，每往夏縣展墓，必過其兄旦，旦年將八十，奉之如嚴父，保之如嬰兒。自少至老，語未嘗妄，自言：「吾無過人者，但平生所爲，未嘗有不可對人言者耳。」誠心自然，天下敬信，陝、洛間皆化其德，有不善，曰：「君實得無知之乎？」

光於物澹然無所好，於學無所不通，惟不喜釋、老，曰：「其微言不能出吾書，其誕吾不信也。」洛中有田三頃，喪妻，賣田以葬，惡衣菲食以終其身。

紹聖初，御史周秩首論光誣謗先帝，盡廢其法。章惇、蔡卞請發冢斲棺，帝不許，乃令奪贈謚，仆所立碑。而惇言不已，追貶清遠軍節度副使，又貶崖州司户參軍。徽宗立，復太子太保。蔡京擅政，復降正議大夫，京撰《姦黨碑》，令郡國皆刻石。長安石工安民當鐫字，辭曰：「民愚人，固不知立碑之意。但如司馬相公者，海内稱其正直，今謂之姦邪，民不忍刻也。」府官怒，欲加罪，泣曰：「被役不敢辭，乞免鐫安民二字於石末，恐得罪於後世。」聞者愧之。

靖康元年，還贈謚。建炎中，配饗哲宗廟庭。

康字公休，幼端謹，不妄言笑，事父母至孝。敏學過人，博通群書，以明經上第。光修《資治通鑑》，奏檢閲文字。丁母憂，勺飲不入口三日，毁幾滅性。光居洛，士之從學者退與康語，未嘗不有得。塗之人見其容止，雖不識，皆知其爲司馬氏子也。以韓絳薦，爲祕書，由正字遷校書郎。光薨，治喪皆用《禮經》家法，不爲世俗事。得遺恩，悉以與族人。服除，召爲著作佐郎兼侍講。

上疏言：「比年以來，旱暵爲虐，民多艱食。若復一不稔，則公私困竭，盜賊可乘。自古聖賢之君，非無水旱，惟有以待之，則不爲甚害。願及今秋熟，令州縣廣糴，民食所餘，悉歸於官。今冬來春，令流民就食，候鄉里豐穰，乃還本土。凡爲國者，一絲一毫皆當愛惜，惟於濟民則不宜吝。誠能捐數十萬金帛，以爲天下大本，則天下幸甚。」拜右正言，以親嫌未就職。

爲哲宗言前世治少亂多，祖宗創業之艱難，積累之勤勞，勸帝及時嚮學，守天下大器，且勸太皇太后每於禁中訓迪，其言切至。邇英進講，又言：「《孟子》於書最醇正，陳王道尤明白，所宜觀覽。」帝曰：「方讀其書。」尋詔講官節以進。

康自居父喪，居廬疏食，寢於地，遂得腹疾，至是不能朝謁。賜優告。疾且殆，猶具疏所當言者以待，曰：「得一見天子極言而死無恨。」使召醫李積於兖。積老矣，鄉民聞之，往告曰：「百姓受司馬公恩深，今其子病，願速往也。」來者日夜不絶，積遂行，至，則不可爲矣。年四十一而卒。公卿嗟痛於朝，士大夫相弔於家，市井之人，無不哀之。詔贈右諫議大夫。

康爲人廉潔，口不言財。初，光立神道碑，帝遣使賜白金二千兩，康以費皆官給，辭不受。不聽。遣家吏如京師納之，乃止。

論曰：熙寧新法病民，海内騷動，忠言讜論，沮抑不行；正人端士，擯棄不用。聚斂之臣日進，民被其虐者將二十年。方是時，光退居於洛，若將終身焉。而世之賢人君子，以及庸夫愚婦，日夕引領望其爲相，至或號呼道路，願其毋去朝廷，是豈以區區材智所能得此於人人哉？德之盛而誠之著也。

一旦起而爲政，毅然以天下自任，開言路，進賢才。凡新法之爲民害者，次第取而更張之，不數月之間，剗革略盡。海内之民，如寒極而春，旱極而雨，如解倒懸，如脱桎梏，如出之水火之中也。相與咨嗟歎息，驩欣鼓舞，甚若更生，一變而爲嘉祐、治平之治。君子稱其有旋乾轉坤之功，而光於是亦老且病矣。天若祚宋，憖遺一老，則姦邪之勢未遽張，紹述之説未遽行，元祐之臣固無恙也。人衆能勝天，靖康之變，或者其可少緩乎？借曰有之，當不至如是其酷也。《詩》曰：「哲人云亡，邦國殄瘁。」嗚呼悲夫！

康濟美象賢，不幸短命而死，世尤惜之。

然康不死，亦將不免於紹聖之禍矣。（《中華書局》本《宋史》卷三三六）

司馬文正公行狀

蘇軾

曾祖政，贈太子太保。曾祖母薛氏，贈温國太夫人。祖炫，試秘書省校書郎，知耀州富平縣事，贈太子太傅。祖母皇甫氏，贈温國太夫人。父池，尚書吏部郎中，充天章閣待制，贈太師，追封温國公。母聶氏，贈温國太夫人。公諱光，字君實，其先河内人，晉安平獻王孚之後。王之裔孫征東大將軍陽，始葬今陝州夏縣涑水鄉，子孫因家焉。

自高祖、曾祖皆以五代衰亂不仕，富平府君始舉進士，歿於縣令，皆以氣節聞於鄉里。而天章公以文學行義事真宗、仁宗，爲轉運使、御史知雜事、三司副使，歷知鳳翔、河中、同、杭、虢、晉六州，以清直仁厚聞於天下，號稱一時名臣。

公自兒童，凛然如成人。七歲，聞講《左氏春秋》，大愛之，退爲家人講，即了其大義。自是手不釋書，至不知飢渴寒暑。年十五，書無所不通，文詞醇深，有西漢風。天章公當任子，次及公。公推與二從兄，然後受補郊社齋郎，再奏將作監主簿。

年二十，舉進士甲科，改奉禮郎，以天章公在杭，辭所遷官，求簽書蘇州判官事以便親，許之。未上，丁太夫人憂。未除，丁天章公憂。執喪累年，毀瘠如禮。服除，簽書武成軍判官事，改大理評事，爲國子直講，遷本寺丞。

故相龐籍名知人，始與天章公遊，見公而奇之；及爲樞密副使，薦公召試館閣校勘，同知太常禮院。

中官麥允言死，詔以允言有軍功，特給鹵簿。公言：「孔子不以名器假人，繁纓以朝，且猶不可。允言近習之臣，非有元勳大勞而贈以三公之官，給以一品鹵簿，其爲繁纓，不亦大乎。」故相夏竦卒，詔賜謚文正。公言：「謚之美者，極於文正。竦何人，可以當此。」書再上，改謚文莊。遷殿中丞，除史館檢討，脩日曆，改集賢校理。

龐籍爲鄆州，徙并州，皆辟公通判州事。公感籍知己，爲盡力。時趙元昊始臣，河東貧甚，官苦貴糴，而民疲於遠輸。麟州窟野河西多良田，皆故漢地，公私雜耕。天聖中，始禁田河西者，虜乃得稍蠶食其地，俯窺麟州，爲河東憂。籍請公按視，公爲畫五策。宜因州中舊兵益禁兵三千、廂兵五百。築二堡河西，可使堡外三十里，虜不敢田，則州西六十里無虜矣。募民有能耕麟州閑田者，復其税役十五年，有能耕窟野河西者，長復之。耕者必衆，官雖無所得而糴自賤，可以漸紓河東之民。籍移麟州，如公言。而兵官郭恩勇且狂，夜開城門，引千餘人渡河，載酒食，不爲戰備，遇敵死之。議者歸罪於籍，罷節度使，知青州。公守闕三上書，乞獨坐其事，不報。籍初不以此望公，而公深以自咎。籍既没，升堂拜其妻如母，撫其子如昆弟，時人兩賢之。

改太常博士，祠部員外郎，直祕閣，判吏部南曹，遷開封府推官，賜五品服。交趾貢異獸，謂之麟。公言：「真僞不可知。使其真，非自然而至，不足爲瑞；若僞，爲遠夷笑。願厚賜其使而還其獸。」因奏賦以諷。

遷度支員外郎，判句院，擢修起居注，五辭而後受。判禮部，有司奏六月朔日當食，公言：「故事，食不滿分或京師不見皆賀。臣以爲日食四方見，京師不見，天意人君爲陰邪所蔽，天下皆知而朝廷獨不知，其爲災當益甚，皆不當賀。」詔從之，後遂以爲常。

遷起居舍人，同知諫院。蘇轍舉直言策入第四等，而考官以爲不當收。公言：「轍於同科四人中，言最切直，有愛君憂國之心，不可不收。」時宰相亦以爲當黜，仁宗不許，曰：「求直言以直棄之，天下其謂朕何？」公遂與諫官王陶同上疏：「願爲宗廟社稷自重，卻罷燕飲，安養神氣，後宫嬪御，進見有度，左右小臣，賜予有節，厚味臘毒、無益奉養者，皆不宜數御。」上嘉納之。

初，至和三年，仁宗始不豫，國嗣未立，天下寒心而不敢言，惟諫官范鎮首發其議。公時爲并州通判，聞而繼之，上疏言：「禮，大宗無子則小宗爲之後。爲之後者，爲之子也。願陛下擇宗室賢者，使攝儲貳，以待皇嗣之生，退居藩服，不然則典宿衛、尹京邑，亦足以係天下之望。」疏三上，其一留中，其二付中書。公又與鎮書：「此大事，不言則已，言一出，豈可復反。願公以死争之。」於是鎮言之益力。及公爲諫官，復上疏，且面言：「臣昔爲并州通判，所上三章，願陛下果斷而力行之。」時仁宗簡默不言，雖執政奏事，首肯而已。聞公言，沉思久之，曰：「得非欲選宗室爲繼嗣者乎？此忠臣之言，但人不敢及耳。」公曰：「臣言此自謂必死，不意陛下開納。」上曰：「此何害？古今皆有之。」因令公以所言付中書。公曰：「不可。願陛下自以意喻宰相。」是日，公復言江淮鹽事，詣中書白之宰相。韓琦問公：「今日復何所言？」公默計，此大事，不可不使琦知，思所以廣上意者，即曰：「所言宗廟社稷大計也。」琦喻意，不復言。

後十餘日，有旨令公與御史裏行陳洙同詳定行户利害。洙與公屏語曰：「日者大饗明堂，韓公攝太尉，洙爲監察。公從容謂洙：『聞君與司馬君實善。君實近建言立嗣事，恨不以所言送中書。欲發此議，無自發之。行户利害，非所以煩公也。』欲洙見公達此意耳。」時嘉祐六年閏八月也。

至九月，公復上疏面言：「臣向者進説，陛下欣然無難意，謂即行矣。今寂無所聞，此必有小人言陛下春秋鼎盛，子孫當千億，何遽爲此不祥之事。小人無遠慮，特欲倉猝之際援立其所厚善者耳。唐自文宗以後，立嗣皆出於左右之意，至有稱『定策國老』、『門生天子』者，此禍豈可勝言哉？」上大感悟，曰：「送中書。」公至中書，見琦等曰：「諸公不及今定議，異日夜半禁中出寸紙，以某人爲嗣，則天下莫敢違。」琦等皆唯唯曰：「敢不盡力。」後月餘，詔英宗判宗正事，固辭不就職。明年，遂立爲皇太子，稱疾不入。公復上疏言：「凡人争絲毫之利，至相争奪。今皇子辭不貲之富，至三百餘日不受命，其賢於人遠矣。有識聞之，足以知陛下之聖，能爲天下得人。然臣聞父召無諾，君命召不俟駕而行，使者受命不受辭，皇子不當辭避，使者不當徒反。凡召皇子内臣皆乞責降，且以臣子大義責皇子宜必入。」英宗遂受命。

兖國公主下嫁李瑋，以驕恣聞。公上疏言：「太宗時姚坦爲兖王翊善，有過必諫，左右教王詐疾。踰月，太宗召王乳母入問起居狀。乳母曰：『王無疾，以姚坦故鬱鬱成疾耳。』太宗怒曰：『王年少，不知爲此，汝輩教之。』杖乳母數十，召坦慰勉之。齊國獻穆大長公主，太宗之子，真宗之妹，陛下之姑，而謙恭率禮，天下稱其賢。願陛下教子以太宗爲法，公主事夫以獻穆爲法。」已而公主不安於李氏，詔瑋出知衛州，公主入居禁中，而瑋母楊歸其兄璋，散遣其家人。公言：「陛下追念章懿太后，故使瑋尚主。今乃母子離析，家事流落，陛下獨無雨露之感、悽惻之心乎？瑋既責降，公主亦不得無罪。」上感悟，詔公主降封沂國，待李氏恩禮不衰。判檢院，權判國子監，除知制誥。力辭，至八九。

改授天章閣待制兼侍講，賜三品服，仍知諫院。上疏言：「經略安撫使以便宜從事，出於兵興權制，非永世法。及將相大臣典州者，多以貴倨自恃，凌忽轉運使，使不得舉職。朝廷務省事，專行姑息之政。至於胥吏讙譁而逐御史中丞，輦官悖慢而退宰相，衛士凶逆而獄不窮姦，澤加於舊，軍人詈三司使而法官以爲非犯階級，於用法疑。其餘有一夫流言於道路而爲之變法推恩者多矣。皆陵遲之漸，不可以不正。」

充媛董氏薨，追贈婉儀，又贈淑妃，輟朝成服，百官奉慰，定謚，行册禮，葬給鹵簿。公言：「董氏秩本微，病革之日方拜充媛。古者婦人無謚，近制惟皇后有之。鹵簿本以賞軍功，未嘗施於婦人。惟唐平陽公主有舉兵佐高祖定天下之功，乃得給。至韋庶人始令妃主葬日皆給鼓吹，非令典，不足法。」時有司新定後宫封贈法，皇后與妃皆贈三代，公言：「別嫌明微，妃不當與后同。袁盎引却慎夫人坐，正爲此耳。天聖親郊，太妃止贈二代，而況妃乎？」

知嘉祐八年貢舉。仁宗崩，英宗以哀毁致疾，慈聖光獻太后同聽政。公首上疏言：「章獻明肅太后保佑先帝，進賢退姦，有大功於趙氏，特以親用外戚小人，故負謗天下。

今太后初攝大政，大臣忠厚如王曾，清純如張知白，剛正如魯宗道，質直如薛奎者，當信用之；鄙猥如馬季良，讒諂如羅崇勳者，當踈遠之，則天下服。」又上疏英宗言：「漢宣帝爲昭帝後，終不追尊衛太子、史皇孫；光武起布衣，得天下，自以爲後元帝，亦不追尊鉅鹿都尉、南頓君。惟哀、安、桓、靈，皆自旁親入繼大統，追尊其父祖，天下非之。願以爲戒。」

時公所得仁宗遺賜珠金，直百餘萬，率同列三上章：「國有大憂，中外窘乏，不可專用乾興故事。若遺賜不可辭，則宜許侍從以上，進金錢佐山陵費。」不許。公乃以所得珠爲諫院公使錢，金以遺其舅氏，義不藏於家。

英宗疾既平，皇太后還政，公上疏言：「治身莫先於孝，治國莫先於公。」其言切至，皆母子間人所難言者。時有司立法，皇太后有所取用，有司奏覆得御寶乃供。公極論以爲不可，當直下合同司移所屬立供，如上所取，已乃具數奏太后，以防矯僞。

曹佾除使相，兩府皆遷。公言：「佾無功而得使相，陛下以慰母心耳。今兩府皆遷無名，若以還政爲功，則宿衛將帥、內侍小臣，必有覬望。」已而都知任守忠等皆遷，公復争之，因論：「守忠大姦，陛下爲皇子，非守忠意，沮壞大策，離間百端，賴先帝不聽；及陛下嗣位，反覆革面，交構兩宫，國之大賊，人之巨蠹。乞斬於都市，以謝天下。」詔以守忠爲節度副使，蘄州安置，天下快之。

時有詔陝西刺民兵號義勇，公上疏極論其害，云：「康定、慶曆間，籍陝西民爲鄉弓手，已而刺爲保捷指揮，民被其毒，兵終不可用，遇敵先北，正兵隨之，每至崩潰。縣官知其坐食無用，汰遣歸農，而惰遊之人不能復返南畝，强者爲盜，弱者轉死，父老至今流涕也。今義勇何以異此？」章六上，不從。乞罷諫官，不許。

王廣淵除集賢院，公言：「廣淵姦邪，不可近。昔漢景帝爲太子，召上左右飲，衞綰獨稱疾不行；及即位，待綰有加。周世宗鎮澶淵，張美爲三司吏，掌州之錢穀。世宗私有求假，悉力應之；及即位，薄其爲人不用。今廣淵當仁宗之世，私自結於陛下，豈忠臣哉？願黜之，以厲天下。」

執政建言，濮安懿王德盛位隆，宜有尊禮，詔太常禮院與兩制議。翰林學士王珪等相顧不敢先，公獨奮筆立議曰：「爲之後者爲之子，不敢復顧其私親。今日所以崇奉濮安懿王典禮，宜一準先朝封贈期親尊屬故事，高官大爵，極其尊榮。」議成，珪即敕吏以公手稿爲案，至今存焉。時中外訩訩，御史呂誨、傅堯俞、范純仁、呂大防、趙鼎、趙瞻等皆争之，相繼降黜。公上疏乞留之，不可，則乞與之皆貶。

初，西戎遣使致祭，而延州指使高宜押伴，傲其使者，侮其國王，使者訴於朝。公與呂誨乞加宜罪，不從。明年，西戎犯邊，殺略吏士。趙滋爲雄州，專以猛悍治邊，公亦論其不可。至是，契丹之民有捕魚界河，伐柳白溝之南者，朝廷以知雄州李中祐爲不材，選將代之。公言：「國家當戎狄附順時，好與之計較末節；及其桀驁，又從而姑息之。近者西戎之禍生於高宜，北狄之隙起於趙滋，朝廷方賢此二人，故邊臣皆以生事爲能。今若選將代中祐，則來者必以滋爲法，而以中祐爲戒，漸不可長。宜敕邊吏，疆埸細故，徐以文檄往返，若輕以矢刃相加者，坐之。」

京師大水，公上疏論三事，皆盡言無所

隱諱。除龍圖閣直學士，判流内銓，改右諫議大夫，知治平四年貢舉。

神宗即位，首推公爲翰林學士。公力辭，不許。上面諭公：「古之君子，或學而不文，或文而不學，惟董仲舒、揚雄兼之。卿有文學，何辭爲？」公曰：「臣不能爲四六。」上曰：「如兩漢制詔可也。」公曰：「本朝故事不可。」上曰：「卿能舉進士取高等，而云不能四六，何也？」公趨出，上遣内臣至閤門彊公受告，拜而不受，趣公入謝曰：「上坐以待公。」公入至廷中，以告置公懷中，不得已乃受，遂爲御史中丞。

初，中丞王陶論宰相不押常朝班爲不臣，宰相不從，陶争之力，遂罷。公既繼之言：「宰相不押班，細故也。陶言之過，然愛禮存羊則不可已。自頃宰相權重，今陶復以言宰相罷，則中丞不可復爲。願俟宰相押班，然後就職。」上曰：「可。」陶既出知陳州，謝章詆宰相不已，執政議再貶陶。公言：「陶誠可罪，然陛下欲廣言路，屈己受陶，而宰相獨不能容乎？」乃已。公上疏論脩心之要三：曰仁，曰明，曰武；治國之要三：曰官人，曰信賞，曰必罰。其説甚備，且曰：「臣昔爲諫官，即以此六言獻仁宗，其後以獻英宗，今以獻陛下。平生力學所得，盡在是矣。」公在英宗時，與吕誨同論祖宗之制，勾當御藥院常用供奉官以下，至内殿崇班則出。近歲居此位者，皆暗理官資，食其廩給，非祖宗本意。又故事，年未五十，不得爲内侍省押班，今除張茂則止四十八，不可。至是又言之，因論高居簡姦邪，乞加遠竄。章五上，上爲盡罷寄資内臣，居簡亦補外。未幾，復留陳承禮、劉有方二人，公復争之。又言：「近者王中正往陝西，知涇州劉涣等諂事中正，而鄘延鈐轄吴舜臣違失其意。已而涣等進擢，舜臣降黜，權歸中正，謗歸陛下。是去一居簡，得一居簡。」上手詔問公所從知。公曰：「臣得之賓客，非一人言。事之有無，惟陛下知之。若無，臣不敢避妄言之罪；萬一有之，不可不察。」詔用宮邸直省官郭昭選等四人爲閤門祇候，公言：「國初草創，天步尚艱，故即位之始，必以左右舊人爲腹心耳目，謂之隨龍，非平日法也。閤門祇候在文臣爲館職，豈可使厮役爲之。」

英宗山陵，公爲儀仗使，賜金五十兩，銀合三百兩。三上章辭，從之。

邊吏上言：「西戎部將嵬名山欲以横山之衆，取諒祚以降。」詔邊臣招納其衆。公上疏極論，以爲：「名山之衆，未必能制諒祚。幸而勝之，滅一諒祚，生一諒祚，何利之有？若其不勝，必引衆歸我，不知何以待之。恐朝廷不獨失信於諒祚，又將失信於名山矣。若名山餘衆尚多，還北不可，入南不受，窮無所歸，必將突據邊城，以救其命。陛下獨不見侯景之事乎？」上不聽，遣將种諤，發兵迎之，取綏州，費六十萬萬。西方用兵，蓋自是始矣。

兼翰林侍讀學士。登州有不成婚婦，謀殺其夫傷而不死者，吏疑問，即承知州事許遵讞之，有司當婦絞，而詔貸之。遵上議：準律，因犯殺傷而自首者得免所因之罪，婦當減二等，不當絞。詔公與王安石議之。安石是遵議，公言：「謀殺猶故殺也，皆一事，不可分。若謀爲所因，與殺爲二，則故與殺亦可爲二耶？」自宰相文彦博以下，皆附公議，然卒用安石言，至今天下非之。

權知審官院，百官上尊號，公當答詔。上疏言：「先帝親郊，不受尊號，天下莫不稱頌。末年有建言者，國家與契丹有往來書信，彼有尊號而我獨無，以爲深恥。於是群臣復以非時上尊號。昔漢文帝時，單於自稱『天地所生日月所置匈奴大單於』，不聞文帝復爲大名以加之也。願陛下追用先帝本意，不受此名。」上大悦，手詔答公：「非卿，朕不聞此言。善爲答詞，使中外曉然，知朕至誠，非欺衆邀名者。」遂終身不復受尊號。

執政以河朔災傷，國用不足，乞今歲親郊，兩府不賜金帛，送學士院取旨。公言：「兩府所賜，以匹兩計止二萬，未足以救災。宜自文臣兩省，武臣、宗室刺史以上皆減半。」公與學士王珪、王安石同對，公言：「救災節用，宜自貴近始，可聽兩府辭賜。」安石曰：「常袞辭賜饌，時議以爲袞自知不能，當辭位不當辭禄。且國用不足，非當今之亟務也。」公曰：「袞辭禄，猶賢於持禄固位者。國用不足真急務，安石言非是。」安石曰：「不足者，以未得善理財者故也。」公曰：「善理財者，不過頭會箕斂以盡民財。民窮爲盜，非國之福。」安石曰：「不然，善理財者，不加賦而上用足。」公曰：「天下安有此理？天地所生財貨百物，止有此數，不在民則在官，譬如雨澤，夏澇則秋旱。不加賦而上用足，不過設法陰奪民利，其害甚於加賦。此乃桑弘羊欺漢武帝之言，太史公書之以見武帝不明耳。至其末年，盜賊蠭起，幾至於亂。若武帝不悔禍，昭帝不變法，則漢幾亡。」争議不已。王珪進曰：「救災節用，宜自貴近始，司馬光言是也。然所費無幾，恐傷國體，王安石言亦是。惟明主裁擇。」上曰：「朕意與光同，然姑以不允答之。」會安石當制，遂引常袞事責兩府，兩府亦不復辭。

兼史館修撰。上問公可爲諫官者。公

薦吕誨。誨以天章閣待制知諫院。

詔公與張茂則同相視二股河及生隄利害，公用都水監丞宋昌言策，乞於二股之西置土堤，約水東流。若東流日深，北流自淺，薪芻漸備，乃塞其北，放出御河、胡盧河，下流以紓恩、冀、深、瀛以西之患。時議者多不同。公於上前反覆論難甚苦，卒從之。後皆如公言，賜詔獎諭。

王安石始爲政，創立制置三司條例司，建爲青苗、助役、水利、均輸之政，置提舉官四十餘員，行其法於天下，謂之新法。公上疏逆陳其利害，曰後當如是。行之十餘年，無一不如公言者，天下傳誦，以公爲真宰相，雖田父野老，皆號公司馬相公，而婦人孺子，知其爲君實也。邇英進讀，至蕭何、曹參事，公曰：「參不變何法，得守成之道，故孝惠、高后時，天下晏然，衣食滋殖。」上曰：「漢守蕭何之法不變，可乎？」公曰：「何獨漢也，使三代之君常守禹、湯、文、武之法，雖至今存可也。武王克商曰：『反商政，政由舊。』然則雖周亦用商政也。《書》曰：『毋作聰明亂舊章。』漢武帝用張湯言，取高帝法紛更之，盗賊半天下。元帝改宣帝之政，而漢始衰。由此言之，祖宗之法不可變也。」後數日，吕惠卿進講，因言：「先王之法，有一年而變者，『正月始和，布法象魏』是也；有五年一變者，巡守考制度是也；有三十年一變者，刑罰世輕世重是也；有百年不變者，父慈子孝兄友弟恭是也。前日光言非是，其意以諷朝廷，且譏臣爲條例司官耳。」上問公：「惠卿言何如？」公曰：「布法象魏，布舊法也。何名爲變？若四孟月朔，屬民讀法，爲時變月變耶？諸侯有變禮易樂者，王巡守則誅之，王不自變也。刑新國用輕典，亂國用重典，平國用中典，是爲世輕世重，非變也。且治天下譬如居室，弊則修之，非大壞不更造也。大壞而更造，非得良匠美材不成。今二者皆無有，臣恐風雨之不庇也。公卿侍從皆在此，願陛下問之。三司使掌天下財，不才而黜可也，不可使兩府侵其事。今爲制置三司條例司何也？宰相以道佐人主，安用例？苟用例而已，則胥史足矣。今爲看詳中書條例司何也？」惠卿不能對，則詆公曰：「光爲侍從，何不言；言而不從，何不去。」公作而答曰：「是臣之罪也。」上曰：「相與論是非耳，何至是。」講畢，賜坐户外，將出，上命徙坐户内，左右皆避去。上曰：「朝廷每更一事，舉朝訩訩，何也？」王珪曰：「臣疎賤，在闕門之外，朝廷之事不能盡知；借使聞之道路，又不知其虚實也。」上曰：「聞則言之。」公曰：「青苗出息，平民爲之，尚能以蠶食下户，至飢寒流離，况縣官法度之威乎？」惠卿曰：「青苗法，願取則與之，不願不彊也。」公曰：「愚民知取債之利，不知還債之害。不獨縣官不彊，富民亦不彊也。臣聞作法於涼，其弊猶貪。作法於貪，弊將若之何？昔太宗平河東，立和糴法。時米斗十餘錢，草束八錢，民樂與官爲市。其後物貴而和糴不解，遂爲河東世世患。臣恐異日之青苗，猶河東之和糴也。」上曰：「陝西行之久矣，民不以爲病。」公曰：「臣陝西人也，見其病不見其利。朝廷初不許也，而有司尚能以病民，况立法許之乎？」上曰：「坐倉糴米何如？」坐者皆起，曰：「不便。」上已罷之，幸甚。」上曰：「未罷也。」公曰：「京師有七年之儲而錢常乏。若坐倉，錢益乏，米益陳，奈何？」惠卿曰：「坐倉得米百萬斛，則省東南百萬之漕，以其錢供京師，何患無錢。」公曰：「東南錢荒而米狼戾，今不糴米而漕錢，棄其有餘，取其所無，農末皆病矣。」侍講吴申起曰：「光言，至論也。」公曰：「此皆細事，不足煩人主，但當擇人而任之，有功則賞，有罪則罰，此則陛下職也。」上曰：「然。文王罔攸，兼於庶言，庶獄庶慎，惟有司之牧夫。」公趨出，上曰：「卿得毋以惠卿之言不樂乎？」公曰：「不敢。」韓琦上疏論青苗之害，上感悟，欲罷其法。

安石稱疾求去，會拜公樞密副使，公上章力辭，至六七，曰：「上誠能罷制置條例司，追還提舉官，不行青苗、助役等法，雖不用臣，臣受賜多矣。不然，終不敢受命。」上遣人謂公：「樞密，兵事也。官各有職，不當以他事爲辭。」公言：「臣未受命，則猶侍從也。於事無不可言者。」安石起視事，青苗法卒不罷。公亦卒不受命，則以書喻安石，三往反，開喻苦至，猶幸安石之聽而改也。且曰：「巧言令色，鮮矣仁。彼忠信之士，於公當路時雖齟齬可憎，後必徐得其力；諂諛之人，於今誠有順適之快，一旦失勢，必有賣公以自售者。」意謂吕惠卿。對賓客輒指言之，曰：「覆王氏者，必惠卿也。小人本以利合，勢傾利移，何所不至。」其後六年，惠卿叛安石，上書告其罪，苟可以覆王氏者，靡不爲也。由是天下服公先知。

公求補外，上猶欲用公。公不可，以端明殿學士出知永興軍。朝辭進對，猶乞免本路青苗、助役。宣撫使下令分義勇四番，欲以更戍邊，選諸軍驍勇，募閭里惡少爲奇兵；調民爲乾粮皺飯，雖内郡不被邊，皆修城池樓櫓如邊郡，且遣兵就粮長安、河中、邠，三輔騷然。公上疏極言：「方凶歲，公私困弊，不可舉事，而永興一路，城池樓櫓，皆不急。乾粮皺飯，昔嘗造，後無用，腐棄之。宣撫使令，臣皆未敢從，若乏軍興，臣坐之。」於是一路獨得免。

頃之，詔移知許州，不赴。遂乞判西京留司御史臺以歸，自是絶口不論事。以祀明堂恩，加上柱國。至熙寧七年，上以天下旱蝗，詔求直言。公讀詔泣下，欲默不忍，乃復陳六事：一青苗，二免役，三市易，四邊事，五保甲，六水利，此尤病民者，宜先罷之。又以書責宰相吴充：「天子仁聖如此，而公不言，何也？」

元豐五年，公忽得語澀疾，自疑當中風，乃豫作遺表，大略如六事加詳盡，感慨親書，緘封，置卧内，且死當以授所善范純仁、范祖禹，使上之。凡居洛十五年，再任留司御史臺，四任提舉崇福宫。官制行，改太中大夫，加資政殿學士。

神宗崩，公赴闕臨，衛士見公入，皆以手加額曰：「此司馬相公也。」民遮道呼曰：「公無歸洛，留相天子，活百姓。」所在數千人聚觀之，公懼，會放辭謝，遂徑歸洛。太皇太后聞之，詰問主者，遣使勞公，問所當先者。公言：「近歲士大夫以言爲諱，閭閻愁苦於下而上不知，明主憂勤於上而下無所訴。此罪在群臣，而愚民無知，歸怨先帝。宜降詔首開言路。」從之，下詔牓朝堂。而當時有不欲者，於詔語中設六事，以禁切言者，曰：「若陰有所懷；犯非其分；或扇摇機事之重；或迎合已行之令；上以觀望朝廷之意；以僥倖希進；下以眩惑流俗之情，以干取虚譽。若此者，必罰毋赦。」太皇太后封詔草以問公。公曰：「此非求諫，乃拒諫也。人臣惟不言，言則入六事矣。」時太府少卿宋彭年、水部員外郎王諤，皆應詔言事。有欲借此二人以懲天下言者，皆以非職而言，贖銅三十斤。公具論其情，且請改賜詔書，行之天下，從之。於是四方吏民，言新法不便者數千人。

公方草具所當行者，而太皇太后已有旨，散遣修京城役夫，罷減皇城内覘者，止御前工作，出近侍之無狀者三十餘人，戒敕中外，無敢苛刻暴斂，廢導洛司物貨場及民所養户馬，寬保馬限，皆從中出，大臣不與。公上疏謝：「當今急務，陛下略已行之矣。小臣稽慢，罪當萬死。」詔除公知陳州，且過闕入見。使者勞問，相望於道。至則拜門下侍郎，公力辭，不許。數賜手詔：「先帝新棄天下，天子冲幼，此何時而君辭位耶。」公不敢復辭，以覃恩遷通議大夫。

初，神宗皇帝以英偉絶人之姿，勵精求治，凜凜乎漢宣帝、唐太宗之上矣。而宰相王安石用心過當，急於功利。小人得乘間而入，吕惠卿之流以此得志。後者慕之，争先相高，而天下病矣。先帝明聖，獨覺其非，出安石金陵，天下欣然，意法必變。雖安石亦自悔恨，其去而復用也，欲稍自改。而惠卿之流恐法變身危，持之不肯。然先帝終疑之，遂退安石，八年不復召。而惠卿亦再逐不用。

元豐之末，天下多故，及二聖嗣位，民日夜引領，以觀新政。而進説者以爲「三年無改於父之道」，欲稍損其甚者，毛舉數事，以塞人言。公慨然争之曰：「先帝之法，其善者雖百世不可變也。若安石、惠卿等所建爲天下害，非先帝本意者，改之當如救焚拯溺，猶恐不及。昔漢文帝除肉刑，斬右趾者棄市，笞五百者多死；景帝元年即改之。武帝作鹽鐵、榷酤、均輸等法；昭帝罷之。唐代宗縱宦官，公求賂遺，置客省，拘滯四方之人；德宗立未三月，罷之。德宗晚年爲宫市，五坊小兒暴横，鹽鐵月進羡餘；順宗即位罷之。當時悦服，後世稱頌，未有或非之者也。况太皇太后以母改子，非子改父。」衆議乃定。

公以爲，治亂之機在於用人，邪正一分則消長之勢自定。每論事必以人物爲先，凡所進退皆天下所謂當然者，然後朝廷清明，人主始得聞天下利害之實。遂罷保甲團教，依義勇法歲一閲，保馬不復買，見在者還監牧給諸軍；廢市易法，所儲物皆鬻之，不取息，而民所欠錢皆除其息；京東鑄鐵錢，河北、江西、福建、湖南鹽及福建茶法，皆復其舊，獨川陜茶以邊用未即罷，遣使相視，去其甚者；户部左右曹錢穀皆領之尚書，凡昔之三司使事有散隸五曹及寺監者皆歸户部，使尚書周知其數量，入以爲出。於是天下釋然，曰：「此先帝本意也。」非吾君之子，不能行吾君之意。時獨免役、青苗、將官之法猶在，而西戎之議未決也。

山陵畢，遷公正議大夫。公自以不與顧命，不敢當，詔不許。

元祐元年正月，公始得疾，詔公與尚書左丞吕公著朝會與執政異班，再拜而已，不舞蹈。公疾益甚，歎曰：「四患未除，吾死不瞑目矣。」乃力疾上疏，論免役五害，乞直降敕罷之，率用熙寧以前法；有未便，州縣、監司，節級以聞，爲一路一州一縣法，詔即日行之。又論西戎，大略以和戎爲便，用兵爲非。時異議者甚衆，公持之益堅，其後太師文彦博議與公合，衆不能奪。又論將官之害，詔諸將兵皆隸州縣，軍政委守令通決之。又乞廢提舉常平司，以其事歸之轉運使及提點刑獄。公謂「監司多新進少年，務爲急刻，天下病之。乞自太中夫大、待制以上，於郡守中舉轉運使、提點刑獄，於通判中舉轉運判官」。又以文學、德行、吏事、武略等爲十科，以求天下遺才；命文臣升朝以上，歲舉經明行修一人，以爲進士高選。皆從之。拜左僕射。

疾稍閒，將起視事，詔免朝覲，許以肩輿，三日一入都堂或門下尚書省。公不敢當，曰：「不見君，不可以視事。」詔公肩輿至内東門，子康扶入對小殿，且曰：「毋拜。」公惶恐，入對延和殿，再拜。遂罷青苗錢，專行常平糶糴法，以歲上中下熟爲三等，穀賤及下等則增價糴，貴及上等則減價糶，惟中等則否；及下等而不糴，及上等而不糶，皆坐之。

時二聖恭儉慈孝，視民如傷，虚己聽公。公知無不爲，以身任天下之責。數月復病，以九月丙辰朔薨於西府，享年六十八。太皇太后聞之慟，上亦感涕不已。時方躬祀明堂，禮成不賀，二聖皆臨其喪，哭之哀甚，輟視朝三日。贈太師、温國公，襚以一品禮服，賻銀三千兩、絹四千匹，賜龍腦、水銀以斂。命户部侍郎趙瞻、入内内侍省押班馮宗道護其喪，歸葬夏縣。官其親族十人。

公忠信孝友，恭儉正直，出於天性。自少及老，語未嘗妄。其好學如飢之嗜食，於財利紛華如惡惡臭。誠心自然，天下信之。退居於洛，往來陝郊，陝、洛間皆化其德，師其學，法其儉，有不善，曰：「君實得無知之乎？」博學無所不通，音樂、律曆、天文、書數皆極其妙。晚節尤好禮，爲冠婚喪祭法，適古今之宜。不喜釋、老，曰：「其微言不能出吾書，其誕吾不信。」不事生産，買第洛中，僅庇風雨。有田三頃，喪其夫人，質田以葬。惡衣菲食，以終其身。自以遭遇聖明，言聽計從，欲以身殉天下，躬親庶務，不舍晝夜。賓客見其體羸，曰：「諸葛孔明二十罰以上皆親之，以此致疾。公不可以不戒。」公曰：「死生，命也。」爲之益力。病革，諄諄不復自覺，如夢中語，然皆朝廷天下事也。既殁，其家得遺奏八紙上之，皆手札，論當世要務。京師民畫其像，刻印鬻之，家置一本，飲食必祝焉。四方皆遣人購之京師，時畫工有致富者。

有《文集》八十卷，《資治通鑑》三百二十四卷，《考異》三十卷，《曆年圖》七卷，《通曆》八十卷，《稽古録》二十卷，《本朝百官公卿表》六卷，《翰林詞草》三卷，《注古文孝經》一卷，《易説》三卷，《注繫辭》二卷，《注老子道德論》二卷，《集注太玄經》一卷，《大學中庸義》一卷，《集注揚子》十三卷，《文中子補傳》一卷，《河外諮目》三卷，《書儀》八卷，《家範》四卷，《續詩話》一卷，《遊山行記》十二卷，《醫問》七篇。其文如金玉穀帛藥石也，必有適於用，無益之文，未嘗一語及之。

初，公患歷代史繁重，學者不能綜，況於人主，遂約戰國至秦二世，如《左氏》體，爲《通志》八卷以進。英宗悦之，命公續其書，置局秘閣，以其素所賢者劉攽、劉恕、范祖禹爲屬官，凡十九年而成。起周威烈王，訖五代，上下一千三百六十二載。其是非疑似之間，皆有辯論，一事而數説者，必考合異同而歸之一，作《考異》以志之。神宗尤重其書，以爲賢於荀悦，親爲製敘，賜名《資治通鑑》，詔邇英讀其書，賜潁邸舊書二千四百二卷。書成，拜資政殿學士，賜金帛甚厚。

娶張氏，禮部尚書存之女，封清河郡君，

先公卒，追封温國夫人。子三人，童、唐皆早亡；康今爲祕書省校書郎。孫二人，植、柏皆承務郎。公歷事四朝，皆爲人主所敬，然神宗知公最深。公思有以報之，常摘孟子之言曰：「責難於君謂之恭，陳善閉邪謂之敬，謂吾君不能謂之賊。」故雖議論違忤，而神宗識其意，待之愈厚，及拜資政殿學士，蓋有意復用公也。夫復用公者，豈徒然哉！將必行其所言。公亦識其意，故爲政之日，自信而不疑。嗚呼，若先帝可謂知人矣，其知之也深。公可謂不負所知矣，其報之也大。

軾從公遊二十年，知公平生爲詳，故録其大者爲行狀。其餘非天下所以治亂安危者，皆不載。謹狀。（《儒藏》本《蘇軾文集》卷十六）

司馬文正公光墓誌銘

范鎮

公諱光，字君實。自兒童凛然如成人，至既没，其家得遺奏八紙上之，皆手札當世要務。已上墓誌全文，悉取蘇文忠公所撰司馬公狀。惟删出行狀所載公論交趾貢異獸，蘇轍舉直言，及經略安撫使便宜從世，非永事法，充媛董氏追贈非令典，并言太皇太后有所取用，當如上所取，西戎遺使致祭，邊臣生事，及言用宮邸省直，非平日法等六七事外，皆行狀全文。故不復載録，獨録范公所序而銘之之文云。翰林學士蘇軾狀公如此，蓋直記其事。且鎮所目擊，足以示後世者。鎮與公出處交游，四十餘年如一日。公之所以在家如在朝也，事必稽古而行之，動容周旋，無不在禮。嘗自號爲迂叟，而親爲隸書以抵鎮曰：迂叟之事親無以逾人，能不欺而已矣。事君亦然。今觀公得志，澤加於民。天下所以期公者，豈止不欺而已哉！且約鎮生而互爲之傳，後死者當作銘。公則爲鎮傳矣，鎮未及爲而公薨。嗚呼！鎮老矣，不意爲公銘也。銘曰：

於穆安平，有魏忠臣。更六百年，有其元孫。元孫温公，前人是似。率其誠心，以佐天子。天子聖明，四世一心。有從有違，咸卒用公。公之顯庸，自我神考。命於西樞，曰予耆老。公言如經，其或不然。帝獨賢公，欲使並存。公退如避，歸居洛師。帝徐思之，既克知之。知而不以，以遺聖子。惟我聖子，協德神母。人事盡矣，天命順矣。如川之迴，如冰之開。或蹈其機，豈人也哉。公亦不知，曰是爲天。二聖臨我，如山如淵。公惟相之，亦何所爲。惟天是因，惟民是師。事既粗定，公亦不留。龍衮蟬冠，歸於其丘。公之在朝，布衣脱粟。惟其爲善，惟日不足。生既不有，死亦何失。四方頌之，豈爲茲石。

（《碑傳琬琰集》中集卷一八，《宋代蜀文輯存》卷一）

鳴謝

《儒藏》精華編惠蒙善助，共襄斯文；謹列如左，用伸謝忱。

本煥法師　壹佰萬元

北京大學《儒藏》編纂與研究中心

本册審稿人　駢宇騫

本册責任編委　李暢然

圖書在版編目(CIP)數據

儒藏．精華編．二一〇/北京大學《儒藏》編纂與研究中心編．—北京：北京大學出版社，2011．1

ISBN 978－7－301－11928－0

Ⅰ．儒…　Ⅱ．北…　Ⅲ．儒家　Ⅳ．B222

中國版本圖書館 CIP 數據核字(2010)第 256100 號

書　　　名：**儒藏**(精華編二一〇)
著作責任者：北京大學《儒藏》編纂與研究中心　編
責 任 編 輯：武　芳
標 準 書 號：ISBN 978－7－301－11928－0/B・0614
出 版 發 行：北京大學出版社
地　　　址：北京市海淀區成府路 205 號　100871
網　　　址：http：//www.pup.cn
電 子 信 箱：dianjiwenhua@163.com
電　　　話：郵購部 62752015　發行部 62750672　編輯部 62756694
出版部 62754962
印　刷　者：北京中科印刷有限公司
經　銷　者：新華書店
787 毫米×1092 毫米　16 開本　76.25 印張　746 千字
2011 年 1 月第 1 版　2011 年 1 月第 1 次印刷
定　　　價：1200.00 元

ISBN 978-7-301-11928-0
9 787301 119280 02 >
定價：1200.00元